Create Your Future as a Digital Native

지식재산의
이해

이규호 저

박영사

머리말

이 책은 지식재산에 대한 이해를 돕기 위한 것이다. 특히, 부제에서 의도한 바와 같이 독자들이 디지털 원주민으로서 스스로의 미래를 창조하기 위한 기반을 다질 수 있도록 돕기 위한 것이다.

법학전문대학원 교수로서 변호사시험 선택과목에 해당하는 지식재산권법을 강의하면서 느낀 바는 변호사시험 선택과목으로 지식재산권법을 선택하는 학생들이 해가 갈수록 줄고 있다는 점과 로스쿨 학생들이 변호사시험의 필수과목에 치중하면서 로스쿨 수강과목으로서도 지식재산권법의 인기가 떨어지고 있다는 점이다. 이는 국가와 우리 사회의 미래를 위해서도 바람직하지 않다고 생각한다. 물론 이를 해결하는 방안으로서 변호사시험에서 선택과목 자체를 배제하여 수험생들의 부담을 줄여 주는 방안이 있기는 하지만 현상 유지를 전제로 하여 차순위 방안도 고려할 필요가 있다.

저자의 입장으로는 차순위 방안으로서 지식재산권법을 변호사시험 선택과목으로 선택하는 로스쿨 재학생 및 졸업생을 위하여 수험교재로 적합한 지식재산권법 교재를 집필할 필요가 있다고 생각한다. 그리고 변리사시험을 준비하는 수험생을 위하여 지식재산권법 전반에 관한 이론과 판례를 충실히 소개하는 교재를 집필할 필요가 있다고 생각한다.

그리고 저자는 이 책을 통해 지식재산권법을 접하는 초심자에게도 유용한 정보를 전달하고자 한다. 통상적으로 변호사시험 내지 변리사시험 대비용 교재를 발간하면서 초심자용으로도 활용할 수 있게 하는 것은 생각보다 용이하지 않다. 이러한 목표를 달성하기 위해서 지식재산권법 초심자가 알아야 할 사례를 각 주제별로 선별하여 소개하였다. 이러한 사례들이 지식재산권법 초심자들의 흥미를 유발하여 보다 많은 독자들이 지식기반경제를 제도적으로 뒷받침하는 지식재산권법 전반에 대해 이해할 수 있게 되기를 기대한다.

그 밖에 우리나라의 미래 산업으로 부각될 보건의료산업의 중요성을 감안하여 이와 관련된 해설 및 판결에는 캡슐 모양(◖)의 기호를 표시해 두어 쉽게 찾게 해 두었다. 이 책의 부족한 부분은 독자의 비판과 질책을 지속적으로 반영하여 이 책의 개정판에 투영하도록 노력하겠다.

이 책의 출간을 흔쾌히 결정해 주신 박영사의 안종만 회장님, 안상준 대표님 및 박세기 부장님께 진심으로 감사드리고 이 책의 편집 및 교정에 수고해 주신 편집부 윤혜경 님께도 진심으로 고마움을 전한다.

2020년 9월
이규호

차 례

제3편
특허법 ◆ 195

제4편
상표법 ◆ 443

제5편
디자인보호법 ◆ 693

제6편
부정경쟁방지 및 영업비밀보호에 관한 법률 ◆ 719

제7편
농수산물품질관리법, 식물식품종보호법 및
반도체집적회로의 배치설계에 관한 법률 ◆ 801

제1편

지식재산법

지식재산의 이해

제1장 유럽에서 지식재산권이 발전한 이유

종이, 화약, 나침반 및 금속활자(고려)발명은 모두 동양에서 발명되었다. 그런데 지식재산권의 발전은 유럽에서 먼저 이루어졌다. 세계 최초의 금속활자가 고려에서 발명되었다는 사실에 자부심을 느끼는 한민족으로서는 이에 대한 의문을 해소할 필요가 있을 것이다. 이를 논증하기 위하여 북송시대의 송나라의 예를 들어 보겠다.

그림 1-1 ┃ 고려와 북송시대의 송나라의 지도

Page URL: https://commons.wikimedia.org/wiki/File:China_-_Song_Dynasty-en.svg
Image URL: China - Song Dynasty - cs.svg: User:Mozzanderivativework: Kanguole/
CC BY-SA (https://creativecommons.org/licenses/by-sa/3.0)

영국에서 산업혁명이 일어나기 500년 전에 송나라는 영국보다 훨씬 부강하였다. 마르코 폴로가 방문하기 30년 전 남송의 수도 항조우(퀸사이)는 100만 인구이었고, 북송시대의 전체 인구는 1억 명에 상비군이 100만 명이었다. 이에 반해 요나라 군대는 10만 명이었고 금나라 군대는 6만 명에 불과하였다. 또한 1078년 송나라 철강 생산량은 12만 5000톤으로서 1788년 영국 산업혁명 당시 철 생산량을 약간 밑도는 수준이었다. 그 밖에 1020년 송나라 1인당 GDP 1,000달러 (1990년 가치 기준)인 데 반해 영국은 1400년대에 비로소 1,000달러에 돌파하였다.1) 이렇게 공업과 군사력에 있어 선도적이었던 송나라가 지속적으로 발전하지 못하고 망한 이유에 대하여 영국의 경제학자 아담 스미스는 '국부론'에서 "중국은 사법정책의 집행에서 공정성과 일관성을 상실한 결과, 성장 잠재력을 잃고 정체되고 말았다."라고 분석하였다. 그러면서 그는 "영국에서 선진적으로 상업의 자유와 형평성 있는 사법 집행 제도가 정착됨으로써 경제적 측면에서 경제 주체들에 의한 근면과 생산적 자원개발 노력을 자극할 수 있었으며, 이 점이 유럽국가 중에서 가장 빠른 경제성장의 토대로 작용했다."라고 주장하였다. 실제로 송나라는 경제 정책을 정확한 규정이나 법령에 의해 추진하지 않고 당대 정권의 도덕적 기준에 의해 추진하였다. 남송의 멸망 직전 재상 가사도는 일정 면적 이상을 보유한 계층의 토지를 사실상 몰수해 국방비로 전용하는 정책을 추진한 바 있다. 중국 역사학자인 레이 황도 "도학자들의 사상은 좁게는 군자와 소인의 구분을 강조했고, 개인의 사적인 이익과 관련된 개념을 말살했다. 오늘날 중국의 민법 발달이 미진하고 도덕관념으로 법률을 대신하는 경향을 보이는 건 송대의유학자들과 무관할 수 없다."라고 송나라의 유학사상이 법치주의에 대한 장애물로 작용한다는 점을 지적하였다.

이러한 동양의 역사를 정리하면, 왕정시대에서 백성을 피지배자로서 보아 시혜의 대상 및 통치의 대상으로 두면서 개인의 인권 발전을 도모하지 못한 것은 개인의 사적인 이익에 기반한 개인의 창작 및 경제적 유인을 제고하지 못해서 한계에 부딪힐 수밖에 없었던 것으로 판단된다. 따라서 개인의 인권이 먼저 발달한 서유럽에서 지식재산권이 발전한 것은 이러한 측면에서 보면 충분히 이해가 간다. 개인의 창작과 지역의 산업을 육성하고 이를 뒷받침하기 위한 국가의 노력은 새로운 지식재산권의 탄생을 촉진할 수 있다. 그 하나의 예로서 프랑스가 원산지명칭(appallation of origin)이라는 새로운 지식재산권을 탄생시킨 일화를 소개하고자 한다.

---

1) http://blog.daum.net/windada11/8771138 (최종방문일: 2020년 6월 20일).

그림 1-2 ┃ 샴페인 원산지명칭 (진한 부분)

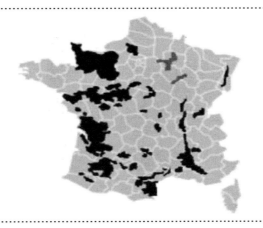

    샴페인(Champagne, 샴팡)은 프랑스의 지역명칭이다. 샴페인은 샹파뉴의 영어식 표현이다. 샴페인은 프랑스 샹파뉴 지역에서 생산되는 발포성 백포도주를 의미한다. 오늘날 샴페인은 "고급"과 "축제"의 이미지를 가지고 있다. 샴페인의 생산과 품질 향상에는 17세기 돔 페리뇽 (Dom Pérignon)이라는 수도사가 크게 기여하였다. 샹파뉴 지역의 추운 날씨 때문에 발효를 멈추다가 봄에 발효가 시작되어 터져 버리는 와인을 보고 스파클링 와인을 연구하였다. 탄산가스의 누출을 방지하기 위한 코르크 마개를 개발하고 블렌딩 기술도 개발하였다. 수도사 돔 페리뇽이 사망한 후 19세기 스파클링 와인이 제조되었다.[2] 철도가 발달하면서 와인산업을 육성하여 보호하고자 한 프랑스는 와인의 원산지를 표장으로 하는 원산지명칭이라는 지식재산권을 창출하였다.

---

2) https://ko.wikipedia.org/wiki/%EC%83%B4%ED%8E%98%EC%9D%B8 (최종방문일: 2020년 5월 20일).

그림 1-3 ∥ 샴페인 제조과정
....

그림 1-4 ∥ 샴페인
....

지식재산권의 발전사를 반추해 보면, 인간의 인권 발달사와 상당한 연관성이 있음을 알 수 있다. 개인의 인권을 소홀히 하면서 지식재산권을 발전시킨다는 것은 지식재산권의 연혁을 살펴볼 때 타당하지 않다는 것을 알 수 있다. 이를 반영하기 위하여 세계인권선언이 제정되기 몇 달 전인 1948년 5월 보고타에서 승인된 '인권의 권리와 의무에 관한 미주 선언(American Declaration of the Rights and Duties of Man; 이하 '미주인권선언')은 인권에 관한 최

초의 국제규범으로서 문학적, 학술적 또는 예술적 저작물뿐만 아니라 발명에 대한 이익을 보호받을 사람의 권리를 승인한 바 있다.[3] 따라서 개인의 인권과 지식재산권의 발전을 동시에 도모할 수 있는 미래 사회를 지향할 필요가 있다. 이는 자유민주주의와 법치주의를 그 기반으로 할 것이다. 이러한 원칙을 토대로 하여 전통의 발전적 계승을 통해 혁신을 이끌어 내고 혁신을 통해 전통을 만들어 가는 최적화된 사회를 구축할 필요가 있다. 이러한 사회가 호모 인텔렉투스 사회(Homo Intellectus Society)[4]라고 생각한다. 부족하나마 이 책이 호모 인텔렉투스 사회에서 독자가 자신의 미래를 설계할 수 있는 영감을 줄 수 있기를 기대한다.

제2장 지식재산법의 분류

표 2-1 | 지식재산의 분류

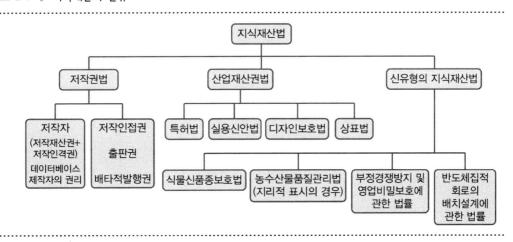

2011년 5월 19일 제정된 지식재산 기본법[5] 제3조는 지식재산, 신지식재산, 지식재산권

---

3) American Declaration on the Rights and Duties of Man, Art. 13 (1948); Gabriele Spina Ali, Intellectual Property and Human Rights: A Taxonomy of Their Interactions, International Review of Intellectual Property and Competition Law 51, 411−445 (2020), available at https://doi.org/10.1007/s40319−020−00925−y (최종방문일: 2020년 8월 1일).

4) 인터넷을 검색해 보니 James Anthony가 집필한 'Homo Intellectus'과 Jean−Marie DURAND이 집필한 'Homo Intellectus'이 있었다. 이와 달리 저자가 착안한 점은 인간의 뇌 활용을 최적화하여 지적 창작을 제고하고 인간이 창작한 방법, 물건 또는 작품을 통해 인간이 축적한 전통과 혁신을 더욱 발전시키는 사회를 지향하는 사회가 필요하다는 것이고, 이러한 지향점에 있는 사회가 호모 인텔렉투스 사회라고 본 것이다.

에 대한 정의를 규정하고 있다. 이에 따르면, 각 개념의 정의는 다음과 같다.

(i) "지식재산"이란 인간의 창조적 활동 또는 경험 등에 의하여 창출되거나 발견된 지식·정보·기술, 사상이나 감정의 표현, 영업이나 물건의 표시, 생물의 품종이나 유전자원(遺傳資源), 그 밖에 무형적인 것으로서 재산적 가치가 실현될 수 있는 것을 말한다(지식재산 기본법 제3조 제1호).

(ii) "신지식재산"이란 경제·사회 또는 문화의 변화나 과학기술의 발전에 따라 새로운 분야에서 출현하는 지식재산을 말한다(지식재산 기본법 제3조 제2호).

(iii) "지식재산권"이란 법령 또는 조약 등에 따라 인정되거나 보호되는 지식재산에 관한 권리를 말한다(지식재산 기본법 제3조 제3호).[6]

(iv) 이 조문에 따르면, 특허권, 실용신안권, 상표권, 디자인권, 저작권, 품종보호권, 배치설계권, 지리적표시권 등은 지식재산권에 해당하고, 영업비밀은 지식재산에 해당한다. 표 2-1에서는 기타 유형으로서 세 가지 권리 내지 법을 예시하고 있지만 기타 유형에는 식물신품종 보호법상 품종보호권 및 농수산물품질관리법상 지리적 표시권 등도 포섭된다.

---

5) [시행 2011. 7. 20][법률 제10629호, 2011. 5. 19. 제정].

6) 2011년 지식재산 기본법이 제정되면서 '지적재산' 또는 '지적재산권'이라는 용어는 '지식재산' 또는 '지식재산권'이라는 표현으로 대체되었다. 2011년 지식재산 기본법이 제정된 현 시점에서는 '지적재산(또는 지적재산권)'이라는 개념과 '지식재산(또는 지식재산권)'이라는 개념 사이에 어느 용어가 적절한지 여부에 대한 논쟁의 의미는 퇴색하게 되었다. 하지만 우리나라가 체결한 국제조약(예: WTO/TRIPs)의 번역문 및 국제기구의 명칭(예: 세계지식재산권기구)에서는 여전히 '지적재산(권)'이라는 용어가 잔존하고 있기 때문에 국내적으로 '지식재산(권)'이라는 용어로 바꾸어 사용하는 것이 타당한지 여부는 문제될 수 있다.

제2편

저작권법

지식재산의 이해

제1장 저작권의 의의와 분류 및 저작물의 성립요건

제1절 정 의

소설이나 시, 음악, 미술 등 법이 보호대상으로 정하고 있는 저작물을 창작한 자가 그 창작물을 다른 사람이 복제, 공연, 전시, 방송 또는 전송하는 등 법이 정하고 있는 일정한 방식으로 이용하는 것을 허락하거나 금지할 수 있는 권리이다. 저작권은 지식재산권(intellectual property)(내지 지적소유권 또는 지적재산권) 중 하나에 해당한다. 2011년 지식재산 기본법이 제정되기 이전에는 지적재산권이라는 표현이 보편적으로 사용되었다. 그 당시 '지적재산권'이라는 표현은 지적소유권(일본의 보편적인 표현) 또는 지식재산권(특허청을 비롯한 정부가 주로 사용하는 표현)의 동의어였다. 지적소유권이라는 표현은 이 권리의 배타적 성격을 강조하기 위한 것이고, 지식재산권이라는 표현은 지식에 초점을 두어 형식지(形式知, explicit knowledge)뿐만 아니라 암묵지(暗默知, tacit knowledge)까지 포함하는 것을 강조하기 위하여 사용되는 경향이 있었다.[1]

---

1) 임원선, 「실무자를 위한 저작권법」, 제6판, 한국저작권위원회, 2020년, 20면 각주 1.

제2절 저작권의 분류

[1] 저작권은 저작재산권과 저작인격권으로 이루어진다. 즉, 저작권법 제10조(저작권)에 따르면, 저작자는 저작인격권과 저작재산권을 가진다. 판례에 따르면, 저작인격권이나 저작재산권을 이루는 개별적인 권리들은 저작인격권이나 저작재산권이라는 동일한 권리의 한 내용에 불과한 것이 아니라 각 독립적인 권리로 파악하여야 하므로 위 각 권리에 기한 청구는 별개의 소송물이 된다라고 판시한 바 있다.[2] 이 판결은 저작권에 관한 소송물에 대해 본격적으로 다룬 최초의 판결이라는 점에서 그 의미가 있으나, 구소송물이론(구실체법설)에 충실하여 저작권자의 보호에 치우진 판결이라는 비판에 직면할 수 있다. 구실체법설에 의거하더라도 저작인격권에 기한 청구와 저작재산권에 기한 청구를 별개의 권리로 보고,[3] 동일성유지권, 복제권 등 그 개별적인 권리의 주장은 공격방어방법으로 보는 것도 가능할 것이다. 그렇게 함으로써 손해액 산정의 어려움을 피하고, 저작권자의 보호와 이용자 상호 간의 이해관계를 조화롭게 할 수 있을 것이다.

[2] 저작권법은 저작자의 권리, 저작인접권자의 권리, 데이터베이스제작자의 권리 등을 보호하고 있다.

제3절 저작물의 성립요건

I. 서 설

2006년 개정 전 저작권법 제2조 제1호는 저작물을 "문학·학술 또는 예술의 범위에 속하는 창작물"로 규정하고 있었는데, 2006년 개정되어 2007년 시행된 개정 저작권법 제2조 제1호에서는 저작물을 "인간의 사상 또는 감정을 표현한 창작물을 말한다."라고 규정하고 있다.

---

2) 대법원 2013. 7. 12. 선고 2013다22775 판결[저작권침해금지등]에서는 "저작인격권이나 저작재산권을 이루는 개별적인 권리들은 저작인격권이나 저작재산권이라는 동일한 권리의 한 내용에 불과한 것이 아니라 각 독립적인 권리로 파악하여야 하므로 위 각 권리에 기한 청구는 별개의 소송물이 된다. 따라서 이 사건에서 이 사건 중문 서적의 편집 저작물 저작권 침해를 원인으로 하는 손해배상청구와 이 사건 중문 서적에 수록된 개별 이야기(2차적 저작물 또는 독창적 저작물)의 저작재산권 침해를 원인으로 하는 손해배상청구는 별개의 소송물이 된다."라고 판시한 바 있다.
3) 참고로 신체의 상해로 손해배상청구를 하는 경우에는 소송물은 적극적 재산상손해, 소극적 재산상손해 및 정신적 손해의 세 가지로 나누어 볼 수 있다(대법원 1976. 10. 12. 선고 76다1313 판결).

저작물의 성립요건으로서 종래 학설은 (i) 문학·학술 또는 예술의 범위에 속할 것, (ii) 창작성이 있을 것,[4] (iii) 인간의 사상이나 감정을 표현한 것일 것 등 세 가지로 나뉘었는데, 개정 저작권법은 이러한 다수 학설을 반영하여 (iii)의 요건을 추가하였다. 하지만 (i)의 요건은 종래에도 엄격하게 적용되지 않았고, 컴퓨터프로그램 및 데이터베이스를 보호하는 취지와 모순될 수 있다는 점을 고려하여 삭제하였다.

II. 창작성

창작성은 (i) 남의 것을 베끼지 아니하고 자신이 독자적으로 작성한 것이라는 의미를 갖는 것이라고 판시한 판례(대법원 1995. 11. 14. 선고 94도2238 판결)가 있는 반면에 (ii) 독자적 작성만으로는 부족하고 최소한도의 창조적 개성(내지 창작성)이 반영될 것을 요건으로 하는 판례(대법원 2005. 1. 27. 선고 2002도965 판결)도 있다.

후자의 판례는 전원합의체 판결이 아니기 때문에 판례의 변경으로 볼 수 없다. 즉, 후자의 판례는 전자의 판례를 보완하는 측면이 강하다. 어문저작물을 다룬 전자의 판례에서 독자적 작성이 있으면 당연히 최소한도의 창조적 개성이 나타난다고 본 반면에, 기능적 저작물을 다룬 후자의 판례에서는 독자적 작성이 있더라도 최소한도의 창조적 개성이 있는지 여부는 별도로 물을 필요가 있기 때문에 이를 요건으로 제시한 것으로 보는 것이 타당하다.[5]

---

4) 대법원 2017. 11. 9. 선고 2014다49180 판결[손해배상]에서는 "구체적인 대본이 없이 대략적인 구성안만을 기초로 출연자 등에 의하여 표출되는 상황을 담아 제작되는 이른바 리얼리티 방송 프로그램도 이러한 창작성이 있다면 저작물로서 보호받을 수 있다. 리얼리티 방송 프로그램은 무대, 배경, 소품, 음악, 진행방법, 게임규칙 등 다양한 요소들로 구성되고, 이러한 요소들이 일정한 제작 의도나 방침에 따라 선택되고 배열됨으로써 다른 프로그램과 확연히 구별되는 특징이나 개성이 나타날 수 있다. 따라서 리얼리티 방송 프로그램의 창작성 여부를 판단할 때에는 프로그램을 구성하는 개별 요소들 각각의 창작성 외에도, 이러한 개별 요소들이 일정한 제작 의도나 방침에 따라 선택되고 배열됨에 따라 구체적으로 어우러져 프로그램 자체가 다른 프로그램과 구별되는 창작적 개성을 가지고 있어 저작물로서 보호를 받을 정도에 이르렀는지도 고려함이 타당하다."고 판시한 바 있다.
5) 이해완, 「저작권법」, 박영사, 2007년, 26−27면(이하 '이해완, 2007년').

III. 사람의 사상 또는 감정의 표현

1. 사람의 사상 또는 감정

소프트웨어에 의하여 자동적으로 작성되는 기상도나 자동적으로 출력되는 악보, 잉크를 오선지 위에 무작위로 뿌려 얻은 악곡, 팔레트에 여러 가지 색으로 물에 푼 다음 그 팔레트를 등 뒤의 벽에 무작위로 뿌려 나타난 모양, 위성사진처럼 완전자동으로 찍은 사진, 식당의 메뉴판, 열차시간표, 요금표, 단순한 사실이나 데이터의 나열에 불과한 것 등은 사람의 사상이나 감정을 구체적으로 표현한 것이 아니므로 저작물의 성립요건을 충족하지 못한다.[6)]

기계설계도 등과 같은 "기술적 사상의 표현"도 저작물로 볼 수 있겠지만, 이 경우에 보호하는 것은 기술적 사상 그 자체가 아니라 그 표현을 보호하는 것이다.

2. 표 현

이 요건과 관련하여 (i) 사람의 사상이나 감정이 객관화되어 외부에 표현되어야 할 것과 (ii) 사람의 사상이나 감정이 보호대상이 아니라 사상이나 감정의 표현이 보호대상이라는 점에 유의하여야 한다.

가. 객관적 표현

표현수단에 제한이 없으며 표현의 완성도 요하지 않지만, 저작물이 저작권법상의 보호를 받기 위해서는 일정한 형식으로 객관화되어 외부에 표현되어야 한다. 이는 저작물의 공표를 의미하는 것은 아니기 때문에 일기나 독후감은 공표되지 않더라도 저작권법상 보호된다.

나. 아이디어와 표현의 이분법(idea/expression dichotomy)

(1) 의 의

1879년 미국 연방대법원의 판결인 Baker v. Seldon 사건 판결[7)]에서 부기방식과 같은 아이디어는 저작권의 보호영역이 아니라 특허권의 보호영역이라고 판시하여 저작권법은 아이

---

6) Compendium II: Copyright Office Practices 503.03(a)에서는 "저작권등록을 받기 위해서는 저작물은 인간의 창작물이어야 한다. 인간의 창작적 기여없이 기계적 과정 내지 무작위선택에 의하여 창출된 저작물은 등록받을 수 없다."라고 한다.
7) 101 U.S. 99(1879).

디어를 보호하는 것이 아니라 표현을 보호하는 것임을 밝혔다. 이 판례는 1976년 개정된 미국 연방저작권법 제102조(b)에 성문화되었고, 우리나라도 이러한 입장을 채택하여 저작권법에 규정하게 되었다.

(2) 합체의 원칙(merger doctrine)

아이디어를 표현하는 방법이 한 가지밖에 없는 경우뿐만 아니라 아이디어를 표현하는 방법이 여러 개 있지만 효율적으로 표현하는 방법이 하나뿐인 경우에 아이디어와 표현이 합체된 것으로 보아 저작물로서의 보호를 부정하는 이론이 합체의 원칙이다.

서울중앙지방법원 2007. 1. 17. 선고 2005가합65093 판결은 "어떠한 아이디어를 표현하는 데 실질적으로 한 가지 방법만 있거나, 하나 이상의 방법이 가능하다고 하더라도 기술적인 또는 개념적인 제약 때문에 표현방법에 한계가 있는 경우에는 그러한 표현은 저작권법의 보호대상이 되지 아니하거나 그 제한된 표현을 그대로 모방한 경우에만 실질적으로 유사하다고 할 것"이라고 판시하여 합체원칙을 수용하고 있다.

(3) 필수장면(Scènes a Faire) 원칙

필수장면 원칙은 저작물에서 어떤 아이디어를 구현하려고 할 때 필연적으로 따르는 표현부분의 경우에 이를 저작권으로 보호해서는 아니 된다는 원칙이다.

소설, 희곡 등과 같은 가공적 저작물에 주로 적용되는 것으로서 기본적인 줄거리 또는 등장인물의 유형, 등장인물의 성격 등과 같은 요소는 이 원칙에 따라 저작권법상 보호되지 아니한다.[8] 서울중앙지방법원 2007. 1. 17. 선고 2005가합65093 판결(일명 '아케이드 게임' 사건)에서는 "위와 같은 아이디어를 게임화하는 데 있어 필수불가결하거나 공통적 또는 전형적으로 수반되는 표현"이라는 이유로 저작권의 보호를 부정하는 취지를 판시한 사례가 있는데, 이 판결은 필수장면의 원칙을 인정한 것이라고 본다. 다만, 아케이드 게임은 기능적인 측면뿐만 아니라 가공적인 측면을 동시에 가지고 있는 바, 합체의 원칙과 필수장면의 원칙이 함께 적용될 것이라고 생각한다.[9] 합체의 원칙은 주로 기능적 저작물의 경우에 적용 가능성이 높은 반면에 필수장면의 원칙은 주로 가공적 저작물에 적용되는 것이다. 따라서 두 원칙은 적용되는 저작물에 차이가 있을 뿐이고 그 이론적 근거는 유사하다.

(4) 외적 표현형식과 내적 표현형식

내용/형식 이분법이란 저작물을 내용과 형식으로 구분하고 표현형식만 보호대상에 포함

---

8) 오승종, 「저작권법」, 박영사, 2009년, 84−85면(이하 '오승종, 2009년').
9) 이해완, 2007년, 49면.

시키는 원칙이다. 하지만 이러한 이분법은 줄거리, 등장인물의 성격, 구성 등과 같은 내용적 요소가 저작물성을 가지게 되면서 그 구분의 의의가 사라지게 되었다. 종래의 내용/형식 이분법은 외적 표현형식/내적 표현형식 이분법으로 바뀌었다. 이 외적 표현형식/내적 표현형식 이분법은 우리나라 판례(대법원 2003. 8. 22. 선고 2003도3128 판결)가 취하는 입장이다.[10] 외적 표현형식은 어문저작물의 문자·문장, 음악저작물의 음, 미술저작물의 색·선 등의 표현수단을 이용하여 창작적으로 구성한 표현(예: 문학작품의 문장 및 문단의 구성, 그림의 선 구성이나 색의 결합, 음악의 음향 및 음의 결합 등)을 말한다. 서울중앙지방법원 2009. 5. 29. 선고 2008가합36201 판결은 3D 형태의 지도가 창작성이 있는 저작물에 해당하는지 여부와 관련하여 그 창작성 유무의 판단기준으로서 지도의 내용이 되는 자연적 현상과 인문적 형상을 종래와 다른 새로운 형식으로 표현하였는지 여부와 그 표현된 내용의 취사선택에 창작성이 있는지 여부를 제시하였다.[11] 한편, 내적 표현형식은 소설의 줄거리, 인물의 성격, 드라마의 장면·구성, 영화의 영상적 구성, 회화의 구도, 건축물의 구성 등과 같이 외적 표현수단에 의하여 표현되지는 않지만 내면적 구조와 질서로서 존재하는 것을 의미한다. 우리나라 판례는 외적 표현형식뿐만 아니라 저작물의 줄거리, 구성, 성격, 환경설정도 보호하고 있다. 실질적으로 내적 표현형식이 침해된 경우에 실질적 유사성의 검증 문제를 제기하는 경우가 많다.

3. 표현의 고정 여부

미국을 비롯한 영미법계 국가는 저작물의 성립요건으로서 유형매체에의 고정을 두고 있지만,[12] 독일·프랑스를 비롯한 서유럽 대륙의 국가 등에서는 유형매체에의 고정을 요건으로 두고 있지 않다. 우리나라도 후자의 입장을 취하고 있다. 이와 관련하여 한−미 자유무역협정(KORUS FTA)을 양국이 비준한 경우에도 우리나라 법을 개정할 필요는 없다. 즉흥적인 연설, 강연, 자작시 낭송, 자작곡 노래 등도 저작물성을 가진다. 영상저작물은 그 개념상 "연속적인 영상이 수록된 창작물"이기 때문에 유형매체에의 고정을 요건으로 하고 사진저작물도 이에 준하는 해석이 가능하다. 이는 저작물의 일반적인 성립요건 이외에 이러한 저작물

---

10) 따름판례: 서울중앙지방법원 2007. 7. 13. 선고 2006나16757 판결.
11) Stephen M. McJohn, Intelletual Property 37 (3rd Ed. 2009)에서는 "기존의 지도에 색채, 명암 및 새로운 글자체와 같은 평범한 요소를 단순히 추가하는 것으로는 저작물의 성립요건 중 하나인 최소한의 창조적 개성의 요건을 충족하지 못한다"고 주장한다. 참고: Darden v. Peters, 488 F.3d 277 (4th Cir. 2007).
12) 참고: Brown v. Ames, 201 F.3d 654 (5th Cir. 2000).

의 성격상 별도의 요건을 두고 있거나 그러한 해석을 하는 것이다.

대법원 1993. 6. 8. 선고 93다3073, 93다3080 판결[위자료, 손해배상등]

[판결요지]

가. 저작권법에 의하여 보호되는 저작물은 학문과 예술에 관하여 사람의 정신적 노력에 의하여 얻어진 사상 또는 감정의 창작적 표현물이어야 하므로 저작권법이 보호하고 있는 것은 사상, 감정을 말, 문자, 음, 색 등에 의하여 구체적으로 외부에 표현한 창작적인 표현형식이고, 표현되어 있는 내용 즉 아이디어나 이론 등의 사상 및 감정 그 자체는 설사 그것이 독창성, 신규성이 있다 하더라도 소설의 스토리 등의 경우를 제외하고는 원칙적으로 저작물이 될 수 없으며 저작권법에서 정하고 있는 저작인격권, 저작재산권의 보호대상이 되지 아니하고, 특히 학술의 범위에 속하는 저작물의 경우 학술적인 내용은 만인에게 공통되는 것이고 누구에 대하여도 자유로운 이용이 허용되어야 하는 것이므로 그 저작권의 보호는 창작적인 표현형식에 있지 학술적인 내용에 있는 것은 아니라 할 것이다.

나. 저작권의 보호대상은 아이디어가 아닌 표현에 해당하고 저작자의 독창성이 나타난 개인적인 부분에 한하므로 저작권의 침해 여부를 가리기 위하여 두 저작물 사이에 실질적인 유사성이 있는가의 여부를 판단함에 있어서도 표현에 해당하고 독창적인 부분만을 가지고 대비하여야 한다.

다. 저작권자의 강의록에 사용된 것과 동일한 내용의 키−레터스(Key−letters)를 분석방법론으로 사용하고 그 이론을 이용하여 희랍어의 문법에 관한 자신의 저서에 사용하였지만 구체적인 표현까지 베끼지 않았으므로 저작권의 침해가 되지 아니한다 한 사례.

제4절 보호받는 저작물의 범위

저작물의 성립요건은 특정 작품이 저작물에 해당하는지 여부를 결정할 뿐만 아니라 보호받는 저작물의 범위를 결정하는 기준이 되기도 한다. 저작권법의 보호대상은 (i) 정신적 창작물과 (ii) 정보기술(컴퓨터프로그램,[13] 데이터베이스, 기술보호조치 등)이다. 저작권법 제2조 제

---

13) 대법원 2017. 2. 21. 선고 2016도15144 판결[업무방해·저작권법위반]에서는 "피고인이 피해자 게임회사들이 제작한 모바일게임의 이용자들의 게임머니나 능력치를 높게 할 수 있는 변조된 게임프로그램을 해외 인터넷 사이트에서 다운로드받은 다음, 위와 같은 게임프로그램을 제공한다는 것을 나타내는 문구가 게임프로그램 실행 시 화면에 나올 수 있도록 게임프로그램을 변조한 후 자신이 직접 개설한 모바일 어플리케이션 공유사이트 게시판에 위와 같이 변조한 게임프로그램들을 게시·유포하여 위계로써 피해자 게임회사

1호는 저작물을 '사람의 사상 또는 감정을 표현한 창작물'로 규정하고, 제4조 제1호 내지 제9호에서 보호받는 저작물의 종류로서 (i) 어문저작물(제1호), (ii) 음악저작물(제2호), (iii) 연극저작물(제3호), (iv) 응용미술 및 그 밖의 미술저작물(제4호), (v) 건축저작물(제5호),[14] (vi) 사진저작물(제6호), (vii) 영상저작물(제7호), (viii) 도형저작물(제8호), (ix) 컴퓨터프로그램저작물(제9호) 등을 예시하고 있다.[15] 정보기술의 영역에 속하는 데이터베이스는 저작권법 제4장에 의한 데이터베이스제작자의 보호를 받게 된다. 다만 그 소재의 선택, 배열 또는 구성에 창작성이 있는 데이터베이스는 데이터베이스인 동시에 편집저작물이므로 편집저작물로서의 보호(저 제6조)[16]와 데이터베이스로서의 보호를 중첩적으로 받게 된다. 저작권법 제4조 제1

들의 정상적인 영업업무를 방해하였다는 내용으로 기소된 사안에서, 피고인이 어떠한 방법으로 변조된 게임프로그램을 실행하여 게임서버에 접속하였는지에 관하여 전혀 특정하지 아니한 채 변조된 게임프로그램을 게시 · 유포하였다는 사실만으로는 위계에 의한 업무방해죄가 성립하지 않는다."고 판시하였다.

14) 대법원 2020. 4. 29. 선고 2019도9601 판결[저작권법위반]에서는 "건축사인 피고인이 갑으로부터 건축을 의뢰받고, 을이 설계 · 시공한 카페 건축물의 디자인을 모방하여 갑의 카페 건축물을 설계 · 시공함으로써 을의 저작권을 침해하였다는 내용으로 기소된 사안에서, 을의 카페 건축물은 일반적인 표현방법에 따른 기능 또는 실용적인 사상만이 아니라 창작자의 창조적 개성을 나타내고 있으므로 저작권법으로 보호되는 저작물에 해당한다는 이유로, 같은 취지에서 을의 카페 건축물의 창작성이 인정되고, 피고인이 설계 · 시공한 카페 건축물과 을의 카페 건축물 사이에 실질적 유사성이 인정된다."고 판시하였다.

15) 대법원 2019. 6. 27. 선고 2017다212095 판결[저작권침해금지등청구의소]에서는 "게임 저작물(이하 '게임물'이라 한다)은 어문저작물, 음악저작물, 미술저작물, 영상저작물, 컴퓨터프로그램 저작물 등이 결합되어 있는 복합적 성격의 저작물로서, 컴퓨터 게임물이나 모바일 게임물에는 게임 사용자의 조작에 의해 일정한 시나리오와 게임 규칙에 따라 반응하는 캐릭터, 아이템, 배경화면과 이를 기술적으로 작동하게 하는 컴퓨터프로그램 및 이를 통해 구현된 영상, 배경음악 등이 유기적으로 결합되어 있다. 게임물은 저작자의 제작 의도와 시나리오를 기술적으로 구현하는 과정에서 다양한 구성요소들을 선택 · 배열하고 조합함으로써 다른 게임물과 확연히 구별되는 특징이나 개성이 나타날 수 있다. 그러므로 게임물의 창작성 여부를 판단할 때에는 게임물을 구성하는 구성요소들 각각의 창작성을 고려함은 물론이고, 구성요소들이 일정한 제작 의도와 시나리오에 따라 기술적으로 구현되는 과정에서 선택 · 배열되고 조합됨에 따라 전체적으로 어우러져 그 게임물 자체가 다른 게임물과 구별되는 창작적 개성을 가지고 저작물로서 보호를 받을 정도에 이르렀는지도 고려해야 한다."라고 판시하면서, "매치 - 3 - 게임(match - 3 - game) 형식의 모바일 게임을 개발하여 출시한 갑 외국회사가 을 주식회사를 상대로, 을 회사가 출시한 모바일 게임이 갑 회사의 저작권을 침해한다는 이유로 침해행위 금지 등을 구한 사안에서, 갑 회사의 게임물은 개발자가 축적된 게임 개발 경험과 지식을 바탕으로 게임물의 성격에 비추어 필요하다고 판단된 요소들을 선택하여 나름대로의 제작 의도에 따라 배열 · 조합함으로써, 개별 구성요소의 창작성 인정 여부와 별개로 특정한 제작 의도와 시나리오에 따라 기술적으로 구현된 주요한 구성요소들이 선택 · 배열되고 유기적인 조합을 이루어 선행 게임물과 확연히 구별되는 창작적 개성을 갖추고 있으므로 저작물로서 보호 대상이 될 수 있고, 을 회사의 게임물은 갑 회사의 게임물 제작 의도와 시나리오가 기술적으로 구현된 주요한 구성요소들의 선택과 배열 및 유기적인 조합에 따른 창작적인 표현형식을 그대로 포함하고 있으므로, 양 게임물은 실질적으로 유사하다고 볼 수 있는데도, 이와 달리 본 원심판단에 법리오해 등의 잘못이 있다."고 판시하였다.

16) 저작권법은 '저'로 표기한다. 이하 같다.

호 내지 제9호에 열거된 저작물의 종류는 예시에 불과하므로 저작물로서의 요건을 갖춘 그 밖의 것도 저작권법의 보호를 받을 수 있다. 프랑스 및 벨기에의 경우에 게임, 홈페이지, 애니메이션 등의 멀티미디어 제품은 물론 향수도 복제행위로부터 보호하고 있다.

제2장 저작권의 주체

제1절 창작자 원칙

저작자는 저작물을 창작한 자이다(저 제2조 제2호). 저작자는 저작인격권(저 제11조 내지 제13조의 권리)과 저작재산권(저 제16조 내지 제22조)의 규정에 따른 권리를 가진다. 저작권은 저작물을 창작한 때부터 발생하며 어떠한 절차나 형식의 이행을 필요로 하지 아니한다(저 제10조 제2항). 창작자 원칙에 대한 예외로서 업무상 저작물의 저작자(저 제9조)를 들 수 있다.

제2절 저작자의 확정

I. 문제제기: 저작자의 확정이 문제가 되는 경우

(i) 누가 저작물의 창작자인지 여부에 대하여 소송 당사자 간 주장이 엇갈리는 경우는 사실인정의 문제가 발생한다.

(ii) 저작물의 창작과정에 기여 또는 관여한 자가 2인 이상인 경우 누구를 저작자로 볼 것인지의 문제는 사실 인정의 문제이자 법적인 문제다.

II. 문제되는 경우

[1] 창작의 힌트나 테마를 제공한 자는 저작자가 아니다.

[2] 조수로서 창작에 실질적으로 관여하지 않고 단순히 보조적인 역할을 수행한 사람은 저작자가 아니다.

예: (i) 법에 관한 책을 집필하는 사람을 도와 판례와 논문을 수집하여 제공해 준 사람은 창작에 실질적으로 관여한 것이 아니므로 저작자가 아니다.[17] (ii) 대학의 조교가 교수를 도와

원고의 1차적인 집필을 담당한 부분이 그 저작물의 창작적인 표현에 해당하는 경우 그 조교는 단순한 조수가 아니라 공동저작자라고 보아야 한다.

[3] 창작의 의뢰자 또는 주문자: 창작을 단순히 의뢰하거나 주문한 자는 저작자가 아니다. 이 경우, 창작의 의뢰나 주문을 받아 창작한 자가 저작자가 된다. 자신의 필요에 따라 창작을 의뢰하거나 주문할 경우에 창작에 대한 비교적 자세한 기획이나 구상을 전달하기도 하고 때로는 중간 검토 등의 과정에서 요망사항 등을 자세하게 전달하거나 조언한 경우에는 전달한 기획이나 구상 또는 조언 등의 내용 가운데 실제 창작에 영향을 미쳐 반영된 부분이 아이디어에 해당하는지 아니면 아이디어의 창작성 있는 표현에 해당하는지 여부에 따라 달라지며 후자에 해당한다면 공동저작자로 인정해야 할 것이다.

[4] 감수자 또는 교열자(校閱者): 원칙적으로 저작자가 아니다. 하지만 감수자 또는 교열자라는 이름으로 실질적으로는 직접 원고를 대폭 수정·보완하는 등의 실질적 관여를 하여 창작성 있는 표현이 반영되었다면 공동저작자로 된다.

III. 저작자 또는 저작재산권자의 추정

1. 의 의

[1] 저작자 추정 규정: (i) 저작물의 원본이나 그 복제물에 저작자로서의 실명 또는 이명(예명, 아호, 약칭 등)으로서 널리 알려진 것이 일반적인 방법으로 표시된 자와 (ii) 저작물을 공연 또는 공중송신하는 경우에 저작자로서의 실명 또는 저작자의 널리 알려진 이명으로서 표시된 자는 저작자로서 그 저작물에 대한 저작권을 가지는 것으로 추정된다(저 제8조 제1항).

[2] 취 지: 저작물의 이용과 유통을 원활하게 하고 권리침해가 있었을 경우의 입증을 용이하게 하기 위하여 저작자에 대한 추정 규정을 둔다.

[3] 널리 알려진 이명: 저작자의 실명이 아닌 예명, 아호, 약칭 등이지만 실재하는 어느 저작자를 지칭하는 것인지가 사회에 널리 알려져 있는 것이다.

[4] 일반적인 방법: 저작물의 종류에 따라 각기 행해져 온 일반적 관행이 있을 경우 그에 따라야 하나, 다른 사람이 찾아보기 어려운 특별한 방법으로 표시한 경우에는 추정을 받을 수 없다.

---

17) 참고: 서울북부지방법원 2008. 12. 30. 선고 2007가합5940 판결.

저작물이 수인의 공동명의로 표시되어 있을 경우에는 그 명의자들의 공동저작물로 추정한다.[18] 업무상 저작물의 경우에 저작물 등에 법인 기타 단체의 명칭이 표시되어 있는 경우에도 저작자 추정 규정의 적용을 받는다.

[5] 저작재산권자 추정 규정: 저작권법 제8조 제1항 각 호의 어느 하나에 해당하는 저작자의 표시가 없는 저작물의 경우에는 발행자[19] 또는 공연자로 표시된 자가 저작권을 가지는 것으로 추정한다(저 제8조 제2항).

예: (i) 저작자 표시가 없는 무명저작물이나 (ii) 널리 알려진 것이 아닌 이명을 표시한 이명 저작물에 대해서는 저작자 추정 규정을 적용하지 못하나 저작권법 제8조 제2항의 저작재산 권자 추정 규정을 적용할 수 있다.

[6] 취 지: 저작자의 표시가 없는 경우나 널리 알려진 것이 아닌 이명을 표시한 이명저작물의 경우에는 대개 저작자가 자기의 성명을 대외적으로 밝히는 것을 꺼리는 경우에 해당한다. 따라서 이 저작재산권자 추정 규정은 그러한 경우에 본인의 의사를 존중할 필요가 있다는 사실뿐만 아니라 발행자나 공연자에게 자기의 권리를 위탁하거나 양도한 경우가 많다는 사실을 감안한 것이다.

2. 대작(代作)

광의로는 저작물에 저작자가 아닌 타인의 이름을 표시한 저작물 또는 저작행위 그 자체를 말하나, 일반적으로는 소설·논문 등의 저작물을 본인 대신에 저작하는 것 또는 그 저작

---

18) 서울지방법원 1997. 10. 24. 선고 96가합59454 판결.
19) 대법원 2018. 1. 24. 선고 2017도18746 판결[저작권법위반]에서는 발행에 해당하는 "'복제·배포'의 의미가 '복제하여 배포하는 행위'를 뜻하는지 아니면 '복제하거나 배포하는 행위'를 뜻하는지 문제 된다. '공표'는 사전(辭典)적으로 '여러 사람에게 널리 드러내어 알리는 것'을 의미하고, 저작물의 '발행'은 저작권법상 '공표'의 한 유형에 해당한다. 단순히 저작물을 복제하였다고 해서 공표라고 볼 수 없다. 그리고 가운뎃점(·)은 단어 사이에 사용할 때 일반적으로 '와/과'의 의미를 가지는 문장부호이다. 따라서 위 조항에서 말하는 '복제·배포'는 그 문언상 '복제하여 배포하는 행위'라고 해석할 수 있다. 또한 구 저작권법상 '발행'은 저작물을 복제하여 발매 또는 배포하는 행위라고 정의하고 있었다. 현행 저작권법상 '발행'의 정의규정은 구 저작권법 제8조의 '발행'에 관한 정의규정의 문구나 표현을 간결한 표현으로 정비한 것으로 보일 뿐 이와 다른 의미를 규정하기 위해 개정된 것으로 볼 만한 사정이 없다. 한편 죄형법정주의의 원칙상 형벌법규는 문언에 따라 해석·적용하여야 하고 피고인에게 불리한 방향으로 지나치게 확장해석하거나 유추해석해서는 안 된다. 이러한 견지에서 '복제·배포'의 의미를 엄격하게 해석하여야 한다. 결국 저작물을 '복제하여 배포하는 행위'가 있어야 저작물의 발행이라고 볼 수 있고, 저작물을 복제한 것만으로는 저작물의 발행이라고 볼 수 없다."라고 판시한 바 있다.

물을 말한다. 예컨대, 스승이 제자가 저작한 저작물을 자기의 이름으로 공표하는 경우, 외국어로 된 저작물을 번역하는 경우에 유명인의 이름을 빌려 역자로 표시하는 경우에는 실제 창작자인 대작자가 저작자다. 저작권법 제8조에 따라 저작자로 표시된 사람이 저작자로 추정되지만 '대작'의 사실이 증명되면 그 추정이 번복된다. 문제는 대작자를 처벌할 수 있는지 여부이다. 즉, 대작의 경우 '저작자 아닌 자를 저작자로 하여 실명·이명을 표시하여 저작물을 공표한 자(저 제137조 제1항)'에 해당하여 형사처벌의 대상이 되는지 여부가 문제된다. 이는 다른 사람의 명의를 허락 없이 도용한 경우에만 여기에 해당되는지 아니면 저작명의인의 동의를 전제로 한 대작의 경우도 여기에 해당되는지 여부에 대한 문제다. 저작명의인의 동의를 전제로 한 대작의 경우에 다음 두 학설이 대립한다. 부정설은 보호법익을 저작명의인의 명의에 대한 인격적 이익으로 보아 대작자를 형사처벌의 대상이 아니라고 보는 견해이다. 반면에 긍정설은 보호법익을 저작명의인의 인격적 이익 외에 사회 일반의 신용으로 보아 대작자를 형사처벌의 대상으로 보는 견해이다. 이 중 긍정설이 타당하다.

제3절 공동저작물

I. 의 의

[1] **공동저작물**: 2인 이상이 공동으로 창작한 저작물로서 각자의 이바지한 부분을 분리하여 이용할 수 없는 것이다(저 제2조 제21호).

[2] **공동저작자**: 공동저작물을 창작한 저작자이다.

[3] **결합저작물과의 구별**: 개별적 이용가능성 유무에 따라 구별한다.

(i) 공동저작물: 그 권리행사도 공동으로 하여야 한다.

(ii) 결합저작물: 단독저작물이 단순히 결합한 것에 불과하므로 자신이 기여한 부분에 대해 단독으로 자유롭게 권리행사를 할 수 있다.

II. 요 건

1. 개별적 이용이 불가능할 것

저작권법은 분리가능성설(복수의 저작자의 각 기여 부분이 물리적으로 분리가능한지 여부를 기준으로 하는 견해)과 개별적 이용가능성설(각 기여 부분을 분리하여 개별적으로 이용하는 것이 가능한지 여부를 기준으로 하는 견해) 중 후자를 명시적으로 규정한다.

따라서 각 기여 부분을 물리적으로 분리할 수 있더라도 분리한 상태로 개별적으로 이용하는 것이 불가능하다면 공동저작물이 되고 그 저작자들은 공동저작자가 된다.

예: (i) 좌담회, 대담, 토론회와 같은 경우는 공동저작물이다. 왜냐하면 개개의 발언을 물리적으로 분리하는 것은 가능하지만 분리한 상태로 이용하기는 어렵기 때문이다. (ii) 심포지엄이나 세미나의 각 발표문으로 구성된 자료집은 결합저작물이다(이런 심포지엄이나 세미나에서 토론문도 각자 준비한 것을 발표하는 형식이라면 결합저작물이 될 가능성이 높다).

(iii) 음악저작물의 경우 가사와 악곡은 결합저작물이다. 따라서 휴대폰 벨소리서비스를 위해 해당 음악의 악곡을 이용하고자 할 경우에 그 작사자의 이용허락을 받을 필요 없이 작곡자의 이용허락만 받으면 된다.

대법원 2015. 6. 24. 선고 2013다58460 판결[저작자확인·부당이득반환]

[판시사항]

[1] 저작물 창작에 복수의 사람이 관여하였으나 각 사람의 창작활동 성과를 분리하여 이용할 수 있는 경우, 저작물의 성격(=결합저작물).

[2] 가사와 악곡으로 구성된 외국곡 중 갑이 가사 부분을 새로이 창작하고 을 등이 악곡 부분을 편곡하여 만든 노래에 관하여 외국곡의 국내 관리자인 병 주식회사가 저작권 신탁계약상 수탁자인 정 법인에 을 등이 작성한 '위 곡의 작곡 또는 편곡 등 곡에 대한 어떠한 저작권도 주장하지 않겠다'는 취지의 확인서를 제출하여 작품신고를 한 다음 저작권사용료를 지급받자, 갑이 병 회사를 상대로 작사자에게 귀속될 저작권사용료 상당의 부당이득 반환을 구한 사안에서, 위 노래는 갑과 을 등의 공동저작물이 아니므로, 을 등이 저작재산권 지분을 포기하였는지와 관계없이 병 회사는 갑에게 저작권사용료의 일부를 부당이득으로 반환하여야 한다고 본 원심판단이 정당하다고 한 사례.

2. 2인 이상이 공동으로 창작에 관여할 것

가. 2인 이상이 창작에 관여할 것

창작에 관여한다는 의미는 단순히 아이디어를 제공한 것으로는 부족하고 인간의 사상 또는 감정의 창작성 있는 표현에 실질적으로 관여하는 것이다. 2인 이상의 자 중에는 법인 기타 단체도 포함될 수 있다.[20]

나. 창작에 있어서 공동관계가 있을 것

객관적 공동관계와 주관적 공동관계가 존재하여야 한다.

[1] 객관적 공동관계: 다수인의 창작 행위로 하나의 저작물이 발생하였다는 객관적·외부적 사실만 있으면 충족되는 요건이다.

[2] 주관적 공동관계(공동의사): 공동저작물이 성립하기 위해 창작에 관여한 저작자들 사이에 공동으로 저작물을 작성하고자 하는 공동의사가 필요한지 여부에 대해서는 학설의 대립이 있다.

(i) 부정설: 공동의사의 외부적 식별 곤란성과 변경 용이성 등을 이유로, 공동의사라고 하는 주관적 요소를 중시할 것은 아니고 객관적으로 보아 당사자 간에 서로 상대방의 의사에 반하지 않는다고 하는 관계가 인정되는 정도이면 좋다는 견해이다.

(ii) 긍정설: 공동의사를 요건으로 하지 않은 경우 2차적 저작물이면 모두 공동저작물이 된다는 문제가 생기며 2차적 저작물의 저작권 행사 및 처분에 있어서 공동저작물과 동일한 제한을 가할 필요가 없다고 주장하면서 공동의사를 그 요건으로 하는 견해이다. 이 가운데 긍정설(미국 연방저작권법 제101조는 공동의사를 공동저작물의 요건으로 명시하고 있다)이 타당하다.

---

20) 대법원 2009. 12. 10. 선고 2007도7181 판결[무고·저작권법위반][공2010상,171]에서는 "구 저작권법 (2006. 12. 28. 법률 제8101호로 전부 개정되기 전의 것) 제2조 제1호, 제2호, 제13호의 각 내용 및 저작권은 구체적으로 외부에 표현한 창작적인 표현 형식만을 보호대상으로 하는 점에 비추어 보면, 2인 이상이 저작물의 작성에 관여한 경우 그중에서 창작적인 표현 형식 자체에 기여한 자만이 그 저작물의 저작자가 되는 것이고, 창작적인 표현 형식에 기여하지 아니한 자는 비록 저작물의 작성 과정에서 아이디어나 소재 또는 필요한 자료를 제공하는 등의 관여를 하였다고 하더라도 그 저작물의 저작자가 되는 것은 아니며, 설사 저작자로 인정되는 자와 공동저작자로 표시할 것을 합의하였다고 하더라도 달리 볼 것이 아니다."라고 판시하였다.

대법원 2016. 7. 29. 선고 2014도16517 판결[저작권법위반]

[판결요지]

2인 이상이 공동창작의 의사를 가지고 창작적인 표현형식 자체에 공동의 기여를 함으로써 각자의 이바지한 부분을 분리하여 이용할 수 없는 단일한 저작물을 창작한 경우 이들은 저작물의 공동저작자가 된다. 여기서 공동창작의 의사는 법적으로 공동저작자가 되려는 의사를 뜻하는 것이 아니라, 공동의 창작행위에 의하여 각자의 이바지한 부분을 분리하여 이용할 수 없는 단일한 저작물을 만들어 내려는 의사를 뜻한다.

그리고 2인 이상이 시기를 달리하여 순차적으로 창작에 기여함으로써 단일한 저작물이 만들어지는 경우에, 선행 저작자에게 자신의 창작 부분이 하나의 저작물로 완성되지는 아니한 상태로서 후행 저작자의 수정·증감 등을 통하여 분리이용이 불가능한 하나의 완결된 저작물을 완성한다는 의사가 있고, 후행 저작자에게도 선행 저작자의 창작 부분을 기초로 하여 이에 대한 수정·증감 등을 통하여 분리이용이 불가능한 하나의 완결된 저작물을 완성한다는 의사가 있다면, 이들에게는 각 창작 부분의 상호 보완에 의하여 단일한 저작물을 완성하려는 공동창작의 의사가 있는 것으로 인정할 수 있다. 반면에 선행 저작자에게 위와 같은 의사가 있는 것이 아니라 자신의 창작으로 하나의 완결된 저작물을 만들려는 의사가 있을 뿐이라면 설령 선행 저작자의 창작 부분이 하나의 저작물로 완성되지 아니한 상태에서 후행 저작자의 수정·증감 등에 의하여 분리이용이 불가능한 하나의 저작물이 완성되었더라도 선행 저작자와 후행 저작자 사이에 공동창작의 의사가 있다고 인정할 수 없다. 따라서 이때 후행 저작자에 의하여 완성된 저작물은 선행 저작자의 창작 부분을 원저작물로 하는 2차적 저작물로 볼 수 있을지언정 선행 저작자와 후행 저작자의 공동저작물로 볼 수 없다.

대법원 2014. 12. 11. 선고 2012도16066판결[저작권법위반 (라) 상고기각]

[판결요지]

1. 구 저작권법(2011. 6. 30. 법률 제10807호로 개정되기 이전의 것. 이하 같다) 제2조는 그 제1호에서 '저작물'이라고 함은 인간의 사상 또는 감정을 표현한 창작물을, 제2호에서 '저작자'라고 함은 저작물을 창작한 자를, 제21호에서 '공동저작물'이란 2인 이상이 공동으로 창작한 저작물로서 각자의 이바지한 부분을 분리하여 이용할 수 없는 것을 말한다고 각 규정하고 있다. 위 각 규정의 내용을 종합하여 보면, 2인 이상이 공동창작의 의사를 가지고 창작적인 표현형식 자체에 공동의 기여를 함으로써 각자의 이바지한 부분을 분리하여 이용할 수 없는 단일한 저작물을 창작한 경우 이들은 그 저작물의 공동저작자가 된다고 할 것이다. 여기서 공동창작의 의사는 법적으로 공동저작자가 되려는 의사를 뜻하는 것이 아니라, 공동의 창작행위에 의하여 각자의 이바지한 부분을 분리하여 이용

할 수 없는 단일한 저작물을 만들어 내려는 의사를 뜻하는 것이라고 보아야 한다.

2. 구 저작권법 제48조 제1항 전문은 "공동저작물의 저작재산권은 그 저작재산권자 전원의 합의에 의하지 아니하고는 이를 행사할 수 없다"고 정하고 있는데, 위 규정은 어디까지나 공동저작자들 사이에서 각자의 이바지한 부분을 분리하여 이용할 수 없는 단일한 공동저작물에 관한 저작재산권을 행사하는 방법을 정하고 있는 것일 뿐이므로, 공동저작자가 다른 공동저작자와의 합의 없이 공동저작물을 이용한다고 하더라도 그것은 공동저작자들 사이에서 위 규정이 정하고 있는 공동저작물에 관한 저작재산권의 행사방법을 위반한 행위가 되는 것에 그칠 뿐 다른 공동저작자의 공동저작물에 관한 저작재산권을 침해하는 행위까지 된다고 볼 수는 없다.

III. 효 과

1. 저작권의 행사

가. 의 의

공동저작자의 관계는 공동창작으로 작성된 공동저작물에 대한 각자의 기여 부분을 분리하여 이용할 수 없고 그 안에 저작자의 인격이 투영되어 있는 등의 점에서 특별히 밀접한 결합관계를 가지는 것으로 볼 수 있으므로 합유에 가까운 특수한 관계이다.

나. 저작인격권의 행사

[1] **저작권법 제15조 제1항**: 공동저작물의 저작인격권은 저작자 전원의 합의에 의하지 아니하고는 이를 행사할 수 없다. 이 경우 각 저작자는 신의에 반하여 합의의 성립을 방해할 수 없다. 왜냐하면 공동저작물은 각자의 기여 부분을 분리하여 개별적으로 이용하는 것이 불가능할 정도로 불가분적인 일체를 이루고 있는 관계로 어느 한 저작자의 저작인격권만을 분리하여 행사한다는 것이 불가능하기 때문이다.

[2] **'신의에 반하여'란 의미**: 사전에 뚜렷이 합의하지는 아니하였더라도 공동저작물의 작성 목적, 저작인격권 행사의 구체적 내용이나 방법 등에 비추어 공동저작물에 대한 저작인격권의 행사를 할 수 없도록 하는 것이 신의성실의 원칙 및 금반언의 원칙에 비추어 부당하다고 여겨질 만한 상황이다.

공동저작물의 저작자는 그들 중에서 저작인격권을 대표하여 행사할 수 있는 자를 정할 수 있다(저 제15조 제2항). 그 권리를 대표하여 행사하는 자의 대표권에 가해진 제한이 있을 때에 그 제한은 선의의 제3자에게 대항할 수 없다(저 제15조 제3항).

다. 저작재산권의 행사 및 처분

[1] **저작권법 제48조 제1항**: 공동저작물의 저작재산권은 그 저작재산권자 전원의 합의에 의하지 아니하고는 이를 행사할 수 없으며, 다른 저작재산권자의 동의가 없으면 그 지분을 양도하거나 질권의 목적으로 할 수 없다. 이 경우 각 저작재산권자는 신의에 반하여 합의의 성립을 방해하거나 동의를 거부할 수 없다. 이와 구별하여 생각하여야 할 부분은 공동저작물이 아닌 단독저작물의 저작재산권에 대해 2인 이상이 공유지분을 가지고 있는 경우에는 저작권법 제48조 제1항을 적용할 수 없을 것이다. 왜냐하면 공유자 사이에 창작에 같이 기여하면서 생긴 신뢰관계가 존재하지 않기 때문이다. 다만, 이 경우 저작재산권의 구체적인 지분권을 제3자에게 처분하는 행위는 다른 공유자의 권리에 영향을 미치므로 곤란하다고 생각한다. 그리고 주식회사의 물적 분할에 따른 공동저작자의 공유지분의 포괄승계를 허용하는 것은 여러모로 문제가 많다.

회사의 물적 분할에 따라 공동저작자의 공유지분을 포괄승계하는 것이 가능하다면 저작권법 제48조 제1항의 적용을 탈법적으로 회피할 수 있게 될 뿐만 아니라 공유지분 처분에 동의하지 아니한 공동저작자는 향후 저작인격권 행사에 있어 곤란한 상황에 직면할 수 있게 된다. 따라서 공동저작자 상호간의 인적결합관계에 대한 특수성을 감안할 때, 저작권법 제48조(공동저작물의 저작재산권의 행사) 제1항은 회사의 물적 분할(상법 제530조의12)에 대한 특별규정으로서 저작권법 제48조 제1항이 우선적으로 적용된다.

[2] **저작재산권의 행사**: 다른 제3자에게 저작물의 이용을 허락하거나 배타적발행권 내지 출판권을 설정하는 행위 또는 스스로 저작물을 복제하거나 배타적발행권 내지 출판하는 행위 등의 적극적인 행위를 말한다. 저작재산권 침해행위에 대한 금지청구 등은 여기에 포함되지 않는다. 저작재산권자 전원의 합의 없는 저작재산권의 행사 및 지분의 양도 등은 무효라고 보는 것이 원칙이다. 하지만 저작권법 제48조 제1항 후문의 규정에 해당하는 경우에는 예외적으로 유효하다. 공동저작물의 이용에 따른 이익은 공동저작자 사이의 특약이 없을 때에는 그 저작물의 창작에 이바지한 정도에 따라 각자에게 배분되며, 각자의 이바지한 정도가 명확하지 않은 때에는 균등한 것으로 추정한다(저 제48조 제2항). 공동저작물의 저작재산권자는 그 공동저작물에 대한 자신의 지분을 포기할 수 있으며, 포기하거나 상속인 없이 사망한 경우에 그 지분은 다른 저작재산권자에게 그 지분의 비율에 따라 배분된다(저 제48조 제3항).

공동저작물의 저작자는 그들 중에서 저작재산권을 대표하여 행사할 수 있는 자를 정할 수 있으며, 그 권리를 대표하여 행사하는 자의 대표권에 가하여진 제한이 있을 때에 그 제한은 선의의 제3자에게 대항할 수 없다(저 제48조 제4항).

라. 공동저작권 침해의 경우

[1] **저작권법 제129조**: 공동저작물의 각 저작자 또는 각 저작재산권자는 다른 저작자 또는 다른 저작재산권자의 동의 없이 저작권법 제123조의 규정에 따른 청구를 할 수 있으며 그 저작재산권의 침해에 관하여 자신의 지분에 관한 저작권법 제125조의 규정에 따른 손해배상의 청구를 할 수 있다. 공동저작물의 각 저작자 또는 각 저작재산권자는 다른 저작자 또는 저작재산권자의 동의 없이 침해정지 및 예방청구, 침해물의 폐기청구, 침해금지가처분 신청 등을 할 수 있고, 저작재산권 침해를 원인으로 하는 손해배상청구의 소를 제기할 수 있다. 다만, 손해배상청구의 소와 관련하여서는 자신의 지분에 해당하는 금액만 청구할 수 있다. 저작권법 제127조에 의한 저작인격권 침해에 대한 손해배상이나 명예회복 등 조치청구는 저작인격권 침해가 저작자 전원의 이해관계와 관련이 있는 경우에는 전원이 행사하여야 하지만, 1인의 인격적 이익이 침해된 경우에는 단독으로 손해배상 및 명예회복조치 등을 청구할 수 있고, 특히 저작인격권 침해를 이유로 한 정신적 손해배상을 구하는 경우에는 공동저작자 각자가 단독으로 자신의 손해배상청구를 할 수 있다.[21]

2. 저작재산권의 보호기간

저작재산권은 저작자의 생존하는 동안과 사망 후 70년간 존속하는 것으로 규정한다. 공동저작물의 저작재산권은 맨 마지막으로 사망한 저작자의 사망 후 70년간 존속한다(저 제39조 제2항).

제4절 업무상 저작물의 저작자

I. 의 의

[1] **저작권법 제2조 제31호**: "업무상 저작물"은 법인·단체 그 밖의 사용자(이하 "법인

---

21) 대법원 1999. 5. 25. 선고 98다41216 판결.

등"이라 한다)의 기획하에 법인 등의 업무에 종사하는 자가 업무상 작성하는 저작물이다.

[2] 저작권법 제9조: 법인 등의 명의로 공표되는 업무상 저작물의 저작자는 계약 또는 근무규칙 등에 다른 정함이 없는 때에는 그 법인 등이 된다. 다만, 컴퓨터프로그램저작물의 경우는 공표될 것을 요하지 아니한다.

[3] 서유럽법계 국가: 창작자 원칙을 고수하여 업무상 저작물의 경우에도 그 창작자인 피용자를 저작자로 보는 입장이다.

[4] 영미법계 국가: 실제적 관점에서 업무상 저작물의 경우에 법인 등이 저작자가 될 수 있도록 하는 규정을 둔다.

[5] 우리 저작권법: 업무상 저작물의 경우에 창작자 원칙의 예외를 인정한다.

II. 취 지

법인 등 단체의 내부에서 창작이 이루어지는 경우에는 여러 사람의 협동작업에 의하여 창작되는 사례가 많고 이러한 경우 복수인의 관여의 정도와 태양이 각양각색이어서 구체적으로 창작자를 한두 사람으로 특정하는 것이 실상에 반하는 경우가 많다. 업무상 저작물의 작성자인 피용자들은 대개 보수의 형태로 대가를 수령하고 있고, 특히 법인 등의 명의로 공표되는 저작물에 대해서는 그 피용자 개인이 인격적 이익을 주장할 것을 처음부터 예정하지 않고 있다.

제3장 저작권법상 보호 객체의 유형, 편집저작물 내지 2차적 저작물의 성립요건 및 저작권법상 보호받지 못하는 저작물

제1절 표현형식에 따른 저작물의 분류

I. 저작물의 유형

저작권법 제4조는 (i) 어문저작물, (ii) 음악저작물, (iii) 연극저작물, (iv) 응용미술저작물22) 그 밖의 미술저작물, (v) 건축저작물, (vi) 사진저작물, (vii) 영상저작물, (viii) 도형저

---

22) 대법원 2004. 7. 22. 선고 2003도7572 판결[저작권법위반][공2004.9.1.(209), 1496]에서는 "일명 '히딩크

작물, (ix) 컴퓨터프로그램저작물을 저작물로 예시하고 있는데, 이는 표현형식에 따라 저작물을 분류하여 예시한 것이다.

II. 영상저작물

1. 성립요건

☞ **영상저작물의 성립요건(저 제2조 제13호):** (i) '연속적인 영상'이 수록된 창작물일 것, (ii) 유형매체에 고정될 것, (iii) 창작성이 있을 것이다.

가. 연속적 영상일 것

[1] **연속적 영상:** 동영상을 의미한다. 음향과 사진을 수반한 슬라이드 사진 등을 이용한 강의나 강연은 영상저작물이 아니다.

창작적 성과도 영상적 효과에 나타나야 한다. 영상적 효과라 함은 영상물의 창작에 이용된 작품(시나리오, 음악, 미술 등)에 대한 '영상적 구성'을 의미한다.

[2] **영상의 각 프레임:** 정지화상이므로 영상저작물 자체에 대한 저작권은 각 프레임에는 미치지 않는다. 개개의 정지화상은 사진에 불과하므로 저작권법 제4조 제1항 제6호의 사진저작물로서 보호받을 수 있다.

나. 유형매체에의 고정

[1] **유형매체에의 고정:** 동영상 효과를 발생시키려면 개개의 프레임을 매체에 수록할 필요가 있다.

[2] **스포츠 생방송:** 유형매체에의 고정이 없으므로 저작권법 제4조 제1항 제7호의 영상저작물이 아니라는 견해가 있으나, 유형매체에의 고정이 생방송과 동시에 이루어지므로 스포츠 생방송은 영상저작물이 될 가능성이 열려 있다.

[3] **비디오 등의 게임:** 판례 및 통설에 의하면 비디오게임, 컴퓨터게임, 멀티미디어는 영상저작물로 해석된다. 왜냐하면 비디오 등의 게임도 영상을 모니터상에 호출하여 극히 짧은

넥타이'의 도안이 우리 민족 전래의 태극문양 및 팔괘문양을 상하 좌우 연속 반복한 넥타이 도안으로서 응용미술작품의 일종이라면 위 도안은 '물품에 동일한 형상으로 복제될 수 있는 미술저작물'에 해당한다고 할 것이며, 또한 그 이용된 물품과 구분되어 독자성을 인정할 수 있는 것이라면 저작권법 제2조 제11의2호에서 정하는 응용미술저작물에 해당한다."고 판시하였다.

간격으로 프레임을 입력함으로써 그 영상이 연속적으로 변화하고 있는 것처럼 보여주는 방법으로 표현되기 때문이다.

다. 창작성이 있을 것

사람의 정신적 창작의 성과가 영상적 효과로 나타나야 한다.

☞ 대법원 1997. 4. 22. 선고 96도1727 판결[상표법 위반 · 저작권법 위반(각 예비적 죄명: 부정경쟁방지방법원 위반)]: 이 사례에서는 "외국 법인에 의하여 창작된 만화영상저작물인 톰앤제리 캐릭터는 세계저작권협약(U.C.C.)의 대한민국 내 발효일인 1987. 10. 1. 이전에 창작된 저작물로서 구 저작권법(1995. 12. 6. 법률 제5015호로 개정되기 전의 것) 제3조 제1항 단서에 의하여 저작물로서의 보호대상이 되지 아니할 뿐만 아니라, 위 톰앤제리의 연속저작물 중 위 협약의 발효일 이후에 새로 창작된 부분이 있다고 하더라도 이는 이미 공표된 종전의 저작물을 바탕으로 하여 창작되어 사용된 것이므로, 내국인이 임의로 이를 사용하였다고 하더라도 위 협약의 발효일 이후에 새로이 창작된 톰앤제리의 저작권을 침해한 것이라고 볼 수 없다."는 이유로 구 저작권법 위반의 점에 대하여 무죄를 선고한 원심판결을 수긍하였다. 아울러 이 판결에서는 "일련의 연속된 특정 만화영상저작물의 캐릭터가 어느 시점을 기준으로 하여 새로운 저작물로서 인정되기 위하여서는 종전의 캐릭터와는 동일성이 인정되지 아니할 정도의 전혀 새로운 창작물이어야 한다."라고 판시하였다.

2. 영상저작물의 독자성

영상저작물의 창작성은 시나리오의 창작성과는 별도로 이용된 작품에 대한 '영상적 구성'에서 나타나야 한다. 또한 영상저작물의 경우에 전 창작과정은 시나리오 등의 완성 시에 제작이 완료되는 것이 아니고, 시나리오가 감독의 지휘에 따라 영상저작물로 구성됨으로써 비로소 완료된다.

3. 영상저작물의 단일성

영상저작물을 구성하고 있는 시나리오, 음악, 미술 등에는 영상저작물에 대한 저작권이 미치지 아니한다. 영상저작물에 이용된 개개의 저작물의 독립성이 인정되더라도 그 영상저작물을 처분하였을 때에는 각 저작물의 처분에 관해 별도의 합의가 없어도 그 처분의 효과는 개개의 저작물에 전반적·통일적으로 미친다.

4. 영상저작물의 저작자

업무상 저작을 인정하는 우리나라에서는 영상물에 관해서 창작활동을 한 자들이 영화사의 직원들이거나 일부가 직원들인 경우에는 당해 영상물에 대해 법인이 단독으로 저작자로서의 지위를 취득하거나 외부자와의 관계에서 공동저작자의 지위를 취득하게 된다.

제2절 2차적 저작물

I. 의 의

[1] **2차적 저작물**: 원저작물을 번역·편곡·변형·각색·영상제작 그 밖의 방법으로 작성한 창작물이다.

[2] **번 역**: 어문저작물을 체계가 다른 언어로 재표현하는 것이다. 속기문자, 점자, 암호문 등을 보통의 문자로 수정하여 작성하는 것은 번역이 아니다.

[3] **편 곡**: 기존의 악곡에 창작적인 변화를 가하는 것이다. 독주곡을 합주곡이나 교향곡으로 바꾸는 것이다.

[4] **변 형**: 미술, 건축, 사진, 도형 등 공간적 형태로 표현되는 저작물의 형태를 창작적으로 변화시키는 것이다(예: 회화를 조각으로 만드는 경우).23)

[5] **각 색**: 소설 등 비연극적 저작물을 연극 또는 영화에 적합하도록 각본화하는 것이다.

[6] **영상제작**: 소설, 만화, 각본 등의 저작물을 영화 등의 영상저작물로 제작하는 것이다.

전술한 방법은 예시한 것이므로 이하 성립요건을 충족하는 한 2차적 저작물이 된다.

---

23) 대법원 2018. 5. 15. 선고 2016다227625 판결[손해배상]에서는 "실제 존재하는 건축물을 축소한 모형도 실제의 건축물을 축소하여 모형의 형태로 구현하는 과정에서 건축물의 형상, 모양, 비율, 색채 등에 관한 변형이 가능하고, 그 변형의 정도에 따라 실제의 건축물과 구별되는 특징이나 개성이 나타날 수 있다. 따라서 실제 존재하는 건축물을 축소한 모형이 실제의 건축물을 충실히 모방하면서 이를 단순히 축소한 것에 불과하거나 사소한 변형만을 가한 경우에는 창작성을 인정하기 어렵지만, 그러한 정도를 넘어서는 변형을 가하여 실제의 건축물과 구별되는 특징이나 개성이 나타난 경우라면, 창작성을 인정할 수 있어 저작물로서 보호를 받을 수 있다."라고 판시한 바 있다.

II. 성립요건

1. 원저작물을 기초로 할 것

2차적 저작물은 원저작물과의 관계에서 원저작물을 기초로 하였다는 의미에서 "종속성"이 요구된다. 2차적 저작물은 "새로운 창작성이 부가될 것"이라는 요건 외에는 복제물과 동일하다. 따라서 복제물과 마찬가지로 2차적 저작물이 해당하기 위해서는 저작권 침해의 주관적 요건인 "의거"와 객관적 요건인 "실질적 유사성"이 존재하여야 한다.

이때 2차적 저작물의 작성을 위한 기초로 이용되는 원저작물은 반드시 저작권의 보호기간이 경과되지 아니한 것임을 요하지 아니한다.

2. 새로운 창작성의 부가

2차적 저작물이 요구하는 창작성의 요건은 일반 저작물의 성립요건인 창작성과 본질적으로 다른 개념은 아니나, 그 정도의 면에서는 보다 높은 기준이 적용된다. 2차적 저작물이 되기 위해서는 보통의 저작물에서 요구되는 창작성보다 더 실질적이고 높은 정도의 창작성이 요구되며, 원저작물에 대하여 사회통념상 별개의 저작물이라고 할 정도의 실질적인 개변이 있어야 한다고 하는 견해가 유력하다. 하급심 판례도 이에 따른다(서울고등법원 2002. 10. 15. 선고 2002나986 판결). 대법원 2002. 1. 25. 선고 99도863 판결은 "2차적 저작물로 보호를 받기 위하여는 원저작물을 기초로 하되 원저작물과 실질적 유사성을 유지하고, 이것에 사회통념상 새로운 저작물이 될 수 있을 정도의 수정증감을 가하여 새로운 창작성이 부가되어야 하는 것이며, 원저작물에 다소의 수정증감을 가한 데 불과하여 독창적인 저작물이라고 볼 수 없는 경우에는 저작권법에 의한 보호를 받을 수 없다"고 판시하였고, 대법원 2004. 7. 8. 선고 2004다18736 판결 및 서울중앙지방법원 2007. 7. 13. 선고 2006나16757 판결도 동일한 취지를 표명하였다.

3. 효 과

가. 독자적 저작물로서의 보호

2차적 저작물은 독자적 저작물로서 보호된다. 2차적 저작물의 저작자에게도 그에 대한 저작재산권과 저작인격권이 부여된다. 그리고 2차적 저작물의 보호범위는 새로이 창작성이 부가된 부분에 한한다.

원서를 국어로 번역한 작품과 관련하여 2차적 저작물로서의 보호범위에는 원작 소설의 줄거리나 기타 표현 등은 포함되지 않고, 국어로 번역함에 있어서의 용어 선택 등 창작성이 있는 부분만 포함된다.[24]

나. 원저작물 저작자와의 관계

2차적 저작물은 원저작물을 기초로 하여 그와 실질적 유사성을 유지하면서 동시에 사회통념상 새로운 저작물로 볼 수 있을 만한 정도의 창작성을 부가함으로써 성립하는 것이고, 원저작자의 허락은 성립요건이 아니다.

원저작자의 허락은 2차적 저작물의 성립요건이 아니라 적법요건이다. 왜냐하면 원저작자는 자신의 저작물에 대하여 2차적저작물작성권을 가지기 때문이다.

저작자의 허락 없는 2차적 저작물도 독자적 저작물로서 보호되고 다른 제3자의 침해자에 대해 자신의 권리를 주장할 수도 있으나, 원저작자와의 관계에서 독자적 저작물로서의 보호를 주장하여 침해 책임을 면할 수는 없다. 2차적 저작물 작성만 허락하였을 뿐이고 다른 특별한 약정을 하지 않은 경우에 원저작자는 그 2차적 저작물 작성을 저작권 침해행위라고 주장할 수 없다는 것 외에는 다른 모든 권리를 그대로 행사할 수 있다. 예컨대 C가 2차적 저작물을 복제함으로써 원저작자인 A가 저작한 부분을 이용하고자 하는 경우에는 원저작자는

---

24) 대법원 2019. 12. 27. 선고 2016다208600 판결[손해배상]에서는 "갑 주식회사가 '밀가루 체험놀이 가루야 가루야'라는 체험전의 공연 기획안을 창작하여 체험전을 진행하고 있는데, 을 등이 밀가루 체험놀이를 주제로 하는 유사한 체험전을 진행하여 갑 회사의 저작권을 침해하였다고 주장하며 을 등을 상대로 손해배상을 구한 사안에서, 위 기획안은 사상이나 감정에 대한 독자적인 표현을 담고 있어 창작성을 인정할 수 있고, 갑 회사의 체험전은 위 기획안과 실질적 유사성을 유지하면서 사회통념상 새로운 저작물이 될 수 있을 정도의 창작적 노력이 부가되어 있으므로 저작권법 제5조 제1항에서 정한 2차적저작물로서 보호받을 수 있는데, 을 등의 체험전은 갑 회사의 체험전의 제작 의도가 구현된 주요한 구성요소들의 선택과 배열 및 유기적인 조합에 따른 창작적인 표현형식을 그대로 포함하고 있어 갑 회사의 체험전과 실질적으로 유사하다고 볼 수 있으므로, 을 등이 갑 회사의 복제권 등 저작재산권을 침해하였다."는 취지의 원심판단을 수긍한 사례다.

이를 허락하거나 금지할 권리를 행사할 수 있고, 자신이 저작한 부분만을 다른 사람에게 이용허락할 수도 있다. 다만 원저작자 A는 2차적 저작물 작성자인 B가 작성한 부분만을 이용하고자 하는 자에 대해서는 아무런 금지권 및 허락권을 행사할 수 없다.

대법원 2012. 2. 23. 선고 2010다66637 판결[저작권침해금지등]

[판결요지]

저작권법 제5조 제1항은 원저작물을 번역·편곡·변형·각색·영상제작 그 밖의 방법으로 작성한 창작물(이하 '2차적 저작물'이라 한다)은 독자적인 저작물로서 보호된다고 규정하고 있는데, 2차적 저작물로 보호를 받기 위하여는 원저작물을 기초로 하되 원저작물과 실질적 유사성을 유지하고, 이것에 사회통념상 새로운 저작물이 될 수 있을 정도의 수정·증감을 가하여 새로운 창작성이 부가되어야 하는 것이며, 원저작물에 다소의 수정·증감을 가한 것에 불과하여 독창적인 저작물이라고 볼 수 없는 경우에는 저작권법에 의한 보호를 받을 수 없다고 판시한 사례.

제3절 편집저작물

I. 의 의

[1] **편집저작물**(저 제6조): 편집물로서 그 소재의 선택·배열 또는 구성에 창작성이 있는 것(저 제2조 제18호)이다.

[2] **편집물**: 저작물이나 부호·문자·음·영상 그 밖의 형태의 자료의 집합물을 말하며, 데이터베이스를 포함한다(저 제2조 제11호).

II. 요 건

1. 편집물일 것

[1] **편집물**: 저작물이나 기타 자료의 집합물이다.
[2] **저작물의 예**: 신문, 잡지, 백과사전, 시집, 논문집 등
[3] **기타 자료의 예**: 영어단어집, 문헌목록, 직업별 전화번호부 등

2. 소재의 선택·배열 또는 구성에 창작성이 있을 것

편집저작물의 경우에는 그 저작활동의 본질이 편집행위에 있으므로 편집행위에 해당하는 소재의 선택·배열 또는 구성에 창작성이 있을 것을 요건으로 한다.

소재 자체의 생성이나 수집에 있어서의 노력은 위 창작성의 내용에 포함되지 아니한다.

창작성을 요건으로 하지 않는 데이터베이스제작자의 보호에 있어서는 소재 자체의 수집을 위한 노력에 상당한 비용이 투자된 경우 보호의 대상에 포함될 수 있으나, 선택행위가 개재되지 않은 소재의 단순한 수집은 "소재의 선택·배열 또는 구성"의 어디에도 해당하지 않으므로 편집저작물로서 보호될 수 없다.

소재의 배열이나 구성이 널리 사용되고 있는 관행적인 방법이나 기계적인 방법에 의한 것일 경우에는 그 부분에 대해 창작성이 인정될 수 없다. 예컨대 전화번호부 인명편을 가나다 순으로 정렬한 것은 창작성이 없다. 또 다른 예로서 직업별 전화번호부의 경우 어떤 직업을 어떻게 분류하고 그렇게 분류된 직업들을 어떤 순서로 배열할 것인지 하는 부분에 있어 기존의 관행을 따르지 않고 편집자 나름의 창조적 개성을 반영한 것으로 인정할 수 있을 때에는 편집저작물로서 창작성이 있다.

III. 효 과

1. 독자적 저작물로서의 보호

편집저작물은 독자적 저작물로서 보호된다(저 제6조 제1항). 편집저작물의 보호범위는 그 개별 소재에는 미치지 아니하고, 그 소재들의 편집행위에 창작성이 있는 부분에 한한다. 소재저작물로서 창작성이 있는 부분은 A, B, C 부분이고, 편집행위에 창작성이 있는 것은 D 부분인 경우에, 편집저작물의 저작자로서 저작권을 주장할 수 있는 부분은 D 부분이다.

2. 원저작물 저작자와의 관계

편집저작물의 보호는 그 편집저작물의 구성 부분이 되는 소재의 저작권 그 밖에 이 법에 따라 보호되는 권리에 영향을 미치지 아니한다(저 제6조 제2항). 편집저작물은 편집물로서 그 소재의 선택, 배열, 구성 등 편집행위에 창작성이 있으면 성립하는 것이고 소재저작물 저작자의 허락은 성립요건이 아니다. 소재저작물 저작권자의 허락 없이 편집저작물을 작성하는 행위는 소재저작물 저작권자의 복제권을 침해한 것으로 위법한 행위가 된다(따라서 소재저작권자는 편집저작물의 저작자를 상대로 침해금지 및 손해배상의 청구, 형사고소를 할 수 있다). 소재저작물 저작권자의 허락은 편집저작물의 성립요건이 아니지만 적법요건이다. 소재저작물 저작권자가 편집저작물 작성을 허락하였을 뿐이고 다른 특별한 약정을 하지 않은 경우에 소재저작물 저작권자는 그 편집저작물 작성을 저작권 침해행위라고 주장할 수 없다는 것 외에는 다른 모든 권리를 그대로 행사할 수 있다. 예컨대 편집저작물을 통째로 복제함으로써 자신이 저작권을 가지는 소재를 이용하고자 하는 자에 대하여 이를 허락하거나 금지할 권리를 행사할 수 있고, 자신이 저작한 소재 부분만을 다른 사람에게 이용허락할 수도 있다.

대법원 1996. 6. 14. 선고 96다6264 판결[저작권침해금지가처분][공1996.8.1.(15), 2178]

[판결요지]

[1] 편집물이 편집저작물로서 보호를 받으려면 일정한 방침 혹은 목적을 가지고 소재를 수집, 분류, 선택하고 배열하여 편집물을 작성하는 행위에 창작성이 있어야 한다.

[2] 저작권법에 의하여 보호되는 저작물은 학문과 예술에 관하여 사람의 정신적 노력에 의하여 얻어진 사상 또는 감정의 창작적 표현물이어야 하므로, 저작권법이 보호하고 있는 것은 사상, 감정을 말, 문자, 음, 색 등에 의하여 구체적으로 외부에 표현한 창작적인 표현형식이고, 그 표현되어 있는 내용 즉 아이디어나 이론 등의 사상 및 감정 그 자체는 설사 그것이 독창성, 신규성이 있다 하더라도 소설의 스토리 등의 경우를 제외하고는 원칙적으로 저작물이 될 수 없어 저작권법의 보호 대상이 되지 아니한다.

[3] 한글교육교재의 소재인 글자교육카드의 선택 또는 배열이 창작성이 있다고 할 수 없어 이를 편집저작물로 볼 수 없고, 그 한글교육교재가 채택하고 있는 순차적 교육방식이라는 것은 아이디어에 불과하여 저작물로서 보호받을 수 없다고 판단한 원심판결을 수긍한 사례.

제4절 보호받지 못하는 저작물

I. 서 설

(i) 헌법·법률·조약·명령·조례 및 규칙, (ii) 국가 또는 지방자치단체의 고시·공고·훈령 그 밖에 이와 유사한 것, (iii) 법원의 판결·결정·명령 및 심판이나 행정심판절차 그 밖에 이와 유사한 절차에 의한 의결·결정 등, (iv) 국가 또는 지방자치단체가 작성한 것으로서 제1호 내지 제3호에 규정된 것의 편집물 또는 번역물, (v) 사실의 전달에 불과한 시사보도(저 제7조)는 저작권법상 보호받지 못하는 저작물이다. 저작권법 제7조는 (i) 국민의 알 권리를 보장하기 위한 것, (ii) 일반에게 주지시킬 공익적 목적으로 작성된 것이라고 하는 저작물 자체의 특수한 성격을 고려한 것이다.

II. 비보호 저작물의 예

[1] '그 밖에 이와 유사한 절차에 의한 의결결정 등': 특허심판, 해난심판, 행정상의 소청심사 및 재결, 행정조정에 의한 조정결정 등을 포함한다.

외국 법원에 의한 판결 등도 비보호저작물로 된다.

[2] 제1호 내지 제3호에 규정된 것의 편집물: 국가 또는 지방자치단체가 주체가 되어 편찬 발행하는 법령집, 예규집, 규칙집, 자치법규집, 심결례집, 재결례집 등과 같이 국가기관 등이 주체가 되어 제작한 법령 데이터베이스, 판례집 등을 포함한다.

[3] 제1호 내지 제3호에 규정된 것의 번역물: 법령, 고시, 공고, 판례 등을 관공서가 외국어로 번역한 것이다. 외국의 법령, 판례 등을 국가 또는 지방자치단체가 번역한 것도 비보호저작물이다. 법령·판례를 민간의 사기업이나 개인이 편집 또는 번역한 경우에는 편집저작물 또는 2차적 저작물로 보호될 수 있고, 데이터베이스제작자로서의 보호를 받을 수도 있다. 사실의 전달에 불과한 시사보도에 관한 규정은 저작물이 아닌 것을 주의적으로 규정한 것에 불과하다.[25] 사실의 전달에 불과한 것은 '인간의 사상 또는 감정의 창작적 표현' 자체가 아니다.

---

25) 대법원 2009. 5. 28. 선고 2007다354 판결.

대법원 2009. 5. 28. 선고 2007다354 판결[저작권침해금지등]

구 저작권법(2006. 12. 28. 법률 제8101호로 전부 개정되기 전의 것, 이하 같다) 제7조는 "다음 각 호의 1에 해당하는 것은 이 법에 의한 보호를 받지 못한다."라고 규정하여 일정한 창작물을 저작권법에 의한 보호대상에서 제외하면서 제5호에 '사실의 전달에 불과한 시사보도'를 열거하고 있는바, 이는 원래 저작권법의 보호대상이 되는 것은 외부로 표현된 창작적인 표현 형식일 뿐 그 표현의 내용이 된 사상이나 사실 자체가 아니고, 시사보도는 여러 가지 정보를 정확하고 신속하게 전달하기 위하여 간결하고 정형적인 표현을 사용하는 것이 보통이어서 창작적인 요소가 개입될 여지가 적다는 점 등을 고려하여, 독창적이고 개성 있는 표현 수준에 이르지 않고 단순히 '사실의 전달에 불과한 시사보도'의 정도에 그친 것은 저작권법에 의한 보호대상에서 제외한 것이라고 할 것이다.

대법원 2006. 9. 14. 선고 2004도5350 판결[저작권법위반][공2006.10.15.(260), 1766]

[판결요지]

[1] 저작권법 제7조는 "다음 각 호의 1에 해당하는 것은 이 법에 의한 보호를 받지 못한다."고 규정하여 일정한 창작물을 저작권법에 의한 보호대상에서 제외하면서 제5호에 '사실의 전달에 불과한 시사보도'를 열거하고 있는바, 이는 원래 저작권법의 보호대상이 되는 것은 외부로 표현된 창작적인 표현 형식일 뿐 그 표현의 내용이 된 사상이나 사실 자체가 아니고, 시사보도는 여러 가지 정보를 정확하고 신속하게 전달하기 위하여 간결하고 정형적인 표현을 사용하는 것이 보통이어서 창작적인 요소가 개입될 여지가 적다는 점 등을 고려하여, 독창적이고 개성 있는 표현 수준에 이르지 않고 단순히 '사실의 전달에 불과한 시사보도'의 정도에 그친 것은 저작권법에 의한 보호대상에서 제외한 것이다.

[2] 일간신문의 편집국장이 연합뉴스사의 기사 및 사진을 복제하여 신문에 게재한 사안에서, 복제한 기사 및 사진 중 단순한 사실의 전달에 불과한 시사보도의 정도를 넘어선 것만을 가려내어 저작권법상 복제권 침해행위의 죄책을 인정해야 한다고 한 사례.

III. 저작물의 내용 중에 부도덕하거나 위법한 부분이 포함된 경우에 비보호저작물에 해당하는지 여부

저작물의 내용 중에 부도덕하거나 위법한 부분이 포함된 경우에도 저작물의 성립요건을 충족되면 저작권법상 보호를 받는다.[26)]

[판결요지]

저작권법은 제2조 제1호에서 저작물을 '인간의 사상 또는 감정을 표현한 창작물'이라고 정의하는 한편, 제7조에서 보호받지 못하는 저작물로서 헌법·법률·조약·명령·조례 및 규칙(제1호), 국가 또는 지방자치단체의 고시·공고·훈령 그 밖에 이와 유사한 것(제2호), 법원의 판결·결정·명령 및 심판이나 행정심판절차 그 밖에 이와 유사한 절차에 의한 의결·결정 등(제3호), 국가 또는 지방자치단체가 작성한 것으로서 제1호 내지 제3호에 규정된 것의 편집물 또는 번역물(제4호), 사실의 전달에 불과한 시사보도(제5호)를 열거하고 있을 뿐이다. 따라서 저작권법의 보호대상이 되는 저작물이란 위 열거된 보호받지 못하는 저작물에 속하지 아니하면서도 인간의 정신적 노력에 의하여 얻어진 사상 또는 감정을 말, 문자, 음, 색 등에 의하여 구체적으로 외부에 표현한 것으로서 '창작적인 표현형식'을 담고 있으면 족하고, 표현되어 있는 내용 즉 사상 또는 감정 자체의 윤리성 여하는 문제 되지 아니하므로, 설령 내용 중에 부도덕하거나 위법한 부분이 포함되어 있다 하더라도 저작권법상 저작물로 보호된다.

제4장 저작재산권의 정의와 유형

제1절 저작재산권의 의의

저작물의 이용으로부터 발생하는 경제적 이익을 보호하기 위한 권리이다.

제2절 소유권과의 차이점

저작재산권과 소유권은 구별할 필요가 있다.

[1] **소유권**: 배타적인 권리로서 사용·수익·처분 권능이 있다.

[2] **저작재산권**: 배타적인 권리로서 사용·수익·처분 권능이 있다.

[1] **소유권**: 물건 위에 성립하는 권리이다.

[2] **저작재산권**: 저작자의 정신적 창작활동의 산물인 저작물에 대하여 성립하는 권리이다.

예: (i) 작가의 수필이 기재된 원고 용지는 소유권의 대상인 데 반해, 원고 용지에 기재된 소

---

26) 대법원 2015. 6. 11. 선고 2011도10872 판결.

설의 내용 그 자체는 저작물로서 저작재산권의 대상이다. (ii) 소설의 내용을 방송한 경우에 소설에 대한 소유권은 그 소설이라는 유체물이 존속하는 한 영구히 존속하는 권리이지만 저작재산권은 그 존속기간이 경과하면 소멸하여 공유의 영역에 속한다.

제3절 저작재산권에 포함되는 권리의 종류

☞ **저작재산권**: 복제권(저 제16조), 공연권(저 제17조), 공중송신권(저 제18조), 전시권(저 제19조), 배포권(저 제20조), 대여권(저 제21조), 2차적저작물작성권(저 제22조)이 있다.

I. 복제권

[1] **복제권**: 자신의 저작물을 스스로 복제하거나 타인에게 이를 하도록 허락하거나 하지 못하도록 금지할 배타적인 권리이다(저 제16조).

[2] **복 제**: 인쇄, 사진촬영, 복사, 녹음, 녹화, 그 밖의 방법으로 일시적 또는 영구적으로 유형물에 고정하거나 유형물로 다시 제작하는 것을 말하며, 건축물의 경우에는 그 건축을 위한 모형 또는 설계도서에 따라 이를 시공하는 것을 말한다.[27] 따라서 복제에는 가시적인 복제(인쇄 및 사진 등) 및 재생가능한 복제(녹음 및 녹화 등)가 포함된다. 예컨대 연극이 무대에서 상연되거나 방송되고 있는 경우에 이 상연이나 방송을 녹음 내지 녹화하는 것은 연극저작물을 무형적으로 재현한 것을 다시 유형적으로 복제한 것으로서 연극저작물 자체를 유형적으로 복제한 것은 아니다. 하지만 저작권법은 이를 복제의 개념에 포함시킨다. 새로 제작된 작품이 기존의 저작물과 유사하더라도 그것이 우연의 일치에 의한 것인 경우에는 복제에 해당하지 않는다.

[3] **복제권과 배타적발행권(출판권 포함)과의 관계**: 배타적발행 및 출판도 복제의 한 유형인데, 배타적발행 내지 출판의 경우에는 다른 이용형태와는 달리 타인에게 준물권인 배타적발행권 내지 출판권을 설정할 수 있도록 허용하고 있다(저 제57조, 제63조).

---

27) 대법원 2019. 5. 10. 선고 2016도15974 판결[저작권법위반]에서는 "저작권법 제2조 제22호는 '복제'의 의미에 대해 "인쇄·사진촬영·복사·녹음·녹화 그 밖의 방법으로 일시적 또는 영구적으로 유형물에 고정하거나 다시 제작하는 것"이라고 규정하고 있다. 이러한 복제에는 도안이나 도면의 형태로 되어 있는 저작물을 입체적인 조형물로 다시 제작하는 것도 포함한다. 위 조항의 후문은 "건축물의 경우에는 그 건축을 위한 모형 또는 설계도서에 따라 이를 시공하는 것을 포함한다."라고 규정하고 있으나, 이는 저작물인 '건축물을 위한 모형 또는 설계도서'에 따라 건축물을 시공하더라도 복제에 해당한다는 점을 명확히 하려는 확인적 성격의 규정에 불과하다."라고 판시하였다.

II. 공연권

[1] **공연권**: 저작자가 자신의 저작물을 스스로 공연하거나 타인에게 이를 하도록 허락하거나 하지 못하도록 금지할 배타적인 권리이다(저 제17조).

[2] **공연의 개념**: 저작물을 상연·연주·가창·구연·낭독·상영·재생 그 밖의 방법으로 공중에게 공개하는 것을 말하며, 동일인의 점유에 속하는 연결된 장소 안에서 이루어지는 송신(전송을 제외한다)을 포함한다(저 제2조 제3호). 동일인의 점유에 속하는 연결된 장소 안에서 이루어지는 송신을 포함한다는 규정을 2001년 개정 시 추가하여 공연의 개념과 인접 개념인 '방송'을 구별하고 있다. '공연'은 반드시 관람료나 시청료 등의 반대급부를 받을 것을 요건으로 하는 것이 아니며, 다만 영리를 목적으로 하지 아니하고 청중·관중 또는 제3자로부터 반대급부를 받지 아니하고 '공표된 저작물'을 공연할 경우에는 공연권제한규정(저 제29조)에 따라 공연권 침해를 구성하지 아니한다.

대법원 2001. 9. 28. 선고 2001도4100 판결[저작권법위반][공2001.11.15.(142), 2412]

[판결요지]

구 저작권법 제2조 제3호는 '공연이라 함은 저작물을 상연·연주·가창·연술·상영 그 밖의 방법으로 일반 공중에게 공개하는 것을 말하며, 공연·방송·실연의 녹음물 또는 녹화물을 재생하여 일반 공중에게 공개하는 것을 포함한다'고 규정하고 있는바, 여기서 일반 공중에게 공개한다 함은 불특정인 누구에게나 요금을 내는 정도 외에 다른 제한 없이 공개된 장소 또는 통상적인 가족 및 친지의 범위를 넘는 다수인이 모여 있는 장소에서 저작물을 공개하거나, 반드시 같은 시간에 같은 장소에 모여 있지 않더라도 위와 같은 불특정 또는 다수인에게 전자장치 등을 이용하여 저작물을 전파·통신함으로써 공개하는 것을 의미한다고 할 것이므로, 노래방의 구분된 각 방실이 소수의 고객을 수용할 수 있는 소규모에 불과하다고 하더라도, 일반 고객 누구나 요금만 내면 제한 없이 이를 이용할 수 있는 공개된 장소인 노래방에서 고객들로 하여금 노래방 기기에 녹음 또는 녹화된 음악저작물을 재생하는 방식으로 저작물을 이용하게 하였다면, 이는 일반 공중에게 저작물을 공개하여 공연한 행위에 해당되고, 공연법상 공연의 의미가 저작권법의 그것과 다르다거나, 음반·비디오물및게임물에관한법률에서 노래연습장업을 별도로 규율하는 규정을 두고 있다고 하더라도 위 각 법률과 저작권법은 그 입법목적, 규정사항, 적용 범위 등을 달리하고 있으므로 위와 같은 다른 법률의 규정이 있다는 사정만으로는 노래방 영업이 저작권법 소정의 공연에 해당하지 않는다고 볼 수도 없다.

III. 공중송신권

공중송신은 방송, 전송 및 디지털음성송신을 포섭하는 개념이다.

1. 공중송신 및 디지털음성송신 개념의 의의

"공중송신"은 저작물, 실연·음반·방송 또는 데이터베이스(이하 "저작물 등"이라 한다)를 공중이 수신하거나 접근하게 할 목적으로 무선 또는 유선통신의 방법에 의하여 송신하거나 이용에 제공하는 것이다(2006년 저 제2조 제7호 신설). "방송"은 공중송신 중 공중이 동시에 수신하게 할 목적으로 음·영상 또는 음과 영상 등을 송신하는 것이다(저 제2조 제8호). "전송"은 공중송신 중 공중의 구성원이 개별적으로 선택한 시간과 장소에서 접근할 수 있도록 저작물 등을 이용에 제공하는 것을 말하며, 그에 따라 이루어지는 송신을 포함한다(저 제2조 제10호).

"디지털음성송신"은 공중송신 중 공중으로 하여금 동시에 수신하게 할 목적으로 공중의 구성원의 요청에 의하여 개시되는 디지털방식의 음의 송신을 말하며, 전송을 제외한다(2006년 저 제2조 제11호). "공중"은 불특정 다수인(특정 다수인을 포함한다)을 말한다(저 제2조 제32호). 즉, 기술의 발달에 따라 인터넷상 커뮤니티 등을 통해 특정 다수인이 저작권을 침해하는 사례가 빈발하게 되어 2006년 저작권법 개정을 통해 특정 다수인도 공중의 범위에 포함시키는 규정을 두었다(일본 저작권법 제2조 제5항: 이 법률에서 말하는 공중에는 특정 및 다수의 자를 포함하는 것으로 한다).

2. 공중송신 및 디지털음성송신 개념 도입의 취지(2006년 개정법)

디지털기술의 발달, 방송통신의 융합 등에 따라 새로운 저작물 이용형태가 나타나면서 기존의 방송 및 전송과 새로운 융합 영역을 포괄하는 개념인 공중송신을 신설할 필요가 있었다. 그리고 개인 인터넷방송(Winamp 방송), 방송사의 방송물 동시 웹캐스팅(Simulcast) 등 실시간 음악 웹캐스팅이 2006년 개정 이전법하에서는 방송인지 전송인지 여부가 문제되었기 때문에 2006년 개정을 통해 '디지털음성송신'으로 규정하여 명확한 기준을 제시함으로써 저작권을 보호하였다. 하지만 저작재산권 제한 사유, 보상금 등과 관련하여 여전히 방송인지 전송인지 구별할 필요가 있는 경우가 존재한다는 점에서 현행 저작권하에서도 디지털환경에 부합하는 새로운 기준에 따라 방송과 전송을 구별할 필요가 있다.

표 2-2 ┃ 공중송신 개념 신설에 따른 각 권리자의 권리내용 변화

송신 행태 관리자	일반방송		전 송		웹캐스팅(주문형)		웹캐스팅(실시간)	
	2006년 개정 이전법 (구법으로 표시)	2006년 개정 (개정법으로 표시)	구법	개정법	구법	개정법	구법	개정법
저작자	방송권	공중 송신권	전송권	공중송신권	전송권	공중송신권	WIPO 저작권 조약상의 공중 전달권	공중 송신권
저작인접권자 / 실연자	방송권 (생실연) 판매용 음반보상 청구권 (2016년 개정을 통해 '상업용 음반보상금 청구권')	방송권 (생실연) 판매용 음반보상 청구권 (2016년 개정을 통해 '상업용 음반보상금 청구권')	전송권	전송권	전송권	전송권	–	보상 청구권 (디지털 음성송신)
저작인접권자 / 음반 제작자	판매용 음반보상 청구권	판매용 음반보상 청구권 (2016년 개정을 통해 '상업용	전송권	전송권	전송권	전송권	–	보상 청구권 (디지털 음성송신)

		음반보상금 청구권')						
방송 사업자	동시중계 방송권	동시중계 방송권	–	–	–	–	–	–
데이터베이스 제작자	방송권	방송권	전송권	전송권	전송권	전송권	–	–

IV. 전시권(right of exhibition)

[1] **전시권**: 저작자가 미술저작물 등의 원작품이나 그 복제물을 스스로 전시하거나 타인으로 하여금 전시할 수 있도록 허락을 하거나 이를 금지시킬 배타적인 권리이다(저 제19조).

[2] **'미술저작물 등'의 개념**: 미술저작물 이외에 건축저작물이나 사진저작물을 포함한다.

[3] **'전시'의 개념**: 저작물이 화체되어 있는 유형물을 일반인이 자유로이 관람할 수 있도록 진열하거나 게시하는 것이다.

대법원 2010. 9. 9. 선고 2010도4468 판결[저작권법위반][공2010하,1955]

[판결요지]

[1] 저작권법 제11조 제3항 및 제19조는 '전시권'의 보호대상인 저작물을 '미술저작물·건축저작물 또는 사진저작물'에 한정하여 열거하고 있으므로, 미술저작물 등 외의 저작물은 전시의 방법으로는 그 저작재산권이 침해되지 아니한다.

[2] 피고인이 갑과 공동 번역·출판한 "칼빈주의 예정론" 번역본을 갑의 허락 없이 단독 번역으로 표시하여 한국상담선교연구원 인터넷 홈페이지에 링크된 도서출판 베다니 사이트에 전시하여 갑의 저작재산권을 침해함과 동시에 저작자 아닌 자를 저작자로 표시하여 저작물을 공표하였다는 저작권법 위반의 공소사실에 대하여, 위 번역본은 '어문저작물'에 해당하는 것이어서 전시의 방법으로는 그 저작재산권이 침해되지 아니하며, 또한 위 번역본 자체가 아니라 그 도서의 표지 사진을 저자·역자·출판연도·면수·가격 등의 표시 및 간략한 소개문과 함께 게시하였을 뿐이어서 저작자 아닌 자를 저작자로 표시하여 저작물을 공표한 행위에 해당한다고도 할 수 없음에도, 이와 달리 판단하여 위 공소사실을 모두 유죄로 인정한 원심판결에 법리오해의 위법이 있다고 한 사례.

V. 배포권

[1] **배포권**: 저작자가 저작물의 원본이나 그 복제물을 스스로 배포하거나 이를 금지시킬 배타적 권리이다(저 제20조).

[2] **'배포'의 개념**: 저작물의 원본이나 그 복제물을 일반공중에게 대가를 받거나 받지 아니하고 양도 또는 대여하는 것이다(저 제2조 제23호).

배포권은 권리소진의 원칙에 의하여 제한된다. 즉, "저작물의 원본이나 복제물이 저작재산권자의 허락을 받아 판매의 방법으로 거래에 제공된 경우에는 이를 계속하여 배포할 수 있다(저 제20조 단서)."

VI. 대여권

[1] 권리소진의 원칙의 예외로서 저작권자에게 인정되는 권리다.

[2] **대여권**: 최초판매 이후에 저작권자가 상업적 목적으로 공표된 음반(이하 "상업용 음반"이라 한다)이나 상업적 목적으로 공표된 프로그램을 영리를 목적으로 대여할 수 있도록 허락하거나 이를 금지할 수 있는 권리이다(저 제21조).

VII. 2차적저작물작성권

☞ **2차적저작물작성권**: 저작자가 자신의 저작물을 원저작물로 하는 2차적 저작물을 작성하여 이용할 권리이다(저 제22조)(2006년 개정 이전법상 저작자는 그의 저작물을 원저작물로 하는 2차적 저작물 또는 그 저작물을 구성 부분으로 하는 편집저작물을 작성하여 이용할 권리를 가진다고 규정하였는데, 편집저작물은 원저작물을 구성 부분으로 하는 신저작물로서 원저작자의 복제권이 미치는 대상이고, 복제권으로 충분히 통제가 가능하므로 구법(2006년 개정 이전법)상 편집저작물 작성권을 삭제하였다).

제4절 저작재산권의 변동

I. 저작재산권의 양도

저작재산권은 전부 또는 일부를 양도할 수 있다(저 제45조 제1항). 계약 실무와 관련해서는 수인이 저작재산권을 공유하는 경우가 있다. 예컨대 A와 B가 저작재산권을 1/2씩 공유하는 경우, B가 C에게 자신의 공유지분을 양도하더라도 A는 여전히 지분권 범위 내에서 저작권을 가지고 있다. 이 경우 1/2 지분권자는 저작권 침해자에 대해 형사고소를 할 수도 있고 손해배상도 받을 수 있다. 다만, 손해배상의 경우에 그 권리범위는 자신의 공유지분인 1/2로 제한된다. 저작재산권의 양도에는 특별한 방식이 필요 없으나, 등록은 양도의 효력발생요건이 아니라 제3자에 대한 대항요건이다(저 제54조 제1호). 저작재산권의 전부를 양도하는 경우에 특약이 없는 한, 2차적저작물작성권은 원저작권자에게 유보되어 있는 것으로 추정한다(저 제45조 제2항 본문). 다만, 프로그램의 경우 특약이 없는 한 2차적저작물작성권도 함께 양도된 것으로 추정한다(저 제45조 제2항 단서).

II. 저작물의 이용허락

1. 의 의

[1] 저작재산권자는 다른 사람에게 그 저작물의 이용을 허락할 수 있다(저 제46조 제1항). 이용허락은 단순허락, 독점적 허락 및 배타적 허락으로 구별된다.

(i) 단순허락: 저작재산권자가 복수의 사람에 대하여 저작물의 이용을 중첩적으로 허락할 수 있어서 이용자는 저작물을 배타적·독점적으로 이용할 수 없으므로 단순히 저작재산권자에 대하여 자신이 그 저작물을 이용하는 것을 용인하여 줄 것을 구할 수 있을 따름이다.

(ii) 독점적 허락: 이용자가 저작재산권자와 사이에 일정한 범위 내에서의 독점적인 이용을 인정하거나 이용자 이외의 다른 사람에게는 이용허락을 하지 않기로 하는 특약을 체결한 경우이지만, 이러한 독점적 허락도 채권적인 성질을 가지는 점에서 단순허락과 같다.

(iii) 배타적 허락: 우리 저작권법에서는 준물권적 효력을 부여하는 미국식의 배타적 이용허락 가운데 배타적 발행권(발행, 복제, 전송의 경우로 제한)을 허용하고 있다.

[2] 이용허락을 하면서 저작물의 이용방법 및 조건을 정한 경우에 이용권자는 당연히 그

허락받은 이용방법 및 조건의 범위 안에서 저작물을 이용할 수 있다(저 제46조 제2항). 또한 저작물이용계약은 당사자 간의 신뢰관계를 바탕으로 하므로 그 이용권은 저작재산권자의 동의 없이 제3자에게 양도할 수 없다(저 제46조 제3항). 저작물이용허락계약 시 매체의 범위에 대한 명시적 약정이 없는 경우에 계약에 특정된 매체 이외에 새로운 매체도 포함할 수 있는지 여부가 문제될 수 있는데, 대법원 1996. 7. 30. 선고 95다29130 판결에서는 "다른 특별한 사정이 없는 한 새로운 매체가 기존 매체와 사용·소비방법이 유사하여 기존 매체시장을 잠식·대체하는 측면이 강한 경우에는 이용자에게 새로운 매체에 대한 이용권이 허락된 것으로 보고, 그와 달리 새로운 매체가 기술혁신을 통해 기존의 매체시장에 별다른 영향을 미치지 않으면서 새로운 시장을 창출하는 측면이 강한 경우에는 이용자에게 새로운 매체에 대한 이용권이 허락되지 않은 것으로 볼 것이다."라고 판시하였다. 따라서 TV 드라마에 대한 이용허락은 비디오테이프의 이용허락을 포함하지 않는다.

III. 저작재산권의 소멸

저작재산권은 그 보호기간이 만료되면 소멸한다. 또한, (i) 저작재산권자가 상속인 없이 사망한 경우에 그 권리가 「민법」 그 밖의 법률의 규정에 따라 국가에 귀속되는 경우 또는 (ii) 저작재산권자인 법인 또는 단체가 해산되어 그 권리가 「민법」 그 밖의 법률의 규정에 따라 국가에 귀속되는 경우에도 저작재산권은 소멸한다(저 제49조). 예컨대 저작재산권자가 상속인 없이 사망한 경우에 국유재산으로서 국가가 저작재산권을 행사할 수 있는 것이 아니라 그 저작재산권은 소멸하게 된다.[28] 그리고 저작권법상 명문의 규정은 없지만 저작재산권에 대하여 설정된 질권, 출판권 내지 배타적 발행권과 저촉되지 아니하는 한도 내에서 저작재산권의 포기가 가능하다고 보아야 할 것이다.[29]

---

28) 이해완, 「저작권법」, 제3판, 박영사, 2015년, 545면(이하 '이해완, 2015년').
29) 이해완, 2015년, 546면.

제5장 저작재산권의 제한사유 및 저작물의 법정허락

제1절 저작재산권의 제한사유

I. 의 의

저작자에게 저작물에 대한 배타적인 권리인 저작권을 부여하되, 일정한 사유가 충족되는 경우에는 저작물의 공공성과 사회성을 감안하여 자유로운 이용을 허용하게 된다. 저작재산권의 제한사유로는 재판절차 등에서의 복제(저 제23조), 정치적 연설 등의 이용(저 제24조), 공공저작물의 자유이용(저 제24조의2), 학교교육 목적 등에의 이용(저 제25조), 시사보도를 위한 이용(저 제26조), 시사적인 기사 및 논설의 복제 등(저 제27조), 공표된 저작물의 인용(저 제28조), 영리를 목적으로 하지 아니하는 공연·방송(저 제29조), 사적 이용을 위한 복제(저 제30조), 도서관 등에서의 복제 등(저 제31조), 시험문제로서의 복제(저 제32조), 시각장애인을 위한 복제 등(저 제33조), 청각장애인 등을 위한 복제 등(저 제33조의2), 방송사업자의 일시적 녹음·녹화(저 제34조), 미술저작물 등의 전시 또는 복제(저 제35조), 저작물 이용과정에서의 일시적 복제(저 제35조의2), 부수적 복제 등(저 제35조의3), 문화시설에 의한 복제 등(저 제35조의 4), 저작물의 공정한 이용(저 제35조의5), 번역 등에 의한 이용(저 제36조)이 있다. 우선, 이러한 저작재산권 제한사유가 강행규정인지 아니면 임의규정인지 여부를 검토할 필요가 있다. 저작재산권 제한사유의 법적 성격과 관련하여 이러한 저작재산권 제한사유를 특약 등으로 배제할 수 없도록 입법하여 명시하는 것이 가장 적절하나, 우리 저작권법은 특약 등으로 저작재산권 제한사유를 배제할 수 있는지 여부에 대해 명시하고 있지 않다.[30] 또한 저작재산권 제한사유별로 강행규정과 임의규정을 판단하여야 한다는 견해[31]가 있으나, 저작재산권 제한사유는 앞에서 언급했듯이 저작물의 공공성과 사회성을 감안하여 일정한 조건을 충족되는 경우 자유로운 이용을 허용하는 것이므로 강행규정에 해당한다. 따라서 강행규정인 저작재산권 제한사유의 적용을 배제하는 계약은 무효이다.

---

30) 오승종, 「저작권법」, 박영사, 2013년, 783면(이하 '오승종, 2013년').
31) 당사자 간의 특약 등으로 배제할 수 없는 규정은 저작권법 제23조의 "재판절차 등에서의 복제", 제24조의 "정치적 연설 등의 이용", 제26조의 "시사보도를 위한 이용", 제28조의 "공표된 저작물의 인용", 제31조의 "도서관 등에서의 복제", 제33조의 "시각장애인 등을 위한 복제" 등이고, 제30조의 "사적이용"과 관련하여 사적이용에서 학문연구 등을 위한 사적 복제를 제외한 범위가 당사자 간의 특약 등으로 배제가능한 경우에 해당할 것이다(오승종, 2013년, 785면).

II. 저작재산권의 제한사유

1. 재판절차 등에서의 복제(저 제23조)

(i) 재판 또는 수사를 위하여 필요한 경우, (ii) 입법·행정 목적을 위한 내부 자료로서 필요한 경우 중 어느 하나에 해당하는 경우에는 그 한도 안에서 저작물을 복제할 수 있다. 다만, 그 저작물의 종류와 복제의 부수 및 형태 등에 비추어 해당 저작재산권자의 이익을 부당하게 침해하는 경우에는 그러하지 아니하다(저 제23조).

재판절차에서의 복제의 예로는 판결문 중에 저작권이 있는 저작물을 인용의 정도를 넘어서 차용할 필요가 있는 경우 또는 재판자료(즉, 소송자료나 증거자료)로 제출할 필요가 있는 경우 등이 있다.

입법·행정 목적을 위한 내부 자료로서의 복제란 국회 또는 지방자치단체 의회에서 법안 기타 안건을 심의하는 경우 일정한 요건하에 타인의 저작물을 복제하는 것이다.

저작권법 제23조가 적용되는 경우에도 필요한 경우 그 한도 내에서만 복제가 허용된다. 예컨대 저작물 전체를 복제하거나 필요한 부수를 초과하여 복제하는 것은 허용되지 아니하며, 행정기관의 내부 자료라 하더라도 전 직원에게 배포하기 위하여 복제하는 것도 허용되지 아니한다. 또한 저작권법 제23조 단서가 적용되는 경우에도 자유이용이 제한된다. 예컨대 저작물의 경제적 이익이나 잠재적 시장에 부당하게 큰 영향을 미치는 경우에는 자유이용이 제한된다. 저작권법 제23조의 따라 타인의 저작물을 이용하는 자는 저작물의 이용 상황에 따라 합리적이라고 인정되는 방법으로 그 출처를 명시하여야 하며, 저작자의 실명 또는 이명이 표시된 저작물의 경우에는 그 실명 또는 이명을 명시하여야 한다(저 제37조).

2. 정치적 연설 등의 이용(저 제24조)

베른협약 제2조의2 제1항은 재판절차에서의 진술 및 정치적 연설에 대해서는 체약국의 재량에 맡기고 있는 바, 이를 폭넓게 반영하고 일본 저작권법 제40조, 독일 저작권법 제48조 등 외국의 입법례를 고려하여 "공개적으로 행한 정치적 연설"을 저작권 제한 대상으로 확대한 것이다. 이는 국민의 알 권리를 만족시키기 위해서 둔 규정이다. 2006년 개정 이전에는 비보호 저작물로 분류하였다가 2006년 개정을 통해 저작재산권이 제한되는 사유로 규정하였다. 왜냐하면 정치적 연설 등을 이용하는 경우에도 연설자의 저작인격권은 보호할 필요가 있기 때문이다.

3. 공공저작물의 자유이용(저 제24조의2)

국가나 지방자치단체에서 업무상 작성한 저작물은 공익 목적으로 예산을 투입하여 제작된 저작물이므로, 이러한 저작물에 대해서는 저작재산권의 보호를 배제하고 납세자인 일반 국민들의 자유로운 이용을 보호하고자 2013년 12월 10일 국회에서 의결하여 신설한 조문이 저작권법 제24조의2이다. 그리고 국가 또는 지방자치단체가 계약에 따라 저작재산권의 전부를 보유한 저작물의 경우에도 이용자가 국가 내지 지방자치단체의 허락 없이 이용할 수 있다(저 제24조의2 제1항 본문). 하지만, 국가 또는 지방자치단체의 공무원이 자신의 명의로 작성하여 공표한 저작물 및 국가 또는 지방자치단체가 계약에 따라 저작재산권의 일부를 보유한 저작물의 경우에는 그러하지 아니하다.

국가 또는 지방자치단체가 업무상 작성하여 공표한 저작물이나 계약에 따라 저작재산권의 전부를 보유한 저작물의 경우, 일반 국민은 원칙적으로 그 공공저작물을 자유롭게 이용하는데 아무런 문제가 없다. 하지만, 국가 또는 지방자치단체가 업무상 작성하여 공표한 저작물이나 계약에 따라 저작재산권의 전부를 보유한 저작물이 제3자의 저작권을 침해한 경우에는 업무상 저작물의 경우에는 국가 또는 지방자치단체가, 계약에 따라 저작재산권의 전부를 국가 또는 지방자치단체가 보유하는 경우에는 국가 또는 지방자치단체 및 그 저작재산권의 전부를 양도한 용역수행자가 저작권 침해에 대한 책임으로부터 자유롭지 않을 것이다.

그런데, 국가 또는 지방자치단체가 계약에 따라 저작재산권의 일부를 보유한 저작물의 경우에 국가 또는 지방자치단체의 허락을 요한다는 것인지 아니면 저작재산권의 잔여 부분을 보유한 자의 허락을 요한다는 것인지 또는 국가(내지 지방자치단체) 및 저작재산권 잔여 부분을 보유한 자 양자의 허락을 요한다는 것인지 여부가 불분명하다. 국가 또는 지방자치단체가 계약에 따라 저작재산권의 전부를 일정기간 동안만 보유한 저작물의 경우에 저작권법 제24조의2 제1항 본문이 적용될 수 있는지 여부가 문제될 수 있다. 이 경우에는 그 일정기간 동안에는 저작권법 제24조의2 제1항 본문이 적용된다고 보는 것이 이 조문의 입법취지에 부합한다고 생각한다.

그리고 (i) 국가안전보장에 관련되는 정보를 포함하는 경우, (ii) 개인의 사생활 또는 사업상 비밀에 해당하는 경우, (iii) 다른 법률에 따라 공개가 제한되는 정보를 포함하는 경우, (iv) 한국저작권위원회에 등록된 저작물로서 「국유재산법」에 따른 국유재산 또는 「공유재산 및 물품 관리법」에 따른 공유재산으로 관리되는 경우에는 국가 내지 지방자치단체의 허락을 필요로 하는데, 위 (iv)의 경우에 공유재산에 대해 한국저작권위원회에 등록되었는지 여부에 따라 국가 내지 지방자치단체의 허락을 요하는지 여부가 문제될 수 있다. 위 (iv)는 ① 한국 저작권위원회에 등록된 저작물로서 「국유재산법」에 따른 국유재산과 ② 「공유재산 및 물품 관리법」에 따른 공유재산을 같이 포섭한 조문임을 알 수 있다. 따라서 「공유재산 및 물품 관리법」에 따른 공유재산의 경우에는 한국저작권위원회에 등록된 저작물이 아니더라도 공유 재산으로 분류된다. 「국유재산법」 제5조 제6호 나목에서는 '「저작권법」에 따른 저작권, 저작 인접권 및 데이터베이스제작자의 권리 및 그 밖에 같은 법에서 보호되는 권리로서 같은 법 제53조 및 제112조 제1항에 따라 한국저작권위원회에 등록된 권리(이하 "저작권등"이라 한다)' 를 국유재산으로 분류하고 있다. 그런 다음, 「국유재산법」 제7조 제1항에서는 "누구든지 이 법 또는 다른 법률에서 정하는 절차와 방법에 따르지 아니하고는 국유재산을 사용하거나 수 익하지 못한다."라고 규정하고 있다. 반면에 「공유재산 및 물품 관리법」 제4조 제1항 제5호 에서는 '저작권·특허권·디자인권·상표권·실용신안권과 그 밖에 이에 준하는 권리'를 공유 재산의 범위에 포섭하고 있는데, 한국저작권위원회에 등록된 저작물로 한정하지 않고 있다. 마찬가지로 「공유재산 및 물품 관리법」 제6조 제1항에서도 "누구든지 이 법 또는 다른 법률 에서 정하는 절차와 방법에 따르지 아니하고는 공유재산을 사용하거나 수익하지 못한다."라 고 규정하고 있다. 따라서 국유재산과 공유재산으로 분류되는 국가나 지방자치단체의 저작 물의 경우에는 저작권법에 특별규정을 둘 필요가 있고, 저작권법 제24조의2는 이에 관한 특 별규정을 두고 있다.

즉, 이 특별규정에 따르면, 국가 또는 지방자치단체는 위 (iv)에 해당하는 공공저작물 중 자유로운 이용을 위해 필요하다고 인정되는 경우 「국유재산법」 또는 「공유재산 및 물품 관 리법」에도 불구하고 대통령령이 정하는 바에 따라 사용하게 할 수 있다(저 제24조의2 제3항).

그런데 공공기관이 업무상 작성하여 공표한 저작물이나 계약에 따라 저작재산권의 전부 를 보유한 저작물의 경우, 공공기관의 허락 없이 자유이용이 가능한지 여부는 의문이 든다. 왜냐하면, 저작권법 제24조의2 제2항은 공공기관 저작물의 자유이용을 허락하는 조문이라기 보다는 공공저작물 이용활성화 시책 수립·시행을 대통령령에 위임할 수 있음을 밝히는 데 초점을 둔 것이기 때문이다. 다시 말하면, 저작권법 제24조의2 제2항은 공공기관 저작물의 저작재산권 제한사유를 규정하기보다는 이용활성화 시책수립 및 시행을 대통령령에 위임한 것이다.

4. 학교교육 목적 등에의 이용(저 제25조)

가. 교과용 도서에의 게재

고등학교 및 이에 준하는 학교 이하의 학교의 교육 목적상 필요한 교과용 도서에는 공표된 저작물을 게재할 수 있다(저 제25조). 고등학교 및 이에 준하는 학교 이하의 학교에는 유치원, 초등학교 및 이에 준하는 공민학교, 중학교 및 이에 준하는 고등공민학교, 고등학교 및 이에 준하는 고등기술학교, 특수학교, 각종 학교 등이 포함된다(유아교육법, 초·중등교육법). 이 경우 대학 및 전문대학은 배제된다.

[1] 교과용 도서: 교과서와 지도서를 포함한다(교과용 도서에 관한 규정 제2조).

→ 시중에서 판매되는 학습 참고서는 교과용 도서가 아니다.

[2] 교과서: 학교에서 교육을 위하여. 사용되는 학생용의 서책·음반·영상 및 전자저작물 등이다.

[3] 지도서: 학교에서 학생들의 교육을 위하여 사용되는 교사용의 서책·음반·영상 및 전자저작물이다(교과용 도서에 관한 규정 제2조).

교과용 도서에 자유롭게 게재할 수 있는 저작물은 어문저작물·음악저작물·미술저작물 등 그 종류를 가리지 아니하나, 공표된 저작물에 한한다.

나. 교과용 도서 발행자의 복제·배포·공중송신

교과용 도서를 발행한 자는 교과용 도서를 본래의 목적으로 이용하기 위하여 필요한 한도 내에서 교과용 도서에 게재한 저작물을 복제·배포·공중송신할 수 있다(저 제25조 제2항).

다. 학교 또는 교육기관에서의 복제·배포·공연·전시 또는 공중송신

특별법에 의하여 설립되었거나 유아교육법, 초·중등교육법 또는 고등교육법에 의한 학교 또는 국가나 지방자치단체가 운영하는 교육기관은 그 수업 목적으로 이용하는 경우에는 공표된 저작물의 일부분을 복제·배포·공연·전시 또는 공중송신(이하 저 제25조에서는 '복제 등'이라 한다)할 수 있다(저 제25조 제3항).[32] 다만 공표된 저작물의 성질이나 그 이용의 목적 및

---

32) 2013년 12월 10일 국회에서 의결된 개정 저작권법 제25조 제2항에서는 저작권자의 이용허락 없이 저작물

형태 등에 비추어 해당 저작물의 전부를 복제 등을 하는 것이 부득이한 경우에는 전부 복제 등을 할 수 있다(저 제25조 제3항 단서). 이 규정은 디지털 원격교육을 포섭하는 내용을 담고 있다. 저작권법 제25조의 특별법에 의하여 설립된 교육기관이란 사회교육법에 의하여 설치된 직업교육훈련기관, 산업교육진흥법상의 산업교육기관, 특수교육진흥법상 특수교육기관 등이다. 유아교육법에 의한 교육기관이란 유치원(유아교육법 제2조 제2호)을 의미한다. 그리고 초·중등교육법에 의한 교육기관이란 초등학교·공민학교, 중학교·고등공민학교·고등학교·고등기술학교·특수학교·각종 학교이다(초·중등교육법 제2조). 그 밖에 고등교육법에 의한 교육기관이란 대학·산업대학·교육대학·전문대학·방송대학·통신대학·방송통신대학·기술대학·각종 학교(고등교육법 제2조) 등이다. 이 규정에서 저작물을 공연·배포·복제·전시·공중송신할 수 있는 자란 학교와 전술한 교육기관(그 교육기관에서 교육 업무를 직접 담당하는 교원을 포함(교원이 복제의 주체인 경우에 학생에게 복제 심부름을 시킨 때에는 저작권법 제25조 제3항에 해당))이다.

라. 수업지원기관의 저작물 복제 등

국가나 지방자치단체에 소속되어 학교 또는 교육기관의 수업을 지원하는 기관(이하 "수업지원기관"이라 한다)은 수업 지원을 위하여 필요한 경우에는 공표된 저작물의 일부분을 복제 등을 할 수 있다. 다만, 공표된 저작물의 성질이나 그 이용의 목적 및 형태 등에 비추어 해당 저작물의 전부를 복제 등을 하는 것이 부득이한 경우에는 전부 복제 등을 할 수 있다(저 제25조 제4항).

마. 피교육자의 복제 또는 공중송신

교육은 피동적으로 교사(또는 교수)의 자료제공만으로 한정될 수 없고 수업을 받는 학생 각자의 자료제공도 포섭하는 쌍방향적인 성격을 가지는 것이 이상적이므로 교육을 받는 학생도 학교 또는 교육기관에서 수업과 관계된 저작물을 복제하거나 공중송신할 수 있도록 한다(저 제25조 제5항).

바. 보상금의 지급

공표된 저작물을 이용하려는 자는 문화체육관광부장관이 정하여 고시하는 기준에 따른 보상금을 해당 저작재산권자에게 지급하여야 한다. 다만, 고등학교 및 이에 준하는 학교 이

을 이용할 수 있는 학교교육 목적의 저작물 이용형태에 '전시'를 추가하고 '방송 또는 전송'을 상위개념인 '공중송신'으로 변경하였다.

하의 학교에서 복제 등을 하는 경우에는 보상금을 지급하지 아니한다(저 제25조 제6항). 그리고 수업목적보상금은 저작재산권자에게 지급하여야 하는 관계로 저작재산권이 없는 출판권자는 수업목적보상금지급을 청구할 수 있는 주체가 아니다.

사. 미분배보상금 및 복제방지조치 등

보상금 관리단체는 보상금 분배 공고를 한 날부터 5년이 지난 미분배보상금에 대하여 문화체육관광부장관의 승인을 받아 (i) 저작권 교육·홍보 및 연구, (ii) 저작권 정보의 관리 및 제공, (iii) 저작물 창작 활동의 지원, (iv) 저작권 보호 사업, (v) 창작자 권익옹호 사업, (vi) 보상권리자에 대한 보상금 분배 활성화 사업, (vii) 저작물 이용 활성화 및 공정한 이용을 도모하기 위한 사업 중 어느 하나의 사업에 해당하는 목적을 위하여 사용할 수 있다. 다만, 보상권리자에 대한 정보가 확인되는 경우 보상금을 지급하기 위하여 일정 비율의 미분배보상금을 대통령령으로 정하는 바에 따라 적립하여야 한다(저 제25조 제10항). 교과용 도서를 발행한 자, 학교·교육기관 및 수업지원기관이 저작물을 공중송신하는 경우에는 저작권 그 밖에 이 법에 의하여 보호되는 권리의 침해를 방지하기 위하여 복제방지조치 등 대통령령으로 정하는 필요한 조치를 하여야 한다(저 제25조 제12항).

아. 한계와 범위

공표된 저작물을 교과용 도서에 게재하기 위해서는 그 교과용 도서는 고등학교 및 이에 준하는 학교 이하의 학교의 교육 목적상 필요한 교과용 도서에 해당하여야 한다(저 제25조 제1항). 교과용 도서를 발행한 자는 교과용 도서에 게재한 저작물을 복제·배포·공중송신할 수 있기 위해서는 교과용 도서를 본래의 목적으로 이용하기 위하여 필요한 한도 내에서 할 수 있다(저 제25조 제2항). 학교 또는 교육기관이 수업 목적으로 이용하는 경우에는 공표된 저작물의 일부분을 복제·배포·공연·전시 또는 공중송신(이하 이 조에서 "복제 등"이라 한다)하기 위해서는 수업 목적으로 이용하는 경우에 한한다(저 제25조 제3항 본문). 다만, 학교나 교육기관이 수업 목적으로 공표된 저작물을 이용할 때 공표된 저작물의 성질이나 그 이용의 목적 및 형태 등에 비추어 해당 저작물의 전부를 복제 등을 하는 것이 부득이한 경우에는 전부 복제 등을 할 수 있다(저 제25조 제3항 단서). 학교 또는 교육기관의 수업을 지원하는 기관(이하 "수업지원기관"이라 한다)은 수업 지원을 위하여 필요한 경우에는 공표된 저작물의 일부분을 복제 등을 하기 위해서는 수업 지원을 위하여 필요한 경우로 한정된다(저 제25조 제4항 본문). 다만, 수업지원기관이 공표된 저작물을 복제 등을 할 때 공표된 저작물의 성질이나 그 이용의 목적 및 형태 등에 비추어 해당 저작물의 전부를 복제 등을 하는 것이 부득이한 경우에는 전부 복제 등을 할 수 있다(저 제25조 제4항 단서). 학교 또는 교육기관에서 교육을 받는 자는 이 조문 내에서 공표된 저작물을 복제하거나 공중송신할 수 있기 위해서는 수업 목적상 필요하다고 인정되는 경우로 한정된다(저 제25조 제5항). 저작권법 제25조에 의하여 저작물을 자유롭게 이용하는 경우에 그 저작물을 번역, 편곡 또는 개작하여 이용할 수 있다(저 제36조 제1항). 그리고 출처를 명시하여야 한다(저 제37조 제1항).

5. 시사보도를 위한 이용(저 제26조)

방송·신문 그 밖의 방법에 의하여 시사보도를 하는 경우에 그 과정에서 보이거나 들리는 저작물은 보도를 위한 정당한 범위 안에서 복제, 배포, 공연 또는 공중송신할 수 있다(저 제26조). 공표된 저작물은 보도·비평·교육·연구 등을 위하여는 정당한 범위 안에서 공정한 관행에 합치되게 이를 인용할 수 있다(저 제28조). 저작권법 제26조는 보도의 과정에서 우발적으로 저작물이 이용된 경우를 규율하는 반면에 같은 법 제28조는 적극적으로 보도를 위하여 저작물을 인용한 경우를 규율한다. 저작권법 제26조가 적용되는 객체는 부득이하게 우발적으로 복제되는 저작물이다. 예컨대 총리가 어떤 미술전람회를 방문한 것을 케이블 방송으로 보도하면서 전람회의 장면 중 그 전람회에 출품된 회화 작품이 불가피하게 보이는 경우, 스포츠 행사를 보도하면서 입장 행진곡 등의 연주음이 불가피하게 들리는 경우가 그에 해당한다. 저작권법 제26조의 경우 출처의무는 면제된다.

6. 시사적인 기사 및 논설의 복제 등(저 제27조, 제36조, 제37조)

신문(인터넷 신문 포함), 뉴스 통신에 게재된 시사적인 기사 및 논설은 국민의 알 권리 충족 및 국민의 여론 형성에 기여하는 바가 크므로, 국민에게 원활히 전달될 수 있도록 이용을 금지하는 표시가 없는 한 언론기관 간에 재이용할 수 있도록 전재하는 규정을 신설하였다 ((i) 정기간행물 중 잡지는 시사성이 약해서 이에서 제외하고, (ii) 방송은 매 프로그램마다 이용금지 표시를 표현하기 곤란하다는 현실적 이유로 방송의 시사보도 내용에 대한 전재규정 도입을 유보한다). 외국의 시사적인 기사 및 논설에 대해서도 이용이 담보되어야 실효성이 있으므로 저작권법 제36조 제2항을 통해 번역하여 이용할 수 있도록 한다. 베른협약 제10조의2 제1항은 전재기사에 대한 출처표시의무를 강제하므로 저작권법 제37조에서 출처표시를 의무화한다.

7. 공표된 저작물의 인용(저 제28조)

[1] 공표된 저작물은 보도·비평·교육·연구 등을 위하여는 정당한 범위 안에서 공정한 관행에 합치되게 이를 인용할 수 있다(저 제28조). 여기에서의 '인용'은 어문저작물에만 한정되는 것이 아니라 영화, 라디오 프로그램에도 인정된다. 이 경우 출처명시의무를 부담한다(저 제37조). 패러디의 경우에 그 근거조문으로서 저작권법 제28조를 들고 있다. 이 경우에 출처를 명시하여야 한다. 패러디의 경우에는 저작권법 제28조의 하나로서 공표된 저작물의 인용에 해당한다. 하지만 패러디의 경우에까지 출처명시의무를 부여하는 것은 문제가 있다고 생각한다. 포괄적인 공정이용 항변이 도입되었지만 패러디는 저작권법 제28조에 의하여 해결하는 것이 적절하므로 저작권법 제28조를 개정할 필요가 있다.

[2] 썸네일 이미지 사건(대법원 2006. 2. 9. 선고 2005도7793 판결): 구 저작권법 제25조(저 제28조)에서 정한 정당한 범위 안에서 공정한 관행에 합치되게 인용한 것인지 여부의 판단기준과 관련하여 판례는 "공표된 저작물은 보도·비평·교육·연구 등을 위하여는 정당한 범위 안에서 공정한 관행에 합치되게 이를 인용할 수 있다고 규정하고 있는데, 정당한 범위 안에서 공정한 관행에 합치되게 인용한 것인지 여부는 인용의 목적, 저작물의 성질, 인용된 내용과 분량, 피인용저작물을 수록한 방법과 형태, 독자의 일반적 관념, 원저작물에 대한 수요를 대체하는지 여부 등을 종합적으로 고려하여 판단하여야 한다."고 언급하면서, 인터넷 검색 사이트에서 원저작자의 허락을 받지 아니하고 그의 사진작품을 이미지 검색의 이미지로 사용한 경우, 저작권법상 정당한 범위 안에서 공정한 관행에 합치되게 사용한 것이라고 판시하였다.[33] 그런데 이 판결이 포괄적인 공정이용 법리를 도입하는 경우에 여전히 저작권법 제28조를 적용할 수 있을지 의문이다. 왜냐하면 구 저작권법 제25조(저 제28조)에서 정한 정당한 범위 안에서 공정한 관행에 합치되게 인용한 것인지 여부의 판단기준을 보면, 실제로는 미국의 공정이용 법리에 따라 판단하였기 때문이다. 즉, 이 판결에 따르면 "피고인 회사의 검색 사이트에 썸네일 이미지의 형태로 게시된 공소외인의 사진작품을 공소외인의 개인 홈페이지에서 이미 공표된 것인 점, 피고인 회사가 썸네일 이미지를 제공한 주요한 목적은 보다 나은 검색 서비스의 제공을 위해 검색어와 관련된 이미지를 축소된 형태로 목록화

---

33) 대법원 2006. 2. 9. 선고 2005도7793 판결.

하여 검색 서비스를 이용하는 사람들에게 그 이미지의 위치정보를 제공하는 데 있는 것이지 피고인들이 공소외인의 사진을 예술작품으로서 전시하거나 판매하기 위하여 이를 수집하여 자신의 사이트에 게시한 것이 아닌 만큼 그 상업적인 성격은 간접적이고 부차적인 것에 불과한 점, 공소외인의 사진작품은 심미적이고 예술적인 목적을 가지고 있다고 할 수 있는 반면 피고인 회사의 사이트에 이미지화된 공소외인의 사진작품의 크기는 원본에 비해 훨씬 작은 가로 3cm, 세로 2.5cm 정도이고, 이를 클릭하는 경우 독립된 창으로 뜬다고 하더라도 가로 4cm, 세로 3cm 정도로 확대될 뿐 원본 사진과 같은 크기로 보여지지 아니할 뿐만 아니라 포토샵 프로그램을 이용하여 원본 사진과 같은 크기로 확대한 후 보정작업을 거친다 하더라도 열화현상으로 작품으로서의 사진을 감상하기는 어려운 만큼 피고인 회사 등이 저작물인 공소외인의 사진을 그 본질적인 면에서 사용한 것으로는 보기 어려운 점, 피고인 회사의 검색 사이트의 이 사건 썸네일 이미지에 기재된 주소를 통하여 박 모의 홈페이지를 거쳐 공소외인의 홈페이지로 순차 링크됨으로써 이용자들을 결국 공소외인의 홈페이지로 끌어들이게 되는 만큼 피고인 회사가 공소외인의 사진을 이미지 검색에 제공하기 위하여 압축된 크기의 이미지로 게시한 것이 공소외인의 작품사진에 대한 수요를 대체한다거나 공소외인의 사진저작물에 대한 저작권 침해의 가능성을 높이는 것으로 보기는 어려운 점, 이미지 검색을 이용하는 사용자들도 썸네일 이미지를 작품사진으로 감상하기보다는 이미지와 관련된 사이트를 찾아가는 통로로 인식할 가능성이 높은 점 및 썸네일 이미지의 사용은 검색 사이트를 이용하는 사용자들에게 보다 완결된 정보를 제공하기 위한 공익적 측면이 강한 점 등 판시와 같은 사정 등을 종합하여 보면 피고인 회사가 공소외인의 허락을 받지 아니하고 공소외인의 사진작품을 이미지 검색의 이미지로 사용하였다고 하더라도 이러한 사용은 정당한 범위 안에서 공정한 관행에 합치되게 사용한 것으로 봄이 상당하다."고 판단하였다. 이 판시 내용에서 보듯이 썸네일 이미지 사건은 공표된 저작물의 정당한 인용에 관한 사안이라기보다는 공표된 저작물의 정당한 이용에 해당하는 사안이다. 저작권법 제28조에 따른 적법한 인용이 되기 위해서는 이용자의 저작물(인용저작물) 중에서 저작재산권자의 저작물(피인용저작물)이 분명하게 구별되어 인식될 수 있어야 하고, 양 저작물 사이에 전자가 주된 것이고 후자가 이에 종속된다고 하는 주종관계가 있어야 한다.34) 하지만, 썸네일 이미지 사건에서는 이러한 주종

---

34) 참고: 오승종, 「저작권법」, 박영사, 2007년, 592－593면(이하 '오승종, 2007년'); 윤경, "검색 서비스를 위한 썸네일(Thumbnail) 이미지 제공이 정당한 사용인지 여부", 「계간 저작권」, 제76호, 2007년 1월; 김윤명, "정보검색 서비스에 관한 저작권법적 고찰", 「산업재산권」, 제24호, 2007년 12월; 백창훈, "사진에 대한 저작권의 보호범위", 「정보법 판례백선(1)」, 박영사, 2006년; 이일호, "독일의 저작권법 개정과 우리의

관계를 찾기 어렵다. 저작권법 제35조의5에 포괄적인 공정이용 법리가 도입되었기 때문에 이 판결은 저작권법 제28조에 의하기보다는 포괄적인 공정이용 법리에 관한 규정이 적용될 것으로 예상된다. 특히 아래의 리프리놀 사건(대법원 2013. 2. 15. 선고 2011도5835 판결)은 저작권법 제28조를 적용함에 있어 주종관계를 요구함으로써 썸네일 이미지 사건처럼 주종관계가 없는 경우에는 향후 저작권법 제35조의5를 적용할 것임을 시사하고 있다.

대법원 2013. 2. 15. 선고 2011도5835 판결[리프리놀 사건]

[판결요지]

[1] 저작물의 공정이용은 저작권자의 이익과 공공의 이익이라고 하는 대립되는 이해의 조정 위에서 성립하는 것이므로 공정이용의 법리가 적용되기 위해서는 그 요건이 명확하게 규정되어 있을 것이 필요하다 할 것인데, 구 저작권법은 이에 관하여 명시적 규정을 두지 않으면서('저작물의 공정한 이용'에 관한 규정은 2011. 12. 2. 법률 제11110호로 개정된 저작권법 제35조의3으로 비로소 신설되었다) 제23조 이하에서 저작재산권의 제한사유를 개별적으로 나열하고 있을 뿐이므로, 구 저작권법 하에서는 널리 공정이용의 법리가 인정되는 것으로 보기는 어렵다.

구 저작권법 제28조는 "공표된 저작물은 보도·비평·교육·연구 등을 위하여는 정당한 범위 안에서 공정한 관행에 합치되게 이를 인용할 수 있다."고 규정하고 있다. 이 규정에 해당하기 위하여는 그 인용의 목적이 보도·비평·교육·연구에 한정된다고 볼 것은 아니지만, 인용의 '정당한 범위'는 인용저작물의 표현 형식상 피인용저작물이 보족, 부연, 예증, 참고자료 등으로 이용되어 인용저작물에 대하여 부종적 성질을 가지는 관계(즉 인용저작물이 주이고, 피인용저작물이 종인 관계)에 있다고 인정되어야 하고, 나아가 정당한 범위 안에서 공정한 관행에 합치되게 인용한 것인지 여부는 인용의 목적, 저작물의 성질, 인용된 내용과 분량, 피인용저작물을 수록한 방법과 형태, 독자의 일반적 관념, 원저작물에 대한 수요를 대체하는지 여부 등을 종합적으로 고려하여 판단하여야 한다.

기능성 원료로의 인정신청을 위한 근거서류로 식약청에 제출하기 위하여 이전에 기능성 원료로의 인정신청을 위한 근거서류로 사용된 바 있는 학술지 게재 논문(이하, 이 사건 논문)을 저작권자의 승낙 없이 복제하는 것은 ① 기능성 원료로 인정받음으로써

과제", 「계간 저작권」, 제82호, 2008년 6월; 이병준, "인터넷 포털의 사회적 책임강화를 위한 입법(안)과 그 문제점: 검색서비스 사업자로서의 지위를 중심으로", 「인터넷법률」, 제44호, 2008년 10월; 최정락, "일본의 전자상거래 및 정보재 거래 등에 관한 준칙(2007. 2.)의 분석 및 한국 디지털통칙의 제정방향", 「인터넷법률」, 제41호, 2008년 1월.

제품 판매에 상당한 이익이 예상되는 점, ② 피고인은 기능성 원료의 인정신청을 위한 근거서류로 이 사건 논문 전체를 복제한 것인데, 이와 같은 목적은 이 사건 논문이 작성된 원래의 목적과 같으므로, 이 사건 논문의 복제는 원저작물을 단순히 대체한 것에 불과한 것으로 볼 수 있는 점, ③ 이 사건 논문이 임상연구결과를 기술한 사실적 저작물이기는 하지만 이 사건 논문의 일부가 아닌 전체가 그대로 복제되어 이용된 점, ④ 이 사건 논문의 복제로 인하여 사단법인 한국복사전송권협회와 같이 복사권 또는 전송권 등을 관리하는 단체가 복제허락을 통하여 얻을 수 있는 수입에 부정적인 영향을 미치게 될 것으로 보이는 점 등에 비추어 보면, 학술정보 데이터베이스 제공업자로부터 적은 비용으로 손쉽게 이 사건 논문의 복제물을 구할 수 있는 사정까지 엿보이는 이 사건에서, 피고인의 이 사건 논문 복제행위를 구 저작권법 제28조 소정의 '공표된 저작물의 인용'에 해당하는 행위라고 보기는 어렵다고 판단하여, 저작권침해죄의 유죄를 인정한 원심의 판단을 수긍한 사안.

[2] 구 저작권법 제30조 전문은 "공표된 저작물을 영리를 목적으로 하지 아니하고 개인적으로 이용하거나 가정 및 이에 준하는 한정된 범위 안에서 이용하는 경우에는 그 이용자는 이를 복제할 수 있다."고 규정하고 있다. 그런데 기업 내부에서 업무상 이용하기 위하여 저작물을 복제하는 행위는 이를 '개인적으로 이용'하는 것이라거나 '가정 및 이에 준하는 한정된 범위 안에서 이용'하는 것이라고 볼 수 없으므로, 위 조항이 규정하는 '사적 이용을 위한 복제'에 해당하지 않는다.

대법원 2014. 8. 26. 선고 2012도10786 판결에서는 저작권법 제28조의 적용과 관련하여 "영리적인 목적을 위한 이용은 비영리적인 목적을 위한 이용의 경우에 비하여 자유이용이 허용되는 범위가 상당히 좁아진다."라고 판시하였다.

대법원 2014. 8. 26. 선고 2012도10786판결[저작권법위반 (나) 파기환송]

[판결요지]

[1] 사진촬영이나 녹화 등의 과정에서 원저작물이 그대로 복제된 경우, 새로운 저작물의 성질, 내용, 전체적인 구도 등에 비추어 볼 때, 원저작물이 새로운 저작물 속에서 주된 표현력을 발휘하는 대상물의 사진촬영이나 녹화 등에 종속적으로 수반되거나 우연히 배경으로 포함되는 경우 등과 같이 부수적으로 이용되어 그 양적·질적 비중이나 중요성이 경미한 정도에 그치는 것이 아니라 새로운 저작물에서 원저작물의 창작적인 표현형식이 그대로 느껴진다면 이들 사이에 실질적 유사성이 있다고 보아야 한다.

[2] 구 저작권법(2011. 6. 30. 법률 제10807호로 개정되기 이전의 것) 제28조는 공표된 저작

물은 보도·비평·교육·연구 등을 위하여는 정당한 범위 안에서 공정한 관행에 합치되게 이를 인용할 수 있다고 규정하고 있는데, 정당한 범위 안에서 공정한 관행에 합치되게 인용한 것인가의 여부는 인용의 목적, 저작물의 성질, 인용된 내용과 분량, 피인용 저작물을 수록한 방법과 형태, 독자의 일반적 관념, 원저작물에 대한 수요를 대체하는지 여부 등을 종합적으로 고려하여 판단하여야 하고, 이 경우 반드시 비영리적인 이용이어야만 하는 것은 아니지만 영리적인 목적을 위한 이용은 비영리적인 목적을 위한 이용의 경우에 비하여 자유이용이 허용되는 범위가 상당히 좁아진다.

8. 영리를 목적으로 하지 않는 공연·방송(저 제29조)

영리를 목적으로 하지 아니하고 또한 청중이나 관중 또는 제3자로부터 어떤 명목으로든 반대급부를 받지 아니한 경우에는 공표된 저작물을 공연(상업용 음반 또는 상업적 목적으로 공표된 영상저작물을 재생하는 경우를 제외한다) 또는 방송할 수 있다. 다만 이때 실연자에게 통상의 보수를 지급하는 경우는 예외이다(저 제29조 제1항). 실연자와 관련해서는 생방송 또는 직접공연에 한정한다. (i) 공연(상업용 음반 또는 상업적 목적으로 공표된 영상저작물을 재생하는 경우를 제외한다)과 방송 모두 이 규정의 적용이 가능하고, (ii) 어떤 명목으로든지 반대급부를 받으면 이 조문이 적용되지 않고, (iii) 비영리목적인 경우에 한해 이 조문이 적용된다.

예컨대 방송주체가 상법상 회사라면 영리목적의 방송에 해당한다. 청중이나 관중으로부터 당해 공연에 대한 반대급부를 받지 아니한 경우에는 상업용 음반 또는 상업적 목적으로 공표된 영상저작물을 재생하여 공중에게 공연할 수 있다(저 제29조 제2항 본문). 다만 대통령령이 정하는 경우에는 그러하지 아니하다(저 제29조 제2항 단서). 그리고 이 경우에는 이용하는 저작물에 대한 출처명시의무가 없다(저 제37조 단서). 저작권법 제29조 제2항 본문의 특징은 다음과 같다. 이 규정은 (i) 공연에만 해당하고, (ii) 당해 공연에 대한 반대급부를 받지 않은 경우에 한한다(입장료는 받지 않고 광고로 수익을 내는 경우). 다만, 저작권법 제29조 제2항 본문이 적용되기 위해서 비영리를 목적으로 할 필요는 없다. 예컨대, 고속버스에서 노래테이프를 공연하는 것이 이에 해당한다. 저작권법 제29조 제2항에서 '판매용 음반 또는 판매용 영상저작물'란 문구를 '상업용 음반 또는 상업적 목적으로 공표된 영상저작물'이란 용어로 2016년 개정[35]한 것은 같은 법 제29조 제2항 본문의 적용범위를 확대하게 되어 저작권자의 보호에 취약하게 되는 난점이 발생한다. 이러한 점은 저작인접권자의 보호를 확대하기

---

35) 저작권법 [2016. 9. 23. 시행][법률 제14083호, 2016. 3. 22., 일부개정].

위해 저작권법 제75조, 제76조의2, 제82조, 제83조의2 등의 조문에서 '판매용 음반'이란 용어를 '상업용 음반'으로 개정하면서 심도 있는 고민 없이 저작재산권 제한사유 중 하나인 같은 법 제29조 제2항도 같이 개정하면서 발생하였다. 따라서 같은 법 제29조 제2항 본문의 적용범위 확대는 2016년 개정 당시 깊이 있는 논의 없이 발생한 결과로 보인다. 그러한 의미에서 같은 법 제29조 제2항 본문의 적용범위 확대가 예상되므로 같은 법 제29조 제2항 단서의 적용을 통해 대통령령에서 충분히 반영하지 못하면 저작권자의 보호에 취약하게 될 것이다. 이를 조정하기 위해서 2017년 저작권법 시행령([시행 2018.8.23.] [대통령령 제28251호, 2017.8.22., 일부개정])을 개정하여 「식품위생법 시행령」에 따른 휴게음식점 중 커피 전문점 등을 영위하는 영업소, 「체육시설의 설치·이용에 관한 법률 시행령」에 따른 체력단련장 또는 「유통산업발전법」에 따른 대규모점포 중 전통시장을 제외한 대규모점포에서 상업용 음반 등을 재생하여 공중에게 공연하는 때에는 청중 등으로부터 해당 공연에 대한 반대급부를 받지 아니하는 경우에도 저작재산권자가 공연권을 행사할 수 있도록 하여 저작재산권을 합리적으로 보호하게 하였다.

> **대법원 2016. 8. 24. 선고 2016다204653 판결[손해배상(기) (바) 상고기각]**
> **[음악저작권위탁관리업자의 허락 없는 공연에 대하여 손해배상을 청구한 사건]**
>
> ☞ 피고가 음악저작권위탁관리업자인 원고의 허락을 받지 않은 채 자신이 운영하는 3,000㎡ 미만의 가전제품 판매매장에서 배경음악서비스에 따라 제공받은 음원을 틀어놓은 사안에서, 저작권법 제105조에 따른 징수규정이 없다고 하더라도 저작권 침해를 원인으로 한 손해배상청구권을 행사하는 데 아무런 장애가 되지 않고, 피고가 매장에 틀어놓은 음악저작물 음원들은 저작권법 제29조 제2항에서 말하는 '판매용 음반'에 해당하지 않아 저권권자의 공연권이 제한되는 경우에도 해당하지 않는다는 이유로 원고의 손해배상청구를 받아들인 사안임.

9. 사적 이용을 위한 복제(저 제30조)

공표된 저작물을 영리를 목적으로 하지 아니하고 개인적으로 이용하거나 가정 및 이에 준하는 한정된 범위 안에서 이용하는 경우에는 그 이용자는 이를 복제할 수 있다. 다만, 공중의 사용에 제공하기 위하여 설치된 복사기기, 스캐너, 사진기 등 문화체육관광부령으로 정하는 복제기기에의한 복제는 그러하지 아니하다(저 제30조). 서울중앙지방법원 2008. 8. 5.자

2008카합968 결정(저작권 침해금지 등 가처분)에서는 인터넷 이용자들이 저작권자로부터 이용 허락을 받지 않은 영화 파일을 업로드하여 웹스토리지에 저장하거나 다운로드하여 개인용 하드디스크 또는 웹스토리지에 저장하는 행위가 저작권자의 복제권을 침해하는 것인지 여부 및 해당 파일이 저작권을 침해하는 불법 파일인 경우에도 사적 이용을 위한 복제에 해당한다고 볼 수 있는지 여부와 관련하여 "인터넷 이용자들이 저작권자로부터 이용허락을 받지 않은 영화 파일을 업로드하여 웹스토리지에 저장하거나 다운로드하여 개인용 하드디스크 또는 웹스토리지에 저장하는 행위는 유형물인 컴퓨터의 하드디스크에 고정하는 경우에 해당하 므로 특별한 사정이 없는 한 저작권자의 복제권을 침해한다. 그런데 저작권법 제30조는 이른바 사적 이용을 위한 복제를 허용하고 있으므로, 위와 같은 이용자들의 복제행위가 이에 해당하여 적법한지 여부를 살펴볼 필요가 있다. 먼저 웹스토로지에 공중이 다운로드할 수 있는 상태로 업로드되어 있는 영화 파일을 다운로드하여 개인용 하드디스크 또는 비공개 웹 스토리지에 저장하는 행위가 영리의 목적 없이 개인적으로 이용하기 위하여 복제를 하는 경 우에는 사적 이용을 위한 복제에 해당할 수 있다. 그러나 업로드되어 있는 영화 파일이 명백 히 저작권을 침해한 파일인 경우에까지 이를 원본으로 하여 사적 이용을 위한 복제가 허용 된다고 보게 되면 저작권 침해의 상태가 영구히 유지되는 부당한 결과가 생길 수 있으므로, 다운로더 입장에서 복제의 대상이 되는 파일이 저작권을 침해한 불법 파일인 것을 미필적으 로나마 알고 있었다면 위와 같은 다운로드 행위를 사적 이용을 위한 복제로서 적법하다고 할 수는 없다. 다음으로 개인용 하드디스크에 저장된 영화 파일을 '비공개' 상태로 업로드하 여 웹스토리지에 저장하는 행위에 관하여도, 해당 파일이 예컨대 DVD를 합법적으로 구매하 여 이를 개인적으로 이용할 목적으로 파일로 변환한 것과 같이 적법한 파일인 경우라면 이 를 다시 웹스토리지에 비공개 상태로 저장하는 행위 또한 사적 이용을 위한 복제로서 적법 하다고 할 것이나, 해당 파일이 불법 파일인 경우라면 이를 웹스토리지에 비공개 상태로 저 장하더라도 그것이 사적 이용을 위한 복제로서 적법하다고 할 수는 없다."고 판시하였다. 이 사안에서 원본의 적법성 여부에 따라 사적 이용을 위한 복제에 해당하는지 여부를 판단하는 것이 우리 저작권법의 해석론상 가능한지 여부가 문제된다. 이는 포괄적인 공정이용 법리가 도입되더라도 사적 이용을 위한 복제에 관한 조문이 살아있는 한, 사적 이용을 위한 복제에 관한 조문이 그대로 적용될 것이므로 여전히 문제될 사안으로 평가할 수 있다. 저작권법 제 30조에 의하면, 저작물을 개인적이거나 가정적인 또는 그에 준하는 제한된 용도로만 사용할 수 있다. 반면에 저작권법 제28조에 따르면, 타인의 저작물을 자기의 저작물에 인용하되 그 용도는 위와 같은 제한된 것만이 아니라 일반공중에게 공표하거나 판매하는 것도 허용된다. 사적 이용을 위한 복제에 해당하여 타인의 저작물을 자유이용하는 자는 그 저작물을 번역· 편곡 또는 개작하여 이용할 수도 있으며(저 제36조 제1항), 출처의 명시의무도 면제된다(저 제37조 제1항).

10. 도서관 등에서의 복제(저 제31조)

'도서관법'에 의한 도서관 및 도서문서기록 그 밖의 자료를 공중의 이용에 제공하는 시설 중 대통령령이 정하는 시설에서는 다음의 하나에 해당하는 경우에 보관된 자료를 사용하여 저작물을 복제할 수 있다.

(i) 조사·연구를 목적으로 하는 이용자의 요구에 따라 공표된 도서 등의 일부분의 복제물을 1인 1부에 한하여 제공하는 경우, (ii) 도서 등의 자체 보존을 위하여 필요한 경우, (iii) 다른 도서관 등의 요구에 따라 절판 그 밖에 이에 준하는 사유로 구하기 어려운 도서 등의 복제물을 보존용으로 제공하는 경우(저 제31조 제1항)이다.

이 가운데 (i) 및 (iii)의 경우에는 디지털 형태로 복제할 수 없다. 도서관 등은 컴퓨터를 이용하여 이용자가 그 도서관 등의 안에서 열람할 수 있도록 보관된 도서 등을 복제하거나 전송할 수 있다. 이 경우 동시에 열람할 수 있는 이용자의 수는 그 도서관 등에서 보관하고 있거나 저작권 그 밖에 이 법에 따라 보호되는 권리를 가진 자로부터 이용허락을 받은 그 도서 등의 부수를 초과할 수 없다(저 제31조 제2항). 도서관 등은 컴퓨터를 이용하여 이용자가 다른 도서관 등의 안에서 열람할 수 있도록 보관된 도서 등을 복제하거나 전송할 수 있다. 다만, 그 전부 또는 일부가 판매용으로 발행된 도서 등은 그 발행일로부터 5년이 경과하지 아니한 경우에는 그러하지 아니하다(저 제31조 제3항). 도서관 등은 (i) '도서 등의 자체보존을 위하여 필요한 경우"의 도서 등의 복제 및 (ii) 컴퓨터를 이용하여 도서관 이용자가 그 도서관 등의 안에서 열람할 수 있도록 보관된 도서 등의 복제와 (iii) 컴퓨터를 이용하여 이용자가 다른 도서관 등의 안에서 열람할 수 있도록 보관된 도서 등의 복제에 있어 그 도서 등이 디지털 형태로 판매되고 있는 때에는 그 도서 등을 디지털 형태로 복제할 수 없다(저 제31조 제4항).

다만, 국가기록물의 전반적 법정 수집기관인 국립중앙도서관이 온라인 자료의 보존을 위하여 수집하는 경우에는 해당 자료를 복제할 수 있다(저 제31조 제8항).

11. 시험문제로서의 복제(저 제32조)

학교의 입학시험이나 그 밖에 학식 및 기능에 관한 시험 또는 검정을 위하여 필요한 경우에는 그 목적을 위하여 정당한 범위에서 공표된 저작물을 복제·배포 또는 공중송신할 수 있다. 다만, 영리를 목적으로 하는 경우에는 그러하지 아니하다(저 제32조). 예컨대, 소설이나 시조를 복제하여 출제 문제로 활용하는 경우가 여기에 해당한다. 저작권법 제32조에 해당하는 경우에 저작권법 제36조 제2항에 의하여 그 저작물을 번역하여 이용할 수 있고, 저작권법 제37조 제1항 단서에 의하여 출처의 명시의무가 없다.

12. 시각장애인 등을 위한 복제 등(저 제33조)

[1] 공표된 저작물은 시각장애인 등을 위하여 점자로 복제·배포할 수 있다(저 제33조 제1항). 그리고 시각장애인 등의 복리증진을 목적으로 하는 시설 중 대통령령이 정하는 시설(당해 시설의 장 포함)은 영리를 목적으로 하지 아니하고 시각장애인 등의 이용에 제공하기 위하여 공표된 어문저작물을 녹음하거나 대통령령으로 정하는 시각장애인 등을 위한 전용 기록방식으로 복제·배포 또는 전송할 수 있다(저 제33조 제2항).

[2] 대통령령으로 정하는 시각장애인 등을 위한 전용 기록방식

(i) 점자로 나타나게 하는 것을 목적으로 하는 전자적 형태의 정보기록방식

(ii) 인쇄물을 음성으로 변환하는 것을 목적으로 하는 정보기록방식

(iii) 시각장애인을 위하여 표준화된 디지털 음성정보기록방식

(iv) 시각장애인 외에는 이용할 수 없도록 하는 기술적 보호조치가 적용된 정보기록방식

(저작권법 시행령 제14조 제2항 제1호 내지 제4호)

13. 청각장애인 등을 위한 복제 등(저 제33조의2)

2013년 개정 이전의 「저작권법」에서는 공표된 저작물에 대한 시각장애인의 정보접근권만 명시되어 있고 청각장애인에 관한 규정은 없는 바, 2013년 개정 저작권법[36]은 청각장애인도 일반인과 동등하게 공표된 저작물을 적극적으로 향유할 수 있도록 공표된 저작물 등을

---

36) [시행 2013. 10. 17.][법률 제11903호, 2013. 7. 16., 일부개정].

한국수어[37] 또는 자막으로 변환할 수 있고, 이러한 한국수어 또는 자막을 복제·배포·공연 또는 공중송신할 수 있도록 하는 규정을 두고 있다.

14. 방송사업자의 일시적 녹음·녹화(저 제34조)

방송사업자는 저작물을 스스로의 방송을 위하여 자체 수단으로 녹음 또는 녹화할 수 있다(저 제34조 제1항). 이와 같이하여 만들어진 녹음물 또는 녹화물은 녹음일 또는 녹화일로부터 1년을 초과하여 보존할 수 없다. 다만, 그 녹음물 또는 녹화물이 기록의 자료로서 대통령령이 정하는 장소에 보존하는 경우에는 그러하지 아니하다(저 제34조 제2항).

15. 미술저작물 등의 전시 또는 복제(저 제35조)

미술저작물 등의 원본의 소유자나 그의 동의를 얻은 자는 그 저작물을 원본에 의하여 전시할 수 있다. 다만, 가로·공원·건축물의 외벽 그 밖에 공중에게 개방된 장소(이하 '개방된 장소')에 항시 전시하는 경우에는 그러하지 아니하다(저 제35조 제1항). 개방된 장소에 항시 전시되어 있는 미술저작물 등은 어떠한 방법으로든지 이를 복제하여 이용할 수 있다. 다만, (i) 건축물을 건축물로 복제하는 경우, (ii) 조각 또는 회화를 조각 또는 회화로 복제하는 경우, (iii) 개방된 장소 등에 항시 전시하기 위하여 복제하는 경우, (iv) 판매의 목적으로 복제하는 경우에는 그렇게 할 수 없다(저 제35조 제2항). 전시를 하는 자 또는 미술저작물 등의 원본을 판매하고자 하는 자는 그 저작물의 해설이나 소개를 목적으로 하는 목록 형태의 책자에 이를 복제하여 배포할 수 있다(저 제35조 제3항). 위탁에 의한 초상화 또는 이와 유사한 사진저작물의 경우에는 위탁자의 동의가 없는 때에는 이를 이용할 수 없다(저 제35조 제4항).

16. 일시적 복제(저 제35조의2)

저작권법 제35조의2에서는 "저작물 이용과정에서의 일시적 복제"라는 표제하에 "컴퓨터에서 저작물을 이용하는 경우에는 원활하고 효율적인 정보처리를 위하여 필요하다고 인정되는 범위 안에서 그 저작물을 그 컴퓨터에 일시적으로 복제할 수 있다. 다만, 그 저작물의 이

---

37) [법률 제13978호, 2016. 2. 3., 타법개정]에 의해 '수화'란 용어를 '한국수어'로 개정하였다.

용이 저작권을 침해하는 경우에는 그러하지 아니하다."라고 규정하고 있다. 이 조문에 해당하는 경우에는 출처명시의무가 면제된다(저 제37조 제1항 단서). 이 조문상 '그 저작물의 이용이 저작권을 침해하는 경우'란 정당한 이용허락(법정허락 포함)이 없거나 저작권 제한사유에 해당하지 않는 이용행위, 저작권법상 저작권 침해로 간주되는 저작물이용행위 등을 말한다고 한다.[38] 정상적인 인터넷 검색, 웹서핑 등은 일시적 복제행위가 저작재산권 제한사유에 해당하기 위한 요건인 "컴퓨터에서 저작물을 이용하는 경우에는 원활하고 효율적인 정보처리를 위하여 필요한 범위 내"에 해당되기 때문에 저작권자의 허락 없이 자유롭게 할 수 있다.[39] 일시적 복제가 저작권 침해가 아닌 경우를 본문에 두고, 일시적 복제행위가 저작권침해에 해당하는 경우에는 면책되지 아니함을 밝히고 있어서 이는 순환론법적 접근방식을 제시하고 있다. 일시적 복제를 "저작재산권 제한사유"로 열거한 것은 일정한 요건을 충족하면 면책된다는 점을 명시한 것이나 저작권법 제35조의2 단서 때문에 그러한 경우에도 저작권침해행위에 해당할 수 있음을 병렬적으로 밝히는 것은 여러모로 논리의 일관성을 상실하고 있다. 이 조문이 적용되는 경우에 출처를 명시할 필요가 없다(저 제37조 제1항 단서).

대법원 2018. 11. 15. 선고 2016다20916 판결[손해배상등][일시적 복제에 의한 복제권 침해가 쟁점이 된 사건(동시접속 라이선스 사건)][공2019상,8]

[판결요지]

[1] 사용자가 컴퓨터 하드디스크 드라이브(HDD) 등의 보조기억장치에 설치된 컴퓨터프로그램을 실행하거나 인터넷으로 디지털화된 저작물을 검색, 열람 및 전송하는 등의 과정에서 컴퓨터 중앙처리장치(CPU)는 실행된 컴퓨터프로그램의 처리속도 향상 등을 위하여 컴퓨터프로그램을 주기억장치인 램(RAM)에 적재하여 이용하게 되는데, 이러한 과정에서 일어나는 컴퓨터프로그램의 복제는 전원이 꺼지면 복제된 컴퓨터프로그램의 내용이 모두 지워진다는 점에서 일시적 복제라고 할 수 있다.

저작권법은 제2조 제22호에서 복제의 개념에 '일시적으로 유형물에 고정하거나 다시 제작하는 것'을 포함시키면서도, 제35조의2에서 "컴퓨터에서 저작물을 이용하는 경우에는 원활하고 효율적인 정보처리를 위하여 필요하다고 인정되는 범위 안에서 그 저작물을 그 컴퓨터에 일시적으로 복제할 수 있다. 다만 그 저작물의 이용이 저작권을 침해하는 경우에는 그러하지 아니하다."라고 규정하여 일시적 복제에 관한 면책규정을 두

---

38) 문화체육관광부·한국저작권위원회, 「한-미 FTA 이행을 위한 개정 저작권법 설명자료」, 2011년 12월 14일, 5면.
39) 문화체육관광부·한국저작권위원회, 앞의 설명자료, 6면.

고 있다. 그 취지는 새로운 저작물 이용환경에 맞추어 저작권자의 권리보호를 충실하게 만드는 한편 이로 인하여 컴퓨터에서의 저작물 이용과 유통이 과도하게 제한되는 것을 방지함으로써 저작권의 보호와 저작물의 원활한 이용의 적절한 균형을 도모하는 데 있다. 이와 같은 입법 취지 등에 비추어 볼 때 여기에서 말하는 '원활하고 효율적인 정보처리를 위하여 필요하다고 인정되는 범위'에는 일시적 복제가 저작물의 이용 등에 불가피하게 수반되는 경우는 물론 안정성이나 효율성을 높이기 위해 이루어지는 경우도 포함된다고 볼 것이지만, 일시적 복제 자체가 독립한 경제적 가치를 가지는 경우는 제외되어야 한다.

[2] 갑 주식회사가 을 외국회사가 저작권을 가지고 있는 소프트웨어에 관하여 판매대리점 계약을 체결하였고, 을 회사는 위 소프트웨어에 대한 이용허락계약(라이선스 계약)을 통하여 라이선스받은 최대 동시사용자 수보다 많은 사용자가 소프트웨어를 동시에 사용할 수 없도록 하는 동시사용 방식의 라이선스를 부여하고 있었는데, 갑 회사가 위 소프트웨어의 최종사용자가 라이선스를 추가로 확보할 수 있는 기능을 가진 소프트웨어를 개발하여 을 회사의 소프트웨어의 최종사용자들에게 판매하였고, 이를 사용하면 최대 동시사용자 수를 초과하는 을 회사의 소프트웨어가 사용자 컴퓨터의 램(RAM)에 일시적으로 복제된 상태로 남게 되는 사안에서, 라이선스 계약을 체결할 당시 저작권자인 을 회사가 약정한 최대 라이선스 수를 넘는 일시적 복제까지 허락하였다고 볼 수 없는 점, 갑 회사의 소프트웨어는 을 회사의 소프트웨어의 작동과정에서 원활하고 효율적인 정보처리를 위한 작업을 하는 것으로만 볼 수 없고, 을 회사의 소프트웨어가 사용자 컴퓨터의 램(RAM)에 복제된 상태로 남게 되는 것은 갑 회사의 소프트웨어에 의해 추가적으로 발생한 것이지 을 회사의 소프트웨어를 이용하는 과정 중에 불가피하게 수반되는 결과물이라고 볼 수도 없는 점, 라이선스 계약과 같은 동시사용 방식에서 유상 거래의 핵심이 되는 것은 '최대 라이선스의 수'라고 볼 수 있는데, 갑 회사의 소프트웨어로 인해 '최대 라이선스의 수'가 증가되는 효과가 발생하게 되고 갑 회사의 소프트웨어를 사용하면 구매할 라이선스 수를 줄일 수 있으므로 을 회사의 소프트웨어의 라이선스 판매량이 감소하는 경제적 효과가 발생하게 되는 점 등을 종합하면, 갑 회사의 소프트웨어에 의해 발생하는 일시적 복제는 을 회사의 소프트웨어의 이용과정에서 불가피하게 수반되거나 안정성이나 효율성을 높이는 것으로만 보기 어렵고, 독립한 경제적 가치를 가지는 것으로 볼 수 있으므로, 갑 회사의 소프트웨어는 을 회사의 일시적 복제권을 침해하였다고 한 사례.

대법원 2017. 11. 23. 선고 2015다1017, 1024, 1031, 1048 판결[저작권으로인한채무부존재확인·저작권으로인한채무부존재확인·저작권으로인한채무부존재확인·손해배상(기)][컴퓨터프로그램의 영구적 복제권 및 일시적 복제권 침해 여부가 쟁점인 사건][공2018상,4]

[판결요지]

[1] 저작권법 제16조는 저작재산권을 이루는 개별적 권리의 하나로 저작물을 복제할 권리를 들고 있고, 제2조 제22호는 '복제'는 인쇄·사진촬영·복사·녹음·녹화 그 밖의 방법으로 일시적 또는 영구적으로 유형물에 고정하거나 다시 제작하는 것을 말한다고 규정하고 있다. 컴퓨터프로그램을 컴퓨터 하드디스크 드라이브(HDD) 등 보조기억장치에 설치하는 것은 저작권법 제2조 제22호의 영구적 복제에 해당한다.

한편 저작권법 제46조 제2항은 저작재산권자로부터 저작물의 이용을 허락받은 자는 허락받은 이용 방법 및 조건의 범위 안에서 그 저작물을 이용할 수 있다고 규정하고 있다. 위 저작물의 이용 허락은 저작물을 복제할 권리 등 저작재산권을 이루는 개별적 권리에 대한 이용 허락을 가리킨다.

따라서 저작재산권자로부터 컴퓨터프로그램의 설치에 의한 복제를 허락받은 자가 위 프로그램을 컴퓨터 하드디스크 드라이브(HDD) 등 보조기억장치에 설치하여 사용하는 것은 저작물의 이용을 허락받은 자가 허락받은 이용 방법 및 조건의 범위 안에서 그 저작물을 이용하는 것에 해당한다. 위와 같이 복제를 허락받은 사용자가 저작재산권자와 계약으로 정한 프로그램의 사용 방법이나 조건을 위반하였다고 하더라도, 위 사용자가 계약 위반에 따른 채무불이행책임을 지는 것은 별론으로 하고 저작재산권자의 복제권을 침해하였다고 볼 수는 없다.

[2] 사용자가 컴퓨터 하드디스크 드라이브(HDD) 등의 보조기억장치에 설치된 컴퓨터프로그램을 실행하거나 인터넷으로 디지털화된 저작물을 검색, 열람 및 전송하는 등의 과정에서 컴퓨터 중앙처리장치(CPU)는 실행된 컴퓨터프로그램의 처리속도 향상 등을 위하여 컴퓨터프로그램을 주기억장치인 램(RAM)에 적재하여 이용하게 되는데, 이러한 과정에서 일어나는 컴퓨터프로그램의 복제는 전원이 꺼지면 복제된 컴퓨터프로그램의 내용이 모두 지워진다는 점에서 일시적 복제라고 할 수 있다.

한편 저작권법은 제2조 제22호에서 복제의 개념에 '일시적으로 유형물에 고정하거나 다시 제작하는 것'을 포함시키면서도, 제35조의2에서 "컴퓨터에서 저작물을 이용하는 경우에는 원활하고 효율적인 정보처리를 위하여 필요하다고 인정되는 범위 안에서 그 저작물을 그 컴퓨터에 일시적으로 복제할 수 있다. 다만 그 저작물의 이용이 저작권을 침해하는 경우에는 그러하지 아니하다."라고 규정하여 일시적 복제에 관한 면책규정을 두고 있다. 그 취지는 새로운 저작물 이용환경에 맞추어 저작권자의 권리보호를 충실하게 만드는 한편, 이로 인하여 컴퓨터에서의 저작물 이용과 유통이 과도하게 제한되는 것을 방지함으로써 저작권의 보호와 저작물의 원활한 이용의 적절한 균형을 도모하는 데 있다. 이와 같은 입법 취지 등에 비추어 볼 때 여기에서 말하는 '원활하고 효율적인 정보처리를 위하여 필요하다고 인정되는 범위'에는 일시적 복제가 저작물의 이용 등에 불가피하게 수반되는 경우는 물론 안정성이나 효율성을 높이기 위해 이루어지는 경우도 포함된다고 볼 것이지만, 일시적 복제 자체가 독립한 경제적 가치를 가지는 경우는 제외되어야 한다.

17. 부수적 복제 등

사진촬영, 녹음 또는 녹화(이하 이 조에서 "촬영 등"이라 한다)를 하는 과정에서 보이거나 들리는 저작물이 촬영 등의 주된 대상에 부수적으로 포함되는 경우에는 이를 복제·배포·공연·전시또는 공중송신할 수 있다. 다만, 그 이용된 저작물의 종류 및 용도, 이용의 목적 및 성격 등에 비추어 저작재산권자의 이익을 부당하게 해치는 경우에는 그러하지 아니하다(저 제35조의3). 부수적 복제 등의 경우에 그 저작물을 번역·편곡 또는 개작하여 이용할 수 있다(저 제36조 제1항). 부수적 복제 등의 경우에 출처를 명시할 필요가 없다(저 제37조 제1항).

18. 문화시설에 의한 복제 등

국가나 지방자치단체가 운영하는 문화예술 활동에 지속적으로 이용되는 시설 중 대통령령으로 정하는 문화시설(해당 시설의 장을 포함한다. 이하 "문화시설"이라 한다)은 대통령령으로 정하는 기준에 해당하는 상당한 조사를 하였어도 공표된 저작물(외국인의 저작물을 제외한다. 이하 이 조에서 같다)의 저작재산권자나 그의 거소를 알 수 없는 경우 그 문화시설에 보관된 자료를 수집·정리·분석·보존하여 공중에게 제공하기 위한 목적(영리를 목적으로 하는 경우를 제외한다)으로 그 자료를 사용하여 저작물을 복제·배포·공연·전시 또는 공중송신할 수 있다(저 제35조의4 제1항). 저작재산권자는 문화시설의 이용에 대하여 해당 저작물의 이용을 중단할 것을 요구할 수 있으며, 요구를 받은 문화시설은 지체 없이 해당 저작물의 이용을 중단하여야 한다(저 제35조의4 제2항). 저작재산권자는 문화시설에 의한 복제 등에 대하여 보상금을 청구할 수 있으며, 문화시설은 저작재산권자와 협의한 보상금을 지급하여야 한다(저 제35조의4 제3항). 보상금 협의절차를 거쳤으나 협의가 성립되지 아니한 경우에는 문화시설 또는 저작재산권자는 문화체육관광부장관에게 보상금 결정을 신청하여야 한다(저 제35조의4 제4항). 보상금 결정 신청이 있는 경우에 문화체육관광부장관은 저작물의 이용 목적·이용형태·이용 범위 등을 고려하여 보상금 규모 및 지급 시기를 정한 후 이를 문화시설 및 저작재산권자에게 통보하여야 한다(저 제35조의4 제5항). 문화시설이 저작물을 이용하고자 하는 경우에는 대통령령으로 정하는 바에 따라 이용되는 저작물의 목록·내용 등과 관련된 정보의 게시, 저작권 및 그 밖에 이 법에 따라 보호되는 권리의 침해를 방지하기 위한 복제방지조치 등 필요한 조치를 하여야 한다(저 제35조의4 제6항). 문화시설에 의한 복제 등의 경우 그 저작물을 번역·편곡 또는 개작하여 이용할 수 있다(저 제36조 제1항). 문화시설에 의한 복제 등의 경우에 그 출처를 명시할 필요가 없다(저 제37조 제1항).

19. 포괄적인 공정이용(저 제35조의5)

저작권법 제35조의5(저작물의 공정한 이용)에서는 "① 제23조부터 제35조의4까지, 제101조의3부터 제101조의5까지의 경우 외에 저작물의 통상적인 이용 방법과 충돌하지 아니하고 저작자의 정당한 이익을 부당하게 해치지 아니하는 경우에는 저작물을 이용할 수 있다.

② 저작물 이용 행위가 제1항에 해당하는지를 판단할 때에는 다음 각 호의 사항등을 고려하여야 한다.

1. 이용의 목적 및 성격
2. 저작물의 종류 및 용도
3. 이용된 부분이 저작물 전체에서 차지하는 비중과 그 중요성
4. 저작물의 이용이 그 저작물의 현재 시장 또는 가치나 잠재적인 시장 또는 가치에 미치는 영향"이라고 규정하고 있다. 이 조문에 해당하는 경우에는 출처명시의무가 면제되지 아니한다(저 제37조 제1항 본문).

저작물의 디지털화와 유통환경의 변화에 따라 기존 저작권법상의 열거적인 저작재산권 제한사유만으로는 새로운 외부환경에 대처하는 데 한계가 있었기 때문에 이 한계를 극복하기 위해 신설한 조문이 저작권법 제35조의5이다. 즉, 저작물의 통상적인 이용과 충돌하지 아니하고 저작자의 합리적인 이익을 부당하게 저해하지 않는 범위 내에서 저작물을 이용할 수 있도록 하는 포괄적 공정이용 조항을 신설하고, 특정한 이용이 공정한 이용에 해당하는지 여부를 판단하기 위한 기준을 예시하고 있다. 저작물의 공정한 이용의 경우에 그 저작물

을 번역·편곡 또는 개작하여 이용할 수 있다(저 제36조 제1항). 저작물의 공정한 이용에 해당하는 경우에 그 출처를 명시하여야 한다(저 제37조 제1항).

20. 번역 등에 의한 이용(저 제36조)

공공 저작물의 자유이용(저 제24조의2), 학교교육 목적 등에의 이용(저 제25조), 영리를 목적으로 하지 아니하는 공연·방송(저 제29조), 사적 이용을 위한 복제(저 제30조), 부수적 복제 등(저 제35조의3), 문화시설에 의한 복제 등(저 제35조의4) 또는 저작물의 공정한 이용(저 제35조의5)의 규정에 따라 저작물을 이용하는 경우에는 그 저작물을 번역·편곡 또는 개작하여 이용할 수 있다(저 제36조 제1항). 재판절차 등에서의 복제(저 제23조), 정치적 연설 등의 이용(저 제24조), 시사보도를 위한 이용(저 제26조), 시사적인 기사 및 논설의 복제 등(저 제27조), 공표된 저작물의 인용(저 제28조), 시험문제를 위한 복제(저 제32조), 시각장애인 등을 위한 복제 등(저 제33조) 또는 청각장애인 등을 위한 복제 등(저 제33조의2)의 규정에 따라 저작물을 이용하는 경우에는 그 저작물을 번역하여 이용할 수 있다(저 제36조 제2항).

21. 출처의 명시

시사보도를 위한 이용(제26조), 영리를 목적으로 하지 아니하는 공연·방송(제29조), 사적 이용을 위한 복제(제30조), 도서관 등에서의 복제 등(제31조), 시험문제를 위한 복제 등(제32조), 방송사업자의 일시적 녹음·녹화(제34조), 저작물 이용과정에서의 일시적 복제(제35조의2), 부수적 복제 등(제35조의3), 문화시설에 의한 복제 등(제35조의4)에는 저작물을 이용하는 자는 그 출처를 명시할 필요가 없다.

22. 프로그램에 대한 적용 제외

재판 등에서의 복제(제23조), 학교교육 목적 등에의 이용(제25조), 사적이용을 위한 복제(제30조), 시험문제를 위한 복제 등(제32조)은 프로그램에 대해서는 적용하지 아니한다.

제2절 저작물 이용의 법정허락

[1] **법정허락의 의의**: 저작권자의 허락을 받지 못한 경우라도 저작물의 이용이 공중의 입장에서 필요 불가결한 경우에 적정한 대가를 지급하거나 공탁하고 이를 이용하게 할 수 있도록 한 제도이다.

[2] **저작재산권자 불명의 경우**: 누구든지 대통령령으로 정하는 기준에 해당하는 상당한 노력을 기울였어도 공표된 저작물의 저작재산권자나 그의 거소를 알 수 없어 그 저작물의 이용허락을 받을 수 없는 경우에는 대통령령으로 정하는 바에 따라 문화체육관광부장관의 승인을 얻은 후 문화체육관광부장관이 정하는 기준에 의한 보상금을 한국저작권위원회에 지급하고 이를 이용할 수 있다(저 제50조 제1항). 이 보상을 받을 권리는 한국저작권위원회를 통하여 행사되어야 한다(저 제50조 제5항). 한국저작권위원회는 제1항에 따라 보상금을 지급받은 날부터 10년이 경과한 미분배 보상금에 대하여 문화체육관광부장관의 승인을 얻어 제25조 제8항 각 호의 어느 하나에 해당하는 목적을 위하여 사용할 수 있다(저 제50조 제6항).

[3] **공표된 저작물의 방송**: 공표된 저작물을 공익상 필요에 의하여 방송하고자 하는 방송사업자가 그 저작재산권자와 협의하였으나 협의가 성립되지 아니하는 경우에는 대통령령이 정하는 바에 의하여 문화체육관광부장관의 승인을 얻고, 문화체육관광부장관이 정하는 기준에 의한 보상금을 저작재산권자에게 지급하거나 공탁하고 이를 방송할 수 있다(저 제51조).

[4] **상업용 음반의 제작**: 상업용 음반이 우리나라에서 처음으로 판매되어 3년이 경과한 경우 그 음반에 녹음된 저작물을 녹음하여 다른 상업용 음반을 제작하고자 하는 자가 그 저작재산권자와 협의하였으나 협의가 성립되지 아니하는 때에는 대통령령이 정하는 바에 의하여 문화체육관광부장관의 승인을 얻고, 문화체육관광부장관이 정하는 기준에 의한 보상금을 저작재산권자에 지급하거나 공탁하고 다른 상업용 음반을 제작할 수 있다(저 제52조). 이는 음반제작자가 작곡가나 작사가 등을 전속계약을 통해 장기간에 걸쳐 녹음권을 독점하는 것을 방지하기 위한 취지이다. 상업용 음반은 시판을 목적으로 제작된 음반이고, 여기서 "음반"은 음(음성·음향을 말한다. 이하 같다)이 유형물에 고정된 것(음을 디지털화한 것을 포함한다)을 말한다. 다만, 음이 영상과 함께 고정된 것을 제외한다(저 제2조 제5호). 전술한 내용은 실연, 음반 및 방송 등의 저작인접물에도 적용된다. 저작인접물도 법정허락의 대상이 된다(저 제89조).

제6장 저작권의 보호기간

저작재산권은 저작권법에 다른 특별한 규정이 있는 경우를 제외하고는 저작자가 생존하는 동안과 사망 후 70년간 존속한다(저 제39조 제1항). 따라서 저작권의 보호기간을 저작자의 수명을 기준으로 하거나, 저작물의 공표를 기준(무명·이명저작물, 업무상 저작물, 영상저작물의 보호기간 등)으로 하거나에 상관없이 기존 50년에서 70년으로 연장하였다. 다만, 저작권보호 기간의 연장으로 사회에 미칠 영향을 최소화하기 위해 한—EU FTA의 효력이 발생한 후 2년이 되는 날부터 시행하기로 유예기간을 설정하였다(저작권법 부칙 제1조). 우리나라의 경우 최초의 저작권법인 1957년 저작권법에서는 보호기간을 원칙적으로는 저작자의 생존 중 및 그의 사후 30년으로 규정하였다가, 1987년 개정 시에 베른협약 및 다른 나라의 입법 경향을 반영하여 저작자의 생존 중 및 그의 사후 50년 동안 저작재산권이 존속하는 것으로 바꾸었다. 그러다가 한—EU FTA의 이행입법으로서 저작권법[40])을 개정하여 저작자가 생존하는 동안과 사망 후 70년간으로 그 보호기간을 연장하였다. 2011년 개정 전의 구 저작권법에 따르면, 저작자의 사망 후 40년이 경과하고 50년이 되기 전에 공표된 저작물의 저작재산권은 공표된 때로부터 10년간 존속하였으나(저 제39조 제1항 단서), 2011년 개정 저작권법에서는 이 조문을 삭제하였다. 공동저작물의 저작재산권은 맨 마지막으로 사망한 저작자가 사망한 후 70년간 존속한다(저 제39조 제2항). 무명 또는 널리 알려지지 아니한 이명이 표시된 저작물의 저작재산권은 공표된 때부터 70년간 존속한다. 다만, 이 기간 내에 저작자가 사망한지 70년이 지났다고 인정할 만한 정당한 사유가 발생한 경우에는 그 저작재산권은 저작자가 사망한 후 70년이 지났다고 인정되는 때에 소멸한 것으로 본다(저 제40조 제1항). 무명 또는 이명저작물이라고 하더라도 (i) 공표 후 70년의 기간 내에 저작자의 실명 또는 널리 알려진 이명이 밝혀진 경우, (ii) 공표 후 70년의 기간 내에 저작권법 제53조 제1항에 의한 저작자의 실명 등록이 있는 경우에는 저작권법 제40조 제1항의 규정은 적용되지 아니하고, 이때에는 실명 또는 널리 알려진 이명이 밝혀진 저작자가 사망한 후 70년간 저작재산권이 존속하는 것으로 된다(저 제40조 제2항). 업무상저작물의 저작재산권은 공표한 때로부터 70년간 존속한다. 다만 창작한 때로부터 50년 이내에 공표되지 아니한 경우에는 창작한 때로부터 70년간 존속한다(저 제41조). 한편 법인 또는 단체가 저작자인 업무상저작물의 저작인격권은 자연인의 경우와 마찬가지로 자연인의 사망에 해당하는 해산이나 소멸 등으로 그 단체가 존속하지 아니하

---

40) [시행 2001. 7. 1.][법률 제10807호, 2011. 6. 30., 일부개정].

게 된 때에 소멸하는 것으로 해석하여야 할 것이다.[41] 영상저작물의 저작재산권은 공표한 때부터 70년간 존속한다. 다만, 창작한 때로부터 50년 이내에 공표되지 아니한 경우에는 창작한 때부터 70년간 존속한다(저 제42조). 2011년 개정전 저작권법에 따르면, 컴퓨터프로그램에 대한 프로그램저작권은 그 프로그램이 공표된 다음 연도부터 50년간 존속하는 것으로 규정하였고, 창작 후 50년 이내에 공표되지 아니한 경우에는 창작된 다음 연도부터 50년간 존속하는 것으로 규정하였다(구 저작권법 제42조). 2011년 개정 저작권법에서는 이 부분이 삭제됨으로써 프로그램저작물에 대해서는 보호기간에 대한 원칙이 적용된다. 즉, 프로그램저작물에 대하여서는 그 저작재산권이 저작자가 생존하는 동안과 사망 후 70년간 존속한다(저 제39조 제1항). 이는 일반저작물과 달리 프로그램의 보호기간에 대해 공표시점을 기산점으로 하는 것을 국제 기준에 따라 일반저작물과 동일하게 하는 것으로 변경할 필요가 있기 때문이다. 저작재산권의 보호기간을 계산하는 경우에는 저작자가 사망하거나 저작물을 창작 또는 공표한 다음 해부터 기산한다(저 제44조).

배타적발행권 및 출판권은 각각 그 설정 행위에 특약이 없는 때에는 발행 등을 한 날(출판권의 경우에는 출판을 한 날)로부터 3년간 존속한다(저 제59조 제1항 본문, 제63조의2). 다만, 저작물의 영상화를 위하여 배타적발행권 내지 출판권을 설정하는 경우에는 그 존속기간은 5년으로 한다(저 제59조 제1항 단서, 제63조의2). 저작인접권은 (i) 실연의 경우에는 그 실연을 한 때, (ii) 음반의 경우에는 그 음반을 발행한 때(다만, 음을 음반에 맨 처음 고정한 때의 다음 해부터 기산하여 50년이 경과한 때까지 음반을 발행하지 아니한 경우에는 음을 음반에 맨 처음 고정한 때), (iii) 방송의 경우에는 그 방송을 한 때로부터 발생하며, 어떠한 절차나 형식의 이행을 필요로 하지 아니한다(저 제86조 제1항). 저작인접권(실연자의 인격권은 제외한다) 가운데 (i) 실연의 경우에는 그 실연을 한 때(다만, 실연을 한 때부터 50년 이내에 실연이 고정된 음반이 발행된 경우에는 음반을 발행한 때)의 다음 해부터 기산하여 70년간 존속하고, (ii) 음반의 경우에는 그 음반을 발행한 때(다만, 음을 음반에 맨 처음 고정한 때의 다음 해부터 기산하여 50년이 경과한 때까지 음반을 발행하지 아니한 경우에는 음을 음반에 맨 처음 고정한 때)의 다음 해부터 기산하여 70년간 존속한다(저 제86조 제2항 제1호 및 제2호). 하지만 저작인접권 중 방송의 경우에는 그 방송을 한 때의 다음해부터 기산하여 50년간 존속한다(저 제86조 제2항 제3호). 즉, 저작인접권(방송 제외)의 보호기간을 기존의 50년에서 70년으로 연장하되, 기 발효된 한－페루 FTA에 따라 2013년 8월 1일부터 시행하도록 하였다(2011년 12월 개정 저작권법 부칙 제1조). 저작

---

41) 오승종, 2007년, 334면.

인접권 보호기간 연장과 관련하여 방송을 예외로 한 것은 미국이 저작권법에서 방송사업자를 별도로 보호하지 않기 때문에 한-미 FTA에서 방송이 제외되었기 때문이다. 아울러 방송사업자의 권리에 대해서는 2011년 12월 현재 세계지식재산권기구(WIPO)에서 조약 마련을 위한 논의를 하고 있다는 점도 고려하였다.[42] 그리고 보호되는 외국인의 실연·음반 및 방송이라도 그 외국에서 보호기간이 만료된 경우에는 저작권법에 따른 보호기간을 인정하지 아니한다(저 제64조 제2항). 따라서 우리나라보다 짧은 보호기간을 인정하는 국가의 실연, 음반 및 방송의 경우에는 상호주의에 입각하여 연장된 보호기간의 적용을 제외한다. 이 조항(저 제64조 제2항)도 기 발효된 한-페루 FTA에 따라 2013년 8월 1일부터 시행한다. 2011년 개정 저작권법은 저작인접권 보호기간의 특례(2011년 개정 저작권법 부칙 제4조 신설)를 두어 저작인접권 보호의 공평성을 회복하고, 관련 국제조약 규정을 충실하게 이행하기 위하여 1987년 7월 1일부터 1994년 6월 30일 사이에 발생한 저작인접권의 보호기간을 발생한 때의 다음 해부터 기산하여 50년간 존속하도록 하였다. 1986. 12. 31. 법률 제3916호에 따라 전부 개정된 「저작권법」(이하 '86년 저작권법')은 저작인접권의 보호기간을 20년간으로 규정하고 있었으나, 1994. 1. 7. 법률 제4717호에 따라 일부개정된 「저작권법」(이하 '94년 저작권법')에서 저작인접권의 보호기간을 50년간으로 규정하면서, 부칙에서 "저작인접권의 보호기간은 종전의 규정에 의한다"고 하여 1987년 7월 1일부터 1994년 6월 30일 사이에 발행된 실연·음반·방송의 저작인접권 보호기간이 연장 대상에서 제외되었다. 그 결과 1987년 7월 1일부터 1994년 6월 30일 사이에 발생한 저작인접권의 보호기간은 86년 저작권법에 따라 20년인 반면, 1994년 7월 1일 이후 발생한 저작인접권의 보호기간은 94년 저작권법에 따라 50년으로 적용되었다. 이는 1987년 7월 1일부터 1994년 6월 30일 사이에 발생한 저작인접권에 대해 보호기간을 짧게 인정할 합리적 이유가 없으며, 단순히 저작인접권이 발생한 시기에 따라 보호기간이 달리 적용되는 문제점이 발생하였다. 이에 2011년 개정 저작권법은 1987년 7월 1일부터 1994년 6월 30일 사이에 발생한 저작인접권의 보호기간을 1994년 7월 1일 이후 발생한 저작인접권과 같은 수준인 50년으로 설정함으로써 저작인접권자 보호에 대한 문제점을 해소하려는 것이다.

---

42) 문화체육관광부·한국저작권위원회, 앞의 설명자료, 21면.

서울고등법원 2012. 10. 24. 선고 2011나96415 판결[음반판매금지등]

[판시사항]

음반 기획·제작업에 종사하던 갑이, 정식 대중가수로 데뷔하기 전인 을이 노래를 부르고 다른 연주자들이 반주를 한 음원을 만든 뒤 을에게 가창료를 지급하고 음원을 다른 업체에 제공하여 영어교육용 테이프를 제작·판매하게 하거나 자신이 직접 엘피(LP), 카세트테이프, CD 형식의 음반을 만들어 판매하여 오다가 약 17년이 지난 후 병과 음원을 사용한 음반을 제작·판매하기 위한 계약을 체결하였고, 이에 따라 병이 음원을 담은 CD 음반과 DVD 영상물을 제작·판매하자 을이 병을 상대로 CD 음반과 DVD 영상물의 판매 등 금지를 구한 사안에서, 을이 음원 제작 당시 예상할 수 없었던 DVD 영상물을 제작할 수 있는 권리까지 갑에게 양도한 것으로 보이지는 않는다는 이유로, 병은 을의 실연권 보호기간의 종기인 2040. 12. 31.까지 DVD 영상물을 판매, 배포, 광고, 인도하여서는 안 된다고 한 사례

제7장 저작인격권

제1절 저작인격권의 개관

[1] 저작인격권이란 저작자가 자신의 저작물에 대해 가지는 인격적 이익의 보호를 목적으로 하는 권리이다. 저작인격권은 개인의 인격 그 자체를 직접적인 보호대상으로 하는 것이 아니라 개인의 인격이 투영된 저작물을 보호함으로써 간접적으로 저작자 개인의 인격적 이익을 보호한다. 저작인격권은 저작재산권과는 달리 일신전속적인 권리이므로 다른 사람에게 양도, 상속 등을 통하여 이전할 수 없다. 저작인격권의 행사에 있어서 이를 대리하거나 위임하는 것이 가능하다고 할지라도 이는 어디까지나 저작인격권의 본질을 해하지 아니하는 한도에서만 가능하다고 할 것이고, 저작인격권 자체는 저작자에게 여전히 귀속되어 있다(대법원 1995. 10. 2.자 94마2217 결정에서는 저작인격권 자체가 저작권자에게 여전히 귀속된다고 판시하였으나, 저작인격권은 엄밀히 말하자면 저작권자가 아니라 저작자에게 귀속하는 것이다. 왜냐하면 저작자가 저작재산권자가 아닌 경우에도 저작인격권은 저작자에게 귀속하기 때문이다). 또한 저작인격권은 신탁법상으로도 특정의 재산권만이 신탁의 대상이 되도록 되어 있어 재산권이 아닌 권리는 신탁법상 신탁의 대상이 될 수 없는 점 등에 비추어 볼 때, 저작인격권은 성질상 저작권 신탁계약에 의하여 수탁자에게 이전될 수 없으므로, 저작권법 제78조에 의하여 신탁관리될 수 없다.[43] 저작인격권은 그 성질상 포기할 수도 없는 권리이므로 사전에 포기하는 약정을

하거나 타인에게 양도하는 약정을 하더라도 그러한 약정은 무효이다. 다만, 저작자가 사전에 계약 등을 통하여 특정인에 대해 저작인격권의 행사를 유보할 수 있을 따름이다. 그리고 공표권의 경우, 그 성질상 한 번 공표된 저작물에 대해서는 공표권 침해가 있을 수 없다는 점에서 다른 저작인격권과 다르다. 업무상 저작물에 대해서는 법인 등 단체가 저작인격권을 가진다.

[2] **공동저작물의 저작인격권**: 공동저작물의 저작인격권은 저작자 전원의 합의에 의하지 아니하고는 이를 행사할 수 없다(그러나 대법원 1999. 5. 25. 선고 98다41216 판결에서는 "저작인격권 침해로 인한 정신적 손해배상청구의 경우에는 공동저작자 각자가 단독으로 자신의 손해배상청구를 할 수 있다."고 판시하였다). 이 경우 각 저작자는 신의에 반하여 합의의 성립을 방해할 수 없다. 그리고 공동저작물의 저작자는 그들 중에서 저작인격권을 대표하여 행사할 수 있는 자를 정할 수 있다. 공동저작물의 저작인격권을 대표하여 행사하는 자의 대표권에 가하여진 제한이 있을 때에 그 제한은 그러한 사정을 알지 못하는 선의의 제3자에게는 대항할 수 없다(저 제15조). 자연인의 경우에 저작자가 사망하면 저작인격권이 소멸하는 것을 전제로 하되, 저작자 사후의 인격적 이익의 보호를 위하여 특별한 규정을 두고 있다. 즉, 저작권법 제14조 제2항에 따르면, "저작자의 사망 후에 그의 저작물을 이용하는 자는 저작자가 생존하였더라면 그 저작인격권의 침해가 될 행위를 하여서는 아니 된다. 다만, 그 행위의 성질 및 정도에 비추어 사회통념상 그 저작자의 명예를 훼손하는 것이 아니라고 인정되는 경우에는 그러하지 아니하다."고 규정하고 있다. 그리고 저작권법 제128조에 따르면, 저작자가 사망한 후에 그 유족(사망한 저작자의 배우자·자·부모·손·조부모 또는 형제자매)이나 유언집행자는 당해 저작물에 대하여 저작권법 제14조 제2항의 규정을 위반하거나 위반할 우려가 있는 자에 대하여는 침해의 정지 등 청구를 할 수 있으며, 고의 또는 과실로 저작인격권을 침해하거나 저작권법 제14조 제2항의 규정을 위반한 자에 대하여는 명예회복 등의 청구를 할 수 있다고 규정하고 있다. 예컨대 저작자가 사망한 후에 그의 생전에 허락을 받지 않은 채로 그의 미공표 저작물을 공표한 경우가 그 예에 해당한다. 저작자 사후의 인격적 이익보호에 관하여는 그 구제수단의 종류를 침해의 정지 등 청구와 명예회복청구로 한정하고, 손해배상청구는 할 수 없도록 규정하고 있다. 그리고 저작권법 제14조 제2항(저작자 사후의 인격적 보호)의 규정을 위반한 자에 대하여 1년 이하의 징역 또는 1천만원 이하의 벌금에 처하도록 규정하고 있고(저 제137조 제4호), 이는 고소가 없어도 논할 수 있는 비친고죄로 규정하고 있다(저 제140

---

43) 서울고등법원 1996. 7. 12. 선고 95나41279 판결.

조 제2호). 우리 저작권법이 인정하고 있는 저작인격권으로는 (i) 공표권, (ii) 성명표시권, (iii) 동일성유지권, (iv) 저작물의 수정·증감권(저 제59조 제1항), (v) 저작자의 명예를 훼손하는 방법으로 그 저작물을 이용하는 행위로부터 보호받을 권리(저 제124조 제4항)가 있다. 통상적으로는 (i) 공표권, (ii) 성명표시권, (iii) 동일성유지권을 저작인격권에 포함되는 권리로 논의하기 때문에 일반론에서는 (iv) 저작물의 수정·증감권(저 제59조 제1항), (v) 저작자의 명예를 훼손하는 방법으로 그 저작물을 이용하는 행위로부터 보호받을 권리(저 제124조 제2항)에 대해서만 간단히 설명하기로 한다.

[3] 저작물의 수정·증감권(저 제59조 제1항 및 제63조의2): 배타적발행권자가 배타적발행권의 목적인 저작물을 발행 등의 방법으로 다시 이용하는 경우에 저작자는 정당한 범위 안에서 그 저작물의 내용을 수정하거나 증감할 수 있다. 그리고 출판권자가 출판권의 목적인 저작물을 다시 출판하는 경우에 저작자는 정당한 범위 안에서 그 저작물의 내용을 수정하거나 증감할 수 있다. 따라서 저작자가 사망한 후에 그 유족은 배타적발행권 내지 출판권을 행사할 수 없다.

[4] 저작자의 명예를 훼손하는 방법으로 그 저작물을 이용하는 행위로부터 보호받을 권리(저 제124조 제2항): 저작자의 명예를 훼손하는 방법으로 그 저작물을 이용하는 행위는 저작인격권의 침해로 본다. 예술적인 가치가 높은 미술작품을 싸구려 물품의 포장지에 복제하여 사용하는 경우가 그러한 예에 해당한다.

제2절 공표권

[1] 미공표된 저작물에 대해서 공표 여부를 결정할 저작자의 권리를 말한다(저 제11조). 공표권은 저작자와 저작재산권자가 동일인인 경우에는 그 행사와 관련하여 별 문제가 없지만, 저작자와 저작재산권자 내지 소유권자가 분리되어 있는 경우에는 이들의 권리행사를 조정할 필요가 있으므로 다음과 같은 규정을 두고 있다.

[2] 저작재산권 양도 등의 경우: 저작자가 공표되지 아니한 저작물의 저작재산권을 양도한 경우, 미공표된 저작물의 이용허락을 한 경우, 미공표된 저작물에 배타적발행권 또는 출판권을 설정한 경우에는 그 상대방에게 저작물의 공표를 동의한 것으로 추정한다(저 제11조 제2항) (대법원 2000. 6. 13. 선고 99마7466 판결은 "저작자가 일단 저작물의 공표에 동의하였거나 동의한 것으로 추정되는 이상 비록 그 저작물이 완전히 공표되지 않았다 하더라도 그 동의를 철회할 수

는 없다."고 판시하였다). 이는 어디까지나 추정 규정이므로 저작자가 자신의 저작물에 대한 저작재산권을 양도하면서 그 공표 여부 및 공표 시기와 방법을 자신이 결정하도록 하는 명시적인 조항을 약정한 경우에는 그 추정은 깨진다.

[3] 미술저작물 등의 원본 양도의 경우: 저작자가 공표되지 아니한 미술저작물 · 건축저작물 또는 사진저작물의 원본을 양도한 경우에는 그 상대방에게 저작물의 원본의 전시 방식에 의한 공표를 동의한 것으로 추정한다(저 제11조 제3항). 이 규정은 미술저작물, 건축저작물, 사진저작물의 3가지 유형의 저작물에 한정하여 적용되고, 전시 방식에 의하여 공표되는 경우에 국한하여 적용된다.

[4] 2차적 저작물 등의 경우: 원저작자의 동의를 얻어 작성된 2차적 저작물 또는 편집저작물이 공표된 경우에는 그 원저작물도 공표된 것으로 본다(저 제11조 제4항). 이는 간주규정이므로 반대사실의 증명으로 번복될 수 없다.

[5] 저작권법 제31조의 도서관 등에 기증한 경우: 공표하지 아니한 저작물을 저작자가 저작권법 제31조의 도서관 등에 기증한 경우 별도의 의사를 표시하지 않는 한 공표에 동의한 것으로 추정한다(저 제11조 제5항).

대법원 2000. 6. 13.자 99마7466 결정[저작권침해금지가처분]

[결정요지]

[1] 가분적인 내용들로 이루어진 건축설계계약에 있어서 설계도서 등이 완성되어 건축주에게 교부되고 그에 따라 설계비 중 상당 부분이 지급되었으며 그 설계도서 등에 따른 건축공사가 상당한 정도로 진척되어 이를 중단할 경우 중대한 사회적 · 경제적 손실을 초래하게 되고 완성된 부분이 건축주에게 이익이 되는 경우에는 건축사와 건축주와의 사이에 건축설계계약관계가 해소되더라도 일단 건축주에게 허여된 설계도서 등에 관한 이용권은 의연 건축주에게 유보된다.

[2] 저작자가 일단 저작물의 공표에 동의하였거나 저작자가 미공표 저작물의 저작재산권을 양도하거나 저작물의 이용 허락을 하여 저작권법 제11조 제2항에 의하여 그 상대방에게 저작물의 공표를 동의한 것으로 추정되는 이상 비록 그 저작물이 완전히 공표되지 않았다 하더라도 그 동의를 철회할 수는 없다.

제3절 성명표시권

I. 의 의

저작물의 원본이나 그 복제물에 또는 저작물의 공표 매체에 그의 실명 또는 이명을 표시할 수 있는 저작자의 권리이다. 이명은 예명, 아명, 필명, 아호, 약칭 등을 포함한다. 저작자가 자신의 실명 또는 이명을 표시할 객체는 (i) 저작물의 원본, (ii) 저작물의 복제물 또는 (iii) 저작물의 공표 매체에 한한다.

예: (i) 저작물이 아닌 선전광고문에 책자의 저자 표시를 하지 않았다거나 공동저자 중 다른 저자의 약력만을 소개하는 행위는 성명표시권 침해행위에 해당하지 않는다(대법원 1989. 1. 17. 선고 87도2604 판결 참조). (ii) 기독교 장로회 소속 목사인 A가 민중의 현실과 의식을 그들이 부르는 노래를 통하여 조사, 연구할 목적으로 노동자들에 의해 새로운 가사가 붙여진 가요 등을 수집하여 원작곡가나 작사자의 승낙 없이 원곡의 악보를 전사하고, 그 곡조에 따라 근로자들에 의해 불리어지는 곡명 및 가사와 원곡의 곡명을 적어 넣고 서문과 분류 목차를 첨가 편집하여 원작곡자나 작사자의 성명을 밝히지 아니한 채 인쇄업자에게 의뢰하여 '노동과 노래'라는 제목으로 100부를 출판하여 70부는 A와 관심을 같이 하는 연구소 회원 및 목사들에게 배포하고 30부는 당국에 의해 압수되었다. 이 경우에 대법원은 A가 음악저작물의 작곡자, 작사자의 저작인격권과 저작재산권을 침해한 것으로 판시하였다. 특히 저작인격권과 관련해서는 성명표시권 등을 침해한 것이다(대법원 1991. 8. 27. 선고 89도702 판결 (개사곡 사건)).

II. 성명표시권의 제한

저작물의 성질이나 그 이용 목적 및 형태 등에 비추어 부득이하다고 인정되는 경우에는 저작자의 성명표시권을 제한하고 있다(저 제12조 제2항 단서).

예: 호텔의 로비 등에서 분위기 조성을 위하여 배경음악을 방송으로 내보내는 경우에 저작자의 성명을 일일이 알려주는 것은 분위기를 해칠 수 있으므로 굳이 저작자의 성명을 밝히지 않더라도 이 경우에는 음악저작자의 성명표시권을 침해하는 것은 아니다.

대법원 2012. 1. 12. 선고 2010다57497 판결[손해배상][공2012상,248]

[판시사항]

[1] 갑 주식회사가 을의 저작권 침해중지요청을 받고 자신이 운영하는 음악 사이트에서 을이 작곡한 음악저작물에 관하여 MP3 파일 다운로드 등의 서비스 판매를 중단하였으나 서비스를 이미 구입한 이용자들은 계속 이용할 수 있도록 한 사안에서, 이는 서비스 판매·제공 중단 전의 행위로 인한 전송권 등 침해와는 별도로 을의 공중송신권 또는 전송권을 침해하는 행위이지만, 그 밖에 을의 복제권을 침해한다고 볼 수는 없다고 한 사례.

[2] 갑 주식회사가 운영하는 음악 사이트에서 을이 작곡한 음악저작물에 관하여 MP3 파일 다운로드, 미리듣기 등의 서비스를 제공하면서 작곡자의 성명을 표시하지 않고 가사보기 서비스에서만 작곡자의 성명을 다른 사람으로 잘못 표시한 사안에서, 이는 모두 을의 성명표시권을 침해한 것임에도, 갑 회사의 가사보기 서비스는 을의 성명표시권을 침해하지 않는다고 본 원심판결을 파기한 사례.

제4절 동일성유지권

I. 의 의

[1] **동일성유지권의 정의**: 저작물의 내용·형식 및 제호의 동일성을 유지할 저작자의 권리를 말한다.

예: A가 영화를 제작하는 데 사용하는 시나리오가 B가 저작한 시나리오와 전혀 다른 별개의 내용을 담고 있는 창작물이라면 그 제호가 동일하다고 하더라도 B의 시나리오에 대한 동일성유지권을 침해한 것으로 볼 수 없다(서울민사지방법원 1991. 4. 26. 선고 90카98799 판결('가자, 장미여관으로' 사건)).

[2] **취 지**: 저작물은 저작자의 인격을 표현한 것이어서 그 변경을 자유롭게 허용하면 저작자의 감정을 해칠 뿐만 아니라 창작 의욕에도 부정적인 영향을 미치므로 저작자의 의사에 반하는 변경 행위를 금하고 있다.

[3] **저작물의 내용 및 형식의 동일성을 유지할 권리**: 여기에서 '내용'이라 함은 저작물에 담겨진 인간의 사상 또는 감정의 표현으로서 저작물의 형식을 제외한 내용적인 부분을 의미한다. 그리고 저작물의 '형식'이라 함은 저작물의 구성, 표현방법 등을 의미한다.

예: (i) 번역을 하면서 오역이 심하여 원작품의 내용을 왜곡하는 것이면 동일성유지권의 침해에 해당한다(대법원 1990. 2. 27. 선고 89다카4342 판결 참조). (ii) 저작자의 동의나 승

낙을 받지 아니하고 미술작품들을 원화로 사용하여 지하철역 장식벽의 벽화를 만들면서, 저작자의 연작 작품 중 일부만을 벽화로 만들거나 원작자가 의도하지 않은 방식으로 제작하고 작품의 위·아래를 거꾸로 설계·시공하는 등 저작자의 작품 의도를 훼손하여 설치하거나 전시한 것은 저작자의 동일성유지권을 침해한다(서울중앙지방법원 2006. 5. 10. 선고 2004가합67627 판결 참조).

저작물을 파괴한 경우에 동일성유지권이 침해되는지 여부가 문제될 수 있다. 예컨대 피고 대한민국이 피고의 요청에 따라 원고가 제작하고 설치한 도라산역 벽화를 떼어 낸 후 소각하여 폐기한 행위에 대하여 원고는 동일성 유지권 침해와 불법행위를 이유로 손해배상을 청구한 사건[44]에서 "동일성 유지권은 저작물 소유권자의 처분행위에 대항할 수 없고 현행 저작권법상 장소 특정적 미술에 대한 특별한 보호는 인정되지 않으므로 피고의 행위가 원고의 동일성 유지권을 침해하였다고 보기 어렵다."고 하면서 "국민에 대하여 예술의 자유를 보장하여야 할 뿐 아니라 적극적으로 예술을 보호하고 장려할 책무를 부담하는 국가가 물품관리법 시행령의 관련 규정을 위반하여 이 사건 벽화를 폐기하였고 그 절차가 공론의 장을 충분히 거쳤다고 볼 수도 없으며 원고는 작품의 보존에 대하여 상당한 이익을 가지고 있음에도 원고에게 알리지도 않고 소각한 피고의 이 사건 벽화 폐기 행위는 원고의 인격권을 침해하는 불법행위를 구성한다."라고 판시하여 항소법원은 피고가 원고에게 위자료 1천만원을 지급하라고 판결하였다. 저작물 파괴의 경우에는 동일성유지권 침해가 아니라 인격권을 침해하는 불법행위가 존재하는 것으로 보는 것이 타당할 것이다. 즉, 이 사례와 같이 소유자가 저작물을 저작자의 동의 없이 변경하여 이용하는 것이 아니라 소유자가 저작물을 완전히 파괴하는 경우라면 일반적으로 그 파괴 행위가 예술가의 동일성 유지권을 침해하는 행위에 포섭된다고 볼 수 없다.[45] 위 판결에 대한 상고심 사건에서 대법원도 이와 같은 취지로 "저작권법은 공표권(제11조), 성명표시권(제12조), 동일성유지권(제13조) 등의 저작인격권을 특별히 규정하고 있으나, 작가가 자신의 저작물에 대해서 가지는 인격적 이익에 대한 권리가 위와 같은 저작권법 규정에 해당하는 경우로만 한정된다고 할 수는 없으므로 저작물의 단순한 변경을 넘어서 폐기 행위로 인하여 저작자의 인격적 법익 침해가 발생한 경우에는 위와 같은 동일성유지권 침해의 성립 여부와는 별개로 저작자의 일반적 인격권을 침해한 위법한 행위가 될 수 있다."라고 판시하였다.

---

44) 서울고등법원 2012. 11. 29. 선고 2012나31842 판결.
45) 서울중앙지방법원 2012. 3. 20. 선고 2011가합49085 판결.

[판결요지]

[1] 저작권법은 공표권(제11조), 성명표시권(제12조), 동일성유지권(제13조) 등의 저작인
격권을 특별히 규정하고 있으나, 작가가 자신의 저작물에 대해서 가지는 인격적 이익
에 대한 권리가 위와 같은 저작권법 규정에 해당하는 경우로만 한정된다고 할 수는
없으므로 저작물의 단순한 변경을 넘어서 폐기 행위로 인하여 저작자의 인격적 법익
침해가 발생한 경우에는 위와 같은 동일성유지권 침해의 성립 여부와는 별개로 저작
자의 일반적 인격권을 침해한 위법한 행위가 될 수 있다.

[2] 공무원의 행위를 원인으로 한 국가배상책임을 인정하기 위하여는 '공무원이 직무를 집
행하면서 고의 또는 과실로 법령을 위반하여 타인에게 손해를 입힌 때'라고 하는 국가
배상법 제2조 제1항의 요건이 충족되어야 한다. 여기서 '법령을 위반하여'라고 함은 엄
격하게 형식적 의미의 법령에 명시적으로 공무원의 행위의무가 정하여져 있음에도 이
를 위반하는 경우만을 의미하는 것은 아니고, 인권존중·권력남용금지·신의성실과 같
이 공무원으로서 마땅히 지켜야 할 준칙이나 규범을 지키지 아니하고 위반한 경우를
비롯하여 널리 그 행위가 객관적인 정당성을 결여하고 있는 경우도 포함한다.

예술작품이 공공장소에 전시되어 일반대중에게 상당한 인지도를 얻는 등 예술작품의
종류와 성격 등에 따라서는 저작자로서도 자신의 예술작품이 공공장소에 전시·보존
될 것이라는 점에 대하여 정당한 이익을 가질 수 있으므로, 저작물의 종류와 성격, 이
용의 목적 및 형태, 저작물 설치 장소의 개방성과 공공성의 정도, 국가가 이를 선정하
여 설치하게 된 경위, 폐기의 이유와 폐기 결정에 이른 과정 및 폐기 방법 등을 종합적
으로 고려하여 볼 때 국가 소속 공무원의 해당 저작물의 폐기 행위가 현저하게 합리성
을 잃고 저작자로서의 명예감정 및 사회적 신용과 명성 등을 침해하는 방식으로 이루
어진 경우에는 객관적 정당성을 결여한 행위로서 위법하다.

[3] 갑이 국가의 의뢰로 도라산역사 내 벽면 및 기둥들에 벽화를 제작·설치하였는데, 국가
가 작품 설치일로부터 약 3년 만에 벽화를 철거하여 소각한 사안에서, 갑은 특별한 역
사적, 시대적 의미를 가지고 있는 도라산역이라는 공공장소에 국가의 의뢰로 설치된
벽화가 상당 기간 전시되고 보존되리라고 기대하였고, 국가도 단기간에 이를 철거할
경우 갑이 예술창작자로서 갖는 명예감정 및 사회적 신용이나 명성 등이 침해될 것을
예상할 수 있었음에도, 국가가 벽화 설치 이전에 이미 알고 있었던 사유를 들어 적법한
절차를 거치지 아니한 채 철거를 결정하고 원형을 크게 손상시키는 방법으로 철거 후
소각한 행위는 현저하게 합리성을 잃은 행위로서 객관적 정당성을 결여하여 위법하므
로, 국가는 국가배상법 제2조 제1항에 따라 갑에게 위자료를 지급할 의무가 있다고 한
사례.

[4] 저작물의 제호의 동일성을 유지할 권리: 저작물의 제호 그 자체에 대해서는 저작권이 성립하지 아니한다(대법원 1977. 7. 12. 선고 77다90 판결). 따라서 X가 소설가 Y의 소설 제목과 동일한 제호로 수필을 출간한 경우에 Y의 저작인격권 침해에 해당하지 아니한다. 하지만 저작물의 제호의 동일성을 유지할 권리에 의거하면, 다른 사람의 저작물에서 동일한 제호를 사용할 수 없도록 할 수는 없지만 저작자의 저작물에 그 저작자가 붙인 제호를 변경하지 못하게 할 수 있다. 따라서 출판권자 X가 소설가 Y의 동의 없이 Y가 집필한 소설 제목을 변경하여 그 소설을 출간한 경우에는 Y의 소설에 대한 동일성유지권을 침해하는 것이 된다.

II. 동일성유지권의 제한

(i) 학교교육 목적상 부득이하다고 인정되는 범위 안에서의 표현의 변경, (ii) 건축물의 증축·개축 그 밖의 변형, (iii) 특정한 컴퓨터 외에는 이용할 수 없는 프로그램을 다른 컴퓨터에 이용할 수 있도록 하기 위하여 필요한 범위에서의 변경, (iv) 프로그램을 특정한 컴퓨터에 보다 효과적으로 이용할 수 있도록 하기 위하여 필요한 범위에서의 변경, (v) 기타 저작물의 성질이나 그 이용의 목적 및 형태에 비추어 부득이하다고 인정되는 범위 안에서의 변경은 허용되나 그 경우에도 본질적 내용의 변경은 허용되지 아니한다(저 제13조 제2항).

대법원 2013. 4. 26. 선고 2010다79923 판결[저작인격권침해금지 (다) 상고기각]
[고등학교 한국 근·현대사 교과서 사건]

[판결요지]

[1] 저작자는 그의 저작물의 내용·형식 및 제호의 동일성을 유지할 권리를 가지는데(저작권법 제13조 제1항), 저작자가 명시적 또는 묵시적으로 동의한 범위 내에서 저작물을 변경한 경우에는 저작자의 위와 같은 동일성유지권 침해에 해당하지 아니한다. 그리고 저작물에 대한 출판계약을 체결한 저작자가 저작물의 변경에 대하여 동의하였는지 여부 및 동의의 범위는 출판계약의 성질·체결 경위·내용, 계약 당사자들의 지위와 상호 관계, 출판의 목적, 출판물의 이용실태, 저작물의 성격 등 제반 사정을 종합적으로 고려하여 구체적·개별적으로 판단하여야 한다.

[2] 행정처분이 아무리 위법하다고 하여도 그 하자가 중대하고 명백하여 당연 무효라고 보아야 할 사유가 있는 경우를 제외하고는 아무도 그 하자를 이유로 무단히 그 효과를 부정하지 못하는 것이므로, 저작자가 출판계약에서 행정처분을 따르는 범위 내에서의

저작물 변경에 동의한 경우에는, 설사 행정처분이 위법하더라도 당연 무효라고 보아야 할 사유가 있다고 할 수 없는 이상 그 행정처분에 따른 계약 상대방의 저작물 변경은 저작자의 동일성유지권 침해에 해당하지 아니한다.

[3] 갑 등과 출판계약을 체결하여 그들이 작성한 원고(原稿) 등으로 교과서를 제작한 을 주식회사가 교육과학기술부장관의 수정지시에 따라 교과서의 일부 내용을 수정하여 발행·배포한 사안에서, 출판계약의 성질과 내용, 갑 등 저작자들과 을 회사가 교과서 검정신청을 하면서 제출한 동의서의 내용과 제출 경위, 갑 등과 을 회사의 지위와 상호 관계, 출판의 목적, 교과서의 성격 등 여러 사정에 비추어 갑 등은 출판계약 체결 및 동의서 제출 당시 을 회사에 교육과학기술부장관의 수정지시를 이행하는 범위 내에서 교과서를 변경하는 데 동의한 것으로 봄이 타당하고, 행정처분에 해당하는 위 수정지시를 당연 무효라고 보아야 할 사유가 없으므로, 이를 이행하기 위하여 을 회사가 위 교과서를 수정하여 발행·배포한 것은 교과서에 대한 갑 등의 동일성유지권 침해에 해당하지 않는다고 한 사례.

제8장 저작인접권

제1절 저작인접권의 의의

[1] 저작인접권이란 실연자, 음반제작자 및 방송사업자에게 부여되는 저작권에 유사한 특정한 권리를 뜻한다. 실연, 음반, 방송의 이용은 필연적으로 저작물의 이용을 수반하게 되므로 이 경우 저작인접권자의 허락뿐만 아니라 저작권자의 허락이 필요하다.

대법원 2006. 7. 4. 선고 2004다10756 판결['편집앨범' 사건]

"저작권자가 자신의 저작재산권 중 복제·배포권의 처분권한까지 음반제작자에게 부여하였다거나 또는 음반제작자로 하여금 저작인접물인 음반 이외에 저작권자의 저작물에 대하여까지 이용허락을 할 수 있는 권한 내지 저작물의 이용권을 제3자에게 양도할 수 있는 권한을 부여하였다는 등의 특별한 사정이 인정되지 않는 한, 음반제작자에 의하여 제작된 원반(原盤) 등 저작인접물에 수록된 내용 중 일부씩을 발췌하여 이른바 "편집앨범"을 제작하고자 하는 자는 그 음반제작자의 저작인접물에 대한 이용허락 이외에 저작권자로부터도 음악저작물에 대한 이용허락을 얻어야 한다."라고 판시했다.

[2] 저작인접권 인정의 취지: 실연자, 음반제작자 및 방송사업자는 저작물을 직접적으로 창작한 자는 아니나 저작물의 해석자 내지는 전달자로서 창작에 준하는 활동을 통해 저작물의 가치를 증진시킨다는 점에서 저작권에 준하는 권리를 부여하고 있다.

제2절 우리 저작권법상 인정되는 저작인접권자의 권리

[1] 실연자의 권리: 성명표시권, 동일성유지권, 복제·배포·공연·방송·전송권, 음반대여권, 방송 및 디지털음성송신의 음반 사용에 대한 보상청구권, 상업용 음반을 사용하여 공연하는 자에 대한 보상청구권

[2] 음반제작자의 권리: 복제·배포·전송권, 음반대여권, 방송 및 디지털음성송신의 음반 사용에 대한 보상청구권, 상업용 음반을 사용하여 공연하는 자에 대한 보상청구권

[3] 방송사업자의 권리: 복제권, 동시중계방송권, 공연권(저 제85조의2)

[4] 저작인접권자로서 권리 추정: 저작권법에 따라 보호되는 실연·음반·방송과 관련하여 실연자, 음반제작자 또는 방송사업자로서의 실명 또는 널리 알려진 이명이 일반적인 방법으로 표시된 자는 실연자, 음반제작자 또는 방송사업자로서 그 실연·음반·방송에 대하여 각각 실연자의 권리, 음반제작자의 권리 또는 방송사업자의 권리를 가지는 것으로 추정한다. 이는 저작자의 추정 규정이 있는 반면에 저작인접권자(실연자, 음반제작자, 방송사업자)에 대해서는 이러한 추정 규정이 없었기에 저작인접권자에 대해서도 저작자 추정 규정과 유사한 규정을 신설하기 위함이다. 이는 저작인접물의 이용허락 또는 권리 침해 시 누가 저작인접권자인지를 입증하는 것을 용이하게 함으로써 저작인접물의 이용 활성화 및 저작인접권자의 권리 구제와 보호를 강화할 것으로 예상된다.

제3절 실연자의 권리

I. 의 의

[1] 실 연: 저작물을 연기·무용·연주·가창·구연·낭독 그 밖의 예능적 방법으로 표현하거나 저작물이 아닌 것을 이와 유사한 방법으로 표현하는 것이다(저 제2조 제4호).

[2] 공연과의 구별

(i) 공 연: 공중을 대상으로 한 공개를 요건으로 한다.

실 연: 공중을 대상으로 한 공개를 요건으로 하지 않는다.

(ii) 공 연: 녹음·녹화물의 재생에 의한 것도 포함한다.

실 연: 녹음·녹화물의 재생에 의한 것은 포함하지 않는다.

(iii) 공 연: 저작물을 대상으로 한 것만을 말한다.

실 연: 저작물이 아닌 것의 표현도 포함한다.

실연이 저작권법상 보호대상이 되는지 여부는 '예능적 방법으로 표현한 것인지' 여부에 달려 있다.

[3] 저작물이 아닌 것의 표현의 예: 흉내 내기, 곡예, 마술 등

II. 실연자의 의의

[1] 실연자: 실연을 하는 자를 말하며, 실연을 지휘, 연출 또는 감독하는 자를 포함한다 (저 제2조 제4호).

[2] 실연하는 자의 예: 배우, 가수, 연주자, 무용가, 마술사, 서커스단원 등

대법원 2005. 10. 4.자 2004마639 결정(뮤지컬 '사랑은 비를 타고' 사건)에서는 "뮤지컬의 연기자, 연출자 등은 해당 뮤지컬에 관여한 실연자로서 그의 실연 자체에 대한 복제권 및 방송권 등 저작인접권을 가질 뿐이다."라고 판시하였다.

[3] 실연을 지휘, 연출 또는 감독하는 자의 예: 관현악단 지휘자, 무대의 연출가 등

III. 실연자의 권리

1. 인격권

실연자는 성명표시권과 동일성유지권을 가진다.

[1] 취 지: 실연은 실연자의 인격을 반영하는 측면이 강하여 실연자의 동의 없이 실연내용과 형식이 변형되지 않도록 실연자에게 동일성유지권을 인정하고, 실연이 많이 이용됨에 따라 실연의 주체가 누구인지 밝힐 필요가 있다는 측면에서 실연자에게 성명표시권을 인정

하고 있다.

[2] **실연자의 성명표시권**: 실연자는 그의 실연 또는 실연의 복제물에 그의 실명 또는 이명을 표시할 권리를 가진다(저 제66조 제1항).

예: 가수 A가 부르는 음악이 녹음된 음악 CD 등을 판매할 경우에 제품 표지 등에 가수 A의 실명이나 이명을 어떻게 표시할 것인지에 대해 가수 A의 동의를 얻을 필요가 있다.

[3] **실연자의 동일성유지권**: 실연자는 그의 실연의 내용과 형식의 동일성을 유지할 권리를 가진다(저 제67조). 최근 디지털 기술의 발달에 따라 실연 내용을 합성, 변형하는 행위가 손쉽게 이루어지는 데 실연자에게 동일성유지권이 인정됨으로써 실연자의 동의 없는 변형 행위는 허용되지 않게 되었다.

실연자의 성명표시권 내지 동일성유지권과 관련하여 실연자의 인격권 행사로 인한 부작용을 줄이기 위하여 실연의 성질이나 그 이용의 목적 및 형태 등에 비추어 부득이하다고 인정되는 경우에는 실연자의 성명을 표시하지 않거나 동일성을 유지하지 않아도 되는 제한을 두었다.

예: (i) 대하사극에 보조출연자가 1,000명 이상 되는 경우에 보조출연자의 성명을 모두 표시하지 않을 수 있다(실연자의 성명표시권 제한에 해당한다). (ii) 기술상 제약 때문에 또는 제작이나 편집 과정에서 부득이한 경우에 영화배우의 출연 장면을 삭제할 수 있다(실연자의 동일성유지권 제한에 해당한다).

실연자의 인격권은 일신전속적인 성격을 지니고 있어 다른 사람에게 양도 또는 상속할 수 없고 실연자가 사망하면 소멸한다(저 제68조). 실연자는 자신의 인격권을 침해한 자에 대하여 손해배상에 갈음하거나 손해배상과 함께 명예회복을 위하여 필요한 조치를 청구할 수 있다(저 제127조).

[4] **공동실연자의 인격권 행사**: 2인 이상이 공동으로 합창·합주 또는 연극 등을 실연하는 경우에 공동실연자의 인격권 행사가 문제된다.

공동실연자의 인격권은 실연자 전원의 합의에 의하지 아니하고는 이를 행사할 수 없고 각 실연자는 신의에 반하여 합의 성립을 방해할 수 없다(저 제15조 제1항). 공동실연자는 그들 중에서 인격권을 대표하여 행사할 수 있는 자를 정할 수 있고(저 제15조 제2항) 권리를 대표하여 행사하는 자의 대표권에 가하여진 제한이 있을 때에 그 제한은 선의의 제3자에게 대항할 수 없다(저 제15조 제3항).

2. 실연자의 재산권

가. 복제권

[1] 실연자는 그의 실연을 복제할 권리를 가진다(저 제69조). 여기에서 '복제'란 개념은 실연을 맨 처음 녹음·녹화하는 것은 물론이고 실연을 고정한 음반·녹음테이프·영화필름 등의 복제물을 다시 제작하는 것도 이에 속하며, 실연의 고정물을 사용한 방송·공연 등의 음이나 영상을 테이프 등에 녹음·녹화하는 것도 포함한다.

예: CD에 수록된 가수 A의 가창을 컴퓨터 파일로 변환하는 것은 복제에 해당한다.

[2] **영상저작물과의 관계에 적용되는 특례 규정:** 영상제작자와 영상저작물의 제작에 협력할 것을 약정한 실연자의 그 영상저작물의 이용에 관한 제69조의 규정에 따른 복제권은 배포권, 방송권, 전송권 등과 함께 특약이 없는 한 영상제작자에게 양도한 것으로 추정된다(저 제100조 제3항).

예: 영화 X에 출연하게 된 주연 배우 A는 그 영화를 제작한 Y사에게 A의 연기를 복제할 권리를 양도한 것으로 추정한다.

나. 배포권

실연자는 그의 실연의 복제물을 배포할 권리를 가진다. 다만, 실연의 복제물이 실연자의 허락을 받아 판매 등의 방법으로 거래에 제공된 경우에는 그러하지 아니하다(저 제70조). 권리소진의 원칙(내지 최초판매의 원칙) (저 제70조 단서)에 따르면, A의 연주를 녹화한 CD를 A의 허락을 받아 B에게 판매한 경우에 B는 이 CD를 C에게 비영리목적으로 대여함에 있어 A로부터 배포권의 이용허락을 다시 받을 필요가 없게 된다. 영상저작물에 대한 특례 규정에 따르면, 실연자의 배포권은 특약이 없는 한 영상제작자가 이를 양도받은 것으로 추정한다.

다. 대여권

실연자의 배포권은 그 실연의 복제물이 제3자에게 판매의 방법으로 거래에 제공된 경우에는 소진되나, 실연자는 그의 실연이 녹음된 상업용 음반을 영리를 목적으로 대여할 권리를 가진다(저 제71조).

예: 가수 A가 부른 노래가 녹음된 CD 음반을 B가 구매한 경우에 B가 C에게 판매하는 것은 막지 못하나 A는 자신의 대여권에 의거하여 B가 C에게 돈을 받고 대여하는 것은 막을 수 있다.

라. 공연권

실연자는 그의 고정되지 아니한 실연을 공연할 권리를 가진다. 다만, 그 실연이 방송되는 실연인 경우에는 그러하지 아니하다(저 제72조).

(i) 고정되지 아니한 실연일 것, (ii) 방송되는 실연이 아닐 것을 조건으로 실연이 이루어지는 장소 이외의 장소에서 확성기나 대형화면 등을 통해 전달하는 방식의 공연에 대하여 거절하거나 허락할 권리를 인정한다.

예: 상암 월드컵 주경기장에서 유명 가수 A의 라이브 공연을 그 경기장 밖에서 멀티비전을 통해 볼 수 있도록 하는 경우에 실연자는 공연권을 주장할 수 있다.

마. 방송권

실연자는 그의 실연을 방송할 권리를 가진다. 다만, 실연자의 허락을 받아 녹음된 실연에 대해서는 그러하지 아니하다(저 제73조).

예: 개그맨 A가 방송사 X에게 자신의 개그가 녹음될 것을 허락한 경우에 방송사 X는 이 개그를 방송하기 위하여 다시 A의 허락을 받을 필요가 없다(저 제73조 단서).
영상저작물의 제작에 협력할 것을 약정한 실연자는 그 영상저작물의 이용에 관한 실연방송권을 영상제작자에게 양도한 것으로 추정한다(저 제100조 제3항).

바. 전송권

실연자는 그의 실연을 전송할 권리를 가진다(저 제74조).

☞ 취 지: (i) 인터넷 등 통신망을 통한 음악저작물의 전송이 빠른 속도로 확산됨에 따라 음악저작물의 유통 구조가 음반 판매에서 온라인 음악 서비스로 변화하고 있는 추세를 반영하여 저작인접권자의 경제적 권리를 보호하고, (ii) 저작인접권자, 온라인서비스제공자, 이용자 등 전송과 관련된 이해당사자 간의 법률관계를 명확히 함으로써 법적 안정성을 확보하기 위함이다.

사. 상업용 음반의 방송사용에 대한 보상금청구권

(i) 실연이 녹음된 상업용 음반을 사용할 것, (ii) 방송사업자에 의하여 그 상업용 음반이 사용될 것, (iii) 그 상업용 음반을 방송할 것 등의 세 가지 요건이 충족되는 경우에 상업용 음반에 자신의 실연을 녹음한 실연자는 보상금청구권을 가지게 된다.

예: (i) A의 노래가 녹음된 비상업용 음반을 사용한 경우나 A의 노래가 녹음된 비디오테이프를 사용한 경우에는 위 (i)의 요건을 충족하지 못한다. (ii) 음악다방에서 상업용 음반을 사

용하는 경우에는 위 (iii)의 요건을 충족하지 못한다.

상업용 음반의 방송사용에 대한 보상금청구권 제도는 실연자의 실연이 녹음된 상업용 음반을 방송에 사용하는 경우에 실연자의 실연 기회가 줄어들게 되므로 이에 대한 손실을 전보하고자 하는 취지에서 인정된 제도이다. 보상금청구권은 문화체육관광부장관이 지정하는 대한민국 내에서 보상을 받을 권리를 가진 자로 구성된 단체에서 일괄 행사하여야 한다(저 제75조 제2항).

예: 사단법인 한국예술실연자단체연합회, 사단법인 영상음반협회가 그러한 보상금청구권 행사 단체에 해당한다(서울지방법원 1999. 7. 30. 선고 97가합44527 판결).

아. 디지털음성송신보상청구권

디지털음성송신사업자가 실연이 녹음된 음반을 사용하여 송신하는 경우에는 상당한 보상금을 그 실연자에게 지급하여야 한다(저 제76조). 인터넷 방송 내지 실시간 웹캐스팅의 형태로 소리를 송신하는 디지털 음성송신은 방송과 구별하기 어려우므로 방송과 마찬가지로 보상청구권을 부여하는 것이 편리하다는 점에서 실연자에게 디지털음성송신보상청구권을 인정하고 있다.

외국인 실연자의 방송보상청구권은 상호주의에 따라 인정하고 있으나, 디지털음성송신은 국경을 초월하는 인터넷을 기반으로 하는 그 특성상 상호주의의 적용을 배제하고 외국인 실연자도 내국인 실연자와 마찬가지로 디지털음성송신보상청구권을 향유하게 된다. 보상금청구권은 문화체육관광부장관이 지정하는 대한민국 내에서 보상을 받을 권리를 가진 자로 구성된 단체에서 일괄 행사하여야 한다(저 제76조 제2항).

자. 상업용 음반의 공연에 대한 보상금청구권

실연이 녹음된 상업용 음반을 사용하여 공연을 하는 자는 상당한 보상금을 해당 실연자에게 지급하여야 한다. 다만, 실연자가 외국인인 경우에 그 외국에서 대한민국 국민인 실연자에게 보상금을 인정하지 아니한 때에는 그 외국인에게 보상금을 지급할 필요가 없다(저 제76조의2 제1항). 보상금청구권은 문화체육관광부장관이 지정하는 대한민국 내에서 보상을 받을 권리를 가진 자로 구성된 단체에서 일괄 행사하여야 한다(저 제75조 제2항). 저작권료를 지불하지 않고 영리목적으로 매장에서 음원을 송신하는 모든 행위를 근절하기 위하여 정부에서는 2004년 10월 16일 법률 제7233호에 의하여 저작권법(2005년 1월 16일 시행)을 개정하였다. 이 저작권법의 개정 취지는 실연자 및 음반제작자에게 그의 실연 및 음반에 대한 전송권을 부여함으로써 인터넷 등을 활용한 실연 및 음반의 이용에 대한 권리를 명확히 하기 위한 것이었다. 그 당시 개정(신설)된 법률 조문을 살펴보면 다음과 같다.

제64조의2[46]) [전송권] 실연자는 그의 실연을 전송할 권리를 가진다. [본조신설 2004. 10. 16]
제67조의3[47]) [전송권] 음반제작자는 그의 음반을 전송할 권리를 가진다. [본조신설 2004. 10. 16]

이후 매장에서는 그간 관행적으로 송신해 오던 불법 사용에서 합법적인 음원 사용으로 전환하기 시작하였다. 특히 2006년부터 본격적으로 도입된 디지털 음성송신산업은 초창기 롯데마트, 하나로마트, 하이마트 등의 대형 유통업체로부터 시작해서 백화점, 호텔, 테마파크, 외식업체, 항공사 등 다양한 분야로 빠르게 확산되고 있다.

한국음악저작권협회(KOMCA)는 2008년 5월, "스타벅스의 245개 국내 지점이 저작권 사용계약 없이 '마이 걸(My Girl)', '브링잇(bring it on home to me)' 등의 곡을 매장에서 틀어 왔다."며 "한 개 매점당 매월 3만원의 손해를 끼친 것으로 추산된다."고 우선적으로 2,100만원을 요구하는 소송을 제기한 바 있다. 한국음악저작권협회는 이와 함께 "매달 저작권료로 50만원씩을 지급할 것"을 요구하였었다.

1심 판결에서 재판부는 "스타벅스가 CD 재생을 통해 고객들로부터 반대급부를 얻는다고 보기 어렵다."라며 CD를 재생하는 행위는 저작권 침해가 아니라고 판결하였다.[48]) 하지만 2010년 항소심에서 서울고등법원 민사 5부는 1심 판결과 달리 원고 일부승소로 판결하였다. 스타벅스가 재생한 CD는 '판매용 음반'에 해당한다고 보기 어렵고, 따라서 이들 음반을 스타벅스에서 재생한 것은 한국음악저작권협회의 공연권을 침해할 우려가 있다고 본 것이다.[49])

대법원 2012. 5. 10. 선고 2010다87474 판결에서는 스타벅스 한국지사가 그 본사와 음악서비스 계약을 체결하고 배경음악 서비스를 제공하고 있는 외국회사로부터 음악저작물을 포함한 배경음악이 담긴 CD를 구매하여 국내 각지에 있는 커피숍 매장에서 배경음악으로 공연한 사안에서, 위 CD는 시중에 판매할 목적으로 제작된 것이 아니므로 저작권법 제29조

---

46) 현행 저작권법 제74조에 해당한다.
47) 현행 저작권법 제81조에 해당한다.
48) 서울중앙지방법원 2009. 4. 29. 선고 2008가합44196 판결.
49) 서울고등법원 2010. 9. 9. 선고 2009나53224 판결.

제2항에서 정한 '판매용 음반'으로 볼 수 없다고 판시하여 원심인 서울고등법원과 입장을 같이하였다.

위 스타벅스 판결은 스타벅스의 CD 재생 행위가 저작권법 제29조 제2항에 해당하지 않아 저작권 침해행위가 된다는 것을 판시한 사례다. 그런데 판매용 음반의 정의에 대해서는 위 판결이 예상하지 못하게 실연자에게 영향을 미칠 수 있었다. 2016년 개정 이전의 저작권법 제76조의2 제1항 본문에 따르면, 실연이 녹음된 판매용 음반을 사용하여 공연을 하는 자는 상당한 보상금을 해당 실연자에게 지급하여야 한다. 이 규정은 2009년 3월 25일 신설한 것이다. 이 규정의 취지는 실연이 녹음된 판매용 음반의 공연에 한해 실연자에게 보상금을 지급하는 것이다. 그런데 스타벅스와 같은 매장은 실제로 실연이 녹음된 판매용 음반의 복제물을 사용하여 공연함으로써 저작권 침해행위에 해당하여 음악저작권자에게는 손해배상을 하게 되지만 실연자에게 보상금을 지급할 필요가 없게 되어 균형을 상실하는 측면이 존재한다. 이러한 문제점을 해결하기 위하여 로마협약 제12조[50]를 참조하여 실연자의 실연이 녹음된 "판매용 음반의 복제물"을 공연한 경우에도 실연자에게 보상금청구권을 인정하는 방향으로 개정하는 방안 내지 상업용 음반이라는 용어를 사용하여 그 적용범위를 확대하는 방안 등을 고려할 만하였다. 2016년 개정된 우리 저작권법은 후자의 입장을 채택한 것이다.

2016년 저작권법이 개정되기 이전의 상황을 살펴보면, 법원은 2016년 개정 이전의 저작권법 제76조의2 및 제86조의2의 '판매용음반'을 같은 법 제29조 제2항과 달리 해석하는 것이 필요하였다. 그러한 측면에서 볼 때, 대법원 2015. 12. 10. 선고 2013다219616 판결(현대백화점 사건)에서 "저작권법 제76조의2 제1항, 제83조의2 제1항은 판매용 음반을 사용하여 공연을 하는 자는 상당한 보상금을 실연자나 음반제작자에게 지급하도록 규정하고 있다. 위 각 규정이 실연자와 음반제작자에게 판매용 음반의 공연에 대한 보상청구권을 인정하는 것은, 판매된 음반이 통상적으로 예정하고 있는 사용 범위를 초과하여 공연에 사용되는 경우 그로 인하여 실연자의 실연 기회 및 음반제작자의 음반판매 기회가 부당하게 상실될 우려가 있으므로 그 부분을 보상해 주고자 하는 데에 목적이 있다. 이러한 규정의 내용과 취지 등에 비추어 보면 위 각 규정에서 말하는 '판매용 음반'에는 불특정 다수인에게 판매할 목적으로

---

50) 로마협약 제12조의 원문은 다음과 같다. "If a phonogram published for commercial purposes, or a reproduction of such phonogram, is used directly for broadcasting or for any communication to the public, a single equitable remuneration shall be paid by the user to the performers, or to the producers of the phonograms, or to both. Domestic law may, in the absence of agreement between these parties, lay down the conditions as to the sharing of this remuneration."

제작된 음반뿐만 아니라 어떠한 형태이든 판매를 통해 거래에 제공된 음반이 모두 포함되고, '사용'에는 판매용 음반을 직접 재생하는 직접사용뿐만 아니라 판매용 음반을 스트리밍 등의 방식을 통하여 재생하는 간접사용도 포함된다."라고 판시한 내용은 구체적인 타당성을 실현한 판례로서 타당하였다.

　그러한 의미에서, 2016년 개정된 저작권법에서 제76조의2 및 제86조의2에서 '판매용 음반'이란 용어 대신에 '상업용 음반'이란 문구를 사용한 것은 현대백화점 사건을 입법에 충실히 반영한 것이라고 본다. 다만, 2016년 개정된 저작권법에서 제29조 제2항의 '판매용 음반'이란 용어를 '상업용 음반'으로 개정한 것은 기존의 대법원 2012. 5. 10. 선고 2010다87474 판결(스타벅스 사건)의 취지를 몰각시키는 입법으로서 타당하지 않으므로 대통령령(저 제29조 제2항 단서)을 통해 기존의 스타벅스 사건의 취지를 되살려 내지 않으면 이제는 음악저작재산권자를 제대로 보호하지 못하게 된다. 이에 저작권법 제29조 제2항의 단서에 따라 2017년 저작권법 시행령을 개정하여 음악저작재산권자의 권리 보호와의 조화를 도모하고 있다.

대법원 2015. 12. 10. 선고 2013다219616 판결[공연보상금]

[판결요지]

저작권법 제76조의2 제1항, 제83조의2 제1항은 판매용 음반을 사용하여 공연을 하는 자는 상당한 보상금을 실연자나 음반제작자에게 지급하도록 규정하고 있다. 위 각 규정이 실연자와 음반제작자에게 판매용 음반의 공연에 대한 보상청구권을 인정하는 것은, 판매된 음반이 통상적으로 예정하고 있는 사용 범위를 초과하여 공연에 사용되는 경우 그로 인하여 실연자의 실연 기회 및 음반제작자의 음반판매 기회가 부당하게 상실될 우려가 있으므로 그 부분을 보상해 주고자 하는 데에 목적이 있다. 이러한 규정의 내용과 취지 등에 비추어 보면 위 각 규정에서 말하는 '판매용 음반'에는 불특정 다수인에게 판매할 목적으로 제작된 음반뿐만 아니라 어떠한 형태이든 판매를 통해 거래에 제공된 음반이 모두 포함되고, '사용'에는 판매용 음반을 직접 재생하는 직접사용뿐만 아니라 판매용 음반을 스트리밍 등의 방식을 통하여 재생하는 간접사용도 포함된다.

IV. 공동실연자의 권리행사

　2인 이상이 공동으로 합창·합주 또는 연극 등을 실연하는 경우에 실연자의 권리(실연자의 인격권은 제외한다)는 공동으로 실연하는 자가 선출하는 대표자가 이를 행사한다. 다만, 대표자의 선출이 없는 경우에는 지휘자 또는 연출자 등이 이를 행사한다(저 제77조 제1항). 여기에서 '지휘자 또는 연출자'라 함은 그 명칭에 상관없이 실연을 전체적으로 기획, 지휘하여 이를 완성한 자를 뜻한다. 공동실연자의 권리가 그 대표자가 행사하거나 지휘자 또는 연출자가 행사하는 경우에 독창 또는 독주가 함께 실연된 때에는 독창자 또는 독주자의 동의를 얻어야 한다(저 제77조 제2항).

> 예: 서울시립관현악단의 단원들이 그 대표를 선출하지 않은 경우 그 지휘자 Y가 그 단원들의 실연에 대한 권리를 행사할 수 있다. 그런데 Y가 서울시립관현악단의 연주에 대한 녹화를 X에게 허락한 경우에 서울시립관현악단이 세계적인 바이올리니스트 A와 협연할 때에는 A의 동의를 별도로 얻어야 한다.

공동실연자의 인격권은 실연자 전원의 합의에 의하지 아니하고는 이를 행사할 수 없다. 이 경우 각 실연자는 신의에 반하여 합의의 성립을 방해할 수 없다(저 제77조 제3항 및 제15조 제1항). 공동실연자는 그들 중에서 인격권을 대표하여 행사할 수 있는 자를 정할 수 있다. 공동실연자의 인격권을 대표하여 행사하는 자의 대표권에 가하여진 제한이 있을 때에 그 제한은 선의의 제3자에게 대항할 수 없다(저 제77조 제3항 및 제15조 제2항 내지 제3항).

제4절 음반제작자의 권리

I. 음반의 의의

[1] 음 반: 음(음성·음향을 말한다. 이하 같다)이 유형물에 고정된 것(음을 디지털화한 것을 포함한다)을 말한다. 다만, 음이 영상과 함께 고정된 것을 제외한다(저 제2조 제5호).

[2] 음반의 예: 전축용 디스크, 녹음테이프, 컴팩트디스크(CD), 뮤직박스, 음악이 내장된 컴퓨터 칩을 말하며, 녹음된 내용은 음악에 한하지 않고, 시와 같은 어문저작물, 자연음, 기계음이라도 관계없다.

[3] 음악비디오, 비디오테이프의 음성 부분이나 영화필름의 사운드 트랙: 영상저작물로서 따로 보호된다.

II. 보호받는 음반의 범위

(i) 대한민국 국민(대한민국 법률에 의하여 설립된 법인 및 대한민국 내에 주된 사무소가 있는 외

국 법인을 포함한다)을 음반제작자로 하는 음반, (ii) 음이 맨 처음 대한민국 내에서 고정된 음반, (iii) 대한민국이 가입 또는 체결한 조약에 따라 보호되는 음반으로서 체약국 내에서 최초로 고정된 음반, (iv) 대한민국이 가입 또는 체결한 조약에 따라 보호되는 음반으로서 체약국의 국민(당해 체약국의 법률에 따라 설립된 법인 및 당해 체약국 내에 주된 사무소가 있는 법인을 포함한다)을 음반제작자로 하는 음반에 한한다(저 제64조 제1항 제2호).

III. 음반제작자의 의의

☞ **음반제작자**: 음반을 최초로 제작하는 데 있어 전체적으로 기획하고 책임을 지는 자를 의미한다(저 제2조 제6호).

음반제작자는 원반(음을 디지털화한 것도 포함)의 작성자를 의미하며, 어떠한 방법으로든지 유형물에 고정되어 있는 음을 재고정한 자 또는 음반의 복제자는 음반제작자가 아니다.

자연인뿐만 아니라 법인도 음반제작자가 될 수 있으며, 음반회사의 종업원이 업무상 녹음한 것은 고용주인 음반회사가 음반제작자가 된다. 라디오 방송을 위해 최초로 음을 고정하거나 디지털음원을 제작한 경우에 그 고정된 음이나 디지털음원의 존재가 음반에 해당하므로 그것을 최초로 제작하는 데 있어 기획하고 책임진 주체인 방송사업자가 음반제작자로 된다.

IV. 음반제작자의 권리

1. 복제권

[1] **음반의 복제**: 녹음물에 수록되어 있는 음을 다른 고정물에 녹음하는 행위와 음반 그 자체를 리프레스(repress) 등의 방법에 의하여 다시 제작하는 행위뿐만 아니라 가요를 컴퓨터 칩에 입력하는 행위를 포함한다.

[2] 기존 음반의 음 자체를 이용하지 않고 모방하여 새로 음을 생성한 경우에는 음반의 모방에는 해당하지만 음반의 복제에는 해당하지 않는다.

2. 배포권

☞ **음반의 배포**: 음반을 공중에게 대가를 받거나 받지 아니하고 양도 또는 대여하는 것을 말한다(저 제2조 제23호).

배포란 개념은 유형적인 배포만을 의미하므로 온라인상 무형적 배포는 이에 해당하지 아니하고 전송의 개념에 해당한다.

음반제작자는 그의 음반을 배포할 권리를 가진다. 다만, 음반의 복제물이 음반제작자의 허락을 받아 판매 등의 방법으로 거래에 제공된 경우에는 그러하지 아니하다(저 제79조).

3. 대여권

음반제작자도 실연자와 마찬가지로 상업용 음반을 영리를 목적으로 대여할 권리를 가진다(저 제80조). 한 번 허락한 배포가 반복적인 대여로 인하여 음반제작자의 경제적 이익에 손상을 준다는 점에서 배포권의 소진 원칙에 대한 예외를 인정한다.

> ### 대법원 2016. 4. 28. 선고 2013다56167 판결[저작인접권등부존재확인][공2016 상,672]

[판결요지]

[1] 구 저작권법(1986. 12. 31. 법률 제3916호로 전부 개정되기 전의 것, 이하 같다) 제5조 제2항 제4호에서 정한 '원저작물을 음반 또는 필름(이하 통칭하여 '음반'이라고 한다)에 사조(寫調) 또는 녹음(이하 통칭하여 '녹음'이라 한다)하는 것'은 연술이나 음악 등의 소리에 의하여 표현되는 저작물을 음반에 고정하여 재생이 가능하도록 한다는 의미이다. 구 저작권법은 '원저작물을 음반에 녹음하는 것'을 변형복제의 일종으로서 원저작물에 관한 저작권과는 별개의 새로운 저작권의 발생요건인 개작에 해당한다고 간주함으로써 음반에 수록되는 원저작물이 신저작물로 될 수 있는 정도로 변형된 것인지를 불문하고 녹음 자체를 창작행위로 보았다. 따라서 원저작물을 음반에 녹음한 자는 구 저작권법 제5조 제1항, 제2항의 규정에 의하여 원저작자와는 별개로 새로운 저작자가 된다.

구 저작권법에 의한 음반에 관한 저작자는 원저작물의 창작자는 아니지만 전달자로서 원저작물의 저작자와 일반 공중 사이를 매개하여 전달·유통시키는 역할을 하였는데, 비록 이후 저작권법의 개정에 따라 음반제작자의 권리가 저작인접권으로 인정되게 되었더라도 원저작물을 음반에 녹음하는 행위의 성격이나 원저작물의 이용을 촉진하기 위하여 음반의 제작·유통을 장려하고 보호할 필요성에 본질적인 변화가 있지 아니하는 점, 구 저작권법이 '원저작물을 음반에 녹음하는 것' 자체를 창작행위로 간주하고 있었으므로 음반에 관한 저작자가 되기 위하여 반드시 원저작물을 음반에 녹음할 때 '음(音)'의 표현에 창작적 기여를 할 것이 요구되지는 아니하는 점 등을 종합하면, 구 저작권법상 음반에 관한 저작자의 결정에서 현행 저작권법상 음반제작자의 결정과 통일적인 기준을 적용할 필요가 있다.

그렇다면 구 저작권법상 음반에 관한 저작자는 음반의 저작권을 자신에게 귀속시킬 의사로 원저작물을 음반에 녹음하는 과정을 전체적으로 기획하고 책임을 지는 법률상의 주체를 뜻하고, 법률상의 주체로서의 행위가 아닌 한 음반의 제작에 연주·가창 등의 실연이나 이에 대한 연출·지휘 등으로 사실적·기능적 기여를 하는 것만으로는 음반에 관한 저작자가 될 수 없다.

[2] 1986. 12. 31. 법률 제3916호로 전부 개정된 저작권법 시행 전에 공표된 음반에 관한 저작권의 내용으로 전송권과 대여권이 인정되는지 문제 된 사안에서, 구 저작권법(1986. 12. 31. 법률 제3916호로 전부 개정되기 전의 것, 이하 같다)에는 저작권자의 권리로서 전송권이 규정되어 있지 아니하였으나 2000. 1. 12. 법률 제6134호로 개정된 저작권법은 제18조의2로 저작권자의 전송권을 신설하면서 소급효를 제한하는 규정을 두지 아니하였고, 음반의 성격상 전송권이 인정될 여지가 없다는 등의 특별한 사정이 없는 이상 개정법률에 따라 전송권이 인정되고, 구 저작권법에는 저작권자의 권리로서 대여권이 규정되어 있지 아니하였는데, 1994. 1. 7. 법률 제4717호로 개정된 저작권법은 제43조 제2항에서 판매용 음반에 관하여 저작권자에게 대여권을 인정하는 규정을 신설하였으나 부칙(1994. 1. 7.) 제2항(대여권에 관한 경과조치)에서 "이 법 시행 전에 발행된 저작물이 수록된 판매용 음반의 대여에 관하여는 종전의 규정에 의한다."라고 규정하고 있으므로, 대여권은 인정되지 않는다고 한 사례.

4. 전송권

음반제작자에게 인터넷상 일어나는 불법적인 음원 유통을 통제할 수 있도록 전송권을 인정한다(저 제81조).

5. 상업용 음반의 방송사용에 대한 보상금청구권

방송사업자가 상업용 음반을 사용하여 방송하는 경우에는 상당한 보상금을 그 음반제작자에게 지급하여야 한다(저 제82조 제1항 본문). 음반제작자에게는 실연자와 달리 방송권이 인정되지 아니한다. 대신에 많은 노력과 시간, 경비를 들여 음반을 제작·판매하는 음반제작자에게 방송 사용에 대한 보상금청구권을 인정한다.

> 예: 가수 A의 허락을 받은 다음 그의 노래를 수록하여 음반제작자 B가 제작한 판매용 CD를 X 라디오 방송사가 방송하는 경우에 X 라디오 방송사는 가수 A와 음반제작자 B에게 각각 별도로 보상금을 지급하여야 한다. 다만 A와 B는 문화체육관광부장관이 지정하는 대한민국 내에서 보상을 받을 권리를 가진 자로 구성된 단체를 통해서만 그 권리를 행사할 수 있다(저 제82조 제2항). 상호주의에 입각하여 음반제작자가 외국인인 경우에 그 외국에서 대한민국 국민인 음반제작자에게 보상금을 인정하지 아니할 경우에는 그 외국인은 우리나라에서 보상금을 인정받지 못한다(저 제83조의2 제2항).

6. 디지털음성송신보상금청구권

디지털음성송신사업자가 음반을 사용하여 송신하는 경우에는 상당한 보상금을 그 음반제작자에게 지급하여야 한다(저 제83조).

7. 상업용 음반의 공연에 대한 보상금청구권

음반제작자의 입장에서는 음반의 공연으로 인하여 생실연의 기회가 상실되고 음반 판매가 감소하여 경제적 손실이 발생할 수 있다는 점에서 음반제작자에게 상업용 음반의 공연에 대한 보상금청구권을 인정한다(저 제83조의2). 음반제작자가 외국인인 경우에 그 외국에서 대한민국 국민인 음반제작자에게 보상금을 인정하지 아니할 경우에는 그 외국인은 우리나라에서 보상금을 인정받지 못한다(저 제83조의2 제2항).

제5절 방송사업자의 권리

I. 의 의

[1] 방 송: 공중송신 중 공중이 동시에 수신하게 할 목적으로 음·영상 또는 음과 영상 등을 송신하는 것이다(저 제2조 제8호).

방송의 개념에는 무선방송뿐만 아니라 유선방송도 포함되고, 저작물의 방송에 한하지 않으므로 뉴스, 스포츠 중계, 일기예보 등과 같은 비저작물의 방송도 포함한다.

[2] 방송사업자: 방송을 업으로 하는 자를 말한다(저 제2조 제9호).

[3] 저작권법의 보호를 받는 방송: (i) 대한민국 국민인 방송사업자의 방송(국적주의), (ii) 대한민국 내에 있는 방송설비로부터 행하여지는 방송(발신주의, 예: AFKN), (iii) 대한민국이 가입 또는 체결한 조약에 따라 보호되는 방송으로서 체약국의 국민인 방송사업자가 당해 체약국 내에 있는 방송설비로부터 행하는 방송(외국 방송사업자 보호)(저 제64조 제1항 제3호)

II. 방송사업자의 권리

방송사업자는 그의 방송을 복제할 권리(복제권, 저 제84조)와 그의 방송을 동시중계방송할 권리(동시중계방송권, 저 제85조) 및 공연권(저 제85조의2)을 가진다.

1. 복제권

☞ 복 제: 방송신호에 의한 음 또는 영상을 녹음 또는 녹화에 의하여 최초로 고정하거나 사진 등으로 촬영하는 것뿐만 아니라 녹음 또는 녹화된 방송물을 테이프 등으로 복제하는 경우 및 일단 고정된 음 또는 영상의 고정물(정지화상)을 복제하는 경우까지 포함한다.

A 방송사의 방송 프로그램을 B 방송사가 녹화한 경우에 B 방송사는 A 방송사의 복제권을 침해하는 것이 된다. 이시중계방송(異時中繼放送), 즉 통상적인 의미의 재방송의 경우에는 필연적으로 방송물의 복제가 선행되어야 하므로 복제권으로 규율할 수 있다.

2. 동시중계방송권

☞ 동시중계방송: 다른 방송을 수신함과 동시에 재송신하는 것이다.
예: 다른 사람이 무단으로 방송사업자의 방송을 수신하여 광역케이블 등으로 재송신하는 것은 방송사업자의 동시중계방송권을 침해하는 행위에 해당한다.

3. 공연권

방송사업자는 공중의 접근이 가능한 장소에서 방송의 시청과 관련하여 입장료를 받는 경우에 그 방송을 공연할 권리를 가진다(저 제85조의2). 따라서 방송을 시청할 수 있는 시설에서 그 방송의 시청에 대한 입장료 등 직접적인 반대급부를 받는 경우에 방송사업자는 그러한 방송의 공연에 대해 배타적인 권리를 가지게 된다. 상영의 대가로 입장료를 받지 않는다면 일반 업소(음식점, 술집 등)에서 방송 프로그램을 상영하는 행위에 대해서는 방송사업자는 자신의 공연권 침해를 주장할 수 없을 것이다.

제6절 보호기간

저작인접권은 (i) 실연의 경우에는 그 실연을 한 때, (ii) 음반의 경우에는 그 음반을 발행한 때(다만, 음을 음반에 맨 처음 고정한 때의 다음 해부터 기산하여 50년이 경과한 때까지 음반을 발행하지 아니한 경우에는 음을 음반에 맨 처음 고정한 때), (iii) 방송의 경우에는 그 방송을 한 때로부터 발생하며, 어떠한 절차나 형식의 이행을 필요로 하지 아니한다(저 제86조 제1항). 저작인접권(실연자의 인격권은 제외한다) 가운데 (i) 실연의 경우에는 그 실연을 한 때(다만, 실연을 한 때부터 50년 이내에 실연이 고정된 음반이 발행된 경우에는 음반을 발행한 때)의 다음 해부터 기산하여 70년간 존속하고, (ii) 음반의 경우에는 그 음반을 발행한 때(다만, 음을 음반에 맨 처음 고정한 때의 다음 해부터 기산하여 50년이 경과한 때까지 음반을 발행하지 아니한 경우에는 음을 음반에 맨 처음 고정한 때)의 다음 해부터 기산하여 70년간 존속한다(저 제86조 제2항 제1호 및 제2호). 하지만 저작인접권 중 방송의 경우에는 그 방송을 한 때의 다음 해부터 기산하여 50년간 존속한다(저 제86조 제2항 제3호). 즉, 저작인접권(방송 제외)의 보호기간을 기존의 50년에서 70년으로 연장하되, 기 발효된 한−페루 FTA에 따라 2013년 8월 1일부터 시행하도록 하였다(2011년 12월 개정 저작권법 부칙 제1조). 그리고 보호되는 외국인의 실연·음반 및 방송이라도 그 외국에서 보호기간이 만료된 경우에는 저작권법에 따른 보호기간을 인정하지 아니한다(저 제64조 제2항). 따라서 우리나라보다 짧은 보호기간을 인정하는 국가의 실연, 음반 및 방송의 경우에는 상호주의에 입각하여 연장된 보호기간의 적용을 제외한다. 이 조항(저 제64조 제2항)도 기 발효된 한－페루 FTA에 따라 2013년 8월 1일부터 시행한다.

☞ **주의할 점**: 음반의 경우 보호시기는 "고정한 때"를 기준으로 하고, 보호기간의 기산점은 "발행한 때"로 한다.

1987년 7월 1일 이전에 공표된 연주, 가창, 연출, 음반 또는 녹음필름, 즉 실연과 음반은 저작인접물이 아니라 저작물이므로 1957년 시행된 저작권법상 저작자의 사후 30년간 보호된다(1954년 저작권법). 1987년 개정 저작권법에 따르면, 1987년 7월 1일 이후 1994년 7월 1일 이전에 발생된 저작인접권의 보호기간은 발생한 날로부터 20년간이었으나, 2011년 개정 저작권법은 저작인접권 보호기간의 특례(2011년 개정 저작권법 부칙 제4조 신설)를 두어 저작인접권 보호의 공평성을 회복하고, 관련 국제조약 규정을 충실하게 이행하기 위하여 1987년 7월 1일부터 1994년 6월 30일 사이에 발생한 저작인접권의 보호기간을 발생한 때의 다음 해부터 기산하여 50년간 존속하도록 하였다.

제7절 저작인접권의 제한, 양도, 행사 등

점자에 의한 복제(저 제33조 제1항) 및 미술저작물 등의 전시 또는 복제(저 제35조)에 관한 규정은 그 성질상 준용의 여지가 없고, 교육 목적 등에의 이용 시 보상금 지급에 관한 규정(저 제25조 제6항)은 준용되지 않는다. 그러나 기타 저작재산권이 제한되는 사유(저 제23조, 제24조, 제25조 제1항부터 제5항까지, 제26조부터 제32조까지, 제33조 제2항, 제34조, 제35조의2부터 제35조의5까지, 제36조 및 제37조)는 그대로 실연, 음반 또는 방송에도 준용된다(저 제87조).

　예: 공표된 저작물의 인용(저 제28조), 사적 이용을 위한 복제(저 제30조), 방송 사업의 일시적 녹음·녹화(저 제34조), 저작물 이용과정에서의 일시적 복제(저 제35조의2), 저작물의 공정한 이용(저 제35조의5) 등은 저작인접권의 제한에도 준용된다.
　저작재산권의 양도, 행사, 등록 등에 관한 규정, 법정허락에 관한 규정은 저작인접권에 준용된다.

제9장 데이터베이스제작자의 보호, 영상저작물에 대한 특례, 배타적발행권, 출판권 및 퍼블리시티권의 보호

제1절 데이터베이스제작자의 보호

I. 데이터베이스의 의의

[1] 데이터베이스: 소재를 체계적으로 배열 또는 구성한 편집물로서 개별적으로 그 소재에 접근하거나 그 소재를 검색할 수 있도록 한 것을 말한다(저 제2조 제19호).

[2] 편집물: 저작물이나 부호·문자·음·영상 그 밖의 형태의 자료(이를 '소재'라 한다)의 집합물을 말한다(저 제2조 제17호).

예: 사전, 백과사전, 전화번호부, 백서, 인명부, 주소록, 이메일 리스트 등 다양한 편집물이 전자화된 형태가 아니라고 하더라도 체계적으로 배열 또는 구성되어 있고 개별적으로 접근할 수 있다면 데이터베이스의 개념에 해당한다.

데이터베이스로서 그 소재의 선택, 배열 또는 구성에 창작성이 있는 경우에는 데이터베이스의 제작자는 데이터베이스제작자(제4장)로서 보호될 뿐만 아니라 저작권법 제6조에 의한 편집저작물의 저작자로서도 보호된다.

II. 데이터베이스제작자의 의의

☞ 데이터베이스제작자: 데이터베이스의 제작 또는 그 소재의 갱신·검증 또는 보충에 인적 또는 물적으로 상당한 투자를 한 자를 말한다(저 제2조 제20호).

III. 보호받는 데이터베이스

대한민국 국민 또는 데이터베이스 보호와 관련하여 대한민국이 가입 또는 체결한 조약에 따라 보호되는 외국인의 데이터베이스는 저작권법이 정한 범위 내에서 보호를 받는다(저 제91조 제1항). 다만 외국인의 데이터베이스는 그 외국에서 대한민국 국민의 데이터베이스를 보호하지 아니하는 경우에는 그에 상응하게 조약 및 저작권법에 의한 보호를 제한할 수 있다(저 제91조 제2항).

데이터베이스 중 (i) 데이터베이스의 제작·갱신 등 또는 운영에 이용되는 컴퓨터프로그램(프로그램저작물로 보호) 및 (ii) 무선 또는 유선통신을 기술적으로 가능하게 하기 위하여 제작되거나 갱신 등이 되는 데이터베이스는 저작권법 제4장(데이터베이스제작자의 보호)에 따른 보호대상에서 제외된다(저 제92조).

IV. 데이터베이스제작자의 권리

데이터베이스제작자는 당해 데이터베이스의 전부 또는 상당한 부분을 복제·배포·방송 또는 전송할 권리를 가진다(저 제93조 제1항).

데이터베이스의 이용과 관련하여 복제, 배포, 방송, 전송 등이 그 주축을 이룰 것이고, 공연 및 전시 등은 문제되지 않을 것이라는 점에서 데이터베이스제작자의 권리는 복제권, 배포권, 방송권 및 전송권으로 구성된다.

"당해 데이터베이스의 상당한 부분"과 관련하여 데이터베이스의 개별 소재는 당해 데이터베이스의 '상당한 부분'으로 간주되지 아니한다. 다만, 데이터베이스의 개별 소재 또는 그 상당한 부분에 이르지 못하는 부분의 복제 등이라 하더라도 반복적이거나 특정한 목적을 위하여 체계적으로 함으로써 당해 데이터베이스의 통상적인 이용과 충돌하거나 데이터베이스제작자의 이익을 부당하게 해치는 경우에는 당해 데이터베이스의 상당한 부분의 복제 등으로 본다(저 제93조 제2항).

저작권법에 의한 데이터베이스의 보호는 데이터베이스의 구성 부분이 되는 소재의 저작권 그 밖에 이 법에 의하여 보호되는 권리에 영향을 미치지 아니하며, 데이터베이스의 구성 부분이 되는 소재 그 자체에도 미치지 아니한다(저 제93조 제3항 및 제4항). 저작권법 제3조상 외국인은 외국 정부 내지 외국의 공공기관을 배제하는 것은 아니라고 볼 때, 저작권법 제91조 제1항에서 뜻하는 대한민국 국민은 대한민국 정부 내지 대한민국의 공공기관을 포함하고 이 조문에서 의미하는 외국인은 외국 정부 내지 외국의 공공기관을 포함한다고 보아야 할 것이다.

데이터베이스제작자의 권리의 양도, 이용허락, 거래제공, 질권설정, 공동데이터베이스제작자의 권리, 권리의 소멸, 데이터베이스의 배타적발행권의 설정, 데이터베이스 이용의 법정허락, 데이터베이스제작자의 권리의 등록 및 데이터베이스제작자의 권리의 배타적발행권의 등록에 관해서는 저작권의 보호에 관한 관련 규정을 준용한다(저 제96조 내지 제98조).

V. 데이터베이스제작자의 권리제한

데이터베이스제작자의 권리는 저작권자의 권리와 마찬가지로, 재판절차 등에서 복제하는 경우(저 제23조), 공표된 데이터베이스를 인용하는 경우(저 제28조), 영리를 목적으로 하지 아니하는 방송의 경우(저 제29조), 사적 이용을 위한 복제의 경우(저 제30조), 도서관 등에서 복제·전송하는 경우(저 제31조), 시험문제로서 복제하는 경우(저 제32조), 시각장애인 등을 위한 복제 등의 경우(저 제33조), 청각장애인 등을 위한 복제 등의 경우(저 제33조의2), 방송사업자가 일시적으로 녹음·녹화하는 경우(저 제34조), 일시적 복제에 해당하는 경우(저 제35조의2), 문화시설에 의한 복제 등(저 제35조의4), 저작물의 공정한 이용에 해당하는 경우(저 제35조의5)에는 일정한 제한을 받으며, 일정한 요건하에 이를 번역 등에 이용할 수 있으나(저 제36조) 법이 정하는 바에 따라 출처를 밝혀야 한다(저 제37조).

(i) 교육·학술 또는 연구를 위하여 이용하는 경우(다만 영리를 목적으로 하는 경우는 제외) 및 (ii) 시사보도를 위하여 이용하는 경우에는 누구든지 데이터베이스의 전부 또는 그 상당한 부분을 복제·배포·방송 또는 전송할 수 있다. 다만, 당해 데이터베이스의 통상적인 이용과 저촉되지 않는 범위에서만 가능하다(저 제94조 제2항).

예: 향후 공간정보산업의 중요성을 감안할 때, 공간정보에 관한 데이터베이스를 저작권법으로 보호할 방안을 모색할 필요가 있다. 일정 수준 이상의 해상도를 가진 공간정보(지도 등)는 데이터베이스로 보호할 수 있을 것으로 예상된다. 공간정보산업 진흥법 제10조에서는 정부가 공간정보 관련 기술 및 데이터 등에 포함된 지식재산권을 보호하기 위하여 각종 시책을 추진할 수 있도록 하고 있다. 국토지리정보원의 지도 데이터처럼 공간정보가 공공데이터에 해당하는 경우에는 공공데이터의 제공 및 이용 활성화에 관한 법률(약칭: 공공데이터법) 제17조 제1항 제1호에 해당하는 경우에는 비공개정보로 둘 수 있고, 설사 공공데이터법에 따라 이용자에게 제공하더라도 공공기관의 장(예: 국토지리정보원장) 내지 활용지원센터의 장은 공공데이터의 제공에 드는 최소한도의 비용을 이용자에게 부담시킬 수 있다(공공데이터법 제35조). 또한, 공공기관(예: 국토지리정보원)은 공공데이터 제공 여부과는 상관없이 저작권법 제24조의2의 저작재산권 제한사유가 적용되지 않는 관계로 데이터베이스제작자로서 권리를 행사할 수도 있다. 따라서 공간정보의 구축 및 관리 등에 관한 법률 제16조 내지 제21조에 따라 지도데이터의 해외반출을 허용하는 경우에도 공공데이터법에 따라 이용료를 부담하게 하거나 저작권법상 데이터베이스제작자로서 권리를 행사할 수 있을 것이다.

저작재산권의 법정허락에 관한 저작권법 제50조, 제51조의 규정도 데이터베이스의 이용에 관하여 준용한다(저 제97조).

VI. 데이터베이스의 보호기간

데이터베이스제작자의 권리는 데이터베이스의 제작을 완료한 때부터 발생하며, 그 다음 해부터 기산하여 5년간 존속한다(저 제95조).

데이터베이스의 갱신 등을 위하여 인적 또는 물적으로 상당한 투자가 이루어진 경우에 당해 부분에 대한 데이터베이스제작자의 권리는 그 갱신 등을 한 때부터 발생하며, 그 다음 해부터 기산하여 5년간 존속한다.

VII. 기술적 보호조치의 보호

정당한 권리 없이 데이터베이스제작자의 권리의 기술적 보호조치를 제거·변경·우회하는 등 무력화하는 것을 주된 목적으로 하는 기술·서비스·제품·장치 또는 그 주요 부품을 제공·제조·수입·양도·대여 또는 전송하는 행위는 저작권 그 밖에 이 법에 따라 보호되는 권리의 침해로 본다(저 제124조 제2항).

제2절 영상저작물에 대한 특례

I. 의 의

[1] **영상저작물**: 연속적인 영상(음의 수반 여부를 가리지 니한다)이 수록된 창작물로서 그 영상을 기계 또는 전자장치에 의하여 재생하여 볼 수 있거나 보고 들을 수 있는 것(저 제2조 제13호)

예: (i) 영화, TV드라마 등 (ii) 컴퓨터게임영상도 영상저작물로 되는 경우가 있다.

[2] **영상저작물에 대한 특례를 둔 이유**: 영상저작물의 제작 활성화를 위해서는 이들 모두의 권리를 보호할 필요가 있는 반면에 영상저작물의 제작에 관여하는 자들의 영상저작물의 제작에 대한 기여는 개별적으로 분리하여 이용할 수 없는 것으로 영상저작물의 창작에 관여한 사람을 모두 저작자로 인정하게 되면 저작물의 원활한 이용이 저해될 우려가 있기 때문이다.

II. 영상저작물의 저작자

[1] 영상저작물에 대하여 영상저작물의 제작에 협력할 것으로 약정한 자들 중에서 저작권법의 일반원리에 따라 구체적으로 저작물을 창작한 자가 누구인가에 의하여 저작자를 결정하여야 한다. 그의 저작물이 영상저작물의 소재저작물로 이용되는 자(고전적 저작자)는 2차적 저작물인 영상저작물의 원저작물 저작자에 해당하며, 단순히 이용허락만 한 경우에는 영상저작물의 저작자가 될 수 없다.

예: 소설가, 방송작가, 시나리오 작가, 미술저작물의 저작자, 음악저작물의 저작자는 그것을 소재로 하여 영화가 출시되는 경우에 영화 속 소재저작물의 저작자가 되며, 단순히 이용허락만 한 경우에는 그 영화의 저작자가 될 수 없다.

[2] 감독, 연출, 촬영, 미술 등을 담당하는 자로 영상저작물의 작성에 저작자로서의 활동을 하는 자(현대적 저작자)는 영상저작물의 저작자로 된다.

예: 감독, 촬영감독, 조명감독, 미술감독 등이 현대적 저작자에 해당한다.

[3] 배우 등 실연자는 영상저작물의 제작에 창작적으로 참여한 것이 아니어서 영상저작물의 저작자가 아니라고 본다.

영상저작물의 저작자는 영상저작물의 제작에 창조적으로 기여한 자로서 영상저작물의 제작에 있어서 그 전체를 기획하고 책임을 지는 영상제작자의 개념과는 구별된다.

III. 영상저작물에 대한 권리관계

1. 의 의

[1] **저작권법 제99조**: 영상저작물의 제작 단계에서의 기존 저작물의 이용에 관한 권리관계를 규정하고 있다.

[2] **저작권법 제100조**: 영상저작물의 제작이 완성된 단계에서의 제작 참여자의 권리관계를 규정하고 있다.

[3] **저작권법 제101조**: 영상제작자의 권리를 규정하고 있다.

2. 영상저작물의 저작자의 권리

가. 의 의

영상제작자와 영상저작물의 제작에 협력할 것을 약정한 자가 그 영상저작물에 대하여 저작권을 취득한 경우 특약이 없는 한 그 영상저작물의 이용을 위하여 필요한 권리는 영상제작자가 이를 양도받은 것으로 추정한다(저 제100조 제1항).

☞ 취 지: 영상저작물의 저작자가 누구인지 여부를 확인하기보다는 영상저작물의 원활한 이용을 도모하기 위하여 영상저작물의 이용을 위한 권리가 영상제작자에게 양도된 것으로 추정하는 것이다. 반대사실의 입증에 의하여 그 양도추정은 번복될 수 있다.

나. 양도추정되는 저작재산권의 범위

[1] 영상저작물의 제작에 협력할 것을 약정한 자: 감독, 촬영감독, 조명감독 동 현대적 저작자뿐만 아니라 제작스태프 등 영상제작에 참여하는 모든 이해관계인

[2] 영상저작물의 이용을 위하여 필요한 권리: 복제권, 배포권, 방송권 및 전송권(저 제101조)

다. 저작인격권과의 관계

영상제작자에게 저작재산권 중 일부가 양도된 것으로 추정되더라도 저작인격권은 여전히 저작자에게 유보되어 있다.

영상저작물은 공동저작물인 경우가 허다할 것이므로 저작인격권 행사는 저작자 전원의 합의에 의하지 않고는 행사할 수 없는 경우가 대부분일 것이다.

3. 원저작물의 저작자의 권리

가. 원저작물 저작자의 저작재산권(영상화 허락의 추정)

[1] 저작재산권자가 그 저작물의 영상화를 다른 사람에게 허락한 경우에 특약이 없는 때에는 (ⅰ) 영상저작물을 제작하기 위하여 저작물을 각색하는 것, (ⅱ) 공개상영을 목적으로 한 영상저작물을 공개상영하는 것, (ⅲ) 방송을 목적으로 한 영상저작물을 방송하는 것, (ⅳ) 전송을 목적으로 한 영상저작물을 전송하는 것, (ⅴ) 영상저작물을 그 본래의 목적으로 복제·배포하는 것, (ⅵ) 영상저작물의 번역물을 그 영상저작물과 같은 방법으로 이용하는 것의 권리

를 포함하여 허락한 것으로 추정한다(저 제99조 제1항).

대법원 2016. 1. 14. 선고 2014다202110 판결[손해배상(기)]

[판결요지]

저작권법 제99조 제1항은 '저작재산권자가 저작물의 영상화를 다른 사람에게 허락한 경우에 특약이 없는 때에는 공개상영을 목적으로 한 영상저작물을 공개상영하는 등의 권리를 포함하여 허락한 것으로 추정한다'라고 규정하고 있다. 영상저작물의 제작에 관계된 사람들의 권리관계를 적절히 규율하여 영상저작물의 원활한 이용과 유통을 도모하고자 하는 이 조항의 취지와 규정 내용 등에 비추어 보면, 여기서 말하는 '영상화'에는 영화의 주제곡이나 배경음악과 같이 음악저작물을 특별한 변형 없이 사용하는 것도 포함되고, 이를 반드시 2차적 저작물을 작성하는 것으로 제한 해석하여야 할 것은 아니다.

[2] 음악저작물의 영상화에도 저작권법 제99조 제1항이 적용된다. '한국음악저작권협회 대 씨제이씨지브이 주식회사'에 관한 서울중앙지방법원 2013. 5. 23. 선고 2012가합512054 판결(전술한 대법원 2016. 1. 14. 선고 2014다202110 판결의 제1심 판결)은 "(i) 저작권법 제2조 제1호는 저작물을 '인간의 사상 또는 감정을 표현한 창작물'로 규정하고 있는바, 위 규정에 의하면 저작권법 제99조 제1항의 저작물을 어문저작물로만 한정하여 해석할 아무런 근거가 없는 점, (ii) 저작권법 제100조 제1항은 "영상제작자와 영상저작물의 제작에 협력을 약정한 자가 그 영상저작물에 대하여 저작권을 취득한 경우 특약이 없는 한 그 영상저작물의 이용을 위하여 필요한 권리는 영상제작자가 이를 양도받은 것으로 추정한다."라고 규정하면서 같은 조 제2항에서는 "영상저작물의 제작에 사용되는 소설·각본·미술저작물 또는 음악저작물 등의 저작재산권은 제1항의 규정으로 인하여 영향을 받지 아니한다."라고 규정함으로써, 음악저작물도 소설, 각본 등의 어문저작물과 마찬가지로 영상화의 대상이 됨을 전제로 하고 있는 점, (iii) 저작권법 제99조 제1항의 저작물의 범위를 어문저작물로만 한정하고 음악저작물을 제외하게 된다면, 영화의 제작단계에서 개별 저작권자들로부터 이용허락을 받았다고 하더라도 그 상영을 위하여 별도로 모든 저작권자들의 허락을 받아야 하는 문제가 발생하므로 영상저작물에 대하여 종합예술로서 특성을 살리고 그 이용의 원활을 기하고자 하는 위 조항의 입법취지가 크게 훼손되는 점 등을 고려"하여, 저작권법 제99조 제1항의 저작물에는 음악저작물도 포함된다고 보았다.

그리고, '한국음악저작권협회 대 씨제이씨지브이 주식회사'에 관한 서울중앙지방법원 2013.

5. 23. 선고 2012가합512054 판결에 따르면, "영화제작자들로부터 일정한 사용료를 지급받는 조건으로 음악저작물을 영화에 이용하는 것에 대하여 허락하였고, 위 허락에는 음악저작물을 복제하는 것뿐만 아니라 이를 공연하는 것도 포함되어 있다 할 것인바, 만일 저작권법 제99조 제1항에 의하여 음악저작물의 공연을 허락한다고 하면서도 그에 대하여 별도의 사용료를 다시 지급해야 한다면 사용료의 액수에 따라 사실상 영화의 상영(음악저작물의 공연)이 불가능할 수도 있는데, 이는 저작권법 제99조 제1항의 입법취지를 몰각시키는 것이어서 받아들일 수 없다고 판시하였다.

(i) 영상저작물을 제작하기 위하여 저작물을 각색하는 것(저 제99조 제1항 제1호)

▸ 각 색: 영상저작물을 제작하기 위하여 소설 등을 각색하는 것을 뜻하지만, 넓게는 음악저작물이나 미술저작물 등을 영상화에 적합하도록 편곡하거나 변형하는 것도 포함한다.

(ii) 공개상영을 목적으로 한 영상저작물을 공개상영하는 것(저 제99조 제1항 제2호)

▸ 공개상영: 극장 등의 공개적인 장소에서 상영하는 것

이 규정에 의하여 영상저작물이 상영용인 경우에는 오직 공개적으로 상영할 뿐이고 TV 방송할 권리는 부여되지 않은 것으로 된다.

(iii) 방송을 목적으로 한 영상저작물을 방송하는 것(저 제99조 제1항 제3호)

방송을 목적으로 하지 아니하는 영상저작물을 방송하는 경우는 원저작재산권자가 자신의 권리를 행사할 수 있다.

(iv) 전송을 목적으로 한 영상저작물을 전송하는 것(저 제99조 제1항 제4호)

(v) 영상저작물을 그 본래의 목적으로 복제·배포하는 것(저 제99조 제1항 제5호)

(vi) 영상저작물의 번역물을 그 영상저작물과 같은 방법으로 이용하는 것(저 제99조 제1항 제6호)

영상저작물의 국외 수출 또는 외국 영상저작물의 국내 이용에 있어 원어를 다른 언어로 번역하여 영상저작물에 더빙하거나, 자막으로 삽입하여 원래의 영상저작물과 같은 방법으로 이용하기 위한 것

[3] '같은 방법으로 이용하는'의 개념: 당초에 공개상영용 영상저작물이면 번역한 영상저작물을 공개상영에 이용하는 것, 또는 당초에 방송용이라면 번역된 것도 방송에만 이용하는 것을 뜻한다.

예: 공개상영용 영화 A를 번역하여 방송에 이용하는 것은 이에 해당하지 아니한다.

나. 독점적 허락

저작재산권자는 그 저작물의 영상화를 허락한 경우에 특약이 없는 때에는 허락한 날로부터 5년이 경과한 때에 그 저작물을 다른 영상저작물로 영상화하는 것을 허락할 수 있다(저 제99조 제2항).

다. 원저작물의 저작자의 저작인격권

영상화 계약에 의하여 저작재산권 중 일부분은 양도 내지 독점적으로 이용허락하더라도 저작인격권은 일신전속성 때문에 저작자에게 유보된다.

영상화의 허락을 받은 영상제작자 등은 각색이나 영상제작을 함에 있어서 원저작물의 저작자의 저작인격권을 침해하여서는 아니 된다.

라. 비영화적 이용방법에 관한 원저작물의 저작자의 권리

소설가, 시나리오 작가 등 원저작물의 저작자는 자신의 저작물을 영상화하도록 허락함으로써 영상제작자가 영상저작물을 제작할 수 있게 된다. 하지만 비영화적 이용방법에 관한 원저작물의 저작자는 자기 저작물을 영화 이외의 다른 방법으로 이용할 권리를 여전히 보유한다. 이를 확인하기 위하여 "영상저작물의 제작에 사용되는 소설, 각본, 미술저작물 또는 음악저작물 등의 저작재산권은 영상저작물 이용에 필요한 권리의 양도추정 규정(저 제100조 제1항)으로 인하여 영향을 받지 아니한다(저 제100조 제2항)."고 규정한 것은 주의적 규정이다.

4. 실연자의 권리

영상저작물의 제작에 협력할 것을 약정한 실연자의 그 영상저작물의 이용에 관한 복제권, 배포권, 방송권 및 전송권은 특약이 없는 한 영상제작자가 이를 양도받은 것으로 추정한다(저 제100조 제3항).

실연자는 성명표시권, 동일성유지권 등의 인격권과 복제권, 배포권, 대여권, 공연권, 방송권, 전송권, 상업용 음반의 방송 사용에 대한 보상금청구권, 음반의 디지털음성송신에 대한 보상금청구권, 상업용 음반의 공연에 대한 보상금청구권 등 재산권을 가지는데, 그 가운데 복제권, 배포권, 방송권 및 전송권은 특약이 없는 한 영상제작자에게 양도된 것으로 추정하는 것이다.

실연자의 복제권, 배포권, 방송권 및 전송권에 대해서만 영상제작자에게 양도된 것으로 추정하는 이유는 이들 권리가 그 영상저작물을 본래의 창작물로서 이용하는 데 필요한 권리이기 때문이다.

예: 영화 상영을 목적으로 제작된 영상저작물 중에서 특정 배우들의 실연 장면만을 모아 가라오케용 엘디(LD) 음반을 제작하는 행위는 별개의 새로운 영상저작물을 제작하는 데 이용하는 것이므로 영상제작자에게 양도된 것으로 추정되지 아니한다(대법원 1997. 6. 10. 선고 96도2856 판결).

영상제작자에게 양도추정되는 권리는 영상저작물에 대한 권리가 아니라 영상저작물의 이용에 관한 권리로서 저작인접권이다.

5. 영상제작자의 권리(저 제101조)

영상제작자는 '영상저작물 이용에 필요한 권리의 양도추정 규정(저 제100조 제1항)'에 의하여 영상저작물의 저작자로부터 그 영상저작물의 이용을 위하여 필요한 권리를 법정양도받고 실연자로부터 영상저작물의 이용에 관한 복제권, 배포권, 방송권 및 전송권을 특약이 없는 한 양도받는 것으로 추정된다. 그리고 영상화 계약에 의하여 원저작물의 저작자로부터 저작권법 제99조에 의한 권리도 허락받게 된다.

영상저작물의 제작에 협력할 것을 약정한 자로부터 영상제작자가 양도받은 영상저작물의 이용을 위하여 필요한 권리는 영상저작물을 복제·배포·공개상영·방송·전송 그 밖의 방법으로 이용할 권리로 하며, 이를 양도하거나 질권의 목적으로 할 수 있다(저 제101조 제1항).

실연자로부터 영상제작자가 양도받는 권리는 그 영상저작물을 복제·배포·방송 또는 전송할 권리로 하며, 이를 양도하거나 질권의 목적으로 할 수 있다(저 제101조 제2항).

6. 보호기간

영상저작물의 저작재산권은 공표한 때부터 70년간 존속한다. 다만, 창작한 때부터 50년 이내에 공표되지 아니한 경우에는 창작한 때부터 70년간 존속한다(저 제42조).

영상저작물을 원칙적으로 공동저작물로 보면서 공표 시 기산주의를 토대로 하고 예외적으로 창작 시 기산주의에 입각하고 있다.

저작권법 제101조에 의한 영상제작자의 이용권의 보호기간도 영상저작물의 저작재산권의 보호기간과 동일하다.

[1] **취 지**: 영상저작물은 그 저작자를 특정하기 어려운 공동저작물이기는 하지만 그렇다고 해서 업무상저작물로 볼 수도 없는 성질의 것이어서 저작권법 제42조에서 보호기간에 대한 특칙을 규정한 것이다.

원칙적으로 공표 시 기산주의를 취한 이유는 영상저작물의 경우 그 저작자를 특정하기 곤란하고, 저작물의 이용권의 대부분이 영상제작자에게 양도된 상태이므로 투하자본 회수기간만 충분히 보장해 주면 되고, 영상저작물의 저작자가 다수인 경우가 대부분이므로 일반저작물과 같이 사망 시를 기준으로 보호기간을 산정하는 것이 불합리하기 때문이다.

[2] **예외적으로 창작 시 기산주의를 취한 이유**: 미공표로 인한 보호기간의 연장을 막기 위함이다.

제3절 배타적발행권 및 출판권의 보호

I. 의 의

[1] **발 행**: 저작물 또는 음반을 공중의 수요를 충족시키기 위하여 복제·배포하는 것을 말한다.

[2] **배타적발행권**: 저작물을 발행하거나 복제·전송(이하 "발행 등"으로 표시)할 권리를 가진 자가 그 저작물을 발행등에 이용하고자 하는 자에 대하여 설정한 배타적 권리를 말한다(저 제63조에 따른 출판권은 제외).

[3] **출 판**: 인간이 자기의 사상이나 감정을 기록에 의해 다른 사람에게 전달하는 수단이며 인쇄술 기타 이와 유사한 방법에 의하여 저작물을 문서 또는 도화로서 복제·배포하는 것을 말한다.

[4] **출판권자**: 저작권자가 자기의 저작물에 관하여 제3자에게 출판권을 설정한 경우 출판권의 설정을 받은 자이며, 출판권 설정기간 동안 당해 저작물을 출판할 수 있는 독점적 권리를 가진다.

배타적발행권 및 출판권은 물권에 유사한 권리이며, 부동산에 대한 용익물권과 같은 권리이다.[51] 따라서 배타적발행권자는 제3자의 발행 등 행위에 대해서 직접 손해배상을 청구할 수 있을 뿐만 아니라 그 제3자의 출판행위 자체도 금지청구할 수 있다. 마찬가지로, 출판권자는 제3자의 출판행위에 대해서 직접 손해배상을 청구할 수 있을 뿐만 아니라 그 제3자의 출판행위 자체도 금지청구할 수 있다.

II. 배타적발행권의 보호(저 제57조 내지 제63조의2)

1. 2011년 12월 개정 저작권법상 도입 취지

기존 저작물의 출판과 컴퓨터프로그램에만 인정되던 배타적 권리를 다양한 저작물의 다른 형태의 발행 등에 대해서도 배타적발행권을 설정할 수 있도록 할 필요가 있었다. 그래서 2011년 12월 저작권법의 개정을 통하여 기존 저작물의 출판과 컴퓨터프로그램에만 인정되던 배타적 권리를 다른 형태의 저작물 발행 등에도 인정하도록 그 근거규정을 두되, 이 경우 발행의 범위를 전송까지 포괄하는 것으로 하였다. 이에 따라 기존의 프로그램배타적발행권은 배타적발행권의 하나의 유형이므로 이를 배타적발행권에 포섭하고, 출판권은 출판업계의 의견을 반영하여 설정에 대해서만 별도 특례를 유지하였다(저 제63조 및 제63조의2).[52] 다만, 미국 연방저작권법에서는 복제·배포행위 내지 복제·전송행위 이외에도 전시, 공연, 배포, 2차적저작물작성권 등 그 밖의 권리에 대해서도 배타적 권리의 설정이 가능한 바, 2011년 개정 저작권법은 자칫 배타적 이용권의 적용범위를 지나치게 확대함으로써 생길 우려가 있는 부작용을 최소화한 측면이 있다.

2. 배타적발행권의 설정

저작물을 발행하거나 복제·전송(이하 "발행 등"이라 한다)할 권리를 가진 자는 그 저작물을 발행 등에 이용하고자 하는 자에 대하여 배타적 권리(이하 "배타적발행권"이라 하며, 제63조에 따른 출판권은 제외한다. 이하 같다)를 설정할 수 있다(저 제57조 제1항). 저작재산권자는 그 저작물에 대하여 발행 등의 방법 및 조건이 중첩되지 않는 범위 내에서 새로운 배타적발행권을 설정할 수 있다(저 제57조 제2항). 배타적발행권을 설정받은 자(이하 "배타적발행권자"라 한다)는 그 설정행위에서 정하는 바에 따라 그 배타적발행권의 목적인 저작물을 발행 등의

---

51) 송영식·이상정, 「저작권법개설」, 세창출판사, 2009년, 267면.
52) 문화체육관광부·한국저작권위원회, 앞의 설명자료, 16-17면.

방법으로 이용할 권리를 가진다(저 제57조 제3항). 저작재산권자는 그 저작물의 복제권·배포권·전송권을 목적으로 하는 질권이 설정되어 있는 경우에는 그 질권자의 허락이 있어야 배타적발행권을 설정할 수 있다(저 제57조 제4항).

3. 배타적발행권의 내용

가. 배타적발행권

☞ 배타적발행권: 저작물을 발행하거나 복제·전송(이하 "발행 등"으로 표시)할 권리를 가진 자가 그 저작물을 발행 등에 이용하고자 하는 자에 대하여 설정한 배타적 권리(저 제63조에 따른 출판권은 제외)다.

나. 배타적발행권자의 의무

[1] 9월 이내 발행 등을 할 의무: 배타적발행권자는 그 설정행위에 특약이 없는 때에는 배타적발행권의 목적인 저작물을 복제하기 위하여 필요한 원고 또는 이에 상당하는 물건을 받은 날부터 9월 이내에 이를 발행 등의 방법으로 이용하여야 한다(저 제58조 제1항).

[2] 계속 발행 등의 의무: 배타적발행권자는 그 설정행위에 특약이 없는 때에는 관행에 따라 그 저작물을 계속하여 발행 등의 방법으로 이용하여야 한다(저 제58조 제2항).

[3] 저작재산권자 표지의무: 배타적발행권자는 특약이 없는 때에는 각 복제물에 대통령령으로 정하는 바에 따라 저작재산권자의 표지를 하여야 한다. 다만, 「신문 등의 진흥에 관한 법률」 제9조 제1항에 따라 등록된 신문과 「잡지 등 정기간행물의 진흥에 관한 법률」 제15조 및 제16조에 따라 등록 또는 신고된 정기간행물의 경우에는 그러하지 아니하다(저 제58조 제3항).

[4] 재발행 등의 통지의무: 배타적발행권자는 배타적발행권의 목적인 저작물을 발행 등의 방법으로 다시 이용하고자 하는 경우에 특약이 없는 때에는 그때마다 미리 저작자에게 그 사실을 알려야 한다(저 제58조의2 제2항).

다. 저작자 및 저작권자의 권리

[1] 저작물의 수정증감권: 배타적발행권자가 배타적발행권의 목적인 저작물을 발행등의 방법으로 다시 이용하는 경우에 저작자는 정당한 범위 안에서 그 저작물의 내용을 수정하거나 증감할 수 있다(저 제58조의2 제1항).

[2] 저작자 사후 전집 등에 수록할 수 있는 권리: 저작재산권자는 배타적발행권 존속기간 중 그 배타적발행권의 목적인 저작물의 저작자가 사망한 때에는 제1항에도 불구하고 저작자를 위하여 저작물을 전집 그 밖의 편집물에 수록하거나 전집 그 밖의 편집물의 일부인 저작물을 분리하여 이를 따로 발행 등의 방법으로 이용할 수 있다(저 제59조 제2항).

[3] 배타적발행권의 소멸통고권: 저작재산권자는 배타적발행권자가 9월 이내 발행 등을 할 의무(저 제58조 제1항) 또는 계속발행 등의 의무(저 제58조 제2항)를 위반한 경우에는 6월 이상의 기간을 정하여 그 이행을 최고하고 그 기간 내에 이행하지 아니하는 때에는 배타적발행권의 소멸을 통고할 수 있다(저 제60조 제1항). 그럼에도 불구하고 저작재산권자는 배타적발행권자가 그 저작물을 발행 등의 방법으로 이용하는 것이 불가능하거나 이용할 의사가 없음이 명백한 경우에는 즉시 배타적발행권의 소멸을 통고할 수 있다(저 제60조 제2항). 배타적발행권자이 9월 이내 발행 등을 할 의무를 위반하거나 계속발행 등의 의무를 위반하거나 또는 배타적발행권자가 그 저작물을 그 저작물을 발행들의 방법으로 이용하는 것이 불가능하거나, 이용할 의사가 없음이 명백한 것을 이유로 배타적발행권의 소멸을 통고한 경우에는 배타적발행권자가 그 소멸통고를 받은 때에 배타적발행권이 소멸한 것으로 본다(저 제60조 제3항). 그렇게 해서 배타적발행권의 소멸을 통고한 경우에 저작재산권자는 배타적발행권자에 대하여 언제든지 원상회복을 청구하거나 발행 등을 중지함으로 인한 손해의 배상을 청구할 수 있다(저 제60조 제4항).

라. 배타적발행권의 존속기간

배타적발행권은 그 설정행위에 특약이 없는 때에는 맨 처음 발행 등을 한 날로부터 3년간 존속한다. 다만, 저작물의 영상화를 위하여 배타적발행권을 설정하는 경우에는 5년으로 한다(저 제59조 제1항).

마. 배타적발행권 소멸 후의 복제물의 배포

배타적발행권이 그 존속기간의 만료 그 밖의 사유로 소멸된 경우에는 그 배타적발행권을 가지고 있던 자는 (i) 출판권 설정행위에 특약이 있는 경우 및 (ii) 발행권의 존속기간 중 저작재산권자에게 그 저작물의 발행에 따른 대가를 지급하고 그 대가에 상응하는 부수의 복제물을 배포하는 경우의 어느 하나에 해당하는 경우를 제외하고는 그 배타적발행권의 존속기간 중 만들어진 복제물을 배포할 수 없다(저 제61조).

바. 배타적발행권의 양도 · 제한 등

배타적발행권자는 저작재산권자의 동의 없이 배타적발행권을 양도하거나 또는 질권의 목적으로 할 수 없다(저 제62조 제1항). 배타적발행권의 목적으로 되어 있는 저작물의 복제 등에 관하여는 재판절차 등에서의 복제(저 제23조), 정치적 연설 등의 이용(저 제24조), 학교교육 목적 등에의 이용에 관한 일부조문(저 제25조 제1항부터 제5항까지), 시사보도를 위한 이용(저 제26조), 시사적인 기사 및 논설의 복제 등(저 제27조), 공표된 저작물의 인용(저 제28조), 사적이용을 위한 복제(저 제30조), 도서관 등에서의 복제 등(저 제31조), 시험문제로서의 복제(저 제32조), 시각장애인 등을 위한 복제 등(저 제33조), 미술저작물 등의 복제(저 제35조 제2항 및 제3항), 저작물 이용과정에서의 일시적 복제(저 제35조의2), 부수적 복제 등(저 제35조의3), 문화시설에 의한 복제 등(저 제35조의4), 저작물의 공정한 이용(저 제35조의5), 번역 등에 의한 이용(저 제36조) 및 출처의 명시(저 제37조)를 준용한다(저 제62조 제2항). 그리고 배타적발행권의 설정 · 이전 · 변경 · 소멸 또는 처분제한(저 제54조 제2호) 내지 배타적발행권을 목적으로 하는 질권의 설정 · 이전 · 변경 · 소멸 또는 처분제한(저 제54조 제3호)에 관한 사항은 등록하지 아니하면 제3자에게 대항할 수 없다.

III. 출판권의 보호

1. 출판권의 설정

저작물을 복제 · 배포할 권리를 가진 자(이하 "복제권자"라 한다)는 그 저작물을 인쇄 그 밖에 이와 유사한 방법으로 문서 또는 도화로 발행하고자 하는 자에 대하여 이를 출판할 권리(이하 "출판권"이라 한다)를 설정할 수 있다(저 제63조 제1항).

☞ **행정관청의 허가 없는 출판계약의 효력:** "출판권 설정계약의 목적은 무형의 재산권인 출판권이고 저작물의 교부나 저작권 사용료의 지급은 위 계약의 본질적 요소가 아니므로, 설사 물품의 교역 또는 법 소정의 협력사업에 해당되어 통일원장관의 승인을 요하는 계약이고 통일원장관의 승인을 받지 않아 흠결이 있다 하더라도 계약의 효력까지 부인되는 것은 아니다(서울민사지방법원 남부지원 1994. 2. 14. 선고 93카합2009 판결('이조실록' 사건))."

복제권에 질권이 설정되어 있는 경우에는 질권자의 승낙을 얻지 아니하면 출판권을 설정할 수 없다(저 제63조 제3항).

2. 출판권의 내용

가. 출판권

☞ **출판권**: 복제권자와의 출판권 설정계약 또는 복제권자의 출판권 설정행위에 의하여 출판자에게 설정된 권리(저 제63조 제1항)를 말한다.

출판권을 설정받은 자는 그 설정행위에서 정하는 바에 따라 그 출판권의 목적인 저작물을 원작 그대로 출판할 권리를 가진다(저 제63조 제2항).

나. 출판권자의 의무

[1] **9개월 이내에 출판할 의무**: 출판권자는 복제권자로부터 저작물을 복제하기 위하여 필요한 원고 또는 이에 상당하는 물건을 받은 날로부터 9월 이내에 이를 출판하여야 한다(저 제63조의2, 제57조 제1항). 이 9월의 기간의 기산점은 원고 등의 인도가 완료된 날이다. 9월 이내에 출판의무를 이행하지 아니한 경우에는 6월 이상의 기간을 정하여 그 이행을 최고하고, 그 기간 내에 이행을 하지 아니한 경우에는 출판권의 소멸을 통고할 수 있다(저 제63조의2, 제60조 제1항 참조).

[2] **계속출판의무 등**: 출판권자는 그 설정 행위에 특약이 없는 때에는 관행에 따라 그 저작물을 계속하여 출판하여야 할 의무가 있다(저 제63조의2, 제58조 제2항). 계속 출판할 의무를 해태한 경우에는 출판권 소멸통고의 대상이 된다(저 제63조의2, 제60조 제1항 참조).

[3] **복제권자 표지의무**: 출판권자는 특약이 없는 때에는 각 출판물에 (i) 복제의 대상이 외국인의 저작물인 경우에는 복제권자의 성명 및 맨 처음의 발행 연도의 표지, (ii) 복제의 대상이 대한민국 국민의 저작물인 경우에는 위 (i)의 표지 및 복제권자의 검인, (iii) 특약이 없는 때에는 각 복제물에 대통령령으로 정하는 바에 따라 저작재산권자의 표지를 하여야 한다. 다만, 「신문 등의 진흥에 관한 법률」 제9조 제1항에 따라 등록된 신문과 「잡지 등 정기간행물의 진흥에 관한 법률」 제15조 및 제16조에 따라 등록 또는 신고된 정기간행물의 경우에는 그러하지 아니하다(저 제63조의2, 제58조 제3항, 저작권법 시행령 제38조).

[4] **재판통지의무(再版通知義務)**: 출판권자는 출판권의 목적인 저작물을 다시 출판하고자 하는 경우에 특약이 없는 때에는 그때마다 미리 저작자에게 그 사실을 알려야 한다(저 제63조의2, 제58조의2 제2항).

[5] **원고반환의무**: 원고의 소유권은 여전히 저작권자에게 존재하므로 저작권자의 반환청

구 시 반환하여야 한다.

[6] 인세지급의무: 출판권이 유상으로 설정된 경우에 출판권자는 저작권자에게 저작물의 사용료로서 당사자의 약정에 따른 인세를 지급할 의무를 부담한다.

다. 저작자 및 저작권자의 권리

[1] 저작자 사후 전집 등에 수록할 수 있는 권리: 출판권 설정 후에는 저작권자라 하더라도 당해 저작물을 출판할 수 없다. 다만 그 출판권의 목적인 저작물의 저작자가 사망한 때에는 출판권의 존속기간 중이라 할지라도 저작자를 위하여 저작물을 전집 그 밖의 편집물에 수록하거나 전집 그 밖에 편집물의 일부인 저작물을 분리하여 이를 따로 출판할 수 있다(저 제63조의2, 제59조 제2항).

[2] 출판권의 소멸통고권: 복제권자는 출판권자가 원고 또는 이에 상당하는 물건을 받은 날로부터 9월 이내에 출판하지 아니하거나(저 제63조의2, 제58조 제1항), 계속 출판하지 아니한 경우(저 제63조의2, 제58조 제2항)에는 6월 이상의 기간을 정하여 그 이행을 최고하고 그 기간 내에 이행하지 아니한 때에는 출판권의 소멸을 통고할 수 있다(저 제63조의2, 제60조 제1항). 또한 복제권자는 출판권자가 출판이 불가능하거나 출판할 의사가 없음이 명백한 경우에는 즉시 출판권의 소멸을 통고할 수 있다(저 제63조의2, 제60조 제2항). 복제권자가 소멸을 통고한 경우에는 출판권자가 통고를 받은 때에 출판권이 소멸한 것으로 본다(저 제63조의2, 제60조 제3항).

[3] 수정증감권: 출판권자가 출판권의 목적인 저작물을 다시 출판하는 경우에 저작자는 정당한 범위 안에서 그 저작물의 내용을 수정하거나 증감할 수 있다(저 제63조의2, 제58조의2 제1항).

라. 출판권 소멸 후의 출판물의 배포

출판권이 그 존속기간의 만료 또는 그 밖의 사유로 소멸된 경우에는 (i) 출판권 설정행위에 특약이 있는 경우, (ii) 출판권의 존속기간 중 복제권자에게 그 저작물의 출판에 따른 대가를 지급하고 그 대가에 상응하는 부수의 출판물을 배포하는 경우를 제외하고는 그 출판권의 존속기간 중 만들어진 출판물을 배포할 수 없다(저 제63조의2, 제61조).

마. 출판권의 양도·제한 등

출판권자는 복제권자의 동의 없이 출판권을 양도하거나 또는 질권의 목적으로 할 수 없다(저 제62조 제1항). 출판권의 목적으로 되어 있는 저작물의 복제 등에 관하여는 재판절차 등에서의 복제(저 제23조), 정치적 연설 등의 이용(저 제24조), 학교교육 목적 등에의 이용에 관한 일부조문(저 제25조 제1항부터 제5항까지), 시사보도를 위한 이용(저 제26조), 시사적인 기사 및 논설의 복제 등(저 제27조), 공표된 저작물의 인용(저 제28조), 사적이용을 위한 복제(저 제30조), 도서관등에서의 복제 등(저 제31조), 시험문제로서의 복제(저 제32조), 시각장애인 등을 위한 복제 등(저 제33조), 미술저작물 등의 복제(저 제35조 제2항 및 제3항), 저작물 이용과정에서의 일시적 복제(저 제35조의2), 부수적 복제 등(제35조의3), 문화시설에 의한 복제 등(제35조의4), 저작물의 공정한 이용(저 제35조의5), 번역 등에 의한 이용(저 제36조) 및 출처의 명시(저 제37조)를 준용한다(저 제63조의2, 제62조 제2항). 그리고 출판권의 설정·이전·변경·소멸 또는 처분제한(저 제54조 제2호) 내지 출판권을 목적으로 하는 질권의 설정·이전·변경·소멸 또는 처분제한(저 제54조 제3호)에 관한 사항은 등록하지 아니하면 제3자에게 대항할 수 없다.

바. 기타 문제

☞ **판면권**: 출판자에게는 출판권이 인정되더라도 출판자가 출판한 서적의 판면을 보호하는 권리는 인정되지 않는다.

제4절 퍼블리시티권(Right of Publicity)의 보호

I. 의 의

퍼블리시티권은 일반적으로 성명, 초상 등이 갖는 경제적 이익 내지 가치를 상업적으로 사용·통제하거나 배타적으로 지배하는 권리라고 설명된다(서울중앙지방법원 2007. 11. 28. 선고 2007가합2393 판결).

II. 인격권인 초상권과의 구별

우리나라 하급심 판례에서는 성명이나 초상 등이 갖는 경제적 이익 내지 가치를 상업적으로 사용·통제하거나 배타적으로 지배하는 권리라고 설명되는 퍼블리시티권(Right of Publicity)을 침해하는 행위는 명백히 민법상 불법행위에 해당하고, 이 퍼블리시티권을 인격권과는 독립된 별개의 재산권으로 이해한다(서울중앙지방법원 2007. 11. 28. 선고 2007가합2393 판결).

III. 퍼블리시티권에 관한 사례

최근 우리나라 하급심 판례는 일관되게 퍼블리시티권을 인정하면서 그 법률관계의 성질을 불법행위로 이해하고 있다(서울중앙지방법원 2005. 9. 27. 선고 2004가단235324 판결; 서울중앙지방법원 2006. 4. 19. 선고 2005가합80450 판결; 서울중앙지방법원 2007. 11. 28. 선고 2007가합2393 판결).

우리나라 하급심 판례에 따르면,

(i) 유명 연예인의 승낙 없이 그의 얼굴을 형상화하여 일반인들이 쉽게 알아볼 수 있는 캐릭터를 제작한 후 이를 상업적으로 이용한 것은 재산적 가치가 있는 자신의 초상과 성명 등을 상업적으로 이용할 수 있는 권리인 유명 연예인의 퍼블리시티권을 침해한 것으로 불법행위에 해당한다고 한 사례(서울중앙지방법원 2005. 9. 27. 선고 2004가단235324 판결),

(ii) 유명 프로야구 선수들의 허락을 받지 아니하고 그 성명을 사용한 게임물을 제작하여 상업적으로 이동통신회사에 제공한 것은 위 프로야구 선수들의 성명권 및 퍼블리시티권을 침해한 것으로 불법행위에 해당한다고 한 사례(서울중앙지방법원 2006. 4. 19. 선고 2005가합 80450 판결),

(iii) 전직 프로야구 선수들의 사전 동의 없이 위 선수들의 성명을 영문 이니셜로 변경하여 인터넷 야구게임에 등장하는 캐릭터에 사용한 행위가 위 선수들의 퍼블리시티권을 침해한 것이라고 본 사례(서울서부지방법원 2010. 4. 21.자 2010카합245 결정)

(iv) 상품권 발행업체가 이미 사망한 유명 소설가 이효석 선생님의 초상을 상속인의 승낙 없이 상품권에 게재한 경우와 관련하여 퍼블리시티권의 침해를 불법행위로 성질 결정한 사례(서울동부지방법원 2006. 12. 21. 선고 2006가합6780 판결) 및

(v) 세계적으로 널리 알려진 전 배드민턴 국가대표 선수의 성명, 초상 등에 관한 권리는 퍼블리시티권으로서 인격권과는 독립된 별개의 재산권이고, 위 전 배드민턴 국가대표 선수의 성명, 초상 등을 침해하는 행위는 민법상 불법행위에 해당한다고 판시한 사례(서울중앙지방법원 2007. 11. 28. 선고 2007가합2393 판결) 등이 있다.

IV. 비고 – 초상권 등 인격권에 관한 사례

대법원의 판례에 따르면, 외주제작사가 무단 촬영한 장면에 관하여 방송사업자가 피촬영

자의 방송 승낙 여부를 확인하지 않고 피촬영자의 식별을 곤란하게 하는 별도의 화면조작 없이 그대로 방송한 경우, 피촬영자의 초상권 침해에 대하여 외주제작사와 공동불법행위책임을 진다고 판시하였다(대법원 2008. 1. 17. 선고 2007다59912 판결).

또한 우리나라 하급심 판례는 언론매체에게 초상에 관한 방송을 동의한 때에도 예정한 방법과 달리 방송된 경우 초상권이 침해된 것으로 보며, 참조조문으로 민법 제750조(불법행위)를 들고 있다(서울중앙지방법원 2006. 11. 29. 선고 2006가합36290 판결). 또한 서울올림픽 성화봉송 행사장면 사진 중 甲이 마부로서 말을 몰고 乙은 꽃마차를 타고 있는 사진을 甲의 동의 없이 사용하여 사적인 연하카드를 제작한 乙의 행위는 甲의 초상권을 침해하는 불법행위에 해당한다고 판시하였다(서울지방법원 동부지원(현 서울동부지방법원) 1990. 1. 25. 선고 89가합13064 제2민사부 판결). 그 밖에 인터넷 이용자들에게 음란사이트로 인식될 수 있는 인터넷 사이트의 운영자들이 유명 연예인의 예명을 무단으로 도메인이름과 웹페이지의 광고문구로 이용하고 그 예명을 검색어로 인터넷 검색이 되게 한 행위가 위 연예인의 명예, 성명권 등의 인격권을 침해한 불법행위에 해당한다(서울중앙지방법원 2007. 12. 26. 선고 2005가합112203 판결)고 판시하였다.

V. 퍼블리시티권의 내용, 침해형태 및 침해에 대한 구제

	퍼블리시티권	초상권 등 인격권
권리의 내용	성명이나 초상 등의 사용을 독점하는 권리	초상이나 성명 등을 함부로 촬영, 공표 내지 사용 등을 하지 못하게 할 일신전속적인 권리
침해형태	재산상 손해	정신적 손해
구제	손해배상청구 부당이득반환청구	침해금지청구 위자료청구 명예회복청구

제10장 컴퓨터프로그램에 대한 특례

제1절 의 의

현행 저작권법[53] 제1조에서는 "이 법은 저작자의 권리와 이에 인접하는 권리를 보호하고 저작물의 공정한 이용을 도모함으로써 문화 및 관련 산업의 향상 발전에 이바지함을 목적으로 한다."고 규정하고 있다. 2009년 개정된 저작권법[54]에서는 컴퓨터프로그램보호법을 저작권법에 통합하면서 삭제된 컴퓨터프로그램보호법 제1조의 목적을 참조하여 문화의 향상·발전뿐만 아니라 "관련 산업"의 향상 발전을 저작권법의 목적의 하나로 추가하였다.[55]

제2절 컴퓨터프로그램저작물의 의의, 발생시기와 적용범위

I. 의 의

컴퓨터프로그램저작물이라 함은 특정한 결과를 얻기 위하여 컴퓨터 등 정보처리능력을 가진 장치 내에서 직접 또는 간접으로 사용되는 일련의 지시·명령으로 표현된 것을 말한다 (저 제2조 제16호).

> **대법원 2001. 5. 15. 선고 98도732 판결[컴퓨터프로그램보호법 위반(예비적 죄명: 저작권법 위반)]**

서체 파일이 지시·명령을 포함하고 있고 그 실행으로 인하여 특정한 결과를 가져오며 컴퓨터 등의 장치 내에서 직접 또는 간접으로 사용될 수 있으므로 단순한 데이터 파일이 아닌 구 컴퓨터프로그램보호법상의 컴퓨터프로그램에 해당하고, 그 제작 과정에 있어 글자의 윤곽선을 수정하거나 제작하기 위한 제어점들의 좌표값과 그 지시·명령어를 선택하는 것에 제작자의 창의적 개성이 표현되어 있으므로 그 창작성도 인정된다고 본 사례.

II. 발생시기

프로그램저작권은 프로그램이 창작된 때로부터 발생한다.[56]

---

53) [시행 2010. 2. 1.][법률 제9785호, 2009. 7. 31., 타법개정].
54) [시행 2009. 7. 23.][법률 제9625호, 2009. 4. 22., 일부개정].
55) 문화체육관광부·한국저작권위원회, 「개정 저작권법 해설」, 2009년 8월, 19면.

III. 적용범위

컴퓨터프로그램저작물을 작성하기 위하여 사용하고 있는 프로그램 언어·규약·해법은 저작권법의 보호대상에서 제외된다(저 제101조의2). 왜냐하면 프로그램 언어·규약·해법은 컴퓨터프로그램저작물을 작성하기 위한 표현의 수단 내지 매개체에 해당하여 저작물로 볼 수 없고, 이에 대해 배타적인 권리를 인정하게 되면 후속 개발에 장애요인으로 작용하여 공익에 반하기 때문이다.[57]

(i) 프로그램 언어: 프로그램을 표현하는 수단으로서 문자·기호 및 그 체계

(ii) 규 약: 특정한 프로그램에서 프로그램 언어의 용법에 관한 특별한 약속

(iii) 해 법: 프로그램에서 지시·명령의 조합 방법(예컨대 알고리즘은 주어진 문제를 해결하기 위한 정의된 순서가 있는 동작, 즉 명령어들의 유한집합을 의미하므로 이는 해법에 해당한다)[58]

제3절 컴퓨터프로그램저작물의 저작자 등

대법원 1997. 2. 11. 선고 96도1935 판결(컴퓨터프로그램보호법 위반)은 "피고인 甲은 그가 개발한 서체 프로그램을, 공소외 乙은 자본을 투자하여 동업으로 회사를 설립하여 운영하던 중 甲과 乙이 동업관계를 종료하고 甲이 회사의 영업 일부를 인수받는 식으로 서로 분리·독립하기로 약정하면서 그 약정서에 위 서체 프로그램의 귀속에 관하여 명시적인 규정을 하지 않은 사안에서, 제반 사정에 비추어 甲이 회사와 별도로 서체 프로그램을 복제·사용·판매하는 것에 대한 묵시적 합의가 있었다고 보아 甲에게도 그 서체 프로그램의 복제·사용·판매권이 있다고 인정한 사례"이다.

I. 저작권자의 추정

컴퓨터프로그램저작물의 경우 발행 이외에 공표되는 경우가 있으므로 저작자의 표시가 없는 저작물의 경우 발행자, 공연자 이외에 공표자로 표시된 자도 저작권을 가지는 것으로

---

56) 대법원 1996. 8. 23. 선고 95도2785 판결[컴퓨터프로그램보호법 위반].
57) 문화체육관광부·한국저작권위원회, 앞의 책, 42면.
58) 송영식·이상정·김병일, 「지적재산법」, 세창출판사, 2007년, 284면.

추정한다(저 제8조 제2항). 다만, 컴퓨터프로그램저작물의 경우 공연은 있을 수 없음에 주의할 필요가 있다.

II. 업무상 창작한 프로그램의 공표 요건 배제

[1] 업무상 창작한 컴퓨터프로그램저작물은 법인 등이 '공표'하지 않더라도 법인 등이 업무상저작물의 저작자가 되도록 규정하고 있다(저 제9조).

[2] 근 거

(i) 컴퓨터프로그램저작물을 개발하는 과정에서 종업원이 소스코드를 빼내어 따로 개발한 후 이를 공표함으로써 오히려 법인 등에 대해 저작권 침해를 주장할 경우가 발생할 수 있다.

(ii) 컴퓨터프로그램이 영업비밀에 해당하여 법인 등이 전략적으로 공표하지 아니하는 경우가 많으며, 컴퓨터프로그램에 대한 저작권이 종업원에게 원시적으로 귀속될 경우, 법인 등은 프로그램의 저작권을 취득하기 위하여 개발한 모든 프로그램을 공개하게 되므로 영업비밀로서 가지는 기회이익을 상실하게 될 우려가 있다.[59]

대법원 2006. 10. 13. 선고 2004도8233 판결[절도 · 컴퓨터프로그램보호법 위반]

[1] 고소인의 동영상 프로그램 중 상당 부분이 피고인이 등록한 동영상 프로그램에 포함되어 있다는 점만으로는 양 프로그램의 동일성을 인정하기에 부족하고, 양 프로그램 모두를 서로, 전체적으로 대비할 때 피고인 등록 프로그램에 사회통념상 새로이 부가된 창작적인 부분이 없어야 한다고 본 사례.

[2] 구 컴퓨터프로그램보호법 제5조에 따라 사용자 등에게 피용자가 창작한 프로그램에 관한 저작권을 인정하기 위한 요건.

[3] 피고인이 등록한 프로그램과 고소인에게 저작권이 속하는 프로그램이 모두 고소인과 사용관계에 있는 동일한 컴퓨터프로그래머에 의하여 개발되었다고 할지라도 고소인이 기획한 프로그램이 피고인의 프로그램과는 별도로 완성되어 프로그램 등록까지 마친 상태이고, 피고인이 고소인의 지시와는 별도로 위 컴퓨터프로그래머에게 프로그램에 관한 개발을 부탁하면서 개발비 명목의 금원을 지급하였다면 피고인의 프로그램이 고소인의 업무상 창작된 프로그램이라고 단정할 수 없다고 본 사례.

---

59) 문화체육관광부 · 한국저작권위원회, 앞의 책, 22면.

업무상 창작한 프로그램의 저작자에 관한 구 컴퓨터프로그램보호법(1994. 1. 5. 법률 제471
2호로 개정 되기 전의 것) 제7조의 규정은 프로그램 제작에 관한 도급계약에는 적용되지
않는 것이 원칙이나, 주문자가 전적으로 프로그램에 대한 기획을 하고 자금을 투자하면서
개발업자의 인력만을 빌어 그에게 개발을 위탁하고 이를 위탁받은 개발업자는 당해 프로
그램을 오로지 주문자만을 위해서 개발·납품하여 결국 주문자의 명의로 공표하는 것과
같은 예외적인 경우에는 법인 등의 업무에 종사하는 자가 업무상 창작한 프로그램에 준하
는 것으로 보아 같은 법 제7조를 준용하여 주문자를 프로그램 저작자로 볼 수 있다.

제4절 저작인격권 관련 특례 규정

컴퓨터프로그램저작물의 저작자에게 적용되는 동일성유지권 제한 사유를 저작권법에 반
영하였다.

즉, (i) 특정한 컴퓨터 외에는 이용할 수 없는 프로그램을 다른 컴퓨터에 이용할 수 있도
록 하기 위하여 필요한 범위 안에서의 변경(저 제13조 제2항 제3호), (ii) 프로그램을 특정한
컴퓨터에 보다 효과적으로 이용할 수 있도록 하기 위하여 필요한 범위 안에서의 변경(저 제
13조 제2항 제4호)의 경우에는 컴퓨터프로그램저작물의 저작자의 동일성유지권을 제한한다.

운영 중인 컴퓨터 시스템의 업그레이드나 교체 등 또는 전산환경 통합으로 운영체제를
윈도우즈에서 Linux로 변경하는 경우에는 불가피하게 해당 소프트웨어를 변경할 수밖에 없
는 경우가 발생한다.[60] 이 경우가 저작권법 제13조 제2항 제3호의 한 예라 할 수 있다.

시스템을 업그레이드하거나 장비를 추가하는 경우 이러한 장비를 효과적으로 사용하기
위해서 프로그램을 개작해야 할 경우가 발생할 가능성이 있는데, 예컨대 32 bit 체계였던 하
드웨어를 64 bit 체계에 맞게 프로그램의 변수 부분을 64 bit로 변경하는 경우가 그러하
다.[61] 이 경우가 저작권법 제13조 제2항 제4호의 한 예라 할 수 있다.

---

60) 문화체육관광부·한국저작권위원회, 위의 책, 24면.
61) 문화체육관광부·한국저작권위원회, 위의 책, 24면.

제5절 저작재산권과 그 제한에 대한 특례 규정

I. 대여권

세계지식재산권기구 저작권조약(WIPO Copyright Treaty) 제7조에서는 컴퓨터프로그램, 영상저작물 및 체약 당사국의 국내법에서 정한 음반에 수록된 저작물의 저작자는 저작물의 원본이나 복제물을 공중에 상업적으로 대여하는 것을 허락할 배타적인 권리를 가질 수 있도록 규정하고 있다. 아울러 세계무역기구 무역 관련 지식재산권에 관한 협정(Agreement on Trade Related Aspects of Intellectual Property Rights; 이하 'TRIPs') 제11조에서도 컴퓨터프로그램과 영상저작물에 관하여, 회원국은 저작자나 권리승계인에게 그들이 보호받는 저작물의 원본이나 복제물의 공중에 대한 상업적 대여를 허락하거나 금지할 수 있는 권리를 부여하도록 규정하고 있다. 이러한 국제조약의 내용을 반영하여 저작자가 판매용 프로그램을 영리를 목적으로 대여할 수 있도록 하는 규정을 두었다(저 제21조).

II. 2차적저작물작성권

컴퓨터프로그램보호법이 폐지됨에 따라 컴퓨터프로그램저작물의 저작자의 2차적저작물작성권을 저작권법 제45조에 규정하였다. 저작권법에서는 종전의 컴퓨터프로그램보호법상 개작권과 번역권을 포섭하여 2차적저작물작성권으로 규정하였다. 컴퓨터프로그램저작물의 경우에는 양수인이 양도받은 프로그램을 개작하여 양수인의 사용 환경에 적합하게 만드는 것이 프로그램의 양도에 있어 핵심을 이루기 때문에 컴퓨터프로그램저작물의 경우 특약이 없는 한 2차적저작물작성권도 함께 양도된 것으로 추정한다(저 제45조 제2항).[62]

대법원 2004. 9. 24. 선고 2002다45895 판결[프로그램 등록말소 등][원프로그램을 개작한 2차적 프로그램의 저작권의 귀속관계]

원프로그램을 개작한 2차적 프로그램의 저작권의 귀속관계와 관련하여 원프로그램을 개작한 2차적 프로그램의 저작권은 원프로그램 저작권자의 동의 여부를 불문하고 2차적 프로그램 작성자에게 귀속된다고 판시한 사례.

---

62) 문화체육관광부·한국저작권위원회, 위의 책, 35면.

◇2차적저작물의 저작재산권 양도가 원저작물의 저작재산권에 미치는 영향◇

2차적저작물은 원저작물과는 별개의 저작물이므로, 어떤 저작물을 원저작물로 하는 2차적저작물의 저작재산권이 양도되는 경우, 원저작물의 저작재산권에 관한 별도의 양도 의사표시가 없다면 원저작물이 2차적저작물에 포함되어 있다는 이유만으로 원저작물의 저작재산권이 2차적저작물의 저작재산권 양도에 수반하여 당연히 함께 양도되는 것은 아니다. 그리고 양수인이 취득한 2차적저작물의 저작재산권에 그 2차적저작물에 관한 2차적저작물작성권이 포함되어 있는 경우, 그 2차적저작물작성권의 행사가 원저작물의 이용을 수반한다면 양수인은 원저작물의 저작권자로부터 그 원저작물에 관한 저작재산권을 함께 양수하거나 그 원저작물 이용에 관한 허락을 받아야 한다. 한편, 원저작물과 2차적저작물에 관한 저작재산권을 모두 보유한 자가 그 중 2차적저작물의 저작재산권을 양도하는 경우, 그 양도의 의사표시에 원저작물 이용에 관한 허락도 포함되어 있는지는 양도계약에 관한 의사표시 해석의 문제로서 그 계약의 내용, 계약이 이루어진 동기와 경위, 당사자가 계약에 의하여 달성하려고 하는 목적, 거래의 관행 등을 종합적으로 고찰하여 논리와 경험의 법칙에 따라 합리적으로 해석하여야 한다.

☞ 원고와 피고 1 사이에 체결된 프로그램 개발위탁계약에 따라 원고가 자신의 프로그램(A)을 개작하여 이 사건 프로그램(B)을 개발한 후 피고 1에게 납품하였는데, 피고 1이 이 사건 프로그램(B)을 개작하여 별도의 프로그램(C)을 제작한 후 다른 피고들에게 판매한 사안에서, 비록 위 프로그램 개발위탁계약에 따라 이 사건 프로그램(B)에 관한 저작재산권이 피고 1에게 양도되었더라도 그에 의하여 곧바로 그 원저작물(A)에 관한 저작재산권까지 함께 양도된 것이라고 보기는 어렵지만, 이 사건 프로그램(B)의 저작재산권이 피고 1에게 양도됨에 따라 그에 관한 2차적저작물작성권도 양도된 것으로 볼 수 있고, 제반 사정에 비추어 볼 때 피고 1이 이 사건 프로그램(B)의 작동환경을 전환하여 개작하는 경우(C)에 대하여도 원저작물(A)의 이용에 관한 원고의 허락이 있었다고 봄이 타당하다는 이유로 원심의 판단을 수긍한 사례.

III. 컴퓨터프로그램저작물의 저작재산권 제한

1. 일반적 제한(저 제101조의3)

(i) 다음의 어느 하나에 해당하는 경우에는 그 목적상 필요한 범위에서 공표된 프로그램을 복제 또는 배포할 수 있다. 다만, 프로그램의 종류·용도, 프로그램에서 복제된 부분이 차

지하는 비중 및 복제의 부수 등에 비추어 프로그램의 저작재산권자의 이익을 부당하게 해치는 경우에는 그러하지 아니하다.

1) 재판 또는 수사를 위하여 복제하는 경우(저 제101조의3 제1항 제1호)

2) 한국저작권위원회에 의한 분쟁조정을 위하여 분쟁조정의 양 당사자로부터 프로그램 및 프로그램과 관련된 전자적 정보 등에 관한 감정을 요청받은 때(저 제119조 제1항 제2호)에 감정을 위하여 복제하는 경우(저 제101조의3 제1항 제1호의2)

3) 「유아교육법」, 「초·중등교육법」, 「고등교육법」에 따른 학교 및 다른 법률에 따라 설립된 교육기관(초등학교·중학교 또는 고등학교를 졸업한 것과 같은 수준의 학력이 인정되거나 학위를 수여하는 교육기관으로 한정한다)에서 교육을 담당하는 자가 수업 과정에 제공할 목적으로 복제 또는 배포하는 경우(저 제101조의3 제1항 제2호)

대법원 1997. 5. 23. 선고 97도286 판결[컴퓨터프로그램보호법 위반]

학원의설립·운영에관한법률에 의하여 설립된 사설학원이 구 컴퓨터프로그램보호법 제12조 제2호에서 정한 '다른 법률의 규정에 의한 교육기관'에 해당하지 않는다고 판시한 사례.

4) 「초·중등교육법」에 따른 학교 및 이에 준하는 학교의 교육 목적을 위한 교과용 도서에 게재하기 위하여 복제하는 경우(저 제101조의3 제1항 제3호)

5) 가정과 같은 한정된 장소에서 개인적인 목적(영리를 목적으로 하는 경우를 제외한다)으로 복제하는 경우(저 제101조의3 제1항 제4호)

6) 「초·중등교육법」, 「고등교육법」에 따른 학교 및 이에 준하는 학교의 입학시험이나 그 밖의 학식 및 기능에 관한 시험 또는 검정을 목적(영리를 목적으로 하는 경우를 제외한다)으로 복제 또는 배포하는 경우(저 제101조의3 제1항 제5호)

7) 프로그램의 기초를 이루는 아이디어 및 원리를 확인하기 위하여 프로그램의 기능을 조사·연구·시험할 목적으로 복제하는 경우(정당한 권한에 의하여 프로그램을 이용하는 자가 해당 프로그램을 이용 중인 때에 한한다)(저 제101조의3 제1항 제6호)

(ii) 컴퓨터의 유지·보수를 위하여 그 컴퓨터를 이용하는 과정에서 프로그램(정당하게 취득한 경우에 한한다)을 일시적으로 복제할 수 있다(저 제101조의3 제2항).

(iii) 「초·중등교육법」에 따른 학교 및 이에 준하는 학교의 교육 목적을 위한 교과용 도서에 게재하기 위하여 복제하는 경우(저 제101조의3 제1항 제3호)에 프로그램을 교과용 도서

에 게재하려는 자는 문화체육관광부장관이 정하여 고시하는 기준에 따른 보상금을 해당 저작재산권자에게 지급하여야 한다(저 제101조의3 제3항). 보상금 지급에 대하여는 일반저작물에 대한 저작권법 제25조 제7항부터 제11항까지의 규정을 준용한다(저 제101조의3 제3항).

표 2-3 ▏ 일반저작물과 컴퓨터프로그램저작물에 대한 저작재산권 제한 규정 비교[63]

구 분	일반저작물		컴퓨터프로그램저작물	
재판 등	• 재판 또는 수사 목적을 위하여 필요한 경우 복제 • 입법·행정 목적을 위한 내부자료 복제 • 부당한 저작재산권자의 이익침해금지	제23조	• 공표 • 재판 또는 수사 목적 • 복제 • 부당한 저작재산권자의 이익 침해 금지	제101조의3 제1항 제1호
분쟁조정 시 감정을 위하여 복제하는 경우			한국저작권위원회에 의한 분쟁조정을 위하여 분쟁조정의 양당사자로부터 프로그램 및 프로그램과 관련된 전자적 정보 등에 관한 감정을 요청받은 때(저 제119조 제1항 제2호)에 감정을 위하여 복제하는 경우	제101조의3 제1항 제1호의2
교과용 도서	• 공표 • 유치원, 초·중·고등학교 교과용 도서에 게재 • 교과용 도서를 발행한 자의 경우, 교과용 도서를 본래의 목적으로 이용하기 위하여 필요한 한도 내에서 교과용 도서에 게재한 저작물을 복제·배포·공연·전시 또는 공중송신 • 보상금 지급	제25조 제1항 및 제2항	• 공표 • 초·중·고등학교 교과용 도서에 게재하기 위하여 복제하는 경우 • 보상금 지급 • 부당한 저작재산권자의 이익 침해 금지	제101조의3 제1항 제3호

---

63) 문화체육관광부·한국저작권위원회, 앞의 책, 44면 참조.

교육 목적	▸ 공표 ▸ 특별법에 따라 설립된 학교 ▸ 유아교육법, 초·중등교육법, 고 등교육법에 따른 학교 ▸ 국가나 지방자치단체가 운영 하는 교육기관 ▸ 수업지원기관(특별법에 따라 설립된 학교, 유아교육법, 초· 중등교육법, 고등교육법에 따 른 학교, 국가나 지방자치단체 가 운영하는 교육기관의 수업 을 지원하는 기관으로서 국가 나 지방자치다네에 소속된 기 관)의 수업 지원 목적 복제·배 포·공연·전시 또는 공중송신 ▸ 교육담당자 및 교육 받는 자 ▸ 대학교에서만 보상금 지급	제25조 제3항 및 제4항	▸ 공표 ▸ 유아교육법, 초·중등교육법, 고등교육법에 따른 학교 ▸ 다른 법률에 따라 설립된 교 육기관(초등학교·중학교 또 는 고등학교를 졸업한 것과 같은 수준의 학력이 인정되 거나 학위를 수여하는 교육 기관으로 한정한다) ▸ 수업과정 제공 목적 ▸ 복제·배포 ▸ 교육담당자(교육 받는 자 제외) ▸ 대학교 보상금 지급 안 함 ▸ 부당한 저작재산권자의 이익 침해 금지	제101조의3 제1항 제2호
사적 복제	▸ 공표 ▸ 비영리 ▸ 한정된 범위 또는 개인적 이용 ▸ 복제	제30조	▸ 공표 ▸ 비영리 ▸ 한정된 장소 및 개인적인 목적 ▸ 복제 ▸ 부당한 저작재산권자의 이익 침해 금지	제101조의3 제1항 제4호
일시적 복제	컴퓨터에서 저작물을 이용하는 경우에는 원활하고 효율적인 정 보처리를 위하여 필요하다고 인 정되는 범위 안에서 그 저작물을 그 컴퓨터에 일시적으로 복제할 수 있다. 다만, 그 저작물의 이용 이 저작권을 침해하는 경우에는 그러하지 아니하다.	제35조의2	컴퓨터의 유지·보수를 위하여 그 컴퓨터를 이용하는 과정에 서 프로그램(정당하게 취득한 경우에 한한다)을 일시적으로 복제할 수 있다.	제101조의3 제2항

2. 특수한 제한

가. 프로그램코드역분석(저 제2조 제34호 및 제101조의4)

☞ **프로그램코드역분석의 정의**: 독립적으로 창작된 컴퓨터프로그램저작물과 다른 컴퓨터 프로그램과의 호환에 필요한 정보를 얻기 위하여 컴퓨터프로그램저작물코드를 복제 또는 변환하는 것을 말한다.

정당한 권한에 의하여 프로그램을 이용하는 자 또는 그의 허락을 받은 자는 호환에 필요한 정보를 쉽게 얻을 수 없고 그 획득이 불가피한 경우에는 해당 프로그램의 호환에 필요한 부분에 한하여 프로그램의 저작재산권자의 허락을 받지 아니하고 프로그램코드역분석을 할 수 있다(저 제101조의4 제1항).

프로그램코드역분석을 통하여 얻은 정보는 (i) 호환 목적 외의 다른 목적을 위하여 이용하거나 제3자에게 제공하는 경우, (ii) 프로그램코드역분석의 대상이 되는 프로그램과 표현이 실질적으로 유사한 프로그램을 개발·제작·판매하거나 그 밖에 프로그램의 저작권을 침해하는 행위에 이용하는 경우에는 이용할 수 없다(저 제101조의4 제2항).

나. 정당한 이용자의 보존을 위한 복제(저 제101조의5)

프로그램의 복제물을 정당한 권한에 의하여 소지·이용하는 자는 그 복제물의 멸실·훼손 또는 변질 등에 대비하기 위하여 필요한 범위에서 해당 복제물을 복제할 수 있다(저 제101조의5 제1항).

☞ **이 유**: 소프트웨어는 쉽게 멸실될 우려가 있으므로 백업이나 복사 등의 방법으로 프로그램 사용자의 합리적 사용권을 보장할 필요가 있기 때문에 이러한 규정을 두었다. 다만 그 용도는 오직 보존용으로만 한정한다.

프로그램의 복제물을 소지·이용하는 자는 해당 프로그램의 복제물을 소지·이용할 권리를 상실한 때에는 그 프로그램의 저작재산권자의 특별한 의사표시가 없는 한 그 복제물을 복제한 것을 폐기하여야 한다. 다만, 프로그램의 복제물을 소지·이용할 권리가 해당 복제물이 멸실됨으로 인하여 상실된 경우에는 그러하지 아니하다(저 제101조의5 제2항).

제6절 저작재산권의 행사

저작재산권을 목적으로 하는 질권은 그 저작재산권의 양도 또는 그 저작물의 이용에 따라 저작재산권자가 받을 금전 그 밖의 물건(저 제57조에 따른 배타적 발행권 및 제63조에 따른 출판권 설정의 대가를 포함한다)에 대해서도 행사할 수 있다. 다만, 이들의 지급 또는 인도 전에 이를 압류하여야 한다(저 제47조 제1항).

질권의 목적으로 된 저작재산권의 경우 그 행사 주체가 명백하지 않아 발생하는 혼란을 막기 위해 질권의 목적으로 된 저작재산권은 설정 행위에 특약이 없는 한 저작재산권자가 이를 행사한다(저 제47조 제2항).

대법원 2012. 1. 27. 선고 2010다50250 판결[손해배상(기)등]

[판결요지]

[1] 프로그램저작권이 양도 또는 사용 허락되었음이 외부적으로 표현되지 아니한 경우 프로그램저작자에게 그 권리가 유보된 것으로 유리하게 추정함이 상당하며, 계약 내용이 불분명한 경우 구체적인 의미를 해석함에 있어 거래 관행이나 당사자의 지식, 행동 등을 종합하여 해석함이 상당하다.

[2] 갑 주식회사에서 퇴사한 을 등이 병 주식회사의 요청에 따라 갑 회사가 병 회사에 점포별로 개별계약을 체결하여 공급한 전산시스템의 프로그램을 새로운 프로그램으로 변경하였는데, 두 프로그램의 유사도를 감정한 결과 변경 전 프로그램을 기준으로 89.66%, 변경 후 프로그램을 기준으로 87.96%가 동일·유사한 사안에서, 갑 회사와 병 회사의 계약 체결 양태, 계약서의 내용 및 계약 체결 후 정황 등에 비추어 갑 회사가 병 회사에 전산시스템의 유지보수를 위하여 필요한 한도 내의 프로그램 소스코드 등에 대한 사용허락을 넘어 변경 전 프로그램 저작권 전부 또는 일부를 양도하였다고 볼 수 없는데도, 이와 달리 보아 을 등이 갑 회사의 변경 전 프로그램에 대한 복제권 또는 개작권을 침해하지 않았다고 본 원심판결에는 법리오해 등 위법이 있다고 한 사례.

제7절 프로그램의 임치

프로그램의 이용허락을 받은 자의 안정적인 프로그램 이용을 보장하기 위하여 프로그램의 저작재산권자는 프로그램의 원시코드 및 기술정보 등을 임치하여 필요할 경우에 프로그램의 이용허락을 받은 자에게 이를 제공하도록 하고 있다(저 제101조의7). 이는 저작권자의 폐업·파산·자연재해로 인한 원시코드의 멸실 등으로 유지·보수를 계속할 수 없게 되는 상황이 발생하는 경우에 수치기관이 해당 원시코드 및 기술정보를 이용권자에게 교부함으로써 사용권자가 안정적이고 계속적으로 당해 소프트웨어를 사용할 수 있게 하는 제도이다.[64]

제8절 침해로 보는 행위

프로그램의 저작권을 침해하여 만들어진 프로그램의 복제물(저 제124조 제1항 제1호에 따른 수입 물건을 포함한다)을 그 사실을 알면서 취득한 자가 이를 업무상 이용하는 행위(저 제124조 제1항 제3호)를 2009년 개정 시에 추가하였다. 이는 프로그램의 경우에는 불법복제물임을 알고 이를 업무상 이용하는 때에는 해당 프로그램의 권리자에게 상당한 피해가 발생하기 때문에 종전의 컴퓨터프로그램보호법 제29조 제4항 제2호에 두었던 규정이다. 그리고 불법 프로그램 복제물임을 알면서 이용한 경우 반의사불벌죄로 하고 있다(저 제140조 제3호).

대법원 2012. 2. 23. 선고 2010도1422 판결[컴퓨터프로그램보호법위반·업무방해][공2012상,542]

[판결요지]

[1] 구 컴퓨터프로그램 보호법(2006. 10. 4. 법률 제8032호로 개정되기 전의 것, 이하 '법'이라 한다) 제30조 제1항 본문은 누구든지 정당한 권원없이 기술적 보호조치를 회피, 제거, 손괴 등의 방법으로 무력화하여서는 아니된다고 규정하고 있고, 법 제46조 제1항 제3호는 위 규정을 위반한 자를 형사처벌하도록 규정하고 있다. 그런데 법 제2조 제9호, 제7조 등을 종합하면, '기술적 보호조치'란 컴퓨터프로그램저작물(이하 '프로그램'이라 한다)에 관한 식별번호·고유번호 입력, 암호화 및 기타 법에 의한 권리를 보호하는 핵심기술 또는 장치 등을 통하여 프로그램저작자에게 부여된 공표권, 성명표시권, 동일성유지권과 프로그램을 복제·개작·번역·배포·발행 및 전송할 권리 등 프로그램 저작권에 대한 침해를 효과적으로 방지하는 조치를 의미할 뿐, 단순히 프로그램에 대한 접근만을 통제하는 기술적 조치는 이러한 '기술적 보호조치'에 포함되지 아니한다고 보아야 한다.

[2] 피고인들이 갑 주식회사가 개발·등록한 대리운전 배차 프로그램인 아이드라이버 프로그램의 기술적 보호장치를 자신들이 개발한 에이아이콜 프로그램을 이용하여 무력화하였다고 하여 구 컴퓨터프로그램 보호법(2006. 10. 4. 법률 제8032호로 개정되기 전

---

64) 문화체육관광부·한국저작권위원회, 위의 책, 53면.

의 것) 위반으로 기소된 사안에서, 갑 회사가 아이드라이버 프로그램과 에이아이콜 프로그램이 동시에 실행되면 아이드라이버 프로그램이 바로 종료되도록 한 조치, PDA 부팅 시 자동실행되는 기본프로그램 이외에는 아이드라이버 프로그램에서 다른 프로그램이 동시에 구동되지 않도록 한 조치 및 대리운전 기사 등 이용자가 실제 PDA 화면을 물리적으로 터치하였을 경우에만 아이드라이버 프로그램이 구동되도록 한 조치는 모두 아이드라이버 프로그램에 대한 접근을 허용하지 않는 접근통제조치에 해당될 뿐 그 프로그램의 저작권에 대한 침해를 효과적으로 방지하기 위한 조치로 보기 어려워 같은 법 제30조에서 정한 '기술적 보호조치'에 해당한다고 볼 수 없다는 이유로, 피고인들에게 무죄를 인정한 원심판단을 정당하다고 한 사례.

제9절 침해와 구제

I. 프로그램저작권 침해 판단 기준

서울고등법원 2009. 5. 27. 선고 2006나113835, 113842(병합) 판결

[사실관계]

원고 A는 은행업무 전산프로그램인 Bancs의 컴퓨터프로그램저작자이며, 원고 B는 원고 A로부터 그 프로그램의 한국 내 배타적 이용권을 부여받아 이용하고 있었다. 원고 A와 B는 피고 C가 2003년경 원고 B의 전산시스템 개선작업에 참여하면서 원고 A와 B의 이용허락 없이 Bancs를 개작한 'ProBank'와 'Pro Frame'을 제작한 후 이를 배포함으로써 원고 A의 저작권 및 원고 B의 복제권 등을 침해하였다고 하면서 그 침해의 정지와 손해배상청구를 하였다. 이에 대하여 피고 C는 자신의 독자적인 기술로 'ProBank'와 'Pro Frame'을 제작하였고, 그렇지 않다고 해도 원고가 Bancs를 구입한 후 우리나라 실정에 맞도록 이를 완전히 변형시켜 이용하고 있었으므로 원고의 전산프로그램이 Bancs라고 할 수도 없어 원고들의 저작권을 침해하지 않았다고 주장한다. 이 사안에서 양 저작물은 종전 시종합온라인시스템 중 여신과 수신 업무를 중심으로 한 소매금융시스템에 적용되는 프로그램이다.

[법원의 판단]

법원은 컴퓨터프로그램저작권 등의 침해 여부가 문제될 경우 컴퓨터프로그램에 사용된 프로그래밍 언어가 같거나 유사하여 소스코드 등의 언어적 표현을 직접 비교하는 것이 가능한 경우에는 표현을 한줄 한줄씩 비교하여 복제 등에 따른 침해 여부를 가릴 수 있을 것이나, 프로그래밍 언어가 서로 달라 그 언어적 표현을 직접 비교하기 어려운 때에는 침해자가 저작자의 프로그램에 접근했거나 접근할 가능성이 있었는지의 여부와 침해자가 원프로그램의 일련의 지시·명령의 상당 부분을 사용하여 프로그램을 제작한 것인지 여부를 살펴보아야 한다고 판시하였다. 접근 가능성의 판단은 침해자의 원프로그램 소지 여부, 코드의 공개 여부 및 비공개된 코드에의 접근 가능성, 원프로그램에 포함된 개별 파일의 수집 가능성 등 여러 사정을 종합해야 한다고 하였다.

다음으로, 법원은 양 프로그램 간 '실질적 유사성'을 판단하기 위하여 사상과 표현도구에 해당하는 부분을 제외한 나머지 표현형식을 추출하여 비교 대상으로 삼았다. 구체적으로 프로그램의 기능을 추상화하고 사상의 영역과 표현의 수단적 요소들을 여과한 후 남는 표현 즉 소스코드 또는 목적코드를 비교하여 실질적 유사성을 판단하였다.

아울러 법원은 컴퓨터프로그램이 표현이 제약되는 기능적 저작물이므로 명령과 입력에 따라 개별 파일을 호출하는 방식의 유사도, 모듈 사이의 기능적 분배의 유사도, 분석 결과를 수행하기 위한 논리적 구조계통, 그와 같은 구조와 개별 파일들의 상관관계에 따른 전체적인 저작물 제작에 어느 정도의 노력과 시간, 그리고 비용이 투입되는지 여부도 함께 고려하여야 한다고 판단하였다.

법원은 우선 양 프로그램 사이의 추상적인 기능과 사용 목적 측면의 유사성을 인정하였다. 또한 프로그래밍 언어의 전환을 위해 사용된 수단들은 모두 컴퓨터프로그램의 표현도구이거나 성능 향상을 위한 기능적 측면들이므로 고려 대상이 아니라고 하였다. 다음으로 양 프로그램 간의 구조적, 언어적 표현을 비교해 보면, 피고의 프로그램 소스코드 중 일부는 피고가 COBOL 언어로 작성된 다른 프로그램을 번역하던 중 생긴 흔적과 양 프로그램의 소스코드 중 50% 이상에서 유사성을 가지는 파일의 비율이 41.74%로 상당하여 그 구성 파일들 사이에 유사성이 있다고 하였다. 다만, 피고는 원저작물 Bancs의 일련의 지시·명령의 상당 부분을 이용하여 창작된 온라인 시스템의 소스코드를 복제한 것으로 보이므로 이는 원저작물의 저작자가 가지는 개작권을 침해한 것이라 판단하였다. 하지만 법원은 피고가 원고들이 Bancs에 대해 가지는 복제권을 침해하였다는 주장은 이유 없다고 판시하였다.

[평 가]

이 판결은 원고의 프로그램저작권 중 개작권 침해를 판단함에 있어 그 기준으로 '의거 관계'와 '실질적 유사성'을 적용하였다. 그리고 프로그램의 실질적 유사성을 판단함에 있어서는 '추상화', '여과', '비교'라는 3단계 접근방식을 취하였다.[65] 이러한 접근방식은 1992년 선고된 미국의 Computer Associates International, Inc. v. Altai, Inc. 사건 판결[66]에서 처음 소개된 것이다.

---

65) 손승우, "프로그램저작권 침해 판단 기준-'실질적 유사성' (서울고등법원 2009. 5. 27. 선고 2006나 113835, 113842(병합) 판결)", 「저작권문화」, 2009년 10월, 29면.
66) 982 F.2d 693 (2d Cir. 1992).

II. 퇴사 직원들이 개발한 컴퓨터프로그램의 저작권 침해 여부

서울중앙지방법원 2009. 4. 3. 선고 2006가합92887 판결

[사실관계]

원고 A 회사의 대표이사와 피고들은 도·소매점의 유통관리 프로그램을 개발한 소외 甲 회사에서 근무하다 甲 회사가 부도나자 함께 원고 A 회사를 설립하였고, 그 후 피고들은 원고 A 회사에서 퇴사하여 피고 C 회사를 설립하였다. 원고 A 회사는 소외 甲 회사가 개발한 프로그램 (이하 '기본 프로그램'으로 표시)을 기반으로 하여 여러 프로그램들(이하 '원고의 프로그램'으로 표시)을 개발하였고, 피고 B 회사는 자체 프로그램(이하 '피고의 프로그램'으로 표시)을 개발하고 거래처에 공급하였다. 이러한 상황에서 원고 A 회사는 피고들에 대해 영업방해 및 영업비밀침해, 프로그램저작권 침해 등을 이유로 손해배상을 청구하였다.

[법원의 판단]

프로그램저작권 침해 여부와 관련하여 이 사안에서 쟁점은 복제권과 개작권의 침해 여부이다. 법원은 프로그램저작권 침해 여부와 관련하여 시간적으로 뒤에 만들어진 저작물이 먼저 만들어진 저작물의 변경 내지 변형에 해당한다고 인정되기 위해서는 침해물이 피침해저작물에 의거하였다는 사실과 침해물과 피침해저작물 사이의 실질적 유사성이 모두 인정되어야 한다고 전제한 다음, 의거성에 관해서는 원고 A 회사가 신청한 제1감정 결과 양 당사자의 프로그램 사이의 유사도가 약 90%에 해당하나, 피고들이 기본 프로그램을 직접 개발한 점, 유사한 기능을 하는 프로그램은 유사한 구조와 알고리즘에 따라 유사하게 개발될 가능성이 크다는 점, 피고들이 전문가로서 독자적으로 피고 회사 프로그램을 개발할 능력이 있다는 점, 제1감정의 대상이 양측 프로그램의 일부만을 대상으로 한 데다 감정의 대상이 된 피고 회사의 프로그램이 실제 사용하는 프로그램과 다를 수 있어 제1감정 결과의 유사도가 실제 프로그램 간의 유사도와 다를 수 있다는 점 등을 고려할 때 피고의 프로그램이 원고의 프로그램에 의거하였다는 사실을 인정하기 부족하다고 판시하였다. 한편, 실질적 유사성에 관해서는 프로그램저작물은 소위 기능적 저작물로서 그 속성상 표현이 제한되어 작성자의 창조적 개성이 드러나지 않을 가능성이 크고, 기능적 저작물에서 장치의 구성 등이 달라져 어쩔 수 없이 표현이 변경되는 부분은 창작성이 없으며, 이와 같이 창작성이 없는 부분은 의거성을 판단할 때와는 달리 실질적 유사성을 판단할 때는 참작하지 않아도 되므로(대법원 2007. 3. 29. 선고 2005다44138 판결), 제1감정 결과 양 당사자의 프로그램 사이의 유사도가 90% 정도에 이르기는 하나, 제2감정 결과에서 볼 때 원고의 프로그램은 표현이 제한되는 기능적 저작물로서 운영체제의 변경이나 거래처의 특성에 따라 기본 프로그램을 변형한 부분에 대해서는 창작성을 인정하기 어렵고, 원고 회사는 실질적 유사성을 입증하기 위하여 자신의 창작적인 표현에 해당하는 부분을 특정하고 이 부분만을 피고 회사 프로그램과 대비하였어야 함에도 이에 대한 주장이나 입증이 부족하므로 실질적 유사성을 인정할 수 없다고 하면서 원고 회사의 이 부분 청구를 기각하였다.[67]

III. 기술적 보호조치

대법원 2006. 2. 24. 선고 2004도2743 판결[컴퓨터프로그램보호법 위반·음반·비디오물및게임물에관한법률 위반][공2006.4.1.(247),551]

소니 엔터테인먼트사가 제작한 게임기 본체에 삽입되는 게임 프로그램 저장매체에 내장된 엑세스 코드가 컴퓨터프로그램보호법이 정한 '기술적 보호조치'에 해당한다고 보아, 엑세스 코드가 없는 불법복제된 게임 CD도 위 게임기를 통해 프로그램 실행이 가능하도록 하여 준 것은 같은 법상의 상당히 기술적 보호조치를 무력화하는 행위에 해당한다고 본 사례.

IV. 프로그램용 게임기 판매계약 관련 사례

인천지방법원 2004. 5. 12.자 2004카합613 결정[영업금지 가처분]확정

프로그램 저작권자의 승인을 받은 업체에 대하여만 프로그램용 게임기를 판매하기로 약정한 위 게임기 제작·판매업자가 약정에 반하여 임의로 제3자에게 게임기를 판매하여 영업하게 한 경우, 이로 인해 프로그램 저작권자가 입게 되는 손해는 판매대금 상당액이고, 위 게임기의 계속 사용으로 인한 추가 손해가 발생할 여지가 거의 없다는 등의 이유로 매수인을 상대로 제기한 영업금지 가처분 신청에 대하여 보전의 필요성이 인정되지 아니한다고 한 사례.

---

[67] 김범희, "퇴사 직원들이 개발한 컴퓨터프로그램의 저작권 침해 분쟁 ─ 서울중앙지방법원 2009. 4. 3. 선고 2006가합92887 판결", 「저작권문화」, 2009년 8월, 30 ─ 31면.

V. 개작 프로그램의 원시코드가 개작 프로그램 저작권자의 영업비밀에 해당하는지 여부

대법원 2009. 2. 12. 선고 2006도8369 판결[부정경쟁방지및영업비밀보호에관한법률 위반]

일반공중사용허가서(General Public License, GPL)의 조건이 부가된 인터넷 가상사설네트워크(Virtual Private Network) 응용프로그램을 개작한 2차적 프로그램의 저작권자가 GPL을 위반하여 개작 프로그램 원시코드(source code)의 공개를 거부한 사안에서, 개작 프로그램의 원시코드가 개작 프로그램 저작권자의 영업비밀에 해당한다고 한 사례.

VI. 실질적 유사성 판단기준

대법원 2013. 3. 28. 선고 2010도8467 판결[컴퓨터프로그램보호법위반][공2013상,807]

[판시사항]

[1] 구 컴퓨터프로그램 보호법상 프로그램저작권 침해 여부를 가리기 위하여 두 프로그램저작물 사이에 실질적 유사성이 있는지 판단하는 기준

[2] 프로그램저작권이 명의신탁된 경우, 제3자의 침해행위에 대한 구 컴퓨터프로그램 보호법 제48조에서 정한 고소권자(=명의수탁자)

[판결요지]

[1] 구 컴퓨터프로그램 보호법(2009. 4. 22. 법률 제9625호 저작권법 부칙 제2조로 폐지)에서 보호하는 '컴퓨터프로그램저작물'(이하 '프로그램'이라 한다)이란 특정한 결과를 얻기 위하여 컴퓨터 등 정보처리능력을 가진 장치 안에서 직접 또는 간접으로 사용되는 일련의 지시·명령으로 표현된 창작물을 의미하므로, 프로그램저작권 침해 여부를 가리기 위하여 두 프로그램저작물 사이에 실질적 유사성이 있는지를 판단할 때에도 창작적 표현형식에 해당하는 것만을 가지고 대비하여야 한다.

[2] 구 컴퓨터프로그램 보호법(2009. 4. 22. 법률 제9625호 저작권법 부칙 제2조로 폐지, 이하 같다) 제48조는 '프로그램저작권자 또는 프로그램배타적발행권자' 등의 고소가 있어야 공소를 제기할 수 있다고 규정하고 있는데, 프로그램저작권이 명의신탁된 경우 대외적인 관계에서는 명의수탁자만이 프로그램저작권자이므로 제3자의 침해행위에 대한 구 컴퓨터프로그램 보호법 제48조에서 정한 고소 역시 명의수탁자만이 할 수 있다.

[검 토]

이 판결은 프로그램저작권 침해 여부를 가리기 위하여 두 프로그램저작물 사이에 실질적 유사성이 있는지를 판단할 때에도 창작적 표현형식에 해당하는 것만을 가지고 대비하여야 한다고 판시하고 있다.

제11장 온라인서비스제공자의 책임 제한[68]

제1절 우리나라에 있어 온라인서비스제공자의 책임 제한 규정

I. 의 의

우리나라 저작권법상 온라인서비스제공자의 책임 제한 규정은 2003년 개정을 통해 제5장의2에 2개 조항으로 신설되었고, 2007년 개정을 통해 1개 조문이 추가되었으며 2011년 두 차례 개정을 거쳐 현재에 이르고 있다. 현행 저작권법에서는 제6장에 (i) 온라인서비스제공자의 책임 제한, (ii) 복제·전송의 중단, (iii) 온라인서비스제공자에 대한 법원 명령의 범위, (iv) 복제·전송자에 관한 정보제공의 청구 및 (iii) 특수한 유형의 온라인서비스제공자의 의무 등을 규정하고 있다. 2011년 12월 개정된 부분은 한－미 FTA 및 한－미 FTA에 관한 서한교환이 발효된 날인 2012년 3월 15일자로 시행되었다.

II. 온라인서비스제공자의 면책요건

[1] 저작권법 제2조 제30호에 따르면, 온라인서비스제공자란 (i) 이용자가 선택한 저작물 등을 그 내용의 수정 없이 이용자가 지정한 지점 사이에서 정보통신망(「정보통신망 이용촉진 및 정보보호 등에 관한 법률」 제2조 제1항 제1호의 정보통신망을 말한다. 이하 같다)을 통하여 전달하기 위하여 송신하거나 경로를 지정하거나 연결을 제공하는 자 또는 (ii) 이용자들이 정보통신망에 접속하거나 정보통신망을 통하여 저작물 등을 복제·전송할 수 있도록 서비스를 제공하거나 그를 위한 설비를 제공 또는 운영하는 자를 뜻한다. 온라인서비스제공자 책임의

---

68) 제11장은 졸고, "우리나라에 있어 최근 UCC서비스 현황과 입법·정책동향－OSP책임과 분쟁사례를 중심으로－", 「계간 저작권」, 제84호, 2008년, 19－41면의 내용을 일부 발췌하여 보완한 것이다.

면제 사유에 대해서는 저작권법 제102조 제1항 및 제2항에서 규율하고 있다. 2011년 개정이전의 저작권법에서는 온라인서비스제공자의 유형을 구별하지 않고, 복제·전송을 방지하거나 중단시킨 경우 OSP의 책임을 감면 또는 면제하도록 하였지만, 2011년 개정된 저작권법 제102조에서는 OSP를 (i) 인터넷 접속서비스(도관서비스) (저 제102조 제1항 제1호),[69] (ii) 캐싱서비스(저 제102조 제1항 제2호),[70] (iii) 저장서비스(저 제102조 제1항 제3호),[71] (iv) 정보검색도구 서비스(저 제102조 제1항 제4호)[72] 등 네 가지 유형으로 구별한 다음, 해당 유형별로 해당 요건을 충족하면 면책되도록 하여 OSP의 사업을 안정적으로 영위할 수 있도록 하는 한편, 자신의 서비스를 통해 발생할 수 있는 저작권 침해에 대해 보다 적극적으로 이를 억지할 수 있도록 하였다.

전술한 바와 같이 한-EU FTA 이행을 위한 저작권법 개정(2011년 6월 30일, 법률 제10807호)에서 온라인서비스제공자를 네 유형으로 분류하고 면책요건을 반영한 바 있고, 2011년 12월 개정된 저작권법에서는 한-미 FTA에서 규정하고 있는 면책요건을 추가적으로 반영하였다. 즉, 온라인서비스제공자의 면책 요건에 '반복적 저작권 침해자 계정해지 정책실시' 및 '표준적인 기술조치 수용' 요건을 추가하였다. 따라서 (i) 저작권, 그 밖에 이 법에 따라 보호되는 권리를 반복적으로 침해하는 자의 계정(온라인서비스제공자가 이용자를 식별·관리하기 위하여 사용하는 이용권한계좌를 말한다)을 해지하는 방침을 채택하고 이를 합리적으로 이행한 경우(저 제102조 제1항 제1호 다목) 및 (ii) 저작물 등을 식별하고 보호하기 위한 기술조치로서 대통령령으로 정하는 조건을 충족하는 표준적인 기술조치를 권리자가 이용한 때에는 이를 수용하고 방해하지 아니한 경우(저 제102조 제1항 제1호 라목)의 경우에는 이것이 도관서비스,

---

69) "내용의 수정 없이 저작물 등을 송신하거나 경로를 지정하거나 연결을 제공하는 행위 또는 그 과정에서 저작물 등을 그 송신을 위하여 합리적으로 필요한 기간 내에서 자동적·중개적·일시적으로 저장하는 행위"로서 예컨대 네트워크와 네트워크 사이에 통신을 하기 위하여 서버까지 경로를 설정하고 이를 연결해 주는 서비스(KT, SK브로드밴드, LG데이콤 등)가 이에 해당한다.

70) "서비스이용자의 요청에 따라 송신된 저작물 등을 후속 이용자들이 효율적으로 접근하거나 수신할 수 있게 할 목적으로 그 저작물 등을 자동적·중개적·일시적으로 저장하는 행위"로서 예컨대 OSP가 일정한 콘텐츠를 중앙서버와 별도로 구축된 캐시서버에 자동적으로 임시 저장하여 이용자가 캐시서버를 통해 해당 콘텐츠를 이용할 수 있도록 하는 서비스가 이에 해당한다.

71) "복제·전송자의 요청에 따라 저작물 등을 온라인서비스제공자의 컴퓨터에 저장하는 행위"로서 예컨대 카페, 블로그, 웹하드 등 일정한 자료를 하드디스크나 서버에 저장·사용할 수 있게 하는 서비스(인터넷 게시판 등)가 이에 해당한다.

72) "정보검색도구를 통하여 이용자에게 정보통신망상 저작물 등의 위치를 알 수 있게 하거나 연결하는 행위"로서 예컨대 인터넷에서 정보를 검색하여 정보를 제공하여 주는 서비스(예: 네이버, 다음, 구글 등의 검색 서비스)가 이에 해당한다.

캐싱서비스, 저장서비스에 해당하는 때에는 저작권 침해 책임을 지지 않도록 2011년 12월 저작권법이 개정되었다. 개정 저작권법 시행령 제39조의3에서는 '표준적인 기술조치'와 관련하여 저작권법 제102조 제1항 제1호 라목의 '대통령령이 정하는 조건'을 (i) 저작재산권자와 온라인서비스제공자의 의견일치에 따라 개방적이고 자발적으로 정하여질 것, (ii) 합리적이고 비차별적인 이용이 가능할 것, (iii) 온라인서비스제공자에게 상당한 비용을 부고하거나 온라인서비스 제공 관련 온라인서비스제공자의 시스템 또는 정보통신망에 실질적인 부담을 주지 아니할 것으로 정하고 있다.

표 2-4 ┃ 온라인서비스제공자 유형별 책임제한 요건

온라인서비스유형 면책요건	도관 서비스	캐싱 서비스	저장 서비스	정보검색 서비스[73]
저작물의 송신을 개시 않을 것(저 제102조 제1항 제1호 가목)	○	○	○	○
저작물과 수신자를 지정 않을 것(저 제102조 제1항 제1호 나목)	○	○	○	
저작권, 그 밖에 이 법에 따라 보호되는 권리를 반복적으로 침해하는 자의 계정(온라인서비스제공자가 이용자를 식별·관리하기 위하여 사용하는 이용권한계좌를 말한다)를 해지하는 방침을 채택하고 이를 합리적으로 이행한 경우(저 제102조 제1항 제1호 다목)	○	○	○	
저작물 등을 식별하고 보호하기 위한 기술조치로서 대통령령으로 정하는 조건을 충족하는 표준적인 기술조치를 권리자가 이용한 때에는 이를 수용하고 방해하지 아니한 경우(저 제102조 제1항 제1호 라목)	○	○	○	
저작물 등을 수정하지 않을 것(저 제102조 제1항 제2호 나목)		○		
일정조건 충족하는 이용자만 캐싱된 저작물에 접근허용(저 제102조 제1항 제2호 다목)		○		
복제·전송자가 제시한 현행화 규칙 준수(저 제102조 제1항 제2호 라목)		○		

저작물 이용 정보를 업계에서 인정한 기술 사용 방해 않을 것(저 제102조 제1항 제2호 마목)	○			
본래의 사이트에서 접근할 수 없게 조치된 저작물에 접근할 수 없도록 하는 조치(저 제102조 제1항 제2호 바목)	○			
침해행위 통제 권한 있는 경우, 직접적 금전적 이익 없을 것(저 제102조 제1항 제3호 나목)			○	○
침해행위 인지 시 해당 저작물 복제·전송 중단(저 제102조 제1항 제3호 다목)			○	○
복제·전송 중단 요구 대상자 지정 및 공지(저 제102조 제1항 제3호 라목)			○	○

(i) 제1호 가목 및 나목: OSP가 저작물을 업로드하거나 다운로드하는 것에 전혀 관여하지 아니하고, 단순히 업로드 및 다운로드의 매개자 역할만을 하는 경우

(ii) 제2호 나목: 캐싱 서비스를 제공하는 OSP가 캐시 서버에 저장된 저작물을 수정하지 않은 경우

(iii) 제2호 다목: 원래 사이트에 대한 서비스 이용이 제한되어 있는 경우(예: 원래 사이트에 이용료의 지불 또는 암호나 그 밖의 다른 정보의 입력에 기초한 조건 등을 지킨 이용자에게만 캐시 서버에 접근을 허용한 경우)

(iv) 제2호 라목 본문: 예컨대 저작물 등의 현행화에 관한 '데이터통신규약'(HTTP프로토콜, Internet Cache Protocol)

(v) 제2호 라목 단서: 예컨대 캐싱운영자에게 10초마다 현행화시키는 규칙을 정한 경우, 캐싱 운영자에게 너무 과도한 부담을 줄 수 있으므로 이를 해소하기 위함

(vi) 제2호 마목: 예컨대 광고수익을 위한 hit count를 원래 사이트로 돌리는 기술의 사용을 방해하지 않은 경우

(vii) 제2호 바목: 복제·전송 중단요청으로 원 서버에서 자료가 삭제되거나 접근할 수 없는 경우 또는 법원의 판결이나 행정명령을 받아 삭제된 경우, 캐시 서버에서도 이를 즉시 삭제하거나 접근할 수 없게 하는 경우

---

73) 저작권법[시행 2020. 8. 5.][법률 제16933호, 2020. 2. 4., 일부개정]에서는 정보검색서비스 사업자책임제한에 대한 종전의 제102조 제1항 제4호를 제102조 제1항 제3호에 같이 포섭하였다.

(viii) 제3호 나목: 저작물에 대한 통제권한이 있는 저장서비스 제공자가 서비스 제공에 따른 사용료, 전송속도 상향, 전송속도에 따른 프리미엄 서비스 제공 등을 통해 직접적인 금전적인 이익이나 혜택을 받지 않은 경우

(ix) 제3호 다목: OSP가 침해사실을 직접 알게 되거나, 복제·전송의 중단요구 등을 통하여 침해가 명백하다는 사실 또는 정황을 알게 된 때에 즉시 그 저작물 등의 복제·전송을 중단시킨 경우

(x) 제3호 라목: 불법복제물에 대한 복제·전송의 중단요구 등을 받는 자를 지정하여 공지한 경우(흔히 개인정보관리책임자와 유사하게 저작권을 관리하는 책임자를 지정하고 공지)

[2] 우선 저작권법상 온라인서비스제공자의 개념과 관련하여 다른 사람들이 저작물 등을 서비스제공자의 자체 정보통신망을 통하여 복제 또는 전송할 수 있도록 하는 서비스를 제공하는 자라고 해석하는 입장에서는 P2P서비스제공자는 저작권법상 온라인서비스제공자의 개념에 해당할 수 없을 것이라는 비판이 있었다.[74] 저작권법 제102조에서 말하는 온라인서비스제공자는 '이용자가 선택한 저작물등을 그 내용의 수정 없이 이용자가 지정한 지점 사이에서 정보통신망(「정보통신망 이용촉진 및 정보보호 등에 관한 법률」 제2조 제1항 제1호의 정보통신망을 말한다. 이하 같다)을 통하여 전달하기 위하여 송신하거나 경로를 지정하거나 연결을 제공하는 자' 또는 '이용자들이 정보통신망에 접속하거나 정보통신망을 통하여 저작물등을 복제·전송할 수 있도록 서비스를 제공하거나 그를 위한 설비를 제공 또는 운영하는 자'이며(저 제2조 제30호), 여기에서 말하는 정보통신망은 해당 서비스제공자 '자신의' 정보통신망에 국한되지 않음이 그 문언상 명백하므로, 이용자들의 컴퓨터끼리 직접 연결되어 파일 공유, 즉 복제 또는 전송이 이루어지는 P2P 방식의 서비스를 제공하는 경우에도 역시 위 규정에서 말하는 온라인서비스제공자에 해당한다고 보는 것이 타당하다.[75]

[3] 그리고 법문상 다른 사람에 의한 저작권 등의 권리침해에 대한 책임, 즉 간접책임만을 규정하고 있을 뿐이고 온라인서비스제공자의 직접책임에 대해서는 규정하지 않고 있다.[76] 하지만 후술하는 바와 같이 우리나라 판례에 의하면 서비스제공자는 이용자에 의한 권리침해행위가 발생하리라는 사정을 미필적으로 인식하거나 적어도 충분히 예견할 수 있음에도 불구하고 서비스를 제공하였으므로 이용자의 직접침해행위에 대한 방조의 책임이 있다

---

74) 박준석, 「인터넷서비스제공자의 책임」, 박영사, 2006년, 149면.
75) 서울고등법원 2007. 10. 10.자 2006라1245 결정[음반복제금지 등 가처분].
76) 허희성, 「2007 신저작권법 축조개설(하)」, 명문프리컴, 2007년, 489면.

고 하였으며[77] 우리 민법 제760조는 방조자를 공동불법행위자로 보고 있다. 이 논리에 따르면, 서비스제공자의 직접적 침해에 대해서는 그 책임을 면제할 수 없게 된다. 그럼에도 불구하고 이하 '소리바다 5 서비스' 가처분 결정 사건[78]에서 '소리바다 5 서비스'의 운영자가 방조자로서 저작인접권 침해행위에 대해 책임을 면할 수 없다고 하면서도 이 운영자를 저작권법 제102조의 적용을 받는 것으로 보아 저작권법 제102조 내지 제103조에 따른 면책 여부 및 저작권법 제104조의 적용 여부를 살펴본 것은 적절하지 않다고 생각한다. 이와 관련해서는 온라인서비스제공자의 직접책임에 대한 면제를 규정할 수 있도록 입법론적 제고가 필요하다고 본다. 그리고 온라인서비스제공자의 간접침해 책임이 면제되더라도 법원이나 행정당국이 권리자를 위하여 필요한 금지나 조치를 명할 수 있는 제도적 장치가 미국이나 유럽연합에는 마련되어 있는데, 우리나라 저작권법은 이에 대한 규정이 없어 입법론적 보완이 필요하다.[79]

　　[4] 저작권법 제102조 제2항에서는 온라인서비스제공자 책임의 필수적 면제 사유를 규정하고 있다. 구 저작권법 제102조 제2항에서는 "온라인서비스제공자가 저작물 등의 복제·전송과 관련된 서비스를 제공하는 것과 관련하여 다른 사람에 의한 저작물 등의 복제·전송으로 인하여 그 저작권 그 밖에 이 법에 따라 보호되는 권리가 침해된다는 사실을 알고 당해 복제·전송을 방지하거나 중단시키고자 하였으나 기술적으로 불가능한 경우에는 그 다른 사람에 의한 저작권 그 밖에 이 법에 따라 보호되는 권리의 침해에 관한 온라인서비스제공자의 책임은 면제된다."고 규정하였으나, 2011년 개정된 저작권법 제102조 제2항에서는 "제1항에도 불구하고 온라인서비스제공자가 제1항에 따른 조치를 취하는 것이 기술적으로 불가능한 경우에는 다른 사람에 의한 저작물등의 복제·전송으로 인한 저작권, 그 밖에 이 법에 따라 보호되는 권리의 침해에 대하여 책임을 지지 아니한다."라고 규정하고 있다.

　　[5] 그리고 온라인서비스제공자의 면책사유에 해당하는 경우에는 온라인서비스제공자의 모니터링 부담을 덜어줄 필요가 있기 때문에 저작권법 제102조 제3항을 신설하여 "제1항에 따른 책임 제한과 관련하여 온라인서비스제공자는 자신의 서비스 안에서 침해행위가 일어나는지를 모니터링하거나 그 침해행위에 관하여 적극적으로 조사할 의무를 지지 아니한다."라고 규정하고 있다.

---

77) 대법원 2007. 1. 25. 선고 2005다11626 판결.
78) 서울고등법원 2007. 10. 10.자 2006라1245 결정[음반복제금지 등 가처분].
79) 허희성, 앞의 책, 490－491면.

III. 온라인서비스제공자의 복제·전송 중단 절차(저 제103조)[80]

저작권법 제102조에서 온라인서비스제공자를 4가지 유형으로 나누어 그 면책요건을 규정함에 따라, 권리주장자의 복제·전송 중단 요구와 이에 따른 온라인서비스제공자의 중단 절차를 유형별로 명확히 규정하였다(저 제103조). 이에 따르면, 도관서비스를 권리주장자가 불법 복제물의 복제·전송 중단 요구를 하는 대상에서 제외하고 있다. 왜냐하면 도관서비스는 단순히 인터넷 접속만을 제공하기 때문에 침해 주장의 통지를 받아 처리할 수 있는 유형의 OSP가 아니기 때문이다. 하지만, 저장서비스 및 검색 서비스의 경우 해당 자료를 삭제하거나 접근할 수 없도록 할 수 있기 때문에, 권리주장자로부터 침해 주장의 통지를 받아 복제·전송을 중단시킨 경우에 권리주장자에게 통보하여야 한다. 저작물의 복제·전송을 중단시킨 경우, 캐싱서비스는 침해 주장의 통지 내용이 원 서버에서 지워진 자료를 캐시서버에서 그대로 올려져 있는 것을 내려 달라는 것, 즉 삭제해 달라는 것이므로 복제·전송자에게 이를 통보할 필요는 없다.[81]

---

80) 대법원 2019. 2. 28. 선고 2016다271608 판결[손해배상(기)]에서는 "갑이 인터넷 포털사이트를 운영하는 을 주식회사를 상대로 을 회사 사이트의 회원들이 갑이 제작한 동영상을 위 사이트에 개설된 인터넷 카페에 무단으로 게시하여 갑의 저작권을 침해하는데도 을 회사가 게시물의 삭제와 차단 등 적절한 조치를 취할 의무를 이행하지 않는다며 부작위에 의한 방조에 따른 공동불법행위책임을 물은 사안에서, 갑이 을 회사에 회원들의 저작권 침해행위를 알리고 이에 대한 조치를 촉구하는 요청서를 보냈으나 그 요청서에 동영상을 찾기 위한 검색어와 동영상이 업로드된 위 사이트 내 카페의 대표주소만을 기재하였을 뿐 동영상이 게시된 인터넷 주소(URL)나 게시물의 제목 등을 구체적·개별적으로 특정하지는 않은 점 등 여러 사정에 비추어 보면, 갑이 을 회사에 동영상의 저작권을 침해하는 게시물에 대하여 구체적·개별적으로 삭제와 차단 요구를 한 것으로 보기 어렵고, 달리 을 회사가 게시물이 게시된 사정을 구체적으로 인식하고 있었다고 볼 만한 사정을 찾을 수 없으며, 을 회사는 갑이 제공한 검색어 등으로 검색되는 게시물이 갑의 저작권을 침해한 것인지 명확히 알기 어려웠고, 그와 같은 저작권 침해 게시물에 대하여 기술적·경제적으로 관리·통제할 수 있었다고 보기도 어려우므로, 을 회사가 위 동영상에 관한 갑의 저작권을 침해하는 게시물을 삭제하고 을 회사의 사이트에 유사한 내용의 게시물이 게시되지 않도록 차단하는 등의 조치를 취할 의무를 부담한다고 보기 어렵다."고 판시하였다.

81) 문화체육관광부·한국저작권위원회, 「한-EU FTA 이행 개정 저작권법 해설」, 2011년 7월 8일, 18면(이하 '문화체육관광부·한국저작권위원회, 한-EU FTA').

이를 표로 정리하면 다음과 같다.

표 2-5 ┃ 복제·전송 중단의 통보 여부에 대한 신구대비표

구 분	2011년 개정 이전의 저작권법		2011년 개정법	
	권리주장자	복제·전송자	권리주장자	복제·전송자
도관서비스 (저 제102조 제1항 제1호)	종전에는 온라인서비스제공자 구분 없이 권리주장자 및 복제·전송자에 대해 통보하도록 하고 있으나, 실제 적용 대상은 저장 및 검색 서비스 사업자가 대상이었음		×	×
캐싱서비스 (저 제102조 제1항 제2호)			○	×
저장서비스 (저 제102조 제1항 제3호 전단)			○	○
검색서비스 (저 제102조 제1항 제3호 후단)			○	○

복제·전송 중단의 통보를 받은 복제·전송자가 자신의 복제·전송이 정당한 권리에 의한 것임을 소명하여 그 복제·전송의 재개를 요구하는 경우 온라인서비스제공자는 재개요구사실 및 재개예정일을 권리주장자에게 지체 없이 통보하고 그 예정일에 복제·전송을 재개시켜야 한다(저 제103조 제3항 본문). 다만, 권리주장자가 복제·전송자의 침해행위에 대하여 소를 제기한 사실을 재개예정일 전에 온라인서비스제공자에게 통보한 경우에는 그러하지 아니하다(저 제103조 제3항 단서). 온라인서비스제공자는 복제·전송의 중단 및 그 재개의 요구를 받을 자(이하 "수령인"이라 한다)를 지정하여 자신의 설비 또는 서비스를 이용하는 자들이 쉽게 알 수 있도록 공지하여야 한다(저 제103조 제4항). 온라인서비스제공자가 위 공지를 하고 그 저작물 등의 복제·전송을 중단시키거나 재개시킨 경우에는 다른 사람에 의한 저작권 그 밖에 이 법에 따라 보호되는 권리의 침해에 대한 온라인서비스제공자의 책임 및 복제·전송자에게 발생하는 손해에 대한 온라인서비스제공자의 책임을 면제할 수 있다(저 제103조 5항 본문). 다만, 온라인서비스제공자가 다른 사람에 의한 저작물 등의 복제·전송으로 인하여 그 저작권 그 밖에 이 법에 따라 보호되는 권리가 침해된다는 사실을 안 때부터 중단을 요구받기 전까지 발생한 책임은 면제되지 아니한다(저 제103조 제5항 단서). 만약 정당한 권리 없이 그 저작물 등의 복제·전송의 중단이나 재개를 요구하는 자는 그로 인하여 발생하는 손해를 배상하여야 한다(저 제103조 제6항). 전술한 소명, 중단, 통보, 복제·전송의 재개, 수령인의

지정 및 공지 등에 관하여 필요한 사항은 대통령령으로 정한다. 이 경우 문화체육관광부장관은 관계 중앙행정기관의 장과 미리 협의하여야 한다(저 제103조 제7항).

IV. 온라인서비스제공자에 대한 법원 명령의 범위(저 제103조의2)

법원은 면책요건을 갖춘 온라인서비스제공자에게 임시로 침해행위의 정지 또는 침해행위로 말미암아 만들어진 물건의 압류 그 밖의 필요한 조치를 명하는 경우에 그 필요한 조치에는 특정 계정의 해지 및 특정 해외 인터넷 사이트에 대한 접근을 막기 위한 합리적 조치만 포함된다(저 제103조의2 제1항, 제123조 제3항). 법원은 면책요건을 갖춘 캐싱서비스제공자, 호스팅서비스제공자 내지 정보검색서비스제공자인 온라인서비스제공자에게 임시로 침해행위의 정지 또는 침해행위로 말미암아 만들어진 물건의 압류 또는 그 밖의 필요한 조치를 명하는 경우에 그 필요한 조치에는 (i) 불법복제물의 삭제, (ii) 불법복제물에 대한 접근을 막기 위한 조치, (iii) 특정 계정의 해지, (iv) 그 밖에 온라인서비스제공자에게 최소한의 부담이 되는 범위에서 법원이 필요하다고 판단하는 조치만 포함한다(저 제103조의2 제2항).

V. 불법 침해자 정보제공 청구제도(저 제103조의3)

권리주장자는 민사상 소제기 및 형사상의 고소를 위하여 해당 온라인서비스제공자에게 그 온라인서비스제공자가 가지고 있는 해당 복제·전송자의 성명과 주소 등 필요한 최소한의 정보제공을 요청하였으나 온라인서비스제공자가 이를 거절한 경우 권리주장자는 문화체육관광부장관에게 해당 온라인서비스제공자에 대하여 그 정보의 제공을 명령하여 줄 것을 청구할 수 있다(저 제103조의3 제1항). 이 제도는 저작권 침해 혐의자의 신원정보 파악을 용이하게 함으로써 손해배상을 위한 민사소송을 위해서도 형사절차를 남용하는 등의 불합리한 점을 개선하기 위하여 도입한 제도다.[82] 청구할 수 있는 복제·전송자 정보의 범위는 (i) 성명, (ii) 주소, (iii) 해당 복제·전송자의 전화번호·전자우편주소 등 연락처 등이다(저작권법 시행령 제44조의2). 정보제공 청구에 따라 해당 복제·전송자의 정보제공을 명령하여 줄 것을 청구하려는 권리주장자(이하 "청구인"이라 한다)는 (i) 청구인의 성명, 주소 및 전화번호·전자우편주소 등 연락처, (ii) 제기하려는 소의 종류 및 취지, (iii) 해당 복제·전송자에 의하여

---

82) 문화체육관광부·한국저작권위원회, 한-EU FTA, 27-29면.

침해되었다고 주장하는 권리의 유형 및 그 침해 사실 및 (iv) 온라인서비스제공자에게 복제·전송자의 정보를 요청하였으나 이를 제공할 수 없다는 회신을 받는 등 온라인서비스제공자가 그 정보의 제공을 거절한 사실을 적은 문화체육관광부령으로 정하는 정보제공 청구서에 (i) 성명, (ii) 주소, (iii) 해당 복제·전송자의 전화번호·전자우편주소 등 연락처 중 어느 하나에 해당하는 소명 자료(전자문서를 포함한다)를 첨부하여 문화체육관광부장관에게 제출하여야 한다(저작권법 시행령 제44조의3). 문화체육관광부장관은 불법침해자 정보제공 청구가 있으면 저작권보호심의위원회의 심의를 거쳐 온라인서비스제공자에게 해당 복제·전송자의 정보를 제출하도록 명할 수 있다(저 제103조의3 제2항). 저작권보호심의위원회는 문화체육관광부장관으로부터 위 심의의 요청을 받은 경우에는 그 요청을 받은 날부터 1개월 이내에 정보제공 여부를 심의하고 그 결과를 지체 없이 문화체육관광부장관에게 통보하여야 한다. 다만, 부득이한 사유로 그 기간 내에 심의를 할 수 없는 경우에는 1회에 한정하여 그 기간을 연장할 수 있다(저작권법 시행령 제44조의4 제1항). 문화체육관광부장관은 온라인서비스제공자에게 복제·전송자의 정보를 제출하도록 명하는 경우 문화체육관광부령으로 정하는 정보제공 명령서를 작성하여 서면(전자문서를 포함한다)으로 온라인서비스제공자에게 통지하여야 한다(저작권법 시행령 제44조의4 제2항). 온라인서비스제공자는 위 정보제공 명령서를 받은 날부터 7일 이내에 문화체육관광부령으로 정하는 정보제공서를 문화체육관광부장관에게 제출하여야 하며, 문화체육관광부장관은 해당 정보를 청구인에게 지체 없이 제공하여야 한다(저작권법 시행령 제44조의4 제3항). 온라인서비스제공자는 위 정보제공서를 문화체육관광부장관에게 제출한 경우 그 사실을 해당 복제·전송자에게 지체 없이 알려야 한다(저작권법 시행령 제44조의4 제4항).

온라인서비스제공자는 불법 복제·전송자 정보 제출명령을 받은 날부터 7일 이내에 그 정보를 문화체육관광부장관에게 제출하여야 하며, 문화체육관광부장관은 그 정보를 제1항에 따른 청구를 한 자에게 지체 없이 제공하여야 한다(저 제103조의3 제3항). 불법 복제·전송자 정보 제출명령을 통하여 해당 불법 복제·전송자의 정보를 제공받은 자는 해당 정보를 민사상의 소제기 및 형사상의 고소를 위한 목적 이외의 용도로 사용하여서는 아니 된다(저 제103조의3 제4항). 이 목적을 위반하여 사용한 경우에는 3년 이하의 징역 또는 3천만원 이하의 벌금에 처하거나 이를 병과할 수 있다(저 제136조 제2항 제3호의2, 제103조의3 제4항).

VI. 특수한 유형의 온라인서비스제공자의 의무

저작권법 제104조에서는 특수한 유형의 온라인서비스제공자의 의무 등을 규정하고 있다. 즉, 다른 사람들 상호 간에 컴퓨터를 이용하여 저작물 등을 전송하도록 하는 것을 주된 목적으로 온라인서비스제공자(이하 "특수한 유형의 온라인서비스제공자"라 한다)는 권리자의 요청이 있는 경우 해당 저작물 등의 불법적인 전송을 차단하는 기술적인 조치 등 필요한 조치를 하여야 한다. 이 경우 권리자의 요청 및 필요한 조치에 관한 사항은 대통령령으로 정한다(저 제104조 제1항).[83] 문화체육관광부장관은 이 특수한 유형의 온라인서비스제공자의 범위를 정하여 고시할 수 있다(저 제104조 제2항). 즉 P2P, 웹하드 등을 통한 불법복제로 인한 영화, 음악 등 문화산업의 피해가 연간 8천억원~1조원으로 추정되고 있으므로, P2P 등과 같은 특수한 유형의 온라인서비스제공자에게 권리자의 요청이 있는 경우 불법저작물 전송을 차단하는 기술적 조치(필터링) 등 필요한 조치를 하도록 의무화하였다.[84] 저작권법 제102조 및 제103조가 온라인서비스제공자의 책임면제요건을 취급한 반면에 저작권법 제104조는 제한적 의미이기는 하지만 책임요건을 설정하고 있다.[85] 문화체육관광부장관은 해당 기술적인 조치 등 필요한 조치의 이행 여부를 정보통신망을 통하여 확인하여야 한다(저 제104조 제3항). 문화체육관광부장관은 그 업무를 대통령령으로 정하는 기관 또는 단체에 위탁할 수 있다(저 제104조 제4항).

---

83) 대법원 2017. 8. 31.자 2014마503 결정[저작권법위반이의결정에대한즉시항고]에서는 "저작권법 제104조 제1항, 저작권법 시행령 제46조 제1항의 규정 취지는 저작물 등의 불법적인 전송으로부터 저작권 등을 보호하기 위하여 특수한 유형의 온라인서비스제공자에게 가중된 의무를 지우면서도 다른 한편, 이러한 입법 목적을 고려하더라도 기술적 한계 등으로 인하여 불법적인 전송을 전면적으로 차단할 의무를 부과할 수는 없다는 점을 고려하여 '권리자의 요청'이 있는 경우에 대통령령으로 규정하고 있는 '필요한 조치'를 취하도록 제한된 의무를 부과하려는 것이다. 이러한 법령의 문언과 입법 취지 등을 종합하여 보면, 특수한 유형의 온라인서비스제공자가 저작권법 시행령 제46조 제1항이 규정하고 있는 '필요한 조치'를 취하였다면 저작권법 제104조 제1항에 따른 필요한 조치를 한 것으로 보아야 하고, 실제로 불법적인 전송이라는 결과가 발생하였다는 이유만으로 달리 판단하여서는 아니 된다."라고 판시한 바 있다.
84) 문화관광부, 「개정 저작권법 길라잡이」, 문화관광부·저작권위원회, 2007년 7월, 50면.
85) 정상조 편, 「저작권법 주해(박준석 집필 부분)」, 박영사, 2007년, 999면.

제12장 기술적 보호조치의 무력화 금지 등

제1절 의 의

[1] 기술적 보호조치란 (i) 저작권, 그 밖에 이 법에 따라 보호되는 권리의 행사와 관련하여 이 법에 따라 보호되는 저작물 등에 대한 접근을 효과적으로 방지하거나 억제하기 위하여 그 권리자나 권리자의 동의를 받은 자가 적용하는 기술적 조치, (ii) 저작권, 그 밖에 이 법에 따라 보호되는 권리에 대한 침해 행위를 효과적으로 방지하거나 억제하기 위하여 그 권리자나 권리자의 동의를 받은 자가 적용하는 기술적 조치를 의미한다(저 제2조 제28호). 저작권법 제2조 제28호 가목의 보호조치(접근통제조치)는 저작권 등을 구성하는 복제·배포·공연 등 개별 권리에 대한 침해 행위 그 자체를 직접적으로 방지하거나 억제하는 것은 아니지만 저작물이 수록된 매체에 대한 접근 또는 그 매체의 재생·작동 등을 통한 저작물의 내용에 대한 접근 등을 방지하거나 억제함으로써 저작권 등을 보호하는 조치를 의미하고, 같은 법 제2조 제28호 나목의 보호조치(이용통제조치)는 저작권 등을 구성하는 개별 권리에 대한 침해 행위 그 자체를 직접적으로 방지하거나 억제하는 보호조치를 의미한다고 할 것이다. 여기서 문제되는 보호조치가 둘 중 어느 쪽에 해당하는지를 결정함에 있어서는, 저작권은 하나의 단일한 권리가 아니라 복제권, 배포권, 공연권 등 여러 권리들의 집합체로서 이들 권리는 각각 별개의 권리이므로 이 각각의 권리를 기준으로 개별적으로 판단하여야 한다.[86] 대법원 2015. 7. 9. 선고 2015도3352 판결(노래방 신곡파일에 대한 기술적 보호조치 사건)에서는 "노래반주기 제작업체가 일련의 인증절차를 거치지 않으면 노래반주기에서 신곡파일이 구동되지 않도록 마련한 이 사건 보호조치는, 복제권·배포권 등과 관련하여서는 복제·배포 등 행위 그 자체를 직접적으로 방지하거나 억제하는 조치는 아니지만 신곡파일의 재생을 통한 음악저작물의 내용에 대한 접근을 방지하거나 억제함으로써 복제·배포 등의 권리를 보호하는 저작권법 제2조 제28호 가목의 보호조치에 해당할 뿐만 아니라, 공연권과 관련하여서는 신곡파일을 재생의 방법으로 공중에게 공개하는 공연행위 그 자체를 직접적으로 방지하거나 억제하는 저작권법 제2조 제28호 나목의 보호조치에 해당한다고 하면서, 이 사건 보호조치를 직접 무력화하거나 무력화 장치를 제조·판매한 피고인들의 행위가 기술적 보호조치 무력화 금지의무 위반에 의한 저작권법위반죄에 해당한다."고 판시하였다.

---

86) 대법원 2015. 7. 9. 선고 2015도3352 판결[노래방 신곡파일에 대한 기술적 보호조치 사건].

[판결요지]

[1] 저작권법 제2조 제28호는 '기술적 보호조치'를 (가)목의 '저작권, 그 밖에 이 법에 따라 보호되는 권리(이하 '저작권 등'이라 한다)의 행사와 관련하여 이 법에 따라 보호되는 저작물 등에 대한 접근을 효과적으로 방지하거나 억제하기 위하여 그 권리자나 권리자의 동의를 받은 자가 적용하는 기술적 조치'와, (나)목의 '저작권 등에 대한 침해행위를 효과적으로 방지하거나 억제하기 위하여 그 권리자나 권리자의 동의를 받은 자가 적용하는 기술적 조치'로 나누어 정의하고 있다.

그중 (가)목의 보호조치는 저작권 등을 구성하는 복제·배포·공연 등 개별 권리에 대한 침해행위 자체를 직접적으로 방지하거나 억제하는 것은 아니지만 저작물이 수록된 매체에 대한 접근 또는 그 매체의 재생·작동 등을 통한 저작물의 내용에 대한 접근 등을 방지하거나 억제함으로써 저작권 등을 보호하는 조치를 의미하고, (나)목의 보호조치는 저작권 등을 구성하는 개별 권리에 대한 침해행위 자체를 직접적으로 방지하거나 억제하는 보호조치를 의미한다. 여기서 문제되는 보호조치가 둘 중 어느 쪽에 해당하는지를 결정함에 있어서는, 저작권은 하나의 단일한 권리가 아니라 복제권, 배포권, 공연권 등 여러 권리들의 집합체로서 이들 권리는 각각 별개의 권리이므로 이 각각의 권리를 기준으로 개별적으로 판단하여야 한다.

[2] 노래반주기 제작업체인 갑 주식회사가 사단법인 한국음악저작권협회에서 음악저작물의 복제·배포에 관한 이용허락을 받아 매월 노래방에 신곡을 공급하면서, 일련의 인증절차를 거치지 않으면 노래반주기에서 신곡파일이 구동되지 않도록 두 가지 방식의 인증수단(이하 '보호조치'라고 한다)을 마련하였는데, 피고인 을 등이 보호조치를 무력화하는 장치를 제조·판매하였다는 내용으로 기소된 사안에서, 보호조치는 복제권·배포권 등과 관련하여서는 복제·배포 등 행위 자체를 직접적으로 방지하거나 억제하는 조치는 아니지만 신곡파일의 재생을 통한 음악저작물의 내용에 대한 접근을 방지하거나 억제함으로써 복제·배포 등의 권리를 보호하는 저작권법 제2조 제28호 (가)목의 보호조치에 해당하고, 공연권과 관련하여서는 신곡파일을 재생의 방법으로 공중에게 공개하는 공연행위 자체를 직접적으로 방지하거나 억제하는 저작권법 제2조 제28호 (나)목의 보호조치에 해당한다고 한 사례.

[2] 2011년 개정된 저작권법은 기술적 보호조치 정의 규정에 기존 이용통제[87]에 접근통제[88]를 추가하였고, 접근통제적 기술조치를 포함한 기술적 보호조치의 무력화 금지 규정을

신설하였다.

제2절 입법취지

이용통제적 기술조치[89]만으로 불법복제물의 증가 및 유통에 적극적으로 대처하는 데에 한계가 있었으나, 접근통제적 기술조치[90]를 추가함으로써 이를 원천적으로 억제하고 방지할 수 있는 기반을 마련하는 한편, 공정이용에 의한 예외사항을 구체적으로 명시하여 저작권 보호와 저작물 이용의 측면을 균형 있게 조화시키고 있다.

제3절 기술적 보호조치의 직접무력화 금지 및 예외

I. 원 칙

누구든지 정당한 권한 없이 고의 또는 과실로 기술적 보호조치를 제거·변경하거나 우회하는 등의 방법으로 무력화하여서는 아니 된다.

II. 예 외

기술적 보호조치의 무력화 금지 규정과 관련하여 기술적 보호조치의 직접무력화 금지에 대한 예외(저 제104조의2 제1항 단서)가 있다. 다음의 경우에는 기술적 보호조치의 직접무력화 금지에 대한 예외가 적용된다.

1. 암호 분야의 연구에 종사하는 자가 저작물 등의 복제물을 정당하게 취득하여 저작물 등에 적용된 암호 기술의 결함이나 취약점을 연구하기 위하여 필요한 범위에서 행하는 경

---

87) 구 저작권법 제2조 제28조에서는 '기술적 보호조치'를 '저작권 그 밖에 이 법에 따라 보호되는 권리에 대한 침해 행위를 효과적으로 방지 또는 억제하기 위하여 그 권리자나 권리자의 동의를 얻은 자가 적용하는 기술적 조치를 의미한다고 하여 이용통제적 기술조치만을 규정하고 있었다.

88) 판례(대법원 2006. 2. 24. 선고 2004도2743 판결(소니 플레이스테이션 '모드칩' 사건))는 접근통제적 기술조치도 보호하고 있다.

89) 저작권법이 저작권자에게 부여한 저작물 이용행위(복제, 배포, 공중송신 등)를 통제하기 위한 것(예: CD복제방지장치)을 의미한다.

90) 저작물이 수록된 매체에 접근하거나 그 저작물 자체를 향유(재생 및 작동)하기 위하여 접근하는 것을 통제하기 위한 것(예: 복제는 할 수 있더라도 불법복제된 것은 작동할 수 없게 하는 장치)을 의미한다.

우. 다만, 권리자로부터 연구에 필요한 이용을 허락받기 위하여 상당한 노력을 하였으나 허락을 받지 못한 경우에 한한다(저 제104조의2 제1항 제1호).

2. 미성년자에게 유해한 온라인상의 저작물 등에 미성년자가 접근하는 것을 방지하기 위하여 기술·제품·서비스 또는 장치에 기술적 보호조치를 무력화하는 구성요소나 부품을 포함하는 경우. 다만, 기술적 보호조치 무력화 예비행위 금지에 관한 규정(저 제104조의2 제2항)에 따라 금지되지 아니하는 경우에 한한다(저 제104조의2 제1항 제2호).

3. 개인의 온라인상의 행위를 파악할 수 있는 개인 식별 정보를 비공개적으로 수집·유포하는 기능을 확인하고, 이를 무력화하기 위하여 필요한 경우. 다만, 다른 사람들이 저작물 등에 접근하는 것에 영향을 미치는 경우는 제외한다(저 제104조의2 제3호).

4. 국가의 법집행, 합법적인 정보수집 또는 안전보장 등을 위하여 필요한 경우(저 제104조의2 제4호).

5. 제25조 제2항에 따른 학교·교육기관 및 수업지원기관, 제31조 제1항에 따른 도서관(비영리인 경우로 한정한다) 또는 「공공기록물 관리에 관한 법률」에 따른 기록물관리기관이 저작물등의 구입 여부를 결정하기 위하여 필요한 경우. 다만, 기술적 보호조치를 무력화하지 아니하고는 접근할 수 없는 경우에 한한다(저 제104조의2 제1항 제5호).

6. 정당한 권한을 가지고 프로그램을 사용하는 자가 다른 프로그램과의 호환을 위하여 필요한 범위에서 프로그램코드역분석을 하는 경우(저 제104조의2 제6호).

7. 정당한 권한을 가진 자가 오로지 컴퓨터 또는 정보통신망의 보안성을 검사·조사 또는 보정하기 위하여 필요한 경우(저 제104조의2 제7호).

8. 기술적 보호조치의 무력화 금지에 의하여 특정 종류의 저작물 등을 정당하게 이용하는 것이 불합리하게 영향을 받거나 받을 가능성이 있다고 인정되어 대통령령으로 정하는 절차에 따라 문화체육관광부장관이 정하여 고시하는 경우. 이 경우 그 예외의 효력은 3년으로 한다(저 제104조의2 제8호).

제4절 기술적 보호조치 무력화 예비행위 금지 및 예외

I. 기술적 보호조치 무력화 예비행위 등의 범위

기술적 보호조치의 무력화를 위한 장치 등의 유통 및 서비스 제공 행위를 금지하고 있다.

누구든지 정당한 권한 없이 다음과 같은 장치, 제품 또는 부품을 제조, 수입, 배포, 전송, 판매, 대여, 공중에 대한 청약, 판매나 대여를 위한 광고, 또는 유통을 목적으로 보관 또는 소지하거나, 서비스를 제공하여서는 아니 된다.

(i) 기술적 보호조치의 무력화를 목적으로 홍보, 광고 또는 판촉되는 것

(ii) 기술적 보호조치를 무력화하는 것 외에는 제한적으로 상업적인 목적 또는 용도만 있는 것

(iii) 기술적 보호조치를 무력화하는 것을 가능하게 하거나 용이하게 하는 것을 주된 목적으로 고안, 제작, 개조되거나 기능하는 것(저 제104조의2 제2항)

II. 기술적 보호조치 무력화 예비행위의 금지에 대한 예외

1. 접근통제적 기술조치의 무력화 예비행위 금지에 대한 예외

다음의 경우에는 접근통제적 기술조치의 무력화 예비행위 금지에 대한 예외가 인정된다(저 제104조의2 제3항 제1호).

(1) 암호 분야의 연구에 종사하는 자가 저작물 등의 복제물을 정당하게 취득하여 저작물 등에 적용된 암호 기술의 결함이나 취약점을 연구하기 위하여 필요한 범위에서 행하는 경우. 다만, 권리자로부터 연구에 필요한 이용을 허락받기 위하여 상당한 노력을 하였으나 허락을 받지 못한 경우에 한한다(저 제104조의2 제1항 제1호).

(2) 미성년자에게 유해한 온라인상의 저작물 등에 미성년자가 접근하는 것을 방지하기 위하여 기술·제품·서비스 또는 장치에 기술적 보호조치를 무력화하는 구성요소나 부품을 포함하는 경우. 다만, 기술적 보호조치 무력화 예비행위 금지에 관한 규정(저 제104조의2 제2항)에 따라 금지되지 아니하는 경우에 한한다(저 제104조의2 제1항 제2호).

(3) 국가의 법집행, 합법적인 정보수집 또는 안전보장 등을 위하여 필요한 경우(저 제104조의2 제4호)

(4) 정당한 권한을 가지고 프로그램을 사용하는 자가 다른 프로그램과의 호환을 위하여 필요한 범위에서 프로그램코드역분석을 하는 경우(저 제104조의2 제6호)

(5) 정당한 권한을 가진 자가 오로지 컴퓨터 또는 정보통신망의 보안성을 검사·조사 또는 보정하기 위하여 필요한 경우(저 제104조의2 제7호)

이러한 예외는 접근통제적 기술조치의 무력화를 금지하는 데 따르는 예외이기에 접근통제적 기술조치를 무력화하는 도구의 거래에도 허용되어야 하는 것이 원칙이나, 그러한 도구의 사용이 용도가 제한되어 있는 경우[91] 또는 허용된 범위 이상으로 활용되어 저작권을 침해할 우려가 있는 경우[92] 등 다음 두 가지 경우에는 예외를 적용하지 않는다. 한 일례로서, 프라이버시 보호를 명목으로 인터넷상 널리 이용되는 일반적인 쿠키의 수집 행위 자체를 막는 도구의 거래를 인정할 경우, 인터넷 사용의 불편을 초래할 수 있으므로 그러한 예외의 적용을 배제한다. 또 다른 일례로서, 도서관등에서 구입 여부 결정을 위한 경우는 허용범위가 제한적인 경우로서, 그러한 도구가 유통될 경우 저작권 침해를 조장하는 결과가 될 수 있으므로 그 예외의 적용이 배제된다.

2. 이용통제적 기술조치의 무력화 예비행위 금지에 대한 예외

이용통제적 기술조치의 무력화 도구는 직접적으로 저작권 침해를 방조하는 행위가 되기에 원칙적으로 특별한 사정이 없는 한 예외를 인정하지 않되 다음 두 가지의 경우에 한하여 예외를 두고 있다.

(1) 국가의 법집행, 합법적인 정보수집 또는 안전보장 등을 위하여 필요한 경우(저 제104조의2 제4호)(예: 국가 전산망의 DDos 공격에의 취약점을 파악하기 위하여 시스템을 점검하는 경우)

(2) 정당한 권한을 가지고 프로그램을 사용하는 자가 다른 프로그램과의 호환을 위하여 필요한 범위에서 프로그램코드역분석을 하는 경우(저 제104조의2 제6호)

제5절 기술적 보호조치 무력화 금지 위반에 대한 민사적 구제와 형사적 제재

2011년 6월 개정 이전의 구 저작권법에 따르면, 기술적 보호조치 무력화가 침해행위로

---

91) 개인의 온라인상의 행위를 파악할 수 있는 개인 식별 정보를 비공개적으로 수집·유포하는 기능을 확인하고, 이를 무력화하기 위하여 필요한 경우. 다만, 다른 사람들이 저작물 등에 접근하는 것에 영향을 미치는 경우는 제외한다(저 제104조의2 제3호).

92) 제25조 제2항에 따른 학교·교육기관 및 수업지원기관, 제31조 제1항에 따른 도서관(비영리인 경우로 한정한다) 또는 「공공기록물 관리에 관한 법률」에 따른 기록물관리기관이 저작물 등의 구입 여부를 결정하기 위하여 필요한 경우. 다만, 기술적 보호조치를 무력화하지 아니하고는 접근할 수 없는 경우에 한한다(저 제104조의2 제1항 제5호).

간주되었기 때문에 민사적 구제에 관한 저작권법 규정(저 제123조, 제125조, 제126조, 제129조 등)을 그대로 적용하였으나, 개정법에 따르면, 기술적 보호조치 무력화 행위는 금지행위로 변경됨에 따라 별도의 민사구제규정이 필요하여 저작권법 제104조의8(2011년 6월 개정 시 구 제104조의4)을 신설하게 되었다. 개정 저작권법 제104조의8(침해의 정지·예방 청구 등)은 "저작권, 그 밖에 이 법에 따라 보호되는 권리를 가진 자는 저작권법 제104조의2부터 제104조의4까지의 규정을 위반한 자에 대하여 침해의 정지·예방, 손해배상의 담보 또는 손해배상이나 이를 갈음하는 법정손해배상의 청구를 할 수 있으며, 고의 또는 과실 없이 제104조의2 제1항의 행위를 한 자에 대하여는 침해의 정지·예방을 청구할 수 있다. 이 경우 저작권법 제123조, 제125조, 제125조의2, 제126조 및 제129조를 준용한다."라고 규정하고 있다. 형사적 제재와 관련해서는 구 저작권법과 동일하다.

제6절 권리관리정보의 제거·변경 등의 금지

[1] 저작권법 제104조의3에 따르면, 국가의 법집행, 합법적인 정보수집 또는 안전보장 등을 위하여 필요한 경우를 제외하고 누구든지 정당한 권한 없이 저작권, 그 밖에 이 법에 따라 보호되는 권리의 침해를 유발 또는 은닉한다는 사실을 알거나 과실로 알지 못하고 다음 중 어느 하나에 해당하는 행위를 하여서는 아니 된다.

1. 권리관리정보를 고의로 제거·변경하거나 거짓으로 부가하는 행위

2. 권리관리정보가 정당한 권한 없이 제거 또는 변경되었다는 사실을 알면서 그 권리관리정보를 배포하거나 배포할 목적으로 수입하는 행위

3. 권리관리정보가 정당한 권한 없이 제거·변경되거나 거짓으로 부가된 사실을 알면서 해당 저작물등의 원본이나 그 복제물을 배포·공연 또는 공중송신하거나 배포를 목적으로 수입하는 행위

[2] 위 조문에 의하면, 권리관리정보의 보호 대상에 전자적인 형태의 것뿐만 아니라 비전자적인 형태의 것까지 포함하고, 허위의 권리관리정보 자체의 배포행위도 금지행위에 포함시키고 있다. 비전자적인 형태의 권리관리정보의 예로는 광학식 마크판독장치로 읽을 수 있는 바코드(bar code)나 스마트폰 등으로 읽을 수 있는 QR코드(Quick Response code) 등을 들 수 있다.[93]

---

93) 문화체육관광부·한국저작권위원회, 앞의 설명자료, 32면.

[3] 여기에서 '권리관리정보'라 함은 (i) 저작물 등을 식별하기 위한 정보, (ii) 저작권, 그 밖에 이 법에 따라 보호되는 권리를 가진 자를 식별하기 위한 정보, (iii) 저작물 등의 이용 방법 및 조건에 관한 정보 중 어느 하나에 해당하는 정보나 그 정보를 나타내는 숫자 또는 부호로서 각 정보가 저작권, 그 밖에 이 법에 따라 보호되는 권리에 의하여 보호되는 저작물 등의 원본이나 그 복제물에 부착되거나 그 공연·실행 또는 공중송신에 수반되는 것을 말한 다(저 제2조 제29호).

제7절 암호화된 방송신호의 보호(저 제104조의4)

[1] 암호화된 위성방송 또는 유선방송을 불법으로 복호화(암호화된 것을 디코딩하는 행위)하 는 기기 등을 이용하여 무단으로 시청 또는 청취하거나 이를 가능하게 하는 행위를 금지하 고 이를 위반하는 경우에 처벌규정을 두고 있다.

[2] 즉, 저작권법 제104조의4는 '암호화된 방송 신호의 무력화 등의 금지'란 표제하에 "누구든지 다음 각 호의 어느 하나에 해당하는 행위를 하여서는 아니 된다.

1. 암호화된 방송 신호를 방송사업자의 허락 없이 복호화(復號化)하는 데에 주로 사용될 것을 알거나 과실로 알지 못하고, 그러한 목적을 가진 장치·제품·주요 부품 또는 프로그램 등 유·무형의 조치를 제조·조립·변경·수입·수출·판매·임대하거나 그 밖의 방법으로 전 달하는 행위. 다만, 제104조의2 제1항 제1호·제2호 또는 제4호에 해당하는 경우에는 그러 하지 아니하다.

2. 암호화된 방송 신호가 정당한 권한에 의하여 복호화된 경우 그 사실을 알고 그 신호를 방송사업자의 허락 없이 영리를 목적으로 다른 사람에게 공중송신하는 행위

3. 암호화된 방송 신호가 방송사업자의 허락 없이 복호화된 것임을 알면서 그러한 신호 를 수신하여 청취 또는 시청하거나 다른 사람에게 공중송신하는 행위"라고 규정하고 있다.

[3] 저작권법 제104조의4 제1호 또는 제2호에 해당하는 행위를 한 자는 3년 이하의 징역 또는 3천만원 이하의 벌금에 처하거나 이를 병과할 수 있다(저 제136조 제2항 제3호의5). 저작 권법 제104조의4 제3호에 해당하는 행위를 한 자는 1년 이하의 징역 또는 1천만원 이하의 벌금에 처한다(저 제137조 제1항 제3호의2).

[4] 여기에서 "암호화된 방송신호"란 방송사업자나 방송사업자의 동의를 받은 자가 정당 한 권한 없이 방송(유선 및 위성 통신의 방법에 의한 방송에 한한다)을 수신하는 것을 방지하거

나 억제하기 위하여 전자적으로 암호화한 방송 신호를 말한다(저 제2조 제8조의2).

제8절 위조 및 불법라벨 유통금지(저 제104조의5)

[1] "라벨"이란 그 복제물이 정당한 권한에 따라 제작된 것임을 나타내기 위하여 저작물 등의 유형적 복제물·포장 또는 문서에 부착·동봉 또는 첨부되거나 그러한 목적으로 고안된 표지를 말한다(저 제2조 제35호). 라벨과 권리관리정보는 서로 구별되는 개념이다. 라벨은 저작물의 복제물이 정당한 권한에 의하여 사용되는 것임을 입증하기 위한 표지, 인증서, 이용허락 문서, 등록카드 등을 말하는 것으로 합법적인 복제물, 즉 정품임을 증명하기 위한 용도로 사용되는 것임에 반해 권리관리정보는 저작물 등을 식별하기 위한 저작물의 제호, 최초공표 연도 및 국가, 저작자의 성명이나 연락처, 저작물의 이용방법 및 조건 등에 대한 정보를 말한다.94)

[2] 구매자들은 일반적으로 음반이나 영화 DVD, 컴퓨터프로그램 CD 등이 정품인지 여부를 그에 첨부되거나 동봉되어 있는 라벨이나 인증서 등으로 구별하므로, 이러한 라벨이나 인증서 등의 위조나 불법유통을 통제함으로써 저작권자가 있는 피해를 최소화할 필요가 있다. 이에 저작권법 제104조의5에서 다음과 같이 규정하고 있다.

누구든지 정당한 권한 없이 다음 각 호의 어느 하나에 해당하는 행위를 하여서는 아니 된다.

1. 저작물 등의 라벨을 불법복제물이나 그 문서 또는 포장에 부착·동봉 또는 첨부하기 위하여 위조하거나 그러한 사실을 알면서 배포 또는 배포할 목적으로 소지하는 행위

2. 저작물 등의 권리자나 권리자의 동의를 받은 자로부터 허락을 받아 제작한 라벨을 그 허락 범위를 넘어 배포하거나 그러한 사실을 알면서 다시 배포 또는 다시 배포할 목적으로 소지하는 행위

3. 저작물 등의 적법한 복제물과 함께 배포되는 문서 또는 포장을 불법복제물에 사용하기 위하여 위조하거나 그러한 사실을 알면서 위조된 문서 또는 포장을 배포하거나 배포할 목적으로 소지하는 행위

[3] 이러한 라벨 위조 등의 금지행위를 위반한 경우에 3년 이하의 징역 또는 3천만원 이하의 벌금에 처하도록 규정하고 있다(저 제136조 제2항 제3호의6).

---

94) 문화체육관광부·한국저작권위원회, 앞의 설명자료, 37면.

제9절 영화 도촬행위 금지(저 제104조의6)

저작권법 제104조의6는 '영상저작물 녹화 등의 금지'라는 표제하에 "누구든지 저작권으로 보호되는 영상저작물을 상영 중인 영화상영관 등에서 저작재산권자의 허락 없이 녹화기기를 이용하여 녹화하거나 공중송신하여서는 아니 된다."라고 규정하고 있다. 여기에서 "영화상영관 등"이란 영화상영관, 시사회장, 그 밖에 공중에게 영상저작물을 상영하는 장소로서 상영자에 의하여 입장이 통제되는 장소를 말한다(저 제2조 제36호). 영화 도촬을 금지하는 행위의 위반에 대하여 1년 이하의 징역 또는 1천만원 이하의 벌금에 처하도록 규정하면서, 그 미수범도 처벌하도록 하고 있다(저 제137조 제1항 제3호의3 및 제2항).

제10절 방송 전 신호의 송신 금지(저 제104조의7)

저작권법 제104조의7는 '방송 전 신호의 송신 금지'란 표제하에 "누구든지 정당한 권한 없이 방송사업자에게로 송신되는 신호(공중이 직접 수신하도록 할 목적의 경우에는 제외한다)를 제3자에게 송신하여서는 아니 된다."라고 규정하고 있다. 방송 전 신호의 송신금지행위를 위반한 자는 5년 이하의 징역 또는 5천만원 이하의 벌금에 처하거나 이를 병과할 수 있다(저 제136조 제2항 제3호의7).

제13장 저작권의 침해

제1절 저작권법상 권리침해의 의의

[1] 저작권법상 권리침해: 저작권법상 권원 없이 권리목적물에 대한 타인의 권리를 해하는 것

[2] 권리목적물: 저작물, 2차적 저작물 등과 실연, 음반, 방송 등 저작인접권의 대상
예: 디즈니 만화영화 속의 달마시안과 실질적으로 유사한 개의 모양을 섬유직물의 원단 등에 복제하여 판매한 행위가 저작재산권 침해행위에 해당된다고 한 사례(대법원 2003. 10. 23. 선고 2002도446 판결('달마시안' 사건)).

제2절 저작권 침해의 형태

저작권법상 권리침해의 형태로는 (i) 저작재산권 침해, (ii) 저작인격권 침해, (iii) 배타적 발행권 침해, (iv) 출판권 침해, (v) 저작인접권 침해가 존재한다.

그 밖에 저작권법 제124조에 따르면, 저작권법이 규정한 권리침해행위 그 자체는 아니나 권리침해에 직결되는 행위를 권리침해행위로 간주함으로써 저작권 보호에 만전을 기하고 있다. 또한 저작권법 제124조에 의하면, 기술적 보호조치 및 권리관리정보 침해를 저작권 침해로 간주하고 있다.

I. 저작재산권 침해

저작재산권의 침해는 그 지분권에 따라 (i) 복제권의 침해, (ii) 공연권의 침해, (iii) 공중송신권의 침해, (iv) 전시권의 침해, (v) 배포권의 침해, (vi) 대여권의 침해, (v) 2차적저작물작성권의 침해로 분류할 수 있다. 저작자권자의 허락을 받지 않고 원저작물을 복제, 공연, 공중송신, 전시, 배포, 대여 내지 2차적 저작물을 작성한 경우에 원저작물의 저작권자의 저작재산권을 침해하게 된다.

II. 저작인격권 침해

저작자나 실연자의 인격권 침해의 유형은 그 지분권에 따라 (i) 공표권 침해(저 제11조, 제123조), (ii) 성명표시권 침해(저 제12조, 제123조), (iii) 동일성 유지권 침해(저 제13조, 제123조), (iv) 저작자 사후의 인격적 이익 침해(저 제14조 제2항, 제123조, 제128조)로 분류할 수 있다. 다만, 실연자의 경우에는 그 인격권 침해 유형이 성명표시권과 동일성유지권 침해로 한정된다.

저작자 사후 인격적 이익 침해의 경우에는 명예를 훼손한 경우에만 구제가 인정된다. 생전 저작인격권 침해의 경우에는 명예훼손 여부를 따지지 아니한다.

저작자의 명예를 훼손하는 방법으로 그 저작물을 이용하는 행위는 저작인격권 침해행위로 본다(저 제124조 제2항).

예: 예술작품으로서의 누드화를 복제하여 성인영화의 광고에 사용하는 경우

III. 배타적발행권 침해

저작재산권자와의 사이에 배타적발행권 설정이 되어 있는 경우에 배타적발행권자 이외의 자가 해당 저작물을 무단 발행 등을 하는 것은 배타적발행권이 제한되는 경우(저 제62조 제2항)를 제외하고는 배타적발행권을 침해하는 것이 된다.

IV. 출판권 침해

복제권자와의 사이에 출판권 설정이 되어 있는 경우에 출판권자 이외의 자가 당해 저작물을 무단 출판하는 것은 출판권이 제한되는 경우(저 제63조의2, 제62조 제2항)를 제외하고는 출판권 침해가 된다. 출판권 침해란 권한 없이 출판권이 설정된 타인의 저작물을 출판함으로써 출판권을 침해하는 것이 된다.

V. 저작인접권 침해

법이 특히 허용하는 경우를 제외하고는 저작인접권자의 허락 없이 실연·음반 및 방송을 무단 이용한 행위는 저작인접권 침해행위로 된다.

VI. 침해로 보는 행위

[1] 수입 시에 대한민국 내에서 만들어졌다면 저작권 그 밖에 이 법에 따라 보호되는 권리의 침해로 될 물건을 대한민국 내에서 배포할 목적으로 수입하는 행위(저 제124조 제1항 제1호)

[2] 저작권 그 밖에 이 법에 따라 보호되는 권리를 침해하는 행위에 의하여 만들어진 물건(저 제124조 제1항 제1호의 수입 물건을 포함한다)을 그 사실을 알고 배포할 목적으로 소지하는 행위(저 제124조 제1항 제2호)

[3] 프로그램의 저작권을 침해하여 만들어진 프로그램의 복제물(저 제124조 제1항 제1호의 수입 물건을 포함한다)을 그 사실을 알면서 취득한 자가 이를 업무상 이용하는 행위(저 제124조 제1항 제3호)

[4] 저작자의 명예를 훼손하는 방법으로 그 저작물을 이용하는 행위(저 제124조 제2항)

제3절 저작권 침해 여부의 판단 기준

I. 의 의

저작권 등을 침해한다는 것은 저작권자 등이 가지는 저작권 내지 저작권법이 보호하는 권리를 침해한다는 것을 의미한다.

저작권 등의 침해를 인정하기 위해서는 (i) 원고에게 저작권 등이 존재할 것, (ii) 피고가 원고의 저작물 등을 도용할 것 등의 요건이 충족되어야 한다.

예: 원고가 창작한 희곡 '키스'에서 사용된 '나 여기 있고 너 거기 있어'라는 대사를 피고가 영화 '왕의 남자'에서 그대로 사용한 경우에 그 표현은 일상생활에서 흔히 쓰이는 표현으로 저작권법에 의해 보호받을 수 있는 창작성 있는 표현이 아니다(서울고등법원 2006. 11. 14. 자 2005라503 결정('왕의 남자' 사건)).

예: 원고의 원저작물이 다른 이의 저작물과 실질적 유사하여 원저작물에 대한 원고의 창작성을 인정할 수 없는 표현에 대해서는 피고의 복제권침해를 인정할 수 없다고 판시한 사례(대법원 2015.8.13. 선고 2013다14828 판결).

예: 저작권의 침해 여부를 가리기 위하여 두 저작물 사이에 실질적인 유사성이 있는가의 여부를 판단함에 있어서도 창작적인 표현형식에 해당하는 것만을 가지고 대비하여야 할 것이며, 소설 등에 있어서 추상적인 인물의 유형 혹은 어떤 주제를 다루는 데 있어 전형적으로 수반되는 사건이나 배경 등은 아이디어의 영역에 속하는 것들로서 저작권법에 의한 보호를 받을 수 없다고 한 사례(대법원 2015. 3. 12. 선고 2013다14378 판결).

그런데 도용한 사실을 직접증거에 의하여 증명하기란 곤란하므로 이를 추정할 수 있는 간접사실로서 (i) 주관적 요건으로서 침해자가 저작권 있는 저작물에 의거하여 그것을 이용하였을 것, (ii) 객관적 요건으로서 침해저작물과 피침해저작물과의 실질적 유사성이 있을 것 등의 요건을 증명하면 족하다.

대법원 2007. 3. 29. 선고 2005다44138 판결은 의거와 실질적 유사성의 판단을 구별하여 "대상 저작물이 기존의 저작물에 의거하여 작성되었는지 여부와 양 저작물 사이에 실질적 유사성이 있는지 여부는 서로 별개의 판단으로서, 전자의 판단에는 후자의 판단과 달리 저작권법에 의하여 보호받는 표현뿐만 아니라 저작권법에 의하여 보호받지 못하는 표현 등이 유사한지 여부도 함께 참작될 수 있으므로, 대상 저작물이 번역저작물에 의거하여 작성되었는지 여부를 판단함에 있어서 저작권법에 의하여 보호받지 못한 표현 등의 유사성을 참작할 수 있다고 하여, 양 저작물 사이의 실질적 유사성 여부를 판단함에 있어서도 동일하게 위와 같은 부분 등의 유사성을 참작하여야 하는 것은 아니다."라고 판시하였다.

특히 아래에서는 (i) 원고(피해자)의 피침해물이 저작물의 성립요건을 충족할 것이라는 요건 이외에 (ii) 의거 요건 및 (iii) 실질적 유사성 요건을 중심으로 살펴보기로 한다.

II. 침해성립요건

1. 침해자가 저작권 있는 저작물에 의거하여 그것을 이용하였을 것(=주관적 요건)

☞ 의 거: 대상 물건이 원고 저작물의 표현형식을 소재로 이용하여 저작되었을 것, 즉 침해저작물이 피침해저작물에 근거로 하여 만들어졌음을 뜻한다.

예: "출판물의 판형이 동일하고 표지색·도안이 유사하며, 출판사명 또한 서로 유사할 뿐더러, 전체적인 구성과 구체적 내용까지도 대동소이한 사실, 먼저 발행된 저작물에서의 해설 오류와 동일한 오류가 침해물에도 존재하는 사실, 저작물이 각종 일간신문 및 여러 극장에서 광고되었고 전국 서점에서 차지하는 시장점유율이 높은 사실 등을 종합하면 피고들이 이 사건 침해물 또는 그 원고, 지형을 각각 제작, 발행할 당시에 이 사건 저작물의 존재를 알았고, 그에 의거하여 제작·발행함으로써 저작권을 침해한 것이라고 봄이 상당하다."고 판시한 바 있다(서울민사지방법원 1995. 4. 7. 선고 94가합63879 판결('운전면허 학과시험' 사건)).

피고의 침해물과 원고의 피침해물이 거의 비슷한 내용의 작품이라고 하더라도 단순히 우연의 일치로 그렇거나 공통의 소재를 이용한 데서 오는 자연적 귀결인 경우, 저작권 보호기간이 만료된 이른바 공유(公有, public domain)에 속하는 저작물을 공동으로 이용한 데서 오는 결과인 경우에는 저작권 침해가 아니다.

피고가 원고의 저작물 자체를 볼 필요는 없고 원고의 저작물에 대한 복제물을 보고 베낀 경우에도 저작권 침해에 해당한다.

과거에 읽었던 책이나 들었던 곡을 무의식 중에 자신의 책이나 곡으로 사용한 경우처럼 이용에 대한 인식이 없는 경우에도 침해가 성립한다.

2. 실질적 유사성이 있을 것(=객관적 요건)

저작물을 이용하였다는 것은 피고의 침해물의 표현형식이 원고 저작물의 창작성이 있는 표현형식과 실질적으로 유사하다는 것을 의미한다.

통상 비교대조표를 작성하여 각 대응 부분에 따라 표현형식이 동일한 부분과 상위한 부분을 대비하여 그에 관한 평가를 함으로써 피고의 침해물이 원고의 저작물과 실질적 유사성을 가지고 있다는 것을 주장 및 입증하게 된다.

어문저작물의 경우에는 작품 속의 특정한 행이나 절 또는 기타 세부적인 부분이 복제됨으로써 양 저작물 사이에 문장 대 문장으로 대칭되는 부분적 문자적 유사성(fragmented literal similarity)뿐만 아니라 작품 속의 본질 또는 구조를 복제함으로써 전체로서 포괄적인 유사성이 인정되는 이른바 포괄적 비문자적 유사성(comprehensive nonliteral similarity)도 감안하여야 한다.

시, 소설 등의 문예창작물에 비해서는 학문이나 기능을 서술한 기능저작물(과학서적 등)이나 사실을 수집한 사실저작물(전화번호부, 지도 등)의 경우에는 유사성이 인정되는 범위가 좁을 것이다. 과학연구저작물의 경우에는 그 성질상 문학작품 등과는 달리 언어, 문자 등 표현수단의 용법에는 그다지 창조적 개성이 없는 것이 통상인 반면에 논증 전개논리의 구성이 저작자의 창작성을 나타내는 것으로서 중요한 지위를 차지하고 있다.

저작물 중 아이디어에 속하는 부분과 창작성이 없는 부분은 실질적 유사성 판단에서 제외되어야 하고, 그 나머지 부분만으로 실질적 유사성 여부를 판단하여야 한다. 특히 학술이론과 사실정보에 관한 저작의 경우 그 속의 독창적인 이론이나 학설 등은 저작권의 보호대상인 표현의 영역이 아니라 비보호대상인 아이디어의 영역에 속하는 것이므로 비록 그 이론 등을 이용하더라도 그 구체적인 표현까지 베끼지 아니하는 한 저작권 침해로 볼 수 없다.

제14장 저작권 침해에 대한 구제책

제1절 저작권 침해에 대한 구제제도

저작권 침해에 대한 구제제도는 민사상 구제제도, 형사상 제재제도 및 행정적 규제제도로 이루어져 있다.

제2절 민사상 구제제도

민사상 구제제도로는 (i) 침해정지청구제도, (ii) 손해배상제도, (iii) 부당이득반환청구제도가 있다.

I. 저작권 침해정지청구권

1. 의 의

권리자는 침해자에 대하여 침해행위의 정지를 청구할 수 있을 뿐만 아니라 침해행위에 의하여 만들어진 물건의 폐기나 그 밖에 필요한 조치를 청구할 수 있다(저 제123조).

2. 청구권자

청구권자로는 저작권 그 밖의 저작권법에 의하여 보호되는 권리(도서보상금청구권, 도서관보상금청구권, 방송사업자의 실연자 및 음반제작자에 대한 보상청구권은 제외)를 가진 자가 있다.
저작재산권자, 저작인격권자, 배타적발행권자, 출판권자, 저작인접권자가 청구권자로 된다.

3. 청구의 상대방

청구의 상대방은 현실적으로 침해를 하고 있는 자 또는 침해할 우려가 있는 자이다.

4. 폐기청구권 등

저작권 침해정지청구를 함에 있어서는 침해행위에 의하여 만들어진 물건의 폐기나 그 밖에 필요한 조치를 청구할 수 있다(저 제123조 제2항).
[1] **침해행위에 의하여 만들어진 물건의 예**: 무단 출판된 인쇄물, 무단 작성된 연주음반, 저작자 허락 없이 저작물의 내용을 개변한 2차적 저작물
[2] 그 밖에 필요한 조치의 예: 장래 저작권 침해 정지를 담보하기 위한 담보제공

5. 임시처분

저작권법에서는 저작권 침해정지 가처분 사건에서 저작자의 경제적 형편이 좋지 않음을 이유로 '보증금'의 공탁 없이 가처분 결정을 내릴 수도 있고(저 제123조 제3항) 부당가처분의 경우에는 무과실 손해배상책임을 정하고 있다(저 제123조 제4항).

> 예: 실미도 북파공작훈련병의 유족들이 영화 '실미도'의 제작사를 상대로 낸 영화상영금지 가처분 신청사건에서 '역사적 사실 그대로 제작된 것처럼 기재된 광고문안을 삭제하지 않고 영화를 상영해서는 안 된다.'고 밝혔다. 다만 이 사건 결정에서는 영화의 특정 장면을 삭제하라는 결정은 내리지 않았다(서울고등법원 2005. 1. 17.자 2004라439 결정('실미도' 사건)).

II. 손해배상청구권

1. 의 의

저작권 등 침해로 인한 손해배상을 청구하기 위해서는 (i) 침해자의 권리침해행위, (ii) 침해자의 고의 내지 과실, (iii) 위법성, (iv) 손해발생, (v) 권리침해행위와 손해발생과의 인과관계의 요건을 충족하여야 한다.

> 예: "저작권 침해행위로 말미암아 재산상 손해를 입게 되었음은 물론 그 침해 중지를 위한 고소와 수사절차 진행과정에서 많은 시간적, 경제적 손실을 입게 되었더라도, 그 침해행위에 의하여 신용훼손이나 또는 재산상 손해배상만으로는 회복할 수 없는 정신적 손해가 있었다는 특별한 사정을 인정할 자료가 없는 한, 정신적 손해에 대한 위자료는 인정되지 않았다."고 판시하였다(서울중앙지방법원 2001. 8. 24. 선고 2000가합83171 판결('인터넷제국' 사건)).

저작권 침해행위의 유형에 대해서는 앞에서 살펴본 바 있으므로 여기에서는 생략한다. 그리고 소프트웨어 불법복제로 인한 손해배상청구에 대해서는 별도의 항목으로 상술한다.

2. 고의 또는 과실

저작권의 침해자는 자신의 행위가 다른 사람의 저작권을 침해하는 것임을 알았거나 주의의무를 해태하여 그러한 사실을 알지 못한 경우에 한하여 손해배상의 책임을 지게 된다.

[1] 저작권 침해정지청구권 및 침해예방청구권 행사 요건과의 차이점: 저작권 침해정지청구권과 침해예방청구권의 경우에는 침해 또는 침해의 우려가 발생할 것만을 요구하고 고의

또는 과실의 요건은 요구하지 않는다.

침해자의 고의는 내심의 사실이므로 증명하기 어렵지만 객관적인 정황증거 등을 종합하고 경험칙을 적용한 사실상의 추정을 활용함으로써 고의가 없었다는 사실에 대한 증명책임을 완화할 수 있다.

예: 원저작자의 저작물에 내용상 오류가 있었는데, 저작권 침해소송에서 피고의 침해물에도 같은 오류가 발견된 경우에 피고가 고의로 원저작자의 저작물을 복제하였으리라는 사실상의 추정이 성립될 수 있고, 피고가 이에 대해 그와 같은 오류의 발생에 대한 납득할 만한 증거를 제출하지 못하면 고의로 복제한 것으로 인정될 수도 있다.

침해자의 과실 입증에 대해서는 소송실무상 침해자의 주의의무를 넓게 인정함으로써 그 증명의 곤란을 완화하고 있다.

예: 출판자가 출판 이전에 출판하려는 책과 동종 서적을 조사해 보는 노력을 기울여야 할 주의의무를 진다고 판시한 사례가 존재한다(서울고등법원 1998. 7. 15. 선고 98나1661 판결).

대법원 판례에 따르면 TV 방송국에서 외부 작가가 작성한 대본에 의하여 드라마를 제작할 경우 고용관계가 없어 방송국 측이 작가의 저작권 침해행위에 대하여 특별한 주의·감독할 의무가 없다고 판시하였다(대법원 1996. 6. 11. 선고 95다49639 판결).

[2] **과실의 추정**: 등록되어 있는 저작권·배타적발행권(실연, 음반 또는 방송의 배타적 발행권 설정 및 데이터베이스의 배타적발행권 설정 포함)·출판권·저작인접권 또는 데이터베이스제작자의 권리를 침해한 자는 그 침해행위에 과실이 있는 것으로 추정한다(제125조 제4항).

과실추정 규정은 저작권자가 침해에 따른 손해배상을 청구함에 있어 과실을 입증해야 하는 불편을 해소하고 등록된 저작권에 대한 권리보호를 강화함으로써 등록의 실효성을 보장하기 위한 것이다.

3. 손해와 손해액의 산정

가. 의 의

손해는 정신적 손해와 재산상 손해로 분류된다.

[1] **정신적 손해**: 저작재산권 침해로 인하여 회복할 수 없는 정신적 손해가 발생하였다면 예견가능성을 입증하여 위자료를 청구할 수 있다.

재산상 손해는 다시 적극적 손해와 소극적 손해로 분류된다.

[2] **적극적 손해**: 침해자인 피고의 침해행위로 인한 피해자인 원고의 기존 재산의 감소
예: 침해 사실에 대한 조사 비용, 침해의 제거 등을 위하여 지출한 비용, 변호사 비용, 침해
때문에 해약된 제품이 부식된 경우의 손해, 고객들에게 사정 설명을 하기 위한 통신비 또는
선전광고비 등

[3] **소극적 손해**: 침해행위가 없었더라면 권리자가 얻을 수 있었을 이익의 상실, 즉 저작
권 침해행위로 인하여 저작권자가 얻을 수 있었던 이익을 잃은 손해(일실소득)를 말한다. 특
히 소극적 손해의 입증이 어렵다.

나. 손해액의 산정

저작권 침해로 인한 소극적 손해를 청구하는 방법은 (i) 권리자가 현실적으로 입은 손해
액을 청구하는 방법(통상형; 민법상 일반원칙에 따른 산정 방법), (ii) 침해자가 침해행위에 의하
여 받은 이익액을 손해액으로 청구하는 방법(이익추정형; 저 제125조 제1항), (iii) 저작권의 행사
로 통상 얻을 수 있는 금액에 상당하는 액을 청구하는 방법(사용료상당액형; 저 제125조 제2항)이
있다.

예: "저작권 침해물의 작성자와 발간자 및 배포자는 침해행위로 인하여 원고가 입은 손해를
각자 배상할 책임이 있고, 저작재산권을 침해한 자가 침해행위에 의해 이익을 받았을 때에는 그
이익액을 저작재산권자 등이 입은 손해액으로 추정할 수 있는 바, 피고들이 침해물을 발간·배
포하여 얻은 순이익액은 금 1,270,000,000원[계산근거: (1권당 대여료 총액 1,350,000원
×2,000질)×60%(40%는 판매수수료로 영업사원에게 지급)−350,000,000원]이고, 침해물
전체에서 침해 부분이 차지하는 비율은 35%(침해부분 4,000면/전체 11,100면)라 할 것이므
로, 피고들이 침해 부분을 통하여 얻은 이익액은 금 444,500,000원(1,270,000×0.35)이 된
다."고 판시하였다(서울민사지방법원 1995. 6. 23. 선고 94가합67215 판결(이익추정형)).
예: "교육용 프로그램으로의 사용 등 잔존하는 부수적 목적을 위하여 미공표의 상태로 두고
있는 미공표 문제라 하더라도 당초의 출제 및 제작목적에 이미 사용되었다면 공표문제와 구
분하지 아니하고 그 저작권을 행사하여 통상 얻을 수 있는 금액을 손해배상액으로 보아야 할
것이다."라고 판시하여 사용료상당액형의 방법으로 손해액을 산정하였다.원고는 손해액을 증
명하여야 하는데, 그 손해액을 증명하기가 어려우므로 통상형의 방법보다는 이익추정형이나
사용료상당액형을 더 많이 활용하고 있는 실정이다(서울민사지방법원 1993. 10. 25. 선고
92가합35610 판결('토플시험문제' 사건)(사용료상당액형)).

[1] **통상형에 따른 손해**: 통상형에 따른 손해는 피고의 침해행위가 없었다고 한다면 있었
어야 할 원고의 이익상태와 침해행위가 이미 발생하고 있는 현재의 원고의 이익 상태의 차
이를 의미한다(대법원 1993. 11. 23. 선고 93다11180 판결).

[2] **이익추정형에 따른 손해액**: 침해자가 얻은 이익은 원칙적으로{(복제물의 판매가격×판매수량)−통상 소요경비}의 공식에 의하여 산정할 수 있다. 이 경우에는 침해행위와 손해의 인과관계 및 손해액은 추정하나, 손해의 발생은 추정하지 아니한다.

[3] **사용료상당액간주형에 따른 손해액**: 침해행위와 손해 사이의 인과관계, 손해액뿐만 아니라 손해발생까지도 간주하므로, 원고의 주장·입증에 따라 법원은 '피고의 저작재산권 침해행위'와 '통상 얻을 수 있는 금액에 상당하는 액(통상실시료 또는 통상사용료)'만을 심리하여 확정하면 된다.

[4] **통상적으로 얻을 수 있는 금액**: 저작물의 이용허락에 대한 대가로 지급되는 사용료 상당액을 말하며, 객관적으로 상당한 금액이라고 인정될 것을 요한다(대법원 2001. 11. 30. 선고 99다69631 판결).

[5] **사용료상당액의 산정기준 시점**: 소를 제기한 때가 아닌, 침해가 발생할 당시 시점을 말한다.

[6] **통상적으로 얻을 수 있는 금액의 예**: 원고료, 인세, 출연료, 사용료(사단법인 한국음악저작권협회가 정한 음악저작물사용료규정 등), 종전 계약에서 정한 사용료,[95] 원고의 내부적인 사용료 기준액 등의 이름으로 지급되는 각종 금액 등이 포함된다.

[7] **출판물에 관한 저작권 침해 사건에서는 저작권자가 통상 얻을 수 있었던 금액**: 발행부수에 따르는 인세상당액이라 볼 것이므로{표절된 책값×인세비율×(표절된 부분 분량/표절된 책 총분량)×발행부수}의 공식에 따라 산정하는 것이 판례의 입장이다.

사용료상당액간주형에 따른 손해액 이외에 별도로 이익추정형에 따른 손해액을 청구할 수 있다. 사용료상당액간주형의 손해액은 최소배상의 보장에 불과할 뿐이고 이러한 배상을 받고도 아직 손해가 있을 경우에는 '그 초과액에 대해서도 손해배상을 청구할 수 있다.'(저 제125조 제3항).

[8] **상당한 손해액의 인정**: 법원은 손해가 발생한 사실은 인정되나 저작권법 제125조의 규정에 의한 손해액을 산정하기 어려운 때에는 변론의 취지 및 증거조사의 결과를 참작하여 상당한 손해액을 인정할 수 있다(저 제126조).

다. 법정손해배상청구(저 제125조의2)

[1] 저작권 침해행위는 무체재산권에 대한 침해행위이어서 일반적으로 저작권 침해행위

---

95) 대법원 2013. 6. 27. 선고 2012다104137 판결[손해배상(지)].

로 말미암아 권리자가 입는 실손해액을 정확히 산정하기 곤란하고 이를 증명하기 위한 증거 등을 확보하기가 어렵다. 따라서 2011년 12월 개정 저작권법에서는 권리자의 손해액 입증의 곤란을 감경하고 손해배상의 실효성을 보장하기 위하여 사전에 일정한 범위 내에서 저작권법에서 정하는 금액을 청구할 수 있도록 법정손해배상청구제도를 신설하였다.

[2] 실손해액의 증명 곤란을 해소하기 위해 저작물당 1천만원 이하, 영리목적으로 고의인 침해행위의 경우에는 5천만원 이하의 범위에서 상당한 금액의 배상을 청구할 수 있도록 하고 있다(저 제125조의2 제1항). 그리고 법정손해배상을 선택적으로 청구할 수 있는 시기는 사실심 변론종결 시 전까지로 하고 있다(저 제125조의2 제1항). 둘 이상의 저작물을 소재로 하는 편집저작물과 2차적 저작물의 경우, 법정손해배상청구와 관련하여 하나의 저작물로 본다(저 제125조의2 제2항). 그리고 법정손해배상액을 청구하기 위해서는 침해행위가 발생하기 전에 저작물 등을 선등록할 것을 요건으로 하고 있다(저 제125조의2 제3항). 법정손해배상청구가 있는 경우에 법원은 변론의 취지와 증거조사의 결과를 고려하여 권리자가 청구한 법정손해배상액의 한도 내에서 상당한 손해액을 인정할 수 있다(저 제125조의2 제4항). 왜냐하면 이 경우 처분권주의가 적용되기 때문이다.

[3] 소송계속 중 사실심 변론종결 전까지 실손해액을 증명한 경우: 판례의 주류인 구소송물이론에 의거하면, 법정손해배상을 청구한 소송의 계속중 사실심 변론종결 전에 원고가 실손해액을 증명한 경우에는 청구의 변경절차(민사소송법 제262조)를 거쳐 법정손해배상을 청구한 소송을 실손해액을 청구한 소송으로 변경할 수 있을 것이라고 판단된다.

III. 명예회복을 위하여 필요한 조치

저작인격권의 침해에 대해서는 손해배상청구와 함께 또는 이에 갈음하여 명예회복을 위한 필요한 조치를 청구할 수도 있다(저 제127조).

사죄광고는 헌법재판소 1991. 4. 1.자 선고 89헌마160 결정에 의하여 위헌으로 확정되었다.

현재는 명예회복을 위하여 필요한 조치의 예로서 침해자의 비용으로 해명광고, 판결문 또는 정정문을 신문지상에 게재하는 방법 등이 제시되고 있다.

IV. 부당이득반환청구

이와 관련하여 저작물 무단이용에 따른 부당이득액 산정 기준에 관한 사안으로서 주목할 만한 판결이 있다. 즉, 피고가 3D TV 홍보용으로 원고의 3D 입체영상물을 이용하기 위하여 원고와 위 영상물의 이용계약을 위한 협상을 진행하면서 위 영상물을 이용하였으나 협상이 결렬됨으로써 피고가 원고에게 반환하여야 할 부당이득의 범위와 관련하여 티.비.시엘 주식회사 대 엘지전자 주식회사 사건 판결(대법원 2016. 7. 14. 선고 2014다82385 판결)은 "저작권자의 허락 없이 저작물을 이용한 사람은 특별한 사정이 없는 한 법률상 원인 없이 그 이용료 상당액의 이익을 얻고 이로 인하여 저작권자에게 그 금액 상당의 손해를 가하였다고 보아야 하므로, 저작권자는 부당이득으로 이용자가 그 저작물에 관하여 이용허락을 받았더라면 이용대가로서 지급하였을 객관적으로 상당한 금액의 반환을 구할 수 있다.

이러한 부당이득의 액수를 산정할 때는 우선 저작권자가 문제된 이용행위와 유사한 형태의 이용과 관련하여 저작물 이용계약을 맺고 이용료를 받은 사례가 있는 경우라면 특별한 사정이 없는 한 그 이용계약에서 정해진 이용료를 기준으로 삼아야 한다.

그러나 해당 저작물에 관한 이용계약의 내용이 문제된 이용행위와 유사하지 아니한 형태이거나 유사한 형태의 이용계약이더라도 그에 따른 이용료가 이례적으로 높게 책정된 것이라는 등 그 이용계약에 따른 이용료를 그대로 부당이득액 산정의 기준으로 삼는 것이 타당하지 아니한 사정이 있는 경우에는, 그 이용계약의 내용, 저작권자와 이용자의 관계, 저작물의 이용 목적과 이용 기간, 저작물의 종류와 희소성, 제작 시기와 제작 비용 등과 아울러 유사한 성격의 저작물에 관한 이용계약이 있다면 그 계약에서 정한 이용료, 저작물의 이용자가 이용행위로 얻은 이익 등 변론과정에서 나타난 여러 사정을 두루 참작하여 객관적이고 합리적인 금액으로 부당이득액을 산정하여야 한다."라고 판시하여 이 판결이 의도한 바는 아닐지라도 신소송물의 일지설에 따른 결론을 내릴 수 있는 여지를 남겨 두었다. 즉, 신소송물이론(일지설)에 따르면, 두 청구는 별개의 소송물이 아니므로 부당이득반환청구는 저작물 무단이용으로 인한 손해배상청구시에 공격방법으로서 같이 주장하였어야 할 것이다. 저작물 무단이용으로 인한 손해배상청구와 부당이득반환청구가 동일한 사실관계에 기인하지 않은 것으로 보는 한, 신소송물 중 이지설에 따르면, 별개의 소송물로 보게 될 것이고, 이 견해에 따르면 통상사용료상당액을 초과하는 금액에 대해 부당이득반환의 청구가 가능할 것이다.

V. 공동저작물의 저작권 침해

공동저작물의 각 저작자 또는 각 저작재산권자는 다른 저작자 또는 다른 저작재산권자의 동의 없이 저작권 침해정지청구를 할 수 있으며, 그 저작재산권의 침해에 관하여 자신의 지분에 관한 손해배상의 청구를 할 수 있다(저 제129조).

VI. 증거수집을 위한 정보제공(저 제129조의2)

여러 사람이 관여하고 다양한 경로를 통하여 이루어지는 저작권 침해행위를 방지하고 저작권을 효과적으로 보호하기 위하여 소송계속 중에 법원이 침해행위와 관련하여 당사자가 보유하고 있는 정보의 제공을 명할 수 있도록 할 필요가 있다. 이에 2011년 12월 개정 저작권법에서는 저작권 침해 소송 중 당사자의 신청에 따라 다른 당사자에 대하여 침해행위, 침해물의 생산 및 유통에 관련된 자를 특정하기 위한 정보, 침해물의 생산 및 유통 경로에 관한 정보 등의 제공을 명할 수 있도록 규정하고 있다. 다만, 영업비밀 및 사생활의 보호와 관련된 경우 등 일정한 경우에는 정보제공을 거부할 수 있도록 하고 있다. 그리고 정당한 이유 없이 법원의 정보제공명령에 따르지 아니한 때에는 법원은 정보에 관한 당사자의 주장을 진정한 것으로 인정할 수 있다.

VII. 소송절차에서의 비밀유지명령제도 도입(저 제129조의3, 제129조의4, 제129조의5 신설)

1. 의 의

'비밀유지명령'이란 소송절차에서 생성되거나 교환된 영업비밀을 보호하기 위해 소송당사자, 대리인 등에게 소송 중 알게 된 비밀을 소송 수행 외의 목적으로 사용하지 못하게 하거나 공개하지 못하게 하는 법원의 명령을 뜻한다. 2011년 12월 개정된 저작권법에 따르면, 저작권, 그 밖에 저작권법에 따라 보호되는 권리의 침해에 관한 소송에서 당사자가 제출한 준비서면 등에 영업비밀이 포함되어 있고 그 영업비밀이 공개되면 당사자의 영업에 지장을 줄 우려가 있는 경우 등에는 당사자의 신청에 따라 결정으로 해당 영업비밀을 알게 된 자에게 소송 수행 외의 목적으로 영업비밀을 사용하는 행위 등을 하지 아니할 것을 외의 목적으로 영업비밀을 사용하는 행위 등을 하지 아니할 것을 명할 수 있도록 하였고, 이를 위반하면 형사벌을 부과할 수 있도록 하는 근거 규정을 신설하고 있다. 이는 한－미 FTA 제18.10조 제11항[96]을 국내법에 반영하기 위한 조문이다. 동 제도와 관련하여, TRIPs(무역 관련 지식재산권에 관한 협정)와 한－EU FTA 규정은 민사사법절차에서 사법당국의 서류 제출 명령 권한을 중점적으로 규정하고 있다. 한－EU FTA 이행입법과 관련하여 법원의 서류제출 명령 권한에 관하여는 민사소송법 제292조, 제344조, 제347조, 제367조 등을 통해서 이행할 수 있었으므로 별도 입법이 필요 없었다. 하지만 한－미 FTA는 제18.10조 제10항에서 서류제출 명령 권한을 규정하고, 이와 별도로 제11항에서는 사법 당국의 비밀유지명령의 위반에 대한 제제 권한을 규정하고 있다. 그러므로 TRIPs와 한－EU FTA와는 달리, 한－미 FTA의 충실한 이행을 위해서는 비밀유지명령제도 및 이를 위반 시의 처벌규정을 도입할 필요가 있어서 2011년 개정 저작권법에서는 제129조의3, 제129조의4, 제129조의5를 신설하여 규율하고 있다. 이 제도 도입 시 소송절차에서 알려지게 된 영업비밀이 보호됨에 따라 기업의 경영활동 위축을 막을 수 있고, 서류제출 거부를 남용하는 사례가 대폭 감소하여, 손해 입증이 용이해지고, 심리의 충실을 도모할 수 있을 것으로 기대된다.

2. 내용(저 제129조의3)

2011년 개정 저작권법은 준비서면 또는 증거 등에 영업비밀이 포함되는 경우, 법원의 명령에 의해 해당 영업비밀의 사용 및 공개를 금지하는 비밀유지명령제도를 규정하고 있다. 이에 의하면, 비밀유지명령은 ① 해당 영업비밀을 해당 소송의 계속적인 수행 외의 목적으로 사용하는 것, ② 해당 영업비밀에 관계된 이 항에 따른 명령을 받은 자 이외의 자에게 공개하는 것 등을 금지하고 있다. 해당 소송 수행 목적으로의 해당 영업비밀의 사용에 대해서는, 비밀유지명령의 대상에서는 제외되어 있다. 이는 소송 당사자의 방어권을 확보하기 위해

---

96) 한－미 FTA 제18.10조에 따르면 다음과 같다.

11. 각 당사국은 사법 당국이 다음의 권한을 가지도록 규정한다.

가. 적절한 경우, 사법 당국이 내린 유효한 명령을 지키지 못한 민사 사법절차의 당사자에게 벌금·구류 또는 구금을 명령할 수 있는 권한, 그리고

나. 소송절차에서 생성되거나 교환된 비밀정보의 보호에 관한 사법명령의 위반에 대하여, 민사 사법절차의 당사자, 변호인, 전문가 또는 법원의 관할권이 미치는 그 밖의 인에게 제재를 부과할 수 있는 권한

서 이와 같은 사용을 인정할 필요가 있는 점에 기인한 것이다. 한편, 소송 수행 목적으로의 해당 영업비밀의 공개는 금지되며, 비밀유지명령의 대상이다(단, 비밀유지명령을 받은 자에게는 공개 가능하다). 이것은 소송 수행 목적이라 하더라도 해당 영업비밀이 공개되었다면, 영업비밀의 요건 중 하나인 비공지성이 결여되어 그 가치가 두드러지게 손상되기 때문이다.[97]

3. 비밀유지명령의 취소(저 제129조의4)

2011년 12월 개정 저작권법은 법원이 발령한 비밀유지명령에 대하여 저작권법 제129조의3 제1항에 따른 요건을 충족시키지 못하거나 사후적으로 결여된 경우의 취소 절차를 규정하고 있다. 즉, 비밀유지명령을 신청한 자나 비밀유지명령을 받은 자는 제129조의3 제1항에서 규정한 요건을 갖추지 못하였거나 갖추지 못하게 된 경우 소송기록을 보관하고 있는 법원(소송기록을 보관하고 있는 법원이 없는 경우에는 비밀유지명령을 내린 법원을 말한다)에 취소를 신청할 수 있다(저 제129조의4 제1항). 비밀유지명령의 취소신청에 대한 재판이 있는 경우에는 그 결정서를 그 신청인과 상대방에게 송달하여야 한다(저 제129조의4 제2항). 비밀유지명령의 취소신청에 대한 재판에 대하여는 즉시항고를 할 수 있다(저 제129조의4 제3항). 비밀유지명령을 취소하는 재판은 확정되어야 그 효력이 발생한다(저 제129조의4 제4항). 비밀유지명령을 취소하는 재판을 한 법원은 비밀유지명령의 취소신청을 한 자와 상대방 외에 해당 영업비밀에 관한 비밀유지명령을 받은 자가 있는 경우에는 그 자에게 즉시 비밀유지명령의 취소재판을 한 취지를 통지하여야 한다(저 제129조의4 제5항). 이는 비밀유지명령을 취소받지 않은 다른 수신인으로서는 비밀유지명령을 받은 자에 대한 공개 행위는 적법한 반면, 취소받은 자에 대한 공개 행위는 위법행위인 동시에, 비밀유지명령을 취소받은 자에 대한 공개에 의해 그 자로부터 영업비밀이 누설될 우려가 발생하기 때문이다.

---

97) 문병철, "특허법 일부개정법률안 검토보고서", 2011년 10월, 28면(http://likms.assembly.go.kr/law/jsp/law/Law.jsp?WORK_TYPE=LAW_BON&SRCH_IN_RESULT=false&LAW_SRCH_TYPE=LAW_NM&SUB_NM=특허법&BEF_SUB_NM=특허법&LAW_CHECK=true&ORD_CHECK=true&REGL_CHECK=true&srchinresult=false&lawsrchtype=LAW_NM&subnm=특허법&befsubnm=특허법&lawchk=true&ordchk=true&reglchk=true&LAW_ID=A1306&PROM_NO=11117&PROM_DT=20111202&(최종방문일: 2020년 2월 1일))(이하 '문병철, 2011년 특허법보고서').

4. 소송기록 열람 등의 청구 통지 등(저 제129조의5)

2011년 12월 개정 저작권법 제129조의5에 따르면, 비밀유지명령이 내려진 소송에 관한 소송기록에 대하여 열람 신청자를 당사자로 한정하는 열람제한 결정이 있었던 경우, 당사자가 소송기록 중 영업비밀 부분의 열람 등을 청구하였으나 그 청구절차를 비밀유지명령을 받지 않은 자가 밟는 경우 법원 담당공무원은 당사자에게 소송기록 열람 청구가 있었음을 통지해야 한다고 규정하고 있다. 소송기록으로부터의 영업비밀의 누설 방지에 관해서는 민사소송법 제163조의 규정에 의한 제3자의 열람 등의 제한이 있는데, 동조에서 당사자에 의한 열람 등은 가능하다. 이 때문에, 예를 들어 법인이 당사자 등인 경우, 비밀유지명령을 받지 않은 종업원 등이 법인으로부터 위임을 받아 소송기록의 열람 등의 청구 절차를 통해 영업비밀을 사실상 자유롭게 알 수 있게 될 우려가 있다. 따라서 2011년 12월 개정 저작권법 제129조의5는 비밀유지명령이 발령된 소송에 관한 소송기록에 대해서 민사소송법 제163조 제1항의 결정이 있는 경우에 ① 당사자로부터 민사소송법 제163조 제1항의 비밀 기재 부분의 열람 등의 청구를 받고, ② 그 청구 절차를 수행한 자가 비밀유지명령을 받은 자가 아닌 경우에 법원 담당공무원은 민사소송법 제163조 제1항의 신청을 한 당사자에게 그 청구 직후에 그 청구가 있었음을 통지해야 한다고 규정하고 있다. 이로써 통지를 받은 당사자는 청구 절차를 수행한 자에 대한 비밀유지명령의 신청을 할 수 있게 되며, 비밀유지명령의 발령을 얻는 데 필요한 기간(열람 등의 청구가 있었던 날로부터 2주일, 그 기간 내에 그 자에 대한 비밀유지명령의 신청이 있었을 때는 그 신청에 관한 재판 확정까지) 동안은 그 절차를 수행한 자의 열람 등은 제한된다. 단, 영업비밀의 보유자인 신청을 한 당사자 모두의 동의가 있을 때는 이들 규정이 적용되지 않고도 열람할 수 있다. 따라서 2011년 12월 개정 저작권법 제129조의5는 비밀유지명령을 받지 아니한 자의 소송기록 열람 등의 청구에 따른 영업비밀 누출의 위험으로부터 효율적으로 영업비밀을 보호하기 위한 것이다.

5. 비밀유지명령 위반죄(저 제136조 제1항 제2호 신설)

2011년 개정 저작권법은 비밀유지명령의 대상이 되어 있는 영업비밀을 해당 소송수행의 목적 이외로 사용하거나 해당 비밀유지명령을 받은 자 이외의 자에게 공개하는 행위는 형사처벌의 대상으로 하고 있다. 이는 민사소송 절차에서 생산되거나 교환된 비밀정보의 보호에 관한 사법명령의 위반에 대하여 사법당국이 제재를 부과할 수 있는 권한을 규정한 한—미 FTA 제18.10조 제11항을 반영하기 위한 것이다. 2011년 개정 저작권법 제136조 제1항 제2호에서는 비밀유지명령 위반에 대한 형량을 5년 이하의 징역 또는 5천만원 이하의 벌금으로 규정하고 있는데, 비밀유지명령 위반은 법규 위반이 아닌 법원의 명령에 대한 위반이며, 심리 중에 알게 된 비밀을 소극적으로 유지하지 못한 것이라는 점에서 일정한 목적을 가지고 누설한 목적범과 그 형량에 차이를 두는 것이 합리적이라는 점을 감안한 입법이다.[98]

이 형량은 또한 직무상 알게 된 비밀 누설에 관한 유사 사례(예: 산업기술의 유출방지 및 보호에 관한 법률 제34조) 및 일본 부정경쟁방지법의 사례[99]에 비추어 볼 때, 적절한 것으로 평가된다.[100]

한편, 2011년 개정 저작권법은 비밀유지명령 위반죄를 피해자 또는 그 밖의 법률에 정한 자의 고소를 필요조건으로 하는 친고죄를 규정하고 있다. 이렇게 친고죄로 규정한 이유는 비친고죄로 구성하는 경우, 피해자가 형사재판을 원하지 않아도 검사가 기소하면 공판 절차가 개시되므로 형사처벌을 통해 보호를 도모하고자 하는 영업비밀이 형사소송 과정에서 다시 공개되어 버릴 가능성이 있기 때문이다.[101]

제3절 형사상 제재

저작권 범죄에 대해서는 과실범은 존재하지 아니하며 고의범만이 처벌된다. 그리고 원칙적으로는 미수범은 처벌되지 않으나, 예외적으로 영상저작물 녹화 등의 금지행위를 위반한 자에 대해서는 미수범이 처벌된다(저 제137조 제1항 제3호의3 및 제2항, 제104조의6).

I. 권리침해죄

☞ **권리침해죄**: 저작재산권 그 밖의 저작권에 의하여 보호되는 재산적 권리(저작권법 제93

---

98) 문병철, 2011년 특허법보고서, 35면.
99) <일본 부정경쟁방지법> 제21조 (벌칙) ② 다음 각 호의 어느 하나에 해당하는 자는 5년 이하의 징역 혹은 500만엔 이하의 벌금에 처하거나 이를 병과한다. 1. 내지 5. [중략]
    6. 비밀유지명령에 위반한 자
    7. [생략]
100) 문병철, 2011년 특허법보고서, 35—36면.
101) 문병철, 2011년 특허법보고서, 36면.

조의 규정에 의한 데이터베이스제작자의 권리는 제외)를 복제·공연·공중송신·전시·배포·대여·2차적 저작물 작성의 방법으로 침해한 자 및 저작권법 제129조의3에 따른 법원의 비밀유지명령을 정당한 이유 없이 위반한 자는 5년 이하의 징역 또는 5천만원 이하의 벌금에 처하거나 이를 병과할 수 있다(저 제136조 제1항 제1호 및 제2호). 그리고 (i) 저작인격권 또는 실연자의 인격권을 침해하여 저작자의 명예를 훼손한 자, (ii) 저작권이나 저작권 변동사항 등에 관한 등록(저작권법 제53조, 제54조(제90조, 제98조에 따라 준용되는 경우를 포함한다))을 거짓으로 한 자, (iii) 저작권법 제93조의 규정에 의하여 보호되는 데이터베이스제작자의 권리를 복제·배포·방송 또는 전송의 방법으로 침해한 자, (iv) 저작권법 제103조의3 제1항에 따른 불법 침해자 정보제공 청구에 의해 온라인서비스제공자로부터 해당 복제·전송자의 정보를 제공받은 자가 민사상의 소제기 또는 형사상의 고소 이외의 용도로 해당 정보를 사용한 경우(저 제103조의3 제4항 및 제136조 제2항 제3호의2), (v) 업으로 또는 영리를 목적으로 기술적 보호조치 무력화 금지 또는 기술적 보호조치 무력화 예비행위 금지를 위반한 자(저 제104조의2 제1항 내지 제2항, 제136조 제2항 제3호의3), (vi) 업으로 또는 영리를 목적으로 저작권법 제104조의3 제1항에 따른 권리관리정보의 제거·변경 등의 금지를 위반한 자(다만 과실로 저작권 또는 저작권법에 의하여 보호되는 권리침해를 유발 또는 은닉한다는 사실을 알지 못한 자를 제외한다)(저 제104조의3 제1항 및 제136조 제2항 제3호의4), (vii) 암호화된 방송신호의 무력화 등의 금지행위를 위반한 자 중 저작권법 제1호 및 제2호에 해당하는 행위를 한 자(저 제104조의4 제1호 및 제2호, 제136조 제2항 제3호의5), (viii) 라벨 위조 등의 금지행위를 위반한 자(저 제104조의5 및 제136조 제2항 제3호의6), (ix) 방송 전 신호의 송신금지행위를 위반한 자(저 제104조의7 및 제136조 제2항 제3호의7) 및 (x) 저작권법 제124조 제1항에 따른 침해행위로 보는 행위를 한 자(저 제136조 제2항 제4호)는 3년 이하의 징역 또는 3천만원 이하의 벌금에 처하거나 이를 병과할 수 있다(제136조 제2항).

대법원 2016. 5. 26. 선고 2015도16701 판결[업무방해(변경된죄명: 저작권법위반)][모바일 애플리케이션에 관한 저작권법 위반 사건][공2016하,903]

[판결요지]

인터넷 링크(Internet link)는 인터넷에서 링크하고자 하는 웹페이지나, 웹사이트 등의 서버에 저장된 개개의 저작물 등의 웹 위치 정보 내지 경로를 나타낸 것에 불과하여, 인터넷 이용자가 링크 부분을 클릭함으로써 링크된 웹페이지나 개개의 저작물에 직접 연결하더라도, 이는 저작권법 제2조 제22호에 규정된 '유형물에 고정하거나 유형물로 다시 제작하는 것'에 해당하지 아니하고, 같은 법 제19조에서 말하는 '유형물을 진열하거나 게시하는 것'에도 해당하지 아니한다. 또한 위와 같은 인터넷 링크의 성질에 비추어 보면 인터넷 링크는 링크된 웹페이지나 개개의 저작물에 새로운 창작성을 인정할 수 있을 정도로 수정·증감을 가하는 것에 해당하지 아니하므로 2차적저작물 작성에도 해당하지 아니한다. 이러한 법리는 모바일 애플리케이션(Mobile application)에서 인터넷 링크와 유사하게 제3자가 관리·운영하는 모바일 웹페이지로 이동하도록 연결하는 경우에도 마찬가지이다.

II. 부정발행 등의 죄

☞ **부정발행 등의 죄**: (i) 저작자 아닌 자를 저작자로 하여 실명 내지 이명을 표시하여 저작물을 공표한 자, (ii) 실연자 아닌 자를 실연자로 하여 실명 내지 이명을 표시하여 실연을 공연 또는 공중송신하거나 복제물을 배포한 자, (iii) 저작자 사망 후의 인격적 이익을 침해한 자, (iv) 암호화된 방송신호의 무력화 등의 금지행위를 위반한 자 중 저작권법 제104조의4 제3호에 해당하는 행위를 한 자(저 제137조 제1항 제3호의2), (v) 영상저작물 녹화 등의 금지행위를 위반한 자(저 제104조의6, 제137조 제1항 제3호의3), (vi) 허가를 받지 아니하고 저작권신탁관리업을 한 자, (vii) 저작인격권 침해 간주(제124조 제2항)규정에 따른 저작권 침해행위로 보는 행위를 한 자, (viii) 자신에게 정당한 권리가 없음을 알면서 고의로 저작권법 제103조 제1항 또는 제3항의 규정에 의한 복제·전송의 중단 또는 재개요구를 하여 온라인서비스제공자의 업무를 방해한 자, (ix) 저작권법 제55조의5(제90조 및 제98조에 따라 준용되는 경우를 포함한다)를 위반한 자는 1년 이하의 징역 또는 1천만원 이하의 벌금에 처한다(제137조). 영상저작물 녹화 등의 금지행위를 위반한 자의 경우에 그 미수범도 처벌한다(저 제137조 제2항).

III. 출처명시 위반의 죄 등

☞ **출처명시 위반의 죄 등**(저 제138조): 초상 본인의 의사에 반하여 초상사진을 이용하거나(제35조 제4항), 출처를 명시하지 아니하거나(제37조, 제87조, 제94조), 배타적발행물 및 출판물에 저작재산권자의 표지를 하지 아니한 경우(다만, 「신문 등의 진흥에 관한 법률」 제9조 제1항에 따라 등록된 신문과 「잡지 등 정기간행물의 진흥에 관한 법률」 제15조 및 제16조에 따라 등록 또는

신고된 정기간행물의 경우에는 그러하지 아니하다)(제58조 제3항, 제63조의2, 제88조, 제96조), 배타적 발행물의 재발행 및 출판물의 재출판 시 저작자에게 알리지 아니하거나(제58조의2 제2항, 제63조의2, 제88조 및 제96조), 신고하지 아니하고 대리중개업을 하거나 영업폐쇄명령을 받고 계속 영업한 자(제105조 제1항, 제109조 제2항) 등에 대하여는 500만원 이하의 벌금에 처한다.

IV. 몰 수

☞ **몰수(저 제139조)**: 저작권 그 밖에 저작권법에 의하여 보호되는 권리를 침해하여 만들어진 복제물과 그 복제물의 제작에 주로 사용된 도구나 재료 중 그 침해자, 인쇄자, 배포자 또는 공연자의 소유에 속하는 것은 이를 몰수한다. 한-EU FTA에 따라 불법 복제물과 함께 불법 복제물 제작에 주로 사용된 제작용구 또는 재료도 몰수대상에 포함시켰다. 그렇게 함으로써 불법 복제물의 유통을 원천적으로 억제·방지할 수 있을 것으로 기대된다. 몰수란 형법상 형의 일종으로(형법 제41조) 범죄행위와 관련된 재산의 박탈을 내용을 하는 재산형을 말한다. 판례에 따르면, 피고인이 범죄행위의 대가로서 받은 돈이라 할지라도 이는 반드시 몰수하여야 되는 것이 아니라 몰수 여부는 법원의 재량에 속한다고 판시하였다(대법원 1971. 11. 9. 선고 71도1537 판결).

V. 친고죄와 비친고죄의 분류

[1] 2011년 12월 개정 저작권법에서는 인터넷환경에서 대규모 또는 반복적으로 이루어지는 저작권 침해는 권리자뿐만 아니라 사회 전체의 법익을 침해하므로 검찰이 직권으로 공소를 제기할 수 있는 비친고죄의 범위를 확대하였다. 예컨대 비친고죄의 대상범위를 '영리를 위하여 상습적인' 저작권 침해에서 '영리목적으로 또는 상습적인 경우'로 확대하였다.

[2] **친고죄와 비친고죄의 분류**: 저작권 범죄에 대한 공소제기는 고소가 있어야 한다(친고죄). 다만, 다음의 경우는 비친고죄로 한다.

(a) (i) 영리를 위하여 또는 상습적으로 저작재산권 그 밖에 저작권법에 따라 보호되는 재산적 권리(제93조의 규정에 따른 데이터베이스제작자의 권리를 제외한다)를 복제·공연·공중송신·전시·배포·대여·2차적 저작물 작성의 방법으로 침해한 경우, (ii) 데이터베이스제작자의 권리를 복제·배포·방송 또는 전송의 방법으로 침해한 경우, (iii) 저작권법 제124조 제1

항에 따른 침해행위로 보는 행위를 한 경우(저 제140조 제1호).

(b) (i) 저작권이나 저작권 변동사항 등에 관한 등록(저작권법 제53조, 제54조(제90조, 제98조에 따라 준용되는 경우를 포함한다))을 거짓으로 한 경우, (ii) 저작권법 제103조의3 제1항에 따른 불법 침해자 정보제공 청구에 의해 온라인서비스제공자로부터 해당 복제·전송자의 정보를 제공받은 자가 민사상의 소제기 또는 형사상의 고소 이외의 용도로 해당 정보를 사용한 경우(저 제103조의3 제4항 및 제136조 제2항 제3호의2), (iii) 업으로 또는 영리를 목적으로 기술적 보호조치 무력화 금지 또는 기술적 보호조치 무력화 예비행위 금지를 위반한 경우(저 제104조의2 제1항 내지 제2항, 제136조 제2항 제3호의3), (iv) 업으로 또는 영리를 목적으로 저작권법 제104조의3 제1항에 따른 권리관리정보의 제거·변경 등의 금지를 위반한 경우(다만 과실로 저작권 또는 저작권법에 의하여 보호되는 권리침해를 유발 또는 은닉한다는 사실을 알지 못한 자를 제외한다)(저 제104조의3 제1항 및 제136조 제2항 제3호의4), (v) 암호화된 방송신호의 무력화 등의 금지행위를 위반한 자 중 저작권법 제1호 및 제2호에 해당하는 행위를 한 경우(저 제104조의4 제1호 및 제2호, 제136조 제2항 제3호의5), (vi) 라벨 위조 등의 금지행위를 위반한 경우(저 제104조의5 및 제136조 제2항 제3호의6), (vii) 방송 전 신호의 송신금지행위를 위반한 경우(저 제104조의7 및 제136조 제2항 제3호의7), (viii) 저작자 아닌 자를 저작자로 하여 실명 내지 이명을 표시하여 저작물을 공표한 경우(저 제137조 제1항 제1호),[102] (ix) 실연자 아

---

102) 대법원 2017. 11. 9. 선고 2017도10838 판결[저작권법위반]에서는 "저작권법 제137조 제1항 제1호는 저작자 아닌 자를 저작자로 하여 실명·이명을 표시하여 저작물을 공표한 자를 형사처벌한다고 규정하고 있다. 위 규정은 저작자가 아님에도 자신의 의사에 반하여 타인의 저작물에 저작자로 표시된 경우 저작자 아닌 자의 인격적 권리, 저작자의 의사에 반하여 그의 저작물에 저작자 아닌 자가 저작자로 표시된 경우 실제 저작자의 인격적 권리뿐만 아니라 저작자 명의에 관한 사회 일반의 신뢰도 보호하려는 데 그 목적이 있다. 그리고 저작권법상 공표는 저작물을 공연, 공중송신 또는 전시 그 밖의 방법으로 공중에게 공개하는 것과 저작물을 발행하는 것을 뜻한다(저작권법 제2조 제25호). 이러한 공표의 문언적 의미와 앞서 본 저작권법 제137조 제1항 제1호의 입법 취지 등에 비추어 보면, 저작자를 허위로 표시하는 대상이 되는 저작물이 이전에 공표된 적이 있어도 위 규정에 따른 범죄의 성립에는 영향이 없다."고 판시하였다. 그리고 대법원 2017. 10. 26. 선고 2016도16031 판결[저작권법위반·업무방해·위계공무집행방해]에서는 "저작권법 제137조 제1항 제1호는 저작자 아닌 자를 저작자로 하여 실명·이명을 표시하여 저작물을 공표한 자를 형사처벌한다고 규정하고 있다. 위 규정은 자신의 의사에 반하여 타인의 저작물에 저작자로 표시된 저작자 아닌 자와 자신의 의사에 반하여 자신의 저작물에 저작자 아닌 자가 저작자로 표시된 실제 저작자의 인격적 권리뿐만 아니라 저작자 명의에 관한 사회 일반의 신뢰도 보호하려는 데 목적이 있다. 이와 같은 입법 취지 등을 고려하면, 저작자 아닌 자를 저작자로 표시하여 저작물을 공표한 이상 위 규정에 따른 범죄는 성립하고, 사회 통념에 비추어 사회 일반의 신뢰가 손상되지 않는다고 인정되는 특별한 사정이 있는 경우가 아닌 한 그러한 공표에 저작자 아닌 자와 실제 저작자의 동의가 있었더라도 달리 볼 것은 아니다."고 판시하였다.

닌 자를 실연자로 하여 실명 내지 이명을 표시하여 실연을 공연 또는 공중송신하거나 복제물을 배포한 경우(저 제137조 제1항 제2호), (x) 저작자 사망 후의 인격적 이익을 침해한 경우(저 제137조 제1항 제3호), (xi) 암호화된 방송신호의 무력화 등의 금지행위를 위반한 자 중 저작권법 제104조의4 제3호에 해당하는 행위를 한 경우(저 제137조 제1항 제3호의2), (xii) 영상저작물 녹화 등의 금지행위를 위반한 경우(저 제104조의6, 제137조 제1항 제3호의3), (xiii) 허가를 받지 아니하고 저작권신탁관리업을 한 경우(저 제137조 제1항 제4호), (xiv) 자신에게 정당한 권리가 없음을 알면서 고의로 저작권법 제103조 제1항 또는 제3항의 규정에 의한 복제·전송의 중단 또는 재개요구를 하여 온라인서비스제공자의 업무를 방해한 경우(저 제137조 제1항 제6호), (xv) 저작권법 제55조의5(저 제90조 및 제98조에 따라 준용되는 경우를 포함한다)에 따른 비밀유지의무를 위반한 경우(저 제137조 제1항 제7호), (xvi) 신고하지 아니하고 대리중개업을 하거나 영업폐쇄명령을 받고 계속 영업한 경우(저 제138조 제5호, 제105조 제1항, 제109조 제2항).

[3] 친고죄인 저작권 침해 등에 관해서는 범인을 알게 된 날로부터 6개월 이내에 고소하여야 한다(형사소송법 제230조).

[4] **반의사불벌죄(비친고죄 중)**: 영리를 목적으로 또는 상습적으로 프로그램의 저작권을 침해하여 만들어진 프로그램의 복제물(수입 시에 대한민국 내에서 만들어졌더라면 저작권 그 밖에 이 법에 따라 보호되는 권리의 침해로 될 물건을 대한민국 내에서 배포할 목적으로 수입하는 경우에 그 수입 물건을 포함한다)을 그 사실을 알면서 취득한 자가 이를 업무상 이용하는 경우에는 피해자의 명시적 의사에 반하여 처벌하지 못한다(저 제140조 제1호, 제124조 제1항 제3호).

VI. 양벌규정

☞ **양벌규정(저 제141조)**: 법인의 대표자나 법인 또는 개인의 대리인·사용인 기타의 종업원이 그 법인 또는 개인의 업무에 관하여 저작권 범죄를 범한 때에는 행위자를 벌하는 외에 그 법인 또는 개인에 대하여도 각 해당 조의 벌금형을 과한다. 다만 법인 또는 개인이 그 위반행위를 방지하기 위하여 해당 업무에 관하여 상당한 주의와 감독을 게을리하지 아니한 경우에는 그러하지 아니하다.

이 양벌규정에 의한 영업주의 처벌은 금지위반행위자인 종업원의 처벌에 종속하는 것이 아니라 독립하여 그 자신의 종업원에 대한 선임감독상의 과실로 인하여 처벌되는 것이므로

종업원의 범죄성립이나 처벌이 영업주 처벌의 전제조건이 될 필요는 없다.[103]

제4절 행정적 규제

[1] **저작권 침해에 관한 단속 사무의 협조:** 문화체육관광부장관은 「사법경찰관리의 직무를 수행할 자와 그 직무범위에 관한 법률」 제5조 제26호에 따른 저작권 침해에 관한 단속 사무와 관련하여 기술적 지원이 필요할 때에는 보호원 또는 저작권 관련 단체에 협조를 요청할 수 있다(저 제130조의2).

[2] **불법복제물의 수거·폐기 및 삭제:** 문화체육관광부장관, 특별시장·광역시장·특별자치시장·도지사·특별자치도지사 또는 시장·군수·구청장(자치구의 구청장을 말한다)은 저작권이나 그 밖에 이 법에 따라 보호되는 권리를 침해하는 복제물(정보통신망을 통하여 전송되는 복제물은 제외한다) 또는 저작물 등의 기술적 보호조치를 무력하게 하기 위하여 제작된 기기·장치·정보 및 프로그램을 발견한 때에는 대통령령으로 정한 절차 및 방법에 따라 관계공무원으로 하여금 이를 수거·폐기 또는 삭제하게 할 수 있다(저 제133조 제1항, 저작권법 시행령 제69조).

[3] **정보통신망을 통한 불법복제물 등의 삭제명령 등:** 문화체육관광부장관은 정보통신망을 통하여 저작권이나 그 밖에 저작권법에 따라 보호되는 권리를 침해하는 복제물 또는 정보, 기술적 보호조치를 무력하게 하는 프로그램 또는 정보(이하 "불법복제물 등"이라 한다)가 전송되는 경우에 저작권보호심의위원회의 심의를 거쳐 저작권법 시행령에 따라 온라인서비스제공자에게 (i) 불법복제물 등의 복제·전송자에 대한 경고 또는 (ii) 불법복제물 등의 삭제 또는 전송 중단의 조치를 할 것을 명할 수 있다(저 제133조의2 제1항, 저작권법 시행령 제72조의2). 문화체육관광부장관은 위 경고를 3회 이상 받은 복제·전송자가 불법복제물 등을 전송한 경우에 저작권보호심의위원회의 심의를 거쳐 저작권법 시행령으로 정하는 바에 따라 온라인서비스제공자에게 6개월 이내의 기간을 정하여 해당 복제·전송자의 계정(이메일 전용 계정은 제외하며, 해당 온라인서비스제공자가 부여한 다른 계정을 포함한다)을 정지할 것을 명할 수 있다(저 제133조의2 제2항, 저작권법 시행령 제72조의3).

[4] **시정권고 등:** 한국저작권보호원은 온라인서비스제공자의 정보통신망을 통하여 불법복제물 등이 전송된 사실을 발견한 경우에는 저작권보호심의위원회의 심의를 거쳐 온라인서비스제공자에 대하여 (i) 불법복제물 등의 복제·전송자에 대한 경고, (ii) 불법복제물 등의 삭

---

103) 대법원 2006. 2. 24. 선고 2005도7673 판결.

제 또는 전송 중단 또는 (iii) 반복적으로 불법복제물 등을 전송한 복제 · 전송자의 계정 정지를 권고할 수 있다(저 제133조의3 제1항).

제15장 외국인 저작물의 보호

제1절 외국인 저작물의 보호

외국인의 저작물은 대한민국이 가입 또는 체결한 조약에 따라 보호된다(제3조 제1항).

그리고 대한민국 내에 상시 거주하는 외국인(무국적자 및 대한민국 내에 주된 사무소가 있는 외국법인을 포함한다)의 저작물과 맨 처음 대한민국 내에서 공표된 외국인의 저작물(외국에서 공표된 날로부터 30일 이내에 대한민국 내에서 공표된 저작물을 포함한다)은 우리 저작권법에 의하여 보호된다(저 제3조 제2항).

하지만 외국인(대한민국 내에 상시 거주하는 외국인 및 무국적자를 제외한다)의 저작물이라도 그 외국에서 대한민국 국민의 저작물을 보호하지 아니하는 경우에는 그에 상응하게 조약 및 저작권법에 의한 보호를 제한할 수 있다(저 제3조 제3항). 그리고 공표지주의 및 상호주의에 따라 보호되는 외국인의 저작물이라도 그 외국에서 보호기간이 만료된 경우에는 우리 저작권법에 따른 보호기간을 인정하지 아니한다(저 제3조 제4항).

☞ 정 리: 우리 저작권법은 (i) 대한민국 국민의 저작물(국적주의)을 보호하고, (ii) 한국에 상시 거주하는 외국인의 저작물(무국적자 및 대한민국 내에 주된 사무소가 있는 외국 법인을 포함)과 한국에서 최초 공표된 저작물도 이에 준하여 저작권법에 의하여 보호하며(공표지주의), (iii) 이에 해당하지 아니하는 외국인의 저작물은 우리나라가 가입 또는 체결한 조약(상호주의)에 따라 보호한다.

우리나라가 가입한 저작권관련 조약으로는 다음과 같다.

(i) 세계저작권협약(Universal Copyright Convention; 약칭 'UCC'로 표시)(1987년 10월 1일 발효)

(ii) 음반협약(Convention for the Protection of Producers of Phonograms Against Unauthorized Duplication of Their Phonograms; 약칭 'Phonograms Convention'으로 표시)(1987년 10월 10일 발효)

(iii) 무역 관련 지식재산권에 관한 협정(The Agreement on Trade Related Aspects of

Intellectual Property Rights, Including Trade in Counterfeit Goods; 약칭 'WTO/TRIPs'로 표시)(1995년 1월 1일 발효)

(iv) 베른협약(Berne Convention for the Protection of Literary and Artistic Works; 약칭 'Berne Convention'으로 표시)(1996년 9월 21일 발효)

(v) 세계지식재산권기구 저작권조약(WIPO Copyright Treaty; 약칭 'WCT'로 표시)(2004년 6월 24일 발효)

(vi) 로마협약(Rome Convention for the Protection of Performers, Producers of Phonograms and Broadcasting Organizations; 약칭 'Rome Convention'으로 표시)(2009년 3월 18일 발효)

(vii) 세계지식재산권기구 실연·음반조약(WIPO Performances and Phonograms Treaty; 약칭 'WPPT'로 표시)(2009년 3월 18일 발효)

(viii) 위성에 의하여 송신되는 프로그램 전달 신호의 배포에 관한 협약 (Brussels Convention Relating to the Distribution of Programme-Carrying Signals Transmitted by Satellite)(2012년 3월 19일 발효)

(ix) 시각장애인의 저작물 접근권 개선을 위한 마라케시 조약 (Marrakesh Treaty to Facilitate Access to Published Works for Persons Who Are Blind, Visually Impaired or Otherwise Print Disabled)(2016년 9월 30일 발효)

제2절 외국인 저작물의 보호기간

I. 소급보호의 의의

구 저작권법(1995년 12월 6일 법률 제5015호로 개정되기 이전의 저작권법) 제3조 제1항은 외국인의 저작물을 우리나라가 가입 또는 체결한 조약에 따라 보호하되(당시 구 저작권법 제3조 제1항 본문), 그 조약이 우리나라에 시행되기 전(세계저작권조약의 경우 1987년 10월 1일)에 발행된 외국인의 저작물은 소급해서 보호하지 않았다(당시 구 저작권법 제3조 제1항 단서).

이는 우리나라가 가입한 세계저작권조약(UCC)에 규정한 불소급원칙을 원용한 것이다.

1995년 개정된 저작권법은 무역 관련 지식재산권에 관한 협정(WTO/TRIPs 협정)의 체결에 따라 외국인 저작물의 소급보호를 원칙으로 하는 베른협약을 수용하기 위하여 1995년 개정 이전의 저작권법 제3조 제1항 단서를 삭제하였고, 부칙 제1조에 의하여 그 효력은 1996

년 7월 1일부터 적용되도록 하였다.

그 전까지는 공정이용이 가능했던 외국인의 저작물도 1996년 7월 1일부터는 새롭게 소급보호받게 되었다. 법 개정으로 새롭게 소급보호받게 된 외국인의 저작물을 '회복저작물'이라고 한다(1995년 개정된 저작권법 부칙 제3조).

☞ 참 조: 베른협약 제18조 제1항에 따르면, "이 협약은 협약의 효력발생 당시 본국에서 보호기간의 만료에 의하여 이미 공유가 되지 아니한 모든 저작물에 적용된다."고 규정하여 외국인 저작물의 소급보호원칙을 규정하고 있다.

II. 소급보호의 범위

회복저작물은 한국 저작권법에 의한 한국인의 저작물과 동일한 기간만큼 보호된다.

☞ 예: 멕시코 저작권법 제29조 제1항에 따르면, 멕시코에서는 저작권의 보호기간을 저작자의 생존 중 및 그 사후 100년 간으로 되어 있지만 한국에서 회복저작물은 한국 저작권법에 따라 저작자의 사후 50년까지만 보호된다.[104]

회복저작물은 당해 저작물이 한국에서 보호되었더라면 인정되었을 보호기간의 잔여기간 동안 존속한다(1995년 개정된 저작권법 부칙 제3조).

우리나라 저작권법에 따라 내국민에게 부여되는 저작권 보호기간과 관련하여 외국인의 회복저작물의 보호기간의 예를 살펴보면 다음과 같다.

☞ 예: (i) 1956년 사망한 경우─1957년 1월 1일부터 1986년 12월 31일까지 보호(1957년 제정된 구 저작권법에 따르면, 사망 후 30년간, 즉 1986년 12월 31일 소멸) (ii) 1957년 사망한 경우─1958년 1월 1일부터 1987년 12월 31일까지＋1987년 저작권법 부칙 제3조 제2호에 의하여 2007년 말까지 연장(1986년 개정된 저작권법에 따르면, 사망 후 50년간)

☞ 참 조: 1995년 개정된 저작권법 부칙 제3조의 취지는 1957년 당시 우리 저작권법이 저작자의 사후 30년을 보호기간으로 하고 있는 데 반해 베른협약은 저작자의 사후 50년간의 보호기간을 원칙으로 하고 있으므로 외국인의 경우 1957년 이전에 사망하였더라도 사후 50년의 보호기간이 적용되어 한국인에 비하여 오히려 더 장기간 보호되는 것을 방지하기 위한 것이다.

---

104) 이규호 역, 「멕시코 저작권법(2003)」, 저작권위원회, 2008년, 12면.

III. 회복저작물 등의 이용에 관한 경과조치

1995년 개정된 저작권법 부칙 제4조는 종전에 자유롭게 이용되던 저작물이 소급보호됨에 따라 다음과 같은 경과조치를 규정하게 되었다.

(1) 1995년 개정된 저작권법 시행(1996년 7월 1일) 전에 회복저작물 등을 이용한 행위는 이 법에서 정한 권리의 침해행위로 보지 아니한다.

(2) 회복저작물 등의 복제물로서 1995년 1월 1일 전에 제작된 것은 1996년 12월 31일까지 이를 계속하여 배포할 수 있다.

(3) 회복저작물 등을 원저작물로 하는 2차적 저작물로서 1995년 1월 1일 전에 작성된 것은 이 법 시행 후에도 이를 계속하여 이용할 수 있다. 다만, 그 원저작물의 권리자는 1999년 12월 31일 후의 이용에 대하여 상당한 보상을 청구할 수 있다.

(4) 1995년 개정된 저작권법(1996년 7월 1일) 전에 회복저작물 등이 고정된 판매용 음반을 취득한 때에는 음반의 대여허락에 관한 규정(그 법 제43조 제2항, 제65조의2, 제67조의2)을 적용하지 아니한다.

제3절 국제적인 저작권 분쟁

국제적인 저작권 분쟁에서는 국제재판관할이 우리나라에 존재하여야 한다. 국제재판관할은 국제사법 제2조에 따라 '실질적인 관련성' 원칙에 의거하여 판단하게 된다.

우리나라 법원에 국제재판관할이 존재한다면, 다음으로 어느 나라 실질법을 적용할지 여부가 문제된다. 이 경우에 선행적으로 법률관계의 성질을 결정한 다음 준거법을 정하게 된다.

I. 법률관계의 성질 결정

법률관계의 성질을 결정하지 아니하고는 준거법을 정할 수 없다. 예컨대, 특정한 법적 쟁점을 계약의 문제로 볼 것인지 아니면 불법행위의 문제로 볼 것인지 여부를 결정하지 아니하면 준거법을 정할 수 없다.

법률관계의 성질 결정을 법정지의 실질법에 의할 것인지(법정지법설), 법정지의 국제사법에 따른 준거법에 의해 정할 것인지(준거법설) 아니면 법정지의 국제사법 자체에 의해 정할 것인지(국제사법자체설) 여부가 문제된다.

법률관계의 성질을 정하지 않고서는 준거법이 정하여지지 않는 것이 논리의 순서이므로 준거법설에는 논리적 모순이 존재한다. 따라서 준거법설을 취하는 것은 무리가 따른다.

국제사법의 입장에서 보는 법률관계의 성질이 특정 국가의 실질법에서 보는 입장과는 다를 수도 있을 것이다. 따라서 법정지의 실질법을 무조건적으로 적용하는 것도 문제가 있다. 따라서 법정지의 국제사법 자체에 의거하여 법률관계의 성질을 결정하는 것이 타당하다.[105]

이 경우에도 (i) 여러 나라의 실질법을 비교하여 공통적인 법률개념을 도출하는 방법에 의하여 국제사법상 개념을 정립하자는 비교법설, (ii) 각각의 저촉규정이 추구하는 목적이 무엇인지 여부를 파악하여 그에 맞추어 단위법률개념을 해석하려는 저촉규정목적설 및 (iii) 국제사법상 법률개념을 법정지 국제사법의 해석 문제로 파악하여 먼저 법정지의 국제사법의 정신과 목적이나 지도원리를 파악한 후, 법정지의 문제된 국제사법규정과 다른 규정과의 상호관계, 법정지의 실질법, 그 법과 동일법계에 있는 타국의 실질법 및 타국의 국제사법 등을 비교법적으로 검토하여 개념을 도출하려는 신법정지법설[106]로 나뉜다. 국제사법 자체설에 따르더라도 그 기준을 어떻게 정할 것인지 여부를 고민하여 보면, 신법정지법설이 가장 현실적이고 실효적인 견해임을 알 수 있다.

다만, 신법정지법설을 취하더라도 현실적으로는 법정지의 국제사법 자체에 의거한 법률관계의 성질 결정이 법정지의 실질법에 의거한 법률관계의 성질 결정과 유사한 결론에 도달하는 경우가 많을 것으로 예상된다.

II. 준거법 지정 문제

1. 국제사법과 베른협약의 상관관계

국제저작권 침해소송에서 준거법을 지정함에 있어 베른협약에 따라야 할지 아니면 국제사법에 따라야 할지 여부부터 검토하여야 한다. 즉, 신법우위의 원칙에 따라 준거법 지정과 관련하여 국제사법 제24조가 베른협약에 우선하여 적용될 수 있는지 여부가 문제된다. 다시 말하면 국제사법 제24조와 베른협약과의 상관관계가 문제인 것이다.

---

105) 김연·박정기·김인유, 「국제사법」, 법문사, 2003년, 111면; 국제사법자체설이 일본의 통설이자 판례의 입장이다(松岡 博 編, 「國際關係私法入門」, 有斐閣, 2007年, 36頁).
106) 김연·박정기·김인유, 앞의 책, 112−113면.

국제사법 제24조는 일차적으로 지식재산권에 관한 국제조약이 없거나 적용되지 않는 경우의 저촉규정으로서 의미를 가진다.[107] 따라서 국제사법 제24조는 저작권에 관한 국제조약이 없거나 적용되지 않는 경우의 저촉규정으로서 그 의미를 가지게 된다. 그런데 국제저작권과 관련해서는 베른협약에 준거법지정규정이 포함되어 있고, 우리 국제사법 제24조는 이를 수정하기보다는 확인하는 입장이므로 베른협약에 따라 국제저작권소송에 있어 준거법을 정하는 것이 타당하다. 이 경우에는 침해지의 개념도 베른협약 전체의 해석을 통해 정하여야 할 것이다. 다만 베른협약이 적용되지 아니하는 저작권의 성립, 내용, 이전, 이전가능성, 존속기간 및 효력에 대해서는 국제사법 제24조가 적용될 것이다.[108]

우리나라 하급심 판례도 이를 확인하고 있다. 즉, 저작재산권침해금지청구 및 저작재산권침해로 인한 손해배상청구의 소를 제기한 사안인 '살아 있는 동안 꼭 해야 할 49가지' 사건[109]에서는 베른협약 제5조 제2항을 직접 적용하였다.

베른협약에 따라 원고가 주장하는 피고의 침해행위가 저작권 침해에 해당하는지 여부는 침해지국의 법에 따른다는 것이 일반원칙이다. 침해지가 우리나라라고 판단되는 경우에는 우리나라 저작권법에 따라 저작권 침해 여부를 판단하면 된다. 예컨대 뮤직비디오 '유혹의 소나타' 사건[110]에서 행위지뿐만 아니라 손해발생지도 우리나라이므로 침해지는 우리나라이다. 따라서 우리나라 저작권법에 따라 저작권 침해 여부를 판단하면 된다.

예: "파이널 판타지7 어드벤트 칠드런(FINAL FANTASY VII ADVENT CHILDREN)"이라는 제목의 영상저작물(컴퓨터그래픽 애니메이션)의 저작자인 원고 甲(일본 법인)은 피고 乙(한국의 엔터테인먼트 주식회사)과 丙(한국인, 뮤직비디오 감독)이 甲의 허락을 받지 않고 甲의 영상저작물의 줄거리, 배경, 등장인물과 등장인물의 손동작, 표정, 복장 등을 이용하여 뮤직비디오를 제작하였다고 주장하면서 乙과 丙을 상대로 甲의 영상저작물에 대한 저작재산권(복제권 또는 2차적저작물작성권과 방송권, 전송권)과 저작인격권(동일성유지권)을 침해하였다는 이유로 손해배상(일부 청구, 저작재산권 침해에 대해 4억 5,000만원, 저작인격권 침해에 대해 5,000만원)을 청구함과 동시에 저작인격권 침해로 인한 명예회복을 위한 필요한

107) 石光現, 「國際私法 解說」, 芝山, 2003年, 195頁; 김연 · 박정기 · 김인유, 앞의 책, 258면.
108) 졸고, "인터넷상 저작권 침해에 있어 국제재판관할과 준거법", 「국제사법연구」, 제11호, 법영사, 2005년, 289면.
109) 서울중앙지방법원 2008. 6. 20. 선고 2007가합43936 판결. 이 판결의 상고심 판결은 대법원 2012. 2. 23. 선고 2010다66637 판결이고, 이 환송판결에 대해 환송 후 원심판결은 서울고등법원 2013. 1. 23. 선고 2012나24622 판결이며, 환송 후 상고심판결은 대법원 2013. 7. 12. 선고 2013다22775 판결[저작권침해금지등]이다.
110) 서울중앙지방법원 2008. 3. 13. 선고 2007가합53681 판결.

조치로서 해명광고를 청구하였다(서울중앙지방법원 2008. 3. 13. 선고 2007가합53681 판결 (뮤직비디오 '유혹의 소나타' 사건)).

예: 甲(중국인)은 '살아 있는 동안 꼭 해야 할 49가지'(이하 '대상서적'으로 표시)란 중문서적의 저작재산권자이다. 甲은 중국의 한 출판사(乙)와 출판계약을 맺고, 乙은 중국에서 책을 출판하였다. 한국의 출판사(丙)는 乙과 대상서적에 대한 번역·출판 계약을 체결한 후, 한국에서 대상서적을 번역, 출판하였다. 이와 관련하여 甲은 丙을 상대로 저작권 침해금지 및 손해배상을 구하였다. 이에 대하여 丙은 乙에게서 이용허락을 얻어 출판한 것이므로 저작권 침해에 해당하지 않는다고 주장하고, 甲은 乙에게 '중국 내에서의 출판권'만 허락하였으므로, 乙이 해외에 대한 번역출판권까지는 가지고 있지 않다고 주장하였다. 이런 甲의 주장에 대해 丙은 설사 乙에게 해외 번역출판권의 이용허락권한이 없다고 하더라도 이는 표현대리에 해당하고 자신에게는 고의, 과실이 없으므로 적법한 출판이라고 주장하였다(서울중앙지방법원 2008. 6. 20. 선고 2007가합43936 판결('살아 있는 동안 꼭 해야 할 49가지' 사건)).

2. 저작재산권침해금지청구에 관한 준거법

베른협약 제5조 제2항[111]이 적용되며, 보호국법이 준거법으로 된다. 그 보호국법은 침해지법으로 보는 것이 일반적인 견해다.

예: 뮤직비디오 '유혹의 소나타' 사건[112] 및 '살아 있는 동안 꼭 해야 할 49가지' 사건[113]

3. 저작인격권침해금지청구에 관한 준거법

베른협약 제6조의2 제1항은 저작인격권으로서 성명표시권(right of attribution) 및 동일성유지권(right of integrity)을 인정하고 있다. 그리고 베른협약 제6조의2 제3항은 전술한 저작인격권의 침해에 대한 구제방법과 관련하여 보호국법주의를 취하고 있다. 따라서 베른협약 제5조 제2항에 적용된 논리가 그대로 동 협약 제6조의2 제3항에 적용된다.

---

111) 베른협약 및 파리조약에 대해 연구하여 집필한 19세기 저술가들은 내국민대우원칙이 저촉법원칙을 포함하는 것이라는 점을 명백히 하였다고 주장한 견해로는 Sierd J. Schaafsma, Intellectuele eigendom in het conflictenrecht: de verborgen conflictregel in het beginsel van nationale behandeling [Intellectual property in the conflict of laws: the hidden conflict-of-law rule in the principle of national treatment], Doctoral thesis at Universiteit Leiden Faculteit der Rechtsgeleerdheid (2009), at http://hdl.handle.net/1887/13863 (최종방문일: 2020년 3월 10일).
112) 서울중앙지방법원 2008. 3. 13. 선고 2007가합53681 판결.
113) 서울중앙지방법원 2008. 6. 20. 선고 2007가합43936 판결.

4. 해명광고청구에 대한 준거법

베른협약 제6조의2 제1항은 해명광고청구에 관한 준거법과 관련하여 보호국법주의를 취하고 있다.[114] 따라서 베른협약 제5조 제2항에 적용된 논리가 그대로 동 협약 제6조의2에 적용된다고 본다.

　　예: 뮤직비디오 '유혹의 소나타' 사건[115]

5. 저작재산권침해로 인한 손해배상청구와 관련한 준거법

저작재산권침해로 인한 손해배상청구에 관해서는 베른협약 제5조 제2항이 적용되며, 저작인격권침해로 인한 손해배상청구에 관해서는 베른협약 제6조의2 제3항이 적용되어야 할 것이다. 왜냐하면 베른협약 제5조 제2항 및 제6조의2 제3항의 구제방법이 금지청구만을 포함하고 손해배상청구를 배제하는 것은 아니기 때문이다.

　　예: '살아 있는 동안 꼭 해야 할 49가지' 사건[116]

---

114) 베른협약 제6조의2 원문은 다음과 같이 규정하고 있다.

　　Article 6bis

　　(1) Independently of the author's economic rights, and even after the transfer of the said rights, the author shall have the right to claim authorship of the work and object to any distortion, mutilation or other modification of, or other derogatory action in relation to, the said work, which would be prejudicial to his honor or reputation.

　　(2) The rights granted to the author in accordance with the preceding paragraph shall, after his death, be maintained, at least until the expiry of the economic rights, and shall be exercisable by the persons or institutions authorized by the legislation of the country where protection is claimed. However, those countries whose legislation, at the moment of their ratification of or accession to this Act, does not provide for the protection after the death of the author of all the rights set out in the preceding paragraph may provide that some of these right may, after his death, cease to be maintained.

　　(3) The means of redress for safeguarding the rights granted by this Article shall be governed by the legislation of the country where protection is claimed.

115) 서울중앙지방법원 2008. 3. 13. 선고 2007가합53681 판결.
116) 서울중앙지방법원 2008. 6. 20. 선고 2007가합43936 판결.

6. 저작권의 이전가능성에 관한 준거법

입법 연혁적으로 볼 때, 2001년 신설된 국제사법 제24조는 저작권의 귀속이나 권리의 성립, 소멸, 양도성 등 지적재산권에 관한 일체의 문제를 보호국법에 따를 것을 선언한 규정이다. 그리고 국내 하급심 판례 중에서 이러한 취지를 밝힌 판례도 있다.[117] 그리고 학계의 국제적 동향을 보더라도 저작권의 이전가능성에 대한 준거법을 보호국법으로 하는 것이 대세다. 특히, "유럽 막스 프랑크 그룹(The European Max Plank Group, 이하 'EMPG'라고 한다)"은 "지적재산에 관한 저촉법원칙(Principles for Conflict of Laws in Intellectual Property(이하'CLIP원칙'이라고 한다))"을 2011년 12월 1일에 제정하였는데, CLIP 원칙 제3:301조(이전가능성)에서는 "지적재산권의 이전가능성과 이전 또는 이용허락이 제3자에 대하여 대항할 수 있는지의 문제는 보호국법에 따른다."라고 규정하고 있다. 이전가능성은 계약에 기한 이전과 구별할 필요가 있는 쟁점이고 보호국법을 적용하는 것이 현명하다는 점은 비계약적인 이전과 관련하여 더욱 명백해진다. 승계, 상속, 권리의 방치(abandonment of right) 또는 권리의 포기(waiver of right)의 경우에 계약에 관한 준거법이 존재하지 아니한다. 비계약적 이전이 특히 중요한 것은 상속(승계)에 의한 경우다. 여기에서 보호국법은 승계(상속)에 적용되는 준거법과 구별되어야 한다. 이와 관련하여 보호국법은 저작권이 승계(상속)가능한지 여부에 관한 쟁점을 다루게 된다.[118] CLIP 원칙 제3:401조 제2항에서는 "각 공유자의 지분의 이전가능성은 보호국법에 따른다."라고 규정하고 있다. 여기에서 '이전가능성'과 '실제 이전'을 구별할 필요가 있다. 보호국법이 권리의 이전가능성을 허용하여 이전을 가능하게 하면, 실제 이전은 발생할 수 있고 계약에 따른 이전의 전형화된 시나리오에 의거하여 그러한 계약은 계약에 관한 준거법에 의하여 규율될 것이다.[119]

---

117) 대구지방법원 2015. 7. 10. 선고 2014노816 판결.

118) Josef Drexl, Section 3: Transferability, in European Max Planck Group on Conflict of Laws in Intellectual Property, Conflict of Laws in Intellectual Property: The CLIP Principles and Commentary, § 3:301.C03, p. 255 (2013).

119) Paul Torremans, Section 4: Co−ownership, in European Max Planck Group on Conflict of Laws in Intellectual Property, Conflict of Laws in Intellectual Property: The CLIP Principles and Commentary, § 3:401.C10, p. 263 (2013).

제3편

특허법

지식재산의 이해

제1장 특허제도 및 실용신안제도의 연혁

제1절 특허제도

I. 특권시대

[1] **특허제도의 효시:** 특허제도의 효시는 르네상스시대인 1474년 3월 19일 제정된 이탈리아 베니스 특허법에서 찾을 수 있다. 다시 말해서 북부 도시들을 거점으로 동서무역이 이루어지므로 이들 상공인이 그들의 기반인 경제력의 확장과 아울러 공화정책을 유지하기 위하여 특허법을 채택하였다.

[2] 16세기 중반경에는 영국 국왕이 뒤처진 공업을 진흥하기 위하여 서유럽대륙국의 기술자가 영국 내에서 안전하고 자유롭게 영업할 수 있도록 하는 특권의 표시로서 국왕의 옥쇄가 찍힌 개봉특허장(open letters 또는 letters patent)을 부여하였다. patent라는 용어는 이에서 유래하였다.

[3] 영국에서 특권부여가 점차 남용되어 17세기 초에 엘리자베스 여왕시대에는 재정상 이유로 소금, 기름 등의 현존 물품에까지 특허를 부여하게 되어 국민의 원성이 높아졌다. 이를 시정하기 위하여 1601년 하원의 항의를 받은 여왕은 부당한 특허의 취소나 부당한 권리

행사에 대한 구제를 재판을 통하여 언제나 받을 수 있다는 점을 의회의 연설에서 밝혔다.

[4] 제임스 1세는 엘리자베스 여왕이 선언한 취지를 확인하기 위하여 "은혜의 서(Book of Bounty)"로서 공포되었다. 이 문서의 내용은 1623년에 새로운 발명에 대한 특허 이외의 독점을 금지한 '독점조례(Statute of Monopolies)'로 성문화되었다. 이것이 근대 특허법의 기초 및 산업재산권의 보호에 관한 최초의 법령이다. 이 영국의 전매조례는 선발명주의를 채택하였고, 14년간의 독점권을 부여하였으며, 공익위배 대상 발명을 불특허사유로 규정하였다. 이는 산업혁명의 근원이 되는 방적기, 증기기관 등을 탄생을 가져오는 원동력이 되었다.

그림 3-1 ‖ 제1차 산업혁명 당시 방직공장

Powerloom_weaving_in_1835.jpg
출처: https://commons.wikimedia.org/wiki/File:Powerloom_weaving_in_1835.jpg
저작권 귀속: Illustrator T. Allom / Public domain

II. 지식재산권시대

[1] **프랑스**: 프랑스 혁명 시 특권을 타파하면서도 일정한 분야에서의 특권은 산업발전을 위해 필요하다는 인식하에 1791년 프랑스 국민의회에서 특허법을 제정하였다. 프랑스 입법자는 당시의 특권혐오 분위기 속에서도 발명 등 새로운 창작물에 대한 일정기간의 독점부여는 특권의 부여가 아니며, 발명 등은 창작자의 소유물이고, 이에 관한 재산권은 신성하므로 보호하여야 한다고 강조하였다.

[2] **미 국**: 1790년 선발명주의를 특색으로 하는 특허법을 제정하였다(출원공개제도 및 공고제도가 없음; 캐나다 및 필리핀의 모법). 2013년 3월에 미국은 선발명주의를 선출원주의로 변경하였다.

[3] **독 일**: 1871년 독일제국 성립 이후 1877년 특허법을 제정하였다. 이것이 스웨덴 등 북구 제국, 일본 및 우리나라의 모법이다. 독일은 1961년 독일특허법에 의해 세계 최초로 연방특허법원을 설치하였다.

[4] **중 국**: 1984년 독일 및 일본의 특허법을 수용하여 專利法을 제정하였고, 1993년부터 물질특허, 특허권존속기간 연장(20년) 등 새로운 제도를 시행하였다.

제2절 실용신안제도

[1] **독 일**: 소발명보호를 위하여 1891년 독일실용신안법을 제정하였다. 이 법은 19세기 말 당시 타 유럽국가에 비해 뒤처진 공업을 발전시키기 위하여 소규모사업가나 국민들로 하여금 발명의욕을 고취할 목적으로 만들어진 법이다.

[2] 이는 저개발국이나 개발도상국에게 이식되어 우리나라, 일본, 이탈리아, 스페인, 모로코, 필리핀, 멕시코, 우루과이, 포르투갈, 폴란드, 대만 등에 도입되었다.

[3] **독일 등의 실용신안제도의 특징**: 무심사주의이다.

[4] **영 국**: 1970년 특허제도개정심의회가 소발명보호를 의제로 다루었으나 채택되지 않았다.

[5] **프랑스**: 특허법 체계 내에서 무심사에 의한 실용증 제도를 채택하여 간이특허 또는 소특허제도를 두고 있으며, 호주, 중국 등도 이와 유사한 제도를 두고 있다.

제3절 우리나라의 특허법 및 실용신안법

[1] 1908년 제정 및 공포된 대한제국 특허령(칙령 196호), 의장령(칙령 197호), 상표령(칙령 198호)은 우리나라에서 최초로 산업재산권을 보호하는 제도다. 이는 일본의 특허제도 등을 의용한 것으로서 미국인과 일본인의 기득권보호를 염두에 둔 입법이었다.

그림 3-2 | 우리나라 최초의 특허 – '정인호의 말총모자'

출처: http://www.elenews.co.kr/news/articleView.html?idxno = 2184

[2] 광복 후 1946년 10월 15일 군정법령 제91호로 특허제도 등을 규정하였다. 이 법은 실용신안, 미장까지 포함하는 포괄적인 입법이었다.

[3] 정부수립 후 상표법(1949년 11월 28일 법률 제71호)이 제정되었다.

[4] 이 법들은 1961년 구법령의 정비작업의 일환으로서 제정된 특허법(1961년 12월 31일 제정, 법률 제950호), 실용신안법(법률 제952호), 의장법(법률 제951호)으로 대체되었고, 1963년에는 상표법(법률 제1295호)이 새로 제정되었다.

제2장 특허법의 목적

[1] 헌법 제22조 제2항은 "저작자·발명가·과학기술자와 예술가의 권리는 법률로써 보호한다."라고 규정하고 있으며, 이 헌법 규정은 발명가의 특허권 보호근거를 제시한다.

[2] 미국 연방헌법 제1조 제8항에 따르면, 미국 연방의회는 "일정한 기간 동안 저작자와 발명가들에게 각자의 저작과 발명에 대한 배타적 권리를 보장함으로써, 과학과 유용한 기술을 촉진"할 권한을 가진다.

[3] 우리 특허법 제1조는 "이 법은 발명을 보호·장려하고 그 이용을 도모함으로써 기술의 발전을 촉진하여 산업발전에 이바지함을 목적으로 한다."라고 규정하고 있다. 이 규정에 따르면, 특허법은 발명을 장려함으로써 기술의 발전을 도모하고 이를 통하여 산업발전을 이

바지하는 것을 목적으로 하고 있으며, "발명의 보호·장려(개인의 이익)"와 "발명의 이용(공공의 이익)"을 통하여 이 목적을 달성하려고 하고 있다. 따라서 특허제도는 발명자에게는 특허발명의 독점적 실시라는 이익을 제공함으로써 새로운 발명에 대한 동기를 부여하고 장려하는 한편, 일반 공중에게는 공개된 발명을 이용하여 새로운 발명을 많이 창출할 수 있도록 유도함으로써 궁극적으로는 산업발전이라는 공공의 이익을 도모하려는 것이다.

제3장 특허법의 보호대상(발명)

제1절 발 명

I. 의 의

[1] **발 명**(특 제2조 제1호)[1]: 자연법칙을 이용한 기술적 사상의 창작으로서 고도한 것이다.

[2] 우리 특허법 제2조나 일본 특허법 제2조와 같은 "발명"에 대한 정의규정을 둔 입법례는 그다지 많지 않다.

[3] 미국 연방특허법 제100조(a)는 "발명이라 함은 발명 또는 발견"을 말한다고 규정하고, 미국 연방특허법 제101조는 "신규이고 유용한 방법(process), 기계(machine), 제조물(manufacture), 조성물(composition of matter) 또는 이들의 개량된 발명(invention) 또는 발견(discovery)은 특허를 받을 수 있다."고 규정하고 있다.

[4] 유럽특허조약(EPC; European Patent Convention)에서는 "발명"에 대한 정의 규정을 두지 않고, "발명"에서 제외되어야 할 것을 규정하고 있다(EPC § 52(2)&(3)).

[5] **발견과 발명의 차이**: 발명은 인간이 두뇌에 의해 창작한 것(사상)이고, 발견은 이전부터 존재하는 것을 처음으로 찾아낸 것이다.

- ‣ 미국 연방헌법 제1조 제8항 제8문: 연방의회는 [중략] "저작자 또는 발명자(Inventor)에게 일정기간 그 작품과 발견(discovery)에 대하여 독점적 권리를 부여함으로써 과학과 유용한 기술의 진보를 촉진할" 권한을 가진다.
- ‣ 미국 연방특허법 제100조: "발명이라 함은 발명 및 발견을 말한다."라고 규정하여 발명과 발견을 구별하지 않고 특허법의 보호대상으로 한다. 하지만 미국에서도 특허대상은

---

1) 특허법은 '특'으로 표기한다. 이하 같다.

인간에 의해 만들어진 것을 당연한 전제로 한다. 용도발명은 발견의 성격을 띠지만, 특허법의 보호대상이 된다.

II. 발명의 성립요건

1. 자연법칙의 이용

[1] 특허법상 발명으로 성립하기 위해서는 자연법칙을 이용한 발명이어야 한다.

[2] 자연법칙은 만들어진 것이 아니라 원래부터 존재하는 것이다.

[3] 자연법칙 자체(만유인력의 법칙, 가속도의 법칙, 열역학의 법칙, 에너지 보존의 원칙 등) 또는 자연법칙이 아닌 인간의 정신활동 또는 사람의 심리적 작용을 이용한 것(예: 최면술, 명상을 통한 피로퇴치법, 상품의 진열법, 암기 기억법, 진료법 등)이나 논리법칙, 경험법칙을 이용한 것(예: 암호의 작성방법, 보험제도, 광고방법 등)은 물론이고 자연법칙에 반하는 것(예: 영구운동의 기계장치나 영구발동기 등)은 발명이라고 할 수 없다. 왜냐하면 발명이란 자연계에 존재하는 법칙을 이용하여 주어진 과제를 해결하기 위한 기술적 사상의 창작이고, 자연법칙 그 자체는 아니기 때문이다.[2]

대법원 2003. 5. 16. 선고 2001후3149 판결

명칭을 "생활쓰레기 재활용 종합관리방법"으로 하는 출원발명은 전체적으로 보면 그 자체로는 실시할 수 없고 관련 법령 등이 구비되어야만 실시할 수 있는 것으로 관할관청, 배출자, 수거자 간의 약속 등에 의하여 이루어지는 인위적 결정이거나 이에 따른 위 관할 관청 등의 정신적 판단 또는 인위적 결정에 불과하므로 자연법칙을 이용한 것이라고 할 수 없으며, 그 각 단계가 컴퓨터의 온라인(on-line)상에서 처리되는 것이 아니라 오프라인(off-line)상에서 처리되는 것이고, 소프트웨어와 하드웨어가 연계되는 시스템이 구체적으로 실현되고 있는 것도 아니어서 이른바 비즈니스모델 발명의 범주에 속하지도 아니하므로 이를 특허법 제29조 제1항 본문의 "산업상 이용할 수 있는 발명"이라고 할 수 없다고 한 사례

---

[4] 자연법칙이 아닌 수학적 연산방법은 컴퓨터 관련 발명에서 그 특허성이 논란의 대상

---

2) 특허청, 「특허·실용신안 심사기준」, 개정 2020년 1월 1일, 특허청 예규 제113호, 제3부 제1장 § 4.1.1(이하 '특허·실용신안 심사기준(2020년)').

이 될 수 있으나 컴퓨터 소프트웨어에 대해서는 우리나라나 외국에서 현재 대체로 특허성을 인정하는 경향이다.

[5] **컴퓨터프로그램 언어 자체, 컴퓨터프로그램 자체:** 컴퓨터프로그램 언어 자체 및 컴퓨터프로그램 자체는 발명이 될 수 없다. 특허실무에 의하면 이 경우 그 프로그램 자체의 특허출원은 그것이 방법인지 아니면 물건인지 구분이 안 되어 발명의 범주가 불분명하다는 이유로 거절결정을 하고 있다.

따라서 프로그램이 하드웨어와 일체로서 그 하드웨어의 성능을 높이거나 제어하는 방법 내지 장치로서 또는 프로그램을 기록한 컴퓨터 해독이 가능한 기록매체(컴퓨터프로그램이 기록된 매체)로서 출원하면 등록될 수도 있다.

[6] **정보의 단순한 제시:** 단순히 제시되는 정보의 내용에만 특징이 있는 것으로 정보의 제시를 주된 목적으로 하는 경우(예: 녹음된 음악에만 특징이 있는 CD, 컴퓨터프로그램 리스트 자체 등)에는 발명에 해당하지 않는다. 하지만 정보의 제시가 신규한 기술적 특징을 가지고 있으면 그와 같은 정보의 제시 그 자체, 정보제시수단, 정보를 제시하는 방법(예: 문자, 숫자, 기호로 이루어지는 정보를 양각으로 기록한 플라스틱카드(정보의 제시 수단에 기술적 특징이 있는 경우))은 발명에 해당될 수 있다.

[7] **미적 창작물:** 미적 효과 그 자체(예: 회화, 조각 그 자체 등)는 발명에 해당하지 않는다. 하지만 미적 효과가 기술적 수단에 의하여 얻어지는 경우에 미적인 효과를 얻기 위한 수단은 발명에 해당한다.

[8] **기 능:** 악기 연주방법, 공을 손가락으로 잡는 방법과 공을 던지는 방법에 특징이 있는 투구방법 등의 기능은 개인의 숙련에 의해 달성될 수 있는 것으로서 제3자에게 지식으로서 전달될 수 있는 객관성이 결여되어 있어서 기능은 발명이 아니다.

[9] **발 견:** 자연계에 이미 존재하는 것을 단순히 찾아내는 것으로서 천연물이나 세균 등의 단순한 발견은 발명에 해당되지 않는다. 하지만 천연물에서 특정 물질을 인위적으로 분리하는 방법을 개발한 경우 그 방법은 발명에 해당되며, 그 분리된 화학물질 또는 미생물 등도 발명에 해당된다.

2. 기술적 사상

[1] **기술의 개념:** 기술이란 일정한 목적을 달성하기 위한 구체적인 수단으로서 산업상이

든 문화상이든 실제로 이용할 수 있는 것이다.

　[2] 기술과 기술적 사상으로서의 발명은 자연법칙을 이용한 구체적인 수단이라는 측면에서는 동일하지만, 기술은 보다 구체적으로 산업상 실제 그대로 이용될 수 있는 수단 그 자체인 데 반해 발명은 기술의 단계까지 도달되지 않은 보다 추상적이고 개념적인 수단이다.

　[3] 기술은 지식으로서 기량이나 기능과는 달리 타인에게 전달할 수 있는 객관성이 있는 것이어야 한다. 다시 말하면 당해 기술분야에서 평균적 수준을 가진 제3자가 행하더라도 같은 결과에 도달할 수 있어야 한다. 즉, 반복재현성3)이 존재하여야 한다. 일본 학자들의 견해에 따르면, 기술은 일정한 목적을 달성하기 위하여 구체적 수단으로서 실시가능성 및 반복가능성이 있을 필요가 있다고 한다.4) 참고로 일본 판례에 따르면, 그 기술내용은 반복가능성, 구체성, 객관성을 필요로 한다고 판시한 바 있다.5)

　발명의 정의에 포함된 개념인 '기술'은 특허요건인 '산업상 이용가능성'과는 구별할 필요가 있다. 산업상 이용가능성 요건이 요구하는 것은 반복실시성의 존재이다. 특허법의 보호대상인 발명에 해당하지 않는 한, 논리적으로 보아 특허요건인 산업상 이용가능성은 논할 수 없다. 오로지 발명에 해당하는 경우에 산업상 이용가능성, 신규성, 진보성 등의 특허요건을 논할 수 있다. 발명의 성립성과 관련하여 언급되는 반복재현성의 존재 여부는 산업상 이용

---

3) 특허법원 2002. 10. 10. 선고 2001허4722 판결 : 확정[거절사정(특)](변종 식물의 발명도 반복재현성을 가져야만 발명이 완성된 것이고 그러기 위하여는 첫째 단계로 출원발명의 특징을 가진 돌연변이가 일어난 변종식물을 얻을 수 있어야 하고, 그 다음 단계로서 그 변종을 자손대까지 수립 및 전달하는 과정에 모두 반복재현성이 요구되므로, 먼저 첫째 단계로 당업자가 육종소재(교배친으로 선택된 변종 식물)를 사용하여 교배하는 교배친들의 개체수, 교배과정, 교배에 의하여 얻어진 자손의 개체수, 반복된 세대수, 재배조건, 변이개체를 선발하는 기준과 둘째 단계로 육종과정(무성생식)을 반복하면 동일한 변종 식물을 재현시킬 수 있는 방법이 제시되어야 한다고 판시한 사례); 특허법원 2001. 12. 7. 선고 2000허7519 판결 : 확정[거절사정(특)](어떤 발명이 산업상 이용할 수 있는 완성된 발명에 해당하려면 그 일부분이 아닌 발명의 전체에 반복재현성이 인정되어야 할 것인데, 출원발명이 발견된 변이종을 고정화하는 과정에서는 반복재현성이 인정된다고 하더라도, 출원발명의 변이종을 얻는 과정에 반복재현성이 인정되지 아니하므로, 이는 산업상 이용할 수 있는 완성된 발명이라고 할 수 없다고 한 사례). 이 두 사례는 식물발명에 관한 사안이다.
4) 竹田和彦, 「特許の知識:理論と實際」, ダイヤモンド社, 2006年, 46頁.
5) 日本 最高裁判所 昭和 52年 10月 13日 民集 31卷 6号 805頁에서는 "특허제도의 취지에 비추어 보아 생각하면 그 기술내용은 당해 기술분야에 관한 통상의 지식을 가진 자가 반복실시하여 목적으로 하는 기술효과를 거둘 수 있는 정도까지 구체적이고 객관적인 것으로서 구성되어 있어야 한다라고 해석하는 것이 상당하고 기술내용이 전술한 정도까지 구성되지 아니한 것은 미완성 발명에 해당하고 일본 특허법 제2조 제1항에서 말하는 발명은 아니다."라고 판시하였다. 마찬가지로 日本 最高裁判所 平成 12年 2月 29日 民集 54卷 2号 709頁(倉片黄桃育種方法事件)에서는 그 기술내용에는 반복가능성, 구체성, 객관성이 필요하다고 판시하였다.

가능성과 관련하여 언급되는 반복실시성의 존재 여부와는 다른 개념으로 보는 것이 타당함에도 불구하고 판례에서는 불분명한 태도를 취하고 있는 것으로 보인다. 그렇다고 반복재현성이라는 용어를 식물발명에 한정하여 설명하는 것도 논리적이라고 할 수는 없을 것이다.

[4] 특허법상 발명은 기술적 사상이므로 반드시 기술 그 자체일 필요는 없다.
  ‣ 사상이란 추상적 관념, 개념을 뜻하며, 구체적인 형체와 대립되는 관념이다.
  ‣ 기술적 사상이나 심미적 창조성이 유형의 물품을 통해 표현될 것을 요구하는 실용신안
    법과 디자인보호법과는 구별된다.

[5] 해결방법이 제시되더라도 그 방법으로서는 목적을 달성할 수 없는 경우에는 미완성발명으로 특허법상 발명이 되지 않는다. 미완성발명은 발명으로서의 구체성이 없기 때문에 장차 구체성을 갖추면 실시가능한 발명이 될 수 있다는 점에서 실시불능발명과는 구별된다.

3. 창작성

[1] 특허법상 발명은 기술적 사상의 창작이라는 점에서 발견과 구별된다. 예컨대 번개에 전기적 성질이 있다는 것을 인식하는 것은 발견에 해당하지만, 낙뢰를 피하기 위하여 피뢰침을 만들어내는 것은 발명이다.

[2] 특허법상 창작의 개념은 저작권법상 창작과 크게 구별되는 것은 아니다. 즉, 새로운 것을 포함하지 않더라도 남의 것을 베끼지 않는다면 창작성이 인정된다고 하겠다.

4. 고도성

[1] 고도성이란 기술적 사상의 창작으로서 그 수준이 높아야 함을 의미한다. 대법원 1991. 12. 27. 선고 90후724 판결은 음극선관 파열보호용 밴드에 관한 출원발명에 관하여 "발명 당시의 기술적 수준에 비추어 어떤 주지, 관용기술의 전용이 그 분야의 통상의 지식을 가진 자에게 자명한 것이 아니고 그로 인한 작용효과가 종래의 것에 비해 현저하게 향상된 것이라면 창작의 고도성을 인정할 수 있다."라고 판시하여 창작의 고도성과 발명의 진보성 사이에서 혼동하고 있는 것으로 보인다. 더욱이 이 판결은 출원발명이 고도의 창작성을 구비하지 아니하여 특허요건을 갖추지 못한 것이라는 원심결에 대해 "본원발명이 특허요건을 갖추지 못한 것이라고 단정하였음은 특허요건에 대한 심리를 다하지 아니한 흠이 있다."라

고 판시하여 특허의 보호대상과 특허요건을 구별하지 아니하였다. 창작의 고도성은 특허의 보호대상인 발명의 성립성과 관련하여 그 구비 여부를 검토하여야 하고, 발명의 진보성은 특허요건과 관련하여 그 구비 여부를 검토하여야 할 것이다. 아울러 대법원 1984. 9. 11. 선고 81후58 판결(거절사정)에서는 "실용신안법이 정하는 실용적 고안이라 함은 물품의 형상, 구조 또는 조합에 관한 자연법칙을 이용한 기술적 사상의 창작으로서 특허법이 정하는 자연을 정복하고 자연력을 이용하여 일정한 효과를 창출하고 이에 따라 인간의 수요를 충족하는 기술적 사상의 고도의 창작인 발명과 그 성질에서는 같으나 다만 고도의 것이 아닌 점에서 다를 뿐이다."라고 하여 창작의 고도성이 무의미한 개념이 아님을 시사하고 있다. 하지만 특허청의 특허·실용신안 심사기준(2017년 3월 1일, 특허청 예규 제97호) 제3부 제1장 제4조에 따르면, "「고도한 것」의 의미는 일반적으로 실용신안법상의 「고안」과 특허법상의 「발명」을 구분하기 위한 상대적인 개념이므로 실무상 「발명」의 성립요건에 대한 판단시에는 「고도한 것」에 대해서는 고려하지 않는 것으로 한다(특허법원 2002. 2. 21. 선고 2001허4937 판결)."고 규정하여 실무에서는 발명의 성립성 요건과 관련하여 창작의 고도성은 판단하지 않는다.

[2] 창작의 고도성과 발명의 진보성의 관계에 관한 학설 대립:

(i) 객관설: 창작의 고도성은 발명의 성립요건이고 발명의 진보성은 발명의 특허요건이지만, 양자는 판단하는 시점을 달리하는 데 불과하다고 해석하는 견해

(ii) 주관설: 창작의 고도성은 실용신안법상 고안과 정의상 구별하기 위한 것이고 그 이상의 의미는 없으며 창작자 스스로 자신의 창작이 고도하다고 생각하면 고도하다고 해석하는 견해

(iii) 검 토: 양 학설을 구분하는 실익은 없지만,[6] 개념은 구별할 필요가 있으므로 실무와의 균형상 주관설이 타당하다.

제2절 특허발명

[1] 발명과 특허발명은 구별할 필요가 있다. 왜냐하면 특허권이 부여된 발명이 아니라 특허권이 아직 부여되지 않은 발명에 대해서도 일정한 권리가 인정되기 때문이다.

[2] **특허발명**: 발명의 성립성을 구비하고 특허요건을 갖춘 발명으로서 특허청으로부터 특허를 받은 것을 의미한다.

---

6) 윤선희, 「특허법」, 법문사, 2007년, 103면.

[3] **특허법 제103조**: 특허출원 시에 그 특허출원된 발명의 내용을 알지 못하고 그 발명을 하거나 그 발명을 한 사람으로부터 알게 되어 국내에서 그 발명의 실시사업을 하거나 이를 준비하고 있는 자는 그 실시하거나 준비하고 있는 발명 및 사업목적의 범위에서 그 특허출원된 발명의 특허권에 대하여 통상실시권을 가진다.

[4] **특허법 제104조(무효심판청구 등록 전의 실시에 의한 통상실시권)**: 특허법 제104조 제1항에서는 "다음 각 호의 어느 하나에 해당하는 자가 특허 또는 실용신안등록에 대한 무효심판청구의 등록 전에 자기의 특허발명 또는 등록실용신안이 무효사유에 해당하는 것을 알지 못하고 국내에서 그 발명 또는 고안의 실시사업을 하거나 이를 준비하고 있는 경우에는 그 실시하거나 준비하고 있는 발명 또는 고안 및 사업목적의 범위에서 그 특허권에 대하여 통상실시권을 가지거나 특허나 실용신안등록이 무효로 된 당시에 존재하는 특허권의 전용실시권에 대하여 통상실시권을 가진다.

1. 동일한 발명에 대한 둘 이상의 특허 중 그 하나의 특허를 무효로 한 경우 그 무효로 된 특허의 원(原)특허권자

2. 특허발명과 등록실용신안이 동일하여 그 실용신안등록을 무효로 한 경우 그 무효로 된 실용신안등록의 원(原)실용신안권자

3. 특허를 무효로 하고 동일한 발명에 관하여 정당한 권리자에게 특허를 한 경우 그 무효로 된 특허의 원특허권자

4. 실용신안등록을 무효로 하고 그 고안과 동일한 발명에 관하여 정당한 권리자에게 특허를 한 경우 그 무효로 된 실용신안의 원실용신안권자

5. 제1호부터 제4호까지의 경우에 있어서 그 무효로 된 특허권 또는 실용신안권에 대하여 무효심판청구 등록 당시에 이미 전용실시권이나 통상실시권 또는 그 전용실시권에 대한 통상실시권을 취득하고 등록을 받은 자. 다만, 제118조 제2항에 따른 통상실시권을 취득한 자는 등록을 필요로 하지 아니한다."라고 규정하고 있다. 그리고 무효심판청구 등록 전의 실시에 의한 통상실시권을 취득한 자는 특허권자 또는 전용실시권자에게 상당한 대가를 지급하여야 한다(특 제104조 제2항).

제3절 발명의 실시(특 제2조 제3호)

[1] **발 명**: 물건의 발명과 방법의 발명이다.

[2] **방법의 발명**: (i) 물건을 생산하는 방법의 발명, (ii) 그 외의 발명으로 나뉜다.

[3] **생 산**: 물(物)을 만들어 내는 행위를 말하며, 공업적 생산물의 제조뿐만 아니라 조립 성형을 포함하는 개념이다.

[4] **사 용**: 발명의 목적을 달성하는 방법으로 물(物)을 이용하는 것이다.

[5] **사용의 청약**: 방법의 발명인 경우에 그 방법을 사용을 청약하는 행위를 뜻한다. 2019년 12월 특허법 개정 이전에는 소프트웨어 등과 같은 방법의 발명인 경우 그 방법을 사용하는 행위만을 특허를 받은 발명의 실시로 규정하고 있어 소프트웨어 등을 정보통신망을 통하여 전송하는 행위가 특허를 받은 발명의 실시에 해당하는지 불분명하여 보호하기 어려운 측면이 있었다. 이에 2019년 개정 특허법([시행 2020. 3. 11.][법률 제16804호, 2019. 12. 10., 일부개정])에서는 방법의 발명인 경우에 그 방법의 사용을 청약하는 행위를 특허를 받은 발명의 실시에 포함되도록 하되, 이로 인한 소프트웨어 산업의 위축을 방지하기 위하여 특허를 받은 발명의 실시가 방법의 사용을 청약하는 행위인 경우 특허권의 효력은 그 방법의 사용이 특허권 또는 전용실시권을 침해한다는 것을 알면서 그 방법의 사용을 청약하는 행위에만 미치도록 하였다.

[6] **양도, 대여, 수입**: 일반적 의미와 동일하고, 양도 및 대여에 있어서는 유상이든 무상이든 불문한다.

[7] **양도 또는 대여의 청약**: 양도 또는 대여를 목적으로 하는 카탈로그나 팸플릿의 배포, 양도를 위한 권유를 뜻한다.

[8] 그 밖에 논란이 되는 행위로는 "수출", "소지", "수리개조"가 있다.

[9] **수출이나 소지**: 발명된 물건의 수출행위와 관련하여 특허법 제2조 제3호 가목에서는 물건의 발명의 실시행위에 수출을 포함하지 않고 있다. 한편, 상표법 제2조 제1항 제11호 나목에서는 상표의 사용행위에 '상품 또는 상품의 포장에 상표를 표시한 것'을 수출하는 행위를 포함하고 있고, 디자인보호법 제2조 제7호에서도 디자인의 실시행위에 물품의 수출행위를 포함하고 있다. 그 자체는 실시행위가 아님은 분명하나 수출에 이르게 되는 과정에서 실시행위가 개입되는 것이 대부분일 것이다. 그리고 소지는 실시행위로 이어질 가능성이 높다. 그러한 점에서 볼 때, 수출행위와 소지행위가 침해금지청구의 대상이 될 가능성이 있다.

[10] **수리개조**: 그 수리 또는 개조의 정도에 따라 판단되어야 하며, 행위가 특허권자만이 전유하고 있는 "생산"의 정도에 이르게 되면 특허발명의 실시에 해당된다.

[11] 위에서 언급한 각 실시행위는 각각 독립적이며 하나의 행위가 적법하다고 하여 다

른 행위가 적법하다고 할 수는 없다.

예: 불법으로 특허품을 생산한 경우에 판매 등 후속행위 여부에 관계없이 그 자체로서 특허발명을 실시한 것이다.

[12] 하지만 특허권에 대해 정당한 권원을 가진 자로부터 특허품을 구입한 후의 사용 등 특허법 제2조 제3호의 실시에 해당하는 행위를 업으로서 하는 경우 특허권의 침해로 되는지 여부가 문제된다. 특허법에서 이러한 실시에 대해 특별한 규정이 없으므로 특허권 침해에 해당하는 것으로 해석될 소지가 없지 않지만, 판매가 정당하게 이루어진 후에는 당해 특허품에 관해서는 특허권이 소진되어 동일물에 대해 재차 특허권을 주장할 수 없게 된다(소진이론).

제4절 발명의 유형

I. 객체상 분류

1. 물(物)의 발명과 방법의 발명7)

[1] 물(物)의 발명: 시간적 경과의 요소를 필요로 하지 않는 것으로서 발명이 유체물에 나타난다(특허법원 2000. 12. 22. 선고 99허840 판결).

(i) 제품적 물건의 발명(예: 기계, 기구, 장치, 시설 등)

---

7) 대법원 2015. 1. 22. 선고 2011후927 전원합의체 판결에서는 제조방법이 기재된 물건발명의 해석방법과 관련하여 "특허법 제2조 제3호는 발명을 '물건의 발명', '방법의 발명', '물건을 생산하는 방법의 발명'으로 구분하고 있는바, 특허청구범위가 전체적으로 물건으로 기재되어 있으면서 그 제조방법의 기재를 포함하고 있는 발명(이하 '제조방법이 기재된 물건발명'이라고 한다)의 경우 제조방법이 기재되어 있다고 하더라도 발명의 대상은 그 제조방법이 아니라 최종적으로 얻어지는 물건 자체이므로 위와 같은 발명의 유형 중 '물건의 발명'에 해당한다. 물건의 발명에 관한 특허청구범위는 발명의 대상인 물건의 구성을 특정하는 방식으로 기재되어야 하는 것이므로, 물건의 발명의 특허청구범위에 기재된 제조방법은 최종 생산물인 물건의 구조나 성질 등을 특정하는 하나의 수단으로서 그 의미를 가질 뿐이다. 따라서 제조방법이 기재된 물건발명의 특허요건을 판단함에 있어서 그 기술적 구성을 제조방법 자체로 한정하여 파악할 것이 아니라 제조방법의 기재를 포함하여 특허청구범위의 모든 기재에 의하여 특정되는 구조나 성질 등을 가지는 물건으로 파악하여 출원 전에 공지된 선행기술과 비교하여 신규성, 진보성 등이 있는지 여부를 살펴야 한다. 한편 생명공학 분야나 고분자, 혼합물, 금속 등의 화학 분야 등에서의 물건의 발명 중에는 어떠한 제조방법에 의하여 얻어진 물건을 구조나 성질 등으로 직접적으로 특정하는 것이 불가능하거나 곤란하여 제조방법에 의해서만 물건을 특정할 수밖에 없는 사정이 있을 수 있지만, 이러한 사정에 의하여 제조방법이 기재된 물건발명이라고 하더라도 그 본질이 '물건의 발명'이라는 점과 특허청구범위에 기재된 제조방법이 물건의 구조나 성질 등을 특정하는 수단에 불과하다는 점은 마찬가지이므로, 이러한 발명과 그와 같은 사정은 없지만 제조방법이 기재된 물건발명을 구분하여 그 기재된 제조방법의 의미를 달리 해석할 것은 아니다."라고 판시하였다.

(ii) 재료적인 물건의 발명(예: 화학물질, 조성물 등)

(iii) 그 물건의 특정한 성질을 이용하는 물건의 발명(용도발명)

(iv) 그 물건을 취급하는 물건의 발명

[2] **물건 발명**: 그 특허권의 효력은 물건에 미친다. 따라서 그것이 동일 물건인 경우 그 물건이 어떠한 방법에 의하여 생산된 것인지, 어떠한 방법에 이용되는지 여부에 상관없이 그 특허권의 효력은 생산된 물건이 사용되는 물건에 미친다.

대법원 2019. 1. 31. 선고 2017다289903 판결[손해배상(지)][공2019상,622]

[판결요지]

[1] 특허법 제2조 제3호는 발명을 '물건의 발명', '방법의 발명', '물건을 생산하는 방법의 발명'으로 구분하고 있다.

'물건의 발명'(이하 '물건발명'이라고 한다)에 대한 특허권자 또는 특허권자로부터 허락을 받은 실시권자(이하 '특허권자 등'이라고 한다)가 우리나라에서 그 특허발명이 구현된 물건을 적법하게 양도하면, 양도된 당해 물건에 대해서는 특허권이 이미 목적을 달성하여 소진된다. 따라서 양수인이나 전득자(이하 '양수인 등'이라고 한다)가 그 물건을 사용, 양도하는 등의 행위에 대하여 특허권의 효력이 미치지 않는다. '물건을 생산하는 방법의 발명'에 대한 특허권자 등이 우리나라에서 그 특허방법에 의하여 생산한 물건을 적법하게 양도한 경우에도 마찬가지이다.

'물건을 생산하는 방법의 발명'을 포함한 '방법의 발명'(이하 통틀어 '방법발명'이라고 한다)에 대한 특허권자 등이 우리나라에서 그 특허방법의 사용에 쓰이는 물건을 적법하게 양도한 경우로서 그 물건이 방법발명을 실질적으로 구현한 것이라면, 방법발명의 특허권은 이미 목적을 달성하여 소진되었으므로, 양수인 등이 그 물건을 이용하여 방법발명을 실시하는 행위에 대하여 특허권의 효력이 미치지 않는다.

[2] 어떤 물건이 '물건을 생산하는 방법의 발명'을 포함한 '방법의 발명'(이하 통틀어 '방법발명'이라고 한다)을 실질적으로 구현한 것인지 여부는 사회통념상 인정되는 그 물건의 본래 용도가 방법발명의 실시뿐이고 다른 용도는 없는지 여부, 그 물건에 방법발명의 특유한 해결수단이 기초하고 있는 기술사상의 핵심에 해당하는 구성요소가 모두 포함되었는지 여부, 그 물건을 통해서 이루어지는 공정이 방법발명의 전체 공정에서 차지하는 비중 등 위의 각 요소들을 종합적으로 고려하여 사안에 따라 구체적·개별적으로 판단하여야 한다.

사회통념상 인정되는 물건의 본래 용도가 방법발명의 실시뿐이고 다른 용도는 없다고 하기 위해서는, 그 물건에 사회통념상 통용되고 승인될 수 있는 경제적, 상업적 또는 실용적인 다른 용도가 없어야 한다. 이와 달리 단순히 특허방법 이외의 다른 방법에 사용될 이론적, 실험적 또는 일시적 사용가능성이 있는 정도에 불과한 경우에는 그 용도는 사회통념상 인정되는 그 물건의 본래 용도라고 보기 어렵다.

[3] 당사자가 주장한 사항에 대한 구체적·직접적인 판단이 판결 이유에 표시되어 있지 않았더라도 판결 결과에 영향이 없다면 판단누락의 위법이 있다고 할 수 없다.

[3] **방법의 발명**: 시간적 경과의 요소를 필요로 하는 발명이다. 이는 (i) 물건을 생산하는 방법의 발명과 (ii) 직접적으로 물건의 생산이 수반되지 않는 비생산방법 내지 단순방법의 발명으로 나눌 수 있다.

[4] **물건을 생산하는 방법의 발명인 경우**: 그 방법을 사용하는 행위 외에 그 방법에 의하여 생산한 물건을 사용·양도·대여 또는 수입하거나 그 물건의 양도 또는 대여의 청약을 하는 행위를 실시행위로 본다(특 제2조 제3호). 물건을 생산하는 방법의 발명에 관하여 특허가 된 경우에 그 물건과 동일한 물건은 그 특허된 방법에 의하여 생산된 것으로 추정한다. 다만, 그 물건이 특허출원 전에 국내에서 공지되었거나 공연히 실시된 물건이거나 특허출원 전에 국내 또는 국외에서 반포된 간행물에 게재되었거나 전기통신회선을 통하여 공중이 이용할 수 있는 물건인 경우에는 그러하지 아니하다(특 제129조).

[5] **방법의 발명**: 기존의 발명인 물건을 이용하여 그 발명이 성립된다는 점에서 그 효력이나 보호 등이 물건의 발명에 비하여 제한적이다.

예: 방법발명의 경우, 그 특허권의 효력은 그 방법에만 미치며, 타인이 그와 다른 방법으로 물건을 생산하거나 그 생산된 물건을 사용하는 경우에는 특허권의 효력이 미치지 않는다.

[6] 방법의 발명은 특허등록이 되더라도 물건의 발명에 대한 특허권의 효력이 그 방법에 의하여 생산된 물건에까지 미치므로 특허를 받은 방법의 발명을 무단으로 실시하는 경우에는 물건발명의 특허권을 침해하게 된다. 따라서 방법발명의 특허권자가 그 방법을 실시하고자 하는 경우에 물건을 발명한 특허권자가 정당한 이유 없이 그 실시를 허락하지 않거나 그 자의 허락을 받을 수 없을 경우에는 통상실시권허여심판에 의하여 특허발명을 실시할 수 있다(특 제138조).

[7] 물질발명은 물건발명과는 구별되는 개념이다.

(i) 물건발명: 일반적인 유형의 대상물로서 구성의 결합에 특징을 두는 기술적 사상이다.

(ii) 물질발명: 협의로는 화학적인 방법에 의하여 제조될 수 있는 새로운 물질의 발명을 의미하며, 근래에는 화학물질특허, ▷의약특허 및 음식물·기호물 특허를 총칭하는 개념으로

인식된다. 1986년 개정을 통해 물질발명이 특허대상으로 되었다.

2. 이용발명

[1] **이용발명**: 타인의 선원 특허발명·등록실용신안·등록디자인이나 이와 유사한 디자인을 이용하여 완성한 특허발명이다.

[2] **이 용**: 나중에 출원된 자기의 특허발명의 실시는 선원인 타인의 권리를 실시하게 되나, 선원 권리자가 실시하는 경우에는 후원인 자기의 특허발명의 실시가 되지 않는 관계에 놓이게 된다.

[3] 특허권자·전용실시권자 또는 통상실시권자는 특허발명이 그 특허발명의 특허출원일 전에 출원된 타인의 특허발명·등록실용신안 또는 등록디자인이나 그 디자인과 유사한 디자인을 이용하거나 특허권이 그 특허발명의 특허출원일 전에 출원된 타인의 디자인권 또는 상표권과 저촉되는 경우에는 그 특허권자·실용신안권자·디자인권자 또는 상표권자의 허락을 받지 아니하고는 자기의 특허발명을 업으로서 실시할 수 없다(특 제98조). 그리고 특허법 제98조에 따라 후원자가 선원자에게 실시허락을 위한 협의를 구하였으나 협의가 성립되지 아니하거나 협의를 할 수 없을 때에는 후원자는 선원자를 상대로 통상실시권허여심판을 청구할 수 있다(특 제138조).

3. 국방상 필요한 발명

[1] **국방상 필요한 발명**: 국가안보에 중대한 영향을 미치는 발명이다.

[2] 정부는 국방상 필요한 발명에 대해서는 정부의 허가 없이 외국에의 특허출원을 금지하거나 그 발명을 비밀로 취급하도록 명할 수 있다.

[3] 또한 정부는 국방상 필요한 발명을 특허로 하지 아니할 수 있으며, 전시사변 또는 이에 준하는 비상시에 있어서는 특허를 받을 수 있는 권리를 수용할 수도 있다(특 제41조 제1항 및 제2항).

4. 우선심사대상 발명

[1] 우선심사: 심사청구된 특허출원 중에서 일정사유에 해당되는 출원에 대해서 그 심사를 심사청구순위보다 우선하여 심사하는 것이다(특 제61조).

[2] 특허법 시행령 제9조에서 우선심사대상을 규정하고 있다.

[3] 우선심사대상 발명: (i) 방위산업 분야의 특허출원, (ii) 녹색기술(온실가스 감축기술, 에너지 이용 효율화 기술, 청정생산기술, 청정에너지 기술, 자원순환 및 친환경 기술(관련 융합기술을 포함한다) 등 사회·경제 활동의 전 과정에 걸쳐 에너지와 자원을 절약하고 효율적으로 사용하여 온실가스 및 오염물질의 배출을 최소화하는 기술을 말한다)과 직접 관련된 특허출원, (iii) 인공지능 또는 사물인터넷 등 4차 산업혁명과 관련된 기술을 활용한 특허출원, (iv) 수출촉진에 직접 관련된 특허출원, (v) 국가 또는 지방자치단체의 직무에 관한 특허출원(「고등교육법」에 따른 국·공립학교의 직무에 관한 특허출원으로서 「기술의 이전 및 사업화 촉진에 관한 법률」 제11조 제1항에 따라 국·공립학교 안에 설치된 기술이전·사업화 전담조직에 의한 특허출원을 포함한다), (vi) 「벤처기업육성에 관한 특별조치법」 제25조에 따른 벤처기업의 확인을 받은 기업의 특허출원, (vii) 「중소기업기술혁신 촉진법」 제15조에 따라 기술혁신형 중소기업으로 선정된 기업의 특허출원, (viii) 「발명진흥법」 제11조의2에 따라 직무발명보상 우수기업으로 선정된 기업의 특허출원, (ix) 「발명진흥법」 제24조의2에 따라 지식재산 경영인증을 받은 중소기업의 특허출원, (x) 「과학기술기본법」 제11조에 따른 국가연구개발사업의 결과물에 관한 특허출원, (xi) 조약에 의한 우선권주장의 기초가 되는 특허출원(당해 특허출원을 기초로 하는 우선권주장에 의하여 외국특허청에서 특허에 관한 절차가 진행중인 것에 한정한다), (xii) 특허법 제198조의2에 따라 특허청이 「특허협력조약」에 따른 국제조사기관으로서 국제조사를 수행한 국제특허출원, (xiii) 특허출원인이 특허출원된 발명을 실시하고 있거나 실시준비 중인 특허출원, (xiv) 특허청장이 외국특허청장과 우선심사하기로 합의한 특허출원, (xv) 우선심사의 신청을 하려는 자가 특허출원된 발명에 관하여 조사·분류 전문기관 중 특허청장이 정하여 고시한 전문기관에 선행기술의 조사를 의뢰한 경우로서 그 조사 결과를 특허청장에게 통지하도록 해당 전문기관에 요청한 특허출원, (xvi) 65세 이상인 사람 또는 건강에 중대한 이상이 있어 우선심사를 받지 아니하면 특허결정 또는 특허거절결정까지 특허에 관한 절차를 밟을 수 없을 것으로 예상되는 사람 중 어느 하나에 해당하는 사람이 한 특허출원은 우선심사대상 발명에 해당한다.

II. 주체상 분류

1. 단독발명과 공동발명

[1] **단독발명**: 발명의 완성자가 1인인 경우를 의미한다.

[2] **공동발명**: 수인이 공동으로 발명을 완성한 경우를 의미한다. 공동발명의 경우에 특허를 받을 수 있는 권리는 공유로 하고 있으며, 출원 시 전원이 공동으로 출원하여야 한다(특제33조 제2항, 제44조).

2. 직무발명, 업무발명 및 자유발명

[1] **직무발명**: 종업원이 한 발명이 사업자의 업무범위에 속하고 종업원의 직무와 관련하여 한 발명이다.

[2] **업무발명**: 종업원이 한 발명이 사용자의 업무범위에 속하는 발명이기는 하지만 종업원의 직무와는 무관한 발명이다.

[3] **자유발명**: 종업원이 한 발명으로서 종업원의 직무범위에 속하지 아니함은 물론이고 사용자의 업무범위에도 속하지 않는 발명이다.

3. 결합발명과 비결합발명

[1] **결합발명**: 하나의 기술적 문제를 해결하기 위하여 수개의 장치 또는 수단방법 등의 기술사상을 결합한 발명을 뜻한다. 결합방법에 대하여 발명성은 결합되는 장치수단방법 등이 공지된 것인지 여부에 관계없이 그 요소의 결합에 의하여 상승적 효과가 나타나는지에 달려 있다.

[2] **결합발명과 비결합발명을 구별하는 실익**: 발명의 요지인정의 기준이 된다.

4. 완성발명과 미완성발명

[1] **미완성발명**: 발명의 성립이라고 볼 수 있는 외관을 구비하였지만 형식상의 하자가 있

는 발명이다.

[2] 미완성발명의 유형

(i) 단순한 문제나 착상의 제출 또는 희망의 표명에 그치고, 어떻게 이것을 실현하는가를 알 수 없는 구체성이 완전히 결여된 것

(ii) 해결수단은 제시되었지만 극히 막연한 제안에 불과하므로 어떻게 해서 이것을 구체화할 것인가에 대한 설명이 분명하지 않은 것

(iii) 해결수단은 제시되어 있지만, 그 수단만을 가지고는 목적을 달성할 수 없다고 인정되는 것

(iv) 어떠한 기술적 과제를 완전히 해결하기 위해서는 복수의 구성요건의 결합이 필요하다는 새로운 착상을 얻어 연구를 추진한 것일지라도 그 중의 하나의 구성요건이 해결되지 않아 현재의 기술 수준으로는 실현불가능하며, 장래의 실현가능성도 분명하지 않은 것

(v) 구성이 구체적으로 제시되어 있어도 그 구성을 해결수단으로 인정하기 위해서는 실험 결과 등의 구체적인 뒷받침을 필요로 하는 데도 불구하고, 그 뒷받침이 없는 것

(vi) 새로운 물건을 창작했다고 해도 어떠한 도움이 되는지 분명하지 않은 것

(vii) 미생물 관련 발명 시 출원 전에 미생물을 기탁하도록 한 미생물기탁요건을 갖추지 않은 발명

(viii) 외국어로 된 출원으로서 번역문에 원문의 기재내용 이외의 발명이 기재된 경우

5. 특수한 분야의 발명

가. 화학 분야의 발명

(1) 의 의

[1] 화학 분야의 발명은 주로 물질특허와 관련이 있다.

[2] **물질특허**: 인간이 만든 물질에 대해 특허를 부여하는 것이다.

[3] 물질특허의 대상으로는 원소, 화합물, 화학물질, 조성물, ▪의약품, 미생물 등이 있다.

[4] **물 질**: 순수물과 혼합물로 분류된다.

[5] **순수물**: 기계적 조작 또는 상태변화에 의하여 두 종류의 물질로 분리될 수 없는 물질이다.

[6] **혼합물**: 기계적 조작 또는 상태변화에 의하여 2종 또는 둘 이상의 물질로 분리할 수

있는 물질이다. 흔히 조성물로 불린다.

(2) 종 류

(가) 용도발명

[1] **용도발명**: 특정의 물질에 존재하는 특정 성질만을 이용하여 성립하는 발명이다(예: DDT – 염료 이외에 살충의 효과).

[2] 용도발명은 창작이 아니라 특허대상으로 하지 않고 있는 발견에 불과하지만 선행기술의 물건 또는 방법에서 특정 용도를 발견한 점에 대하여 발명으로 인정하고 있는 것이다.

[3] **물질발명과의 관계에 있어서 물질발명에 대한 특허권의 효력**: 그 물질이 어떠한 제조방법으로 제조되고 또한 어떠한 용도에 사용되는지 여부에 상관없이 그 물질의 생산사용용도 등에 미치므로, 물질발명의 새로운 용도에 대하여 특허권이 형성되었다고 하여도 물질발명에 대한 특허권은 그 용도발명의 대상인 물질의 양도, 대여 등의 실시행위에 당연히 효력이 미친다.

(나) 용도한정발명

[1] **용도한정발명**: 공지기술에서 막연히 시사되고 있는 복수종류의 용도 중 어느 하나를 한정하여 효과를 실증한 발명이다.

예: 염산후라복세이트가 평활근이완작용이 있어 협심증치료제로서 특허되었는데 평활근 중에서도 방광괄약근의 이완에 한정해서 1회의 배뇨횟수를 감소케 하는 빈뇨치료제로서 발명된 경우에 이는 새로운 용도발명에 속한다. 한편 이 빈뇨치료제가 1일 3회 복용제인데 같은 약효로 1일 2회로 복용횟수를 감소시킨 약품으로 발명하였다면 이는 용도한정발명이다.

[2] 이러한 용도한정발명은 공지기술이 선행물질특허인 경우 그 물질특허의 이용발명에 해당하므로 선행물질특허권자의 허락을 얻어야 실시할 수 있다.

(다) 조성물발명

[1] 조성물은 둘 이상의 성분의 조합으로 된 물질이다.

[2] 화합물이든 혼합물이든 간에 전체로서 균일하게 혼합되어 외관상 하나의 물질로 인정되는 것이다.

예: 화합물의 예로는 ▶의약품, 농약, 혼합물의 예로는 합금, 시멘트, 잉크

[3] 조성물은 신규의 것도 있고, 공지의 조성물의 새로운 용도를 발견하거나 새로운 제조방법의 발명도 있다.

(라) 수치한정발명

[1] 청구항에 기재된 발명의 구성에 없어서는 아니 되는 사항의 일부가 수량적으로 표현

된 발명이다.

예: 특정 수치의 온도에서 최적의 혼합물을 만들어 내는 방법

[2] 수치한정발명의 경우 수치를 한정했다고 해도 그 수치가 통상의 기술자가 임의로 선택할 수 있는 범위에 불과한 때에는 공지발명기재의 문헌에 수치의 기재가 생략되었던 기재에 불과하다고 인정되어 효과의 현저성 유무를 논할 필요가 없이 신규성 내지 진보성이 있다고 할 수 없다.[8]

대법원 2013. 5. 24. 선고 2011후2015 판결[거절결정(특) 심결취소의 소 (가) 파기환송]

[수치한정발명의 신규성 판단기준]

구성요소의 범위를 수치로써 한정하여 표현한 발명이 그 출원 전에 공지된 발명과 사이에 수치한정의 유무 또는 범위에서만 차이가 있는 경우에는, 그 한정된 수치범위가 공지된 발명에 구체적으로 개시되어 있거나, 그렇지 않더라도 그러한 수치한정이 그 발명이 속하는 기술분야에서 통상의 지식을 가진 자(이하 '통상의 기술자'라고 한다)가 적절히 선택할 수 있는 주지·관용의 수단에 불과하고 이에 따른 새로운 효과도 발생하지 않는다면 그 신규성이 부정된다. 그리고 한정된 수치범위가 공지된 발명에 구체적으로 개시되어 있다는 것에는, 그 수치범위 내의 수치가 공지된 발명을 기재한 선행문헌의 실시 예 등에 나타나 있는 경우 등과 같이 문언적인 기재가 존재하는 경우 외에도 통상의 기술자가 선행문헌의 기재 내용과 출원시의 기술상식에 기초하여 선행문헌으로부터 직접적으로 그 수치범위를 인식할 수 있는 경우도 포함된다. 한편 수치한정이 공지된 발명과는 상이한 과제를 달성하기 위한 기술수단으로서의 의의를 가지고 그 효과도 이질적인 경우나 공지된 발명과 비교하여 한정된 수치범위 내외에서 현저한 효과의 차이가 생기는 경우 등에는, 그 수치범위가 공지된 발명에 구체적으로 개시되어 있다고 할 수 없음은 물론, 그 수치한정이

---

8) 대법원 2018. 6. 28. 선고 2016후564 판결[등록무효(특)]에서는 "여러 선행기술문헌을 인용하여 특허발명의 진보성을 판단할 때에, 그 인용되는 기술을 조합 또는 결합하면 해당 특허발명에 이를 수 있다는 암시, 동기 등이 선행기술문헌에 제시되어 있거나, 그렇지 않더라도 해당 특허발명의 출원 당시의 기술 수준, 기술상식, 해당 기술분야의 기본적 과제, 발전경향, 해당 업계의 요구 등에 비추어 보아 그 기술분야에서 통상의 지식을 가진 사람(이하 '통상의 기술자'라고 한다)이 쉽게 그와 같은 결합에 이를 수 있는 경우에는 해당 특허발명의 진보성은 부정된다(대법원 2007. 9. 6. 선고 2005후3284 판결 등 참조).
출원 전에 공지된 발명이 가지는 구성요소의 범위를 수치로써 한정한 특허발명은 그 과제 및 효과가 공지된 발명의 연장선상에 있고 수치한정의 유무에서만 차이가 있을 뿐 그 한정된 수치범위 내외에서 현저한 효과의 차이가 생기지 않는다면, 통상의 기술자가 통상적이고 반복적인 실험을 통하여 적절히 선택할 수 있는 정도의 단순한 수치한정에 불과하여 진보성이 부정된다(대법원 2007. 11. 16. 선고 2007후1299 판결 등 참조)."라고 판시한 바 있다.

통상의 기술자가 적절히 선택할 수 있는 주지·관용의 수단에 불과하다고 볼 수도 없다. 이 사건 제1항 발명은 + 4가 이상의 원자가를 갖는 제3원소 산화물의 함유량을 '0.01 내지 0.2원자%'의 수치범위로 한정한 발명으로서, 그 함유량을 '20원자% 이하'로 한정하고 있는 비교대상발명과 사이에 제3원소 산화물 함유량의 수치범위에서만 차이가 있는데, 이 사건 제1항 발명의 위 수치한정은 스퍼터링 타깃의 부피저항률을 낮게 하면서도 이 타깃을 사용하여 제막된 투명도전막의 에칭 가공성 역시 우수하도록 하기 위한 것인 반면, 비교대상 발명의 위 수치한정은 '도전성 저하의 방지'에 있을 뿐이므로, 이 사건 제1항 발명은 위 수치범위가 비교대상발명에 구체적으로 개시되어 있다고 할 수 없고 그 수치한정이 통상의 기술자가 적절히 선택할 수 있는 주지·관용의 수단에 불과하다고 볼 수도 없어, 비교대상발명에 의하여 그 신규성이 부정되지 아니한다고 판시한 사안.

대법원 2014. 5. 16. 선고 2012후238, 2012후245[공동소송참가][등록무효(특) (자) 상고기각][올로파타딘 용도발명 사건]

◇1. 의약용도발명에서 해당 질병과 함께 약리기전을 부가하는 정정이 정정요건에 해당하는지 여부, 2. 수치한정발명의 진보성 판단◇

1. 의약용도발명에서는 특정 물질과 그것이 가지고 있는 의약용도가 발명을 구성한다(대법원 2009. 1. 30. 선고 2006후3564 판결 참조). 약리기전은 특정 물질에 불가분적으로 내재된 속성에 불과하므로, 의약용도발명의 특허청구범위에 기재되는 약리기전은 특정 물질이 가지고 있는 의약용도를 특정하는 한도 내에서만 발명의 구성요소로서 의미를 가질 뿐, 약리기전 그 자체가 특허청구범위를 한정하는 구성요소라고 볼 수 없다.

2. 어떠한 특허발명이 그 출원 전에 공지된 발명이 가지는 구성요소의 범위를 수치로써 한정하여 표현한 경우에, 그 한정한 수치범위 내외에서 이질적이거나 현저한 효과의 차이가 생기지 아니한다면, 이는 그 기술분야에서 통상의 지식을 가진 사람이 통상적이고 반복적인 실험을 통하여 적절히 선택할 수 있는 정도의 단순한 수치한정에 불과하므로, 그 수치한정을 이유로 진보성이 부정되지 아니한다고 할 수 없다(대법원 1993. 2. 12. 선고 92다40563 판결 참조). 그리고 그 특허발명이 공지된 발명과 과제가 공통되고 수치한정의 유무에서만 차이가 있을 뿐이며 그 특허발명의 명세서에 한정된 수치를 채용함에 따른 현저한 효과 등이 기재되어 있지 않다면, 특별한 사정이 없는 한 그와 같이 한정한 수치범위 내외에서 현저한 효과의 차이가 생긴다고 보기 어렵다(대법원 1994. 5. 13. 선고 93후657 판결, 대법원 2007. 11. 16. 선고 2007후1299 판결 등 참조).

(마) 선택발명

[1] 총괄적인 상위개념으로 표현된 선행발명에 대해서 당해 선행문헌에 구체적으로 개시

되어 있지 않은 사항을 필수구성요건의 전부 또는 일부로서 선택한 것에 상당하는 발명이다.

예: 진통제적 효과가 인정되어 특허된 선행발명의 화학물질을 이용한 후행발명이 염색제의 효과가 있다든지, 아니면 같은 화학물질로 선행발명과 살충력은 동등하지만 후행발명은 온혈 동물에게 독성이 현저히 낮은 경우 등

[2] 선택발명의 특허 요건

(i) 선행발명이 선택발명을 구성하는 하위개념을 구체적으로 개시하지 않을 것

(ii) 선택발명에 포함되는 하위개념들 모두가 선행발명이 갖는 효과와 질적으로 다른 효과를 갖고 있거나, 질적인 차이가 없더라도 양적으로 현저한 차이가 있는 경우

[3] 선택발명의 상세한 설명에는 선행발명에 비하여 전술한 효과가 있음을 명확히 기재하면 충분하고, 그 효과의 현저함을 구체적으로 확인할 수 있는 비교실험자료까지 기재하여야 하는 것은 아니다. 그 효과가 의심될 때에는 출원일 이후에 출원인이 구체적인 비교실험 자료를 제출하는 등의 방법에 의하여 그 효과를 구체적으로 주장 및 증명할 수 있다.

대법원 2017. 8. 29. 선고 2014후2696 판결[등록무효(특) (바) 파기환송][선행발명인 라세미체와의 관계에서 광학이성질체인 특허발명의 특허요건 사건]

◇선택발명의 이질적 효과와 진보성 판단 기준◇

선행 또는 공지의 발명에 구성요소가 상위개념으로 기재되어 있고, 위 상위개념에 포함되는 하위개념만을 구성요소 중의 전부 또는 일부로 하는 선택발명의 진보성이 부정되지 않기 위해서는, 선택발명에 포함되는 하위개념들 모두가 선행발명이 갖는 효과와 질적으로 다른 효과를 갖고 있거나, 질적인 차이가 없더라도 양적으로 현저한 차이가 있어야 한다 (대법원 2014. 5. 16. 선고 2012후3664 판결 등 참조). 선택발명에 여러 효과가 있는 경우에 선행발명에 비하여 이질적이거나 양적으로 현저한 효과를 갖는다고 하기 위해서는 선택발명의 모든 종류의 효과가 아니라 그 중 일부라도 선행발명에 비하여 그러한 효과를 갖는다고 인정되면 충분하다(대법원 2012. 8. 23. 선고 2010후3424 판결 등 참조).

☞ 통상의 기술자가 비교대상발명 1-1의 화합물 중 RA7을 직접 인식할 수 있다는 점에서 이 사건 제2항 정정발명의 신규성이 부정될 수 있음은 별론으로 하고, 이 사건 제2항 정정발명의 경피투여 효과는 통상의 기술자가 예측할 수 없는 이질적인 효과라고 보아 진보성이 부정되지 않는다고 판단한 사례.

■대법원 2012. 8. 23. 선고 2010후3424 판결[등록무효(특)]

[판결요지]

[1] 선행 또는 공지의 발명에 구성요소가 상위개념으로 기재되어 있고 위 상위개념에 포함되는 하위개념만을 구성요소 중의 전부 또는 일부로 하는 이른바 선택발명의 진보성이 부정되지 않기 위해서는 선택발명에 포함되는 하위개념들 모두가 선행발명이 갖는 효과와 질적으로 다른 효과를 갖고 있거나, 질적인 차이가 없더라도 양적으로 현저한 차이가 있어야 하고, 이때 선택발명의 발명의 상세한 설명에는 선행발명에 비하여 위와 같은 효과가 있음을 명확히 기재하여야 하며, 위와 같은 효과가 명확히 기재되어 있다고 하기 위해서는 선택발명의 발명의 상세한 설명에 질적인 차이를 확인할 수 있는 구체적인 내용이나, 양적으로 현저한 차이가 있음을 확인할 수 있는 정량적 기재가 있어야 한다.

[2] 선택발명에 여러 효과가 있는 경우에 선행발명에 비하여 이질적이거나 양적으로 현저한 효과를 갖는다고 하기 위해서는 선택발명의 모든 종류의 효과가 아니라 그 중 일부라도 선행발명에 비하여 그러한 효과를 갖는다고 인정되면 충분하다.

[3] 명칭을 '약제학적 화합물'로 하는 특허발명에 대해 甲 주식회사가 특허권자 乙 외국회사를 상대로 선택발명으로서 진보성 등이 부정된다는 이유로 등록무효심판을 청구한 사안에서, 위 특허발명의 특허청구범위 제2항은 '올란자핀(Olanzapine)'을 특허청구범위로 하는 발명으로서 비교대상발명 1의 선택발명에 해당하고 비교대상발명 1에 구체적으로 개시된 화합물들 중 올란자핀과 가장 유사한 화학구조를 가지는 '에틸올란자핀(Ethyl Olanzapine)'과 비교하여 정신병 치료 효과면에서 올란자핀이 에틸올란자핀에 비하여 현저히 우수한 효과를 갖는다고 단정하기 어렵지만, 콜레스테롤 증가 부작용 감소라는 이질적인 효과를 가진다고 인정되므로, 위 특허발명은 비교대상발명 1에 의하여 진보성이 부정되지 아니함에도 이와 달리 본 원심판결에 법리오해의 위법이 있다고 한 사례.

대법원 2014. 5. 16. 선고 2012후3664판결[거절결정(특) (타) 상고기각][텔미사르탄 용도발명 사건]

◇1. 의약용도발명에서 약리기전의 의미, 2. 선택발명의 진보성 판단◇

1. 의약용도발명에서는 특정 물질과 그것이 가지고 있는 의약용도가 발명을 구성하는 것이고(대법원 2009. 1. 30. 선고 2006후3564 판결 등 참조), 약리기전은 특정 물질에 불가분적으로 내재된 속성으로서 특정 물질과 의약용도와의 결합을 도출해내는 계기에 불과하다. 따라서 의약용도발명의 특허청구범위에 기재되어 있는 약리기전은 특정 물질이 가지고 있는 의약용도를 특정하는 한도 내에서만 발명의 구성요소로서 의미를 가질 뿐 약리기전 그 자체가 특허청구범위를 한정하는 구성요소라고 보아서는 아니 된다.

2. 선행 또는 공지의 발명에 구성요소가 상위개념으로 기재되어 있고, 위 상위개념에 포함되는 하위개념만을 구성요소 중의 전부 또는 일부로 하는 선택발명의 진보성이 부정되지 않기 위해서는, 선택발명에 포함되는 하위개념들 모두가 선행발명이 갖는 효과와 질적으로 다른 효과를 갖고 있거나, 질적인 차이가 없더라도 양적으로 현저한 차이가 있어야 한다. 이때 선택발명의 명세서 중 발명의 상세한 설명에는 선행발명에 비하여 위와 같은 효과가 있음을 명확히 기재하여야 하는데, 이러한 기재가 있다고 하려면 발명의 상세한 설명에 질적인 차이를 확인할 수 있는 구체적인 내용이나 양적으로 현저한 차이가 있음을 확인할 수 있는 정량적 기재가 있어야 한다(대법원 2012. 8. 23. 선고 2010후3424 판결 등 참조).

(바) 전용발명

[1] **전용발명**: 공지기술을 다른 기술분야에 전용하는 것에 의하여 구성한 발명이다.

[2] 전용발명은 공지기술을 본질적으로 변경을 가하지 않고, 다른 기술분야에 적용하는 발명이며, 다른 과제해결을 위하므로 용도 및 효과가 다르다.

나. 생물 분야의 발명

(1) 의 의

1) 반복재현성이 필요한데 생물발명의 경우에 어느 단계에서의 반복재현성을 의미하는지 여부가 문제된다.

2) 종전에는 생물의 생산에는 반복재현성이 없어서 자연법칙을 이용에 발명에 해당하지 않는다고 하는 견해가 지배적이었다.

(2) 종 류

(가) 식물발명

[1] 식물발명에 관한 특허는 미국에서 최초로 채용된 제도이다.

[2] **2006년 개정 전의 제31조**: 무성적으로 반복생식할 수 있는 무성번식식물만 보호하였고, 유성번식식물의 경우에는 종자산업법의 보호대상으로 하였다.

[3] **미국의 경우**: 1970년 식물품종보호법을 제정하여 유성번식식물을 그 보호대상으로 삼고 있고, 1985년 Ex Parte Hibberd 사건[9] 이후 미국에서도 유성번식 및 무성번식식물발명을 모두 보호하고 있다.

[4] 이런 국제적 추세를 반영하여 2006년 특허법에서는 식물발명 규정을 삭제하여 식물

---

9) 227 USPQ 443, Bd. Pat. App. & Int., 1985.

발명은 유성번식식물 및 무성번식식물 여부에 관계없이 변종식물에 해당하면 특허를 받을 수 있게 되었다. 식물발명은 일본을 제외한 대부분 선진국에서는 특허법상 특별규정을 두고 있지 않으나, 이 발명의 성립성을 부정하는 국가는 거의 없다.

(나) 동물발명

특허청은 사람을 제외한 다세포 동물에 관해 동물 자체의 발명, 동물의 일부분에 관한 발명, 동물을 만드는 방법의 발명, 동물의 이용에 관한 발명에 적용되는 심사기준을 두고 있다. 유전자, 백터, 재조합 백터, 형질전환제, 융합세포, 모노클로날항체, 단백질, 제조합단백질 등에 관한 발명 등 유전공학 관련 발명을 보호하고 있다.

(다) 미생물발명

[1] **미생물**: 육안으로 식별이 곤란한 미세한 생명체로서 바이러스, 세균, 효모, 곰팡이, 원생동물, 동식물의 세포, 조직 배양물 등을 의미한다. 이는 동식물의 분화되지 않은 세포 및 조직 배양물도 포함한다.

[2] 미생물 자체의 발명과 미생물을 이용한 발명으로 구분된다. 그리고 후자의 경우 신규 미생물의 이용에 한하지 않고 공지 미생물의 이용방법을 발견한 경우도 포함한다.

[3] **미생물 자체의 발명**: 자연계로부터 분리 또는 변이 수단, 유전자 공학적 수단 등에 의하여 창제한 새로운 미생물의 발명을 의미한다.

[4] **미생물을 이용한 발명**: 발효, 분해 등의 기능에 착목한 발효음식물 등의 발명과 미생물의 특정 물질의 생산성에 착목한 항생물질, 발효 등의 제조방법 등의 발명을 뜻한다.

예: 발효, 분해 등의 기능에 착목한 발효음식물 등의 발명의 예로는 특정의 미생물에 의한 발효음식물의 제조방법, 특정의 미생물에 의한 유해 물질의 분해방법, 특정의 미생물로부터 화학물질의 변환방법을 들 수 있고, 미생물의 특정 물질의 생산성에 착목한 항생물질, 발효 등의 제조방법 등의 발명의 예로는 특정의 미생물에 의한 아미노산, 유기산, 발효, 항생물질 등의 제조방법을 들 수 있다.

다. IT 관련 발명

(1) 컴퓨터 관련 발명

(가) 컴퓨터 관련 발명의 의의 및 유형

[1] 이에는 컴퓨터 자체에 관한 발명, 컴퓨터 소프트웨어 관련 발명 및 마이크로프로세서 이용발명 등이 있다.

[2] 컴퓨터 자체에 관한 발명은 컴퓨터의 새로운 기능을 발명하는 것, 성능을 개선하는

것 등의 일반적인 물(物)의 발명이다.

[3] **컴퓨터 소프트웨어 관련 발명**: 공간상의 구성을 갖는 자연법칙을 이용한 주변장치와 자연법칙을 이용하지 않은 연산 프로그램인 소프트웨어의 결합으로 이루어지는 발명이다.

[4] 마이크로프로세서 이용발명은 광의에서 컴퓨터 소프트웨어 관련 발명의 하나이다.

(나) 컴퓨터프로그램의 특허를 허용할 것인지 여부에 관한 학설의 대립

[1] **부정설**: 컴퓨터프로그램이 인간의 머릿속에서 수행하는 정신적·지능적 수단이나 과정에 불과하며, 자연법칙을 이용한 발명이 아니고 본질적으로 일종의 계산방법에 불과하기 때문에 특허성이 부정된다고 주장하는 견해이다.

[2] **긍정설**: 프로그램은 컴퓨터에 입력하여 사용하므로 컴퓨터에 프로그램을 입력하였을 때부터 컴퓨터의 일부분으로 구성되며, 이의 구성이 기술적으로 일체를 이루었거나 결합함으로써 특정 목적에 적합한 구체적인 장치를 설치한 배선이나 접속수단과 동일시할 수 있으므로 자연법칙을 이용한 것으로 특허성을 인정하여야 한다고 주장하는 견해이다.

[3] **절충설**: 프로그램에는 특허를 받을 수 있는 것과 그렇지 못한 것이 존재하므로 개별적으로 판단하여야 한다고 주장하는 견해이다.

[4] **특허청 실무**: 순수한 컴퓨터프로그램 자체가 아닌 한 될 수 있으면 넓게 그 특허성을 인정하려는 절충적인 입장을 취한다. 따라서 프로그램을 하드웨어와 일체로 하여 그 하드웨어의 성능을 높이거나 제어하는 방법 내지는 장치로서 혹은 프로그램을 기록한 컴퓨터가 독해가능한 기록매체로서 출원하면 등록할 수 있도록 하고 있다.

예: 이진수 데이터변환처리방법, 의료사무 시스템, 도서관 관리장치 등에 특허를 부여하는 것

(다) 발명의 성립성과 관련하여 자연법칙의 이용 여부 판단

발명의 구성요건 자체라기보다는 그 각각의 구성요건의 접속 내지는 결합이 자연법칙을 이용하고 있는지 아니면 전체적인 묶음이 작용할 때 그 작용의 상태가 자연법칙에 합당하게 이루어지고 있는지 여부를 가지고 판단하여 컴퓨터 소프트웨어 관련 발명이 자연법칙을 이용하고 있는지 여부를 판단하여야 한다. 소프트웨어 관련 발명이 자연법칙을 이용하고 있는지 여부에 대한 판단은 (i) 소프트웨어에 의한 정보처리에 자연법칙이 이용되고 있는지 및 (ii) 하드웨어가 이용되고 있는지 여부에 달려 있다.

(라) 청구범위의 기재

컴퓨터와 관련된 장치발명에 있어서는 기능실현수단을, 방법발명에 있어서는 소프트웨어에 의해 실현되는 수순을 명료하게 기재하여야 한다.

(2) 전자상거래 관련 발명

영업방법발명(BM 발명)은 사업아이디어에 정보시스템(컴퓨터, 인터넷, 통신기술)을 결합한 형태로서, 즉 비즈니스모델, 프로세서 모델과 데이터 모델이 결합된 발명이다.

예: 역경매 시스템, 대출 경매방법

(3) 의료 분야의 발명

(가) 의료 분야 발명

(i) 병원 등의 시설, 관리시스템 등에 관한 발명과 (ii) 메스, 바늘 등 치료용 기기에 관한 발명 및 치료용검사용 약품, 검사기기, 진단장치, 치료장치 등에 관한 발명으로 나뉜다. 특허법 제29조 제1항이 산업상 이용할 수 있는 발명은 특허를 받을 수 있지만, 의료는 산업이 아니므로 산업상 이용가능성이 없다고 하면서 의료방법의 특허성을 부인하는 것이 특허청 심사실무다.

(나) 의약발명

사람의 질병의 진단경감치료처치 또는 예방을 위하여 사용되는 의약을 발명하는 것이다. 의약발명은 신규한 의약화합물 자체에 관한 물질특허발명, 의약조성물의 제조 방법발명, 신규 화합물의 제1의약용도에 관한 발명, 공지 화합물의 제1의약용도발명 및 공지화합물의 제2의약용도발명으로 나눌 수 있다.[10) 그 가운데 치료제 및 약효를 그 목적으로 하는 의약은 화합물의 용도적 측면에서 파악한 것이므로 그러한 의약발명은 특정 물질의 의약적 속성을 특정 용도에 사용하는 것을 의도하는 의약용도발명이다. 의약용도발명은 원칙적으로 물(物)의 형식으로 기재하여야 하며, 방법발명의 형식으로 기재하면 치료방법발명에 해당하게 되어 산업상 이용가능성이 없다는 것을 이유로 특허를 받을 수 없게 된다.[11) 의약용도발명의 의약용도는 치료대상 질병 또는 약효로 표현된다. 의약용도의 표시에 있어 의약용도를 한정하지 않은 '의약', '치료제'라는 포괄적 기재는 인정하지 않는다.[12) 예컨대 '화합물 A를 유효성분으로 포함하는 질병 X 치료용 약학조성물' 내지 '화합물 A를 유효성분으로 포함하는 항생제'는 적절한 특허청구범위의 기재에 해당하나, '화합물 A를 유효성분으로 포함하는 의약' 내지 '화합물 A를 유효성분으로 포함하는 치료제'란 포괄적인 기재는 적절한 특허청구범위의 기재에 해당하지 않는다.[13)

---

10) 이미정, "의약 관련 특허청구범위의 기재와 해석", 「특별법연구」, 제12권, 2015년, 316면 참조.
11) 위의 글, 316면.
12) 특허 · 실용신안 심사기준(2020년), 제9부 제2장 § 1.2.
13) 이미정, 앞의 글, 316－317면.

이러한 의약용도발명의 기재형식은 신규 화합물의 제1의약용도에 관한 발명인지, 공지 화합물이 의약으로 사용될 수 있다는 것을 처음으로 발견한 것을 특징으로 하는 제1의약용도발명인지 아니면 의약으로서의 용도가 이미 공지된 화합물이 새로운 의약용도로 사용될 수 있다는 것을 발견한 것을 특징으로 하는 제2의약용도발명인지 여부를 구별하지 않고 적용된다.[14]

전술한 바와 같이 의약은 단일의약이나 의약의 제조방법은 물론 둘 이상의 의약을 혼합하여 의약을 제조하는 방법(의약의 혼합방법)도 특허대상이 된다. 하지만, 둘 이상의 의약(여기에서는 사람의 질병의 진단·경감·치료·처치(處置) 또는 예방을 위하여 사용되는 물건을 말한다)이 혼합되어 제조되는 의약의 발명 또는 둘 이상의 의약을 혼합하여 의약을 제조하는 방법의 발명에 관한 특허권의 효력은 '약사법'에 의한 조제행위와 그 조제에 의한 의약에는 미치지 아니한다(특 제96조 제2항).

의약에 관한 용도발명은 명세서에 의학적 용도를 뒷받침하기 위한 약리효과를 출원 시에 기재하여야 한다. 의약의 용도발명에 있어서는 그 출원 전에 명세서에 기재된 약리효과를 나타내는 약리기전이 명확히 밝혀져 있는 등 특별한 사정이 있지 않은 이상, 해당 발명에 관계된 물질에 그와 같은 약리효과가 있다는 것을 약리데이터 등이 나타난 시험예로 기재하거나 또는 이에 대신할 수 있을 정도로 구체적으로 기재하여야 한다. 즉, 약리효과는 원칙적으로 임상시험에 의해서 뒷받침해야 하나 발명의 내용에 따라서는 임상시험 대신에 동물시험이나 시험관내시험으로 기재해도 된다.[15]

의약의 투여용법과 투여용량이 발명의 구성요소인지 여부와 관련하여 대법원 2015. 5. 21. 선고 2014후768 전원합의체판결은 "의약이라는 물건의 발명에서 대상 질병 또는 약효와 함께 투여용법과 투여용량을 부가하는 경우에 이러한 투여용법과 투여용량은 의료행위 그 자체가 아니라 의약이라는 물건이 효능을 온전하게 발휘하도록 하는 속성을 표현함으로써 의약이라는 물건에 새로운 의미를 부여하는 구성요소가 될 수 있다고 보아야 하고, 이와 같은 투여용법과 투여용량이라는 새로운 의약용도가 부가되어 신규성과 진보성 등의 특허요건을 갖춘 의약에 대해서는 새롭게 특허권이 부여될 수 있다."라고 판시하였다. 이와 달리 투여주기와 단위투여량은 조성물인 의약물질을 구성하는 부분이 아니라 의약물질을 인간 등에게 투여하는 방법이어서 특허를 받을 수 없는 의약을 사용한 의료행위이거나, 조성물 발

---

14) 위의 글, 317면.
15) 특허·실용신안 심사기준(2020년), 제9부 제2장 § 1.1.

명에서 비교대상발명과 대비 대상이 되는 그 청구범위 기재에 의하여 얻어진 최종적인 물건 자체에 관한 것이 아니어서 발명의 구성요소로 볼 수 없다는 취지로 판시한 대법원 2009. 5. 28. 선고 2007후2926 판결, 대법원 2009. 5. 28. 선고 2007후2933 판결을 비롯한 같은 취지의 판결들은 위 전원합의체 판결의 견해에 배치되는 범위 내에서 이를 모두 변경하게 되었다.

(4) 식품 분야의 발명

(가) 1983년에 Societed' Assistance Technique pour Produits Nestle S. A.(이하 "Nestle")는 발효를 통해 야채주스를 제조하는 방법에 대해 특허를 출원하였다. 이 방법은 김치를 제조하는 방법과 유사하다. Nestle는 한국을 비롯하여 15개국에 특허출원하였다.[16] 이 특허출원에 대하여 우리 특허청은 거절결정을 내렸다. 하지만, 우리나라에서의 특허출원을 제외하고는 다른 14개국에서 특허가 등록되었다.[17] 예컨대 미국의 "가수분해 단백질을 활용한 향이 나는 고형 야채와 야채 주스의 제조(preparation of a flavored solid vegetable and vegetable juice utilizing hydrolysedprotein)"는 미국 특허상표청(United States Patent and Trademark Office(이하"USPTO"))에 1983년 10월 4일 특허출원되었고 1984년 12월 25일 특허등록되었다.[18]

---

16) Hyun−cheol Kim, Web Site for Korean Recipes Launched, Korea Times, 28 July, 2009, available at http://www.koreatimes.co.kr/www/common/printpreview.asp?categoryCode=123&newsIdx=49220 (last visit on 22 May, 2020).

17) Korean Intellectual Property Office, Introduction of Korean Traditional Knowledge Portal (KTKP), March, 2011, available at http://www.wipo.int/edocs/mdocs/tk/en/wipo_tkdl_del_11/wipo_tkdl_del_11_ref_t9_4.pdf (last visit on 22 May, 2020).

18) United States Patent No. 4,490,396 (25 December, 1984).

표 3-1 ▎ 가수분해 단백질을 활용한 향이 나는 고형 야채와 야채 주스의 제조에 관한 특허발명

출처: https://patents.google.com/patent/US4490396

(나) 1990년 9월 1일부터는 '음식물 및 기호물의 발명'에 대해서도 특허를 받을 수 있게 되었다. 2001년 개정 심사기준에 따르면, 식품의 범위는 종전의 음식물 및 기호물보다 그 범위가 확대된 것으로 보고 있으며, 입으로 섭취하는 것은 물론 기호를 위한 냄새의 발산 등에 관한 것도 포함하는 것으로 본다.

(다) 식품 분야의 발명 관련 용어 정의

[1] **식 품**: 음식물과 기호물을 포함하는 포괄적인 개념이다.

[2] **음식물**: 인체의 영양을 목적으로 섭취하는 물을 말하며, 먹어서 인체의 영양에 직접적인 역할을 하지 않더라도 간접적으로 인체의 신진대사를 촉진하는 것이다. 다만 ▶의약으로서 섭취하는 것은 제외한다.

[3] **기호물**: 영양성분은 아니지만 향미 등이 있어 쾌감을 주고 필요한 흥분을 일으키는 물(物)을 말한다. 따라서 후각 또는 미각을 만족시킬 목적으로 먹거나 흡입하는 물(物)이 포함된다.

[4] **식품첨가물**: 식품을 제조, 가공 또는 보존함에 있어 식품에 첨가·혼합·침윤 기타의 방법으로 사용되는 물질이다.

[5] **식품기구**: 음식기와 식품 또는 식품첨가물의 채취·제조·가공·저장·운반·진열 또는 식품첨가물에 직접 접촉되는 기계·기구 기타의 물건은 제외한다.

[6] **용기포장**: 식품 또는 식품첨가물을 넣거나 싸는 물품으로 식품 또는 식품첨가물과 함께 유통되는 물품이다.

제4장 특허요건

제1절 의 의

‣ 실체적 요건 중 적극적 요건으로서 발명은 1) 산업상 이용가능하고, 2) 신규성이 있으며, 3) 그 발명이 속하는 기술분야에서 통상의 지식을 가진 자가 용이하게 발명할 수 있는 것이 아닌 것(진보성)이어야 한다. 그리고 발명은 실체적 요건 중 소극적 요건(특 제32조)에 해당하지 아니하여야 한다.

‣ 절차적 요건으로서 발명은 타인과의 관계에 있어서 선출원이어야 한다.

‣ 발명의 성립성: 특허법 제29조의 특허요건을 판단하기 위해서는 우선 선행적으로 발명이 성립하여야 한다. 즉, 발명의 성립성이 인정되지 않으면 협의의 특허요건인 특허법 제29조 제1항 본문의 규정을 인용하여 "산업상 이용할 수 있는 발명"이 아니라는 이유로 거절된다. 특허법 제2조 제1호의 발명의 정의 규정에 의해서는 거절결정을 할 수 없기 때문에 판례에 의하면 발명의 불성립을 이유로 거절결정하는 경우에 특허법 제2조 제1호 대신에 같은 법 제29조 제1항 본문의 규정에 의거하여 거절결정하고 있음에 주의하여야 한다.

제2절 산업상 이용가능성

I. 의 의

[1] 실제 명백히 실시할 수 없는 것(예: 지구와 달을 연결하는 다리 등)이나 개인적으로만 이용되고 시판 등의 가능성이 없는 것(예: 혀를 내밀면서 차를 마시는 법)은 산업상 이용가능성이 없다.

[2] 방법발명에서 수술 및 치료방법, 유전자치료법, 진단방법 등은 의료행위에 해당하므로 산업상 이용가능성이 없는 것으로 본다.

[3] 인체에서 분리된 것(혈액, 모발 등)은 인체가 아닌 것으로 보아 산업상 이용가능성이 있다. 다만, 특허의 소극적 요건인 특허법 제32조에 의거하여 공공질서 및 선량한 풍속에 어긋나거나 공중의 위생을 해칠 우려가 있는 경우에는 특허를 받지 못한다.

[4] 질병의 순수한 치료진단 및 예방방법과는 구별되는 의료행위를 위한 기구장치 등에 관한 발명은 당연히 산업상 이용할 수 있는 발명이다.

II. 산업의 개념

1. 산업의 의의

[1] 산 업: 광의의 개념으로 공업 외에도 광업, 농수산업, 목축업 등을 포함하며, 생산이 뒤따르지 않으나 운송업이나 교통업과 같은 보조산업을 포함한다는 것이 통설이다.[19]

[2] 유럽특허조약(EPC) 제57조: 농업을 포함한 어떠한 산업에서도 그 발명이 이용되거나 제조될 수 있다면 그 발명은 산업상 이용가능성이 있는 것으로 간주된다.

[3] 파리조약[20] 제1조(3): 산업을 (i) 공업 및 상업, (ii) 농업 또는 채취산업의 분야, (iii) 모든 제조 또는 천연산품까지도 포함하는 최광의로 규정하고 있다.

　‣ 산업재산권은 최광의로 해석되어 엄격한 의미의 공업 및 상업뿐만 아니라 농업 또는 채취산업의 분야 및 제조 또는 천연의 모든 산품, 예컨대 포도주, 곡물, 담뱃잎, 과실, 가축, 광물, 광천수, 맥주, 꽃, 밀가루에 대하여도 적용된다.

[4] 특허청의 특허·실용신안 심사기준(2017년 3월 1일, 특허청 예규 제97호) 제3부 제1장 § 2의 산업의 범위는 발명이 이용가능한 업무 분야로 유용하고 실용적인 기술에 속하는 모든 활동을 포함하는 최광의의 개념으로 해석하고 있다.

---

19) 조영선, 「특허법」, 박영사, 2009년, 95면에서는 "특허법 제29조 제1항 본문의 '산업'은 가장 넓은 의미의 산업으로 해석하여야 하며 '기술을 통해 실용적인 결과를 얻는 인간의 모든 활동 영역'이라는 의미로 이해되어야 한다. 발명은 산업상 이용가능성이 있는 것이 대부분이고 현재에는 산업상 이용가능성이 희박하다고 하더라도 향후 기술의 발달에 따라 이용가능성이 생길 수 있는 발명 또한 얼마든지 있는 것이라는 점에 비추어 보면 산업상 이용가능성은 이를 소극적 요건으로 이해하여 산업상 이용가능성이 없어 특허 받을 수 없는 발명의 리스트를 작성해 나가는 것이 올바른 접근 방법이라 할 것이다."고 기술하고 있다.
20) 파리조약에 대하여 특허법에는 파리조약으로 명시되어 있으나, 상표법에서는 파리협약으로 명시되어 있다. 이에 대하여 용어를 통일할 필요가 있으며, 이 책에서는 조문을 기재하는 경우 각각의 법에 명시된 명칭을 쓰되, 본문 기재 시 파리조약으로 통일하여 사용하였음을 밝힌다.

2. 의료업의 산업성

[1] 의료업을 산업의 일종으로 보게 되면 치료방법, 진단방법, 예방방법의 발명은 특허법상 발명인 한 산업상 이용가능성이 있는 발명으로 특허의 대상이 될 것이나, 전통적인 학설 및 판례는 이러한 발명의 산업상 이용가능성을 부정한다. 이는 의료적 발명이 널리 개방되어야 한다는 생각이 반영된 것이다.[21)

[2] 유럽특허조약(EPC) 제52조(4): 인체나 동식물의 치료방법 또는 외과적 처치방법 및 인체나 동물체에 대한 진단방법은 산업상 이용가능성이 있는 발명이라고는 보지 않는다.

[3] 전통적으로는 인체를 발명구성의 요건으로 하는 순의료적 발명뿐만 아니라 그 이외의 의료발명의 특허성은 부정되고 인체에서 분리배출한 물질(혈액, 모발, 피부, 소변 등)도 인체의 일부를 구성하는 것으로 하고, 이것을 사용하는 진단방법의 발명도 특허성이 부정되어 왔다.

[4] 특허 · 실용신안 심사기준(2020년) 제3부 제1장 § 5.1

(i) 인간을 수술하거나 치료 또는 진단하는 방법의 발명, 즉 의료행위에 대해서는 산업상 이용할 수 있는 발명에 해당하지 않는 것으로 한다. 그러나 이들 방법에 사용하기 위한 생산물(의료기기, 의약품 등)은 산업상 이용할 수 있는 발명에 해당한다.

(ii) 인간으로부터 채취한 것(혈액, 소변, 피부, 모발 등)을 처리하는 방법 또는 이들을 분석하여 각종 데이터를 수집하는 방법은 산업상 이용할 수 있는 방법에 해당한다. 하지만 이 경우에도 채취한 것을 채취한 자에게 치료를 위해 되돌려 줄 것을 전제로 하여 처리하는 방법(예: 혈액투석방법)은 의료행위에 해당하므로 산업상 이용할 수 있는 발명에 해당되지 않는다.

(iii) 일반적으로 인간을 수술, 치료, 진단하는 방법에 이용할 수 있는 발명이라도 그것이 인간 이외의 동물에만 한정한다는 사실이 특허청구범위에 명시되어 있다면 산업상 이용할 수 있는 발명으로 취급한다.

---

21) 대법원 1991. 3. 12. 선고 90후250 판결에 따르면, "사람의 질병을 진단, 치료, 경감하고 예방하거나 건강을 증진시키는 의약이나 의약의 조제방법 및 의약을 사용한 의료행위에 관한 발명은 산업에 이용할 수 있는 발명이라 할 수 없으므로 특허를 받을 수 없는 것이나, 다만 동물용 의약이나 치료방법 등의 발명은 산업상 이용할 수 있는 발명으로서 특허의 대상이 될 수 있는바, 출원발명이 동물의 질병만이 아니라 사람의 질병에도 사용할 수 있는 의약이나 의료행위에 관한 발명에 해당하는 경우에도 그 특허청구범위의 기재에서 동물에만 한정하여 특허청구함을 명시하고 있다면 이는 산업상 이용할 수 있는 발명으로서 특허의 대상이 된다."고 판시하였다.

III. 이용가능성

1. 학설 대립

[1] 산업 자체가 비생산적이거나 비공업적인 것이라도 반복 계속적으로 이용될 수 있는 것이면 산업상 이용가능성이 있다는 견해[22]이다.

[2] 어느 산업에 그 발명을 응용하는 것에 의하여 새로운 가치를 창조하는 것으로 물건의 생산에 직접 관계가 있는 기술만을 가리킨다는 견해이다.

[3] 학문적·실험적으로만 이용하는 것이 가능한 발명을 제외한 취지라는 견해이다.

[4] 생산에 반복·이용할 수 있는 발명의 의미로 해석하는 견해이다.

2. 검 토

[1] 측량기술 등은 직접 생산에 관계없다는 점을 감안하면, 생산에 직접 관계가 있는 것을 전제로 한 견해는 찬동하기 어렵다. 산업 자체가 비생산적이거나 비공업적인 것이라도 반복 계속적으로 이용될 수 있는 것이면 산업상 이용가능성이 있다고 본다.

[2] 특허협력조약 제33조(4): 발명은 어떤 종류의 산업 분야에서든지 발명의 성질에 따라 기술적 의미에서 생산되고 사용될 수 있는 것일 경우에는 산업상 이용가능성을 가지는 것으로 한다.

IV. 산업상 이용가능성 판단

1. 판단의 시점

산업상의 이용은 현재의 산업적 실시를 의미하는 것이 아니라 장래 실시할 가능성이 있으면 족하다. 이용가능성이 인정되는 한 출원 또는 특허출원일 당시에 산업상 이용되지 않는 것이 분명하다고 할지라도 특허를 받는 데에는 상관이 없다.

---

22) 윤선희, 앞의 책, 159면.

특허출원된 발명이 출원일 당시가 아니라 장래에 산업적으로 이용될 가능성이 있다 하더라도 특허법이 요구하는 산업상 이용가능성의 요건을 충족한다고 하는 법리는 해당 발명의 산업적 실시화가 장래에 있어도 좋다는 의미일 뿐 장래 관련 기술의 발전에 따라 기술적으로 보완되어 장래에 비로소 산업상 이용가능성이 생겨나는 경우까지 포함하는 것은 아니다.

2. 경제성

[1] 산업상 이용가능성의 판단은 기술적 가치 평가의 문제로 비록 경제적 불이익을 초래하는 발명이라 할지라도 발명의 특허성이 부정되지는 않는다. 반면 발명이 어떠한 새로운 기술적 효과를 달성하면서 동시에 다른 기술적 불이익을 낳는 경우에도 그 불이익이 제거될 가능성이 도저히 없는 그 발명에 본질적인 것이거나 그 발명의 이익을 훨씬 넘어서 결국 그 발명의 이용 가능성을 실질적으로 부정하는 정도의 것이라면 산업상 이용가능성이 있는 발명이 아니다.

[2] 종래의 것에 비해 기술적 가치가 현저하게 낮은 것 등 퇴보적 발명은 산업상 이용가능성이 없는 발명이다.

[3] 개인적 또는 실험적·학술적으로만 이용할 수 있고 업으로서 이용될 가능성이 없는 발명은 산업상 이용할 수 있는 발명이 아니다.

3. 안정성과의 관계

어떠한 재료의 안정성을 필요로 하는 발명에 있어서는 안정성 여부가 산업상 이용가능성의 요건이라고 하는 견해가 있다. 하지만 이는 불특허사유(특허를 받기 위한 소극적 요건)로 언급할 사항이다. 즉, 특허법 제32조에서는 공공의 질서 또는 선량한 풍속에 어긋나거나 공중의 위생을 해칠 염려가 있는 발명을 불특허대상으로 규정하고 있다.

예: 발화할 가능성이 높은 플러그, 독성이 강한 식료품 등

4. 다른 법과의 관계

특허발명이라 하더라도 그것을 이용한 제품을 실시하기 위해서는 특정 행정기관의 인허가를 받아야 할 경우가 존재한다. 이는 특허권 인정과 당해 특허발명제품의 실시에 관련된 행정기관 행위의 목적이 상이하기 때문이다.

제3절 신규성

I. 의의 및 취지

[1] 특허제도는 이미 일반에게 널리 알려진 발명에 대해서는 독점배타권을 부여하지 않는다.

[2] **특허법 제29조 제1항**: 특허출원 전 (i) 공지된 발명, (ii) 공연히 실시된 발명, (iii) 간행물에 기재된 발명, (iv) 일정한 전기통신회선을 통하여 공중이 이용할 수 있는 발명은 신규성이 없는 발명으로 특허의 대상이 될 수 없다.

[3] 발명이 특허를 받기 위해서는 발명의 기술적 창작의 내용이 출원 전 선행기술에 비추어 알려져 있지 않은 새로운 것이어야 한다.

II. 신규성 판단의 기준

1. 신규성 판단의 시간적 기준

[1] 해당 발명의 특허출원 시를 기준으로 한다.

[2] 발명의 성립요건으로서의 창작성 판단시점은 발명의 완성 시가 되나, 특허요건인 객관적 신규성의 판단시점은 특허출원 시가 된다.

> **대법원 2019. 1. 17. 선고 2017후523 판결[등록무효(특)]**
>
> **[판결요지]**
> 발명이 속하는 분야에서 통상의 지식을 가진 사람(이하 '통상의 기술자'라고 한다)이 반복 실시할 수 있고, 발명이 목적하는 기술적 효과의 달성 가능성을 예상할 수 있을 정도로

구체적, 객관적으로 구성되어 있으면 발명은 완성되었다고 보아야 한다. 발명이 완성되었
는지는 청구범위를 기준으로 출원 당시의 기술수준에 따라 발명의 설명에 기재된 발명의
목적, 구성, 작용효과 등을 전체적으로 고려하여 판단하여야 하고, 반드시 발명의 설명 중
의 구체적 실시례에 한정되어 인정되는 것은 아니다.

[3] 특허출원 시는 출원일을 의미하는 것이 아니라 출원 시를 뜻한다. 따라서 신규성 판
단기준은 日을 기준으로 하는 선출원관계(특 제36조)나 이용저촉관계(특 제98조)의 판단과는
다르다.

2. 신규성 판단의 지역적 기준

[1] 세 가지 유형
(i) 국제주의: 자국 여부에 상관없이 발명이 공지되고 있을 때에는 신규성을 부정하는 원
칙이다.
(ii) 국내주의: 외국에서는 공지된 발명이라 하더라도 자국 내에서 공지되어 있지 않았다
면 신규성을 인정하는 원칙이다.
(iii) 절충주의: 신규성 상실사유의 대상에 따라 국제주의와 국내주의를 병용하는 원칙이다.
[2] 각 유형에 대한 비판
(i) 국제주의: 새로운 발명만을 보호하려는 특허제도의 취지에는 부합하지만, 그 지역적
범위가 너무 넓어서 공지사실의 입증 및 판단의 곤란성이 따르게 된다.
(ii) 국내주의: 전술한 곤란성을 어느 정도 완화할 수 있으며 자국 산업발전에 유익할 수
있다. 하지만 외국의 공지발명을 모방한 경우에는 국제적 경쟁력을 약화시킨다는 문제점이
존재한다.
[3] 정 리: 우리 특허법은 공지·공용에 대해서도 국제주의를 채택하고 있다.

III. 신규성 상실사유

[1] 신규성 상실사유를 든 이유: 신규성(novelty)이란 용어 자체의 의미가 불명확할 뿐만
아니라 실제로 어떠한 발명에 신규성이 있는지 여부의 한계를 법에서 구체적으로 정할 필요

가 없기 때문에 특허법은 신규성이 상실되는 사유에 대해 규정하고, 그 상실사유에 해당하지 않는 발명은 신규성이 있는 것으로 인정해 준다는 취지의 법규정을 두고 있다.

[2] 특허법 제29조 제1항의 신규성 상실사유와 더불어 그 예외규정으로서 신규성 간주규정을 두고 있다. 즉, 특허법 제30조에서는 일정한 경우 발명자 개인의 이익과 사회이익을 절충한다는 의미에서 신규성 간주규정을 두고 있다.

1. 공지된 발명(공연히 알려진 발명)(특 제29조 제1항 제1호 전문)

[1] 공 지: 공연히 알려져 있는 것, 즉 불특정인이 널리 알 수 있는 상태에 놓여 있는 것을 의미한다.

[2] 공 연: 비밀이 벗겨진 상태로 반드시 일정한 사실이 소위 공공연하게 일어난 경우에만 국한되는 것은 아니다. 즉, 비밀이 벗겨지면 충분하고 이를 아는 사람의 다소는 문제되지 않는다.

[3] 불특정인: 비밀유지의무가 없는 자를 뜻한다.

‣ 대학교수가 자기발명을 교재로서 강의한다고 할 때, 그 수강생은 특정인이 아니라 불
  특정인에 해당한다.

비밀유지의무가 있는 자의 예: (i) 법령상 인정되는 경우(변리사, 변호사 등), (ii) 관습상 인
  정되는 경우(바이어, 운송업자 등), (iii) 계약상 인정되는 경우(종업원, 용역계약자 등) 등

[4] 불특정인이라 함은 비밀유지의무가 없는 자를 말하며, 다수의 일반 대중을 의미하는 것은 아니다. 따라서 1인에게라도 비밀유지상태가 해제된 경우 공지된 발명으로 취급되지만 다수인에게 비밀유지상태가 해제되었더라도 그 다수인 모두에게 비밀유지의무가 있다면 공지된 발명이 아니다.

예: 학회지 등의 원고의 경우 원고가 접수되어도 그 원고의 공표시까지는 일반적으로 불특정
  인이 볼 수 있는 상태에 놓여진 것이 아니므로 공지된 발명으로 인정할 수 없다.

[5] 판 례: 공지라 함은 반드시 불특정 다수인에게 인식되었을 필요는 없다고 하더라도 적어도 불특정 다수인이 인식할 수 있는 상태에 놓여져 있음을 의미한다.[23]

[6] '발명이 공연히 알려졌다.'라는 문구의 의미: 발명이 완성된 상태로, 즉 그 발명의 목적, 수단, 결과 등의 인과관계가 명확하게 인식되어 통상의 기술자라면 누구라도 용이하게

---

23) 대법원 2002. 6. 14. 선고 2000후1238 판결.

발명을 반복실시할 수 있을 정도로 알려진 상태에 있어야 한다. 다만 그 인과관계의 인식은 필요하나 과학적 기초의 인식 또는 발명의 유용성이라든지 경제적 수요 등의 인식은 불필요하다. 여기에서 '알려졌다.'라는 용어의 의미는 발명이 "기술적으로 이해된다."는 의미로 예컨대 기계내부에 특징이 있는 발명품의 경우 그 외형만을 보거나, 발명내용을 전혀 이해할 수 없는 자에게만 보인 때에는 발명은 공연히 알려진 것이라 할 수 없다.

2. 공용발명(공연히 실시된 발명)(특 제29조 제1항 제1호 후문)

[1] 특허출원 전 국내 또는 국외에서 공연(公然)히 실시된 발명은 신규성이 없다(특 제29조 제1항 제1호 후문).

[2] **공연히 실시된 발명**: 그 발명의 내용이 공연히 알려진 또는 공연히 알려질 수 있는 상태에서 발명이 실시된 것(=공용)을 의미한다.

[3] **공 연**: 비밀이 해제된 상태를 말하는 것으로 비밀이 해제되면 그것으로 족하고 다른 사람이 해제된 비밀을 알고 있었는가는 불문한다.

[4] **실 시**: 특허법 제2조 제1항 제3호에서 규정하고 있다. 공지발명 외에 공용발명을 신규성상실사유로 하는 것은 공용발명이어도 공지 아닌 발명이 있다는 것을 전제로 한다. 즉, 발명이 실시되어 그 발명의 내용이 공지가 된 경우에는 공지발명에 해당되어 신규성을 잃게 되므로 공연히 실시되었는지 여부를 판단할 필요가 없고 발명이 실시되어도 공지로 되지 아니한 경우 비로소 그 실시가 공연한지 여부를 검토하게 된다. 공연히 실시된 경우 실시의 태양 중 "사용"이 많은 비중을 차지한다.

[5] **공연한 실시**: 통상의 기술자가 그 발명의 내용을 용이하게 알 수 있는 상태로 실시하는 것, 즉 그 발명사상을 보충 또는 부가하여 다시 발전시킴이 없이 그 실시된 바에 의하여 직접 쉽게 반복하여 실시할 수 있는 것을 의미한다. 불특정 다수인이 당해발명의 실시를 알 수 있는 상태에서 행해진 것을 요하고, 알 수 있는 상태에 있다면 현실적으로 알려졌는지 여부는 불문하며 안 사람의 숫자와 실시회수도 공연의 요건이 아니며 신규성 판단 시 발명의 실시행위가 업으로서 행해질 것을 요건으로 하지도 않는다.

[6] 1회의 실시라도 공연실시에 해당하나 발명의 주요 부분 중 일부분에 비밀유지상태가 확보되면서 실시하는 경우에는 공연실시에 해당되지 않을 수 있다.

예: 자동차의 내부에 발명이 있는 신제품을 공중 앞에서 사용(운전)한 후 그 발명자가 특허

출원하더라도 그 자는 타인에 대하여 전면적으로 비밀상태를 해제한 것이라 볼 수 없으므로 신규성이 상실되었다고 볼 수 없다.

3. 문헌공지발명(반포(頒布)된 간행물 기재된 발명)(특 제29조 제1항 제2호 전문)

가. 간행물의 의의

[1] 이 규정에서 가장 문제되는 것은 "간행물"의 해석에 관한 것으로서, 특히 최근의 복사기술의 진보 및 각국 특허문헌의 공표와 관련하여 문제가 되고 있다.

[2] 간행물은 공개를 목적으로 한 것이므로 공개성을 가져야 한다. 따라서 국방 및 무기에 관한 간행물과 같이 내용에 비밀성이 있는 출판물은 간행물이 아니며 이에 비하여 학회지 같은 것은 한정출판물이거나 비매품인 출판물이어도 일반에 공개함을 목적으로 하므로 본 조문의 간행물에 해당한다.

[3] 간행물은 내용의 공개를 목적으로 하는 것인 이상 내용 자체가 널리 제3자에게 유통될 수 있는 성질, 즉 정보성을 지니는 것이어야 한다. 실무에 있어서 간행물로서 가장 중요한 것은 국내 및 외국의 특허공보이다.

나. 반 포

반포란 당해 간행물이 일반 대중에게 열람가능한 상태가 되도록 배포하는 것을 의미한다. 즉, 반포란 간행물이 불특정 다수인의 일반 공중이 그 기재내용을 인식할 수 있는 상태에 놓여져 있는 것을 말하고 누군가가 현실적으로 열람하였다는 사실은 필요하지 않다. 따라서 (i) 반포할 목적으로 인쇄·제본되었으나 아직 발행자의 손안에 있어서 반포에 이르지 못한 경우, (ii) 반포를 위해 발송 중에 있는 간행물, (iii) 도서관 사서과에는 간행물이 도착되었으나 열람실에 비치되지 않는 경우 등은 반포되었다고 할 수 없다. 하지만 도서관의 열람실에 비치된 경우에는 아무도 이를 읽지 아니하는 경우라 하더라도 반포된 것으로 본다.

(1) 심사실무상 간행물 반포시기의 결정

[1] 간행물에 발행시기가 기재되어 있는 경우로서 (i) 발행의 연도만이 기재되어 있는 때에는 그 연도의 말일에 반포된 것으로 추정하고, (ii) 발행의 연월이 기재되어 있는 때에는 그 연월의 말일에 반포된 것으로 추정하며, (iii) 발행의 연월일까지 기재되어 있는 때에는 그 연월일에 각각 반포된 것으로 추정한다.

[2] 간행물의 발행시기가 기재되어 있지 않는 경우에는 (i) 외국간행물로서 국내에 입수된 시기가 분명한 때에는 그 입수된 시기로부터 발행국에서 국내에 입수되는 데 소요되는 통상의 기간을 소급한 시기에 반포된 것으로 추정하고, (ii) 당해 간행물에 대하여 서평·발췌·카탈로그 등을 게재한 간행물이 있는 때에는 그 발행시기로부터 당해 간행물의 반포시기를 추정하며, (iii) 당해 간행물에 관하여 중판 또는 재판 등이 있고, 여기에 초판의 발행시기가 기재되어 있을 때에는 그 초판의 발행일을 반포시기로 추정한다. 다만 재판의 경우에는 재판과 초판의 인용하는 부분의 내용이 상호 일치할 것을 전제로 한다. (iv) 기타 적당한 근거가 있는 때에는 그것으로부터 반포시기를 추정 또는 인정한다. 다만, 이와 같은 추정은 반증에 의하여 얼마든지 번복될 수 있다.

(2) 판례에 의한 반포시기의 결정

[1] 카탈로그는 제작되었으면 배포, 반포되는 것이 사회통념이라 하겠으며 제작한 카탈로그를 배포, 반포하지 아니하고 사장하고 있다는 것은 경험칙상 수긍할 수 없는 것이어서 카탈로그의 배포범위, 비치장소 등에 관하여 구체적인 증거가 없다고 하더라도 그 카탈로그의 배포, 반포되었음을 부인할 수는 없다.24)

[2] **학위논문의 반포시점:** 그 내용이 논문심사 전후에 공개된 장소에서 발표되었다는 등의 특별한 사정이 없는 한 최종 심사를 거쳐서 공공도서관 또는 대학도서관 등에 입고되거나 불특정인에게 배포된 시점을 반포시기로 인정한다.25)

---

24) 대법원 2000. 12. 8. 선고 98후270 판결[실용신안등록무효]에서는 "카탈로그는 제작되었으면 배부, 반포되는 것이 사회통념이라 하겠으며 제작한 카탈로그를 배부, 반포하지 아니하고 사장하고 있다는 것은 경험칙상 수긍할 수 없는 것이어서 카탈로그의 배부범위, 비치장소 등에 관하여 구체적인 증거가 없다고 하더라도 그 카탈로그의 반포, 배부되었음을 부인할 수는 없다."라고 판시하였다.

25) 대법원 2002. 9. 6. 선고 2000후1689 판결[등록무효(특)]에서는 "구 특허법(1990. 1. 13. 법률 제4207호로 전문 개정되기 전의 것) 제6조 제1항 제2호에서는 '특허출원 전에 국내 또는 국외에서 반포된 간행물에 기재된 발명'을 이른바 신규성을 상실한 것으로 보아 특허받을 수 없는 발명으로 규정하고 있는바, 이 경우 '반포'된 간행물이란 불특정 다수의 일반 공중이 그 기재 내용을 인식할 수 있는 상태에 이른 간행물을 의미한다고 할 것인데, 박사학위나 석사학위 논문은 일반적으로는 일단 논문심사에 통과된 이후에 인쇄 등의 방법으로 복제된 다음 공공도서관 또는 대학도서관 등에 입고(서가에 진열)되거나 주위의 불특정 다수인에게 배포됨으로써 비로소 일반 공중이 그 기재 내용을 인식할 수 있는 반포된 상태에 놓이게 되거나 그 내용이 공지되는 것이라고 봄이 경험칙에 비추어 상당하고, 반포시점 이전인 도서관에서의 등록시에 곧바로 반포된 상태에 놓이거나 그 기재 내용이 공지로 되는 것은 아니다."라고 판시하였다. 대법원 2006. 11. 24. 선고 2003후2072 판결[등록무효(특)]에서는 "특허법 제42조 제3항의 규정은 특허출원된 발명의 내용을 제3자가 명세서만으로 쉽게 알 수 있도록 공개하여 특허권으로 보호받고자 하는 기술적 내용과 범위를 명확하게 하기 위한 것이므로, 통상의 기술자가 당해 발명을 명세서 기재에 의하여 출원 시의 기술수준으로 보아 특수한 지식을 부가하지 않고서도 정확하게 이해할 수 있고 동시에 재현할 수 있는 정

다. 기재된 발명

[1] 간행물에 발명이 기재되었다는 것은 발명내용의 기재 정도에 관하여 통상의 기술자가 그 간행물을 보고 특별한 사고를 요하지 않고 용이하게 실시할 수 있을 정도로 기재되어 있다는 것을 말하며, 통상의 기술자가 당연히 그 발명의 기술내용을 이해할 수 있다는 것을 포함하는 의미다.

[2] 발명에 있어 중요한 것은 발명의 구성이고 발명의 구성만 상세히 기재되어 있으면 그 발명의 작용효과를 알 수 있으므로 발명의 구성이 기재되어 있으면 그 목적이나 작용효과까지 기재되어 있을 필요는 없다.

[3] 간행물의 기재는 사용언어 기타 기재의 표현형식상 기재 그 자체를 이해하는 데 용이하지 않은 경우라도 내용 자체가 명확한 경우 기재된 발명이라고 보아야 한다.

> 예: 간행물에 기재된 언어가 우리나라에는 낯선 라틴어, 아랍어 등으로 기재되어 있는 경우나 복잡한 여러 도면으로 기재되어서 이해가 용이치 않아도 내용 자체가 명확한 한 기재된 발명이라고 해야 한다.

4. 전기통신회선을 통하여 공중(公衆)이 이용할 수 있는 발명(특 제29조 제1항 제2호 후문)

가. 전기통신회선의 의의

전기통신회선이란 인터넷은 물론 전기통신회선을 통한 공중게시판, 이메일 그룹 등이 포함되며, 앞으로 기술의 발달에 따라 새로이 나타날 수 있는 전기자기적인 통신방법도 포함된다. 즉, 전기통신회선은 반드시 물리적 회선을 필요로 하는 것은 아니며 유선은 물론 무선, 광선 및 전기자기적 방식에 의하여 부호·문헌·음향 또는 영상을 송신하거나 수신할 수 있는 것이면 모두 포함된다(전기통신기본법 제2조 제1호).

전기통신회선에 발명이 공개된 후 그 내용이 변경되는 경우에 발생하는 문제점을 방지하기 위하여 대통령령이 정하는 전기통신회선에 한한다. 따라서 대통령령이 정하는 전기통신회선에서 하이퍼링크한 다른 웹사이트는 그 사이트가 다른 주체에 의하여 운영되므로 내용 또는 공개시점 등에 대한 신뢰성을 확신하기가 어려워서 대통령령이 정하는 전기통신회선으

도를 말하는 것이며, 박사학위 논문은 공공도서관이나 대학도서관 등에 입고된 경우 일반 공중이 그 기재 내용을 인식할 수 있는 상태에 놓이게 되는 것으로서 통상의 기술자가 과도한 실험이나 특별한 지식을 부가하지 않고도 그 내용을 이해할 수 있는 것이다."라고 판시하였다.

로 볼 수 없다.

나. 공중의 이용가능성

대통령령이 정하는 전기통신회선을 통하여 공개되었다 하더라도 공개된 발명에의 접근이 일반인에게 허용되지 않고 특정인에게만 접근이 허용된다면 그 발명은 공중, 즉 불특정인이 이용가능하게 된 발명이라고 볼 수 없다.

예: (i) 일반적인 검색엔진에 의해 접근이 불가능한 경우, (ii) 암호를 부여하여 불특정 다수인의 접근이 불가능한 경우, (iii) 접근을 위하여 과다한 요금을 요구하는 경우 등과 같이 공중의 이용가능성이 없는 경우를 사안별로 검토하여야 하며, 공중이 이용가능한 경우에만 신규성을 부정할 수 있다.

IV. 신규성의 판단

1. 주체적 기준

심사단계에서는 심사관이, 심판단계에서는 심판관합의체가, 특허법원에서는 법관이 심사한다.

2. 객관적 기준

[1] 청구항별로 특허청구범위에 기재된 발명을 특허법 제29조 제1항 각 호의 신규성 상실사유인 공지기술과 비교한다. 다만, 청구항에 기재된 용어의 의미·내용이 불분명한 경우에는 (i) 발명의 상세한 설명 또는 도면을 참작하여 발명을 인정하나, (ii) 발명의 상세한 설명 또는 도면을 참작하여 해석하여도 청구항에 기재된 용어의 의미·내용이 불명확한 경우에는 발명을 인정하지 않는다. 이러한 경우에는 신규성에 대한 심사를 하지 않고 특허법 제42조 제4항 위반으로 거절이유를 통지하게 된다.[26] 특허권의 권리범위 내지 실질적 보호범

---

26) 대법원 1991. 11. 26. 선고 90후1499 판결[권리범위확인]에 따르면, "구 특허법(1990.1.13 법률 제4207호로 개정되기 이전의 것, 이하 같다) 제57조에 의하면 특허권의 권리범위 내지 실질적인 보호범위는 특허명세서의 여러 기재내용 중 특허청구의 범위에 기재된 사항에 의하여 정하여진다 할 것이나, 특허명세서에서의 기재 중 특허청구의 범위의 항의 기재가 극히 애매모호하거나 추상적, 총괄적인 표현방식에 따라 기재되어 있는 경우 이것만으로는 특허의 기술구성을 알 수 없거나 설사 알 수는 있더라도 그 기술적 범위를 확정할 수 없는 것이므로, 이러한 경우 특허의 기술적 범위 내지 그 권리범위를 정함에 있어서는 특허청구

위는 특허출원서에 첨부한 명세서의 청구범위에 기재된 사항에 의하여 정하여지는 것이 원칙이고, 다만 그 기재만으로 특허의 기술적 구성을 알 수 없거나 알 수는 있더라도 기술적 범위를 확정할 수 없는 경우에는 명세서의 다른 기재에 의한 보충을 할 수는 있으나, 그 경우에도 명세서의 다른 기재에 의하여 특허범위의 확장해석은 허용되지 아니함은 물론 청구범위의 기재만으로 기술적 범위가 명백한 경우에 명세서의 다른 기재에 의하여 청구범위의 기재를 제한해석할 수 없다.[27]

[2] 공지기술과 관련하여

(i) 신규성 판단 시에는 하나의 공지기술(인용발명)을 대비하여야 하며 복수의 공지기술을 조합하여 청구항에 기재된 발명과 대비하여서는 안 된다. 이를 Single Source Anticipation Rule이라고 한다. 이 원칙은 출원기술의 신규성을 상실시키기 위해서는 하나의 공지기술에 출원기술의 모든 요소가 명시적으로 또는 본래적으로 포함되어 있을 것을 필요로 한다는 의미이다. 왜냐하면 복수의 공지기술의 조합에 의하여 특허성을 판단하는 것은 진보성의 문제이고 신규성의 문제가 아니기 때문이다. 다만 인용발명이 별개의 간행물 등을 인용하고 있는 경우(예: 어떤 특징에 관하여 보다 상세한 정보를 제공하는 문헌)에는 별개의 간행물은 인용발명에 포함되는 것으로 취급하여 신규성 판단에 인용할 수 있다. 또한 인용발명에 사용된 특별한 용어를 해석할 목적으로 사전 또는 참고문헌을 인용하는 경우에도 사전 또는 참고문헌은 인용발명에 포함되는 것으로 취급하여 신규성 판단에 인용할 수 있다.

(ii) 미완성발명이 공지기술인지 여부 판례: "신규성 또는 진보성 판단에 제공되는 대비발명이나 고안은 반드시 그 기술적 구성요소 전체가 명확하게 표현된 것뿐만 아니라 미완성발명(고안) 또는 자료의 부족으로 표현이 불충분한 것이라 하더라도 그 기술분야에서 통상의 지식을 가진 자가 경험칙에 의하여 극히 용이하게 기술내용의 파악이 가능하다면 그 대상이 될 수 있다."라고 하여 미완성발명도 공지기술이라고 판시하였다.[28]

의 범위에 발명의 상세한 설명이나 도면 등 명세서의 다른 기재 부분을 보충하여 명세서 전체로서 그 기술적 범위를 실질적으로 확정하여야 하고 특허청구의 범위에 관한 기재에만 구애될 수 없는 것이다."라고 판시하였다. 따름판례: 대법원 1995. 12. 12. 선고 94후1787 판결 등.

27) 대법원 1992. 6. 23. 선고 91후1809 판결; 대법원 1993. 10. 12. 선고 91후1908 판결; 대법원 1996. 2. 9. 선고 94후258 판결; 대법원 1996. 12. 6. 선고 95후1050 판결; 대법원 1997. 5. 28. 선고 96후1118 판결.

28) 대법원 2000. 12. 8. 선고 98후270 판결; 대법원 1997. 8. 26. 선고 96후1514 판결. 마찬가지로 대법원 2006. 3. 24. 선고 2004후2307 판결에서는 "출원발명의 진보성 판단에 제공되는 선행기술은 기술 구성 전체가 명확하게 표현된 것뿐만 아니라, 자료의 부족으로 표현이 불충분하거나 일부 내용에 흠결이 있다고 하더라도 그 기술분야에서 통상의 지식을 가진 자가 기술상식이나 경험칙에 의하여 쉽게 기술내용을 파악할 수 있는 범위 내에서는 대비대상이 될 수 있다."라고 판시하였다.

3. 판단방법

가. 원 칙

발명과 공지기술을 비교하여 동일성 여부를 판단한다. 따라서 특허청구범위의 청구항에 기재된 사항과 공지기술을 대비하여 구성요소가 동일한지 여부에 의하여 판단하고, 발명의 효과도 참작하되, 구성요소에 차이가 있더라도 그 차이가 과제 해결을 위한 구체적 수단에서 주지·관용기술의 삭제, 변경 등으로 새로운 효과의 발생이 없는 정도의 미세한 차이에 불과하다면 서로 동일성이 있다.

나. 상·하위개념으로 표현된 경우의 동일성 판단

(1) 공지기술이 하위개념이고 청구항에 기재된 발명이 상위개념인 경우

공지기술이 하위개념으로 표현되어 있고, 청구항에 기재된 발명이 상위개념으로 표현되어 있는 경우에는 청구항에 기재된 발명은 신규성이 없는 발명이다.

예: 청구항에 기재되어 있는 발명이 금속(상위개념)으로 기재되어 있고 공지기술이 구리(Cu ; 하위개념)로 기재되어 있는 경우 청구항에 기재된 발명은 신규성이 없는 발명이다.

(2) 공지기술이 상위개념이고 청구항에 기재된 발명이 하위개념인 경우

공지기술이 상위개념으로 표현되어 있고 청구항에 기재된 발명이 하위개념으로 표현되어 있는 경우에는 통상 청구항에 기재된 발명은 신규성이 있다.

예: 청구항에 리벳트에 관한 사항이 기재되어 있고 공지기술에는 체결구로만 기재되어 있는 경우에 공지기술인 체결구에 의하여 청구항에 기재된 리벳트에 관한 발명의 신규성이 상실되지 아니한다. 다만 출원 당시의 기술상식을 참작하여 판단한 결과 상위개념으로 표현된 공지기술로부터 하위개념으로 표현된 발명이 도출될 수 있는 경우에는 청구항에 기재된 발명은 신규성이 없는 것으로 인정된다.

다. 기 타

(1) 독립항과 종속항의 관계

[1] 독립항이 신규성이 있는 경우 종속항은 당연히 신규성이 있다. 독립항이 신규성이 있다는 것은 공지기술보다 독립항이 하위개념이라는 것을 의미하는데 독립항은 종속항보다 상위개념이므로 종속항이 공지기술보다 하위개념의 것이 되므로 신규성이 있다.

[2] 반대로 독립항이 신규성이 없는 경우 종속항은 개별적으로 신규성 여부를 판단하여야 한다. 독립항이 공지기술보다 상위개념이라고 하더라도 종속항은 공지기술보다 하위개념

일 수 있으므로 개별적으로 판단하여야 한다.

(2) 물건발명, 물건의 제법발명 및 용도발명의 관계

물건발명으로 신규성이 있는 경우 물건의 제법발명 또는 용도발명은 당연히 신규성이 있다. 반면에 물건발명이 신규성이 없는 경우 물건의 제법발명 또는 용도발명은 개별적으로 신규성 여부를 판단하여야 한다. 왜냐하면 하나의 물건을 만드는 제법발명이나 그 물건을 이용하는 용도발명은 수없이 많이 있기 때문이다. 즉 물건발명과 물건의 제법발명(또는 용도발명)이 1대 다수의 관계에 있기 때문이다.

V. 신규성 흠의 효과

1. 등록 전후에 있어서의 취급

등록 전에는 거절이유(특 제62조), 정보제공사유(특 제63조의2)이며, 등록 후에는 특허무효사유(특 제133조 제1항)이다.

2. 특허권 효력의 제한

[1] 특허권에 하자가 있다고 하더라도 엄격한 심사를 거친 후에 설정등록에 의하여 발생하였으므로 특허무효심판에 따른 무효심결이 확정되어 소멸등록에 의해 특허권이 소멸하기 전까지는 일응 유효한 권리이므로 정당한 권원없이 실시하는 제3자에 대해 권리행사를 할 수 있도록 함으로써 법적 안정성을 도모함이 원칙이다.

[2] **판 례**: 특허법은 공개의 대가로서 특허권이라는 독점배타권을 부여하기 때문에 새로운 발명을 공개시키지 않았음에도 불구하고 착오로 등록된 경우로서 특허발명이 공지기술과 동일한 경우에는 특허무효심판에 의한 무효심결이 확정되기 전이라도 특허권의 효력을 부정하고 있다.[29]

---

29) 대법원 1983. 7. 26. 선고 81후56 전원합의체 판결.
   따름판례: 대법원 2009. 9. 24. 선고 2007후2827 판결에서는 "등록된 특허발명이 그 출원 전에 국내에서 공지되었거나 공연히 실시된 발명으로서 신규성이 없는 경우에는 그에 대한 등록무효심판이 없어도 그 권리범위를 인정할 수 없으며, 특허무효사유에 있어서 신규성 결여와 선원주의 위반은 특허발명 내지 후출원발명과 선행발명 내지 선출원발명의 동일성 여부가 문제된다는 점에서 다르지 않으므로, 위 법리는 후출원발명에 선원주의 위반의 무효사유가 있는 경우에도 그대로 적용된다."라고 판시하였다.

VI. 신규성 상실의 예외(공지 등이 되지 아니한 발명으로 보는 경우)

1. 의의 및 취지

[1] 발명이 특허출원 전에 공개된 경우는 원칙적으로 신규성이 상실되어 특허등록을 받을 수 없게 된다. 하지만 특별한 경우에는 예외적으로 인정한다. 이것이 신규성 간주(Prefiling Date Disclosure)라고 한다.

[2] '공지 등이 되지 아니한 발명으로 보는 경우'에 관한 규정은 출원된 발명이 출원 이전에 공개되었다고 하더라도 공개된 자료를 신규성이나 진보성 판단 시 선행기술로 사용하지 않도록 하는 제도다. 이 제도는 1878년 개최된 파리 만국박람회의 출전품의 모방이 많아져 1883년 파리조약 제11조에 도입된 것이다.

[3] **취 지**: 신규성 원칙을 엄격하게 관철한다면 학회나 연구논문, 연구잡지 등에 발표 또는 박람회에 출품하는 경우나 법지식이 상대적으로 약한 엔지니어에게 과도한 부담을 지우게 됨으로써 기술의 발전이라는 측면에 바람직하지 못한 결과가 발생될 것이며, 발명자에게 역시 가혹하다고 할 수 있으므로 이 제도를 둔 것이다.

2. 공지 등이 되지 아니한 발명으로 보는 경우의 적용요건

가. 특허를 받을 수 있는 권리를 가진 자에 의한 것일 것 또는 특허를 받을 수 있는 권리를 가진 자의 의사에 반할 것

[1] 특허를 받을 수 있는 권리를 가진 자에 의한 경우에 해당하는 때에는 특허를 받을 수 있는 권리를 가진 자에 의하여 그 발명이 특허출원전에 국내 또는 국외에서 공지 내지 공용되거나 또는 반포 간행물에 게재되거나 아니면 대통령령이 정하는 전기통신회선을 통하여 공중이 이용하게 되어야 한다. 다만 조약 또는 법률에 따라 국내 또는 국외에서 출원공개되거나 등록공고된 경우를 제외한다.

[2] 특허를 받을 수 있는 권리를 가진 자의 의사에 반하여 그 발명이 신규성을 상실한 경우

(i) 의사에 반하는 경우: 타인의 협박, 사기강박 또는 산업스파이 행위, 절취 등에 의한 것, 발명자의 부주의에 의해 발명이 타인에 의해 공지된 경우

(ii) 의사에 반하지 않은 경우: 출원 전에 공지되어도 특허를 받을 수 있는 것으로 잘못

알고 공지한 경우나 대리인에 의해 이미 출원된 줄 믿고 공표하였는데 아직 출원절차를 밟지 않은 경우, 특허법을 모르고 공지로 해도 특허를 받을 수 있다고 해서 한 공지의 경우

나. 신규성 상실일로부터 12개월 내에 출원할 것

특허를 받을 수 있는 자가 출원발명을 특허출원 전에 공지, 공용, 반포 간행물, 대통령령이 정하는 전기통신회선에 의하여 공개한 경우에는 공지 등이 되지 아니한 발명으로 주장하여 출원하기 위해서는 출원은 최선(最先)의 공지일로부터 12개월 이내에 이루어져야 한다.[30]

다. 발명이 동일할 것

특허출원한 발명과 동일한 선행발명이 공지 내지 공용된 경우 또는 반포 간행물에 게재된 경우 또는 전기통신회선을 통하여 공중이 이용할 수 있는 경우 중 어느 하나에 해당하는 경우에 해당하여야 한다. 두 발명이 별개의 발명인 경우에는 그러하지 아니하다.

라. 신규성이 상실되었을 것

그 출원발명이 특허출원전에 국내 또는 국외에서 공지 내지 공용되거나 또는 반포된 간행물에 게재되거나 아니면 대통령령이 정하는 전기통신회선을 통하여 공중이 이용하게 된 경우에 해당하여야 한다.

3. 적용을 받기 위한 절차

신규성 상실의 예외로 인정받기 위해서는 권리자가 적극적으로 공개한 경우나 권리자의 의사에 반하여 공개된 경우의 공통적인 사항은 신규성 상실 예외사유에 해당하게 된 날로부터 12개월 이내에 출원하여야 하고, 출원 시 출원서에 그 취지를 기재하여야 한다. 전자의 경우는 그 특허출원일로부터 30일 이내에 증명할 수 있는 서류를 제출하여야 한다(특 제30조 제2항, 특허법 시행규칙 제20조의2). 다만, 특허법 시행규칙 제20조의2 단서에 따라 특허출원과 동시에 그 증명서류를 제출하는 때에는 출원서에 증명서류제출의 취지를 기재함으로써 그 제출서에 갈음할 수 있다. 공지예외 적용기간을 종전의 6개월에서 12개월로 연장한 것은 특허권자의 권리행사 기간을 보전(保全)해 주고, 출원인의 자발적 공개 행위에 대해 특허를 받

---

30) 한-미 FTA에서는 최근 국제적인 추세 및 발명가에게 특허출원시기를 선택할 수 있는 기회의 폭을 넓혀주어 발명자의 편익을 증진시킨다는 차원에서 현행 6개월의 공지 예외 적용기간을 12개월로 연장하였다. 특허실체법조약(SPLT)에서도 공지예외 적용기간을 12개월로 연장하여 규정하고 있다.

을 수 있는 기회를 확대하여야 할 필요를 반영한 것이다.[31] 이 제도는 한−미 FTA 제18.8조 제7항을 국내법에 반영하기 위한 조문이다.[32] 출원되기 전에 출원발명과 동일한 발명이 공지된 경우 그 출원발명은 신규성 등이 없다는 이유로 특허를 받지 못하지만, 출원 전에 공지된 발명이 특허를 받을 수 있는 권리를 가진 자(이하 "출원인"이라 한다)에 의해 공지된 경우 그 공지된 발명에 대해서 공지되지 않은 것으로 적용받겠다고 주장하면 그 공지된 발명은 제외하고 신규성 등 특허요건을 판단하는 공지예외주장 제도가 운영되고 있었다. 그러나 2015년 개정 이전의 구법에서는 공지예외주장은 '출원 시에만' 가능하여 창의적 아이디어라도 출원 시 공지예외주장을 누락하면 그 이후에 이를 보완할 수 없어 자기가 공지한 사실 때문에 특허를 받지 못하는 문제점이 있었다. 이에 출원인의 단순한 실수로 출원 시 공지예외주장을 하지 않더라도 산업통상자원부령으로 정하는 보완수수료를 납부한 경우에는 명세서 또는 도면을 보정할 수 있는 기간 또는 특허결정이나 특허거절결정 취소심결의 등본을 송달받은 날부터 3개월 이내(특허권의 설정등록을 받으려는 날이 3개월보다 짧은 경우에는 그날까지의 기간)에 출원하지 않은 공지예외주장의 취지를 적은 서류나 이를 증명할 수 있는 서류를 제출할 수 있는 공지예외주장 보완 제도를 도입하여 출원인의 권리 보호를 강화하였다. 2015년 개정 특허법 제30조 제3항은 출원서에 공지예외주장의 취지를 기재하지 않고 출원하거나, 출원일로부터 30일 이내에 증명할 수 있는 서류를 제출하지 않아 공지예외주장의 시기를 도과한 경우에 명세서 또는 도면을 보정할 수 있는 기간 또는 특허결정이나 특허거절결정 취소심결의 등본을 송달받은 날부터 3개월 이내(특허권의 설정등록을 받으려는 날이 3개월보다 짧은 경우에는 그날까지의 기간)의 기간을 공지예외주장의 시기에 추가한 것이다.[33]

---

31) 문병철, 2011년 특허법보고서, 11면.
32) 한−미 FTA 제18.8조 제7항은 다음과 같이 규정하고 있다.
   각 당사국은 공지가 다음에 해당하는 경우, 발명이 신규성 또는 진보성이 있는지 여부를 결정하기 위하여 사용되는, 공지에 포함된 정보를 무시한다.
   가. 공지가 특허출원인에 의하여 실시 또는 승인되거나, 특허출원인으로부터 기인한 경우, 그리고
   나. 공지가 당사국의 영역에서 출원일 이전 12월 이내에 발생한 경우(제18.1조 제9항에도 불구하고, 제7항은 2008년 1월 1일부터 신청된 모든 특허 출원에 적용된다.
   2008. 1. 1.이 경과한 현 시점에 한−미 FTA가 발효될 경우 한−미 FTA 협정문 제18.1조 제11항의 "이 장(제18장)은 이 협정의 발효일 이전에 발생한 행위에 대하여 의무를 발생시키지 아니한다."는 규정을 고려하여 한−미 FTA 발효일 이후의 특허출원부터 적용하면 되도록 2011년 개정 특허법 부칙 제3조는 규정하고 있다.
33) 김광묵, "특허법 일부개정법률안 및 실용신안법 일부개정법률안 검토보고서", 2014년 11월, 6면−7면에서는 심사시간의 장기화를 초래하게 되어 신속한 권리화를 위한 심사기간의 단축이라는 정책목표에 역행할 우려가 있다는 점, 특허출원에 대한 제3자의 권리감시기간을 연장하게 하여 출원인과 제3자 간의 균형을

4. 효 과

[1] 신규성 간주 사유에 해당하는 일이 발생한 날에 신규성이 소급하여 간주된다.

[2] 신규성 간주 사유일과 특허출원 사이에 특허법 제30조에서 규정한 것 이외의 신규성 상실사유가 있을 때에는 그 특허출원은 신규성을 받을 수 없다.

[3] 신규성 간주규정은 어디까지나 특허받을 수 있는 자가 한 행위가 신규성 상실사유에 해당하여 그 신규성이 상실된 것을 신규성이 상실되지 않은 것으로 간주하는 것일 뿐이고, 그 출원일 자체를 신규성이 상실된 시점으로 소급하여 인정해 주는 것은 아니다.

[4] 신규성을 간주받은 특허출원의 출원일보다 먼저 타인이 동일한 발명에 대하여 출원을 하였다면 신규성의 소급일자가 타인의 출원일보다 앞서는 경우라도 신규성 간주받은 특허출원은 선원주의에 의하여 특허를 받을 수 없다.

상실하게 할 우려가 있다는 점, 특허 5대 강국 중 '출원 당시' 외에 공지예외주장이 가능하도록 하고 있는 국가는 없다는 점을 들어 반대하는 의견이 존재한다고 한다.

주요 국가의 공지예외주장 가능시기

구 분	한국 (2015년 개정 이전의 특허법 제30조)	EPO	일본	중국	미국
공지예외 주장 절차	・출원 시 주장 ・30일 이내 증명서류 제출	・출원 시 주장 ・4개월 이내 증 명서류 제출	・출원 시 주장 ・30일 이내 증 명서류 제출	・출원 시 주장 ・2개월 이내 증 명서류 제출	・별도 공지예외 주 장 절차 없음 (문제 시→사후입증)

출처: 김광묵, "특허법 일부개정법률안 및 실용신안법 일부개정법률안 검토보고서", 2014년 11월, 7면 참조.

이에 대해 위 검토보고서, 8면에서는 (i) 개정 특허법 제30조 제3항은 출원 당시 단순한 실수 또는 제도에 대한 지식부족으로 출원서에 공지예외주장의 취지를 기재하지 않은 경우 신규성이 없다는 이유로 특허를 받지 못하는 현행 제도의 문제점을 해결할 수 있다는 점, (ii) 심사처리기간 단축으로 출원공개 전에 많은 출원이 심사되고 있고, 제3자는 출원공개 전에는 출원 여부도 알 수 없으므로 설정 등록 때까지 권리감시를 한다고 하여도 현실적인 부담이 크지 않을 수 있다는 점, (iii) 이러한 공지예외주장은 대학교, 공공연구기관, 중소기업, 내국 개인 등이 주로 이용하고, 외국 법인 및 외국 개인 등은 극히 적게 이용하는 제도임을 고려할 때 교수, 연구원 등 개인 등의 발명을 보호・장려하는 데 기여할 수 있다는 점을 함께 고려하여 검토하여야 한다고 한다.

대법원 2014. 7. 24. 선고 2012후917판결[등록무효(특) (아) 상고기각][캐논 감광드럼 특허 등록무효 사건]

[판결요지]

[1] 특허발명의 보호범위는 특허청구범위에 기재된 사항에 의하여 정하여야 할 것이되, 거기에 기재된 문언의 의미내용을 해석함에 있어서는 문언의 일반적인 의미내용을 기초로 하면서도 발명의 상세한 설명의 기재 및 도면 등을 참작하여 객관적·합리적으로 하여야 하고, 특허청구범위에 기재된 문언으로부터 기술적 구성의 구체적 내용을 알 수 없는 경우에는 명세서의 다른 기재 및 도면을 보충하여 그 문언이 표현하고자 하는 기술적 구성을 확정하여 특허발명의 보호범위를 정하여야 한다.

[2] 이 사건 제25항 발명은 화상형성장치의 감광드럼에 관한 것으로서, 전자사진 감광드럼의 회전 정확도를 개선하고, 구동력이 전달되지 않을 때[화상 비형성 기간(non-image-formation period)] 주 조립체와 처리 카트리지 사이의 구동력 전달 기구의 축이음(coupling)이 단절되어서 처리 카트리지를 주 조립체로부터 분리시키는 작동성을 개선하는 것 등을 그 목적으로 한다. 그런데 이 사건 제25항 발명은 그 특허청구범위의 기재만으로는 '복수개의 코너부가 있는 비-원형 횡단면을 가지는 비틀린 돌출부와 구멍'이 어떻게 위와 같은 발명의 목적을 달성하는지, '위와 같은 돌출부가 구멍에 결합'된다는 것의 기술적 의미가 무엇인지 등을 제대로 알기 어려워 그 기술적 구성이 명확하다고 할 수 없다.

이 사건 제25항 발명의 특징적 구성인 '복수개의 모서리부가 있는 비-원형 횡단면을 가지는 비틀린 돌출부와 구멍'을 비교대상발명 1의 나사(111a, 111b)와 대비하여 보면, 그 형상과 상호 유기적 구조가 서로 다르고, 또한 이로 인하여 양 발명에서 감광드럼(드럼)이 주 조립체(장치 본체)에 장착되고 분리되는 구조, 감광드럼(드럼)이 구동력을 전달받아 회전하는 구조 등에서도 차이가 발생한다. 따라서 이 사건 제25항 발명은 비교대상발명 1에 의하여 그 신규성이 부정되지 아니한다.

나아가 위와 같이 비교대상발명 1에는 이 사건 제25항 발명의 특징적 구성이 나타나 있지 않을 뿐만 아니라, 이를 암시하거나 시사하는 내용도 기재되어 있지 아니하다. 그리고 이러한 구성상의 차이로 인하여 감광드럼의 회전 정확도 및 분리 작동성 개선의 효과의 면에서도 양 발명은 현저한 차이가 있으므로, 이 사건 제25항 발명은 비교대상발명 1에 의하여 그 진보성도 부정되지 아니한다.

제4절 진보성

I. 의의 및 취지

1. 진보성의 개념

특허법상 진보성의 정의에 대한 명문규정은 없으나, 특허법 제29조 제1항 각 호의 어느 하나에 규정된 발명으로부터 "용이하게 발명할 수 있는 발명"을 진보성이 없는 발명이라고 하며 그러하지 아니한 발명을 진보성이 있는 발명이라고 한다. 진보성이란 개념은 "구성의 곤란성", "발명의 비용이성", "비자명성(non–obviousness)", "발명적 단계(inventive step)", "비용이추고성(非容易推考性)"이라는 표현으로 대체하여 사용되기도 한다.

2. 특허법 제29조 제2항에서 진보성 없는 발명에 특허를 부여하지 않도록 한 취지

종래기술과 다를 뿐 기술적 효과에 있어서는 더 나아진 것이 없거나, 기술 진보의 정도가 미미한 기술에 대하여 특허권을 부여하는 것은 사실상 종래 기술과 동일한 기술에 대하여 독점권을 부여하게 되어 새로운 기술에 대한 공개 대가로 독점권을 부여하는 당초 특허제도의 취지와도 맞지 않게 될 뿐만 아니라 이러한 특허권에 의해 제3자의 기술 실시를 제한하게 됨으로써 산업발전에 이바지하고자 하는 특허제도의 목적에 반하기 때문이다.

3. 신규성과의 구별

진보성 요건은 1973년 2월 8일 개정법에서부터 신규성 요건과 구별되어 규정된다. 우리 나라 최초의 특허법에서는 발명의 진보성이란 개념을 도입하지 않고 신규성의 한 내용으로 보고 있었으며, 1963년 3월 개정 특허법도 역시 "공지기술에 의하여 그와 다른 것을 극히 용이하게 발명하였을 때에는 그 발명은 신규의 발명으로 볼 수 없다."는 취지로 파악하여 진보성 요건을 신규성의 한 내용으로 보았다.

II. 진보성 판단의 전제

[1] 진보성의 인정은 당해 발명의 산업상 이용가능성과 신규성을 전제로 한 것이다. 하지만 용이하게 진보성을 추정할 수 있는 경우까지 당해 발명의 산업상 이용가능성 내지 신규성 판단을 전제로 하는 것은 아니다.

[2] 특허출원 전(특허출원일 개념이 아닌 특허출원의 시·분까지도 고려한 의미) 그 발명이 속하는 기술분야에서 통상의 지식을 가진 사람(통상의 기술자)이 특허법 제29조 제1항 각 호(신규성)의 어느 하나에 해당하는 발명에 의하여 쉽게 발명할 수 있으면 그 발명에 대해서는 특허법 제29조 제1항에도 불구하고 특허를 받을 수 없다(특 제29조 제2항).

[3] **진보성 판단의 시간적 기준**: 신규성 판단의 경우와 같이 특허출원 시를 기준으로 한다.

[4] **"그 발명이 속한 기술분야"의 판단**: 출원인이 명세서에 기재한 "발명의 명칭"으로서 직접 표시된 기술분야에 구애되지 아니하며, 그 발명의 목적·구성·효과 등의 측면을 고려하여 이루어진다.

[5] **통상의 지식을 가진 자**: 출원 시에 있어 당해 기술분야의 기술상식을 보유하고 있고, 연구개발을 위하여 통상의 수단 및 능력을 자유롭게 구사할 수 있으며, 출원 시의 기술 수준에 있는 모든 것을 입수하여 자신의 지식으로 할 수 있고, 발명의 과제와 관련되는 기술분야의 지식을 자신의 지식으로 할 수 있는 자로 가정한 자를 의미한다. 판례는 당해 발명이 속한 기술분야의 통상의 지식을 가진 자라 함은 당해 발명이 속한 기술분야에서 평균수준의 기술적 지식을 가진 평균적 전문가로서 통상의 창작능력을 발휘할 수 있는 자를 의미하는 것으로 판시하였다.

III. 진보성의 판단

1. 판단의 기본원칙

[1] 진보성 판단은 특허출원 전에 통상의 기술자가 '청구항에 기재된 발명'을 특허법 제29조 제1항 각 호에 규정된 발명(이하 "인용발명"이라 한다)에 의하여 용이하게 발명할 수 있었는가에 대한 판단이다.

대법원 2018. 12. 27. 선고 2018후10800 판결[등록무효(특)]

[판시사항]

명칭을 "인터넷 방송 시청자 반응도 조사방법 및 그 시스템"으로 하는 갑 주식회사의 특허발명에 대하여 을 주식회사가 '시청자 반응도 조사 프로그램부, 시청자 반응도 처리 서버부 등을 통해 인터넷 방송에서 제공되는 방송 프로그램에 대한 시청자의 반응을 실시간으로 수집하여, 방송국과 시청자에게 그 결과를 제공하는 시스템'에 관한 위 특허발명의 청구범위 제2항 정정발명 등의 진보성이 부정된다는 이유로 등록이 무효라고 주장한 사안에서, 제2항 정정발명은 종래의 인터넷을 이용한 시청자 선호도 조사방법을 인터넷 방송에 단순히 전용한 것에 불과하고, 이를 구현하는 기술적 요소를 포함하고 있는 것도 아니므로 진보성이 부정된다고 한 사례.

대법원 2018. 8. 1. 선고 2015후2112 판결[등록정정(특)][미간행]

[판시사항]

명칭을 "접착제 부착 용품"으로 하는 특허발명의 특허권자인 갑 외국회사가 특허심판원에 정정심판을 청구한 특허청구범위 제1항 등의 진보성이 문제 된 사안에서, 위 제1항 발명 중 구성 3, 4는 구성의 일부가 선행발명의 대응구성과 동일하거나 통상의 기술자가 선행발명의 대응구성으로부터 용이하게 도출할 수 있어 진보성이 부정된다고 한 사례.

[2] 진보성 판단의 대상이 되는 발명은 청구항에 기재한 발명인데, 청구항에 기재된 발명이 신규성이 없는 경우에는 그 사유만으로도 특허를 받을 수 없으므로 진보성 판단을 할 이유가 없다.

[3] 특허법 제42조 제3항에서는 발명의 상세한 설명의 기재에는 (i) 그 발명이 속하는 기술분야에서 통상의 지식을 가진 자가 그 발명을 쉽게 실시할 수 있도록 산업통산자원부령으로 정하는 기재방법에 따라 명확하고 상세하게 기재할 것 및 (ii) 그 발명의 배경이 되는 기술을 기재할 것의 요건을 충족하여야 한다.

[4] 발명의 진보성이 있는지 여부를 판단하기 위해서 선행기술의 범위를 결정하여야 하고 진보성을 부정하기 위해 사용할 수 있는 선행기술을 확정하기 위해서 '그 발명이 속하는 기술분야'가 무엇인지 정해야 한다.[34] 발명이 속하는 기술분야를 정하는 데 있어서는 기능설(Product-Function)과 문제해결설(Problem-Solving)설이 대립되고 있다고 한다.[35] 기능설

---

34) 임호, 「특허법」, 법문사, 2003년, 264면.
35) 위의 책, 264면에서는 예컨대 높은 압력의 살충제를 가진 용기 뚜껑에 관한 특허에서는 기능설로 보면 살

에 의하면 발명이 속하는 기술분야는 특허출원된 발명의 사업목적이 되는 산업으로 보고, 문제해결설은 특허출원된 발명이 어떠한 문제를 해결하려고 시도했는지 여부를 중심으로 발명이 속하는 기술분야를 결정한다.[36]

대법원 2019. 1. 31. 선고 2016후502 판결[등록무효(특)][의약용도발명의 진보성이 문제 된 사건][공2019상,699]

[판결요지]

[1] 여러 선행기술문헌을 인용하여 특허발명의 진보성을 판단할 때에 인용되는 기술을 조합 또는 결합하면 당해 특허발명에 이를 수 있다는 암시, 동기 등이 선행기술문헌에 제시되어 있거나 그렇지 않더라도 당해 특허발명의 출원 당시의 기술수준, 기술상식, 해당 기술분야의 기본적 과제, 발전경향, 해당 업계의 요구 등에 비추어 보아 그 기술분야에서 통상의 지식을 가진 사람이 쉽게 그와 같은 결합에 이를 수 있다고 인정할 수 있는 경우에는 당해 특허발명의 진보성은 부정된다.

[2] 의약용도발명에서는 통상의 지식을 가진 사람이 선행발명들로부터 특정 물질의 특정 질병에 대한 치료효과를 쉽게 예측할 수 있는 정도에 불과하다면 진보성이 부정되고, 이러한 경우 선행발명들에서 임상시험 등에 의한 치료효과가 확인될 것까지 요구된다고 볼 수 없다.

대법원 2017. 8. 29. 선고 2014후2702 판결[등록무효(특) (바) 파기환송][경피흡수성을 이용한 전신 경피투여용 약학적 조성물의 특허요건 사건]

◇특정한 투여용법에 관한 의약용도발명의 진보성 판단 기준◇

의약개발 과정에서는 약효증대 및 효율적인 투여방법 등의 기술적 과제를 해결하기 위하여 적절한 투여용법과 투여용량을 찾아내려는 노력이 통상적으로 행하여지고 있으므로 특정한 투여용법과 투여용량에 관한 용도발명의 진보성이 부정되지 않기 위해서는 출원 당시의 기술수준이나 공지기술 등에 비추어 그 발명이 속하는 기술분야에서 통상의 지식을 가진 사람(이하 '통상의 기술자')이 예측할 수 없는 현저하거나 이질적인 효과가 인정되어야 한다.

☞ 통상의 기술자가 비교대상발명들로부터 이 사건 제1항 발명 약학조성물의 경피투여 용도를 쉽게 도출할 수 없다고 보아 진보성이 부정되지 않는다고 판단한 사례.

충제 산업 분야가 그 발명이 속하는 기술분야가 되지만, 문제해결설로 보게 되면 고압의 액체를 담고 있는 용기를 제조하는 분야가 그 기술분야가 된다고 한다.

36) 임호, 위의 책, 264면.

대법원 2016. 5. 26. 선고 2014후2061 판결[등록무효(특)][공2016하,893]

[판결요지]

[1] 구 특허법(2007. 1. 3. 법률 제8197호로 개정되기 전의 것) 제42조 제3항은 발명의 상세한 설명에는 발명이 속하는 기술분야에서 통상의 지식을 가진 자(이하 '통상의 기술자'라고 한다)가 용이하게 실시할 수 있을 정도로 발명의 목적·구성 및 효과를 기재하여야 한다고 규정하고 있는데, 이는 특허출원된 발명의 내용을 제3자가 명세서만으로 쉽게 알 수 있도록 공개하여 특허권으로 보호받고자 하는 기술적 내용과 범위를 명확하게 하기 위한 것이다.

그런데 '물건의 발명'의 경우 발명의 '실시'란 물건을 생산, 사용하는 등의 행위를 말하므로, 물건의 발명에서 통상의 기술자가 특허출원 당시의 기술수준으로 보아 과도한 실험이나 특수한 지식을 부가하지 않고서도 발명의 상세한 설명에 기재된 사항에 의하여 물건 자체를 생산하고 사용할 수 있고, 구체적인 실험 등으로 증명이 되어 있지 않더라도 특허출원 당시의 기술수준으로 보아 통상의 기술자가 발명의 효과의 발생을 충분히 예측할 수 있다면, 위 조항에서 정한 기재요건을 충족한다.

[2] 구 특허법(2007. 1. 3. 법률 제8197호로 개정되기 전의 것, 이하 같다) 제42조 제4항 제1호는 특허청구범위에 보호받고자 하는 사항을 기재한 청구항이 발명의 상세한 설명에 의하여 뒷받침될 것을 규정하고 있는데, 이는 특허출원서에 첨부된 명세서의 발명의 상세한 설명에 기재되지 아니한 사항이 청구항에 기재됨으로써 출원자가 공개하지 아니한 발명에 대하여 특허권이 부여되는 부당한 결과를 막으려는 데에 취지가 있다. 따라서 구 특허법 제42조 제4항 제1호가 정한 명세서 기재요건을 충족하는지는 위 규정 취지에 맞게 특허출원 당시의 기술수준을 기준으로 하여 통상의 기술자의 입장에서 특허청구범위에 기재된 발명과 대응되는 사항이 발명의 상세한 설명에 기재되어 있는지에 의하여 판단하여야 하므로, 특허출원 당시의 기술수준에 비추어 발명의 상세한 설명에 개시된 내용을 특허청구범위에 기재된 발명의 범위까지 확장 또는 일반화할 수 있다면 특허청구범위는 발명의 상세한 설명에 의하여 뒷받침된다.

[5] 발명의 진보성 판단은 당해 출원의 특허청구범위에 기재된 발명을 공지발명 또는 공지기술과 비교함으로써 이루어지며, 보다 구체적인 판단방법으로는 발명의 목적·구성 및 효과를 공지의 그것과 비교해 종합적으로 판단하게 된다.

[6] 발명의 진보성 유무를 판단할 때에는 적어도 선행기술의 범위와 내용, 진보성 판단의 대상이 된 발명과 선행기술의 차이와 그 발명이 속하는 기술분야에서 통상의 지식을 가진 사람(이하 '통상의 기술자'라 한다)의 기술 수준을 증거 등 기록에 나타난 자료에 기초하여 파

악할 필요가 있다. 그리고 특허출원 당시의 기술 수준에 비추어 진보성 판단의 대상이 된 발명이 선행기술과 차이가 있더라도, 통상의 기술자가 그러한 차이를 극복하고 선행기술로부터 쉽게 발명할 수 있는지를 살펴보아야 한다. 이 경우 진보성 판단의 대상이 된 발명의 명세서에 개시되어 있는 기술을 알고 있음을 전제로 사후적으로 통상의 기술자가 쉽게 발명할 수 있는지를 판단해서는 안 된다.[37)]

대법원 2017. 1. 19. 선고 2013후37 전원합의체 판결[등록무효(실)][청구범위 전제부 구성요소 사건][공2017상,409]

[판결요지]

[1] 특허발명의 신규성 또는 진보성 판단과 관련하여 특허발명의 구성요소가 출원 전에 공지된 것인지는 사실인정의 문제이고, 공지사실에 관한 증명책임은 신규성 또는 진보성이 부정된다고 주장하는 당사자에게 있다. 따라서 권리자가 자백하거나 법원에 현저한 사실로서 증명을 필요로 하지 않는 경우가 아니라면, 공지사실은 증거에 의하여 증명되어야 하는 것이 원칙이다.

그리고 청구범위의 전제부 기재는 청구항의 문맥을 매끄럽게 하는 의미에서 발명을 요약하거나 기술분야를 기재하거나 발명이 적용되는 대상물품을 한정하는 등 목적이나 내용이 다양하므로, 어떠한 구성요소가 전제부에 기재되었다는 사정만으로 공지성을 인정할 근거는 되지 못한다. 또한 전제부 기재 구성요소가 명세서에 배경기술 또는 종래기술로 기재될 수도 있는데, 출원인이 명세서에 기재하는 배경기술 또는 종래기술은 출원발명의 기술적 의의를 이해하는 데 도움이 되고 선행기술 조사 및 심사에 유용한 기존의 기술이기는 하나 출원 전 공지되었음을 요건으로 하는 개념은 아니다. 따라서 명세서에 배경기술 또는 종래기술로 기재되어 있다고 하여 그 자체로 공지기술로 볼 수도 없다.

다만 특허심사는 특허청 심사관에 의한 거절이유통지와 출원인의 대응에 의하여 서로 의견을 교환하는 과정을 통해 이루어지는 절차인 점에 비추어 보면, 출원과정에서 명세서나 보정서 또는 의견서 등에 의하여 출원된 발명의 일부 구성요소가 출원 전에 공지된 것이라는 취지가 드러나는 경우에는 이를 토대로 하여 이후의 심사절차가 진행될 수 있도록 할 필요가 있다.

그렇다면 명세서의 전체적인 기재와 출원경과를 종합적으로 고려하여 출원인이 일정한 구성요소는 단순히 배경기술 또는 종래기술인 정도를 넘어서 공지기술이라는 취지로 청구범위의 전제부에 기재하였음을 인정할 수 있는 경우에만 별도의 증거 없이도

---

37) 대법원 2019. 6. 13. 선고 2018후11681 판결[등록무효(특)]; 대법원 2018. 12. 13. 선고 2016후1840 판결.

전제부 기재 구성요소를 출원 전 공지된 것이라고 사실상 추정함이 타당하다. 그러나 이러한 추정이 절대적인 것은 아니므로 출원인이 실제로는 출원 당시 아직 공개되지 아니한 선출원발명이나 출원인의 회사 내부에만 알려져 있었던 기술을 착오로 공지된 것으로 잘못 기재하였음이 밝혀지는 경우와 같이 특별한 사정이 있는 때에는 추정이 번복될 수 있다.

그리고 위와 같은 법리는 실용신안의 경우에도 마찬가지로 적용된다.

[2] 특허나 실용신안의 등록무효심판청구에 관하여 종전에 확정된 심결이 있더라도 종전 심판에서 청구원인이 된 무효사유 외에 다른 무효사유가 추가된 경우에는 새로운 심판청구는 그 자체로 동일사실에 의한 것이 아니어서 일사부재리의 원칙에 위배되지는 아니한다. 그러나 모순·저촉되는 복수의 심결이 발생하는 것을 방지하고자 하는 일사부재리 제도의 취지를 고려하면, 위와 같은 경우에도 종전에 확정된 심결에서 판단이 이루어진 청구원인과 공통되는 부분에 대해서는 일사부재리의 원칙 위배 여부의 관점에서 확정된 심결을 번복할 수 있을 정도로 유력한 증거가 새로이 제출되었는지를 따져 종전 심결에서와 다른 결론을 내릴 것인지를 판단하여야 한다.

[7] 발명의 진보성은 우선 당해 발명의 출원 전에 존재하는 1 또는 2 이상의 선행기술을 선택하여 그 선행기술을 가지고 당해 발명을 구현하는 데 있어서 용이한가를 판단하게 된다.

> **대법원 2016. 1. 14. 선고 2013후2873, 2880 판결[등록무효(특)·등록무효(특)][제시된 선행문헌을 근거로 발명의 진보성이 부정되는지 판단하는 방법][공2016상, 306]**

[판결요지]
제시된 선행문헌을 근거로 발명의 진보성이 부정되는지를 판단하기 위해서는 진보성 부정의 근거가 될 수 있는 일부 기재만이 아니라 선행문헌 전체에 의하여 발명이 속하는 기술분야에서 통상의 지식을 가진 사람(이하 '통상의 기술자'라고 한다)이 합리적으로 인식할 수 있는 사항을 기초로 대비 판단하여야 한다. 그리고 일부 기재 부분과 배치되거나 이를 불확실하게 하는 다른 선행문헌이 제시된 경우에는 그 내용까지도 종합적으로 고려하여 통상의 기술자가 발명을 용이하게 도출할 수 있는지를 판단하여야 한다.

[8] 용이성 판단과 관련된 특허청심사기준에 따르면, 해당 발명에 대한 진보성 유무를 판단할 때에는 우선 공지발명과 발명의 목적·구성·효과를 종합적으로 대비·검토하여 그 구성의 차이를 발견하고, 그 구성의 차이 부분에 대한 곤란성의 정도에 따라 판단한다. 즉, 인

용기술과 당해 특허출원 발명이 목적·구성 및 효과의 대비를 통하여 진보성을 판단한다. 특히 특허청 심사일반기준에서는 발명의 진보성 판단과 관련하여 목적·구성·효과의 3요소 전체를 종합적으로 판단해야 한다고 하면서, 구성의 차이를 밝혀야 한다고 명시함으로써 "발명의 구성"에 비중을 두고 진보성을 판단한다.

[9] 발명의 구성은 진보성에 관한 다른 판단 요소에 비하여 가장 구체적으로 파악하기 쉽고, 공지발명과의 대비에 있어서도 그 구성의 차이는 개인의 견해 차이 없이 발견할 수 있는 것이므로 진보성의 판단은 주로 구성의 곤란성에 대하여 판단하는 것이 가장 타당하며, 구성의 곤란성에 대하여 "구성에 곤란성이 있는 것이 명백할 때에는 목적과 작용효과에 각별한 것이 없어도 진보성이 있는 것으로 한다."고 제시하고 있다.

2. 발명의 진보성 유무의 판단 기준에 관한 판례의 경향

발명의 진보성과 관련하여 (i) 기술적 구성 및 작용효과를 기준으로 진보성을 판단한 사례(대법원 1982. 6. 8. 선고 80후111 판결; 대법원 1987. 2. 10. 선고 86후27 판결; 대법원 1991. 10. 11. 선고 90후1284 판결; 대법원 1997. 5. 23. 선고 96후1064 판결; 대법원 1998. 5. 22. 선고 97후1085 판결; 대법원 1999. 3. 12. 선고 97후2156 판결; 대법원 2002. 8. 23. 선고 2000후3234 판결), (ii) 목적, 기술적 구성 및 작용효과를 종합적으로 고려하여 진보성을 판단한 사례(대법원 1999. 4. 9. 선고 97후2033 판결; 대법원 2007. 11. 29. 선고 2006후2097 판결), (iii) 발명 효과의 현저성 유무 판단에 따라 진보성 여부를 판단한 사례(대법원 1988. 2. 23. 선고 83후38 판결; 대법원 1989. 11. 24. 선고 88후769 판결; 대법원 1990. 2. 9. 선고 89후1172 판결) 및 (iv) 기술적 구성을 기준으로 진보성 여부를 판단한 사례(대법원 1985. 6. 25. 선고 84후124 판결)로 나누어지고 있다.

[1] 출원발명이 광학이성질체의 용도발명으로서 효과의 현저성이 있어 진보성이 있다고 판단한 사례(대법원 2003. 10. 24. 선고 2002후1935 판결): 화학 분야의 발명에서 라세미체가 공지된 경우 부제탄소의 개수에 따라 일정한 숫자의 광학이성질체가 존재한다는 것은 널리 알려져 있으므로, 특정 광학이성질체의 용도에 관한 발명은, 첫째 그 출원일 전에 라세미체 화합물의 용도를 기재하고 있는 간행물 등에 그 광학이성질체화합물의 용도가 구체적으로 개시되어 있지 아니하고, 둘째 그 광학이성질체 화합물의 특유한 물리화학적 성질 등으로 인하여 공지된 라세미체의 용도와 질적으로 다른 효과가 있거나, 질적인 차이가 없더라

도 양적으로 현저한 차이가 있는 경우에 한하여 특허를 받을 수 있다. 그런데 광학이성질체에 그 용도와 관련된 여러 효과가 있는 경우에 효과의 현저함이 있다고 하기 위해서는, 광학이성질체의 효과 모두를 이에 대응하는 공지의 라세미체의 효과와 대비하여 모든 종류의 효과 면에서 현저한 차이가 있어야 하는 것이 아니라, 광학이성질체의 효과 중 일부라도 이에 대응하는 라세미체의 효과에 비하여 현저하다고 인정되면 충분한 것이고, 그 기술분야에서 통상의 지식을 가진 자가 단순한 반복실험으로 광학이성질체의 현저한 효과를 확인할 수 있다는 사정만으로 그 효과의 현저함을 부인할 수는 없다.

[2] 발명의 목적은 당해 발명이 속하는 기술적 과제를 말하며, 당해 발명의 목적이 출원 당시의 기술 수준으로부터 용이하게 예측할 수 있는지 여부에 따라 목적의 특이성을 판단한다. 다만 목적의 특이성 자체만으로 진보성의 여부를 판단하는 예는 아직 없으므로 효과의 현저성이나 구성의 곤란성 등을 기본적으로 판단하여 진보성의 인정 여부를 확정할 수 없을 때에 한하여 참고적 사항으로 고려할 수 있다.

[3] 특허발명이 상업적으로 성공을 하였다는 점은 진보성을 인정하는 하나의 자료로 참고할 수 있을 것이다.[38]

제5절 특허를 받을 수 없는 발명(소극적 요건 = 불특허사유)

I. 의 의

[1] 특허법은 속지주의(territoriality)를 채택하고 있다.

[2] 어떤 국가에서 특허권을 보호할 것인지 여부와 보호한다면 어느 것을 어떻게 보호할 것인지 여부의 판단은 각국의 경제적·사회적·시대적 상황을 전제로 한 정책적 판단에 의해 결정된다.

[3] 발명의 성립성, 특허를 받기 위한 실체적 요건 중 적극적 요건 및 절차적 요건을 구비한 경우에도 국가의 산업정책적 또는 공익적 견지에서 특허를 허여하지 않을 수 있다(특허를 받기 위한 실체적 요건 중 소극적 요건).

[4] 공공의 질서 또는 선량한 풍속을 문란하게 하거나 공중의 위생을 해할 염려가 있는 발명에 대해서는 특허를 받을 수 없다(특 제32조).

---

38) 대법원 2004. 11. 12. 선고 2003후1512 판결; 대법원 2007. 9. 6. 선고 2005후3284 판결.

[5] **불특허사유에 해당하는 발명**: 거절이유(특 제62조 제1호)가 될 뿐만 아니라 특허결정 이후에도 특허의 무효사유(특 제133조 제1항 제1호)가 된다.

[6] 대체로 선진국은 불특허사유를 공서양속이나 공중위생을 위반하는 정도로 제한하고 있으나 저개발국은 자국산업의 보호를 위해 가급적 많은 제한을 두고 있다.

[7] **독일의 불특허사유**: 독일 특허법 제1조 제2항에서 불특허사유를 예시하고 있다.

‣ (i) 과학적 이론과 수학적인 방법의 발견, (ii) 미학적인 형태창조, (iii) 정신적인 활동이나 유희 또는 사교적인 활동을 위한 계획, 규칙과 절차 및 정보처리장치를 위한 프로그램

‣ 독일 특허법 제5조 제2항의 경우: 인간이나 동물에 대한 치료술은 불특허사유

[8] **일본 특허법상 불특허사유**: 공공의 질서, 선량한 풍속 또는 공중의 위생을 해할 우려가 있는 발명에 대해서만 불특허사유로 하고 있다(일본 특허법 제32조).

[9] **중국 전리법상 불특허사유**: 중국 專利法 제5조 및 제25조에서는 불특허사유를 열거하고 있다. 질병의 진단과 치료방법에 대해서 불특허사유임을 명백히 하고 있다. 또한 심사실무에 따르면 ▶질병치료용 의약으로서의 용도를 청구하는 경우, 실질적으로 질병의 치료방법에 해당한다고 하여 특허를 허여하지 않는다.

‣ 중국 專利法 제5조의 불특허사유: (i) 국가 법률에 위배되는 발명창조, (ii) 사회의 공공도덕을 위반한 발명창조, (iii) 공공의 이익에 위배되는 발명창조, (iv) 부분적으로 위법한 발명창조

‣ 중국 專利法 제25조의 불특허사유: (i) 과학적 발견, (ii) 지적활동의 규칙과 방법, (iii) 질병의 진단과 치료방법, (iv) 동물 및 식물변종(단, 제조방법은 특허를 받을 수 있다), (v) 원자핵 변환방법에 의하여 얻어지는 물질

II. 불특허사유

1. 의의 및 취지

[1] **WTO/TRIPs협정 제27조 제2항**: 불특허대상으로서 공서양속(good public order and customs) 또는 인간, 동물, 식물의 생명, 건강의 보호 또는 환경에의 심각한 피해를 예방하기 위하여 필요한 경우에는 당해 발명을 특허대상에서 제외할 수 있다고 규정하고 있으며, 이

러한 경우를 제외하고 그 발명의 이용이 국내법에 금지되어 있다는 이유만으로 특허대상에서 제외해서는 안 된다고 명시하고 있다.

[2] 공서양속에 반하여 불특허대상이 되는 구체적인 예로는 화폐변조기, 아편흡입도구, 인체에 유해한 완구·피임기구, 금괴밀수용 조끼 등이 있다.

▸ 다만 파리조약 제4조의4가 '특허의 대상인 물의 판매나 특허의 대상인 방법으로 생산되는 물의 판매가 국내법령상의 제한을 받는 것을 이유로 특허를 거절하거나 무효로 할 수 없다.'고 규정하고 있으므로, 전술한 불특허대상의 근거법규로 약사법, 마약단속법 등을 드는 것은 설명상 문제점이 있다.

[3] 미국이나 스위스, EU 등의 국가는 개도국이 공서양속의 개념을 확대해석하여 광범위한 불특허대상의 근거규정으로 활용할 우려가 있다고 지적하면서 '국제적으로 인정된 공서양속(internationally accepted public order or morality)으로 규정하여야 한다.'고 주장하였다.

2. 공서양속을 문란하게 하는 발명

[1] **공공의 질서:** 국가사회의 일반적 이익

[2] **선량한 풍속:** 사회의 일반적·도덕적 관념

[3] 당해 발명이 본래 공서양속을 해칠 목적을 가진 경우뿐만 아니라 당해 발명의 공개 또는 사용이 공서양속에 반하는 경우도 포함한다. 즉, 발명 본래의 목적이 공서양속을 해칠 염려가 없어도 발명의 목적과 구성을 볼 때 누구든 극히 쉽게 공서양속을 해칠 목적에 사용할 가능성을 발견할 수 있고, 실제로 그 같이 사용될 우려가 다분한 경우(예: 남성정력증강기 등)도 포함한다.

[4] 발명 본래의 목적에 공서양속을 해칠 염려는 없지만, 사용법이 이상하기 때문에 공서양속을 해칠 염려가 있는 것은 불특허대상에 포함하지 않는다. 당해 발명에 관계되는 기구(빙고)가 순수한 오락용으로 제공되는 것을 목적으로 한 것이고, 도박행위 그 밖의 공서양속을 해칠 목적으로 제공한 것이 아님이 명세서의 기재내용상 분명하고, 또한 당해 발명의 내용에 비추어 당해 장치를 순수한 오락용으로 제공하고 부정행위용으로 제공하지 않는다는 것이 가능하다고 인정되는 경우에는 당해 장치가 부정행위의 용도로 제공될 수 있다는 이유만으로 공서양속을 해칠 염려가 있다고 할 수 없다.

3. 공중의 위생을 해할 염려가 있는 발명

[1] 당해 발명이 제조방법인 경우 그 방법 자체가 공중위생을 해칠 염려가 있는지 아닌지를 판단하여야 할 뿐만 아니라 그 제조방법의 목적생성물이 공중위생을 해칠 염려가 있는지 여부에 대해서도 고려하여야 한다.

[2] 당해 발명의 방법에 의해 얻어진 물(物)이 학술서에서 유해하다고 되어 있는 경우라도 보건복지부가 약사법에 근거해 제조를 허가하고 있는 경우에는 해당 학술서의 기재로 인해 공중위생을 해칠 염려가 있는 것에 해당한다고 할 수 없다.

[3] 발명 본래의 유익한 목적을 달성하는데도 불구하고 사용결과 공중위생을 해칠 염려가 있는 것에 대해서는 그 해를 제거할 수단이 있는 경우에는 위생을 해칠 염려가 없는 것으로 해석할 것이나, 그 해를 제거할 수단이 없는 경우에는 득실을 비교해서 판단한다.

4. 국방상 필요한 발명

가. 의 의

[1] 특허출원한 발명이 국방상 필요한 것일 때에는 특허를 허여하지 않거나, 특허를 받을 수 있는 권리를 정부에서 수용할 수 있다고 규정(특 제41조 제2항)함으로써 수용에 해당되는 것도 광의의 불특허사유라고 할 수 있다.

[2] 현행 특허법은 TRIPs협정 제73조를 반영하여 "전시·사변 또는 이에 준하는 비상시에 있어서 국방상 필요한 경우"에 한정하여 수용할 수 있도록 그 범위를 한정하고 있다. 이러한 경우는 정부가 정당한 보상금을 지급해야 한다고 규정하고 있다.

나. 취 지

국방상 필요한 발명에 대하여 특정인에게 독점권을 부여하여 지나치게 사익만을 추구하는데도 이를 규제할 방법이 없거나, 국방상 필요하여 비밀로 분류되어야 할 발명이 아무런 제약 없이 공개되어 노출되는 경우 우리의 안보에 지대한 영향을 줄 수 있기 때문이다. 우리 특허법 제41조 제1항 및 제2항에서는 국방상 필요하다고 인정되는 발명에 관하여는 외국에의 특허출원 금지를 명할 수 있고, 당해 발명을 비밀로 취급할 의무를 부여할 수 있으며, 특허하지 않을 수 있다. 또한 전시·사변 또는 이에 준하는 비상시에 있어서 국방상 필요한 경우에는 특허받을 수 있는 권리를 수용할 수 있도록 그 발명에 대한 권리를 제한하는 규정을 두고 있다.

다. 외국에의 특허출원금지

[1] 특허법은 국방에 관련된 기술이 외국으로 누출되는 것을 방지하기 위하여 국방상 필요한 발명은 외국에의 특허출원을 금지시킬 수 있도록 하고 있다. 다만 정부의 허가를 얻은 때에는 외국에 특허를 출원할 수 있으며(특 제41조 제1항), 외국에의 특허출원 금지에 따른 손실에 대하여 정부는 정당한 보상금을 지급하여야 한다(특 제41조 제3항).

[2] 외국에의 특허출원을 신청하고자 하는 자는 특허청장에게 소정의 신청서를 제출하여야 한다. 신청서의 제출이 있는 경우에 특허청장은 외국에의 특허출원 허가를 하기 전에 국방부장관과 협의를 하여야 한다(특허법 시행령 제16조). 정부의 허가 없이 외국에 특허출원되면 그 발명에 대하여 특허를 받을 수 있는 권리를 포기한 것으로 본다(특 제41조 제5항).

[3] 정부는 국방상 필요한 발명에 대하여 그 발명을 비밀로 취급할 것을 명할 수 있다. 비밀로 취급할 것으로 인정된 출원발명은 당해 비밀취급이 해제될 때까지 출원공개 및 등록공고가 되지 않는다(특 제87조 제4항, 제64조 제3항).

라. 비밀취급

[1] 국방상 필요한 발명이 국내에 특허출원된 경우에 정부는 당해 출원에 대한 발명의 내용에 대해서 발명자, 출원인 및 대리인에게 그 발명을 비밀로 취급하도록 명령할 수 있다. 물론 그것을 비밀로 취급함에 있어서 손실이 있다면 정부에서 보상을 하여야 한다(특 제41조 제3항).

[2] 이러한 정부의 비밀취급명령을 위반한 경우에는 그 특허를 받을 수 있는 권리는 포기한 것으로 보며, 또한 당해 발명의 비밀취급에 따른 손실보상금의 청구권 역시 포기한 것으로 본다(특 제41조 제5항 및 제6항).

[3] 특허청장은 국방상 필요한 발명으로서 비밀로 분류하여 취급하여야 하는 발명의 선별에 필요한 기준을 국방부장관과 협의하여 정한다(특허법 시행령 제11조).

[4] 발명이 비밀분류기준에 해당되는 경우에 특허청장은 국방부장관에게 당해 발명을 비밀로 취급할 필요가 있는지 여부를 조회하며, 그 특허출원의 발명자, 출원인, 대리인 및 그 발명을 알고 있다고 인정되는 자에게 그 사실을 통보하고 보안유지를 요청해야 한다.

[5] 한편, 조회를 의뢰받은 국방부장관은 그 특허출원에 대하여 비밀취급이 필요하다고

인정되는 경우에는 특허청장에게 비밀로 분류하여 취급하도록 요청하여야 한다. 조회에 대한 회신은 2월 이내에 하도록 되어 있다(특허법 시행령 제12조 제3항).

[6] 국방부장관에게서 비밀로 분류하여 취급할 것을 요청받은 특허청장은 보안업무규정에 따라 필요한 조치를 취하고 그 특허출원의 발명자 등에게 비밀로 분류하여 취급하도록 명하여야 하며, 비밀로 분류하여 취급할 것을 요청받지 아니한 경우에는 그 특허출원의 발명자 등에게 보안유지요청의 해제통지를 한다(특허법 시행령 제12조).

[7] 특허청장은 비밀로 분류하여 취급할 것을 명한 특허출원에 대하여는 비밀에서의 해제, 비밀보호기간의 연장 또는 비밀등급의 변경 여부를 연 2회 이상 국방부장관과 협의하여 필요한 조치를 하여야 한다. 비밀로 분류하여 취급할 것을 명령받은 발명자 등은 특허청장에게 비밀에서의 해제 또는 비밀등급의 변경이나 특허출원된 발명의 일정범위의 공개 또는 실시의 허가를 청구할 수 있다(특허법 시행령 제13조).

마. 특허를 받을 수 있는 권리의 수용

정부는 특허출원한 발명이 국방상 필요한 경우에는 특허를 하지 아니할 수 있으며, 전시·사변 또는 이에 준하는 비상시에 있어서 국방상 필요한 경우에는 특허를 받을 수 있는 권리를 수용할 수 있다(특 제41조 제2항). 구 특허법에서는 국방상 필요한 발명으로 인정되면 특허를 받을 수 있는 권리를 수용할 수 있도록 규정하고 있었으나, 권리의 수용이 개인의 권리에 대한 심각한 제한이라는 면에서 그 요건을 강화하였다. 즉, 특허를 받을 수 있는 권리를 수용할 수 있는 경우를 "전시, 사변 또는 이에 준하는 비상시에 있어서 국방상 필요한 경우"로 한정하고 있다.

바. 보 상

[1] 국방상 필요한 발명으로 인정되어 외국에의 특허출원금지 또는 비밀취급명령에 따른 손실이 발생할 때, 특허를 하지 아니하거나 특허를 받을 수 있는 권리를 수용한 경우에는 정당한 보상금을 지급하여야 한다.

[2] 특허출원인은 외국에의 특허출원금지 또는 비밀로 분류되어 취급된 특허출원에 대하여 국방부장관에게 비밀로 규정함에 따른 손실에 대한 보상금을 청구할 수 있다. 보상금 청구방식은 보상금청구서와 손실을 입증할 수 있는 증거자료를 제출함으로써 행해진다.

[3] 이 보상금 지급은 특허출원인 또는 특허를 받을 수 있는 권리자의 청구에 의하여 국방부장관이 정한다. 국방부 장관은 보상금 청구를 받은 경우에는 보상액을 결정하여 지급하

여야 한다. 이때 필요한 경우에는 특허청장과 협의할 수 있다.

제6절 특허를 받기 위한 절차적 요건

I. 선출원주의

1. 의의 및 취지

[1] 특허제도는 동일 내용의 발명에 대해 하나의 특허만을 허여하여야 하는 1발명 1특허의 원칙(내지 이중특허배제의 원칙)을 적용한다. 다시 말하면 특허법은 독점권을 부여하는 것을 기본원칙으로 하고, 특허권이 소멸한 후에는 일반 공중은 그 발명을 자유롭게 사용할 수 있는 권리를 갖는 이상 하나의 발명에 대해서는 단 하나의 특허를 부여하도록 하고 있다.

[2] 동일발명에 대한 출원이 다수 존재할 때 누구에게 특허권을 부여할 것인지 여부에 대한 입법례가 다르다. 이는 선발명주의와 선출원주의로 나뉜다.

[3] **비교법적 검토**: 대다수의 국가는 선출원주의를 채택하고 있다. 미국도 역시 2011년에 선원주의로 돌아섰다. 2011년 6월 23일 미국 하원은 '선발명주의'를 백지화하고 '선출원주의'를 채택한 특허법 개정안(Leahy-Smith America Invents Act)[39]을 찬성 304표 대 반대 117표로 최근 통과시켰다. 이에 앞서 상원은 찬성 95표 대 반대 5표로 유사법안(S. 23)을 2011년 3월 처리한 바 있어, 미국의 상·하 양원은 각각의 법안을 조정하는 입법절차를 거쳐 2011년 연내에 통합법안을 채택하였다.[40] 마침내, 2011년 9월 16일 미국의 오바마 대통령이 2011년 미국 연방특허법 개정안(2011 Smith-Leahy American Invents Act)에 서명함으로써 선출원주의로 전환하였다.[41]

[4] **우리 특허법**: 동일한 내용의 발명을 한 자가 여러 사람인 경우 발명완성시기의 선후를 불문하고 제일 먼저 특허출원을 한 자에게 특허를 부여받을 수 있도록 하는 선출원주의를 취하고 있다(특 제36조 제1항).

---

39) H.R. 1249.

40) http://www.google.co.kr/#sclient=psy&hl=en&newwindow=1&source=hp&q=Patent+Reform+US&aq=f&aqi=g1g-v3g-b1&aql=&oq=&pbx=1&fp=d0cdc182ea929f38&biw=1016&bih=604 (최종방문일: 2020년 8월 7일).

41) http://www.ip-watch.org/2011/09/16/us-patent-reform-signed-into-law/ (최종방문일: 2020년 1월 20일).

2. 선출원의 지위

[1] **선원권(先願權)(내지 선원의 지위)**: 제일 먼저 한 출원(최선출원)이 적법한 출원이므로 생기는 권리를 의미한다.

[2] **선원의 지위가 존재하는 효과**: 동일한 발명에 있어서의 후출원된 발명을 배제한다. 따라서 선원의 지위가 인정되면 출원 계속 중에 있어서는 이와 동일한 발명에 관한 후원(後願)의 특허등록을 저지하며 선출원 자체의 거절결정, 특허결정의 확정 후 또는 포기 후에도 후원을 거절결정에 이르게 한다.

[3] 적격한 최선출원을 포기하거나 당해 출원이 특허거절결정을 인용하는 심결이 내렸을 때에도 선원의 지위가 유지된다.

[4] 당해 특허출원이 특허등록된 후에 특허권이 무효심판에 의해서 무효로 확정된 경우에는 무권리자에 의한 출원 또는 후출원이라는 이유로 확정된 무효심결이 아닌 한 선원의 지위를 유지한다. 반면에 특허를 받을 수 있는 정당권리자가 아닌 자에 의한 출원으로서 그 이유로 인하여 출원이 거절결정되거나 당해 출원의 특허권이 취소결정 또는 특허무효심결의 확정을 받은 출원 및 최선의 적격한 출원이었지만 취하된 것 및 방식불비로 출원무효로 된 것은 처음부터 출원이 없었던 것으로 간주되어 선원의 지위가 없다.

3. 선출원의 판단

[1] 선출원의 판단대상이 되는 발명은 확정된 특허청구범위의 청구항에 기재된 발명을 의미한다. 따라서 발명의 상세한 설명이나 도면에만 기재되고 특허청구범위에는 기재되어 있지 않은 발명은 우리 특허법 제36조의 대상이 될 수 없다.

[2] **선출원판단의 시간적 기준**: 시를 기준으로 하는 시각주의(독일, 프랑스 등)와 일(日)을 기준으로 하는 역일주의(曆日主義)가 존재하나, 우리나라는 역일주의를 취한다. 우리나라는 역일주의를 취하고 있어 동일한 발명에 대해 둘 이상의 특허출원이 있을 때에는 최선(最先) 출원일의 출원만이 특허를 받을 수 있다. 따라서 동일한 발명에 둘 이상의 특허출원이 동일한 날에 이루어진 경우에는 비록 그 출원 시각이 다르다 할지라도 특허출원인 간에 협의하여 정한 하나의 특허출원만이 그 발명에 대하여 특허를 받을 수 있도록 하고 있다. 다만, 협의가 성립하지 아니하거나 협의를 할 수 없는 경우 어느 특허출원인도 그 발명에 대하여 특

허를 받을 수 없다고 규정하고 있다(특 제36조 제2항).

[3] **일본 특허법과의 차이**: 선출원의 판단에 대한 규정은 대동소이하다.

‣ 우리 특허법: 포기, 무효 또는 취하된 경우 또는 거절결정이나 거절한다는 취지의 심결이 확정된 경우에는 선출원의 지위를 인정하지 않는다. 다만 동일자 출원이 협의에 이르지 못한 경우에는 그러하지 아니하다. 그리고 발명자 또는 고안자가 아닌 자로서 특허 또는 실용신안등록을 받을 수 있는 권리를 승계하지 않은 자의 출원에 대하여도 선출원의 지위를 인정하지 않는다(특 제36조 제4항, 제5항).

‣ 일본 특허법: 포기, 취하 또는 각하된 출원 또는 특허출원을 거절하는 취지의 결정 또는 심결이 확정된 출원에 대하여 선출원의 지위를 인정하지 않는다.

[4] **선출원의 판단**: 발명자 또는 출원인의 동일여부에 상관없이 동일발명에 대하여 적용된다. 다만 우리 특허법 제36조 제2항의 규정은 동일발명을 같은 날 서로 다른 사람이 각각 출원한 경우에만 적용된다. 동일발명을 동일인이 같은 날에 복수출원한 경우의 처리에 대해서는 명문규정이 없다.

[5] **동일인에 의한 출원의 경합**: 동일출원인에 의한 출원경합에 대한 실용신안법 제7조 제1항 단서의 적용에 있어서는 특단의 사정이 없는 한 동일출원인 사이의 협의는 있을 수 없으므로 동일출원인이 동일고안을 2개 이상 출원하였을 때에는 위 단서 후단이 정하는 협의가 성립되지 아니하거나 협의를 할 수 없을 때에 해당하는 것으로 어느 출원도 실용신안등록을 받을 수 없다.[42]

[6] **동일인이 경합출원하여 등록된 2개의 동일고안 중 어느 한쪽의 등록이 무효로 확정된 경우 나머지 등록의 효력 유무**: 동일인이 동일고안에 대하여 같은 날에 경합출원을 하여 모두 등록이 된 경우에 그 후 어느 한쪽이 등록이 무효로 확정되었다면 나머지 등록을 유지, 존속시켜 주는 것이 타당하고 당초에 경합출원이었다는 사실만으로 나머지 등록까지 모두 무효로 볼 것이 아니다.[43]

---

42) 대법원 1985. 5. 28. 선고 84후14 판결[실용신안등록무효].
43) 대법원 1990. 8. 14. 선고 89후1103 판결[실용신안등록무효].

4. 발명의 동일성

가. 의 의

[1] 선후출원관계의 판단은 '동일한 발명'을 전제로 한다. 따라서 둘 이상의 출원이 경합된 경우 어느 것에 특허를 부여할 것이냐의 구체적인 판단은 발명의 동일성 여부에 관한 판단을 한 후에 이루어진다.

[2] 발명의 동일성은 원칙적으로 특허청구범위에 기재된 발명에 한정하여 판단하게 되며, 발명의 상세한 설명이나 도면에 기재된 부분을 그 대상으로 한다.

[3] 청구항이 둘 이상인 경우에는 각 청구항에 기재된 발명이 동일 여부의 판단 대상이 되며, 문언적·형식적으로 동일한 것은 물론 실질적으로 동일한 경우에도 발명의 동일성이 있다고 본다. 다만 선출원된 기술내용의 보호를 위해 특허법은 공개 또는 공고된 기술에 대해서는 선출원범위를 특허청구범위에서 발명의 상세한 발명 또는 도면까지 확대시켜 다른 후출원을 거절시키거나 무효시킬 수 있도록 규정하고 있다(특 제29조 제3항).

[4] 발명의 동일성에 대한 판단은 신규성(특 제29조 제1항), 확대된 선원(특 제29조 제3항), 공지예외주장(특 제30조), 정당한 권리자보호(특 제33조, 제34조), 선출원(특 제36조), 분할출원(특 제52조) 등의 출원관계에서의 동일성에 대한 판단과 특허권이 등록된 후의 침해 여부와 관계되어 발명의 동일성을 판단하는 권리범위확인심판(특 제135조) 또는 특허권 침해소송 등에 있어서도 발명의 동일성을 판단하게 된다.

나. 동일성판단의 기본원칙

[1] 특허법 제29조 제3항 및 제4항의 적용에 대한 판단: 당해 출원의 청구항에 기재된 발명과 타출원의 최초 출원 시 출원서에 첨부된 '명세서 또는 도면에 기재된 발명 또는 고안(이하 '인용발명')'이 동일한지 여부에 대하여 판단한다.

[2] 이를 구체적으로 판단하는 경우에는 먼저 "특허청구범위의 발명을 비교"하고, "기술사상의 실체를 비교"하며, 그 후 "부분적 중복 여부", "카테고리별 비교", "완성된 발명끼리 비교" 등을 한다. 그 외에도 "실질적 동일", "내재적 동일", "부분적 동일"로 나누어 판단한다.

다. 동일성 판단 방법

[1] 발명의 동일성 판단은 "특허권 부여 시의 판단"과 "특허권 침해 시의 판단"으로 나눈다.

[2] 특허권 부여 시의 판단방법

(i) 먼저 당해 출원의 청구항에 기재된 발명을 특정하고, 인용문헌(타출원의 명세서 등)에 기재된 발명을 특정한다.

(ii) 인용발명은 인용발명에 기재되어 있는 사항에 의하여 특정한다.

(iii) 기재된 사항에 의한 특정시에는 타출원의 출원 시의 기술상식을 참작하여 도출될 수 있는 사항도 인용발명으로 특정한다.

(iv) 청구항에 기재된 발명과 인용발명을 대비하여 구성의 일치점과 차이점을 명확히 한다. 이 경우에 둘 이상의 인용발명을 조합하여 청구항에 기재된 발명과 대비해서는 아니 된다. 대비결과 청구항에 기재된 발명과 인용발명간에 구성의 차이가 없으면 청구항에 기재된 발명과 인용발명은 동일한 것이다.

II. 확대된 범위의 선출원(공지의 간주)

1. 의 의

[1] 명세서 또는 도면에 기재되어 있는 발명은 특허청구범위 이외에 기재되어 있어도 등록공고 또는 출원공개에 의하여 그 내용이 공개된다. 따라서 선출원이 등록공고 또는 출원공개되기 전에 출원된 후출원일지라도 그 발명이 선출원의 명세서 또는 도면에 기재된 발명과 동일한 경우에는 이를 후에 등록공고 또는 출원공개하여도 새로운 기술을 공개하는 것은 아니며, 이와 같은 발명에 대해 특허권을 부여하는 것은 새로운 발명에 대한 공개의 대가로 일정 기간 동안 독점권을 부여하는 특허제도의 취지에도 부합되지 않는다.

[2] 특허법은 선출원이 공개되어 있는 경우, 그 출원서에 최초로 첨부된 명세서 또는 도면에 기재되어 있는 발명 또는 고안과 동일한 출원은 특허를 받을 수 없다(특 제29조 제3항 및 제4항). 즉, 후출원이 선출원 공개 후에 출원된 것이라면 간행물 기재에 의하여 후출원이 거절되지만(특 제29조 제1항 제2호), 후출원이 선출원의 공개 전에 출원된 것이라면 선출원의 명세서는 특허청 내부에서 비밀로 보관하는 상태에 있기 때문에 공지라고는 할 수 없으나, 이것은 공지로 간주되면 이것이 "확대된 범위의 선출원(내지 공지의 간주 또는 준공지)"이라고 한다.

2. 입법취지

[1] 1980년 개정 이전의 구 특허법: 선출원의 특허청구범위에 기재되어 있는 발명과 동일한 후원만이 거절되었지만, 심사청구제도와 출원공개제도가 도입되면서 선출원의 범위도 확대되었다. 즉, 심사청구제도 이전에는 선출원의 특허청구범위에만 후출원배척의 효력이 인정되어 선출원의 심사절차가 종료되지 않은 상태에서는 특허청구범위가 확정되지 않은 상태라 후출원을 배척하는 범위도 확정되지 않았다. 하지만 심사청구제도하에서는 원칙적으로 심사청구순으로 심사가 행해지나 반드시 선출원이 먼저 심사된다고 할 수 없으므로 종래의 제도는 유지될 수 없게 되었다.

[2] 선원의 특허청구범위에 기재되어 있는 발명과 동일한 후원만이 거절되었지만, 1970년에 개정된 일본 특허법에서는 심사청구제도와 출원공개제도가 도입됨에 따라 선원이 후원을 배척하는 물적 범위가 확대되었다. 우리 특허법은 1980년 개정([시행 1981. 9. 1.][법률 제3325호, 1980. 12. 31., 일부개정])에서 심사청구제도와 출원공개제도를 도입하면서 확대된 선출원제도를 함께 개정하였다. 즉, 출원공개제도를 도입하여 출원 후 1년 6개월이 지나면 모든 출원을 공개하고, 또한 특허법 제29조 제3항의 규정을 신설하여 후출원배척의 범위를 특허청구범위에서 명세서와 도면에까지 확대시켰다. 이로서 후출원배척의 범위는 심사와 분리되어 선출원의 특허청구범위가 확정되지 않고도 후출원배척의 범위가 확정되도록 하였다.

[3] 특허법은 선출원이 명세서나 도면을 통해 출원공개 또는 등록공고가 되어 출원인의 공여 의도의 목적이 완성되었다면 당해 후출원이 비록 특허요건을 구비하고 있다고 해도 거절시킬 수 있도록 하고 있으며, 이로서 필요 없는 방어출원을 억제할 수 있다는 효과도 기대할 수 있다.

[4] 선출원이 후출원을 배척하는 특허법 제29조 제3항과 선후원관계를 규정하고 있는 특허법 제36조의 상관관계가 문제된다.

(i) 시간적 범위: 선출원 규정(특 제36조)은 같은 날 행하여진 출원에 대해서도 적용되지만, 특허법 제29조 제3항(확대된 선출원)의 규정은 후출원의 출원일 이전의 출원에만 적용이 된다.

(ii) 물적 범위: 특허법 제36조는 특허청구범위에 기재된 발명에 한정되지만, 특허법 제29조 제3항의 규정은 명세서 또는 도면에 기재되어 있는 발명을 포함한다.

(iii) 후출원을 배척할 수 있는 조건: 특허법 제29조 제3항은 선출원이 출원공개될 경우에

만 적용되지만 특허법 제36조는 그와 같은 제한이 없다.

(iv) 선출원이 취하 또는 무효로 된 경우 적용 여부: 특허법 제29조 제3항은 선출원이 취하된다든지 무효로 된 경우에도 적용되나, 특허법 제36조는 그와 같은 경우에는 적용되지 않는다.

(v) 특허법 제29조 제3항의 규정은 특허법 제36조의 선출원 규정을 보충하는 규정이라기보다는 조문의 위치상 신규성 요건과 관련된 독립한 하나의 판단 규정이다.

3. 요 건

(1) 확대된 선출원의 지위를 인정하기 위해서는 선출원이 후출원의 출원일 이전에 출원되어 있어야 한다.

[1] 선출원이 분할·변경출원된 새로운 출원인 경우에는 타출원의 출원일은 소급되지 않으며, 분할 또는 변경출원일은 타출원의 출원일이 된다(특 제52조 제2항 단서, 제53조 제2항 단서). 이는 출원이 변경출원되거나 분할출원된 때에는 그 출원일이 원출원일로 소급되지만, 분할·변경출원 등에 의해 새로운 특허출원을 하는 데 있어서는 원출원 최초의 명세서 또는 도면에 기재되지 않은 기술적인 사항을 첨가하는 경우가 있어 이것까지 출원일을 소급 인정해 주면 원출원과 분할출원 사이의 출원이 불측의 손해를 입을 수 있다는 판단에 따른 것이다. 즉, 분할출원이나 변경출원은 특허법 제29조 제3항 적용 시 출원일이 소급되지 않으므로 당해 출원보다 출원일이 늦을 경우 선행기술로 사용할 수 없으나, 원출원이 당해 출원보다 출원일이 앞서는 경우에는 타출원으로 하여 선행기술로 사용할 수 있다. 다시 말하자면 원출원의 최초명세서 또는 도면에 기재되어 있는 발명은 분할출원이나 변경출원이 출원공개되거나 등록공고될 경우에 확대된 선원의 지위를 가진다.

[2] 타출원이 파리조약에 의한 우선권주장을 수반하는 출원으로서 우선기간 내에 우리나라에 출원되고 우선권증명서가 제출된 경우에는 제1국 출원의 명세서 또는 도면(이하 출원의 최초 명세서 또는 도면은 "당초 명세서 등"이라 한다)과 우선권주장수반출원의 당초 명세서 등에 공통으로 기재된 발명에 대하여는 제1국 출원일을 타출원의 출원일로 인정한다(특허 및 실용신안에 대해서는 12월, 디자인 및 상표에 대해서는 6월 규정(파리조약 4C(1))). 우선기간(the periods of priority)은 최초의 출원일로부터 개시하며, 출원일은 이 기간에 산입하지 않는다(파리조약 4C(2)). 또한 우선기간의 말일이 보호의 청구를 할 국가에서 법정의 휴일이거나 또는 관할청

이 출원을 접수할 수 없는 날인 경우에는 그 기간은 다음 최초의 집무일까지 연장된다(파리조약 4C(3)). 제1국 출원에 기재된 발명 A는 특허법 제29조 제3항 적용 시 제1국 출원일을 출원일로 보므로 우선권주장출원을 타출원으로 선행기술로 사용할 수 있으나 제1국 출원에 기재되지 아니한 발명 B는 출원일이 실제 우리나라에 출원한 날이므로 타출원의 선행기술 자료로 사용할 수 없다. 한편 제1국 출원에는 기재되어 있었으나 우선권주장출원에 포함되지 아니한 발명 C는 우리나라에 출원된 출원이 아니므로 선행기술로 볼 수 없다.

[3] 국내 우선권주장의 기초가 된 선출원의 당초 명세서에 기재된 발명 또는 당해 우선권의 주장을 수반하는 출원(이하 "후출원"이라 한다)의 당초 명세서 등에 기재된 발명을 특허법 제29조 제3항 및 제4항의 타출원으로 할 경우에는 아래의 내용이 적용된다.

(i) (a) 후출원과 선출원 모두의 당초 명세서 등에 기재된 발명에 대해서는 선출원의 출원일을 타출원의 출원일로 하여 특허법 제29조 제3항 본문 및 제4항 본문의 규정을 적용한다(특 제55조 제3항 및 제4항). 후출원의 당초 명세서 등에만 기재되고 선출원의 당초 명세서 등에는 기재되지 아니한 발명에 대해서는 후출원의 출원일을 타출원의 출원일로 하여 특허법 제29조 제3항 본문 및 제4항 본문의 규정을 적용한다(특 제55조 제4항).

(b) 선출원의 당초 명세서 등에만 기재되고, 후출원의 당초 명세서 등에는 기재되어 있지 않은 발명에 대해서는, 특허법 제29조 제3항 본문 및 제4항 본문의 규정을 적용할 수 없다(특 제55조 제4항).

(c) 후출원과 선출원의 당초 명세서 등에는 기재되어 있지 않으나 보정에 의하여 새로 기재된 발명에 대해서는 동 규정이 적용되지 아니하고, 선출원의 당초 명세서 등에는 기재되어 있으나 후출원의 당초명세서 등에 기재되어 있지 아니한 발명에 대해서는 출원공개된 것으로 보지 않는다. 따라서 이러한 발명에 대해서는 특허법 제29조 제3항 및 제4항의 규정은 적용되지 않는다.

(ii) 전술한 (i)의 경우에 있어서, 선출원이 국내우선권주장을 수반하는 출원(파리조약에 의한 것으로 포함)일 경우에는 후출원과 선출원 모두의 당초 명세서 등에 기재된 발명 가운데 당해 선출원의 우선권주장의 기초가 되는 출원의 당초 명세서 등에 기재된 발명에 관해서는 특허법 제29조 제3항 본문 및 제4항 본문의 규정을 적용할 수 없다(특 제55조 제3항 및 제4항).

(a) 후출원이 선출원만을 기초로 우선권주장출원을 한 경우, 선출원에 기재된 A, C 발명 중 제1국 출원에 기재된 발명 A는 특허법 제29조 제3항 적용 시 출원일 소급에서 제외되어(특 제55조 제3항) 후출원일에 출원한 것으로 보므로 당해 출원에 발명 A가 기재되어 있더라

도 후출원을 선행기술자료로 사용할 수 없고 발명 C에 대해서만 선행기술로 사용할 수 있다.

(b) 후출원이 선출원과 제1국 출원을 기초로 우선권주장출원을 한 경우, 발명 A도 제29조 제3항 적용 시 타출원으로 하여 선행기술로 사용할 수 있다.

(2) 해당 출원의 출원 후에 타출원이 출원공개 또는 등록공고되어 있어야 한다.

선출원이 일단 출원공개 또는 등록공고된 후에는 선출원에 대해 특허여부결정, 무효, 취하, 포기 또는 각하 등이 있다고 하더라도 타출원으로서의 지위는 유지된다. 하지만 출원이 거절결정 또는 취하, 포기, 무효 또는 각하된 후 출원공개 등이 있었다면 그 출원은 타출원으로서의 지위가 상실된다.

(3) 해당 출원의 청구항에 기재된 발명이 타출원의 최초 명세서 등에 기재된 발명이 타출원의 최초 명세서 등에 기재된 발명 또는 고안과 동일하여야 한다.

[1] 해당 출원의 청구항에 기재된 발명이 타출원의 '당초 명세서 등에 기재된 발명 또는 고안과 동일'하여야 하므로 당해 출원의 청구항에 기재된 발명과 타출원의 당초 명세서 등에 기재된 발명 또는 고안은 완전히 동일하거나 실질적으로 동일하여야 한다.

[2] 타출원의 명세서 등에는 기재되어 있으나 출원 이후의 보정에 의해 삭제된 사항에 대해서도 특허법 제29조 제3항이 적용된다.

4. 적용의 예외

특허출원된 발명이 당해 특허출원 후에 출원공개·등록공고된 타특허출원 또는 실용신안등록출원의 출원서에 최초로 첨부된 명세서·도면에 기재된 발명과 동일한 경우에는 특허법 제29조 제3항에 의하여 거절됨이 원칙이다. 하지만 일정한 경우에는 그 적용이 제외된다.

가. 동시출원(同日出願)

특허법은 제36조의 선후원 판단과 관련하여 '일(日)'을 기준으로 한 것과 마찬가지로 공지의 의제와 관련해서도 '당해 특허출원한 날 전에 특허출원하여'라고 규정하고 있어 그 시기적 기준을 '일(日)'로 규정하고 있다. 따라서 특허출원한 발명이 타특허출원 또는 실용신안등록출원과 같은 날에 출원된 경우에는 특허법 제29조 제3항은 적용되지 않는다. 하지만 타특허출원의 명세서 또는 도면을 보정하는 등으로 인하여 타특허출원의 특허청구범위에 기재된 발명이 당해 특허출원의 특허청구범위에 기재된 발명과 동일하게 된 경우에는 특허법 제36

조가 적용된다.

나. 발명자가 동일한 경우

[1] 타특허출원 또는 실용신안등록출원의 발명자나 고안자가 당해 출원의 발명자와 동일한 경우에는 특허법 제29조 제3항 본문의 적용이 배제된다(특 제29조 제3항 단서 및 제4항 단서). 이는 발명자가 자기의 발명에 의하여 거절되는 일이 없도록 함으로써 진정한 최선의 발명자·고안자를 보호하기 위한 것이다.

[2] **발명자 또는 고안자의 동일**: 출원서상의 동일은 물론 진정한 발명자 또는 진정한 고안자가 동일한 경우를 포함한다. 발명자가 수인인 경우에는 발명자 모두가 동일해야 한다.

[3] 당해 출원의 발명자가 동일하더라도 같은 날 출원하면 특허법 제36조에 의해 거절될 수 있다.

다. 출원인이 동일한 경우

[1] 타특허출원 또는 실용신안등록출원의 출원인과 당해 특허출원의 출원 시 출원인이 동일한 경우에는 특허법 제29조 제3항의 적용이 배제된다.

[2] **당해 특허출원이 분할출원·변경출원인 경우**: 출원인의 동일 여부는 원출원인을 기준으로 하여 판단한다. 따라서 해당 특허출원 후에 출원인이 동일하게 된 경우에는 예외가 인정되지 않는다.

[3] 회사의 합병 및 상속의 경우에는 출원인이 동일한 것으로 보나 양도 등의 경우에는 출원이 동일한 것으로 보지 않는다.

라. 분할출원·변경출원의 경우

[1] **분할출원·변경출원의 경우**: 출원일이 원출원일까지 소급됨이 원칙이다. 하지만 분할출원·변경출원이 특허법 제29조 제3항에서 규정한 타특허출원 또는 실용신안등록출원에 해당하는 경우에는 그 분할출원·변경출원의 출원일은 원출원일까지 소급되지 아니한다. 이는 분할출원·변경출원을 하기 위하여 새로이 명세서·도면을 작성하는 과정에서 원출원에서 기재되지 않았던 새로운 기술적 사상을 추가할 개연성이 있어 그에 대한 출원일의 소급효를 인정하는 것이 불합리하다는 판단에 따른 것이다.

[2] 분할출원·변경출원이 당해 출원 이전에 행해지고 그 분할출원·변경출원의 출원공개나 등록공고가 당해 출원 후에 있는 경우에는 그 분할출원·변경출원은 별개의 새로운 출원이 되므로 당해 출원에 대해 특허법 제29조 제3항에서 규정한 타출원의 지위를 가진다.

마. 보정에 의하여 추가된 발명

[1] 보정에 의하여 새로이 추가된 발명은 확대된 선원의 지위를 가지지 못한다. 왜냐하면 확대된 선원의 지위가 주어지는 발명은 출원 시에 최초로 첨부된 명세서 또는 도면에 기재된 발명에 한하기 때문이다.

[2] 최초 첨부된 명세서나 도면에는 있었으나 나중에 삭제 보정된 경우에는 확대된 선원의 지위가 주어진다.

5. 동일성의 판단

해당 출원의 '청구항에 기재된 발명'과 타출원의 최초출원 시 출원서에 첨부된 명세서 또는 도면에 기재된 발명 또는 고안이 동일한지 여부에 대한 판단을 하게 된다.

제5장 특허를 받을 수 있는 권리

제1절 의 의

[1] 발명을 한 사람 또는 그 승계인은 특허법에서 정하는 바에 따라 특허를 받을 수 있는 권리를 가진다(특 제33조 제1항 본문).

[2] 발명을 한 사람은 그 발명의 완성에 의해 특허를 받을 수 있는 권리를 가진다.

[3] **권리주의**: 발명을 한 사람의 특허권 요구에 대하여 특허를 부여할지 여부에 관한 판단은 국가의 재량에 의하는 것이 아니다. 따라서 발명자는 특허청의 행정처분에 불복하는 경우에는 처분의 유효성을 법원에서 다투는 것이 가능하다.

[4] 발명을 한 사람은 국가에 대하여 특허를 청구함으로써 그 보호를 받을 수 있으나, 현행법상 출원에서 등록에 이를 때까지의 소정의 절차를 밟지 않으면 독점배타적 효력을 가지는 특허권이 발생하지 아니하므로 발명의 완성 시부터 설정등록될 때까지 발명자를 보호할 수단이 필요하게 된다. 이에 특허법은 이러한 상태를 양도성을 가지는 재산권으로 보아 그 이전 및 공용수용 등에 관한 규정 및 정당한 권리자에 관한 보호규정 등을 두고 있다.

제2절 성 립

[1] 발명을 한 사람은 발명의 완성과 동시에 자신의 발명에 대하여 법령에서 금지되어 있지 않고 타인의 권리를 침해하지 않는 한 실시, 수익, 양도를 할 수 있다.

[2] 이는 구체적으로 특허능력이 있는가에 구속되지 않는 자연적인 권리로서 '특허를 받을 수 있는 권리'로 표현된다.

[3] 학설 대립

(i) 주관설: 특허를 받을 수 있는 권리의 발생과 관련하여 발명자가 기술적 사상의 창작에 의해 정신적 행위와 구체적 행위로 이루어지는 발명행위의 완성에 의해 산업상 이용할 수 있는 새로운 발명을 발명자의 주관에 의해서 인식했을 때 특허를 받을 수 있는 권리가 발생한다는 견해이다.

(ii) 객관설: 발명자의 주관에 의해서만 인식할 정도로는 부족하고, 특허를 받을 수 있는 권리는 발명자가 객관적으로 보아 산업상 이용가능성이 있는 새로운 발명을 완성했을 때엔 비로소 발생한다는 견해이다.

(iii) 검 토: 위 두 견해는 발명의 완성으로 생기는 특허를 받을 수 있는 권리와 발명이 특허를 받기 위한 특허요건과 무관함을 간과한 견해이다.

제3절 법적 성질에 대한 학설 대립

I. 공권설

이 견해에 따르면, 특허를 받을 수 있는 권리를 국가에 대하여 특허권의 부여를 청구할 수 있는 공법상의 권리로 본다. 특허를 받을 수 있는 권리의 핵심은 국가에 대한 행정처분청구권이며, 특허출원 이전에 발명자가 자신의 발명을 실시할 수 있음은 행정처분청구권의 반사적 이익에 불과하다고 본다. 그 권리의 이전가능성 내지 질권 설정가능성의 판단은 특허법(특 제37조)이 특별히 규정한 바에 따른 것이다(특허청구권설).

II. 사권설

발명자는 발명의 완성과 함께 발명자권이라는 권리를 원시적으로 취득한다고 본다. 이 견해는 발명자가 스스로 그 발명을 사용, 수익, 양도할 수 있는 점, 즉 재산권적 측면을 중시하는 것으로 특허의 출원권은 그 한 측면에 불과하다고 본다(발명권설).

III. 절충설(다수설)

특허를 받을 수 있는 권리를 일면적으로만 취급하지 않고 국가에 대해서 특허를 부여하는 행정처분을 청구하는 권리는 공권이지만, 발명의 완성과 함께 발명자권이라는 사권을 원시적으로 취득한다고 본다. 이 학설은 공권과 사권이 병존하는 것이므로 두 권리가 병존한다는 견해이다.

제4절 특허를 받을 수 있는 권리의 주체

I. 발명자주의

[1] **발명자주의**: 특허권을 취득할 수 있는 권리주체는 진실한 발명자 및 그 승계인에 한한다는 원칙이다.

[2] **출원자주의**: 누가 발명한 것인가라는 것과 상관없이 최초에 발명을 국내에 도입해서 출원한 사람에게 특허를 부여한다는 원칙이다.

[3] 우리 특허법은 발명자주의를 명시적으로 규정한 조문은 없으나 특허법 제33조에서 "발명을 한 자… 특허를 받을 수 있는 권리를 가진다."라고 규정하여 발명자주의를 취하고 있음을 알 수 있다.

II. 발명자

[1] 특허를 받을 수 있는 권리는 발명의 완성과 함께 실제로 그 발명을 완성한 자에게 인정된다.

[2] 발명은 사실행위인 바 대리인에 의한 발명이나 법인 자체에 의한 발명이 있을 수 없다.

[3] 발명은 법률행위가 아니므로 특허법상 행위능력 내지 권리능력을 필요로 하지 않는다. 따라서 법정대리인 또는 특허관리인에 의하지 아니하면 특허법에 정한 출원, 심사청구 기타의 절차를 밟을 수 없는 미성년자 내지 재외자도 발명자가 되는 것에는 문제가 없다. 다만 발명자란 당해 발명의 창작행위에 실질적으로 가담한 자만을 가리키고, 단순한 보조자, 조언자, 자금의 제공자 또는 단순히 명령을 내린 사람은 발명자가 될 수 없다. 한편 특허법 제33조 제1항 단서에서 "특허청 직원 및 특허심판원 직원은 상속이나 유증(遺贈)의 경우를 제외하고는 재직 중 특허를 받을 수 없다."라고 규정한 제한규정을 두고 있다. 이는 재직 중의 출원에 의하여 심사의 공정을 해할 염려를 방지하기 위한 규정이다.

[4] 동일한 발명이 독립된 수인에 의하여 이루어진 경우 모든 자가 당해 발명에 대해 특허를 받을 수 있는 권리를 가진다. 하지만 실제발명 완성 시기 선후에 상관없이 정당한 권리자 중 최선으로 특허출원을 한 자에게 특허를 부여하는 선원주의를 취하고 있다(특 제36조). 특허를 받을 수 있는 권리로 인정할 것인지 여부는 특허권을 부여할지 여부와는 별개의 문제이다.

III. 공동발명자

[1] 2인 이상이 공동으로 발명한 경우에는 특허를 받을 수 있는 권리를 공유한다(특 제33조 제2항). 따라서 공유자의 한 사람이라도 반대하면 다른 공유자는 특허출원할 수 없다.

[2] (i) 종속관계에 있는 연구자에 대해 일반적 관리를 한 자(단순 관리자)(예: 구체적 착상을 제시하지 않고 단지 통상의 테마를 주거나 발명과정에서 단순히 일반적인 조언 내지 지도를 준 자), (ii) 연구자의 지시로 단순히 데이터를 정리하거나 또는 실험한 자(단순 보조자), (iii) 발명자에게 자금을 제공하여 설비이용의 편의를 주는 등 발명의 완성을 원조하거나 위탁한 자(단순 후원자, 단순 위탁자) 등은 공동발명자가 아니다.

[3] 물리적으로 함께 또는 동시에 연구하지 않았거나, 관계자 사이에 동종 또는 대등한 기여가 없었다는 등의 이유로 공동발명이 인정되지 않는 것은 아니다.

[4] 특허를 받을 수 있는 권리의 지분 양도에 있어 다른 공유자 모두의 동의를 요건으로 하거나(특 제37조 제3항), 특허를 받을 수 있는 권리 자체의 분할이 불가능하다.

[5] 특허를 받을 수 있는 권리가 공유인 경우 공유자 모두 공동으로 출원하여야 하며(특

제44조),44) 공유자의 일부에 의한 출원은 거절되며(특 제62조) 심판의 당사자가 되는 경우에도 전원이 하여야 한다. 그리고 2013년 3월 22일 특허법 일부개정(시행 2013. 7. 1.) 이전에는 2인 이상이 공동으로 발명하여 특허를 받을 권리가 공유인 경우에만 공유자 전원이 공동으로 출원하도록 하고 있어 공동발명자는 아니지만 지분양도 등에 따라 특허를 받을 수 있는 권리를 공유하게 된 경우 승계인도 공동으로 특허출원하여야 하는지에 대하여 논란이 되고 있으므로 2013년 3월 22일 특허법 일부개정을 통해(시행 2013. 7. 1.) 이를 포함하도록 명확히 하였다.

IV. 승계인

[1] 특허를 받을 수 있는 권리는 계약 또는 상속 등을 통하여 그 전부 또는 일부를 이전할 수 있다(특 제37조 제1항).

[2] 특허를 받을 수 있는 권리의 이전은 특허출원의 전후를 불문한다. 특허를 받을 수 있는 권리의 일부만의 이전도 가능하다. 특허출원 전에 이루어진 특허를 받을 수 있는 권리의 승계는 그 승계인이 특허출원을 하여야 제3자에게 대항할 수 있다(특 제38조 제1항).

[3] 특허출원 후에는 특허를 받을 수 있는 권리는 특허권 설정등록 전까지 제3자에게 승계될 수 있는데, 이 경우에는 권리의 승계가 상속 기타 일반승계에 의한 경우를 제외하고는 출원인의 명의변경신고를 함으로써 승계의 효력이 발생한다. 특허출원 후의 권리이전은 상속 기타 일반승계의 경우를 제외하고는 특허출원인변경신고를 특허청에 신고하여야만 효력이 발생한다(특 제38조 제4항).

[4] 명의변경신고는 양도인이나 승계인이 단독으로 할 수 있으며, 승계인이 단독으로 명의변경신고를 할 때에 특허청장은 필요하다고 인정되는 경우에는 승계인임을 증명하는 서면의 제출을 명할 수 있다(특허법 시행규칙 제7조 제1항).

[5] 특허를 받을 수 있는 권리의 승계가 상속 기타 일반승계에 의해서 이루어진 경우에는 명의변경신고는 필요 없지만 그 승계인은 그 취지를 특허청장에게 지체 없이 신고하여야 한다(특 제38조 제5항).

---

44) 2013년 개정 특허법은 2인 이상이 공동으로 발명하여 특허를 받을 권리가 공유인 경우에만 공유자 전원이 공동으로 출원하도록 하고 있어 공동발명자는 아니지만 지분양도 등에 따라 특허를 받을 수 있는 권리를 공유하게 된 경우 승계인도 공동으로 특허출원하여야 하는지에 대하여 논란이 되고 있으므로 이를 포함하도록 명확히 하였다(특 제44조).

[6] 특허출원 전에 권리의 승계가 있으면 승계인은 당해 발명에 대하여 특허출원할 수 있는 정당한 권리자가 된다.

[7] 특허출원 후에 권리의 승계가 있으면 승계 전에 수행된 특허에 관한 절차의 효과는 승계인에게 당연히 미치고, 경우에 따라서는 특허청장의 명령에 의하여 절차를 속행시켜야 하는 의무를 질 수도 있다.

[8] 한편 발명자는 특허를 받을 수 있는 권리를 이전하였더라도 그 성명은 출원서, 특허 공보 및 특허증에 발명자로서 게재된다.

[9] **특허를 받을 권리의 승계인은 외국특허를 받을 권리도 승계하는지 여부**

(i) 소극설: 특허권이 국가마다 별개로 성립하고, 출원절차도 국가마다 밟아야 하는 현상에서는 특허출원을 하는 권리나 특허를 받을 권리는 국가마다 별개의 독립된 것으로 이해해야 한다고 본다. 따라서 발명자와의 특약이 없는 한 승계인의 특허출원할 수 있는 권리는 그 국가에 국한된다고 주장한다.

(ii) 적극설: 본래 발명은 모든 국가에서 보호 내지 이용되어야 하므로 발명과 동시에 발명을 보호하는 모든 국가에의 출원권이 일체적·불가분적으로 발생한다. 또 기업활동이 국제적이어서 발명이용무대가 국내에 한정되지 않는 오늘날에 있어서는 승계대상에 외국에의 출원권이 포함되어 있다고 해석하는 것은 오히려 사회통념에 합치한다고 하면서 '특허를 받을 수 있는 권리의 승계인은 원권리자와의 아무런 특약 없이도 외국에 대해 특허출원을 자유롭게 할 수 있는 권리를 당연히 향유하고 있다.'고 본다.

제5절 내 용

I. 의 의

특허를 받을 수 있는 권리는 발명의 완성과 동시에 발명자에게 원시적으로 발생하여 설정등록 전까지의 모든 단계에서 존재하는 권리다.

II. 실 시

명문의 규정은 없으나 스스로 발명을 한 자 또는 승계인은 그것이 특허를 받을 수 있는

지 여부와는 상관없이 자신의 발명을 실시할 수 있다. 또한 특허출원 전에도 제3자에게 그 발명을 실시할 수 있도록 허락할 수 있다. 다만 이러한 실시권 인정이 대상 발명에 대한 독점적 실시를 보장하거나, 제3자의 행위를 금지시키는 것을 가능하게 하는 것은 아니며, 나아가 당해 발명이 타인의 특허권과 저촉하는 경우에는 스스로도 실시할 수 없다.

III. 특허출원

발명을 한 자는 자신의 발명에 대하여 특허를 받을 수 있는 권리, 즉 특허출원권을 가진다.

1. 양도성

[1] 특허출원권은 재산권으로 양도가능하다(특 제37조 제1항).
‣ 미국의 경우: 특허출원권의 양도 불허
‣ 영국의 경우: 특허출원권의 양도 허용
[2] 특허출원 전의 권리의 양도에는 아무런 방식도 필요로 하지 않고 합의에 의하여 양도의 효과가 발생한다. 다만 양수인이 출원하지 아니하는 한 제3자에게 대항할 수 없다.
특허출원 후의 권리의 양도는 특허청에의 신고가 효력발생요건이다.
[3] **특허를 받을 수 있는 권리가 공유인 경우:** 각 공유자는 다른 공유자 모두의 동의를 받아야만 그 지분을 양도할 수 있다(특 제37조 제3항).
[4] 특허를 받을 수 있는 권리의 공유는 공동발명의 경우와 특허를 받을 수 있는 권리의 지분권의 이전이 있는 경우에 발생한다.
[5] 수인 사이의 신뢰관계를 유지하고 특허권 설정등록 후의 복잡한 법률분쟁을 미연에 방지하고자 특허를 받을 수 있는 권리가 공유인 경우에는 각 공유자는 다른 공유자의 동의를 얻지 아니하면 그 지분을 양도할 수 없도록 규정하고 있다.
[6] 나아가 이 경우 공유자 전원으로 하지 않으면 출원할 수 없고(특 제44조), 공유자 1인에 의한 출원은 거절되며(특 제62조 제1호) 등록되어도 무효사유가 된다(특 제133조 제1항 제1호).
[7] 특허출원 전 특허를 받을 수 있는 권리의 이전은 따로 공시방법이 없으므로 제3자에게 대항하기 위해서는 승계인이 특허출원하여야 한다(특 제38조 제1항).
[8] 이중양도 등에 의해 여러 사람이 특허출원을 하면 제3자 대항력에 의하여 일반적으

로 맨 먼저 출원한 자가 권리를 취득하며, 같은 날에 출원이 경합하였을 경우에는 특허출원인 간에 협의하여 정한 자에게만 승계의 효력이 발생한다(특 제38조 제2항). 이는 특허와 실용신안의 출원이 경합하는 경우에도 마찬가지이다(특 제38조 제3항).

[9] 특허출원 후에는 특허를 받을 수 있는 권리의 승계는 상속, 그 밖의 일반승계의 경우를 제외하고는 승계인이 특허출원인변경신고를 하여야만 그 승계의 효력이 발생한다(특 제38조 제4항).

[10] 특허출원인 변경신고는 일정한 서식에 따라 승계인이 단독으로 할 수 있으나, 특허청장은 필요하다고 인정한 때에는 승계인인 것을 증명하는 서면의 제출을 명할 수 있다. 권리자가 이 신고에 협력하지 아니하면 승계인 등은 민사소송으로 명의변경절차의 이행을 청구할 수 있다.

2. 질권의 설정

특허를 받을 수 있는 권리에 대한 질권설정은 불인정된다.

가. 입법취지에 관한 견해 대립

(i) 특허를 받을 수 있는 권리는 확정된 것이 아니어서 제3자에게 예측하지 못한 불이익을 줄 우려가 있다는 견해이다.

(ii) 특허를 받을 수 있는 권리는 불확정적인 것이므로 발명자는 그 발명을 싼 가격에 자본가에게 빼앗길 우려가 있다는 견해이다.

(iii) 질권의 실행에 있어서 경매에 의해 권리가 공개되어 권리 자체가 훼손된다는 견해이다.

(iv) 특허를 받을 수 있는 권리에 관하여 공시방법이 없으며 특허출원 중의 명세서 또는 도면의 보정에 관하여서도 질권의 승인을 필요로 하지만 이 경우의 절차가 복잡해진다는 견해이다.

나. 검 토

특허를 받을 수 있는 권리의 양도성을 인정한 이상 질권설정을 부정할 이유는 없다. 하지만, 특허법 규정이 질권설정을 금지하고 있기에 양도담보의 설정은 가능하다고 보아야 한다.

3. 저당권

특허를 받을 수 있는 권리의 저당권설정에 대해서 특허법은 어떠한 규정도 없고, 공시방법도 없으므로 저당권의 설정은 불가능하다고 본다.

4. 강제집행

[1] 공표되지 아니한 저작 또는 발명에 관한 물건의 압류는 금지된다(민사집행법 제195조 제12호).

[2] 형식논리적으로 보면, 민사집행법상 압류금지물은 창작물 그 자체이어서 특허를 받을 수 있는 권리의 강제집행을 부정할 수는 없을 것이다. 하지만 공개되지 않은 발명에 대한 특허를 받을 수 있는 권리는 강제집행의 대상이 되지 아니하는 것으로 보아야 할 것이다. 왜냐하면 강제집행의 과정 중에서 특허를 받을 수 있는 권리와 관련하여 그 내용이 공개되어 그 가치를 상실할 수 있으며, 공개되지 않은 상태에서의 강제집행이란 당해 권리에 대한 매수인에게 불측의 손해를 낳을 수도 있기 때문이다.

IV. 발명자인격권

[1] 발명자인격권은 발명과 동시에 발명자에게 원시적으로 귀속되는 권리로 양도할 수 없다(특 제42조 제1항 제5호).

[2] 발명자인격권은 발명자게재권(파리조약 제4조의3), 출원인의 발명자 표시의무(특 제42조 제1항 제5호) 등과 같은 방법으로 구현된다. 이 절차는 특허청 절차를 통하여 이루어지므로 특허출원 전에 있어서는 구체적인 모습을 지니는 것은 아니나 발명자인격권 자체는 출원 전부터 존재한다고 볼 수 있다.

[3] 출원인의 발명자 표시의무와 관련하여 발명자의 기재 오기 자체는 출원거절의 이유나 특허무효의 이유가 되지 않는다. 왜냐하면 발명자에 관하여 출원거절이나 특허무효의 이유가 되는 것은 타인의 발명을 훔쳐 자기나 제3자를 발명자라고 한 특허출원(冒認出願)이나 이 모인출원에 의해 얻은 특허인 경우에 한하기 때문이다.

[4] 따라서 특허를 받을 권리를 발명자로부터 적법하게 승계한 자가 스스로 발명자라고

기재하여 출원했을 경우에도 출원거절이유나 특허무효이유가 되지 않는다. 한편 특허를 받을 권리를 승계한 자가 발명자라고 표시하여 특허를 받았을 경우 그것이 발명자의 의사에 반할 때에는 발명자는 발명자게재권을 주장할 수 있다. 다만 그 구체적인 권리행사방법에 대해서는 규정된 바가 없으나, 특허권자를 상대로 확인의 소를 제기하여 판결을 받으면 특허청에 대해 특허등록증의 정정을 청구할 수 있다고 한다.

V. 제3자와의 관계

1. 의 의

[1] 발명자 또는 그 승계인은 타인의 권리 또는 법에 저촉하지 않는 한 스스로의 발명을 자유로이 실시할 수 있으며 국가에 대하여 특허를 출원할 수 있다. 그러면 특허를 부여받기 이전에 발명자가 갖는 이러한 권리가 제3자와의 관계에서는 어느 정도로 보호될 것인지 여부를 살펴보지 않을 수 없다. 다만 특허부여 전이라도 출원공개(특 제64조) 이후에 관해서는 특허법이 일정규정을 두고 있는 바, 아래에서는 특허출원 전과 출원에서 출원공개까지의 권리를 살펴본다.

[2] 특허를 받을 수 있는 권리에 기한 금지청구권이란 인정되지 않으며, 영업비밀의 효력과 유사한 제3자적 효력이 인정될 따름이다. 즉, 출원 전 및 출원공개까지 특허를 받을 수 있는 권리는 비밀로 유지되는 범위 내에서 재산적 가치를 가지며, 스스로 그것을 실시하며 출원을 할 수 있지만 배타권은 없다. 따라서 제3자가 단순히 당해 발명을 실시한다고 하는 것만으로 불법행위가 성립하는 것은 아니다.

[3] 선원주의의 원칙에서 보더라도 제3자가 별개로 완성한 동일발명의 출원을 방지할 수 없다는 것은 당연한 귀결이다. 당해 발명의 개시에 대한 제3자 또는 당해 발명을 불법으로 입수한 제3자가 당해 발명을 권리자의 허락 없이 무단으로 실시하면 그 행위 형태에 따라 부정경쟁방지 및 영업비밀보호에 관한 법률상 금지대상행위가 될 수 있으며, 또한 그 침해가 불법행위가 될 수 있다. 다만 이 경우에도 제3자의 모든 실시행위에 대하여 정당한 권리자가 손해배상청구를 할 수 있는 것은 아니다.

[4] 타인이 정당한 권리자의 특허를 받을 수 있는 권리를 침해하는 불법적 행위는 모인출원, 무단공표, 무단실시행위 등이다.

2. 모인출원

[1] 정당한 권리자는 자신의 발명에 대하여 출원을 할 것인지 여부 또는 영업비밀로서 유지할 것인지 여부의 결정권을 가진다. 하지만 모인자의 출원에 의하여 그 선택의 여지를 잃어버리게 되며, 진정한 권리가 회복되지 않는 경우에는 발명자의 인격권도 침해받게 된다.

[2] 따라서 모인출원행위는 원칙적으로 정당한 권리자에 대한 불법행위가 된다. 이에 모인출원행위는 거절이유(특 제62조 제2호)이고, 등록 후에는 무효사유가 된다(특 제133조 제1항 제2호).

[3] 특허를 받을 수 있는 권리의 승계인이 아닌 자 또는 특허를 받을 수 있는 권리를 모인한 자(무권리자)가 한 특허출원으로 인하여 특허를 받지 못하게 된 경우에는 그 무권리자가 특허출원한 후에 한 정당한 권리자의 특허출원은 무권리자가 특허출원한 때에 특허출원한 것으로 본다. 즉, 무권리자의 특허가 무효로 된 후에 정당한 권리자의 출원에 대하여 출원일을 소급적으로 효력을 인정하고 있다. 다만 무권리자가 특허를 받지 못하게 된 날로부터 30일이 지난 후에 정당한 권리자가 특허출원을 한 경우에는 그러하지 아니하다(특 제34조). 이 규정의 취지는 무권리자의 출원은 정당한 권리자와의 관계뿐만 아니라, 제3자와의 관계에 있어서도 선출원권을 인정하지 않는다.

[4] 무권리자에 대하여 특허된 것을 이유로 그 특허를 무효로 한다는 무효심결(특 제133조 제1항 제2호)이 확정된 경우에는 그 무권리자의 특허출원 후에 한 정당한 권리자의 특허출원은 취소 또는 무효로 된 특허의 출원 시에 특허출원한 것으로 본다. 다만 심결이 확정된 날부터 30일이 지난 후에 특허출원을 한 경우에는 그러하지 아니하다(특 제35조). 2016년 특허법 개정 이전에는 무권리자의 특허를 무효로 한다는 심결이 확정된 경우 그 특허의 등록공고가 있는 날부터 2년 이내 또는 심결이 확정된 날부터 30일 이내 중 빠른 날까지 정당한 권리자가 특허출원을 하여야만 정당한 권리자의 특허출원은 무효로 된 그 특허의 출원 시에 특허출원한 것으로 간주하고 있었으나, 이 경우 특허무효심결이 지연되어 무권리자의 특허가 등록공고 후 2년이 지난 후에 무효심결이 확정되면 정당한 권리자가 보호받지 못하는 문제점이 있었다. 따라서 2016년 개정 특허법([시행 2017. 3. 1.][법률 제14035호, 2016. 2. 29., 일부개정])에서는 무권리자의 특허를 무효로 한다는 심결이 확정된 날부터 30일까지만 정당한 권리자가 출원을 하면 정당한 권리자의 특허출원시기가 소급되도록 함으로써 정당한 권리자를 보호할 수 있도록 하였다.

[5] 무단공표의 경우에도 일정한 조건하에서 구제방법이 있으며(특 제30조 제1항 제2호), 모인출원과 같이 정당한 권리자에 대한 불법행위가 된다.

가. 정당한 권리자의 출원

[1] 모인자로부터 정당한 권리자를 보호하기 위하여 특허법 제36조 제5항에서 무권리자에 의한 출원에 대하여 선출원의 지위를 인정하지 않는다.

[2] 정당한 권리자의 보호라는 측면에서 모인자의 출원이 특허를 받을 수 있는 자 규정에의 위반을 이유로 거절결정을 받거나 무효로 한다는 심결이 확정된 때에는 그 특허출원 후에 한 정당한 권리자의 특허출원은 취소 또는 무효로 된 그 특허의 출원 시에 특허출원한 것으로 본다(특 제35조). 다만 이러한 간주를 받기 위하여 정당한 권리자의 출원은 그 심결이 확정된 날로부터 30일을 경과해서는 아니 된다.

나. 정당한 권리자에 대한 통보

특허법시행규칙은 보다 효과적인 정당한 권리자의 보호를 위하여 동 시행규칙 제33조에 '특허청장 또는 특허심판원장은 특허출원이 무권리자가 한 특허출원이라는 이유로 그 특허출원에 대하여 특허거절결정, 특허거절결정의 불복심판에 대한 기각심결 또는 특허무효심결의 확정이 있는 때에는 이를 정당한 권리자에게 서면으로 통지하여 한다.'라고 규정하고 있다. 따라서 심사관은 무권리자가 한 특허출원이라는 이유로 특허거절결정을 한 경우에는 그 결정이 확정되었음을 확인하여 이를 정당한 권리자에게 서면으로 통지하여야 한다. 특히 정당한 권리자의 출원은 심결이 확정된 날부터 30일을 경과해서는 아니 된다는 측면에서 조속히 통보가 이루어져야 한다. 나아가 거절결정불복심판 청구 등으로 거절결정의 확정에 장기간 소요되는 경우에는 거절결정이 확정되기 전이라도 거절결정사실과 불복심판청구 사실을 추가로 통보한다.

다. 정당한 권리자에 의한 출원 절차

[1] 특허법 제34조 또는 제35조의 규정에 의하여 정당한 권리자가 특허출원을 하고자 할 때에는 별지 제14호 서식의 출원서에 명세서, 요약서 및 도면, 정당한 권리자임을 증명하는 서류, 대리권 증명서류(대리인이 있는 경우)를 첨부하여 특허청장에게 제출하여야 한다(특허법시행규칙 제31조).

[2] 정당한 권리자의 특허출원에 대하여 특허법 제34조 및 제35조의 규정에 의하여 특허된 경우 정당한 권리자의 특허권존속기간은 정당한 권리자의 특허권이 설정된 날부터 무권

리자의 특허출원일의 다음날부터 기산하여 20년이 되는 날까지로 한다. 즉, 정당한 권리자의 특허권존속기간은 정당한 권리자의 특허권이 설정등록된 날부터 무권리자의 특허출원 후 20년이 되는 날까지로 한다.

라. 모인출원의 취급

[1] 특허출원인이 타인의 발명을 자기의 발명으로 특허출원한 것으로 판명되었을 때에는 특허출원인은 발명자로부터 특허를 받을 수 있는 권리를 승계하지 않았으므로 그 특허출원은 당연히 특허법 제33조 제1항에 해당하여 심사관은 이를 이유로 거절결정하여야 한다.

[2] 무권리자의 출원이 특허되었을 때에는 무효심판(특 제133조 제1항 제2호)에 의하여 그 특허를 무효로 할 수 있다.

[3] 특허법시행규칙 제33조에 의하여 무권리자의 출원이라는 이유로 거절결정이 확정된 때에는 특허청장 또는 특허심판원장은 이를 정당한 권리자에게 서면으로 통지한다.

대법원 2014. 5. 16. 선고 2012다11310판결[특허권이전등록절차이행 (카) 상고기각]

◇정당한 권리자로부터 특허를 받을 수 있는 권리를 승계받은 바 없는 무권리자의 특허출원에 따라 특허권의 설정등록이 이루어진 경우 정당한 권리자가 무권리자에 대하여 직접 특허권의 이전등록을 구할 수 있는지 여부◇

발명을 한 자 또는 그 승계인은 특허법에서 정하는 바에 의하여 특허를 받을 수 있는 권리를 가진다(특허법 제33조 제1항 본문). 만일 이러한 정당한 권리자 아닌 자가 한 특허출원에 대하여 특허권의 설정등록이 이루어지면 특허무효사유에 해당하고(특허법 제133조 제1항 제2호), 그러한 사유로 특허를 무효로 한다는 심결이 확정된 경우 정당한 권리자는 그 특허의 등록공고가 있는 날부터 2년 이내와 심결이 확정된 날부터 30일 이내라는 기간 내에 특허출원을 함으로써 그 특허의 출원 시에 특허출원한 것으로 간주되어 구제받을 수 있다(특허법 제35조). 이처럼 특허법이 선출원주의의 일정한 예외를 인정하여 정당한 권리자를 보호하고 있는 취지에 비추어 보면, 정당한 권리자로부터 특허를 받을 수 있는 권리를 승계받은 바 없는 무권리자의 특허출원에 따라 특허권의 설정등록이 이루어졌더라도, 특허법이 정한 위와 같은 절차에 의하여 구제받을 수 있는 정당한 권리자로서는 특허법상의 구제절차에 따르지 아니하고 무권리자에 대하여 직접 특허권의 이전등록을 구할 수는 없다고 할 것이다.

[참 고]

2016년 개정된 특허법([시행 2017.3.1.][법률 제14035호, 2016.2.29., 일부개정])에 따르면,

특허무효사유로 특허를 무효로 한다는 심결이 확정된 경우 정당한 권리자는 그 심결이 확정된 날부터 30일 이내라는 기간 내에 특허출원을 함으로써 그 특허의 출원 시에 특허출원한 것으로 간주되어 구제받을 수 있다.

마. 무단실시행위

[1] 무단실시자가 진정한 발명자와 무관하게 실시하고 있는 경우에는 불법행위가 되지 않는다.

[2] **무단실시자의 예**: 특허를 받을 수 있는 권리자와 무관하게 개발한 자 등

[3] 지득(知得)의 수단이나 방법이 두드러지게 부당한 경우에 한하여 그 지득행위와 더불어 실시행위도 불법행위가 되므로 무단실시자가 단순히 정당한 권리자로부터 발명의 내용을 지득하였다는 사실만으로 불법행위의 성립을 인정할 수는 없다.

제6절 소 멸

[1] 특허를 받을 수 있는 권리는 (i) 특허권의 설정등록, (ii) 거절결정의 확정, (iii) 상속인의 부존재, (iv) 권리능력의 상실 및 (v) 권리의 포기 등에 의해 소멸된다.

[2] **상속인의 부존재**: 특허권은 상속인이 부존재하는 경우에 소멸한다고 하는 규정은 있으나, 특허를 받을 수 있는 권리에 대해서는 그러한 취지의 규정을 두고 있지 않다. 이에 민법의 일반원칙에 의해 상속인이 없는 경우 국고에 귀속시킬 수 있겠으나, 특허를 받을 수 있는 권리에 대해서는 그 실익이 없고 오히려 특허권과 마찬가지로 소멸시킴으로써 누구라도 실시할 수 있도록 하는 것이 특허법의 목적에 부합한다(통설).

[3] 특허에 관한 개별적 권리능력을 가지고 있는 외국인이 후에 조약의 파기 등에 의하여 그 능력을 상실한 때에는 특허를 받을 수 있는 권리도 이와 동시에 소멸한다.

[4] 권리는 원칙적으로 포기할 수 있다. 따라서 특허를 받을 수 있는 권리 역시 포기할 수 있으며 이로써 소멸된다.

[5] 특허출원 전에 권리를 행사하지 않거나 출원 후에는 포기서를 제출함으로써 포기할 수 있으며, 권리를 포기하면 그 권리는 장래에 향하여 소멸한 것으로 본다.

[6] 정부는 국방상 필요한 경우 외국에 특허출원하는 것을 금지하거나 발명자·출원인 및 대리인에게 그 특허출원의 발명을 비밀로 취급하도록 명할 수 있다. 다만, 정부의 허가를 받

은 경우 외국에 특허출원을 할 수 있다(특 제41조 제1항). 그러한 외국에의 특허출원금지나 비밀취급명령을 위반한 경우에는 그 발명에 대해 특허를 받을 수 있는 권리를 포기한 것으로 본다(특 제41조 제5항).

제7절 종업원의 발명

I. 의 의

[1] 종업원이 한 발명 중에서 종업원의 현재 또는 과거의 직무에 속하고 사용자의 업무 범위에 속하는 것을 직무발명이라 부르고, 이러한 발명에 관한 모든 권리는 당해 발명 종업원에게 원시적으로 귀속되며 사용자는 이에 상응하여 무상의 통상실시권을 취득한다고 규정하고 있다. 다만, 대기업의 경우 종업원등과의 협의를 거쳐 미리 (i) 종업원 등의 직무발명에 대하여 사용자 등에게 특허 등을 받을 수 있는 권리나 특허권 등을 승계시키는 계약 또는 근무규정 또는 (ii) 종업원 등의 직무발명에 대하여 사용자 등을 위하여 전용실시권을 설정하도록 하는 계약 또는 근무규정을 체결 또는 작성하지 아니한 경우에는 통상실시권을 취득하지 못한다.

[2] 직무발명에 대해서 특허를 받을 수 있는 권리 또는 특허권의 사용자에의 양도나 전용실시권의 설정을 사전에 정해두는 것이 가능하고, 이러한 양도나 설정이 있었던 경우에 종업원은 상당한 대가의 지불을 받을 권리를 가진다.

[3] 발명자의 출원 또는 사용자의 출원은 종업원인 발명자가 스스로 출원하는 경우는 물론이고 사용자가 출원하는 경우에도 발명자를 게재할 권리가 있으며, 특허를 받을 권리를 사용자가 승계한 후에도 발명자의 보호 또는 보장이 고려된다(파리조약 제4조의3).

II. 직무발명의 요건

[1] 발명진흥법 제2조 제2호에서 정하는 직무발명의 정의: 종업원·법인의 임원 또는 공무원 등이 그 직무에 관하여 발명한 것이 성질상 사용자·법인 또는 국가나 지방자치단체의 업무범위에 속하고, 그 발명을 하게 된 행위가 종업원 등의 현재 또는 과거의 직무에 속하는 발명이다.

[2] **직무발명의 요건**: (i) 종업원 등이 행한 발명일 것, (ii) 발명이 성질상 사용자 등의 업무(영업)범위에 속할 것, (iii) 발명을 하게 된 행위가 종업원 등의 현재 또는 과거의 직무에 속할 것이다.

대법원 2014. 11. 13. 선고 2011다77313, 2011다77320판결(병합)[특허출원인명의 변경, 손해배상(지) (라) 파기환송(일부)][직무발명 이중양도 사건]

◇1. 직무발명의 완성 사실을 사용자에게 통지하지 아니한 채 발명자인 종업원이 그의 특허를 받을 수 있는 권리를 공동발명자인 제3자와 공모하여 위 제3자에게 양도하고 위 제3자가 단독으로 특허출원, 등록받도록 한 행위가 사용자에 대하여 공동불법행위로 되는지 여부(적극), 2. 이 경우 사용자가 배상받을 수 있는 손해배상액의 산정 방법(=종업원 지분 상당액이되 종업원과 제3자 사이 지분비율은 균분 추정), 3. 이 경우 사용자가 직무발명에 대한 특허권 중 종업원의 지분을 이전받기 위한 방법(=채권자대위권 행사)◇

1. 직무발명에 대한 특허를 받을 수 있는 권리 등을 사용자·법인 또는 국가나 지방자치단체(이하 "사용자 등"이라 한다)에게 승계시킨다는 취지를 정한 약정 또는 근무규정의 적용을 받는 종업원, 법인의 임원 또는 공무원(이하 "종업원 등"이라 한다)은 사용자 등이 이를 승계하지 아니하기로 확정되기 전까지 임의로 위 약정 등의 구속에서 벗어날 수 없는 상태에 있는 것이고, 위 종업원 등은 사용자 등이 승계하지 아니하는 것으로 확정되기까지는 그 발명의 내용에 관한 비밀을 유지한 채 사용자 등의 특허권 등 권리의 취득에 협력하여야 할 신임관계에 있다고 봄이 상당하다. 따라서 종업원 등이 이러한 신임관계에 의한 협력의무에 위배하여 직무발명을 완성하고도 그 사실을 사용자 등에게 알리지 아니한 채 그 발명에 대한 특허를 받을 수 있는 권리를 제3자에게 이중으로 양도하여 제3자가 특허권 등록까지 마치도록 하였다면, 이는 사용자 등에 대한 배임행위로서 불법행위가 된다고 할 것이다.

2. 2인 이상이 공동으로 발명한 때에는 특허를 받을 수 있는 권리는 공유로 하는데(특허법 제33조 제2항), 특허법상 위 공유관계의 지분을 어떻게 정할 것인지에 관하여는 아무런 규정이 없으나, 특허를 받을 수 있는 권리 역시 재산권이므로 그 성질에 반하지 아니하는 범위에서는 민법의 공유에 관한 규정을 준용할 수 있다고 할 것이다(민법 제278조 참조). 따라서 특허를 받을 수 있는 권리의 공유자 사이에 지분에 대한 별도의 약정이 있으면 그에 따르되, 그 약정이 없는 경우에는 민법 제262조 제2항에 의하여 그 지분의 비율은 균등한 것으로 추정된다고 봄이 상당하다.

III. 직무발명에 대한 보상

보상의 종류로는 발명보상, 출원보상, 등록보상, 실적보상, 처분보상, 출원유보보상 등이 있다.

보상금청구권의 소멸시효는 일반채권과 마찬가지로 10년간 행사하지 않으면 완성되며, 보상금청구권의 발생 시(승계 또는 설정 시)로부터 진행된다.[45] 직무발명에 대한 종업원의 보상금청구권은 종업원이 직무발명에 관하여 특허를 받을 권리 또는 특허권을 사용자에게 승계한 때에 발생하고, 계약 등에 특단의 정함이 없고 보상금청구권을 방해하는 특단의 사정이 없는 한, 종업원은 승계 시 행사할 수 있으므로 보상금청구권의 소멸시효는 특단의 사정이 없는 한 승계 시로부터 진행한다. 대다수 기업이 근무규정에서 직무발명에 대한 예약승계 및 그에 대한 대가보상 약정을 두고 있다. 직무발명에 대한 대가보상은 (i) 아이디어의 내부적 제안에 대하여 지급하는 제안보상, (ii) 출원 시에 지급하는 출원보상, (iii) 특허등록 시에 지급하는 등록보상, (iv) 제3자에게 실시권을 부여하거나 사용자가 스스로 해당 직무발명을 실시하여 얻는 판매실적 등에 따라 지급하는 실시보상 등 단계적으로 이루어지는 것이 통례다.[46] 판례에 따르면, 직무발명에 대한 보상액을 결정함에 있어 그 구체적인 보상금의 액수는 특허발명 또는 실용신안으로 인하여 사용자가 얻을 이익(발명 및 고안을 이용한 제품의 매출액×실시료율)에, 발명자 보상률(내지 사용자의 공헌도) 및 이에 대한 발명자의 기여율(다수의 발명자가 관련된 경우에는 발명자 개개인의 기여도)을 감안하여 산정하는 것이 상당하다고 한다.[47] 그리고 직무발명에 특허무효사유가 있더라도 그러한 사정만으로 직무발명에 따른 독점적 이익이 전혀 없다고 할 수는 없지만 이러한 사정을 독점권 기여율을 정하는 데 참작할 수 있다.[48]

---

45) 대법원 2011. 7. 28. 선고 2009다75178 판결에서는 "직무발명보상금청구권은 일반채권과 마찬가지로 10년간 행사하지 않으면 소멸시효가 완성하고 그 기산점은 일반적으로 사용자가 직무발명에 대한 특허를 받을 권리를 종업원으로부터 승계한 시점으로 봐야 할 것이나, 회사의 근무규칙 등에 직무발명보상금의 지급시기를 정하고 있는 경우에는 그 시기가 도래할 때까지 보상금청구권의 행사에 법률상의 장애가 있으므로 근무규칙 등에 정하여진 지급시기가 소멸시효의 기산점이 된다."고 판시하였다.
46) 조영선, "직무발명", 「특허법주해 I(정상조·박성수 공편)」, 박영사, 2010년, 466면.
47) 서울서부지방법원 2007. 8. 22. 선고 2005가합12452 판결.
48) 대법원 2017. 1. 25. 선고 2014다220347 판결.

대법원 2017. 1. 25. 선고 2014다220347판결[직무발명보상금청구의소 (나) 상고기각][직무발명보상금 사건]

[사실관계]

B회사의 종업원인 A는 지난 1993년 '다이얼키를 이용해 다이얼 정보를 검색하는 방식'과 '다이얼 정보를 그룹별로 검색하는 방식'을 발명해 특허를 받을 수 있는 권리를 B 회사에 양도했고, B회사는 이 발명에 대한 특허를 1996년 정식 등록하였다. A의 발명은 일명 '휴대전화 초성검색' 기술이다. 이 기술을 이용해 휴대전화에서 이름을 검색할 때 한글의 초성만 입력하면 관련 이름이 검색된다. 예를 들어 'ㄱ'을 입력하면 'ㄱ'으로 시작하는 이름이 화면에 나타나는 게 첫 번째 기술이고 'ㄱㄴㄷ'을 입력하면 세 초성에 해당하는 이름이 검색되는 게 두 번째 기술이다. 하지만 A는 특허 권리를 양도받은 회사가 정당한 보상을 해주지 않자 보상금의 지급을 구하는 소를 제기하였다.

[쟁 점]

◇1. 사용자가 직무발명을 직접 실시하지 않는 경우에도 직무발명으로 인한 사용자의 이익이 있는지, 2. 직무발명의 특허무효사유와 사용자의 독점적·배타적 이익의 존부◇

[판결요지]

1. 사용자가 제조·판매하고 있는 제품이 직무발명의 권리범위에 포함되지 않더라도 그것이 직무발명 실시제품의 수요를 대체할 수 있는 제품으로서 사용자가 직무발명에 대한 특허권에 기해 경쟁 회사로 하여금 직무발명을 실시할 수 없게 함으로써 그 매출이 증가하였다면, 그로 인한 이익을 직무발명에 의한 사용자의 이익으로 평가할 수 있다.

2. 사용자가 종업원으로부터 승계하여 특허등록을 한 직무발명이 이미 공지된 기술이거나 공지된 기술로부터 통상의 기술자가 쉽게 발명할 수 있는 등의 특허무효사유가 있고 경쟁관계에 있는 제3자도 그와 같은 사정을 용이하게 알 수 있어서 사용자가 현실적으로 그 특허권으로 인한 독점적·배타적 이익을 전혀 얻지 못하고 있다고 볼 수 있는 경우가 아닌 한 단지 직무발명에 대한 특허에 무효사유가 있다는 사정만으로는 특허권에 따른 독점적·배타적 이익을 일률적으로 부정하여 직무발명보상금의 지급을 면할 수는 없고, 이러한 무효사유는 특허권으로 인한 독점적·배타적 이익을 산정할 때 참작요소로 고려할 수 있을 뿐이다.

☞ 전화번호 검색에 관한 직무발명에 특허무효사유가 있더라도 그러한 사정만으로 직무발명에 따른 독점적 이익이 전혀 없다고 할 수는 없지만 이러한 사정을 독점권 기여율을 정하는 데 참작할 수 있고, 사용자인 피고가 직무발명을 직접 실시하지 않고 있더라도 피고 제품이 직무발명 실시제품의 수요대체품에 해당하여 직무발명의 특허권에 기하

여 경쟁 회사로 하여금 직무발명을 실시할 수 없게 함으로 인한 이익이 있다고 추인할 수 있으므로, 피고가 직무발명을 직접 실시하지 않은 사정만으로 보상금 지급의무를 전부 면할 수는 없으나 이는 독점권 기여율의 산정에서 고려할 수 있으며, 피고의 경쟁 회사들도 직무발명과 다른 독자적인 방법으로 전화번호를 검색하는 제품을 생산하고 있는 것으로 보이므로, 경쟁 회사들이 직무발명을 실시할 수 없게 함으로써 얻은 피고의 이익이 전혀 없다고 평가할 수는 없으나 그 액수는 상당히 적을 것으로 보이는 사정 등을 감안하여 독점권 기여율을 산정한 원심을 수긍한 사례다.

☞ 이 판결은 "원심판결 이유에 의하면 원심은, 이 사건 각 특허발명이 채용될 수 있는 피고 제품의 생산량 및 휴대전화기 가격 등에 근거하여 국내 매출액을 계산한 후 여기에 정보통신분야에서 전용실시권이나 통상실시권을 설정할 때의 실시료율 등을 감안하여 이 사건 각 특허발명의 실시료율을 2%로 보고, 위에서 본 직무발명의 기여도 및 독점권 기여율까지 감안하여 이 사건 각 특허발명으로 인하여 사용자가 얻을 이익을 계산한 다음, 여기에 원고가 피고 회사에 재직하면서 피고의 각종 자재 및 시설들을 이용하여 이 사건 각 특허발명의 완성에 이른 점과 피고가 오랜 기간 누적하여 온 전화기 제조에 관한 기법과 첨단 기술도 이 사건 각 특허발명의 완성에 상당한 영향을 미친 것으로 보이는 점 등의 사정을 고려하여 발명자 공헌도를 20%로 보고, 원고가 이 사건 각 특허발명을 단독 발명하여 발명자 기여율이 100%라고 보아, 피고가 이 사건 각 특허발명과 관련하여 원고에게 지급하여야 할 직무발명보상금 액수를 산정하였다.

관련 법리와 기록에 비추어 살펴보면, 원심의 위와 같은 판단은 정당하고, 거기에 직무발명보상금의 산정에 있어 논리와 경험의 법칙에 반하여 자유심증주의의 한계를 벗어나고 필요한 심리를 다하지 아니하거나 변론주의 원칙에 반하는 등의 위법이 없다."고 판시하였다.

Ⅳ. 특허를 받을 권리의 승계

1. 의 의

발명진흥법은 예약승계를 허용한다. 즉, 직무발명에 관한 특허를 받을 권리를 종업원 등에게 귀속시킴으로써 종업원 등이 직무발명에 관한 특허를 받을 수 있는 권리를 확보하는 한편, 형평의 원칙에 따라 사용자 등에게는 종업원 등이 행한 직무발명에 관한 법정실시권이외에 미리 특허를 받을 권리 혹은 특허권을 사용자에게 승계시키거나 전용실시권을 사용자 등을 위하여 설정한다는 내용을 정한 계약, 근무규칙 등에 의해 이상의 권리를 유효하게 승계할 수 있다.

2. 직무발명의 경우

이에 대해서는 (i) 발명완성과 동시에 그 권리가 당연히 사용자에게 양도된다고 이해하는 견해(정지조건부 양도계약), (ii) 종업원이 발명완성과 동시에 사용자에게 양도할 의사표시를 하여야 한다는 견해, (iii) 사용자가 본 계약 체결 신청권을 가지며 종업원은 승낙의무를 진다는 견해(편무예약)가 나뉜다. (ii)의 견해를 취하면 예약완결권의 행사 전에, (iii)의 견해를 취하면 계약신청 전에 또는 신청 후의 승낙의무에 위반해서 무단으로 발명자가 제3자에게 권리를 양도해 버린 경우에는 발명자에 대한 채무불이행에 의한 손해배상청구 이외에 구제의 방법은 없다(민 제390조).[49] 계약 또는 근무규칙과는 별도로 직무발명의 완성과 동시에 양도증서를 작성하여 장래의 분쟁을 미연에 방지하기 위한 권리이전의 대항요건을 갖추어 둘 필요가 있다.

3. 직무발명 이외의 종업원 발명의 경우

종업원의 직무발명 이외의 발명(자유발명과 업무발명)에 있어서는 미리 사용자로 하여금 특허를 받을 수 있는 권리나 특허권을 승계시키거나 전용실시권을 설정할 것을 내용으로 하는 약정(계약 또는 근무규정)은 금지되며 이러한 약정조항은 무효이다(발 제10조 제3항). 직무발명 이외의 발명을 사전에 사용자 등에게 특허출원권이나 특허권 또는 전용실시권을 계약이나 근무규정에 두는 것을 무효로 하고 있다. 사용자가 종업원이 발명을 완성한 것을 특허출원공개공보 등에 의해 알게 된 후 사용자가 종업원과 개별 계약에 의해 통상실시권이나 권리 등을 취득하는 것은 문제가 되지 않는다. 업무발명과 자유발명과 관련하여 사용자가 유상통상실시권을 가지는 경우에도 정당한 대가가 아니면 당연히 무효다. 그리고 이러한 계약은 불공정거래행위로 독점규제 및 공정거래에 관한 법률 제23조 내지 약관의 규제에 관한 법률 제6조가 적용될 수 있다.

---

49) 민법은 '민'으로 표기한다. 이하 같다.

4. 공동개발에 있어서 관련기업으로부터의 권리 승계

가. 공동개발에 있어서 기업 상호 간의 관계

공동개발의 성과로 된 발명이 직무발명에 속하는 경우, 공동개발에 종사한 종업원은 그 지분을 자기의 사용자에게 양도하여 권리를 승계할 수 있도록 사전에 다른 공유자의 동의를 얻어 둘 필요가 있다.

나. 권리의 취급

공동개발의 성과물이 직무발명인 경우에 (i) 공동으로 출원하여 관리하는 방식, (ii) 다른 공유자의 지분을 전부 양도받아 단일 기업이 관리하는 방식 등이 있을 수 있다. 일반적으로는 계열기업에서의 출원은 본사에서 관리하고 있는 기업이 많고, 하청관계에서는 공동출원하는 기업이 많다.[50]

제6장 특허출원절차

제1절 총 설

일정한 법률적인 형식과 절차, 그리고 법률행위능력 등의 요건을 갖추어 특허청에 서면으로 출원하여야 한다. 이러한 형식과 절차는 발명이라는 사실행위와 달리 법률행위로 행정의 효율성과 발명의 권리화에 따른 제3자와의 이해관계 등을 고려하여 일정한 형식과 요건을 필요로 한다.

제2절 절차상 능력

I. 권리능력

1. 의 의

[1] 자연인과 법인은 특허법상 권리능력을 가진다.

---

50) 윤선희, 앞의 책, 317면.

[2] 특허법은 법인 아닌 사단 등 규정(특 제4조)과 외국인의 권리능력(특 제25조)을 두고 있는 것 이외에는 특별히 권리능력에 관한 일반규정을 두고 있지 않으므로, 민법상 권리능력을 준용한다.

2. 법인 등 단체의 권리능력

가. 법인의 권리능력

[1] 법인의 권리능력은 민법에서의 권리능력과 같으며, 법인이 특허에 관한 절차를 밟을 경우 법인의 명칭과 영업소의 소재지를 기재하여야 한다.

[2] 국가의 권리능력: 법률에 특별한 규정이 없지만 법인으로 간주되어 권리주체가 된다.

[3] 입법부, 사법부 및 행정각부, 그 산하기관과 소속기관, 국립연구기관, 국립대학: 법인격이 없으므로 특허에 관한 권리의 주체가 될 수 없다.

나. 법인이 아닌 사단 등의 권리능력

[1] 법인이 아닌 사단 등의 권리능력(특 제4조): 법인이 아닌 사단 또는 재단의 이름으로서 대표자나 관리인이 정하여져 있는 경우에는 그 사단 또는 재단의 이름으로 출원심사의 청구인, 특허취소신청인, 심판의 청구인·피청구인 또는 재심의 청구인·피청구인이 될 수 있다. 이는 비법인단체의 당사자능력 규정(민사소송법 제52조)을 두고 있는 것과 비교할 수 있다.

[2] 특허절차와 관련된 법인격 없는 사단 등의 권리능력: 능동적으로 (i) 심사청구, (ii) 특허무효심판, 특허권존속기간의 연장등록무효심판, 정정무효심판 및 국제특허출원 고유의 무효심판에 대한 청구, (iii) 소극적 권리범위확인심판의 청구, (iv) 이러한 심판의 확정심결에 대한 재심의 청구 등에 대해 권리능력을 가진다.

[3] 비법인 사단이나 재단이 당사자가 될 수 없는 경우: 비법인 사단이나 비법인 재단은 권리능력이 있음을 전제로 하는 (i) 출원인, (ii) 거절결정에 대한 심판청구인, (iii) 정정심판청구인, (iv) 적극적 권리범위확인심판청구인, (v) 통상실시권허여심판청구의 피청구인, (vi) 무효심판의 피청구인, (vii) 존속기간연장등록출원의 출원인이 될 수 없다.

[4] 일본 특허법 제6조는 우리 특허법과 달리 비법인사단 또는 비법인재단이 심판의 피청구인 및 재심의 피청구인인 경우에는 절차를 밟을 능력을 인정하지 아니한다.

3. 외국인의 권리능력

가. 의 의

[1] 구 특허법 제26조: 특허법과 조약이 상충될 경우 조약이 우선함을 명확히 규정하고 있었다. 그런데 2011년 개정 특허법51)에서는 구 특허법 제26조를 삭제하였다. 왜냐하면 특허법 등 지식재산권 관련 국내법에서 국제조약과 국내법이 저촉되어 충돌할 경우에는 국제조약이 우선 적용한다는 규정은 헌법절차에 따라 체결·공포된 조약이나 일반적으로 승인된 국제통상법규가 국내법과 같은 효력을 가진다고 규정한 헌법 제6조 제1항에 반하기 때문이다.52)

[2] 우리나라가 가입한 조약: WIPO 설립조약(1979. 3. 1.), 파리조약(1980. 5. 4.), 특허협력조약(1984. 8. 10.), 미생물 기탁에 관한 부다페스트조약(1988. 3. 28.), 국제특허 분류에 관한 스트라스부르그 협정(1999. 10. 8.) 등

[3] 우리나라는 특허법조약(Patent Law Treaty)53)에의 가입을 검토 중이다. 특허법조약은 27개 조항, 21개 규칙 및 6개 합의선언문으로 구성되어 있으며 2000년 6월 1일 외교회의에서 채택된 것이다. 이 조약은 국내 및 지역 출원절차 및 방식요건의 통일화, 출원인의 편의 도모를 위한 출원방식요건의 완화, 특허방식요건에 대한 상이한 국제표준 도입을 배제하고자 가능한 PCT(특허협력조약) 규정고려 등을 목표로 제정된 것이다. 2011년 7월 특허청은 특허법조약 가입을 위한 특허법개정안을 입법예고한 바 있다. 이 개정안에 따르면, 특허법조약의 내용을 반영한 것으로서 향후 논문이나 외국어로도 특허출원이 가능해지고, 기한 미준수로 소멸될 수 있는 출원에 대해서도 절차를 계속 진행할 수 있게 된다. 그 이후 2014년 개정 특허법54)에서는 특허법조약 가입국 등이 출원인이 빠른 출원일을 확보할 수 있도록 출원일 인정 요건을 최소한으로 완화하고 있다는 점을 감안하여 국어로만 특허출원할 수 있던 것을 외국어로도 특허출원할 수 있도록 하고, 특허료를 내지 아니하여 소멸된 특허권의 회복 요건을 완화하며, 국제특허출원에 대한 국어번역문 제출기간을 추가로 연장할 수 있도록

---

51) [시행 2012. 3. 15.][법률 제11117호, 2011. 12. 2., 일부개정].
52) 문병철, 2011년 특허법보고서, 9면.
53) 미국의 경우에는 2000년 6월 2일 서명하였고 미국 연방의회가 이 조약을 2013년 9월 18일 비준하여 이 조약은 2013년 12월 18일부터 발효하였다. 영국의 경우 2000년 6월 2일 서명하였고 영국 의회가 이 조약을 2005년 12월 22일 비준하여 2006년 3월 22일부터 발효하였다.
54) [시행 2015. 1. 1.][법률 제12753호, 2014. 6. 11., 일부개정].

하여 출원인의 편의를 도모하였다. 2015년 개정 특허법[55])에서는 출원인이 실수 등으로 공지예외주장 절차를 미준수한 경우 일정기간 이를 보완할 수 있도록 하고, 특허등록결정 이후에도 분할출원을 할 수 있도록 하여, 출원인이 특허받을 가능성을 높이고 출원인이 시장 환경 변화에 능동적으로 대응할 수 있도록 규제를 완화하였다.

나. 국내에 주소나 영업소를 가진 외국인

[1] **파리조약**: 내외국민 평등주의를 원칙으로 한다(파리조약 제2조 ① (a)).

[2] **WTO/TRIPs 협정**: 기본정신으로 내외국민 평등주의를 표방하고 있다. 즉, WTO/TRIPs 협정 제3조 제1항에서는 "각 회원국은 지적재산권보호에 관하여 자국민에 대하여 부여하는 것과 최소한 동등한 대우를 타회원국의 국민에게 하여야 한다."라고 규정하고 있다.

[3] **우리 특허법**: 원칙적으로 외국인의 특허에 관한 권리능력을 내국인의 그것과 구별하지 않고 있다. 다만, 예외적으로 특허법 제25조(외국인의 권리능력)에서는 "재외자 중 외국인은 다음 각 호의 어느 하나에 해당하는 경우를 제외하고는 특허권 또는 특허에 관한 권리를 누릴 수 없다.

1. 그 외국인이 속하는 국가에서 대한민국 국민에 대하여 그 국가의 국민과 같은 조건으로 특허권 또는 특허에 관한 권리를 인정하는 경우

2. 대한민국이 그 외국인에 대하여 특허권 또는 특허에 관한 권리를 인정하는 경우에는 그 외국인이 속하는 국가에서 대한민국 국민에 대하여 그 국가의 국민과 같은 조건으로 특허권 또는 특허에 관한 권리를 인정하는 경우

3. 조약 또는 이에 준하는 것(이하 "조약"이라 한다)에 따라 특허권 또는 특허에 관한 권리가 인정되는 경우"라고 규정하고 있다.

다. 국내에 주소나 영업소가 없는 외국인

[1] 국내에 주소 또는 영업소를 갖고 있지 아니한 외국인은 특허에 관한 권리능력을 상호주의에 의해서만 향유할 수 있다. 따라서 (i) 상대국에서 우리나라 국민에게 권리능력을 인정해 주는 경우, (ii) 우리나라에서 상대국민의 권리능력을 인정해 주면 상대국에서도 그 나라 국민과 같은 조건으로 우리나라 국민에게 권리능력을 인정해 주는 경우 및 (iii) 조약으로 상호인정을 정한 경우에만 재외 외국인은 특허절차상 권리능력을 인정받을 수 있다.

[2] 외국인의 개념에는 대한민국 국적을 가지지 않은 자로 자연인은 물론 외국에서 인가

---

55) [시행 2015. 7. 29.][법률 제13096호, 2015. 1. 28., 일부개정].

된 법인을 포함한다. 무국적자도 외국인이며, 그 권리능력은 준동맹국 국민에 준하여 인정된다. 따라서 국내에 주소 또는 영업소를 가졌거나 조약 협정국의 국내에 주소 또는 영업소를 가진 자는 무국적자라도 우리나라에서 특허에 관한 권리능력이 인정된다.

[3] 내외국민을 불문하고 권리능력이 없는 상태에서 밟은 특허에 관한 절차는 그 절차가 지속될 수 없다. 외국인이 특허법 제25조에서 규정하는 바에 의한 권리능력이 없는 상태에서 특허출원을 하였다면 거절이유, 특허이의신청의 이유 및 무효사유가 된다. 다만, 권리능력이 없는 자가 특허출원 절차를 밟았을 경우 출원서에 대한 방식심사단계에서 그 특허출원에 대한 처리방법에 대해 (i) 불수리처분해야 한다는 견해, (ii) 심사관의 실질적 심사에 맡겨야 한다는 견해, (iii) 절차보정 후 무효처분해야 한다는 견해가 대립된다. 실무적으로 법인격 유무 및 외국인의 권리능력은 방식심사사항으로 하고 있고 파리조약 당사국 또는 상호주의 국가의 국민이 아닌 자가 출원한 경우 권리능력을 인정할 만한 증명서류의 제출을 지시할 수 있도록 하고 있다. 또한 출원 시 법인격의 존부가 불분명한 사업체나 단체명으로 출원한 경우 특허청장 등은 출원인에게 법인증명을 제출하게 하고 주어진 기간 내에 법인임을 증명하지 못하면 해당 출원을 부적법한 것으로 판단하여 출원서류를 반려하고 있다(특허법 시행규칙 제8조 제1항 및 제11조 제1항 제14호). 따라서 (i)의 입장이 타당하다.

[4] 특허를 무효로 한다는 심결이 확정된 경우에는 그 특허권은 처음부터 없었던 것으로 본다. 다만, 제1항 제4호에 따라 특허를 무효로 한다는 심결이 확정된 경우에는 특허권은 그 특허가 같은 호에 해당하게 된 때부터 없었던 것으로 본다(특 제133조 제3항).

즉, 무효심결이 확정되면 특허는 처음부터 없었던 것으로 보나, 특허등록 후에 특허에 관한 권리를 향유하는 것이 불가능하게 된 경우에는 그 시점으로부터 특허권은 무효로 된다. 특허권자로부터 권리의 향유가 인정되지 않는 외국인에게 특허권이 양도된 경우에는 특허권 자체가 무효가 되는 것이 아니고, 당해 양도가 무효로 된다.

II. 절차를 밟을 능력

1. 의 의

[1] **행위능력**: 단독으로 유효한 법률행위를 할 수 있는 능력을 의미한다.

[2] **특허법 제3조**: 특허법에서 '행위능력'이란 표제를 사용하고 있으나, 특허절차과정에

서의 수행능력을 의미하므로 민법상 행위능력과 반드시 일치한다고 볼 수 없다. 따라서 절차능력 내지 절차를 밟을 능력이라고 표현하는 것이 타당하다.

2. 절차무능력자

[1] 우리 민법은 제한능력자를 보호하고, 거래의 안전을 해치지 않기 위해서 제한능력자의 범위를 획일적으로 규정하고 있다.

[2] 민사소송법에서도 민법의 제한능력자 제도의 취지에 따라 미성년자 등의 소송능력을 제한하고 있다(민사소송법 제55조). 민법의 제한능력자 제도는 특허법관계에서도 적용되는데, 민법 자체의 원칙과 예외가 있기 때문에 과연 특허의 출원 등이 원칙과 예외 중 어느 쪽의 적용을 받는 것인지 의문이 들 수 있다. 따라서 특허법은 이를 분명히 하고 있다.

[3] 미성년자, 피한정후견인 또는 피성년후견인은 법정대리인에 의하지 아니하면 특허에 관한 출원, 청구, 그 밖의 절차(이하 "특허에 관한 절차"라 한다)를 밟을 수 없다(특 제3조 제1항 본문). 다만 미성년자와 피한정후견인이 독립하여 법률행위를 할 수 있는 경우, 즉 권리만을 얻거나 의무만을 면하는 행위이거나 미성년자가 법정대리인으로부터 허락을 얻은 특정한 영업에 관한 행위를 하는 경우에는 스스로 이를 행할 수 있다(특 제3조 제1항 단서). 참고로 우리 민법이 성년연령을 20세(2013년 7월 1일부터는 19세)로 정하고 있다(민 제4조).

[4] 특허법의 편제상 권리능력 내지 당사자능력에 관한 조문보다 행위능력 내지 소송능력에 대한 조문을 먼저 배치하는 것이 타당한지 여부를 검토할 필요가 있다. 민법의 경우에는 제3조에서 권리능력의 존속기간을, 제5조 내지 제17조에서 행위능력과 관련된 규정을 두고 있다. 민사소송법에서는 제52조에서 법인이 아닌 사단 등의 당사자능력을, 제55조에서 미성년자 또는 피성년후견인의 소송능력을 규정하고 있다. 반면에 일본 특허법 제6조에서는 법인이 아닌 사단 등의 절차를 밟을 능력을, 제7조에서는 미성년자, 성년 피후견인 등의 절차를 밟을 능력을 규정하고 있다.

[5] 민법은 2011년 3월 7일 개정(시행 2013. 7. 1, 법률 제10429호)을 통해 성년후견·한정후견·특정후견제도(민 제9조 및 제12조, 제14조의2 신설)를 도입하였다. 따라서 기존의 금치산 및 한정치산제도를 대체하게 되었다.[56] 따라서 특허법 및 민사소송법상 규정도 민법 개정내

---

56) 이와 관련하여 경과규정으로서 부칙은 다음과 같이 규정하고 있다.
   제1조(시행일) 이 법은 2013년 7월 1일부터 시행한다.

용을 반영하게 되었다.

[6] 우선 민법은 획일적으로 행위능력을 제한하는 문제점을 내포하고 있는 기존의 금치산·한정치산제도 대신 더욱 능동적이고 적극적인 사회복지시스템인 성년후견·한정후견·특정후견제도를 도입하고 기존 금치산·한정치산 선고의 청구권자에 '후견감독인'과 '지방자치단체의 장'을 추가하여 후견을 내실화하고 성년후견 등을 필요로 하는 노인, 장애인 등에 대한 보호를 강화하였다.

[7] 민법상 제한능력자 능력의 확대(민 제10조 및 제13조): 성년후견을 받는 사람의 법률행위 중 일용품의 구입 등 일상생활에 필요한 행위이거나 후견개시의 심판에서 달리 정한 것은 취소할 수 없도록 하고, 한정후견을 받는 사람의 법률행위는 가정법원에서 한정후견인의 동의 사항으로 결정한 것이 아닌 이상 확정적으로 유효한 법률행위로 인정되며, 특정후견을 받는 사람의 법률행위는 어떠한 법적 제약이 따르지 않도록 하였다.

[8] 후견을 받는 사람의 복리, 치료행위, 주거의 자유 등에 관한 신상보호 규정의 도입(민 제947조, 제947조의2 신설): 피후견인의 복리에 대한 후견인의 폭넓은 조력이 가능하도록 하되, 피후견인의 신상에 관한 결정권은 본인에게 있다는 원칙과 후견인의 임무 수행에 있어서 피후견인의 의사 존중 의무를 명시하는 등 피후견인의 복리를 실질적으로 보장할 수 있도록 하였다.

[9] 복수(複數)·법인(法人) 후견 도입 및 동의권·대리권의 범위에 대한 개별적 결정(민 제930조 및 제938조, 제959조의4 및 제959조의11 신설): 후견인의 법정순위를 폐지하고, 가정법원이 피후견인의 의사 등을 고려하여 후견인과 그 대리권·동의권의 범위 등을 개별적으로 결정하도록 하며, 복수(複數)·법인(法人) 후견인도 선임할 수 있도록 하였다.

[10] 후견감독인제도의 도입(민 제940조의2부터 제940조의7까지, 제959조의5 및 제959조의10 신설): 친족회를 폐지하고 그 대신 가정법원이 사안에 따라 후견감독인을 개별적으로 선임할 수 있도록 함으로써 후견인의 임무 해태, 권한 남용에 대한 실질적인 견제가 가능

제2조(금치산자 등에 관한 경과조치) ① 이 법 시행 당시 이미 금치산 또는 한정치산의 선고를 받은 사람에 대하여는 종전의 규정을 적용한다.

② 제1항의 금치산자 또는 한정치산자에 대하여 이 법에 따라 성년후견, 한정후견, 특정후견이 개시되거나 임의후견감독인이 선임된 경우 또는 이 법 시행일부터 5년이 경과한 때에는 그 금치산 또는 한정치산의 선고는 장래를 향하여 그 효력을 잃는다.

제3조(다른 법령과의 관계) 이 법 시행 당시 다른 법령에서 "금치산" 또는 "한정치산"을 인용한 경우에는 성년후견 또는 한정후견을 받는 사람에 대하여 부칙 제2조 제2항에 따른 5년의 기간에 한정하여 "성년후견" 또는 "한정후견"을 인용한 것으로 본다.

하도록 하였다.

[11] 후견계약 제도의 도입(민 제959조의14부터 제959조의20까지 신설): 후견을 받으려는 사람이 사무를 처리할 능력이 부족한 상황에 있거나 부족하게 될 상황에 대비하여 재산관리 및 신상보호에 관한 사무의 전부 또는 일부를 자신이 원하는 후견인에게 위탁하는 내용의 계약을 체결할 수 있도록 하는 한편, 후견계약은 공정증서에 의하여 체결하도록 하고, 그 효력발생 시기를 가정법원의 임의후견감독인 선임 시로 하는 등 피후견인의 권익을 보호할 수 있는 제도적 장치를 마련하였다.

[12] 제3자 보호를 위하여 성년후견을 등기를 통하여 공시(민 제959조의15, 제959조의19, 및 제959조의20 신설): 거래의 안전을 보호하고 피성년후견인과 거래하는 상대방인 제3자를 보호하기 위하여 후견계약 등을 등기하여 공시하도록 하였다.

III. 특허에 관한 절차의 의미

[1] 특허법 제3조에서는 특허에 관한 절차를 "특허에 관한 출원·청구 기타의 절차"로 규정하고 있다.

[2] 특허에 관한 절차: 특허 제도와 관련한 절차 중 출원인, 청구인, 신청인 및 그 상대방("출원인 등"이라 한다)이 특허청장, 특허심판원장, 심판장, 심사장, 심사관 및 심판관("특허청장 등"이라 함)에게 하는 절차로서 다음 1(특허에 관한 출원) 내지 3(특허에 관한 기타절차)을 포함한다.

1. 특허에 관한 출원

특허출원, 이중출원, 분할출원, 변경출원, 조약우선권주장출원, 국내우선권주장출원, 특허존속기간연장등록출원, PCT출원(국어가 세계 9번째로 PCT 국제출원의 국제공개어로 채택(2009. 1. 1. 이후 국제출원부터 적용)) 등이 있다.

표 3-2 ┃ PCT 국제출원

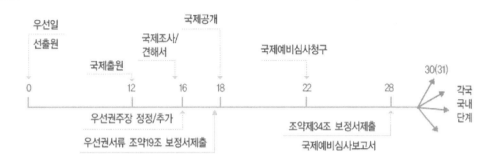

출처: https://www.kipo.go.kr/kpo/HtmlApp?c=10001&catmenu=m06_01_01

대법원 2019. 10. 17. 선고 2016두58543 판결[우선권무효처분취소]

[판결요지]

[1] 우리나라에서 먼저 특허출원을 한 후 이를 우선권 주장의 기초로 하여 그로부터 1년 이내에 특허협력조약(Patent Cooperation Treaty, 이하 'PCT'라 한다)이 정한 국제출원을 할 때 지정국을 우리나라로 할 수 있다. 이 경우 우선권 주장의 조건 및 효과는 우리나라의 법령이 정하는 바에 의한다[PCT 제8조 (2)(b)].

특허를 받으려는 사람은 자신이 특허를 받을 수 있는 권리를 가진 특허출원으로 먼저 한 출원(이하 '선출원'이라 한다)의 출원서에 최초로 첨부된 명세서 또는 도면에 기재된 발명을 기초로 그 특허출원한 발명에 관하여 우선권을 주장할 수 있다(특허법 제55조 제1항). 우선권 주장을 수반하는 특허출원된 발명 중 해당 우선권 주장의 기초가 된 선출원의 최초 명세서 등에 기재된 발명(이하 '선출원 발명'이라 한다)과 같은 발명에 관하여 신규성, 진보성 등의 일정한 특허요건을 적용할 때에는 그 특허출원은 그 선출원을 한 때(이하 '우선권 주장일'이라 한다)에 한 것으로 본다(같은 조 제3항). 따라서 발명자가 선출원 발명의 기술사상을 포함하는 후속 발명을 출원하면서 우선권을 주장하면 선출원 발명 중 후출원 발명과 동일한 부분의 출원일을 우선권 주장일로 보게 된다. 이러한 국내우선권 제도의 취지는 기술개발이 지속적으로 이루어지는 점을 감안하여 발명자의 누적된 성과를 특허권으로 보호받을 수 있도록 하는 것이다.

발명을 한 자 또는 그 승계인은 특허법에서 정하는 바에 의하여 특허를 받을 수 있는 권리를 갖고(특허법 제33조 제1항 본문), 특허를 받을 수 있는 권리는 이전할 수 있으므로(특허법 제37조 제1항), 후출원의 출원인이 후출원 시에 '특허를 받을 수 있는 권리'를 승계하였다면 우선권 주장을 할 수 있고, 후출원 시에 선출원에 대하여 특허출원인변경신고를 마쳐야만 하는 것은 아니다. 특허출원 후 특허를 받을 수 있는 권리의 승계는 상속 기타 일반승계의 경우를 제외하고는 특허출원인변경신고를 하지 아니하면 그 효력이 발생하지 아니한다고 규정한 특허법 제38조 제4항은 특허에 관한 절차에서 참여자와 특허를 등록받을 자를 쉽게 확정함으로써 출원심사의 편의성 및 신속성을 추구하고자 하는 규정으로 우선권 주장에 관한 절차에 적용된다고 볼 수 없다. 따라서 후출원의 출원인이 선출원의 출원인과 다르더라도 특허를 받을 수 있는 권리를 승계받았다면 우선권 주장을 할 수 있다고 보아야 한다.

[2] 갑 등이 을이 출원한 제1 내지 제5 선출원 발명(이하 '선출원들'이라 한다)에 대한 특허를 받을 수 있는 권리를 양수하였고, 병이 갑 등으로부터 선출원들을 기초로 우선권을 주장하여 특허협력조약(Patent Cooperation Treaty, 이하 'PCT'라 한다)이 정한 국제출원(이하 'PCT 국제출원'이라 한다)을 할 수 있는 권리를 이전받기로 하는 계약을 체결한 후, 중국 특허청에 5개의 PCT 국제출원(이하 '후출원들'이라 한다)을 하면서 선출원들을 기초로 우선권을 주장하였는데, 그 후 정 등이 후출원들에 관한 권리를 양수한 후 특허출원인명의를 변경하였고 특허청장에게 후출원들에 관하여 선출원들에 기초한 우선권 주장이 포함된 국내서면을 제출하였으나, 특허청장이 후출원들의 출원시점에서의 출원인과 우선권 주장의 기초가 된 선출원의 출원인이 일치하지 않는다는 등의 이유로 각 우선권 주장을 무효로 하는 처분을 한 사안에서, 병은 후출원을 할 때 선출원들을 기초로 우선권 주장을 하면서 그 시점에 선출원들에 관하여 특허청장에게 특허출원인변경신고를 하지 않았지만, 후출원 시에 선출원들에 대하여 반드시 특허출원인변경신고를 마쳐야 한다고 볼 수 없고, 병이 우선권을 주장할 수 있는 권리를 정당하게 승계받았는지 여부를 확인하지 아니한 채 국내 특허출원을 기초로 우선권을 주장한 PCT 국제출원에서 후출원 당시에 특허출원인변경신고를 마치지 않았다는 사정만으로 선출원의 출원인과 후출원의 출원인이 다르다고 보아 우선권 주장을 무효로 보아서는 안 되는데도, 이와 달리 본 원심판단에 법리오해의 잘못이 있다고 한 사례.

대법원 2017. 4. 28. 선고 2014두42490 판결[반려처분 취소청구 (자) 상고기각][국제특허출원 과정에서 제출한 번역문 등을 반려한 처분의 취소를 구하는 사건]

◇우선권 주장을 수반한 국제특허출원에서 국내단계 진입을 위한 번역문 등의 제출기한의 산정기준이 되는 우선일의 의미◇

구 특허법(2014. 6. 11. 법률 제12753호로 개정되기 전의 것)은 제201조 제1항 본문에서 국제특허출원을 외국어로 출원한 출원인은 특허협력조약 제2조(xi)의 우선일(이하 '우선일'이라 한다)부터 2년 7개월 이내에 국제출원일에 제출한 명세서·청구의 범위·도면(도면 중 설명부분에 한한다) 및 요약서의 국어 번역문을 특허청장에게 제출하여야 한다고 규정하면서, 같은 조 제2항에서 제1항의 규정에 의한 기간 내에 명세서 및 청구의 범위의 번역문의 제출이 없는 경우에는 그 국제특허출원은 취하된 것으로 본다고 규정하고 있다.

그리고 특허협력조약(Patent Cooperation Treaty)은 제2조(xi)에서 우선일에 대하여, 국제특허출원이 제8조의 우선권 주장을 수반하는 경우에는 그 우선권이 주장되는 출원의 제출일, 국제특허출원이 제8조의 규정에 의한 두 개 이상의 우선권의 주장을 수반하는 경우에는 우선권을 가장 먼저 주장한 출원의 제출일, 국제특허출원이 제8조의 규정에 의한 우선권의 주장을 수반하지 아니하는 경우에는 그 국제특허출원의 제출일을 의미한다고 규정하고 있다.

이러한 구 특허법과 특허협력조약의 규정들에 의하면, 출원인이 국제특허출원을 하면서 파리협약의 당사국에서 행하여진 선출원에 의한 우선권을 주장하였다면 구 특허법 제201조 제1항 본문의 우선일은 국제특허출원의 제출일이 아니라 우선권을 주장한 선출원의 제출일이 된다.

그리고 우선일은 특허협력조약과 그 규칙에서 국제특허출원의 국제공개, 국제조사, 국제예비심사 청구 등 국제단계를 구성하는 각종 절차들의 기한을 정하는 기준으로 되어 있고, 구 특허법에서도 명세서 및 청구의 범위 등에 관한 번역문의 제출기한의 기준일로 되어 있는 등, 출원 관계 기관의 업무와 관련자들의 이해관계에 중대한 영향을 미치게 되므로, 우선일은 일률적으로 정하여질 필요가 있다. 따라서 국제특허 출원인의 우선권 주장에 명백한 오류가 없다면 그 주장하는 날을 우선일로 보아 이를 기준으로 특허협력조약 및 구 특허법에서 정한 절차를 진행하여야 하며, 그 우선권 주장의 실체적 효력 유무에 따라 달리 볼 것은 아니다.

☞ 원고는 2009. 5. 18. '플래시 X선 조사기'라는 명칭의 발명에 대하여 한국을 지정국으로 국제특허출원을 하면서, 그보다 앞선 2008. 5. 16. 파리협약의 당사국인 미국에서 선출원한 특허에 터잡아 특허협력조약 제8조의 우선권을 주장한 후, 2011. 12. 16. 국제특허출원의 국내단계 진입을 위하여 번역문을 피고에게 제출하였는데, 피고는 원고가 2008. 5. 16.부터 2년 7개월 안에 번역문을 제출하지 아니하여 구 특허법 제201조 제2항에 따라 국제특허출원이 취하간주되었다며, 이를 반려하는 이 사건 처분을 한 사안에서, 원고가 국제특허출원을 하면서 선출원에 의한 우선권을 주장하였으므로 그 선출원 제출일인 2008. 5. 16.을 우선일로 보아야 하고, 원고는 위 우선일부터 구 특허법 제201조 제1항 본문에서 정한 2년 7개월 이내에 번역문을 제출하여야 함에도 그 기간을 준수하지 못하였다는 이유로 위 번역문을 반려한 이 사건 처분이 적법하다고 판단하여 상고기각한 사안임

대법원 2014. 4. 30. 선고 2011후767판결[등록무효(특) (다) 상고기각][듀오백 의자 특허 등록무효 사건]

◇국제출원일에 제출된 국제출원의 명세서, 청구의 범위 또는 도면과 그 출원번역문에 다 같이 기재되어 있는 발명 외의 발명에 관하여 특허된 것인지 여부의 판단기준◇

구 특허법(1990. 1. 13. 법률 제4207호로 전부 개정되기 전의 것, 이하 같다) 제157조의20은 '국제출원일에 제출된 국제출원의 명세서·청구의 범위 또는 도면(이하 '국제출원명세서 등'이라고 한다)과 그 출원번역문에 다 같이 기재되어 있는 발명 외의 발명에 관하여 특허된 경우'를 국제특허출원의 특허에 대한 무효사유로 정하고 있다. 이 규정은 '국제출원의 오역'이라는 제목 아래 "국제출원이 정확히 번역되지 아니하였기 때문에 해당 국제출원에 의하여 허여된 특허의 범위가 원어의 국제출원의 범위를 초과하는 경우에는 당해 당사국의 권한 있는 당국은 이에 대하여 특허의 범위를 소급하여 한정할 수 있으며 특허의 범위가 원어의 국제출원의 범위를 초과하는 부분에 대하여 특허가 무효라는 것을 선언할 수 있다."고 규정한 특허협력조약(Patent Cooperation Treaty, PCT) 제46조에 근거를 두고 입법된 것으로서, 출원인이 국제출원명세서 등에 충실하게 출원번역문을 작성하게 하여, 국제출원일에 제출된 국제특허출원에 없는 새로운 내용을 출원번역문에 삽입하지 못하도록 방지하고자 하는 데 그 취지가 있다고 할 것이다. 따라서 구 특허법 제157조의20에서 정하는 국제특허출원의 특허에 대한 무효사유는 '출원번역문에 기재된 사항이 국제출원명세서 등에 기재된 사항의 범위 내에 없는 경우'를 의미한다고 봄이 타당하다. 또한 여기서 국제출원명세서 등에 기재된 사항이란, 국제출원명세서 등에 명시적으로 기재되어 있는 사항이거나 또는 명시적인 기재가 없더라도 그 발명이 속하는 기술분야에서 통상의 지식을 가진 자(이하 '통상의 기술자'라 한다)라면 출원시의 기술상식에 비추어 보아 출원번역문에 기재되어 있는 사항이 국제출원명세서 등에 기재되어 있는 것과 마찬가지라고 이해할 수 있는 사항이어야 한다.

대법원 2018. 9. 13. 선고 2016두45745 판결[기타(명백한잘못의정정신청에대한결정취소)][공2018하,1991]

[판시사항]

[1] 국제출원의 출원서에 명백한 잘못이 있음을 이유로 하는 정정신청에 대한 특허청장의 거부사실의 통지가 항고소송의 대상이 될 수 있는지 판단하는 방법.

[2] 갑이 특허청장에게 '음소보다 더 세분화된 구성단위 또는 다양한 게임을 활용한 언어 학습 시스템'에 관하여 특허협력조약에 따른 국제출원을 하였다가 국제출원 당시 제출한 명세서의 내용을 정정하기 위해 명백한 잘못의 정정 신청을 하였는데, 특허청장이 갑에게 신청서에 첨부된 '정정내용이 이미 국제출원 시에 의도된 것이라고 인정하기 곤란하다'는 이유로 위 신청은 허가될 수 없다는 내용의 결정을 통지한 사안에서, 위

통지는 항고소송의 대상이 되지 않는다고 한 사례.

2. 특허에 관한 청구

심사청구, 각종 심판청구, 우선심사청구, 기술평가청구, 재심청구 등이 있다.

3. 특허에 관한 기타절차

그 밖에 출원인 등이 특허청장 등에게 하는 절차와 각종 신청(특허취소신청, 서류 등 복사신청)이 이에 해당한다.

4. 특허에 관한 절차에 해당하지 않는 것

특허에 관한 절차에는 특허청장 등이 출원인 등에게 하는 절차(각종 통지, 명령 등), 특허청 내부의 심사업무처리 방식(방식심사, 분류, 선행기술조사 및 실체심사 등과 관련한 내부 업무처리 절차), 출원인 등이 법원(특허법원)에 하는 절차, 행정심판과 관련한 절차, 일반 민원신청이나, 출원인 등이 제3자에 하는 절차(경고) 등을 포함하지 아니한다.

대법원 2014. 2. 13. 선고 2013후1573판결[등록무효(실) (카) 상고기각][특허법 제14조 제2호 사건]

◇'근로자의 날'을 공휴일로 보는 구 특허법 제14조 제4호 소정의 '특허에 관한 절차'에 심결취소소송도 포함되는지 여부◇

구 특허법(2006. 3. 3. 법률 제7871호로 개정되기 전의 것. 이하 같다) 제14조 제4호는 "특허에 관한 절차에 있어서 기간의 말일이 공휴일(「근로자의 날 제정에 관한 법률」에 의한 근로자의 날을 포함한다)에 해당하는 때에는 기간은 그 다음날로 만료한다"고 규정하고 있다. 구 특허법 제3조 제1항에 의하면 '특허에 관한 절차'란 '특허에 관한 출원·청구 기타의 절차'를 말하는데, ① 구 특허법 제5조 제1항, 제2항에서 '특허에 관한 절차'와 '특허법 또는 특허법에 의한 명령에 의하여 행정청이 한 처분에 대한 소의 제기'를 구별하여 규정하고 있는 점, ② '특허에 관한 절차'와 관련된 구 특허법의 제반 규정이 특허청이나 특허심판원에서의 절차에 관한 사항만을 정하고 있는 점, ③ 구 특허법 제15조에서 '특허에 관한 절차'에 관한 기간의 연장 등을 일반적으로 규정하고 있음에도, 구 특허법 제186조에서 '심결에 대한 소'의 제소기간과 그에 대하여 부가기간을 정할 수 있음을 별도로 규정하고 있는 점 등에 비추어 보면, **여기에는 '심결에 대한 소'에 관한 절차는 포함되지 아니한다고 할 것이다.** 따라서 '심결에 대한 소'의 제소기간 계산에는 구 특허법 제14조 제4호가 적용되지 아니하고, 그에 관하여 특허법이나 행정소송법에서 별도로 규정하고 있는 바도 없으므로, **결국 행정소송법 제8조에 의하여 준용되는 민사소송법 제170조에 따라 "기간의 말일이 토요일 또는 공휴일에 해당한 때에는 기간은 그 익일로 만료한다"고 규정한 민법 제161조가 적용된다고 할 것이다.** 그리고 구 실용신안법(2006. 3. 3. 법률 제7872호로 전부 개정되기 전의 것. 이하 같다)은 구 특허법의 위 규정들을 모두 준용하고 있으므로, 위와 같은 법리는 실용신안에 관하여도 마찬가지로 적용된다고 할 것이다.

IV. 대리인

1. 의 의

[1] 대리인: 특허출원행위 등 특허에 관한 절차에 대하여 본인을 대신하여 법률행위를 하는 자를 의미한다.

[2] 대리인이 본인을 위하여 출원 등의 대리행위를 한 경우, 그 대리인이 한 법률행위의 효과는 본인에게 직접 귀속한다.

[3] **특허법상 대리제도:** 민법 또는 민사소송법상 대리제도와 흡사하지만 특허에 관한 절차행위의 특수성을 고려하여 대리권의 불소멸제도(특 제20조 단서)가 있는 등 일부 규정의 적용에 있어서는 상이하다.

[4] 대리제도는 특허출원절차 이외의 특허법상의 절차행위 전반에 걸쳐 적용된다.

[5] **특허절차상 대리인:** 대리권의 발생근거에 따라 법정대리인과 임의대리인으로 나뉜다.

[6] **임의대리인의 경우:** 재외자의 특허관리인과 위임계약 등에 의한 통상의 대리인으로 나뉜다.

[7] **법정대리인의 경우:** 절차무능력자를 보호하기 위하여 본인의 의사에 의하지 아니하고 본인과 일정한 신분관계에 있음으로써 당연히 또는 법원의 선임에 의하여 성립하는 대리인이다.

[8] **미성년자의 법정대리인:** 친권자, 미성년후견인

[9] **피한정후견인의 법정대리인:** 한정후견인

[10] **피성년후견인의 법정대리인**: 성년후견인

[11] **피특정후견인의 법정대리인**: 특정후견인

[12] **특허관리인**: 재외자(국내에 주소 또는 영업소를 가지지 아니하는 자)에 의하여 특허절차를 밟기 위하여 선임된 임의대리인이다.

[13] **통상의 대리인**: 본인의 의사에 의하여 선임된 그 밖의 임의대리인이다.

2. 법정대리인

가. 의 의

[1] **법정대리인**: 본인의 의사에 의하지 아니하고 법률의 규정(민 제911조) 또는 법원의 선임(민 제936조)[57]에 의하여 특정인과의 관계에서 대리권을 가지는 자이다.

[2] 제한능력자인 미성년자에 대하여는 (i) 친권자(민 제911조) 또는 (ii) 친권자가 없거나 친권자가 법률행위의 대리권 및 재산관리권을 행사할 수 없는 때에는 미성년후견인, 피한정후견인, 피성년후견인(개정 민법에서는 '질병, 장애, 노령, 그 밖의 사유로 인한 정신적 제약으로 사무를 처리할 능력이 지속적으로 결여된 사람'(민 제9조 제1항)이란 표현을 사용), 피특정후견인에 대해서는 한정후견인, 성년후견인 내지 특정후견인이 각각 법률의 규정에 의하여 법정대리인이 된다. 따라서 법정대리인을 친권자와 후견인으로 구분하지 않고 있는 현행 특허법 제3조 제2항의 규정은 민법 및 민사소송법 규정의 취지를 고려할 때 입법상 미비점이 있다고 생각한다.

[3] 친권자는 특별수권사항은 물론이고 심판 또는 재심을 포함한 모든 절차에 있어서 후견감독인의 동의 없이도 절차를 밟을 수 있는 데 반해 후견인은 원칙적으로 후견감독인의 동의가 있어야 대리행위를 할 수 있도록 하되 특허법 제3조 제2항에서 규정된 대로 상대방

---

57) 민법 제936조(성년후견인의 선임) ① 제929조에 따른 성년후견인은 가정법원이 직권으로 선임한다.

　② 가정법원은 성년후견인이 사망, 결격, 그 밖의 사유로 없게 된 경우에도 직권으로 또는 피성년후견인, 친족, 이해관계인, 검사, 지방자치단체의 장의 청구에 의하여 성년후견인을 선임한다.

　③ 가정법원은 성년후견인이 선임된 경우에도 필요하다고 인정하면 직권으로 또는 제2항의 청구권자나 성년후견인의 청구에 의하여 추가로 성년후견인을 선임할 수 있다.

　④ 가정법원이 성년후견인을 선임할 때에는 피성년후견인의 의사를 존중하여야 하며, 그 밖에 피성년후견인의 건강, 생활관계, 재산상황, 성년후견인이 될 사람의 직업과 경험, 피성년후견인과의 이해관계의 유무(법인이 성년후견인이 될 때에는 사업의 종류와 내용, 법인이나 그 대표자와 피성년후견인 사이의 이해관계의 유무를 말한다) 등의 사정도 고려하여야 한다.

이 청구한 심판 또는 재심에 대한 절차, 즉 수동적인 절차에서는 후견인도 후견감독인의 동의 없이 절차를 밟을 수 있다고 해석하는 것이 민법과의 균형상 합당할 것이다.

나. 법정대리인의 대리권

[1] 법정대리인은 법률의 범위 내에서 대리행위가 가능하므로 민법에 의하여 후견감독인의 동의를 요하는 사항에 대해서는 후견감독인의 동의가 있어야 대리행위를 할 수 있다.

후견인이 피후견인을 대리하여 (i) 영업에 관한 행위, (ii) 금전을 빌리는 행위, (iii) 의무만을 부담하는 행위, (iv) 부동산 또는 중요한 재산에 관한 권리의 득실변경을 목적으로 하는 행위, (v) 소송행위, (vi) 상속의 승인, 한정승인 또는 포기 및 상속재산의 분할에 관한 협의에 해당하는 행위를 하거나 (vii) 미성년자의 위 (i) 내지 (vi)의 어느 하나에 해당하는 행위에 동의를 할 때는 후견감독인이 있으면 그의 동의를 받아야 한다(민 제950조 제1항).

그 밖에 후견인이 피후견인에 대한 제3자의 권리를 양수(讓受)하는 경우에는 피후견인은 이를 취소할 수 있다(민 제951조 제1항). 후견인이 피후견인에 대한 제3자의 권리를 양수하는 경우 후견감독인이 있으면 후견인은 후견감독인의 동의를 받아야 하고, 후견감독인의 동의가 없는 경우에는 피후견인 또는 후견감독인이 이를 취소할 수 있다(민 제951조 제2항).

[2] 하지만, 특허법은 이에 특칙을 두어서 법정대리인은 후견감독인의 동의 없이 특허취소신청(특 제132조의2)이나 상대방이 청구한 특허심판 또는 재심에 대한 절차를 밟을 수 있다(특 제3조 제2항). 왜냐하면 이러한 행위는 후견감독인의 동의 없이 법정대리인 스스로 절차를 밟을 수 있도록 하더라도 제한능력자에게 불리하지 않기 때문이다. 친권자가 아닌 후견인인 법정대리인이 상대방이 청구한 특허심판 또는 재심에 대한 절차에 대하여 수동적으로 대응하는 것이 아니라, 능동적으로 특허심판 또는 재심청구를 제기하거나 특허를 받을 수 있는 권리나 특허권의 득실변경 등을 목적으로 하는 행위를 하려면 후견감독인의 동의가 필요하다.

다. 법정대리인의 증명

법정대리인이 후견인인 경우, 특허법 제3조 제2항에 의한 특허에 관한 절차를 밟기 위해서는 후견감독인의 동의를 얻어야 하므로 후견감독인의 동의를 입증할 수 있는 서류를 첨부하여야 한다. 입증서류는 특허에 관한 절차마다 개별적으로 동의를 받을 수도 있으며, 포괄적으로 동의를 받을 수도 있다.

3. 재외자의 특허관리인

가. 재외자의 행위능력

재외자가 국내에 체재하는 경우를 제외하고 특허관리인에 의하지 아니하면 특허에 관한 절차를 밟거나 특허법 또는 특허법에 따른 명령에 따라 행정청이 한 처분에 대하여 소를 제기할 수 없다. 따라서 대한민국 국민이라도 국내에 주소 또는 영업소를 가지지 아니한 경우에는 특허관리인에 의하여 특허에 관한 절차를 밟아야 한다.

나. 재외자가 외국인인 경우의 특허에 관한 권리의 취득행사

[1] 국내에 주소나 영업소를 가진 외국인이나 무국적자는 그가 속한 나라에서 우리나라 국민에 대한 특허에 관한 권리의 향유 인정 여부와 관계없이 우리나라에서 특허에 관한 권리를 향유할 수 있다. 하지만 재외자 중 외국인은 다음의 어느 하나의 경우에 한하여 특허권 또는 특허에 관한 권리를 취득·행사할 수 있다(특 제25조).

(i) 그 외국인이 속하는 국가에서 대한민국 국민에 대하여 그 국가의 국민과 같은 조건으로 특허권 또는 특허에 관한 권리를 인정하는 경우

(ii) 대한민국이 그 외국인에 대하여 특허권 또는 특허에 관한 권리를 인정하는 경우에는 그 외국인이 속하는 국가에서 대한민국 국민에 대하여 그 국가의 국민과 같은 조건으로 특허권 또는 특허에 관한 권리를 인정하는 경우

(iii) 조약 또는 이에 준하는 것(이하 "조약"이라 한다)에 따라 특허권 또는 특허에 관한 권리가 인정되는 경우

[2] 재외자가 외국인인 경우에도 특허법 제5조에 의하여 특허관리인에 의해서만 특허에 관한 절차를 밟거나 특허법 또는 특허법에 의한 명령에 의하여 행정청이 한 처분에 대하여 소를 제기할 수 있다.

다. 특허관리인의 개념 및 이를 둔 입법취지

[1] **특허관리인**: 국내에 주소 또는 영업소가 없는 재외자(법인의 경우에는 그 대표자)(다만, 재외자가 국내에 체류하는 경우를 제외함)의 특허에 관한 임의대리인으로서 국내에 주소 또는 영업소를 가지고 있는 자이다.

[2] **입법취지**: 특허법이 재외자에 대한 특허관리인제도를 두는 이유는 특허청 또는 상대방이 국내에 거주하지 않는 재외자와 직접절차를 행함에 따른 번잡과 지연을 피하게 함으로

써 절차의 원활한 수행을 기하기 위해서다.

[3] **변리사법 제2조**: 변리사는 특허청 또는 법원에 대하여 특허, 실용신안, 디자인 또는 상표에 관한 사항을 대리하고 그 사항에 관한 감정(鑑定)과 그 밖의 사무를 수행하는 것을 업(業)으로 한다. 변리사법에서는 변리사의 전문성을 확보하기 위해 변리사법 제14조에서는 정보공개에 대해, 제15조에서는 변리사연수에 대해 규정하고 있다.

[4] 변리사법 제21조에 따라 변리사가 아닌 자는 동법 제2조의 규정에 의한 대리업무를 하지 못한다. 동법 제21조를 위반한 자는 5년 이하의 징역 또는 1천만원 이하의 벌금에 처한다(변리사법 제24조).

[5] **재외자의 특허에 관한 특허관리인의 경우**: 개개의 위임받은 특정한 특허에 관한 절차 행위만을 할 수 있는 개별대리가 원칙이므로 이는 대리 업무에 종사할 필요가 없으므로 변리사법 제2조 및 제21조의 적용을 받지 아니한다. 따라서 일반적 대리계약에 의한 변리사뿐만 아니라 그 밖의 자도 특허관리인이 될 수 있다. 만약 변리사법 제21조를 "변리사가 아닌 자는 제2조의 규정에 의한 대리를 하지 못한다."고 개정하게 되면 변리사만이 재외자의 특허관리인이 될 수 있다.

라. 특허관리인의 권한

(1) 특별수권 필요 여부

[1] **2001년 7월 1일 시행되기 이전의 특허법**: 특허관리인은 "특히 수여된 권한 외의 일체의 절차"에 관한 대리행위가 가능하였다. 이러한 입법은 특허관리인의 행위로 인하여 재외자의 권익이 침해될 가능성을 내포하였다.

[2] **2001년 개정법**: "수여된 범위 안"에서만 특허관리인의 절차대리가 가능하도록 특허관리인의 절차대리가 가능하도록 개정하였다.

[3] **2014년 개정법**: 법문을 보다 쉽게 이해할 수 있도록 개정하였다. 2014년 개정된 특허법 제5조 제2항에서는 "특허관리인은 위임된 권한의 범위안에서 특허에 관한 모든 절차 및 이 법 또는 이 법에 따른 명령에 따라 행정청이 한 처분에 관한 소송에서 본인을 대리한다."라고 규정하고 있다.

[4] 2014년 개정 특허법 제6조(대리권의 범위)는

"국내에 주소 또는 영업소가 있는 자로부터 특허에 관한 절차를 밟을 것을 위임받은 대리인은 특별히 권한을 위임받아야만 다음 각 호의 어느 하나에 해당하는 행위를 할 수 있다.

특허관리인의 경우에도 또한 같다.

  1. 특허출원의 변경·포기·취하

  2. 특허권의 포기

  3. 특허권 존속기간의 연장등록출원의 취하

  4. 신청의 취하

  5. 청구의 취하

  6. 제55조 제1항에 따른 우선권 주장 또는 그 취하

  7. 제132조의3에 따른 심판청구

  8. 복대리인의 선임"이라고 규정하여 특허관리인이 재외자로부터 특별수권이 필요한 행위를 열거하고 있다.

[5] 2017년 시행 특허법 제6조(대리권의 범위)에서는

"국내에 주소 또는 영업소가 있는 자로부터 특허에 관한 절차를 밟을 것을 위임받은 대리인은 특별히 권한을 위임받아야만 다음 각 호의 어느 하나에 해당하는 행위를 할 수 있다. 특허관리인의 경우에도 또한 같다.

  1. 특허출원의 변경·포기·취하

  2. 특허권의 포기

  3. 특허권 존속기간의 연장등록출원의 취하

  4. 신청의 취하

  5. 청구의 취하

  6. 제55조 제1항에 따른 우선권 주장 또는 그 취하

  7. 제132조의17에 따른 심판청구

  8. 복대리인의 선임"이라고 규정하여 제6조 제7호에서 조문변경을 반영하였을 뿐이고 2014년 개정 내용과 별반 차이가 없다.

(2) 등록 여부

[1] 2001년 7월 1일 시행되기 이전의 특허법: 재외자가 특허권 또는 특허권에 대한 전용실시권, 통상실시권 및 질권 등을 갖는 자인 경우에는 특허관리인의 선임·변경 또는 그 대리권의 수여·소멸에 관해서는 등록을 대항요건으로 하였다.

[2] 2001년 개정법: 등록을 대항요건으로 하던 내용을 삭제하여 재외자에게 과도한 부담이 되지 않도록 절차를 유연하게 하였다.

(3) 범 위

[1] 2014년 개정 특허법 이전의 종래 실무: 특허관리인은 통상의 위임에 의한 대리인과 달리 수여된 범위 안에서 포괄적인 권한을 가지며, 특별한 수권이 없어도 출원의 취하 또는 심판청구 취하 등의 불이익한 행위를 할 수 있었다. 예컨대 특허법시행규칙 별지 제1호서식의 '위임할 사항'란에 '출원에 관한 모든 절차', '특허등록에 관한 모든 절차' 및 심판에 관한 모든 절차"라고 기재하는 경우에 통상의 위임대리인은 특허법 제6조의 특별수권사항을 위임받은 것으로 보지 아니하나, 특허관리인은 특별수권사항도 위임받은 것으로 특허청은 해석하고 있었다(2014년 개정 이전의 특허청 특허 · 실용신안 심사기준 46면). 이는 재외자의 특허관리인도 수권행위에 의하여 대리권이 발생하는 임의대리인의 일종이지만 선임 자체가 법령의 규정에 의해서 강제되고, 실무상 절차 진행의 특수성을 갖는다는 점에서 통상의 임의대리인보다 광범위하게 대리권을 부여할 필요가 있기 때문이었다. 참고로 특허관리인 선임 신고 시 위임장에 특별수권사항이나 특정 특허에 관한 절차를 밟는 권한을 제한한 경우라면 특허관리인이라도 그 절차에 대해서는 대리행위를 할 수 없다.

[2] 2014년 개정 특허법 및 현행 실무: 재외자의 특허관리인은 수여된 범위 안에서 특허에 관한 모든 절차 및 특허법 또는 특허법에 의한 명령에 의하여 행정청이 한 처분에 관한 소송에 대하여 본인을 대리한다(특 제5조 제2항). 다만 특허관리인도 위임 범위에서만 특허에 관한 절차를 수행할 수 있으므로 통상의 위임에 의한 대리인과 마찬가지로 출원의 취하 또는 는 심판청구 취하 등의 특별수권 사항에 대해서는 특별히 위임을 받아야 그 행위를 할 수 있다(특 제6조).[58]

마. 특허관리인이 없는 경우

[1] 재외자가 밟은 특허에 관한 절차가 특허출원 절차인 경우에는 특허법 제5조 및 특허법 시행규칙 제11조 제2항의 절차에 따라 기간을 정하여 소명기회를 부여한 후 반려처분을 한다.

[2] 여기서 소명기간 중에는 보정서를 제출할 수 없고 재외자가 밟은 절차가 정당함을 입증하는 것은 가능하다.

[3] 재외자가 밟은 절차가 특허출원 이외의 절차인 경우에는 특허법 제5조 및 제46조의 규정에 따라 특허관리인에 의하여 절차를 밟아야 한다는 취지로 기간을 정하여 보정을 명한

---

58) 특허 · 실용신안 심사기준(개정 2014년 12월 31일, 특허청 예규 제81호), 1210면.

후 지정된 기간 이내에 보정이 없는 경우 그 절차를 무효처분한다.

[4] 특허에 관한 절차를 밟는 재외자의 특허관리인이 사망, 해임 및 기타의 사유에 의하여 재외자의 특허관리인이 존재하지 아니하는 경우에는 신속히 본인(재외자)에게 관리인 선임절차를 밟도록 연락한다.

바. 재내자와 재외자가 공동출원한 경우

[1] 특허법 제44조의 규정에 의하면 특허를 받을 수 있는 권리가 공유인 경우 공유자 전원이 특허를 출원하여야 하므로 특허출원인의 명의를 재내자(국내에 주소나 영업소를 가진 자를 말한다. 이하 같다)와 재외자로 하여 공동출원한 경우에 그 출원은 적합하다.

[2] 재내자와 재외자의 공동출원인 경우, 특허출원 후 재내자는 원칙적으로 단독으로 특허에 관한 절차를 밟을 수 있는 데 비하여 재외자는 특허관리인을 선임하지 않고는 특허에 관한 절차를 밟을 수 없다. 하지만 재내자가 단독으로 밟을 수 있는 절차에 특허법 제11조 제1항 각 호의 어느 하나에 해당하는 절차상 행위는 포함되지 않으며, 이들 절차는 재외자가 선정한 특허관리인과 공동으로 그 절차를 밟아야 한다. 이것은 특허출원의 변경·포기·취하 등 모든 당사자의 중대한 이익에 관련되는 것이기 때문이다. 따라서 비록 대표자를 선정한 당사자가 모두 재내자라고 하여도 그들을 대표하는 복수의 대표자가 각자 대표하지 못하고 공동 대표하도록 규정한 것이다. 같은 취지에서 이들 행위를 하려면 재내자는 재외자가 선정한 특허관리인과 공동으로 그 절차를 밟아야 한다.

[3] 재외자가 공동출원인인 재내자를 특허관리인으로 선정한 경우에는 재내자가 수여된 대리권의 범위 안에서 특허에 관한 절차를 단독으로 밟을 수 있으며, 재내자와 재외자가 동일인을 대리인(특허관리인)으로 선임한 경우에는 그 대리인은 재내자와 재외자를 위하여 수여된 대리권의 범위안에서 특허에 관한 절차를 단독으로 밟을 수 있다. 이는 재내자와 재외자는 계약의 쌍방 당사자와 같이 이해관계가 상충하는 경우가 아니면 특허청을 상대로 특허를 출원하는 것과 같이 동일한 방향으로 복수의 행위를 각자 하는 것이기 때문이다.

4. 통상의 대리인

가. 의 의

[1] 임의대리인: 통상의 대리인＋특허관리인을 의미한다.

[2] **통상의 대리인**: 국내에 주소 또는 영업소를 가지고 있는 자, 즉 재내자로부터 특허에 관한 절차를 밟을 것을 위임받은 임의대리인이다.

[3] 통상의 대리인은 재내자를 대리한다는 점에서 특허관리인이 재외자를 대리하는 것과 다르다.

[4] 통상의 대리인은 특허법 제6조에 의해 규율된다.

나. 대리권의 범위

국내에 주소 또는 영업소를 가진 자로부터 특허에 관한 절차를 밟을 것을 위임받은 대리인은 특허출원의 변경·포기·취하, 특허권의 포기, 특허권존속기간의 연장등록출원의 취하, 신청의 취하, 청구의 취하, 특허법 제55조 제1항의 규정에 의한 국내우선권주장이나 그 취하, 특허법 제132조의17에 의한 특허거절결정 또는 특허권의 존속기간의 연장등록거절결정에 대한 심판청구 또는 복대리인의 선임을 하고자 할 때에는 본인으로부터 특별수권을 받아야 한다(특 제6조). 예컨대 국내우선권주장을 하는 경우, 선출원이 취하 간주되기 때문에 출원인에게 직접적인 이해관계가 있어 신중을 기할 필요가 있기에 특별수권사항으로 규정하고 있다. 특허에 관한 절차를 대리인에 의하여 밟는 경우에 현재 및 장래의 사건에 대하여 미리 사건을 특정하지 아니하고 포괄 위임하고자 하는 경우에 이용하는 포괄위임(특허법 시행규칙 제5조의2)은 불특정의 복수의 사건에 대하여 대리권을 포괄위임하는 것인데, 그 경우에도 특별수권사항은 포괄위임장에 명시되어야 한다.

다. 복대리인의 대리권 범위

특허에 관한 절차에 대하여 복대리인을 선임하기 위해서는 법정대리인은 그 책임으로 복대리인을 선임할 수 있지만(민 제22조), 그 이외의 임의대리인은 복대리인을 선임할 권한을 위임받아야 하며(민 제120조), 복대리인의 수권범위는 대리인의 수권범위를 초과할 수 없다. 만일 대리인이 복임권과 특별수권사항(특 제6조)을 본인으로부터 함께 위임받았다면 복대리인에게 특별수권사항에 관하여도 수권할 수 있다.

5. 대리권의 증명

[1] 특허법 제7조는 대리인(법정대리인 포함)의 대리권의 증명방법에 관하여 규정하고 있다. 이에 의하면, 대리권은 서면으로써 증명하여야 한다.

[2] 취 지: 대리권의 존재 여부를 명확히 함으로써 추후 대리권이 없음을 이유로 특허법 제16조 및 제46조에 따라 절차를 무효로 되는 번잡과 법적 불안정성을 예방하기 위해서다.

6. 대리권의 흠과 추인

[1] **특허법 제7조의2**: 행위능력 또는 법정대리권이 없거나 특허에 관한 절차를 밟는 데 필요한 권한의 위임에 흠이 있는 자가 밟은 절차는 보정된 당사자나 법정대리인이 추인하면 행위를 한 때로 소급하여 그 효력이 발생한다.[59]

[2] 이 조문은 1999년 특허법 전문개정 시에 신설된 조문이다.

7. 대리권의 불소멸

[1] **특허법 제8조**: 임의대리인의 대리권은 본인의 사망 등으로는 소멸하지 않는다는 취지로 규정하고 있다.

[2] 특허에 관한 절차를 밟는 자의 위임에 의한 대리인의 대리권은 본인의 사망이나 행위능력의 상실, 본인인 법인의 합병에 의한 소멸, 본인인 수탁자의 신탁임무의 종료, 법정대리인의 사망이나 행위능력의 상실 또는 법정대리인의 대리권의 소멸이나 변경으로 인하여 소멸하지 아니한다(특 제8조 제1호 내지 제5호). 참고로 수권행위에 의하여 발생한 대리권에 대하여 민법은 본인의 사망, 대리인의 사망, 성년후견의 개시 또는 파산 등을 소멸사유로 규정하고 있다(민 제127조). 왜냐하면 대리권은 본인과 대리인 사이의 특별한 신임관계에 기초하여 수여되는 것이어서 본인이 선임한 대리인을 상속인의 대리인으로 하는 것은 적당하지 않기 때문이다.

[3] 특허법에서 본인의 사망 등의 경우에도 대리권이 소멸되지 않도록 규정한 이유는 특허에 관한 절차가 연속성이 요구되는 관계상 본인이 사망한 이후에도 대리인에게 절차진행의 계속적 권한을 부여하는 것이 오히려 그 절차의 수계자에게 이익이 보장될 수 있기 때문이다. 이러한 이유는 민사소송절차(민사소송법 제95조), 상행위(상법 제50조)[60]의 대리에 있어

---

59) 참고로 민사소송법 제60조에서는 "소송능력, 법정대리권 또는 소송행위에 필요한 권한의 수여에 흠이 있는 사람이 소송행위를 한 뒤에 보정된 당사자나 법정대리인이 이를 추인한 경우에는, 그 소송행위는 이를 한 때에 소급하여 효력이 생긴다."라고 규정하고 있다.

60) 상법(전문개정 2010. 5. 14) 제50조(대리권의 존속)에서는 "상인이 그 영업에 관하여 수여한 대리권은 본

서도 마찬가지로 이해된다.

[4] 아울러 민사소송, 상행위 또는 특허절차에 관한 대리인의 경우, 대리권의 범위가 서면에 의하여 명확하게 정해져 있고, 불이익행위를 할 경우 특별한 수권을 받도록 하는 등 본인 또는 승계인의 이익을 해칠 우려가 적다는 점도 반영되었다.

8. 개별대리

[1] 특허에 관한 절차를 밟는 자의 대리인이 2인 이상 있을 경우에 특허청장 또는 특허심판원장에 대하여 각각의 대리인이 본인을 대리한다(특 제9조).

[2] 민사소송법에도 민사소송법 제93조 제1항에 개별대리의 원칙이 규정되어 있고, 민사소송법 제93조 제2항에서는 당사자 간에 이와 다른 약정을 하여도 효력이 없다고 규정함으로써 개별대리의 원칙이 강행규정임을 천명하고 있다. 특허법에서는 강행규정성을 명시하지는 않았지만, 같은 취지로 해석하여야 할 것이다. 다만 이 규정은 임의대리인을 전제로 한 규정이다.

[3] **취 지:** 특허절차 또는 소송절차의 지연 및 상대방의 불편을 방지하기 위한 것이다.

9. 대리인의 선임 또는 개임명령 등(특 제10조)

[1] 절차의 원활한 진행을 도모하기 위하여 특허청장 또는 심판장은 대리인이 없는 경우에는 대리인의 선임을, 대리인이 있는 경우에도 대리인을 바꿀 것을 명할 수 있도록 하고 있다.

[2] **대리인 선임명령 및 개임명령을 내리기 위한 요건:** 특허에 관한 절차를 밟는 자가 그 절차를 원활히 수행할 수 없거나 구술심리에서 진술할 능력이 없다고 인정되는 등 그 절차를 밟는데 적당하지 아니하다고 인정되는 경우이다.

[3] 특허청장 또는 특허법 제145조 제1항에 따라 지정된 심판장은 대리인의 선임이나 개임을 명하는 경우에 변리사로 하여금 대리하게 할 것을 명할 수 있다(특 제10조 제3항). 이는 절차의 원활한 진행이나 본인의 이익 보호를 위한 것이다.

[4] **대리인 선임명령 또는 대리인 개임명령에 위반한 행위:** 특허청장 또는 심판장은 대리인을 선임하거나 대리인을 바꿀 것을 명령한 경우에 특허에 관한 절차를 밟는 자 또는 그

인의 사망으로 인하여 소멸하지 아니한다."라고 규정하고 있다.

대리인이 그 전에 특허청장 또는 특허심판원장에 대하여 한 특허에 관한 절차의 전부 또는 일부를 무효로 할 수 있다(특 제10조 제4항).

10. 복수당사자의 대표

[1] 취 지: 2인 이상이 특허에 관한 절차를 밟을 때에 신속한 특허절차를 확보하기 위하여 원칙적으로 각자가 전원을 대표할 수 있도록 하고, 출원인 전원에게 불이익으로 될 수 있거나 본인의 의사를 확인하는 것이 필요하다고 인정되는 특허법 제11조 제1항 각 호의 행위에 대해서는 전원이 공동으로 하게 하기 위한 것이다.

[2] 대표자를 정하지 않은 복수 당사자의 절차능력: 복수당사자가 특허에 관한 절차를 수행하는 경우, 다른 당사자에게 불이익을 초래할 수 있는 특허법 제11조 제1항 각 호에서 정한 사항을 제외하고는 각자가 전원을 대표한다. 다만, 대표자를 선정하여 특허청장 또는 특허심판원장에게 신고하면 그 대표자만이 모두를 대표할 수 있다(특 제11조 제1항 단서). 특허법 제11조 제1항 단서에 따라 대표자를 선정하여 신고하는 경우에는 대표자로 선임된 사실을 서면으로 증명하여야 한다.

[3] 복수의 당사자가 공동으로 절차를 밟아야 할 사항: 특허출원의 변경·포기·취하(특 제11조 제1항 제1호), 특허권존속기간의 연장등록출원의 취하(특 제11조 제1항 제2호), 신청의 취하(특 제11조 제1항 제3호), 청구의 취하(특 제11조 제1항 제4호), 특허법 제55조 제1항의 규정에 의한 우선권주장 또는 그 취하(특 제11조 제1항 제5호) 및 특허법 제132조의17의 규정에 의한 심판청구(특허거절결정에 대한 불복심판청구 또는 특허권 존속기간 연장등록거절결정에 대한 불복심판청구)(특 제11조 제1항 제6호)로서 특허법 제6조의 규정에 의하여 통상의 위임대리인이 특별수권을 얻어야 대리할 수 있는 사항과 유사하다.

[4] 복수당사자의 상호 대표: 명세서 또는 도면에 대한 보정 등과 같이 특허법 제11조 제1항 각 호에서 열거하지 않은 행위는 공동출원인 중 1인이 한 것이라도 전원에 대하여 효력이 발생하며, 특허청의 출원인에 대한 절차도 공동 당사자 중 1인에게만 수행하면 전원에 대하여 한 것과 같은 효력이 발생한다. 다만 대표자를 선정하여 신고한 때에는 대표자만이 전원을 대표할 수 있다.

[5] 특허를 받을 수 있는 권리를 가진 자가 2인 이상인 경우 또는 특허권이 공유인 경우에 있어 특허법 제44조 및 제139조 제3항의 규정에 따라 특허출원 또는 심판청구 그 자체는

전원이 하여야 한다. 특허법 제11조 제1항 본문에 규정된 "2인 이상이 특허에 관한 절차를 밟는 때"란 "2인 이상이 공동으로 특허출원 또는 심판청구를 하고 그 출원 또는 심판에 관계된 절차를 밟는 때"를 의미한다. 논리적으로 보아 특허법 제11조 제1항이 적용되려면 2인 이상이 특허출원 또는 심판청구를 하여 절차가 개시되어야 하므로 특허출원 또는 심판청구 자체는 당연히 동조의 적용대상이 되지 아니한다.

11. 재외자의 재판관할

[1] 특허법 제13조: 재외자의 특허권 또는 특허에 관한 권리에 관하여 특허관리인이 있으면 그 특허관리인의 주소 또는 영업소를, 특허관리인이 없으면 특허청 소재지를 민사소송법 제11조에 따른 재산이 있는 곳(재산소재지)으로 본다.

[2] 취 지: 재산권으로서의 특허권 등에 관한 분쟁이 발생하는 경우에 특허관리인이 있는 경우에는 특허관리인의 주소 또는 영업소를, 특허관리인이 없는 경우에는 특허청 소재지에 각각 재판관할권을 인정한 것이다.

[3] 이 유: 특허권 등은 무체재산권이고, 그 실재는 특허청에서의 등록이라는 사실을 통해서만 확인된다는 점에서 재산의 소재지가 존재할 수 없다. 따라서 재외자의 특허권 또는 특허에 관한 권리에 관해서는 민사소송법 제11조와 별도로 특별히 재판관할을 규정할 필요가 있으므로 그 기준을 정하는 특칙을 둔 것이다.[61]

제3절 기일 및 기간

I. 기 일

1. 의 의

[1] 기 일: 미리 정해 놓은 일시를 뜻한다.

예: 심판기일(특 제154조 제4항)과 같이 당사자와 심사관 또는 심판관이 특허절차를 밟기 위하여 일정한 장소에서 모이는 일정한 시점

---

61) 참고로 민사소송법 제11조에서는 "대한민국에 주소가 없는 자 또는 주소를 알 수 없는 자에 대한 재산권에 관한 소는 청구의 목적 또는 담보의 목적이나 압류할 수 있는 피고의 재산소재지의 법원에 제기할 수 있다."라고 규정하고 있다.

[2] 기일은 미리 지정하여 통지하지만, 심판장은 특허법에 따라 특허에 관한 절차를 밟을 기일을 정한 때에는 청구에 따라 또는 직권으로 그 기일을 변경할 수 있다(특 제15조 제3항).

2. 특허법에서 기일을 정할 수 있는 자

[1] 기일을 지정할 수 있는 자: 심사관 또는 심판장이다.
[2] 기일을 지정한 경우 당사자 등에게 통보하여야 한다.

II. 기 간

1. 의 의

어느 시점에서 어느 시점까지의 계속된 시간이다.

2. 기간의 종류

[1] 법정기간 + 지정기간
[2] **법정기간**: 특허법 또는 특허법에 의거한 명령에 따라 정해진 기간이다.
[3] **지정기간**: 출원·청구·기타의 절차를 밟는 자에 대하여 특허청장, 심판원장, 심판관 또는 심사관이 특허법 또는 특허법에 근거하여 정한 기간이다.

3. 기간의 계산

가. 의 의

[1] 특허법상 기간계산은 특허법 제14조를 우선적으로 적용하고 민법규정을 보충적으로 적용한다. 왜냐하면 기간의 계산에는 특별한 경우를 제외하고는 일반적으로 민법의 규정(민 제155조)에 의하나 특허법 제14조에서 특허법 및 특허법에 따른 명령에서 정한 기간의 계산 방법을 별도로 정하고 있기 때문이다.
[2] 기간계산방법은 자연적 계산방법과 역에 의한 계산방법으로 나뉜다.

나. 기간계산방법

[1] 특허법은 역에 따라 계산하는 방법만을 규정하고 있다.

[2] 특허법 제14조(기간의 계산)에 따르면 "이 법 또는 이 법에 따른 명령에서 정한 기간의 계산은 다음 각 호에 따른다.

1. 기간의 첫날은 계산에 넣지 아니한다. 다만, 그 기간이 오전 0시부터 시작하는 경우에는 계산에 넣는다.

2. 기간을 월 또는 연(年)으로 정한 경우에는 역(曆)에 따라 계산한다.

3. 월 또는 연의 처음부터 기간을 기산(起算)하지 아니하는 경우에는 마지막의 월 또는 연에서 그 기산일에 해당하는 날의 전날로 기간이 만료한다. 다만, 월 또는 연으로 정한 경우에 마지막 월에 해당하는 날이 없으면 그 월의 마지막 날로 기간이 만료한다.

4. 특허에 관한 절차에서 기간의 마지막 날이 공휴일(「근로자의날제정에관한법률」에 따른 근로자의 날 및 토요일을 포함한다)에 해당하면 기간은 그 다음날로 만료한다."고 규정하고 있다.

예: 2009년 11월 29일에 분할출원을 한 경우, 특허법 제52조 제4항에 의한 우선권증명서류 제출기간(출원일로부터 3월)은 2010년 2월 28일까지다. 초일불산입원칙에 따라 2009년 11월 30일이 기산일이 되고 최종의 월인 2010년 2월에 기산일의 전일인 29일이 없으므로 2월의 말일인 28일에 기간이 만료한다.

[3] 특허법 제15조(기간의 연장 등)의 규정에 의하여 기간이 연장되는 경우 기간의 말일이 공휴일인 경우에도 당초 기간은 공휴일로 만료되고 연장기간은 지정기간이 만료된 날의 다음날부터 기산한다. 또한 2회 이상의 기간연장신청을 한 경우에는(1회의 기간연장신청이란 1월의 기간연장 신청을 의미한다) 각 회마다 기간의 계산은 상기와 같다.

4. 기간의 연장(특 제15조 제1항 및 제2항)

가. 법정기간의 연장

[1] 특허청장은 청구에 따라 또는 직권으로 특허거절결정에 대한 불복심판(또는 특허권의 연장등록거절결정에 대한 불복심판)의 청구기간(특 제132조의17에 따른 심판의 청구기간)을 30일 이내에서 한 차례만 연장할 수 있다. 다만, 도서·벽지 등 교통이 불편한 지역에 있는 자의 경우에는 산업통상자원부령으로 정하는 바에 따라 그 횟수 및 기간을 추가로 연장할 수 있다(특 제15조 제1항).

[2] 연장 여부는 특허청장의 권한에 속하며, 당사자의 청구는 직권발동을 촉구하는 의미를 가진다.

[3] 법정기간은 특허거절결정불복심판청구기간(특 제132조의17) 등과 같이 법에 정해진 기간을 의미한다.

나. 지정기간의 단축 또는 연장

[1] 특허청장·특허심판원장·심판장 또는 특허법 제57조 제1항에 따른 심사관은 특허법에 따라 특허에 관한 절차를 밟을 기간을 정한 경우 청구에 따라 지정기간을 단축 또는 연장하거나 직권으로 그 지정기간을 연장할 수 있다(특 제15조 제2항). 당사자가 신속한 절차의 진행을 위하여 지정기간의 단축을 원하는 경우에 이를 반영할 필요가 있어 청구에 의한 경우에는 지정기간의 단축을 함께 규정하고 있다.

예: 특허법 제46조의 규정에 의하여 특허청장이 지정하는 절차의 보정기간, 특허법 제63조의 규정에 의하여 심사관이 지정하는 의견서 제출기간

[2] 모든 지정기간은 연장(청구에 의한 경우에는 단축도 가능)이 가능한 데 반해 법정기간은 특허법 제15조 제1항에 열거된 기간에 한하여 연장할 수 있다.

[3] 청구에 따른 지정기간 단축을 규정함에 따라 출원인은 중간서류 제출기간 경과 전에 특허여부결정을 바라는 경우에 청구에 의하여 중간서류 제출기간 경과 전에라도 특허여부결정이 가능하게 되었다.

[4] 청구에 의하여 지정기간을 단축 또는 연장하거나 직권으로 그 지정기간을 연장하는 경우에 해당 절차의 이해관계인의 이익에 영향을 미칠 수 있기 때문에 특허청장·특허심판원장·심판장 또는 특허법 제57조 제1항에 따른 심사관(이하 '특허청장 등')은 이 경우 특허청장 등은 그 절차의 이해관계인의 이익이 부당하게 침해되지 않도록 단축 또는 연장 여부를 결정하여야 한다(특 제15조 제2항 후문).

제4절 절차 효력의 승계 및 속행

[1] 특허권 또는 특허에 관한 권리에 관하여 밟은 절차의 효력은 그 특허권 또는 특허에 관한 권리의 승계인에게 미친다(특 제18조). 이는 특허절차를 밟는 도중에 권리관계에 변동이 생긴 경우 동일한 절차를 반복하는 불편과 낭비를 피하기 위해 행정편의상 인정된 제도이다.

[2] **절차의 효력**: 당사자(또는 출원인)가 특허청에 대하여 밟은 절차 외에도 특허청 이 당

사자 또는 출원인 등에게 취한 제반절차(예: 특허청이 특허권 등의 승계 이전에 양도인에게 행한 절차) 및 제3자가 당사자 또는 출원인 등이 특허청에 대하여 밟은 절차 등을 포섭하는 포괄적인 개념이다. 참고로 특허법 제3조에서는 '특허에 관한 절차'를 정의함에 있어 특허청장 등이 출원인 등에 대해 하는 절차 등은 특허에 관한 절차에 포함되지 않는다고 하였다. 왜냐하면 특허법 제3조는 미성년자 등의 절차능력을 규정하여 특허청장 등은 특허에 관한 출원·청구 기타의 절차를 밟을 능력이 없기 때문이다. 하지만 특허법 제18조는 "특허에 관한 절차"가 아니라 "특허권 또는 특허에 관하여 밟은 절차"를 규정하므로 제3조와는 달리 풀이할 수 있다. 그럼에도 특허법 제18조의 "특허권 또는 특허에 관하여 밟은 절차"라는 용어에서 "밟은"이라는 표현은 특허청장이 이러한 절차를 밟을 능력이 없다는 점에서 오해의 소지가 있으므로 향후 개정이 필요한 부분이다.

[3] **절차의 효력의 승계(특 제18조)**: 승계 전에 밟은 절차의 효력이 승계인에게 미친다는 점을 규정하고 있다.

[4] **절차의 속행(특 제19조)**: 승계 후의 절차 진행에 대해 규정하고 있다.

[5] 특허청장 또는 심판장은 특허에 관한 절차가 특허청 또는 특허심판원에 계속(係屬) 중일 때 특허권 또는 특허에 관한 권리가 이전되면 그 특허권 또는 특허에 관한 권리의 승계인에 대하여 그 절차를 속행(續行)하게 할 수 있다(특 제19조).

제5절 절차의 보정과 무효

I. 의 의

특허법상 절차의 무효란 특허청에 대한 절차에 흠결이 있는 경우에 그 절차의 효력을 처음부터 없었던 것으로 하는 처분이다. 이는 행정의 편의상이나 절차의 안정을 위하여 행정 절차의 신속한 결말을 위해 행정청에게 절차의 무효를 결정할 수 있도록 한 것이다.

II. 절차의 무효사유

[1] 절차의 무효와 관련하여 특허법은 제16조에 의한 경우와 제10조에 의한 경우를 두고 있다.

[2] 특허청장 또는 특허심판원장은 특허법 제46조의 규정에 따른 보정명령을 받은 자가 지정된 기간에 그 보정을 하지 아니하면 특허에 관한 절차를 무효로 할 수 있다. 다만, 특허법 제82조 제2항에 따른 심사청구료를 내지 아니하여 보정명령을 받은 자가 지정된 기간에 그 심사청구료를 내지 아니하면 특허출원서에 첨부한 명세서에 관한 보정을 무효로 할 수 있다(특 제16조 제1항). 특허청장 또는 특허심판원장은 특허법 제16조 제1항에 따라 특허에 관한 절차가 무효로 된 경우로서 지정된 기간을 지키지 못한 것이 보정명령을 받은 자가 책임질 수 없는 사유에 의한 것으로 인정될 때에는 그 사유가 소멸한 날부터 2개월 이내에 보정명령을 받은 자의 청구에 따라 그 무효처분을 취소할 수 있다. 다만, 지정된 기간의 만료일부터 1년이 지났을 때에는 그러하지 아니하다(특 제16조 제2항).

> 예: 특허에 관한 절차에 있어 특허법상 행위능력이 결여된 절차무능력자가 절차를 수행하기 위해서는 법정대리인에 의해서만 할 수 있는데, 이 규정에 위배한 경우와 대리인이 대리권 범위를 벗어나서 대리행위를 한 경우에는 특허청장 또는 특허심판원장은 기간을 정하여 그 절차의 보정을 명하여야 한다. 이 경우에 법정대리인 또는 보정된 당사자의 추인이 없거나 지정된 기간 내에 적법한 보정이 없으면 특허청장 또는 특허심판원장은 특허에 관한 절차를 무효로 할 수 있다.

[3] 이러한 보정명령의 대상이 되는 결함이 있는 절차가 접수된 경우에 특허청장 또는 특허심판원장은 기간을 정하여 보정을 명할 수 있다. 이 경우 지정기간은 2월 이내로 하며, 그 지정기간은 연장할 수 있다.

III. 절차무효에 대한 구제

[1] 특허청장 등의 절차무효처분에 대하여 불복이 있는 자는 행정심판을 청구할 수 있으며, 이에 불복하거나 일정한 경우에는 재결을 기다리지 않고 행정소송을 제기할 수 있다.

[2] 절차가 무효로 된 경우에는 그 기간의 해태가 책임질 수 없는 사유에 의한 것으로 인정될 때 그 사유가 소멸한 날부터 2개월 이내에, 그 기간 만료 후 1년 이내에 청구에 의하여 특허청장은 그 무효처분을 취소할 수 있다(특 제16조 제2항).

[3] 특허청장 또는 특허심판원장은 무효처분(특 제16조 본문 및 단서) 또는 무효처분의 취소처분(특 제16조 제2항 본문)을 할 때에는 그 보정명령을 받은 자에게 처분통지서를 송달하여야 한다(특 제16조 제3항).

IV. 절차무효의 효과

절차무효가 확정되면 출원절차 또는 당해 개별적 행위는 처음부터 없었던 것으로 본다.

제6절 절차의 추후보완

[1] 내 용: 특허에 관한 절차를 밟은 자가 책임질 수 없는 사유로 특허거절결정불복심판(또는 특허권의 연장등록거절결정불복심판)의 청구기간(특 제132조의17) 또는 특허법 제180조 제1항에 따른 재심의 청구기간(심결 확정 후 재심사유를 안 날부터 30일 이내)을 지키지 못한 경우에는 그 사유가 소멸한 날부터 2개월 이내에 지키지 못한 절차를 추후 보완할 수 있다. 다만, 그 기간의 만료일부터 1년이 지났을 때에는 그러하지 아니하다(특 제17조).

[2] 특허거절결정 등에 대한 심판 및 재심청구에 대한 절차의 추후보완 기간 연장(제17조): 2016년 특허법 개정 이전에는 특허에 관한 절차를 밟은 자가 책임질 수 없는 사유로 특허거절결정 등에 대한 심판 및 재심 청구기간을 지키지 못한 경우에는 그 사유가 소멸한 날부터 14일 이내에 절차를 추후 보완할 수 있었으나 그 기간이 짧아 국민의 권리가 제한될 우려가 있었으므로 2016년 개정되어 2017년 시행된 특허법 제17조([시행 2017. 3. 1.][법률 제14035호, 2016. 2. 29., 일부개정])에서는 국제적 기준에 맞게 특허거절결정 등에 대한 심판 및 재심청구에 대한 절차의 추후 보완 가능 기간을 종전의 14일에서 2개월로 늘렸다.

제7절 절차의 정지

I. 정지의 의의 및 종류

[1] 특허절차의 정지: 특허절차가 특허청 또는 특허심판원에 계속된 뒤 아직 절차가 종료되기 전에 법률상 진행할 수 없는 상태를 의미한다. 이에는 특허절차의 중단과 특허절차의 중지가 있다.

[2] 특허절차의 중단: 당사자나 그 법정대리인 등 특허절차를 수행할 자가 사망 등 절차수행을 할 수 없는 사유가 발생하였을 경우에 새로운 절차수행자가 나타나 절차를 수행할 수 있을 때까지 절차의 진행을 법률상 당연히 정지하는 것이다(특 제20조).

[3] **특허절차의 중지**: 특허청이나 당사자에게 절차의 진행을 곤란하게 하거나 부적당한 사유가 발생한 경우 당연히 또는 특허청장·심판관의 결정으로 절차를 정지하는 것이다.

[4] **특허절차의 정지제도의 취지**: 특허절차의 계속 후 특허절차가 불가능하게 되거나 곤란하게 될 경우에도 특허청이 특허절차를 진행시키면 절차에 관여할 수 없는 당사자에게 선의의 피해를 줄 수 있으므로 특허절차를 정지함으로 인해 선의의 피해를 방지하기 위한 것이다.

II. 절차의 중단

1. 중단사유

(i) 당사자가 사망한 경우, (ii) 당사자인 법인이 합병에 따라 소멸한 경우, (iii) 당사자가 절차를 밟을 능력을 상실한 경우, (iv) 당사자의 법정대리인이 사망하거나 그 대리권을 상실한 경우, (v) 당사자의 신탁에 의한 수탁자의 임무가 끝난 경우, (vi) 특허법 제11조 제1항 단서의 규정에 의한 대표자가 사망하거나 그 자격을 상실한 경우, (vii) 파산관재인 등 일정한 자격에 따라 자기 이름으로 남을 위하여 당사자가 된 자가 그 자격을 잃거나 사망한 경우의 어느 하나에 해당하는 경우에는 특허청 또는 특허심판원에 계속 중인 절차는 중단된다. 다만, 절차를 밟을 것을 위임받은 대리인이 있는 경우에는 그러하지 아니하다(특 제20조).

2. 중단의 해소

가. 중단된 절차의 수계

[1] 당사자가 사망한 경우 사망한 당사자의 상속인, 상속재산관리인 또는 파산관재인 등 법률에 따라 절차를 수행할 자가 수계하여야 한다. 다만, 상속인은 상속을 포기할 수 있을 때까지 그 절차를 수계하지 못한다(특 제21조 제1호).

[2] 당사자인 법인 법령에 따라 소멸한 경우(특 제20조 제2호): 합병에 따라 설립되거나 합병 후 존속하는 법인이 그 절차를 수계하여야 한다(특 제21조 제2호).

[3] 당사자가 절차를 밟을 능력을 상실한 경우 및 당사자의 법정대리인이 사망하거나 그 대리권을 상실한 경우(특 제20조 제3호 및 제4호): 절차를 밟을 능력을 회복한 당사자 또는

법정대리인이 된 자가 그 절차를 수계하여야 한다(특 제21조 제3호).

[4] 당사자의 신탁에 의한 수탁자의 임무가 끝난 경우(특 제20조 제5호): 새로운 수탁자가 그 절차를 수계하여야 한다(특 제21조 제4호).

[5] 특허법 제11조 제1항 각 호 외의 부분 단서에 따른 대표자가 사망하거나 그 자격을 상실한 경우(특 제20조 제6호): 새로운 대표자 또는 각 당사자가 그 절차를 수계하여야 한다(특 제21조 제5호).

[6] 파산관재인 등 일정한 자격에 따라 자기 이름으로 남을 위하여 당사자가 된 자가 그 자격을 잃거나 사망한 경우(특 제20조 제7호): 같은 자격을 가진 자가 그 절차를 수계하여야 한다(특 제21조 제6호).

[7] 특허절차의 중단은 당사자로부터 수계신청이나 특허청의 속행명령에 의하여 해소되며, 절차의 중단이 해소되면 절차의 진행이 재개된다.

[8] 수계신청권자: 특허법 제20조에 따라 중단된 절차에 관한 수계신청은 사망한 당사자의 상속인 등 특허법 제21조 각 호의 어느 하나에 해당하는 자가 할 수 있다. 이 경우 그 상대방은 특허청장 또는 특허법 제143조에 따른 심판관에게 특허법 제21조 각 호의 어느 하나에 해당하는 자에 대하여 수계신청할 것을 명하도록 요청할 수 있다(특 제22조 제1항).

[9] 수계신청에 대하여 특허청장 또는 심판장은 중단된 절차에 대하여 수계신청이 있으면 그 사실을 상대방에게 알려야 한다(특 제22조 제2항).

[10] 특허청장 또는 특허법 제143조에 따른 심판관은 직권으로 수계요건을 조사하여 이유가 없다고 인정하면 결정으로 기각한다(특 제22조 제3항).

[11] 특허청장 또는 특허법 제143조에 따른 심판관은 결정 또는 심결의 등본을 송달한 후에 중단된 절차에 관한 수계신청에 대해서는 수계하게 할 것인지를 결정하여야 한다(특 제22조 제4항). 특허청장 또는 특허법 제143조에 따른 심판관은 사망한 당사자의 상속인 등 특허법 제21조 각 호의 어느 하나에 해당하는 자가 중단된 절차를 수계하지 아니하면 직권으로 기간을 정하여 수계를 명하여야 한다(특 제22조 제5항). 만약 특허청장 또는 특허법 제143조에 따른 심판관의 수계결정에도 불구하고 지정기간동안 수계가 없는 경우에는 그 기간이 끝나는 날의 다음날에 수계가 있는 것으로 간주하고(특 제22조 제6항), 특허청장 또는 심판장은 그러한 수계간주가 있는 것으로 본 경우에는 그 사실을 당사자에게 알려야 한다(특 제22조 제7항).

III. 절차의 중지

1. 중지사유

[1] **당연중지**: 천재지변이나 그 밖의 불가피한 사유로 특허청장 또는 심판관이 그 직무를 수행할 수 없을 때(특 제23조 제1항)에는 특허청 또는 특허심판원에 계속 중인 절차는 그 사유가 소멸될 때까지 당연중지한다.

[2] **결정중지**: 당사자에게 일정하지 아니한 기간 동안 특허청 또는 특허심판원에 계속 중인 절차를 속행할 수 없는 장애사유가 생긴 경우에는 특허청장 또는 특허법 제143조에 따른 심판관은 결정으로 장애사유가 해소될 때까지 그 절차의 중지를 명할 수 있다(특 제23조 제2항).

2. 중지의 해소

중지결정은 사정변경이 발생한 경우에 취소할 수 있다. 다만, 천재지변 등과 같은 당연중지사유에 있어서는 중지결정의 취소 없이도 직무집행 불능상태가 소멸됨과 동시에 중지도 해소된다.

IV. 절차 정지의 효과

특허절차에 정지사유가 있으면 그 절차는 정지되며, 기간의 진행 역시 그 절차의 수계통지나 속행이 있을 때까지 정지된다. 이 경우 진행기간은 절차의 중지나 중단 전 잔여기간의 진행으로 지정기간이나 법정기간이 완성되는 것이 아니라 중단 전 진행된 기간이 무시되고 다시 처음부터 전 기간이 진행된다(특 제24조).

제8절 특허출원절차

I. 출원적격자

[1] **출원적격자**: (i) 권리능력이 있는 자로, (ii) 특허를 받을 수 있는 권리자이며, (iii) 출원절차를 밟을 수 있는 행위능력이 있거나 대리권이 있어야 한다.

[2] **출원적격을 갖추지 못한 자의 출원:** 출원 시 불수리처리, 보정명령(특 제46조) 및 거절결정의 대상(특 제62조)이 된다. 또한 착오로 특허가 된 경우에도 특허무효대상이 된다(특 제133조).

II. 특허를 받을 수 없는 자

(i) 특허청 직원 또는 특허심판원 직원은 상속 또는 유증의 경우를 제외하고는 재직 중 특허를 받을 수 없다(특 제33조 제1항 단서).

(ii) 무권리자: 발명자 또는 그 승계인으로부터 특허를 받을 수 있는 권리를 적법하게 승계를 받지 아니한 자는 당해 발명에 대하여 무권리자에 해당한다.

III. 공동발명자(공동출원)

[1] **공동발명자:** 발명을 완성함에 있어 단순한 협력이 아니고 실질적으로 협력한 자를 의미한다.

[2] **공동출원절차:** 공동발명이나 그 발명에 대한 권리의 일부 이전으로 인하여 특허를 받을 수 있는 권리가 공유인 경우에는 그 공유자 전원의 명의로 특허출원을 하여야 한다.

[3] 출원인 전원이 발명자이고 상호 간에 특별히 지분을 정하지 아니하는 때에는 각 공동출원인 간의 지분은 균등한 것으로 보나, 공동출원인 간에 특허를 받을 수 있는 권리에 관하여 특별히 지분을 정하고 있는 때 또는 민법 제268조 제1항 단서의 규정에 의한 계약이 있는 때에는 각 공동출원인 간의 지분은 약정으로 정한 바에 따른다.

[4] **각자 대표의 원칙:** 2인 이상이 공동으로 특허출원을 하였을 때에는 (i) 특허출원의 포기·취하 또는 특허권의 존속기간 연장등록출원의 취하, (ii) 신청의 취하·국내우선권주장 또는 그 취하, (iii) 청구의 취하, (iv) 거절결정에 대한 불복심판청구의 경우를 제외하고는 각자가 전원을 대표한다. 대표자를 선정하여 특허청에 신고한 때에는 이 사실을 서면으로 증명하여야 하며, 이때 대표자는 당사자 중에서 선정하여야 한다(특 제11조).

[5] **공동출원 위반의 효과:** 공동출원에 위반하여 특허출원이 되었을 때에는 거절이유가 되며 이미 특허가 허여된 때에는 특허무효사유가 된다(특 제133조 제1항 제2호). 또한 공동출원인 거절되었을 경우, 이에 대한 거절결정불복심판청구는 공동출원인 전원에 의한 것이어

야 하며, 그 일부 출원인만으로 청구되었을 때에는 부적법한 청구로서 심결각하하여야 한다.

IV. 특허출원 시 제출서류

1. 의 의

[1] **특허청에 특허출원하기 위하여 제출할 서류**: (i) 출원서, (ii) 명세서, (iii) 도면 및 요약서 등을 첨부하여 특허청에 제출하여야 한다.

[2] **서류제출방법**: (i) 서면으로 제출하는 방법, (ii) 특허청 전자출원 시스템을 이용하여 온라인으로 전자문서를 전송하는 방법, (iii) 전자적 기록매체에 수록하여 제출하는 방법이 있다.

[3] 특허에 관한 절차를 온라인으로 밟고자 하는 자는 특허청 또는 특허심판원에게 자신의 고유번호(출원인코드)의 부여를 신청하여야 한다(특 제28조의2). 또한 출원인, 특허를 받을 수 있는 권리의 승계인, 심사청구인, 정정청구인, 우선심사신청인 또는 공개된 출원에 대한 정보제공인이 절차를 밟으면서 고유번호를 신청하지 않은 경우에는 특허청장 또는 특허심판원장이 직권으로 고유번호를 부여하고 그 사실을 알려야 한다(특 제28조의2 제3항).

[4] 출원인코드를 부여받은 자는 주소, 인감 등의 변경신고서를 제출하여 이를 변경할 수 있고, 또한 출원인코드를 이중으로 부여받았거나 잘못 부여받은 경우에도 이를 신청에 의하여 정정할 수 있다.

2. 출원서

[1] **특허출원서**: 특허출원의 본체라고 할 수 있는 것으로 특허출원의 주체 및 그 절차를 밟는 자를 명확히 하며 특허를 받고자 하는 취지의 의사표시를 기재하는 서면이다.

[2] 특허출원서가 제출되면 특허청장은 출원인에게 출원번호를 부여하고(특허법 시행규칙 제24조) 제출된 날을 출원일로 인정하게 되지만, 특허출원료를 납부하지 않았다든가 특허출원의 방식이 규정에 위배된 경우에는 보정이 명해지고 보정이 되지 않으면 당해 특허출원은 무효가 된다(특 제46조, 제16조). 또한 출원서류가 현저히 불비한 경우에는 반려한다(특허법 시행규칙 제11조).

[3] **출원일의 의의**: 발명의 신규성 등의 특허요건 판단의 기준시이고, 선출원 판단의 기준이며 특허법상 각종 기간의 기산일 기준이다.

[4] **출원서**: (ⅰ) 특허출원인의 성명 및 주소(법인인 경우에는 그 명칭 및 영업소의 소재지), (ⅱ) 특허출원인의 대리인이 있는 경우에는 그 대리인의 성명 및 주소나 영업소의 소재지(대리인이 특허법인·특허법인(유한)인 경우에는 그 명칭, 사무소의 소재지 및 지정된 변리사의 성명), (ⅲ) 발명의 명칭, (ⅳ) 발명자의 성명 및 주소를 기재하여야 한다(특 제42조 제1항).

이 밖에 조약에 의한 우선권, 국내출원에 의한 우선권주장 수반의 출원일 경우에는 그 우선권주장사실을 기재하여 특허청장에게 제출하여야 한다(특 제54조, 제55조). 이때에는 명세서, 필요한 도면 및 요약서를 첨부하여야 한다.

[5] 특허출원인은 특허출원서에 부여받은 고유번호를 기재하여야 한다. 출원서에 고유번호를 기재한 경우에는 출원인의 주소를 기재하지 않을 수 있다. 특허출원을 대리인에 의해 할 경우에도 그 대리인은 고유번호를 부여받고 그 고유번호를 특허출원서류에 기재하여야 한다.

3. 명세서

[1] 기술의 공개는 명세서의 상세한 설명에 의하여 이루어지고, 특허청구범위에 기재된 사항에 의하여 권리로서의 한계가 정해진다. 출원서에 첨부되는 명세서는 기술문헌으로서의 역할을 함과 동시에 권리로서의 역할을 하는 중요한 서류이다.

[2] 특허를 받은 후에 명세서는 특허등록원부의 일부로 간주된다(특 제85조 제4항). 특허권으로서 보호받은 발명의 보호범위는 특허청구범위에 기재된 사항에 의해 정해지기 때문에(특 제97조) 특허청구범위는 중요하다.

[3] **명세서**: (ⅰ) 발명의 명칭, (ⅱ) 도면의 간단한 설명, (ⅲ) 발명의 상세한 설명, (ⅳ) 특허청구범위를 법령의 요건에 갖추어 기재하여야 한다(특 제42조 제2항, 제3항 및 제4항). 전술한 요건을 모두 구비하지 않으면 특허부여가 거절되며(특 제62조 제4항), 특허로 등록되었다고 하더라도 특허무효사유(특 제42조 제3항 제1호 내지 제4항, 제133조 제1항 제1호)가 된다.

대법원 2018. 10. 25. 선고 2016후601 판결[등록무효(특)][미간행]

[판결요지]

구 특허법(2007. 1. 3. 법률 제8197호로 개정되기 전의 것, 이하 같다) 제42조 제3항은 발명의 상세한 설명에는 그 발명이 속하는 기술분야에서 통상의 지식을 가진 사람(이하 '통상의 기술자'라고 한다)이 용이하게 실시할 수 있을 정도로 그 발명의 목적·구성 및 효과를 기재하여야 한다고 규정하고 있다. 이는 특허출원된 발명의 내용을 제3자가 명세서만으로 쉽게 알 수 있도록 공개하여 특허권으로 보호받고자 하는 기술적 내용과 범위를 명확하게 하기 위한 것이다(대법원 2011. 10. 13. 선고 2010후2582 판결, 대법원 2015. 9. 24. 선고 2013후525 판결 등 참조).

그런데 '물건의 발명'의 경우 그 발명의 '실시'라고 함은 그 물건을 생산, 사용하는 등의 행위를 말하므로, 물건의 발명에서 통상의 기술자가 특허출원 당시의 기술수준으로 보아 과도한 실험이나 특수한 지식을 부가하지 않고서도 발명의 상세한 설명에 기재된 사항에 의하여 물건 자체를 생산하고 이를 사용할 수 있고, 구체적인 실험 등으로 증명이 되어 있지 않더라도 특허출원 당시의 기술수준으로 보아 통상의 기술자가 발명 효과의 발생을 충분히 예측할 수 있다면, 위 조항에서 정한 기재요건을 충족한다고 볼 수 있다(대법원 2016. 5. 26. 선고 2014후2061 판결 등 참조).

대법원 2015. 9. 24. 선고 2013후525 판결[등록무효(특)][공2015하,1626]

[판결요지]

'물건의 발명'의 경우 발명의 '실시'란 물건을 생산, 사용하는 등의 행위를 말하므로, 발명의 특허청구범위에 특정된 물건 전체의 생산, 사용 등에 관하여 구 특허법(2007. 1. 3. 법률 제8197호로 개정되기 전의 것) 제42조 제3항에서 요구하는 정도의 명세서 기재가 없는 경우에는 위 조항에서 정한 기재요건을 충족한다고 볼 수 없다. 따라서 구성요소의 범위를 수치로 한정하여 표현한 물건의 발명에서도 특허청구범위에 한정된 수치범위 전체를 보여주는 실시 예까지 요구되는 것은 아니지만, 발명이 속하는 기술분야에서 통상의 지식을 가진 자가 출원 시의 기술 수준으로 보아 과도한 실험이나 특수한 지식을 부가하지 않고서는 명세서의 기재만으로 수치범위 전체에 걸쳐 물건을 생산하거나 사용할 수 없는 경우에는, 위 조항에서 정한 기재요건을 충족하지 못한다.

[4] 특허법은 제42조 제3항에서 발명의 상세한 설명의 기재요령을 두어 기술문헌으로서의 소임을 달성하며, 제42조 제4항에서는 특허청구범위의 기재요령을 두어 특허발명의 보호범위를 특정하고 있다. 2011년 개정 특허법[62]에서는 특허를 받으려는 자가 그 발명의 배경

이 되는 기술을 기재하도록 법률에 명확하게 규정하고(특 제42조 제3항 제2호 신설), 배경기술을 기재하여야 하는 의무를 위반한 특허출원에 대하여는 거절결정을 하되, 특허등록 이후에는 무효가 되지 않도록 특허의 무효심판 사유에서 이를 제외하도록(특 제133조 제1항 제1호) 관련 규정을 개선하여 보완하였다.

2011년 개정 이전에는 배경기술 기재의무 사항은 특허법 시행규칙 별지 제15호 서식의 기재요령으로 위임하여 규정하고 있어 배경기술 기재가 의무사항임을 출원인이 명확히 알기 어려운 문제점이 있고, 실제로도 발명의 배경기술을 기재하지 않고 특허출원을 하는 경우가 발생하였다. 따라서 발명의 배경기술은 그 발명의 기술적 특징을 쉽게 파악하는 데 도움이 되어 그 발명에 관한 특허출원의 심사에 유용할 뿐만 아니라 특허협력조약(PCT) 규칙에서도 필수 기재사항으로 규정하고 있음을 감안하여 상위법인 특허법에 특허를 받으려는 자가 그 발명의 배경이 되는 기술을 기재하도록 명확하게 규정하고, 배경기술을 기재하여야 하는 의무를 위반한 특허출원에 대하여는 거절결정을 하도록 한 것이다. 다만, 배경기술을 기재하지 않았다고 하더라도 발명에 실체적 하자가 있는 것은 아니므로 특허등록 이후에는 무효가 되지 않도록 하고, 배경기술 기재는 출원발명에 대한 실체적인 특허요건이 아니라 절차적인 요건으로서 이에 대하여는 일반 공중보다 특허청 심사관이 더욱 잘 파악할 수 있으므로 정보제공 사유에서 제외하도록(특 제63조의2) 관련 규정을 개선·보완하였다.

[5] 배경기술기재의 요건

(i) 배경기술은 특허를 받고자 하는 발명에 관한 것이어야 한다. 배경기술이 특허를 받고자 하는 발명과 관련성이 있는지 여부는 발명의 기술적 과제, 과제의 해결수단, 발명의 효과를 전체적으로 고려하여 판단한다.

(ii) 출원인은 발명의 상세한 설명의 '발명의 배경이 되는 기술' 항목에 배경기술의 구체적 설명을 기재하여야 하고, 가급적 그러한 배경기술이 개시된 선행기술 문헌정보도 기재해야 한다. 선행기술문헌 정보는 특허문헌의 경우 공보번호, 공개일 등을 기재하고, 비특허문헌의 경우 저자, 간행물명(논문명), 발행처, 발행연월일 등을 기재한다. 다만 배경기술의 구체적 설명을 적지 않고 선행기술문헌 정보만을 기재하였더라도 그 선행기술문헌이 발명에 관한 적절한 배경기술을 개시하고 있는 것이라면 발명의 배경기술을 적은 것으로 본다. 선행기술문헌이 다수일 경우 가급적 발명에 가장 가까운 문헌(들)에 관하여 적어야 한다.

(iii) 기존의 기술과 전혀 다른 신규 발상에 의해 개발된 발명이어서 배경기술을 특별히

---

62) [시행 2011. 7. 1.][법률 제10716호, 2011. 5. 24., 일부개정].

알 수 없는 경우에는, 인접한 기술분야의 종래기술을 기재하거나 적절한 배경기술을 알 수 없다는 취지를 기재함으로써 해당 발명의 배경기술 기재를 대신할 수 있다.[63)]

[6] 배경기술의 기재가 부적법한 유형

배경기술의 기재가 부적법한 유형으로는 (i) 배경기술을 전혀 적지 않은 경우, (ii) 특허를 받고자 하는 발명에 관한 배경기술이 아닌 경우,[64)] (iii) 기재가 불충분하여 발명의 배경기술을 적은 것으로 볼 수 없는 경우[65)]가 있다.

[7] 특허청구범위의 기재방법에 관한 사항은 대통령령으로 정하고 있다(특 제42조 제8항). 여기에서는 주의할 점은 도면 및 요약서가 명세서의 일부가 아니라는 점(특 제42조 제2항)이다.

[8] 특허청구범위의 작성방법: (i) 발명의 상세한 설명에 의하여 뒷받침되어야 하고(특 제42조 제4항 제1호), (ii) 발명이 명확하고 간결하게 기재되어야 한다(특 제42조 제4항 제2호).

대법원 2019. 7. 10. 선고 2017다209761 판결[특허권침해금지청구의소][공2019하,1531]

[판결요지]

특허발명의 보호범위는 특허청구범위에 기재된 사항에 의하여 정하여야 한다. 거기에 기재된 문언의 의미내용을 해석할 때 문언의 일반적인 의미내용을 기초로 하면서도 발명의

---

63) 특허·실용신안 심사기준(2011년도 추록) § 4.2.

64) (i) 특허를 받고자 하는 발명과 관련성이 없는 배경기술만을 적은 경우(특허청구범위에는 '물걸레가 달린 진공청소기'를 청구하면서 '발명의 배경이 되는 기술' 항목에는 냉장고에 관한 배경기술만을 적은 경우와 같이 발명의 기술적 과제, 해결수단, 효과의 기재 전체로부터 청구된 발명과 배경기술의 상호관련성이 없다는 점이 충분히 인지될 때), (ii) 특허청구범위에는 기재되지 않고 발명의 상세한 설명에만 기재된 발명의 배경기술을 적은 경우, (iii) 1군의 발명 위반으로 분할출원하였는데, 분할출원의 발명의 상세한 설명에 적혀 있는 배경기술이 분할출원의 특허청구범위에서 청구하는 발명에 관한 것이 아닌 경우가 그에 해당한다(특허·실용신안 심사기준(2011년도 추록) § 4.3).

65) 그러한 예로는 (i) 출원인 '소음을 감소시키는 진공청소기 흡입노즐'을 출원하면서, 발명에 직접적으로 관련되는 진공청소기 흡입노즐에 관한 선행기술이 다수 존재하고 통상적인 검색시스템에 의하여 용이하게 검색될 수 있는 데도 불구하고, 진공청소기 흡입노즐에 관한 배경기술이나 선행기수문헌은 적지 않고 진공청소기에 관한 기초적인 기술상식만을 적은 경우, (ii) 출원인이 유압식 드릴 장치에 관하여 다수의 특허출원을 해 왔으면서도, '고정밀 유압식 드릴 장치'를 출원하면서 배경기술란에 본인 출원의 공개공보조차 적지 않고 전기모터 드릴에 관한 일반적인 기술만을 적은 경우 등을 들 수 있다(특허·실용신안 심사기준(2011년도 추록) § 4.3.3.). 다만 이 경우에 특허법 제42조 제3항 제2호 위반의 거절이유를 통지하기 위해서는 적절한 배경기술 내용이나 선행기술문헌이 해당 기술분야에서 알려져 있거나 용이하게 입수될 수 있다고 인정되어야만 한다. 심사관이 적절한 배경기술이 개시된 선행기술문헌을 인지하였다면 가급적 거절이유통지시에 그러한 선행기술문헌을 제시하도록 하고 있다(특허·실용신안 심사기준(2011년도 추록) § 4.3.3.).

설명 및 도면 등을 참작하여 객관적·합리적으로 하여야 한다. 그리고 특허청구범위에 기재된 문언으로부터 기술적 구성의 구체적 내용을 알 수 없는 경우에는 명세서의 다른 기재 및 도면을 보충하여 그 문언이 표현하고자 하는 기술적 구성을 확정하여 특허발명의 보호범위를 정하여야 한다. 특허의 명세서에 기재된 용어는 명세서 전체를 통하여 통일되게 해석할 필요가 있으므로, 하나의 용어가 청구범위나 발명의 설명에 다수 사용된 경우 특별한 사정이 없는 한 동일한 의미로 해석해야 한다.

대법원 2017. 4. 7. 선고 2014후1563판결[거절결정(특) (가) 파기환송][청구범위의 명확성 기재요건 사건]

◇특허발명의 청구범위에 발명이 명확하게 적혀 있는지를 판단하는 기준◇

특허법 제42조 제4항 제2호는 청구범위에는 발명이 명확하고 간결하게 적혀야 한다고 규정하고 있다. 그리고 특허법 제97조는 특허발명의 보호범위는 청구범위에 적혀 있는 사항에 의하여 정하여진다고 규정하고 있다(2007. 1. 3. 법률 제8197호로 개정되기 전의 구 특허법에도 자구는 다르지만 동일한 취지로 규정되어 있다). 따라서 청구항에는 명확한 기재만이 허용되고, 발명의 구성을 불명료하게 표현하는 용어는 원칙적으로 허용되지 않는다(대법원 2006. 11. 24. 선고 2003후2072 판결, 대법원 2014. 7. 24. 선고 2012후1613 판결 등 참조). 또한 발명이 명확하게 적혀 있는지 여부는 그 발명이 속하는 기술분야에서 통상의 지식을 가진 사람이 발명의 설명이나 도면 등의 기재와 출원 당시의 기술상식을 고려하여 청구범위에 기재된 사항으로부터 특허를 받고자 하는 발명을 명확하게 파악할 수 있는지에 따라 개별적으로 판단하여야 하고, 단순히 청구범위에 사용된 용어만을 기준으로 하여 일률적으로 판단하여서는 안 된다.

☞ 이 사건 제12항 발명의 기재 중 '1 내지 20개의 탄소 원자를 갖는 기, 바람직하게는 분지 또는 비분지 알킬 또는 알콕시기' 부분은 '1 내지 20개의 탄소 원자를 갖는 기'와 '분지 또는 비분지 알킬 또는 알콕시기'가 이중한정을 나타내는 용어인 '바람직하게는'으로 서로 연결되어 있는데, 이러한 기재는 이 사건 제12항 발명에 기재된 'X'가 '1 내지 20개의 탄소 원자를 갖는 기' 전체를 의미하는지, 아니면 그중에서 '분지 또는 비분지 알킬 또는 알콕시기'를 의미하는지가 반드시 명확하지는 않아 청구범위를 둘러싸고 분쟁이 발생할 소지가 있고, 이 사건 출원발명의 명세서 중 발명의 설명에는 이 사건 기재와 동일한 내용만이 적혀 있을 뿐이어서 이러한 발명의 설명을 참작한다고 하더라도 'X'가 어느 것을 의미하는지가 여전히 명확하지 않으므로, 이 사건 기재를 포함하고 있는 이 사건 제12항 발명은 발명이 명확하게 적혀 있다고 보기 어렵다고 판단한 사안임.

[9] 특허청구범위는 특허출원인이 특허발명으로 보호받고자 하는 사항을 기재한 것이므

로, 예컨대 신규성·진보성 판단의 대상이 되는 발명의 확정은 특허청구범위에 기재된 사항에 의하여야 한다. 다만 특허청구범위에 기재된 사항은 발명의 상세한 설명이나 도면 등을 참작하여야 그 기술적인 의미를 정확하게 이해할 수 있으므로, 특허청구범위에 기재된 사항은 그 문언의 일반적인 의미를 기초로 하면서도 발명의 상세한 설명 및 도면 등을 참작하여 그 문언에 의하여 표현하고자 하는 기술적 의의를 고찰한 다음 객관적·합리적으로 해석하여야 한다. 그러나 발명의 상세한 설명 및 도면 등을 참작한다고 하더라도 발명의 상세한 설명이나 도면 등 다른 기재에 의하여 특허청구범위를 제한하거나 확장하여 해석하는 것은 허용되지 아니한다.[66]

[10] **특허법 시행령 제5조에 따른 특허청구범위의 기재방법:** (i) 특허청구범위의 청구항(이하 '청구항'으로 표시)을 기재할 때에는 독립청구항(이하 '독립항'으로 표시)을 기재하여야 하며, 그 독립항을 한정하거나 부가하여 구체화하는 종속청구항(이하 '종속항'으로 표시)을 기재할 수 있다. 이 경우 필요한 때에는 그 종속항을 한정하거나 부가하여 구체화하는 다른 종속항을 기재할 수 있다.

(ii) 청구항은 발명의 성질에 따라 적정한 수로 기재하여야 한다.

(iii) 종속항을 기재할 때에는 독립항 또는 다른 종속항 중에서 1 또는 2 이상의 항을 인용하여야 하며, 인용되는 항의 번호를 기재하여야 한다.

(iv) 2 이상의 항을 인용하는 청구항은 인용되는 항의 번호를 택일적으로 기재하여야 한다.

(v) 2 이상의 항을 인용한 청구항에서 그 청구항의 인용된 항은 다시 2 이상의 항을 인용하는 방식을 사용하여서는 아니 된다. 2 이상의 항을 인용한 청구항에서 그 청구항의 인용된 항이 다시 하나의 항을 인용한 후에 그 하나의 항이 결과적으로 2 이상의 항을 인용하는 방식에 대하여도 또한 같다.

(vi) 인용되는 청구항은 인용하는 청구항보다 먼저 기재하여야 한다.

(vii) 각 청구항은 항마다 행을 바꾸어 기재하고, 그 기재하는 순서에 따라 아라비아 숫자로 일련번호를 붙여야 한다.

4. 도 면

[1] 도면은 발명의 실시례를 구체적으로 표시하여 명세서에 기재된 발명의 구성을 보다

---

66) 대법원 2012. 12. 27. 선고 2011후3230 판결[거절결정(특)]; 대법원 2007. 10. 25. 선고 2006후3625 판결.

잘 이해할 수 있도록 보조하여 주는 기능을 가지는 것이다.

[2] 도면은 명세서의 보조수단이다.

[3] 특허에 있어서 도면은 실용신안이나 디자인과는 달리 임의서류로서의 역할만을 한다.

[4] 화학물질의 발명과 같이 도면이 불필요하거나 첨부할 수 없을 때에는 첨부하지 않아도 되나, 물건의 발명에는 반드시 도면을 첨부하여야 한다. 물건의 발명에 관한 특허출원서에 도면이 첨부되어 있지 않을 경우에는 부적법한 출원으로 취급하여 출원인에게 반려하여야 한다(특허법 시행규칙 제11조 제1항 제5호).

5. 요약서

[1] 기술의 고도화, 복잡화 등으로 필요한 공보에 정확하게 접근하는 것이 곤란하기 때문에 출원인으로 하여금 발명의 내용을 요약하여 제출하게 함으로써 출원된 발명이 기술정보로서 쉽게 활용될 수 있게 한 것이다.

[2] 그 기재가 매우 간략히 표현되고 있기 때문에 기술정보로서의 용도로 사용하여야 하며, 특허발명의 보호범위를 정하는 데 사용되어서는 안 된다(특 제43조).

[3] 특허법 제43조는 특허법 제42조 제2항에서 출원서에 첨부하도록 한 요약서의 용도에 관한 규정이다.

[4] 요약서는 기술정보로서의 용도로 사용되어야 하며 특허발명의 보호범위를 정하는 데에는 사용될 수 없다. 왜냐하면 특허발명의 보호범위는 특허청구범위에 기재된 사항에 의하여 정해진다는 규정이 별도로 있을 뿐만 아니라(특 제97조), 요약서는 보호범위를 정할 때 사용되는 명세서와 달리 오직 발명의 개요를 나타내는 기술정보로 제출되는 것이기 때문이다. 따라서 요약서에만 기재되어 있는 사항은 확대된 선출원(특 제29조 제3항 및 제4항)규정이 적용되지 않으며, 자명하지 않는 사항이 요약서에만 기재되어 있는 경우에는 이를 보정에 의하여 명세서에 추가하면 신규사항 추가로 취급될 수 있음에 주의하여야 한다.

[5] 요약서는 명세서 또는 도면에 기재된 발명에 개요를 표현할 수 있도록 가능한 한 간결하게 (i) 청구범위에 기재된 발명이 속한 기술분야, (ii) 그 발명이 해결하려고 하는 기술적 목적과 과제 그리고 구성, (iii) 그 발명의 해결효과 등에 관한 사항을 기재하여야 한다.

6. 기타의 첨부서류

가. 반드시 제출하여야 하는 서류

[1] **공동출원의 경우**: 공동출원인이 대표자를 선정한 때에는 대표자를 증명하는 서류를 첨부하여야 한다.

[2] **대리인이 있는 경우**: 대리권을 증명하는 서류(즉, 위임장)을 첨부하여야 한다.

[3] **우선권을 주장하는 경우**: 우선권을 증명하는 서류를 출원과 동시에 제출하지 않은 경우에는 최선일로부터 1년 4월 이내에 제출하여야 한다.

[4] **신규성 상실에 대한 예외를 적용받고자 하는 경우**: 그 취지를 기재한 서류를 첨부하여야 한다.

[5] **특허관리인이 출원, 청구 등의 절차를 밟을 경우**: 그 특허관리인임을 증명하는 서류를 제출하여야 한다.

[6] **미생물에 관계되는 발명에 대하여 특허출원을 하는 경우**: 미생물기탁사실증명서류를 제출하여야 한다.

나. 필요한 경우에 한하여 제출하는 서류

[1] 특허법 시행규칙 제8조 제1항(증명서류의 제출)에 따르면, 특허청장·특허심판원장 또는 심판장은 특허에 관한 절차를 밟는 자에 대한 구체적인 확인이 필요하다고 인정되면 다음 각 호의 서류를 제출하게 할 수 있다. 다만, 특허에 관한 절차를 밟는 자가 특허고객번호 정보에 인감 또는 서명을 등록한 경우(특허권 등의 등록령 제22조 제1항 제7호에 해당하는 경우는 제외한다)에는 그 인감 또는 서명을 확인하는 것으로 다음의 서류의 제출명령을 갈음할 수 있다.

(i) 국적증명서(외국인인 경우에 한정한다), 그 밖에 당사자를 확인할 수 있는 서류

(ii) 인감증명서(작성 후 6개월 이내의 것이어야 하며, 인감증명제도가 없는 외국인인 경우에는 이에 준하는 증명서)

(iii) 서명에 대한 공증서 등 서명에 대한 권한을 증명할 수 있는 서류(외국인인 경우에는 본인이 서명을 하였다는 본국 관공서의 증명서면을 포함한다)

[2] 특허법 시행규칙 제8조 제1항에도 불구하고 특허청장, 특허심판원장, 심판장은 특허에 관한 절차를 밟는 자의 주민등록표 등본·초본, 법인 등기사항증명서(법인인 경우만 해당한

다) 등 전자정부법 시행령 제43조에 따른 공동이용 대상 행정정보에 해당하는 서류에 대해서는 특허법 제36조 제1항에 따른 행정정보의 공동이용을 통하여 확인하여야 한다. 다만, 이를 통하여 확인할 수 없거나 다음 각 호의 어느 하나에 해당하는 경우에는 그 서류를 제출하게 할 수 있다(특허법 시행규칙 제8조 제2항).

(i) 특허에 관한 절차를 밟는 자가 전자정부법 시행령 제43조에 따른 공동이용 대상 행정정보에 해당하는 서류(법인 등기사항증명서는 제외한다)의 확인에 동의하지 아니하는 경우

(ii) 특허에 관한 절차를 밟는 자가 법인 등기사항증명서의 확인에 필요한 정보를 제공하지 아니하는 경우

[3] 특허청장 또는 특허심판원장은 외국인이 특허에 관한 절차를 밟을 경우 그 자가 속하는 국가가 공업소유권보호를 위한 파리조약(이하 "파리조약"이라 한다)의 당사국 또는 특허에 관하여 대한민국과 상호 보호할 것을 약속한 국가가 아니면 다음 각 호의 어느 하나에 해당하는 서류를 제출하게 할 수 있다(특허법 시행규칙 제8조 제3항).

(i) 동맹국 중 1국의 영역 안에 주소 또는 영업소를 가지고 있는 경우에는 이를 증명하는 서류

(ii) 그 외국인이 속하는 국가에서 대한민국 국민에 대하여 그 국민과 동일한 조건으로 특허권 또는 특허에 관한 권리의 향유를 인정하는 경우에는 이를 증명하는 서류

(iii) 대한민국이 그 외국인에 대하여 특허권 또는 특허에 관한 권리의 향유를 인정하는 경우에는 그 외국인이 속하는 국가에서 대한민국 국민에 대하여 그 국민과 동일한 조건으로 특허권 또는 특허에 관한 권리의 향유를 인정하는 경우에 이를 증명하는 서류

[4] 특허청장·특허심판원장 또는 심판장은 제1항부터 제3항까지의 규정에 따라 서류의 제출을 명하는 때에는 서류제출명령서에 의하여 제출서류명 및 그 이유를 통지하고 기간을 정하여 소명할 수 있는 기회를 주어야 한다.

V. 특허출원 후 양도하는 경우

특허청장 또는 특허심판원장은 특허를 받을 수 있는 권리를 승계한 자가 특허에 관한 절차를 밟고자 하는 경우에 필요하다고 인정되는 때에는 그 승계인임을 증명하는 서류를 제출하게 할 수 있다. 특허에 관한 절차를 밟고자 하는 자가 그 절차를 밟음에 있어서 제3자의 허가·인가·동의 또는 승낙을 필요로 하는 경우에는 이를 증명하는 서류를 특허청장 또는

특허심판원장에게 제출하여야 한다.

VI. 분할출원의 경우

[1] 하나의 특허출원 중에 2 이상의 발명이 포함되고 있음이 출원 후 명확한 때에는 기본의 특허출원을 2 이상의 특허출원으로 분할하기 위하여 분할출원서를 제출하여야 하는데, 이 경우도 필요한 모든 서류를 별도로 제출하여야 한다. 하지만 원출원서에 첨부된 서류를 원용할 수도 있다.

[2] 2015년 개정 특허법 제52조 제1항에 제3호를 신설하였다. 이는 특허등록결정 이후 일정기간 동안 분할출원을 허용하기 위한 것이다. 종래에 하나의 출원에 2개 이상의 발명이 기재된 경우에 그 발명 중 일부는 원래의 출원에 남겨 두고, 나머지 1개 이상의 발명을 별개 출원으로 분리출원하는 분할출원 제도가 운영되고 있었다. 그러나 2015년 개정 이전의 특허법에서는 명세서 또는 도면을 보정할 수 있는 기간 또는 거절결정불복심판을 청구할 수 있는 기간 등에만 분할출원할 수 있고, 특허등록결정 이후에는 분할출원을 할 수 없어 자신의 발명임에도 특허등록결정 이후 변화된 시장 환경에 맞추어 추가 권리화를 하지 못하는 문제점이 있었다. 이에 출원인이 시장 환경 변화에 능동적으로 대응할 수 있도록 명세서 또는 도면을 보정할 수 있는 기간 외에도 특허결정 또는 특허거절결정 취소심결(특허등록을 결정한 심결에 한정하되, 재심심결을 포함한다)의 등본을 송달받을 날부터 설정등록하기 전 3개월(다만, 제79조에 따른 설정등록을 받으려는 날이 3개월보다 짧은 경우에는 그날까지의 기간)까지 분할출원할 수 있도록 분할출원 가능 기간을 확대한 것이다.

제7장 특허심사절차

제1절 심사청구제도

[1] 심사관은 특허출원의 심사청구가 있을 때에 한하여 그 청구일 순서에 따라 심사한다.

[2] **취 지:** 출원인의 경제적 부담을 줄이고 특허출원의 심사처리 기간을 단축하기 위한 것이다.

[3] 청구인적격: 특허출원에 대한 심사청구는 누구든지 할 수 있다(특 제59조 제2항).

[4] **청구기간**: 심사청구는 출원일로부터 3년 이내에 누구든지 할 수 있다(특 제59조 제2항). 실제의 출원일을 의미하므로 조약에 의한 우선권주장을 수반하는 출원에 있어서는 제1국 출원일이 아닌 우리나라에서의 실제 출원일을 의미하고, 국내우선권주장을 수반하는 출원의 경우에는 선출원일이 아닌 우선권주장을 수반하는 후출원일을 의미한다. 2016년 개정 특허법([시행 2017. 3. 1.][법률 제14035호, 2016. 2. 29., 일부개정]) 이전에는 특허출원을 심사받기 위해서는 특허출원일부터 5년 이내에 출원심사의 청구를 하도록 함에 따라 심사청구기간이 길어져 특허발명에 대한 권리확정이 지연되는 문제점이 있었다. 따라서 2016년 개정 특허법에서는 국제적 추세에 맞추어 특허출원의 심사청구기간을 특허출원일부터 3년 이내로 단축하여 특허발명에 대한 권리확정이 조속히 이루어질 수 있도록 하였다.

표 3-3 ┃ 특허출원 및 심사절차 흐름도

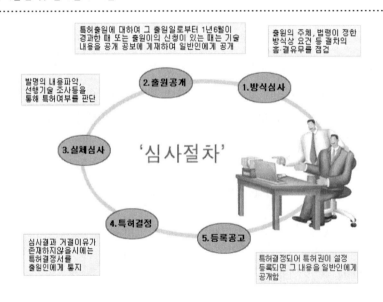

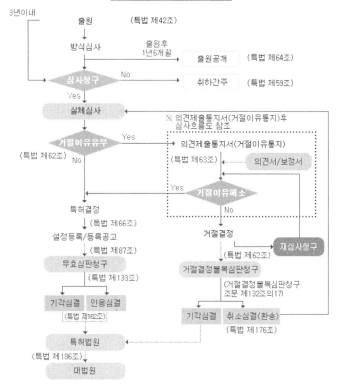

특허출원후 심사 흐름도

출처: https://www.kipo.go.kr/kpo/HtmlApp?c = 10001&catmenu = m06_01_01

[5] 특허청구범위 기재가 유예된 경우: 2007년 개정된 특허법에서 명세서에 첨부하는 특허청구범위를 출원공개일까지 보정할 수 있도록 특허청구범위 기재를 유예하는 제도를 도입하였다. 그리고 2014년 개정을 통해 외국어특허출원을 가능하게 하였다. 그래서 심사청구를 특허출원인이 할 경우에는 명세서가 특허청구범위를 적지 아니한 경우 내지 외국어특허출원 시 국어번역문을 제출하지 아니한 경우에는 출원심사의 청구를 할 수 없다(특 제59조 제2항). 예외적으로 분할출원 또는 변경출원은 그 법적 효과로서 출원일이 원출원일까지 소급되는 결과 심사청구기간도 실제의 분할출원 또는 변경출원일이 아닌 원출원일로부터 5년 이내에 하여야 한다. 이러한 경우 원출원일로부터 5년이 경과되어 이루어진 분할출원 또는 변경출원의 경우 기간경과로 심사청구를 할 수 없게 되는 문제가 발생한다. 특허출원, 분할출원 또는 변경출원은 원출원일로부터 5년이 경과된 후에도 특허출원한 날, 분할출원을 한 날 또는

변경출원을 한 날부터 각각 30일 이내에 심사청구를 할 수 있다(특 제59조 제3항).

제2절 우선심사제도

[1] 우선심사: 심사청구의 특례조치이다.

[2] 특허법 제61조에 따르면, (i) 출원공개 후 특허출원인이 아닌 자가 업(業)으로서 특허출원된 발명을 실시하고 있다고 인정되는 경우, (ii) 대통령령이 정하는 특허출원으로서 긴급하게 처리할 필요가 있다고 인정되는 경우에 특허청장은 그 특허출원에 대해서는 심사관에게 다른 특허출원에 우선하여 심사하게 할 수 있다.

[3] 대통령령이 정하는 특허출원으로서 긴급처리가 필요한 특허출원: 방위산업분야의 출원, 녹색기술(온실가스 감축기술, 에너지 이용 효율화 기술, 청정생산기술, 청정에너지 기술, 자원순환 및 친환경 기술(관련 융합기술을 포함한다) 등 사회·경제 활동의 전 과정에 걸쳐 에너지와 자원을 절약하고 효율적으로 사용하여 온실가스 및 오염물질의 배출을 최소화하는 기술을 말한다)과 직접 관련된 특허출원, 수출촉진에 직접 관련된 출원(수출실적, 신용장개설 및 특허권이 필요하다는 수출품 구매자로부터의 요청이 있는 출원), 국가 또는 지방자치단체의 직무에 관한 출원(고등교육법에 따른 국·공립학교의 직무에 관한 특허출원으로서 기술의 이전 및 사업화 촉진에 관한 법률 제11조 제1항에 따라 국·공립학교 안에 설치된 기술이전·사업화 전담조직에 의한 특허출원을 포함한다), 벤처기업의 출원(벤처기업육성에 관한 특별조치법 제25조), 신기술개발 또는 품질인증사업에 관한 출원, 조약에 의한 우선권 주장을 한 해외출원, 출원인이 직접 실시하고 있거나 실시를 준비 중인 출원, 전자상거래와 직접 관련된 출원(전자거래기본법 제2조), 기술혁신형 중소기업의 특허출원(중소기업 기술혁신촉진법 제15조), 특허청장이 외국특허청장과 우선심사하기로 합의한 특허출원(특허심사 하이웨이)(특 제61조, 특허법 시행령 제9조 제10호) 등이다.

제3절 출원공개제도

[1] 특허청장은 특허출원에 대하여 선출원의 출원일(최우선일; 우선권 주장의 기초가 된 출원일 포함)로부터 1년 6개월이 지난 후 또는 그 전이라도 특허출원인이 신청한 경우에는 산업통상자원부령으로 정하는 바에 따라 그특허출원에 관하여 특허공보에 게재하여 출원공개를 하여야 한다(특 제64조 제1항 본문).

[2] 우선권주장이 인정되기 위해서는 우선기간(1년) 이내에 우선권을 주장하고 그 우선권 주장에 대한 증명서류를 우선권주장의 기초가 되는 최초의 출원일로부터 1년 4월 이내에 특허청장에게 제출하여야 한다. 조약에 의한 우선권주장을 수반한 경우에는 제1국 출원일로부터, 국내우선권주장을 수반한 경우에는 선출원일로부터, 조약에 의한 우선권 또는 국내우선권주장을 2 이상 수반한 출원의 경우에는 그 우선권주장의 기초가 된 출원일 중 최선일로부터 1년 6월이 경과한 때에 공개한다(특 제64조 제1항). 분할 또는 변경출원의 경우에는 원출원일로부터 1년 6월이 경과된 후 출원공개한다.

대법원 2019. 10. 17. 선고 2017후1274 판결[등록무효(특)][미간행]

[판시사항]

[1] 특허협력조약이 정한 국제출원을 할 때 지정국을 우리나라로 한 경우, 우선권 주장의 조건 및 효과는 우리나라의 법령에 따르는지 여부(적극) / 발명자가 선출원 발명의 기술사상을 포함하는 후속 발명을 출원하면서 우선권을 주장하는 경우, 선출원 발명 중 후출원 발명과 동일한 부분의 출원일을 우선권 주장일로 보아야 하는지 여부(적극) / 후출원의 출원인이 후출원 시에 '특허를 받을 수 있는 권리'를 승계한 경우, 우선권 주장을 할 수 있는지 여부(적극) 및 이때 선출원에 대하여 특허출원인변경신고를 마쳐야 하는지 여부(소극).

[2] 갑이 을이 출원한 선출원 발명에 대한 특허를 받을 수 있는 권리를 양수하였고, 병이 갑으로부터 선출원을 기초로 우선권을 주장하여 특허협력조약(Patent Cooperation Treaty, PCT)이 정한 국제출원을 할 수 있는 권리를 이전받기로 하는 계약을 체결한 후, 중국 특허청에 PCT 국제출원을 하면서 선출원에 관하여 특허출원인변경신고를 하지 않은 채 선출원 발명에 기초하여 우선권을 주장하였으며, 그 후 후출원에 관하여 특허를 받을 수 있는 권리를 순차 양수한 정 외국회사가 특허출원인명의를 변경하였고 특허청장에게 특허법 제203조에 따라 후출원에 관하여 선출원 발명에 기초한 우선권 주장이 포함된 국내서면을 제출하여 특허권설정등록이 이루어지자, 무 주식회사가 특허발명의 등록무효를 구한 사안에서, 후출원 시에 특허출원인변경신고가 되어 있지 않다는 이유로 정 회사의 우선권 주장을 인정하지 않고, 우선권 주장일 이후에 공개된 선행발명과 특허발명이 실질적으로 동일하다고 보아 특허발명의 신규성이 부정되어야 한다고 본 원심판단에 법리오해의 잘못이 있다고 한 사례.

[3] **특허출원의 조기공개:** 특허청장은 특허출원일부터 1년 6개월이 경과하기 전이라도

출원인의 신청이 있을 때에는 특허법 시행규칙 제44조(조기공개 등의 신청)에서 정하는 바에 따라 그 특허출원에 관하여 특허공보에 게재하여 출원공개하여야 한다(특 제64조 제1항). 출원공개의 효과인 보상금청구권은 출원공개후의 실시에 대해서만 적용되므로 출원 이후 출원공개되기 이전 사이의 모방자의 발명실시에 대해 출원인은 적극적인 대응수단이 없었다. 보상금청구권을 조속히 행사할 수 있도록 하기 위하여 출원인의 신청에 의하여 출원발명의 조기공개를 허용할 필요가 있기 때문에 이 제도는 의미있는 것이다.

[4] **출원공개의 대상**: 원칙적으로 특허청에 절차가 진행 중인 모든 출원이다.

예 외: 명세서에 청구범위를 적지 아니한 경우, 특허법 제42조의3 제2항에 따른 국어번역문을 제출하지 아니한 경우(외국어특허출원의 경우로 한정) 또는 제87조 제3항의 규정에 따라 출원공개 전 이미 등록공고를 한 특허의 경우에는 출원공개를 하지 아니한다(특 제64조 제2항). 그리고 특허법 제41조 제1항에 따라 국방상 필요한 발명으로서 비밀취급된 특허출원의 발명에 대해서는 그 발명의 비밀취급이 해제될 때까지 그 특허출원의 출원공개를 보류하여야 하며, 그 발명의 비밀취급이 해제된 경우에는 지체 없이 출원공개를 하여야 한다. 다만, 그 특허출원이 설정등록된 경우에는 출원공개를 하지 아니한다(특 64조 제3항). 출원공개에 관하여 출원인의 성명, 주소 및 출원번호 등 특허공보에 게재할 사항은 특허법 시행령으로 정한다(특 제64조 제4항).

[5] **출원공개의 효과**: 출원공개 후에 공개된 발명은 기술정보로 활용되고, 출원인은 제3자에게 경고를 하거나 보상금청구권을 행사할 수 있다. 반면 누구든지 그 특허출원이 특허될 수 없다는 취지의 정보를 제공할 수 있다.

(i) 기술정보의 제공: 출원 후 1년 6월 또는 1년 6월이 경과하기 전에 출원공개된 발명은 공중에게 유익한 기술정보로 활용될 수 있도록 공개한다. 이는 중복투자를 방지하는 효과가 있다.

(ii) 공개된 출원의 활용: 자기출원에 선행하는 출원공개된 타인의 출원을 참고로 하여 자기출원을 보정할 수 있다. 또한 출원공개된 미심사의 발명의 가치를 당사자 상호 간에 평가하고 출원공개된 발명을 조기에 이용하여 산업발전에 기여한다.

(iii) 침해금지의 경고: 출원인은 출원공개 후 그 특허출원된 발명을 업으로서 실시한 자에게 침해를 예방하기 위하여 특허출원된 발명임을 서면으로 제시하면서 경고할 수 있다. 이 경우 경고는 구체적으로 하여야 한다.

(iv) 확대된 선출원의 지위: 선출원의 출원서에 최초로 첨부된 명세서 또는 도면에 기재된 발명 또는 고안이 확대된 선원의 지위를 이유로 후출원을 거절하기 위해서는 선출원은

출원공개 또는 등록공고되어야 한다.

(v) 보상금청구권의 의의: 보상금지급에 관한 청구권은 특허출원이 공개된 후 제3자가 경고를 받거나 출원공개된 발명임을 알고 그 특허출원된 발명을 업으로서 실시하고 있는 경우, 제3자가 그 경고를 받거나 출원공개된 발명임을 알았을 때로부터 특허권의 설정등록을 할 때까지의 기간 동안 특허출원인이 그 특허발명의 실시에 대하여 합리적으로 받을 수 있는 금액에 상당하는 보상금의 지급을 청구할 수 있는 권리다(특 제65조 제2항). 다만, (i) 특허출원이 포기·무효 또는 취하된 경우, (ii) 특허출원에 대하여 특허법 제62조에 따른 특허거절결정이 확정된 경우, (iii) 특허법 제132조의13 제1항에 따른 특허취소결정이 확정된 경우, (iv) 특허법 제133조에 따른 특허를 무효로 한다는 심결(같은 조 제1항 제4호에 따른 경우는 제외한다)이 확정된 경우에는 특허출원인의 보상금지급청구권이 처음부터 발생하지 아니한 것으로 본다(특 제65조 제2항).

(vi) 특허출원에 대한 정보제공: 특허출원에 관하여 누구든지 그 특허출원이 거절이유에 해당하여 특허될 수 없다는 취지의 정보를 증거와 함께 특허청장에게 제공할 수 있다(특 제63조의2 본문). 다만, 특허법 제42조 제3항 제2호, 같은 조 제8항 및 제45조에 따른 요건을 갖추지 아니한 경우에는 그러하지 아니하다(특 제63조의2 단서).

제4절 특허심사

I. 의 의

[1] 의 의: 먼저 방식심사에 의해 그 절차적 요건 및 형식적 요건 구비 여부를 심사하고 심사청구가 있는 경우에는 그 출원발명에 대해 실체심사를 한다. 2009년 개정 특허법에서는 재심사청구제도와 청구항별 심사제도를 도입하였다. 이는 출원인의 의사에 따라 중간서류 제출기한 이전에도 특허여부결정을 할 수 있도록 개선한 것이다.

[2] 취 지: 심사적체를 해소하기 위하여 심사청구제도를 두어 실제로 심사가 필요한 것에만 심사인력을 집중시켜 심사를 촉진하고 특허출원 후 일정기간이 지나면 특허출원을 공개하도록 하는 출원공개제도를 두고 있다.

[3] 심사주의: 우리 특허법은 심사주의를 채택하고 있다. 실용신안법에 대해서는 1999년 7월 1일부터 2006년 9월 30일까지 무심사주의를 채택하였으나 2006년 실용신안법에서 무

심사등록제도를 포기하고 2006년 10월 1일부터 심사주의로 변경하여 특허심사와 동일하게 제도를 운용하고 있다.

[4] 1980년 출원심사청구제도와 출원공개제도를 도입하여 심사주의를 보완하였다. 1998년 7월 1일부터 심사처리기간 단축을 위해 심사단계에서의 출원공고 및 이의신청절차를 폐지하고 특허 후에 등록공고하고 이의신청하는 제도로 개정하였다. 2006년에는 이의신청제도를 폐지하고[67] 그 대신에 특허권의 설정등록이 있는 날부터 등록공고일 후 3월 이내에 누구든지 무효심판을 청구할 수 있도록 개정하였다.

[5] **특허출원의 심사**: 특허심사는 방식심사, 검색, 실체심사 등 3단계로 구분된다.

(i) 방식심사: 서지적 사항 즉 우선권주장, 수수료납부, 첨부서류 등을 확인하는 심사로 방식상 흠결이 있으면 보정통지서를 보내서 흠결을 치유하고 출원일 설정에 필요한 요건들이 만족되는가를 심사한다. 출원일은 특허존속기간을 산정하기 위한 기준일일 뿐만 아니라 파리조약에 따른 후출원의 우선일을 결정하고, 신규성과 진보성 판단의 기준일이 되기 때문에 이와 관련하여 중요하다. 방식심사는 출원인이 결정되는 대로 출원인, 심사청구유무, 발명자에 관한 사항, 명세서, 도면의 형식적 요건 또는 요약서 등을 검토하는 순으로 이루어지는 것이 통례이다.

(ii) 검 색: 심사관은 실체심사 전에 또는 실체심사시에 검색심사를 하게 된다.

(iii) 실체심사: 출원발명의 실체적인 특허요건 충족 여부를 판단하여 그 발명에 특허권을 부여할지 여부를 결정하는 절차이다. 모든 특허요건이 충족된 경우에는 특허결정을 내린다. 반면에 특허요건 중 일부 내지 전부가 불구비된 경우에는 출원인에게 거절이유통지를 하여 의견서제출의 기회를 준다. 다시 말하면, 거절이유에 해당하여 특허거절결정을 하려는 경우 또는 직권 재심사를 하여 취소된 특허결정 전에 이미 통지한 거절이유로 특허거절결정을 하려는 경우에는 특허출원인에게 거절이유를 통지하고, 기간을 정하여 의견서를 제출할 수 있는 기회를 주어야 한다(특 제63조 제1항 본문 제1호 내지 제2호). 다만 (i) 거절이유통지에 대한 보정에 따라 발생한 거절이유에 대하여 거절이유통지를 받은 경우나 재심사를 청구하는 경우에 그 명세서나 도면의 보정이 특허출원서에 최초로 첨부한 명세서 또는 도면에 기재된

---

67) 이의신청제도는 특허권 설정 후 단기간 내에 특허처분을 재심사하여 하자 있는 특허권을 소급적으로 소멸시키기 위한 제도이다. 이 이의신청제도는 이의신청절차에서의 유지결정에 대하여 독립한 불복수단이 없어 이를 다투기 위해서는 다시 무효심판을 청구할 수 밖에 없는 등 무효심판과 중복되는 결과를 초래하였다. 따라서 2006년 개정 특허법은 이의신청제도를 폐지하고 특허무효심판제도에 공중심사기능을 포함시켜 권리의 유·무효판단절차를 일원화하였다.

범위를 벗어나거나 청구범위에 대한 보정이 특허법에서 허용된 보정범위를 벗어난 경우에 해당하여 보정각하결정을 하려는 때, 또는 (ii) 보정에 따라 새로운 거절이유가 발생한 것으로 인정한 경우에 해당하여 보정각하결정을 하려는 때에는 그 거절이유를 통지할 필요가 없고 기간을 정하여 의견서를 제출할 수 있는 기회를 부여할 필요가 없다(특 제63조 제1항 단서, 제51조 제1항).

심사관은 특허출원인의 의견서를 검토한 결과 출원발명의 특허성이 인정되면 특허결정을 하며, 그렇지 않으면 거절결정을 한다. 출원인은 의견서와 함께 거절이유를 치유하기 위하여 출원내용을 보정한 보정서를 제출할 수 있다. 심사관은 출원인이 제출한 의견서와 보정서에 대하여 재심사를 하고 거절이유의 해소 여부를 판단한 후에 다른 거절이유가 없으면 특허결정을 하고, 거절이유가 해소되지 아니한 경우에는 거절결정을 한다. 제출된 보정서에 새로운 보정이 추가될 경우 최후의견제출통지를 하여 출원인의 의견서와 보정서를 접수받아 재심사하고 보정요건을 충족하면 특허결정하고, 보정요건을 충족하지 않을 경우에는 보정각하하면서 거절결정을 한다. 다만 직권보정을 하는 경우에는 직권보정 전에 한 보정, 직권 재심사를 하는 경우에는 취소된 특허결정 전에 한 보정, 재심사청구가 있는 경우에는 그 청구 전에 한 보정에는 보정을 각하해서는 아니 된다(특 제51조 단서 제1호 내지 제3호).

[6] **청구항에 관한 심사**: 심사관은 특허청구범위에 2 이상의 청구항이 있는 특허출원에 대하여 거절이유를 통지할 때에는 그 통지서에 거절되는 청구항을 명시하고 그 청구항에 관한 거절이유를 구체적으로 기재하여야 한다(특 제63조 제2항). 그리고 심사관은 2 이상의 청구항이 있는 출원에 대하여 거절결정을 할 때에는 거절결정서에 거절이유를 해소하지 못한 청구항 및 그 거절결정의 이유를 기재하여야 한다. 특허법 제63조 제2항에 의하여 하나의 청구항이라도 거절이유가 있는 출원은 해당출원 전체를 거절할 수 있으므로, 심사관이 출원인에게 의견제출통지를 할 경우 모든 청구항에 대하여 특허 여부를 심사하고 통지하여야 한다. 이는 출원인이 일부 청구항에 대한 권리의 포기 또는 보정 등을 통해서 효율적으로 쉽게 특허권을 획득할 수 있도록 하는 것이 그 취지이다.

[7] **특허여부결정 보류**: 특허청의 심사기간 단축으로 12개월 이전에 특허결정이 이루어지는 경우가 있으므로 출원인에게 국내우선권주장의 기회가 충분히 보장되지 못하는 경우가 발생하기도 하는 바, 2006년 개정을 통해 국내우선권주장 중에서 "선출원이 그 출원 시에 특허여부결정, 실용신안등록 여부의 결정 또는 심결이 확정된 경우(특 제55조 제1항 제4호)"를 제외시켰다. 심사관은 특허출원심사의 청구 후 출원인이 특허출원일부터 6개월 이내에 특허

여부결정 보류신청서를 특허청장에게 제출하는 경우에는 특허출원일부터 12개월이 경과하기 전까지 특허여부결정을 보류할 수 있다(특허법 시행규칙 제40조의2).

[8] **특허출원심사의 유예**: 특허출원인이 출원심사의 청구를 한 경우로서 출원심사의 청구일부터 18개월이 경과된 시점에서(출원일로부터 5년 이내인 경우에 한함) 특허출원에 대한 심사를 받고자 하는 때에는 출원심사의 청구일부터 6개월 이내에 그 시점을 기재한 심사유예신청서를 제출할 수 있다(특허법 시행규칙 제40조의3).

[9] **전문기관에 업무 의뢰 등**: 특허청장은 출원인의 특허출원할 때 필요하거나 특허출원을 심사(국제출원에 대한 국제조사 및 국제예비심사를 포함한다)할 때에 필요하다고 인정하면 제2항에 따른 전문기관에 미생물의 기탁·분양, 선행기술의 조사, 특허분류의 부여, 그 밖에 대통령령으로 정하는 업무를 의뢰할 수 있다(특 제58조 제1항). 특허청장이 의뢰하는 업무를 수행하려는 자는 특허청장에게 전문기관의 등록을 하여야 한다(특 제58조 제2항). 특허청장은 그 업무를 효과적으로 수행하기 위하여 필요하다고 인정하는 경우에는 대통령령으로 정하는 전담기관으로 하여금 전문기관 업무에 대한 관리 및 평가에 관한 업무를 대행하게 할 수 있다(특 제58조 제3항). 특허청장은 특허출원의 심사에 필요하다고 인정하는 경우에는 관계 행정기관, 해당 기술분야의 전문기관 또는 특허에 관한 지식과 경험이 풍부한 사람에게 협조를 요청하거나 의견을 들을 수 있다. 이 경우 특허청장은 예산의 범위에서 수당 또는 비용을 지급할 수 있다(특 제58조 제4항).

‣ 전문기관등록의 강행적 취소사유: 거짓이나 그 밖의 부정한 방법으로 등록을 한 경우(특 제58조의2 제1항 제1호)

‣ 전문기관등록의 임의적 취소 내지 업무 정지사유: 특허법 제58조 제5항에 따른 등록기준에 맞지 아니하게 된 경우 또는 전문기관의 임직원이 특허출원 중인 발명(국제출원 중인 발명을 포함한다)에 관하여 직무상 알게 된 비밀을 누설하거나 도용한 경우(특 제58조의2 제1항 제2호 내지 제3호)에는 그 등록을 취소하거나 6개월 이내의 기간을 정하여 업무의 전부 또는 일부의 정지를 명할 수 있다.

‣ 특허청장은 전문기관의 등록을 취소하거나 업무정지를 명하려면 청문을 하여야 한다(특 제58조의2 제2항). 그 처분의 세부기준과 절차 등에 관하여 필요한 사항은 산업통상자원부령으로 정한다(특 제58조의2 제3항).

[10] **외국의 심사결과 제출명령**: 심사관은 특허법 제54조에 따른 우선권 주장을 수반한 특허출원의 심사에 필요한 경우에는 기간을 정하여 그 우선권 주장의 기초가 되는 출원을

한 국가의 심사결과에 대한 자료(그 심사결과가 없는 경우에는 그 취지를 적은 의견서를 말한다)를 산업통상자원부령으로 정하는 방법에 따라 제출할 것을 특허출원인에게 명할 수 있다(특 제63조의3).

[11] **특허여부결정 방식**: 특허여부결정은 특허출원에 대한 심사관의 최종처분이므로 결정의 내용은 명확히 표시되어야 한다. 심사관은 특허여부결정을 할 경우에 반드시 서면으로 하여야 하며 거기에는 이유를 붙여야 한다(특 제67조 제1항). 특허청장은 특허여부결정이 있는 경우에 그 특허여부결정의 등본을 특허출원인에게 송달하여야 한다. 특허결정등본을 송달받은 출원인은 일정기간 내에 등록료를 납부하여야 특허권이 발생한다. 출원인이 정해진 기간 내에 특허료를 납부하지 아니할 때에는 그 특허출원은 포기한 것으로 간주된다.

[12] **특허거절결정에 대한 불복**: 심사관의 특허거절결정 또는 특허권의 존속기간의 연장등록거절결정을 받은 자가 결정에 불복할 때에는 그 결정등본을 송달받은 날부터 30일 이내에 심판을 청구할 수 있다(특 제132조의17).

[13] **특허결정 이후 절차**: 특허청장은 특허권의 설정등록이 있으면 그 특허에 관하여 특허공보에 게재하고 등록공고를 하여야 한다(특 제87조 제3항).

이 경우, 특허청장은 (i) 특허권자의 성명 및 주소(법인인 경우에는 그 명칭 및 영업소의 소재지를 말한다), (ii) 특허출원번호 및 출원연월일, (iii) 발명자의 성명 및 주소, (iv) 특허출원서에 첨부된 요약서, (v) 특허번호 및 설정등록연월일, (vi) 등록공고연월일, (vii) 특허법 제63조 제1항 각 호 외의 부분 본문에 따라 통지한 거절이유에 선행기술에 관한 정보(선행기술이 적혀 있는 간행물의 명칭과 그 밖에 선행기술에 관한 정보의 소재지를 말한다)가 포함된 경우 그 정보, (viii) 그 밖에 대통령령으로 정하는 사항을 특허공보에 게재하여 등록공고를 하여야 한다. 그리고 비밀취급이 필요한 특허발명에 대해서는 그 발명의 비밀취급이 해제될 때까지 그 특허의 등록공고를 보류하여야 하며, 그 발명의 비밀취급이 해제된 경우에는 지체 없이 등록공고하여야 한다(특 제87조 제4항).

II. 심사 또는 소송의 중지

1. 심사절차의 중지

특허출원의 심사에 필요한 경우 특허취소신청에 대한 결정이나 심결이 확정될 때까지 또는 소송절차가 완결될 때까지 그 심사절차를 중지할 수 있다(특 제78조 제1항).

예: 정당한 권리자의 출원 후 정당한 권리자가 무권리자의 특허에 대하여 무효심판을 청구한 경우, 대리권의 흠을 이유로 특허청에 대한 대리인의 행위에 대하여 무효소송이 제기된 경우, 특허를 받을 수 있는 권리의 양도에 대한 무효소송이 제기된 경우

2. 소송절차의 중지

법원은 소송에 필요한 경우에는 특허출원에 대한 특허여부결정이 확정될 때까지 그 소송절차를 중지할 수 있다(특 제78조 제2항).

예: 보상금청구권에 기초한 소송이 법원에 제기된 경우에 당해 특허에 대한 무효심판이 청구된 때, 무효심결취소소송, 권리범위확인심결 취소소송이 특허법원에 계속 중인 경우, 특허심판원에 정정심판이 청구된 경우, 소가 특허법원에 계속중인 상태에서 산업재산권분쟁조정이 신청된 경우

III. 심사관의 직권보정제도

[1] 심사관의 직권보정제도: 명세서의 기재가 불비한 출원에 대하여 심사한 결과 특허결정이 가능하나, 명백한 오탈자, 참조부호의 불일치 등과 같이 명백히 잘못된 기재가 있는 경우에 심사관이 의견제출통지를 하지 않더라도 보다 간편한 방법으로 명세서의 단순한 기재 불비 사항을 수정할 수 있게 하는 제도이다.

[2] 내 용: 2009년 법에서 도입된 심사관에 의한 직권보정제도는 명세서의 기재불비를 바르게 고치는 것이 통상의 기술자에게 자명하고 심사관에게 본질적인 추가 업무를 요구하지 않는 범위 내에 해당하는 경우 심사관이 이를 직권으로 보정한 후, 보정된 내용에 대해 출원인에게 통지하여 확인하는 절차로 진행된다(특 제66조의2).

IV. 직권에 의한 재심사

심사관은 특허결정된 특허출원에 관하여 명백한 거절이유를 발견한 경우에는 직권으로 특허결정을 취소하고, 그 특허출원을 다시 심사할 수 있다(특 제66조의3 제1항 본문). 다만, (i) 거절이유가 발명의 설명에 대한 요건 중 그 발명의 배경이 되는 기술을 적을 것이라는 요건(특

제42조 제3항 제2호), 청구범위의 기재방법에 관하여 필요한 사항(특 제42조 제8항) 및 하나의 특허출원의 범위(특 제45조)에 따른 요건에 관한 것인 경우, (ii) 그 특허결정에 따라 특허권이 설정등록된 경우, (iii) 그 특허출원이 취하되거나 포기된 경우에는 직권으로 재심사할 수 없다(특 제66조의3 제1항 단서 제1호 내지 제3호). 심사관이 직권 재심사를 하려면 특허결정을 취소한다는 사실을 특허출원인에게 통지하여야 한다(특 제66조의3 제2항). 그런데 특허출원인이 직권 재심사 통지를 받기 전에 그 특허출원이 특허결정에 따라 특허권 설정등록이 된 경우 또는 그 특허출원이 취하되거나 포기된 경우에는 특허결정의 취소는 처음부터 없었던 것으로 본다(특 제66조의3 제3항).

V. 재심사청구제도

[1] **도입배경**: 2009년 개정 특허법에서 특허거절결정 불복심판을 청구한 후 30일 이내에 명세서 등의 보정을 통해 심사관에게 다시 심사를 받는 심사전치제도가 폐지되었다. 종전에는 심사전치제도의 이용이 반드시 거절결정 처분에 대한 불복심판을 청구한 이후에만 가능하도록 되어 있어서 심판청구의 증가요인 및 심판대상의 복잡화 요인으로 작용되었다. 또한 심사전치제도는 출원인에게 불가피한 심판청구 부담 및 수수료 부담의 증가요인으로 작용하였다.

[2] **취 지**: 재심사청구제도는 특허거절결정 불복심판청구 전에 명세서에 기재된 청구항 등의 보정과 동시에 재심사를 청구하면 심사관에게 다시 심사를 받을 수 있도록 하는 제도이다(특 제67조의2). 이는 미국의 계속심사청구제도(Request for Continued Examination)를 참작한 제도이다.

[3] 특허출원인은 그 특허출원에 관하여 특허거절결정등본을 송달받은 날부터 30일(특 제15조 제1항에 따라 특 제132조의17에 따른 기간이 연장된 경우 그 연장된 기간을 말한다) 이내에 그 특허출원의 명세서 또는 도면을 보정하여 해당 특허출원에 관한 재심사(이하 "재심사"라 한다)를 청구할 수 있다. 다만, 재심사를 청구할 때에 이미 재심사에 따른 특허거절결정이 있거나 특허거절결정 등에 대한 심판(특 제132조의17에 따른 심판청구)가 있는 경우에는 그러하지 아니하다(특 제67조의2 제1항).

[4] 특허출원인은 재심사의 청구와 함께 의견서를 제출할 수 있다(특 제67조의2 제2항).

[5] 재심사청구가 있는 경우에는 해당 특허출원에 대하여 종전에 이루어진 특허거절결정

은 취소된 것으로 본다(특 제67조의2 제3항 본문). 다만, 재심사의 청구절차가 특허법 제16조 제1항에 따라 무효로 된 경우에는 그러하지 아니하다(특 제67조의2 제3항 단서).

[6] 재심사청구는 취하할 수 없다(특 제67조의2 제4항).

[7] 재심사청구제도를 활용하면, 심판청구 없이도 등록가능한 청구항만 등록받을 수 있다. 출원인의 선택에 의해 심판청구 전에 등록가능한 청구항만으로 보정(분할)을 행하는 경우에는 심판청구를 하지 않더라도 즉시 등록결정을 할 수 있다.

VI. 특허출원의 회복(특 제67조의3)

2013년 개정 특허법은 특허법조약의 취지를 반영하여 특허출원인이 책임질 수 없는 사유로 출원심사의 청구기간 또는 재심사의 청구기간을 지키지 못하여 특허출원이 취하되거나 특허거절결정이 확정된 것으로 인정되는 경우에는 그 사유가 소멸한 날부터 2개월 이내에 출원심사의 청구 또는 재심사의 청구가 가능하도록 하였다.

제8장 특허권 등

제1절 특허권의 발생 및 변동

[1] **특허권의 발생**: 특허권은 설정등록에 의해 발생한다(특 제87조 제1항). 즉, 특허를 받을 수 있는 권리를 가진 자가 법정의 방식에 의해 특허출원을 하고 일정한 심사절차에 의해 심사를 받은 결과 특허결정이 있는 경우에 특허출원인이 설정등록을 위한 특허료를 납부하게 되면 설정등록에 의해 특허권이 발생한다. 특허권의 설정등록을 받으려는 자는 설정등록을 받으려는 날(이하 "설정등록일"이라 한다)부터 3년분의 특허료를 납부하여야 하고, 특허권자는 그 다음 연도분부터의 특허료를 해당 권리의 설정등록일에 해당하는 날을 기준으로 매년 1년분씩 납부하여야 한다(특 제79조 제1항). 특허법 제79조 제1항에도 불구하고 특허권자는 특허료를 그 납부연차 순서에 따른 수년분 또는 모든 연차분을 함께 납부할 수 있다(특 제79조 제2항). 특허료, 납부 방법, 납부 기간, 그 밖에 필요한 사항은 산업통산자원부령으로 정한다(특 제79조 제3항). 특허청장은 특허권의 설정등록을 한 경우에는 산업통상자원부령으

로 정하는 바에 따라 특허권자에게 특허증을 발급하여야 한다(특 제86조 제1항). 특허청장은 특허증이 특허원부나 그 밖의 서류와 맞지 아니하면 신청에 따라 또는 직권으로 특허증을 회수하여 정정발급하거나 새로운 특허증을 발급하여야 한다(특 제86조 제2항). 특허발명의 명세서 또는 도면의 정정을 인정한다는 취지의 결정 또는 심결이 확정된 경우 또는 특허권이 이전등록된 경우에는 새로운 특허증을 발급하여야 한다(특 제86조 제3항 제1호 내지 제2호).

[2] **특허권의 변동**: 특허권은 재산권이므로 거래의 대상이 되고 특허권을 특정승계(양도 등) 또는 일반승계(상속 등)를 할 수 있다(특 제99조 제1항). 다만 특허권이 공유인 경우에는 지분처분의 자유가 제한된다(특 제99조 제2항). 특허권의 이전(상속이나 그 밖의 일반승계에 의한 경우는 제외한다, 이하 같다)·포기에 의한 소멸 또는 처분의 제한은 이를 등록하여야만 효력이 발생한다. 즉, 특허권의 이전등록은 효력발생요건이다. 그리고 전용실시권의 설정·이전(상속이나 그 밖의 일반승계에 의한 경우는 제외한다)·변경·소멸(혼동에 의한 경우는 제외한다, 이하 같다) 또는 처분의 제한(특 제101조 제1항 제2호)이나 특허권 내지 전용실시권을 목적으로 하는 질권의 설정·이전(상속이나 그 밖의 일반승계에 의한 경우는 제외한다)·변경·소멸(혼동에 의한 경우는 제외한다) 또는 처분의 제한(특 제101조 제1항 제3호)도 역시 등록하여야만 효력이 발생한다(특 제101조 제1항). 상속이나 회사 합병 등과 같은 일반승계의 경우에는 당사자의 사망이나 회사의 합병이 있으면 권리는 당연히 상속인 또는 합병하여 탄생한 회사에 포괄적으로 이전되기에 등록이 없어도 권리이전의 효력이 발생한다. 다만, 특허권, 전용실시권 및 질권의 상속이나 그 밖의 일반승계의 경우에는 지체 없이 그 취지를 특허청장에게 신고하여야 한다(특 제101조 제2항). 한편 통상실시권에 관한 설정등록은 제3자에 대한 대항요건이다. 즉, 통상실시권을 등록한 경우에는 그 등록 후에 특허권 또는 전용실시권을 취득한 자에 대해서도 그 효력이 발생한다(특 제118조 제1항). 다만, 선사용에 의한 통상실시권 등과 같은 법정실시권 및 발명진흥법에 따른 직무발명에 의한 통상실시권은 법률의 규정에 의해 발생하므로 등록이 없더라도 그 이후에 특허권이나 전용실시권을 취득한 제3자에게 대항할 수 있다(특 제118조 제2항). 통상실시권의 이전·변경·소멸 또는 처분의 제한, 통상실시권을 목적으로 하는 질권의 설정·이전·변경·소멸 또는 처분의 제한은 이를 등록하여야만 제3자에게 대항할 수 있다(특 제118조 제3항). 따라서 통상실시권자로부터 실시사업과 함께 통상실시권을 양수한 경우 이를 등록하지 아니하면 특허권자에게 자신이 적법한 통상실시권자임을 주장할 수 없게 된다. 또한 특허권에 대한 질권을 설정할 수 있다. 질권은 질권설정계약과 등록에 의해 효력이 발생한다. 특허권·전용실시권 또는 통상실시권을 목적으로 하는 질권을 설정

하였을 때에는 질권자는 계약으로 특별히 정한 경우를 제외하고는 해당 특허발명을 실시할 수 없다(특 제121조). 질권은 이 법에 따른 보상금이나 특허발명의 실시에 대하여 받을 대가나 물건에 대해서도 행사할 수 있다. 다만, 그 보상금 등의 지급 또는 인도 전에 압류하여야 한다(특 제123조). 특허권자는 특허권을 목적으로 하는 질권설정 이전에 그 특허발명을 실시하고 있는 경우에는 그 특허권이 경매 등에 의하여 이전되더라도 그 특허발명에 대하여 통상실시권을 가진다. 이 경우 특허권자는 경매 등에 의하여 특허권을 이전받은 자에게 상당한 대가를 지급하여야 한다(특 제122조).

[3] **특허권의 이전청구**: 특허를 받을 수 있는 권리를 가지지 아니한 자에 의한 특허가 된 경우 또는 특허를 받을 수 있는 권리의 공유자 모두가 공동으로 특허출원하지 않은 채로 특허가 된 경우(특허가 특 제133조 제1항 제2호 본문에 해당하는 경우(＝특 제33조 제1항 본문에 따른 특허를 받을 수 있는 권리를 가지지 아니하거나 제44조를 위반한 경우))에 특허를 받을 수 있는 권리를 가진 자는 법원에 해당 특허권의 이전(특허를 받을 수 있는 권리가 공유인 경우에는 그 지분의 이전을 말한다)을 청구할 수 있다(특 제99조의2 제1항). 전술한 특허권의 이전청구에 기초하여 특허권이 이전등록된 경우에는 해당 특허권, 출원공개 후 특허출원인의 보상금지급청구권(특 제65조 제2항), 국제출원공개 후 국제특허출원의 출원인의 보상금지급청구권(특 제207조 제4항)은 그 특허권이 설정등록된 날부터 이전등록을 받은 자에게 있는 것으로 본다(특 제99조의2 제2항).

전술한 특허권 이전청구에 따라 공유인 특허권의 지분을 이전하는 경우에는 다른 공유자의 동의를 받지 아니하더라도 그 지분을 이전할 수 있다(특 제99조의2 제3항).

대법원 2017. 5. 30. 선고 2012다23832 판결[외국판결의 승인 및 집행판결 (바) 파기환송(일부)][특허권 양도와 관련된 미국판결의 집행판결을 구하는 사건]

◇1. 미국 캘리포니아주 연방지방법원에서 받은 확정판결이 우리나라 민사소송법 및 민사집행법에서 규정된 외국판결의 승인 및 집행판결의 요건을 갖추었는지 여부(특정이행 명령 부분이 상호보증요건은 갖추었으나 집행권원 적격성을 갖추지 못한다고 판단한 사례), 2. 변호사비용 및 보수의 지급을 명한 부분에 관하여 독립하여 집행판결이 허용되는지 여부(적극)◇

1. 미국 캘리포니아주 민사소송법 제3장 제1713조 내지 제1724조에서 채택한 통일외국금전판결승인법(Uniform Foreign－Country Money Judgments Recognition Act)은 외국판결 중 일정한 금전지급을 명하거나 이를 기각한 판결을 그 적용대상으로 하면서도, 제1723조(유보조항)에서 '외국의 비금전판결에 관하여 예양 등의 원칙에 따라 승인하는 것을

제한하지 아니한다'고 규정하고 있다. 이에 따라 미국 캘리포니아주 연방법원은 보통법 (common law)에 기초한 예양(comity, 禮讓)의 일반원칙에 근거하여, ① 외국법원이 해당 사건에 관하여 인적·물적 관할권을 가지고 있고, ② 피고가 해당 외국법원의 소송절차에서 적정한 송달과 적법절차에 따라 공정하게 재판을 받았으며, ③ 재판결과가 기망에 의하여 부정하게 취득되지 않았고, ④ 미국 또는 캘리포니아주의 공공질서에 어긋나지 않는 경우에는 외국 비금전판결의 승인·집행을 허용하고 있다. 이와 같은 미국 캘리포니아주의 외국판결 승인요건은 우리나라의 민사소송법이 정한 것보다 전체로서 과중하지 아니하고 중요한 점에서 실질적으로 거의 차이가 없는 정도라 할 것이어서, 미국 캘리포니아주 연방법원에서 우리나라의 동종판결을 승인할 것이라고 기대할 수 있다고 봄이 타당하다.

한편, 미국법원은 손해배상(Damages)이 채권자에게 적절한 구제수단이 될 수 없는 경우에 형평법(equity)에 따라 법원의 재량에 의하여 계약에서 정한 의무 자체의 이행을 명하는 특정이행 명령(decree of specific performance)을 할 수 있는데, 특정이행 명령을 집행하기 위해서는 그 대상이 되는 계약상 의무가 충분히 구체적이고 명확하지 않으면 아니된다(캘리포니아주 민법 제3390조 제5호 참조). 이러한 특정이행 명령의 법적 성격과 우리나라의 민사소송법 및 민사집행법에 규정된 외국판결의 승인과 집행에 관한 입법 취지를 함께 살펴보면, 외국법원의 확정재판 등에 표시된 특정이행 명령의 형식 및 기재 방식이 우리나라 판결의 주문 형식이나 기재 방식과 상이하다 하더라도, 집행국인 우리나라 법원으로서는 민사집행법에 따라 외국법원의 확정재판 등에 의한 집행과 같거나 비슷한 정도의 법적구제를 제공하는 것이 원칙이라고 할 것이다. 그러나 특정이행 명령의 대상이 되는 계약상 의무가 충분히 특정되지 못하여 판결국인 미국에서도 곧바로 강제적으로 실현하기가 어렵다면, 우리나라 법원에서도 그 강제집행을 허가하여서는 아니된다.

2. 외국법원에서 특정한 의무의 이행에 대한 명령과 함께 그 소송에 소요된 변호사보수 및 비용의 지급을 명하는 판결이 있는 경우, 변호사보수 및 비용의 지급을 명하는 부분에 대한 집행판결이 허용되는지 여부는 특정한 의무의 이행에 대한 명령과는 별도로 그 부분 자체로서 민사집행법 제27조 제2항이 정한 요건을 갖추었는지 여부를 살펴 판단하여야 한다. 미국 캘리포니아주 민법 제1717조 (a)항은 '계약의 강제적 실현을 위해 발생한 변호사보수와 비용을 일방 당사자 또는 승소한 당사자에게 지급하도록 계약에서 정하였다면, 그 계약에 기한 소송에서 승소한 당사자는 비용과 함께 적절한 변호사보수를 지급받을 권리가 있다'고 규정하고 있고, 미국 캘리포니아주 민사소송법 제1021조는 '법률(statute)에서 특별히 정한 경우를 제외하고는 변호사보수의 보상방식과 기준은 당사자의 명시적 또는 묵시적 합의에 의한다'고 규정하고 있다. 따라서 이 사건 대상

판결 중 변호사보수 및 비용에 관한 부분은 특정이행을 구하는 부분과 별개의 소송물로서 특정이행 명령을 구하는 재판에 종속된 것이라고 보기 어렵다.

☞ 원고들이 피고들을 상대로 미국 캘리포니아주 연방지방법원에 피고 회사 소유의 모든 외국 및 국내의 특허권 등을 양도하는 계약의 이행을 구하는 특정이행과 변호사보수 및 비용의 지급을 구하는 소송을 제기하여 승소하고 위 미국판결이 확정되어 우리나라 법원에 집행판결을 구하는 소송에서, 특정이행 명령 부분은 상호보증요건을 충족하였으나, 특정이행의 대상이 충분히 구체적이고 명확하지 아니하여 강제집행을 허가할 수 없다고 보아 이 부분 청구를 상고기각하고, 변호사보수 및 비용 부분은 위 특정이행 명령 부분과는 별개의 소송물로서 이에 대한 집행판결이 허용되는지 여부는 별도로 민사집행법 제27조 제2항이 정한 요건을 갖추었는지 살펴보아야 한다는 이유로 원심판결을 파기한 사안

제2절 특허권의 공유[68]

I. 의 의

특허권의 공유란 하나의 특허권을 2인 이상이 지분권에 기해 공동으로 보유하는 것을 의미한다. 특허권의 공유에 대해서는 특허법에 별도의 규정이 있는 경우를 제외하고는 민법이 적용될 것이다.

II. 발생원인

특허권의 공유는 공동발명이나 지분양도, 상속 등에 의해 발생한다.

III. 권리관계

[1] 특허권이 공유인 경우에는 각 공유자는 다른 공유자 모두의 동의를 받아야만 그 지분을 양도하거나 그 지분을 목적으로 하는 질권을 설정할 수 있다(특 제99조 제2항). 다만, 특허법 제99조의2에 따른 특허권 이전청구에 의하여 공유인 특허권의 지분을 이전하는 경우에

---

68) 상세한 내용은 신혜은, "특허권의 공유에 관한 비교법적 고찰 및 실무상 유의점", 「산업재산권」, 2007년 8월, 313－348면 참조; 신혜은, 「특허법의 이론과 실무」, 진원사, 2010년, 233－245면.

는 다른 공유자의 동의를 받지 아니하더라도 그 지분을 이전할 수 있다(특 제99조의2 제3항). 이 규정을 통해 공유특허권 지분 전체 양도시 공유자의 동의를 받지 않더라도 자신이 가지고 있는 지분 전체를 이전할 수 있으므로 대학과 기업 등이 공유하는 특허의 활용에 긍정적인 영향을 미칠 것이다. 다만 지분 일부 양도와 통상실시권 허락은 다른 공유자의 이익을 해할 우려가 크기 때문에 다른 공유자의 동의를 얻도록 하였다.

[2] 특허법의 다른 규정이나 특허의 본질에 반하는 등의 특별한 사정이 없는 한 공유에 관한 민법의 일반규정이 특허권의 공유에도 적용되므로, 특허권의 공유관계에도 민법상 공유물분할청구에 관한 규정이 적용될 수 있다. 다만, 특허권의 대상은 그 형체가 없을 뿐만 아니라 현물분할을 인정하면 복수의 특허권으로 증가하게 되므로 현물분할이 허용되지 않는다.

[3] 특허권이 공유인 경우에는 각 공유자는 계약으로 특별히 약정한 경우를 제외하고는 다른 공유자의 동의를 받지 아니하고 그 특허발명을 자신이 실시할 수 있다(특 제99조 제3항). 특허권이 공유인 경우에는 각 공유자는 다른 공유자 모두의 동의를 받아야만 그 특허권에 대하여 전용실시권을 설정하거나 통상실시권을 허락할 수 있다(특 제99조 제4항).

[4] 공유특허권에 관한 특허법의 규정 중 제99조 제4항은 강행규정으로 보는 것이 타당하다. 왜냐하면, 각 공유자 간에 합의나 계약이 존재하는 경우에는 그와 같은 합의나 계약이 우선한다고 해석하면 통상실시권 허락의 경우에도 다른 공유자의 동의가 필요 없는 것으로 할 수 있어 이 조문의 입법취지가 몰각될 수 있기 때문이다.[69]

제3절 실시권

대법원 2014. 11. 13. 선고 2012다42666판결(본소), 2012다42673판결(반소)[주식 양도 등, 계약무효확인 (카) 파기환송(일부)][특허발명 실시계약 체결 후 특허가 무효로 된 경우 특허실시료의 반환을 청구한 사건]

◇1. 특허발명 실시계약의 체결 이후 계약의 대상이 된 특허가 무효로 확정된 경우 특허권자가 실시권자로부터 이미 지급받은 특허실시료를 부당이득으로 반환할 의무가 있는지 여부(원칙적

---

69) 대법원 2015. 7. 23. 선고 2013다77591,77607 판결에서는 "특허를 받을 수 있는 권리는 발명의 완성과 동시에 발명자에게 원시적으로 귀속되지만, 이는 재산권으로서 양도성을 지니므로 계약 또는 상속 등을 통하여 그 전부 또는 일부 지분을 이전할 수 있는바(특허법 제37조 제1항), 그 권리를 이전하기로 하는 계약은 명시적으로는 물론 묵시적으로도 이루어질 수 있고, 그러한 계약에 따라 특허등록을 공동출원한 경우에는 그 출원인이 발명자가 아니라도 등록된 특허권의 공유지분을 가진다."라고 판시한 바 있다.

소극), 2. 특허발명 실시계약의 체결 이후 계약의 대상이 된 특허가 무효로 확정된 경우 착오를 이유로 특허발명 실시계약을 취소할 수 있는지 여부(원칙적 소극)◇

1. 특허발명 실시계약이 체결된 이후에 그 계약 대상인 특허가 무효로 확정되면 특허권은 특허법 제133조 제3항의 규정에 따라 같은 조 제1항 제4호의 경우를 제외하고는 처음부터 없었던 것으로 간주된다. 그러나 특허발명 실시계약에 의하여 특허권자는 실시권자의 특허발명 실시에 대하여 특허권 침해로 인한 손해배상이나 그 금지 등을 청구할 수 없게 될 뿐만 아니라 특허가 무효로 확정되기 이전에 존재하는 특허권의 독점적·배타적 효력에 의하여 제3자의 특허발명 실시가 금지되는 점에 비추어 보면, 특허발명 실시계약의 목적이 된 특허발명의 실시가 불가능한 경우가 아닌 한 특허무효의 소급효에도 불구하고 그와 같은 특허를 대상으로 하여 체결된 특허발명 실시계약이 그 계약의 체결 당시부터 원시적으로 이행불능 상태에 있었다고 볼 수는 없고, 다만 특허무효가 확정되면 그때부터 특허발명 실시계약은 이행불능 상태에 빠지게 된다고 보아야 한다. 따라서 특허발명 실시계약 체결 이후에 특허가 무효로 확정되었더라도 앞서 본 바와 같이 특허발명 실시계약이 원시적으로 이행불능 상태에 있었다거나 그 밖에 특허발명 실시계약 자체에 별도의 무효사유가 없는 한 특허권자가 특허발명 실시계약에 따라 실시권자로부터 이미 지급받은 특허실시료 중 특허발명 실시계약이 유효하게 존재하는 기간에 상응하는 부분을 실시권자에게 부당이득으로 반환할 의무가 있다고 할 수 없다.

2. 특허는 그 성질상 특허등록 이후에 무효로 될 가능성이 내재되어 있는 점을 감안하면, 특허발명 실시계약 체결 이후에 계약의 대상인 특허의 무효가 확정되었더라도 그 특허의 유효성이 계약체결의 동기로서 표시되었고 그것이 법률행위의 내용의 중요부분에 해당하는 등의 사정이 없는 한, 착오를 이유로 특허발명 실시계약을 취소할 수는 없다고 할 것이다.

I. 전용실시권

실시권자가 설정행위로 정한 범위에서 그 특허발명을 업으로서 독점적으로 실시할 수 있는 권리를 의미한다(특 제100조 제2항). 전용실시권자는 자신의 권리를 침해한 자에 대해 민사상 구제책을 구할 수 있고, 형사적 제재책도 추구할 수 있다. 특허권자는 특허권을 포기하거나, 무효심판·정정무효심판에 대한 정정청구 또는 정정심판을 청구할 때에는 전용실시권자의 동의를 받아야 한다(특 제119조 제1항, 제136조 제7항). 전용실시권자는 특허권자의 의사에도 불구하고 특허료를 납부할 수 있으며, 일정조건하에서 비용상환을 청구할 수 있다(특 제80조 제1항). 전용실시권자는 전용실시권을 실시사업과 함께 이전하는 경우 또는 상속이나 그 밖의 일반승계의 경우를 제외하고는 특허권자의 받아야만 그 전용실시권을 목적으로 하는 질권을 설정하거나 통상실시권을 허락할 수 있다(특 제100조 제4항).

대법원 2019. 4. 25. 선고 2018다287362 판결[손해배상(지)][특허가 무효로 확정된 경우 특허발명 실시계약에 미치는 영향이 쟁점이 된 사안][공2019상,1179]

[판결요지]

특허가 무효로 확정되면 특허권은 특허법 제133조 제1항 제4호의 경우를 제외하고는 처음부터 없었던 것으로 간주된다(특허법 제133조 제3항). 그러나 특허발명 실시계약이 체결된 이후에 계약의 대상인 특허권이 무효로 확정된 경우 특허발명 실시계약이 계약 체결 시부터 무효로 되는지는 특허권의 효력과는 별개로 판단하여야 한다.

특허발명 실시계약을 체결하면 특허권자는 실시권자의 특허발명 실시에 대하여 특허권 침해로 인한 손해배상이나 그 금지 등을 청구할 수 없고, 특허가 무효로 확정되기 전에는 특허권의 독점적·배타적 효력에 따라 제3자의 특허발명 실시가 금지된다. 이러한 점에 비추어 특허발명 실시계약의 목적이 된 특허발명의 실시가 불가능한 경우가 아니라면 특허 무효의 소급효에도 불구하고 그와 같은 특허를 대상으로 하여 체결된 특허발명 실시계약이 그 계약의 체결 당시부터 원시적으로 이행불능 상태에 있었다고 볼 수는 없고, 다만 특허 무효가 확정되면 그때부터 특허발명 실시계약은 이행불능 상태에 빠지게 된다고 보아야 한다.

따라서 특허발명 실시계약 체결 이후에 특허가 무효로 확정되었더라도 특허발명 실시계약이 원시적으로 이행불능 상태에 있었다거나 그 밖에 특허발명 실시계약 자체에 별도의 무효사유가 없는 한, 특허권자는 원칙적으로 특허발명 실시계약이 유효하게 존재하는 기간 동안 실시료의 지급을 청구할 수 있다.

대법원 2019. 2. 21. 선고 2017후2819 전원합의체 판결[등록무효(특)][실시권자의 무효심판 청구사건][공2019상,830]

[판결요지]

[1] (가) 구 특허법(2013. 3. 22. 법률 제11654호로 개정되기 전의 것) 제133조 제1항 전문은 "이해관계인 또는 심사관은 특허가 다음 각호의 어느 하나에 해당하는 경우에는 무효심판을 청구할 수 있다."라고 규정하고 있다. 여기서 말하는 이해관계인이란 당해 특허발명의 권리존속으로 인하여 법률상 어떠한 불이익을 받거나 받을 우려가 있어 그 소멸에 관하여 직접적이고도 현실적인 이해관계를 가진 사람을 말하고, 이에는 당해 특허발명과 같은 종류의 물품을 제조·판매하거나 제조·판매할 사람도 포함된다. 이러

한 법리에 의하면 특별한 사정이 없는 한 특허권의 실시권자가 특허권자로부터 권리의 대항을 받거나 받을 염려가 없다는 이유만으로 무효심판을 청구할 수 있는 이해관계가 소멸되었다고 볼 수 없다.

(나) 그 이유는 다음과 같다.

특허권의 실시권자에게는 실시료 지급이나 실시 범위 등 여러 제한 사항이 부가되는 것이 일반적이므로, 실시권자는 무효심판을 통해 특허에 대한 무효심결을 받음으로써 이러한 제약에서 벗어날 수 있다.

그리고 특허에 무효사유가 존재하더라도 그에 대한 무효심결이 확정되기까지는 특허권은 유효하게 존속하고 함부로 그 존재를 부정할 수 없으며, 무효심판을 청구하더라도 무효심결이 확정되기까지는 상당한 시간과 비용이 소요된다. 이러한 이유로 특허권에 대한 실시권을 설정받지 않고 실시하고 싶은 사람이라도 우선 특허권자로부터 실시권을 설정받아 특허발명을 실시하고 무효 여부에 대한 다툼을 추후로 미루어 둘 수 있으므로, 실시권을 설정받았다는 이유로 특허의 무효 여부를 다투지 않겠다는 의사를 표시하였다고 단정할 수도 없다.

[2] 당사자가 변론종결 후 주장·증명을 제출하기 위하여 변론재개신청을 한 경우 당사자의 변론재개신청을 받아들일지 여부는 원칙적으로 법원의 재량에 속한다. 그러나 변론재개신청을 한 당사자가 변론종결 전에 그에게 책임을 지우기 어려운 사정으로 주장·증명을 제출할 기회를 제대로 갖지 못하였고, 그 주장·증명의 대상이 판결의 결과를 좌우할 수 있는 주요한 요증사실에 해당하는 경우 등과 같이, 당사자에게 변론을 재개하여 그 주장·증명을 제출할 기회를 주지 않은 채 패소의 판결을 하는 것이 행정소송법 제8조 제2항에서 준용하도록 규정하고 있는 민사소송법이 추구하는 절차적 정의에 반하는 경우에는 법원은 변론을 재개하고 심리를 속행할 의무가 있다. 따라서 법원이 변론을 재개할 의무가 있는지 여부는 위와 같은 예외적인 요건 등을 갖추고 있는지 여부에 의하여 판단하여야 한다.

[3] 확대된 선출원에 관한 구 특허법(2013. 3. 22. 법률 제11654호로 개정되기 전의 것) 제29조 제3항에서 규정하는 발명의 동일성은 발명의 진보성과는 구별되는 것으로서 양 발명의 기술적 구성이 동일한가 여부에 의하되 발명의 효과도 참작하여 판단할 것인데, 기술적 구성에 차이가 있더라도 그 차이가 과제해결을 위한 구체적 수단에서 주지·관용기술의 부가·삭제·변경 등에 지나지 아니하여 새로운 효과가 발생하지 않는 정도의 미세한 차이에 불과하다면 양 발명은 서로 실질적으로 동일하다.

II. 통상실시권

1. 의 의

특허권자 이외의 자가 법률의 규정에 의하여 또는 설정행위로 정한 범위안에서 업으로서 그 특허발명을 실시할 권리를 뜻한다.

2. 통상실시권의 종류

가. 허락에 의한 통상실시권

특허권자 또는 전용실시권자는 그 특허권에 대하여 타인에게 통상실시권을 허락할 수 있으며, 이는 계약에 의하여 발생한다(특 제102조 제1항, 제100조 제4항). 통상실시권은 특허권에 부수되는 권리이므로 특허권의 효력이 제한되는 것과 동일하게 효력이 제한되며, 또한 통상실시권이 공유인 경우 각 공유자는 타 공유자 모두의 동의를 받아야만 그 지분의 양도 및 그 지분을 목적으로 하는 질권을 설정할 수 있다(특 제102조 제7항, 제99조 제2항). 통상실시권자는 특허권자, 전용실시권자의 동의를 얻어 그 통상실시권을 목적으로 하는 질권을 설정할 수 있다. 다만, 재정에 의한 강제실시권 및 통상실시권허여심판에 의한 강제실시권은 이를 목적으로 하는 질권을 설정할 수 없다.

나. 법정실시권

법정실시권이란 특허권자의 의사에 관계없이 법정요건에 해당하면 법률의 규정에 의하여 발생하는 통상실시권으로서, 공평의 이념과 산업설비의 보호를 위하여 인정된다. 이에는 다음과 같은 것들이 있다.

(i) 직무발명에 의한 사용자의 통상실시권(발 제8조)(대가 지급 불필요, 대기업의 경우에는 일정한 제한이 있음)

(ii) 특허료의 추가납부에 의하여 회복한 특허출원 또는 특허권에 대한 통상실시권(특 제81조의3)(대가 지급 필요)

(iii) 선사용에 의한 통상실시권(특 제103조)(대가 지급 불필요)

(iv) 특허권의 이전청구에 따른 이전등록 전의 실시에 의한 통상실시권(상당한 대가 지급 필요)

(v) 무효심판청구등록 전의 실시에 의한 통상실시권(특 제104조)(대가 지급 필요)

(vi) 디자인권 존속기간 만료 후의 통상실시권(특 제105조)(존속기간 만료 당시 디자인권에 대한 전용실시권자 및 등록된 통상실시권자는 대가 지급 필요, 해당 디자인권자는 대가 지급 불필요)

(vii) 질권행사로 인한 특허권의 이전에 따른 통상실시권(특 제122조)(대가 지급 필요)

(viii) 재심에 의하여 회복한 특허권에 대한 선사용자의 통상실시권(특 제182조)(대가 지급 불필요)

(ix) 재심에 의하여 통상실시권을 상실한 원권리자의 통상실시권(특 제183조)(대가 지급 필요)

다. 강제실시권

강제실시권이란 특허법상 특정 목적을 달성하기 위하여 특허권자의 의사에도 불구하고 특허청장의 행정처분이나 심판에 의하여 발생하는 통상실시권을 의미한다. 강제실시권은 (i) 정부 등에 의한 강제실시권(특 제106조의2), (ii) 재정에 의한 강제실시권(특 제107조), (iii) 통상실시권허여심판에 의한 강제실시권(특 제138조)이 있다.

제4절 특허권의 존속기간

I. 의 의

특허권의 존속기간은 특허권을 설정등록한 날부터 특허출원일 후 20년이 되는 날까지이다(특 제88조 제1항). 다만, 특허권이 우선권주장을 수반하는 경우에는 우선권주장출원일 후 20년이 되는 날까지이며, 국제특허출원의 경우에는 국제출원일 후 20년이 되는 날까지이다. 그리고 무권리자의 특허출원(특 제34조) 및 무권리자특허(특 제35조)에 대한 정당권리자 특허권의 존속기간은 그 설정등록이 있는 날부터 무권리자의 출원일 후 20년이 되는 날까지로 한다(특 제88조 제2항).

II. 특허권 존속기간 연장등록제도

1. 서 론

존속기간 연장등록제도란 특허발명을 실시하기 위하여 다른 법령의 규정에 의하여 허가를 받거나 등록을 하여야 하고, 그 허가 등을 위하여 필요한 활성·안정성 등의 시험으로 인하여 장기간이 소요되는 발명인 경우에는 특허권의 존속기간을 그 실시할 수 없었던 기간에 대하여 5년의 기간 내에서 연장할 수 있는 제도 및 특허출원에 대하여 특허출원일부터 4년과 출원심사 청구일부터 3년 중 늦은 날보다 지연되어 특허권의 설정등록이 이루어지는 경우에는 그 지연된 기간만큼 해당 특허권의 존속기간을 연장할 수 있는 제도를 말한다(특 제89조 및 제92조의2).

대법원 2019. 1. 17. 선고 2017다245798 판결[특허권침해금지등]

[판결요지]

구 특허법(2011. 12. 2. 법률 제11117호로 개정되기 전의 것, 이하 같다) 제89조는 "특허발명을 실시하기 위하여 다른 법령의 규정에 의하여 허가를 받거나 등록 등을 하여야 하고, 그 허가 또는 등록 등(이하 '허가 등'이라 한다)을 위하여 필요한 활성·안전성 등의 시험으로 인하여 장기간이 소요되는 대통령령이 정하는 발명인 경우에는 제88조 제1항의 규정에 불구하고 그 실시할 수 없었던 기간에 대하여 5년의 기간 내에서 당해 특허권의 존속기간을 연장할 수 있다."라고 규정하여 약사법 등에 의한 허가 등을 받기 위하여 특허발명을 실시할 수 없는 기간만큼 특허권의 존속기간을 연장해주는 제도를 두고 있다. 위 조항에서 말하는 '장기간이 소요되는 대통령령이 정하는 발명'의 하나로 구 특허법 시행령(2007. 6. 28. 대통령령 제20127호로 개정되기 전의 것) 제7조 제1호는 특허발명을 실시하기 위하여 구 약사법(2007. 4. 11. 법률 제8365호로 전부 개정되기 전의 것) 제26조 제1항 또는 제34조 제1항의 규정에 의하여 품목허가를 받아야 하는 의약품의 발명을 들고 있다.

한편 존속기간이 연장된 특허권의 효력에 대해 구 특허법 제95조는 '그 연장등록의 이유가 된 허가 등의 대상물건(그 허가 등에 있어 물건이 특정의 용도가 정하여져 있는 경우에 있어서는 그 용도에 사용되는 물건)에 관한 그 특허발명의 실시 외의 행위에는 미치지 아니한다.'라고 규정하고 있다. 특허법은 이와 같이 존속기간이 연장된 특허권의 효력이 미치는 범위를 규정하면서 청구범위를 기준으로 하지 않고 '그 연장등록의 이유가 된 허가 등의 대상물건에 관한 특허발명의 실시'로 규정하고 있을 뿐, 허가 등의 대상 '품목'의 실시로 제한하지는 않았다.

이러한 법령의 규정과 제도의 취지 등에 비추어 보면, 존속기간이 연장된 의약품 특허권의 효력이 미치는 범위는 특허발명을 실시하기 위하여 약사법에 따라 품목허가를 받은 의약품과 특정 질병에 대한 치료효과를 나타낼 것으로 기대되는 특정한 유효성분, 치료효과 및 용도가 동일한지 여부를 중심으로 판단해야 한다. 특허권자가 약사법에 따라 품목허가를 받은 의약품과 특허침해소송에서 상대방이 생산 등을 한 의약품(이하 '침해제품'이라 한다)이 약학적으로 허용 가능한 염 등에서 차이가 있더라도 발명이 속하는 기술분야에서 통상의 지식을 가진 사람이라면 쉽게 이를 선택할 수 있는 정도에 불과하고, 인체에 흡수되는 유효성분의 약리작용에 의해 나타나는 치료효과나 용도가 실질적으로 동일하다면 존속기간이 연장된 특허권의 효력이 침해제품에 미치는 것으로 보아야 한다.

2. 허가 등에 따른 특허권 존속기간 연장등록출원의 요건

가. 주체적 요건

존속기간연장등록출원의 출원인을 특허권자이며, 특허권이 공유인 경우에는 공유자 전원이 공동으로 출원하여야 한다.

나. 시기적 요건

존속기간의 연장등록출원은 허가나 등록을 받은 날부터 3월 이내에 출원하여야 한다. 다만, 존속기간 만료 전 6월 이후에는 할 수 없다(특 제90조 제2항).

다. 연장등록의 객체

특허발명을 실시하기 위하여 다른 법령에 따라 허가를 받거나 등록 등을 하여야 하고, 그 허가 또는 등록 등을 위하여 필요한 유효성·안정성 등의 시험으로 인하여 장기간 소요되는 발명(특 제89조)이다.

◘특허법 시행령 제7조(특허권 존속기간의 연장등록출원 대상 발명)에 따르면, (i) 특허발명을 실시하기 위하여 약사법 제31조 제2항·제3항 또는 제42조 제1항에 따라 품목허가를 받은 의약품(신물질(약효를 나타내는 활성 부분의 화학구조가 새로운 물질을 말한다. 이하 이 조에서 같다)을 유효성분으로 하여 제조한 의약품으로서 최초로 품목허가를 받은 의약품으로 한정한다) 또는 마약류 관리에 관한 법률 제18조 제2항 또는 제21조 제2항에 따라 품목허가를 받은 마약 또는 향정신성의약품(신물질을 유효성분으로 하여 제조한 마약 또는 향정신성의약품으로서 최초로 품목허가를 받은 마약 또는 향정신성의약품으로 한정한다)의 발명 및 (ii) 특허발명을 실시하기 위하여 농약관리법 제8조 제1항, 제16조 제1항 또는 제17조 제1항에 따라 등록한 농약 또는 원제(신물질을 유효성분으로 하여 제조한 농약 또는 원제로서 최초로 등록한 농약 또는 원제로 한정한다)의 발명이 이에 해당한다.

대법원 2018. 10. 4. 선고 2014두37702 판결[특허권존속기간연장신청불승인처분취소청구]

[판결요지]

[1] (가) 구 특허법(1990. 1. 13. 법률 제4207호로 전부 개정되기 전의 것) 제53조 제2항, 제3항(이하 두 조항을 '위임조항'이라 한다)의 위임에 따른 구 특허법 시행령(1990. 8. 28. 대통령령 제13078호로 전부 개정되기 전의 것, 이하 같다) 제9조의2 제1항 제1호는 특허권 존속기간 연장신청의 대상으로 제조품목허가를 받아야 하는 의약품 발명에 관하여 규정하고 있을 뿐, 수입품목허가를 받아야 하는 의약품의 발명에 관하여 명시적 규정을 두고 있지 않다.

(나) 특허권의 존속기간 연장제도의 취지를 감안해 보면, 제조품목허가를 받아야 하는 의약품과 수입품목허가를 받아야 하는 의약품은 모두 활성·안전성 등의 시험을 거쳐 허가 등을 받는 과정에서 그 특허발명을 실시하지 못한다는 점에서 차이가 없고, 위임조항은 허가 또는 등록을 위하여 필요한 활성·안전성 등의 시험에 장기간이 소요되는 경우에 특허권의 존속기간을 연장할 수 있다고 하고 있을 뿐, 수입품목허가를 받아야 하는 의약품을 존속기간 연장대상에서 제외하지 않고 있다.

구 특허법 시행령 제9조의2 제1항 제1호 시행 이후인 1995. 1. 1. 발효된 '세계무역기구 설립을 위한 마라케쉬 협정 부속서 1다 무역관련 지적재산권에 관한 협정'(이하 '지적재산권 협정'이라 한다) 제27조 제1항은 "발명지, 기술분야, 제품의 수입 또는 국내 생산 여부에 따른 차별 없이 특허가 허여되고 특허권이 향유된다."라고 규정하고 있는데, 구 특허법 시행령 제9조의2 제1항 제1호와 같이 수입품목허가를 받아야 하는 의약품에 대해 존속기간 연장을 일체 허용하지 않으면 제품의 수입 또는 국내 생산 여부에 따른 차별에 해당될 수 있다.

2000. 6. 23. 개정된 구 특허법 시행령(대통령령 제16852호로 개정된 것, 이하 '2000년 특허법 시행령'이라 한다)이 존속기간 연장등록의 대상에 의약품 수입품목허가를 받아야 하는 발명을 포함시킨 제7조 제1호에 관하여 소급적용을 금지하는 별도의 경과 규정을 두고 있지 않아 지적재산권 협정 제27조 제1항의 발효 이전에 출원되어 수입품목허가를 받은 특허발명의 경우에도 위 시행령 시행일인 2000. 7. 1. 이후에 연장등록 출원을 하면 연장대상에 포함시켰다.

(다) 위임조항의 입법 취지 등에 위임조항 시행 이후 발효된 지적재산권 협정의 내용 및 2000년 특허법 시행령의 개정 내용 등을 종합하면, 위임조항에 의하여 존속기간을 연장할 수 있는 특허발명에는 제조품목허가뿐만 아니라 수입품목허가를 받아야 하는 의약품 발명도 포함되는 것으로 해석할 수 있고, 구 특허법 시행령 제9조의2 제1항 제1호가 의약품 수입품목허가에 관한 약사법 제34조 제1항을 규정하지 않은 것은 입법의

미비로 볼 수 있다.

[2] 행정행위가 재량성의 유무 및 범위와 관련하여 이른바 기속행위 내지 기속재량행위와 재량행위 내지 자유재량행위로 구분된다고 할 때, 그 구분은 당해 행위의 근거가 된 법규의 체재·형식과 문언, 당해 행위가 속하는 행정 분야의 주된 목적과 특성, 당해 행위 자체의 개별적 성질과 유형 등을 모두 고려하여 판단하여야 한다. 이렇게 구분되는 양자에 대한 사법심사는, 전자의 경우 그 법규에 대한 원칙적인 기속성으로 인하여 법원이 사실인정과 관련 법규의 해석·적용을 통하여 일정한 결론을 도출한 후 그 결론에 비추어 행정청이 한 판단의 적법 여부를 독자의 입장에서 판정하는 방식에 의하게 된다. 후자의 경우 행정청의 재량에 기한 공익판단의 여지를 감안하여 법원은 독자의 결론을 도출함이 없이 당해 행위에 재량권의 일탈·남용이 있는지 여부만을 심사하게 되고, 이러한 재량권의 일탈·남용 여부에 대한 심사는 사실오인, 비례·평등의 원칙 위배, 당해 행위의 목적 위반이나 동기의 부정 유무 등을 판단 대상으로 한다.

라. 연장가능기간

존속기간을 연장등록할 수 있는 기간은 그 특허발명을 실시할 수 없었던 기간으로서 5년 내이다. 다만, 특허권자에게 책임있는 사유로 인하여 소요된 기간은 그 특허발명을 실시할 수 없었던 기간에 포함되지 아니한다(특 제89조 제2항).

마. 존속기간연장의 효과

존속기간이 연장된 경우 그 특허권의 효력범위는 연장된 기간만큼 시간적 효력범위가 연장된다. 특허권의 존속기간이 연장된 특허권의 효력은 그 연장등록의 이유가 된 허가 등의 대상물건(그 허가 등에 있어 물건이 특정의 용도가 정하여져 있는 경우에 있어서는 그 용도에 사용되는 물건)에 관한 그 특허발명의 실시 외의 행위에는 미치지 아니한다(특 제95조).

3. 등록지연에 따른 특허권 존속기간의 연장

2011년 개정 특허법[70]은 제92조의2, 제92조의3, 제92조의4, 제92조의5를 신설하여 특허출원에 대하여 심사처리기간 지연 등 출원인의 책임이 아닌 사유로, 특허출원일부터 4년 또는 출원심사 청구일로부터 3년 중 늦은 날보다 지연되어 특허권이 설정등록되는 경우 그 지연기간만큼 특허권 존속기간을 연장하도록 하고 있다. 이는 한−미 FTA 제18.8조 제6항[71]

---

70) [시행 2012. 3. 15.][법률 제11117호, 2011. 12. 2., 일부개정].

을 국내법에 반영하기 위한 조문이다. 현재 규정에 의하면 심사처리기간 지연 등으로 특허권 설정등록이 늦어지면 특허권의 존속기간이 짧아지게 되어, 특허권의 행사기간이 실질적으로 짧아지게 되는 불합리한 점이 있어 왔다. 동 조항의 개정으로, 심사처리기간 등에 따라 달라지는 존속기간을 합리적으로 조정해 줌으로써 특허권자의 권리행사 기간을 충실히 보장할 수 있을 것으로 보인다.72) 등록지연에 따른 특허권의 존속기간의 연장 등에 관한 규정은 2011년 개정 특허법 시행 후 최초로 출원하는 특허출원부터 적용한다(특허법 부칙 제3조).73) 한−미 FTA 제18장 주석20에서는 특허권 존속기간 연장제도가 "2008년 1월 1일부터 신청된 모든 특허출원에 적용된다."고 되어 있다. 이는 2007년 4월 2일 한−미 FTA 타결 당시 적용대상 출원을 명확히 하기 위해 주석을 별도로 단 것이다. 하지만, 2008년 1월 1일이 경과한 현 시점에 한−미 FTA가 발효될 경우 한−미 FTA 협정문 제18.1조 제11항의 "이 장(제18장)은 이 협정의 발효일 이전에 발생한 행위에 대하여 의무를 발생시키지 아니한다."는 규정을 고려하여 한−미 FTA 발효일 이후의 특허출원부터 적용하면 되도록 2011년 개정특허법 부칙 제3조에서 규정하였다.

제5절 특허권의 효력

I. 의 의

특허권의 효력은 특허권자가 업으로서 특허발명을 독점적으로 실시할 수 있는 권리로서 가지는 적극적 효력과 타인의 실시를 배제할 수 있는 배타적인 권리로서 가지는 소극적 효력으로 나뉜다.

---

71) 한−미 FTA 제18.8조 제6항에서는 다음과 같이 규정하고 있다.
　　6. 가. 각 당사국은 특허를 허여하는 데 발생한 불합리한 지연을 보상하기 위하여, 특허권자의 요청이 있는 경우 특허존속기간을 조정한다. 이 호의 목적상, 불합리한 지연이란 최소한 당사국 영역에서 출원일로부터 4년 이상 또는 출원에 대한 심사청구로부터 3년 이상의 기간 중 더 늦은 기간만큼 설정등록의 지연을 포함한다. 특허출원인의 행위에 기인하는 기간은 그러한 지연의 결정에 포함될 필요가 없다. 제18.1조 제9항에도 불구하고, 가호는 2008년 1월 1일부터 제출되는 모든 특허출원에 적용된다.
72) 문병철, 2011년 특허법보고서, 14면.
73) [시행 2012. 3. 15.][법률 제11117호, 2011. 12. 2., 일부개정].

II. 특허권의 효력범위

그림 3-3 ┃ 이태리 코판의 면봉 특허

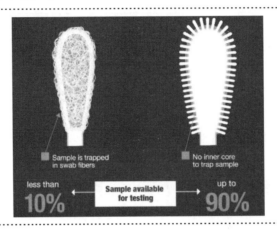

출처: https://www.copanusa.com/sample−collection−transport−processing/floqswabs/

이태리에서 COVID−19 대유행 사태가 발생하자, 이태리 기업인 COPAN은 '자국 우선 공급·원칙을 적용해 한국 등 주요국들에 면봉 공급을 중단했다. 국내에 노블바이오가 없었다면 한국 역시 미국과 같은 면봉 부족사태에 직면했을 가능성이 높았다.[74] 상표명 'FLOQSwabs'인 깃털면봉(Flocked Swabs) 기술은 이태리 코판(Copan)사의 특허기술이다. 이 기술은 친수성 의섬유를 털처럼 수직으로 배열하는 것이 그 핵심이다.[75] 이태리 코판이 개발한 면봉 특허 기술은 검사할 수 있는 검체의 양이 90% 이상으로 기존 면봉(10% 이하)보다 월등히 많다는 장점이 있다. 이 면봉발명에 대한 유럽특허(EP 1608268 B1)가 2007년에 등록되어 덴마크 (DK, 2008. 3. 25.), 스페인(ES, 2008. 5. 1.), 독일(DE, 2011. 2. 24. 다수 등록) 등에 진입했으며, 미국(US)과 일본(JP 4579902 B2, 2010. 9. 3.)에서도 등록받았다. 특히 미국에서는 US 8114027 B2(2012. 2. 14.), US 8317728 B2(2012. 11. 27.), US 8979784 B2(2015. 3. 17.), US 9011358 B2(2015. 4. 21.), US 9173779 B2(2015. 11. 3.) 등 다수로 분할출원되어 등록됐다.

---

74) 부경호, [IP DAILY] 코로나 진단용 면봉 기술로 배우는 '글로벌 특허'의 기회 & 리스크, http://www .irobotnews.com/news/articleView.html?idxno=20508(최종방문일: 2020년 5월 31일).
75) 부경호, 위의 기사.

그림 3-4 ┃ 이태리 코판의 깃털면봉 특허의 도면

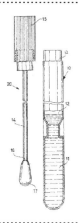

출처: https://www.copanusa.com/sample−collection−transport−processing/floqswabs/

그런데 특허권의 속지주의에 따라 한국 특허권은 한국에만 효력이 있고, 미국특허는 미국에만 효력이 있다. 코판이 개발한 깃털면봉 기술은 2004년 3월 31일자로 PCT 출원한 후 이를 기반으로 미국, 일본, 유럽, 호주 및 뉴질랜드에서 특허권을 확보했지만, 한국과 UAE에서는 특허가 없다. 특허권의 속지주의에 따라 국내 및 UAE의 경우, 2008년 설립된 국내 중소기업 노블바이오(Noble Bio)사가 '깃털면봉 기술'을 활용한 면봉을 자유롭게 제조하고 판매할 수 있다.

그림 3-5 ┃ 깃털 면봉과 일반 면봉의 차이

출처: Peter Daley, Santina Castriciano, Max Chernesky, and Marek Smieja, Comparison of Flocked and Rayon Swabs for Collection of Respiratory Epithelial Cells from Uninfected Volunteers and Symptomatic Patients, JOURNAL OF CLINICAL MICROBIOLOGY, Vol. 44, p. 2266 (June 2006).

[1] **지역적 범위:** 특허권의 효력은 속지주의원칙에 따라 우리나라의 영토 내에서만 미친다.
[2] **시간적 범위:** 특허권은 그 존속기간 내에만 효력을 가진다. 다만 존속기간 이내라고

하더라도 특허권을 포기하거나 특허료 불납 등으로 특허권이 소멸된 때에는 특허권의 효력이 상실된다.

[3] **내용적 범위**: 특허발명의 보호범위는 특허청구범위에 기재한 사항에 의하여 정하여지므로 특허권의 효력은 특허청구범위에 기재된 발명과 균등범위까지 미친다. 따라서 발명의 상세한 설명에는 기재되어 있지만 특허청구범위에는 기재하지 아니한 발명은 원칙적으로 특허권의 효력이 미치지 않는다.

III. 특허권의 적극적 효력

[1] **의 의**: 적극적 효력이란 특허권자가 업으로서 그 특허발명을 실시할 권리를 갖는 것을 의미한다(특 제94조, 제2조 제3호).

[2] **'업'의 의미**: '업'이란 사업을 의미하는데, 영리적 목적에 한하지 않고 비영리적으로 단 1회만의 실시라 하더라도 사업적 의도하에서의 실시라면 '업으로서'의 실시에 해당한다.

[3] **실시행위의 독립성**: 생산, 사용 등 각 실시행위는 독립된 행위로서 다른 행위에 영향을 미치지 않으므로, 각 실시행위 중 어느 하나의 행위라도 행해지면 특허법상 실시에 해당한다.

[4] 특허발명인 방법발명의 실시가 방법의 사용을 청약하는 행위인 경우 특허권의 효력은 그 방법의 사용이 특허권 또는 전용실시권을 침해한다는 것을 알면서 그 방법의 사용을 청약하는 행위에만 미친다(특 제94조 제2항). 즉, 방법의 발명인 경우에 그 방법의 사용을 청약하는 행위를 특허를 받은 발명의 실시에 포함되도록 하되, 이로 인한 소프트웨어 산업의 위축을 방지하기 위하여 특허를 받은 발명의 실시가 방법의 사용을 청약하는 행위인 경우 특허권의 효력은 그 방법의 사용이 특허권 또는 전용실시권을 침해한다는 것을 알면서 그 방법의 사용을 청약하는 행위에만 미치도록 한 것이다.

IV. 특허권의 소극적 효력

소극적 효력이란 제3자가 정당한 권원 없이 무단으로 실시하는 것을 배제하는 것을 의미하며, 정당한 권원이 없는 자의 무단실시는 특허권 침해에 해당한다.

V. 특허권 효력의 제한

1. 적극적 효력의 제한

가. 전용실시권 설정에 의한 제한

전용실시권자는 설정행위로 정한 범위 내에서 특허발명을 실시할 권리를 독점한다(특 제100조). 따라서 특허권자라도 그 설정범위 내에서는 특약이 없는 한 업으로서 실시할 수 없다.

나. 이용·저촉관계에 의한 제한

특허권자·전용실시권자 또는 통상실시권자는 특허발명이 그 특허발명의 특허출원일 전 출원된 타인의 특허발명·등록실용신안 또는 등록디자인이나 그 디자인과 유사한 디자인을 이용하거나 특허권이 그 특허발명의 특허출원일 전 출원된 타인의 디자인권 또는 상표권과 저촉되는 경우에는 그 특허권자·실용신안권자·디자인권자 또는 상표권자의 허락을 받지 않거나(특 제98조), 통상실시권허여심판(특 제138조)에 의하지 아니하고는 자기의 특허발명을 업으로서 실시할 수 없다.

다. 특허권의 수용에 의한 제한

정부는 특허발명이 전시, 사변 또는 이에 준하는 비상시에 국방상 필요한 경우 특허권을 수용할 수 있다(특 제106조 제1항). 특허권이 수용되는 경우 그 특허발명에 관한 특허권 외의 권리는 소멸된다(특 제106조 제2항). 정부는 특허권을 수용하는 경우에는 특허권자, 전용실시권자 또는 통상실시권자에 대하여 정당한 보상금을 지급하여야 한다(특 제106조 제3항).

라. 정부 등에 의한 특허발명의 실시에 따른 제한

정부는 특허발명이 국가 비상사태, 극도의 긴급상황 또는 공공의 이익을 위하여 비상업적(非商業的)으로 실시할 필요가 있다고 인정하는 경우에는 그 특허발명을 실시하거나 정부 외의 자에게 실시하게 할 수 있다(특 제106조의2 제1항). 정부 또는 특허법 제106조의2 제1항에 따른 정부 외의 자는 타인의 특허권이 존재한다는 사실을 알았거나 알 수 있을 때에는 특허법 제106조의2 제1항에 따른 실시 사실을 특허권자, 전용실시권자 또는 통상실시권자에게 신속하게 알려야 한다(특 제106조의2 제2항). 정부 또는 특허법 제106조의2 제1항에 따른 정부 외의 자는 특허법 제106조의2 제1항에 따라 특허발명을 실시하는 경우에는 특허권자, 전용실시권자 또는 통상실시권자에게 정당한 보상금을 지급하여야 한다(특 제106조의2 제3항).

마. 특허권의 공유로 인한 제한

특허권이 공유인 경우에는 각 공유자는 다른 공유자의 동의를 얻지 아니하면 그 지분을 양도하거나, 질권을 설정하거나, 전용실시권 및 통상실시권을 허락할 수 없다.

바. 타법에 의한 제한

◘의약품 발명은 약사법에 의한 품목허가를 받아야 실시할 수 있으며, 농약 및 농약원제의 발명은 농약관리법에 의한 등록을 받아야 실시할 수 있다.

◘※ 의약품 허가-특허 연계제도

[1] 한-미 FTA

한-미 FTA 제18.9조(특정 규제제품과 관련된 조치) 제5항에서는 "당사국이 의약품의 시판을 승인하는 조건으로, 안전성 또는 유효성 정보를 원래 제출한 인 이외의 인이 그러한 정보 또는 당사국의 영역 또는 다른 영역에서의 이전 시판승인의 증거와 같이 이전에 승인된 제품의 안전성 또는 유효성 정보의 증거에 의존하도록 허용하는 경우, 그 당사국은

(i) 제품 또는 그 승인된 사용방법을 대상으로 하는 것으로 승인 당국에 통보된 특허존속기간 동안 시장에 진입하기 위하여 시판승인을 요청하는 모든 다른 인의 신원을 특허권자가 통보받도록 규정한다. 그리고

(ii) 제품 또는 그 승인된 사용방법을 대상으로 하는 것으로 승인 당국에 통보된 특허존속기간 동안 특허권자의 동의 또는 묵인 없이 다른 인이 제품을 판매하는 것을 방지하기 위한 시판승인 절차에서의 조치를 이행한다."라고 규정하고 있다. 이 협정 제18.9조 제5항 나호는 한-미 FTA가 발효된 다음날부터 3년이 지난 시점부터 우리나라에 적용되도록 되어 있다.

[2] 2011년 개정 약사법

2011년 개정된 약사법[76]은 「대한민국과 미합중국 간의 자유무역협정 및 대한민국과 미합중국 간의 자유무역협정에 관한 서한교환」의 합의사항에 따라 의약품의 품목허가와 특허를 연계하는 제도를 도입하기 위하여 의약품 특허목록 등재 및 공고와 의약품 품목허가 신청 사실의 특허권자 등에의 통지에 필요한 사항을 정하였다. 그 주요 내용은 다음과 같다.

(i) 약사법 제31조의3을 신설하여 의약품 특허목록 등재 및 공고제도를 도입하였다. 즉, 의약품의 품목허가를 받은 자가 품목허가를 받은 의약품에 관한 특허권의 특허권자, 존속기간 등의 정보를 의약품 특허목록에 등재 받으려면 식품의약품안전청장에게 신청하여야 하

---

76) [법률 제11118호, 2011. 12. 2., 일부개정].

고, 식품의약품안전청장은 특허권이 일정한 대상 및 기준을 충족하면 의약품 특허목록에 등재하고 그 내용을 공고하도록 하였다.

(ii) 약사법 제31조의4를 신설하여 의약품 품목허가 신청 사실의 통지에 대해 규율하고 있다. 다시 말해서 특허목록에 등재된 의약품의 안전성·유효성에 관한 자료를 근거로 의약품의 품목허가를 신청한 자는 그 사실을 의약품 특허목록에 등재된 의약품의 품목허가를 받은 자 및 특허권자에게 통지하도록 하였다.

◨[3] 2015년 개정 약사법[77]

(i) 개정이유

한-미 자유무역협정 내용의 반영과 의약품의 특허권에 관한 실효적인 보호 등을 위하여 특허목록에 등재된 의약품의 안전성·유효성에 관한 자료를 근거로 의약품의 제조판매품목허가 또는 변경허가를 신청하는 의약품에 대하여 판매를 금지할 수 있는 근거를 마련하고, 의약품의 연구·개발을 촉진하기 위하여 등재된 의약품의 특허권 효력을 다투어 승소한 자 중 일정한 요건을 갖춘 자에게 의약품을 우선적으로 판매할 수 있도록 하는 것이 2015년 약사법 개정의 이유 중 하나다.

또한, 의약품 판매 등에 관하여 제약사간 합의가 있는 경우 그 내용을 공정거래위원회 등에 보고하도록 의무화하고, 판매금지 및 우선판매제도 등이 국내 제약산업 및 보건정책 등에 미치는 영향을 분석하여 정책수립에 반영하며, 중소규모 제약회사의 업무를 지원하는 등 제도 도입으로 인해 발생할 우려가 있는 부작용을 최소화하는 한편, 그 밖에 현행 제도의 운영상 나타난 일부 미비점을 개선·보완하려는 것이 2015년 약사법 개정의 또 다른 이유다.

(ii) 주요 내용

i) 의약품에 관한 특허권 등재 제도의 개선(현행 제31조의3 삭제, 제50조의2 신설)

제조판매품목허가 또는 변경허가를 받은 의약품에 관한 특허권을 특허목록에 등재하려는 자는 특허권자 또는 전용실시권자의 동의를 받아 식품의약품안전처장에게 등재 신청을 하도록 하고, 등재될 수 있는 특허는 의약품의 허가일 전에 출원된 특허로 한정하였다.

ii) 판매금지제도의 도입(제50조의5 및 제50조의6 신설)

특허권자 등은 특허침해의 금지 또는 예방 청구의 소 등 특허권과 관련한 심판 또는 소송을 제기한 후 해당 의약품의 안전성·유효성에 관한 자료를 바탕으로 제조판매품목허가 등을 신청하는 의약품에 대한 판매금지를 식품의약품안전처장에게 신청할 수 있고, 식품의

---

77) [시행 2015. 3. 15.][법률 제13219호, 2015. 3. 13., 일부개정].

약품안전처장은 소멸된 특허권을 기초로 한 경우, 판매금지 신청기간을 준수하지 아니한 경우 등을 제외하고는 판매를 금지하도록 하였다.

iii) 우선판매품목허가제도의 도입(제50조의7부터 제50조의10까지 신설)

특허권이 등재된 의약품의 자료를 근거로 가장 이른 날 의약품의 제조판매품목허가 또는 변경허가를 신청하고, 허가를 신청하기 전에 등재된 특허권에 관한 무효심판 등을 제기하여 승소한 자로서 가장 이른 날 심판을 제기한 자에게 의약품의 제조판매품목허가 또는 변경허가를 받은 의약품과 동일한 의약품을 다른 자가 판매하는 것을 금지할 수 있도록 함으로써, 우선적으로 의약품을 판매할 수 있도록 하였다.

iv) 판매금지 및 우선판매품목허가의 영향평가 수행(제50조의11 신설)

식품의약품안전처장은 판매금지 및 우선판매품목허가 등이 국내 제약산업, 보건정책, 고용 증감 등에 미치는 영향을 분석·평가하여야 하며, 평가 결과를 공개하고 국회에 보고하여야 한다.

v) 등재의약품의 관리 강화(제50조의12 신설)

식품의약품안전처장은 의약품특허권과 관련하여 등재의약품의 시장동향 및 가격정보 수집, 중소기업을 위한 특허목록 등재 등과 관련된 업무 지원, 의약품특허권과 관련하여 제약업체 역량을 강화하기 위한 교육, 등재의약품과 관련한 특허정보 분석, 해외사례 및 정책 연구 등을 수행한다.

vi) 합의 보고 의무 부과 근거 마련(제69조의3 신설)

특허권자 등과 후발의약품 허가 신청자 간에 특허 분쟁이 있는 의약품의 제조, 판매, 또는 우선판매품목허가에 관한 합의가 있는 경우, 후발의약품 허가 신청자 간에 우선판매품목허가에 관한 합의가 있는 경우에는 그 합의사항을 식품의약품안전처장과 공정거래위원회에 보고하도록 하였다.

사. 특허권 포기, 정정청구, 정정심판청구에 따른 제한

특허권자는 전용실시권자, 직무발명에 의한 통상실시권자, 허락에 의한 통상실시권자, 질권자의 동의를 얻어야 특허권 포기, 정정청구, 정정심판청구를 할 수 있다.

2. 소극적 효력의 제한

가. 특허권의 효력이 미치지 아니하는 범위

■(i) 연구 또는 시험(약사법에 따른 의약품의 품목허가·품목신고 및 농약관리법에 따른 농약의 등록을 위한 연구 또는 시험을 포함)을 위한 특허발명의 실시, (ii) 국내를 통과하는 데 불과한 교통기관 또는 이에 사용되는 기계·기구·장치 기타의 물건, (iii) 특허출원 당시부터 국내에 있는 물건, (iv) 둘 이상의 의약을 혼합하여 제조되는 의약발명 또는 그 제법발명이 약사법에 의한 조제행위와 그 조제에 의한 의약에 해당하는 경우에는 특허권의 배타적 효력이 미치지 않는다(특 제96조 제2항).

나. 실시권 존재에 의한 제한

허락에 의한 실시권, 법정실시권, 강제실시권에 따른 실시권자의 실시에 대해서는 특허권의 효력이 미치지 않는다. 2011년 개정 특허법에 따르면, 특허발명이 일정기간 국내에서 실시되지 않았다는 이유로 특허권을 취소하는 '특허권 취소제도'를 폐지하였다(구 특허법 제116조 삭제). 이는 한-미 FTA 제18.8조 제4항을 국내법에 반영하기 위한 것이다. 한-미 FTA 제18.8조 제4항에서는 "각 당사국은 특허 허여의 거절을 정당화할 수 있는 근거에 의하여만 특허가 취소될 수 있도록 규정한다. 또한 당사국은 사기, 허위진술 또는 불공정 행위가 특허를 취소하거나 특허의 효력을 정지하는 사유가 될 수 있음을 규정할 수 있다. 당사국이 특허 허여에 대하여 제3자가 이의 신청을 허용하는 절차를 규정하는 경우, 그 당사국은 특허의 허여 이전에는 그러한 절차가 이용가능하지 아니하도록 한다."라고 규정하고 있다.

구 특허법 제116조는 특허권이 3년 이상 국내에서 실시되지 않았음을 이유로 특허청장이 특허권에 대하여 제3자에게 재정에 의한 통상실시권을 부여한 후에도 통상실시권자 및 특허권자 모두 특허발명을 국내에서 계속하여 2년 이상 실시하지 않는 때에는 이해관계인의 신청 또는 직권으로 그 특허권을 취소할 수 있도록 규정하였었다. 비교법적으로 보면, 일본에서는 1959년 불실시에 대한 특허권 취소제도를 폐지하였고, 유럽과 미국에는 특허권 취소제도가 없다.

다. 특허료의 추가납부 또는 보전에 의하여 회복한 특허권의 효력제한

특허권자가 책임질 수 없는 사유로 추가납부시간 이내에 특허료를 내지 아니하였거나 보전기간에 보전하지 아니하여 특허권이 소멸한 후, 납부 또는 보전할 수 없었던 특허료를 납부 또는 보전하여 회복한 특허권 및 추가납부기간 이내에 특허료를 내지하지 아니하였거나 보전기간에 보전하지 아니하여 실시 중인 특허발명의 특허권이 소멸한 후, 추가납부기간 또는 보전기간 만료일부터 3월 이내에 특허법 제79조에 따른 특허료의 3배를 납부하여 회복한 특허권의 효력제한기간(특허료 추가납부기간이 경과한 날부터 납부하거나 보전한 날까지의 기간) 중 특허발명의 실시행위에 대해서는 특허권의 효력이 미치지 않는다(특 제81조의3 제4항).

라. 재심에 의하여 회복한 특허권의 효력제한

재심에 의하여 회복한 특허권은 해당 심결이 확정된 후 재심청구의 등록 전에 선의로 수입 또는 국내에서 생산하거나 취득한 물건, 해당 특허발명의 선의의 실시행위 및 간접침해 행위에 대해서는 특허권의 효력이 미치지 아니한다(특 제181조).

마. 업으로서의 실시가 아닌 경우

특허권의 효력은 업으로서 실시하는 경우에 미치므로 정당한 권원이 없는 자의 개인용 내지 가정용 실시의 경우에는 그 효력이 미치지 아니한다.

제6절 특허권의 소멸

특허권의 존속기간이 만료되면 특허권은 소멸된다. 그리고 특허권의 상속이 개시된 때 상속인이 없는 경우에도 그 특허권은 소멸된다(특 제124조). 그 밖에 청산절차가 진행 중인 법인의 특허권은 법인의 청산종결등기일(청산종결등기가 되었더라도 청산사무가 사실상 끝나지 아니한 경우에는 청산사무가 사실상 끝난 날과 청산종결등기일부터 6개월이 지난 날 중 빠른 날로 한다) 까지 그 특허권의 이전등록을 하지 아니한 경우에는 청산종결등기일의 다음날에 소멸한다 (특 제124조 제2항).

제9장

특허권 침해 및 구제제도

제1절 특허권 침해

I. 의 의

특허권 침해의 경우 침해사실의 발견이 용이치 않고 기술의 고도성·전문성·복잡성 등으로 인하여 그 침해 여부의 입증이 어려운 특성이 있다. 따라서 특허법은 특허권 침해를 직접침해뿐만 아니라 간접침해까지 확정하여 인정하고 있으며 손해배상청구권 등(특 제128조), 과실의 추정(특 제130조), 생산방법의 추정(특 제129조) 등과 같은 특별규정을 마련하고 있다.

II. 침해의 성립요건

1. 유효한 특허권의 존재

타인이 실시한 발명은 특허발명으로서 특허권이 유효하게 존속하는 것이어야 한다.

2. 보호범위 내의 실시일 것

[1] 특허발명의 보호범위 내의 실시이어야 하며, 특허발명의 보호범위는 특허청구범위에 기재된 사항에 의하여 정해진다. 최근 판례는 "특허발명의 보호범위는 특허청구범위에 기재된 사항에 의하여 정하여야 할 것이되, 거기에 기재된 문언의 의미내용을 해석함에 있어서는 문언의 일반적인 의미내용을 기초로 하면서도 발명의 상세한 설명의 기재 및 도면 등을 참작하여 객관적·합리적으로 하여야 하고, 특허청구범위에 기재된 문언으로부터 기술적 구성의 구체적 내용을 알 수 없는 경우에는 명세서의 다른 기재 및 도면을 보충하여 그 문언이 표현하고자 하는 기술적 구성을 확정하여 특허발명의 보호범위를 정하여야 한다(대법원 2006. 12. 22. 선고 2006후2240 판결 참조)."라고 판시하여 주변한정주의를 취하고 있다.[78] 특

---

78) 대법원 2009. 10. 15. 선고 2009다19925 판결[손해배상등]에서는 "명칭을 '방직기용 실 저장 및 공급장치'로 하는 이 사건 특허발명(특허번호 제29468호)의 특허청구범위 제1항(이하 '이 사건 제1항 발명'이라 하고, 나머지 청구항도 같은 방법으로 부른다)에 기재된 "실 인출측에 있는 원주 표면(24)이 실 지지영역 (19)에서 실이 풀려서 실 제거 부재(11)로 이동할 때 실(8)에 의해 축 방향에서 연속적으로 굵히게 되는

허발명이 복수의 구성요소로 되어 있는 경우에는 각 필수적 구성요소 중 일부 구성요소만을 갖추고 있는 발명은 특허발명의 권리범위에 속하지 아니한다고 판시하여 구성요소 완비의 원칙에 의한다.[79]

[2] 한편, 특허권자를 실효적으로 보호하기 위해 전술한 원칙에 의해 침해가 성립하지 않더라도 균등론,[80] 간접침해,[81] 생략침해[82] 등의 침해이론에 의한 침해의 인정이 가능하며,

---

것"이라는 내용만으로는 기술적 구성의 구체적인 내용을 알 수 없으므로, 그 내용이 표현하고 있는 기술적 구성을 확정하기 위하여 그 발명의 상세한 설명과 도면을 참작하여 보면, 이 사건 특허발명의 '발명의 상세한 설명'에는 "상기 목적을 달성하기 위하여, 실 저장 및 공급장치는 본 발명에 따라, 실 인출림은 드럼 액슬과 동축상에서 최소한 이웃의 지지대 사이에 위치한 영역에서 원주방향으로 연속하며 지지대가 방해받지 않는 방식으로 놓여 있는 회전성 덮개의 방사상 내부로 경사진 원주 표면에 의하여 지지대의 인입경사로 방향에서 인접해 있고, 저장 드럼의 실 인출측에서 원주 표면은 실이 실 지지영역에서 감기지 않고 실 제거부재로 이동할 때 실에 의해 축방향에서 연속적으로 긁히게 되는 것을 특징으로 한다", "감기지 않은 실을 지지대와 원주 표면 덮개에 전체 표면을 따라 강제로 접촉시키기 위하여, 감기지 않은 실을 위한 링이 자유로이 그러나 손실되지 않도록 덮개의 영역에서 지지대상에 설치될 수 있다"라고 기재되어 있고, '도면'에 의하면 도 1 내지 도 4에 "링"이 도시되어 있으나 도 1, 2에는 실 지지영역(19)에서 풀려나오는 실(8)이 링(27)을 통과하지 않는 것으로 도시되어 있으며, "링"은 이 사건 제1항 발명의 종속항인 이 사건 제17항 발명에 부가되어 있어서, 이러한 사정들을 고려하면 "링"이 반드시 이 사건 제1항 발명의 필수 구성에 해당한다고 할 수 없다. 위와 같이 확정되는 이 사건 제1항 발명의 기술구성을 전제로 기록에 비추어 살펴보면, 이 사건 제1항 발명과 원심 판시 실시제품들은 새장 타입의 방직기(환편기)용 실 저장 및 공급장치의 일반적인 구성[저장 드럼, 지지대, 실 인출림, 실 공급부재, 실 제거부재, 구동기구(벨트풀리)]과 내향으로 경사진 원주 표면을 갖는 회전성 대칭 덮개 구성을 구비하고, 지지대를 원주 표면에 방해받지 않는 방식으로 위치시킴으로써 실이 저장 드럼의 실 지지영역에서 풀려 실 제거 부재로 이동할 때 저장 드럼의 원주 표면에 연속적으로 긁히게 되는 구성인 점에서 동일하므로, 원심 판시 실시제품들은 이 사건 제1항 발명의 특허권을 침해한다고 할 것이다."라고 판시하였다.

79) 대법원 2006. 11. 23. 선고 2005후18 판결[권리범위확인(특)]에 따르면, "특허발명의 보호범위는 특허청구범위에 기재된 사항에 의하여 정하여지는 것으로서, 특허발명이 복수의 구성요소로 되어 있는 경우에 그 각 필수적 구성요소 중 일부 구성요소만을 갖추고 있는 발명은 특허발명의 권리범위에 속하지 않는바(대법원 2001. 6. 1. 선고 98후2856 판결, 2001. 9. 7. 선고 99후1584 판결 각 참조), 특허발명이 종래기술에서 일반적으로 사용되던 기술적 수단을 생략하였음을 특징으로 하는 구성을 가지고 있는 경우, 그에 대비되는 확인대상발명이 그 생략된 기술적 수단을 명시적으로 채택하고 있다면, 그 확인대상발명은 특허발명의 위 구성을 갖추지 못한 것으로서 특허발명의 권리범위에 포함되지 않는다."라고 판시하고 있다.

80) 대법원 2010. 9. 30.자 2010마183 결정[특허침해금지가처분]에서는 "특허권침해소송의 상대방이 제조 등을 하는 제품 또는 사용하는 방법(이하 '침해대상제품 등'이라고 한다)이 특허발명의 특허권을 침해한다고 할 수 있기 위하여는 특허발명의 특허청구범위에 기재된 각 구성요소와 그 구성요소 간의 유기적 결합관계가 침해대상제품 등에 그대로 포함되어 있어야 한다. 한편 침해대상제품 등에서 특허발명의 특허청구범위에 기재된 구성 중 치환 내지 변경된 부분이 있는 경우에도, 특허발명과 과제의 해결원리가 동일하고, 그러한 치환에 의하더라도 특허발명에서와 같은 목적을 달성할 수 있고 실질적으로 동일한 작용효과를 나타내며, 그와 같이 치환하는 것이 그 발명이 속하는 기술분야에서 통상의 지식을 가진 자(이하 '통상의 기술자'라고 한다)라면 누구나 용이하게 생각해 낼 수 있는 정도로 자명하다면, 침해대상제품 등이 특허발명

주변한정주의 내지 구성요소완비원칙에 의하여 외형상 침해가 성립하는 경우에도 공지사실 제외, 자유기술의 항변, 실시불가능한 기재의 경우에 권리범위를 인정할 수 없다는 판례, 추상적 기재에 의해 기술적 범위를 특정할 수 없는 경우에 권리범위를 인정할 수 없다 는 판례에 의해 침해의 성립이 부정될 수 있다.[83] 특허청구범위는 특허권자가 자기의 권리로서 보호되어야 될 기술적 범위의 한계를 명확히 획정한 구역이므로 그 기재내용에 따라 보호범위는 엄격히 해석되어야 한다는 견해가 주변한정주의다. 즉, 주변한정주의는 발명의 보호범위의 해석은 특허청구범위에 기재된 사항 이외에 발명의 상세한 설명 부분에 대하여까지의 확장해석은 금지되어야 한다는 견해다. 구성요건 완비의 원칙은 특허청구범위의 해석을 청구범위에 기재된 문언적 의미로 해석하는 주변한정주의를 배경으로 탄생하여 발전한 원칙으로서 청구항에 기재된 구성요건(elements)의 전부를 실시하는 것을 특허침해의 성립요건으로 보는 원칙이다.

한편, 중심한정주의는 발명의 보호범위에 있어서 특허청구범위의 기재에 엄격히 구속되지 않고 그곳에 표현된 실질적인 발명사상을 보호하여야 하므로 어느 정도 발명의 상세한 설명 부분까지의 확장해석을 허용하는 견해다.

의 출원 시 이미 공지된 기술과 동일한 기술 또는 통상의 기술자가 공지기술로부터 용이하게 발명할 수 있었던 기술에 의한 것이거나, 특허발명의 출원절차를 통하여 침해대상제품 등의 치환된 구성이 특허청구범위로부터 의식적으로 제외된 것에 해당하는 등의 특별한 사정이 없는 한, 침해대상제품 등은 전체적으로 특허발명의 특허청구범위에 기재된 구성과 균등한 것으로서 여전히 특허발명의 특허권을 침해한다고 보아야 할 것이다(대법원 2009. 6. 25. 선고 2007후3806 판결, 대법원 2009. 10. 15. 선고 2009다46712 판결 등 참조)."라고 판시하였다.

81) 대법원 2009. 9. 10. 선고 2007후3356 판결[권리범위확인(특)]에서는 "간접침해에 관하여 규정하고 있는 특허법 제127조 제1호 규정은 발명의 모든 구성요소를 가진 물건을 실시한 것이 아니고 그 전 단계에 있는 행위를 하였더라도 발명의 모든 구성요소를 가진 물건을 실시하게 될 개연성이 큰 경우에는 장래의 특허권 침해에 대한 권리 구제의 실효성을 높이기 위하여 일정한 요건 아래 이를 특허권의 침해로 간주하더라도 특허권이 부당하게 확장되지 않는다고 본 것이라고 이해된다. 위 조항의 문언과 그 취지에 비추어 볼 때, 여기서 말하는 '생산'이란 발명의 구성요소 일부를 결여한 물건을 사용하여 발명의 모든 구성요소를 가진 물건을 새로 만들어내는 모든 행위를 의미하므로, 공업적 생산에 한하지 않고 가공, 조립 등의 행위도 포함된다. 나아가 '특허 물건의 생산에만 사용하는 물건'에 해당하기 위하여는 사회통념상 통용되고 승인될 수 있는 경제적, 상업적 내지 실용적인 다른 용도가 없어야 하고, 이와 달리 단순히 특허 물건 이외의 물건에 사용될 이론적, 실험적 또는 일시적인 사용가능성이 있는 정도에 불과한 경우에는 간접침해의 성립을 부정할 만한 다른 용도가 있다고 할 수 없다."라고 판시하였다.

82) 생략발명이란 침해대상물이 특허발명의 구성요소 중 비교적 중요성이 낮은 구성요소를 생략하여 특허발명의 소기의 작용효과보다 열악한 효과를 가져오는 발명을 의미한다(신혜은, 앞의 책, 313면).

83) 김현호, 「통합특허법」, (제4판), 한빛지적소유권센터, 2010년, 189면.

대법원 2019. 10. 17. 선고 2019다222782, 222799 판결[특허권침해금지등 · 특허권침해금지등][공2019하,2090]

[판결요지]

[1] 선 특허발명과 후 발명이 이용관계에 있는 경우에는 후 발명은 선 특허발명의 권리범위에 속하게 된다. 여기에서 두 발명이 이용관계에 있는 경우라고 함은 후 발명이 선 특허발명의 기술적 구성에 새로운 기술적 요소를 부가하는 것으로서, 후 발명이 선 특허발명의 요지를 전부 포함하고 이를 그대로 이용하되, 후 발명 내에서 선 특허발명이 발명으로서의 일체성을 유지하는 경우를 말한다.

[2] 특허발명의 보호범위는 청구범위에 적혀 있는 사항에 따라 정해지고 발명의 설명이나 도면 등으로 보호범위를 제한하거나 확장하는 것은 원칙적으로 허용되지 않는다. 그러나 청구범위에 적혀 있는 사항은 발명의 설명이나 도면 등을 참작하여야 기술적인 의미를 정확하게 이해할 수 있으므로, 청구범위에 적혀 있는 사항의 해석은 문언의 일반적인 의미 내용을 기초로 하면서도 발명의 설명이나 도면 등을 참작하여 문언에 의하여 표현하고자 하는 기술적 의의를 고찰한 다음 객관적 · 합리적으로 하여야 한다.

[3] 특허권의 속지주의 원칙상 물건의 발명에 관한 특허권자가 물건에 대하여 가지는 독점적인 생산 · 사용 · 양도 · 대여 또는 수입 등의 특허실시에 관한 권리는 특허권이 등록된 국가의 영역 내에서만 효력이 미치는 것이 원칙이다. 그러나 국내에서 특허발명의 실시를 위한 부품 또는 구성 전부가 생산되거나 대부분의 생산단계를 마쳐 주요 구성을 모두 갖춘 반제품이 생산되고, 이것이 하나의 주체에게 수출되어 마지막 단계의 가공 · 조립이 이루어질 것이 예정되어 있으며, 그와 같은 가공 · 조립이 극히 사소하거나 간단하여 위와 같은 부품 전체의 생산 또는 반제품의 생산만으로도 특허발명의 각 구성요소가 유기적으로 결합한 일체로서 가지는 작용효과를 구현할 수 있는 상태에 이르렀다면, 예외적으로 국내에서 특허발명의 실시제품이 생산된 것과 같이 보는 것이 특허권의 실질적 보호에 부합한다.

[4] 특허법 제130조는 타인의 특허권 또는 전용실시권을 침해한 자는 그 침해행위에 대하여 과실이 있는 것으로 추정한다고 정하고 있다. 그 취지는 특허발명의 내용은 특허공보 또는 특허등록원부 등에 의해 공시되어 일반 공중에게 널리 알려져 있을 수 있고, 또 업으로서 기술을 실시하는 사업자에게 당해 기술분야에서 특허권의 침해에 대한 주의의무를 부과하는 것이 정당하다는 데 있다. 위 규정에도 불구하고 타인의 특허발명을 허락 없이 실시한 자에게 과실이 없다고 하기 위해서는 특허권의 존재를 알지 못하였다는 점을 정당화할 수 있는 사정이 있다거나 자신이 실시하는 기술이 특허발명의 권리범위에 속하지 않는다고 믿은 점을 정당화할 수 있는 사정이 있다는 것을 주장 · 증명하여야 한다.

대법원 2019. 2. 28. 선고 2017다290095 판결[손해배상(지)][공2019상,807]

[판결요지]

특허법 제127조 제2호는 특허가 방법의 발명인 경우 그 방법의 실시에만 사용하는 물건을 생산·양도·대여 또는 수입하거나 그 물건의 양도 또는 대여의 청약을 하는 행위를 업으로서 하는 경우에는 특허권 또는 전용실시권을 침해한 것으로 본다고 규정하고 있다. 이러한 간접침해 제도는 어디까지나 특허권이 부당하게 확장되지 아니하는 범위에서 그 실효성을 확보하고자 하는 것이다.

방법의 발명(이하 '방법발명'이라고 한다)에 관한 특허권자로부터 허락을 받은 실시권자가 제3자에게 그 방법의 실시에만 사용하는 물건(이하 '전용품'이라고 한다)의 제작을 의뢰하여 그로부터 전용품을 공급받아 방법발명을 실시하는 경우에 있어서 그러한 제3자의 전용품 생산·양도 등의 행위를 특허권의 간접침해로 인정하면, 실시권자의 실시권에 부당한 제약을 가하게 되고, 특허권이 부당하게 확장되는 결과를 초래한다. 또한, 특허권자는 실시권을 설정할 때 제3자로부터 전용품을 공급받아 방법발명을 실시할 것까지 예상하여 실시료를 책정하는 등의 방법으로 당해 특허권의 가치에 상응하는 이윤을 회수할 수 있으므로, 실시권자가 제3자로부터 전용품을 공급받는다고 하여 특허권자의 독점적 이익이 새롭게 침해된다고 보기도 어렵다. 따라서 방법발명에 관한 특허권자로부터 허락을 받은 실시권자가 제3자에게 전용품의 제작을 의뢰하여 그로부터 전용품을 공급받아 방법발명을 실시하는 경우에 있어서 그러한 제3자의 전용품 생산·양도 등의 행위는 특허권의 간접침해에 해당한다고 볼 수 없다.

대법원 2018. 8. 1. 선고 2015다244517 판결[특허권침해금지등][공2018하,1847]

[판결요지]

출원인 또는 특허권자가 특허발명의 출원과정에서 특허발명과 대비대상이 되는 제품(이하 '대상제품'이라 한다)을 특허발명의 청구범위로부터 의식적으로 제외하였다고 볼 수 있는 경우에는, 특허권자가 대상제품을 제조·판매하고 있는 자를 상대로 대상제품이 특허발명의 보호범위에 속한다고 주장하는 것은 금반언의 원칙에 위배되어 허용되지 않는다. 특허발명의 출원과정에서 대상제품이 청구범위로부터 의식적으로 제외된 것인지는 명세서뿐만 아니라 출원에서부터 특허될 때까지 특허청 심사관이 제시한 견해, 출원인이 출원과정에서 제출한 보정서와 의견서 등에 나타난 출원인의 의도, 보정이유 등을 고려하여 판단하여야 한다. 이러한 법리는 특허등록 후 이루어지는 정정을 통해 청구범위의 감축이 있었던 경우에도 마찬가지로 적용된다.

대법원 2015. 7. 23. 선고 2014다42110 판결[손해배상(지)][공2015하,1221]

[판결요지]

[1] 간접침해 제도는 어디까지나 특허권이 부당하게 확장되지 아니하는 범위에서 그 실효성을 확보하고자 하는 것이다. 그런데 특허권의 속지주의 원칙상 물건의 발명에 관한 특허권자가 그 물건에 대하여 가지는 독점적인 생산·사용·양도·대여 또는 수입 등의 특허실시에 관한 권리는 특허권이 등록된 국가의 영역 내에서만 효력이 미치는 점을 고려하면, 특허법 제127조 제1호의 '그 물건의 생산에만 사용하는 물건'에서 말하는 '생산'이란 국내에서의 생산을 의미한다고 봄이 타당하다. 따라서 이러한 생산이 국외에서 일어나는 경우에는 그 전 단계의 행위가 국내에서 이루어지더라도 간접침해가 성립할 수 없다.

[2] 명칭을 '양방향 멀티슬라이드 휴대단말기'로 하는 특허발명의 특허권자인 갑이 휴대전화 단말기를 생산·수출한 을 주식회사를 상대로 을 회사의 제품이 갑의 특허권의 보호범위에 속한다고 주장하면서 특허권 침해에 따른 손해배상을 구한 사안에서, 한손으로 기능키를 조작하는 사용방식을 전제로 하는 2개의 비교대상발명(이하 '비교대상발명 1' 및 '비교대상발명 4'라 한다)에는 청구범위 제2항(이하 '제2항 발명'이라 한다)의 구성 중 '상부본체가 하부본체에 대해 하측으로 상대 슬라이딩될 때, 디스플레이 창의 양쪽에 대칭이 되어 양손 조작이 가능하게 상부본체의 하측부에 제1기능 키패드부를 구비'하는 구성과 동일한 구성이 나타나 있지 않고, 비교대상발명 1의 본체와 비교대상발명 4의 폴더부를 결합하면 제2항 발명의 위 구성에 이를 수 있다는 암시·동기 등이 제시되어 있다거나, 통상의 기술자가 '상부본체가 하부본체에 대해 하측으로 상대 슬라이딩될 때, 디스플레이 창의 양쪽에 대칭이 되어 양손 조작이 가능'하게 하기 위하여 용이하게 결합에 이를 수 있다고 인정할 수 없으므로, 비록 제2항 발명의 위 구성을 제외한 나머지 구성들이 비교대상발명 1, 4에 나타나 있다고 하더라도 비교대상발명 1, 4에 의해 진보성이 부정되어 특허가 무효로 될 것이 명백하다고 할 수 없는데도, 이와 달리 제2항 발명의 특허권에 기초한 청구가 권리남용에 해당한다고 본 원심판결에 법리오해의 위법이 있다고 보아 선택적으로 병합된 청구범위 제1항 및 제2항 발명에 기초한 손해배상청구 부분을 함께 파기환송한 사례.

대법원 2019. 1. 31. 선고 2018다267252 판결[특허침해금지및손해배상청구의소]

[판결요지]

[1] 특허권침해소송의 상대방이 제조 등을 하는 제품 또는 사용하는 방법(이하 '침해제품 등'이라고 한다)이 특허발명의 특허권을 침해한다고 하기 위해서는 특허발명의 특허청구범위에 기재된 각 구성요소와 그 구성요소 간의 유기적 결합관계가 침해제품 등에

그대로 포함되어 있어야 한다. 침해제품 등에 특허발명의 특허청구범위에 기재된 구성 중 변경된 부분이 있는 경우에도, 특허발명과 과제 해결원리가 동일하고, 특허발명에서와 실질적으로 동일한 작용효과를 나타내며, 그와 같이 변경하는 것이 그 발명이 속하는 기술분야에서 통상의 지식을 가진 사람이라면 누구나 쉽게 생각해 낼 수 있는 정도라면, 특별한 사정이 없는 한 침해제품 등은 특허발명의 특허청구범위에 기재된 구성과 균등한 것으로서 여전히 특허발명의 특허권을 침해한다고 보아야 한다.

여기서 침해제품 등과 특허발명의 과제 해결원리가 동일한지 여부를 가릴 때에는 특허청구범위에 기재된 구성의 일부를 형식적으로 추출할 것이 아니라, 명세서에 적힌 발명의 상세한 설명의 기재와 출원 당시의 공지기술 등을 참작하여 선행기술과 대비하여 볼 때 특허발명에 특유한 해결수단이 기초하고 있는 기술사상의 핵심이 무엇인가를 실질적으로 탐구하여 판단하여야 한다.

[2] 작용효과가 실질적으로 동일한지 여부는 선행기술에서 해결되지 않았던 기술과제로서 특허발명이 해결한 과제를 특허권침해소송의 상대방이 제조 등을 하는 제품 또는 사용하는 방법(이하 '침해제품 등'이라고 한다)도 해결하는지를 중심으로 판단하여야 한다. 따라서 발명의 상세한 설명의 기재와 출원 당시의 공지기술 등을 참작하여 파악되는 특허발명에 특유한 해결수단이 기초하고 있는 기술사상의 핵심이 침해제품 등에서도 구현되어 있다면 작용효과가 실질적으로 동일하다고 보는 것이 원칙이다. 그러나 위와 같은 기술사상의 핵심이 특허발명의 출원 당시에 이미 공지되었거나 그와 다름없는 것에 불과한 경우에는 이러한 기술사상의 핵심이 특허발명에 특유하다고 볼 수 없고, 특허발명이 선행기술에서 해결되지 않았던 기술과제를 해결하였다고 말할 수도 없다. 이러한 때에는 특허발명의 기술사상의 핵심이 침해제품 등에서 구현되어 있는지를 가지고 작용효과가 실질적으로 동일한지 여부를 판단할 수 없고, 균등 여부가 문제 되는 구성요소의 개별적 기능이나 역할 등을 비교하여 판단하여야 한다.

[3] 균등론의 적용요건으로서 적극적 요건으로는 (i) 과제해결원리의 동일성, (ii) 치환가능성, (iii) 치환용이성이 있고, 소극적 요건으로는 (iv) 자유기술의 항변(일응 특허발명의 균등영역에 속하는 기술이더라도 그 기술이 특허발명의 출원 전에 공지된 기술과 동일하거나 이로부터 용이하게 발명해 낼 수 있는 발명인 경우에는 이러한 발명은 누구나 자유롭게 실시할 수 있는 기술임), (v) 출원경과참작의 원칙(포대금반언의 원칙)이 있다. 균등론은 주변한정주의와 구성요건 완비의 원칙을 적용할 경우 특허발명의 보호범위가 과도하게 축소되는 것을 보완하기 위한 원칙이다. 균등론은 특허발명의 보호범위를 확장한다는 점에 있어서 중심한정주의와 공통된다.

대법원 2019. 1. 31.자 2016마5698 결정[가처분이의][공2019상,593]

[결정요지]

[1] 특허권침해소송의 상대방이 제조 등을 하는 제품 또는 사용하는 방법(이하 '침해제품 등'이라고 한다)이 특허발명의 특허권을 침해한다고 하기 위해서는 특허발명의 특허청구범위에 기재된 각 구성요소와 그 구성요소 간의 유기적 결합관계가 침해제품 등에 그대로 포함되어 있어야 한다. 침해제품 등에 특허발명의 특허청구범위에 기재된 구성 중 변경된 부분이 있는 경우에도, 특허발명과 과제 해결원리가 동일하고, 특허발명에서와 실질적으로 동일한 작용효과를 나타내며, 그와 같이 변경하는 것이 그 발명이 속하는 기술분야에서 통상의 지식을 가진 사람이라면 누구나 쉽게 생각해 낼 수 있는 정도라면, 특별한 사정이 없는 한 침해제품 등은 특허발명의 특허청구범위에 기재된 구성과 균등한 것으로서 여전히 특허발명의 특허권을 침해한다고 보아야 한다.

여기서 침해제품 등과 특허발명의 '과제 해결원리가 동일'한지 여부를 가릴 때에는 특허청구범위에 기재된 구성의 일부를 형식적으로 추출할 것이 아니라, 명세서에 적힌 발명의 상세한 설명의 기재와 출원 당시의 공지기술 등을 참작하여 선행기술과 대비하여 볼 때 특허발명에 특유한 해결수단이 기초하고 있는 기술사상의 핵심이 무엇인가를 실질적으로 탐구하여 판단하여야 한다. 특허법이 보호하려는 특허발명의 실질적 가치는 선행기술에서 해결되지 않았던 기술과제를 특허발명이 해결하여 기술발전에 기여하였다는 데에 있으므로, 침해제품 등의 변경된 구성요소가 특허발명의 대응되는 구성요소와 균등한지를 판단할 때에도 특허발명에 특유한 과제 해결원리를 고려하는 것이다.

특허발명의 과제 해결원리를 파악할 때 발명의 상세한 설명의 기재뿐만 아니라 출원 당시의 공지기술 등까지 참작하는 것은 전체 선행기술과의 관계에서 특허발명이 기술발전에 기여한 정도에 따라 특허발명의 실질적 가치를 객관적으로 파악하여 그에 합당한 보호를 하기 위한 것이다. 따라서 이러한 선행기술을 참작하여 특허발명이 기술발전에 기여한 정도에 따라 특허발명의 과제 해결원리를 얼마나 넓게 또는 좁게 파악할지를 결정하여야 한다. 다만 발명의 상세한 설명에 기재되지 않은 공지기술을 근거로 발명의 상세한 설명에서 파악되는 기술사상의 핵심을 제외한 채 다른 기술사상을 기술사상의 핵심으로 대체하여서는 안 된다. 발명의 상세한 설명을 신뢰한 제3자가 발명의 상세한 설명에서 파악되는 기술사상의 핵심을 이용하지 않았음에도 위와 같이 대체된 기술사상의 핵심을 이용하였다는 이유로 과제 해결원리가 같다고 판단되면 제3자에게 예측할 수 없는 손해를 끼칠 수 있기 때문이다.

[2] 민사소송에서 청구취지는 내용 및 범위를 명확히 알아볼 수 있도록 구체적으로 특정되어야 하므로, 특허권에 대한 침해의 금지를 청구하는 경우 청구의 대상이 되는 제품이

나 방법은 사회통념상 침해의 금지를 구하는 대상으로서 다른 것과 구별될 수 있는 정도로 구체적으로 특정되면 족하다.

◇피고 실시제품이 이 사건 제1항 발명의 구성과 균등하여 그 특허권을 침해하는지 여부(적극)◇

특허권침해소송의 상대방이 제조 등을 하는 제품 또는 사용하는 방법(이하 '침해제품 등'이라고 한다)이 특허발명의 특허권을 침해한다고 할 수 있기 위해서는 특허발명의 특허청구범위에 기재된 각 구성요소와 그 구성요소 간의 유기적 결합관계가 침해제품 등에 그대로 포함되어 있어야 한다. 한편 침해제품 등에 특허발명의 특허청구범위에 기재된 구성 중 변경된 부분이 있는 경우에도, 특허발명과 과제의 해결원리가 동일하고, 그러한 변경에 의하더라도 특허발명에서와 실질적으로 동일한 작용효과를 나타내며, 그와 같이 변경하는 것이 그 발명이 속하는 기술분야에서 통상의 지식을 가진 사람(이하 '통상의 기술자'라고 한다)이라면 누구나 쉽게 생각해 낼 수 있는 정도라면, 특별한 사정이 없는 한 침해제품 등은 특허발명의 특허청구범위에 기재된 구성과 균등한 것으로서 여전히 특허발명의 특허권을 침해한다고 보아야 한다. 그리고 여기서 '과제의 해결원리가 동일'한지 여부를 가릴 때에는 특허청구범위에 기재된 구성의 일부를 형식적으로 추출할 것이 아니라, 명세서에 적힌 발명의 상세한 설명의 기재와 출원 당시의 공지기술 등을 참작하여 선행기술과 대비하여 볼 때 특허발명에 특유한 해결수단이 기초하고 있는 기술사상의 핵심이 무엇인가를 실질적으로 탐구하여 판단하여야 한다(대법원 2009. 6. 25. 선고 2007후3806 판결, 대법원 2011. 9. 29. 선고 2010다65818 판결 참조).

3. 업으로서 실시할 것

특허권 침해는 업으로서 실시할 때 성립한다.

4. 정당한 권원이 없을 것

특허권 침해는 정당한 권원이 없는 자가 특허발명을 실시하는 경우에 성립하며, 고의 또는 과실을 묻지 아니한다. 특허법 제127조에 의하면, (i) 특허가 물건의 발명인 경우에 그 물건의 생산에만 사용하는 물건을 생산·양도·대여 또는 수입하거나 그 물건의 양도 또는 대여의 청약을 하는 행위 또는 (ii) 특허가 방법의 발명인 경우에 그 방법의 실시에만 사용하는 물건을 생산·양도·대여 또는 수입하거나 그 물건의 양도 또는 대여의 청약을 하는 행위를 업으로서 하면 특허권 또는 전용실시권을 침해한 것으로 본다.

제2절 침해에 대한 구제

I. 민사상 구제책

1. 침해금지청구권(특 제126조)

[1] 의 의: 특허권자 또는 전용실시권자는 자기의 권리를 침해한 자 또는 침해할 우려가 있는 자에 대하여 그 침해의 금지 또는 예방을 청구할 수 있다.

[2] 요 건: (i) 현실적인 침해가 있거나 침해할 우려가 있을 것, (ii) 업으로서 실시할 것, (iii) 침해자의 고의 내지 과실을 묻지 아니한다.

[3] 폐기 등의 청구권: 특허권자 또는 전용실시권자가 제1항에 따른 청구를 할 때에는 침해행위를 조성한 물건(물건을 생산하는 방법의 발명인 경우에는 침해행위로 생긴 물건을 포함한다)의 폐기, 침해행위에 제공된 설비의 제거, 그 밖에 침해의 예방에 필요한 행위를 청구할 수 있다(특 제126조 제2항).

2. 손해배상청구권

[1] 의 의: 특허권자 또는 전용실시권자는 고의 또는 과실로 자기의 특허권 또는 전용실시권을 침해한 자에 대하여 침해로 인하여 입은 손해의 배상을 청구할 수 있다(특 제128조 제1항). 그리고 특허법은 특허권침해의 특수성을 고려하여 과실 추정, 손해액의 산정, 손해액의 추정, 합리적인 실시료 상당액 간주 규정, 삼배배상제도 등을 두고 있다.

[2] 요 건: (i) 고의 또는 과실이 있을 것, (ii) 실시행위가 위법할 것, (iii) 손해가 발생할 것, (iv) 손해발생과 위법행위 간에 인과관계가 있을 것

[3] 원고는 손해발생사실뿐만 아니라 손해액을 증명하여야 한다. 이와 관련하여 특허법 제128조는 손해액 추정 규정을 두고 있다.

① 손해배상을 청구하는 경우 그 권리를 침해한 자가 그 침해행위를 하게 한 물건을 양

도하였을 때에는 그 물건의 양도수량에 특허권자 또는 전용실시권자가 그 침해행위가 없었다면 판매할 수 있었던 물건의 단위수량당 이익액을 곱한 금액을 특허권자 또는 전용실시권자가 입은 손해액으로 할 수 있다. 손해배상을 청구하는 경우 그 권리를 침해한 자가 그 침해행위를 하게 한 물건을 양도하였을 때에는 다음에 해당하는 금액의 합계액을 특허권자 또는 전용실시권자가 입은 손해액으로 할 수 있다(특 제128조 제2항).

(i) 그 물건의 양도수량(특허권자 또는 전용실시권자가 그 침해행위 외의 사유로 판매할 수 없었던 사정이 있는 경우에는 그 침해행위 외의 사유로 판매할 수 없었던 수량을 뺀 수량) 중 특허권자 또는 전용실시권자가 생산할 수 있었던 물건의 수량에서 실제 판매한 물건의 수량을 뺀 수량을 넘지 않는 수량에 특허권자 또는 전용실시권자가 그 침해행위가 없었다면 판매할 수 있었던 물건의 단위수량당 이익액을 곱한 금액

(ii) 그 물건의 양도수량 중 특허권자 또는 전용실시권자가 생산할 수 있었던 물건의 수량에서 실제 판매한 물건의 수량을 뺀 수량을 넘는 수량 또는 그 침해행위 외의 사유로 판매할 수 없었던 수량이 있는 경우 이들 수량(특허권자 또는 전용실시권자가 그 특허권자의 특허권에 대한 전용실시권의 설정, 통상실시권의 허락 또는 그 전용실시권자의 전용실시권에 대한 통상실시권의 허락을 할 수 있었다고 인정되지 않는 경우에는 해당 수량을 뺀 수량)에 대해서는 특허발명의 실시에 대하여 합리적으로 받을 수 있는 금액

② 특허권자 또는 전용실시권자가 고의나 과실로 자기의 특허권 또는 전용실시권을 침해한 자에 대하여 그 침해에 의하여 자기가 입은 손해의 배상을 청구하는 경우 특허권 또는 전용실시권을 침해한 자가 그 침해행위로 인하여 얻은 이익액을 특허권자 또는 전용실시권자가 입은 손해액으로 추정한다(특 제128조 제4항).

③ 특허권자 또는 전용실시권자가 고의나 과실로 자기의 특허권 또는 전용실시권을 침해한 자에 대하여 그 침해에 의하여 자기가 입은 손해의 배상을 청구하는 경우 그 특허발명의 실시에 대하여 합리적으로 받을 수 있는 금액을 특허권자 또는 전용실시권자가 입은 손해액으로 하여 손해배상을 청구할 수 있다(특 제128조 제5항).

④ 위 ③에도 불구하고 손해의 액이 ③에서 규정하는 금액을 초과하는 경우에는 그 초과액에 대해서도 손해배상을 청구할 수 있다. 이 경우 특허권 또는 전용실시권을 침해한 자에게 고의 또는 중대한 과실이 없을 때에는 법원은 손해배상액을 산정할 때 그 사실을 고려할 수 있다(특 제128조 제6항).

⑤ 법원은 특허권 또는 전용실시권의 침해에 관한 소송에서 손해가 발생된 것은 인정되

나 그 손해액을 증명하기 위하여 필요한 사실을 증명하는 것이 해당 사실의 성질상 극히 곤란한 경우에는 위 ① 내지 ④에도 불구하고 변론 전체의 취지와 증거조사의 결과에 기초하여 상당한 손해액을 인정할 수 있다(특 제128조 제7항).

⑥ 법원은 타인의 특허권 또는 전용실시권을 침해한 행위가 고의적인 것으로 인정되는 경우에는 손해액특례규정(특 제128조 제2항부터 제7항까지의 규정)에 따라 손해로 인정된 금액의 3배를 넘지 아니하는 범위에서 배상액을 정할 수 있다(특 제128조 제8항). 이러한 증액배상액을 판단할 때에는 다음의 사항을 고려하여야 한다.

(i) 침해행위를 한 자의 우월적 지위 여부

(ii) 고의 또는 손해발생의 우려를 인식한 정도

(iii) 침해행위로 인하여 특허권자 및 전용실시권자가 입은 피해규모

(iv) 침해행위로 인하여 침해한 자가 얻은 경제적 이익

(v) 침해행위의 기간·횟수 등

(vi) 침해행위에 따른 벌금

(vii) 침해행위를 한 자의 재산상태

(viii) 침해행위를 한 자의 피해구제 노력의 정도(특 제128조 제9항)

[4] 감정인에 대한 당사자의 설명의무: 특허권 또는 전용실시권 침해소송에서 법원이 침해로 인한 손해액의 산정을 위하여 감정을 명한 때에는 당사자는 감정인에게 감정에 필요한 사항을 설명하여야 한다(특 제128조의2).

[5] 법원의 자료제출명령: 법원은 특허권 또는 전용실시권 침해소송에서 당사자의 신청에 의하여 상대방 당사자에게 해당 침해의 증명 또는 침해로 인한 손해액의 산정에 필요한 자료의 제출을 명할 수 있다. 다만, 그 자료의 소지자가 그 자료의 제출을 거절할 정당한 이유가 있으면 그러하지 아니하다(특 제132조 제1항).

법원은 자료의 소지자가 법원의 자료제출명령에도 불구하고 그 자료의 제출을 거부할 정당한 이유가 있다고 주장하는 경우에는 그 주장의 당부를 판단하기 위하여 자료의 제시를 명할 수 있다. 이 경우 법원은 그 자료를 다른 사람이 보게 하여서는 아니 된다(특 제132조 제2항).

법원의 자료제출명령에 따라 제출되어야 할 자료가 영업비밀(부정경쟁방지 및 영업비밀보호에 관한 법률 제2조 제2호에 따른 영업비밀을 말한다. 이하 같다)에 해당하나 침해의 증명 또는 손해액의 산정에 반드시 필요한 때에는 제1항 단서에 따른 정당한 이유로 보지 아니한다. 이

경우 법원은 제출명령의 목적 내에서 열람할 수 있는 범위 또는 열람할 수 있는 사람을 지정하여야 한다(특 제132조 제3항).

당사자가 정당한 이유 없이 자료제출명령에 따르지 아니한 때에는 법원은 자료의 기재에 대한 상대방의 주장을 진실한 것으로 인정할 수 있다(특 제132조 제4항). 이로써 그 자료에 의하여 증명하고자 하는 사실(요증사실)이 곧바로 직접적으로 증명되었다는 것이 아니며 요증사실의 인정 여부는 법관의 자유심증에 의하여야 한다(자유심증설). 이 경우 법원은 상대방의 그 자료에 관한 주장, 즉 자료의 성질·내용, 성립의 진정 등에 관한 주장을 진실한 것으로 인정할 수 있음은 별론으로 하고, 그 자료들에 의하여 증명하려고 하는 상대방의 주장사실이 바로 증명되었다고 볼 수는 없으며, 그 주장사실의 인정 여부는 법원의 자유심증에 의하여야 한다.

당사자가 정당한 이유 없이 자료제출명령에 따르지 아니한 경우 자료의 제출을 신청한 당사자가 자료의 기재에 관하여 구체적으로 주장하기에 현저히 곤란한 사정이 있고 자료로 증명할 사실을 다른 증거로 증명하는 것을 기대하기도 어려운 때에는 법원은 그 당사자가 자료의 기재에 의하여 증명하고자 하는 사실에 관한 주장을 진실한 것으로 인정할 수 있다(특 제132조 제5항). 이 경우에는 자료제출을 신청한 당사자가 자료의 기재에 관하여 구체적으로 주장하기에 현저히 곤란한 사정이 있을 것이라는 요건과 자료로 증명할 사실을 다른 증거로 증명하는 것도 기대하기 어려울 것이라는 요건이 충족되는 경우에만 요증사실 자체를 진실인 것으로 인정할 수 있다는 입장을 지지하는 것이다(절충설).

[6] 대법원 2012. 1. 29. 선고 2010다95390 전원합의체 판결은 특허발명이 등록무효심판절차에서 등록무효로 확정되기 전에 침해소송법원에서 특허발명의 진보성이 부정된다는 이유로 그 특허권에 기초한 침해금지 및 손해배상 청구 등을 기각할 수 있는지 여부와 관련하여 "특허법은 특허가 일정한 사유에 해당하는 경우에 별도로 마련한 특허의 무효심판절차를 거쳐 무효로 할 수 있도록 규정하고 있으므로, 특허는 일단 등록된 이상 비록 진보성이 없어 무효사유가 존재한다고 하더라도 이와 같은 심판에 의하여 무효로 한다는 심결이 확정되지 않는 한 대세적(對世的)으로 무효로 되는 것은 아니다. 그런데 특허법은 제1조에서 발명을 보호·장려하고 그 이용을 도모함으로써 기술의 발전을 촉진하여 산업발전에 이바지함을 목적으로 한다고 규정하여 발명자뿐만 아니라 그 이용자의 이익도 아울러 보호하여 궁극적으로 산업발전에 기여함을 입법목적으로 하고 있는 한편, 제29조 제2항에서 그 발명이 속하는 기술분야에서 통상의 지식을 가진 자가 특허출원 전에 공지된 선행기술에 의하여 용이하게

발명할 수 있는 것에 대하여는 특허를 받을 수 없다고 규정함으로써 사회의 기술발전에 기여하지 못하는 진보성 없는 발명은 누구나 자유롭게 이용할 수 있는 이른바 공공영역에 두고 있다. 따라서 진보성이 없어 본래 공중에게 개방되어야 하는 기술에 대하여 잘못하여 특허등록이 이루어져 있음에도 별다른 제한 없이 그 기술을 당해 특허권자에게 독점시킨다면 공공의 이익을 부당하게 훼손할 뿐만 아니라 위에서 본 바와 같은 특허법의 입법목적에도 정면으로 배치된다. 또한, 특허권도 사적 재산권의 하나인 이상 그 특허발명의 실질적 가치에 부응하여 정의와 공평의 이념에 맞게 행사되어야 할 것인데, 진보성이 없어 보호할 가치가 없는 발명에 대하여 형식적으로 특허등록이 되어 있음을 기화로 그 발명을 실시하는 자를 상대로 침해금지 또는 손해배상 등을 청구할 수 있도록 용인하는 것은 특허권자에게 부당한 이익을 주고 그 발명을 실시하는 자에게는 불합리한 고통이나 손해를 줄 뿐이므로 실질적 정의와 당사자들 사이의 형평에도 어긋난다. 이러한 점들에 비추어 보면, 특허발명에 대한 무효심결이 확정되기 전이라고 하더라도 특허발명의 진보성이 부정되어 그 특허가 특허무효심판에 의하여 무효로 될 것임이 명백한 경우에는 그 특허권에 기초한 침해금지 또는 손해배상 등의 청구는 특별한 사정이 없는 한 권리남용에 해당하여 허용되지 아니한다고 보아야 하고, 특허권 침해소송을 담당하는 법원으로서도 특허권자의 그러한 청구가 권리남용에 해당한다는 항변이 있는 경우 그 당부를 살피기 위한 전제로서 특허발명의 진보성 여부에 대하여 심리·판단할 수 있다고 할 것이다. 이와 달리 신규성은 있으나 진보성이 없는 경우까지 법원이 특허권 또는 실용신안권 침해소송에서 당연히 권리범위를 부정할 수는 없다고 판시한 대법원 1992. 6. 2.자 91마540 결정 및 대법원 2001. 3. 23. 선고 98다7209 판결은 이 판결의 견해에 배치되는 범위에서 이를 변경하기로 한다."라고 판시하였다.

3. 신용회복청구권

[1] 의 의: 법원은 고의나 과실로 특허권 또는 전용실시권을 침해함으로써 특허권자 또는 전용실시권자의 업무상 신용을 떨어뜨린 자에 대해서는 특허권자 또는 전용실시권자의 청구에 의하여 손해배상을 갈음하여 또는 손해배상과 함께 특허권자 또는 전용실시권자의 업무상 신용회복을 위하여 필요한 조치를 명할 수 있다(특 제131조).

[2] 신용회복조치: 법원은 침해자에 대하여 신용회복에 필요한 조치를 명할 수 있다. 한편, 헌법재판소는 법원이 재판으로 사죄광고명령을 내리는 것은 헌법이 규정하는 양심의 자

유에 반한다는 위헌결정[84])을 내린 바 있다.

4. 구체적 행위태양 제시 의무

특허권 또는 전용실시권 침해소송에서 특허권자 또는 전용실시권자가 주장하는 침해행위의 구체적 행위태양을 부인하는 당사자가 자기의 구체적 행위태양을 제시하도록 하고 있다. 특허권 또는 전용실시권 침해소송에서 특허권자 또는 전용실시권자가 주장하는 침해행위의 구체적 행위태양을 부인하는 당사자는 자기의 구체적 행위태양을 제시하여야 한다(특 제126조의2 제1항). 법원은 당사자가 자기의 구체적 행위태양을 제시할 수 없는 정당한 이유가 있다고 주장하는 경우에는 그 주장의 당부를 판단하기 위하여 그 당사자에게 자료의 제출을 명할 수 있다. 다만, 그 자료의 소지자가 그 자료의 제출을 거절할 정당한 이유가 있으면 그러하지 아니하다(특 제126조의2 제2항). 법원은 자료의 소지자가 그 자료의 제출을 거부할 정당한 이유가 있다고 주장하는 경우에는 그 주장의 당부를 판단하기 위하여 자료의 제시를 명할 수 있다(특 제126조의2 제3항, 제132조 제2항). 이 경우 법원은 그 자료를 다른 사람이 보게 하여서는 아니 된다. 제출되어야 할 자료가 영업비밀(부정경쟁방지 및 영업비밀보호에 관한 법률 제2조 제2호에 따른 영업비밀을 말한다. 이하 같다)에 해당하나 구체적 행위태양을 제시할 수 없는 정당한 이유의 유무 판단에 반드시 필요한 때에는 제1항 단서에 따른 정당한 이유로 보지 아니한다. 이 경우 법원은 제출명령의 목적 내에서 열람할 수 있는 범위 또는 열람할 수 있는 사람을 지정하여야 한다(특 제126조의2 제3항, 제132조 제3항).

당사자가 정당한 이유 없이 자기의 구체적 행위태양을 제시하지 않는 경우에는 법원은 특허권자 또는 전용실시권자가 주장하는 침해행위의 구체적 행위태양을 진실한 것으로 인정할 수 있다(특 제126조의2 제4항).

II. 형사상 제재책

1. 침해죄

특허권 또는 전용실시권을 침해한 자는 7년 이하의 징역 또는 1억원 이하의 벌금에 처한

---

84) 헌법재판소 1991. 4. 1. 선고 89헌마160 결정.

다. 이 죄는 친고죄로서 고소가 없으면 공소(公訴)를 제기할 수 없다(특 제225조).

2. 비밀누설죄 등

특허청 또는 특허심판원 소속 직원이거나 직원이었던 사람이 특허출원 중인 발명(국제출원 중인 발명을 포함한다)에 관하여 직무상 알게 된 비밀을 누설하거나 도용한 경우에는 5년 이하의 징역 또는 5천만원 이하의 벌금에 처한다(특 제226조). 특허법 제58조 제2항의 규정에 따른 전문기관, 특허법 제58조 제3항에 따른 전담기관 또는 특허문서 전자화기관의 임직원이거나 임직원이었던 사람은 비밀누설죄 등(특 제226조)에 대한 규정을 적용함에 있어서 특허청 직원 또는 그 직에 있었던 자로 본다(특 제226조의2).

3. 위증죄

특허법에 따라 선서한 증인, 감정인 또는 통역인이 특허심판원에 대하여 거짓으로 진술·감정 또는 통역을 한 경우에는 5년 이하의 징역 또는 5천만원 이하의 벌금에 처한다(특 제227조 제1항). 2017년 개정 특허법([시행 2017. 9. 22.][법률 제14691호, 2017. 3. 21., 일부개정])은 벌금액을 국민권익위원회의 권고안 및 국회사무처 법제예규의 기준인 징역 1년당 1천만원의 비율로 맞추어 종전의 '1천만원'을 '5천만원'으로 상향조정하였다.

위증죄를 범한 자가 그 사건의 특허취소신청에 대한 결정 또는 심결이 확정되기 전에 자수한 경우에는 그 형을 감경 또는 면제할 수 있다(특 제227조 제2항).

4. 허위표시의 죄

(i) 특허된 것이 아닌 물건, 특허출원 중이 아닌 물건, 특허된 것이 아닌 방법이나 특허출원 중이 아닌 방법에 의하여 생산한 물건 또는 그 물건의 용기나 포장에 특허표시 또는 특허출원표시를 하거나 이와 혼동하기 쉬운 표시를 하는 행위, (ii) 위 (i)의 표시를 한 것을 양도·대여 또는 전시하는 행위, (iii) 위 (i)의 물건을 생산·사용·양도 또는 대여하기 위하여 광고·간판 또는 표찰에 그 물건이 특허나 특허출원된 것 또는 특허된 방법이나 특허출원 중인 방법에 의하여 생산한 것으로 표시하거나 이와 혼동하기 쉬운 표시를 하는 행위, (iv) 특

허된 것이 아닌 방법이나 특허출원 중이 아닌 방법을 사용·양도 또는 대여하기 위하여 광고·간판 또는 표찰에 그 방법이 특허 또는 특허출원된 것으로 표시하거나 이와 혼동하기 쉬운 표시를 하는 행위 중 어느 하나의 행위를 한 자는 3년 이하의 징역 또는 3천만원 이하의 벌금에 처한다(특 제228조, 제224조). 2017년 개정 특허법([시행 2017. 9. 22.][법률 제14691호, 2017. 3. 21., 일부개정])은 벌금액을 국민권익위원회의 권고안 및 국회사무처 법제예규의 기준인 징역 1년당 1천만원의 비율로 맞추어 종전의 '2천만원'을 '3천만원'으로 상향조정하였다. 조문의 한글순화방식을 통일할 필요가 있는 관계로 상표법 제233조의 '거짓 표시의 죄'와 같이 특허법 제228조의 표제도 '거짓 표시의 죄'로 변경하는 것이 타당할 것이다.

대법원 2015. 8. 13. 선고 2013도10265 판결[특허법위반][공2015하,1358][특허 실시 제품으로 표시·광고한 경우 특허허위표시의 판단기준]

[판결요지]

특허법 제224조 제3호는 같은 조 제1호의 특허된 것이 아닌 물건, 특허출원 중이 아닌 물건, 특허된 것이 아닌 방법이나 특허출원 중이 아닌 방법에 의하여 생산한 물건을 생산·사용·양도하기 위하여 광고 등에 그 물건이 특허나 특허출원된 것 또는 특허된 방법이나 특허출원 중인 방법에 따라 생산한 것으로 표시하거나 이와 혼동하기 쉬운 표시(이하 '특허된 것 등으로 표시'라 한다)를 하는 행위를 금지하고 있다.

위 규정의 취지는 특허로 인한 거래상의 유리함과 특허에 관한 공중의 신뢰를 악용하여 공중을 오인시키는 행위를 처벌함으로써 거래의 안전을 보호하는 데 있다. 이러한 취지에 비추어 볼 때, 특허된 것 등으로 표시한 물건의 기술적 구성이 청구범위에 기재된 발명의 구성을 일부 변경한 것이라고 하더라도, 그러한 변경이 해당 기술분야에서 통상의 지식을 가진 사람이 보통 채용하는 정도로 기술적 구성을 부가·삭제·변경한 것에 지나지 아니하고 그로 인하여 발명의 효과에 특별한 차이가 생기지도 아니하는 등 공중을 오인시킬 정도에 이르지 아니한 경우에는, 위 물건에 특허된 것 등으로 표시를 하는 행위가 위 규정에서 금지하는 표시행위에 해당한다고 볼 수 없다.

☞ 사안의 개요: 검사는 피고인이 생산하여 판매하는 제품에 피고인의 등록 특허 '납골함 안치대'에 따라 제작된 것이라는 취지로 표시·광고한 것이 특허법 제224조 제3호의 특허허위표시에 해당한다는 이유로 공소를 제기한 사안에서 대법원 무죄 취지로 검사의 상고를 기각하였다.

☞ 동종 사안이 표시광고의 공정화에 관한 법률상 허위·과장 광고에 해당하는지 여부가 문제된 사안에서 서울고등법원 2015. 11. 5. 선고 2013누9931 판결(상고심 확정)은, 특허권자의 제품이 특허의 핵심적인 기술적 사상을 구현하는 방법으로 제조되었다면 일부

기술적 구성의 변경은 특허로 인한 거래상의 유리함과 특허에 대한 공중의 신뢰를 악용하여 공중을 오인시킬 정도에 이르지 않았다고 할 것이므로 허위·과장 광고에 해당한다고 볼 수 없다고 판시하여 이 판결도 대법원 2015. 8. 13. 선고 2013도10265 판결과 같은 취지로 볼 수 있다.[85]

5. 거짓행위의 죄

거짓이나 그 밖의 부정한 행위로 특허, 특허권의 존속기간의 연장등록, 특허취소결정에 대한 결정 또는 심결을 받은 자는 3년 이하의 징역 또는 3천만원 이하의 벌금에 처한다(특 제229조). 2017년 개정 특허법([시행 2017. 9. 22.][법률 제14691호, 2017. 3. 21., 일부개정])은 벌금액을 국민권익위원회의 권고안 및 국회사무처 법제예규의 기준인 징역 1년당 1천만원의 비율로 맞추어 종전의 '2천만원'을 '3천만원'으로 상향조정하였다.

6. 비밀유지명령위반죄

국내외에서 정당한 사유 없이 비밀유지명령을 위반한 자는 5년 이하의 징역 또는 5천만원 이하의 벌금에 처한다(특 제229조의2 제1항). 이 비밀유지명령 위반죄는 친고죄이므로 비밀유지명령을 신청한 자의 고소가 없으면 공소를 제기할 수 없다(특 제229조의2 제2항).

7. 양벌규정

법인의 대표자나 법인 또는 개인의 대리인, 사용인, 그 밖의 종업원이 그 법인 또는 개인의 업무에 관하여 특허권 등 침해죄(특 제225조 제1항), 허위표시의 죄(특 제228조) 또는 거짓행위의 죄(특 제229조)의 어느 하나에 해당하는 위반행위를 하면 그 행위자를 벌하는 외에 (i) 그 법인에게는 특허권 등의 침해죄(특 제225조 제1항)의 경우에는 3억원 이하의 벌금형을, 허위표시의 죄(특 제228조) 또는 거짓행위의 죄(특 제229조)의 경우에는 6천만원 이하의 벌금형을, (ii) 그 개인에게는 해당 조문의 벌금형을 과(科)한다. 다만, 법인 또는 개인이 그 위반행위를 방지하기 위하여 해당 업무에 관하여 상당한 주의와 감독을 게을리하지 아니한 경우

---

85) 전용석, "특허 실시 제품으로 표시·광고한 경우 특허허위표시의 판단 기준－대법원 2015. 8. 13. 선고 2013도10265 판결", 「대한변협신문」, 제633호, 2017년 4월 3일, 8면.

에는 그러하지 아니하다(특 제230조).

8. 몰수 등

특허권 등 침해죄(특 제225조 제1항)에 해당하는 침해행위를 조성한 물건 또는 그 침해행위로부터 생긴 물건은 몰수하거나 피해자의 청구에 따라 그 물건을 피해자에게 교부할 것을 선고하여야 한다(특 제231조 제1항). 피해자는 그 물건을 받은 경우에는 그 물건의 가액을 초과하는 손해액에 대해서만 배상을 청구할 수 있다(특 제231조 제2항).

9. 과태료

(i) 민사소송법 제299조 제2항 및 같은 법 제367조에 따라 선서를 한 자로서 특허심판원에 대하여 거짓 진술을 한 자, (ii) 특허심판원으로부터 증거조사 또는 증거보전에 관하여 서류나 그 밖의 물건 제출 또는 제시의 명령을 받은 자로서 정당한 이유 없이 그 명령에 따르지 아니한 자, (iii) 특허심판원으로부터 증인·감정인 또는 통역인으로 소환된 자로서 정당한 이유 없이 소환에 따르지 아니하거나 선서·진술·증언·감정 또는 통역을 거부한 자 중 어느 하나에 해당하는 자에게는 50만원 이하의 과태료를 부과한다(특 제232조 제1항). 이 과태료는 대통령령으로 정하는 바에 따라 특허청장이 부과·징수한다(특 제232조 제2항).

제10장 심판 및 재심청구

제1절 심판의 유형 및 심결의 효력(일사부재리의 효력)

[1] (i) 거절결정에 대한 심판, (ii) 특허무효심판, (iii) 권리범위확인심판, (iv) 정정심판, (v) 정정무효심판, (vi) 통상실시권허여심판, (vii) 특허권존속기간 연장등록무효심판 이 있다. 2001년 개정 특허법을 통해 보정각하결정에 대한 심판제도는 폐지되었다(특 제132조의4 폐지).[86]

---

86) [시행 2001. 7. 1.][법률 제6411호, 2001. 2. 3., 일부개정].

이와 관련하여 특허심판원은 특허·실용신안에 관한 취소신청, 특허·실용신안·디자인·상표에 관한 심판과 재심 및 이에 관한 조사·연구 사무를 관장한다(특 제132조의16 제1항).

[2] 특허법 제163조는 "이 법에 따른 심판의 심결이 확정되었을 때에는 그 사건에 대해서는 누구든지 동일 사실 및 동일 증거에 의하여 다시 심판을 청구할 수 없다. 다만, 확정된 심결이 각하심결인 경우에는 그러하지 아니하다."라고 규정하여 확정심결에 대해 일사부재리의 효력을 부여하고 있다. 심결이 확정되면 당사자뿐만 아니라 해당 심판절차에 직접 관여하지 아니한 일반 제3자에 대해서도 대세적으로 효력이 발생하는 바, 새로운 사실이나 새로운 증거에 의해 다툴 수 있는 기회를 부여하기 위해 기판력 대신에 일사부재리의 효력을 부여한 것이다. 선행 심결의 확정을 판단하는 기준시점이 쟁점이 된 사안에서만 특허법 제163조에 정한 일사부재리의 원칙에 해당하는지 여부는 심결 시를 기준으로 한다.[87] 다만, 선행 심결의 확정을 판단하는 기준시점이 쟁점이 된 사안에서만 일사부재리 원칙 위반 여부의 판단 기준시점은 심결시가 아니라 그 심판청구 시를 기준으로 판단한다.[88]

대법원 2020. 4. 9. 선고 2018후11360 판결[등록무효(특)][일사부재리원칙 위반 여부의 판단 기준시점과 각하심결 취소소송의 심리범위 등이 문제된 사건]

[판결요지]

특허법 제163조는 "이 법에 따른 심판의 심결이 확정되었을 때에는 그 사건에 대해서는 누구든지 동일 사실 및 동일 증거에 의하여 다시 심판을 청구할 수 없다. 다만 확정된 심결이 각하 심결인 경우에는 그러하지 아니하다."라고 확정 심결의 일사부재리 효력을 정하고 있다. 따라서 위 규정을 위반한 심판청구는 누가 청구한 것이든 부적법하여 각하하여야 한다.

심판청구인은 심판청구서를 제출한 후 요지를 변경할 수 없으나 청구의 이유를 보정하는 것은 허용된다(특허법 제140조 제2항 참조). 따라서 특허심판원은 심판청구 후 심결 시까지 보정된 사실과 이에 대한 증거를 모두 고려하여 심결 시를 기준으로 심판청구가 선행 확정 심결과 동일한 사실·증거에 기초한 것이라서 일사부재리 원칙에 위반되는지 여부를 판단하여야 한다.

대법원 2012. 1. 19. 선고 2009후2234 전원합의체 판결은 '일사부재리의 원칙에 따라 심판청구가 부적법하게 되는지를 판단하는 기준시점은 심판청구를 제기하던 당시로 보아야 한다.'

---

87) 대법원 2020. 4. 9. 선고 2018후11360 판결.
88) 대법원 2012. 1. 19. 선고 2009후2234 전원합의체 판결[등록무효(특)]; 종래는 심결시를 기준으로 하였다(대법원 2000. 6. 23. 선고 97후3661 판결[특허무효]).

고 하였는데, 이는 선행 심결의 확정을 판단하는 기준시점이 쟁점이 된 사안에서 특허법상 일사부재리 원칙의 대세효로 제3자의 권리 제한을 최소화하기 위하여 부득이하게 선행 심결의 확정과 관련해서만 기준시점을 심결 시에서 심판청구 시로 변경한 것이다.

심판은 특허심판원에서 진행하는 행정절차로서 심결은 행정처분에 해당한다. 그에 대한 불복 소송인 심결 취소소송은 항고소송에 해당하여 그 소송물은 심결의 실체적·절차적 위법성 여부이므로, 당사자는 심결에서 판단되지 않은 처분의 위법사유도 심결 취소소송 단계에서 주장·입증할 수 있고, 심결 취소소송의 법원은 특별한 사정이 없는 한 제한 없이 이를 심리·판단하여 판결의 기초로 삼을 수 있다. 이와 같이 본다고 해서 심급의 이익을 해친다거나 당사자에게 예측하지 못한 불의의 손해를 입히는 것이 아니다.

위에서 보았듯이 일사부재리 원칙 위반을 이유로 등록무효 심판청구를 각하한 심결에 대한 취소소송에서 심결 시를 기준으로 동일 사실과 동일 증거를 제출한 것인지를 심리하여 일사부재리 원칙 위반 여부를 판단하여야 한다. 이때 심판청구인이 심판절차에서 주장하지 않은 새로운 등록무효 사유를 주장하는 것은 허용되지 않는다. 따라서 이러한 새로운 등록무효 사유의 주장을 이유로 각하 심결을 취소할 수 없고, 새로운 등록무효 사유에 대하여 판단할 수도 없다.

대법원 2020. 4. 29. 선고 2016후2317 판결[등록무효(특)]

[판결요지]

민사소송법 제259조는 "법원에 계속되어 있는 사건에 대하여 당사자는 다시 소를 제기하지 못한다."라고 규정하고, 2006. 3. 3. 법률 제7871호로 개정된 특허법 제154조 제8항은 심판에 관하여 민사소송법 제259조를 준용하고 있다. 이러한 관련 법령의 내용에 다음의 사정을 고려하면, 특허심판원에 계속 중인 심판(이하 '전심판'이라 한다)에 대하여 동일한 당사자가 동일한 심판을 다시 청구한 경우(이하 '후심판'이라 한다), 후심판의 심결 시를 기준으로 한 전심판의 심판계속 여부에 따라 후심판의 적법 여부를 판단하여야 한다.

① 민사소송에서 중복제소금지는 소송요건에 관한 것으로서 사실심의 변론종결 시를 기준으로 판단하여야 하므로, 전소가 후소의 변론종결 시까지 취하·각하 등에 의하여 소송계속이 소멸되면 후소는 중복제소금지에 위반되지 않는다. 마찬가지로 특허심판에서 중복심판청구 금지는 심판청구의 적법요건으로, 심결 시를 기준으로 전심판의 심판계속이 소멸되면 후심판은 중복심판청구 금지에 위반되지 않는다고 보아야 한다.

② 대법원 2012. 1. 19. 선고 2009후2234 전원합의체 판결은 '특허법 제163조의 일사부재리의 원칙에 따라 심판청구가 부적법하게 되는지 여부를 판단하는 기준시점은 심판청구를 제기하던 당시로 보아야 한다'고 하였는데, 이는 선행 심결의 확정을 판단하는 기준시점이 쟁점이 된 사안에서 특허법상 일사부재리 원칙의 대세효로 인한 제3자의 권리

제한을 최소화하기 위하여 부득이하게 일사부재리 원칙의 요건 중 선행 심결의 확정과 관련해서만 기준시점을 심결 시에서 심판청구 시로 변경한 것이다. 중복심판청구 금지는 동일 당사자에 의한 심판청구권 남용을 방지함으로써 심결의 모순·저촉을 방지하고 심판절차의 경제를 꾀하기 위한 것이어서, 일사부재리 원칙과 일부 취지를 같이하지만 요건 및 적용범위에 차이가 있으므로, 후심판이 중복심판청구에 해당하는지 여부까지 위 전원합의체 판결을 들어 후심판 청구 시를 기준으로 판단할 것은 아니다.

일사부재리의 효력이 미치기 위한 요건으로서 동일사실이라 함은 동일 권리에 대하여 동일한 원인을 이유로 하는 특정한 사실을 가리키는 것이다.[89] 그리고 일사부재리의 효력이 미치기 위한 요건으로서 '동일 증거'에는 전에 확정된 심결의 증거와 동일한 증거만이 아니라 그 심결을 번복할 수 있을 정도로 유력하지 아니한 증거가 부가되는 것도 포함하는 것이므로 확정된 심결의 결론을 번복할 만한 유력한 증거가 새로 제출된 경우에는 일사부재리의 원칙에 저촉된다고 할 수 없다는 것이 판례의 입장이다.[90]

제2절 거절결정에 대한 심판

특허거절결정 또는 특허권의 존속기간의 연장등록거절결정을 받은 자가 결정에 불복할 때에는 그 결정등본을 송달받은 날부터 30일 이내에 심판을 청구할 수 있다(특 제132조의17). 이 경우 심사단계에서 제출되지 않았던 새로운 증거의 제출도 무제한 허용된다.

2009년 특허법 개정에 따라 재심사청구제도가 도입되어 거절결정불복심판을 청구하는 것을 전제로 하는 심사전치제도는 사라졌다.[91] 거절결정을 통지받은 출원인은 재심사청구제

---

89) 특허법원 2007. 12. 5. 선고 2007허1787 판결: 확정[등록무효(특)]에서는 "특허의 등록무효심판에 있어서 무효의 효과를 발생시키는 사유인 진보성의 결여와 미완성발명, 기재불비는 각각 별개의 사실을 구성한다 할 것이므로, 확정된 심결이 진보성의 결여를 이유로 하는 등록무효심판청구에 대하여 행하여진 경우, 다시 특허가 미완성발명 내지 기재불비에 해당한다는 이유를 들어 등록무효심판청구를 하는 것은 다른 사실에 의한 심판청구가 되어 일사부재리에 해당하지 아니한다."라고 판시하였다.

90) 대법원 2005. 3. 11. 선고 2004후42 판결[등록무효(특)]에서는 "'복원성 밀봉제품'에 대한 특허발명 무효심판청구는 심판절차에서 새로 제출된 증거들이 확정된 무효심판청구기각 심결의 결론을 번복하기에 충분한 증거에 해당하므로, 일사부재리의 원칙에 저촉되지 않는다."고 판시하였다.

91) 2009년 개정 전의 특허법 제173조에서는 "거절결정에 불복하는 심판의 청구가 있는 날로부터 30일 내에 그 청구에 관련된 특허출원서에 첨부된 명세서 또는 도면에 대한 보정이 있는 경우에 특허심판원장은 특허청장에게 통지하며, 통지를 받은 특허청장은 심판을 하기 전에 심사관에게 그 청구를 재심사하게 하여야 한다."라고 규정하였다.

도를 활용하거나 거절결정불복심판을 선택적으로 이용할 수 있고, 재심사절차에서 다시 거절결정을 통지받은 출원인은 거절결정불복심판을 청구할 수 있다.

대법원 2019. 10. 31. 선고 2015후2341 판결[거절결정(특)][공2019하,2284]

[판결요지]

[1] 특허출원에 대한 심사 단계에서 거절결정을 하려면 그에 앞서 출원인에게 거절이유를 통지하여 의견제출의 기회를 주어야 하고, 거절결정에 대한 특허심판원의 심판절차에서 그와 다른 사유로 거절결정이 정당하다고 하려면 먼저 그 사유에 대해 의견제출의 기회를 주어야만 이를 심결의 이유로 할 수 있다(특허법 제62조, 제63조, 제170조 참조). 위와 같은 절차적 권리를 보장하는 특허법의 규정은 강행규정이므로 의견제출의 기회를 부여한 바 없는 새로운 거절이유를 들어서 거절결정이 결과에 있어 정당하다는 이유로 거절결정불복심판청구를 기각한 심결은 위법하다. 같은 취지에서 거절결정불복심판청구 기각 심결의 취소소송절차에서도 특허청장은 심사 또는 심판 단계에서 의견제출의 기회를 부여한 바 없는 새로운 거절이유를 주장할 수 없다고 보아야 한다. 다만 거절결정불복심판청구 기각 심결의 취소소송절차에서 특허청장이 비로소 주장하는 사유라고 하더라도 심사 또는 심판 단계에서 의견제출의 기회를 부여한 거절이유와 주요한 취지가 부합하여 이미 통지된 거절이유를 보충하는 데 지나지 아니하는 것이면 이를 심결의 당부를 판단하는 근거로 할 수 있다.

[2] 출원발명의 진보성을 판단할 때에는, 먼저 출원발명의 청구범위와 기술사상, 선행발명의 범위와 기술내용을 확정하고, 출원발명과 가장 가까운 선행발명[이하 '주(주)선행발명'이라 한다]을 선택한 다음, 출원발명을 주선행발명과 대비하여 공통점과 차이점을 확인하고, 그 발명이 속하는 기술분야에서 통상의 지식을 가진 사람이 특허출원 당시의 기술수준에 비추어 이와 같은 차이점을 극복하고 출원발명을 쉽게 발명할 수 있는지를 심리한다.

[3] 거절결정불복심판 또는 심결취소소송에서 특허출원 심사 또는 심판 단계에서 통지한 거절이유에 기재된 주선행발명을 다른 선행발명으로 변경하는 경우에는, 일반적으로 출원발명과의 공통점 및 차이점의 인정과 그러한 차이점을 극복하여 출원발명을 쉽게 발명할 수 있는지에 대한 판단 내용이 달라지므로, 출원인에게 이에 대해 실질적으로 의견제출의 기회가 주어졌다고 볼 수 있는 등의 특별한 사정이 없는 한 이미 통지된 거절이유와 주요한 취지가 부합하지 아니하는 새로운 거절이유에 해당한다.

[4] 특허청 심사관이 명칭을 "직구동식 액슬 구동기어"로 하는 갑 외국회사의 출원발명에 대하여, '선행발명은 출원발명의 특허청구범위 제1항과 비교하여 출력 피니언의 구성이 생략되어 있다는 점에서 차이가 있으나, 통상의 기술자가 필요에 따라 선행발명의

링기어에 출력 피니언을 부가하여 사용할 수 있는 것에 불과하다.'라는 이유로 거절결정을 하였고, 갑 회사가 위 거절결정에 대한 불복심판을 청구하였으나 특허심판원이 기각하는 심결을 하자 갑 회사가 제기한 심결취소소송 절차에서 특허청장이 '특허청구범위 제1항 발명은 종래의 직구동식 액슬기어에 선행발명의 클러치를 적용하여 통상의 기술자가 용이하게 도출할 수 있으므로 진보성이 부정된다.'고 주장한 사안에서, 특허청장의 주장사유는 특허출원 심사 단계에서 통지한 거절이유에 기재된 주선행발명을 다른 선행발명으로 변경하는 경우에 해당하여, 거절이유와 주요한 취지가 부합하지 아니한 새로운 거절이유에 해당하므로, 위 심결을 취소한 원심판단이 정당하다고 한 사례.

제3절 권리범위확인심판

[1] 의 의: 권리범위확인심판제도는 특허권자·전용실시권자 또는 이해관계인이 특허발명의 보호범위를 확인하기 위한 제도적 장치이다(특 제135조 제1항 내지 제2항). 이에는 적극적 권리범위확인심판과 소극적 권리범위확인심판이 있다.

특허권자 또는 전용실시권자는 자신의 특허발명의 보호범위를 확인하기 위하여 특허권의 권리범위 확인심판을 청구할 수 있다(특 제135조 제1항). 한편 이해관계인은 타인의 특허발명의 보호범위를 확인하기 위하여 특허권의 권리범위 확인심판을 청구할 수 있다(특 제135조 제2항). 특허권의 권리범위 확인심판을 청구하는 경우에 청구범위의 청구항이 둘 이상인 경우에는 청구항마다 청구할 수 있다(특 제135조 제3항).

그리고 권리범위확인심판은 특허무효심판과는 달리 특허권존속기간 내에서만 청구할 수 있다.[92]

[2] 청구방식: 권리범위확인심판에서는 특허법 소정의 심판청구서(특 제140조 제1항) 외에 특허발명과 대비할 수 있는 설명서 및 필요한 도면을 첨부하여야 한다(특 제140조 제3항).

[3] 특허발명의 일부가 공지공용인 경우의 권리범위: 판례에 의하면, 특허청구범위 중에 일부가 공지공용 부분을 포함하고 있더라도 그 결합이 유기적으로 결합되어 있는 경우에만 권리범위가 미치고 유기적으로 결합되어 있지 아니한 경우에는 그 부분까지는 권리범위가 미치지 아니하는 것으로 판시하고 있다.[93]

---

92) 대법원 1996. 9. 10. 선고 94후2223 판결.
93) 대법원 1997. 11. 11. 선고 96후1750 판결.

[4] 특허발명의 전부가 공지공용인 경우의 권리범위: 무효심결의 유무와는 관계없이 그 공지 부분까지 권리범위가 확정될 수 없다고 판시하고 있다. 따라서 신규성이 없는 특허권은 권리범위가 인정될 수 없으므로 이를 침해해도 침해가 성립하지 아니하는 것으로 해석된다.[94]

[5] 특허권의 권리범위확인은 등록된 특허권을 중심으로 어떠한 확인대상발명이 적극적으로 등록 특허발명의 권리범위에 속한다거나 소극적으로 이에 속하지 아니함을 확인하는 것인데, 선등록 특허권자가 후등록 특허권자를 상대로 제기하는 적극적 권리범위확인심판은 등록무효절차 이외에서 등록된 권리의 효력을 부인하는 결과가 되어 부적법하다.[95] 이와 같이 선등록 특허권자가 후등록 특허권자를 상대로 제기하는 적극적 권리범위확인심판이 허용되지 아니하는 이유에 비추어 볼 때 이러한 법리는 후등록 특허발명의 신규성 인정 여하에 따라 그 적용 여부가 달라지는 것은 아니다.[96] 권리범위확인심판은 권리의 효력이 미치는 범위를 대상물과의 관계에서 구체적으로 확정하는 것이어서 특허권 권리범위확인심판 청구의 심판대상은 심판청구인이 그 청구에서 심판의 대상으로 삼은 구체적인 발명이다. 그리고 소극적 권리범위확인심판에서는 심판청구인이 현실적으로 실시하는 기술이 심판청구에서 심판의 대상으로 삼은 구체적인 발명과 다르다고 하더라도 심판청구인이 특정한 발명이 실시 가능성이 없을 경우 그 청구의 적법 여부가 문제로 될 수 있을 뿐이고, 여전히 심판의 대상은 심판청구인이 특정한 확인대상발명으로, 이를 기준으로 특허발명과 대비하여 그 권리범위에 속하는지 여부를 판단하여야 한다.[97]

[6] 특허발명과 대비되는 확인대상발명이 특허발명의 권리범위에 속한다고 할 수 있기 위해서는 특허발명의 청구범위에 기재된 각 구성요소와 그 구성요소 간의 유기적 결합관계가 확인대상발명에 그대로 포함되어 있어야 한다. 한편 확인대상발명에서 특허발명의 청구범위에 기재된 구성 중 변경된 부분이 있는 경우에도, 양 발명에서 과제의 해결원리가 동일하고, 그러한 변경에 의하더라도 특허발명에서와 실질적으로 동일한 작용효과를 나타내며, 그와 같이 변경하는 것이 그 발명이 속하는 기술분야에서 통상의 지식을 가진 사람이라면 누구나 쉽게 생각해 낼 수 있는 정도라면, 특별한 사정이 없는 한 확인대상발명은 특허발명

---

94) 대법원 1983. 7. 26. 선고 81후58 전원합의체 판결.
95) 대법원 2016. 4. 28. 선고 2013후2965 판결[권리범위확인(특)]; 대법원 1996. 12. 20. 선고 95후1920 판결; 대법원 2007. 10. 11. 선고 2007후2766 판결.
96) 대법원 2016. 4. 28. 선고 2013후2965 판결[권리범위확인(특)].
97) 대법원 2019. 9. 9. 선고 2019후10081 판결[권리범위확인(특)].

의 청구범위에 기재된 구성과 균등한 것으로서 여전히 특허발명의 권리범위에 속한다고 보아야 한다.[98] 그리고 특허발명의 청구항을 복수의 구성요소로 구성한 경우에는 그 구성요소가 유기적으로 결합한 전체로서의 기술사상을 보호하는 것이지 각각의 구성요소를 독립하여 보호하는 것은 아니다. 특허발명과 대비되는 발명이 특허발명의 청구항에 기재된 필수적 구성요소들 중 일부만을 갖추고 있고 나머지 구성요소가 없는 경우에는 원칙적으로 그에 대비되는 발명은 특허발명의 권리범위에 속하지 않는다.[99]

[7] 특허발명의 진보성이 부정되는 경우, 특허권의 권리범위 확인심판에서 등록되어 있는 특허권의 효력을 부인할 수 있는지 여부: 특허발명이 공지의 기술인 경우 등을 제외하고는 특허발명의 진보성이 부정되는 경우에도 권리범위 확인심판에서 등록되어 있는 특허권의 효력을 당연히 부인할 수는 없다.[100]

[8] 특허권이 소멸된 후 그에 대한 권리범위확인을 구할 이익은 없다.[101]

대법원 2019. 2. 14. 선고 2015후2327 판결[권리범위확인(특)]

[판결요지]

(1) 확인대상 발명에서 특허발명의 특허청구범위에 기재된 구성 중 변경된 부분이 있는 경우에도, 특허발명과 과제 해결원리가 동일하고, 특허발명에서와 실질적으로 동일한 작용효과를 나타내며, 그와 같이 변경하는 것이 그 발명이 속하는 기술분야에서 통상의 지식을 가진 사람이라면 누구나 쉽게 생각해 낼 수 있는 정도라면, 특별한 사정이 없는 한 확인대상 발명은 특허발명의 특허청구범위에 기재된 구성과 균등한 것으로서

---

98) 대법원 2018. 5. 30. 선고 2016후2119 판결[권리범위확인(특)].
99) 대법원 2017. 9. 26. 선고 2014다27425 판결[손해배상(기)].
100) 대법원 2017. 11. 14. 선고 2016후366 판결[권리범위확인(특)]에서는 "특허법은 권리범위 확인심판과 특허 무효심판을 별도로 규정하고 있다. 특허권의 권리범위 확인심판은 심판청구인이 그 청구에서 심판의 대상으로 삼은 확인대상 발명이 등록된 특허발명의 보호범위에 속하는지를 확인하는 절차이다(특허법 제135조). 특허 무효심판은 등록된 특허에 무효 사유가 있는지를 판단하는 절차로서 특허를 무효로 한다는 심결이 확정되면 특허권은 소급적으로 소멸한다(특허법 제133조). 특허가 진보성이 없어 무효 사유가 있는 경우에도 특허 무효심판에서 무효 심결이 확정되지 않으면, 특별한 사정이 없는 한 다른 절차에서 그 특허가 무효임을 전제로 판단할 수는 없다. 특허발명의 보호범위를 판단하는 절차로 마련된 권리범위 확인심판에서 특허의 진보성 여부를 판단하는 것은 권리범위 확인심판의 판단 범위를 벗어날 뿐만 아니라, 본래 특허 무효심판의 기능에 속하는 것을 권리범위 확인심판에 부여하는 것이 되어 위 두 심판 사이의 기능 배분에 부합하지 않는다. 따라서 특허발명이 공지의 기술인 경우 등을 제외하고는 특허발명의 진보성이 부정되는 경우에도 권리범위 확인심판에서 등록되어 있는 특허권의 효력을 당연히 부인할 수는 없다."라고 판시한 바 있다.
101) 대법원 2019. 9. 26. 선고 2019후10654판결; 대법원 2019. 1. 17. 선고 2017후1632, 1649 판결.

여전히 특허발명의 권리범위에 속한다고 보아야 한다.

확인대상 발명과 특허발명의 과제 해결원리가 동일한지를 가릴 때에는 특허청구범위에 기재된 구성의 일부를 형식적으로 추출할 것이 아니라, 명세서에 적힌 발명의 상세한 설명의 기재와 출원 당시의 공지기술 등을 참작하여 선행기술과 대비하여 볼 때 특허발명에 특유한 해결수단이 기초하고 있는 기술사상의 핵심이 무엇인가를 실질적으로 탐구하여 판단하여야 한다(대법원 2014. 7. 24. 선고 2012후1132 판결 참조).

(2) 작용효과가 실질적으로 동일한지 여부는 선행기술에서 해결되지 않았던 기술과제로서 특허발명이 해결한 과제를 침해제품 등도 해결하는지를 중심으로 판단하여야 한다. 따라서 발명의 상세한 설명의 기재와 출원 당시의 공지기술 등을 참작하여 파악되는 특허발명에 특유한 해결수단이 기초하고 있는 기술사상의 핵심이 침해제품 등에서도 구현되어 있다면 작용효과가 실질적으로 동일하다고 보는 것이 원칙이다. 다만 위와 같은 기술사상의 핵심이 특허발명의 출원 당시에 이미 공지되었거나 그와 다름없는 것에 불과한 경우에는 특허발명의 기술사상의 핵심이 침해제품 등에서 구현되어 있는지를 가지고 작용효과가 실질적으로 동일한지 여부를 판단할 수 없고, 균등 여부가 문제되는 구성요소의 개별적 기능이나 역할 등을 비교하여 판단하여야 한다.

대법원 2019. 2. 14. 선고 2018후10350 판결[권리범위확인(특)][미간행]

[판결요지]

[1] 특허발명의 보호범위는 청구범위에 적혀 있는 사항에 의하여 정하여지고 발명의 설명이나 도면 등에 의하여 보호범위를 제한하거나 확장하는 것은 원칙적으로 허용되지 않지만, 청구범위에 적혀 있는 사항은 발명의 설명이나 도면 등을 참작하여야 기술적인 의미를 정확하게 이해할 수 있으므로, 청구범위에 적혀 있는 사항의 해석은 문언의 일반적인 의미 내용을 기초로 하면서도 발명의 설명이나 도면 등을 참작하여 문언에 의하여 표현하고자 하는 기술적 의의를 고찰한 다음 객관적·합리적으로 하여야 한다.

[2] 특허발명과 대비되는 확인대상발명이 특허발명의 권리범위에 속한다고 할 수 있기 위해서는 특허발명의 청구범위에 기재된 각 구성요소와 그 구성요소 간의 유기적 결합관계가 확인대상발명에 그대로 포함되어 있어야 한다. 한편 확인대상발명에서 특허발명의 청구범위에 기재된 구성 중 변경된 부분이 있는 경우에도, 양 발명에서 과제의 해결원리가 동일하고, 그러한 변경에 의하더라도 특허발명에서와 실질적으로 동일한 작용효과를 나타내며, 그와 같이 변경하는 것이 그 발명이 속하는 기술분야에서 통상의 지식을 가진 사람이라면 누구나 쉽게 생각해 낼 수 있는 정도라면, 특별한 사정이 없는 한 확인대상발명은 특허발명의 청구범위에 기재된 구성과 균등한 것으로서 여전히 특허발명의 권리범위에 속한다고 보아야 한다.

[9] 소극적 권리범위확인심판에서는 현재 실시하는 것만이 아니라 장래 실시 예정인 것도 심판대상으로 삼을 수 있다. 그러나 당사자 사이에 심판청구인이 현재 실시하고 있는 기술이 특허권의 권리범위에 속하는지에 관하여만 다툼이 있을 뿐이고, 심판청구인이 장래 실시할 예정이라고 주장하면서 심판대상으로 특정한 확인대상발명이 특허권의 권리범위에 속하지 않는다는 점에 관하여는 아무런 다툼이 없는 경우라면, 그러한 확인대상발명을 심판대상으로 하는 소극적 권리범위확인심판은 심판청구의 이익이 없어 허용되지 않는다.[102]

▶대법원 2015. 2. 12. 선고 2013후1726 판결[권리범위확인(특)][공2015상,497]

[판결요지]

제조방법이 기재된 물건발명에 대한 특허청구범위의 해석방법은 특허침해소송이나 권리범위확인심판 등 특허침해 단계에서 특허발명의 권리범위에 속하는지 판단하면서도 마찬가지로 적용되어야 할 것이다. 다만 이러한 해석방법에 의하여 도출되는 특허발명의 권리범위가 명세서의 전체적인 기재에 의하여 파악되는 발명의 실체에 비추어 지나치게 넓다는 등의 명백히 불합리한 사정이 있는 경우에는 권리범위를 특허청구범위에 기재된 제조방법의 범위 내로 한정할 수 있다.

대법원 2014. 5. 29. 선고 2012후498 판결[권리범위확인(특)]

[판결요지]

[1] 특허발명과 대비되는 확인대상발명이 특허발명의 권리범위에 속한다고 할 수 있기 위해서는 특허발명의 특허청구범위에 기재된 각 구성요소와 그 구성요소 간의 유기적 결합관계가 확인대상발명에 그대로 포함되어 있어야 한다. 한편 확인대상발명에서 특허발명의 특허청구범위에 기재된 구성 중 치환 내지 변경된 부분이 있는 경우에도, 양 발명에서 과제의 해결원리가 동일하고, 그러한 치환에 의하더라도 특허발명에서와 같은 목적을 달성할 수 있고 실질적으로 동일한 작용효과를 나타내며, 그와 같이 치환하는 것이 발명이 속하는 기술분야에서 통상의 지식을 가진 자(이하 '통상의 기술자'라 한다)라면 누구나 쉽게 생각해 낼 수 있는 정도로 자명하다면, 확인대상발명이 특허발명의 출원 시 이미 공지된 기술과 동일한 기술 또는 통상의 기술자가 공지기술로부터 쉽게 발명할 수 있었던 기술에 해당하거나, 특허발명의 출원절차를 통하여 확인대상발명의 치환된 구성이 특허청구범위로부터 의식적으로 제외된 것에 해당하는 등의 특별한 사정이 없는 한, 확인대상발명은 전체적으로 특허발명의 특허청구범위에 기재된 구

---

102) 대법원 2016. 9. 30. 선고 2014후2849 판결.

성과 균등한 것으로서 여전히 특허발명의 권리범위에 속한다고 보아야 한다. 그리고 여기서 말하는 양 발명에서 과제의 해결원리가 동일하다는 것은 확인대상발명에서 치환된 구성이 특허발명의 비본질적인 부분이어서 확인대상발명이 특허발명의 특징적 구성을 가지는 것을 의미하고, 특허발명의 특징적 구성을 파악함에 있어서는 특허청구범위에 기재된 구성의 일부를 형식적으로 추출할 것이 아니라 명세서의 발명의 상세한 설명의 기재와 출원 당시의 공지기술 등을 참작하여 선행기술과 대비하여 볼 때 특허발명에 특유한 해결수단이 기초하고 있는 과제의 해결원리가 무엇인가를 실질적으로 탐구하여 판단하여야 한다.

[2] 갑이 명칭을 "디젤 엔진용 연료 분사 밸브의 테스트 방법"으로 하는 특허발명의 특허권자인 을 주식회사를 상대로 확인대상발명이 특허발명의 권리범위에 속하지 않는다는 확인을 구하는 소극적 권리범위확인심판을 청구한 사안에서, 확인대상발명은 특허발명의 '분사밸브에 오일 압력을 제공하는 압축공기의 공급을 중단하는 구성'을 '공기 흐름 절환수단에 의해 오일의 흐름을 다른 곳으로 전환하는 구성'으로 치환 또는 변경하였으나 분사밸브를 테스트할 때 밸브의 개방 및 폐쇄가 반복되어 발생하는 밸브의 파손을 방지하는 특허발명과 과제의 해결원리가 동일하고, 위와 같은 구성의 치환 또는 변경에 의하더라도 특허발명과 실질적으로 동일한 목적과 작용효과를 달성할 수 있으며, 분사밸브를 테스트할 때 분사밸브로의 오일 압력의 제공을 중단하기 위하여 위와 같이 치환 또는 변경하는 것은 통상의 기술자라면 누구나 쉽게 생각해낼 수 있을 정도로 자명하므로, 확인대상발명이 특허발명의 각 구성요소와 동일하거나 균등한 구성을 모두 가지고 있고, 구성요소 간의 유기적 결합관계도 그대로 포함하고 있으므로, 위 특허발명의 권리범위에 속한다고 본 사례.

[10] **권리범위확인심판과 균등론**: 우리나라에서는 대법원 2000. 7. 28. 선고 97후2200판결에서 균등론을 명시적으로 판시하였는데, ① 양 발명의 기술적 사상 내지 과제의 해결원리가 공통하거나 동일할 것(과제해결원리의 동일성),[103] ② 확인대상발명의 치환된 구성요소

---

103) 대법원 2017. 12. 22. 선고 2017후479 판결[권리범위확인(특)]에서는 "특허발명과 대비되는 확인대상 발명이 특허발명의 권리범위에 속한다고 할 수 있기 위해서는, 특허발명의 청구범위에 기재된 각 구성요소와 그 구성요소 간의 유기적 결합관계가 확인대상 발명에 그대로 포함되어 있어야 한다. 한편 확인대상 발명에서 특허발명의 청구범위에 기재된 구성 중 변경된 부분이 있는 경우에도, 양 발명에서 과제의 해결원리가 동일하고, 그러한 변경에 의하더라도 특허발명에서와 실질적으로 동일한 작용효과를 나타내며, 그와 같이 변경하는 것이 그 발명이 속하는 기술분야에서 통상의 지식을 가진 자라면 누구나 용이하게 생각해 낼 수 있는 정도라면, 특별한 사정이 없는 한 확인대상 발명은 특허발명의 청구범위에 기재된 구성과 균등한 것으로서 여전히 특허발명의 권리범위에 속한다고 보아야 한다. 그리고 여기서 '양 발명에서 과제의 해결원리가 동일'한지 여부를 가릴 때에는 청구범위에 기재된 구성의 일부를 형식적으로 추출할

가 특허발명의 구성요소와 실질적으로 동일한 작용효과를 나타낼 것(치환가능성), ③ 그와 같이 치환하는 것 자체가 그 발명이 속하는 기술분야에서 통상의 지식을 가진 자이면 당연히 용이하게 도출해 낼 수 있는 정도로 자명할 것(치환자명성), ④ 확인대상발명이 당해 특허발명의 출원 시에 이미 공지된 기술이거나 그로부터 통상의 기술자가 용이하게 도출해 낼 수 있는 것이 아닐 것(자유실시배제의 원칙),[104] ⑤ 당해 특허발명의 출원절차를 통하여 확인대상발명의 치환된 구성요소가 특허청구범위로부터 의식적으로 제외되는 등의 특단의 사정이 없을 것(출원경과 금반언의 원칙) 등 5가지 요건을 열거하였다. 이 중 ①, ② 및 ③은 균등론 인정의 적극적 요건이고, ④와 ⑤는 균등론 인정의 소극적 요건에 해당한다.[105]

이 가운데 특히 출원경과 금반언 원칙은 특허분쟁해결절차에서 출원인 출원 심사과정에서 본인이 보인 태도와 모순되는 주장을 하는 것을 금지하는 원칙을 의미한다.[106]

특허발명의 출원과정에서 특정 구성이 특허청구범위로부터 의식적으로 제외된 것인지 여부의 판단 방법과 관련하여 대법원 판례는 "특허발명의 출원과정에서 어떤 구성이 특허청구범위로부터 의식적으로 제외된 것인지 여부는 명세서뿐만 아니라 출원에서부터 특허될 때까지 특허청심사관이 제시한 견해 및 출원인이 심사과정에서 제출한 보정서와 의견서 등에 나타난 출원인의 의도 등을 참작하여 판단하여야 하고, 특허청구의 범위가 수개의 항으로 이루어진 발명에 있어서는 특별한 사정이 없는 한 각 청구항의 출원경과를 개별적으로 살펴서 어떤 구성이 각 청구항의 권리범위에서 의식적으로 제외된 것인지를 확정하여야 한다."라고

것이 아니라, 명세서에 있는 발명의 설명 기재와 출원 당시의 공지기술 등을 참작하여 선행기술과 대비하여 볼 때, 특허발명에 특유한 해결수단이 기초하고 있는 기술사상의 핵심이 무엇인가를 실질적으로 탐구하여 판단하여야 한다(대법원 2014. 7. 24. 선고 2012후1132 판결 등 참조)."라고 판시한 바 있다.

104) 확인대상발명이 자유실시기술에 해당한다고 본 사례의 예로는 대법원 2013. 9. 12. 선고 2012다36326 판결; 대법원 2011. 1. 27. 선고 2009후832 판결; 대법원 2018. 7. 24. 선고 2016후2904 판결[권리범위확인(특)]에서는 "권리범위 확인심판에서 특허발명과 대비되는 확인대상 발명이 공지의 기술만으로 이루어진 경우뿐만 아니라 그 기술분야에서 통상의 지식을 가진 자가 공지기술로부터 쉽게 실시할 수 있는 경우에는 이른바 자유실시기술로서 특허발명과 대비할 필요 없이 특허발명의 권리범위에 속하지 않는다고 보아야 한다(대법원 2001. 10. 30. 선고 99후710 판결 등 참조). 이러한 법리는 특허권 침해 여부를 판단할 때 일반적으로 적용되는 것으로, 확인대상 발명이 결과적으로 특허발명의 청구범위에 나타난 모든 구성요소와 그 유기적 결합관계를 그대로 가지고 있는 이른바 문언 침해에 해당하는 경우에도 그대로 적용된다(대법원 2017. 11. 14. 선고 2016후366 판결 등 참조)."라고 판시한 바 있다.

105) 김동준, 「특허균등침해론」, 법문사, 2012년, 5면.

106) 조영선, 「특허법」, 제3판, 박영사, 2011년, 371면에서는 출원경과 금반언의 원칙을 "특허소송에서 출원인이 출원 심사과정에서 본인이 보인 태도와 모순되는 주장을 하는 것을 금지하는 원칙"이라고 정의하고 있으나, 특허심판절차 내지 특허침해와 관련된 중재사건 등에서도 이 원칙을 적용할 수 있는 바, 본문처럼 해석하는 것이 타당하겠다.

판시하였다.107) 실무상 출원경과 금반언원칙을 적용하여 균등론의 주장을 배척한 사례가 많다.108)

[11] 특허권 침해에 관하여 계속 중인 민사소송에서 특허권의 효력이 미치는 범위를 확정할 수 있는 경우, 위 민사소송과 별개로 청구된 권리범위확인심판의 심판청구의 이익이 부정되는지 여부: 침해소송과 별개로 청구된 권리범위확인심판의 심판청구의 이익이 부정된다고 볼 수는 없다.109)

대법원 2017. 4. 26. 선고 2014후638 판결[권리범위확인(특) (바) 상고기각]

◇특허발명의 출원과정에서 어떤 구성이 청구범위에서 의식적으로 제외된 것인지 여부의 판단 기준◇

특허발명의 출원과정에서 어떤 구성이 청구범위에서 의식적으로 제외된 것인지 여부는 명세서뿐만 아니라 출원에서부터 특허될 때까지 특허청 심사관이 제시한 견해 및 출원인이 출원과정에서 제출한 보정서와 의견서 등에 나타난 출원인의 의도, 보정이유 등을 참작하여 판단하여야 한다(대법원 2002. 9. 6. 선고 2001후171 판결 참조). 따라서 출원과정에서 청구범위의 감축이 이루어졌다는 사정만으로 감축 전의 구성과 감축 후의 구성을 비교하

---

107) 대법원 2002. 9. 6. 선고 2001후171 판결[권리범위확인(특)].
108) 예컨대, 대법원 2002. 6. 14. 선고 2000후2712 판결; 권택수, 「요건사실 특허법」, 진원사, 2010년, 336면.
109) 대법원 2018. 2. 8. 선고 2016후328 판결[권리범위확인(특)]에서는 "특허법 제135조가 규정하고 있는 권리범위확인심판은 특허권 침해에 관한 민사소송(이하 '침해소송'이라 한다)과 같이 침해금지청구권이나 손해배상청구권의 존부와 같은 분쟁 당사자 사이의 권리관계를 최종적으로 확정하는 절차가 아니고, 그 절차에서의 판단이 침해소송에 기속력을 미치는 것도 아니지만, 간이하고 신속하게 확인대상발명이 특허권의 객관적인 효력범위에 포함되는지를 판단함으로써 당사자 사이의 분쟁을 사전에 예방하거나 조속히 종결시키는 데에 이바지한다는 점에서 고유한 기능을 가진다.
특허법 제164조 제1항은 심판장이 소송절차가 완결될 때까지 심판절차를 중지할 수 있다고 규정하고, 제2항은 법원은 특허에 관한 심결이 확정될 때까지 소송절차를 중지할 수 있다고 규정하며, 제3항은 법원은 침해소송이 제기되거나 종료되었을 때에 그 취지를 특허심판원장에게 통보하도록 규정하고, 제4항은 특허심판원장은 제3항에 따른 특허권 또는 전용실시권의 침해에 관한 소에 대응하여 그 특허권에 관한 무효심판 등이 청구된 경우에는 그 취지를 제3항에 해당하는 법원에 통보하여야 한다고 규정하고 있다. 이와 같이 특허법이 권리범위확인심판과 소송절차를 각 절차의 개시 선후나 진행경과 등과 무관하게 별개의 독립된 절차로 인정됨을 전제로 규정하고 있는 것도 앞서 본 권리범위확인심판 제도의 기능을 존중하는 취지로 이해할 수 있다.
이와 같은 권리범위확인심판 제도의 성질과 기능, 특허법의 규정 내용과 취지 등에 비추어 보면, 침해소송이 계속 중이어서 그 소송에서 특허권의 효력이 미치는 범위를 확정할 수 있더라도 이를 이유로 침해소송과 별개로 청구된 권리범위확인심판의 심판청구의 이익이 부정된다고 볼 수는 없다."라고 판시한 바 있다.

여 그 사이에 존재하는 모든 구성이 청구범위에서 의식적으로 제외되었다고 단정할 것은 아니고, 거절이유통지에 제시된 선행기술을 회피하기 위한 의도로 그 선행기술에 나타난 구성을 배제하는 감축을 한 경우 등과 같이 보정이유를 포함하여 출원과정에 드러난 여러 사정을 종합하여 볼 때 출원인이 어떤 구성을 권리범위에서 제외하려는 의사가 존재한다고 볼 수 있을 때에 이를 인정할 수 있다. 그리고 이러한 법리는 청구범위의 감축 없이 의견서 제출 등을 통한 의견진술이 있었던 경우에도 마찬가지로 적용된다.

☞ 명칭을 '강판 포장용 받침대'로 하는 이 사건 제1항 발명은 최초 출원된 당시 그 청구범위에 하부 받침대의 단면모양이 '속이 빈 사다리꼴'로 기재되어 있었는데, 이 사건 특허발명의 출원인이 비교대상발명 1, 3에 위와 같은 단면모양이 개시되어 있다는 취지의 거절이유통지에 대응하여 이 사건 제1항 발명의 청구범위의 하부받침대와 상부받침대의 단면 모양을 '하부면이 상부면보다 넓은 속이 빈 사다리꼴의 단면모양'으로 한정하여 보정함과 아울러, '비교대상발명 1의 설치프레임(상부받침대)은 홈부가 형성된 부분이 아래로 향하면서 베이스 프레임(하부받침대)과 결합되어 있는 반면에 이 사건 제1항 발명의 상부받침대는 홈부가 형성된 부분이 상부에 형성되어 있어 하부받침대에 용접될 때 그 접촉면을 넓혀 결합력을 강화시킴으로써 구조적인 안정감을 향상시키고 있다'는 취지의 의견서를 제출한 사안에서, ① 확인대상발명의 '상부면이 하부면보다 넓은 사다리꼴' 하부받침대 단면모양은 비교대상발명들을 회피하기 위한 의도로 위 구성을 배제하는 감축이 이루어졌다고 볼 수는 없으나, 이 사건 특허발명의 명세서 중 발명의 상세한 설명에 '하부면이 상부면보다 넓은 사다리꼴의 단면모양'은 하부받침대의 지면과의 지지면적을 넓게 하여 구조적인 안정성을 얻을 수 있다고 기재되어 있어 애초에 '하부면이 상부면보다 넓은 사다리꼴의 단면모양'을 전제로 하고 있었던 점, 이 사건 보정은 청구범위를 이러한 발명의 상세한 설명에 부합하도록 한정한 것인 점 등을 종합하면, 이 사건 특허발명의 출원인에게 이 사건 보정에 의하여 확인대상발명과 같은 '상부면이 하부면보다 넓은 사다리꼴' 단면모양의 구성을 이 사건 제1항 발명의 권리범위에서 제외하려는 의사가 존재한다고 볼 수 있고, ② 이 사건 특허발명의 출원인은 의견서 제출을 통하여 상부 받침대의 홈이 상부에 형성되어 하부받침대와의 결합면적을 넓혀 결합력을 강화시킨다는 취지로 주장함으로써 상부받침대의 홈이 하부에 형성되어 있는 비교대상발명 1과 차별화하여, 확인대상발명과 같은 '홈이 하부에 형성되어 있는' 상부받침대 구성 역시 이 사건 제1항 발명의 권리범위에서 제외하였다고 평가할 수 있으므로, 확인대상발명은 이 사건 제1항 발명의 권리범위에 속하지 않는다고 본 사례.

대법원 2003. 12. 12. 선고 2002후2181 판결[권리범위확인(특)][미간행]

[판결요지]

[1] (가)호 발명이 특허발명의 권리범위에 속한다고 할 수 있기 위해서는 특허발명의 각 구성요소와 구성요소 간의 유기적 결합관계가 (가)호 발명에 그대로 포함되어 있어야 할 것이고, 다만 (가)호 발명에 구성요소의 치환 내지 변경이 있더라도 양 발명에서 과제의 해결원리가 동일하며, 그러한 치환에 의하더라도 특허발명에서와 같은 목적을 달성할 수 있고 실질적으로 동일한 작용효과를 나타내며, 그와 같이 치환하는 것을 그 발명이 속하는 기술분야에서 통상의 지식을 가진 자(당업자)가 용이하게 생각해 낼 수 있을 정도로 자명하다면, (가)호 발명이 특허발명의 출원시에 이미 공지된 기술 내지 공지기술로부터 당업자가 용이하게 발명할 수 있었던 기술에 해당하거나 특허발명의 출원절차를 통하여 (가)호 발명의 치환된 구성요소가 특허청구범위로부터 의식적으로 제외된 것에 해당하는 등의 특별한 사정이 없는 한, (가)호 발명의 치환된 구성요소는 특허발명의 대응되는 구성요소와 균등관계에 있는 것으로 보아 (가)호 발명은 여전히 특허발명의 권리범위에 속한다고 보아야 한다.

[2] 특허발명의 출원과정에서 어떤 구성이 특허청구범위로부터 의식적으로 제외된 것인지 여부는 명세서뿐만 아니라 출원에서부터 특허될 때까지 특허청심사관이 제시한 견해 및 출원인이 심사과정에서 제출한 보정서와 의견서 등에 나타난 출원인의 의도 등을 참작하여 판단하여야 하고, 특허청구의 범위가 수 개의 항으로 이루어진 발명에 있어서는 특별한 사정이 없는 한 각 청구항의 출원경과를 개별적으로 살펴서 어떤 구성이 각 청구항의 권리범위에서 의식적으로 제외된 것인지를 확정하여야 한다.

[3] 출원인이 특허발명의 특허청구범위 제1항에 DNA 서열의 기재를 추가하여 보정을 함에 있어서 추가된 DNA 서열과 균등관계에 있는 것을 자신의 권리범위에서 제외할 의도였다고 단정하기 어렵다고 본 사례.

대법원 2002. 9. 6. 선고 2001후171 판결[권리범위확인(특)][제일제당 주식회사 대 제네틱스 인스티튜트, 인코포레이티드]

[판결요지]

[1] (가)호 발명이 특허발명의 권리범위에 속한다고 할 수 있기 위해서는 특허발명의 각 구성요소와 구성요소 간의 유기적 결합관계가 (가)호 발명에 그대로 포함되어 있어야 할 것이고, 다만 (가)호 발명에 구성요소의 치환 내지 변경이 있더라도 양 발명에서 과제의 해결원리가 동일하며, 그러한 치환에 의하더라도 특허발명에서와 같은 목적을 달성할 수 있고 실질적으로 동일한 작용효과를 나타내며, 그와 같이 치환하는 것을 그 발명이 속하는 기술분야에서 통상의 지식을 가진 자(당업자)가 용이하게 생각해 낼 수

있을 정도로 자명하다면, (가)호 발명이 특허발명의 출원시에 이미 공지된 기술 내지 공지기술로부터 당업자가 용이하게 발명할 수 있었던 기술에 해당하거나 특허발명의 출원절차를 통하여 (가)호 발명의 치환된 구성요소가 특허청구범위로부터 의식적으로 제외된 것에 해당하는 등의 특별한 사정이 없는 한, (가)호 발명의 치환된 구성요소는 특허발명의 대응되는 구성요소와 균등관계에 있는 것으로 보아 (가)호 발명은 여전히 특허발명의 권리범위에 속한다고 보아야 한다.

[2] 특허발명의 출원과정에서 어떤 구성이 특허청구범위로부터 의식적으로 제외된 것인지 여부는 명세서뿐만 아니라 출원에서부터 특허될 때까지 특허청심사관이 제시한 견해 및 출원인이 심사과정에서 제출한 보정서와 의견서 등에 나타난 출원인의 의도 등을 참작하여 판단하여야 하고, 특허청구의 범위가 수 개의 항으로 이루어진 발명에 있어 서는 특별한 사정이 없는 한 각 청구항의 출원경과를 개별적으로 살펴서 어떤 구성이 각 청구항의 권리범위에서 의식적으로 제외된 것인지를 확정하여야 한다.

[3] 출원인이 특허발명의 특허청구범위 제1항에 DNA 서열의 기재를 추가하여 보정을 함에 있어서 추가된 DNA 서열과 균등관계에 있는 것을 자신의 권리범위에서 제외할 의도였다고 단정하기 어렵다고 본 사례.

제4절 정정심판

I. 의 의

정정심판이라 함은 특허권자가 특허발명의 명세서 또는 도면에 불비사항이 있는 경우 심판절차에 의하여 정정을 구하는 심판을 의미한다.

II. 정정의 대상

정정심판에서 정정의 대상이 되는 명세서 또는 도면은 설정등록된 이후 최종적으로 확정된 명세서 또는 도면이 그 대상이 된다.

III. 정정의 범위 및 한계

[1] **특허청구범위의 한계 등**: 정정의 범위는 무효심판에 대한 특허권자의 방어적 기능을

달성하는 데 필요로 하는 최소한으로 한정되므로 (i) 특허청구범위의 감축, (ii) 잘못된 기재의 정정, (iii) 분명하지 아니한 기재를 명확하게 하는 경우에 한하여 정정심판을 청구할 수 있다(특 제136조 제1항).[110]

[2] 정정심판청구기간: 특허취소신청이 특허심판원에 계속 중인 때부터 그 결정이 확정될 때까지의 기간 또는 특허무효심판 또는 정정의 무효심판이 특허심판원에 계속 중인 기간에는 정정심판을 청구할 수 없다(특 제136조 제2항 제1호 본문 내지 제2호). 다만, 특허무효심판의 심결 또는 정정의 무효심판의 심결에 대한 소가 특허법원에 계속 중인 경우에는 특허법원에서 변론이 종결(변론 없이 한 판결의 경우에는 판결의 선고를 말한다)된 날까지 정정심판을 청구할 수 있다(특 제136조 제2항 제1호 단서).

[3] 특허발명의 명세서 또는 도면에 기재된 사항의 범위 내: 명세서 또는 도면의 정정은 특허발명의 명세서 또는 도면에 기재된 사항의 범위에서 할 수 있다. 다만, 특허법 제136조 제1항 제2호에 따라 잘못된 기재를 정정하는 경우에는 출원서에 최초로 첨부된 명세서 또는 도면에 기재된 사항의 범위에서 할 수 있다(특 제136조 제3항).

[4] 특허청구범위의 실질적 확장 또는 변경금지: 명세서 또는 도면에 대한 정정은 특허청구범위를 실질적으로 확장하거나 변경하지 않아야 한다(특 제136조 제4항).

[5] 특허청구범위 감축의 경우: '특허청구범위의 감축' 또는 '잘못된 기재의 정정'을 목적으로 하는 정정은 정정 후의 청구범위에 적혀 있는 사항이 특허출원을 하였을 때에 특허를 받을 수 있는 것이어야 한다(특 제136조 제5항).

---

110) 대법원 2018. 4. 12. 선고 2016후830 판결[정정무효(특)]에서는 "구 특허법(2006. 3. 3. 법률 제7871호로 개정되기 전의 것, 이하 같다) 제136조 제1항, 제3항은, 특허권자는 특허청구범위를 실질적으로 확장하거나 변경하지 아니하는 범위 내에서 명세서 또는 도면에 대하여 정정심판을 청구할 수 있다고 규정하고 있다. 특허청구범위를 실질적으로 확장하거나 변경하는 경우에 해당하는지는 특허청구범위 자체의 형식적인 기재뿐만 아니라 발명의 상세한 설명을 포함하여 명세서와 도면 전체에 의하여 파악되는 특허청구범위의 실질적인 내용을 대비하여 판단하여야 한다. 만약 특허청구범위의 정정이 특허청구범위의 감축에 해당되고, 그 목적이나 효과에 어떠한 변경이 있다고 할 수 없으며, 발명의 상세한 설명 및 도면에 기재되어 있는 내용을 그대로 반영한 것이어서 제3자에게 예기치 못한 손해를 끼칠 염려가 없는 경우에는, 특허청구범위의 실질적인 변경에 해당되지 아니한다(대법원 2010. 4. 29. 선고 2008후1081 판결, 대법원 2014. 2. 13. 선고 2012후627 판결 등 참조)."라고 판시하면서, 명칭이 "교체용 신축이음 누수방지 장치"인 이 사건 특허발명(특허등록번호 생략)을 대상으로 하여 특허청구범위 제1항의 '고정홈'을 '내측으로 상향경사가 상부에 형성된 고정홈'으로 정정한 것은 고정홈의 형상을 구체적으로 한정한 것으로서 특허청구범위의 감축에 해당한다고 설시한 바 있다.

IV. 정정심판의 청구

[1] **청구인**: 정정심판은 특허권자만이 청구할 수 있다(특 제136조 제1항). 특허권이 공유인 경우에는 공유자 전원이 공동으로 청구하여야 하고, 특허권에 전용실시권자, 질권자 또는 직무발명에 의한 통상실시권자, 허락에 의한 통상실시권자가 있을 때에는 이들의 동의를 받아야만 정정심판을 청구할 수 있다. 특허권자는 전용실시권자, 질권자와 특허법 제100조 제4항·제102조 제1항 및 발명진흥법 제10조 제1항에 따른 통상실시권을 갖는 자의 동의를 받아야만 정정심판을 청구할 수 있다. 다만, 특허권자가 정정심판을 청구하기 위하여 동의를 받아야 하는 자가 무효심판을 청구한 경우에는 그러하지 아니하다(특 제136조 제8항).

[2] **청구기간**: 정정심판은 청구의 이익이 있는 한 특허권의 존속기간 중에는 물론 특허권이 소멸된 후에도 이를 청구할 수 있다. 다만, 특허취소결정이 확정되거나 특허를 무효(특허법 제133조 제1항 제4호(특허된 후 그 특허권자가 제25조에 따라 특허권을 누릴 수 없는 자로 되거나 그 특허가 조약을 위반한 경우)에 의한 무효는 제외한다)로 한다는 심결이 확정된 후에는 정정심판을 청구할 수 없다(특 제136조 제1항 및 제7항).

V. 심리 및 심결

[1] **심 리**: 심판관은 심판청구가 '정정의 범위(특 제136조 제1항)' 및 '정정의 한계(특 제136조 제3항 내지 제5항)'를 위반하는 경우에는 청구인에게 그 이유를 통지하고 기간을 정하여 의견서제출기회를 주어야 한다(특 제136조 제6항). 심판청구인은 심리종결 통지 전(심리가 재개된 경우에는 이후 재심리종결 통지 전)까지 심판청구서에 첨부된 정정한 명세서 또는 도면에 대하여 보정할 수 있다(특 제136조 제11항).

정정심판에는 제147조 제1항(피청구인의 답변서제출기회 부여)·제2항(청구인에 대한 답변서부본 송달), 제155조(참가) 및 제156조(참가의 신청 및 결정)를 적용하지 아니한다(특 제136조 제9항).

[2] **심 결**: 심판관은 정정심판 청구의 정정내용을 인정할 수 없을 때에는 기각심결을 하여야 하며, 심판청구의 정정내용이 적합할 경우에는 인용심결을 하여야 한다. 정정심판 중 정정내용 중 일부는 적법하고 일부는 부적법할 경우에 일부인용심결이 가능한지 여부에 관하여 특허법원은 특허발명의 복수의 청구항에 대한 정정이 청구되었다고 하더라도 그것이 하나의 기술사상에 기초한 것이므로 일체로서 정정을 구하는 취지라고 해석하여 그 일부 항

에 정정불허 사유가 존재하는 한 전체에 대한 정정을 허용할 수 없다고 판시하였다.[111]

[3] **정정심결 확정의 효과 및 이후 절차:** 특허발명의 명세서 또는 도면에 대하여 정정을 한다는 심결이 확정되었을 때에는 그 정정 후의 명세서 또는 도면에 따라 특허출원, 출원공개, 특허결정 또는 심결 및 특허권의 설정등록이 된 것으로 본다(특 제136조 제8항). 특허발명의 명세서 또는 도면에 대한 정정을 한다는 심결이 있는 경우 특허심판원장은 그 내용을 특허청장에게 알려야 한다(특 제136조 제12항). 특허청장은 그 통보가 있으면 이를 특허공보에 게재하여야 한다(특 제136조 제13항).

대법원 2017. 3. 22. 선고 2016후342 판결[등록정정(특) (다) 상고기각][특허 정정의 적법요건 사건]

◇특허청구범위의 정정이 특허청구범위를 실질적으로 확장하거나 변경하는 경우에 해당하는지를 판단하는 기준◇

구 특허법(2006. 3. 3. 법률 제7871호로 개정되기 전의 것, 이하 같다) 제136조 제1항, 제3항은, 특허권자는 특허청구범위를 실질적으로 확장하거나 변경하지 아니하는 범위 내에서 명세서 또는 도면에 대하여 정정심판을 청구할 수 있다고 규정하고 있다. 여기서 특허청구범위를 실질적으로 확장하거나 변경하는 경우에 해당하는지는 특허청구범위 자체의 형식적인 기재뿐만 아니라 발명의 상세한 설명을 포함하여 명세서와 도면 전체에 의하여 파악되는 특허청구범위의 실질적인 내용을 대비하여 판단하여야 한다. 그리고 정정 후의 특허청구범위에 의하더라도 발명의 목적이나 효과에 어떠한 변경이 없고 발명의 상세한 설명 및 도면에 기재되어 있는 내용을 그대로 반영한 것이어서 정정 전의 특허청구범위를 신뢰한 제3자에게 예기치 못한 손해를 줄 염려가 없다면 그 정정청구는 특허청구범위를 실질적으로 확장하거나 변경하는 것에 해당하지 아니한다.

☞ 정정 전 특허청구범위에 기재되어 있지 않았던 원심 판시 추가구성 1 및 추가구성 2의 구성을 추가한 이 사건 정정은, 이 사건 특허발명의 명세서 중 발명의 상세한 설명과 도면에 기재되어 있는 구성을 그대로 추가한 것이고, 그러한 구성의 추가로 새로운 목적과 작용효과가 발생하였다고 할 수 없으며, 제3자에게 예상하지 못한 손해를 입힐 염려가 있다고 볼 수도 없으므로, 특허청구범위를 실질적으로 확장하거나 변경하는 경우에 해당하지 아니한다고 판단한 사안

---

111) 특허법원 2000. 7. 21. 선고 99허2174 판결: 상고[등록정정(특)].

[4] 정정심판과 특허무효심판과의 관계

(i) 특허무효심판이 특허심판원에 계속되어 있는 때에는 정정심판을 청구하는 것이 불가하다(특 제136조 제2항 제2호). 하지만, 특허무효심판이 청구되기 전에 정정심판이 청구된 때에는 특허무효심판과 정정심판이 특허심판원에서 동시에 계속중일 수 있으며, 특허무효심결에 대한 취소소송이 특허법원에 계속 중인 경우 독립하여 정정심판을 청구할 수 있다. 후자와 관련하여 특허무효심판의 심결 또는 정정의 무효심판의 심결에 대한 소가 특허법원에 계속 중인 경우에는 특허법원에서 변론이 종결(변론 없이 한 판결의 경우에는 판결의 선고를 말한다)된 날까지 정정심판을 청구할 수 있다(특 제136조 제2항 제1호 단서). 2016년 개정된 특허법([시행 2017. 3. 1.][법률 제14035호, 2016. 2. 29., 일부개정]) 제136조 제2항 제1호 단서의 신설을 통하여 특허무효심판의 심결 또는 정정의 무효심판의 심결에 대한 소가 특허법원에 계속 중인 경우에는 특허법원에서 변론이 종결된 날까지 정정심판을 청구할 수 없도록 하였기에 특허무효심판의 심결 또는 정정의 무효심판의 심결에 대한 소가 대법원에 계속 중인 경우에는 정정심판을 청구할 수 없다.

(ii) 동일한 특허발명에 대한 특허무효심판과 정정심판이 특허심판원에 동시에 계속 중인 경우는 다음의 판례를 참조 바란다.

대법원 2002. 8. 23. 선고 2001후713 판결[등록무효(특)]

[판결요지]

동일한 특허발명에 대하여 특허무효심판과 정정심판이 특허심판원에 동시에 계속중에 있는 경우에는 정정심판제도의 취지상 정정심판을 특허무효심판에 우선하여 심리·판단하는 것이 바람직하나, 그렇다고 하여 반드시 정정심판을 먼저 심리·판단하여야 하는 것은 아니고, 또 특허무효심판을 먼저 심리하는 경우에도 그 판단대상은 정정심판청구 전 특허발명이며, 이러한 법리는 특허무효심판과 정정심판의 에 대한 취소소송이 특허법원에 동시에 계속되어 있는 경우에도 적용된다고 볼 것이다.

(iii) 특허무효심판 계속 중에 정정심판을 인정한 심결이 확정된 경우:

a) 특허무효심판청구 사건이 특허법원에 계속 중인 경우: 특허법원에 무효심결에 대한 심결취소소송이 계속 중 정정심결이 확정된 경우에는 특허심판원의 심결이 심판대상을 잘못 정한 흠이 있지만 특허법원은 법률심이 아니라 사실심이기 때문에 심리범위에 제한을 받지 않고 정정된 특허청구범위를 기준으로 특허무효사유가 있는지 여부를 판단하여 그에 따라

심결의 적법성 여부를 판단하면 된다.[112)

  b) 특허무효심판청구 사건이 대법원에 계속 중인 경우: 재심은 확정된 종국판결에 대하여 판결의 효력을 인정할 수 없는 중대한 하자가 있는 경우 예외적으로 판결의 확정에 따른 법적 안정성을 후퇴시켜 그 하자를 시정함으로써 구체적 정의를 실현하고자 마련된 것이다. 행정소송법 제8조에 따라 심결취소소송에 준용되는 민사소송법 제451조 제1항 제8호는 '판결의 기초로 된 행정처분이 다른 행정처분에 의하여 변경된 때'를 재심사유로 규정하고 있다. 이는 판결의 심리·판단 대상이 되는 행정처분 그 자체가 그 후 다른 행정처분에 의하여 확정적·소급적으로 변경된 경우를 말하는 것이 아니고, 확정판결에 법률적으로 구속력을 미치거나 또는 그 확정판결에서 사실인정의 자료가 된 행정처분이 다른 행정처분에 의하여 확정적·소급적으로 변경된 경우를 말하는 것이다. 여기서 '사실인정의 자료가 되었다.'는 것은 그 행정처분이 확정판결의 사실인정에서 증거자료로 채택되었고 그 행정처분의 변경이 확정판결의 사실인정에 영향을 미칠 가능성이 있는 경우를 말한다. 이에 따르면 특허권자가 정정심판을 청구하여 특허무효심판에 대한 심결취소소송의 사실심 변론종결 이후에 특허발명의 명세서 또는 도면(이하 '명세서 등'이라 한다)에 대하여 정정을 한다는 심결(이하 '정정심결'이라 한다)이 확정되더라도 정정 전 명세서 등으로 판단한 원심판결에 민사소송법 제451조 제1항 제8호가 규정한 재심사유가 있다고 볼 수 없다.[113)

> **대법원 2020. 1. 22. 선고 2016후2522 전원합의체 판결[등록무효(특)][특허무효심판에 대한 심결취소소송의 사실심 변론종결 이후에 정정심결이 확정된 것이 재심사유에 해당하는지 여부][공2020상,483]**

[판결요지]

[1] [다수의견] 재심은 확정된 종국판결에 대하여 판결의 효력을 인정할 수 없는 중대한 하자가 있는 경우 예외적으로 판결의 확정에 따른 법적 안정성을 후퇴시켜 그 하자를 시정함으로써 구체적 정의를 실현하고자 마련된 것이다. 행정소송법 제8조에 따라 심결취소소송에 준용되는 민사소송법 제451조 제1항 제8호는 '판결의 기초로 된 행정처분이 다른 행정처분에 의하여 변경된 때'를 재심사유로 규정하고 있다. 이는 판결의 심리·판단 대상이 되는 행정처분 그 자체가 그 후 다른 행정처분에 의하여 확정적·소급적으로 변경된 경우를 말하는 것이 아니고, 확정판결에 법률적으로 구속력을 미치거

---

112) 특허법원 2007. 7. 12. 선고 2005허10213 판결.
113) 대법원 2020. 1. 22. 선고 2016후2522 전원합의체 판결.

나 또는 그 확정판결에서 사실인정의 자료가 된 행정처분이 다른 행정처분에 의하여 확정적·소급적으로 변경된 경우를 말하는 것이다. 여기서 '사실인정의 자료가 되었다'는 것은 그 행정처분이 확정판결의 사실인정에서 증거자료로 채택되었고 그 행정처분의 변경이 확정판결의 사실인정에 영향을 미칠 가능성이 있는 경우를 말한다. 이에 따르면 특허권자가 정정심판을 청구하여 특허무효심판에 대한 심결취소소송의 사실심 변론종결 이후에 특허발명의 명세서 또는 도면(이하 '명세서 등'이라 한다)에 대하여 정정을 한다는 심결(이하 '정정심결'이라 한다)이 확정되더라도 정정 전 명세서 등으로 판단한 원심판결에 민사소송법 제451조 제1항 제8호가 규정한 재심사유가 있다고 볼 수 없다.

[대법관 조희대, 대법관 박정화의 별개의견] 특허권자가 정정심판을 청구하여 특허의 무효심판에 대한 심결취소소송의 사실심 변론종결 이후에 특허발명의 명세서 등에 대하여 정정심결이 확정되면 정정 전 명세서 등으로 판단한 원심판결에 민사소송법 제451조 제1항 제8호가 규정한 재심사유가 있다고 보아야 한다. 다수의견의 논리는 특허법과 일반 소송의 원칙에 반하므로 동의하기 어렵다.

[2] 발명의 진보성 유무를 판단할 때에는 적어도 선행기술의 범위와 내용, 진보성 판단의 대상이 된 발명과 선행기술의 차이와 그 발명이 속하는 기술분야에서 통상의 지식을 가진 사람(이하 '통상의 기술자'라 한다)의 기술수준에 대하여 증거 등 기록에 나타난 자료에 기초하여 파악한 다음, 통상의 기술자가 특허출원 당시의 기술수준에 비추어 진보성 판단의 대상이 된 발명이 선행기술과 차이가 있는데도 그러한 차이를 극복하고 선행기술로부터 쉽게 발명할 수 있는지를 살펴보아야 한다. 이 경우 진보성 판단의 대상이 된 발명의 명세서에 개시되어 있는 기술을 알고 있음을 전제로 사후적으로 통상의 기술자가 쉽게 발명할 수 있는지를 판단해서는 안 된다.

(iv) 정정심판 계속 중에 특허무효심판에 대한 인용심결이 확정된 경우:

a) 특허발명의 전체 청구항에 대한 무효심결이 확정된 경우, 정정을 구하는 정정심판은 그 정정의 대상이 없어지게 되어 그 정정심판을 구할 이익도 없게 되고, 특허발명이 소급적으로 무효로 된 이상, 정정심결의 취소를 구할 법률상의 이익도 없게 된다.

b) 특허심판원의 심판단계: 특허심판원의 심판단계에서는 그 정정심판청구에 대해 각하 심결을 내린다.

c) 특허법원의 심결취소소송단계: 정정심판청구에 대한 심결취소소송에서는 소를 각하하게 된다.[114]

---

114) 참조: 특허법원 2000. 11. 16. 선고 99허7971 판결("특허법원에서는 기술에 관하여 전문지식을 갖고 있

d) 대법원에 상고단계: 심결취소소송에서의 소각하판결을 인용하기 위해 파기자판한다.115)

(v) 동일한 특허발명에 대하여 정정심판 사건이 특허심판원에 계속 중인 경우, 상고심에 계속 중인 특허발명에 관한 특허무효심결에 대한 취소소송의 심리를 중단하여야 하는지 여부: 중단할 필요가 없다.116)

제5절 정정무효심판

[1] 특허권의 정정에 의하여 특허권의 권리범위가 사후적으로 확장되거나 특허를 받을 수 없는 발명이 유효한 특허로 되면 일반 공중의 이익을 해하므로, 특허취소신청절차에서 정정, 무효심판절차에서 정정, 정정심판에 의한 정정 등에 있어서 정정의 요건을 구비하는 못한 심판에 대해서는 이해관계인 및 심사관이 그 정정의 무효심판을 청구할 수 있다(특 제137조 제1항).

[2] 정정무효심판은 특허권 소멸 후에도 할 수 있고 정정무효심판의 청구가 있을 때 심판장은 이를 전용실시권자 등에게 통지하여야 한다(특 제137조 제2항). 이 경우 무효심판의 피청구인은 일정한 기간 내에 별도의 정정청구를 하지 아니하고 부적법한 정정을 바로잡는 정정을 청구할 수 있다(특 제137조 제3항 및 제4항). 이 경우 심판장이 특허법 제147조 제1항에 따라 지정된 기간 후에도 청구인이 증거를 제출하거나 새로운 무효사유를 주장함으로 인

___

는 기술심리관이 소송의 심리에 참여하므로 거절사정 불복심판의 경우 이외에는 국민의 신속한 재판을 받을 권리를 보장하기 위하여 심결취소소송의 심리범위에 제한을 두지 아니하고 심판절차에서 주장하지 아니한 새로운 무효사유에 대하여도 심리를 하는 것이 타당하다고 보여지며, 특허청구범위의 정정은 특허청구범위를 실질적으로 확장하거나 변경할 수 없는 것이어서(2001년 개정 이전 특허법 제136조 제2항(현행 특허법 제136조 제3항) 참조) 정정된 발명이 권리의 동일성은 그대로 유지하면서 그 특허권의 내용인 권리범위만을 감축시키는 것인 점에 비추어 볼 때 이 사건에 있어서와 같이 등록무효심판의 심결 후에 특허청구범위가 정정된 경우에는 심결취소소송에서 법원이 정정된 특허청구범위를 심리대상으로 삼아 특허에 무효사유가 존재하는지를 판단하고 그에 따라 심결에서 내린 결론의 타당 여부를 가리면 된다고 봄이 상당하다."고 판시한 사례).

115) 대법원 2001. 5. 8. 선고 98후1921 판결.
116) 대법원 2019. 10. 31. 선고 2018후11353 판결[등록무효(특)]은 "명칭을 "접이식 운반용 조립박스"로 하는 특허발명의 특허권자인 갑이 특허심판원에 정정심판을 청구한 특허청구범위 제2항, 제4항 내지 제6항의 진보성이 문제 된 사안에서, 정정발명의 구성 및 기술적 과제 등에 비추어 볼 때 제2항, 제6항 정정발명은 통상의 기술자가 선행발명에 주지관용기술을 결합하여 쉽게 발명할 수 있으므로 진보성이 부정되고, 제2항 정정발명의 기술적 특징을 그대로 포함하면서 일부 구성요소를 부가·한정하고 있는 제4항, 제5항 정정발명의 진보성이 당연히 긍정된다고 할 수는 없는데도, 이와 달리 본 원심판단에 법리오해 등의 잘못이 있다."고 한 사례다.

하여 정정의 청구를 허용할 필요가 있다고 인정하는 경우에는 기간을 정하여 정정청구를 하게 할 수 있다(특 제137조 제3항 단서).

　　[3] **정정무효심결 확정의 효과**: 정정을 무효로 한다는 심결이 확정되었을 때에는 그 정정은 처음부터 없었던 것으로 본다(특 제137조 제5항). 따라서 특허권의 정정 이전의 명세서 또는 도면의 상태로 존재하게 된다.

대법원 2019. 2. 28. 선고 2016후403 판결[정정무효(특)]

[판결요지]

구 특허법(2006. 3. 3. 법률 제7871호로 개정되기 전의 것, 이하 같다) 제133조의2, 제136조 제3항은, 특허권자는 특허청구범위를 실질적으로 확장하거나 변경하지 아니하는 범위 내에서 명세서 또는 도면에 대하여 정정심판을 청구할 수 있다고 규정하고 있다. 특허청구범위를 실질적으로 확장하거나 변경하는 경우에 해당하는지는 특허청구범위 자체의 형식적인 기재뿐만 아니라 발명의 상세한 설명을 포함하여 명세서와 도면 전체에 의하여 파악되는 특허청구범위의 실질적인 내용을 대비하여 판단하여야 한다. 만약 특허청구범위의 정정이 특허청구범위의 감축에 해당되고, 그 목적이나 효과에 어떠한 변경이 있다고 할 수 없으며, 발명의 상세한 설명 및 도면에 기재되어 있는 내용을 그대로 반영한 것이어서 제3자에게 예기치 못한 손해를 끼칠 염려가 없는 경우에는 특허청구범위의 실질적인 변경에 해당되지 아니한다.

대법원 2014. 2. 27. 선고 2012후3404판결[정정무효(특) 심결취소의 소 (사) 상고기각][특허발명 정정에서 신규사항 추가 사건]

◇정정에서의 신규사항 추가 금지의 범위◇

특허발명의 명세서 또는 도면의 정정은 그 명세서 또는 도면에 기재된 사항의 범위 이내에서 할 수 있다(특허법 제136조 제2항). 여기서 '명세서 또는 도면에 기재된 사항'이라 함은 거기에 명시적으로 기재되어 있는 것뿐만 아니라 기재되어 있지는 않지만 출원시의 기술상식으로 볼 때 그 발명이 속하는 기술분야에서 통상의 지식을 가진 사람(이하 '통상의 기술자'라 한다)이면 명시적으로 기재되어 있는 내용 자체로부터 그와 같은 기재가 있는 것과 마찬가지라고 명확하게 이해할 수 있는 사항을 포함하지만, 그러한 사항의 범위를 넘는 신규사항을 추가하여 특허발명의 명세서 또는 도면을 정정하는 것은 허용될 수 없다.

제6절 통상실시권허여심판

I. 의 의

[1] 특허발명의 이용·저촉관계에 해당되어 통상실시권의 허락을 받고자 하는 경우 선출원권리자가 정당한 이유 없이 실시를 허락하지 아니하거나 실시허락을 받을 수 없을 때, 자기의 특허발명의 실시에 필요한 범위 안에서 통상실시권허여심판을 청구할 수 있다.

[2] 이는 이용·저촉관계에 있는 당사자 간의 권리관계를 조정하기 위한 것으로서, 선출원우위의 원칙에 기초하여 후원 특허발명에 실시권능을 허여함으로써 기술발전의 누적적 진보를 촉진시키기 위하여 규정된 제도이다.117)

II. 성립요건

1. 이용·저촉관계가 있을 것

특허발명이 선출원된 타인의 특허발명·등록실용신안 또는 등록디자인이나 이와 유사한 디자인을 이용하거나 타인의 디자인권과 저촉관계에 있어야 한다.

2. 정당한 이유 없이 실시허락을 아니하거나 받을 수 없을 것

선출원권리자가 정당한 이유 없이 실시허락을 아니하거나 실시허락을 받을 수 없어야 한다. '정당한 이유'란 제3자가 납득할 수 있을 정도로 충분하고 객관적인 이유를 의미한다. 따라서 (i) 부당한 조건을 제시하거나, (ii) 선원특허권이 공유인 때 모든 공유자의 동의를 받기 어렵거나, (iii) 권리자의 소재가 불명한 경우 등에는 심판을 청구할 수 있다.118)

3. 상당한 경제적 가치가 있는 중요한 기술적 진보가 있을 것

특허발명은 이용·저촉관계에 있는 선출원권리자의 특허발명 또는 등록실용신안에 비하여

---

117) 김현호, 앞의 책, 297면.
118) 사법연수원, 「특허법」, 사법연수원 출판부, 2010년, 265면.

상당한 경제적 가치가 있는 중요한 기술적 진보를 가져오는 것이어야 한다(특 제138조 제2항).

III. 상호실시(cross license)의 경우

통상실시권허여심판에 의하여 통상실시권을 허여한 선출원권리자가 후원권리자 특허발명의 실시를 필요로 하는 경우 후원권리자가 정당한 이유 없이 실시허락을 아니하거나 실시허락을 받을 수 없는 때에는 선출원권리자는 실시하고자 하는 후원 특허발명의 범위 안에서 통상실시권허여심판을 청구할 수 있다(특 제138조 제3항).[119]

IV. 심판절차

[1] **협 의**: 후원권리자는 심판청구 전에 자기의 특허발명을 실시하기 위하여 선출원권리자와 협의를 하여야 한다. 따라서 협의할 수 있음에도 불구하고 협의를 거치지 아니한 심판청구는 부적법한 심판청구이므로 심결로서 각하한다.

[2] **청구인**: 특허발명을 실시하고자 하는 이용 · 저촉관계에 있는 특허발명의 특허권자, 전용실시권자, 통상실시권자는 심판을 청구할 수 있다. 한편, 상호실시의 경우에는 선출원권리자 및 전용실시권자가 심판을 청구할 수 있다.

[3] **피청구인**: 선출원권리자인 특허권자, 실용신안권자, 디자인권자 및 전용실시권자를 피청구인으로 청구하여야 한다. 한편, 상호실시의 경우에는 특허발명의 특허권자 및 전용실시권자를 피청구인으로 하여 심판을 청구하여야 한다.

[4] **청구범위**: 자기의 특허발명의 실시에 필요한 범위(특 제138조 제1항) 및 후원 특허발명의 범위 내(특 제138조 제3항)에서 심판을 청구할 수 있다.

[5] **청구기간**: 특허권 설정등록이 있으면 그 등록일 이후부터 그 특허발명의 실시를 필요로 하는 경우에는 이를 청구할 수 있다.

[6] **청구방식**: 통상실시권허여심판청구서에는 일정한 사유(특 제140조 제1항) 이외에 (i) 실시를 요하는 자기의 특허번호 및 명칭, (ii) 실시되어야 할 타인의 특허발명의 번호, 명칭, 등록연월일, (iii) 통상실시권의 범위, 기간 및 대가를 기재하여야 한다(특 제140조 제4항).

[7] **부본송달 및 답변서 제출**: 심판장은 통상실시권허여심판의 청구가 있는 때에는 청구

---

119) 조영선, 「특허법」, 제3판, 박영사, 2011년, 423면.

서 부본을 피청구인에게 송달하고 기간을 정하여 답변서제출기회를 주어야 한다.

[8] 심결: 심결은 서면으로 하여야 하며, 심결의 주문에는 통상실시권의 범위·기간 및 대가를 기재하여야 한다(특 제162조 제2항). 통상실시권허여심판에 의한 강제실시권은 심결이 확정된 때에 효력이 발생한다.

제7절 특허권 존속기간 연장등록의 무효심판

[1] 존속기간연장등록이 된 특허권에 대한 심사관의 처분에 하자가 있다고 인정되는 경우에 이해관계인 또는 심사관은 해당 연장특허권에 대하여 특허권의 존속기간연장등록의 무효심판을 청구할 수 있다(특 제134조 제1항).

[2] 허가 등에 따른 연장등록의 무효사유(특 제134조 제1항 제1호 내지 제5호): (i) 그 특허발명을 실시하기 위하여 약사법 등에 따른 허가 등(특 제89조)을 받을 필요가 없는 출원에 대하여 연장등록이 된 경우, (ii) 그 특허권자 또는 그 특허권의 전용실시권 또는 등록된 통상실시권을 가진 자가 약사법 등에 따른 허가 등(특 제89조)을 받지 아니한 출원에 대하여 연장등록이 된 경우, (iii) 연장등록에 따라 연장된 기간이 그 특허발명을 실시할 수 없었던 기간을 초과하는 경우, (iv) 해당 특허권자가 아닌 자의 출원에 대하여 연장등록된 경우, (v) 공유자 모두에 의하지 아니한 출원(특 제90조 제3항)에 대하여 연장등록이 된 경우다.

[3] 이해관계인 또는 심사관은 등록지연에 따른 특허권의 존속기간의 연장등록결정에 의한 연장등록이 다음 중 어느 하나에 해당하면 무효심판을 청구할 수 있다(특 제134조 제2항 신설).

(i) 연장등록에 따라 연장된 기간이 등록지연에 따른 특허권 존속기간의 연장(특 제92조의2)에 따라 인정되는 연장의 기간을 초과한 경우

(ii) 해당 특허권자가 아닌 자의 출원에 대하여 연장등록이 된 경우

(iii) 특허권이 공유인 경우에는 공유자 모두가 공동으로 특허권의 존속기간의 연장등록출원을 하여야 하는데, 이에 위반한 출원에 대하여 연장등록이 된 경우

[4] 청구이익이 있는 한 언제라도 연장등록무효심판을 제기할 수 있다. 특허권의 존속기간의 연장등록에 의한 특허권의 존속기간이 지나 특허권이 소멸된 후에도 이를 청구할 수 있다(특 제134조 제3항, 제133조 제2항).

[5] 특허권 존속기간 연장등록의 무효심결 확정의 효과: 연장등록을 무효로 한다는 심결

이 확정된 때에는 그 연장등록에 의한 존속기간의 연장은 처음부터 없었던 것으로 본다(특 제134조 제4항 본문). 다만, 무효심결이 확정된 연장등록이 특허법 제134조 제1항 제3호의 규정(연장신청기간이 그 특허발명을 실시할 수 없었던 기간을 초과하는 경우) 및 제134조 제2항 제1호의 규정(등록지연에 따라 인정되는 특허권존속기간의 연장기간을 초과하여 연장된 기간)에 해당되는 경우에 그 초과기간에 관하여 그 연장등록을 무효로 한다는 심결이 확정된 때에는 그 초과한 기간은 연장이 없었던 것으로 본다(특 제134조 제4항 단서).

대법원 2017. 11. 29. 선고 2017후844, 851, 868, 875 판결[존속기간연장무효(특)]

[판결요지]

[1] 의약품 등의 발명을 실시하기 위해서는 국민의 보건위생을 증진하고 안전성 및 유효성을 확보하기 위해 약사법 등에 따라 허가 등을 받아야 하는데, 특허권자는 이러한 허가 등을 받는 과정에서 특허발명을 실시하지 못하는 불이익을 받게 된다. 따라서 위와 같은 불이익을 구제하고 의약품 등의 발명을 보호·장려하기 위해 구 특허법(2014. 6. 11. 법률 제12753호로 개정되기 전의 것, 이하 같다) 제89조 제1항은 "특허발명을 실시하기 위하여 다른 법령의 규정에 의하여 허가를 받거나 등록 등을 하여야 하고, 그 허가 또는 등록 등(이하 '허가 등'이라 한다)을 위하여 필요한 활성·안전성 등의 시험으로 인하여 장기간이 소요되는 대통령령이 정하는 발명인 경우에는 제88조 제1항의 규정에 불구하고 그 실시할 수 없었던 기간에 대하여 5년의 기간 내에서 당해 특허권의 존속기간을 연장할 수 있다."라고 규정하여 약사법 등에 의한 허가 등을 받기 위하여 특허발명을 실시할 수 없었던 기간만큼 특허권의 존속기간을 연장해 주는 제도를 마련하였다. 다만 구 특허법 제89조 제2항은 "제1항을 적용함에 있어서, 특허권자에게 책임 있는 사유로 소요된 기간은 제1항의 '실시할 수 없었던 기간'에 포함되지 아니한다."라고 규정하고 있으므로, 허가 등을 받은 자의 귀책사유로 약사법 등에 따라 허가 등의 절차가 지연된 경우에는 그러한 귀책사유가 인정되는 기간은 특허권 존속기간 연장의 범위에 포함되어서는 안 된다.

[2] 특허권 존속기간의 연장등록을 받는 데에 필요한 허가 또는 등록 등(이하 '허가 등'이라 한다)을 신청할 수 있는 자의 범위에는 특허권자 외에 전용실시권자 및 통상실시권자가 포함되므로, 구 특허법(2014. 6. 11. 법률 제12753호로 개정되기 전의 것) 제89조 제2항의 '특허권자에게 책임 있는 사유'를 판단할 경우에도 위 허가 등을 신청한 전용실시권자와 통상실시권자에 관한 사유가 포함된다.

[3] 의약품 등의 발명을 실시하기 위해 약사법 등에 따라 허가 또는 등록 등을 받은 자의 귀책사유로 약사법 등에 따른 허가 등의 절차가 지연된 기간이 연장등록에 의하여 연

장된 기간 안에 포함되어 있어 연장된 기간이 구 특허법(2014. 6. 11. 법률 제12753호로 개정되기 전의 것, 이하 같다) 제89조 제1항의 특허발명을 실시할 수 없었던 기간을 초과한다는 사유로 구 특허법 제134조 제1항 제3호에 의하여 존속기간 연장등록에 대하여 무효심판을 청구하는 자는 그 사유에 대하여 주장·증명할 책임을 진다.

[4] 식품의약품안전처의 의약품 제조판매·수입품목 허가는 그 허가신청에 대하여 의약품 등의 안전에 관한 규칙 제4조 제1항에서 정한 사항별로 해당 심사부서에서 심사를 진행하고 이에 따라 보완요구를 비롯한 구체적인 심사 절차도 해당 심사부서의 내부 사정에 따라 진행된다. 그렇지만 이러한 해당 심사부서별 심사는 식품의약품안전처 내의 업무 분장에 불과하고, 또한 그 심사 등의 절차가 모두 종결되어야 허가가 이루어질 수 있다. 결국 심사부서별 심사 등의 절차 진행은 최종 허가에 이르는 중간 과정으로서, 전체적으로 허가를 위한 하나의 절차로 평가할 수 있다.

이러한 사정에 비추어 보면, 식품의약품안전처 내 어느 심사부서에서 보완요구가 이루어지고 그 결과 보완자료를 제출할 때까지 그 보완요구 사항에 대한 심사가 진행되지 못하였더라도, 그동안 식품의약품안전처의 다른 심사부서에서 그 의약품의 제조판매·수입품목 허가를 위한 심사 등의 절차가 계속 진행되고 있었던 경우에는 다른 특별한 사정이 없는 한 그 기간 역시 허가를 위하여 소요된 기간으로 볼 수 있으므로, 이를 가지고 의약품 등의 발명을 실시하기 위해 약사법 등에 따라 허가 또는 등록 등을 받은 자의 귀책사유로 허가 또는 등록 등의 절차가 지연된 기간이라고 단정할 수 없다.

대법원 2017. 11. 29. 선고 2017후882, 899 판결[존속기간연장무효(특)심결취소의소·존속기간연장무효(특)취소의소][미간행]

[판시사항]

[1] 의약품 등의 발명을 실시하기 위해 약사법 등에 따라 허가 또는 등록 등을 받은 자의 귀책사유로 허가 등의 절차가 지연된 경우, 귀책사유가 인정되는 기간이 특허권 존속기간 연장의 범위에 포함되는지 여부(소극).

[2] 구 특허법 제91조 제2항에 정한 '특허권자에게 책임 있는 사유'를 판단할 때 특허권 존속기간의 연장등록을 받는 데에 필요한 허가 등을 신청한 전용실시권자와 통상실시권자에 관한 사유가 포함되는지 여부(적극).

[3] 의약품 등의 발명을 실시하기 위해 약사법 등에 따라 허가 또는 등록 등을 받은 자의 귀책사유로 허가 등의 절차가 지연된 기간이 연장등록에 의하여 연장된 기간 안에 포함되어 있어 연장된 기간이 구 특허법 제89조의 특허발명을 실시할 수 없었던 기간을 초과한다는 사유로 구 특허법 제134조 제1항 제3호에 따라 존속기간 연장등록 무효심판을 청구하는 경우, 그 사유에 대한 주장·증명책임의 소재(=무효심판을 청구하는 자).

[4] 식품의약품안전처의 의약품 제조판매·수입품목 허가신청에 대하여 식품의약품안전
처의 어느 심사부서의 보완요구로 보완자료를 제출할 때까지 보완요구 사항에 대한
심사가 진행되지 못하였더라도, 그동안 다른 심사부서에서 그 의약품의 제조판매·수
입품목 허가를 위한 심사 등의 절차가 계속 진행되고 있었던 경우, 의약품 등의 발명
을 실시하기 위해 약사법 등에 따라 허가 또는 등록 등을 받은 자의 귀책사유로 허가
등의 절차가 지연된 기간으로 볼 수 있는지 여부(원칙적 소극).

표 3-4 ‖ 심판별 청구시기와 청구항별 청구가능 여부

종 류	청구가능 시기	청구항별 청구가능 여부
(연장등록)거절결정불복심판	거절결정등본 송달일로부터 30일 이내(연장가능)	×(거절결정 자체에 대한 불복)
정정심판	▸특허권의 소멸 후에도 가능 ▸무효심판절차가 특허심판원 계속 중에는 불가 ▸특허권이 무효되어도 불가(단, 일부무효의 경우 나머지 청구항에 대해서는 가능)	×
권리범위확인심판	특허권의 존속 중에만 가능(판례)	○
통상실시권허여심판	이용·저촉관계 계속 중	×
무효심판	특허권의 소멸 후에도 가능	○
연장등록무효심판	특허권의 소멸 후에도 가능	×
정정무효심판	특허권의 소멸 후에도 가능	×

출처: 김현호, 앞의 책, 222면.

제8절 국선대리인

특허심판원장은 산업통상자원부령으로 정하는 요건을 갖춘 심판 당사자의 신청에 따라
대리인(이하 "국선대리인"이라 한다)을 선임하여 줄 수 있다. 다만, 심판청구가 이유 없음이 명
백하거나 권리의 남용이라고 인정되는 경우에는 그러하지 아니하다(특 제139조의2 제1항). 국
선대리인이 선임된 당사자에 대하여 심판절차와 관련된 수수료를 감면할 수 있다(특 제139조
의2 제2항).

제9절 재심청구

I. 의 의

특허법상 재심청구는 심판에서의 확정된 특허취소결정 또는 확정된 심결에 중대한 흠이 있고 그것이 재심사유에 해당하는 경우, 그 결정 또는 심결의 취소를 구하고 그 사건을 다시 심판하여 줄 것을 구하는 절차적 구제책이다(특 제178조).

II. 재심사유

1. 일반재심사유

확정심결에 대한 재심청구에 대해서는 민사소송법 제451조 및 제453조의 규정을 준용하므로 재심사유는 다음과 같다. 이 경우 재심의 청구인은 심결의 불리한 효력을 받는 당사자이다. 결정계 심판의 심결에 대한 재심에 있어서는 심판청구인이 재심의 청구인이 된다.

(i) 법률에 의하여 심판기관을 구성하지 아니한 때

(ii) 법률상 그 심판에 관여하지 못할 심판관이 심판에 관여한 때

(iii) 법정대리인·절차대리인 또는 대리인이 절차행위를 함에 필요한 수권에 흠결이 있는 때

(iv) 심판에 관여한 심판관이 그 사건에 관하여 직무에 관한 죄를 범한 때

(v) 형사상 처벌을 받을 타인의 행위로 인하여 자백을 하였거나 심결에 영향을 미칠 공격 또는 방어방법의 제출이 방해된 때

(vi) 심결의 증거가 된 문서 기타 물건이 위조 또는 변조된 것인 때

(vii) 증인·감정인·통역인·선서한 당사자나 법정대리인의 허위진술이 심결의 증거가 된 때

(viii) 심판의 기초로 된 민사 또는 형사의 판결, 기타의 행정처분이 후의 재판 또는 행정처분에 의하여 변경된 때

(ix) 심결에 영향을 미칠 중요한 사항에 관하여 판단을 누락한 때

(x) 재심을 청구할 심결이 전에 심결한 확정심결과 저촉되는 때

(xi) 당사자가 상대방의 주소 또는 영업소를 알고 있었음에도 불구하고, 소재불명 또는 허위의 주소나 영업소로 하여 심판을 청구한 때

2. 사해심결에 대한 재심사유

심판의 당사자가 공모하여 제3자의 권리나 이익을 사해(詐害)할 목적으로 심결을 하게 하였을 때에는 제3자는 그 확정된 심결에 대하여 재심을 청구할 수 있다(특 제179조 제1항). 사해심결에 대한 재심청구의 경우에는 심판의 당사자를 공동피청구인으로 한다(특 제179조 제2항).

III. 재심청구기간

당사자는 심결 확정 후 재심사유를 안 날부터 30일 이내에 재심을 청구하여야 한다(특 제180조 제1항). 한편 재심청구인은 대리권의 흠결을 이유로 하여 재심을 청구하는 경우에 재심청구인 또는 법정대리인이 심결등본의 송달에 의하여 심결이 있는 것을 안 날의 다음날부터 30일 이내에 재심을 청구하여야 한다(특 제180조 제2항). 심결 확정 후 재심사유가 발생한 날의 다음날부터 이를 기산하여 3년을 경과한 때에는 재심을 청구할 수 없다(특 제180조 제3항 및 제4항). 해당 심결 이전의 확정심결에 저촉된다는 이유로 재심을 청구하는 경우에 재심청구기간은 그 제한이 없다(특 제180조 제5항).

IV. 변론과 심결의 범위

본안의 심리와 심결은 재심청구이유의 범위 안에서 하여야 한다(특 제185조).

V. 재심에 의한 심결 확정의 효과

1. 재심에 의하여 회복한 특허권의 효력의 제한

(i) 무효가 된 특허권(존속기간이 연장등록된 특허권을 포함한다)이 재심에 의하여 회복된 경우, (ii) 특허권의 권리범위에 속하지 아니한다는 심결이 확정된 후 재심에 의하여 그 심결과 상반되는 심결이 확정된 경우, (iii) 거절한다는 취지의 심결이 있었던 특허출원 또는 특허권의 존속기간의 연장등록출원이 재심에 의하여 특허권의 설정등록 또는 특허권의 존속기간의 연장등록이 된 경우, (iv) 취소된 특허권이 재심에 의하여 회복된 경우 중 어느 하나에 해당

하는 경우에 특허권의 효력은 해당 특허취소결정 또는 해당심결이 확정된 후 재심청구 등록 전에 선의로 수입하거나 국내에서 생산 또는 취득한 물건에는 미치지 아니한다(특 제181조 제1항). 그리고 위 (i), (ii), (iii), (iv) 중 어느 하나에 해당하는 경우의 특허권의 효력은 (i) 해당 특허취소결정 또는 해당 심결이 확정된 후 재심청구 등록 전에 한 해당 발명의 선의의 실시, (ii) 특허가 물건의 발명인 경우에는 그 물건의 생산에만 사용하는 물건을 해당 특허취소결정 또는 해당 심결이 확정된 후 재심청구 등록 전에 선의로 생산·양도·대여 또는 수입하거나 양도 또는 대여의 청약을 하는 행위, (iii) 특허가 방법의 발명인 경우에는 그 방법의 실시에만 사용하는 물건을 해당 특허취소결정 또는 해당 심결이 확정된 후 재심청구 등록 전에 선의로 생산·양도·대여 또는 수입하거나 양도 또는 대여를 청약하는 행위에는 미치지 아니한다(특 제181조 제2항).

2. 재심에 의하여 회복한 특허권에 대한 선사용자의 통상실시권

(i) 무효가 된 특허권(존속기간이 연장등록된 특허권을 포함한다)이 재심에 의하여 회복된 경우, (ii) 특허권의 권리범위에 속하지 아니한다는 심결이 확정된 후 재심에 의하여 그 심결과 상반되는 심결이 확정된 경우, (iii) 거절한다는 취지의 심결이 있었던 특허출원 또는 특허권의 존속기간의 연장등록출원이 재심에 의하여 특허권의 설정등록 또는 특허권의 존속기간의 연장등록이 된 경우 중 어느 하나에 해당하는 경우에 해당 특허취소결정 또는 해당 심결이 확정된 후 재심청구 등록 전에 국내에서 선의로 그 발명의 실시사업을 하고 있는 자 또는 그 사업을 준비하고 있는 자는 실시하고 있거나 준비하고 있는 발명 및 사업목적의 범위에서 그 특허권에 관하여 통상실시권을 가진다(특 제182조).

3. 재심에 의하여 통상실시권을 상실한 원권리자의 통상실시권

통상실시권허여심판(특 제138조 제1항 또는 제3항)에 의하여 통상실시권을 허락한다는 심결이 확정된 후 재심에서 그 심결과 상반되는 심결이 확정된 경우에는 재심청구 등록 전에 선의로 국내에서 그 발명의 실시사업을 하고 있는 자 또는 그 사업을 준비하고 있는 자는 원(原)통상실시권의 사업목적 및 발명의 범위에서 그 특허권 또는 재심의 심결이 확정된 당시에 존재하는 전용실시권에 대하여 통상실시권을 가진다(특 제183조 제1항). 이 경우 통상실시권을 가진 자는 특허권자 또는 전용실시권자에게 상당한 대가를 지급하여야 한다(특 제183조 제2항).

VI. 심결에 대한 불복

재심의 심결에 대하여 불복이 있을 때에는 심결문 등본을 송달받은 날부터 30일 이내에 특허법원에 심결취소의 소를 제기하여 그 당부를 다툴 수 있다.

제11장 소송제도

제1절 심결 등에 관한 소

I. 의 의

심결 등에 관한 소란 특허심판원의 특허취소결정, 심결 또는 심결청구서나 재심청구서의 각하결정에 불복하여 특허법원에 그 취소를 구하는 소송을 의미한다. 이와 관련하여 특허취소를 신청할 수 있는 사항 또는 심판을 청구할 수 있는 사항에 관한 소는 특허취소결정이나 심결에 대한 것이 아니면 제기할 수 없다(특 제186조 제6항). 그리고 대가의 심결(특 제162조 제2항 제4호) 및 심판비용의 심결 또는 결정(특 제165조 제1항)에 대하여는 독립하여 심결 등에 관한 소를 제기할 수 없다(특 제186조 제7항).

II. 관 할

특허취소결정 또는 심결에 대한 소 및 특허취소신청서·심판청구서·재심청구서의 각하결정에 대한 소는 특허법원의 전속관할로 한다(특 제186조 제1항). 특허법원의 판결에 대하여는 대법원에 상고할 수 있다(특 제186조 제8항).

III. 당사자

당사자, 참가인 또는 해당 심판이나 재심에 참가신청을 하였으나 신청이 거부된 자만이 심결 등에 관한 소를 제기할 수 있다(특 제186조 제2항). 결정계 심판사건의 심결에 대한 취소소송(특 제186조 제1항)에서는 특허청장이 피고가 되지만, 당사자계 심판사건(특 제133조 제1항·제134조 제1항·제135조 제1항 및 제2항·제137조 제1항·제138조 제1항 및 제3항의 규정에 의한 심판사건) 및 그 재심의 심결에 대한 취소소송에 있어서는 심판의 청구인 또는 피청구인이 피고가 된다(특 제187조). 그리고 특허취소결정에 대한 불복의 소에서 특허권자가 피고가 된다(특 제132조의4).

IV. 특허심결취소소송의 대상

(i) 특허취소결정에 대한 소, (ii) 특허심판원의 심결에 대한 소 및 (iii) 심판청구서 내지 재심청구서의 각하결정에 대한 소가 심결 등에 관한 소의 대상이 된다.

V. 소송물

심결취소소송의 소송물은 심결의 위법성 일반이라는 것이 통설이다.[120] 심결의 위법성 일반이란 심결이라는 행정처분의 절차상 위법(즉, 해당 심판절차의 위법)과 실체상의 위법(즉, 심결의 실체적 판단)의 위법을 의미한다. 이에 의하면 그 전제가 되는 심결의 개별적 위법사유는 공격·방어방법에 불과하다. 동일한 소송물에 대해 동일한 당사자가 하나의 소송이 계속 중에 다른 하나의 소를 중복하여 제기한 경우에 민사소송법 제234조의 중복제소금지 규정에 따라 후소를 각하하여야 한다. 하지만 심판단계에서 복수의 심판물(수개의 청구항으로 이루어진 특허에 대한 무효심판의 경우)이 병합청구되어 하나의 심결로 판단되고 각 심판물에 대해 별도로 심결취소소송이 제기된 경우에 복수의 소송물을 인정할 것인지 여부가 문제되는데, 심판물의 수에 따라 수 개의 소송물을 인정하는 것이 실무관행이다.[121] 그리고 2016년 개정된 특허법에서 새로 도입한 '특허취소결정'에 대한 소에서 소송물은 무엇이 될 것인지 고찰할

---

120) 이상경, 「지적재산권소송법」, 육법사, 1999년, 78면; 사법연수원, 앞의 책, 282면.
121) 사법연수원, 앞의 책, 284면.

필요가 있다. 이 경우에도 무효심결취소의 소와 동일한 목적을 추구한다는 점에서 볼 때, 특허취소결정의 위법성이 특허취소결정에 대한 소의 소송물에 해당한다고 보는 것이 타당할 것이다.

VI. 제기기간

심결 등에 관한 소는 심결 또는 결정의 등본을 송달받은 날부터 30일 이내에 제기하여야 한다(특 제186조 제3항). 그 기간은 불변기간으로 한다(특 제186조 제4항). 다만, 심판장은 주소 또는 거소가 멀리 떨어진 곳에 있거나 교통이 불편한 지역에 있는 자를 위하여 직권으로 특허심결취소의 소 제기기간에 대하여 부가기간을 정할 수 있다(특 제186조 제5항).

VII. 심판전치주의

심판을 청구할 수 있는 사항에 관한 소는 심결에 대한 것이 아니면 제기할 수 없다(특 제186조 제6항).

VIII. 소송절차

1. 소의 제기

가. 소장의 제출

당사자는 심결 또는 결정의 등본을 송달받은 날부터 30일 이내에 법정사항을 기재한 소장을 특허법원에 제출하여야 한다(특 제186조 제3항).

나. 소제기 통지 및 재판서 정본 송부

법원은 심결 등에 관한 소의 제기 또는 그 소에 대한 상고가 있는 때에는 지체 없이 그 취지를 특허심판원장에게 통지하여야 한다(특 제188조 제1항). 그리고 법원은 당사자계 심판의 심결에 대한 취소의 소(특 제187조 단서)에 관하여 소송절차가 완결되었을 때에는 지체 없이 그 사건에 대한 각 심급(審級)의 재판서 정본을 특허심판원장에게 보내야 한다(특 제188조 제2항).

IX. 심결 등에 관한 소의 심리

1. 심리원칙

처분권주의, 변론주의, 공개주의, 구술심리주의 등 민사소송절차가 적용되며, 특히 변론기일 이전에 수명법관, 기술심리관의 참여 하에 준비절차를 거쳐 쟁점을 정리함으로써 집중심리를 통한 재판의 효율화를 도모하고 있다. 그리고 특허전자소송이 많이 활용될 것이다. 즉, 민사소송 등에서의 전자문서 이용 등에 관한 법률이 2010년 2월 26일 국회를 통과하였고, 민사소송 등에서의 전자문서 이용 등에 관한 법률 적용시기에 관한 규칙 제2조 제1항 별표에 의하여 우선적으로 특허소송(본안소송)에서 2010년 4월 26일부터 전자소송이 시행되기에 이르렀다. 또한 특허소송에서의 전자문서 이용·관리 및 전산정보처리시스템의 운영에 관하여 필요한 사항을 규정하기 위하여 특허소송에서의 전자문서 이용 등에 관한 규칙(이하 "특허전자소송규칙"으로 표시)이 2010년 4월 26일자로 제정되었다. 그리고 2010년 7월 13일 특허법원 전자법정에서 특허출원·거절결정 불복심판 기각심결에 대한 취소소송사건에 관하여 최초로 전자소송방식의 변론기일이 시행되었다.[122)]

2. 기술심리관(법원조직법 제54조의2)

심결 등에 관한 소의 심리에 기술심리관이 참여하여 기술적인 사항에 관하여는 재판장의 허가를 얻어 해당 기술분야에 대하여 질문할 수 있도록 하고, 재판의 합의에 의견을 진술할 수 있도록 운영하고 있다. 기술심리관에 대한 제척·기피의 재판은 그 소속 법원이 결정으로 하여야 한다(특 제188조의2 제2항). 기술심리관에 대한 제척·기피에 대해서는 특허법 제148조, 민사소송법 제42조 내지 제45조, 제47조 및 제48조의 규정을 준용하도록 하고 있다(특 제188조의2 제1항). 기술심리관은 제척 또는 기피의 사유가 있다고 인정하면 특허법원장의 허가를 받아 회피할 수 있다(특 제188조의2 제3항).

---

122) 김용섭, "특허전자소송의 현황과 과제-특허법원의 실무례를 중심으로-", 한국정보법학회 가을세미나, 2010년 10월 2일, 2면.

3. 소송절차에서의 비밀유지명령 제도 도입(특 제224조의3, 제224조의4, 제229조의3 신설)

가. 의 의

'비밀유지명령'이란 소송절차에서 생성되거나 교환된 영업비밀을 보호하기 위해 소송당사자, 대리인 등에게 소송 중 알게 된 비밀을 소송 수행 외의 목적으로 사용하지 못하게 하거나 공개하지 못하게 하는 법원의 명령을 뜻한다.[123] 2011년 개정특허법에 따르면, 특허권의 침해에 관한 소송에서 당사자가 제출한 준비서면 등에 영업비밀이 포함되어 있고 그 영업비밀이 공개되면 당사자의 영업에 지장을 줄 우려가 있는 경우 등에는 당사자의 신청에 따라 결정으로 해당 영업비밀을 알게 된 자에게 소송 수행 외의 목적으로 영업비밀을 사용하는 행위 등을 하지 아니할 것을 외의 목적으로 영업비밀을 사용하는 행위 등을 하지 아니할 것을 명할 수 있도록 하였고, 이를 위반하면 형사벌을 부과할 수 있도록 하는 근거 규정을 신설하고 있다. 이는 한－미 FTA 제18.10조 제11항[124]을 국내법에 반영하기 위한 조문이다. 동 제도와 관련하여, TRIPs(무역 관련 지식재산권에 관한 협정)와 한－EU FTA 규정은 민사사법절차에서 사법당국의 서류 제출 명령 권한을 중점적으로 규정하고 있다. 한－EU FTA 이행입법과 관련하여 법원의 서류제출 명령 권한에 관하여는 민사소송법 제292조, 제344조, 제347조, 제367조 등을 통해서 이행할 수 있었으므로 별도 입법이 필요 없었다. 하지만 한－미 FTA는 제18.10조 제10항에서 서류제출 명령 권한을 규정하고, 이와 별도로 제11항에서는 사법 당국의 비밀유지명령의 위반에 대한 제제 권한을 규정하고 있다. 그러므로 TRIPs와 한－EU FTA와는 달리, 한－미 FTA의 충실한 이행을 위해서는 비밀유지명령제도 및 이를 위반 시의 처벌규정을 도입할 필요가 있어서 2011년 개정 특허법에서는 제224조의3, 제224조의4, 제229조의3을 신설하여 규율하고 있다. 이 제도 도입 시 소송절차에서 알려지게 된 영업비밀이 보호됨에 따라 기업의 경영활동 위축을 막을 수 있고, 서류제출 거부를 남용하는 사례가 대폭 감소하여, 손해 입증이 용이해지고, 심리의 충실을 도모할 수 있을 것으로

---

123) 문병철, 2011년 특허법보고서, 24면.
124) 한－미 FTA 제18.10조
　　11. 각 당사국은 사법 당국이 다음의 권한을 가지도록 규정한다.
　　가. 적절한 경우, 사법 당국이 내린 유효한 명령을 지키지 못한 민사 사법절차의 당사자에게 벌금·구류 또는 구금을 명령할 수 있는 권한, 그리고
　　나. 소송절차에서 생성되거나 교환된 비밀정보의 보호에 관한 사법명령의 위반에 대하여, 민사 사법절차의 당사자, 변호인, 전문가 또는 법원의 관할권이 미치는 그 밖의 인에게 제재를 부과할 수 있는 권한

기대된다.

나. 내용(특 제224조의3)

준비서면, 이미 조사하였거나 조사하여야 할 증거 또는 특허법 제132조 제3항에 따라 제출하였거나 제출하여야 할 자료에 영업비밀이 포함되는 경우, 법원의 명령에 의해 해당 영업비밀의 사용 및 공개를 금지하는 비밀유지명령제도를 규정하고 있다. 이에 의하면, 비밀유지명령은 (i) 해당 영업비밀을 해당 소송의 계속적인 수행 외의 목적으로 사용하는 것, (ii) 해당 영업비밀에 관계된 특허법 제224조의3 제1항에 따른 명령을 받은 자 이외의 자에게 공개하는 것 등을 금지하고 있다. 해당 소송 수행 목적으로의 해당 영업비밀의 사용에 대해서는, 비밀유지명령의 대상에서는 제외되어 있다. 이는 소송 당사자의 방어권을 확보하기 위해서 이와 같은 사용을 인정할 필요가 있는 점에 기인한 것이다.[125] 한편, 소송 수행 목적으로의 해당 영업비밀의 공개는 금지되며, 비밀유지명령의 대상이다(단, 비밀유지명령을 받은 자에게는 공개가능하다). 이것은 소송 수행 목적이라 하더라도 해당 영업비밀이 공개되었다면, 영업비밀의 요건 중 하나인 비공지성이 결여되어 그 가치가 두드러지게 손상되기 때문이다.[126]

다. 비밀유지명령의 취소(특 제224조의4)

2011년 개정 특허법은 법원이 발령한 비밀유지명령에 대하여 개정 특허법 제224조의3 제1항에 따른 요건을 충족시키지 못하거나 사후적으로 결여된 경우의 취소 절차를 규정하고 있다. 또한 2011년 개정 특허법은 비밀유지명령의 취소 신청에 관한 재판이 있는 경우에 그 결정서를 신청을 한 자 및 상대방에게 송달해야 할 뿐만 아니라(특 제224조의4 제2항), 비밀유지명령을 취소하는 재판을 한 법원은 비밀유지명령의 취소신청을 한 자 또는 상대방 외에 해당 영업비밀에 관한 비밀유지명령을 받은 자가 있는 경우에는 그 자에게 즉시 비밀유지명령의 취소 재판을 한 사실을 알려야 한다라고 규정하고 있다(특 제224조의4 제5항). 이는 비밀유지명령을 취소받지 않은 다른 수신인으로서는 비밀유지명령을 받은 자에 대한 공개 행위는 적법한 반면, 취소받은 자에 대한 공개 행위는 위법행위인 동시에, 비밀유지명령을 취소받은 자에 대한 공개에 의해 그 자로부터 영업비밀이 누설될 우려가 발생하기 때문이다.[127]

---

125) 문병철, 2011년 특허법보고서, 28면.
126) 문병철, 2011년 특허법보고서, 28면.
127) 문병철, 2011년 특허법보고서, 30면.

라. 소송기록 열람 등의 청구 통지 등(특 제224조의5)

2011년 개정 특허법 제224조의5에 따르면, 비밀유지명령이 내려진 소송에 관한 소송기록에 대하여 열람 신청자를 당사자로 한정하는 열람제한 결정이 있었던 경우, 당사자가 소송기록 중 영업비밀 부분의 열람 등을 청구하였으나 그 청구절차를 비밀유지명령을 받지 않은 자가 밟는 경우 법원 담당공무원은 당사자에게 소송기록 열람 청구가 있었음을 통지해야 한다고 규정하고 있다. 소송기록으로부터의 영업비밀의 누설 방지에 관해서는 민사소송법 제163조의 규정에 의한 제3자의 열람 등의 제한이 있는데, 동조에서 당사자에 의한 열람 등은 가능하다. 이 때문에, 예를 들어 법인이 당사자 등인 경우, 비밀유지명령을 받지 않은 종업원 등이 법인으로부터 위임을 받아 소송기록의 열람 등의 청구 절차를 통해 영업비밀을 사실상 자유롭게 알 수 있게 될 우려가 있다. 따라서 2011년 개정 특허법 제224조의5는 비밀유지명령이 발령된 소송에 관한 소송기록에 대해서 민사소송법 제163조 제1항의 결정이 있는 경우에 (i) 당사자로부터 민사소송법 제163조 제1항의 비밀 기재 부분의 열람 등의 청구를 받고, (ii) 그 청구 절차를 수행한 자가 비밀유지명령을 받은 자가 아닌 경우에 법원 담당공무원은 민사소송법 제163조 제1항의 신청을 한 당사자에게 그 청구 직후에 그 청구가 있었음을 통지해야 한다고 규정하고 있다. 이로써 통지를 받은 당사자는 청구 절차를 수행한 자에 대한 비밀유지명령의 신청을 할 수 있게 되며, 비밀유지명령의 발령을 얻는 데 필요한 기간(열람 등의 청구가 있었던 날로부터 2주일, 그 기간 내에 그 자에 대한 비밀유지명령의 신청이 있었을 때는 그 신청에 관한 재판 확정까지) 동안은 그 절차를 수행한 자의 열람 등은 제한된다. 단, 영업비밀의 보유자인 신청을 한 당사자 모두의 동의가 있을 때는 이들 규정이 적용되지 않고도 열람할 수 있다. 따라서 2011년 개정 특허법 제224조의5는 비밀유지명령을 받지 아니한 자의 소송기록 열람 등의 청구에 따른 영업비밀 누출의 위험으로부터 효율적으로 영업비밀을 보호하기 위한 것이다.

마. 비밀유지명령 위반죄(특 제229조의3 신설)

2011년 개정 특허법은 비밀유지명령의 대상이 되어 있는 영업비밀을 해당 소송수행의 목적 이외로 사용하거나 해당 비밀유지명령을 받은 자 이외의 자에게 공개하는 행위는 형사처벌의 대상으로 하고 있다. 이는 민사소송 절차에서 생산되거나 교환된 비밀정보의 보호에 관한 사법명령의 위반에 대하여 사법 당국이 제재를 부과할 수 있는 권한을 규정한 한-미 FTA 제18.10조 제11항을 반영하기 위한 것이다. 2011년 개정 특허법 제229조의3에서는 비밀유지명령 위반에 대한 형량을 5년 이하의 징역 또는 5천만원 이하의 벌금으로 규정하고 있는데, 비밀유지명령 위반은 법규 위반이 아닌 법원의 명령에 대한 위반이며, 심리 중에 알게 된 비밀을 소극적으로 유지하지 못한 것이라는 점에서 일정한 목적을 가지고 누설한 목적범과 그 형량에 차이를 두는 것이 합리적이라는 점을 감안한 입법이다.[128]

이 형량은 또한 직무상 알게 된 비밀 누설에 관한 유사 사례(예: 산업기술의 유출방지 및 보호에 관한 법률 제34조) 및 일본 부정경쟁방지법의 사례[129]에 비추어 볼 때, 적절한 것으로 평가된다.[130] 한편, 2011년 개정 특허법은 비밀유지명령 위반죄를 피해자 또는 그 밖의 법률에 정한 자의 고소를 필요조건으로 하는 친고죄를 규정하고 있다. 이렇게 친고죄로 규정한 이유는 비친고죄로 구성하는 경우, 피해자가 형사재판을 원하지 않아도 검사가 기소하면 공판 절차가 개시되므로 형사처벌을 통해 보호를 도모하고자 하는 영업비밀이 형사소송 과정에서 다시 공개되어 버릴 가능성이 있기 때문이다.[131]

4. 소송의 종료

가. 심결 또는 결정의 취소

법원은 심결 등에 관한 소(특 제186조 제1항)가 제기된 경우에 그 청구가 이유 있다고 인정할 때에는 판결로써 해당 심결 또는 결정을 취소하여야 한다(특 제189조 제1항).

나. 판결의 효력

심판관은 심결 등에 관한 소에서 심결 또는 결정의 취소판결이 확정되었을 때에는 다시 심리를 하여 심결 또는 결정을 하여야 한다(특 제189조 제2항). 그리고 심결 등에 관한 소에 대한 판결에서 취소의 기본이 된 이유는 그 사건에 대하여 특허심판원을 기속한다(특 제189조 제3항).

---

128) 문병철, 2011년 특허법보고서, 35면.
129) <일본 부정경쟁방지법>
　　제21조 (벌칙) ② 다음 각 호의 어느 하나에 해당하는 자는 5년 이하의 징역 혹은 500만엔 이하의 벌금에 처하거나 이를 병과한다.
　　1. 내지 5. [중략]
　　6. 비밀유지명령에 위반한 자
　　7. [생략]
130) 문병철, 2011년 특허법보고서, 35-36면.
131) 문병철, 2011년 특허법보고서, 36면.

다. 판결에 대한 불복

특허법원의 판결에 대해 불복하는 경우, 판결정본이 송달된 날부터 2주일 이내에 상고장을 특허법원에 제출하여 대법원에 상고할 수 있다(특 제186조 제8항).

라. 확정판결에 대한 불복

심결 등에 관한 소와 관련하여 특허법원의 확정판결 내지 대법원의 확정판결에 대한 재심은 민사소송법에 의하고 있으나, 특허심판원의 심결이나 결정에 대한 재심청구와 달리 이에 대해서는 특허법에 준용규정이 없는 것은 문제다. 왜냐하면 재심사유는 예외적으로 법률로 규정되어 있는 경우에만 인정될 수 있기 때문이다. 특허침해소송과는 달리 특허심결취소소송이 특허법에 의해 규율된다는 점을 간과하고 있다고 생각한다.

제2절 특허침해소송

특허침해로 인한 침해금지청구, 손해배상청구의 소 등은 통상적인 민사소송절차에 의한다. 민사소송법[132] 제24조에 따르면, "① 특허권, 실용신안권, 디자인권, 상표권, 품종보호권(이하 "특허권 등"이라 한다)을 제외한 지식재산권과 국제거래에 관한 소를 제기하는 경우에는 제2조 내지 제23조의 규정에 따른 관할법원 소재지를 관할하는 고등법원이 있는 곳의 지방법원에 제기할 수 있다. 다만, 서울고등법원이 있는 곳의 지방법원은 서울중앙지방법원으로 한정한다.

② 특허권 등의 지식재산권에 관한 소를 제기하는 경우에는 제2조부터 제23조까지의 규정에 따른 관할법원 소재지를 관할하는 고등법원이 있는 곳의 지방법원의 전속관할로 한다. 다만, 서울고등법원이 있는 곳의 지방법원은 서울중앙지방법원으로 한정한다.

③ 제2항에도 불구하고 당사자는 서울중앙지방법원에 특허권등의 지식재산권에 관한 소를 제기할 수 있다."라고 규정하고 있다.

저작권 침해로 인한 손해배상청구 내지 금지청구의 소는 민사소송법 제24조 제1항에 의거하여 서울중앙지방법원, 부산지방법원, 대구지방법원, 광주지방법원, 대전지방법원에 제기할 수도 있다. 하지만, 특허권 등의 산업재산권에 관한 소는 서울중앙지방법원, 부산지방법원, 대구지방법원, 광주지방법원, 대전지방법원 중 관할법원에서만 제기하여야 한다(민사소송

---

132) [시행 2017. 2. 4.][법률 제13952호, 2016. 2. 3., 일부개정].

법 제24조 제2항). 다만, 특허권 등의 산업재산권에 관한 소에 대한 전속관할법원이 서울중앙
지방법원 이외의 지방법원 네 곳 중 한 곳에 해당하는 경우에는 서울중앙지방법원에서도 소
를 제기할 수 있으므로 서울중앙지방법원은 전속관할을 가지는 법원 중 중첩적 관할권을 가
진다(민사소송법 제24조 제3항). 그리고 법원조직법[133])에 따르면, 특허권 등 산업재산권에 관
한 특허심판원의 심결에 대한 취소를 구하는 제1심사건(법원조직법 제28조의4 제1호) 및 산업
재산권에 관한 전속관할권을 가지는 지방법원에 제기된 침해소송사건의 항소사건(같은 법 제
28조의4 제2호)에 대해서는 특허법원이 심판권을 가진다.

제3절 보상금 또는 대가에 관한 불복의 소

특허법에 따른 보상금 및 대가(특 제41조 제3항·제4항, 제106조 제3항, 제106조의2 제3항, 제
110조 제2항 제2호 및 제138조 제4항)에 대하여 심결·결정 또는 재정을 받은 자가 그 보상금
또는 대가에 불복할 때에는 법원에 소송을 제기할 수 있다(특 제190조 제1항). 이 소송은 심
결·결정 또는 재정의 등본을 송달받은 날부터 30일 이내에 제기하여야 한다(특 제190조 제2
항). 그 30일의 기간은 불변기간이다(특 제190조 제3항). 보상금 또는 대가에 관한 소송의 피
고는 다음과 같다.

(i) 특허법 제41조 제3항 및 제4항의 규정에 의한 보상금에 대하여는 보상금을 지급할 관
서 또는 출원인

(ii) 특허법 제106조 제3항 및 제106조의2 제3항에 따른 보상금에 대하여는 보상금을 지
급할 관서·특허권자·전용실시권자 또는 통상실시권자

(iii) 특허법 제110조 제2항 제2호 및 제138조 제4항의 규정에 의한 대가에 대하여는 통
상실시권자·전용실시권자·특허권자·실용신안권자 또는 디자인권자

---

133) [시행 2016. 9. 1.][법률 제14033호, 2016. 2. 29., 타법개정].

제12장 실용신안법

제1절 실용신안법의 보호대상

I. 의 의

실용신안법의 보호대상은 물품의 형상·구조·조합에 관한 고안(utility model)이다. 여기에서 '고안'이라 함은 자연법칙을 이용한 기술적 사상의 창작을 의미한다(실용신안법 제2조 제1호).

II. 물품의 형상·구조·조합

[1] **물 품**: 물품이란 공간적으로 일정한 형태를 가지고 일반 상거래의 대상이 되는 자유롭게 운반가능한 상품으로서 사용목적이 명확한 것을 의미한다. 따라서 일정한 형태가 없는 ■의약, 화학물질 등은 실용신안법의 보호대상이 아니다.

[2] **물품의 형상**: 형상이란 선이나 면 등으로 표현된 외형적 형상을 뜻한다. 그것이 평면적인지 입체적인지 여부는 불문한다.

[3] **물품의 구조**: 구조란 공간적 내지 입체적으로 조립된 구성으로서 물품의 외관만이 아니고 평면도와 입면도에 의하여, 경우에 따라서는 측면도나 단면도를 이용하여 표현되는 것을 의미한다.

[4] **물품의 조합**: 물품의 조합이란 물품의 사용 시 또는 불사용 시에 있어 그 물품의 2개 이상이 공간적으로 분리된 상태에 있고 또한 그것들은 독립하여 일정한 구조 내지 형상을 가지고 있어 사용에 의하여 그것들이 기능적으로 서로 관련하여 사용가치를 발휘하는 것을 의미한다. 볼트와 너트가 그 예이다.

[5] 방법, 제조방법, 기능적 표현만으로 기재된 것, 조성물, 합금, 화합물 등 물질에 관한 것, 삼차원의 것이 아닌 것, 시퀸스(데이터배열; sequence), 토양 등과 같이 일정한 형상 또는 구조를 갖는 것으로 인정되지 않는 것, 기능 그 자체, 게임 그 자체 등은 실용신안법의 보호대상이 아니다.[134]

---

134) 임병웅, 「理智 특허법」, 제7판, 한빛지적소유권센터, 2009년, 1033-1034면.

표 3-4 ‖ 특허제도와 실용신안제도의 비교

		특허제도	실용신안제도
보호대상		발명(방법발명, 물질발명, 용도발명도 특허가능)	물품의 형상·구조·조합에 관한 고안 (→ 물품성 필요, 방법 또는 물질에 관한 고안은 등록 불가)
성립요건		고도성 필요	고도성 불필요
등록 요건	진보성	용이성	극히 용이성(즉, 낮은 수준의 진보성)
	부등록사유	공서양속에 어긋나거나 공중의 위생을 해칠 우려가 있는 발명	국기 또는 훈장과 동일하거나 유사한 고안
출원 및 심사	도면첨부	필요한 경우에만 첨부	1. 필수적으로 첨부 2. 미첨부 시 불수리
	우선심사 대상의 상이	1. 녹색기술과 직접 관련된 특허출원 2. 인공지능 또는 사물인터넷 등 4차 산업혁명과 관련된 기술을 활용한 특허출원 3. 특허법 제198조의2에 따라 특허청이 특허협력조약에 따른 국제조사기관으로서 국제조사를 수행한 국제특허출원 4. 규제자유특구 및 지역특화발전특구에 관한 규제특례법 제36조의8에 따라 규제특례가 적용된 특화사업과 직접 관련된 특허출원 5. 첨단의료복합단지 육성에 관한 특별법 제26조에 따라 규제 특례가 적용되는 입주 의료연구개발기관이 제출한 첨단의료복합단지 안 의료연구개발과 관련한 특허출원 등	출원일로부터 3년 출원과 동시에 심사청구를 하고 그 출원 후 2월 이내에 우선심사의 신청이 있는 실용신안등록출원
효력	존속기간	특허권 설정등록이 있는 날부터 특허출원일 후 20년이 되는 날까지	실용신안권 설정등록이 있는 날부터 실용신안등록출원일 후 10년이 되는 날까지
	존속기간 연장	허가등에 따른 연장＋등록지연에 따른 연장	등록지연에 따른 연장만 가능

	효력범위제한	▶의약, 의약제법발명 적용가능(특 제96조 제2항)	▶의약, 의약제법발명 적용 불가
	간접침해	물건발명, 방법발명 모두 적용가능	방법발명, 물질발명은 적용 불가
	생산방법추정	있음	없음
	몰수규정	필요적 몰수	임의적 몰수
PCT	도면의 제출	도면의 설명 부분에 대한 국어번역문을 제출하지 아니한 경우 도면의 설명 부분에 대한 기재가 없었던 것으로 본다(특 제201조 제5항)	1. 국제실용신안등록출원이 도면(도면에 간단한 설명을 포함)을 포함하지 아니한 경우 '기준일'까지 이를 제출(실용신안법 제36조 제1항) 2. 미제출시 특허청장은 기간을 정하여 도면 및 도면의 설명 부분의 국어번역문의 제출을 명령(실용신안법 제36조 제2항) 3. 특허청장의 명령에도 불구하고 도면을 제출하지 아니한 경우 해당 국제실용신안등록출원을 무효로 할 수 있다(실용신안법 제36조 제3항) 4. 제출된 도면 및 도면의 설명 부분의 국어번역문은 특허법 제47조 제1항의 규정에 의한 보정으로 간주한다(단, 보정기간은 부적용)(실용신안법 제36조 제4항)

출처: 임병웅, 「리담 특허법」, 제19판, 한빛지적소유권센터, 2020년, 1285면.

대법원 2019. 7. 25. 선고 2018후12004 판결[등록정정(실)][공2019하,1685]

[판결요지]

[1] 고안의 진보성이 부정되는지를 판단하기 위해서는 선행기술의 범위와 내용, 진보성 판단의 대상이 된 고안과 선행기술의 차이 및 고안이 속하는 기술분야에서 통상의 지식을 가진 사람(이하 '통상의 기술자'라 한다)의 기술수준 등에 비추어 진보성 판단의 대상이 된 고안이 선행기술과 차이가 있음에도 그러한 차이를 극복하고 선행기술로부터 고안을 극히 쉽게 도출할 수 있는지를 살펴보아야 한다. 이 경우 진보성 판단의 대상이 된 고안의 명세서에 개시되어 있는 기술을 알고 있음을 전제로 하여 사후적으로 통상의 기술자가 고안을 극히 쉽게 고안할 수 있는지를 판단해서는 안 된다.

[2] 실용신안법 제33조에서 준용하는 특허법 제136조 제6항은 정정심판에서 심판청구인에게 의견서 제출 기회를 부여함으로써 정정심판청구에 대한 심사의 적정을 기하고 심사

제도의 신용을 유지한다는 공익상의 요구에 기인하는 강행규정이다. 따라서 정정심판이나 그 심결취소소송에서 정정의견제출 통지서를 통하여 심판청구인에게 의견서 제출 기회를 부여한 바 없는 사유를 들어 정정심판청구를 기각하는 심결을 하거나, 심결취소청구를 기각하는 것은 위법하다. 특히 정정심판을 기각하는 이유가 선행고안에 의하여 고안의 진보성이 부정된다는 취지라면 특허청장이 취소소송절차에 이르러 비로소 제출한 자료들은, 선행고안을 보충하여 출원 당시 해당 고안과 동일한 기술분야에 널리 알려진 주지관용기술을 증명하기 위한 것이거나, 정정의견제출 통지서에 기재된 선행고안의 기재를 보충 또는 뒷받침하는 것에 불과한 경우라고 인정될 때 판단의 근거로 삼을 수 있다.

제4편

상표법

지식재산의 이해

제1장 문제제기

제1절 사 례

이 사건 등록상표는 '한방의료업, 성형외과업' 등을 지정서비스업으로 하여 아래와 같이 구성되어 있다. 이 사건 선등록상표 1과 2는 각 '한의원업' 등을 이 사건 등록서비스 지정서비스업으로 하여, 선등록상표 3은 '한방병원업' 등을 지정서비스업으로 하여 각각 아래와 같이 구성되어 있고, 원심판시 이 사건 선사용서비스표는 '한의원업' 등의 서비스업에 사용되고 아래와 같이 구성되어 있다.

이 사건 등록상표
자생초
선등록상표 1
자 생
선등록상표 2
자생한의원
선등록상표 3

이 사건 등록상표인 '자생초'를 등록한 A를 상대로 B는 등록무효심판을 청구하였다. 이에 특허심판원은 어떻게 판단하여야 하는가?

대법원 2017. 2. 9. 선고 2015후1690 판결[등록무효(상)(타)파기환송][상표의 유사 여부 판단 방법]

◇상표의 유사판단에서 전체관찰, 요부관찰, 분리관찰의 관계 및 요부의 판단기준◇

둘 이상의 문자 또는 도형의 조합으로 이루어진 결합상표는 그 구성 부분 전체의 외관, 호칭, 관념을 기준으로 상표의 유사 여부를 판단하는 것이 원칙이나, 상표 중에서 일반 수요자에게 그 상표에 관한 인상을 심어주거나 기억·연상을 하게 함으로써 그 부분만으로 독립하여 상품의 출처표시기능을 수행하는 부분, 즉 요부가 있는 경우 적절한 전체관찰의 결론을 유도하기 위해서는 그 요부를 가지고 상표의 유사 여부를 대비·판단하는 것이 필요하다(대법원 2006. 1. 26. 선고 2003도3906 판결, 대법원 2006. 11. 9. 선고 2006후1964 판결, 대법원 2011. 1. 27. 선고 2010도7352 판결, 대법원 2014. 6. 26. 선고 2012다12849 판결 등 참조).

상표에서 요부는 다른 구성 부분과 상관없이 그 부분만으로 일반 수요자에게 두드러지게 인식되는 독자적인 식별력 때문에 다른 상표와 유사 여부를 판단할 때 대비의 대상이 되는 것이므로, 상표에서 요부가 존재하는 경우에는 그 부분이 분리관찰이 되는지를 따질 필요 없이 요부만으로 대비함으로써 상표의 유사 여부를 판단할 수 있다고 보아야 한다. 그리고 상표의 구성 부분이 요부인지 여부는 그 부분이 주지·저명하거나 일반 수요자에게 강한 인상을 주는 부분인지, 전체 상표에서 높은 비중을 차지하는 부분인지 등의 요소를 따져 보되, 여기에 다른 구성 부분과 비교한 상대적인 식별력 수준이나 그와의 결합상태와 정도, 지정상품과의 관계, 거래실정 등까지 종합적으로 고려하여 판단하여야 한다. 이러한 법리는 서비스표에 대하여도 마찬가지로 적용된다.

☞ 선등록서비스표 등('자생한방병원' 등)과 이 사건 등록서비스표('자생초')는 모두 '자생'이 요부이므로 '자생'이 분리관찰이 되는지를 따질 필요 없이 위 서비스표들을 '자생'을 기준으로 대비하면 호칭, 관념이 동일하여 유사한 서비스표에 해당한다고 한 사례

제2절 상표심사절차도

표 4-1 ┃ 상표심사절차도

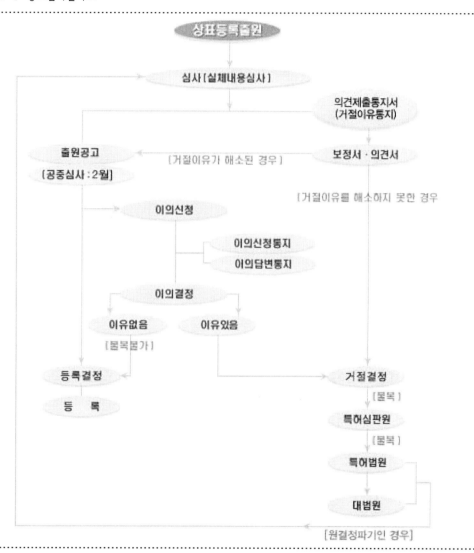

출처: https://www.kipo.go.kr/kpo/HtmlApp?c=10003&catmenu=m06_03_01

제2장

상표법 개요

제1절 브랜드

I. 브랜드의 정의

[1] 실제적인(practical) 의미의 브랜드로서 기술적 의미의 브랜드 요소들과 여러 마케팅 활동의 결과로서 형성된 인지도, 이미지, 품질인식, 그리고 이에 따라 나타나는 고객충성도 등을 포괄하는 총체적 무형자산을 의미한다.

예: 삼성의 경우 1998년부터 무형자산 위주의 경영을 개시

(무형자산 중 가장 중점을 두어야 할 요소는 브랜드이다)

[2] 따라서 브랜드와 상품상표(서비스에 관한 상표(이하 '서비스상표'라 표시)도 포함)와는 밀접한 관계가 있지만, 브랜드가 통상적으로 상표보다는 포괄적인 개념이다.

[3] 즉, 브랜드란 특정한 매도인의 제품 및 서비스를 식별하는 데 사용되는 명칭·기호·디자인 또는 이들의 조합을 통칭하는 표현으로서 말로써 표현할 수 있는 것은 브랜드명, 말로써 표현할 수 없는 기호·디자인·레터링 등은 브랜드 마크라 한다. 브랜드명, 브랜드 마크 중 그 배타적 사용이 법적으로 보장되어 있는 것이 상품상표(서비스상표 등) 등이 된다.

II. 주요 브랜드의 연혁

1. 코카콜라

코카콜라는 1886년 약국 운영을 하던 존 펨버튼(John Pemberton) 박사(1888년 사망)에 의해 제조되었다. 코카콜라는 소다에 약재를 섞어 소화제 대신 판매한 것에서 유래되었다. 코카콜라의 잠재력을 높이 평가한 챈들러(Asa Griggs Candler)라는 사업가가 2,300달러에 제조법을 사들이고 1893년 코카콜라를 상표명으로 등록하였다. 그 병 디자인은 Root Glass Company of Terre Haute(인디애나주)가 어둠 속에서 인식될 수 있는 병 디자인 공모하여 당선된 것이었다. 이 회사의 Alexander Samuelson과 Earl R. Dean이 코코아 콩과 강낭콩의 모양에서 힌트를 얻어 이 디자인을 개발하였다.

그림 4-1 ▌ 콘투어 코카콜라 병의 도안을 그린 1915년 Earl R. Dean의 원작

출처: https://commons.wikimedia.org/wiki/File:ContourBottleConceptSketch.jpg
저작권 귀속: Earl R. DeanUploadedby Gavinmacqueenat en.wikipedia/ Public domain

    1916년부터 코카콜라는 이 콘투어(contour) 병을 생산하였다. 코카콜라 병은 1915년 Samuelson의 이름으로 특허 등록되었으나, 코카콜라가 이 특허를 양수한 후 상표로 등록하였다.

그림 4-2 ▌ 코카콜라 병의 디자인 특허

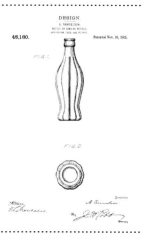

출처: https://commons.wikimedia.org/wiki/File:Coke_bottle_patent.JPG
저작권 귀속: Public domain

코카콜라라는 이름의 필체는 주성분인 코카 잎과 콜라 콩의 이름을 조합해서 만든 것이다. 펨버튼 약국의 경리사원 프랭크 로빈슨(Frank Robinson)이 두 개의 C자를 절묘하게 배치시키고 독특한 스펜서체의 Coca－Cola라는 이름을 지어내었다.

그림 4-3 ‖ 코카콜라 콘투어 병의 시제품

출처: https://commons.wikimedia.org/wiki/File:1915_contour_Coca－Cola_contour_bottle_prototype.png
저작권 귀속: Gavinmacqueen/ CC BY－SA (https://creativecommons.org/licenses/by－sa/3.0)

[그림 4－3]의 병모양은 밑부분보다 중간 부분의 지름이 커서 콘베이벨트상에서 불안전하기 때문에 생산되지 못했다.

그림 4-4 ‖ 코카콜라 콘투어 병의 최종 제조품

중간 부분을 날씬하게 한 최종 제조품
출처: https://commons.wikimedia.org/wiki/File:Coca－Cola_1915_Contour_bottle.jpg
저작권 귀속: nagualdesign/ CC0

2. 메르세데스-벤츠의 탄생

[1] 고트립 다임러(Gottlieb Daimler)은 1890년에, 칼 벤츠(Karl Benz)는 1883년에 각각 자신의 회사를 설립하였다. 처음에는 각각 자신의 이름을 따 벤츠와 다임러로 엔진과 자동차 회사로서의 품질과 혈통을 유지하였다.

[2] 이후 독일 만하임(Mannheim)에 위치한 벤츠 & 씨(Benz & Cie)라는 회사는 자신들의 이름을 브랜드로 계속 사용한 반면에 독일 칸슈타트(Cannstatt)시에 위치한 다임러자동차 회사(Daimler－Motoren－Geseelschaft)는 20세기부터 '메르세데스(Mercedes)'라는 완전히 새로운 이름을 사용하였다.

[3] 메르세데스: '우아함'을 뜻하는 스페인어로서 니스(Nice)에 사는 오스트리아 출신의 사업가이자 다임러의 오스트리아 판매대리인인 에밀 옐리넥(Emil Jellinek)의 딸 이름이었다. 1900년 다임러가 신모델을 내놓자 옐리넥은 36대를 주문하면서 오스트리아, 헝가리, 프랑스, 미국의 독점 대리점 영업권을 가질 것을 요구하였고, 그 차에 자신의 딸 이름을 사용할 것을 요구하였다. 그 요구가 수용되어 이후 다임러사의 모든 차에 메르세데스라는 이름을 썼고 1902년에는 상표로 사용하게 되었다.

[4] 1차 세계대전 후 독일에 불황이 닥치자 1926년에 다임러사와 벤츠사는 합병하게 되었다. 다임러 벤츠의 모든 상품에는 메르세데스 벤츠라는 이름이 붙었고 상표는 1916년부터 다임러사가 사용한 세 꼭지별로 결정되었다. 이는 육, 해, 공으로 뻗어 나가겠다는 의지를 표현한 것이다.

그림 4-5 ┃ 메르세데스 벤츠의 로고

3. 스타벅스

[1] 영어 교사 제리 볼드윈, 역사 교사 제브 시글, 작가 고든 바우커 등이 의기투합해 1971년 미국 시애틀에 첫 매장을 개설하였다.

[2] 1987년 하워드 슐츠 회장이 경영을 맡으면서 공격적인 마케팅과 매장 확대를 시작하였다.

그림 4-6 ┃ 스타벅스 상표

출처: 대법원 2007. 1. 11. 선고 2005후926 판결 참조

[3] **스타벅스 이름의 유래:** 허만 멜빌의 소설 '모비 딕(1851년)'에 나오는 고래잡이배 피쿼드(Pequod)호의 일등 항해사의 이름 '스타벅'에서 유래하였다. 소설에서 스타벅은 커피를 매우 좋아하는 것으로 나온다.

[4] **로고의 유래:** 그리스 신화에 나오는 사이렌(Siren)이라는 긴 머리의 인어다. 17세기 노르웨이 목판화를 참고로 제작한 것이다. 사이렌은 아름답고 달콤한 노랫소리로 지나가는 배의 선원들을 유혹해 죽게 하는 것으로 알려져 있는데, 이 로고는 지나가는 행인의 발걸음을 스타벅스로 유인하겠다는 의미다.

[5] 초창기에는 가슴과 꼬리가 선명한 인어였으나 나중에 긴 머리카락으로 가슴을 덮었다. 바탕색도 초창기엔 커피색이었으나 나중에 녹색으로 변경되었다.

그림 4-7 ┃ 스타벅스 상표의 변천사

1971 – 1987   1987 – 1992   1992 – 2011   2011 – present

출처: https://en.wikipedia.org/w/index.php?curid=33480790

4. 힐스 브로스 커피와 상표 이야기

그림 4-8 ┃ 'taster'라는 아랍 커피음료 로고가 있는 Hills Bros. coffee ('the taster'라는 아랍 드링킹 커피의
로고는 1906년 Briggs라는 예술가가 디자인한 것임)

출처: http://americanhistory.si.edu/militaryhistory/ collection/object.asp?ID=321, Public Domain, https://en.wiki
pedia.org/w/index.php?curid=12158497
By Credited to "Division of Cultural History, National Museum of American History"(click in "View this object
in context to reach a flash animation with the credits[1])

    선박건조업자인 Austin Hills(1823–1905, Maine주 Rockland 태생)의 아들들에 의해 설립
된 회사가 Hills Bros.이다. 이들은 Austin Herbert Hills(1851–1933), Earnest Hills와
Reuben Wilmarth Hills I(1856–1933)이다. 이 사업체는 1878년 미국 캘리포니아주 샌프란
시스코에서 설립되었고, 그 소매점인 Arabian Coffee and Spice Mills는 1882년에 설립되
었다. 1900년에 Hills Bros.는 밀봉캔에서 로우스트커피를 담아 판매하기 시작하였고, 1906
년에 Hills Bros라는 기업이 설립되었다. 1985년 Nestlé가 이 회사를 인수하였고 1999년에
이 회사를 Sara Lee에게 양도하였다. 2006년 Massimo Zanetti Beverage USA가 이 상표를

Sara Lee로부터 양수하였다.[1]

제2절 상표법의 목적

상표법은 상표를 보호함으로써 상표사용자의 업무상의 신용유지를 도모하여 산업발전에 이바지함과 아울러 수요자의 이익을 보호함을 목적으로 한다(상 제1조).[2] 즉, 상표법의 목적은 (i) 상표의 보호, (ii) 상표사용자의 업무상 신용유지, (iii) 경업질서 유지를 비롯한 산업발전에의 이바지, (iv) 수요자의 이익 보호다.

제3절 상표법의 연혁

2000여 년 전 고대 로마시대에 상표가 등장하였다. 고대 이집트시대의 발굴품이나 그리스, 로마시대의 도기 등에 보이는 도공표라고 하는 표지, 중세에 해양사고, 도난 등을 당했을 때 상품의 소유권을 입증하기 위해 붙여진 상인표 또는 소유표라고 하는 표지, 상품의 무게, 품질, 기술에 대한 책임소재를 확실히 하기 위한 책임표 또는 경찰표 등이 그러한 상표에 해당한다. 이는 외국간 거래 시 출처 표시하고 품질을 유지하기 위한 것이었다.

프랑스에서는 1803년 공장제조장 및 작업장에 대한 법률을 제정하였다. 동법 제16조에서는 상표 도용을 사문서위조죄로 처벌하였다. 그리고 1857년에는 세계 최초의 상표법이라고 할 "사용주의 및 무심사주의를 내용으로 하는 제조표 및 상품표에 관한 법률"을 제정하였고, 그 법이 현행법인 "등록주의를 내용으로 하는 서비스표에 관한 법률(1964)"에 계승되었다.

영국에서는 1862년 허위표시자에 대한 형벌중심의 "상품표법(The Merchandise Marks Act)"을 제정하였고, 1905년에는 이를 정비하여 "상표법"을 제정하였다. 그 이후 여러 차례 개정을 통해 사용주의, 심사주의, 공고제도를 채택한 현행 상표법(1938)이 탄생하였다.

독일에서는 1874년 상표보호법을 제정하였다. 독일은 1894년에 심사주의를 채택한 "상품표시의 보호법"으로 변경하였다가, 수차례 개정을 거쳐 1936년 현행의 "상표법"이 탄생하였다. 독일 상표법은 1967년 전면개정 이후 몇 차례 개정을 거쳐 현재에 이르고 있다. 미국은 1870년 연방상표조례가 제정되었고, 수차례 개정을 거쳐 1946년 사용주의를 채택한 현

---

1) ihttps://en.wikipedia.org/wiki/Hills_Bros._Coffee (최종방문일: 2020년 8월 1일).
2) 상표법은 '상'으로 표기한다. 이하 같다.

행법이 탄생하였다. 일본은 1884년 상표조례가 제정된 후 1899년 상표조례를 상표법으로 개정하였고, 그 이후 수차례 개정을 통해 현재에 이르고 있다.

우리나라 상표법은 1908년(순종2) 8월 12일 공포되고 동년 8월 16일에 시행된 내각고시 제4호에 의한 한국상표령(제198호)에서 비롯된다. 그 이후 1949년 11월 28일에 상표법이 법률 제71호로 제정되어 공포되었다. 1961년 12월 31일 특허법, 실용신안법, 의장법(현 디자인보호법)을 개별법으로 독립함과 아울러 상표법도 1963년 3월 5일 법률 제1295호로 개정하게 된 것이 현행법의 근간이다.

제4절 상표법상 보호대상: 상표

I. 식별표지로서 상표

1. 의 의

[1] 상표권은 표지를 객체로 하는 권리다.

[2] 표지는 식별력이 있는 것을 기초로 하고 있으나 창작은 보호의 대상이 아니다.

[3] 상표권은 상호권과 같은 표지권일 뿐이고, 저작권, 특허권, 실용신안권, 디자인권과 같은 창작권이 아니다.

[4] 상표법은 등록된 상표에 대해 독점적인 권리인 상표권을 부여하고 있다.

[5] 등록상표를 제3자가 무단으로 사용하는 자가 있을 경우에는 상표권자 등은 그 상표의 사용을 금지청구할 수 있고, 손해가 발생하면 손해배상을 청구할 수 있다.

[6] 상표에 대한 권리보호는 지식재산권법에 의한 상표보호와 경쟁법에 의한 상표보호로 나뉜다.

대법원 2013. 3. 28. 선고 2010다58261판결[상표사용금지 등 (바) 파기환송]

[판결요지]

[1] 디자인과 상표는 배타적·선택적인 관계에 있는 것이 아니므로 디자인이 될 수 있는 형상이나 모양이라고 하더라도 그것이 상표의 본질적인 기능이라고 할 수 있는 자타상품의 출처표시를 위하여 사용되는 것으로 볼 수 있는 경우에는 위 사용은 상표로서의 사용이라고 보아야 할 것이고, 그것이 상표로서 사용되고 있는지는 상품과의 관계, 당해 표장의 사용 태양(즉 상품 등에 표시된 위치, 크기 등), 등록상표의 주지저명성

그리고 사용자의 의도와 사용 경위 등을 종합하여 실제 거래계에서 표시된 표장이 상품의 식별표지로서 사용되고 있는지에 의하여 판단하여야 한다.

[2] 2개 이상의 도형으로 이루어진 결합상표는 각 구성 부분이 분리관찰되면 거래상 자연스럽지 못하다고 여겨질 정도로 불가분적으로 결합되어 있는 것이 아닌 한 구성 부분 중 하나의 도형이 가지는 외관·호칭 및 관념에 의하여 상표의 유사 여부를 판단할 수 있고, 도형상표의 경우 외관이 지배적인 인상을 남긴다 할 것이므로 외관이 동일·유사하여 양 상표를 다 같이 동종 상품에 사용하는 경우 일반 수요자에게 상품의 출처에 관하여 오인·혼동을 일으킬 염려가 있다면 양 상표는 유사하다고 보아야 한다.

2. 표장과 상표보호제도의 의의

[1] **표 장**: 특정한 것을 표시하기 위한 부호나 휘장이다.

[2] **상표의 사전적 의미**: 사업자가 자기 상품에 대하여 경쟁 업체의 것과 구별하기 위하여 사용하는 기호·문자·도형 따위의 일정한 표지를 뜻한다.

[3] **상표의 법적 의미**: 상표법 제2조 제1항 제1호에 따르면, "상표"라 함은 자기의 상품(지리적 표시가 사용되는 상품의 경우를 제외하고는 서비스 또는 서비스의 제공에 관련된 물건을 포함한다. 이하 같다)과 타인의 상품을 식별하기 위하여 사용하는 표장(標章)으로서 기호, 문자, 도형, 소리, 냄새, 입체적 형상, 홀로그램·동작 또는 색채 등으로서 그 구성이나 표현방식에 상관없이 상품의 출처(出處)를 나타내기 위하여 사용하는 모든 표시를 포섭한다. 상표법 제2조 제1항 제1호의 소리상표 내지 냄새상표는 한-미 FTA에 따른 이행입법의 결과물이다. 소리상표의 예로는 인텔의 효과음, MGM의 사자울음소리나 야후 광고의 야후(소리)를 들 수 있고, 냄새상표의 예로는 레이저 프린터 토너의 "레몬향" 등을 들 수 있다. 그리고 EU의 경우에 상표는 그래픽으로 표현되거나 그래픽으로 재현될 가능성이 있어야 하므로 소리상표가 등록되지 못할 것 같은 경우에 전문가들은 소노그램(sonogram)이나 악보 등을 제출하여 등록할 수 있다. 현재 EU, 미국, 영국, 독일, 프랑스, 호주 등에서 이미 소리상표 및 냄새상표를 보호하고 있으며, 2006년 3월 채택된 상표관련 국제협약인 '싱가포르 조약(2009년 3월 발효)(우리나라의 경우, 2016년 4월 1일 이 협약에 가입하여 이 협약이 2016년 7월 1일 발효되었다)'에서도 비시각적인 상표 보호를 인정하고 있다.

II. 상표법상 상표의 의의

1. 의 의

상표란 자기의 상품(지리적 표시가 사용되는 상품의 경우를 제외하고는 서비스 또는 서비스의 제공에 관련된 물건을 포함한다)과 타인의 상품을 식별하기 위하여 사용하는 표장을 뜻한다(상 제2조 제1항 제1호). 2016년 9월 1일 시행된 현행 상표법은 종전의 상표법과는 달리 특별히 상표 사용 주체를 명시하지 아니하였다. 왜냐하면 "상품"이라는 의미를 통하여 상표가 영업상 행위를 위한 것임을 알 수 있기 때문이다. 그리고 서비스표를 상표와 별도로 구별하지 않고 서비스표를 상표로 일원화하여 정의하였다.

2. 표 장

표장은 기호, 문자, 도형, 소리, 냄새, 입체적 형상, 홀로그램·동작 또는 색채 등으로서 그 구성이나 표현방식에 상관없이 상품(또는 서비스)의 출처(出處)를 나타내기 위하여 사용하는 모든 표시를 뜻한다(상 제2조 제1항 제2호).

3. 상품을 식별하기 위해 사용하는 표장

상표는 상품을 전제로 한다. '상품'이란 '그 자체가 교환가치를 가지고 독립된 상거래의 목적물이 되는 물품'[3] 내지 '운반가능한 유체물로서 반복하여 거래의 대상이 될 수 있는 것'[4]을 의미한다. 따라서 상품이 되기 위한 요건으로서 (i) 유체물이어야 하고(유체성), (ii) 운반가능한 것이어야 하고(유통성), (iii) 반복거래가 가능한 것(계속성 및 거래성)이어야 한다. 따라서 상품의 선전광고나 판매촉진 또는 고객에 대한 서비스 제공 등의 목적으로 그 상품과 함께 또는 이와 별도로 고객에게 무상으로 배부되어 거래시장에서 유통될 가능성이 없는 이른바 '광고매체가 되는 물품'은 비록 그 물품에 상표가 표시되어 있다고 하더라도, 물품에 표시된 상표 이외의 다른 문자나 도형 등에 의하여 광고하고자 하는 상품의 출처표시로 사용

---

3) 대법원 1999. 6. 25. 선고 98후58 판결; 대법원 2004. 5. 28. 선고 2002후123 판결.
4) 송영식·이상정·김병일, 「지적재산법」, 9정판, 세창출판사, 2008년, 172면; 특허청, 「조문별 상표법해설」, 특허청 행정법무팀, 2007년, 8면(이하 '특허청, 상표법').

된 것으로 인식할 수 있는 등의 특별한 사정이 없는 한, 그 자체가 교환가치를 가지고 독립된 상거래의 목적물이 되는 물품으로는 볼 수 없다.[5] 그리고 등록상표에 표시된 유리병에 든 '보리, 수수, 옥수수' 등이 판매용 물품이 아니라 대리점에서 거래되는 즉석 건조 건강식품을 이루는 일부 성분의 견본에 불과한 경우에는 성분의 구성 및 비율에 특징이 있는 그 즉석 건조 건강식품과 거래통념상 동일성의 범위 내에 있는 상품이 아니어서 상표법상 상품에 해당하지 않는다.[6] 전기, 열, 빛, 향기 및 권리와 같은 무체물, 운반가능성이 없는 부동산, 법적으로 거래가 금지되는 마약, 개인이 소장하고 있는 희귀한 골동품 등도 상표법상 상품에 해당하지 아니한다.[7] 하지만, 인터넷상 컴퓨터 네트워크를 통해 다운로드받을 수 있는 컴퓨터프로그램은 상표법상 상품으로 인정되고 있다.[8]

예컨대 양복, 자동차, 세탁기 등은 상품에 해당하나, 골동품, 전기, 빛, 열 등은 상품에 해당하지 아니한다. 다만, 산소, 천연가스 등을 통에 넣으면 상품이 될 수 있다. 무형의 전자정보재도 직접거래가 되면서 컴퓨터프로그램이나 전자출판물도 다운로드가 가능하면 상품으로 볼 수 있을 것이다. 판례에 따르면, '상품'은 그 자체가 교환가치를 가지고 독립된 상거래의 목적물이 되는 물품을 의미하는 것으로 판시하고 있다.[9]

4. 사용하는 표장

[1] 상표는 상품에 관하여 사용하는 것이다.

[2] 사 용: 상품 자체 또는 상품의 포장 등에 붙여서 사용하는 경우뿐만 아니라 상품을 표창하고 상품의 동일성을 나타내기 위하여 사용하는 모든 양태다. 다시 말해서 자타상품을 식별하기 위하여 표장을 사용하면 여기에서 말하는 '표장의 사용'에 해당한다. 한편 미국 연방상표법상 권리취득요건상 "사용"이라는 개념은 '상품에 대한 상표의 부착'과 '해당 상품의 상업적 반포'를 의미한다.

---

5) 대법원 1999. 6. 25. 선고 98후58 판결.
6) 대법원 2004. 5. 28. 선고 2002후123 판결.
7) 특허법원 지적재산소송실무연구회, 「지적재산소송실무」, 박영사, 2010년, 480면.
8) 특허청, 상표법, 8면.
9) 대법원 2010. 9. 9. 선고 2010후1466 판결[권리범위확인(상)]; 대법원 1999. 6. 25. 선고 98후58 판결; 대법원 2004. 5. 28. 선고 2002후123 판결.

대법원 2013. 1. 24. 선고 2011다18802 판결[상표권침해중지등]

[판결요지]

[1] 타인의 등록상표와 동일 또는 유사한 표장을 그 지정상품과 동일 또는 유사한 상품에 사용하면 타인의 상표권을 침해하는 행위가 되나, 타인의 등록상표와 동일 또는 유사한 표장을 이용한 경우라고 하더라도 그것이 상표의 본질적인 기능이라고 할 수 있는 출처표시를 위한 것이 아니라 순전히 디자인적으로만 사용되는 등으로 상표의 사용으로 인식될 수 없는 경우에는 등록상표의 상표권을 침해한 행위로 볼 수 없고, 그것이 상표로서 사용되고 있는지를 판단하기 위하여는, 상품과의 관계, 당해 표장의 사용 태양, 등록상표의 주지저명성 그리고 사용자의 의도와 사용경위 등을 종합하여 실제 거래계에서 그 표시된 표장이 상품의 식별표지로서 사용되고 있는지를 종합하여 판단하여야 한다.

[2] 지정상품을 귀금속제 목걸이 등으로 하는 등록상표 " "의 상표권자인 甲 외국법인

이 " " 형상을 사용하여 목걸이용 펜던트를 판매하는 乙 주식회사를 상대로 상표권 침해중지 등을 구한 사안에서, 甲 법인의 등록상표와 乙 회사 제품의 형상은 모두 강아지를 형상화한 도형으로서 '강아지'로 관념되고 '강아지 표'로 호칭될 수 있으나, 위 등록상표의 지정상품과 동일·유사한 상품에 관하여 강아지를 주제로 한 다양한 모양의 도형상표가 다수 등록되어 있는데, 수많은 종류의 유사 또는 상이한 형상을 통칭하는 용어에 의하여 호칭되고 관념되는 도형상표의 경우에 그 외관의 유사에 관계없이 호칭과 관념이 유사하다는 이유만으로 대비되는 양 상표가 전체적으로 유사한 상표라고 한다면 상표의 유사 범위가 지나치게 확대되어 제3자의 상표선택의 자유를 부당하게 제한하는 불합리한 결과를 가져오는 점 등에 비추어 볼 때, 통칭적인 호칭 및 관념이 유사하다는 점만으로 서로 유사하다고 단정할 수는 없으므로, 甲 법인의 등록상표와 乙 회사 제품의 형상은 전체적으로 상품출처의 오인·혼동을 피할 수 있는 것이어서 유사하지 않고, 한편 목걸이용 펜던트의 특성 및 위 상품을 둘러싼 거래실정, 甲 법인의 등록상표와 乙 회사 등록상표의 주지저명의 정도, 乙 회사의 의도와 乙 회사 제품의 제조·판매 형태 및 경위 등을 종합하여 살펴보면, 乙 회사 제품의 형상은 디자인으로만 사용된 것일 뿐 상품의 식별표지로 사용된 것이라고는 볼 수 없다고 한 사례.

[3] **현행 상표법상 입체상표의 사용**: 상표의 사용행위 정의 규정에 상품, 상품의 포장, 상품에 관한 광고·정가표·거래서류, 그 밖의 수단에 상표를 표시하는 행위에는 표장의 형상으로 상표를 표시하는 행위를 포함한다고 규정하고 있다(상 제2조 제2항 제1호 및 제1항 제11호).

5. 식별하기 위해 사용하는 표장

[1] 상표는 상표권자가 자신의 상품이나 제조품 등에 자신을 형상화하고자 사용하는 매개체다. 따라서 상표권자의 상표 사용에는 자기의 상품을 다른 업자의 상품과 식별하고자 하는 의도가 포함되어 있다고 할 수 있으며, 또한 상표의 요건으로서도 이러한 식별의사를 필요로 한다.

[2] **우리 상표법**: 객관적 식별력을 상표의 구성요건으로 요구하지 아니한다. "식별력"을 상표의 구성요건이 아니라 등록요건으로 두고 있다. 구 상표법(1990. 1. 13. 법률 제4210호로 전문 개정되기 전의 것)에서는 "이 법에서 상표라 함은 상품을 업으로써 생산·제조·가공·증명 또는 판매하는 자가 자기의 상품을 타업자의 상품과 식별시키기 위하여 사용하는 기호·문자·도형 또는 이들의 결합(이하 "표장"이라 한다)으로서 특별현저한 것을 말한다."라고 규정하여 '특별현저성'을 상표의 구성요소 내지 성립요건으로 규정하고 있었다. 상표법 제2조 소정의 상표를 전제로 상표등록의 요건(상 제33조 제1항) 규정에서 식별력 관련 사항을 규정하고 다시 식별력을 갖춘 상표라 할지라도 일정 사유가 있는 상표에 대해서는 상표등록을 받을 수 없는 상표(상 제34조)규정을 두어 등록을 받을 수 없게 하고 있다.

III. 상표의 분류 및 정리

[1] 현행법상 사용되고 있는 상표로는 (i) 상품상표, (ii) 서비스상표, (iii) 단체표장, (iv) 업무표장, (v) 증명표장이 있다.

[2] **서비스상표**: 서비스를 제공하는 자가 자기의 서비스를 타인의 서비스와 식별되도록 하기 위하여 사용하는 표장(상 제2조 제1항 제1호)이다. 2016년 9월 1일 시행된 현행 상표법에서는 서비스표라는 용어를 더 이상 사용하지 않으므로 '상표'라는 용어로 일원화하여 사용하고 있다.

[3] **단체표장**: 상품을 생산·제조·가공·판매하거나 서비스를 제공하는 자가 공동으로 설립한 법인이 직접 사용하거나 그 소속 단체원에게 사용하게 하기 위한 표장(상 제2조 제1항 제3호)을 의미한다. 단체표장은 자본력과 영업신용도가 낮은 지방적 특산물을 생산하는 업자끼리 뭉쳐진 조합(축산물가공협동조합, 풍기인삼협동조합, 문구협동조합 등), 단체의 표장으로서 품질보증과 신용유지를 위하여 이들 단체의 표장을 내건 많은 선전광고를 통해 고객흡인력

을 획득하는 데 사용된다. 이는 품질보증의 기능, 중소기업의 신용확보, 고객흡인력 획득, 상품 및 서비스에 화체의 기능이 강하다는 특색을 가지고 있다. 단체표장 가운데 지리적 표시를 사용할 수 있는 상품을 생산·제조 또는 가공하는 자가 공동으로 설립한 법인이 직접 사용하거나 그 소속 단체원에게 사용하게 하기 위한 표장은 '지리적 표시 단체표장'이다(상 제2조 제1항 제6호). 여기에서 '지리적 표시'란 "상품의 특정 품질·명성 또는 그 밖의 특성이 본질적으로 특정 지역에서 비롯된 경우에 그 지역에서 생산·제조 또는 가공된 상품임을 나타내는 표시"를 의미한다(상 제2조 제1항 제4호).

　예: 지방특산물(풍기 인삼, 대구 능금, 영광 굴비)을 공동으로 생산, 판매하는 업자 등이 설립한 법인이 직접 사용하거나 그 소속 단체원에게 사용하게 하기 위하여 단체가 정하는 내부 규약에 따라 단체표장을 사용할 권리를 인정함으로써 수요자로 하여금 단체의 신용을 믿고 거래를 하도록 하는 것

　[4] **업무표장**: 국내에서 영리를 목적으로 하지 아니하는 업무를 영위하는 자가 그 업무를 표상하기 위하여 사용하는 표장(상 제2조 제1항 제9호)을 의미한다.

　예: 공익법인, YMCA, YWCA, 보이스카웃, 걸스카웃, 올림픽조직위원회, 적십자 등

　[5] **증명표장**: 상품의 품질, 원산지, 생산방법 또는 그 밖의 특성을 증명하고 관리하는 것을 업(業)으로 하는 자가 타인의 상품에 대하여 그 상품이 품질, 원산지, 생산방법 또는 그 밖의 특성을 충족한다는 것을 증명하는 데 사용하는 표장을 의미한다(상 제2조 제1항 제7호). "지리적 표시 증명표장"이란 지리적 표시를 증명하는 것을 업으로 하는 자가 타인의 상품에 대하여 그 상품이 정해진 지리적 특성을 충족한다는 것을 증명하는 데 사용하는 표장을 말한다(상 제2조 제1항 제8호).

IV. 상표기능을 하는 유사한 표지제도와의 비교

1. 상 호

[1] **상 호**: 상인의 영업활동에서 자신을 나타내는 명칭이다.
　예: 대웅제약－상호 / 우루사－상표

[2] 상호와 상표의 차이점

표 4-2 ▎ 상호와 상표의 구별

상호	상표
상인의 명칭, 즉 제조자·가공자나 판매자의 명칭	상품의 이름, 즉 자기의 상품과 타인의 상품을 용이하게 식별하기 위하여 상품에 부착된 이름
상법의 보호(상호를 상표로 등록하면 상표법에 의해서도 보호)	상표법의 보호
상호의 등기관청은 법원	등록관청은 특허청
일정한 지역적 범위 내, 즉 등기된 서울특별시, 광역시, 시, 군에서 행정구역 단위로 효력이 미침	일단 등록되면 10년 동안 대한민국 어디에서나 독점배타적인 권리가 발생(단, 연장가능)
상법은 국어주의를 취하고 있어 외국기업은 국내에 현지법인을 설립하는 경우에는 한글로 표기하고 괄호 속에 원어를 표기할 수 있음. 이러한 상호는 상인만이 사용할 수 있고, 상인이 아닌 자가 사용하는 것은 상호가 아님	

[3] 상호는 문자로만 구성되므로 문자상표의 경우에만 상표법과의 저촉문제가 발생한다. 미등기상호나 미등록상표는 부정경쟁방지 및 영업비밀보호에 관한 법률에서 다룰 수 있는 문제다.

2. 도메인이름

가. 의 의

도메인이름이란 인터넷에서 인터넷 프로토콜 주소를 사람이 기억하기 쉽도록 하기 위하여 만들어진 것이다. 도메인이름은 인터넷주소자원에 관한 법률에 의하여 규율된다(인터넷주소자원에 관한 법률 제2조 제1호 나목). 이 법에 따르면, "인터넷주소관리기관"이란 인터넷주소의 할당·등록 등과 관련된 업무를 수행하는 정보통신망 이용촉진 및 정보보호 등에 관한 법률 제52조에 따른 한국인터넷진흥원(이하 "인터넷진흥원"이라 한다)과 인터넷진흥원으로부터 인터넷주소 관리업무를 위탁받은 법인 및 단체이다(동법 제2조 제3호 및 제9호). 도메인이름은 인터넷상에서 데이터를 전송할 때, 송수신 컴퓨터의 위치를 우편번호처럼 쉽게 파악할 수 있도록 하기 위한 것으로서 상품 내지 서비스 등과 관련 없이 등록이 가능하다.

나. 보호범위 및 효력

[1] 인터넷상 동일한 도메인이름은 단 하나밖에 없다. 도메인이름은 독점적으로 사용할 수 있으나 유사한 도메인이름을 배척할 권리가 없다. 반면에 상표의 경우 국내에서만 보호되는 것이 원칙이고, 독점권과 동일 또는 유사한 상표의 등록을 금지시키는 배타권이 발생한다.

[2] 도메인이름이 일반적인 상표등록요건을 갖추면 이를 상표로서 등록하여 보호받을 수 있다. 상품이나 서비스의 거래를 전제하지 않더라도 "인터넷 통신서비스"를 지정서비스로 하여 상표등록을 할 수도 있으며, 상품이나 서비스를 거래대상으로 하는 경우에는 해당 웹사이트를 통하여 거래하고자 하는 상품이나 서비스를 지정하여 상표등록을 하거나 "인터넷 통신을 통한 상품의 판매대행업, 판매알선업, 제공업, 거래업, 중개업 등"을 지정하여 상표등록을 하여 보호받을 수 있다. 도메인이름을 상품이나 서비스와 관련해 사용하지 아니하고 도메인이름만을 등록하여 보유하고 있거나, 상품이나 서비스의 거래는 하지 않고 일반적 목적의 웹사이트만 운영한다면 상표의 사용으로 인정하기 어렵다. 즉, 도메인이름의 유사만으로 상표권의 침해가 인정되는 것은 아니다. 하지만 인터넷상 광고는 일반 광고와 달리 취급할 이유가 없는 바, 타인의 등록상표와 동일 또는 유사한 도메인이름을 사용하는 것은 상표의 사용이며, 상표권의 침해를 구성할 수 있다.

다. 부정한 목적의 도메인이름 등의 등록 등의 금지

인터넷주소자원에 관한 법률 제12조에 따르면, "① 누구든지 정당한 권원이 있는 자의 도메인이름 등의 등록을 방해하거나 정당한 권원이 있는 자로부터 부당한 이득을 얻는 등 부정한 목적으로 도메인이름 등을 등록·보유 또는 사용하여서는 아니 된다.

② 정당한 권원이 있는 자는 제1항을 위반하여 도메인이름 등을 등록·보유 또는 사용한 자가 있으면 법원에 그 도메인이름 등의 등록말소 또는 등록이전을 청구할 수 있다."라고 규정하고 있다. 아울러 부정경쟁방지 및 영업비밀보호에 관한 법률 제2조 제1호 아목에 따르면, 정당한 권원이 없는 자가 (i) 상표 등 표지에 대하여 정당한 권원이 있는 자 또는 제3자에게 판매하거나 대여할 목적, (ii) 정당한 권원이 있는 자의 도메인이름의 등록 및 사용을 방해할 목적, 또는 (iii) 그 밖에 상업적 이익을 얻을 목적 가운데 어느 하나의 목적으로 국내에 널리 인식된 타인의 성명, 상호, 상표, 그 밖의 표지와 동일하거나 유사한 도메인이름을 등록·보유·이전 또는 사용하는 행위를 부정경쟁행위로 규정하고 있다.

대법원 2017. 6. 29. 선고 2016다216199 판결[도메인 등록이전 청구의 소 (자) 상고 기각][부정한 목적의 도메인이름 보유와 사용 사건]

☞ 피고가 원고의 국내에이전트가 된 후 원고의 제품을 소개하기 위하여 이 사건 도메인이름을 등록하여 사용하였으나 그 후 그 에이전트 계약이 종료되어 원고와는 경쟁업체가 되었음에도 이 사건 도메인이름을 피고의 웹사이트 주소로 계속 사용하면서 원고를 해외 거래처라고 지칭함으로써 인터넷 사용자들에게 피고가 아직도 원고의 한국 공식대리점이라는 인상을 주어 혼동을 초래하고 그로 인하여 원고의 대리점 관리 및 판매 실적에도 영향을 미치는 등의 판시 사정들이 인정되며, 이러한 사정들을 종합하면 이 사건 도메인이름의 보유 및 사용에 관하여 피고에게 인터넷주소법 제12조의 '부정한 목적'을 인정할 수 있고, 피고가 이전에 이 사건 도메인이름을 판매·대여하여 경제적 이익을 얻고자 한 적이 없었다 하더라도 마찬가지라고 보아야 한다고 본 원심판단을 수긍한 사례.

라. 도메인이름 분쟁 유형

(1) 의 의

도메인이름 분쟁 유형으로는 (i) 도메인이름을 등록만 하고 아무런 영업을 하지 않은 경우, (ii) 지정상품과 비유사한 상품으로 영업을 한 경우, (iii) 지정상품과 동일하거나 유사한 상품으로 영업을 한 경우, (iv) 타인의 표지의 식별력이나 명성을 손상한 경우 등이 존재한다.

(2) 도메인이름을 등록만 하고 아무런 영업을 하지 않은 경우

등록인이 타인의 성명, 상호, 상표 등을 도메인이름으로 등록만 하고 웹사이트도 개설하지 않고 있는 경우, 도메인이름 등록 후 웹사이트까지는 개설하였으나 웹사이트에 아무런 내용이 없는 경우(blank site), 도메인이름 등록 후 웹사이트를 개설하여 영업이라고 볼 수 없는 단순한 정보제공만을 한 경우 등이 이에 해당한다. 이러한 유형들은 상표법상 규정하고 있는 상표의 사용행위로 볼 수 없으므로 상표권 침해행위가 될 수 없다. 부정경쟁 방지 및 영업비밀보호에 관한 법률[10] 제2조 제1호 아목은 2004년 1월 20일 개정(시행 2004. 7. 21.)을 통해 신설되었는데, 이 규정에 따르면 상표 등 표지에 대하여 정당한 권한이 있는 자 등에게 판매·대여할 목적으로 널리 인식된 타인의 성명·상호·상표 그 밖의 표지와 동일하거나 유사한 도메인이름을 등록·보유·이전 또는 사용하는 행위를 부정경쟁행위로 보았다. 따라서 위 조문에 해당하는 경우에는 부정경쟁행위가 될 수 있다.

---

10) [시행 2004. 7. 21.][법률 제7095호, 2004. 1. 20., 일부개정].

(3) 지정상품과 비유사한 상품으로 영업을 한 경우

등록인이 타인의 상표 등으로 구성된 도메인이름을 등록한 후 그 도메인이름에 따라 개설된 웹사이트에서 지정상품과 동일 또는 유사하지 않은 상품을 판매하는 등 상표권자 등의 영업과는 다른 영업을 하는 경우에는 상품의 출처에 대한 혼동가능성이 야기되지 않으므로 상표권자 등에 대해 직접적인 침해에 해당하지 않는다.

(4) 지정상품과 동일하거나 유사한 상품으로 영업을 한 경우

(i) 등록인이 상호, 상표 등 기타 타인의 표지로 구성된 도메인이름을 등록한 후 웹사이트를 개설하여 그 표지에 대한 정당한 권리자와 동일하거나 유사한 상품을 판매하는 등 영업행위를 한 경우, (ii) 타인의 표지로 된 도메인이름을 웹사이트 주소창에 입력하면 곧바로 자신이 개설한 다른 도메인이름의 웹사이트로 이동하도록 하는 소위 포워딩 방식을 채택하여 지정상품과 동일하거나 유사한 상품으로 영업을 한 경우 등이 이에 해당한다. 이러한 웹사이트에서의 행위들은 상표의 광고적 사용행위 등에 해당하므로 상표의 사용에 해당한다.[11] 즉, 상품의 출처에 관한 혼동이 발생함으로써 타인의 상표권 등이 침해된다. 웹사이트상에서 상표권자 등의 상표나 상호까지 사용하였다면 상품의 출처에 관한 혼동은 심화되며 타인의 상표를 도메인이름으로 등록한 자가 타인의 상품과 동일하거나 유사한 상품들로 영업준비행위를 한 경우에도 영업행위를 한 경우와 마찬가지로 취급하여야 할 것이다.

(5) 타인의 표지의 식별력이나 명성을 손상한 경우

등록인이 타인의 성명, 상호, 상표 등을 도메인이름으로 등록한 후 웹사이트를 개설하여 그 식별력이나 명성을 손상하는 행위를 한 경우, 즉 도메인이름 등록인이 웹사이트상에서 타인의 상표 등을 비방하거나 타인의 상품보다 열등한 품질의 상품을 판매하는 등의 행위를 하는 것은 부정경쟁방지 및 영업비밀보호에 관한 법률 제2조 제1호 다목의 부정경쟁행위(식별력 손상행위)에 해당할 수 있다.

대법원 2004. 2. 13. 선고 2001다57709 판결[상표권침해및부정경쟁행위금지등]
[상표적 사용을 부정한 사례]

[판결요지]
[1] 도메인이름의 요부가 저명한 등록상표와 동일하기는 하나, 상표법에서 규정하는 상표권 침해행위가 되기 위해서는 타인의 등록상표와 동일한 상표를 그 지정상품과 유사한

---

11) 서울고등법원 2000. 11. 15. 선고 99나61196 판결(chanel.co.kr 사건).

상품에 사용하거나, 타인의 등록상표와 유사한 상표를 그 지정상품과 동일 또는 유사한 상품에 사용하는 행위가 있어야 하는데, 위 도메인이름하에 운용되는 웹사이트에서 등록상표권의 지정상품과 동일 또는 유사한 상품을 취급하거나, 등록서비스표의 지정서비스업과 동일·유사한 영업을 취급한 사실이 전혀 없다면 위 웹사이트를 통해 등록상표권을 침해하였거나 침해할 우려가 있다고 볼 수 없고, 등록상표와 동일한 이름을 도메인이름으로 사용한 것만으로는 상표법 제66조에서 규정하는 상표권 침해행위에 해당한다고 보기 어렵다고 한 사례.

[2] 부정경쟁방지및영업비밀보호에관한법률 제2조 제1호 (가)목의 상품주체 혼동행위에 해당하는 표지의 사용은 '상품에 관련된 일체의 사용행위'를, 같은 호 (나)목의 영업주체 혼동행위에 해당하는 표지의 사용은 '영업에 관련된 일체의 사용행위'를, 비상업적 사용을 그 적용대상에서 제외하고 있는 같은 호 (다)목의 식별력이나 명성 손상행위에 해당하는 표지의 사용은 '상업적 사용'을, 각 의미하는 것으로 해석하여야 할 것이고, 도메인이름의 양도에 대한 대가로 금원 등을 요구하는 행위는 도메인이름을 상품 또는 영업임을 표시하는 표지로 사용한 것이라고는 할 수 없어서, 같은 법 제2조 제1호 (가)목, (나)목의 혼동행위나 같은 호 (다)목 소정의 식별력 또는 명성의 손상행위에 해당하지 아니한다.

3. 캐릭터

[1] **캐릭터**: 소설이나 만화, 영화 등에 등장하는 미키마우소, 피카츄, 디지몬, 영심이, 아기공룡 둘리 등과 같은 가공적 인물을 지칭하는 것과 현 사회에서 등장하는 실제인물(박찬호, 김연아, 박태환)인 스포츠선수나 연예인 등을 지칭하기도 한다.

[2] 고객흡인력을 가진 캐릭터는 상표와 마찬가지로 상품에 사용되고 있으나, 이는 상품의 식별표지로서가 아니라 고객흡인력에 의한 것이다.

[3] 캐릭터는 실존 여부에 따라 (i) 연예인이나 운동선수 등과 같이 실재인물에 관한 캐릭터(실재캐릭터)와 (ii) 순수하게 창작된 캐릭터(창작캐릭터), (iii) 시각적으로 인식할 수 있도록 도화로 표현된 것(시각적 캐릭터 아바타 등), (iv) 소설 등에 등장하는 주인공과 같이 언어로 표현된 것(어문적 캐릭터 돈키호테), (v) 신문이나 잡지, TV 등에 시리즈로 등장하는 것(시리즈 캐릭터), (vi) 처음부터 상품화를 목적으로 창작되는 캐릭터(오리지널 캐릭터) 등으로 분류된다.

[4] **캐릭터의 모양이나 이름을 상표로 등록할 경우**: 상표등록요건에 해당되면 상표법에

의한 보호를 받을 수 있다.

(i) 캐릭터를 상표로서 사용했을 경우 자타상품 식별력 등의 요건을 만족해야 하며, 다른 지식재산권과 달리 상표권의 설정등록이 있은 날로부터 10년간 존속하며 존속기간 갱신등록출원에 의하여 10년마다 갱신할 수 있어 영구적으로 사용할 수 있는 장점이 있다.

(ii) 캐릭터가 상표로서 등록요건을 갖추어 지정상품군에 등록되었다고 하더라도 이는 상품의 출처표시를 위하여 사용된 경우에만 상표법으로 보호받을 수 있다.

[5] 타인의 저작권을 침해하는 상표등록이 상표등록거절사유에 해당하는지 여부: 특허법원 2003. 8. 14. 선고 2003허2027 판결[등록무효(상)]에서는 "상표를 등록하여 사용하는 행위가 저작권을 침해하는 행위라고 할 수 없는 이상은, 저명한 저작물의 제호 또는 그 캐릭터의 명칭을 모방한 표장을 사용한다는 사실만으로 저작물에 내재된 재산적 가치를 직접적으로 침해하는 행위로서 구 상표법 제7조 제1항 제4호(현행 상표법 제34조 제1항 제4호) 소정의 공공의 질서 또는 선량한 풍속을 문란하게 하는 행위라고 할 수 없다."라고 하여 타인의 저작권을 침해하는 상표등록은 상표법 제34조 제1항 제4호 소정의 공공의 질서 또는 선량한 풍속을 문란하게 하는 행위에 해당하여 상표등록거절사유에 해당할 수 있음을 시사하고 있다.[12] 따라서 타인의 저작권을 침해하는 상표등록은 저작자의 승낙 없이 한 범죄행위인 만큼 공서양속위반(상 제34조 제1항 제4호) 또는 기만적 상표(상 제34조 제1항 제11호)에 해당하므로 무효라고 보아야 할 것이다.

[6] 상표는 특정 상품군에 대하여 등록되어야 하는데, 캐릭터 소유자가 자신의 캐릭터를 사용할 것이 예상되는 상품에 대하여 전부 상표등록을 한다는 것은 불가능하다.

[7] 상표등록출원은 그 표장을 실제로 사용할 필요는 없다고 하더라도 적어도 등록된 상품에 해당 표장을 사용할 의사가 있어야 하므로(상 제3조) 등록된 상품이외의 상품에 캐릭터가 사용된 경우에는 상표등록으로 캐릭터를 보호할 수 없다.

[8] 일정기간(3년) 사용하지 않은 상표는 취소사유가 되므로(상 제73조 제1항 제3호), 캐릭터의 상표법에 의한 보호에는 한계가 있다.

---

12) 참조사례: 일본특허심판소(1960. 4. 25. 심결)는 연필 등 문구류에 대하여 미키마우스의 도형과 MICKEY MOUSE라는 상표를 등록한 사안에 대하여 월트디즈니 프로덕션의 상표등록무효주장을 비록 저작권을 침해하는 상표등록이라 하더라도 공서양속에 반한다고 볼 수 없다는 이유로 받아들이지 않았다.

대법원 2015. 12. 10. 선고 2015도11550 판결[상표법위반 · 저작권법위반 · 부정경쟁방지및영업비밀보호에관한법률위반][공2016상,157]

[판결요지]

[1] 피고인이 상표권자 갑이 인형 등을 지정상품으로 하여 등록한 상표 "🐰"(이하 '등록상표'라고 한다)와 동일 또는 유사한 상표 "🐰"(이하 '피고인 사용상표'라고 한다)가 부착된 인형을 수입·판매함으로써 갑의 상표권을 침해하였다는 내용으로 기소된 사안에서, 등록상표는 청색의 오뚝이 형상 내부에 토끼얼굴 도형이 그려져 있고 하단에 프랑스어 문자 'le Sucre'가 배치되어 있는데 그중 토끼얼굴 도형 부분은 크기와 위치 및 전체 표장에서 차지하는 비중 등에 비추어 볼 때 수요자의 주의를 끄는 특징적 부분이고, 사용상표에 나타나 있는 토끼 도형도 비록 옷을 입은 몸통과 팔다리가 그려져 있기는 하나 등록상표의 토끼얼굴 도형과 사실상 동일한 얼굴모양을 하고 있는 점 등을 종합하여 보면, 두 상표는 거래자나 일반 수요자에게 주는 인상, 기억, 연상 등에 있어서 상품의 출처에 관하여 오인·혼동을 일으킬 우려가 있어 유사상표에 해당한다고 한 사례.

[2] 피고인이 토끼를 사람 형상으로 표현한 캐릭터 모양의 인형을 수입·판매함으로써, 일본 갑 유한회사의 저작재산권을 침해하고, 갑 회사 등과의 상품화 계약에 따라 을이 국내에서 판매하는 인형과 혼동하게 하며, 을의 상표권을 침해하였다고 하여, 저작권법 위반, 부정경쟁방지 및 영업비밀보호에 관한 법률(이하 '부정경쟁방지법'이라고 한다) 위반, 상표법 위반으로 기소된 사안에서, 저작권법위반죄와 부정경쟁방지법위반죄는 1개의 행위가 수개의 죄에 해당하는 형법 제40조의 상상적 경합관계에 있고, 상표법위반죄는 나머지 죄들과 구성요건과 행위태양 등을 달리하여 형법 제37조 전단의 실체적 경합관계에 있다고 한 사례.

제5절 상표의 등록요건 개요

I. 의 의

우리 상표법에 의해 보호되는 표장은 상표, 업무표장, 단체표장, 증명표장이다. 상표 중에는 서비스상표도 포함되어 있는데, 서비스상표에 대해서는 상품상표의 등록요건과는 구별하여 별도로 논의한다. 각 표장의 등록요건을 차례로 살펴보기로 한다. 각 표장의 구성요건은 해당 표장의 등록요건의 전제가 된다는 점에서 그 등록요건과는 구별되지만, 해당 표장의 등록요건과 같이 고찰한다. 그리고 상표의 등록요건은 상품상표를 중심으로 기술되어 있는 관계로 여기에서 서비스상표, 업무표장, 단체표장, 증명표장과 관련해서는 등록요건 이외에 구성요건, 효력 등을 개괄적으로 설명한다.

II. 상품상표

상품상표의 등록요건이 충족되기 위해서는 선행적으로 상품상표의 구성요건을 충족하여야 한다. 따라서 아래에서는 상품상표의 구성요건도 같이 언급한다.

1. 상품상표의 구성요건

[1] **상표법상 상표**: 자기의 상품(지리적 표시가 사용되는 상품의 경우를 제외하고는 서비스 또는 서비스의 제공에 관련된 물건을 포함한다. 이하 같다)과 타인의 상품을 식별하기 위하여 사용하는 표장(標章)을 의미한다.

[2] **상품상표의 구성요건**: (i) 표장 사용의 대상이 '상품'일 것, (ii) '자타상품을 식별하기 위하여' 사용하는 것일 것, (iii) 표장의 '사용'[13])에 해당할 것, (iv) '표장'이어야 한다.

[3] **상품의 정의**: '상품'이란 '그 자체가 교환가치를 가지고 독립된 상거래의 목적물이 되는 물품'[14]) 내지 '운반가능한 유체물로서 반복하여 거래의 대상이 될 수 있는 것'[15])을 의미한다. 따라서 상품이 되기 위한 요건으로서 (i) 유체물이어야 하고(유체성), (ii) 운반가능한 것이어야 하고(유통성), (iii) 반복거래가 가능한 것(계속성 및 거래성)이어야 한다. 따라서 상품의 선전광고나 판매촉진 또는 고객에 대한 서비스 제공 등의 목적으로 그 상품과 함께 또는 이와 별도로 고객에게 무상으로 배부되어 거래시장에서 유통될 가능성이 없는 이른바 '광

---

13) 상표의 '사용'은 상표의 구성요건이 아니라 등록요건이라는 견해로는 최성우, "상표의 구성요건과 등록요건", 「제1기 지식재산연수원 교재」, 제3권, 대한변호사협회, 2015년, 75면(2012. 3. 15. 시행 상표법은 제3조 전단을 거절이유 및 무효사유로 명시함으로써 국내에서의 상표의 '사용' 내지 '사용의사'가 상표의 등록요건임을 분명히 하였다."고 언급함). 상표의 사용 사실 내지 상표의 사용의사는 상표의 등록요건임에도 불구하고 특정 표장이 상표에 해당하는지 여부를 판단하기 위한 관념적인 구성요건으로서의 '표장의 사용'은 상표의 구성요건으로 보는 것이 타당할 것이다. 그렇게 이해하는 것이 조문의 배치 및 상표의 정의에 비추어 보아 타당할 것이다.

14) 대법원 1999. 6. 25. 선고 98후58 판결; 대법원 2004. 5. 28. 선고 2002후123 판결.

15) 송영식·이상정·김병일, 앞의 책, 172면; 특허청, 상표법, 8면.

고매체가 되는 물품'은 비록 그 물품에 상표가 표시되어 있다고 하더라도, 물품에 표시된 상표 이외의 다른 문자나 도형 등에 의하여 광고하고자 하는 상품의 출처표시로 사용된 것으로 인식할 수 있는 등의 특별한 사정이 없는 한, 그 자체가 교환가치를 가지고 독립된 상거래의 목적물이 되는 물품으로는 볼 수 없다.[16] 그리고 등록상표에 표시된 유리병에 든 '보리, 수수, 옥수수' 등이 판매용 물품이 아니라 대리점에서 거래되는 즉석 건조 건강식품을 이루는 일부 성분의 견본에 불과한 경우에는 성분의 구성 및 비율에 특징이 있는 그 즉석 건조 건강식품과 거래통념상 동일성의 범위 내에 있는 상품이 아니어서 상표법상 상품에 해당하지 않는다.[17] 전기, 열, 빛, 향기 및 권리와 같은 무체물, 운반가능성이 없는 부동산, 법적으로 거래가 금지되는 마약, 개인이 소장하고 있는 희귀한 골동품 등도 상표법상 상품에 해당하지 아니한다.[18] 하지만, 인터넷상 컴퓨터 네트워크를 통해 다운로드받을 수 있는 컴퓨터프로그램은 상표법상 상품으로 인정되고 있다.[19]

예컨대 양복, 자동차, 세탁기 등은 상품에 해당하나, 골동품, 전기, 빛, 열 등은 상품에 해당하지 아니한다. 다만, 산소, 천연가스 등을 통에 넣으면 상품이 될 수 있다. 무형의 전자정보재도 직접거래가 되면서 컴퓨터프로그램이나 전자출판물도 다운로드가 가능하면 상품으로 볼 수 있을 것이다. 판례에 따르면, '상품'은 그 자체가 교환가치를 가지고 독립된 상거래의 목적물이 되는 물품을 의미하는 것으로 판시하고 있다.[20]

[4] **자타 상품을 식별하기 위하여 표장을 사용하는 것일 것**: 상품에 사용하는 표장이더라도 상인이 법률관계의 귀속주체를 표시하기 위하여 사용하는 상호(商號)적 사용이나, 단순히 물품에 심미감을 주기 위한 디자인적 사용이나, 상품의 특성을 나타내는 단순한 가격표시나 등급표시 등은 자기의 업무에 관련된 상품을 타인의 상품과 식별하기 위하여 사용하는 표장이 아니다.[21] 디자인이 될 수 있는 형상이나 모양이 표장으로 사용되어 상표로서 보호될 수 있는 경우에는 상표권자의 상표권을 보다 강하게 보호할 수도 있다.[22]

---

16) 대법원 1999. 6. 25. 선고 98후58 판결.
17) 대법원 2004. 5. 28. 선고 2002후123 판결.
18) 특허법원 지적재산소송실무연구회, 앞의 책, 480면.
19) 특허청, 상표법, 8면.
20) 대법원 2010. 9. 9. 선고 2010후1466 판결[권리범위확인(상)]; 대법원 1999. 6. 25. 선고 98후58 판결; 대법원 2004. 5. 28. 선고 2002후123 판결.
21) 상표심사기준[특허청 예규 제112호, 2019. 12. 24. 개정], 제2부 제1장 §1.3 (이하 '상표심사기준(2019년).
22) 대법원 2013. 2. 14. 선고 2011도13441 판결.

대법원 2013. 2. 14. 선고 2011도13441 판결[상표법위반][공2013상,523]

[판결요지]

[1] 디자인과 상표는 배타적·선택적 관계에 있지 아니하므로, 디자인이 될 수 있는 형상이나 모양이라고 하더라도 그것이 상표의 본질적 기능인 자타상품의 출처표시로서 기능하는 경우에는 상표로서 사용된 것으로 보아야 한다.

[2] 피고인 갑 주식회사의 대표이사인 피고인 을이 피해자인 영국 병 회사의 등록상표와 유사한 격자무늬가 사용된 남방셔츠를 판매목적으로 중국에서 수입하였다고 하여 상표법 위반으로 기소된 사안에서, 병 회사의 등록상표는 의류 등의 상품에 관하여 병 회사의 출처표시로서 널리 알려져 있는 점, 병 회사의 등록상표는 격자무늬를 형성하는 선들의 색상 및 개수·배열순서 등에 의하여 독특한 디자인적 특징을 가지고 있고 주로 의류 등 상품의 표면 또는 이면의 상당 부분에 표시되는 형태로 사용되어 그 상품을 장식함과 동시에 병 회사의 출처도 함께 표시하는 기능을 수행하여 오고 있는 점 등 제반 사정에 비추어 볼 때 피고인 갑 회사가 수입한 남방셔츠의 격자무늬는 상품의 출처를 표시하기 위하여 상표로서 사용되었다고 보아야 하고, 남방셔츠에 별도의 표장이 표시되어 있기는 하나, 하나의 상품에 둘 이상의 상표가 표시될 수 있는 점 등을 고려할 때 남방셔츠의 격자무늬가 디자인적으로만 사용되었다고 볼 수 없는데도, 이와 달리 보아 피고인들에게 무죄를 인정한 원심판결에 상표의 사용에 관한 법리 등을 오해한 위법이 있다고 한 사례.

[5] 표장의 '사용'에 해당할 것: 상표의 사용에 대해서는 상표법 제2조 제1항 제11호 및 제2조 제2항에서 규정하고 있다. 상표의 사용행위는 (i) 상품 또는 상품의 포장에 상표를 표시하는 행위, (ii) 상품 또는 상품의 표장에 상표를 표시한 것을 양도 또는 인도하거나 양도 또는 인도할 목적으로 전시·수출 또는 수입하는 행위, (iii) 상품에 관한 광고·정가표·거래서류, 그 밖의 수단에 상표를 표시하고 전시하거나 널리 알리는 행위를 의미한다(상 제2조 제1항 제11호). 전술한 (i), (ii), (iii)의 상표표시 행위는 ① 표장의 형상이나 소리 또는 냄새로 상표를 표시하는 행위, ② 전기통신회선을 통하여 제공되는 정보에 전자적 방법으로 표시하는 행위까지를 포섭한다(상 제2조 제2항 제1호 내지 제2호). '상표의 사용 사실 내지 상표의 사용의사'는 등록요건 중에서도 절차적 등록요건(특히 주체적 등록요건)에 해당한다. 자타상품을 식별하기 위하여 사용하는 표장에 해당하는지 여부를 판단하기 위한 개념으로서의 '표장의 사용'은 상표의 실제적 사용의 사실 내지 사용의 의사와는 상관없이 상표의 구성요건에 해당한다고 보는 것이 타당할 것이다. 즉, '표장의 사용'과 '상표의 사용'은 구별할 수 있는 개념

이다. 그리고 '상표의 사용'에 대해서는 상표법 제2조 제1항 제11호 및 제2조 제2항에 규정되어 있으나, '표장의 사용'의 정의에 대해서는 상표법상 규정이 없다. '자타상품을 식별하기 위한 사용'이면 표장의 '사용'에 해당하는 것으로 볼 것이므로 '자타상품 식별 목적'의 요건을 충족하면 표장의 '사용' 요건도 충족하는 것으로 추론할 수 있다.

예컨대, '디자인으로 구성된 도형표장'이 자타상품을 식별하기 위하여 사용된 것이 아니라면 상표의 구성요건을 충족하지 못하게 된다. 이와 관련하여 '디자인으로 구성된 도형표장'이 상표의 구성요건을 충족한 경우에는 자타상품식별력 등 등록요건 충족 여부가 문제될 뿐이다. 따라서 '디자인으로 구성된 도형표장'이 상표법 제33조 제2항에 따라 '상표 사용에 의한 식별력'을 취득하는지 여부는 상표의 구성요건을 충족한 것을 전제로 논의되는 것이다.

이러한 논의를 토대로 할 때, 상표의 구성요건인 '표장의 사용'과 상표의 등록요건 중 '상표의 사용 사실 내지 상표의 사용 의사'에서의 '상표의 사용'은 별개의 개념으로 이해하는 것이 타당하다. 디자인에 해당하는 표장을 자타상품식별을 위하여 사용하지 못한 경우에는 상표의 구성요건을 충족하지 못한 것에 해당하고, 디자인에 해당하는 상표를 사용할 의사나 사용한 사실이 없는 경우에는 상표의 등록요건을 충족하지 못하는 것이다. 표장의 사용이 상표의 구성요건인지 아니면 상표의 등록요건인지 여부를 논의하는 실익이 있는지 살펴볼 필요가 있다. '표장의 사용'을 상표의 구성요건으로 이해하는 경우에는 상표법 제54조 제1호에 의거하여 거절사유에 해당하고, 상표법 제117조 제1항 제1호에 따른 무효사유에도 해당한다. 그리고 표장의 사용을 상표의 등록요건으로 이해하는 경우 상표법 제54조 제3호에 의거하여 거절사유에 해당할 뿐만 아니라 상표법 제117조 제1항 제1호에 의거하여 무효사유에 해당하는 것으로 해석할 수 있다. 그렇다면 이 경우에는 표장의 사용을 상표의 구성요건으로 볼 것인지 아니면 상표의 등록요건으로 볼 것인지 여부에 따라 적용조문의 차이가 있을 따름이다. 하지만, '표장의 사용'은 전술한 바와 같이 상표의 구성요건으로 해석하는 것이 타당하다. 이러한 해석론을 의거할 때, '표장의 사용'이 상표의 구성요건을 충족하지 못하는 경우 상표등록의 거절사유 및 상표등록의 무효사유가 된다(상 제117조 제1항, 제54조 제1호).

예컨대 상품 전체를 구성하는 디자인이 상표에 해당하지 않는 경우에 특허청 심사관이 거절결정을 하지 않아 등록된 때에는 그 디자인이 상표에 해당하지 않는 것을 이유로 이 디자인 상표의 등록을 무효로 할 수 있다. 이 경우, 그렇게 함으로써 디자인의 상표화를 통한 디자인의 남용적 활용을 방지할 수 있을 것으로 판단된다.

그리고 상표불사용으로 인한 등록상표취소사유(상 제119조 제1항 제3호)는 유효한 상표를 전제로 하므로 이 경우 쟁점은 '상표의 사용' 여부이고, '표장의 사용' 여부는 아니다. 따라서 '표장의 사용'과 '상표의 사용'을 개념적으로 구별하는 것은 어느 정도 실익이 있다.

[6] **표장일 것**: 표장이란 "기호, 문자, 도형, 소리, 냄새, 입체적 형상, 홀로그램·동작 또는 색채 등으로서 그 구성이나 표현방식에 상관없이 상품의 출처(出處)를 나타내기 위하여 사용하는 모든 표시"를 의미한다(상 제2조 제1항 제2호).

2. 상표의 등록요건

[1] **절차적 등록요건**: 절차적 요건으로서 출원인은 일정한 자격을 갖추어야 하고, 그 밖에 선출원 등 절차적 요건(상 제3조, 제4조, 제35조)을 충족하여야 한다. 상표등록을 받을 수 있는 자는 국내에서 상표를 사용하는 자 또는 사용하려는 자다(상 제3조 제1항 본문). 다만, 특허청 직원과 특허심판원 직원은 상속 또는 유증의 경우를 제외하고는 재직 중에 상표를 등록받을 수 없다(상 제3조 제1항 단서). 상표를 출원하여 등록받으려는 자는 국내에서 출원된 상표를 사용하고 있는 사실 또는 사용할 의사를 가지고 있어야 한다.

[2] **실체적 등록요건**: 상표의 적극적 등록요건(상 제33조)을 충족하여 자타상품식별력이 있고, 소극적 요건(부등록사유)(상 제34조)에 해당하지 않아야 한다.

[3] 상표의 등록요건에 대해서는 자세히 후술하기로 한다.

III. 서비스상표

서비스상표[23]의 등록요건이 충족되기 위해서는 선행적으로 서비스상표의 구성요건을 충족하여야 한다. 따라서 다음에서는 서비스상표의 구성요건도 같이 언급하기로 한다.

---

23) 상품과 서비스에 대한 구별은 현행 상표법 하에서도 필요하다는 견해로는 김원오, "상표의 구성요건과 등록요건", 「제3기 지식재산연수원 교재」, 제2권, 대한변호사협회, 2017년 4월, 188면("종전에는 상표와 구별되는 서비스표 개념을 별도로 두고 상표법 규정을 적용하였는데 사용대상이 상품이냐 서비스냐의 차이뿐 본질이 동일한데 혼란만 초래한다는 이유로 개정법에서 상표로 일원화되었다. 그러나 상품과 서비스에 대한 구별은 여전히 필요하며 특히 '도소매업의 식별표지의 사용'이 상표로서의 사용인지, 서비스표로서의 사용인지가 논란이 되기도 하였으나 2007년 서비스로 추가하였다. 이 문제는 동일, 유사 표장을 각각 등록하거나 사용하는 당사자 상호 간에 전용권과 배타권의 효력범위를 둘러싼 분쟁의 양상으로 나타나고 있다.").

1. 구성요건

[1] **서비스상표의 구성요건**: (i) 표장 사용의 대상이 '서비스'일 것, (ii) '자타서비스를 식별하기 위하여' 사용하는 것일 것, (iii) 서비스에 관한 표장의 '사용'에 해당할 것, (iv) '표장'이어야 한다. 상품상표와 중첩되는 부분을 생략하고 '서비스'의 정의 및 '서비스에 관한 표장의 사용'에 초점을 두어 설명한다.

[2] **서비스의 정의**: (i) 생산된 재화를 운반·배급하거나 생산·소비에 필요한 노무를 제공하는 경우와 (ii) 개인적으로 남을 위하여 돕거나 시중을 드는 것으로 '봉사', '접대'라는 뜻으로 사용하는 경우가 통례다. 서비스상표등록을 받을 수 있는 서비스에 해당하기 위해서는 (i) 용역의 제공이 독립하여 상거래의 대상이 될 것, (ii) 타인의 이익을 위하여 제공되는 용역일 것, (iii) 서비스의 제공 또는 상품의 판매에 부수되는 물품 또는 서비스의 제공이 아닐 것, (iv) 현실적으로 존재하는 서비스일 것 등의 요건을 충족하여야 한다.

> ▸ 주의할 점: 서비스에 부대하여 판매하는 상품에 부착하는 상표는 별도의 상표등록을 받아야 한다.

상표법상 서비스상표(service mark)는 서비스를 제공하는 자가 자기의 서비스를 타인의 서비스와 식별되도록 하기 위하여 사용하는 표장이다(상 제2조 제1항 제1호). 상표법상 서비스는 서비스 제공자가 유상으로 서비스를 제공하는 경우에 한하여 적용되며, 무상으로 서비스를 제공하는 경우에는 상표법상 서비스상표의 대상이 될 수 없다. 예컨대 주부가 자기 집에서 가사 일을 하는 경우나 호텔보이가 화물을 방까지 배달하는 경우(호텔서비스업에 부수하는 경우이므로 독립된 운송업이 아님)는 서비스에 해당하지 아니한다. 반면에 전자출판물이나 프로그램, 온라인 게임 등을 인터넷상에서 제공하는 것, 인터넷상에서 전송하는 행위 등은 서비스에 해당한다. 서비스상표는 상품상표의 기능과 유사하나 서비스 제공자를 떠나 서비스의 품질을 표시하는 것으로 보지 못하며, 서비스상표의 품질표시로서의 기능은 상품상표처럼 독립적 존재로서가 아니라 출처표시기능을 통해서만 발휘되므로 종속적인 존재다. 이는 서비스의 유통성의 성질로서 나타나며, 서비스상표의 기능이 잘 나타나는 것은 광고다.

[3] **'표장의 사용'과 '상표의 사용'**

서비스에 관한 '표장의 사용'과 서비스에 관한 '상표의 사용'은 구별되는 개념이다.

(i) 서비스표장의 사용: 자타서비스를 식별하기 위한 표장의 사용은 서비스에 관한 '표장의 사용'에 해당한다. 아래에서는 참고로 서비스에 관한 '상표의 사용'에 대해서도 같이 설명

하기로 한다.

(ii) 서비스상표의 사용: 상표법은 제2조 제1항 제11호에서 상표의 사용 태양에 대해서 규정하면서 제2조 제1항 제1호에서는 상표에 상품표장뿐만 아니라 서비스상표도 포섭하는 것으로 규정하고 있으므로 서비스상표의 사용에 대해서도 규정하고 있는 것으로 보아야 한다. 하지만, 상표의 정의에 그 표장의 대상으로서 상품뿐만 아니라 서비스를 포섭한 결과 서비스상표의 사용 태양이 상품상표의 사용과 상이하다는 점을 간과하는 문제점이 발생하고 있다. 이와 관련해서는 상표법 제2조 제1항 제11호 및 제2조 제2항을 해석함에 있어 판례를 고려할 필요가 있다. 현행 상표법에서는 서비스표라는 용어를 사용하지 않지만 종전의 판결을 그대로 인용함에 있어서는 '서비스표'란 용어를 수정하지 아니하였음을 미리 밝혀 둔다.

등록서비스표 " "의 지정서비스업[24]인 한식점경영업에서의 '서비스표의 사용'의 범위에는 확인대상표장 " "의 사용상품인 '죽용기 포장용 쇼핑백, 죽용기, 젓가락, 냅킨'에 표장을 붙이는 행위도 포함된다는 판시한 특허법원 2006. 4. 6. 선고 2005허9053 판결에 따르면, 서비스표의 사용에는 (i) 서비스를 제공하는 장소에 부착한 간판에 서비스표를 표시하는 행위, (ii) 지정서비스업에 관한 광고전단, 정가표 또는 거래서류에 서비스표를 붙여서 배포·사용하는 행위, (iii) 서비스 제공 시 수요자에게 제공하는 물건에 서비스표를 붙이는 행위, (iv) 서비스의 제공 시 그 제공에 수반되는 등 필수적으로 관계된 물건에 서비스표를 붙이는 행위가 포함된다고 한다. 참고로 일본 상표법 제2조 제1항 제2호에서는 상표의 개념에 '서비스'를 포함하고 있고, 일본 상표법 제2조 제3항상 상표사용의 대상으로 상품 또는 서비스를 들고 있다.[25] 특히 일본 상표법 제2조 제3항 제3호 내지 제8호에서는 상표의 사용 행위로서 (i) 서비스의 제공에 있어 그 제공을 받는 자의 이용에 제공하는 물건(양도, 또는 대여한 물건을 포함한다. 이하 같다)에 표장을 붙이는 행위, (ii) 서비스의 제공에 있어 그 제공을 받는 자의 이용에 제공하는 물건에 표장을 붙인 것을 사용하여 서비스를 제공하는 행위, (iii) 서비스의 제공 용도로 제공된 물건(서비스의 제공에 있어 그 제공을 받은 자의 이익에 제공한 물건을 포함한다. 이하 같다)에 표장을 붙인 것을 서비스의 제공을 위하여 전시하는 행위, (iv) 서비스의 제공에 있어 그 제공을 받은 자의 해당 서비스의 제공에 관계된 물건에 포장을 붙이는 행위, (v) 전자적 방법(電磁的 方法)(자기적(磁氣的) 방법 또는 그 밖에 사람의 지각에 의하여 인식

---

24) 현행 상표법령에 따르면, 지정상품이라고 칭한다.
25) 小野昌延, 「注解 商標法(上卷)」, 靑林書院, 2006年, 86-91頁.

할 수 없는 방법을 말한다)에 의하여 재현된 영상을 통해 서비스의 제공에 있어 그 영상에 표장을 표시하여 서비스를 제공하는 행위, (vi) 상품 또는 서비스에 관한 광고, 가격표 또는 거래서류에 표장을 붙여 전시, 또는 반포, 또는 이것을 내용으로 하는 정보에 표장을 붙여 전자적 방법에 의하여 제공하는 행위를 포함하고 있다. 이와 관련하여 상품 그 밖의 물건에 표장을 붙이는 행위는 (i) 상품 또는 상품의 포장, (ii) 서비스의 제공 용도로 제공되는 물건 또는 (iii) 상품 또는 서비스에 관한 광고를 포장의 형상으로 하는 것을 포함한다(일본 상표법 제2조 제4항).

대법원 2015. 10. 15. 선고 2014다216522 판결[서비스표권침해금지등]

[판결요지]

[1] 타인의 등록상표와 동일 또는 유사한 상표를 지정상품과 동일 또는 유사한 상품에 사용하는 행위는 상표권에 대한 침해행위가 된다. 여기서 유사상표의 사용행위에 해당하는지에 대한 판단은 두 상표가 해당 상품에 관한 거래실정을 바탕으로 외관, 호칭, 관념 등에 의하여 거래자나 일반 수요자에게 주는 인상, 기억, 연상 등을 전체적으로 종합할 때, 두 상표를 때와 장소를 달리하여 대하는 거래자나 일반 수요자가 상품 출처에 관하여 오인·혼동할 우려가 있는지의 관점에서 이루어져야 한다. 그리고 이러한 법리는 상표법 제2조 제3항에 의하여 서비스표의 경우에도 마찬가지로 적용된다.

[2] 갑 등이 을 주식회사의 등록서비스표인 "**다이소**", "**DAISO**"의 지정서비스업과 동일·유사한 서비스업인 생활용품 등 판매점을 운영하면서 "**DASASO**", "**DASASO**", "**다사소**"를 서비스표로 사용하자, 을 회사가 갑 등을 상대로 서비스표권 침해금지 등을 구한 사안에서, 등록서비스표인 "**다이소**", "**DAISO**"의 주지성을 고려할 때 갑 등의 서비스표는 차이가 나는 중간 음절은 부각되지 않은 채 첫째 음절과 셋째 음절만으로도 일반 수요자에게 등록서비스표를 연상시킬 수 있는 점, 을 회사의 등록서비스표와 갑 등의 서비스표가 사용된 서비스업이 생활용품 등 판매점으로 일치하고, 취급하는 상품의 품목과 전시 및 판매 방식 등까지 흡사하여 일반 수요자가 양자를 혼동할 가능성은 더욱 높아지는 점 등에 비추어, 갑 등이 서비스표를 생활용품 등 판매점 운영을 위하여 사용한 행위는 거래자나 일반 수요자에게 서비스업의 출처에 대하여 오인·혼동하게 할 우려가 있어 유사상표를 동일한 서비스업에 사용한 행위에 해당하므로 을 회사의 등록서비스표권에 대한 침해행위가 된다고 한 사례.

2. 등록요건

[1] **절차적 등록요건**: 절차적 요건으로서 출원인은 일정한 자격을 갖추어야 하고, 그 밖에 선출원 등 절차적 요건(상 제3조, 제4조, 제35조)을 충족하여야 한다. 서비스상표등록을 받을 수 있는 자는 국내에서 서비스상표를 사용하는 자 또는 사용하려는 자다(상 제3조 제1항 본문). 다만, 특허청 직원과 특허심판원 직원은 상속 또는 유증의 경우를 제외하고는 재직 중에 서비스상표를 등록받을 수 없다(상 제3조 제1항 단서). 서비스상표를 출원하여 등록받으려는 자는 국내에서 출원된 상표를 사용하고 있는 사실 또는 사용할 의사를 가지고 있어야 한다.

[2] **실체적 등록요건**: 상표의 적극적 등록요건(상 제33조)을 충족하여 자타서비스식별력이 있고, 소극적 요건(부등록사유)(상 제34조)에 해당하지 않아야 한다.

대법원 2013. 7. 12. 선고 2012후3077 등록취소(상) (타) 상고기각['WCO 사건']

[판결요지]

상표법상 '서비스표'라 함은 서비스업을 영위하는 자가 자기의 서비스업을 타인의 서비스업과 식별되도록 하기 위하여 사용하는 표장을 말하는데(상표법 제2조 제1항 제2호), 여기서 '서비스업'을 영위한다고 함은 독립하여 상거래의 대상이 되는 서비스를 타인의 이익을 위하여 제공하는 것을 업으로 영위한다는 의미이므로, 아무런 대가를 받지 아니하는 자원봉사나 단순한 호의에 의한 노무 또는 편익의 제공 등과 같이 상거래의 대상이 되지 아니하는 용역을 일정한 목적 아래 계속적·반복적으로 제공하였다고 하더라도 상표법상의 서비스업을 영위하였다고 할 수 없다.

3. 효 력

[1] 지정상품(종전의 지정서비스업)은 상표권자만이 독점적으로 사용할 수 있고, 서비스상표와 동일·유사한 상표를 지정상품(종전의 지정서비스업)과 동일·유사한 서비스업에 제3자가 정당한 권원없이 사용하는 경우에는 배타적 금지권을 행사할 수 있다.

[2] 제한적 효력은 오직 서비스상표를 지정상품(종전의 지정서비스업)에 사용할 수 있는 권리이므로 상표와 동일·유사한 표장을 타인의 등록상표의 지정상품과 동일·유사한 상품에 사용할 경우에는 전용사용권의 범위를 벗어난 것으로 타인 상표권의 침해가 된다.[26]

---

26) 대법원 1987. 12. 24. 선고 84나4257 판결.

[3] 확장적 효력도 서비스상표와 동일·유사한 표지를 지정상품(종전의 '지정서비스업')과 동일·유사한 상품(종전의 '서비스업')에 사용할 때 미치는 것이며, 타인이 서비스상표와 동일·유사한 표장을 상품에 사용하는 경우에는 상품상표로서의 사용이므로 서비스상표권의 침해를 구성하지 않는 것이 원칙이다.

[4] 상품상표는 상품 그 자체를, 서비스상표는 서비스의 출처를 식별시키기 위한 표장으로서 각자 수행하는 기능이 다르므로 상품과 서비스 사이의 동종·유사성은 서비스와 상품 간의 밀접한 관계 유무, 상품의 제조·판매와 서비스의 제공이 동일 사업자에 의하여 이루어지는 것이 일반적인가, 그리고 일반인이 그와 같이 생각하는 것이 당연하다고 인정되는가, 상품과 서비스의 용도가 일치하는가, 상품의 판매장소와 서비스의 제공장소가 일치하는가, 수요자의 범위가 일치하는가, 유사한 표장을 사용할 경우 출처의 혼동을 초래할 우려가 있는가 하는 점 등을 따져 보아 거래사회의 통념에 따라 이를 판단하여야 한다.27)

IV. 단체표장(Collective mark)(상 제2조 제1항 제3호)

1. 의 의

파리협약 제7조의2에 따르면, 본국의 법령에 반하지 않는 단체에 대해 단체표장의 등록을 허여하도록 하고 있다. 단체표장제도는 우리나라가 1980년 5월 4일 파리협약에 가입한 것을 계기로 1980년 12월 31일 상표법 개정 시에 신설한 규정이다.28) 2004년 개정 전의 상표법29)에 따르면, 법인의 단체표장권은 권리의 소유와 행사가 분리되어 있어 법인은 단체표장을 소유하고 단체의 구성원이 그 표장을 사용하는 것을 감독만 할 수 있도록 되어 있었다.30) 그 당시 단체표장제도는 일본의 현행 상표법상 단체상표제도(일본 상표법 제7조)와 대동소이하였다. 일본 상표법에 따르면, 일반사단법인 그 밖의 사단(법인격 없는 사단 내지 회사를 제외) 또는 사업협동조합 그 밖에 특별법에 의하여 설립된 조합(법인격 없는 조합은 제외) 또는 이에 상당하는 외국의 법인은 그 구성원에게 사용하게 할 상표에 대하여 단체상표의 상표등록을 받을 수 있다(일본 상표법 제7조 제1항). 일본 상표법상 단체상표의 목적은 통일상

---

27) 대법원 1999. 2. 23. 선고 98후1587 판결.
28) 상표법[시행 1981. 9. 1.][법률 제3326호, 1980. 12. 31., 일부개정].
29) 상표법[시행 1981. 9. 1.][법률 제3326호, 1980. 12. 31., 일부개정].
30) 특허청, 상표법, 10면.

표하에서 복수의 사업자가 제휴하여 상품의 판매 및 서비스의 제공을 행할 수 있도록 하는 것이다.[31]

우리나라의 경우 2004년 상표법 개정[32]을 통해 단체표장권자인 법인도 단체표장을 직접 사용할 수 있도록 하였다. 왜냐하면 단체표장권자인 법인이 영업의 전문성 확보, 적극적 마케팅 경영 및 상표권의 보호에 있어 영세한 단체구성원보다는 수월한 위치에 있기 때문이다.[33] 단체표장의 실례로는 영농조합법인 농부의 꿈의 '농부의 꿈'[34], 금산인삼약초 영농조합법인의 ' ',[35] 대월농업협동조합 및 그 밖의 9개 농업협동조합의 '청세米'[36] 등이 있다.

단체표장 중 지리적 표시 단체표장이란 지리적 표시를 사용할 수 있는 상품을 생산·제조 또는 가공하는 자가 공동으로 설립한 법인이 직접 사용하거나 그 소속 단체원에게 사용하게 하기 위한 표장을 말한다.[37] 2004년 개정법에서는 지리적 표시 단체표장제도를 도입하여 단체표장과 지리적 표시 단체표장을 구별하고 있다. 이에 따르면, '지리적 표시 단체표장'이란 지리적 표시를 사용할 수 있는 상품을 생산·제조 또는 가공하는 것을 업으로 영위하는 자만으로 구성된 법인이 직접 사용하거나 그 감독하에 있는 소속단체원으로 하여금 자기 영업에 관한 상품에 사용하게 하기 위한 단체표장이다(구 상표법 제2조 제1항 제3호의2(현행 상표법 제2조 제1항 제3호에 상응)). 여기에서 '지리적 표시'란 상품의 특정 품질·명성 그 밖의 특성이 본질적으로 특정 지역에서 비롯된 경우에 그 지역에서 생산·제조 또는 가공된 상품임을 나타내는 표시를 의미한다. 전주농림고축산영농조합법인의 '전주농림고축산영농조합',[38] 이천쌀 영농조합법인의 ' ',[39] 모동명산포도영농조합법인의 '모동명산',[40] 장흥무산김생산자

---

31) 澁谷達紀, 「知的財産法講義 III」, 第2版, 有斐閣, 2008年, 335頁.
32) 상표법[시행 2005. 7. 1.][법률 제7290호, 2004. 12. 31., 일부개정].
33) 특허청, 상표법, 10면.
34) 상표등록번호 41-0218458-0000(등록결정일: 2011년 10월 5일).
35) 상표등록번호 40-0884807-0000(등록결정일: 2011년 10월 1일).
36) 상표등록번호 40-0761612-0000(등록결정일: 2008년 8월 18일).
37) 상표법 제2조 제1항 제3의4호; Jay (Young-June) Yang and Kate (Sang-Eun) Lee, 2 Trademarks Throughout the World § 89:4 (2009).
38) 상표등록번호 40-0883113-0000(등록결정일: 2011년 10월 4일).
39) 상표등록번호 40-0622877-0000(등록결정일: 2005년 4월 29일).
40) 상표등록번호 40-0458141-0000(등록결정일: 1999년 11월 8일).

협회의 '',41) 유가찹쌀영농조합법인의 '유가찹쌀',42) 사단법인 안동산약(마)연합회의

'安東山藥(마)',43) 안동사과발전협의회의 '안동사과 Andong Apple',44) 등이 지리적 표시 단체표장에 해당한다.

2. 단체표장의 구성요건

가. 상품의 의미

여기에서 말하는 '상품'이란 '그 자체가 교환가치를 가지고 독립된 상거래의 목적물이 되는 물품'45) 내지 '운반가능한 유체물로서 반복하여 거래의 대상이 될 수 있는 것'46)을 의미한다. 따라서 상품의 선전광고나 판매촉진 또는 고객에 대한 서비스 제공 등의 목적으로 그 상품과 함께 또는 이와 별도로 고객에게 무상으로 배부되어 거래시장에서 유통될 가능성이 없는 이른바 '광고매체가 되는 물품'은 비록 그 물품에 상표가 표시되어 있다고 하더라도, 물품에 표시된 상표 이외의 다른 문자나 도형 등에 의하여 광고하고자 하는 상품의 출처표시로 사용된 것으로 인식할 수 있는 등의 특별한 사정이 없는 한, 그 자체가 교환가치를 가지고 독립된 상거래의 목적물이 되는 물품으로는 볼 수 없다.47) 그리고 등록상표에 표시된 유리병에 든 '보리, 수수, 옥수수' 등이 판매용 물품이 아니라 대리점에서 거래되는 즉석 건조 건강식품을 이루는 일부 성분의 견본에 불과한 경우에는 성분의 구성 및 비율에 특징이 있는 그 즉석 건조 건강식품과 거래통념상 동일성의 범위 내에 있는 상품이 아니어서 상표법상 상품에 해당하지 않는다.48) 전기, 열, 빛, 향기 및 권리와 같은 무체물, 운반가능성이 없는 부동산, 법적으로 거래가 금지되는 마약, 개인이 소장하고 있는 희귀한 골동품 등도 상표법상 상품에 해당하지 아니한다.49) 하지만 인터넷상 컴퓨터 네트워크를 통해 다운로드받을

---

41) 상표등록번호 40-0000111-0000(등록결정일: 2011년 3월 9일).
42) 상표등록번호 44-0000101-0000(등록결정일: 2011년 1월 28일).
43) 상표등록번호 44-0000027-0000(등록결정일: 2009년 7월 6일).
44) 상표등록번호 44-0000051-0000(등록결정일: 2010년 2월 2일).
45) 대법원 1999. 6. 25. 선고 98후58 판결; 대법원 2004. 5. 28. 선고 2002후123 판결.
46) 송영식·이상정·김병일, 앞의 책, 172면; 특허청, 상표법, 8면.
47) 대법원 1999. 6. 25. 선고 98후58 판결.
48) 대법원 2004. 5. 28. 선고 2002후123 판결.
49) 특허법원 지적재산소송실무연구회, 앞의 책, 480면.

수 있는 컴퓨터프로그램은 상표법상 상품으로 인정되고 있다.[50]

나. 상품을 생산 · 제조 · 가공 · 판매하는 자

여기에서 '생산'이라 함은 원시산업이든 제조업이든 상관없이 자연물에 인력을 가하여 상품을 만들어 내거나 증가시키는 것을 의미하고, '가공'이라 함은 도장 · 조각과 같이 원료나 생산물에 노력을 가하여 변화를 주는 행위를 의미하며, '판매'라 함은 상품을 판매하는 행위를 통하여 타인에게 양도하는 행위를 의미한다.[51]

다. 서비스를 제공하는 자

여기에서 '서비스'라 함은 (i) 서비스의 제공이 독립하여 상거래의 대상이 되며, (ii) 타인의 이익을 위하여 제공되는 서비스이고, (iii) 서비스의 제공이나 또는 상품의 판매에 부수하는 물품 또는 서비스의 제공이 아닌 경우를 의미한다.[52]

라. 상품을 생산 · 제조 · 가공 · 판매하거나 서비스를 제공하는 자가 '공동으로 설립한 법인'

단체표장은 상품을 생산 · 제조 · 가공 · 판매하거나 서비스를 제공하는 자가 '공동으로 설립한 법인'이 직접 사용하거나 그 소속 단체원에게 사용하게 하기 위한 표장을 의미하므로, 그러한 자가 단독으로 설립한 법인의 경우나 그러한 자가 공동으로 설립한 비법인사단은 여기에 해당하지 아니한다. 단체표장은 자본력과 영업신용도가 낮은 지방특산물을 생산 내지 판매하는 지방의 중소기업 또는 일반공중에게 서비스를 제공하는 동종업자의 조합 등이 단체의 신용을 이용하여 거래의 상대방이나 소비자에게 그 법인 또는 그 감독하에 있는 소속 단체원의 영업에 관한 상품이나 서비스의 품질을 보증함으로써 고객흡인력을 획득하기 위하여 사용하는 특수한 표장이므로[53] '공동으로 설립한 법인'의 구성요건을 충족하여야 한다.

마. 그 법인이 직접 사용하거나 그 소속 단체원에게 사용하게 하기 위한 표장

단체표장의 경우, 소속 단체원뿐만 아니라 그 단체도 단체표장을 사용할 수 있다. 즉, 2004년 개정법에서는 법인도 단체표장을 직접 사용할 수 있도록 하였다. 이는 단체표장제도의 활성화를 위하여 단체표장권자인 법인도 단체원을 위하여 단체표장을 부착한 상품의 광

---

50) 특허청, 상표법, 8면.
51) 특허청, 상표법, 9면.
52) 특허청, 상표법, 10면.
53) 송영식 · 이상정 · 김병일, 앞의 책, 184면.

고 등의 행위를 할 수 있도록 하기 위한 것으로서, 법인이 영업의 전문성 확보, 적극적 마케팅경영 및 상표권의 보호강화에 있어서 영세한 개별 소속 단체원보다는 더 유리한 위치에 있다고 할 수 있으므로 법인도 단체표장을 사용할 수 있도록 인정하는 것이 상품의 시장확대에 도움이 될 것으로 보고 개정한 것이었다.

바. 지리적 표시 단체표장의 경우, 상표법상 보호대상이 되는 지리적 표시의 구성요건

(ⅰ) 상품의 (ⅱ) 특정 품질·명성 또는 그 밖의 특성이 (ⅲ) 본질적으로 특정 지역에서 비롯된 경우에 (ⅳ) 그 지역에서 생산·제조 또는 가공된 상품임을 나타내는 표시를 지리적 표시(상 제2조 제1항 제4호)라고 정의하므로, 그 구성요건은 (ⅰ) 상품, (ⅱ) 특정 품질·명성 또는 그 밖의 특성, (ⅲ) 본질적인 연관성, (ⅳ) 상품의 지리적 원산지다.

(1) 상 품

지리적 표시 단체표장(지리적 표시 증명표장 포함)은 상품에 한하여 보호가 된다. 상품의 유형에는 제한이 없으므로 농수산물 및 그 가공품뿐만 아니라 공산품(특히 수공예품)도 보호의 대상이 된다.[54] 지리적 표시 단체표장(지리적 표시 증명표장 포함)은 서비스에 대해서는 보호를 받지 못한다(상 제2조 제1항 제1호, 제3호).

(2) 특정 품질·명성 또는 그 밖의 특성

특정 지역에서 생산·제조 또는 가공된 상품이 다른 지역에서 생산·제조 또는 가공된 상품과 구별되는 품질, 명성 또는 그 밖의 특성이 존재하여야 한다. 이 경우 특정 품질, 명성 또는 그 밖의 특성 중 어느 하나만 특정 지역에서 유래하면 족하고, 기후, 토양, 지형 등의 자연적 환경 외에 전통적인 생산비법 등 인적 조건에 의하여 획득되는 경우도 포함한다.[55]

(3) 본질적인 연관성의 존재

단순히 그 지역에서 생산, 제조 또는 가공되었다는 것만으로는 지리적 표시의 구성요건을 충족하지 못하고, 그 상품의 특성 등이 그 지역의 기후, 토양, 지형 등의 자연적 조건이나 독특한 기법 등의 인적 조건을 포함하는 지리적 환경에 본질적으로 기초하여야 한다. 다만, '본질적 연관성의 존재'라는 요건에 대한 명확한 기준은 없으나 통상 자연적·인적 요소를 포함한 해당 지역의 지리적 환경이 없다면 해당 상품의 품질·명성 또는 그 밖의 특성이 나타나기 어려운 경우 본질적 연관성이 있다고 본다.[56]

---

54) 상표심사기준(2019년), 제7부 제4장 §2.1.
55) 상표심사기준(2019년), 제7부 제4장 §2.2.
56) 상표심사기준(2019년), 제7부 제4장 §2.3.

* 상표법상 보호대상이 되는 지리적 표시의 구성요건: 본질적으로 특정 지역(군산 지역)에서 그 품질, 명성 등의 특성이 비롯된 것인지 여부의 판단

군산꽃게장 사건[57)][지정상품: 간장꽃게장, 양념꽃게장]

사단법인 군산시꽃게장협회가 특허청의 거절결정에 대하여 특허청을 상대로 제기한 불복심판청구사건인 '군산꽃게장' 사건에서 "군산 연안의 해안지역은 그 지리적 환경 특성이 꽃게가 서식하기 좋은 최적의 지리적 환경 조건을 갖추고 있으며, 군산꽃게장은 꽃게의 선별 및 보관과 게장 소스를 제조시 차별화된 제조방법을 사용하고 있고, 군산꽃게장은 업계 최초로 전공정 식품안전인증 HACCP(위해요소 중점관리) 인증을 받는 등 안전한 먹거리로서의 품질특성을 보유하고 있으며, 나아가 년간 200억원 이상에 달하는 매출액, '세계한식요리경연'에서 황금무궁화외식산업대상, 대통령 산업포장 수상 등 다수의 수상경력과 신문, 잡지, TV 등 다양한 수단에 의한 광고·홍보의 정도 등에 비추어 볼 때, 군산꽃게장은 그 지정상품인 '간장꽃게장, 양념꽃게장'의 품질, 명성 또는 그 밖의 특성이 다른 지역의 '간장꽃게장, 양념꽃게장'과 유의미한 차이를 나타내는 자타상품식별력(특별현저성)이 있어 본질적으로 특정 지역(군산 지역)에서 그 품질, 명성 등의 특성이 비롯된 것임을 알 수 있으므로, 이 사건 출원 지리적 표시 단체표장의 지정상품인 '간장꽃게장, 양념꽃게장'은 타 지역 '간장꽃게장, 양념꽃게장'과의 차별성과 품질, 명성 등의 특성을 갖춘 것이라고 보지 않을 수 없다 할 것이다."라고 설시하였다.

(4) 지리적 표시의 대상지역(상품의 지리적 원산지)

해당 상품이 생산·제조 또는 가공된 지역의 명칭을 말하나, 행정구역상의 범위와 일치할 필요는 없고 기후, 토양, 지형 등의 지리적 환경에 의하여 구획되며 외국의 지역도 포함된다.[58)] 해당 상품의 생산, 제조 또는 가공 중 어느 하나만이라도 이루어지면 상품의 지리적 원산지로 인정된다. 다만 상품의 품질 등이 생산·제조 및 가공의 전 과정에 의하여 연유하는 경우에는 그 생산·제조 및 가공이 동일한 지역에서 이루어져야 할 것이다.[59)]

---

57) 특허심판원 2016. 6. 15.자 2015원3777 심결(거절결정불복심판청구에 대한 심결).
58) 상표심사기준(2019년), 제7부 제4장 §2.4.
59) 상표심사기준(2019년), 제7부 제4장 §2.4.

3. 단체표장의 등록

가. 단체표장의 등록을 받을 수 있는 자

[1] 상품을 생산·제조·가공·판매하거나 서비스를 제공하는 자가 공동으로 설립한 법인 (지리적 표시 단체표장의 경우에는 그 지리적 표시를 사용할 수 있는 상품을 생산·제조 또는 가공하는 자로 구성된 법인으로 한정한다)은 자기의 단체표장을 등록받을 수 있다(상 제3조 제2항). 2018 년 상표법 ([시행 2018. 7. 18.][법률 제15581호, 2018. 4. 17., 일부개정]) 이전에는 지리적 표시 단 체표장 등록을 받을 수 있는 자를 '그 지리적 표시를 사용할 수 있는 상품을 생산·제조·가공 하는 자만으로 구성된 법인'으로 한정하고 있었다. 그러나 이러한 출원인 적격은 유통과 판 매를 하는 법인을 제한하고 있어 출원인에게 과도한 규제로 인식되는 측면이 있어서 2018년 개정 상표법은 '생산·제조·가공하는 자만으로'라는 문구 중 '만으로' 부분을 삭제하여 유통· 판매를 하는 법인도 출원인이 될 수 있도록 출원인 적격을 완화함으로써 별도 법인 설립에 따른 출원인의 불편을 해소하고, 지역경제 활성화를 도모하고자 하였다.

상품을 판매하는 자만으로 구성된 법인 내지 서비스를 제공하는 법인은 지리적 표시 단 체등록을 받을 수 없다. 상표법 제3조 제2항은 지리적 표시를 사용할 수 있는 상품을 생산·제 조 또는 가공하는 자로 구성된 법인은 지리적 표시 단체표장의 등록을 받을 수 있다고 규정 하고 있을 뿐, 하나의 법인이 둘 이상의 지리적 표시 단체표장과 관련된 사업을 영위하는 것 을 금지하거나 제한하는 규정은 찾을 수 없다. 따라서 하나의 법인이 둘 이상의 지리적 표시 단체표장과 관련된 사업을 영위할 수 있다.[60]

제주고등어 사건 [지정상품: 상품류 구분 제29류의 고등어(살아 있지 않은 것), 간고 등어]

(사)제주수산물수출협회가 특허청의 거절결정에 대한 불복심판을 청구한 사안인 '제주고 등어' 사건에서 특허심판원은 "상표법 제3조의2는 지리적 표시를 사용할 수 있는 상품을 생산·제조 또는 가공하는 것을 업으로 영위하는 자만으로 구성된 법인은 지리적 표시 단 체표장의 등록을 받을 수 있다고 규정하고 있을 뿐, 하나의 법인이 둘 이상의 지리적 표시 단체표장과 관련된 사업을 영위하는 것을 금지하거나 제한하는 규정은 찾을 수 없다.

---

60) 특허심판원 2015. 6. 5.자 2014원7088 심결(제주고등어 사건(지정상품: 상품류 구분 제29류의 고등어(살 아있지 않은 것), 간고등어))((사)제주수산물수출협회가 특허청의 거절결정에 대한 불복심판을 청구한 사안).

따라서 청구인인 (사)○○○○○○○○○○는 수산물을 생산·가공하는 것을 업으로 영위하는 자들로만 구성된 법인(제2호증, 생산자단체 구성원 사업자등록증)이므로, 지리적 표시 단체표장의 등록을 받을 수 있는 청구인 적격을 갖추고 있다.

또한 구 상표심사기준(2014. 12. 30. 특허청 예규 제79호로 개정되기 전의 것, 이하 구 상표심사기준이라 한다) 제50조의3 제3항의 '출원인과 소속단체원은 지리적 표시 해당상품의 생산·제조 또는 가공을 업으로 하여야 하나, 반드시 이를 전업으로 하는 것을 필요로 하지 않는다'는 규정에 비추어 보아도, 청구인이 기존의 옥돔 외에 고등어 관련사업을 영위하는 것이 지리적 표시 단체표장의 정의에 합치하지 않는다거나, 지리적 표시 단체표장제도의 입법취지에 반한다고 볼 수 없다."라고 판단하였다.

　[2] 단체표장의 등록을 받고자 하는 자는 상표법 제36조 제1항 각 호의 사항 이외에 대통령령이 정하는 단체표장의 사용에 관한 사항을 정한 정관을 첨부한 단체표장등록출원서를 제출하여야 한다. 이 경우 단체표장등록을 받으려는 자는 대통령령으로 정하는 단체표장의 사용에 관한 사항을 정한 정관을 단체표장등록출원서에 첨부하여야 한다(상 제36조 제3항). 지리적 표시 단체표장을 등록받고자 하는 자는 대통령령으로 정하는 바에 따라 지리적 표시의 정의에 일치함을 증명할 수 있는 서류를 지리적 표시 단체표장등록출원서에 첨부하여야 한다(상 제36조 제5항). 상표법 제43조(수정정관의 제출)에 따르면, 단체표장등록출원인은 상표법 제36조 제3항에 규정된 정관의 수정이 필요한 때에는 같은 법 제40조 제1항 각 호 또는 제41조 제1항 각 호의 규정에 의한 기간 이내에 특허청장에게 수정정관을 제출할 수 있다. 이 경우 정관에는 (i) 단체표장을 사용하는 자의 범위에 관한 사항, (ii) 단체표장의 사용조건에 관한 사항, (iii) 단체표장의 사용조건을 위반한 자에 대한 제재에 관한 사항, (iv) 기타 단체표장의 사용에 관하여 필요한 사항 등을 기재하여야 한다(상표법 시행령 제1조).

　[3] 예컨대 남해마늘생산자단체협의회영농조합법인이 특허청을 상대로 제기한 거절결정 불복심판 청구사건인 　　　　　　　사건61)(지정상품: 상품류 구분 제31류의 마늘(신선한 것))에서 특허심판원은 "청구인은 2014. 9. 16.자 제출한 보정서를 통하여, 원 결정에서 지적된 수정정관과 정관요약서의 내용을 일치시켰으며, 임시총회의사록 및 수정정관에 대하여 공증을 받아 제출함으로써 수정정관이 원본임이 확인되었다."고 하면서 이 사건 출원 지리적 표시 단체표장은 현행 상표법 제54조 제6호(구 상표법 제23조 제1항 제6호)에 해당하지 아니한

---

61) 특허심판원 2015. 11. 30.자 2014원5236 심결(거절결정 불복심판 청구사건).

다."라고 판단하였다.

남해시금치연합영농조합법인이 특허청을 상대로 제기한 거절결정 불복심판 청구사건인 **시금치** (지정상품: 상품류 구분 제31류의 신선한 시금치) 사건[62]에서 특허심판원은 "이 사건 출원 지리적 표시 단체표장은 수정정관과 정관요약서를 제출함으로써 양 서류의 내용을 일치시켰으며, 임시총회의사록 및 수정정관에 대하여 공증을 받아 제출함으로써 수정정관이 원본임이 확인되었다고 하면서 현행 상표법 제54조 제6호(구 상표법 제23조 제1항 제6호)에 해당하지 아니한다."고 판단하였다.

특허법원 2011. 11. 23. 선고 2011허6628판결[등록무효(상)]

[판결요지]

1. 구 상표법은 제71조 제1항에 상표등록의 무효심판을 청구할 수 있는 사유를 규정하고 있는데, 위 조항은 상표등록 무효사유를 제한열거적으로 규정하는 것으로서 설령 상표가 일부 법규정에 위배되어 등록되었다 하더라도 상표법상 무효사유로 규정되어 있지 않는 한 그러한 사정만으로 상표등록이 무효로 되지는 아니한다 할 것인바, 원고들이 주장하는 바와 같은 특허청에 제출된 정관의 유무효 여부 내지 구 상표법 제9조 제3항, 제17조의 2 위반 등은 상표법상 무효사유로 규정되어 있지 아니하다. 뿐만 아니라 상표법상 수정정관제출에 대하여는 각하가 인정되지 않는 등 단체표장등록과 관련하여 특허청심사관은 제출된 정관의 유무효 등 정관에 대한 실체적 심사를 하지 아니하고 형식적 심사권만을 가지므로 지리적 표시 단체표장의 유무효 여부는 특허청에 제출된 정관의 민사상 효력 유무와 무관하다 할 것이다.

2. 인정사실에 의하면, 찐빵을 손으로 성형하는 것과 강원도산 팥 사용은 이 사건 단체표장의 출원시 정관에도 포함되어 있던 것으로서, 피고 정관의 내용은 위 사항들에 관하여 실질적으로 변경되었다고 볼 수 없을 뿐만 아니라, 찐빵을 손으로 성형하는 것과 강원도산 팥 사용은 안흥찐빵의 품질적 특성과 역사적 명성의 중요한 요소로서 지리적 표시 단체표장으로서의 안흥찐빵의 품질과 명성을 유지하기 위하여 필요하다 할 것이고, 위와 같은 조건이 특별히 충족하기 어렵다고 볼 수는 없으므로, 위와 같은 정관의 규정은 '정관에 의하여 단체의 가입을 금지하거나 정관에 충족하기 어려운 가입조건을 규정하는 등 단체의 가입을 실질적으로 허용하지 아니한 경우'에 해당하지 아니한다.

---

62) 특허심판원 2015. 9. 22.자 2014원5234 심결(거절결정 불복심판 청구사건).

나. 등록요건

[1] 상표등록요건(상 제33조 제1항 각 호에 해당하지 않을 것, 제34조 제1항 각 호에 해당하지 않을 것)을 구비하여야 한다.

[2] 지리적 표시 단체표장의 경우

(i) i) 상품의 산지 또는 현저한 지리적 명칭 및 그 약어 또는 지도만으로 된 상표에 해당하는 표장이라도 그 표장이 특정 상품에 대한 지리적 표시인 경우에는 그 지리적 표시를 사용한 상품을 지정상품으로 하여 지리적 표시 단체표장등록을 받을 수 있다(상 제33조 제3항).[63]

상표심사기준(2019년) 제7부 제4장 §4.5.1에 따르면, "기후, 토양, 지형 등의 자연적 요소와 해당지역에 고유한 전통적인 생산비법이나 특유한 가공방법, 포장방법 등의 인적 요소를 포함하는 지리적 환경이 당해 상품의 품질 또는 특성 등에 미친 적극적인 영향을 판단요소로 한다." 동 심사기준 제7부 제4장 §4.5.2에서는 "사회경험칙상 자연적 요소나 인적 요소 중의 어느 하나 이상의 요인이 없으면 지리적 표시 해당 상품의 품질, 명성이나 그 밖의 특성 중의 어느 하나 이상의 중요한 결과가 나타나기 어렵다고 판단되는 관계가 성립될 경우 지리적 환경과 상품의 특성 등 간에 본질적 연관성이 있다고 본다."라고 규정하고, 동 심사기준 제7부 제4장 §4.5.4에서는 "상품의 품질 또는 그 밖의 특성에 대한 심사는 제출된 상품의 품질 또는 그 밖의 특성에 관한 기재 내용의 신뢰성[64] 여부를 확인한 다음 지리적 표시

---

63) 상표법 제33조 제3항에 따른 지리적 표시 단체표장등록출원 또는 지리적 표시 증명표장등록출원의 경우에는 산지표시에 해당하는 경우에도 법 제33조 제3항에 따라 제33조 제1항 제3호를 적용하지 않으며, 세계무역기구 회원국 내의 포도주 및 증류주의 산지에 관한 지리적 표시로서 구성되거나 동 표시를 포함하는 상표로서 포도주·증류주 또는 이와 유사한 상품에 사용하려는 상표의 경우에는 상표법 제34조 제1항 제16호를 적용(단서규정에 해당하는 경우는 제외)한다(상표심사기준(2019년), 제5부 제16장). 산지표시 및 현저한 지리적 명칭에 해당하여 자타상품식별력에 없더라도 상표법 제33조 제3항에 따라 지리적 표시 단체표장등록이 가능할 것이고, 이는 동법 제2조 제4항의 준용규정에 따라 지리적 표시 증명표장등록의 경우에도 마찬가지일 것이다. 그런데 상표법 제33조 제2항에 따라 지리적 표시가 상표등록출원 전부터 그 상표를 사용한 결과 특정인의 상품에 관한 출처를 표시하는 것으로 식별할 수 있게 된 경우에는 사용에 의한 식별력이 생긴 것으로 보아 그 지리적 표시를 사용한 상품에 한정하여 상표등록을 받을 수 있을 것이다(상표법 제6조 제2항). 따라서 상표법 제33조 제3항 및 제2조 제4항에 의거하여 지리적 표시 단체표장 내지 지리적 표시 증명표장으로 등록 출원하는 경우에는 자타상품식별력이 없더라도 등록이 가능하다. 'Champange'의 예에서 보듯이 이것이 프랑스 샹파뉴(Champange) 지역에서 생산된 브랜디를 의미하는 것이 아니라 브랜디(발포성 백포도주)란 제품 그 자체를 의미하게 된 경우, 즉 특정 지리적 표시가 상표법 제33조 제1항 제1호 내지 제2호의 '보통명칭상표' 내지 '관용상표'가 된 경우에는 상표법 제33조 제2항 및 제3항이 적용되지 않을 것이고, 농수산물품질관리법 및 부정경쟁방지법에 따른 보호를 받게 될 따름이다. 참고로 미국에서 'Champange'은 발포성 백포도주를 의미하므로, 일반명칭(generic term)으로 되었다.

의 정의에 합치하는 특성 등을 구비하고 있는지 여부로 판단한다."라고 규정하고 있다. 그리고 동 심사기준 제7부 제4장 §4.5.6에서는 "상품의 품질 또는 그 밖의 특성이 지리적 표시의 정의에 합치하는 특성을 구비하고 있는지 여부에 대한 심사는, 당해 상품의 품질이나 그 밖의 특성이 동종 상품 일반 또는 비교대상이 되는 특정 지역의 동종 상품의 품질이나 그 밖의 특성과 대비하여 유의미한 차이를 나타내는 자타상품식별력(특별현저성)을 구비하고 있는지 여부를 판단하는 것으로 한다."라고 규정하고 있다.

그 밖에 동 심사기준 제7부 제4장 §4.5.7에서는 "상품의 명성에 대한 심사는 상품의 유명성에 관한 역사적인 증빙자료, 국내외 인지도, 수상경력, 품질·규격 등의 국내외 인증 취득 등의 자료 및 소비자 인지도에 대한 설문조사 등의 자료를 토대로 하되, 상표법 제33조 제2항의 수요자들에게 그 상표가 특정인의 상품에 관한 출처를 표시하는 것으로 식별할 수 있게 된 정도의 해당여부에 대한 판단기준을 준용한다."라고 규정하고, 동 심사기준 제7부 제4장 §4.5.8에서는 "상품의 품질이나 그 밖의 특성은 자연히 명성을 수반하고, 명성은 또 품질이나 그 밖의 특성에 주로 기인하므로, 상품의 품질이나 그 밖의 특성에 관한 서류 및 그 입증서류와 명성에 관한 서류 및 그 입증서류는 함께 제출되고 함께 심사하는 것을 원칙으로 한다."라고 규정하고 있다.

ii) 선출원에 의한 타인의 등록된 지리적 표시 등록단체표장과 동일·유사한 상표로서 그 지정상품과 동일하다고 인정되는 상품에 사용하는 상표(상표법 제34조 제1항 제8호), iii) 특정 지역의 상품을 표시하는 것이라고 수요자 간에 널리 인식되어 있는 타인의 지리적 표시와 동일 또는 유사한 상표로서 그 지리적 표시를 사용하는 상품과 동일하다고 인식되어 있는 상품에 사용하는 상표(상표법 제34조 제1항 제10호), iv) 국내 또는 외국의 수요자 간에 특정 지역의 상품을 표시하는 것이라고 인식되어 있는 지리적 표시와 동일·유사한 상표로서 부당한 이익을 얻으려 하거나 그 지리적 표시의 정당한 사용자에게 손해를 입히려고 하는 등 부정한 목적으로 사용하는 상표(상표법 제34조 제1항 제16호), v) 세계무역기구 회원국 내의

---

64) 상표심사기준(2019년), 제7부 제4장 §4.5.5.에서는 "상품의 품질 또는 그 밖의 특성에 관한 기재 내용이 다음에 해당하는 자료를 근거로 작성된 경우에는 신뢰성이 있는 것으로 본다.
   (i) 전문적이고 중립적인 대학 등의 학술기관·연구기관 또는 시험·검사기관 등의 자료
   (ii) 관련 분야에 대한 석·박사 등의 논문이나 전문분야의 교과서나 잡지 등에 게재된 자료
   (iii) 국가나 지방자치단체 등의 공공기관에서 발간한 정책 또는 업무관련 자료나 연구용역보고서 등의 자료
   (iv) 주요 신문이나 방송의 기사나 프로그램으로 소개된 자료로서 관련 전문가나 전문기관 등의 평가가 포함되어 있는 자료
   (v) 기타 사회통념상 일반적으로 신뢰성이 있다고 인정되는 자료"라고 기술하고 있다.

포도주 또는 증류주의 산지에 관한 지리적 표시로서 구성되거나 그 지리적 표시를 포함하는 상표로서 포도주 또는 증류주에 사용하려는 상표(상표법 제34조 제1항 제16호(다만 지리적 표시의 정당한 사용자가 그 해당 상품을 지정상품으로 하여 상표법 제36조 제5항에 따른 지리적 표시 단체표장등록출원을 한 때에는 그러하지 아니하다)의 경우에는 상표등록을 받을 수 없다. vi) 상표법 제34조 제1항 제8호 및 제10호는 동음이의어 지리적 표시 단체표장 상호 간에는 이를 적용하지 아니한다(상표법 제34조 제4항).

(ii) 지리적 표시 단체표장인 경우에는 선출원이 적용되지 않는다. 즉, 상표법 제35조 제5항에서는 i) 동일(동일하다고 인정되는 경우를 포함한다)하지 아니한 상품에 대하여 동일·유사한 표장으로 둘 이상의 지리적 표시 단체표장등록출원 또는 지리적 표시 단체표장등록출원과 상표등록출원이 있는 경우와 ii) 서로 동음이의어 지리적 표시에 해당하는 표장으로 2 이상의 지리적 표시 단체표장등록출원이 있는 경우에는 선출원(상 제35조 제1항 및 제2항)이 적용받지 아니한다(상 제35조 제5항).

(iii) 불사용취소심판(상 제119조 제1항 제3호)은 i) 소멸된 지리적 표시 등록단체표장과 동일 또는 유사한 표장으로 그 지정상품과 동일(동일하다고 인정되는 경우를 포함한다)하지 아니한 상품에 대하여 상표등록출원을 한 경우 및 ii) 소멸된 지리적 표시 등록단체표장과 서로 동음이의어 지리적 표시에 해당하는 표장으로 지리적 표시 단체표장 등록출원을 한 경우에는 이를 적용하지 아니한다(상 제35조 제5항).

다. 특 성

[1] 단체표장은 원칙적으로 사용주체와 권리주체가 분리된다. 하지만 2004년 개정법에서는 법인도 단체표장을 직접 사용할 수 있도록 하고 있다. 이는 단체표장제도의 활성화를 위하여 단체표장권자인 법인도 단체원을 위하여 단체표장을 부착한 상품의 광고 등의 행위를 할 수 있도록 하기 위한 것으로서, 법인이 영업의 전문성 확보, 적극적 마케팅경영 및 상표권의 보호강화에 있어서 영세한 개별 소속 단체원보다는 더 유리한 위치에 있다고 할 수 있으므로 법인도 단체표장을 사용할 수 있도록 인정하는 것이 상품의 시장확대에 도움이 될 것으로 보고 개정하였다.

[2] 단체표장등록출원은 이전할 수 없다. 다만 법인의 합병의 경우에는 특허청장의 허가를 받아 이전할 수 있다(상 제48조 제7항).

[3] 상표, 단체표장, 증명표장 상호 간에는 출원의 변경을 할 수 있다. 다만 지리적 표시

단체표장의 경우에는 그러하지 아니하다(상 제44조 제1항).

　[4] 단체표장권은 이전할 수 없다. 다만, 법인의 합병의 경우에는 특허청장의 허가를 받아 이전할 수 있다(상 제93조 제6항). 단체표장권의 경우에 전용사용권과 통상사용권을 설정할 수 없으며(상 제95조 제2항, 상 제97조 제5항), 질권의 설정 역시 인정되지 않는다(상 제93조 제8항).

　[5] 단체표장권(지리적 표시 단체표장권 포함)의 존속기간은 설정등록이 있는 날부터 10년으로 하고 존속기간갱신등록신청에 의해 10년씩 갱신할 수 있다(상 제83조 제1항 내지 제2항).

　[6] **증명표장과의 구별**: 증명표장은 보증기능을 가진 보증표장이나 단체표장은 보증기능보다 출처기능이 강한 표장이다. 그리고 증명표장은 생산업자가 아닌 증명업자가 상품 자체에 관하여 일정한 품질성능을 갖추고 있음을 증명하는 표장이다.

라. 효 력

　(등록의 효력) 지리적 표시 단체표장권자에게 독점배타권 부여, 침해자에 대해 사용금지,
　손해배상 등 청구가능(10년 존속, 10년마다 갱신)

　[1] **단체표장권의 효력**: 상표권의 효력과 본질적으로 동일하나, 단체표장권의 특성상 단체표장권은 법인에게 성립하고, 사용권은 법인 또는 단체의 구성원이 사용한다.

　[2] 단체표장권자인 법인도 단체원을 위하여 단체표장을 부착한 상품의 광고 등의 행위는 할 수 있다. 하지만 단체표장권의 소극적 효력인 독점배타적인 사용금지청구권은 단체표장권자인 법인만이 행사할 수 있고, 단체의 구성원이 직접적으로 이러한 권리를 행사할 수 없다.

　[3] 침해에 대한 구제로서 손해액은 단체표장의 경우 소속구성원 전체에게 발생된 통상의 손해액으로 해석한다.

대법원 1998. 7. 24. 선고 97후2309 판결[단체표장등록무효]

[판결요지]

[1] 서비스표등록의 무효심판을 청구할 수 있는 이해관계인이라 함은 그 등록서비스표와 동일 또는 유사한 서비스표를 사용한 바 있거나 현재 사용하고 있는 자, 또는 등록된 서비스표가 지정하는 서비스와 동종의 서비스를 제공하고 있음으로써 피심판청구인의 등록서비스표 소멸에 직접적인 이해관계가 있는 자를 말하는바, 심판청구인은 금,

은, 시계 등 귀금속류를 취급하는 소매상이고, 무효심판을 구하는 등록단체표장의 지정서비스업이 귀금속 및 보석을 대상으로 하는 디자인업, 감정업 등이라면, 심판청구인이 취급하는 금, 은, 시계 등 귀금속류는 위 등록단체표장의 지정서비스업의 취급대상 물품이 된다는 점에서 위 지정서비스업과 밀접한 관련이 있다고 할 것이므로 심판청구인은 위 등록단체표장이 지정하는 서비스와 유사한 서비스를 제공하고 있는 자와 마찬가지로 위 등록단체표장의 소멸에 직접적인 이해관계가 있다.

[2] 서비스 중에서 상품과 관계있는 서비스의 경우에 있어서는 어느 상품에 사용되는 표장과 동일 또는 유사한 표장을 그 상품과 밀접한 관련이 있는 서비스에 사용하면 일반수요자가 그 서비스의 제공자를 상품의 제조판매자와 동일인인 것처럼 서비스의 출처에 대하여 혼동을 일으킬 우려가 있다 할 것이고, 특히 거래사회의 실정으로 보아 서비스의 제공과 상품의 제조판매가 동일한 업자에 의하여 이루어지는 때가 많고 일반인들 또한 그렇게 생각하는 경향이 있는 경우에는 그와 같은 혼동의 우려는 더욱 많아진다 할 것이므로 그 서비스표의 등록은 상표법 제7조 제1항 제7호의 취지에 따라 거절되어야 하고 일단 등록이 되었다 하더라도 무효로 된다 할 것이며, 이러한 사정은 위와 같은 서비스표뿐만 아니라 서비스업과 관련된 단체표장의 경우에도 마찬가지이다.

☞ (이 사안에서 1991. 5. 28. 출원하여 1993. 1. 4. 등록된 이 사건 등록단체표장 (등록 제28

호) 과 1990. 2. 9. 출원하여 1991. 6. 5. 등록된 인용상표 를 대비하여 단체표장 등록을 무효로 본 사례)

마. 효력의 제한

(효력 제한) 자신의 성명(상호), 성질표시, 동음이의어 지리적 표시 단체표장, 선출원 등록상표 등에는 효력 없음

[1] 단체표장권은 이전할 수 없다. 다만, 법인의 합병의 경우에는 특허청장의 허가를 받아 이전할 수 있다(상 제93조 제6항(구 상표법 제54조 제9항)). 단체표장권의 경우에 전용사용권과 통상사용권을 설정할 수 없으며(상 제95조 제2항, 상 제97조 제5항), 질권의 설정 역시 인정되지 않는다(상 제93조 제8항).

[2] 지리적 표시 단체표장권은 (i) 자기의 성명·명칭 또는 상호·초상·서명·인장 또는 저명한 아호·예명·필명과 이들의 저명한 약칭을 상거래 관행에 따라 사용하는 상표, (ii) 등록상표의 지정상품과 동일·유사한 상품의 보통명칭·산지·품질·원재료·효능·용도·수

량·형상·가격 또는 생산방법·가공방법·사용방법 또는 시기를 보통으로 사용하는 방법으로 표시하는 상표 또는 (iii) 등록상표의 지정상품 또는 그 지정상품 포장의 기능을 확보하는데 불가결한 형상, 색채, 색채의 조합, 소리 또는 냄새로 된 상표(상 제90조 제2항 제1호), (iv) 지리적 표시 등록단체표장의 지정상품과 동일하다고 인정되어 있는 상품에 대하여 관용하는 상표(상 제90조 제2항 제2호), (v) 지리적 표시 등록단체표장의 지정상품과 동일하다고 인정되어 있는 상품에 사용하는 지리적 표시로서 해당 지역에서 그 상품을 생산·제조 또는 가공하는 것을 업으로 영위하는 자가 사용하는 지리적 표시 또는 동음이의어 지리적 표시(상 제90조 제2항 제3호), (vi) 선출원에 의한 등록상표가 지리적 표시 등록단체표장과 동일·유사한 지리적 표시(상 제90조 제2항 제4호)를 포함하고 있는 경우에 상표권자, 전용사용권자 또는 통상사용권자가 지정상품에 사용하는 등록상표에 해당하는 경우에는 그 효력이 미치지 아니한다.

알매안흥찐빵 (확인대상표장의 사용상품 및 서비스업: 찐빵, 찐빵판매업, 이 사건 등록 지리적 표시 단체표장의 구성: 안흥찐빵, 이 사건 등록 지리적 표시 단체표장의 지정상품: 상품류 구분 제30류의 찐빵)사건[65]에서 특허심판원은 "확인대상표장은 **알매안흥찐빵** 과 같이 구성된 표장으로 뒷부분에 표기되어 있는 '안흥찐빵'은 검은색 바탕에 음영으로 글자가 표현되어 있는 차이가 있을 뿐 이 사건 등록 지리적 표시 단체표장과 동일한 문자로 구성되어 있고, 위에서 살펴본 바와 같이 확인대상표장은 청구인이 강원도에서 '안흥식품'을 경영하면서 찐빵에 사용하거나 사용하려는 표장으로, 이 사건 등록 지리적 표시 단체표장의 대상지역 및 그 상품이 동일하다."라고 하면서 "확인대상표장 중 '안흥찐빵'은 이 사건 등록 지리적 표시 단체표장의 지정상품과 동일한 상품에 사용하는 지리적 표시로서 당해 지역에서 그 상품을 생산·제조 또는 가공하는 것을 업으로 영위하는 자가 사용하는 지리적 표시"에 해당하여 "확인대상표장은 상표법 제51조 제2항 제3호의 규정에 의하여 이 사건 등록 지리적 표시 단체표장의 효력이 미치지 않는다고 할 것이므로 더 나아가 살펴볼 필요도 없이 확인대상표장은 이 사건 등록 지리적 표시 단체표장의 권리범위에 속하지 아니한다."라고 판단하였다.

안흥찐빵마을 (확인대상표장의 사용상품 및 서비스업: 찐빵, 찐빵판매업, 이 사건 등록 지리적 표시 단체표장의 구성: 안흥찐빵, 이 사건 등록 지리적 표시 단체표장의 지정상품: 상품류 구분 제30류의 찐빵)사건[66]에서 특허심판원은 "확인대상표장은 **안흥찐빵마을**과 같이 구성된 표장으로 앞부분에 표기되어 있는 '안흥찐빵'은 글자체와 색채만 약간 다를 뿐 이 사건 등록 지리적 표시 단체표장과 동일한 문자로 구성되어 있고, 위에서 살펴본

---

65) 특허심판원 2012. 10. 9.자 2012당1234 심결(소극적 권리범위확인심판).
66) 특허심판원 2012. 10. 9.자 2012당1235 심결(소극적 권리범위확인심판청구사건).

바와 같이 확인대상표장은 청구인이 강원에서 '안○○○'을 경영하면서 찐빵에 사용하거나 사용하려는 표장으로, 이 사건 등록 지리적 표시 단체표장의 대상지역 및 그 상품이 동일하다. 따라서 확인대상표장 중 '안흥찐빵'은 이 사건 등록 지리적 표시 단체표장의 지정상품과 동일한 상품에 사용하는 지리적 표시로서 당해 지역에서 그 상품을 생산·제조 또는 가공하는 것을 업으로 영위하는 자가 사용하는 지리적 표시에 해당한다."라고 하면서 이 사건 "확인대상표장은 상표법 제51조 제2항 제3호의 규정에 의하여 이 사건 등록 지리적 표시 단체표장의 효력이 미치지 않는다고 할 것이므로 더 나아가 살펴볼 필요도 없이 확인대상표장은 이 사건 등록 지리적 표시 단체표장의 권리범위에 속하지 아니한다."라고 판단하였다.

[3] 지리적 표시의 특성상 지리적 표시 단체표장으로 등록된 지정상품과 동일한 품질, 명성 또는 기타 특성을 가지고 있는 상품을 해당 특정 지역에서 생산, 제조 또는 가공하는 자는 해당법인에 단체원으로 가입하고 있지 않더라도 지리적 표시를 사용할 수 있어야 하므로 지리적 표시 등록 단체표장의 효력은 미치지 않도록 하는 것은 타당하다.

[4] 선등록 상표권자의 경우 선등록 받은 상표와 동일한 상표를 지정상품에 사용하면 지리적 표시 단체표장권의 효력이 미치지 않도록 규정하고 있다. 이는 이미 상표를 등록받은 기득권자를 보호하기 위한 것으로서, TRIPs 제24조도 동일한 취지의 규정을 두고 있다.

[5] TRIPs 제24조 제5항: 아래 시기에 상표가 선의로 출원 또는 등록되거나, 또는 선의의 사용에 의하여 상표권이 취득된 경우,

가. 제6부에서 정의된 회원국 내에서의 이 규정의 적용일 이전

나. 원산지국에서 지리적 표시가 보호되기 이전

이 절을 시행하기 위하여 채택되는 조치는 이러한 상표가 지리적 표시와 동일 또는 유사하다는 근거로 상표등록의 적격성이나 유효성 또는 상표의 사용권을 저해하지 아니한다.

바. 이의신청

누구든지 출원공고일로부터 2개월 내에 이의신청할 수 있다(상 제60조).

사. 무효심판

지리적 표시 단체표장등록과 관련하여 일반적인 무효사유(상 제117조 제1항 제1호 내지 제6호)가 있는 경우 이외에 지리적 표시 단체표장등록이 된 후 그 등록단체표장을 구성하는 지리적 표시가 원산지 국가에서 보호가 중단되거나 사용되지 아니하게 된 경우에는 이해관계

인 또는 심사관은 무효심판을 청구할 수 있다(상 제117조 제1항 제7호). 무효심판은 지리적 표시 단체표장권이 소멸된 후에도 청구할 수 있다(상 제117조 제2항). 지리적 표시 단체표장등록을 무효로 한다는 심결이 확정된 경우에는 그 단체표장권은 처음부터 없었던 것으로 보지만, (i) 지리적 표시 단체표장등록된 후 그 지리적 표시 단체표장권자가 지리적 표시 단체표장권을 누릴 수 없는 자로 되거나 그 등록단체표장이 조약에 위반된 경우, (ii) 지리적 표시 단체표장등록이 된 후 그 등록단체표장이 보통명칭상표 내지 관용상표가 된 경우,[67] (iii) 지리적 표시 단체표장등록이 된 후 그 등록단체표장을 구성하는 지리적 표시가 원산지 국가에서 보호가 중단되거나 사용되지 아니하게 된 경우에 해당한다고 하여 상표등록을 무효로 한다는 심결이 확정된 경우에는 상표권은 그 등록상표가 그 경우에 해당하게 된 때부터 없었던 것으로 본다(상 제117조 제3항).

아. 단체표장권의 취소사유

[1] 단체표장과 관련하여

(i) 소속 단체원이 그 단체의 정관을 위반하여 단체표장을 타인에게 사용하게 한 경우나 소속 단체원이 그 단체의 정관을 위반하여 단체표장을 사용함으로써 수요자에게 상품의 품질 또는 지리적 출처를 오인하게 하거나 타인의 업무와 관련된 상품과 혼동을 불러일으키게 한 경우. 다만, 단체표장권자가 소속 단체원의 감독에 상당한 주의를 한 경우는 제외한다.

(ii) 단체표장의 설정등록 후 제36조 제3항에 따른 정관을 변경함으로써 수요자에게 상품의 품질을 오인하게 하거나 타인의 업무와 관련된 상품과 혼동을 불러일으키게 할 염려가 있는 경우 또는

(iii) 제3자가 단체표장을 사용하여 수요자에게 상품의 품질이나 지리적 출처를 오인하게 하거나 타인의 업무와 관련된 상품과 혼동을 불러일으키게 하였음에도 단체표장권자가 고의로 적절한 조치를 하지 아니한 경우에는 단체표장등록의 취소심판을 청구할 수 있다(상 제

---

67) 산지 내지 현저한 지리적 명칭으로 구성된 지리적 표시 단체표장권은 상표법 제33조 제1항 제3호 내지 제4호에 해당함에도 불구하고 상표법 제33조 제3항에 따라 지리적 표시 단체표장등록이 가능하다. 그러한 점에서 볼 때, 상표법 제117조 제1항 제6호의 "상표등록된 후 그 등록상표가 제33조 제1항 각 호의 어느 하나에 해당하게 된 경우(같은 조 제2항에 해당하게 된 경우는 제외한다)"에 해당하다고 하여 지리적 표시 단체표장등록의 무효심판청구와 관련해서는 상표법 제33조 제1항 제1호 내지 제2호에 한정하여 지리적 표시 단체표장 등록의 무효심판을 청구할 수 있다고 보는 것이 타당할 것이다. 왜냐하면 상표법 제33조 제1항 제1호 내지 제2호는 본질적으로 자타상품식별력이 없어 사용에 의한 식별력이 생겨나지 않기 때문이다.

119조 제1항 제7호).

[2] 지리적 표시 단체표장과 관련하여

(i) 지리적 표시 단체표장등록출원의 경우에 그 소속 단체원의 가입에 관하여 정관에 의하여 단체의 가입을 금지하거나 정관에 충족하기 어려운 가입조건을 규정하는 등 단체의 가입을 실질적으로 허용하지 아니하거나 그 지리적 표시를 사용할 수 없는 자에게 단체의 가입을 허용한 경우 또는

(ii) 지리적 표시 단체표장권자나 그 소속 단체원이 제223조를 위반하여 단체표장을 사용함으로써 수요자에게 상품의 품질을 오인하게 하거나 지리적 출처에 대한 혼동을 불러일으키게 한 경우에는 지리적 표시 단체표장등록의 취소심판을 청구할 수 있다(상 제119조 제1항 제8호)

자. 단체표장권의 침해 및 구제

[1] 다음의 행위는 지리적 표시 단체표장권을 침해한 것으로 본다.

(i) 타인의 지리적 표시 등록단체표장과 유사한 상표(동음이의어 지리적 표시는 제외한다. 이하 이 항에서 같다)를 그 지정상품과 동일하다고 인정되는 상품에 사용하는 행위

(ii) 타인의 지리적 표시 등록단체표장과 동일·유사한 상표를 그 지정상품과 동일하다고 인정되는 상품에 사용하거나 사용하게 할 목적으로 교부·판매·위조·모조 또는 소지하는 행위

(iii) 타인의 지리적 표시 등록단체표장을 위조 또는 모조하거나 위조 또는 모조하게 할 목적으로 그 용구를 제작·교부·판매 또는 소지하는 행위

(iv) 타인의 지리적 표시 등록단체표장과 동일·유사한 상표가 표시된 지정상품과 동일하다고 인정되는 상품을 양도 또는 인도하기 위하여 소지하는 행위 (상 제108조 제2항)

[2] 단체표장이 침해된 경우: 단체표장권자인 단체(조합 또는 법인)만이 구제를 청구할 수 있다.

차. 파리협약 및 WTO/TRIPs협정상의 규정

[1] 파리협약: 본국의 법령에 반하지 않는 단체에 대해 단체표장의 등록을 허여하도록 하고 있다(파리협약 제7조의2).

[2] TRIPs 제22조: 지리적 표시란 상품의 특정 품질, 명성 또는 그 밖의 특성이 본질적으로 지리적 근원에서 비롯되는 경우, 회원국의 영토 또는 회원국의 지역 또는 지방을 원산

지로 하는 상품임을 명시하는 표시로 정의하고 있다.

카. 동음이의어 지리적 표시 등록단체표장의 표시

둘 이상의 지리적 표시 등록단체표장이 서로 동음이의어 지리적 표시에 해당하는 경우 각 단체표장권자와 그 소속 단체원은 지리적 출처에 대하여 수요자가 혼동하지 아니하도록 하는 표시를 등록단체표장과 함께 사용하여야 한다(상 제223조). 이 규정은 둘 이상의 동음이의어 지리적 표시 단체표장이 등록될 수 있어 지리적 표시 등록단체표장의 출처에 대한 혼동의 여지가 없도록 하기 위하여 마련된 것이다.

V. 업무표장

1. 업무표장의 구성요건

[1] 국내에서 영리를 목적으로 하지 아니하는 업무를 영위하는 자가 그 업무를 나타내기 위하여 사용하는 표장(상 제2조 제1항 제9호)이 업무표장이다.

[2] **업무표장의 구성요건**: (i) '영리를 목적으로 하지 아니하는 업무를 하는 자'가 사용하는 표장일 것, (ii) 영리를 목적으로 하지 아니하는 업무를 하는 자가 '그 업무를 나타내기 위하여' 사용할 것, (iii) 표장의 '사용'에 해당할 것, (iv) '표장'일 것을 그 구성요건으로 한다.

[3] 공익법인 등을 포함하여 YMCA, YWCA, 보이스카웃, 걸스카웃, 올림픽조직위원회, 적십자 등과 같이 영리를 목적으로 하지 아니하는 업무를 영위하는 자가 타인의 업무로부터 자신의 업무를 식별하도록 하기 위하여 사용하는 표장이 이에 해당한다.

예: 올림픽조직위원회의 휘장, 적십자사의 표지

[4] 판례는 업무표장을 타사의 상표와 함께 부착시켜 사용하도록 하고 그 대가로 약간의 수수료를 받은 경우에도 영리를 목적으로 한 것이라고 보기 어렵다고 판시하였다.[68]

대법원 2008. 11. 13. 선고 2006후3397, 3403, 3410, 3427 판결[등록무효(상)]
["예술의 전당" 상표 사건][공2008하,1693]

[판결요지]

[1] 구 상표법(1990. 1. 3. 법률 제4210호로 전문 개정되기 전의 것) 제8조 제2항에서 서비

---

68) 대법원 1995. 6. 16. 선고 94도1793 판결[상표법위반]

스표를 출원 전에 사용한 결과 수요자간에 그 서비스표가 누구의 서비스표인가가 현저하게 인식되어 있을 경우 같은 조 제1항 제3, 5, 6호의 규정에도 불구하고 등록을 받을 수 있도록 규정한 취지는, 원래 특정인에게 독점사용시킬 수 없는 표장에 대세적인 권리를 부여하는 것이므로 그 기준을 엄격하게 해석·적용하여야 할 것인바, 수요자간에 그 서비스표가 누구의 서비스표인지 현저하게 인식되었다는 사실은 그 서비스표가 어느 정도 선전 광고된 사실이 있다거나 또는 외국에서 등록된 사실이 있다는 것만으로는 이를 추정할 수 없고, 구체적으로 그 상표·서비스표 자체가 수요자간에 현저하게 인식되었다는 것이 증거에 의하여 명확하여야 하며, 한편 이와 같은 사용에 의한 식별력의 구비 여부는 등록결정시를 기준으로 하여 판단하여야 한다.

[2] 등록서비스표와 등록업무표장인 " 예술의전당 "이 기술적 표장에 해당하고, 등록결정일 당시 구 상표법(1990. 1. 3. 법률 제4210호로 전문 개정되기 전의 것) 제8조 제2항에 정한 사용에 의한 식별력을 구비하지 못하였음을 이유로 상표등록을 무효로 본 사례.

2. 등록요건

가. 절차적 요건(등록절차)

[1] **업무표장등록을 받을 수 있는 자**: 국내에서 영리를 목적으로 하지 아니하는 업무를 하는 자는 자기의 업무표장을 등록받을 수 있다(상 제3조 제6항). 따라서 외국에서만 비영리업무를 하는 자, 비영리업무를 하고자 하는 자, 영리업무를 주 목적으로 하는 자는 업무표장의 등록을 받을 수 없다.[69] 업무표장은 법인뿐만 아니라 자연인도 등록받을 수 있다.[70]

[2] 업무표장을 받고자 하는 자는 상표법 제36조 제1항 각 호의 사항을 적은 업무표장출원서 이외에 경영사실을 입증하는 증명서를 첨부하여 업무표장등록출원서를 제출하여야 한다(상 제36조 제6항).

[3] **업무의 경영사실을 증명하는 서면**: (i) 법인의 경우에는 정관, (ii) 국가 및 지방자치단체의 경우에는 관련 법령, 조례, 규칙 등이다. 이러한 증명서 제출을 강제하는 것은 업무표장이 영리업무에 사용되는 것을 방지하기 위한 것이다.

[4] 그 밖에 선출원 등 절차적 요건을 충족하여야 한다.

---

69) 상표심사기준(2019년), 제7부 제1장 §2.1.
70) 상표심사기준(2019년), 제7부 제1장 §2.2.

나. 실체적 등록요건

(i) 타인의 업무와 식별력을 갖추어야 한다(상 제33조).

(ii) 부등록사유에 해당하지 않아야 한다(상 제34조 제1항 제3호 단서는 제외한다).

3. 특 성

[1] 업무표장등록출원은 양도할 수 없다. 다만, 그 업무와 함께 양도하는 경우에는 양도할 수 있다(상 제48조 제6항 제1호).

[2] 업무표장권은 양도할 수 없다. 다만, 그 업무와 함께 양도하는 경우에는 양도할 수 있다(상 제93조 제4항).

[3] 업무표장권은 전용사용권과 통상사용권을 설정할 수 없다(상 제95조 제2항, 제97조 제5항). 이 외에도 질권의 대상이 될 수 없다(상 제93조 제8항).

[4] 업무표장등록출원은 상표등록출원, 단체표장등록출원 또는 증명표장등록출원 등 다른 유형의 출원으로 변경할 수 없다(상 제44조 제1항).

[5] 일반적 사항은 상표등록과 동일하지만 업무표장권자가 그 부대업무에 대해 사표를 사용하고자 하는 경우 별도의 등록절차를 밟아야 한다.

4. 취소 및 소멸사유

[1] 업무표장은 일반적 취소사유 이외에 업무와 분리양도한 경우 취소사유가 된다(상 제93조 제4항, 제119조 제1항 제4호).

[2] 등록업무표장의 지정업무를 폐지하였을 경우에는 업무표장은 소멸한다.

[3] 업무표장은 지정업무에 대하여 독점배타적인 권리를 가지며, 등록된 등록표장과 동일 또는 유사한 표장은 업종이 다르더라도 원칙적으로 등록을 받지 못한다.

5. 효 력

[1] **적극적 효력**: 지정업무에 대하여 독점배타적인 권리를 가지며, 등록된 업무표장과 동

일 또는 유사한 표장은 업종이 다르더라도 원칙적으로 등록을 받지 못한다.

[2] **소극적 효력**: 제3자가 정당한 권원 없이 타인의 등록업무표장과 동일 또는 유사한 표장을 그 지정업무와 동일 또는 유사한 업무에 사용하는 경우에는 업무표장권의 침해로 본다.

대법원 1990. 5. 11. 선고 89후483 판결[거절사정]

[판결요지]

가. 본원상표 ""와 인용표장인 소외 재단법인 한국생활용품시험검사소의 업무표장 ""를 대비하여 볼 때, 인용표장은 영문자 'Q'자의 도형내부에 "" 도형이 들어 있기는 하나, 전체적으로 보아 양자는 모두 영문자 'Q'자를 도형화한 것으로서 그 칭호와 외관에 있어서 유사하고, 한국생활용품시험검사소는 수출검사법 및 공산품품질관리법 기타 법령에 의하여 정부가 지정하는 잡화제품류 및 기타 공업제품류에 대한 품질검사와 시험연구, 교육훈련 및 기술지도를 함으로써 제품의 품질향상을 도모하여 소비자보호 등에 기여함을 목적으로 하여 설립된 비영리공익법인으로서, 생활용품에 대한 품질검사에 합격한 상품에 대하여 품질보증마크로 인용표장을 사용하고 있으므로, 본원상표를 지정상품에 사용하는 것 자체가 공공의 질서를 문란하게 할 염려가 있을 뿐만 아니라, 본원상표를 지정상품에 사용할 경우 그 지정상품이 한국생활용품시험검사소의 품질검사에 합격한 제품으로 상품의 품질을 오인케 하거나 수요자를 기만할 염려가 있다고 할 것이어서, 본원상표는 상표법 제9조 제1항 제4호 및 제11호에 해당하는 상표로서 등록을 받을 수 없다.

나. 본원상표가 상표법 제9조 제1항 제3호에 해당하는 상표이기 때문에 등록을 받을 수 없는 것이라고 판단하려면, 인용표장이 저명한 것임이 전제로 되어야 함에도 불구하고, 원심이 인용표장이 저명한 것인지의 여부에 대하여는 심리판단하지 아니한 채, 본원상표가 영리를 목적으로 하지 아니하는 공익단체인 한국생활용품시험검사소의 업무표장인 인용표장과 유사하다는 이유만으로, 상표법 제9조 제1항 제3호에 해당하는 상표라고 판단한 것은 위법하다.

VI. 증명표장

1. 증명표장의 의의 및 구성요건

[1] **의 의**: "증명표장"이란 상품의 품질, 원산지, 생산방법 또는 그 밖의 특성을 증명하고

관리하는 것을 업(業)으로 하는 자가 타인의 상품에 대하여 그 상품이 품질, 원산지, 생산방법 또는 그 밖의 특성을 충족한다는 것을 증명하는 데 사용하는 표장을 말한다(상 제2조 제1항 제7호). "지리적 표시 증명표장"이란 지리적 표시를 증명하는 것을 업으로 하는 자가 타인의 상품에 대하여 그 상품이 정해진 지리적 특성을 충족한다는 것을 증명하는 데 사용하는 표장을 말한다(상 제2조 제1항 제8호).

[2] **구성요건**: 증명표장의 구성요건은 (i) 상품, (ii) 상품의 '품질, 원산지, 생산방법 또는 그 밖의 특성', (iii) 상품의 품질, 원산지, 생산방법 또는 그 밖의 특성을 '증명하고 관리하는 것을 업으로 하는 자', (iv) 타인의 상품에 대하여 그 상품이 품질, 원산지, 생산방법 또는 그 밖의 특성을 충족한다는 것을 증명하는 데 사용하는 표장이다(상 제2조 제1항 제7호). 지리적 표시 증명표장의 구성요건은 (i) 지리적 표시를 증명하는 것을 업으로 하는 자, (ii) '타인의 상품에 대하여 그 상품이 정해진 지리적 특성을 충족한다는 것을 증명하는 데 사용하는 표장이다(상 제2조 제1항 제8호).

2. 등록요건

(i) 증명표장의 적극적 등록요건을 구비하여야 한다(상 제33조 제1항 및 제2항). 다만, 지리적 표시 증명표장의 경우에는 상표법에서 특별히 규정한 것을 제외하고는 지리적 표시 단체표장에 관한 규정을 적용한다(상 제2조 제4항). 따라서 산지 또는 현저한 지리적 명칭이나 그 약어 또는 지도만으로 된 표장이라도 그 표장이 특정 상품에 대한 지리적 표시인 경우에는 그 지리적 표시를 사용한 상품을 지정상품으로 하여 지리적 표시 지리적 표시 증명표장등록을 받을 수 있다(상 제34조 제3항 및 제2항 제4항).

(ii) 상표의 소극적 등록요건(=부등록사유)에 해당하지 않아야 한다(상 제34조).

(iii) 상품의 품질, 원산지, 생산방법 또는 그 밖의 특성을 증명하고 관리하는 것을 업으로 할 수 있는 자는 타인의 상품에 대하여 그 상품이 정해진 품질, 원산지, 생산방법 또는 그 밖의 특성을 충족하는 것을 증명하는 데 사용하기 위해서만 증명표장을 등록받을 수 있다. 다만, 자기의 영업에 관한 상품에 사용하려는 경우에는 증명표장의 등록을 받을 수 없다(상 제3조 제3항). 그럼에도 불구하고 상표·단체표장 또는 업무표장을 출원(出願)하거나 등록을 받은 자는 그 상표 등과 동일·유사한 표장을 증명표장으로 등록받을 수 없다(상 제3조 제4항). 증명표장을 출원하거나 등록을 받은 자는 그 증명표장과 동일·유사한 표장을 상표·단

체표장 또는 업무표장으로 등록을 받을 수 없다(상 제3조 제5항).

3. 출원 및 심사 절차

가. 출원단계

[1] **출 원**: 지리적 표시 증명표장을 받으려는 자는 지리적 표시 증명표장등록출원서를 특허청장에게 제출하면서 지리적 표시 증명표장등록출원서 이외에 대통령령으로 정하는 지리적 표시 증명표장의 사용에 관한 사항을 정한 서류(법인인 경우에는 정관을 말하고, 법인이 아닌 경우에는 규약을 말하며, 이하 "정관 또는 규약"이라 한다)와 증명하려는 상품의 품질, 원산지, 생산방법이나 그 밖의 특성을 증명하고 관리할 수 있음을 증명하는 서류를 지리적 표시 증명표장등록출원서에 첨부하여야 한다. 아울러 지리적 표시 증명표장등록을 받으려는 자는 대통령령으로 정하는 바에 따라 지리적 표시의 정의에 일치함을 증명할 수 있는 서류를 지리적 표시 증명표장등록출원서에 첨부하여야 한다(상 제36조 제1항, 제4항, 제5항).

[2] **수정정관의 제출**: 지리적 표시 증명표장등록을 출원한 출원인은 정관 또는 규약을 수정한 경우에는 상표법 제40조 제1항 각 호 또는 제41조 제1항 각 호에서 정한 기간 내에 특허청장에게 수정된 정관 또는 규약을 제출하여야 한다(상 제43조 제2항).

[3] **출원의 변경**: 증명표장등록출원을 한 출원인은 상표등록출원 또는 단체표장등록출원으로 변경할 수 있지만, 지리적 표시 증명표장등록출원을 한 출원인은 그 출원을 상표등록출원 또는 단체표장등록출원으로 변경할 수 없다(상 제44조 제1항 제3호).

[4] **출원의 이전**: 증명표장등록출원은 이전할 수 없다. 다만, 해당 증명표장에 대하여 상표법 제3조 제3항에 따른 증명표장의 등록을 받을 수 있는 자에게 그 업무와 함께 이전하는 경우에는 특허청장의 허가를 받아 이전할 수 있다(상 제48조 제8항).

나. 심사단계

☞ **증명표장등록거절사유**: (i) 지리적 표시 증명표장의 정의에 맞지 아니하는 경우, (ii) 조약에 위반된 경우, (iii) 상표법 제3조, 제27조, 제33조부터 제35조까지, 제38조 제1항, 제48조 제2항 후단, 같은 조 제4항 또는 제6항부터 제8항까지의 규정에 따라 상표등록을 할 수 없는 경우, (iv) 제3조에 따른 증명표장의 등록을 받을 수 있는 자에 해당하지 아니한 경우, (v) 상표법 제36조 제4항에 따른 정관 또는 규약에 대통령령으로 정하는 증명표장의 사용에

관한 사항의 전부 또는 일부를 적지 아니한 경우, (vi) 그 증명표장을 사용할 수 있는 자에 대하여 정당한 사유 없이 정관 또는 규약으로 사용을 허락하지 아니하거나 정관 또는 규약에 충족하기 어려운 사용조건을 규정하는 등 실질적으로 사용을 허락하지 아니한 경우(상 제54조)

4. 지리적 표시 증명표장권

[1] 증명표장권은 이전할 수 없다. 다만, 해당 증명표장에 대하여 제3조 제3항에 따라 등록받을 수 있는 자에게 그 업무와 함께 이전할 경우에는 특허청장의 허가를 받아 이전할 수 있다(상 제93조 제7항).

[2] 증명표장권을 목적으로 하는 질권은 설정할 수 없다(상 제93조 제8항).

[3] 증명표장권에 관하여는 전용사용권을 설정할 수 없다(상 제95조 제2항).

5. 취소심판

증명표장과 관련하여 다음의 경우에는 증명표장등록의 취소심판을 청구할 수 있다.

(i) 증명표장권자가 상표법 제36조 제4항에 따라 제출된 정관 또는 규약을 위반하여 증명표장의 사용을 허락한 경우

(ii) 증명표장권자가 상표법 제3조 제3항 단서를 위반하여 증명표장을 자기의 상품에 대하여 사용하는 경우

(iii) 증명표장의 사용허락을 받은 자가 정관 또는 규약을 위반하여 타인에게 사용하게 한 경우 또는 사용을 허락받은 자가 정관 또는 규약을 위반하여 증명표장을 사용함으로써 수요자에게 상품의 품질, 원산지, 생산방법이나 그 밖의 특성에 관하여 혼동을 불러일으키게 한 경우. 다만, 증명표장권자가 사용을 허락받은 자에 대한 감독에 상당한 주의를 한 경우는 제외한다.

(iv) 증명표장권자가 증명표장의 사용허락을 받지 아니한 제3자가 증명표장을 사용하여 수요자에게 상품의 품질, 원산지, 생산방법이나 그 밖의 상품의 특성에 관한 혼동을 불러일으키게 하였음을 알면서도 적절한 조치를 하지 아니한 경우

(v) 증명표장권자가 그 증명표장을 사용할 수 있는 자에 대하여 정당한 사유 없이 정관

또는 규약으로 사용을 허락하지 아니하거나 정관 또는 규약에 충족하기 어려운 사용조건을 규정하는 등 실질적으로 사용을 허락하지 아니한 경우(상 제119조 제1항 제9호(구 상표법 제73조 제1항 제13호)).

제6절 상표의 실체적 등록요건

I. 적극적 요건

1. 상표의 사용의사

☞ 등록주의: 상표로 등록을 받기 위해서는 상표를 사용하는 자뿐만 아니라 '사용하고자 하는 자'도 상표등록을 받을 수 있도록 하고 있다(상 제3조 제1항). 이에 의하면, 상표등록출원의 상표 사용사실 또는 사용의사가 없이 방어적인 목적만으로 출원하는 경우에는 등록거절의 대상이 되어야 하며, 착오로 등록 시에는 무효심판의 대상이 되어야 함이 원칙이다. 하지만, 출원단계에서 심사관이 상표등록출원자의 사용의지를 판단하는 것은 불가능하므로 등록요건으로서 사용의사를 판단하지는 않고, 등록 후에 일정기간 동안 불사용 사실이 지속되는 경우 상표권을 취소시킬 수 있게 하고 있어 상표권자의 상표 사용을 강제하고 있다(상 제119조 제1항 제3호).

2. 자타상품(서비스)의 식별력

가. 식별력의 의미

[1] 자타상품 내지 자타 서비스를 식별할 능력이 없는 상표는 상표법상 등록을 받을 수 없다. 식별력이 없는 상표는 출처표시기능이나 품질보증기능 등의 상표의 기능적인 역할을 기대할 수 없기 때문에 상표등록을 허여하면 어느 것이 누가 생산 또는 제공하는 상품 또는 서비스인지를 알 수가 없어 거래에 있어서 소비자들의 혼동을 초래할 수 있다.

[2] 상표법 제33조 제1항의 상표등록요건에서는 식별력을 갖춘 상표를 적극적으로 규정하기 보다는 식별력이 없거나 식별력을 충분히 갖추지 못한 상표를 열거하고(상 제33조 제1항 제1호 내지 제6호), 상표법 제33조 제1항 제7호에서는 "제1호 내지 제6호 외에 수요자가 누구의 업무에 관련된 상품을 표시하는 것인가를 식별할 수 없는 상표"에 대해서도 상표등록을

허여하지 않는 것을 명확히 하고 있다. 현행 상표법은 자타상품 또는 서비스의 식별력을 구비하는 것을 등록요건으로 하고 있다.

[3] **식별력의 주체적 판단기준**: 해당 지정상품에 관한 거래사회에서의 "일반수요자 및 거래자의 평균적 인식"을 기준으로 식별력 유무를 판단한다.

[4] **식별력의 지역적 기준**: "국내"의 거래실정을 기준으로 판단한다.

[5] **식별력의 시간적 기준**: 상표등록 여부 결정 시를 기준으로 판단한다.

[6] **판단방법**: 어느 상표가 식별력이 있는지 여부에 대한 판단은 그 상표를 구성하는 각 부분을 분리하여 판단할 것이 아니라 해당 상표 전체를 하나로 보아 판단한다. 어떤 상표가 식별력을 가진 상표인지 여부는 그 상표가 지니고 있는 관념, 지정상품과의 관계 및 거래사회에서의 실정 등을 감안하여 객관적으로 결정한다.

대법원 2005. 10. 14. 선고 2005도5358 판결[상표법위반]

[판결요지]

[1] 상표법 제73조 제1항 제3호에서 정한 등록취소 사유가 있다 하더라도 심판에 의하여 취소가 확정되기까지는 등록상표로서의 권리를 보유하는 것이고, 상표등록무효심결이 확정된 때와는 달리 상표등록을 취소한다는 심결이 확정된 때에는 그 상표권은 확정된 때로부터 장래를 향하여서만 소멸하는 것이므로(상표법 제73조 제7항), 등록상표에 관하여 등록취소의 심결이 확정되었다고 하더라도 그 심결 확정 이전에 이루어진 침해행위에 관한 상표권침해죄의 성립 여부에는 영향을 미치지 못한다.

[2] 구 상표법(2004. 12. 31. 법률 제7290호로 개정되기 전의 것) 제51조 제2호가 상품의 보통명칭을 보통의 방법으로 사용하는 방법으로 표시한 표장만으로 된 상표의 효력을 제한한 것은 상품의 보통명칭은 특정 종류의 상품의 명칭으로서 일반적으로 사용되는 것이므로 본질적으로 자타상품의 식별력이 없어 특정인에게 이를 독점사용하게 하는 것은 부적당하고 누구라도 자유롭게 사용하게 할 필요가 있으므로, 이러한 표장에 관하여는 특정인이 비록 상표등록을 받았다 하더라도 이를 보통으로 사용하는 방법으로 표시하는 것에는 상표권의 효력이 미치지 않도록 함에 그 취지가 있는 것이고, 어느 상표가 지정상품의 보통명칭화 내지 관용하는 상표로 되었는가의 여부는 그 나라에 있어서 당해 상품의 거래실정에 따라서 이를 결정하여야 하며, 상표권자의 이익 및 상표에 화체되어 있는 영업상의 신용에 의한 일반수요자의 이익을 희생하면서까지 이를 인정해야 할 만한 예외적인 경우에 해당하는가를 고려하여 신중하게 판단하여야 한다.

[3] 구 상표법(2004. 12. 31. 법률 제7290호로 개정되기 전의 것) 제51조 제1호 본문에 의하

면, 자기의 상호 또는 그 상호의 저명한 약칭을 보통으로 사용하는 방법으로 표시하는 상표에 대하여는 그것이 상표권설정의 등록이 있은 후에 부정경쟁의 목적으로 사용하는 경우가 아닌 한 등록상표권의 효력이 미치지 아니하는바, 여기에서 '상호를 보통으로 사용하는 방법으로 표시한다.'함은 상호를 독특한 글씨체나 색채, 도안화된 문자 등 특수한 태양으로 표시하는 등으로 특별한 식별력을 갖도록 함이 없이 표시하는 것을 의미할 뿐만 아니라, 그 표장을 보고 일반 수요자가 상호임을 인식할 수 있도록 표시하는 것을 전제로 한다 할 것이므로, 법인인 회사가 그 상호를 표시하면서 회사의 종류를 표시하는 부분을 생략한 경우에는 그것이 널리 알려져 있지 않은 이상 일반 수요자가 반드시 상호로 인식한다고 할 수 없어 이를 회사의 상호를 보통으로 사용하는 방법으로 표시한 것으로 볼 수 없고, 단지 상호의 약칭에 불과하다고 할 것이고, 이러한 약칭의 표시는 위 법규정에 따라 그것이 저명하지 않는 한 특수한 태양으로 표시되어 있지 않다고 하더라도 상표권의 효력이 미친다.

[4] 피고인들이 사용한 "태남스포렉스"나 "TAENAM SPORTSLEX"는 상호의 약칭에 불과할 뿐 상호 그 자체를 표시하는 상표에 해당한다고 볼 수 없고, 또한 그것이 저명한 약칭에 해당한다고 볼 수도 없다고 한 원심의 판단을 수긍한 사례.

나. 법률상 등록을 받을 수 있는 상표

[1] 상표는 자기의 상품(지리적 표시가 사용되는 상품의 경우를 제외하고는 서비스 또는 서비스의 제공에 관련된 물건을 포함한다. 이하 같다)과 타인의 상품을 식별하기 위하여 사용하는 표장(標章)(상 제2조 제1항 제1호)이다. 이러한 상표가 제기능을 하기 위해서 상표는 자기의 상품의 출처를 타인의 것과 구별할 수 있는 식별력을 갖고 있어야 한다.

[2] **상표의 식별력**: 그 상표가 사용된 상품의 출처를 표시할 수 있고, 그러한 표시에 의해 자기의 상품(서비스)과 타인의 상품(서비스)을 구별할 수 있는 기능을 의미한다.

다. 식별력이 없는 상표

상표법은 심사의 신속성과 공정성 및 예측가능성 등을 도모하기 위하여 제33조 제1항 각 호에서 식별력이 없는 상표들을 열거하고 거기에 해당하면 상표등록을 받지 못하는 것으로 하고 있다.

(1) 보통명칭상표

[1] **보통명칭**: 그 상품을 취급하는 거래계에서 해당업자 또는 일반 수요자 사이에 일반적으로 그 상품을 지칭하는 것으로 실제로 사용되고 인식되어 있는 일반적인 약칭, 속칭 기타

의 명칭이다. 그 일례로서 지정상품을 자동차로 하여 상표를 CAR로 출원하는 경우를 들 수 있다.

[2] 보통명칭은 처음부터 그 상품의 보통명칭이었던 것과 처음에는 자타상품을 식별하는 특정인의 상표이었던 것이 소비자 및 동종업자들이 그 상표를 자유롭게 사용한 결과 그 상품이 보통명칭화되어 자타상품의 식별력을 상실하게 된 것이 있다. 따라서 사용에 의한 식별력을 취득하여 상표등록이 된 경우를 제외하고, 상표가 등록된 후 식별력이 상실된 상표는 무효심판을 청구할 수 있다(상 제117조 제1항 제6호).

[3] 상표법 제33조 제1항 제1호는 "그 상품의 보통명칭을 보통으로 사용하는 방법으로 표시한 표장만으로 된 상표는 상품의 식별력이 없는 상표로서 등록될 수 없다."라고 규정하고 있다.

[4] 식물신품종 보호법에 의해 등록된 품종명칭 또는 농수산물의 품종으로 거래업계에서 널리 알려진 명칭과 동일·유사한 상표가 그 품종의 종자, 묘목 또는 이와 유사한 상품을 지정상품으로 한 경우에는 상표법 제33조 제1항 제1호를 적용하며 해당 상표가 성질표시적 표장인 경우에는 상표법 제33조 제1항 제3호를 함께 적용한다. 그 일례로 과일을 보호품종으로 하여 품종명칭을 홍옥, 신고, 백도, 거봉으로 하는 경우나 곡류를 보호품종으로 하여 품종명칭을 팔금, 농림 6호로 하는 경우를 들 수 있다.

[5] '보통으로 사용하는 방법으로 표시한 표장': 상표의 외관은 물론 칭호, 관념을 통하여 상품의 보통명칭, 성질 또는 성이나 명칭을 직감할 수 있는 표시는 이에 해당하는 것으로 본다. 표시된 형태가 외관상 보통으로 사용한 것이라도 지정상품과 관련하여 그 상품의 보통명칭을 직감시키지 않고 단순히 암시하는 데 지나지 않는 경우 또는 보통명칭이 다른 식별력이 있는 표장의 부기적 부분이거나 그에 흡수되어 불가분의 일체를 구성함으로써 상표전체로서 식별력이 인정되는 경우에는 본 호의 규정에 해당하지 않는다. 하지만 식별력을 인정한 경우에도 해당 지정상품과 관련하여 상품에 대한 오인·혼동의 우려가 있을 때에는 지정상품의 범위를 그 보통명칭과 관련된 것에 한정시키기 위해 상표법 제34조 제1항 제12호를 적용한다.

대법원 1997. 10. 10. 선고 97후594 판결[상표등록무효]

[판결요지]

[1] 상표법 제6조 제1항 제1호 소정의 "상품의 보통명칭"이란 그 지정상품을 취급하는 거

래계에서 당해 업자 또는 일반 수요자 사이에 일반적으로 그 상품을 지칭하는 것으로 실제로 사용되고 인식되어져 있는 일반적인 약칭, 속칭 기타의 명칭을 뜻한다.

[2] '폴로'가 사전에 말을 타고 하는 경기의 일종으로 소개되어 있고, 상표법시행규칙상의 상품류구분 제45류의 제3군에 상품세목으로 폴로 셔츠가 명기되어 있으며, 사전에 폴로 셔츠는 폴로 경기를 할 때 입었던 데서 유래한 반소매 셔츠라고 기재되어 있다고 하더라도 그러한 사정만으로는 '폴로'가 의류를 취급하는 거래계에서 당해 업자 또는 일반 수요자 사이에 일반적으로 반소매 셔츠를 지칭하는 것으로 실제로 사용되고 인식되어져 있는 명칭이라고 볼 수는 없으므로, 상표 "폴로"는 상표법 제6조 제1항 제1호 소정의 상품의 보통명칭이라고 할 수 없다고 한 사례.

[3] 상표 "폴로"는 마상경기의 일종인 폴로를 뜻하고 "폴로 셔츠"는 폴로 경기를 할 때 입는 반소매 셔츠에서 유래된 것이기는 하나, 폴로 경기는 우리 나라에서 열린 일이 없고 그러한 경기를 교육하는 곳도 없으며, 방송이나 언론을 통하여 중계되거나 소개·해설된 바가 없어, 우리 나라의 일반 수요자나 거래자들은 "폴로 셔츠"를 폴로 경기를 할 때만 입는, 즉 운동복인 반소매 셔츠라고는 인식하지 아니하므로 위 상표가 그 지정상품인 스포오츠 셔츠, 폴로 셔츠 등의 상품의 효능이나 용도를 보통으로 사용하는 방법으로 표시한 표장만으로 된 상표라고 할 수 없어 상표법 제6조 제1항 제3호에 해당한다고 할 수 없고, 따라서 상품의 품질을 오인케 할 염려도 없으므로 상표법 제7조 제1항 제11호에도 해당하지 아니한다고 한 사례.

[4] 상표 자체의 외관·칭호·관념에서 서로 유사하여 일반적, 추상적, 정형적으로는 양 상표가 서로 유사해 보인다 하더라도 당해 상품을 둘러싼 일반적인 거래실정, 즉 시장의 성질, 고객층의 재산이나 지식 정도, 전문가인지 여부, 연령, 성별, 당해 상품의 속성과 거래방법, 거래장소, 고장수리의 사후보장 여부, 상표의 현존 및 사용상황, 상표의 주지 정도, 당해 상품과의 관계, 수요자의 일상언어생활 등을 종합적, 전체적으로 고려하여 거래사회에서 수요자들이 구체적, 개별적으로는 명백히 상품의 품질이나 출처에 오인·혼동의 염려가 없을 경우에는 양 상표가 공존하더라도 당해 상표권자나 수요자 및 거래자들의 보호에 아무런 지장이 없다 할 것이어서 그러한 상표의 등록을 금지하거나 등록된 상표를 무효라고 할 수는 없는바, 상표 "폴로"는 국내의 수요자 사이에 널리 인식되어 있는 저명한 상표인 점 등 위 상표를 둘러싼 여러 사정과 거래실정을 종합하여 상표 "POLA"와는 거래자나 일반 수요자에게 개별적, 구체적으로 명백히 상품의 품질이나 출처에 대하여 오인·혼동의 염려가 없는 경우에 해당한다고 한 사례.

(2) 관용상표

[1] 상표법 제33조 제1항 제2호: 그 상품에 대하여 관용하는 상표는 상품의 식별력이 없

는 상표다.

[2] **관용상표**: 전국 또는 한 지역의 동업자가 장기간 사용함으로써 동업자의 상품과 타종류의 상품과의 구별은 가능하나 자타상품의 식별력이 없는 상표이다. 관용상표는 특정 종류에 속하는 상품에 관하여 동업자들 사이에 자유롭고 관용적으로 사용되고 있는 표장이므로, 보통명칭상표와는 달리 관용상표에 있어서는 '보통으로 사용하는 방법으로 표시한 표장만'이라는 한정어구가 없다. 하지만 관용어구라는 말 자체가 보통으로 사용하는 방법으로 표시한 표장만을 의미한다고 봄이 통례다.

[3] 관용표장이 포함된 상표라 하더라도 그 관용표장이 부기적 사항으로 상표의 주요 부분으로 볼 수 없고 그 나머지 부분이 식별력이 있어 상표의 구성 전체로서 식별력이 인정되는 경우라면 상표등록을 받을 수 있다.

[4] **특허청의 상표심사기준71)**: 관용상표가 되려면 (i) 그 상표가 특정 상품에 대해서 그 상품을 취급하는 동업자들 사이에 어떤 상표를 그 상표의 명칭 등으로 일반적으로 자유롭게 사용한 것일 것, (ii) 위 (i)의 결과 그 상표가 출처표시기능 또는 식별력을 상실하였을 것, (iii) 상표권자가 해당 상표의 보호를 위하여 필요한 조치를 취하지 아니할 것이 요구된다고 하며, (iii)의 필요한 조치가 있는 때에는 위 (ii)의 사실이 발생하지 않는 것으로 본다.

대법원 1999. 11. 12. 선고 99후24판결[권리범위확인(상)]

[판결요지]

[1] 장식용 시트의 표장에 '데코' 및 'DECOSHEET'를 사용한 경우, 장식의 뜻을 가진 영문자로 '데커레이션'으로 발음되는 'decoration'은 우리 나라의 영어보급 수준에 비추어 볼 때 일반 수요자가 쉽게 그 뜻을 알 수 있는 단어이며, 한편 일반 수요자나 거래자는 장식용 시트에 사용된 'DECOSHEET'라는 상표를 일단 'DECO'와 'SHEET'로 분리 관찰하여, 'SHEET'는 장식용 시트의 형태인 얇은 판을 나타내고 'DECO'로부터는 쉽게 위 영문자 'decoration'을 직감할 수 있는 점에 비추어 '데코' 및 'DECOSHEET'는 그 사용상품의 용도와 형상을 나타내고 있어, 비록 이 부분이 등록상표와 동일 또는 유사하다고 하더라도, 상표법 제51조 제2호의 규정에 의하여 등록상표의 상표권의 효력이 미치지 아니한다고 한 사례.

[2] 상표권의 권리범위확인심판에 있어서 등록상표가 관용상표에 해당하는지 여부의 판단 시점은 심결시라고 보아야 한다.

---

71) 상표심사기준(2019년), 제4부 제2장.

[3] 관용상표라고 함은 특정종류에 속하는 상품에 대하여 동업자들 사이에 자유롭고 관용적으로 사용되고 있는 표장을 말하는바, 그 대부분은 본래 상표로서 기능을 하였던 것이 많다고 할 것이나, 그렇다고 하여 당초부터 자타 상품의 식별력을 갖춘 상표만이 후에 관용상표가 되는 것은 아니다.

[4] 등록상표가 관용상표로서 식별력이 없다고 한 사례.

(3) 기술적 표장(성질표시 표장)

(가) 의의

[1] 기술적 표장 또는 성질표시 표장: 상품이나 서비스의 특성이나 산지를 나타내는 표지를 의미한다.

[2] 기술적 표장으로만 구성된 상표: 상표등록을 받을 수 없으며, 등록이 되더라도 상표권의 효력이 제한된다.

[3] 상표법 제33조 제1항 제3호: 그 상품의 산지·품질·원재료·효능·용도·수량·형상·가격·생산방법·가공방법·사용방법 또는 시기를 보통으로 사용하는 방법으로 표시한 표장만으로 된 상표는 상품의 식별력이 없는 상표로 등록되지 않는다라고 규정하고 있다.

[4] 논 거

(i) 이는 통상 상품의 유통과정에서 필요한 표시이기 때문에 이를 특정인에게 독점배타적으로 사용하게 할 수 없다는 공익상 요청에 따른 것이다.

(ii) 이러한 기술적 상표는 일반적으로 타인의 동종 상품과의 관계에서 식별이 어렵다는 사실을 그 논거로 한다.

(나) 기술적 표장의 판단

[1] 판단기준

(i) 어떤 상표가 그 지정상품의 품질, 효능 등을 표시한 것인지 여부는 그 상표가 지니고 있는 관념, 지정상품과의 관계 및 거래사회실정 등을 감안하여 객관적으로 판단하여야 한다.

(ii) 상품의 특성을 직감하게 하는 것이어야 한다.

(iii) 상표의 구성 부분 전체를 기준으로 판단하는 것이 원칙이다.

(iv) 상표의 실제 사용 여부는 묻지 않는다.

[2] 판단의 범위

(i) 기술적 표장은 문자로써 기술되는 것만으로 한정되지 않는다.

(ii) 문자, 도형 또는 기호나 이들이 문자와 결합, 그리고 색채와 결합한 경우에도 해당한다.

(iii) 본 호의 규정은 예시적인 규정이므로 품위, 등급, 색채 등을 나타내는 경우도 포함한다. 다만, 사용에 의한 식별력 취득 인정의 경우 등록을 인정하고 성질표시상표가 과오로 등록된 경우 무효사유에 해당하며 상표권의 효력도 제한받는다(상 제90조 제1항 제2호). 지리적 표시 단체표장권은 i) 자기의 성명·명칭 또는 상호·초상·서명·인장 또는 저명한 아호·예명·필명과 이들의 저명한 약칭을 상거래 관행에 따라 사용하는 상표, ii) 등록상표의 지정상품과 동일·유사한 상품의 보통명칭·품질·원재료·효능·용도·수량·형상·가격 또는 생산방법·가공방법·사용방법 또는 시기를 보통으로 사용하는 방법으로 표시하는 상표 또는 iii) 등록상표의 지정상품 또는 그 지정상품 포장의 기능을 확보하는 데 불가결한 형상, 색채, 색채의 조합, 소리 또는 냄새로 된 상표(상 제90조 제2항 제1호), iv) 지리적 표시 등록단체표장의 지정상품과 동일하다고 인정되어 있는 상품에 대하여 관용하는 상표(상 제90조 제2항 제2호), v) 지리적 표시 등록단체표장의 지정상품과 동일하다고 인정되어 있는 상품에 사용하는 지리적 표시로서 해당 지역에서 그 상품을 생산·제조 또는 가공하는 것을 업으로 영위하는 자가 사용하는 지리적 표시 또는 동음이의어 지리적 표시(상 제90조 제2항 제3호), vi) 선출원에 의한 등록상표가 지리적 표시 등록단체표장과 동일·유사한 지리적 표시(상 제90조 제2항 제4호)를 포함하고 있는 경우에 상표권자, 전용사용권자 또는 통상사용권자가 지정상품에 사용하는 등록상표에 해당하는 경우에는 그 효력이 미치지 아니한다.

(다) 기술적 표장의 구체적인 예

1) 산지표시

판례에서 산지표시에 해당하는 것으로 인정한 상표로는 'BACCARAT(지정상품: 수정유리제품)',[72] '구포국수(지정상품: 국수)',[73] '담양시목단감(지정상품: 감)',[74] '안흥(지정상품: 찐빵)'[75] 등이 있다. 산지표시에 해당하더라도 지리적 표시에 해당하는 경우에는 상표법 제33조 제3항에 따라 지리적 표시 단체표장 등록이 가능하다. 예컨대, 사단법인 담양떡갈비생산자협회가 특허청을 상대로 제기한 거절결정불복심판청구사건인 '담양떡갈비' 사건[76]에서 "지정상품인 떡갈비의 품질·명성이 본질적으로 담양 지역에서 비롯되어 담양에서 가공된 상품임을 나타내는 지리적 표시에 해당한다."라고 설시하였다.

---

72) 대법원 1985. 7. 9. 선고 83후3 판결.
73) 대법원 1989. 9. 26. 선고 88후1137 판결.
74) 대법원 2006. 7. 28. 선고 2004도4420 판결.
75) 특허법원 2000. 10. 5. 선고 2000허4701 판결.
76) 특허심판원 2015. 4. 1.자 2015원1278 심결(거절결정불복심판청구사건).

2) 상품의 성질을 기술하는 상표

(i) 품질 · 효능의 표시

판례로서 품질 · 효능의 표시로 인정한 것은 'INTARSIA(지정상품: ㉠ 속팬티, 콤비네이션내의, 양말, 스타킹, 양말커버, 방한용장갑, 타이츠(Tights), 에이프런, 비종이제 턱받이, 팬티스타킹(상품류 구분 제25류), ㉡ 농구화, 단화, 등산화, 방한화, 골프화, 신발깔창, 체조화, 체조복 등(상품류 구분 제25류, 2004. 5. 14. 추가등록))',[77] 'SOFTLIPS(지정상품: 비약용입술방향연고)'[78] 등이 있다.

(ii) 원재료표시

판례로서 원재료표시로 인정하는 것은 'CARROT(지정상품: 향수, 헤어무스, 방향제, 공기청향제)',[79] 'KERATIN(지정상품: 샴푸)'[80] 등이 있다.

(iv) 용도표시

판례가 용도표시로 인정한 것은 'FAMILY CARD(지정상품: 크레디트 카드)',[81] '합격(지정상품: 엿)',[82] "◀ ChargeNow(지정상품 · 서비스업: 전기에너지, 전기에너지 공급계약 알선업)"[83] 등이 있다.

(v) 수량표시

연필의 경우에는 1다스, 신발의 경우에는 한 켤레, 100 그램, Million 등이 이에 해당한다.

---

77) 대법원 2008. 4. 24. 선고 2006후1131 판결.
78) 대법원 2000. 2. 22. 선고 99후2440 판결.
79) 대법원 1998. 8. 21. 선고 98후928 판결.
80) 대법원 2003. 5. 13. 선고 2002후192 판결.
81) 대법원 1996. 9. 24. 선고 96후78 판결.
82) 대법원 1999. 5. 28. 선고 98후683 판결.
83) 대법원 2019. 7. 10. 선고 2016후526 판결[거절결정(상)]에서는 "갑 외국회사가 '전기에너지, 전기에너지 공급계약 알선업' 등을 지정상품 · 서비스업으로 하여 "◀ ChargeNow"로 구성된 출원상표 · 서비스표를 등록출원하였는데, 특허청 심사관이 출원상표 · 서비스표가 구 상표법(2016. 2. 29. 법률 제14033호로 전부 개정되기 전의 것) 제6조 제1항 제3호에 해당한다는 이유로 등록을 거절하는 결정을 한 사안에서, 우리나라의 영어 보급수준과 충전용 전자기기가 보편화된 거래사회의 실정을 고려하면 수요자들로서는 출원상표 · 서비스표의 관념을 '지금 충전하라'는 의미로 인식할 수 있고, 출원상표 · 서비스표가 지정상품인 전기에너지 및 지정서비스업인 전기에너지 공급계약 알선업에 사용될 경우 수요자들은 '바로 충전할 수 있는 전기에너지 및 이를 상품으로 하는 영업'으로 지정상품 · 서비스업의 용도나 사용방법을 직감하게 되며, 이러한 출원상표 · 서비스표의 표시는 전기에너지 충전과 관련한 거래에 있어서 누구에게나 필요한 표시이므로 어느 특정인에게만 독점적으로 사용하게 하는 것은 공익상으로도 타당하지 않으므로, 출원상표 · 서비스표가 지정상품 · 서비스업의 용도나 사용방법을 보통으로 사용하는 방법으로 표시한 표장만으로 된 상표에 해당한다고 보아야 하는데도, 이와 달리 본 원심판단에 법리오해 등의 잘못이 있다."고 판시하였다.

(vi) 형상표시

판례로서 형상표시로 인정한 것은 (i) '七子餅茶/칠자병차(지정상품: 녹차, 오룡차 등)',[84] (ii) UGLYDOLL(지정상품: 상품류 구분 제16류의 문방구(stationery) 등, 상품류 구분 제25류의 의류(clothing) 등, 상품류 구분 제28류의 인형 및 인형용 액세서리(dolls and accessories therefore) 등)[85], (iii) 'L-830(지정상품: 제39류 비데오 테이프)'[86] 등이 있다.

(vii) 가격표시

예컨대 1,000원, $ 1,000 화폐 형태의 도형 등이 이에 해당한다.

(viii) 생산방법·가공방법·사용방법의 표시

판례가 생산방법, 가공방법, 사용방법의 표시로 인정한 것은 'HIGHER VACUUM INDUSTRY CO., LTD(지정상품: 상품류 구분 제38류의 '유해전자파차단 진공증착기계', '전자빔가공기', '단조기', '기계프레스' 등 10개 상품)' 등이 있다.[87]

(ix) 시기표시

예컨대, 계절상품에 있어 춘하추동의 표시, 약품의 특성상 오전, 오후, 식전, 식후 등의 표시, 우천 등의 표시 등이 이에 해당한다. 판례로서 시기표시로 인정된 것은 'AUGUST(지정상품: 잡지)'[88] 등이 있다.

대법원 2016. 1. 14. 선고 2015후1911 판결[거절결정(상)]

[판시사항]

[1] 상표법 제6조 제1항 제3호의 규정 이유 및 어느 상표가 이에 해당하는지 판단하는 기준 / 이 법리가 서비스표에 대하여 마찬가지로 적용되는지 여부(적극)

[2] 특허청 심사관이 직업소개업 등을 지정서비스업으로 하는 갑 주식회사의 출원서비스표 "알바천국"이 '부업을 소개하거나 제공하는 곳'의 의미로 인식되는 성질 표시에 해당한다는 이유로 등록거절결정을 하였고, 이에 불복한 갑 회사의 심판청구를 특허심판원이 기각한 사안에서, 출원서비스표가 상표법 제6조 제1항 제3호에서 정한 기술적 표장에 해당하지 않는다고 한 사례.

84) 대법원 2004. 8. 16. 선고 2002후1140 판결.
85) 특허법원 2010. 8. 26. 선고 2010허3677 판결.
86) 대법원 1982. 12. 28. 선고 81후55 판결.
87) 대법원 1996. 7. 12. 선고 95후1937 판결.
88) 특허법원 2008. 9. 4. 선고 2008허6475 판결.

(4) 현저한 지리적 명칭·그 약어 또는 지도만으로 된 상표

상표법 제33조 제1항 제4호에 따르면, 현저한 지리적 명칭·그 약어 또는 지도만으로 된 상표는 상품의 식별력이 없는 상표로 등록되지 않는다. 왜냐하면 현저한 지리적 명칭·그 약어 또는 지도 그 자체는 자타상품 식별력이 없어 상표법상 보호가치가 없으며 특정인에게 독점시키는 것은 공익의 견지에서 부당하기 때문이다. 특정 문화재·지형·시설 등이 국내의 일반 수요자들에게 현저하게 알려진 결과 그것이 특정한 지역을 표시하는 것으로 인식되고 있더라도, 그러한 문화재·지형·시설 등은 본 호의 현저한 지리적 명칭 등에 해당한다고 볼 수 없다.[89]

현저한 지리적 명칭의 예로는 천진함흥냉면,[90] 일동,[91] 천마산,[92] 서울,[93] 핀란디아 및 FINLANDIA,[94] oxford, vienna, line, heidelberg, 뉴욕, 긴자(은좌),[95] Fifth Avenue,[96] Manhattan,[97] Georgia,[98] London Town, BRITISH−AMERICAN,[99] Innsbruck(인스브룩),[100]

---

89) 대법원 2003. 8. 25. 선고 2003후1260 판결; 특허법원 2004. 11. 12. 선고 2004허3164 판결 등.

90) 대법원 2010. 6. 24. 선고 2009후3916 판결[거절결정(상)](출원서비스표 "천진함흥냉면"에서는 '천진'이 '함흥냉면'과 함께 표기되어 있고, '함흥냉면'은 이미 그 자체로 냉면의 한 종류를 가리키는 관용표장으로 되었다 할 것인데, 일반적으로 음식이름을 포함하는 표장에서는 지역 명칭을 함께 표기하는 경우가 흔히 있으므로, 비록 중국의 지명을 한글로 표기할 때 원칙적으로 중국어 표기법에 따르도록 되어 있는 외래어 표기법에 의하면 '천진'을 중국식 발음인 '톈진'으로 표기한다 하더라도, 한자문화권인 우리의 언어관습상 위 출원서비스표의 '천진' 부분은 일반 수요자나 거래자들에게 현저한 지리적 명칭인 중국의 도시명 '천진'의 한글 표기로 직감될 수 있다고 봄이 상당하므로, '함흥냉면' 부분은 위 출원서비스표의 지정서비스업과 관련하여 볼 때 식별력이 없고, '천진'과의 결합에 의하여 새로운 관념을 낳는다거나 전혀 다른 새로운 조어가 되었다고 할 수도 없으므로, 위 출원서비스표는 전체적으로 상표법 제6조 제1항 제4호가 규정하는 현저한 지리적 명칭만으로 된 표장에 해당한다고 한 사례).

91) 대법원 2003. 7. 11. 선고 2002후2464 판결[등록무효(상)].

92) 대법원 1998. 2. 10. 선고 97후600 판결[거절사정(상)](출원서비스표 "천마산곰탕" 중 "천마산"은 경기 양주군 화도면과 진건면 사이에 위치한 산으로 스키장 등 겨울 레저스포츠 시설이 설치되어 있고, 사시사철 산을 오를 수 있도록 등산로가 개설되어 있는 등으로 일반 수요자나 거래자에게 널리 알려져 있으므로, "천마산"은 현저한 지리적 명칭에 해당한다고 판시한 사례).

93) 대법원 1994. 9. 27. 선고 94다2213 판결[손해배상(기)].

94) 대법원 1996. 8. 23. 선고 96후54, 61 판결.

95) 대법원 1992. 11. 10. 선고 92후452 판결[거절사정](긴자(銀座)는 일본국 동경에 있는 번화가의 이름으로서 출원상표의 지정상품이 향수나 콤팩트 등 화장품인 점을 고려하여 볼 때 그 일반 거래자나 수요자는 유행에 민감한 여성으로 보여지고 그들은 긴자에 대하여 잘 인식하고 있다고 보여지므로 긴자는 일반 수요자나 거래자에 대한 관계에 있어서 현저하게 인식된 지리적 명칭이라 할 수 있다고 판시한 사례).

96) 대법원 1992. 11. 27. 선고 92후728 판결[거절사정](출원상표 "Fifth Avenue"는 "미국 뉴욕시의 번화한 상점가"로 우리 나라 거래사회의 수요자 간에 널리 인식되어 구 상표법(1990.1.13. 법률 제4210호로 전문 개정되기 전의 것) 제8조 제1항 제4호 소정의 "현저한 지리적 명칭"에 해당한다고 판시한 사례).

97) 대법원 1986. 6. 24. 선고 85후62 판결.

Halla, JAVA,[101] 장충동,[102] 종로학원,[103] Nippon Express,[104] ENGLAND,[105] 베네치아,[106]

98) 갑 외국회사가 출원상표 " GEORGIA "를 출원하였으나 특허청이 출원상표가 상표법 제6조 제1항 제4호 등에 해당한다는 이유로 등록거절결정을 한 사안에서 대법원 2015. 1. 29. 선고 2014후2283 판결[거절결정 (상)]은 "위 표장 중 문자 부분 'GEORGIA'는 아시아 북서부에 있는 국가인 그루지야의 영문 명칭 또는 미국 남동부 주의 명칭으로서 일반 수요자들에게 널리 알려져 있으므로 현저한 지리적 명칭에 해당하고, 커피 원두 도형은 커피 원두의 형상과 모양을 그대로 표시한 것에 불과하며, 찻잔 도형은 다소 도안화가 되어 있으나 찻잔 형상의 기본적인 형태를 유지하고 있어 일반 수요자들이 이를 출원상표의 지정상품 중 커피의 원두와 그 음용의 용도에 쓰이는 찻잔의 형상으로 직감할 수 있으므로 이들 도형 부분은 커피와 관련하여 볼 때 식별력이 없고, 위 문자 부분과 도형 부분의 결합에 의하여 출원상표가 본래의 현저한 지리적 명칭이나 기술적 의미를 떠나 새로운 관념을 낳는다거나 새로운 식별력을 형성하는 것도 아니므로, 위 출원상표는 전체적으로 보아 일반 수요자들 사이에 주로 현저한 지리적 명칭인 'GEORGIA'로 인식될 것이어서 상표법 제6조 제1항 제4호가 규정하는 현저한 지리적 명칭만으로 된 표장에 해당된다."고 판시 하였다.

99) 대법원 1997. 10. 14. 선고 96후2456 판결[거절사정(상)](출원상표 "BRITISH−AMERICAN"의 지정상품 은 성냥, 라이터 등인바, 우리 나라 일반 수요자들의 영어이해 수준에 비추어 볼 때 'BRITISH'는 '영국의, 영국인의'라는 뜻으로 'AMERICAN'은 '미국의, 미국인의'라는 뜻으로 직감적으로 이해될 것이므로 출원상 표는 영국 및 미국을 일컫는 현저한 지리적 명칭만으로 된 상표라 할 것이어서 식별력이 부족하고, 한편 출원상표가 영국이나 미국에서 제조·생산된 것이 아닌 지정상품에 사용될 경우에는 일반 수요자들이 영 국산이나 미국산인 것으로 상품의 출처나 품질을 오인·혼동할 염려가 있다고 한 사례).

100) 대법원 2001. 7. 27. 선고 99후2723 판결[등록무효(상)]("INNSBRUCK"은 인(INN)강을 잇는 다리라는 뜻을 가진 오스트리아 서부 티롤주(州)의 주도(州都)로서 인(INN)강에 면하여 로마시대부터 동부알프스 의 교통요지이고, 관광도시로서의 성격이 농후하여 연중 관광객의 발길이 끊이지 않으며, 1964년, 1976 년 동계올림픽이 개최된 곳으로서 방송 등 언론매체를 통하여 우리 나라를 비롯한 여러 나라 국민들에게 그 도시의 역사와 풍물 등이 소개되어 널리 알려지고 있고, 더구나 우리 나라에서도 역대 올림픽경기나 그 개최지에 대한 관심이 고조되어 왔으므로, 상표 "INNSBRUCK+인스브룩"의 'INNSBRUCK' 부분은 적 어도 그 등록사정시인 1997. 10. 31.경에는 우리 나라 거래사회의 수요자 간에 현저하게 알려진 지명이라 는 이유로 상표 "INNSBRUCK+인스브룩"은 현저한 지리적 명칭만으로 된 표장에 해당한다고 본 사례).

101) 대법원 2000. 6. 13. 선고 98후1273 판결[거절사정(상)].

102) 서비스표 "장충동왕족발+의인화된 돼지 도형" 중 '장충동'이 현저한 지리적 명칭에 해당한다고 판시한 사례로는 대법원 2000. 6. 23. 선고 98후1457 판결 [권리범위확인(상)]('장충동'은 서울 중구에 속하는 동(洞)의 이름으로서 각종 운동경기 등 여러 행사가 개최됨으로 인하여 텔레비전을 비롯한 각종 신문방 송매체 등을 통하여 전국적으로 알려져 있는 '장충체육관'이 위치하고 있는 등으로 일반 수요자나 거래자 들에게 널리 알려져 있으므로 '장충동'은 현저한 지리적 명칭에 해당하여 자타(自他)서비스업의 식별력이 없다).

103) 대법원 2001. 2. 9. 선고 98후379 판결.

104) 대법원 1996. 2. 13. 선고 95후1296 판결[거절사정](출원 서비스표 "NIPPON EXPRESS" 중 "NIPPON"은 "일본국"의 영문표기로서 현저한 지리적 명칭에 해당하고, "EXPRESS"는 "급행편, 지급편, 속달편" 등의 의미를 가지고 있어 그 지정서비스업인 자동차운송업, 택시운송업, 화물운송업 등과 관련하여 볼 때 식별 력이 없다고 할 것이어서 이 사건 출원서비스표는 이를 전체적으로 관찰할 때 수요자들 사이에 주로 현 저한 지리적 명칭인 "NIPPON"으로 인식될 것이므로 상표법 제6조 제1항 제4호에 의하여 그 등록은 거 절되어야 한다고 본 원심의 판단을 수긍한 사례).

105) 대법원 1992.2.11. 선고 91후1427 판결 [거절사정](출원상표 "OLD ENGLAND"는 전체적으로 관찰할 때

백암온천,[107] FUJI[108] 등이 있고,[109] 현저한 지리적 명칭에 해당하지 아니하는 예로는 동아,[110]

강남,[111] 예천(藝泉),[112] 중동GASTECH,[113] PIZZA TO GO,[114] 경기도시공사 Gyeonggi Urban Innovation Corporation [115],

현저한 지리적 명칭인 "ENGLAND"로 인식되어 구 상표법 제8조 제1항 제4호에 해당하므로 등록출원을 허용할 수 없다고 한 사례).

106) 특허법원 2003. 4. 11. 선고 2003허175 판결.
107) 대법원 1986. 7. 22. 선고 85후103 판결.
108) 특허법원 2010. 7. 16. 선고 2010허555 판결[거절결정(상)]('FUJI'는 일본의 최고 높은 산인 후지산의 이름으로서 현저한 지리적 명칭에 해당하고, 'FUJI' 부분이 다른 문자와 결합되어 있다 하더라도 'FUJI' 부분 자체는 자타상품의 식별력이 없다고 한 사례).
109) 대법원 2018. 2. 13. 선고 2017후1342 판결[등록무효(상)]에서는 "갑이 등록서비스표 **사리원면옥**의 서비스표권자 을을 상대로 등록서비스표 중 '사리원' 부분이 북한 지역에 위치한 도시의 명칭으로서 전국적으로 알려졌다는 등의 이유로 등록서비스표가 구 상표법(2016. 2. 29. 법률 제14033호로 전부 개정되기 전의 것) 제6조 제1항 제4호의 현저한 지리적 명칭만으로 된 서비스표에 해당한다며 등록서비스표에 대한 등록무효심판을 청구한 사안에서, 사리원이 조선 시대부터 유서 깊은 곳으로 널리 알려져 있었을 뿐만 아니라, 일제 강점기를 거쳐 그 후에도 여전히 북한의 대표적인 도시 중 하나로 알려져 있는 사정에 비추어 보면, 등록서비스표 중 '사리원' 부분은 등록서비스표의 등록결정일인 1996. 6. 26. 당시를 기준으로 일반 수요자에게 널리 알려져 있는 현저한 지리적 명칭이라고 볼 여지가 있음에도, 이와 달리 본 원심판결에 법리를 오해한 잘못이 있다."고 판시하였다.
110) 대법원 1994. 10. 7. 선고 94후319 판결[서비스표등록무효]("동아"가 "동부아시아"에서 따온 말이라고 하더라도 "동부아시아"가 일반적으로 "동아"로 약칭된다고 보기 어려울 뿐만 아니라 "동부아시아"도 그 범위가 확정되어 있지 아니한 다소 추상적인 지리적·지정학적 관념일 뿐이어서 "동부아시아" 또는 "동아"를 구 상표법(1990. 1. 13. 법률 제4210호로 전문 개정되기 전의 것) 제8조 제1항 제4호 소정의 현저한 지리적 명칭이나 그 약칭에 해당한다고 볼 수 없다고 판시한 사례).
111) 대법원 1990. 1. 23. 선고 88후1397 판결[상표등록무효](등록상표 "강남약국" 중 "강남"이 1975.10.1. 서울특별시 성동구로부터 분리된 강남구의 명칭과 동일하기는 하나 "강남"은 강의 남부지역, 강의 남방을 이르던 말로 남쪽의 먼 곳이라는 뜻으로 사용되고 있으므로 위 등록상표는 상표법 제8조 제4호 소정의 현저한 지리적 명칭으로 된 상표로 볼 수 없다고 판시한 사례).
112) 특허법원 2000. 12. 8. 선고 2000허624 판결.
113) 특허법원 2000. 4. 27. 선고 99허9076 판결.
114) 대법원 1997. 8. 22. 선고 96후1682 판결.
115) 특허법원 2009. 7. 10. 선고 2009허2302 판결[거절결정(상)](확정)에서 "이 사건 출원서비스표

' 경기도시공사 Gyeonggi Urban Innovation Corporation '는 '경기도시공사'라는 한글 아래에 작은 글씨로 'Gyeonggi Urban Innovation Corporation'이라는 영문이 병기된 표장으로 구성되어 있다. 이 가운데 '경기' 부분 자체는 현저한 지리적 명칭에 해당한다는 할 것이나, 그 나머지 부분인 '도시공사' 및 'Urban Innovation Corporation'이, 이 사건 출원서비스표의 지정서비스업과 관련하여 관용표장이나 기술적 표장에 해당한다고 볼 수는 없고, 또한, '도시공사'그 자체는 '도시개발사업을 수행할 목적으로 설립된 공공기업체'라는 의미를 갖고 있지만, 이 사건 출원서비스표의 지정서비스업에 관하여 '도시공사'가 '업종을 표시하는 표장'이라고 볼 수도 없다. 오히려, '경기도시공사'는 불가분적으로 결합되어 그 전체가 '경기도의 도시개발사업을 수행할 목적으로 설립된 공공기업체'를 인식하게 하므로, 현저한 지리적 명칭인 '경기'에 결합된 '도시공사' 부분이 단순히 부가적인 것이 아니라 새로운 관념을 낳게 하여 '경기도시공사' 전체가 독자적인 식별력을 가

American University[116) 등이 있다. 그리고 상표법 제33조 제1항 제4호의 규정은 현저한 지리적 명칭 등이 다른 식별력 없는 표장과 결합되어 있는 경우에도 적용될 수 있기는 하나, 그러한 결합에 의하여 본래의 현저한 지리적 명칭 등을 떠나 새로운 관념을 낳거나 새로운 식별력을 형성하는 경우에는 위 법조항의 적용이 배제된다.[117)

(5) 흔히 있는 성 또는 명칭

[1] 상표법 제33조 제1항 제5호: 흔히 있는 성 또는 명칭을 보통으로 사용하는 방법으로 표시한 표장만으로 된 상표는 상표로서 등록될 수 없다라고 규정하고 있다.

[2] '흔히 있는 성 또는 명칭': 현실적으로 다수가 존재하는 것으로 인식되고 있는 자연인의 성 또는 법인, 단체, 상호임을 표시하는 명칭, 아호, 예명, 필명 또는 그 약칭 등을 뜻한다.

[3] '보통의 방법으로 표시하는 표장': 한글이나 한자 또는 로마자로 표시하거나 또는 이들 문자를 병기하여 표시한 것을 의미한다.

지게 되는 경우라고 할 것이다."라고 하여 이 표장이 현행 상표법 제33조(구 상표법 제6조) 제1항 제4호의 현저한 지리적 명칭에 해당하지 않는다고 판시하였고, 아울러 이 판결은 "'경기도시공사'는 불가분적으로 결합되어 그 전체가 '경기도의 도시개발사업을 수행할 목적으로 설립된 공공기업체'를 인식하게 하는 점, 지방공사는 지방공기업법에 의하여 지방자치단체가 설립하는 것이고(지방공기업법 제2조, 제49조 참조), 공사가 매각되는 경우 매수인이 상법상의 청산 절차 없이도 주식회사로의 설립등기를 신청할 수 있지만 이 경우 주식회사의 상호에 '공사'라는 명칭은 사용할 수 없으므로(같은 법 제53조, 75조의5 참조), '경기도시공사'라는 표장을 일반수요자나 거래업계에서 누구나 자유롭게 사용하도록 할 공익적인 필요성은 없는 점 등에 비추어 보면, 이 사건 출원서비스표가 자타 상표를 식별할 수 없는 것이라고 할 수 없다."라고 하여 현행 상표법 제33조(구 상표법 제6조) 제1항 제7호의 기타 자타 상표를 식별할 수 없는 경우에도 해당하지 않는다고 판시하였다.

116) 대법원 2018. 6. 21. 선고 2015후1454 전원합의체 판결[거절결정(상)]에서는 "미국 워싱턴 디시(Washington D.C.)에 위치한 종합대학교 'AMERICAN UNIVERSITY'를 운영하는 갑이 지정서비스업을 '대학교육업, 교수업' 등으로 하여 "**AMERICAN UNIVERSITY**"로 구성된 서비스표를 등록출원하였는데, 특허청 심사관이 출원서비스표가 구 상표법 제6조 제1항 제4호, 제7호에 해당한다는 이유로 상표등록을 거절하는 결정을 한 사안에서, 출원서비스표가 현저한 지리적 명칭인 'AMERICAN'과 기술적 표장인 'UNIVERSITY'가 결합하여 전체로서 새로운 관념을 형성하고 있고 나아가 지정서비스업인 대학교육업 등과 관련하여 새로운 식별력을 형성하고 있으므로, 구 상표법 제6조 제1항 제4호, 제7호에 해당하지 않는다."고 판시하였다.

117) 특허청 심사관이 지정상품을 농산물이유식 등으로 하는 "서 울 대 학 교"로 구성된 출원상표가 상표법 제6조 제1항 제4호, 제7호에 해당한다는 이유로 상표등록을 거절하는 결정을 한 사안에서, 대법원 2015. 1. 29. 선고 2014후2283 판결([거절결정(상)][공2015상,355])은 "위 출원상표는 현저한 지리적 명칭인 '서울'과 흔히 있는 명칭인 '대학교'가 불가분적으로 결합됨에 따라, 단순히 '서울에 있는 대학교'라는 의미가 아니라 '서울특별시 관악구 등에 소재하고 있는 국립종합대학교'라는 새로운 관념이 일반 수요자나 거래자 사이에 형성되어 충분한 식별력을 가지므로 위 지정상품에 대한 상표등록이 허용되어야 한다고 본 원심판단에 법리오해 등의 위법이 없다."라고 판시하였다.

예: 김, 이, 최, 윤, 박 등의 성

예: 상사, 회사, 상회, 조합, 협회, 연구소, 회장, 사장, 이사장, 총장, 대통령 등

[4] 다만, 표장이 도형화하는 등 특수하게 사용하는 방법으로 표시되거나 다른 식별력 있는 표장과 결합함으로써 상표 전체로서 자타상품의 식별력이 있는 경우에는 본 호를 적용하지 아니한다.

(6) 간단하고 흔한 표장

[1] 상표법 제33조 제1항 제6호: 간단하고 흔히 있는 표장만으로 된 상표는 상표로서 등록을 받을 수 없다라고 규정하고 있다.

[2] 간단하고 흔한 표장만으로 된 상표는 등록받을 수 없다는 것일 뿐이고 간단하거나 흔히 있는 표장만으로 된 상표일 때도 등록을 받을 수 없다는 의미는 아니다.[118]

[3] 본 호의 적용대상이 되는 표장: 간단하면서도 흔한 표장만 구성된 경우

[4] 간단하고 흔한 표장이 다른 식별력 있는 표장과 결합하여 상표 전체로써 식별력이 인정되는 경우에는 상표등록을 받을 수 있다.

[5] 간단한 표장과 결합한 상표에 대해 구체적으로 판단했을 때 식별력있는 상표가 되는 경우에 등록을 허용한다.

[6] 한글 1자도 거래사회에서 사물의 관념을 직감할 수 있는 경우에는 식별력이 있는 것으로 본다. 반대로 다른 구성 부분과 결합한 경우라도 다른 부분이 간단하고 흔한 표장의 부기적 부분이거나 간단하고 흔한 표장에 흡수되어 상표전체로서 간단하고 흔한 표장임을 직감케 하는 경우에는 본 호를 적용할 수 있다.

[7] 사 례

(i) 문자상표: A, K, 취,윤 Co., 윤 Ltd.의 경우 식별력 없다.

　　　　　　　P & G, ACF, 갑을, 닭, 별 등은 식별력이 있다.

(ii) 숫자상표: +, −, 1, 2,3, 15+12 등은 식별력이 없다.

　　　　　　　777, 콘택 600, 3000리호 자전거, 0909, 파이브 원 파이브는 식별력이 있다.

(iii) 도형상표: &, o, ㅁ은 식별력 없다.

(iv) 입체상표: 흔히 있는 공, 정육면체, 직육면체, 원기둥, 삼각기둥 등의 표장은 식별력이 없다.

---

118) 대법원 2003. 5. 27. 선고 2002후291 판결[거절사정(상)]에서는 "**CP**"와 같이 구성된 출원상표가 간단하고 흔한 표장에 해당하지 아니하고, 위 표장의 상표등록이 공익에 반하는 것도 아니라고 판시하였다.

(7) 기타 상품의 식별력이 없는 상표(일반규정)

[1] **상표법 제33조 제1항 제7호**: 상표법 제33조 제1항 제1호 내지 제6호 외에 수요자가 누구의 업무에 관련된 상품을 표시하는 것인가를 식별할 수 없는 상표는 상표로서 등록될 수 없다라고 규정하고 있다.

[2] 상표법은 제33조 제1항 제1호 내지 제6호에는 해당되지 않으나 그 각 호의 취지로 보아 거절하는 것이 적당한 것으로 인정되는 상표들에 대하여 등록을 받아주지 아니하도록 한 취지의 보충규정으로서 상표법 제33조 제1항 제7호의 규정을 둔 것이다. 하지만 이 규정은 등록을 받을 수 없는 상표, 즉 상표법 제33조 제1항의 일반규정으로서 제1호에서 제6호까지는 해당하지 않고 또 식별력이 없는 표장이면 모두 본 호에 해당한다.

[3] 예컨대 일반적으로 쓰이는 구호, 표어, 인사말이나 인칭대명사 또는 유행어로 표시한 표장이나 사람, 동식물, 자연물 또는 문화재를 사진, 인쇄 또는 복사하는 등의 형태로 구성된 표장으로 외관상 식별이 곤란한 것 등이 모두 본 호에 해당한다.

[4] 어떤 상표가 상표법 제33조 제1항 제7호에 해당하는지 여부는 그 상표가 가지고 있는 관념, 지정상품과의 관계, 거래사회의 실정, 특정인에게 그 상표를 독점시키는 것이 공익상 적절한지 여부 등을 감안하여 객관적으로 결정한다.119)

(8) 식별력이 없는 표장 간의 결합상표

[1] 식별력이 없는 표장으로만 결합된 표장은 식별력이 없어 상표로서 받을 수 없다. 다만, 결합에 의하여 새로운 관념 또는 새로운 식별력을 형성하는 경우에는 그러하지 않다. 지정상품을 일반상품에 SC Spcial이라 하는 경우를 그 예로 들 수 있다.

[2] 상표는 표장의 요부만을 가지고 판단하는 것이 아니라 전체적으로 판단하는 것이 원칙이고 전체적으로 판단하기 어려울 때에 요부 등을 나누어 판단한다.

---

119) 갑 외국회사가 등록상표 " HAIR SPA "의 상표권자 을 주식회사를 상대로 등록상표가 상표법 제6조 제1항 제7호 등에 해당한다는 이유로 상표등록 무효심판을 청구한 사안인 **대법원 2014.09.04. 선고 2014후 1020 판결[등록무효(상)]에서는** 등록상표가 등록 결정일을 기준으로 볼 때 '메이크업 화장품, 모발염색제, 바디로션, 미용비누' 등 각 지정상품에 관하여 상표법 제6조 제1항 제7호의 '수요자가 누구의 업무에 관련된 상품을 표시하는 것인가를 식별할 수 없는 상표'에 해당한다고 본 원심판단이 정당하다고 판시하였다.

3. 사용에 의한 식별력(상 제33조 제2항)

[1] 상표출원 시에는 식별력이 없었으나 계속 사용으로 인하여 식별력을 취득할 수도 있다. 그런 경우 그 표장에 대해 상표등록을 허여하는 것이다. 자동차 포드(인명), 현대자동차의 엑셀 등을 그 예로 들 수 있다.

[2] 기술적 상표, 현저한 지리적 명칭, 흔히 있는 성이나 명칭, 간단하고 흔한 표장이라도 상표등록출원 전부터 그 상표를 사용한 결과 수요자 간에 특정인의 상품에 관한 출처를 표시하는 것으로 식별할 수 있게 된 경우에는 그 상표를 사용한 상품에 한하여 등록이 가능하도록 하고 있다(상 제33조 제2항). 산지표시 기술적 상표 내지 현저한 지리적 명칭만으로 된 상표라도 그 표장이 특정 상품에 대한 지리적 표시인 경우에는 그 지리적 표시를 사용한 상품을 지정상품(제38조 제1항에 따라 지정한 상품 및 제86조 제1항에 따라 추가로 지정한 상품을 말한다. 이하 같다)으로 하여 지리적 표시 단체표장등록을 받을 수 있다(상표법 제33조 제3항).[120]

[3] 2014년 개정 상표법[121]에서 식별력 인정 요건을 '수요자 간 현저한 인식'에서 '수요자 간 인식'으로 변경한 것은 개정 전 상표법 제6조(현행 상표법 제33조) 제2항의 요건이 지나치게 엄격하여 경쟁자의 모방행위에 대한 효과적인 대응을 곤란하게 하고 있다는 점에 기인한다. 2014년 개정 전 실무에서는 식별력이 없어 보이는 표장에 대해 사용에 의한 식별력 취득 요건을 주장하기보다는 해당 상표구성의 외관 및 수용자 실제인식을 고려하여 해당 표장의 식별력이 있다는 주장을 제출하는 방법을 채택하고 있었다고 한다.[122] 따라서 식별력 인정 요건이 완화된 만큼 판례의 변화도 주시할 필요가 있다.

[4] **사용에 의한 식별력의 판단기준**:[123] 사용에 의한 식별력은 원래 식별력이 없는 표장에 대세적인 권리를 부여하는 것이므로 2014년 개정 이전에는 그 기준을 엄격하게 해석·적용하여야 한다고 보고 '현저하게 인식'된 경우로 주지상표보다 높은 인식도를 요구하였다. 이는 "외국의 입법례에 비해서 요건이 너무 높고 제3자의 부정경쟁 목적의 사용으로 진정한 상표사용자의 이익 침해는 물론 수요자의 상품 품질 및 출처의 오인·혼동을 초래하여 상거래 질서를 어지럽히는 폐해가 커 2014. 6. 11. 시행한 상표법에서 '특정인의 상품에 관한 출

---

120) [시행 2016. 9. 1.][법률 제14033호, 2016. 2. 29., 전부개정].
121) [시행 2014. 6. 11.][법률 제12751호, 2014. 6. 11., 일부개정].
122) 전응준, "상표법상 사용에 의한 식별력 판단기준에 대한 토론문", 중앙법학회 2015년 동계학술대회(2015년 2월 28일, 중앙대학교 법학관(303관) 2층 모의법정), 1면.
123) 이규호, "상표법상 사용에 의한 식별력 판단기준", 「중앙법학」, 제17집 제1호, 2015년 3월, 271-309면.

처를 표시하는 것으로 식별할 수 있게 된 경우'로 인식도 요건을 완화하였다."[124]

현행 상표심사기준[125]에 따르면, "'식별할 수 있게 된 정도'란 상표법 제34조 제1항 제13호의 특정인의 상품을 표시하는 것이라고 인식되어 있는 상표의 인식도 보다는 높되, 상표법 제34조 제1항 제9호[126])의 타인의 상품을 표시하는 것이라고 수요자 간에 현저하게 인식되어 있는 상표 즉, 주지상표의 인식도보다는 낮은 단계를 의미하며, 일부지역에서 일부 거래자나 수요자 간에 특정인의 상품에 관한 출처를 표시하는 것으로 식별할 수 있게 된 경우에도 인정가능한 것으로 본다."라고 한다. 상표법 제34조 제1항 제13호에서는 특정 출처로서의 인식이면 족하고 수요자가 상품의 제조자가 누구인지 여부를 구체적으로 인식할 필요는 없다. 하지만, 상표법 제33조 제2항의 '식별할 수 있게 된 정도"란 상표법 제34조 제1항 제9호의 주지도보다는 낮은 수준이지만, 상표법 제34조 제1항 제13호의 상표 인식도보다는 높은 수준을 의미한다.[127] 이와 관련하여 상표법 제34조 제1항 제9호의 주지상표라 함은 특정인의 업무에 관한 상표를 상품에 사용한 결과 일반거래자 및 수요자 간에 널리 인식되어 있는 상표를 의미한다. 판례에 따르면, 주지상표라 함은 반드시 수요자 또는 거래자가 그 상표 사용인이 누구인가를 구체적으로 인식할 필요는 없다고 하더라도 적어도 그 상표가 특정인의 상품에 사용되는 것임을 수요자 또는 거래자 간에 널리 인식되어 있음을 필요로 하고, 주지상표인가의 여부는 그 사용, 공급 또는 영업활동의 기간, 방법, 태양 및 거래범위 등과

---

124) 상표심사기준(2019년), 제4부 제9장 §2.2.2.
125) 상표심사기준(2019년), 제4부 제9장 §2.2.2.
126) 현행 상표법 제34조 제1항 제9호는 "타인의 상품을 표시하는 것이라고 수요자들에게 널리 인식되어 있는 상표(지리적 표시는 제외한다)와 동일·유사한 상표로서 그 타인의 상품과 동일·유사한 상품에 사용하는 상표"를, 현행 상표법 제34조 제1항 제10호는 "특정 지역의 상품을 표시하는 것이라고 수요자들에게 널리 인식되어 있는 타인의 지리적 표시와 동일·유사한 상표로서 그 지리적 표시를 사용하는 상품과 동일하다고 인정되어 있는 상품에 사용하는 상표"를 각각 부등록사유로 규정하고 있다.
127) 국내외에서 특정인의 상품표시로 인식되는 상표와 동일·유사한 상표는 출원인의 주관적 의사를 불문하고 상표법 제7조 제1항 제9호, 제10호에 의해 거절되지만, (i) 국내외에서 특정인의 상품표시로 인식되는 상표와 동일 또는 유사한 상표를 제3자가 출처혼동의 우려가 없는 비유사한 상품에 출원하거나, (ii) 외국에서만 특정인의 상품표시로 인식되는 상표를 출원한 경우에는 설사 부정한 목적에 의한 출원인 경우에도 위의 규정을 적용할 수 없으므로 1998년 개정 상표법은 진정한 상표사용자의 신용을 보호하고 수요자의 오인·혼동으로 인한 불이익을 미연에 방지하기 위하여 본 호의 규정을 신설하였다. 그리고 2005년 개정 상표법에서는 국내 또는 외국에서 특정인의 상품표지로 인식되는 지리적 표시인 경우 적용되는 별도의 규정을 마련하였다(상 제7조 제1항 제12호의2). 그런데 2007년 개정 이전의 상표법 하에서는 국내 또는 외국의 주지상표 즉 상표법 제7조 제1항 제9호와 동일한 수준의 주지성을 요구하는 것으로 모방상표에 대한 등록배제의 실효성을 거두기가 곤란하였다. 그래서 2007년 개정을 통해 모방대상상표의 주지성 정도를 완화하여 등록배제의 범위를 확대하여 모방상표의 등록차단을 강화하고자 한 것이다.

그 거래실정이나 사회통념상 객관적으로 널리 알려졌느냐의 여부가 일응의 기준이 된다.[128)

상표법 제33조 제2항의 '사용에 의한 식별력'을 취득한 경우에 수요자의 인식도 수준은 내재적 식별력을 가지는 경우의 수요자의 인식도 수준과 동일하여야 할 것이다. 하지만 상표법 제34조 제1항 제13호에서 규정한 수요자의 인식도가 상표법 제33조 제2항의 수요자 인식도보다 낮다면 그 경계선을 어떻게 구별할 수 있을지 의문이 든다.

상표법 제33조 제2항은 "제1항 제3호부터 제6호까지에 해당하는 상표라도 상표등록출원 전부터 그 상표를 사용한 결과 수요자 간에 특정인의 상품에 관한 출처를 표시하는 것으로 식별할 수 있게 된 경우에는 그 상표를 사용한 상품에 한정하여 상표등록을 받을 수 있다." 라고 규정하고 있다. 상표법 제34조 제1항 제13호는 (i) 국내외에서 특정인의 상품표시로 인식되는 상표와 동일 또는 유사한 상표를 제3자가 출처혼동의 우려가 없는 비유사한 상품에 출원하거나, (ii) 외국에서만 특정인의 상품표시로 인식되는 상표를 출원한 경우에도 적용되는 조문임을 감안하고, 상표법 제33조 제2항이 "수요자 간에 특정인의 상품에 관한 출처를 표시하는 것으로 식별할 수 있게 된 경우"라고 규정한 점을 감안할 필요가 있다. 따라서 상표법 제34조 제1항 제13호는 "국내 또는 외국의 수요자 간에 특정인의 상품을 표시하는 것이라고 인식되어 있는 상표(지리적 표시를 제외한다)와 동일 또는 유사한 상표로서 부당한 이익을 얻으려 하거나 그 특정인에게 손해를 가하려고 하는 등 부정한 목적으로 사용하는 상표"를 부등록사유로 규정하면서 식별력 판단의 주체를 외국의 수요자로 확대하고 있어 특정 외국의 수요자 간에 특정인의 상품을 표시하는 것이라고 인식되어 있는 상표이지만 국내 수요자 간에 특정인의 상품을 표시하는 것이라고 인식되어 있지 않은 경우를 상정할 수 있기 때문에 국내 수요자를 기준으로 한다면 상표법 제33조 제2항에서 수요자의 식별력 인식도가 상표법 제33조 제1항 제13호의 수요자의 식별력 인식도에 비해 높다고 할 수 있다. 하지만, 국내외를 막론하고 식별력 인식도만을 기준으로 고려할 때 과연 상표법 제33조 제2항에 따른 수요자의 식별력 인식도가 상표법 제34조 제1항 제13호상 수요자의 식별력 인식도에 대해 높다고 할 수 있는지 의문이다.[129) 물론 두 조문상에는 문구에 차이가 있음을 알 수 있지만, 익명의 상품출처에 대해 양자가 허용하는 이상, 두 조문상 수요자의 인식도 수준의 차이

---

128) 대법원 1991. 11. 22. 선고 91후301 판결.
129) 같은 취지로, 전응준, 앞의 토론문, 1면에서는 현행 상표법 "제7조 제1항 제12호도 종전 개정에서 '현저하게'의 요건을 삭제하여 적어도 법문의 표현형식이 [상표]법 제6조 제2항과 동일하게 되었으므로, 위 [상표]심사지침에서 말하는 바와 같이 [상표법 제7조 제1항] 제12호의 인식도보다 높게 '사용에 의한 식별력 취득'의 정도를 요구하여야 하는지 의문이 있다."는 점을 적시하고 있다.

를 구별하는 것은 쉽지 않을 뿐만 아니라 무의미한 작업일 수도 있다.

수요자들이 사용에 의하여 식별할 수 있는지 여부는 (i) 출원 전 상당기간 사용한 결과 전국적으로 알려져 있는 경우와 일정 지역에서 수요자들이 인식하고 있는 경우도 포함한다. 다만 사용상품이 수요자들에게 인식되어 있는 지역의 범위에 대해서는 지정상품과의 관계를 충분히 고려하여 판단한다. (ii) 실제로 사용한 상표와 상품이 출원한 상표 및 그 지정상품과 동일하여야 하며, (iii) 사용에 의한 식별력을 주장하는 자는 입증자료를 제출하여야 한다.

[5] **판단시기**: 등록여부 결정 시

[6] **인정범위**: 그 사용에 의해 식별력을 취득한 상표에 한하므로 유사상표에 대한 등록은 불허하고, 해당 상품에 사용된 상표에 의해 식별력이 인정되므로 사용된 상품에만 한정하여 등록을 허용한다.

[7] 상표는 선출원이 원칙이나 사후적 사용에 의해 식별력을 취득한 경우라면 예외적으로 상표등록을 인정하여 독점배타적인 권리를 준다. 위의 사용에 의한 식별력을 취득하여 상표등록이 된 경우를 제외하고, 상표가 등록된 후 식별력이 상실된 상표에 대해서는 무효심판을 청구할 수 있다(상 제117조 제1항 제6호).

[8] 사용에 의해 식별력이 인정된 경우 제3자가 권원 없이 자기의 상표를 동일 또는 유사한 상품에 사용하는 경우에는 부정경쟁방지법에 의해 보호받을 수 있다.

[9] **상표법 제33조(구 상표법 제6조) 제1항 제7호의 경우에도 사용에 의한 식별력 취득이 가능한지 여부**: 대법원 2012. 12. 27. 선고 2012후2951 판결[등록무효(상)]에 따르면, "상표법 제6조 제1항 제7호 소정의 '기타 식별력 없는 상표'에 해당하여 상표등록을 받을 수 없는 상표가 그 상표등록결정 또는 지정상품추가등록결정 전에 해당 지정상품에 관하여 수요자 사이에서 누구의 업무에 관련된 상품을 표시하는 것으로 현저하게 인식된 경우에 그 효과는 실제 사용자에게 귀속되는 것이므로, 그러한 상표가 해당 지정상품에 관하여 등록결정 또는 지정상품추가등록결정 당시 사용에 의한 식별력을 구비하였는지는 원칙적으로 출원인의 상표사용실적을 기준으로 판단하여야 한다. 다만 경우에 따라서는 출원인이 출원 전에 실제 사용자로부터 그 상표에 관한 권리를 양수할 수도 있는데, 그러한 경우에는 출원인 이외에 실제 사용자의 상표사용실적도 고려하여 출원상표가 사용에 의한 식별력을 구비하였는지를 판단할 수 있다. 이러한 법리는 상표법 제2조 제3항에 의하여 서비스표의 경우에도 마찬가지로 적용된다."라고 판시하여 현행 상표법 제33조 제1항 제7호의 경우에도 사용에 의한 식별력 취득을 인정하고 있다. 따라서 상표법 제33조 제2항에 이 판례를 반영하여 개정할 필

요가 있다. 그리고 이 판결은 사용에 의한 식별력 취득 기준을 출원인의 상표사용실적을 원칙으로 하되, 출원인이 출원 전에 실제 사용자로부터 그 상표에 관한 권리를 양수한 경우에는 출원인뿐만 아니라 실제 사용자의 상표사용실적을 고려한다고 판시하였다.

[10] 실제로 사용에 의한 식별력 취득의 기준으로 고려할 요인을 충분히 설시한 판례로는 대법원 2008. 9. 25. 선고 2006후2288 판결[등록무효(상)]가 있다. 이 판결은 "상표법 제6조 제2항이 상표를 등록출원 전에 사용한 결과 수요자 사이에 그 상표가 누구의 상품을 표시하는 상표인가 현저하게 인식되어 있는 것은 제6조 제1항 제3호 내지 제6호의 규정에 불구하고, 상표등록을 받을 수 있도록 규정한 것은, 원래 식별력이 없는 표장이어서 특정인에게 독점사용토록 하는 것이 적당하지 않은 표장에 대하여 대세적 권리를 부여하는 것이므로 그 기준은 엄격하게 해석·적용되어야 할 것이지만(대법원 1994. 5. 24. 선고 92후2274 전원합의체 판결 참조), 상표의 사용기간, 사용횟수 및 사용의 계속성, 그 상표가 부착된 상품의 생산·판매량 및 시장점유율, 광고·선전의 방법, 횟수, 내용, 기간 및 그 액수, 상품품질의 우수성, 상표사용자의 명성과 신용, 상표의 경합적 사용의 정도 및 태양 등을 종합적으로 고려할 때 해당 상표가 사용된 상품에 관한 거래자 및 수요자의 대다수에게 특정인의 상품을 표시하는 것으로 인식되기에 이르렀다면 사용에 의한 식별력의 취득을 인정할 수 있다. 그리고 사용에 의한 식별력을 취득하는 상표는 실제로 사용한 상표 그 자체에 한하고 그와 유사한 상표에 대하여까지 식별력 취득을 인정할 수는 없지만(대법원 2006. 5. 12. 선고 2005후339 판결 등 참조), 그와 동일성이 인정되는 상표의 장기간의 사용은 위 식별력 취득에 도움이 되는 요소라 할 것이다."라고 판시하여 "상표의 사용기간, 사용횟수 및 사용의 계속성, 그 상표가 부착된 상품의 생산·판매량 및 시장점유율, 광고·선전의 방법, 횟수, 내용, 기간 및 그 액수, 상품품질의 우수성, 상표사용자의 명성과 신용, 상표의 경합적 사용의 정도 및 태양 등"을 사용에 의한 식별력 취득 여부를 판단하는 고려요인으로 제시하고 있다. 전술한 바와 같이 2014년 개정 상표법 제6조(현행 상표법 제33조) 제2항 및 제3항에서는 사용에 의한 식별력 취득기준을 완화하고 있기 때문에 판례의 변화를 주목할 필요가 있다.130)

---

130) 대부업을 영위하는 원고가 이 사건 출원서비스표("단박대출")(출원번호 제2013-46136호)를 사용하면서 이와 함께 이 사건 출원서비스표가 포함되어 있는 실사용표장들을 사용하여 방송이나 신문 등을 통하여 반복적으로 광고를 한 사안인 대법원 2017. 9. 12. 선고 2015후2174 판결[거절결정(상) (바) 상고기각] (웰컴크러디라인대부 주식회사 대 특허청장)[구 상표법 제6조 제2항의 사용에 의한 식별력이 인정되는지에 관한 사건]에서는 실사용표장들의 구성이나 사용태양, 이 사건 출원서비스표와 관련된 직접대출방식의 대출 규모, 신문·방송 등을 통한 광고 횟수와 기간, 원고가 대부업체로서 알려진 정도 등을 종합하여

4. 지리적 표시 단체표장 내지 지리적 표시 증명표장에 관한 실체적 등록요건

그 상품의 산지(産地)를 보통으로 사용하는 방법으로 표시한 표장만으로 된 상표 또는 현저한 지리적 명칭이나 그 약어(略語) 또는 지도만으로 된 상표라도 그 표장이 특정 상품에 대한 지리적 표시인 경우에는 그 지리적 표시를 사용한 상품을 지정상품(제38조 제1항에 따라 지정한 상품 및 제86조 제1항에 따라 추가로 지정한 상품을 말한다)으로 하여 지리적 표시 단체표장등록을 받을 수 있다(상 제33조 제3항). 이는 지리적 표시 증명표장의 경우에도 마찬가지이다(상 제2조 제4항).

II. 소극적 요건(=법률상 등록을 받을 수 없는 상표)

1. 의 의

상표법 제33조에 규정된 자타상품식별력을 가지고 있는 상표라도 상표법이 규정하는 부등록사유(상 제34조)에 해당하는 경우에는 등록을 받을 수 없다. 부등록사유에 해당하는 경우에는 상표법 제54조의 거절이유에 해당되어 거절이유통지의 대상이 되며, 상표법 제49조에 의한 정보제공이 가능하며, 출원공고가 있는 때에는 상표법 제60조 제1항에 의해 이의신청이 가능하다. 그리고 착오등록 시에는 무효사유가 된다. 다만, 상표법 제34조 제1항 제6호부터 제10호까지 및 제16호의 경우에는 5년의 제척기간이 있다(상 제122조 제1항).

2. 공익적 관점에서 등록을 받을 수 없는 상표

가. 국가의 국기(國旗) 및 국제기구의 기장(記章) 등과 동일 또는 유사한 상표(상 제34조 제1항 제1호)

[1] 대한민국의 국기(國旗), 국장(國章), 군기(軍旗), 훈장, 포장(褒章), 기장(記章), 대한민국 또는 공공기관의 감독용이나 증명용 인장(印章) 또는 기호와 동일하거나 이와 유사한 상표는 자타상품 식별력이 있음에도 불구하고 등록을 받을 수 없다(상 제34조 제1항 제1호 가목). 또한, 공업소유권의 보호를 위한 파리협약(이하 "파리협약"이라 한다) 동맹국, 세계무역기구 회원

구 상표법 제6조 제2항이 규정하는 사용에 의한 식별력을 취득한 것으로 판단하였다.

국 또는 상표법조약 체약국(이하 이 항에서 "동맹국 등"이라 한다)의 국기와 동일하거나 이와 유사한 상표(상 제34조 제1항 제1호 나목), 국제적십자, 국제올림픽위원회 또는 저명한 국제기관의 명칭, 약칭, 표장과 동일·유사한 상표(다만, 국제적십자, 국제올림픽위원회 또는 저명한 국제기관이 자기의 명칭, 약칭 또는 표장을 상표등록출원한 경우에는 상표등록을 받을 수 있다)(상 제34조 제1항 제1호 다목), 파리협약 제6조의3에 따라 세계지식재산기구로부터 통지받아 특허청장이 지정한 동맹국등의 문장(紋章), 기(旗), 훈장, 포장, 기장 또는 동맹국 등이 가입한 정부 간 국제기구의 명칭, 약칭, 문장, 기, 훈장, 포장, 기장과 동일·유사한 상표(다만, 동맹국 또는 동맹국 등이 가입한 정부 간 국제기구가 자기의 명칭·약칭, 표장을 상표등록출원한 경우에는 상표등록을 받을 수 있다)(상 제34조 제1항 제1호 라목), 파리협약 제6조의3에 따라 세계지식재산기구로부터 통지받아 특허청장이 지정한 동맹국 등 또는 그 공공기관의 감독용이나 증명용 인장 또는 기호와 동일·유사한 상표로서 그 인장 또는 기호가 사용되고 있는 상품과 동일·유사한 상품에 관하여 사용하는 것(상 제34조 제1항 제1호 마목)의 경우에는 자타상품식별력이 있음에도 불구하고 등록을 받을 수 없다. 특히 상표법 제34조 제1항 제1호 마목은 가목 내지 라목과는 달리 감독용 또는 증명용 인장·기호가 사용되고 있는 상품과 동일하거나 유사한 상품에 관하여 사용하는 것에만 적용된다.[131]

[2] **취 지**: 국가·훈공자 등의 존엄성을 보호함과 아울러 저명한 국제기관의 칭호나 표장과 동일·유사한 상표의 등록을 인정하게 되면 마치 그 지정상품이 이들 기관과 특수한 관계에 있는 것처럼 오인·혼동을 일으킬 염려가 있어 그 권위를 해치게 되므로 공익적 견지에서 국제기관의 존엄을 유지하고 국제적인 신의를 지키고자 하는 것이며, 특히 후단의 감독용이나 증명용 인장과 기호는 품질보증적인 성격이 강하므로 수요자 보호차원에서 절대적 거절이유로 한 것이다.

[3] 그리고 공업소유권의 보호를 위한 파리협약에 따르면 세계지식재산기구로부터 동맹국에 통보되는 각국의 국기, 국장 등을 보호하도록 하고 있으나, 현행 규정에서는 이를 모호하게 규정하고 있는바, 파리협약을 충실히 이행하여 국제사회의 신뢰를 높이고 국기, 국장, 훈장, 포장, 명칭 등에 대한 보호를 강화하기 위하여 2010년 상표법[132]을 개정하여 관련 조문을 정비하였다.

[4] **판단시점**: 상표등록 여부 결정 시를 기준으로 현존하는 것에 한한다.

---

131) 상표심사기준(2019년), 제1장 제5부 §5.3.
132) [시행 2010. 7. 28.][법률 제9987호, 2010. 1. 27., 일부개정].

[5] **대한민국의 국기**: 대한민국 국기에 관한 규정이 규율하는 것

[6] **대한민국의 국장**: 국장은 나라 문장에 관한 규정에 따른다.

[7] **대한민국의 훈장 및 포장**: 상훈법에 따른다.

[8] **대한민국의 군기**: 육군, 해군, 공군기는 물론 그 예하부대의 군기를 포함한다.

[9] **대한민국의 기장**: 훈장, 포장 이외의 국가기관이 수여하는 표창

[10] **외국의 국기, 국장**: 이와 관련하여 외국이라 함은 우리나라의 국가승인 여부를 불문하고 대한민국을 제외한 모든 국가, 교황청 등도 외국에 준하여 여기에 포함한다.

[11] **파리협약 동맹국의 훈장, 포장, 기장**: 파리협약 동맹국, 세계무역기구 회원국 또는 상표법조약 체약국의 훈장, 포장, 기장은 특허청장이 직권으로 인정하는 것 이외에는 동 조약 제6조의3(3)(a) 규정에 따라 동맹국이 국제사무국을 통하여 우리나라에 통지한 것만 보호한다.

[12] **적십자, 올림픽 또는 저명한 국제기관의 명칭이나 표장**

(i) 저명한 국제기관: 국제연합 및 산하 기구, EU, WTO, OPEC와 같은 국제기구 등 국제사회에서 일반적으로 인식되고 있는 국가 간의 단체

(ii) 원칙적으로 상표등록 여부 결정 당시 존재하는 기관으로서 그 조직이나 활동상황 등에 의해 국제적으로 널리 알려질 것을 요하고, 이미 오래전에 폐지되어 위 결정 당시 활동을 하지 않을 경우에는 이에 해당하지 않는다고 함

[13] **감독용이나 증명용 인장 또는 기호**: 내외국의 공공기관이 상품 등의 규격, 품질 등을 관리, 통제, 증명하기 위하여 사용하는 제 표장

예: KS, JIS(일본공업규격: Japanese Industrial Standard), UL(Underwriters Laboratories; 미국 비영리 제품 안전 시험 및 인증 기관) 등

나. 국가 등과의 관계를 허위로 표시하거나 모욕하는 상표(상 제34조 제1항 제2호)

[1] 국가 · 인종 · 민족 · 공공단체 · 종교 또는 저명한 고인(故人)과의 관계를 거짓으로 표시하거나 이들을 비방 또는 모욕하거나 이들에 대한 평판을 나쁘게 할 우려가 있는 상표는 자타상품식별력이 있음에도 불구하고 등록을 받을 수 없다(상 제34조 제1항 제2호).

[2] **취 지**: 국가, 인종 등에 대한 권위와 존엄을 인정하여 국제신의를 보호하고 저명한 고인과 그 유족의 명예감정과 인격을 보호하기 위한 것이다.

[3] **공공단체**: 지방자치단체, 공공조합, 공법상 영조물법인과 그 대표기관 및 산하기관을 포함하며 주정부 및 그 산하기관도 이에 해당한다.

[4] 국가, 인종, 민족, 공공단체 및 종교는 현존하는 것에 한하며, 저명한 고인은 사회통념상 또는 거래사회에서 일반적으로 인식할 수 있는 정도이면 족하다.

[5] **허위표시나 비방, 모욕, 나쁜 평단을 받게 할 우려:** 상표 자체는 물론 지정상품과의 관계를 고려하여 현저히 부정적인 영향을 주는 것에 한하여 이에 해당한다.

예: 양키, 쪽바리, Negro는 그러한 예에 해당한다. 반면에 흑인, 백인, 건과자에 인디언, 의류에 제임스 딘, 다방업에 모차르트는 그러한 예에 해당하지 않는다.

[6] **시기적 기준:** 상표등록 여부 결정 시에 현존하는 것에 한한다.

다. 공익단체의 표장과 동일 또는 유사한 상표(상 제34조 제1항 제3호)

[1] 국가·공공단체 또는 이들의 기관과 공익법인의 비영리 업무나 공익사업을 표시하는 표장으로서 저명한 것과 동일·유사한 상표는 등록을 받을 수 없다. 다만, 그 국가 등이 자기의 표장을 상표등록출원한 경우에는 상표등록을 받을 수 있다(상 제34조 제1항 제3호).133)

[2] 이는 저명한 업무표장을 가진 공익단체의 업무상의 신용과 권위를 보호함과 동시에 그것이 상품에 사용되면 일반 수요자나 거래자에게 상품의 출처에 관한 혼동을 일으키게 할

---

133) 대법원2000. 2. 11. 선고 97후3296 판결[거절사정]의 판결요지는 다음과 같다.

　[판결요지]

　　[1] 출원서비스표 "HABITAT FOR HUMANITY"의 구성 중 'HABITAT'는 동식물의 서식지, 서식환경, 또는 사람의 거주지, 주거, 주소 등의 뜻이 있는 영어 단어이고, 'Humanity'는 인류, 인간(humanbeings, humanrace, mankind), 또는 인간성(human nature, human attributes), 또는 인간애, 자비(benevolence) 등의 뜻을 지닌 단어이므로 출원서비스표는 전체적으로 보아 '인간을 위한 거주지, 인간다운 주거, 사람을 위한 주거' 등으로 인식될 수 있다 할 것이고, 이를 그 지정서비스업인 '빈곤자를 위한 주택 건축 및 수리업'과 관련지어 볼 때 '인간다운 삶을 위한 주거·주거지·주택' 등으로 인식된다 할 것이어서 출원서비스표는 그 지정서비스업의 목적, 사업내용, 사업의 성질, 효능 등을 표시하는 표장에 해당한다고 할 것이고, 다만 'HABITAT'란 영어 단어가 국내의 일반인들에게 널리 알려져 있다고는 할 수 없을 것이나, 오늘날 영어는 세계어가 되다시피 하여 국내에서도 영문자로 표기된 것은 소리나 문자 자체로 파악하기 보다는 객관적인 의미로 파악하고자 하는 경향이 많은 점, 출원서비스표의 지정서비스업과 동종의 사업에 종사하는 사람들이나 그들과 거래하는 사업자들을 기준으로 본다면 출원서비스표의 위와 같은 의미를 직감할 수 있을 것인 점 등에 비추어 출원서비스표는 그 지정서비스업의 거래사회에서는 사업의 목적이나 내용, 품질 등을 보통으로 사용하는 방법으로 직접적으로 표시한 식별력 없는 표장에 해당한다고 봄이 상당하다.

　　[2] 공익단체 등의 업무표장이 구 상표법(1997. 8. 22. 법률 제5355호로 개정되기 전의 것) 제7조 제1항 제3호 본문 내지 단서에 의한 보호를 받으려면 그 업무표장이 저명한 것임을 전제로 한다 할 것이므로, 공익단체가 자기의 표장을 등록출원한 경우에도 그 업무표장이 국내에 현저히 알려져 저명한 것이 아닌 한 그 표장의 전체 구성으로 보아 식별력 없는 표장 등은 구 상표법 제6조 제1항 각 호에 의하여 등록받을 수 없다.

염려가 있으므로 일반공중을 보호하기 위한 규정이다. 즉, 이 조문은 공익과 사익 양자를 모두 보호하기 위한 규정이다.

[3] **저명한 표장**: 사회통념상 또는 거래사회에서 일반적으로 널리 인식되고 있는 표장 또는 단체명

예: 공익단체의 표장- YMCA, YWCA, Boyscout 등

[4] **시기적 기준**: 상표등록 여부 결정 시를 기준으로 한다.

라. 공서양속에 반하는 상표(상 제34조 제1항 제4호)

[1] 상표 그 자체 또는 상표가 상품에 사용되는 경우 수요자에게 주는 의미와 내용 등이 일반인의 통상적인 도덕관념인 선량한 풍속에 어긋나는 등 공공의 질서를 해칠 우려가 있는 상표는 자타상품식별력이 있더라도 상표등록을 받을 수 없다(상 제34조 제1항 제4호).[134]

---

134) 대법원 2006. 7. 13. 선고 2005후70판결[등록무효(상)]의 판결요지는 다음과 같다.

[판결요지]

[1] 위 법리와 기록에 비추어 살펴보면, 원심이 그 판시와 같은 사정을 들어 '허리벨트, 실버이불' 등을 지정상품으로 하고 "X-static Silver"로 구성된 이 사건 등록상표(등록번호 제517302호)와 대비되는 '합성섬유사' 등을 사용상품으로 하고 "X-static"으로 구성된 비교대상상표는 이 사건 등록상표의 출원 또는 등록결정 당시에 외국의 수요자들 사이에 특정인의 상품을 표시하는 표지로서 현저하게 인식되어 있다거나 국내의 수요자들 사이에 특정인의 상품을 표시하는 표지로서 알려져 있다고 보기 어렵다는 이유로, 이 사건 등록상표는 상표법 제7조 제1항 제11호, 제12호의 등록무효사유에 해당하지 아니한다고 판단하였음은 옳은 것으로 수긍이 가고, 거기에 상고이유에서 주장하는 바와 같은 법리오해, 심리미진, 채증법칙 위배 등의 위법이 있다고 할 수 없다.

[2] 상표법 제7조 제1항 제4호에서 규정한 '공공의 질서 또는 선량한 풍속을 문란하게 할 염려가 있는 상표'라 함은 상표의 구성 자체 또는 그 상표가 지정상품에 사용되는 경우 수요자에게 주는 의미나 내용이 사회공공의 질서에 위반하거나 사회 일반인의 통상적인 도덕관념인 선량한 풍속에 반하는 경우를 말하는바(대법원 1997. 10. 14. 선고 96후2296 판결 참조), 위 규정이 상표 자체의 성질에 착안한 규정인 점, 상표법의 목적에 반한다고 여겨지는 상표에 대하여는 상표법 제7조 제1항 각 호에 개별적으로 부등록사유가 규정되어 있는 점, 상표법이 상표선택의 자유를 전제로 하여 선출원인에게 등록을 인정하는 선원주의의 원칙을 채택하고 있는 점 등을 고려하여 보면, 상표의 구성 자체가 공공의 질서 또는 선량한 풍속에 반하는 경우가 아닌 상표의 출원·등록이 위 규정에 해당하기 위해서는 상표의 출원·등록과정에 사회적 타당성이 현저히 결여되어 그 등록을 인정하는 것이 상표법의 질서에 반하는 것으로서 도저히 용인할 수 없다고 보이는 경우에 한하고, 고의로 저명한 타인의 상표·서비스표나 상호 등의 명성에 편승하기 위하여 무단으로 타인의 표장을 모방한 상표를 등록 사용하는 것이 아닌 이상, 주지·저명하지 아니한 타인의 상표를 모방하여 출원·등록한다거나 또는 상표를 등록하여 사용하는 행위가 특정 당사자 사이에 이루어진 계약을 위반하거나 특정인에 대한 관계에서 신의성실의 원칙에 위배된 것으로 보인다고 하더라도 그러한 사정만을 들어 곧바로 위 규정에 해당한다고 할 수 없다(대법원 2006. 2. 24. 선고 2004후1267 판결 참조).

[2] '공공의 질서': 실정법상 공법질서, 국제신뢰 또는 일반사회질서는 물론 공정하고 신용있는 거래질서와 인간의 존엄성과 가치, 평등권 보장 등 자유민주주의 기본질서도 포함한다.

[3] '선량한 풍속': 전통적 가치 중 미풍양속 등 사회통념상 존중되고 있는 사회적 윤리 및 도덕질서뿐만 아니라 자유시민으로서 준수해야 할 공중도덕을 포함한다.[135]

[4] 적용요건

(i) '상표 그 자체가 공서양속을 해칠 우려'가 있는 경우: 상표 그 자체가 수요자에게 주는 의미나 내용 등이 일반인의 통상적인 도덕관념인 선량한 풍속에 어긋나거나 공공의 질서를 해칠 우려가 있는 경우

예: 사기꾼, 소매치기, 뇌물, 새치기, 가로채기, 성적 흥분을 유발시키는 상표, 사이비종교, 부적 등 미신을 조장하거나 국민간 불신과 지역감정을 조장하는 문자나 도형으로 된 상표, 타인의 저명한 저작권을 침해한 상표 등

(ii) 상표가 상품에 사용되는 경우 공서양속을 해칠 우려가 있는 경우: 상표 그 자체는 공서양속을 해칠 우려가 없더라도 그 상표가 지정상품에 사용될 때 수요자에게 주는 의미나 내용 등이 일반인의 통상적인 도덕관념인 선량한 풍속에 어긋나는 등 공공의 질서를 해칠 우려가 있는 경우에는 상표법 제34조 제1항 제4호를 적용한다.

예: 저명한 고인의 성명 등을 도용하여 출원한 상표 등(다만, 저명한 고인의 성명 등의 경우 고인과 관련 있는 기념사업회, 기념재단, 후원연구소나 단체 등의 동의가 있거나 고인의 성명을 관리하고 있는 기념재단, 기념사업회 등이 있는지 확인할 수 없거나 존재할 가능성이 없을 정도로 오래된 고인의 경우에는 다르게 판단할 수 있다)[136]

(iii) 공서양속을 문란하게 할 염려가 있는 상표: 상표의 구성 자체는 물론이고, 상표의 구성 자체는 그러하지 아니하더라도 지정상품에 사용함으로써 상표법 제34조 제1항 제4호에 위반하는 경우가 이에 해당한다.

---

135) 상표심사기준(2019년), 제5부 제4장, §1.1.
136) 상표심사기준(2019년), 제5부 제4장, §2.3.2에서는 "타인의 저명한 저작권을 침해하거나 저명한 고인의 성명 등을 도용하여 출원한 상표(다만, 저명한 고인의 성명 등의 경우 고인과 관련 있는 기념사업회, 기념재단, 후원연구소나 단체 등의 동의가 있거나 고인의 성명을 관리하고 있는 기념재단, 기념사업회 등이 있는지 확인할 수 없거나 존재할 가능성이 없을 정도로 오래된 고인의 경우에는 다르게 판단할 수 있다)"를 '기타 공서양속을 해칠 우려'가 있는 경우로 분류하여 "상표 그 자체가 공서양속을 해칠 우려가 있는 경우"와 "상표가 상품에 사용되어 공서양속을 해칠 우려가 있는 경우"와 다른 것으로 구분하고 있으나, 현행 상표법 제34조 제1항 제4호의 조문의 문리해석상 이는 불가하다. 따라서 타인의 저작권을 침해하는 상표는 상표 그 자체로서 공서양속을 해칠 우려가 있는 경우에 해당하고, 저명한 고인의 성명을 도용하여 상표로 출원한 경우에는 상표가 상품에 사용되어 공서양속을 해칠 우려가 있는 경우에 해당하는 것으로 판단하는 것이 타당할 것이다.

[5] 인적 기준: 일반수요자의 평균적인 인식수준을 기준으로 한다.

[6] 판단시점: 상표등록 여부 결정 시를 기준으로 한다(상 제34조 제2항 본문).[137]

[7] 판 례: 대법원 2012. 10. 25. 선고 2012후2104 판결에서는 "그 상표의 구성 자체 또는 그 상표가 지정상품에 사용되는 경우 일반 수요자에게 주는 의미나 내용이 사회 공공의 질서나 선량한 풍속에 반하거나, 그 상표를 등록하여 사용하는 행위가 일반적으로 공정한 상품유통질서나 국제적 신의와 상도덕 등 선량한 풍속에 위배되거나, 그 상표의 출원·등록 과정에 사회적 타당성이 결여되어 그 등록을 인정하는 것이 상표법의 질서에 반하는 것으로서 용인할 수 없는 경우"를 상표법 제34조 제1항 제4호에 해당하는 것으로 판시하였다.

그리고 대법원 2006. 7. 13. 선고 2005후70 판결에서는 "상표의 구성 자체가 공공의 질서 또는 선량한 풍속에 반하는 경우가 아닌 상표의 출원·등록이 위 규정에 해당하기 위해서는 상표의 출원·등록과정에 사회적 타당성이 현저히 결여되어 그 등록을 인정하는 것이 상표법의 질서에 반하는 것으로서 도저히 용인할 수 없다고 보이는 경우에 한하고, 고의로 저명한 타인의 상표·서비스표나 상호 등의 명성에 편승하기 위하여 무단으로 타인의 표장을 모방한 상표를 등록 사용하는 것이 아닌 이상, 주지·저명하지 아니한 타인의 상표를 모방하여 출원·등록한다거나 또는 상표를 등록하여 사용하는 행위가 특정 당사자 사이에 이루어진 계약을 위반하거나 특정인에 대한 관계에서 신의성실의 원칙에 위배된 것으로 보인다고 하더라도 그러한 사정만을 들어 곧바로 위 규정에 해당한다고 할 수 없다."[138]라고 판시하였다.

마. 박람회의 상표, 상장 또는 포장과 동일·유사한 표장(상 제34조 제1항 제5호)

[1] 정부가 개최하거나 정부의 승인을 받아 개최하는 박람회 또는 외국정부가 개최하거나 외국정부의 승인을 받아 개최하는 박람회의 상패·상장 또는 포장과 동일·유사한 표장이 있는 상표는 등록받을 수 없다. 다만, 그 박람회에서 수상한 자가 그 수상한 상품에 관하여 상표의 일부로서 그 표장을 사용하는 경우에는 상표등록을 받을 수 있다(상 제34조 제1항 제5호).

[2] 취 지: 박람회의 권위를 유지하고 상품의 품질에 대한 오인을 방지하려는 데 그 목적이 있다.

[3] 정부 또는 외국정부의 승인: 정부 또는 외국정부의 인가, 허가, 면허, 인정, 공인, 허락 등 그 용어를 불문하고 정부가 권위를 부여하거나 이를 허용하는 일체의 행위를 의미한다.

---

137) 대법원 2004. 5. 14. 선고 2002후1362 판결.
138) 대법원 2006. 2. 24. 선고 2004후1267 판결 참조.

[4] 상표의 일부로서 그 표장을 사용할 때: 상표의 한 요부 또는 부기적으로 사용하는 경우를 말하며 상표의 전부 또는 지배적인 표장으로 사용할 때에는 이에 해당하지 아니한다.

[5] 시적 기준: 상표등록여부결정시를 기준으로 한다.

[6] 지정상품과의 관계는 원칙적으로 불문한다.

대법원 1991. 4. 23. 선고 89후261판결[거절사정]

[판결요지]

가. 등록출원이 구 상표법 제9조 제1항 제5호의 규정에 해당한다고 하기 위하여서는 과연 인용표장을 사용한 박람회가 정부의 승인을 받은 것인지, 그 박람회에서 시상으로 상패, 상장 또는 포장을 수여한 바가 있고 또 그것들이 인용표장과 같은 것인지 여부를 먼저 심리하였어야 함에도 불구하고 위와 같은 사정을 조사하지 아니하고 출원상표와 인용표장과의 동일유사 여부만을 심리한 채 출원상표가 위 조항에 해당한다고 판단함으로써 법리오해 또는 심리미진의 위법을 저질렀다고 하여 원심결을 파기한 사례.

나. 출원상표 "SPOREX"가 국민체육진흥재단이 주최한 "스포츠 및 레저용품 박람회"의 영문표기인 인용표장 "SPOREXKOR"와 유사하여 구 상표법 제9조 제1항 제11호에 해당하는 상표라고 하기 위하여는 먼저 인용표장이 박람회의 표장으로 거래자나 일반수요자 사이에 널리 인식되어 있다 함이 인정되어야 하고 나아가 그 표장을 상표로 사용한다면 그 박람회의 성격상 그 상품이 박람회의 개최자에 의하여 생산되었다는 등의 뜻으로 오해할 소지가 있을 것이라는 사정이 인정되어야 할 것이다.

3. 사익적 관점에서 등록을 받을 수 없는 상표

가. 저명한 타인의 성명 또는 상호를 사용하는 상표(상 제34조 제1항 제6호)

[1] 저명한 타인의 성명·명칭 또는 상호·초상·서명·인장·아호(雅號)·예명(藝名)·필명(筆名) 또는 이들의 약칭을 포함하는 상표는 상표등록을 받을 수 없다. 다만, 그 타인의 승낙을 받은 경우에는 상표등록을 받을 수 있다(상 제34조 제1항 제6호).

[2] 취 지: 타인의 인격권을 보호하기 위한 것이라는 견해와 타인의 성명 등의 모용에 의한 수요자의 출처혼동을 방지하기 위한 것이라는 견해로 나뉘지만 전자의 견해가 타당하다. 왜냐하면 타인의 승낙이 있는 경우에는 이를 활용할 수 있기 때문이다.

[3] 타 인: 현존하는 자연인은 물론이고 법인(법인격이 없는 단체 포함)도 포함하며, 자국인

은 물론이고 외국인도 포함한다.

[4] 저 명: 사회통념상 국내 일반수요자 또는 지정상품과 관련한 거래업계에서 일반적으로 널리 인지될 수 있는 정도를 의미한다.139) 하지만, 판례에 따른 "저명"의 정의는 주지성 · 현저성보다 훨씬 주지도가 높고 오랜 전통과 명성을 가진 경우를 의미한다.140) 저명성 요건은 널리 알려진 연예인이나 스포츠 선수, 국내외 유명인사 등의 이름으로 직감할 수 있는 정도면 충분하다.141)

[5] 저명성의 판단 시점: 상표등록 여부 결정 시를 기준으로 한다.

[6] 저명성 판단기준이 되는 요소: 타인의 명칭 등이 저명한지는 그 사용기간, 방법, 태양, 사용량 및 거래의 범위와 상품거래의 실정 등을 고려하여 사회통념상 또는 지정상품과 관련한 거래사회에서 타인의 명칭 등이 널리 인식될 수 있는 정도에 이르렀는지 여부에 따라 판단하여야 한다.142)

[7] 저명한 타인의 성명, 명칭 또는 상호, 초상, 서명, 인장, 아호, 예명, 필명 또는 이들의 약칭이 상표의 부기적인 부분으로 포함되어 있는 경우에도 본 호에 해당하는 것으로 본다.143)

[8] 초상을 타인의 상표 일부로 사용할 경우에는 인격훼손의 우려가 크므로 저명성의 요건을 더욱 완화해서 판단한다.

[9] 저명한 타인의 성명, 명칭 등이라도 그 타인의 승낙을 얻은 경우에는 본 호를 적용하지 아니하며, 자기의 성명 또는 명칭과 저명한 타인의 성명 또는 명칭이 동일한 경우에는 그 타인의 승낙을 요한다.144) 이는 전술한 바대로 인격권 보호를 목적으로 한 규정이다.

예: Chanel, Pierre Cardin, 대한주택공사, 한국전력주식회사 등

[10] 제척기간: 본 호에 해당하는 것을 사유로 하는 상표등록의 무효심판은 상표등록일부터 5년이 지난 후에는 청구할 수 없다(상 제122조 제1항).

---

139) 상표심사기준(2019년), 제5부 제6장, § 1.1.1.
140) 대법원 1984. 1. 24. 선고 83후34 판결.
141) 상표심사기준(2019년), 제5부 제6장, § 1.1.1.
142) 대법원 2013. 10. 31. 선고 2012후1033 판결[거절결정(상) (자) 상고기각](2NE1 상표 사건); 대법원 2005. 8. 25. 선고 2003후2096 판결.
143) 상표심사기준(2019년), 제5부 제6장 § 2.1.
144) 상표심사기준(2019년), 제5부 제6장 § 2.2.

대법원 2013. 10. 31. 선고 2012후1033 판결[거절결정(상)]

[판결요지]

[1] 상표법 제7조 제2항이 정한 '제1항 제6호의 규정에 해당하는 상표라도 상표등록출원 시에 이에 해당하지 아니하는 것에 대하여는 당해 규정은 적용하지 아니한다'에서 '상 표등록출원 시'의 의미는 상표법 제7조 제1항 제6호에 해당하는지 여부의 판단기준시 점이 상표등록출원 시라는 의미이지 상표등록출원 시에 위 규정에서 정한 상표에 해 당함을 인정하기 위한 증거가 상표등록출원 전에 작성된 것을 의미하는 것은 아니므 로, 법원은 상표등록출원 후에 작성된 문건들에 기초하여 어떤 상표가 상표등록출원 시에 위 규정에서 정한 상표에 해당하는지를 인정할 수 있다.

[2] 상표법 제7조 제1항 제6호는 저명한 타인의 성명·명칭 또는 상호·초상·서명·인장·아 호·예명·필명 또는 이들의 약칭을 포함하는 상표는 등록을 받을 수 없다고 규정하고 있다. 여기서 타인의 명칭 등이 저명한지는 그 사용기간, 방법, 태양, 사용량 및 거래의 범위와 상품거래의 실정 등을 고려하여 사회통념상 또는 지정상품과 관련한 거래사회 에서 타인의 명칭 등이 널리 인식될 수 있는 정도에 이르렀는지 여부에 따라 판단해야 한다.

[3] 지정상품을 '눈썹용 연필, 립스틱, 매니큐어, 아이섀도, 마스카라' 등으로 하는 갑 외국 회사의 출원상표 "2NE1"에 대하여 상표법 제7조 제1항 제6호에 해당한다는 이유로 특허청장이 거절결정을 한 사안에서, 출원상표인 "2NE1"은 음반업계에서 유명한 연예 기획사인 을 주식회사 소속 여성 아이돌 그룹 가수의 명칭으로, 그와 동일한 표장을 갖는 출원상표의 등록을 허용할 경우에는 지정상품과 관련하여 그 수요자나 거래자들 이 위 여성 그룹 가수와 관련 있는 것으로 오인·혼동할 우려가 상당하여 타인의 인격 권을 침해할 염려가 있는 점 등의 사정을 종합해 보면, 출원상표는 출원일 무렵에 저명 한 타인의 명칭에 해당하고, 여러 사정에 비추어 위 여성 그룹 가수는 국내의 유명한 여성 4인조 아이돌 그룹으로서 출원상표의 출원일 무렵 국내의 수요자 사이에 널리 알 려져 저명성을 획득하였다고 본 원심판단을 정당하다고 한 사례.

[4] 심판은 특허심판원에서의 행정절차이고 심결은 행정처분에 해당하며, 그에 대한 불복 소송인 심결취소소송은 행정소송에 해당한다. 행정소송법 제8조에 의하여 준용되는 민 사소송법 제71조는 보조참가에 관하여 소송결과에 이해관계가 있는 자는 한쪽 당사자를 돕기 위하여 법원에 계속 중인 소송에 참가할 수 있다고 규정하고 있으므로, 거절결정에 대한 심판의 심결취소소송에도 민사소송법상의 위 보조참가에 관한 규정이 준용된다.

나. 타인의 선등록상표(내지 선등록 지리적 표시 단체표장)와 동일·유사한 상표(상 제 34조 제1항 제7호 및 제8호)

(1) 타인의 선등록상표와 동일·유사한 상표(상 제34조 제1항 제7호)

[1] 선출원(先出願)에 의한 타인의 등록상표(등록된 지리적 표시 단체표장은 제외한다)와 동일·유사한 상표로서 그 지정상품과 동일·유사한 상품에 사용하는 상표는 등록을 받을 수 없다(상 제34조 제1항 제7호).

[2] 적용요건

(i) '선출원에 의한 타인의 등록상표와 동일·유사'한 상표일 것: 본 호는 선출원에 의한 타인의 선등록상표와 동일·유사한 경우에만 적용하고, 후출원에 의한 선등록상표와 동일·유사한 경우에는 적용하지 아니한다. 후출원에 의한 선등록상표가 심판 또는 재판에 의하여 무효로 확정되지 아니하는 한 두 상표권은 모두 유효한 것으로 되어 병존하게 된다. 상표의 유사 여부는 대비되는 상표를 외관, 호칭, 관념의 세 측면에서 객관적, 전체적, 이격적으로 관찰하여 거래상 오인·혼동의 염려가 있는지에 따라 판단하여야 한다.[145] 그리고 둘 이상의 문자 또는 도형의 조합으로 이루어진 결합상표는 그 구성 부분 전체의 외관, 호칭, 관념을 기준으로 상표의 유사 여부를 판단하는 것이 원칙이나, 상표 중에서 일반 수요자에게 그 상표에 관한 인상을 심어주거나 기억·연상을 하게 함으로써 그 부분만으로 독립하여 상품의 출처표시기능을 수행하는 부분, 즉 요부가 있는 경우 적절한 전체관찰의 결론을 유도하기 위해서는 그 요부를 가지고 상표의 유사 여부를 대비·판단하는 것이 필요하다. 그밖에 상표의 구성 부분이 요부인지 여부는 그 부분이 주지·저명하거나 일반 수요자에게 강한 인상을 주는 부분인지, 전체 상표에서 높은 비중을 차지하는 부분인지 등의 요소를 따져 보되, 여기에 다른 구성 부분과 비교한 상대적인 식별력 수준이나 그와의 결합상태와 정도, 지정상품과의 관계, 거래실정 등까지 종합적으로 고려하여 판단하여야 한다.[146] 동일 또는 유사

---

145) 대법원 2016. 7. 14. 선고 2015후1348 판결[거절결정(상)].

146) 대법원 2017. 12. 28. 선고 2017후1984 판결[등록무효(상)]에서는 "선등록서비스표 " 단티 "의 서비스표권자 갑이 '의류, 스포츠의류, 셔츠' 등을 지정서비스업으로 하는 등록상표 " 단티싸게 "의 상표권자인 을을 상대로 등록상표가 구 상표법 제3조 제1항 제7호의 등록무효 사유에 해당한다며 등록무효심판을 청구한 사안에서, 두 표장이 공통으로 가지고 있는 '단티'는 독립적인 식별표지 기능을 발휘하는 요부에 해당하는데도, '단티' 부분은 지정상품 중 '의류, 스포츠의류, 셔츠'와 관련하여 식별력이 없거나 미약하여 요부로 볼 수 없다는 이유로 등록상표가 선등록서비스표와 유사하지 아니하다고 본 원심판결에 상표의 유사에 관한 법리를 오해하여 심리를 다하지 않은 잘못이 있다."고 판시하였다.

한 타인의 선등록상표가 존재할 경우에 동록여부 결정을 하기 위해서는 상표의 유사 여부 판단이 선행되어야 한다.147)

‣ 본 호의 '타인'이란 법인격이 다른 주체를 의미하므로 동일한 기업그룹 내에 속한다 할지라도 권리주체가 다른 계열회사는 타인에 해당하는 것으로 본다. 또한, 인용표장의 권리자가 2인 이상일 경우에는 그 구성원의 전부가 일치하지 않는 한 타인에 해당한다.148)

(ii) '지정상품이 동일·유사할 것: 본 호는 지정상품이 동일·유사한 경우에만 적용한다.

‣ 지정상품의 유사 여부는 대비되는 상품에 동일 또는 유사한 상표를 사용할 경우 동일 업체에 의하여 제조 또는 판매되는 상품으로 오인될 우려가 있는가를 기준으로 판단하되, 상품 자체의 속성인 품질, 형상, 용도와 생산 부문, 판매 부문, 수요자의 범위 등 거래의 실정 등을 종합적으로 고려하여 일반 거래의 통념에 따라 판단하여야 한다.149)

대법원 2018. 7. 24. 선고 2017후2208 판결[등록무효(상)]

[판결요지]

[1] 둘 이상의 문자 또는 도형의 조합으로 이루어진 결합상표 중 어느 부분이 사회통념상 자타상품의 식별력을 인정하기 곤란하거나 공익상으로 보아 특정인에게 독점시키는 것이 적당하지 않다고 인정되는 경우에는 독립하여 상품의 출처표시기능을 수행하는 요부에 해당한다고 볼 수 없다. 만일 상표의 구성 부분 전부가 식별력이 없거나 미약한 경우에는 그중 일부만이 요부가 된다고 할 수 없으므로 상표 전체를 기준으로 유사 여부를 판단하여야 한다.

[2] 갑 외국회사가 '노인성기억감퇴증치료제' 등 전문의약품 등을 지정상품으로 하는 등록상표 "**GLIATAMIN**"의 상표권자 을 주식회사를 상대로 등록상표가 선등록상표들인 "**글리아티린** GLIATILIN" 및 "**GLIATILIN**"과 각 표장 및 지정상품이 유사하여 구 상표법(2016. 2. 29. 법률 제14033호로 전부 개정되기 전의 것) 제7조 제1항 제7호 등에 해당한다는 이유로 등록무효심판을 청구한 사안에서, '신경교(neuroglia)' 또는 '신경교세포(glia cell)'를 뜻하는 'GLIA(글리아)'의 의미 및 사용실태, 의사, 약사 등이 실제 판매 및 거래 관계에 개입하고 있는 의약품에 관한 거래실정을 고려하면, 등록상표와 선등록상표들 중 'GLIA(글리아)' 부분은 지정상품인 의약품과의 관계에서 뇌신경질환 관련 치료제로 수요자에게 인식되어 식별력이 없거나 미약할 뿐만 아니라 공익상으로 보아 특정인에

---

147) 김원준, 「상표법개론」, 피앤씨미디어, 2017년, 106면.
148) 상표심사기준(2019년), 제5부 제7장, §1.1.2.
149) 대법원 2005. 8. 19. 선고 2003후1086 판결; 대법원 2013. 9. 12. 선고 2013후808 판결[등록무효(상)].

게 독점시키는 것이 적당하지 않으므로 요부가 될 수 없고, 'TAMIN'과 'TILIN(티린)'은 조어이기는 하나 의약품 작명 시 다른 용어에 붙어 접사와 같이 사용되고 있어 독립하여 요부가 될 수 없으므로, 위 상표들의 전체를 기준으로 유사 여부를 판단하면, 'GLIA(글리아)' 부분이 공통되기는 하지만 'TAMIN'과 'TILIN(티린)'의 외관과 호칭의 차이로 혼동을 피할 수 있으므로 등록상표와 선등록상표들의 표장이 서로 동일 또는 유사하다고 볼 수 없는데도, 이와 달리 본 원심판단에 법리오해의 잘못이 있다고 한 사례.

대법원 2011. 12. 27. 선고 2010다20778 판결[상표권침해금지등]

[1] 상표의 유사 여부는 외관·호칭 및 관념을 객관적·전체적·이격적으로 관찰하여 지정상품 거래에서 일반 수요자나 거래자가 상표에 대하여 느끼는 직관적 인식을 기준으로 하여 상품 출처에 관하여 오인·혼동을 일으키게 할 우려가 있는지에 따라 판단하여야 하므로, 대비되는 상표 사이에 유사한 부분이 있다고 하더라도 당해 상품을 둘러싼 일반적인 거래실정, 즉 시장의 성질, 수요자의 재력이나 지식, 주의 정도, 전문가인지 여부, 연령, 성별, 당해 상품의 속성과 거래방법, 거래장소, 사후관리 여부, 상표의 현존 및 사용상황, 상표의 주지 정도 및 당해 상품과의 관계, 수요자의 일상 언어생활 등을 종합적·전체적으로 고려하여 그 부분만으로 분리인식될 가능성이 희박하거나 전체적으로 관찰할 때 명확히 출처의 피할 수 있는 경우에는 유사상표라고 할 수 없어 그러한 상표 사용의 금지를 청구할 수 없다. 그리고 이러한 법리는 서비스표 및 부정경쟁방지 및 영업비밀보호에 관한 법률 제2조 제1호 (가)목, (나)목에서 정한 상품표지, 영업표지에도 마찬가지로 적용된다.

[2] 甲주식회사가 乙주식회사를 상대로 상표권침해금지 등을 구한 사안에서, 乙회사 표지가 사용된 아파트는 고가의 물건이어서 일반 수요자나 거래자들이 충분한 주의를 기울여 이를 거래하게 될 것으로 보이는데, 乙회사 표지가 사용된 아파트 건축 및 분양 등을 둘러싼 일반적인 거래실정과 乙회사 표지의 사용상황 등을 종합적·전체적으로 고려하여 볼 때, 乙회사의 사용표지인 '동부주택 브리앙뜨'는 일반 수요자나 거래자 간에 甲회사의 등록상표·서비스표인 "**동부**", 甲회사의 상품표지·영업표지인 '동부'와 공통되는 '동부'나 '동부주택'부분만으로 분리인식될 가능성은 희박하고, 표지 전체인 '동부주택 브리앙뜨' 또는 구성부분 중 표지 전체에서 차지하는 비중이 더 큰 '브리앙뜨'로 호칭·관념될 가능성이 높다고 할 것이므로, 乙회사의 사용표지인 '동부주택 브리앙뜨'는 甲회사의 등록상표·서비스표 및 상품표지·영업표지와 외관은 물론 호칭·관념도 서로 달라 일반 수요자나 거래자에게 상품 또는 서비스나 영업의 출처에 관하여 오인·혼동을 일으킬 염려가 없고, 甲회사의 상품표지·영업표지 중 '동부 센트레빌'의 경우에도 마찬가지이다.

(2) 선출원에 의한 타인의 등록된 지리적 표시 단체표장과 동일·유사한 상표로서 그 지정상품과 동일하다고 인식되어 있는 상품에 사용하는 상표(상 제34조 제1항 제8호)

[1] 선출원에 의한 타인의 등록된 지리적 표시 단체표장과 동일·유사한 상표로서 그 지정상품과 동일하다고 인식되어 있는 상품에 사용하는 상표는 등록을 받을 수 없다(상 제34조 제1항 제8호). 2011년 개정 상표법의 원안은 지리적 표시의 권리보호 범위를 동일상품에서 수요자 간에 동일하다고 인식되어 있는 상품까지 확대하고 있었다. 이는 한-EU FTA 협정문 제10.21조 제1항 나호에서 지리적 표시의 보호범위를 동종상품(like good)[150]으로 규정함으로써 동일상품 보다는 보호의 범위가 확대된 것으로 보고 이를 반영하고자 한 것으로 보인다.[151]

[2] 그런데 한-EU FTA 협정문에서는 동종상품(like good)의 해석과 관련하여 각주에서 "포도주는 포도주", "증류주는 증류주"로 TRIPs 제23조 제1항에 의한 지리적 표시의 보호상품의 범주에 대한 해석과 같다고 명시하고 있다. 한편, TRIPs 제23조는 포도주 및 증류주에 대한 지리적 표시에 대해서 TRIPS 협정 제22조의 보호에 필요한 공중의 오인을 요건으로 하지 않고도 절대적으로 보호되는 추가적인 보호(additional protection) 사항들을 규정하고 있는데, 제1항에서는 진정한 산지가 아닌 지리적 표시를 사용하는 것을 금지하면서, 더 나아가 설사 진정한 산지가 표시되었다 하더라도 종류(kind), 유형(type), 양식(style), 모조품 (imitation) 등의 표시를 "포도주에 포도주", "증류주에 증류주"의 산지를 나타내는 지리적 표시와 함께 사용하는 것도 금지하고 있다. TRIPs에서는 포도주에 포도주, 증류주에 증류주 식으로 규정하고 있는바, 이는 동종동일상품(identical goods)의 개념으로 엄격히 해석함이 바른 해석으로 보이며, 이를 다소 넓은 개념인 동종상품(like goods)까지 확대하여서는 아니될 것으로 보인다. 동종상품은 동일상품보다는 넓은 개념이므로 2011년 개정 상표법 원안은 동종상품까지의 확대해석의 소지가 있는 "동일하거나 수요자간에 동일하다고 인식되어 있는 상품"이란 표현을 사용하였는 바, 2011년 개정 상표법은 한-EU FTA 협정문에 합치하게 "동일하거나 동일하다고 인식되어 있는 상품"으로 수정하게 되었다.[152] 이 개정내용은 2016년 개정 상표법 제34조 제1항 제10호 및 제14호(2011년 개정된 상표법 제7조 제1항 제8호의2 및 제9호의2)에도 마찬가지로 적용된다.

---

150) 국문에서는 "유사상품"으로 표기됨.
151) 문병철, 상표법 일부개정법률안 검토보고서, 2011년 3월, 20면(이하 '문병철, 상표법 보고서').
152) 문병철, 위의 검토보고서, 21-23면.

특허심판원 2014. 7. 4. 2013원8157 심결

	선출원 지리적 표시 등록단체표장 1 (등록번호/출원일/등록일: 지리적 표시 단체표장등록 제45호/2008. 9. 11./ 2010. 1. 20.)	선출원 지리적 표시 등록단체표장 2 (등록번호/출원일/등록일: 지리적 표시 단체표장등록 제191호/2012. 10. 16./ 2013. 6. 4.)	이 사건 출원상표 (출원번호/출원일: 제40-2013-21714호/ 2013. 4. 5.)
구성	영주사과	나주배	
지정상품	제31류 : 사과{신선한 것}	제31류: 배{신선한 것}	상품류 구분 제29류의 사과가공식품(영주지역에서 생산된 것에 한함), 배가공식품(나주지역에서 생산된 것에 한함), 보존처리된 사과(영주지역에서 생산된 것에 한함), 냉동된 사과(영주지역에서 생산된 것에 한함), 냉동된 배(나주지역에서 생산된 것에 한함), 보존처리된 배(나주지역에서 생산된 것에 한함), 과실가공식품 (영주지역 및 나주지역에서 생산된 것에 한함)

[심결의 이유]

1.-3.가. [생략]

나. 구체적인 판단

(1) 표장의 유사 여부

문자와 도형이 결합된 상표는 도형 부분이 독특하고 그 자체로 어떤 칭호나 관념을 도출할 수 있는 경우가 아닌 한 일반적으로 문자 부분으로 호칭·관념된다고 보아야 하므로

(대법원 2000. 2. 22. 선고 99후1850 판결 참조), 문자 부분에 의해 호칭·관념되는 이 사건 출원상표는 도형 내부의 상단에 문자 '영주사과·나주배'가 배치되어 있고 그 하단에 문자 '예사랑'이 배치되어 있어 문자 부분들이 분리하여 관찰하는 것이 거래상 자연스럽지 못하다고 여겨질 정도로 불가분적으로 결합되어 있다고 보기는 어려우므로 '영주사과·나주배' 또는 '예사랑'으로 호칭·관념될 수 있으며, 이에 대비되는 선출원 지리적 표시 등록단체표장 1 '영주사과'는 상표법 제6조 제3항에 의해 지정상품 '사과'에 지리적 표시로 사용된 사실을 인정받아 등록된 것이므로 '영주사과'로 호칭·관념되고, 선출원 지리적 표시 등록단체표장 2도 마찬가지로 지정상품 '배'에 지리적 표시로 사용된 사실을 인정받아 등록받은 것으로 '나주배'로 관념·호칭된다고 할 것이다.

따라서 이 사건 출원상표의 문자 부분 '영주사과·나주배'는 선출원 지리적 표시 등록단체표장 1 '영주사과' 및 선출원 지리적 표시 등록단체표장 2의 '나주배'와 각각 유사하다.

(2) 지정상품의 동일 여부

이 사건 출원상표의 지정상품 중 '냉동된 사과(영주지역에서 생산된 것에 한함), 냉동된 배(나주지역에서 생산된 것에 한함)'는 선출원 지리적 표시 등록단체표장 1의 지정상품 '사과(신선한 것)', 선출원 지리적 표시 등록단체표장 2의 지정상품 '배(신선한 것)'와 각각 동일하다고 인식되어 있는 상품에 상당한다.

한편, 청구인이 '지리적 명칭'은 요부에 해당되지 않아서(상 제51조 제2항 제3호) 이 사건 출원상표를 선출원 지리적 표시 등록단체표장들과 대비하여 거절할 수 없다고 주장하고 있으나, 이는 자유사용의 필요성이 인정되는 해당 지역의 정당한 생산업자 등에게 지리적 표시 등록단체표장의 효력이 미치지 않도록 하는 취지에 불과한 것이고, 지리적 표시 등록단체표장보다 후출원된 상표에 대하여 상표법 제7조 제1항 제7호의2의 등록 여부 판단에 영향을 미치는바 아니므로 이에 대한 청구인의 주장도 받아들이지 않는다.

다. 소결론

그렇다면 이 사건 출원상표는 선출원 지리적 표시 등록단체표장들과 표장이 서로 유사하고, 지정상품이 동일하다고 인식되어 있는 상품에 사용하는 상표이므로, 상표법 제7조 제1항 제7호의2에 해당하여 등록받을 수 없다.

(3) 상표법 제34조 제1항 제7호 및 제8호에 공통적으로 적용되는 내용

[1] '타인의 등록상표': 타인의 선출원 등록상표를 의미한다. 따라서 후출원에 의한 선등록상표는 본 호의 적용대상이 아니다.

타인의 선등록상표가 상표법 제117조의 상표등록무효심판에 따라 상표등록을 무효로 한다는 심결이 확정된 경우에는 타인의 그 선등록상표권은 처음부터 없었던 것으로 본다(상 제117조 제3항 본문). 다만, 타인의 선등록상표가 후발적 무효사유에 의해 상표등록을 무효로 한다는 심결이 확정된 경우에는 상표권은 타인의 그 선등록상표가 무효사유에 해당한 때에 무효로 된다(상 제117조 제3항 단서)(구 상표법([시행 1998. 3. 1.][법률 제5355호, 1997. 8. 22., 일부개정]) 제7조 제3항 본문 괄호 부분인 "타인의 등록상표가 제71조 제3항의 규정에 의하여 무효로 된 경우에도 이에 해당하는 것으로 본다." 중 제7조 제1항 제7호에 관한 부분에 대한 헌법재판소의 위헌결정[153])에 따라 2010년 개정된 상표법([시행 2010. 7. 28.][법률 제9987호, 2010. 1. 27., 일부개정])에서는 위헌결정된 내용(구 상표법 제7조 제3항 본문의 괄호 부분)을 삭제하고, 부칙 제2조 및 제6조에서 "제7조의 개정규정은 이 법 시행 후 최초로 출원하는 상표등록출원 등부터 적용하고, 이 법 시행 당시 종전의 규정에 따라 출원된 상표등록출원에 관해선 종전의 규정에 따른다."고 규정하였다).

[2] '타 인': 법률상 다른 주체를 의미하므로 동일한 기업 내에 속한다고 하더라도 권리주체가 다른 계열회사는 타인에 해당한다. 또한 인용표장의 권리자가 2인 이상인 경우에 그 구성원의 일부가 일치하지 아니하는 한 타인에 해당한다.

[3] 타인의 등록상표이므로 선등록상표가 본인의 것이라면 본 호가 적용되지 아니한다. 이러한 경우 양 상표가 유사상표이면 등록이 가능하나 동일한 상표로서 그 지정상품이 동일한 경우에는 상표법의 기본취지 및 1상표 1출원의 규정을 위반한 것으로 거절하고 있다.

[4] 타인의 선출원상표가 출원 중이면 상표법 제35조(선출원)의 규정이 적용된다.

[5] **상표의 유사 여부 관찰방법 및 판단대상**: 관찰방법은 전체적,[154] 객관적,[155] 이격적(離隔的)[156] 관찰을 원칙으로 하되 상표구성 중 인상적인 부분(요부)에 대하여 비교하여 관찰

---

153) 헌법재판소 2009. 4. 30.자 2006헌바113 · 114 결정.
154) "상표는 그 구성 전체가 하나의 상표로 인식되는 것이므로 구성요소 일부만을 따로 떼어 그 부분만을 가지고 다른 상표와 비교하여서는 아니되며, 상표를 전체로서 관찰하여 그 외관 · 칭호 · 관념을 비교하여야 함"이 원칙이다(상표심사기준(2019년), 제5부 제7장 §2.2.3). 이러한 원칙은 전체적 관찰 원칙이다.
155) '객관적 관찰'이라 함은 "상표 자체의 구성을 기초로 하여 객관적으로 판단하여야 함"을 말한다(상표심사기준(2019년), 제5부 제7장 §2.2.3).
156) '이격적 관찰'이란 때와 장소를 달리하여 상표를 접하는 수요자의 불확실한 기억을 토대로 상표의 유사 여부를 판단하는 방법으로, 양 상표를 나란히 놓고 상표의 유사 여부를 판단하는 방법인 '대비적 관찰'에

하고, 유사판단은 원칙적으로 상표의 칭호, 외관, 관념 중 어느 하나가 유사하여 거래상 상품출처의 오인, 혼동의 우려가 있는 상표는 유사한 것으로 본다. 다만 전체적으로 현격한 차이가 있어 거래상 상품의 출처오인, 혼동을 일으킬 염려가 없는 때에는 그러하지 아니하다.

예:
- 외관유사: 白花 대 百花, HOP 대 HCP
- 관념유사: 임금, 왕, King
- 지리적 명칭이 결합된 상호상표로서 유사한 것: 주식회사 大成 대 대성 또는 대성공업사, 서울전선(주) 대 서울전기(주), 삼성중공업주식회사 대 삼성공업사
- 칭호유사: 千年 대 天然, TVC 대 TBC, 光盛 대 광성

[6] 상표의 유사 여부 판단을 위한 인적 기준: 그 상표가 사용될 상품의 주된 수요계층과 기타 상품의 거래실정을 고려하여 평균수요자의 주의력을 기준으로 판단하여야 한다.

[7] 결합상표의 유사 여부: 그 결합의 강약의 정도를 고려하여 판단하여야 한다. 이에 따라 전체관찰, 분리관찰, 요부관찰이 가능할 것이다.

(i) 전체관찰: 둘 이상의 문자 또는 도형의 조합으로 이루어진 결합상표는 그 구성 부분 전체의 외관, 호칭, 관념을 기준으로 상표의 유사 여부를 판단하는 것이 원칙(전체관찰)이다. 즉, 각 구성 부분을 분리하여 관찰하는 것이 자연스럽지 못하거나 문자와 문자의 결합으로 독자적인 의미를 가지는 등의 경우에는 전체로서 관찰하여 그 유사 여부를 판단하여야 하며, 이러한 상표를 전체적으로 관찰하는 경우에도 그 구성요소 중 수식어나 단순한 부기문자 또는 기술적 표장 등 식별력이 없는 부분은 제외하고, 수요자의 주의를 끌기 쉬운 식별력 있는 요부를 대비하여 유사 여부를 판단하여야 할 것이다.[157]

대응하는 개념이다. 따라서 두 개의 상표를 직접 놓고 대비할 때에는 구성요소가 다른 점이 있다고 하더라도, 때와 장소를 달리하여 관찰했을 때 경험칙상 서로 출처의 오인·혼동이 초래되는 경우에는 유사한 상표로 보아야 한다. 이격적 관찰은 호칭·관념을 대비할 경우에도 적용되지만, 특히 상표 외관의 유사 여부를 판단할 경우에 중요하게 적용된다(상표심사기준(2019년), 제5부 제7장 § 2.2.3).

157) 대법원 1999. 7. 23. 선고 98후2382 판결[등록무효(상)]에서는 "등록상표 "ELIZABETH ARDEN VISIBLE DIFFERENCE"와 인용상표 "비져블 VISIBLE"을 전체적으로 관찰할 때 그 외관과 호칭 및 관념이 상이함이 명백하고, 등록상표는 인명 내지 인명과 지명이 결합된 것으로 보이는 앞 부분 'ELIZABETH ARDEN' 과 그 뒷부분인 'VISIBLE DIFFERENCE'가 분리관찰하는 것이 부자연스러울 정도로 결합되어 있는 것이 아니므로 뒷부분인 'VISIBLE DIFFERENCE'만에 의하여 호칭, 관념될 수 있다 하더라도 'VISIBLE'은 '눈에 띄는, 쉽게 알아볼 수 있는' 등의 의미를 가지는 형용사로서 명사인 'DIFFERENCE'를 수식하여 'VISIBLE DIFFERENCE'는 전체적으로 '눈에 띄는 차이' 등의 관념을 형성하고 있다고 보이므로 'VISIBLE DIFFERENCE'에서의 중점은 수식을 받는 중심어인 'DIFFERENCE'에 있다고 보여질 뿐만 아니라, 등록 상표의 지정상품인 화장비누와 관련하여 'VISIBLE'은 '눈에 띄게 아름답게 보이는' 등의 의미로 인식되어

(ii) 분리관찰: 반면에 문자와 문자 또는 문자와 도형의 각 구성 부분이 결합된 결합상표는 반드시 그 구성 부분 전체에 의하여 호칭, 관념되는 것이 아니라 각 구성 부분이 분리 관찰되면 거래상 자연스럽지 못하다고 여겨질 정도로 불가분적으로 결합되어 있는 것이 아닌 한 그 구성 부분 중 일부만에 의하여 간략하게 호칭, 관념될 수도 있으며, 또 하나의 상표에서 두개 이상의 호칭이나 관념을 생각할 수 있는 경우에 그중 하나의 호칭, 관념이 타인의 상표와 동일 또는 유사하다고 인정될 때에는 두 상표는 유사하다고 할 것이다(분리관찰).158)

(iii) 요부관찰: 그리고 상표 중에서 일반 수요자에게 그 상표에 관한 인상을 심어주거나 기억·연상을 하게 함으로써 그 부분만으로 독립하여 상품의 출처표시기능을 수행하는 부분, 즉 요부가 있는 경우 적절한 전체관찰의 결론을 유도하기 위해서는 요부를 가지고 상표의 유사 여부를 대비·판단하는 것이 필요하다(요부관찰).159)

지정상품의 품질, 효능을 나타낸다고도 볼 수 있어, 'VISIBLE' 부분은 식별력이 약하여 'DIFFERENCE'와 따로 분리되어 'VISIBLE' 부분만에 의하여 호칭, 관념되리라고 예상하기 어렵다 할 것이므로 등록상표를 분리관찰해 보더라도 양 상표는 외관, 호칭, 관념에 있어 역시 상이하다 할 것이며, 나아가 등록상표는 비교적 긴 4개의 영문자로 구성되어 있어 일반 수요자나 거래자가 그 구성 부분 중 3번째에 있는 'VISIBLE'을 직감적으로 인식하고, 그 부분만에 의하여 분리호칭, 관념하리라고 보여지지 아니하므로 양 상표는 오인·혼동의 염려가 없다 할 것이니 양 상표는 유사하다고 할 수 없다."고 판시하였다.

158) 대법원 1999. 7. 9. 선고 98후1846 판결에서는 "출원상표는 날개를 펼친 독수리 도형 부분과 그 하단의 직사각형 내에 표기된 '선일금고제작'이라는 문자 부분으로 구성된 결합상표인바, 위 도형 부분과 문자 부분은 그 결합으로 인하여 새로운 관념을 낳는 것도 아니고 이를 분리하여 관찰하면 자연스럽지 못할 정도로 일체불가분적으로 결합되어 있다고 보기도 어려우므로 일반 수요자에게 도형 부분 및 문자 부분으로 분리관찰될 수 있으며, 문자 부분 중 '금고제작'은 그 지정상품과 관련하여 흔히 사용되는 일반적인 용어로서 자타상품의 식별력이 없다 할 것이므로, 출원상표의 요부는 도형 부분과 문자 '선일' 부분이 된다고 할 것인데, 출원상표가 '선일'로 분리관찰될 경우 인용상표인 "선일"과 호칭이 동일하여 양 상표를 동일·유사한 지정상품에 다 같이 사용할 경우 일반 수요자나 거래자로 하여금 상품의 출처에 관하여 오인·혼동을 일으키게 할 염려가 있다고 할 것이므로 양 상표는 유사한 상표라고 보아야 할 것이다."고 판시하였다.

159) 대법원 2017. 2. 9. 선고 2015후1690 판결[등록무효(상)]에서는 "지정서비스업이 한의원업 또는 한방병원업 등인 선등록서비스표 "자 생", "자생한의원", "자생한방병원" 등의 서비스표권자 갑이 '한방의료업, 성형외과업' 등을 지정서비스업으로 하는 등록서비스표 "자생초"의 서비스표권자 을을 상대로 등록서비스표가 구 상표법(2016. 2. 29. 법률 제14033호로 전부 개정되기 전의 것) 제7조 제1항 제11호 및 제12호의 등록무효 사유에 해당한다며 등록무효심판을 청구한 사안에서, 선등록서비스표 등과 등록서비스표는 모두 요부가 '자생'이므로, '자생'이 분리관찰이 되는지를 따질 필요 없이 위 서비스표들을 '자생'을 기준으로 대비하면 호칭과 관념이 동일하여 유사한 서비스표에 해당함에도 이와 달리 본 원심판결에 서비스표의 유사에 관한 법리를 오해하여 심리를 다하지 않은 잘못이 있다."고 판시하였다.

대법원 2018. 8. 30. 선고 2017후981 판결[거절결정(상)][미간행]

[판결요지]

[1] 둘 이상의 문자 또는 도형의 조합으로 이루어진 결합상표 중에서 일반 수요자에게 그 상표에 관한 인상을 심어주거나 기억·연상을 하게 함으로써 그 부분만으로 독립하여 상품의 출처표시기능을 수행하는 부분, 즉 요부가 있는 경우 적절한 전체관찰의 결론을 유도하기 위해서는 그 요부를 가지고 상표의 유사 여부를 대비·판단하는 것이 필요하다. 그러나 상표 중에서 요부라고 할 만한 것이 없다면 전체관찰의 원칙에 따라 상표를 전체로서 대비하여 유사 여부를 판단하여야 한다.

그리고 상표의 구성 부분이 요부인지 여부는 그 부분이 주지·저명하거나 일반 수요자에게 강한 인상을 주는 부분인지, 전체 상표에서 높은 비중을 차지하는 부분인지 등의 요소를 따져 보되, 여기에 다른 구성 부분과 비교한 상대적인 식별력 수준이나 그와의 결합상태와 정도, 지정상품과의 관계, 거래실정 등까지 종합적으로 고려하여 판단하여야 한다.

대법원 2018. 6. 15. 선고 2016후1109 판결[거절결정(상)]

[판시사항]

[1] 결합상표 중에 요부가 있는 경우, 요부를 가지고 상표의 유사 여부를 대비·판단하는 것이 필요한지 여부(적극) 및 상표의 구성 부분이 요부인지 판단하는 방법.

[2] 갑 외국회사의 '의류' 등을 지정상품으로 하는 출원상표 "**mou**"의 등록출원에 대하여 특허청이 출원상표가 선등록상표 "**MOU-JON-JON**"과의 관계에서 구 상표법 제7조 제1항 제7호에 해당한다고 보아 출원상표의 등록을 거절하는 결정을 한 사안에서, 선등록상표에서 '**MOU**' 부분만이 독립하여 상품의 출처표시기능을 수행한다고 볼 수 없으므로, 출원상표는 선등록상표의 구성 부분 전체와 대비할 때 그와 유사하다고 볼 수 없는데도, 이와 달리 본 원심판단에 법리오해 등의 잘못이 있다고 한 사례.

대법원 2018. 6. 15. 선고 2016후1109 판결[거절결정(상)]

[판시사항]

'Catheters used in medical imaging(의료영상용 카테터)'을 지정상품으로 하는 출원상표 "**DRAGONFLY OPTIS**"가 선등록상표 "**OPTEASE**"와 유사한지 문제 된 사안에서, 출원상표에서 'DRAGONFLY' 부분을 요부로 보아야 하고, 이를 선등록상표와 대비하면 양 상표는 외관뿐만 아니라, 호칭 및 관념도 상이하여 서로 유사하지 않는데도, 'OPTIS' 부분을 요부로 보아 양 상표가 유사하다고 본 원심판단에 법리오해 등의 잘못이 있다고 한 사례.

[8] **판단시점**: 이 조문에 해당하는지 여부 및 상표등록출원인이 해당 규정의 타인에 해당하는지 여부는 상표등록 여부 결정 시(즉, 상표등록거절결정 시 내지 상표등록결정 시)를 기준으로 한다(상 제34조 제2항 본문).

[9] **제척기간**: 상표법 제34조 제1항 제7호 내지 제8호에 해당하는 것을 사유로 하는 상표등록의 무효심판은 상표등록일부터 5년이 지난 후에는 청구할 수 없다(상 제122조 제1항).

※ **나-1. 상표권 소멸 후 1년이 경과하지 않은 상표와 동일·유사한 상표**(2016년 상표법 개정을 통해 삭제됨. 그럼에도 불구하고 이 조문에 관한 최신 판례가 존재하므로 이 책에서도 이 조문에 대한 설명 부분을 남겨둠)

[1] 상표권이 소멸한 날(상표등록을 무효로 한다는 심결이 있는 경우에는 심결확정일을 말한다)부터 1년을 경과하지 아니한 타인의 등록상표(지리적표시 등록단체표장을 제외한다)와 동일 또는 유사한 상표로서 그 지정상품과 동일 또는 유사한 상품에 사용하는 상표는 등록을 받을 수 없다(2016년 개정 이전의 구 상표법(이하 '구 상표법'이라 한다) 제7조 제1항 제8호).

[2] 지리적 표시 단체표장권이 소멸한 날(단체표장등록을 무효로 한다는 심결이 있는 경우에는 심결확정일을 말한다)부터 1년을 경과하지 아니한 타인의 지리적 표시 등록단체표장과 동일 또는 유사한 상표로서 그 지정상품과 동일하거나 동일하다고 인식되어 있는 상품에 사용하는 상표는 등록을 받을 수 없다(구 상표법 제7조 제1항 제8호의2).

[3] **취 지**: 상품출처의 혼동을 방지하기 위하여 권리소멸후 1년 동안은 소멸된 상표와 동일·유사한 상표에 대하여 타인의 상표등록출원을 허용하지 아니한다.

[4] **'상표권의 소멸'**: 상표권의 존속기간 만료·포기로 인한 등록의 말소, 상표권자 사망 후 3년 내 상속인의 이전등록이 없는 경우 및 등록의 무효 또는 취소의 확정이 있는 경우에 상표권이 소멸한다.

대법원 2018. 8. 30. 선고 2016두36000 판결[반려처분취소][공2018하,1921]

[판결요지]

[1] 상표권 등록은 상표권 발생의 요건이지만 존속요건은 아니다. 따라서 상표권이 부적법하게 소멸등록되었다 하더라도 상표권의 효력에는 아무런 영향이 없고, 상표권의 존속기간도 그대로 진행한다. 상표권이 부적법하게 소멸등록된 때에는 상표권자는 특허권 등의 등록령 제27조의 절차에 따라 그 회복을 신청할 수 있다. 이러한 회복등록은 부적법하게 말소된 등록을 회복하여 처음부터 그러한 말소가 없었던 것과 같은 효력을 보유하게 하는 등록에 불과하므로, 회복등록이 되었다고 해도 상표권의 존속기간에 영향

이 있다고 볼 수 없다.

[2] 갑이 등록상표 "C-TRi"^{씨트리}의 상표권자 을 주식회사가 아닌 제3자를 상대로 상표등록취소
심판을 제기하였는데 특허심판원이 이를 간과한 채 상표등록을 취소하는 심결을 하였
고, 특허청장은 위 상표권의 소멸등록을 하였는데, 이후 취소심결의 문제를 깨달은 주
심 심판관의 부적절한 제안으로 인하여 을 회사가 위 상표권의 존속기간갱신등록 신청
기한이 경과한 후에 상표권의 회복등록과 존속기간갱신등록을 신청하자, 특허청장이
상표권의 회복등록을 한 다음 다시 존속기간 만료를 이유로 상표권의 소멸등록을 하고
상표권의 존속기간갱신등록을 거부한 사안에서, 취소심결의 효력은 당사자가 아닌 을
회사에게는 미치지 않으므로 을 회사의 상표권은 소멸되지 아니한 채 그대로 존속하고
존속기간도 계속 진행한다고 보아야 하고, 그 존속기간갱신등록 신청기한까지 존속기
간갱신등록신청이 없었으므로 위 상표권은 존속기간 만료로 소멸하였으며, 이미 존속
기간 만료로 소멸한 이상 회복등록을 하였더라도 이미 소멸한 상표권이 다시 살아나는
것은 아니며, 상표권에는 다수의 이해관계가 복잡하게 얽힐 수 있으므로 상표권의 존
속기간 만료 및 갱신 여부는 상표법의 규정에 따라 획일적으로 정해져야 하고, 위 심판
관의 부적절한 제안은 특허청장의 공적인 견해표명으로 보기 어려워, 이를 이유로 상
표권의 존속기간 및 존속기간갱신등록 신청기간이 달라진다고 할 수는 없다는 등의 이
유로 위 처분이 신의칙에 반하지 않는다고 본 원심판단을 수긍한 사례.

[5] 본 호가 적용되지 않고 상표등록이 가능하기 위해서는 (i) 타인의 상표권이 소멸되었
어야 하고, (ii) 상표권이 소멸된 날로부터 1년이 경과하지 아니할 것과 (iii) 상표 및 상품의
동일 또는 유사하지 아니하여야 한다.

[6] **시기적 기준**: 출원 시를 기준으로 한다(구 상표법 제7조 제2항). 다만 상표등록출원인
(이하 "출원인"이라 한다)이 해당 규정의 타인에 해당하는지 여부에 관하여는 상표등록 여부
결정 시를 기준으로 한다. 따라서 상표등록 여부 결정 시에 상표권자와 출원인이 동일하게
된 경우에는 등록 여부 결정 시를 기준으로 한다(구 상표법 제7조 제2항 단서). 이 경우에는 출
처혼동의 우려가 없기 때문이다. 그리고 상표등록출원인이 타인의 선등록 상표에 대하여 불
사용을 이유로 취소심판을 청구한 경우에는 출원상표와 타인의 선등록 상표의 동일·유사
여부 판단시점을 현행 출원 시에서 상표등록 여부 결정 시로 변경함으로써 상표등록출원인
의 상표권 취득기간을 단축하였다.

[7] (i) 등록상표가 상표권이 소멸한 날부터 소급하여 1년 이상 사용되지 아니한 경우,
(ii) 등록상표가 구상표법 제7조 제1항 제6호·제9호·제9호의2·제10호·제11호·제12호 및

제12호의2, 제8조 또는 제73조 제1항 제7호의 규정에 위반한 것을 사유로 무효 또는 취소의 심결이 확정된 후 그 정당한 출원인이 상표등록출원한 경우, (iii) 등록상표에 대한 상표권의 존속기간갱신등록신청이 되지 아니한 채 제43조 제2항 단서에 따른 6개월의 기간이 지난 후에 상표등록출원한 경우 또는 (iv) 구상표법 제73조 제1항 제3호에 따른 취소심판이 청구된 등록상표와 같거나 유사한 표장이 상표등록출원된 경우에는 상표법 제7조 제1항 제8호가 적용되지 아니한다(구 상표법 제7조 제4항).

[8] **구 상표법 제7조 제1항 제8호 및 제8호의2의 삭제 이유:** 구 상표법([시행 2016. 9. 1.][법률 제14033호, 2016. 2. 29., 전부개정 이전의 상표법])은 타인의 등록상표권 소멸 후 1년간 등록할 수 없도록 하여 일반 수요자의 잔상효과로 인한 혼동방지를 목적으로 하고 있으나, (i) 구 상표법 제54조(현행 상표법 제93조에 해당)에 따라 상표권의 이전이 자유로운 점, 구 상표법 제55조 및 제57조(현행 상표법 제95조 및 제97조에 해당)에 따라 사용권 설정에 제한이 없다는 점에서 더 이상 이를 기대하기 어렵다는 사실, (ii) 특허청에 따르면 상표권 소멸 후 1년 이내에 등록출원을 하여 거절되는 비율이 미미한 것으로 나타나고 있으므로 존치의 실익도 크지 않다는 사실[160]에 비추어 보아 구 상표법 제7조 제1항 제8호 및 제8호의2를 삭제하였다.[161] 다만, 현행 상표법 제84조 제2항 단서에 따르면 존속기간 만료로 상표권이 소멸된 자에게 6개월 이내에 다시 갱신등록신청을 할 수 있도록 하고 있으므로, 이 기간에 제3자가 출원한 경우 기등록자의 선택에 따라 불안정한 위치에 놓이게 되는 문제점이 발생할 수 있다.[162] 따라서 현행 상표법의 시행으로 인하여 전술한 문제점이 발생하지 않도록 특허청은 상표권 소멸 후 6개월 이내에 출원된 경우에는 심사를 보류하는 것 등을 포함한 내부적인 지침 등 법제도적 개선책을 마련할 필요가 있다.[163]

---

160) <2010년부터 2012년까지 3년간 상표권 소멸 후 1년 이내 출원에 따른 의견제출통지 통계>

(단위: 건)

연도	소멸 후 1년 이내 출원	전체 의견제출 발송 건	백분율(%)
2010	251	21,510	1.1
2011	201	28,321	0.7
2012	196	27,038	0.7
합계	648	76,869	0.8

출처: 산업통상자원위원회, "상표법 전부개정법률안 심사보고서", 2016년 2월, 11면, 각주5.
161) 산업통상자원위원회, 위의 심사보고서, 11-12면.
162) 산업통상자원위원회, 위의 심사보고서, 12면.
163) 산업통상자원위원회, 위의 심사보고서, 12면.

다. 주지상표(내지 주지 지리적 표시)와 동일 또는 유사한 상표(상 제34조 제1항 제9호 및 제10호)

(1) 의의 및 취지

[1] 타인의 상품을 표시하는 것이라고 수요자들에게 널리 인식되어 있는 상표(지리적 표시는 제외한다)와 동일·유사한 상표로서 그 타인의 상품과 동일·유사한 상품에 사용하는 상표는 등록을 받을 수 없다(상 제34조 제1항 제9호).

[2] 특정 지역의 상품을 표시하는 것이라고 수요자들에게 널리 인식되어 있는 타인의 지리적 표시와 동일·유사한 상표로서 그 지리적 표시를 사용하는 상품과 동일하다고 인정되어 있는 상품에 사용하는 상표는 등록받을 수 없다(상 제34조 제1항 제10호).

[3] **취 지**: 상품출처혼동 방지 + 주로 미등록주지상표(내지 미등록 주지 지리적 표시) 보호

▸ 상표법 제34조 제1항 제9호 내지 제10호는 상표(내지 지리적 표시)의 등록 및 미등록을 명확히 규정하고 있지 않으나, 상표법 제34조 제1항 제7호 및 제8호가 선출원에 의한 타인의 등록상표(내지 지리적 표시)가 주지의 상표(내지 지리적 표시)인 경우에 적용될 수 있는 바, 본 호는 주로 미등록의 주지상표(내지 미등록의 주지 지리적 표시)를 염두에 둔 규정이다. 따라서 상표법 제34조 제1항 제9호 내지 제10호는 선출원주의의 예외이자 사용주의 요소를 가진 조문이라고 볼 수 있다.[164] 하지만 선등록된 주지상표에도 본 호의 적용을 배제하지는 아니한다.

[4] **실 무**: 본 호는 미등록 선사용 상표의 보호를 위한 기본 규정이었지만 대법원이 구 상표법 제7조 제1항 제11호 후단(현행 상표법 제34조 제1항 제12호 후단)의 '수요자 기만상표'의 의미를 확대해석하여 적용하면서 그 의미가 퇴색되었고, 1998년 개정 상표법에서 상표법 제7조 제1항 제12호(현행 상표법 제34조 제1항 제13호)의 규정이 신설되면서 거의 적용되는 사례를 찾아보기 힘들게 되었다.[165]

(2) 타인의 주지상표와 동일 또는 유사한 상표로서 그 타인의 상품과 동일·유사한 상품에 사용하는 상표(상 제34조 제1항 제9호)

[1] 본 호의 적용요건

(i) 타인의 상품을 표시하는 상표일 것이어야 한다.

(ii) 그 타인의 상표가 '수요자들에게 널리 인식'되어 있을 것이어야 한다(주지상표).

---

164) 상표심사기준(2019년), 제5부 제9장.
165) 최성우, 앞의 강의자료, 102면.

(iii) 타인의 상품을 표시하는 것이라고 수요자들에게 널리 인식되어 있는 상표와 상표 및 지정상품이 동일 또는 유사한 경우에만 적용한다. 상표와 상품의 동일 또는 유사 여부의 판단기준은 상표법 제34조 제1항 제7호와 동일하다.

[2] 타인의 상품을 표시하는 상표일 것의 요건((i)의 요건)

i) 주지상표의 주체는 구체적으로 누구인지 명확히 밝혀질 필요는 없으며 대체로 누군가 타인의 상표라는 사실이 해당 상품의 수요자에게 널리 인식되어 있는 상표의 주체이면 충분하다.

판례에 따르면, "주지상표라 함은 반드시 수요자 또는 거래자가 그 상표 사용인이 누구인가를 구체적으로 인식할 필요는 없다고 하더라도 적어도 그 상표가 특정인의 상품에 사용되는 것임을 수요자 또는 거래자 간에 널리 인식되어 있음을 필요로 하고, (중략)…"라고 판시한 바 있다.[166] 상표법 제34조 제1항 제9호는 명시적으로 '수요자들에게 널리 인식될 것'을 요건으로 하므로, "수요자 또는 거래자 간에 널리 인식되어 있음을 필요로 한다."라는 판결의 문구는 타당하다. 본 호의 법문에 따를 때, 상표의 주지의 대상을 수요자로만 한정할 수도 있겠으나, 본 호와 대동소이한 조문을 가지고 있는 일본 상표법 제4조 제1항 제10호의 연혁을 참고하면 우리 판례의 입장은 충분히 이해된다.

일본 상표법 제4조 제1항 제10호에서는 "타인의 업무에 관한 상품·서비스를 표시하는 것으로서 수요자 사이에 널리 인식되어 있는 상표와 동일 또는 유사한 상표이고 동일 또는 유사한 상품·서비스에 대하여 사용하는 것"을 상표부등록사유로 열거하고 있는데, 이 조문은 일본의 1921년(대정 10년) 상표법 제2조 제1항 제8호와 같은 취지의 규정이다. 일본의 1921년(대정 10년) 상표법은 주지의 의의를 명확하게 하기 위하여 일본의 1909년 구 상표법(명치 42년법) 제2조 제1항 제5호의 '세인(世人)에게 주지된'이란 문구를 '거래자 또는 수요자 사이에 널리 인식되어 있는'이라는 문구로 개정하였지만, 추상적이고 그 범위가 반드시 명확한 것이 아니하여서 종래의 심결 내지 판례를 바탕으로 심사기준에 명백히 반영하였다.[167]

상품의 성질 및 그에 수반하는 거래의 실정에 의하여 주지의 대상(수요자) 또는 범위(지역)가 상이하다. 일반적으로 말하면 원재료 및 반가공품, 부품 등은 전문가인 거래자(해당 제품의 소비자) 사이에 널리 인식되어 있으면 충분하고 의식주 관련 완성상품은 최종소비자가 대상이고 그 최종소비자 사이에서 널리 인식되어 있을 것을 필요로 할 것이다.[168]

---

166) 대법원 1991. 11. 22. 선고 91후301 판결.
167) 工藤莞司, 「商標法の解説と裁判例」, 改訂版, マスターリンク, 2015年, 147頁.

ii) 본 호는 주지상표의 사용자와 출원인이 다른 경우에 적용하며, 출원인이 주지상표의 사용자의 승낙을 받아 출원한 경우에도 적용한다.

iii) 상표를 사용하는 자가 그 사용을 개시하기 전에 타인이 먼저 사용하는 상표라는 것을 알고서도 계속 사용하여 널리 인식된 상표로 만들어 놓은 경우에는 이는 주지상표로 보지 아니한다.[169] 왜냐하면, 주지상표의 사용자 이익을 보호하는 것이 본 호의 입법취지인데 해당 사용자가 타인의 선사용상표를 활용하여 주지상표로 만드는 경우에까지 보호하는 것은 본 호의 입법취지를 벗어난 것이기 때문이다.

iv) 시기적 판단: 본 호의 타인에 해당하는지 여부는 등록 여부 결정 시를 기준으로 한다 (상 제34조 제2항 본문).

[3] 주지성의 판단((ii)의 요건)

i) 주지성 판단기준: 해당 상품의 수요자 또는 거래자의 인식 정도를 기준으로 한다.

ii) 지역적 범위: 주지상표는 원칙적으로 국내에 널리 알려져야 한다. 다만 국내에 시판되고 있지 않더라도 수출 주종상표 또는 외국의 유명상표 등과 같이 국내 수요자들에게 널리 알려져 있다면 주지상표로 본다. 그리고 국내 관련 거래업계에 주지되어 있는 국내 미시판 외국의 유명상표는 주지상표로 보는 경우도 존재할 수 있다.[170]

그리고 널리 인식되기 위한 지역적 범위는 전국적이든 일정한 지역이든 불문하며,[171] 상품의 특성상 일정한 지역에 한해 거래되는 경우에는 그 특성을 충분히 고려해 주지성을 판단하면 된다.[172]

iii) 판단방법: 해당 상표의 사용기간, 사용방법 또는 형태, 사용량, 거래범위 등 제반 사정을 고려하여 수요자에게 일반적으로 인식되고 있다고 객관적으로 인정되는지 여부를 기준으로 한다.[173] 판례에 따르면, "주지상표로서 타인의 상표등록을 배제하려면 그 상표가 특정인의 상표에 사용되는 것임이 수요자 또는 거래자 간에 널리 인식되어 있을 것이 필요하고,

---

168) 工藤莞司, 前揭書, 147頁.
169) 상표심사기준(2019년), 제5부 제9장 §1.1.3.
170) 상표심사기준(2019년), 제5부 제9장 §1.2.3.
171) 工藤莞司, 前揭書, 147頁.
172) 상표심사기준(2019년), 제5부 제9장 §1.2.4.
173) 대법원 1991. 2. 26. 선고 90후1413 판결[상표등록무효]에서는 "주지상표인지의 여부를 판단함에 있어서는 그 상표의 사용, 공급, 영업활동의 기간, 방법, 태양 및 거래의 범위 등을 고려하여 거래실정 또는 사회통념상 널리 알려졌느냐의 여부를 일응의 기준으로 삼아야 할 것이고, 저명기업이 수개의 상표를 사용하는 경우에 모두 주지 저명상표가 되는 것은 아니므로 문제가 된 상표의 주지 여부는 당해 상표를 구체적으로 사용하여 널리 인식되었는가의 여부에 의해 판단해야 한다."라고 판시하였다.

구체적으로 그 상표가 주지상표인가의 여부는 그 사용, 공급, 영업활동의 기간, 방법, 태양, 사용량, 거래범위 등과 거래실정이나 사회통념상 객관적으로 널리 알려졌느냐의 여부가 우선의 기준이 된다고 할 것이다."라고 판시한 바 있다.[174] 즉, 판례는 주지의 대상을 거래자 또는 수요자로 보고 있다.

‣ 사용기간: 소비자에게 상표를 인식시킬 수 있는 기간이 길면 주지성이 높은 것으로 인정할 수 있다. 단, 광고선전을 통하여 단기간에 주지성을 획득할 수 있기 때문에 일률적으로 판단할 수는 없다.[175]

‣ 사용방법: 해당 상표를 반드시 상품에 직접 사용하지 않더라도 신문, 인터넷, 방송, 박람회 등을 통해 광고한 결과 수요자들에게 타인의 상품을 표시하는 것으로 널리 인식되어 있으면 주지성을 획득하게 된다.[176]

‣ 사용지역: 사용지역이 넓을수록 해당 상표를 인식하는 사람이 증가할 것이므로 주지성이 높은 것으로 볼 수 있다. 단, 전국적으로 알려진 경우가 아니라도 일정 지역에서 주로 거래되거나 일정 지역을 기반으로 영업활동을 영위함으로써 해당 지역에서 널리 인식되게 된 경우도 주지성이 있는 것으로 볼 수 있다.[177]

‣ 그 밖에 매출액, 시장점유율, 광고선전 실적, 사용허락의 건수, 해당 상표가 유명하다고 인정한 선례(특허심판원의 심결, 법원의 판례, 공신력 있는 기관이 발표하는 브랜드 가치 순위, 특허청에서 발행하는 '주로 도용되는 상표자료집' 등) 등도 주지상표 여부 판단에 도움이 될 것이다.[178]

iv) '수요자': 최종소비자는 물론이고 중간 수요자(제품의 생산을 위한 원료 또는 기계, 부품 등 중간재의 소비자 또는 그 상품의 판매를 위한 도매상 또는 소매상)를 의미한다. 즉, 수요자로는 해당 상품·서비스의 수요자인 그 거래자, 소비자도 포함하며, 그리고 반드시 최종소비자에게 주지될 필요는 없고 경우에 따라서는 거래자 사이에서만 주지인 상표를 포함한다.[179]

v) '수요자들에게 널리 인식되어 있는 상표': 수요자 간에 누구의 상품을 표시하는 상표라고 널리 인식되고 있는 상표를 의미한다. 이 경우 주지의 대상에 거래자도 포섭되는지 여부가 문제된다. 본 호는 명시적으로 그 대상을 수요자로 하고 있으나, 우리 판례는 주지의 대

---

174) 대법원 2011. 7. 14. 선고 2010후2322 판결[등록무효(상)] 참조.
175) 상표심사기준(2019년), 제5부 제9장 §2.2.2.
176) 상표심사기준(2019년), 제5부 제9장 §2.2.1.
177) 상표심사기준(2019년), 제5부 제9장 §2.2.3.
178) 상표심사기준(2019년), 제5부 제9장 §§2.2.4 − 2.2.7.
179) 工藤莞司, 前揭書, 147頁.

상을 거래자 또는 수요자로 보고 있다. 우리 판례의 태도는 타당하다고 할 것이다.

왜냐하면 상품의 성질 및 그에 수반하는 거래의 실정에 의하여 주지의 대상(수요자) 또는 범위(지역)가 상이하기 때문이다. 일반적으로 말하면 원재료 및 반가공품, 부품 등은 전문가인 거래자(해당 제품의 소비자) 사이에 널리 인식되어 있으면 충분하고 의식주 관련 완성상품은 최종소비자가 대상이고 그 최종소비자 사이에서 널리 인식되어 있을 것을 필요로 할 것이다.[180] 또한 주로 전국적으로 생산되어 광범위하게 유통되는 상품(기계, 전기제품, 의류품 등)은 다수의 지역에서 널리 인식되어 있을 것을 필요로 하지만 특정 지역에서만 생산되어 그 주변에서 유통되는 상품(식품 등의 특산품 등)은 그에 의하여 좁은 지역에서 널리 인식되어 있으면 충분할 것이다. 예컨대 반도체칩과 같은 상품에 대해서는 그 취급자(제조업자) 사이에서 수지침 내지 장기와 같은 상품이라면 그 수요자 사이(애호자)에서 널리 인식되어 있으면 된다.[181] 일본 판례도 "전국민적으로 인식되어 있을 필요는 없고 그 상품의 성질상 수요자가 일정 분야의 관계자에 한정되어 있는 경우에는 그 수요자 사이에 널리 인식되어 있으면 충분하다."고 판시하여 우리 판례도 대동소이한 입장을 취하고 있다.[182]

vi) 주지상표: 특정인의 상품에 관한 상표를 해당 상품에 사용한 결과 수요자 간에 널리 인식되어 있는 상표를 의미한다. 판례에 따르면, "주지상표라 함은 반드시 수요자 또는 거래자가 그 상표 사용인이 누구인가를 구체적으로 인식할 필요는 없다고 하더라도 적어도 그 상표가 특정인의 상품에 사용되는 것임을 수요자 또는 거래자 간에 널리 인식되어 있음을 필요로 하고, 주지상표인가의 여부는 그 사용, 공급 또는 영업활동의 기간, 방법, 태양 및 거래범위 등과 그 거래실정이나 사회통념상 객관적으로 널리 알려졌느냐의 여부가 일응의 기준이 된다."라고 판시한 바 있다.[183]

그리고 주지의 객체는 상표다. 캐릭터나 영화제목이 주지된 경우에 그 캐릭터나 영화제목이 상품표지로 사용되어 상표로서 주지성을 취득하지 아니하는 한, 본 호에 말하는 주지의 객체가 될 수 없다.

vii) 시기적 기준: 등록 여부 결정 시를 기준으로 판단한다.

viii) 증명방법: 수요자나 거래자의 인식도가 가장 확실한 증거가 될 수 있다. 이와 관련하여 객관적인 설문조사나 연구결과가 있으면 이를 주지성 입증에 적극 활용할 수 있을 것

---

180) 工藤莞司, 前揭書, 147頁.
181) 工藤莞司, 前揭書, 147−148頁.
182) 東京高裁 1992年(平成 4年) 2月 26日 宣告 3年(行ケ)第29号 知的裁集24卷1号 182頁)(컴퓨터월드 사건).
183) 대법원 1991. 11. 22. 선고 91후301 판결.

이다.184)

[4] 제척기간: 본 호에 해당하는 것을 사유로 하는 상표등록의 무효심판은 상표등록일부터 5년이 지난 후에는 청구할 수 없다(상 제122조 제1항).

(3) 타인의 주지 지리적 표시와 동일 또는 유사한 상표로서 그 타인의 지리적 표시와 동일·유사한 상품에 사용하는 상표(상 제34조 제1항 제10호)

[1] 적용요건

(i) 특정 지역의 상품을 표시하는 지리적 표시이어야 한다. 지리적 표시는 특정인의 상품을 표시하는 것으로 주지될 수 없다.185) 따라서 본 호는 '특정 지역'의 상품으로 주지된 지리적 표시에 적용된다.

(ii) 그 지리적 표시를 사용하는 상품과 동일하다고 인정되어 있는 상품에 사용하는 상표이어야 한다. 따라서 본 호는 유사한 상품 간에는 적용되지 아니한다.

[2] 시기적 기준: 등록 여부 결정 시를 기준으로 판단한다(상 제34조 제2항 본문).

[3] 제척기간: 본 호에 해당하는 것을 사유로 하는 상표등록의 무효심판은 상표등록일부터 5년이 지난 후에는 청구할 수 없다(상 제122조 제1항).

라. 저명상품 또는 저명영업과 혼동을 일으키게 하거나 그 식별력 또는 명성을 손상시킬 염려가 있는 상표(상 제34조 제1항 제11호)

(1) 수요자 간에 현저하게 인식되어 있는 타인의 상품이나 영업과 혼동을 일으키게 할 염려가 있는 상표(상 제34조 제1항 제11호 전단)

[1] 수요자 간에 현저하게 인식되어 있는 타인의 상품이나 영업과 혼동을 일으키게 할 염려가 있는 상표는 등록받을 수 없다(상 제34조 제1항 제11호 전단).

[2] 본 호의 적용요건

(i) 수요자에게 현저하게 인식되어 있을 것(해당 상표에 관한 거래자 및 수요자들뿐만 아니라 이종상품이나 이종영업에 걸쳐 일반 수요자의 대부분에까지 알려질 것을 요한다(=저명성)).

(ii) 저명상표와 혼동을 일으키게 할 염려가 있어야 한다.

[4] '혼 동': 인식과 사실의 불일치를 의미한다.

---

184) 상표심사기준(2019년), 제5부 제9장 §2.2.8.
185) 상표심사기준(2019년), 제5부 제10장 §2는 "특정 지리적 표시가 사용에 의한 식별력을 획득하여 특정인의 상품을 표시하는 것으로 주지된 경우에는 법 제34조 제1항 제9호를 적용한다."라고 기술하고 있으나, 이는 지리적 표시의 개념과 부합하지 아니한다.

(i) 직접혼동: 상품표지와 상품표지간의 혼동을 의미한다. 직접혼동은 상표 그 자체가 동일한 것으로 오인되는 경우로서 상표의 외관, 칭호, 관념이 형식적으로 근사하면 혼동이 발생할 가능성이 있다.

표 4-3 ┃ 이종 상품 또는 이종 영업과 혼동을 일으키게 할 염려가 있다고 판단한 사례

사건번호	등록표장	인용표장	판단내용
대법원 2005. 3. 11. 선고 2004후1151 판결	월마트안경 (지정서비스업: 안경 수선업)	Wal-Mart (지정서비스업: 대형할 인점업)	인용표장은 지속적인선전, 광고, 사용을 통하여 영업상 신용이나 고객흡인력 등 무형적 가치가 축적된 저명한 서비스표이고, 서비스업은 유사하지 않더라도 일정한 경제적 견련관계가 있다 할 것이므로 구 상표법 제7조 제1항 제10호(현행 상표법 제34조 제1항 제11호)에 해당함.

　(ii) 간접혼동: 상품출처와 상품출처 간 혼동을 의미한다. 간접혼동은 상표 자체에 대한 혼동은 없지만 양 상표의 구성의 공통성, 모티브의 동일성, 상품의 저명성 등이 계기가 되어 출처에 관한 혼동이 생기는 경우를 뜻한다.

표 4-4 ┃ 간접혼동의 사례

사건번호	등록표장	인용표장	판단내용
대법원 1995. 10. 12. 선고 95후576 판결	Mickey & Minnie (지정상품: 아동복, 유아복 등)	Mickey Mouse, Minnie Mouse (지정상품: 완구, 서적 등)	(1) 인용상표들은 과거 수십년 전부터 텔레비전을 통하여 방영된 만화영화 "Mickey Mouse"로서 또한 그 만화의 주인공들인 암수 생쥐 "Mickey Mouse"와 "Minnie Mouse"로서 세계에 널리 알려져 있고, 우리나라를 비롯한 세계 여러 나라에서 만화에 부착되어 오랫동안 텔레비전 방송 등의 방법으로 사용되고 선전되어 옴으로써, 우리나라의 수요자 간에 널리 인식되어 있는 저

		명상표라고 보아야 할 것임.
		(2) 출원상표 "Mickey & Minnie"에서 인용상표 "Mickey Mouse", "Minnie Mouse"가 용이하게 연상되고, 밀접한 관련성이 있는 것으로 인식되어 상품의 출처에 오인·혼동을 불러일으킬 염려가 있음.

　[4] '타인의 상품이나 영업과 혼동을 일으키게 할 염려가 있는 상표': 수요자 간에 상품의 출처나 영업의 혼동을 가져올 염려가 있는 경우를 의미한다. 혼동의 범위는 동일 또는 유사한 상품 뿐만 아니라 상표의 저명도와 다른 계통의 상품 또는 영업과 관련성이 있는 것으로 오해를 유발할 우려가 있는 경우를 포함한다.

　[5] 타인의 저명상표와 결합한 상표에 대해서는 비록 저명상표가 상표구성의 일부로서 포함되어 그것이 중요한 부분이 아니거나 부기적 부분이더라도 구성 부분인 저명상표로 인하여 타인의 상품이나 영업과 혼동을 초래할 염려가 있는 경우에는 이에 해당한다.

　[6] '저명상표': 동종 상품이나 동종 영업 뿐만 아니라 기타 이종 상품 및 이종 영업에 이르기까지 특정인의 상표나 영업으로 출처의 혼동을 일으킬 우려가 있는 일반수요자에게 널리 인식되어 있는 상표를 의미한다. 상표심사기준(2019년)에 따르면, "본 호는 국내에서 저명한 경우에 적용하며, 외국의 저명상표가 국내에서 널리 사용된 적이 없더라도 외국에서의 저명성이 국내에 알려져 일반수요자들에게 저명상표로 인식되었다면 본 호를 적용할 수 있다. 국내에서의 저명성은 전국적이든 일정한 지역이든 불문하며, 관련 상품이나 영업, 거래실정 등을 충분히 고려하여 판단하도록 한다."[186]

　[7] 판단방법: 저명상표 등에 해당하는지 여부는 그 상품이나 영업에 사용되는 상표 또는 상호 등의 사용기간, 사용량, 사용방법, 상품의 거래량 또는 영업의 범위 및 상표나 상호에 관한 광고 선전의 실태 등 제반 사정을 고려하여 거래실정과 사회통념상 그 상품의 출처 또는 영업주체에 관한 인식이 객관적으로 널리 퍼져 있다고 볼 수 있는지의 여부에 따라 판단하여야 한다.[187]

---

186) 상표심사기준(2019년), 제5부 제11장 §1.2.4.
187) 대법원 2007. 2. 8. 선고 2006후3526 판결[등록무효(상)]; 대법원 1999. 2. 26. 선고 97후3975 판결[상표등록무효].

[8] 시기적 기준: 출원 시를 기준으로 한다(상 제34조 제2항 단서).

[9] 제척기간: 제척기간이 없다(상 제122조 제1항).

표 4-5 ┃ 주지상표와 저명상표의 비교

구분	주지상표	저명상표
입법취지	사용사실상태의 보호	출처혼동방지 또는 희석화 방지
인식도	해당 상표가 사용된 상품에 관한 거래자 또는 관련 수요자층	이종상품·이종영업에까지 걸친 일반수요자층
범위	상품의 동일·유사범위 내	이종상품·이종영업까지 확대
제척기간	5년	없음

대법원 2015. 1. 29. 선고 2012후3657 판결[등록무효(상)][공2015상,351]

[판결요지]

[1] 구 상표법(2014. 6. 11. 법률 제12751호로 개정되기 전의 것) 제7조 제1항 제10호에서 수요자 간에 현저하게 인식되어 있는 타인의 상품이나 영업과 혼동을 일으키게 할 염려가 있는 상표의 상표등록을 받을 수 없게 하는 것은 일반 수요자에게 저명한 상품이나 영업과 출처에 오인·혼동이 일어나는 것을 방지하려는 데 목적이 있으므로, 위 규정에 따라 상표등록을 받을 수 없는 상표와 대비되는 저명한 상표 또는 서비스표(이하 '선사용표장'이라고 한다)의 권리자는 상표등록 출원인 이외의 타인이어야 한다. 여기서 선사용표장의 권리자는 개인이나 개별 기업뿐만 아니라 그들의 집합체인 사회적 실체도 될 수 있다. 그리고 경제적·조직적으로 밀접한 관계가 있는 계열사들로 이루어진 기업그룹이 분리된 경우에는, 기업그룹의 선사용표장을 채택하여 등록·사용하는데 중심적인 역할을 담당함으로써 일반 수요자들 사이에 선사용표장에 화체된 신용의 주체로 인식됨과 아울러 선사용표장을 승계하였다고 인정되는 계열사들을 선사용표장의 권리자로 보아야 한다.

[2] 구 상표법(2014. 6. 11. 법률 제12751호로 개정되기 전의 것) 제7조 제1항 제10호에 의하여 상표등록을 받을 수 없는지 여부를 판단하는 기준시는 상표의 등록출원 시이고, 위 규정의 타인에 해당하는지 여부는 등록 결정 시를 기준으로 판단하여야 한다. 나아가 상품의 출처 등에 관한 일반 수요자의 오인·혼동이 있는지 여부는 타인의 상표등록을 받을 수 없는 상표와 대비되는 저명한 상표 또는 서비스표(이하 '선사용표장'이라고 한다)의 저명 정도, 등록상표와 타인의 선사용표장의 각 구성, 상품 혹은 영업의 유사성 또는 밀접성 정도, 선사용표장 권리자의 사업다각화 정도, 이들 수요자 층의

중복 정도 등을 비교·종합하여 판단하여야 한다.

[3] 갑 주식회사 등이 '컴퓨터주변기기' 등을 지정상품으로 하고 "현   대"와 같이 구성된 등록상표의 등록권자 을 주식회사를 상대로 등록상표의 지정상품 중 제1, 2차 추가등록 지정상품(가이거계산기, 감열식 프린터 등)이 선사용표장 '현대' 등과 관계에서 구 상표법(2014. 6. 11. 법률 제12751호로 개정되기 전의 것, 이하 '구 상표법'이라 한다) 제7조 제1항 제10호 등에 해당한다는 이유로 등록무효심판을 청구하였으나 특허심판원이 기각한 사안에서, 지정상품 추가등록 출원 당시 갑 회사 등이 자신들의 계열사와 함께 형성한 개별그룹들은 상표등록을 받을 수 없는 상표와 대비되는 저명한 상표 또는 서비스표(이하 '선사용표장'이라고 한다)의 채택과 등록 및 사용에 중심적인 역할을 담당함으로써 일반 수요자들 사이에 선사용표장에 화체된 신용의 주체로 인식됨과 아울러 선사용표장을 승계하였다고 인정되므로 선사용표장의 권리자라고 할 것이나, 을 회사는 일반 수요자들 사이에 선사용표장에 화체된 신용의 주체로 인식된다거나 선사용표장을 승계하였다고 인정된다고 볼 수 없어 선사용표장의 권리자가 될 수 없고, 위 지정상품 추가등록은 일반 수요자로 하여금 추가 지정상품의 출처에 혼동을 일으키게 할 염려가 있으므로, 등록이 무효로 되어야 한다고 본 원심판단이 정당하다고 한 사례.

(2) 수요자 간에 현저하게 인식되어 있는 타인의 상표의 식별력 또는 명성을 손상시킬 염려가 있는 상표(상 제34조 제1항 제11호 후단)

[1] 의 의: 2014년 상표법 개정안 검토보고서[188]에서는 2014년 개정상표법 제7조 제1항 제10호가 "타인의 저명한 상표와 혼동을 일으키게 하는 외에, 그 상표의 식별력이나 명성을 약화 또는 손상시킬 염려가 있는 상표를 등록할 수 없도록 함으로써, 저명상표 사용자에 대한 보호를 강화하려는 것 수요자간에 현저하게 인식되어 있는 상표의 희석화 방지조항"을 마련하는 것임을 분명히 밝히고 있다. 따라서 '식별력 또는 명성'이라는 용어는 '타인의 상품이나 영업'을 수식하는 것이 아니라 '타인의 저명상표'를 지칭한다고 보는 것이 타당하다. 이러한 점에서 2014년 개정 상표법 제7조 제1항 제10호 후단(현행 상표법 제34조 제1항 제11호 후단)의 법문은 명료하지 못한 점이 보인다. 이 조문에 의하면, 타인의 저명상표의 식별력이나 명성을 손상시킬 염려가 있는 상표에 대하여는 그 등록을 허용하지 아니한다. 이 개정 조문은 2014년 개정 이전의 상표법 상의 '혼동'이 동일하거나 유사한 상품 또는 영업의 경우에만 발생하는 것으로 해석될 가능성을 고려하여 이종 상품 또는 영업의 경우에도 식별력이나

---

188) 이동근, 상표법 일부개정법률안 (김한표의원 대표발의안) 검토보고서, 산업통상자원위원회, 2014년 2월, 7면(이하 "이동근, 상표법 검토보고서"로 표시).

명성을 손상시킬 염려가 있는 경우에는 그 상표를 등록할 수 없도록 한 것이다.[189] 이 개정 조문은 부정경쟁방지 및 영업비밀보호에 관한 법률 제2조 제1호 다목과의 조화를 고려할 때에도 타당한 입법이다.[190] 즉, 부정경쟁방지 및 영업비밀보호에 관한 법률 제2조 제1호 다목과 균형을 맞춘다는 점에서 '식별력이나 명성의 손상'만 그 대상으로 하였다. 2014년 상표법 당초 개정안에서는 '저명상표의 식별력이나 명성의 약화'를 부등록사유로 규정하였는데,[191] '손상(blurring)'과 '약화(tarnishment)'는 구별되는 개념이므로 입법론으로는 상표법 제34조 제1항 제11호 및 부정경쟁방지 및 영업비밀보호에 관한 법률 제2조 제1호 다목에 '손상'뿐만 아니라 '약화'도 같이 규정하는 것이 바람직할 것이다. 해석론으로는 '타인의 저명상표의 식별력이나 명성의 손상'에 '타인의 저명상표의 식별력이나 명성의 약화'도 포함되는 것으로 해석하게 될 것이다.

[2] 식별력 손상의 의의 및 구체적인 예

식별력 손상이란, 타인의 저명상표를 혼동가능성이 없는 비유사한 상품에 사용함으로써 저명상표의 상품표지나 영업표지로서의 출처표시 기능을 손상시키는 것을 의미하고 전술한 바와 같이 식별력을 약화시키는 경우도 포함한다.

예: KODAK(지정상품: 피아노)를 상표로 출원하는 경우, POSCO(지정상품: 증권업)라는 상표를 출원하는 경우[192]

[3] 명성 손상의 의의 및 구체적인 예

명성 손상이란, 좋은 이미지나 가치를 가진 저명상표를 부정적인 이미지를 가진 상품이나 영업에 사용함으로써 그 상표의 좋은 이미지나 가치를 훼손하는 것을 의미한다.

예: CHANEL(지정상품: 포르노 필름)을 상표로 출원하는 경우, 아모레 퍼시픽(지정상품: 건물청소업)이란 상표를 출원하는 경우[193]

[4] 저명상표 해당 여부의 판단방법: 저명상표 등에 해당하는지 여부는 그 상품이나 영업에 사용되는 상표 또는 상호 등의 사용기간, 사용량, 사용방법, 상품의 거래량 또는 영업의 범위 및 상표나 상호에 관한 광고 선전의 실태 등 제반 사정을 고려하여 거래실정과 사회통념상 그 상품의 출처 또는 영업주체에 관한 인식이 객관적으로 널리 퍼져 있다고 볼 수 있는지의 여부에 따라 판단하여야 한다.[194]

---

189) 이동근, 상표법 검토보고서, 7면.
190) 이동근, 상표법 검토보고서, 8면.
191) 이동근, 상표법 검토보고서, 9면에서는 '약화'는 '손상'의 일부분이기도 하다고 주장한다.
192) 상표심사기준(2019년), 제5부 제11장 §1.3.2.
193) 상표심사기준(2019년), 제5부 제11장 §1.3.3.

[5] 시기적 기준: 출원 시를 기준으로 한다(상 제34조 제2항 단서).

[6] 제척기간: 제척기간이 없다(상 제122조 제1항).

(3) 유명 방송프로그램 명칭, 영화나 노래 제목과의 관계

유명한 방송프로그램 명칭, 영화나 노래제목 등과 동일 또는 유사하거나 유사하지는 않더라도 이들을 쉽게 연상시키는 상표를 출원하여 해당 방송프로그램 등과의 관계에서 영업상 혼동을 일으키게 하거나 식별력이나 명성을 손상시킬 염려가 있는 경우에는 본 호에 해당하는 것으로 본다.

마. 상품의 품질을 오인하게 하거나 수요자를 기만할 염려가 있는 상표(상 제34조 제1항 제12호)

[1] 상품의 품질을 오인하게 하거나 수요자를 기만할 염려가 있는 상표는 등록받을 수 없다(상 제34조 제1항 제12호).

[2] 취 지: 수요자가 상품의 품질오인과 출처의 혼동으로부터 생길 수 있는 불이익을 방지하여 상거래의 질서를 유지하기 위한 규정이다.

[3] '상품의 품질을 오인': 상품의 품질의 오인을 일으키게 할 염려가 있는 상표란 그 상표의 구성 자체가 그 지정상품이 본래적으로 가지고 있는 성질과 다른 성질을 갖는 것으로 수요자를 오인하게 할 염려가 있는 상표를 말하고, 어느 상표가 품질오인을 생기게 할 염려가 있는지의 여부는 일반 수요자를 표준으로 하여 거래통념에 따라 판단하여야 할 것이며, 또한 어떤 상표가 품질오인의 우려가 있는지를 판단함에 있어 그 지정상품과 관련지어 생각하여야 한다는 것은 그 상표에 의하여 일반인이 인식하는 상품과 현실로 그 상표가 사용되는 상품과의 사이에 일정한 경제적인 관련이 있어야 함을 의미하는 것이지 그 오인우려의 여부를 판단함에 있어 상품의 구성 그 자체뿐 아니라 상품에 부착되거나 포장용기에 부착된 상품의 설명서 등까지 고려하여 오인 여부를 판단하라는 것은 아니다.[195]

상품의 품질의 오인을 일으키게 할 염려가 있는 상표란 상품의 품질의 오인(예: 지정상품을 '청주'로 하여 '맑은유자향'이라는 표장으로 출원하는 경우, 지정상품을 '태양전지'로 하여 'Nano OLED'라는 표장으로 출원하는 경우)은 물론이고 상품 자체를 오인하게 할 경우(예: 지정상품을 '양념통닭'으로 하여 '진흙오리'라는 표장으로 출원하는 경우, 지정상품을 '소주'로 하여 '보드카'라는 표

---

194) 대법원 2007. 2. 8. 선고 2006후3526 판결[등록무효(상)]; 대법원 1999. 2. 26. 선고 97후3975 판결[상표등록무효].
195) 대법원 2000. 10. 13. 선고 99후628 판결.

장으로 출원하는 경우, 지정상품을 '목도리'로 하여 'GLOVE'라는 표장으로 출원하는 경우)를 포함한다.[196]

전술한 바와 같이 특정의 상표가 품질오인을 일으킬 염려가 있다고 하기 위해서는 해당 상표에 의하여 일반인이 인식하는 상품과 현실적으로 그 상표가 사용되는 상품과의 사이에 일정한 경제적인 관련성 등 그 상품의 특성에 관하여 오인을 일으킬 정도의 관계가 인정되어야 한다.[197]

'상품 품질의 오인'은 품질이 그 상품에 실질적으로 존재하느냐를 불문하고 그 상품이 그러한 품질을 가지고 있는 것으로 수요자에게 오인될 가능성이 있으면 본 호에 해당하는 것으로 보며, '상품 자체의 오인'은 지정상품과의 관계에서 수요자에게 상품이 오인될 가능성이 있는 경우 본 호에 해당하는 것으로 본다.[198]

[4] '수요자를 기만' : 자연인이 공법상 특수법인의 명칭을 출원하거나 상품의 지리적 출처를 오인하게 하는 경우와 같이 상표의 구성이나 지정상품과의 관계에서 일반수요자에게 착오를 일으키게 하는 경우(순수한 수요자 기만)와 국내 수요자에게 특정인의 상품표지로 인식되어 있는 상표와 상품출처의 오인·혼동을 일으키게 하는 경우(출처의 오인·혼동으로 인한 수요자 기만)가 이에 해당한다. 이 경우 출원인의 기만의사 유무는 불문한다.

수요자를 기만할 염려가 있는 상표에 해당하려면, 등록상표나 지정상품과 대비되는 선사용상표나 사용상품이 반드시 저명하여야 할 필요까지는 없지만, 국내 수요자에게 상표나 상품이라고 하면 곧 특정인의 상표나 상품이라고 인식될 수 있을 정도로는 알려져 있어야 한다. 이러한 경우 선사용상표와 동일·유사한 상표가 사용상품과 동일·유사한 상품에 사용되고 있거나, 또는 어떤 상표가 선사용상표와 동일·유사하고, 선사용상표의 구체적인 사용실태나 양 상표가 사용되는 상품 사이의 경제적인 견련의 정도 기타 일반적인 거래실정 등에 비추어, 상표가 선사용상표의 사용상품과 동일·유사한 상품에 사용된 경우에 못지않을 정도로 선사용상표의 권리자에 의하여 사용되고 있다고 오인될 만한 특별한 사정이 있어야만 수요자로 하여금 출처의 오인·혼동을 일으켜 수요자를 기만할 염려가 있다고 볼 수 있다.[199]

(i) 순수한 수요자 기만 상표의 예: MADE IN ITALY(지정상품: 넥타이), 자연인이 한국전

---

196) 상표심사기준(2019년), 제5부 제12장 § 1.1.1 참조.
197) 상표심사기준(2019년), 제5부 제12장 § 1.1.2.
198) 상표심사기준(2019년), 제5부 제12장 § 1.1.3.
199) 대법원 2017. 1. 12. 선고 2014후1921 판결[등록무효(상)].

자통신연구원(지정상품: 컵)이라는 표장으로 출원하는 경우

  (ii) 출처의 오인·혼동으로 인한 수요자 기만 상표의 예: UNION BAY(지정상품: 의류)와 유사한 상표(지정상품: 가방)를 출원하는 경우[200)]

대법원 2017. 1. 12. 선고 2014후1921 판결[등록무효(상)][공2017상,405]

[판결요지]

[1] 어떤 상표가 구 상표법(2016. 2. 29. 법률 제14033호로 전부 개정되기 전의 것) 제7조 제1항 제11호에서 규정하고 있는 수요자를 기만할 염려가 있는 상표에 해당하려면, 등록상표나 지정상품과 대비되는 선사용상표나 사용상품이 반드시 저명하여야 할 필요까지는 없지만, 국내 수요자에게 상표나 상품이라고 하면 곧 특정인의 상표나 상품이라고 인식될 수 있을 정도로는 알려져 있어야 한다. 이러한 경우 선사용상표와 동일·유사한 상표가 사용상품과 동일·유사한 상품에 사용되고 있거나, 또는 어떤 상표가 선사용상표와 동일·유사하고, 선사용상표의 구체적인 사용실태나 양 상표가 사용되는 상품 사이의 경제적인 견련의 정도 기타 일반적인 거래실정 등에 비추어, 상표가 선사용상표의 사용상품과 동일·유사한 상품에 사용된 경우에 못지않을 정도로 선사용상표의 권리자에 의하여 사용되고 있다고 오인될 만한 특별한 사정이 있어야만 수요자로 하여금 출처의 오인·혼동을 일으켜 수요자를 기만할 염려가 있다고 볼 수 있다.

[2] 탁구라켓, 스포츠용 가방 등에 사용되고 "![Butterfly]", "**Butterfly**", "![Butterfly]"와 같이 구성된 선사용상표들의 사용자 갑 외국회사가 지정상품을 서류가방, 비귀금속제 지갑 등으로 하고 "![Butterfly logo]"와 같이 구성된 등록상표의 권리자 을을 상대로 등록상표가 선사용상표들과 출처의 오인·혼동을 불러 일으켜 수요자를 기만할 염려가 있으므로 구 상표법(2016. 2. 29. 법률 제14033호로 전부 개정되기 전의 것, 이하 같다) 제7조 제1항 제11호에 해당한다고 주장하면서 등록무효심판을 청구하였는데 특허심판원이 인용하는 심결을 한 사안에서, 선사용상표들의 주된 사용상품인 탁구용품은 등록상표의 지정상품인 가방류나 지갑류와 경제적 견련관계조차 미약하고, 스포츠용 가방과 관련하여서는 선사용상표들이 국내 수요자에게 그다지 알려져 있었다고 보기 어려우며, 등록상표와 선사용상표들이 유사한 정도 또한 높다고 할 수 없는 사정에 비추어 보면, 등록상표가 지정상품인 가방류나 지갑류에 사용될 경우 탁구용품과 동일·유사한 상품에 사용된 경우에 못지않을 정도로 선사용상표들의 권리자에 의하여 사용되고 있다고 오인될 만한 특별한 사정이 있다고 하기는 어려우므로, 등록상표는 선사용상표들과의 관계에서

---

200) 상표심사기준(2019년), 제5부 제12장 § 1.2.1.

구 상표법 제7조 제1항 제11호의 수요자 기만 상표에 해당한다고 할 수 없는데도 이와 달리 본 원심판단에 위법이 있다고 한 사례.

[5] 기준시: 상표등록 여부 결정 시(상 제34조 제2항 본문).

[6] 제척기간: 제척기간이 없다(상 제122조 제1항).

대법원 2015. 10. 15. 선고 2013후1207 판결[등록무효(상)][소녀시대 상표 판결][공 2015하,1699][201]

[판결요지]

[1] 선사용상표가 사용상품에 대한 관계거래자 이외에 일반공중의 대부분에까지 널리 알려지게 됨으로써 저명성을 획득하게 되면, 그 상표를 주지시킨 상품 또는 그와 유사한 상품뿐만 아니라 이와 다른 종류의 상품이라고 할지라도 상품의 용도 및 판매거래의 상황 등에 따라 저명상표권자나 그와 특수한 관계에 있는 자에 의하여 생산 또는 판매되는 것으로 인식될 수 있고 그 경우에는 어떤 상표가 선사용상표의 사용상품과 다른 상품에 사용되더라도 수요자로 하여금 상품의 출처를 오인·혼동하게 하여 수요자를 기만할 염려가 있다. 여기서 선사용상표가 저명상표인가는 상표의 사용, 공급, 영업활동의 기간·방법·태양 및 거래범위 등을 고려하여 거래실정 또는 사회통념상 객관적으로 널리 알려졌느냐를 기준으로 판단하여야 한다. 이러한 법리는 서비스표에 대하여도 마찬가지로 적용된다.

[2] 선사용상표 "소녀시대"와 선사용서비스표 "소녀시대"를 사용한 갑 주식회사가 등록상표서비스표 "**소녀시대**"의 등록권리자 을을 상대로 등록상표서비스표가 상표법 제7조 제1항 제11호에 해당한다는 이유로 등록무효심판을 청구하였는데 특허심판원이 인용하는 심결을 한 사안에서, 갑 회사 소속 9인조 여성그룹 가수의 명칭 '소녀시대'와 같은 구성의 선사용상표 및 선사용서비스표는 갑 회사의 '음반, 음원' 등의 사용상품 및 '가수공연업, 음악공연업, 방송출연업, 광고모델업' 등의 사용서비스업에 대하여 관계거래자 이외에 일반공중의 대부분에까지 널리 알려지게 됨으로써 저명성을 획득하였으므로, 그와 유사한 등록상표서비스표가 위 사용상품·서비스업과 다른 '면제 코트' 등의 지정상품이나 '화장서비스업' 등의 지정서비스업에 사용되더라도 그러한 상품이나 서비스업이 갑 회사나 그와 특수한 관계에 있는 자에 의하여 생산·판매되거나 제

---

201) 이 판결은 상표법 제34조 제1항 제12호와 관련하여 선사용상표가 저명상표인지를 판단하는 기준을 설시하면서, 또한 같은 호에 해당하기 위한 요건에 관하여 선사용상표가 특정인의 상표로 인식되는 정도인 경우와 이보다 인지도가 높은 저명한 상표로까지 인식되는 경우를 모두 포섭하는 기준을 새로이 판시하였다(정택수, "수요자기만상표와 저명상표", 「정보법 판례백선(II)」, 2016년, 142면).

공되는 것으로 인식됨으로써 상품·서비스업의 출처를 오인·혼동하게 하여 수요자를 기만할 염려가 있는데도 등록상표서비스표가 수요자를 기만할 염려가 있는 상품·서비스표에 해당하지 않는다고 한 원심판결에 법리오해의 잘못이 있다고 한 사례.

바. 특정인의 상품을 표시하는 것이라고 인식되어 있는 상표와 동일·유사한 상표를 통해 부정한 목적을 달성하려는 경우(상 제34조 제1항 제13호) 내지 특정 지역의 상품을 표시하는 것이라고 인식되어 있는 지리적 표시와 동일 또는 유사한 상표를 통해 부정한 목적을 달성하려는 경우(상 제34조 제1항 제14호)

(1) 의 의

[1] 국내 또는 외국의 수요자간에 특정인의 상품을 표시하는 것이라고 인식되어 있는 상표(지리적 표시를 제외한다)와 동일 또는 유사한 상표로서 부당한 이익을 얻으려 하거나 그 특정인에게 손해를 가하려고 하는 등 부정한 목적을 가지고 사용하는 상표(상 제34조 제1항 제13호)는 등록받을 수 없다.

[2] 국내 또는 외국의 수요자간에 특정 지역의 상품을 표시하는 것이라고 인식되어 있는 지리적 표시와 동일 또는 유사한 상표로서 부당한 이익을 얻으려 하거나 그 지리적 표시의 정당한 사용자에게 손해를 가하려고 하는 등 부정한 목적을 가지고 사용하는 상표(상 제34조 제1항 제14호)는 등록받을 수 없다.

[3] **취 지:** 국내외에서 특정인의 상품표시로 인식되는 상표와 동일·유사한 상표는 출원인의 주관적 의사를 불문하고 1998년 개정 이전의 상표법 제7조 제1항 제9호, 제10호(현행 상표법 제34조 제1항 제9호, 제10호, 제11호)에 의해 거절되지만, (i) 국내외에서 특정인의 상품표시로 인식되는 상표와 동일 또는 유사한 상표를 제3자가 출처혼동의 우려가 없는 비유사한 상품에 출원하거나, (ii) 외국에서만 특정인의 상품표시로 인식되는 상표를 출원한 경우에는 설사 부정한 목적에 의한 출원인 경우에도 위의 규정을 적용할 수 없으므로 1998년 개정 상표법은 진정한 상표사용자의 신용을 보호하고 수요자의 오인·혼동으로 인한 불이익을 미연에 방지하기 위하여 본 호의 규정을 신설하였다. 그리고 2005년 개정 상표법에서는 국내 또는 외국에서 특정인의 상품표지로 인식되는 지리적 표시인 경우 적용되는 별도의 규정을 마련하였다(2005년 개정 상표법 제7조 제1항 제12호의2(현행 상표법 제34조 제1항 제14호)). 그런데 2007년 개정 이전의 상표법하에서는 국내 또는 외국의 주지상표, 즉 상표법 제7조 제1항 제9호와 동일한 수준의 주지성을 요구하는 것으로 모방상표에 대한 등록배제의 실효성을

거두기가 곤란하였다. 그래서 2007년 개정을 통해 모방대상상표의 주지성 정도를 완화하여 등록배제의 범위를 확대하여 모방상표의 등록차단을 강화하고자 한 것이다.202)

(2) 특정인의 상품을 표시하는 것이라고 인식되어 있는 상표와 동일·유사한 상표를 통해 부정한 목적을 달성하려는 경우(상 제34조 제1항 제13호)

[1] 적용요건

(i) 해당 상표가 국내 또는 외국의 수요자 간에 특정인의 상품을 표시하는 것으로 인식되었을 것이어야 한다.

(ii) 그 해당 상표와 동일 또는 유사한 상표이어야 한다.

(iii) 부정한 목적을 가지고 사용하는 상표이어야 한다.203)

[2] 국내 또는 외국의 수요자 간에 특정인의 상품을 표시하는 것으로 인식되었을 것

(i) 국내 또는 외국의 수요자: 상표법 제34조 제1항 제9호 내지 제12호와는 달리 국내 수요자는 물론 외국의 수요자 간의 경우도 포함하며, 외국의 수요자도 반드시 복수 국가의 수요자임을 요하지 아니한다.204)

---

202) 공경식 편저, 「Plus 상표법」, 제7판, 한빛지적소유권센터, 2011년, 206면.

203) 대법원 2019. 8. 14. 선고 2017후752 판결[등록무효(상)]에서는 "선사용상표서비스표 " "의

권리자인 갑 외국회사가 등록상표서비스표 "　　"의 권리자인 갑 외국회사가 등록상표서비스표 "본문내 삽입된 이미지"의 출원인인 을 주식회사를 상대로 등록상표서비스표가 구 상표법(2011. 6. 30. 법률 제10811호로 개정되기 전의 것) 제7조 제1항 제12호 등에 해당한다고 주장하면서 등록무효심판을 청구한 사안에서, 선사용상표서비스표는 세계적인 자동차 경주 대회에서 갑 회사가 속한 병 그룹이 보유·운영하고 있는 자동차 경주 팀의 표장으로 사용되었고, 사용기간은 을 회사의 등록상표서비스표 출원 당시를 기준으로 5년이 넘는 점에 비추어, 등록상표서비스표 출원 당시 선사용상표서비스표는 사용서비스업인 '자동차 레이싱 팀 운영 및 관련 스포츠 이벤트 제공업'과 관련하여 적어도 외국의 수요자 사이에 특정인의 서비스표로 인식되었다고 보아야 하고, 선사용상표서비스표의 표장은 오른쪽으로 도약 또는 돌진하는 붉은 황소의 측면 형상을 모티브로 하고 있고, 세부 모습을 독특하게 구성하여 창작성의 정도가 큰 점, 등록상표서비스표의 표장은 선사용상표서비스표의 표장과 상당히 유사하고, 개발 시기도 위 자동차 경주 팀이 갑 회사의 선사용상표서비스표가 표시된 경주용 자동차로 국내에서 최초로 열린 세계적인 자동차 경주 대회에 참가한 이후인 점, 등록상표서비스표의 표장은 지배적인 인상이 을 회사가 사용하던 실사용표장들과는 유사하지 않아 실사용표장들을 기초로 만들어졌다고 보기 어려운 점, 등록상표서비스표의 지정상품 및 지정서비스업인 자동차 용품 및 그 판매업 등은 자동차 성능의 유지·보수와 관련되어 있으므로 선사용상표서비스표의 사용서비스업과 사이에 경제적인 견련관계를 인정할 여지도 있다는 점에 비추어, 을 회사는 선사용상표서비스표를 모방하여 권리자인 갑 회사의 국내 영업을 방해하는 등의 방법으로 갑 회사에 손해를 가하려고 하는 부정한 목적을 가지고 사용하기 위하여 등록상표서비스표를 출원하였다고 보아야 하는데도, 이와 달리 본 원심판단에 법리오해의 잘못이 있다."고 판시하였다.

204) 상표심사기준(2019년), 제5부 제13장 § 1.1.1.

(ii) 특정인: 본 호에서 말하는 '특정인'이라 함은 해당 상품의 거래자나 수요자 등이 그 상표를 사용하는 자가 누구인지를 구체적으로 인식하지 못하더라도 익명의 존재로서 해당 상품의 출처를 인식할 수 있는 경우를 의미한다. 따라서 인식된 정도는 상표법 제34조 제1항 제9호의 주지도보다는 낮은 수준을 의미한다.[205]

(iii) 특정인의 상품을 표시하는 것이라고 인식되어 있는지 여부: '특정인의 상품을 표시하는 것이라고 인식되어 있는지 여부'는 출원인이 타인의 상표라는 인식이 있었는지 여부와 부정한 기대이익을 합해서 판단할 수 있다. 다시 말해서, 출원인이 타인의 상표임을 인식하고 출원했다는 것과 이를 통해 매출액 증가 등 편승의 이익이 기대된다면 그 거래계에서 최소한의 범위의 사람들에게는 인식되어 있는 상표라는 것을 증명하는 증거로 볼 수 있다.[206]

'타인의 상표라는 인식'은 출원인이 타인의 미등록 선사용상표와 동일·유사한 표장을 우연히 출연한 것인지 아니면 특정인의 상표임을 사전에 인지한 상태에서 미등록상표를 선점할 목적으로 출원한 것인지 여부를 중심으로 판단할 수 있다. 이 경우 창작성 있는 도형 또는 조어로 구성된 선사용 상표와 전체적인 외관이나 그 결합형태가 동일하거나 극히 유사한 표장을 출원하였다면 출원인은 특정인의 상표임을 사전에 인지한 채로 출원한 것으로 볼 수 있다.[207] 그리고 '부정한 기대이익'을 가지고 사용하는 상표인지 여부는 출원인이 타인의 선사용상표를 출원함으로써 부당한 경제적 이익이 예상되는지 또는 특정인의 영업에 방해가 되는지 여부를 중심으로 판단하되 선사용상표의 창작성, 주지성, 선사용상표의 상품과 출원상표의 상품 간의 경제적 견련관계, 출원인의 과거 전력 등을 종합적으로 고려하여 판단할 수 있다.[208]

[3] 국내 또는 외국의 수요자 간에 특정인의 상품을 표시하는 것으로 인식되어 있는 상표와 동일 또는 유사한 상표일 것: 국내외에서 특정인의 상품표시로 인식되는 상표와 동일 또

---

205) 특허법원 2012. 1. 18. 선고 2011허5861 판결에서는 "국내 또는 외국의 수요자 간에 특정인의 상품을 표시하는 것이라고 인식되어 있는 상표와 동일 또는 유사한 상표로서 부당한 이익을 얻으려 하거나 그 특정인에게 손해를 가하려고 하는 등 부정한 목적을 가지고 사용하는 상표'는 등록받을 수 없도록 하고 있는데, 위 규정의 '국내 또는 외국의 수요자 간에 특정인의 상품을 표시하는 것이라고 인식되어 있는 상표'에 해당하기 위해서는 특정인의 상표가 누군가의 상품을 표시한다는 인식이 당해 상품에 관한 국내 또는 외국의 수요자들 중 거래상 의미 있는 최소한의 범위 이상의 사람들 사이에서 존재하면 충분하고, 반드시 그 수요자들의 전부 또는 대부분이 그러한 인식을 하고 있어 특정인의 상표가 주지상표에 해당할 필요는 없다."라고 판시하였다.
206) 상표심사기준(2019년), 제5부 제13장 § 1.1.4.
207) 상표심사기준(2019년), 제5부 제13장 § 1.1.4.
208) 상표심사기준(2019년), 제5부 제13장 § 1.1.4.

는 유사한 상표에 한하여 적용된다. 하지만 희석화상표의 등록을 배제하기 위해 지정상품에 대해서는 아무런 제한을 두고 있지 않으므로 상표법 제34조 제1항 제9호, 제10호, 제11호 및 제12호가 적용되기 어려운 경우에도 적용할 수 있다.

[4] **부정한 목적을 가지고 사용하는 상표일 것**: 부정한 목적이 있기만 하면 출처의 오인이나 혼동의 염려는 그 요건이 아니므로 무임승차나 희석화의 경우에도 상표법 제34조 제1항 제13호에 해당할 수 있다. 여기에서 부정한 목적이란 법문상의 부당한 이익을 얻으려 하거나 특정인에게 손해를 가하려고 하는 것을 의미한다. 부정한 목적이 있는지 여부는 출원상표의 출원 당시 특정인의 상표의 인식도 또는 창작성의 정도, 특정인의 상표와 제3자의 상표의 동일·유사성의 정도, 제3자와 특정인 사이의 상표를 둘러싼 교섭의 유무와 그 내용, 기타 양 당사자의 관계, 제3자가 출원상표를 이용한 사업을 구체적으로 준비하였는지 여부, 출원상표와 특정인의 상표의 지정상품의 동일·유사성 내지 경제적 견련관계 유무, 거래실정 등을 종합적으로 고려하여야 한다.[209]

[5] **판단시점**: 상표등록출원 시를 기준으로 한다(상 제34조 제2항 단서). 2016년 상표법 개정 이전의 판례[210]도 같은 입장이다.

[6] **제척기간**: 제척기간이 없다(상 제122조 제1항).

대법원 2014. 2. 13. 선고 2013후2460 판결[등록무효(상)][공2014상,633]

[판결요지]

갑 독일회사가 등록상표 " JUNKERS "의 상표권자 을 주식회사를 상대로 등록상표가 상표법 제7조 제1항 제12호에 해당한다는 이유로 상표등록 무효심판을 청구한 사안에서, 선사용상표들인 " JUNKERS ", " ▽ "의 사용 경위와 기간, 선사용상표들과 그 상표를 사용한 제품의 연관관계, 선사용상표들을 사용한 제품의 판매·공급처 및 주위의 평가 등을 종합하여 볼 때, 선사용상표들은 그 지정상품을 '팔목시계, 전자시계, 크로노미터' 등으로 한 등록상표의 출원일 무렵에는 적어도 독일 내의 수요자 사이에 특정인의 상표로 인식되어 있었음에도 이와 달리 본 원심판결에 법리오해의 위법이 있다고 한 사례.

---

209) 대법원 2010. 7. 15. 선고 2010후807 판결; 특허법원 2011. 10. 26. 선고 2011허4653 판결; 특허법원 2012. 1. 18. 선고 2011허5861 판결.
210) 대법원 2004. 5. 14. 선고 2002후1362 판결; 대법원 2005. 6. 9. 선고 2003후649 판결.

표 4-6 ┃ 상표법 제34조 제1항 제9호, 제11호, 제12호, 제13호 비교[211]

구분	상 제34조 제1항 제9호	상 제34조 제1항 제11호	상 제34조 제1항 제12호	상 제34조 제1항 제13호
취지	・출처 오인・혼동 방지 ・주지상표권자 이익보호	・저명상표・영업과 의 오인・혼동으로 부터 수요자 보호 ・저명상표 희석화 방지	상품의 품질오인, 출처오인・혼동으로 인한 수요자 기만 방지(다만, 출처의 오인은 상표법 제34조 제1항 제9호, 제11호, 제13호 등을 요건에 맞게 우선 적용하고, 본 호는 수요자 기만에 초점을 맞춰 적용)	・진정한 상표사용자 신용보호 ・브로커 방지 ・공정한 경쟁질서 확립
주지도	동종업종에서 수요자들에게 현저하게 인식	이종상품이나 이종영업에 걸친 거래자 및 일반수요자 대다수에게 현저하게 인식	국내의 일반거래에 있어서 수요자나 거래자에게 인식	국내・외 수요자들에게 특정인의 상품표지로 인식
상표	동일・유사	비유사하여도 모티브와 아이디어 등을 비교하여 저명상표가 용이하게 연상되는 경우	동일・유사	동일・유사
상품	동일・유사	비유사	비유사(다만, 수요자 기만 발생과 관련하여 견련관계 고려)	비유사(다만, 부정목적 추정을 위해서는 견련성 검토 필요)
인식도 판단방법	상표 사용기간, 사용방법, 사용지역,	상표 사용기간, 사용방법, 사용지역,	상표 사용기간, 사용방법, 사용지역,	상표 사용기간, 사용방법, 사용지역,

211) 상표심사기준(2019년), 제5부 제13장 §3.

	거래범위, 상품판매량, 광고선전 등을 종합적으로 고려	거래범위, 상품판매량, 광고선전 등을 종합적으로 고려	거래범위, 상품판매량, 광고선전 등을 종합적으로 고려	거래범위, 상품판매량, 광고선전 등을 종합적으로 고려 (다만, 특정인의 상표라는 인식＋부당한 기대익 유무를 통해 인식도 판단 가능)
시기적 기준	상표등록 여부 결정 시	상표등록출원 시	상표등록 여부 결정 시	상표등록출원 시
제척기간	5년	없음	없음	없음

(3) 특정 지역의 상품을 표시하는 것이라고 인식되어 있는 지리적 표시와 동일 또는 유사한 상표를 통해 부정한 목적을 달성하려는 경우(상 제34조 제1항 제14호)

[1] 적용요건

(i) 국내 또는 외국의 수요자들에게 특정 지역의 상품을 표시하는 것이라고 인식되어 있는 지리적 표시와 동일·유사한 상표일 것

(ii) 부당한 이익을 얻으려 하거나 그 지리적 표시의 정당한 사용자에게 손해를 입히려고 하는 등 부정한 목적으로 사용하는 상표일 것

[2] **국내 또는 외국의 수요자들에게 특정 지역의 상품을 표시하는 것이라고 인식되어 있는 지리적 표시와 동일·유사한 상표일 것**: 본 호는 국내의 수요자는 물론이고 외국의 수요자들에게 특정 지역의 상품을 표시하는 것이라고 인식되어 있는 상표에도 적용하며, 외국의 수요자는 반드시 복수 국가의 수요자일 필요는 없다. 본 호에서 '특정 지역'이란 구체적인 지역으로서의 출처를 의미한다. 본 호에서 '특정 지역의 상품을 표시하는 것이라고 인식되어 있는지 여부'는 출원인이 특정 지리적 표시라는 인식을 가지고 있었는지 여부와 부정한 기대이익을 합해서 판단할 수 있다. 다시 말해서 출원인이 특정 지리적 표시임을 인식하고 출원했다는 것과 이를 통해 매출액 증가 등 편승의 이익이 기대된다면 그 거래계에서 최소한의 범위의 사람들에게는 알려져 있는 지리적 표시라는 것을 증명하는 증거로 볼 수 있다.[212]

[3] **부정한 목적**: 외국의 정당한 지리적 표시권자가 국내시장에 진입하는 것을 저지하거

---

212) 상표심사기준(2019년), 제5부 제14장 §1.1.3.

나 특정 지리적 표시의 신용이나 고객흡인력 등에 편승하여 부당한 이득을 얻을 목적으로 출원한 경우 등을 뜻한다.[213]

[4] **지정상품에 대한 제한 없음**: 상표법 제34조 제1항 제14호가 지정상품에 대한 제한을 두고 있지 않으므로 상표법 제34조 제1항 제8호, 제10호와는 달리 지정상품을 동일하거나 동일하다고 인식되어 있는 범위로 한정하는 규정을 두고 있지 않다.[214]

[5] **판단시점**: 타인의 상표가 국내외의 수요자들에게 특정 지역의 상품을 표시하는 것이라고 인식되어 있는 지리적 표시에 해당하는지 여부는 상표등록출원 시를 기준으로 하여 판단한다(상 제34조 제2항 단서).

[6] **제척기간**: 제척기간이 없다(상 제122조 제1항).

사. 입체상표, 색채상표, 소리상표, 냄새상표 등의 기능성에 의한 부등록(상 제34조 제1항 제15호)

[1] **의 의**: 상표등록을 받고자 하는 상품 또는 그 상품의 포장의 기능을 확보하는 데 꼭 필요한(서비스의 경우에는 그 이용과 목적에 꼭 필요한 경우를 말한다) 입체적 형상, 색채, 색채의 조합, 소리 또는 냄새만으로 된 상표는 등록을 받을 수 없다(상 제34조 제1항 제15호).

[2] **취 지**: 본 호는 1997년 8월 입체상표제도를 도입함에 따른 조치로서 신설된 조문이다. 본 호의 입법취지는 해당상품 또는 포장의 기능적 특성만을 나타낸 입체상표 등에 독점을 허용할 경우 관련 산업의 발전이 저해될 수 있으므로 이를 예방하고 다른 경업자의 자유로운 사용을 보장하기 위하여 공익적인 차원에서 특정인에게 등록을 허여하지 않기 위한 것이다.

[3] **적용요건**

(i) 상표등록을 받으려는 '상품 또는 그 상품의 포장'일 것

(ii) 그 기능을 확보하는 데 꼭 필요한 입체적 형상, 색채, 색채의 조합, 소리 또는 냄새 (이하 '입체적 형상 등'이라 한다)만으로 된 상표일 것

[4] '상품 또는 그 상품의 포장의 기능을 확보하는 데 불가결한 입체적 형상'일지라도 상표법 제33조 제1항 제3호에서 규정하는 '상품의 형상' 또는 '상품의 포장의 형상'에 해당하므로 그와 같은 상표는 원칙적으로 상표법 제33조 제1항 제3호에 해당하는 것으로 본다. 따라서 본 호가 적용되는 것은 실제적으로 상표법 제33조 제2항에 의하여 식별력이 인정된 상표

---

213) 상표심사기준(2019년), 제5부 제14장 §1. 2.
214) 공경식 편저, 앞의 책, 208면.

로서 입체상표의 기능성에 해당할 경우에는 식별력이 인정되어도 등록을 받을 수 없는 것으로 한다.

[5] **입체상표의 경우 기능성 여부의 판단방법**: 상표등록을 받으려는 상품 또는 그 상품의 포장의 기능을 확보하는 데 꼭 필요한(서비스의 경우에는 그 이용과 목적에 꼭 필요한 경우를 말한다) 입체적 형상만으로 되어 있는 상표는 등록을 받을 수 없다(상 제34조 제1항 제15호). 이 부등록사유의 적용은 상품 또는 상품 포장의 형상이 그 기능을 구현하는데 필수적이고 긴요한 것이어서 특정인에게 배타적인 권리를 부여하면 자유경쟁이 저해되는 그러한 기능에 착안하여 판단한다.[215] 그리고 출원된 입체상표가 기능적인지 여부는 (i) 특허나 실용신안의 존재 여부, (ii) 유통과정의 편이성 및 사용의 효율성에 관한 광고 선전, (iii) 대체성(그 기능을 확보할 수 있는 대체적인 형상이 따로 존재하는지 여부) 및 (iv) 제조비용의 저렴성(상품 또는 포장의 형상을 해당 대체적인 입체적 형상으로 한 경우 동등한 또는 그 이하의 비용으로 생산할 수 있는지 여부)을 고려하여 판단한다.[216]

상품 또는 그 상품의 포장의 형상 등으로부터 발휘되는 실용적 이점으로 인하여 그 상품 등의 사용자에게 월등한 경쟁상의 우위를 제공한다거나 그러한 상품 또는 그 상품의 포장의 형상의 독점으로 인하여 거래업계의 경쟁을 부당하게 저해하는지의 여부를 종합적으로 고려하여 판단하여야 한다.[217]

개별적인 형태를 분리하여 기능성 여부를 판단하는 것이 아니라 전체적인 형상이 기능적인지 여부를 기준으로 판단하므로 출원상표를 전체적으로 보아 기능성이 있다고 판단되면 일부 비기능적인 요소가 포함되어 있더라도 기능성이 있는 것으로 판단하여 심사하게 된다.[218]

입체상표가 기능적이지 않다는 것을 주장하는 자는 (i) 현재 관련 거래업계에서 유통되고 있거나 이용가능한 다른 대체적인 형상의 존재를 증명하는 자료, (ii) 해당 상품의 형상과 대체적인 형상의 상품을 생산하는 데 소요되는 제조·생산 비용의 차이 등을 증명할 수 있는 자료 등을 제출할 수 있다.[219]

한편, 이의신청을 통해 입체상표가 기능적이라고 주장하는 자는 (i) 해당 상품 또는 그

---

215) 상표심사기준(2019년), 제5부 제15장 §1.2.
216) 상표심사기준(2019년), 제5부 제15장 §2.1.
217) 상표심사기준(2019년), 제5부 제15장 §2.3.
218) 상표심사기준(2019년), 제5부 제15장 §2.4.
219) 상표심사기준(2019년), 제5부 제15장 §3.5.

상품의 포장의 형상 등으로부터 발휘되는 기능과 밀접한 관련이 있는 특허권, 실용신안권(해당 권리의 존속 여부는 불문한다)에 관한 정보, (ii) 광고 또는 선전 등을 통하여 해당 상품 또는 그 상품의 포장의 형상의 실용적 이점에 대하여 광고 또는 선전 등을 한 사실을 증명하는 자료를 제출할 수 있다.[220]

[6] **색채상표의 경우 기능성 여부의 판단방법:** 상표법 제34조 제1항 제15호에서는 상표 등록을 받고자 하는 상품 또는 그 상품의 포장의 기능을 확보하는데 불가결한 색채 또는 색채의 조합만으로 된 상표에 대해서는 등록을 받을 수 없도록 규정하고 있다. 상표법 제34조 제1항 제15호의 적용은 광고·선전 등을 통하여 그 실용적 이점이 알려진 상품 또는 상품포장의 색채 또는 색채의 조합 등으로부터 발휘되는 기능에 착안하여 판단한다. 상품 또는 그 상품의 포장의 기능을 확보하는 데 불가결한 색채 또는 색채의 조합만으로 된 상표는 비록 식별력이 인정(상표법 제33조 제2항에 의하여 식별력이 인정되는 경우에도 또한 같다)되는 경우라도 등록을 받을 수 없는 것으로 한다.[221] 출원된 색채 또는 색채의 조합만으로 된 상표가 기능적인지 여부는 (i) 출원된 상표의 색채 또는 색채의 조합이 지정상품의 사용에 불가결하거나 일반적으로 사용되는 경우, (ii) 출원된 상표의 색채 또는 색채의 조합이 주는 미적 효과가 제품의 마케팅 등에 도움이 되는 경우, (iii) 지정상품의 특성으로 작용하는 특정 색채가 그 상품의 이용과 목적에 불가결하거나 상품의 가격이나 품질에 영향을 주는 경우를 고려하여 판단한다.[222] 예컨대, 안전표지판에 쓰이는 노랑색은 기능적이다.

[7] **소리상표 내지 냄새상표의 경우 기능성 여부의 판단방법:** (i) 상품의 특성으로부터 발생하는 특정한 소리 또는 냄새인지 여부, (ii) 상품의 사용에 꼭 필요하거나 그 상품에 일반적으로 사용되는 소리 또는 냄새인지 여부, (iii) 상품의 판매 증가와 밀접한 원인이 되는 소리 또는 냄새인지 여부 등을 고려하여 판단한다.[223] 예컨대, 자동차수리업에 사용하는 자동차 엔진소리, 조경업에 사용하는 아카시아향 등은 기능적이다.

[8] **판단시점:** 등록 여부 결정 시를 기준으로 한다(상 제34조 제2항 본문).

[9] **제척기간:** 제척기간이 없다(상 제122조 제1항).

---

220) 상표심사기준(2019년), 제5부 제15장 §3.6.
221) 상표심사기준(2019년), 제5부 제15장.
222) 상표심사기준(개정 2007. 7. 26 특허청 예규 제40호) 제27조(2016년 개정 상표법 제34조 제1항 제15호) 해석참고자료.
223) 상표심사기준(2019년), 제5부 제15장 §4.3.

아. 포도주 및 증류주의 산지에 관한 지리적 표시(상 제34조 제1항 제16호)

[1] WTO 회원국 내의 포도주 및 증류주의 산지에 관한 지리적 표시로써 구성되거나 동 표시를 포함하는 상표로서 포도주, 증류주 또는 이와 유사한 상품에 사용하고자 하는 상표는 등록을 받을 수 없다. 다만, 지리적 표시의 정당한 사용자가 그 해당 상품을 지정상품으로 하여 현행 상표법 제36조 제5항(구 상표법 제9조 제3항)의 규정에 따른 지리적 표시 단체표장등록출원을 한 때에는 그러하지 아니하다(상 제34조 제1항 제16호).

[2] 본 호는 우리나라가 WTO에 가입함으로써 TRIPs 협정 제23조 제1항과 제2항에서 규정한 포도주와 증류주에 대한 지리적 표시의 사용금지 및 등록금지 규정을 그대로 1997년 8월 상표법 개정 시에 도입한 규정이다.

[3] 적용요건

(i) 세계무역기구 회원국 내의 '포도주 또는 증류주의 산지에 관한 지리적 표시로서 구성되거나 동 표시를 포함'하는 상표일 것

(ii) '포도주 · 증류주에 사용'하려는 상표일 것

[4] WTO/TRIPs협정: 공중에게 원산지의 오인, 혼동을 유발할 염려가 있는 상표의 사용을 금지하고(TRIPs 제22조 제2항), 등록을 거절, 무효(TRIPs 제22조 제3항)로 하도록 요구하고 있다.

[5] 포도주 및 증류주의 산지에 관한 지리적 표시로써 구성되거나 동 표시를 포함하는 상표: 해당 산지를 그 지역의 문자로 표시한 것뿐만 아니라 그에 대한 번역 및 음역을 모두 포함한다.

표 4-7 ▎ 포도주 또는 증류주의 산지에 관한 지리적 표시가 표시되어 있는 경우의 예시[224]

("Bordeaux"가 표시)

("IRISH"가 표시)

[6] 상표구성에 해당 지리적 표시가 ○○ 종류, ○○ 유형, ○○ 풍 등과 같은 표현이 수반된 경우에도 이를 적용한다. 다만, 해당 지리적 표시가 속한 국가에서 보호되지 아니하거

---

224) 상표심사기준(2019년), 제5부 제16장 §1.1.2.

나 보호가 중단된 지리적 표시이거나 또는 그 나라에서 사용하지 아니하게 된 지리적 표시에 대하여는 본 호를 적용하지 아니한다.

표 4-8 ┃ 포도주 또는 증류주의 지리적 표시가 '~ 양식' 등으로 표시되어 있는 경우의 예시[225]

MAJUANG	MACALLAN
MOSELLE STYLE	**BLENDED SCOTCH WHISKY**
("MOSELLE STYLE"이 표시)	("BLENDED SCOTCH WHISKY"가 표시)

[7] 지정상품과의 관계에서 상품의 품질이나 출처의 오인, 혼동을 유발할 우려가 있는 경우에는 상표법 제34조 제1항 제12호(구 상표법 제7조 제1항 제11호)를 적용한다.

[8] 본 호에서 규정하는 "포도주 및 증류주"의 범위는 주세법상 주류의 범위를 참고로 하되 이에는 예컨대 알코올 강화 포도주, 위스키, 보드카, 브랜드, 럼, 진, 고량주, 배갈, 소주 등이 포함되는 것으로 보며 리큐르는 포함되지 아니하는 것으로 한다.

[9] 문자상으로는 진정한 원산지 표시가 되어 있다 하더라도 수요자가 다른 영토나 지역에서 생산된 것으로 오인케 할 경우, 예컨대 캘리포니아주에서 생산하는 '보르도' 포도주에 미국산이라고 표기하는 경우에도 현행 상표법 제34조 제1항 제12호(구 상표법 제7조 제1항 제11호)와 별도로 본 호를 적용하는 것으로 한다.

[10] **판단의 기준시점**: 등록 여부 결정 시를 기준으로 한다.

[11] **제척기간**: 본 호에 해당하는 것을 사유로 하는 상표등록의 무효심판은 상표등록일부터 5년이 지난 후에는 청구할 수 없다(상 제122조 제1항).

자. 식물신품종 보호법 제109조에 따라 등록된 품종명칭과 동일·유사한 상표로서 그 품종명칭과 동일·유사한 상품에 대하여 사용하는 상표(상 제34조 제1항 제17호)

[1] **의 의**: 식물신품종 보호법 제109조에 따라 등록된 품종명칭과 동일·유사한 상표로서 그 품종명칭과 동일·유사한 상품에 대하여 사용하는 상표는 등록받을 수 없다(상 제34조 제1항 제15호).

[2] **적용요건**

(i) 식물신품종 보호법 제109조에 따라 등록된 품종명칭과 동일·유사한 상표일 것

---

225) 상표심사기준(2019년), 제5부 제16장 §1.1.2.

(ii) 그 품종명칭과 동일·유사한 상품에 대하여 사용하는 상표일 것

[3] 식물신품종 보호법 제109조에 따라 등록된 품종명칭과 동일·유사한 상표일 것: 식물신품종 보호법 제109조에 따라 등록된 품종명칭이란 '식물신품종 보호법'상 품종명칭등록원부에 등록된 품종명칭을 뜻한다. 본 호는 '식물신품종 보호법'에 따라 등록된 품종명칭이나 동일하거나 유사한 상표에 대하여 적용한다.226)

[4] 그 품종명칭과 동일·유사한 상품에 대하여 사용하는 상표일 것: '식물신품종 보호법'상 품종명칭은 해당 품종명칭이 사용되는 작물을 지정하여 등록받아야 하는데, 본 호는 해당 품종명칭이 사용되는 작무로가 동일 또는 유사한 상품에 출원한 경우에 한하여 적용한다.227)

[5] 판단시점: 상표등록 여부 결정 시를 기준으로 판단한다.

[6] 출원상표의 등록 여부 판단 시 품종명칭이 식물신품종 보호법에 따라 출원·등록되었는지를 확인 후 최종 결정하여야 한다.

차. 농수산물 품질관리법 제32조에 따라 등록된 타인의 지리적 표시와 동일·유사한 상표로서 그 지리적 표시를 사용하는 상품과 동일하다고 인정되는 상품에 사용하는 상표(상 제34조 제1항 제18호)

[1] 의 의: 농수산물품질관리법 제32조에 따라 등록된 타인의 지리적 표시와 동일·유사한 상표로서 그 지리적 표시를 사용하는 상품과 동일하다고 인정되는 상품에 사용하는 상표(상 제34조 제1항 제18호)는 등록받을 수 없다.

[2] 적용요건

(i) 농수산물 품질관리법 제32조에 따라 등록된 타인의 지리적 표시와 동일·유사한 상표일 것

(ii) 그 지리적 표시를 사용하는 상품과 동일하다고 인정되는 상품에 사용하는 상표일 것

[3] 농수산물 품질관리법 제32조에 따라 등록된 타인의 지리적 표시와 동일·유사한 상표일 것: 본 호는 농수산물 또는 농수산가공품에 대한 지리적 표시로서 '농수산물 품질관리법'에 따라 등록된 지리적 표시에 한하여 적용된다. 본 호는 '농수산물 품질관리법' 제32조에 따라 등록된 타인의 지리적 표시에 적용되는 것이므로 본인의 지리적 표시에는 적용되지 아니한다. 예컨대, 보성녹차 표장에 대하여 영농조합법인 보성녹차연합회에서 농수산물 품질

---

226) 상표심사기준(2019년), 제5부 제17장 §1.1.
227) 상표심사기준(2019년), 제5부 제17장 §1.2.

관리법에 따라 지리적 표시로 등록(농산물 제1호)을 받고, 상표법에 따라 지리적 표시 단체표장으로 출원하여 등록(44−0000018호)받은 경우에는 본 호를 적용하지 아니한다.[228]

[4] 그 지리적 표시를 사용하는 상품과 동일하다고 인정되는 상품에 사용하는 상표일 것

본 호의 '동일하다고 인정되는 상품'이란 주요 원재료에서 가공방법 등의 차이가 있는 상품에 해당하나 소비자가 상품의 출처를 같은 생산자에게서 생산된 것이라고 인정되는 상품을 의미한다. 예컨대, 백도와 황도는 동일하다고 인정되나 녹차와 홍차는 동일하다고 인정되지 않는다.[229] 그리고 본 호는 그 지리적 표시를 사용하는 상품과 동일하다고 인정되는 상품에 한하여 적용되며, 유사한 상품에는 적용되지 아니한다.[230]

[5] 판단시점: 농수산물품질관리법에 의하여 등록된 지리적 표시와 출원상표의 동일 내지 유사 여부 판단 및 타인에 해당하는지 여부는 등록 여부 결정 시로 한다.

카. 자유무역협정에 따라 보호되는 타인의 지리적 표시와 동일하거나 유사한 상표의 경우(상 제34조 제1항 제19호)

[1] 의의 및 취지: 대한민국이 외국과 양자간(兩者間) 또는 다자간(多者間)으로 체결하여 발효된 자유무역협정에 따라 보호하는 타인의 지리적 표시와 동일하거나 유사한 상표 또는 그 지리적 표시로 구성되거나 그 지리적 표시를 포함하는 상표로서 해당 지리적 표시를 사용하는 상품과 동일하다고 인정되는 상품에 사용하는 상표(상 제34조 제1항 제19호)는 등록받을 수 없다. 이는 한−EU FTA 협정문을 반영하기 위해 2011년 6월 30일 개정된 상표법에 신설된 조항이다.

[2] 적용요건

(i) 대한민국이 외국과 양자간(兩者間) 또는 다자간(多者間)으로 체결하여 발효된 자유무역협정에 따라 보호하는 타인의 지리적 표시일 것

(ii) 그 지리적 표시와 동일하거나 유사한 상표 또는 그 지리적 표시로 구성되거나 그 지리적 표시를 포함하는 상표로서 해당 지리적 표시를 사용하는 상품과 동일하다고 인정되는 상품에 사용하는 상표일 것

[3] 대한민국이 외국과 양자간(兩者間) 또는 다자간(多者間)으로 체결하여 발효된 자유무역협정에 따라 보호하는 타인의 지리적 표시일 것: 본 호의 지리적 표시는 국내 등록 여부와

---

228) 상표심사기준(2019년), 제5부 제18장 §1.1.2.
229) 상표심사기준(2019년), 제5부 제18장 §1.2.
230) 상표심사기준(2019년), 제5부 제18장 §2.1.

무관하게 보호된다. 하지만, 협정 체약국에서 지리적 표시를 보호하지 않거나 보호를 중단한 경우에는 본 호를 적용하지 아니한다. 그리고 본 호는 타인의 지리적 표시에 한하여 적용되므로 본인의 지리적 표시에는 적용하지 아니한다.[231]

[4] 그 지리적 표시와 동일하거나 유사한 상표 또는 그 지리적 표시로 구성되거나 그 지리적 표시를 포함하는 상표로서 해당 지리적 표시를 사용하는 상품과 동일하다고 인정되는 상품에 사용하는 상표일 것: 본 호는 지리적 표시가 상표 구성에 표현되거나 부기적으로 표시된 경우에도 적용한다.[232] 이는 해당 지리적 표시를 한글 또는 영어로 번역한 것과 한글, 영어, 로마자표기법으로 음역한 것을 포함한다(한-EU FTA 부속서 참고). 예컨대 진도식 홍주, 해남 고구마(Haenam Sweet Potato) 등이 이에 해당한다.

[5] 판단의 기준시점: 등록 여부 결정 시를 기준으로 판단한다(상 제34조 제2항 본문).

[6] 제척기간: 제척기간이 없다(상 제122조 제1항).

타. 신의성실의 원칙에 반하는 상표(상 제34조 제1항 제20호 내지 제21호)

(1) 동업·고용 등 계약관계나 업무상 거래관계 또는 그 밖의 관계를 통하여 타인이 사용하거나 사용을 준비 중인 상표임을 알면서 그 상표와 동일·유사한 상표를 동일·유사한 상품에 등록출원한 상표(상 제34조 제1항 제20호)

[1] 동업·고용 등 계약관계나 업무상 거래관계 또는 그 밖의 관계를 통하여 타인이 사용하거나 사용을 준비 중인 상표임을 알면서 그 상표와 동일·유사한 상표를 동일·유사한 상품에 등록출원한 상표의 경우에는 등록을 받을 수 없다(상 제34조 제1항 제20호). 이는 타인과 계약 등 특정한 관계에 있던 자가 그 특정한 관계를 원인으로 하여 알게 된 그 타인의 상표를 자신의 상표로 등록출원하는 것은 거래관계에서 준수하여야 할 신의성실의 원칙을 위반한다는 점에서 2014년 개정을 통해 이 조문을 신설하였다.[233]

[2] 적용요건

(i) 동업·고용 등 계약관계나 업무상 거래관계 또는 그 밖의 관계를 통한 것이어야 한다.

(ii) 타인이 사용하거나 사용 준비 중인 상표임을 알고 있어야 한다.

(iii) 그 상표와 '동일·유사한 상표를 동일·유사한 상품'에 출원한 것이어야 한다. 본 호는 타인이 사용하거나 사용을 준비 중인 상표와 동일·유사한 상표를 동일·유사한 상품에

---

231) 상표심사기준(2019년), 제5부 제19장 §1.1.3.
232) 상표심사기준(2019년), 제5부 제19장 §1.2.1.
233) 이동근, 상표법 검토보고서, 10면.

출원한 경우에 적용한다.

[3] 동업·고용 등 계약관계나 업무상 거래관계 또는 그 밖의 관계: 여기에서 '그 밖의 관계'란 동업, 고용 등 계약관계나 업무상 거래관계에 준하여 신의성실원칙의 준수가 요구되는 일정한 관계를 의미한다. 따라서 이해관계가 없는 제3자의 영업활동이나 대중매체 등을 통하여 상표의 사용이나 사용 준비 중임을 알고 이를 출원하는 경우의 예에는 여기에 해당하지 않는다.

[4] 타 인: 출원인과의 관계에서 신의성실원칙의 준수가 요구되는 관계가 형성되어 있는 자로서 국내외 자연인, 법인은 물론 법인격 없는 단체나 외국인도 포함한다.234)

[5] 사용하거나 사용 준비 중인 상표: 그 지역적 범위와 관련하여 국내로 제한한 바 없으므로 속지주의 원칙이 배제된다. 특히 본 호가 적용되는 것은 신의관계를 그 핵심으로 하는 바, 속지주의 원칙을 배제하는 것이 타당하다. 따라서 본 호는 타인의 상표가 국내외에서 사용 또는 사용 준비 중인 경우에 적용된다.235) 계약관계나 업무상 거래관계 또는 그 밖의 관계가 있었다는 것이 증명되면 타인이 사용한 상표에 대한 인식이 있는 것으로 사실상 추정할 수 있으나 타인이 사용을 준비 중인 상표에 대한 인식이 있는 것으로 사실상 추정할 수는 없고 추가적인 증명이 필요하다고 생각한다.236)

[6] 판단의 기준시점: 출원 시를 기준시로 한다(상 제34조 제2항 단서).

(2) 조약 당사국에 등록된 상표와 동일·유사한 상표로서 그 등록된 상표에 관한 권리를 가진 자와의 동업·고용 등 계약관계나 업무상 거래관계 또는 그 밖의 관계에 있거나 있었던 자가 그 상표에 관한 권리를 가진 자의 동의를 받지 아니하고 그 상표의 지정상품과 동일·유사한 상품을 지정상품으로 하여 등록출원한 상표(상 제34조 제1항 제21호)

[1] 2016년 상표법 개정237)을 통해 조약국 상표권자의 동의 없는 상표등록을 제한하는

---

234) 상표심사기준(2019년), 제5부 제20장 § 1.2.1.

235) 같은 취지로, 송대호, "상표법 전부개정법률안 검토보고서(정부발의안)", 2015년 4월, 12-13면; 반대 입장으로는 상표심사기준(2019년), 제5부 제20장 § 1.2.2('사용하거나 사용 준비 중인 상표'라 함은 속지주의 원칙상 국내에서 사용 또는 사용 준비 중인 경우에 적용된다고 기술함).

236) 반대 입장으로는 상표심사기준(2019년), 제5부 제20장 §1.2.3(본 호는 "타인이 사용하거나 사용을 준비 중인 상표임을 알면서 출원한 경우에 적용되나, 계약관계나 업무상 거래관계 또는 그 밖의 관계가 있었다면 대부분 그러한 인식이 가능하므로, 계약관계 등이 입증되면 사용하거나 사용 준비 중인 사실을 알고 있는 것으로 본다."고 기술함).

237) [시행 2016. 9. 1.][법률 제14033호, 2016. 2. 29., 전부개정].

출원인의 범위를 동업·고용 등 계약관계나 업무상 거래관계 또는 그 밖의 관계로 확대하였다(제34조 제1항 제21호). 2016년 개정 상표법은 조약 당사국의 상표권리자와 "대리·대표 관계" 외에 "동업·고용 등 계약 관계와 업무상 거래 관계"에 있거나 있었던 자가 해당 권리자의 동의 없이 상표등록출원한 경우에도 상표등록을 받을 수 없도록 하였고, 이를 위반하여 등록된 경우 취소사유[238]에서 무효사유로 변경하였다.

[2] **입법취지**: 본 호는 파리협약 제6조의7을 반영하여 1980년 개정법에서 도입되었는데 조약 당사국의 정당한 권리자를 보호하기 위한 파리협약상의 규정을 준수하고 공정한 국제 거래를 확립하기 위한 규정이라고 볼 수 있다.

2016년 2월 29일 개정된 상표법상 제34조 제1항 제21호의 신설은 조약 당사국의 상표권자와 계약 또는 거래 관계를 통하여 해당 상표가 우리나라에 등록되지 않은 사실을 알고, 그 타인의 상표를 등록출원하는 것이 거래관계에서 준수하여야 할 신의성실의 원칙을 위반하는 것이라는 점에서 타당한 입법이다.[239]

특히, 2014년 6월 11일에 신설된 구 상표법 제7조 제1항 제18호(현행 상표법 제34조 제1항 제20호와 동일함)가 미등록 상표를 대상으로 신의성실원칙 위반의 경우 등록을 받을 수 없도록 하고 있다는 점을 감안하면, 2016년 2월 29일 개정된 상표법이 조약 당사국에 등록된 상표를 대상으로 등록거절결정을 하도록 한 것은 타당하다.[240]

다만, 2016년 2월 29일 개정된 상표법에서는 구 상표법 제23조 제1항 제3호의 법문 중 "대리·대표 등 업무상 거래관계"라는 표현은 대리 또는 대표가 상표권자의 거래 상대방에 해당하는 것으로 오인할 우려가 있으므로 현행법 제34조 제1항 제20호와 일관성을 유지하도록 표현을 통일하여 "동업·고용 등 계약관계나 업무상 거래관계 또는 그 밖의 관계"로 개정하였다.[241]

한편, 구 상표법 제7조 제1항 제18호(2016년 2월 29일 개정된 상 제34조 제1항 제20호)에서 국내로 그 지역적 범위를 제한하지 않음에 따라 이미 신의성실의 원칙과 관련하여서는 속지주의를 배제하고 있었다. 따라서 2016년 2월 29일 개정된 상표법의 입법 과정 중 구 상표법

---

238) 2016년 개정 이전의 상표법(2016년 2월 29일 전부 개정되어 2016년 9월 1일 시행된 법률 제14033호 이전의 상표법) 제73조 제1항 제7호에 따르면, 구 상표법 제23조 제1항 제3호 본문에 해당하는 상표가 등록된 경우에 그 상표에 관한 권리를 가진 자가 해당 상표등록일부터 5년 이내에 취소심판을 청구할 수 있었다.
239) 송대호, 앞의 검토보고서. 12면.
240) 송대호, 위의 검토보고서, 12면.
241) 송대호, 위의 검토보고서, 12면.

상 권리자의 상표등록이의신청 또는 정보제공 필요를 규정하고 있는 단서를 삭제하는 것이 속지주의 및 선등록주의를 원칙으로 하고 있는 우리 법제에 어울리지 않으며, 국내 출원을 하지 않은 외국 상표권자에 대한 보호가 지나치다는 법무부의 견해가 있었으나, 구 상표법 제23조 제1항 제3호 단서를 삭제한 2016년 2월 29일 개정 상표법은 제34조 제1항 제20호 와의 일관성 측면에서 타당하다.242)

그리고 현행 상표법 제34조 제1항 제20호를 위반하여 등록된 경우와 마찬가지로 현행 상 표법 제34조 제1항 제21호를 위반하여 등록된 경우에도 상표법 제117조 제1항 제1호에 따 라 무효심판의 대상으로 규정하고 있는 것은 신의성실원칙 위반에 대한 동일한 처리라는 점 에서 타당하다.243)

[3] 적용요건

(i) '조약 당사국에 등록된 상표와 동일·유사한 상표를 그 상표의 지정상품과 동일·유사 한 상품'에 출원한 것이어야 한다.

(ii) '상표에 관한 권리를 가진 자와 동업·고용 등 계약관계나 업무상 거래관계 또는 그 밖의 관계에 있거나 있었던 자'이어야 한다. 관계가 있거나 있었던 자가 해당되므로 본 호의 판단시점인 '상표등록출원을 한 때'를 기준으로 계약관계 등이 반드시 유지되고 있을 필요는 없고, 과거에 계약관계 등이 있었던 자도 적용된다.244) 2016년 9월 1일 시행(2016년 2월 29 일 전부 개정) 전의 구 상표법 제23조 제1항 제3호의 '대리인이나 대표자 또는 대리인이나 대 표자이었던 자'도 본 호의 '동업·고용 등 계약관계나 업무상 거래관계 또는 그 밖의 관계가 있거나 있었던 자'에 포함된다.245)

(iii) '상표에 관한 권리를 가진 자의 동의를 받지 않았을 것'이어야 한다.

[4] 판단의 기준시점: 출원 시를 기준시로 한다(상 제34조 제2항 단서).

---

242) 송대호, 앞의 검토보고서, 12 - 13면.
243) 송대호, 앞의 검토보고서, 14면.
244) 상표심사기준(2019년), 제5부 제21장 §1.2.3.
245) 상표심사기준(2019년), 제5부 제21장 §1.2.4.

제7절 상표의 절차적 등록요건

I. 의 의

상표가 등록되기 위해서는 (i) 상표의 구성요건(상표법에서 정하는 상표이어야 함(상 제2조 제1항 제1호))과 (ii) 상표의 실체적 등록요건(적극적 등록요건(자타상품식별력을 갖추고 있어야 함(상 제33조))과 소극적 등록요건(상표부등록사유에 해당하지 아니하여야 함(상 제34조))을 구비하여야 할 뿐만 아니라 (iii) 절차적 요건으로서 아래에서 언급하는 주체적 요건(인적 요건), 객체적 요건(국내에서 자기의 상품에 사용 또는 사용할 의사가 존재하여야 하고, 자타 상품을 식별할 수 있는 것이어야 하며, 1상표 1출원을 위반하지 아니하여야 한다(상 제38조)) 및 선출원의 요건(상 제35조) 등을 구비하여야 한다.

II. 주체적 요건

1. 의 의

(i) 국내에서 상표를 사용하는 자 또는 사용하고자 하는 자(상 제3조 제1항 본문)
(ii) 출원인은 권리능력자(자연인 또는 법인)이어야 한다.

[1] 첫째, 출원인이 국내에서 자기의 상품, 서비스에 현실적으로 사용하거나 장래 사용할 의사가 있는 상표가 아니면 상표등록을 받을 수 없다(상 제3조 제1항 본문). 둘째, 자기의 상표를 등록하는 자이어야 한다. 그러므로 상품상표, 서비스상표, 업무표장의 경우에는 처음부터 타인이 사용하게 할 목적으로 표장등록을 받을 수는 없다. 다만, 단체표장과 증명표장의 경우에는 타인이 사용하게 할 목적으로 상표등록을 받을 수 있다. 왜냐하면 "단체표장"이란 상품을 생산·제조·가공·판매하거나 서비스를 제공하는 자가 공동으로 설립한 법인이 직접 사용하거나 그 소속 단체원에게 사용하게 하기 위한 표장이고(상 제2조 제1항 제3호), "증명표장"이란 상품의 품질, 원산지, 생산방법 또는 그 밖의 특성을 증명하고 관리하는 것을 업(業)으로 하는 자가 타인의 상품에 대하여 그 상품이 품질, 원산지, 생산방법 또는 그 밖의 특성을 충족한다는 것을 증명하는 데 사용하는 표장(상 제2조 제1항 제7호)이기 때문이다.

[2] 출원인의 업무와 출원서에 기재된 지정상품 등과의 사이에 사용의 관계가 인정되지 않는 것이 명백한 경우에는 상표등록을 받을 수 없다.

예: 법무법인, 은행, 보험회사는 상품의 제조나 판매를 업으로 하는 것이 금지되어 있기 때문에 스스로 상표를 상품에 대하여 사용할 의사가 있다고 볼 수 없다. 다만, 법무법인, 은행이나 보험회사라 하더라도 법률서비스, 금융이나 보험서비스에 대해 상표의 등록을 받을 수 있는 것은 가능하다.

[3] 출원인이 권리능력을 갖는지 여부를 판단하여야 한다. 우리나라에서 상표등록을 받을 수 있는 자는 자연인 또는 법인으로 한정한다. 외국인 또는 외국법인은 상표법 제27조가 적용된다. 상표법 제27조가 적용되는 경우를 제외하고는 상표권 기타 상표에 관한 권리를 향유할 수 없다. 하지만 파리협약 동맹국의 국민, 파리협약동맹국에 주소, 영업소를 갖는 비동맹국의 국민(파리협약 제2조, 제3조) 등에 대해서는 "조약 및 이에 준하는 것"에 의하여 상표권 기타 상표에 관한 권리의 향유를 인정하고 있는 경우에 해당하기 때문에 그에 따라야 한다(상 제27조 제3호).

[4] 따라서 우리나라에서 상표권자가 될 수 있는 자격을 갖는 자(자연인 또는 법인)로서 국내에서 상표를 사용하는 자(법인, 개인, 공동사업자) 또는 사용하려고 하는 자는 상표법 제3조가 정하는 바에 의하여 자기의 상표를 등록받을 수 있다.

2. 요 건

가. 서 설

[1] 출원인을 상표법상 권리능력과 절차능력을 가져야 한다.

[2] **상표법상 권리능력**: 상표등록에 관한 권리를 향유할 수 있는 능력으로 내국인과 외국인으로서 국내에 주소 또는 영업소를 가진 자라면 자연인, 법인 모두 권리능력이 인정된다. 다만 재외자인 외국인은 (i) 그 외국인이 속하는 국가에서 대한민국 국민에 대하여 그 국민과 같은 조건으로 상표권 또는 상표에 관한 권리를 인정하는 경우, (ii) 대한민국이 그 외국인에 대하여 상표권 또는 상표에 관한 권리를 인정하는 경우에는 그 외국인이 속하는 국가에서 대한민국 국민에 대하여 그 국민과 같은 조건으로 상표권 또는 상표에 관한 권리를 인정하는 경우, (iii) 조약 및 이에 준하는 것(이하 "조약"이라 한다)에 따라 상표권 또는 상표에 관한 권리를 인정하는 경우 중 어느 하나에 해당하는 경우에 한하여 상표등록을 받을 수 있다(상 제27조).

[3] 법인이 아닌 사단이나 재단은 상표권 및 상표등록에 관한 권리를 향유하지 못하나,

상표법에서와 같이 법인이 아닌 사단 또는 재단으로서 대표자 또는 관리인이 정하여져 있는 경우에는 그 사단 또는 재단의 이름으로 상표등록이의신청인, 심판의 청구인 및 피청구인 또는 재심의 청구인 및 피청구인이 될 수 있다(상 제5조). 즉, 특허법상 이의신청제도가 삭제되었지만, 상표법상 등록이의신청인제도가 존재하는 관계로 법인이 아닌 사단 또는 재단으로서 대표자 또는 관리인이 정해져 있다면 그 사단 또는 재단의 이름으로 이의신청인이 될 수 있다고 종래의 해석론을 받아들여 2011년 개정 상표법은 이를 명시하였다. 하지만 상표법 제5조는 일정한 경우에 권리능력이 인정되는 것으로서 제한적으로 해석되어야 하므로 법인이 아닌 단체는 상표등록출원이나 상표등록을 받을 수 없을 것으로 해석된다.

나. 권리능력

(1) 의 의

[1] **권리능력**: 권리의 주체가 될 수 있는 추상적·잠재적인 법률상의 지위

[2] **상표법상 권리능력**: 상표에 관한 권리를 향유할 수 있는 상표법상 지위 또는 자격

[3] **상표법상의 내용**: 법인이 아닌 사단 등 규정(상 제5조)과 외국인의 권리능력 규정(상 제27조)을 두고 있는 것 이외에는 특별히 그 권리능력에 관한 규정을 두고 있지 않다. 이와 관련해서는 민법상 권리능력 규정이 적용될 것이다. 따라서 자연인과 법인은 상표법상 권리능력이 인정된다.

(2) 법인 등 단체의 권리능력

(가) 법인의 권리능력

특허법원 2003. 4. 25. 선고 2002허8035 판결 : 확정[등록무효(상)]

[판결요지]

[1] 대한축구협회는 대한체육회의 가맹단체로서 축구 경기를 국민에게 널리 보급하여 국민체력을 향상하게 하며, 산하·가맹단체를 통할·지도하고 우수한 지도자와 선수를 양성하여 국위 선양을 도모함으로써 한국 축구의 건전한 육성 발전에 기여함을 목적으로 1933. 9. 19. 설립된 권리능력 없는 사단으로 위 목적을 달성하기 위한 범위 내의 사업을 행하고 있다는 사정만으로는 대한축구협회를 상표법 제7조 제1항 제3호 소정의 공공단체나 그 기관 또는 공익법인으로 보기 어렵다고 한 사례.

[2] 등록상표서비스표가 상표법 제7조 제1항 제4호에 해당하려면 주지·저명한 타인의 상표를 모방하여야 하고, 같은 항 제11호에 해당하려 면 특정인의 상표라고 인식된 상표

와 동일·유사한 상표여야 하는바, 대한축구협회의 표장인 등록상표서비스표 " " 를 그 대표자인 개인이 출원·등록하기는 하였으나, 이는 상표법상 권리능력 없는 사단이 그 명의로 상표를 출원을 할 수 있는 규정이 없기 때문에 대한축구협회가 그 대표자인 개인 명의로 위 등록상표서비스표를 출원·등록받은 것이고, 위 등록상표서비스표는 개인이 아니라 대한축구협회가 대한축구협회규약에서 정하고 있는 의사결정방법에 따라 사용하고 있어 실질적으로는 대한축구협회가 사용하는 표장 그 자체라고 할 것이어서 상표법 제7조 제1항 제4호, 제11호에 해당하지 않는다고 한 사례.

(나) 법인이 아닌 사단 등의 권리능력

[1] 상표법 제5조에서는 법인이 아닌 사단 등의 규정을 두어 일정한 경우 그 이름으로 청구인 및 피청구인이 될 수 있도록 하고 있다. 이러한 규정은 민사소송법상 비법인의 당사자능력규정(민사소송법 제52조)을 두고 있는 것과 비교할 수 있다. 민사소송법이 민법의 규정과는 달리 법인격 없는 사단이나 재판이라고 하여도 대표자나 관리인이 있어서 외부에 대해 명확한 조직을 갖고 있는 경우에는 당사자능력을 인정하여 그 자체의 이름으로 원고나 피고가 될 수 있도록 하고 있다.

[2] 특허법 제4조의 내용: 당사자계 심판인 특허무효심판(특 제133조), 권리범위확인심판(특 제135조), 통상실시권허여심판(특 제137조), 특허권의 존속기간연장등록무효심판(특 제134조)에 의한 심결에 대한 재심에 있어서는 재심청구인뿐만 아니라 재심피청구인도 법인격 없는 사단이나 재단이 될 수 있다. 그 밖에 법인이 아닌 사단 등은 대표자나 관리인이 정하여져 있는 경우에는 출원심사의 청구인, 특허취소신청인이 될 수 있다. 다만 특허법상 권리능력이 있음을 전제로 하는 (i) 출원인, (ii) 거절결정, 취소결정에 대한 심판청구인, (iii) 정정심판청구인, (iv) 적극적 권리범위확인심판청구인, (v) 통상실시권허여심판청구의 피청구인, (vi) 무효심판의 피청구인, (vii) 존속기간연장등록출원의 출원인은 비법인사단이나 재단이 될 수 없다.

[3] 상표법: 무효심판, 취소심판, 권리범위확인심판 등을 청구할 수 있고, 법인격 없는 사단 등이 피청구인이 될 수 있다. 하지만 실제로 법인격 없는 사단등은 상표권자가 될 수 없음을 전제로 할 때, 상표권자로서 밟을 수 있는 상표심판절차는 불가능하다. 상표절차와 관련한 법인격 없는 사단 등이 청구인이 될 수 있는 경우는 (i) 이의신청, (ii) 무효심판, 존속기간의 갱신등록무효심판, 취소심판, (iii) 소극적 권리범위확인심판의 청구 및 (iv) 이러한

심판의 확정심결에 대한 재심의 청구 등이고, 심판의 피청구인이 될 수 있는 경우는 적극적 권리범위확인심판의 피청구인과 같이 상표권의 주체가 아닌 심판에 한정된다. 상표법 제5조는 "법인이 아닌 사단 또는 재단으로서 대표자 또는 관리인이 정해져 있는 경우에는 그 사단이나 재단의 이름으로 제60조 제1항에 따른 상표등록의 이의신청인이나 심판 또는 재심의 당사자가 될 수 있다."라고 규정하고 있다.

(다) 외국인의 권리능력

[1] 헌법 제6조 제1항에 "헌법에 의하여 체결, 공포된 조약과 일반적으로 승인된 국제법규는 국내법과 같은 효력을 가진다."라고 규정함으로써 조약이 국내법과 동일한 효력을 가지는 것으로 규정하고 있다. 하지만 종래 조약이 국내법에 저촉되는 경우에 어떠한 효력을 가지는지 여부에 대해서는 학설이 대립하고 있었다. 이와 관련하여 2011년 개정246) 이전의 상표법 제5조(조약의 효력)는 상표법과 조약이 상충될 경우에 조약이 우선함을 명시하여 이에 대한 해답을 제시하였었다(2011년 개정247) 이전의 구 상표법 제5조, 2011년 개정248) 이전의 구 특허법 제26조 준용). 그런데 2011년 개정 특허법249)에서는 구 특허법 제26조를 삭제하였다. 왜냐하면 특허법 등 지식재산권 관련 국내법에서 국제조약과 국내법이 저촉되어 충돌할 경우에는 국제조약이 우선 적용한다는 규정은 헌법절차에 따라 체결·공포된 조약이나 일반적으로 승인된 국제통상법규가 국내법과 같은 효력을 가진다고 규정한 헌법 제6조 제1항에 반하기 때문이다.250)

[2] 현재 우리나라가 상표제도와 관련하여 가입한 조약은 WIPO 설립조약(1979. 3. 1.), 파리협약(1980. 5. 4.), 마드리드 의정서, 상표법조약(Trademark Law Treaty; 2002. 11. 25. 가입, 2003. 2. 25. 발효), 표장등록을 위한 상품 및 서비스의 국제분류에 관한 니스협정(Nice Agreement Concerning the International Classification of Goods and Services for the Purposes of the Registration of Marks), 표장의 도형요소의 국제분류 제정을 위한 비엔나협정 (Vienna Agreement Establishing an International Classification of the Figurative Elements of Marks), WTO/TRIPs 협정, 상표법에 관한 싱가포르 조약(Singapore Treaty on the Law of Trademarks) (2006. 3. 27. 싱가포르에서 개최된 외교회의를 통하여 채택된 조약, 2016. 4. 1. 가입, 2016. 7. 1. 발

---

246) [시행 2012. 3. 15.][법률 제11113호, 2011. 12. 2., 일부개정].
247) [시행 2012. 3. 15.][법률 제11113호, 2011. 12. 2., 일부개정].
248) [시행 2012. 3. 15.][법률 제11117호, 2011. 12. 2., 일부개정].
249) [시행 2012. 3. 15.][법률 제11117호, 2011. 12. 2., 일부개정].
250) 문병철, 2011년 특허법보고서, 9면.

효) 등이다.

① 국내에 주소나 영업소가 없는 외국인

[1] **파리협약**: 내외국민 평등주의를 원칙으로 한다(파리협약 제2조 제1항).

[2] **무역 관련 지식재산권에 관한 협정(WTO/TRIPs)**: 내외국민 평등주의를 원칙으로 한다. 즉, 각 회원국은 지식재산권보호에 관하여 자국민에 대하여 부여하는 것과 최소한 동등한 대우를 타회원국의 국민에게 하여야 한다.

[3] **상표법 제27조**: 재외자 중 외국인은 (i) 그 외국인이 속하는 국가에서 대한민국 국민에 대하여 그 국민과 같은 조건으로 상표권 또는 상표에 관한 권리를 인정하는 경우(평등주의), (ii) 대한민국이 그 외국인에 대하여 상표권 또는 상표에 관한 권리를 인정하는 경우에는 그 외국인이 속하는 국가에서 대한민국 국민에 대하여 그 국민과 같은 조건으로 상표권 또는 상표에 관한 권리를 인정하는 경우(상호주의), (iii) 조약 및 이에 준하는 것(이하 "조약"이라 한다)에 따라 상표권 또는 상표에 관한 권리를 인정하는 경우 가운데 어느 하나에 해당하는 경우를 제외하고 상표권 또는 상표에 관한 권리를 향유할 수 없다고 규정하고 있다.251)

[4] **외국인**: 대한민국 국적을 가지지 않은 자로 자연인은 물론 외국에서 인가된 법인도 포함한다. 무국적자도 외국인이며, 그 권리능력은 준동맹국 국민에 준하여 인정된다.

[5] 국내에 주소 또는 영업소를 가졌거나 조약 협정국의 국내에 주소 또는 영업소를 가진 자는 무국적자라도 우리나라에서 상표에 관한 권리능력이 인정된다.

[6] 내외국민을 불문하고 권리능력이 없는 상태에서 밟은 상표에 관한 절차는 그 절차가 지속될 수 없다. 외국인이 상표법 제27조에서 규정한 바에 의한 권리능력이 없는 상태에서 상표출원을 하였다면 거절이유, 이의신청의 이유 및 무효사유가 된다. 다만 권리능력이 없는 자가 출원절차를 밟았을 경우에 출원서에 대한 방식심사단계에서 그 출원에 대한 처리방법에 대해서는 (i) 불수리처분해야 한다는 견해, (ii) 심사관의 실질적 심사에 맡겨야 한다는 견해, (iii) 절차보정 후 무효처분해야 한다는 견해 등이 존재한다. 실무적으로 법인격 유무 및 외국인의 권리능력은 방식심사사항으로 하고 있고 파리조약 당사국 또는 상호주의 국가의 국민이 아닌 자가 출원한 경우 권리능력을 인정할 만한 증명서류의 제출을 지시할 수 있

---

251) **대법원 1976. 4. 27. 선고 74후61판결[거절사정]에서는** "외국인은 우리나라에 주소나 영업소가 없을 때에는 원칙적으로 상표에 관한 권리능력을 인정하지 않지만 예외로서 조약이나 협정이 체결되거나 또는 그 외국인이 속하는 나라의 법률에 의하여 우리나라의 국민에게 그 나라안에 주소나 영업소가 없더라도 상표에 관한 권리를 허용하는 국가의 국민에 대하여는 우리나라도 상표에 관한 권리를 향유케 한다."라고 판시한 바 있다.

도록 하고 있다. 또한 출원 시 법인격의 존부가 불분명한 사업체나 단체명으로 출원한 경우 특허청장 등은 출원인에게 법인증명을 제출하게 하고 주어진 기간 내에 법인임을 증명하지 못하면 해당 출원을 부적법한 것으로 판단하여 출원서류를 반려하고 있다(상표법 시행규칙 제13조 제2항 및 제4항, 제25조 제1항 제2호). 따라서 (i)의 입장이 타당하다.

다. 절차능력(=행위능력)

(1) 의 의

[1] **절차능력(=행위능력)**: 단독으로 유효한 법률행위를 할 수 있는 능력

[2] **상표법 제4조**: 민법규정을 기초로 하여 상표에 관한 절차 수행에 관한 제한능력자의 행위능력을 규정하고 있다(상 제4조).

[3] 상표에 관한 절차를 스스로 행할 수 있는 능력이 없는 자는 법정대리인 등의 능력이 있는 제3자에 의하여 상표절차를 수행하도록 함으로써 자기의 권리주장 또는 방어를 제대로 하지 못하는 자를 보호하고 있다.

(2) 상표법상 절차능력이 없는 자

[1] **상표법 제4조**: 상표법 제4조는 "미성년자 등의 행위능력"이라는 표제하에 "① 미성년자·피한정후견인(상표권 또는 상표에 관한 권리와 관련된 법정대리인이 있는 경우만 해당한다) 또는 피성년후견인은 법정대리인에 의해서만 상표등록에 관한 출원·청구, 그 밖의 절차(이하 "상표에 관한 절차"라 한다)를 밟을 수 있다. 다만, 미성년자 또는 피한정후견인이 독립하여 법률행위를 할 수 있는 경우에는 그러하지 아니하다.

② 제1항의 법정대리인은 후견감독인의 동의 없이 상대방이 청구한 제60조에 따른 상표등록 이의신청(이하 "이의신청"이라 한다)이나 심판 또는 재심에 대한 절차를 밟을 수 있다."라고 규정하고 있다.

[2] 상표법 제4조 제1항 단서는 "다만, 미성년자 또는 피한정후견인이 독립하여 법률행위를 할 수 있는 경우에는 그러하지 아니하다."라고 규정하여 미성년자 또는 피한정후견인이 법정대리인에 의하지 아니하고 직접 특허에 관한 절차를 밟을 수 있는 경우를 규정하고 있다.

예: 제한능력자가 독립하여 법률행위를 할 수 있는 경우는 권리만 얻거나 의무만 면하는 행위(민 제5조 제1항), 처분이 허락된 재산의 처분행위(민 제6조), 영업의 허락을 받은 경우 그 영업에 관한 행위(민 제8조 제1항), 대리행위(민 제117조), 유언행위(민 제1062조) 등이 있다.

[3] **재외자의 상표관리인**: 국내에 주소나 영업소가 없는 자(이하 "재외자"라 한다)는 재외

자(법인인 경우에는 그 대표자를 말한다)가 국내에 체류하는 경우를 제외하고는 그 재외자의 상표에 관한 대리인으로서 국내에 주소나 영업소가 있는 자(이하 "상표관리인"이라 한다)에 의해서만 상표에 관한 절차를 밟거나 이 법 또는 이 법에 따른 명령에 따라 행정청이 한 처분에 대하여 소(訴)를 제기할 수 있다(상 제6조 제1항).

(3) 제한능력자의 대리 및 추인

[1] 상표법상 제한능력자는 법정대리인의 동의하에서도 상표에 관한 절차를 직접 수행할 수 없다.

[2] 상표법상 법정대리인의 권한은 민법상 법정대리인이 제한능력자에 대한 동의권을 행사할 수 있는 것과는 달리 동의권은 존재하지 않고 대리권만을 인정하고 있다.

① 법정대리인의 권한

[1] **미성년자의 경우**: 일차적으로 친권자가 법정대리인이 되고, 친권자가 없거나 친권을 행사할 수 없는 경우에는 미성년후견인이 법정대리인이 된다.

[2] **피한정후견인 내지 피성년후견인의 경우**: 한정후견인 내지 성년후견인이 법정대리인이 된다.

[3] **상표법 제4조 제2항**: 법정대리인은 후견감독인의 동의 없이 상대방이 청구한 상표권등록이의신청, 심판 또는 재심에 대한 절차를 밟을 수 있다. 상표법상 심판은 일종의 행정소송과 유사한 것으로 원칙적으로 제한능력자를 위해서는 후견감독인의 동의를 얻어야 한다. 하지만 법정대리인이 직접 능동적으로 심판을 청구하는 것이 아니라 심판의 상대방이 청구한 사항에 대하여 수동적으로 절차를 밟는 경우에는 직권주의와 같은 특허심판의 특수성에 비추어 보아 후견감독인의 동의는 요하지 아니하므로 상표법 제4조 제2항과 같이 규정하고 있다.

② 재외자의 상표관리인의 권한

상표관리인은 위임된 권한의 범위에서 상표에 관한 절차 및 이 법 또는 이 법에 따른 명령에 따라 행정청이 한 처분에 관한 소송에서 본인을 대리한다(상 제6조 제2항).

③ 추 인

[1] 절차능력이 없는 자가 밟은 절차는 효력이 발생하지 아니하고 무효이며, 그 절차에 의하여 성립한 행위도 무효로 되는 것이다. 다만 당사자나 법정대리인의 추인이 있을 때에는 행위 시에 소급하여 효력이 발생하며 이러한 추인은 해당 절차를 무효로 하기 전까지 언제든지 할 수 있다(상 제9조).

[2] 2006년 3월 3일 개정 이전의 특허법 제3조 제3항은 "행위능력 또는 법정대리권이 없거나 특허에 관한 절차를 밟음에 필요한 수권이 흠결된 자가 밟은 절차는 보정된 당사자나 법정대리인의 추인이 있을 때에는 행위 시에 소급하여 그 효력이 발생한다."고 규정하고 있어, 무능력자, 무권대리인 또는 기타 특허에 관한 절차를 밟음에 필요한 수권이 없는 자가 특허청에 대하여 밟은 절차는 추후에 한 보정에 의하여 적법한 절차로서 인정되도록 하고 있었다. 다만 이 경우 상표법상 행위능력 또는 법정대리권이 없거나 대리권에 관한 수권이 흠결된 자가 밟은 절차는 취소할 수 있는 행위가 아니고, 그 절차의 효과는 무효로 보아야 하였을 것이다.

[3] 구 특허법 제3조 제3항이 삭제되었으나, 삭제이유는 민법의 규정을 그대로 옮겨 놓은 것이라 불필요하다고 생각하였기 때문이었다. 하지만, 2011년 개정 상표법 제5조의6에 따르면, "행위능력 또는 법정대리권이 없거나 상표에 관한 절차를 밟는 데 필요한 권한의 위임이 흠결된 자가 밟은 절차는 보정된 당사자나 법정대리인의 추인이 있으면 행위 시로 소급하여 그 효력이 발생한다."라고 규정하였는데, 이는 민법의 규정을 확인하는 의미가 있었다. 현행 상표법 제9조도 "행위능력 또는 법정대리권이 없거나 상표에 관한 절차를 밟는 데 필요한 권한의 위임에 흠이 있는 자가 밟은 절차는 보정(補正)된 당사자나 법정대리인이 추인(追認)하면 행위를 한 때로 소급하여 그 효력이 발생한다."라고 규정하여 민법의 규정을 확인하는 의미에 그치고 있다.

(4) 절차무능력자가 밟은 절차의 처리

[1] 특허청장, 특허심판원장 또는 심판장은 특허출원 청구 및 기타에 관한 절차가 절차능력이 없는 자가 절차를 밟았거나, 절차를 밟음에 필요한 수권이 흠결된 경우에는 산업통상자원부령으로 정하는 바에 따라 기간을 정하여 그 보정을 명하여야 한다(상 제39조).

[2] 특허청장 또는 특허심판원장은 출원인 등에게 보정을 명하였으나 이에 불응하거나 또는 흠결을 보정할 수 없을 때에는 출원 및 기타 절차를 무효로 할 수 있다(상 제18조 제1항).

[3] 심판장은 심판청구인 등 당사자가 밟은 절차에 대하여 절차능력 흠결을 이유로 보정을 명하였음에도 이에 불응하거나 흠결을 보정할 수 없을 때에는 심판청구서를 결정각하하여야 한다.

III. 객체적 요건

[1] 상표등록을 받고자 하는 자는 자연인 또는 법인으로서의 권리능력과 절차능력을 갖추어야 하고, 이러한 요건을 갖춘 자는 상표를 상품에 사용하거나 사용할 의사가 있어야 하고, 그 상표에 자타상품식별력이 있어야만 상표로서 출원할 수 있다. 다만, 특허청직원 및 특허심판원직원은 상속 또는 유증의 경우를 제외하고는 재직 중 상표를 등록받을 수 없다(상 제3조 제1항 단서).

[2] 상표권자 또는 그 상표권자의 상표를 사용하는 자는 제119조 제1항 제1호부터 제3호까지 및 제5호부터 제9호까지의 규정(상표등록의 취소사유)에 해당한다는 이유로 상표등록의 취소심판이 청구되고 그 청구일 이후에 (i) 존속기간이 만료되어 상표권이 소멸한 경우 (ii) 상표권자가 상표권 또는 지정상품의 일부를 포기한 경우 (iii) 상표등록 취소의 심결(審決)이 확정된 경우 중 어느 하나에 해당하게 된 경우 그 상표와 동일·유사한 상표(동일·유사한 상품(지리적 표시 단체표장의 경우에는 동일하다고 인정되는 상품을 말한다)을 지정상품으로 하여 다시 등록받으려는 경우로 한정한다)에 대해서는 그 해당하게 된 날부터 3년이 지난 후에 출원해야만 상표등록을 받을 수 있다(상 제34조 제3항).

[3] 상표법에서 정하여진 절차방식에 따라 출원절차를 진행해야 한다.

IV. 1상표 1출원주의

1. 의 의

현행 상표법에서는 1상표 다류 1출원주의를 원칙으로 하고 있다. 이 원칙에 따르면, 상표등록출원은 상표마다 별개로 하여야 하지만, 상품의 면에서는 둘 이상의 상품류 구분에 속하는 상품도 동시에 지정하여 하나의 출원으로 할 수 있다(상 제38조 제1항).

2. 요 건

[1] 요 건: (i) 산업통상자원부령이 정하는 상품류 구분 내일 것(상 제36조 제1항 제4호 및 상표법 시행규칙 제28조 제1항), (ii) 1류 구분 이상의 상품을 지정하여 출원할 것, (iii) 상표마

다 출원할 것을 그 요건으로 한다.

[2] 산업통상자원부령이 정하는 상품류 구분 내일 것: 상표법 시행규칙 제28조 제1항 별표에서 상품류 구분을 정하고 있는데, 1998년 3월 1일부터 국내분류(니스분류)를 반영한 상품류 구분표를 마련하여 이용하고 있다.

[3] 1류 구분 이상의 상품을 지정하여 출원할 것: 2007년 개정 상표법 시행규칙 개정 이래 '협의의 포괄명칭'으로 기재하는 것을 인정하였다. 협의의 포괄명칭이란 동일 상품류 구분 내의 동일한 유사군 코드에 속하는 여러 상품을 포함하는 일반적인 상품명칭을 의미한다.

3. 판단 및 효력

[1] 1상표 1출원의 원칙에 위반하여 행해진 상표등록출원은 거절이유(상 제54조 제3호), 정보제공이유(상 제49조) 및 이의신청이유(상 제60조 제1항 제1호)에 해당한다. 하지만 이에 위반되어 잘못 등록되었다고 하더라도 무효로 되는 것은 아니라고 본다(상 제117조 제1항 제1호).

[2] 시기적 기준: 상표등록 여부 결정 시를 기준으로 판단한다.

특허법원 2009. 6. 26. 선고 2009허2753 판결[거절결정(상) 상고]

[판결요지]

[1] 상표법 제10조 제3항에 의하면 상품류 구분은 상품의 유사범위를 정하는 것은 아니므로, 지정상품의 표시가 상품류 구분상 어느 분류에 속하는지를 명백히 알 수 있고, 상표권의 보호범위를 정할 수 있을 정도로 명확한 이상, 단순히 그 상품류 구분 분류 기재를 잘못하였다고 하여 상표법 제10조 제1항에 위반된다고 할 수 없고, 특허청으로서는 그와 같은 경우 상품류 구분 분류 기재를 직권으로 바로잡아 심사절차나 상표등록절차를 진행하는 등의 방법을 강구하여야 한다. 따라서 출원인이 출원상표의 출원 보정서에 상품류 구분 분류 기재를 잘못한 경우, 그 출원상표의 출원은 상표법 제10조 제1항에서 정한 거절사유에 해당한다고 할 수 없다.

[2] 상표의 유사 여부는 두 개의 상표를 놓고 그 외관, 호칭, 관념 등을 객관적·전체적·이격적으로 관찰하여 거래상 일반 수요자나 거래자가 상표에 대하여 느끼는 직관적 인식을 기준으로 하여 그 상품의 출처에 대한 오인·혼동의 우려가 있는지의 여부에 의하여 판별되어야 하고, 문자와 문자 또는 문자와 도형의 각 구성 부분이 결합된 결합상표는 반드시 그 구성 부분 전체에 의하여 호칭·관념되는 것이 아니라 각 구성 부분을 분리하여 관찰하면 거래상 자연스럽지 못하다고 여겨질 정도로 불가분적으로 결

합한 것이 아닌 한, 그 구성 부분 중 일부만으로 간략하게 호칭·관념될 수도 있으며, 또 하나의 상표에서 두 개 이상의 호칭이나 관념을 생각할 수 있는 경우에 그 중 하나의 호칭, 관념이 타인의 상표와 동일 또는 유사하다고 인정될 때에 두 상표는 원칙적으로 유사하다고 할 것이나, 두 상표의 외관, 호칭, 관념 중에서 어느 하나가 유사하더라도 그 동일하거나 유사한 부분이 두 상표에서 차지하는 비중, 다른 구성요소와 결합되어 있는 정도, 위치 및 두 상표의 전체적인 구성, 형태, 관념 등을 고려할 때 전체로서는 일반 수요자나 거래자가 명확히 지정상품의 출처에 관하여 오인·혼동을 일으킬 염려가 없는 경우에는 그 두 상표는 유사하지 않다.

[3] 출원상표 " AMERICAN FITTED"의 도형 부분과 선출원상표 ""를 비교하면, 그 외관, 관념에서 일부 유사한 측면은 있으나, 그 호칭 및 전체적인 외관과 관념에서 차이가 있어서, 일반 수요자나 거래자가 그 출처를 오인·혼동할 정도는 아니므로, 양 상표는 유사하지 않아 출원상표는 상표법 제8조 제1항에 해당하지 않는다고 한 사례.

V. 선출원

[1] **선원주의**: 선원주의란 동일 또는 유사한 상품에 사용할 동일 또는 유사한 상표에 관하여 다른 날에 둘 이상의 상표등록출원이 경합하는 경우에는 제일 먼저 출원한 자에게 한하여 등록을 허여하는 제도다(상 제35조 제1항).

[2] **선원주의의 예외**: 동일·유사한 상품에 사용할 동일·유사한 상표에 대하여 같은 날에 둘 이상의 상표등록출원이 있는 경우에는 출원인의 협의에 의하여 정하여진 하나의 출원인만이 그 상표에 관하여 상표등록을 받을 수 있다. 협의가 성립하지 아니하거나 협의를 할 수 없는 때에는 특허청장이 행하는 추첨에 의하여 결정된 하나의 출원인만이 상표등록을 받을 수 있다(상 제35조 제2항).

[3] 선원주의를 원칙적 채택하면서 사용주의를 가미하고 있다.

[4] **사용주의의 예**: 주지 및 저명상표의 보호(상 제34조 제1항 제9호, 제10호, 제11호), 사용에 의한 자타상품식별력의 인정(상 제33조 제2항), 출원 시 특례(상 제47조), 불사용에 의한 취소심판청구(상 제119조 제1항 제3호) 등이 존재한다.

[5] **선후출원 간의 판단기준**:

(i) 경합된 타인 간의 동일출원: 동일, 유사한 상표출원 시 먼저 출원한 자만이 보호되고

같은 날에 출원이 경합된 경우 출원자의 협의에 의하여 정하며, 협의를 하지 못하거나 할 수 없는 경우에는 특허청장이 행하는 추첨으로 결정된다(상 제35조 제2항).

(ii) 출원인의 동일한 경우: 선후출원 모두 등록이 가능. 하지만 지정상품이 동일한 경우에 동일한 상표를 출원하는 경우에는 후출원의 상표는 거절된다.

[6] **선원의 지위**: 특허청에 계속 중인 출원은 동일, 유사한 후출원에 대해 선원(先願)의 지위를 가진다.

[7] **선출원주의 적용효과의 상실**: 상표등록출원한 선원상표와 후원의 상표가 특허청에 계속 중에 있어야 하나 그 출원인 중 한 사람이 출원을 포기, 취하한 경우에는 선원의 효과가 없다(상 제35조 제3항).

[8] **선원주의 위반 효과**: 후출원이 특허청 심사관의 착오로 출원공고가 된 경우에는 이의신청을 할 수 있고, 심사관이 공고 후라도 직권으로 거절결정을 하여야 하고(상 제54조 제3호), 잘못되어 후출원이 등록된 경우에는 무효심판의 사유가 된다(상 제117조 제1항 제1호).

[9] **선원주의의 예외**: 출원의 보정의 경우(상 제39조, 제40조), 출원분할의 경우(상 제45조 제2항), 출원변경의 경우(상 제44조 제3항), 우선권주장의 경우(상 제46조), 박람회에 출품한 상품에 사용한 상표를 출원한 경우(상 제47조)가 선원주의의 예외에 해당한다.

[10] 2013년 상표법 개정을 통하여 선등록 상표의 불사용을 이유로 취소심판을 청구한 자에 대한 6개월의 우선출원기간을 폐지(2013년 개정 이전의 상표법 제8조 제5항, 제6항 및 제8항)하여 취소심판청구보다 상표등록출원을 먼저 하도록 함으로써 취소심판청구의 남용 및 취소심판 청구인들 간의 출원경합을 방지하고자 하였다.

제8절 상표의 등록출원 및 심사절차

I. 국내등록출원

1. 의 의

[1] 일정한 자격을 갖춘 자가 서면(출원서)으로 하나의 상표에 대하여 하나의 출원을 하면, 특허청은 심사를 거쳐 식별력이 있다고 판단된 경우에는 독점배타적인 권리를 부여한다.

[2] **출원서 등의 제출**: 등록출원서와 함께 아래의 서류, 견본, 파일 등을 제출하여야 한다(상표법 시행규칙 제28조 제2항).

(i) 상표견본(소리·냄새 등 시각적으로 인식할 수 없는 표장(상표법 시행령 제2조 제3호에 해당하는 표장)만으로 된 상표인 경우는 제외한다)

(ii) 상표에 대한 설명서(단일의 색채, 색채의 조합, 홀로그램, 연속된 동작 등 시각적으로 인식할 수 있는 표장(상표법 시행령 제2조 제2호에 해당하는 표장)만으로 된 상표 및 소리·냄새 등 시각적으로 인식할 수 없는 표장(상표법 시행령 제2조 제3호에 해당하는 표장)을 포함한 상표만 해당한다)

(iii) 소리·냄새 등 시각적으로 인식할 수 없는 표장(상표법 시행령 제2조 제3호에 해당하는 표장)을 포함하는 상표의 경우 시각적 표현(해당 표장을 문자·숫자·기호·도형 또는 그 밖의 방법을 통하여 시각적으로 인식하고 특정할 수 있도록 구체적으로 표현한 것을 말한다. 이하 같다)

(iv) 시각적 표현에 합치하는 소리파일(소리·냄새 등 시각적으로 인식할 수 없는 표장(상표법 시행령 제2조 제3호에 해당하는 소리 표장)을 포함한 상표만 해당한다)

(v) 시각적 표현에 합치하는 다음 중 어느 하나에 해당하는 냄새견본(소리·냄새 등 시각적으로 인식할 수 없는 표장(상표법 시행령 제2조 제3호에 해당하는 냄새 표장)을 포함한 상표만 해당한다)

i) 냄새를 담은 밀폐용기(이하 "밀폐용기"라 한다) 3통

ii) 냄새가 첨가된 패치(이하 "향 패치"라 한다) 30장

(vi) 동작의 특징을 나타내는 영상을 수록한 전자적 기록매체(단일의 색채, 색채의 조합, 홀로그램, 연속된 동작 등 시각적으로 인식할 수 있는 표장(상표법 시행령 제2조 제2호에 해당하는 표장)으로서 연속된 동작 표장을 포함한 상표만 해당한다)

(vii) 상표법 시행규칙 별지 제4호서식의 정관 또는 규약의 요약서(단체표장등록출원, 지리적 표시 단체표장등록출원, 증명표장등록출원 및 지리적 표시 증명표장등록출원만 해당한다)

(viii) 대리인에 의하여 절차를 밟는 경우에는 그 대리권을 증명하는 서류

[3] **상표법 제36조 제1항**: (i) 출원인의 성명 및 주소(법인인 경우에는 그 명칭 및 영업소의 소재지를 말한다), (ii) 출원인의 대리인이 있는 경우에는 그 대리인의 성명 및 주소나 영업소의 소재지(대리인이 특허법인·특허법인(유한)인 경우에는 그 명칭, 사무소의 소재지 및 지정된 변리사의 성명을 말한다), (iii) 상표, (iv) 지정상품 및 산업통상자원부령으로 정하는 상품류(이하 "상품류"라 한다), (v) 상표등록출원 시 상표등록출원서에 그 취지, 최초로 출원한 국가명 및 출원 연월일(제46조 제3항에 따른 사항)(우선권을 주장하는 경우만 해당한다), (vi) 그 밖에 산업통상자원부령으로 정하는 사항을 기재한 상표등록출원서를 특허청장에게 제출하여야 한다.

[4] **서류제출방법**: 서면제출, 온라인으로 전자문서를 전송하는 방법, 전자적 기록매체에 수록하여 제출하는 방법 등이 있다.

상표에 관한 절차를 밟는 자가 상표법 제30조 제1항에 따라 특허청장 또는 특허심판원장에게 제출하는 상표등록출원서와 그 밖의 서류를 전자문서로 제출하려는 경우에는 해당 서류를 특허청에서 제공하는 소프트웨어 또는 특허청 홈페이지를 이용하여 작성하여야 한다(상표법 시행규칙 제18조).

전자문서를 상표법 제30조 제1항에 따른 이동식 저장매체 등 전자적 기록매체(이하 "전자적 기록매체"라 한다)에 수록하여 제출하는 경우에는 특허법 시행규칙 별지 제7호서식의 전자문서첨부서류 등 물건제출서에 전자적 기록매체를 첨부하여 특허청장 또는 특허심판원장에게 제출하여야 한다(상표법 시행규칙 제20조 제1항).

[5] 상표에 관한 절차를 온라인으로 밟고자 하는 자는 특허청 또는 특허심판원에 자신의 고유번호(출원인코드)의 부여를 신청하여야 한다. 출원인 코드를 부여받은 자는 주소, 인감 등의 변경신고서를 제출하여 이를 변경할 수 있고, 또한 출원인코드를 이중으로 부여받았거나 잘못 부여받은 경우에도 이를 신청에 의하여 정정할 수 있다(상 제29조 제1항 및 상표법 시행규칙 제16조).

2. 출원의 적법요건

[1] **출원적격자의 공통사항**: 권리능력이 있는 자로, 상표등록을 받을 수 있는 권리자이며, 출원절차를 밟을 수 있는 절차능력이 있거나 대리권이 있어야 한다.

[2] **출원부적격자의 출원**: 출원 시 불수리처리, 보정명령(상 제39조) 및 거절결정의 대상(상 제54조)에 해당한다.

[3] **착오로 등록공고가 된 경우**: 이의신청(상 제60조), 직권심사의 대상(상 제67조)에 해당한다.

[4] **착오로 상표가 된 경우**: 상표무효의 대상(상 제117조 제1항)에 해당한다.

[5] **상표를 받을 수 없는 자**

(i) 특허청 및 특허심판원 직원(상 제3조 제1항 단서): 특허청 직원 및 특허심판원 직원은 상속 또는 유증의 경우를 제외하고는 재직 중 상표를 받을 수 없다.

(ii) 무권리자(상 제48조 제1항): 진정한 상표등록출원인이 아닌 자로서 상표등록을 받을 수 있는 권리를 승계하지 아니한 자가 정당한 권원 없이 상표출원한 경우(상 제48조 제1항)

3. 상표출원의 서류

[1] 상표등록 출원서에는 (i) 출원인의 성명 및 주소(법인인 경우에는 그 명칭 및 영업소의 소재지를 말한다), (ii) 출원인의 대리인이 있는 경우에는 그 대리인의 성명 및 주소나 영업소의 소재지(대리인이 특허법인·특허법인(유한)인 경우에는 그 명칭, 사무소의 소재지 및 지정된 변리사의 성명을 말한다), (iii) 상표, (iv) 지정상품 및 산업통상자원부령으로 정하는 상품류(이하 "상품류"라 한다), (v) 상표등록출원 시 상표등록출원서에 그 취지, 최초로 출원한 국가명 및 출원 연월일(제46조 제3항에 따른 사항)(우선권을 주장하는 경우만 해당한다), (vi) 그 밖에 산업통상자원부령으로 정하는 사항을 기재한 상표등록출원서를 특허청장에게 제출하여야 한다(상 제36조 제1항).

[2] 상표등록을 받으려는 자는 상표법 시행규칙(＝산업통상자원부령)으로 정하는 바에 따라 그 표장에 관한 설명을 상표등록출원서에 적어야 한다(상 제36조 제2항). 따라서 상표법 제36조 제1항에 따라 상표등록을 받으려는 자는 상표등록출원서에 다음의 서류, 파일 또는 견본 등을 첨부하여 특허청장에게 제출하여야 한다(상표법 시행규칙 제28조 제2항).

(i) 상표견본(소리·냄새 등 시각적으로 인식할 수 없는 것(상표법 시행령 제2조 제3호)에 해당하는 표장만으로 된 상표인 경우는 제외한다)

(ii) 상표에 대한 설명서(단일의 색채, 색채의 조합, 홀로그램, 연속된 동작 등 시각적으로 인식할 수 있는 것(상표법 시행령 제2조 제2호)에 해당하는 표장만으로 된 상표 및 소리·냄새 등 시각적으로 인식할 수 없는 것(상표법 시행령 제2조 제3호)에 해당하는 표장을 포함한 상표만 해당한다)

(iii) 소리·냄새 등 시각적으로 인식할 수 없는 것(상표법 시행령 제2조 제3호)에 해당하는 표장을 포함하는 상표의 경우 시각적 표현(해당 표장을 문자·숫자·기호·도형 또는 그 밖의 방법을 통하여 시각적으로 인식하고 특정할 수 있도록 구체적으로 표현한 것을 말한다. 이하 같다)

(iv) 시각적 표현에 합치하는 소리파일(소리·냄새 등 시각적으로 인식할 수 없는 것(상표법 시행령 제2조 제3호)에 해당하는 소리 표장을 포함한 상표만 해당한다)

(v) 시각적 표현에 합치하는 다음의 어느 하나에 해당하는 냄새견본(소리·냄새 등 시각적으로 인식할 수 없는 것(상표법 시행령 제2조 제3호)에 해당하는 냄새 표장을 포함한 상표만 해당한다)

　i) 냄새를 담은 밀폐용기(이하 "밀폐용기"라 한다) 3통

　ii) 냄새가 첨가된 패치(이하 "향 패치"라 한다) 30장

(vi) 동작의 특징을 나타내는 영상을 수록한 전자적 기록매체(단일의 색채, 색채의 조합, 홀

로그램, 연속된 동작 등 시각적으로 인식할 수 있는 것(상표법 시행령 제2조 제2호)에 해당하는 연속된 동작 표장을 포함한 상표만 해당한다)

(vii) 정관 또는 규약의 요약서(단체표장등록출원, 지리적 표시 단체표장등록출원, 증명표장등록출원 및 지리적 표시 증명표장등록출원만 해당한다)

(viii) 대리인에 의하여 절차를 밟는 경우에는 그 대리권을 증명하는 서류

[3] 출원인은 다음의 서류 또는 물건을 특허청장에게 제출할 수 있다(상표법 시행규칙 제28조 제5항).

(i) 단일의 색채, 색채의 조합, 홀로그램, 연속된 동작 등 시각적으로 인식할 수 있는 상표 외의 상표에 대한 설명서

(ii) 지정상품에 대한 설명서

(iii) 등록하려는 상표를 한글로 번역하거나 발음을 한글로 표기한 설명서

(iv) 견본의 특징을 나타내는 영상을 수록한 전자적 기록매체(단일의 색채, 색채의 조합, 홀로그램, 연속된 동작 등 시각적으로 인식할 수 있는(상표법 시행령 제2조 제2호)에 해당하는 표장 중 단일의 색채, 색채의 조합, 연속된 동작을 제외한 시각적으로 인식할 수 있는 것을 포함한 상표만 해당한다)

(v) 악보(소리·냄새 등 시각적으로 인식할 수 없는 것(상표법 시행령 제2조 제3호)에 해당하는 소리 표장을 포함한 상표만 해당한다)

[4] 산업통상자원부령으로 정하는 상품류(상표법 제36조 제1항)의 구체적인 내용은 상표법 시행규칙 별표 1(상표법 시행규칙 제28조 제1항 참조)에 따른다.

[5] **상표의 견본**: 상표법 시행규칙 제29조 제2항에 따라 상표견본은 다음의 구분에 따른 도면 또는 사진으로 작성하여야 한다.

(i) 색채를 포함하는 상표: 채색한 도면 또는 사진

(ii) 입체적 형상을 포함한 상표: 상표의 일면 또는 여러 측면으로 구성하는 등 상표의 특징을 충분히 나타내는 2장 이상 5장 이하의 도면 또는 사진

(iii) 연속된 동작 또는 홀로그램을 포함한 상표: 상표의 특정 순간 정지화상이나 여러 개의 정지화상을 담은 도면 또는 사진으로 구성하는 등 상표의 특징을 충분히 나타내는 2장 이상 5장 이하의 도면 또는 사진

(iv) 그 밖에 시각적으로 인식할 수 있는 표장을 포함하는 상표: 상표의 특징을 충분히 나타내는 2장 이상 5장 이하의 도면 또는 사진

또한, 특허청장은 다음의 어느 하나에 해당하는 경우에는 해당 사항을 요구할 수 있다(상

표법 시행규칙 제29조 제3항).

(i) 상표견본에 의하여 표시되는 상표가 명확하지 아니하다고 판단되는 경우: 상당한 기간을 정하여 해당 상표에 대한 설명서의 제출 요구

(ii) 단일의 색채, 색채의 조합, 연속된 동작을 제외한 시각적으로 인식할 수 있는 표장을 포함한 상표의 경우: 전자적 기록매체의 제출 요구(상표법 시행규칙 제28조 제5항 제4호)

[6] 그 밖에 사용에 의한 식별력 취득을 원인으로 한 출원인 경우에는 출원인은 (i) 사용한 상표, (ii) 사용기간, (iii) 사용지역, (iv) 지정상품의 생산·가공·증명 또는 판매량 등, (v) 사용방법 및 횟수 및 (vi) 등록출원한 상표에 대한 소비자 인식도 조사 결과에 관한 사항과 그 내용을 증명하는 서류 및 증거물을 특허청장에게 제출할 수 있다(상표법 시행규칙 제28조 제7항).

4. 상품의 구분

[1] 상표출원 시에는 상품을 지정하여야 하며 이를 지정상품이라고 한다.

[2] 상품의 지정은 상표법 시행규칙 소정의 상품구분에 의해서 하여야 하며 하나 또는 둘 이상의 상품을 지정할 수 있다.

[3] 출원인이나 상표권자는 언제든지 지정상품을 추가할 수 있다.

[4] **지정상품의 추가등록출원**: 상표권자 또는 상표등록출원인은 등록상표 또는 상표등록출원의 지정상품을 추가하는 지정상품의 추가등록을 받을 수 있는 것을 지정상품의 추가등록출원제도라고 한다(상 제86조 제1항). 이 경우 추가등록된 지정상품에 대한 상표권의 존속기간 만료일은 그 등록상표권의 존속기간 만료일로 한다.

[5] 등록출원자는 동일구분 내에서는 그중의 하나 또는 둘 이상의 상품을 일시에 지정할 수 있으나, 이것이 상표등록출원 후 또는 등록 후에 지정상품을 추가할 필요가 있으면 별도로 지정상품의 추가등록출원서를 특허청에 제출하여야 한다(상 제86조 제2항).

[6] **지정상품의 추가등록출원제도의 취지**: 상표등록출원 시 지정상품을 누락한 경우 또는 등록 후의 사정변화에 따라 지정상품의 범위를 확대할 수 있도록 하기 위하여 도입한 제도다.

[7] **지정상품의 추가등록의 효과**: 지정상품이 추가등록되면 그 등록된 지정상품은 원상표권에 귀속되어 하나의 상표권이 된다. 한편 둘 이상의 지정상품이 있는 상품등록출원에 대한 상표등록결정을 받은 자 등은 상표등록료를 납부하는 때에 지정상품별로 이를 포기할 수

있다(상 제73조).

5. 출원일의 인정

가. 원 칙

상표등록출원일은 상표등록출원에 관한 출원서가 특허청장에게 도달된 날로 한다(상 제37조 제1항).

나. 예 외

(1) 출원에 관한 보완명령
(가) 출원에 관한 보완명령사유

특허청장은 (i) 상표등록을 받으려는 취지가 명확하게 표시되지 아니한 경우, (ii) 출원인의 성명이나 명칭이 적혀 있지 아니하거나 명확하게 적혀 있지 아니하여 출원인을 특정할 수 없는 경우, (iii) 상표등록출원서에 상표등록을 받으려는 상표가 적혀 있지 아니하거나 적힌 사항이 선명하지 아니하여 상표로 인식할 수 없는 경우, (iv) 지정상품이 적혀 있지 아니한 경우, (v) 한글로 적혀 있지 아니한 경우에는 상표등록을 받고자 하는 자에게 적절한 기간(1개월 이내의 기간)을 정하여 상표등록출원에 대하여 보완할 것을 명하여야 한다(상 제37조 제1항 단서 및 제2항 및 상표법 시행규칙 제31조 제1항).

(나) 도입취지

출원서를 제출할 때 중대한 흠이 있는 경우 부적합한 서류로 보아 의견진술의 기회를 부여하지 않고 반려하는 종전의 불수리 처분은 절차의 공익성에 비추어 보아 효율성과 일률성을 도모하기 위한 제도이었으나, 상표법조약에 따라 중대한 흠이 있을 경우에도 일단 의견진술의 기회를 부여하고 보완에 의해 중대한 흠이 치유된 경우 해당 보완일자를 출원일로 인정하고 보완하지 않거나 보완에 의해서도 흠이 치유되지 않을 경우에는 반려하도록 하는 제도다. 이에 출원인이 반려된 출원서를 다시 보완하여 재출원하여야 하는 번거로움을 피하고 반려 전에 의견진술의 기회를 주도록 하여 출원인의 이익을 보호하기 위하여 이 보완명령제도가 도입된 것이다.

(다) 보완명령의 절차 및 효과

[1] 보완명령에 따라 상표등록출원에 대하여 보완하는 경우에는 절차보완에 관한 서면(이

하 "절차보완서"라 한다)을 제출하여야 한다(상 제37조 제3항).

[2] 특허청장은 보완명령을 받은 자가 지정기간 이내에 그 보완을 한 경우에는 그 절차보완서가 특허청에 도달된 날을 상표등록출원일로 인정한다(상 제37조 제4항).

[3] 특허청장은 보완명령을 받은 자가 지정기간 이내에 그 보완을 하지 아니한 경우에는 해당 상표등록출원을 부적합한 출원으로 보아 반려할 수 있다(상 제37조 제5항).

(2) 출원 시의 특례

상표등록을 받을 수 있는 자가 (i) 정부 또는 지방자치단체가 개최하는 박람회, (ii) 정부 또는 지방자치단체의 승인을 얻은 자가 개최하는 박람회, (iii) 정부의 승인을 얻어 국외에서 개최하는 박람회, (iv) 조약 당사국 영역에서 그 정부나 그 정부로부터 승인을 받은 자가 개최하는 국제박람회 가운데 어느 하나에 해당하는 박람회에 출품한 상품에 사용한 상표를 그 출품한 날부터 6개월 이내에 그 상품을 지정상품으로 하여 상표등록출원을 한 경우에는 해당 상표등록출원은 그 출품을 한 때에 출원한 것으로 본다(상 제47조 제1항). 위 출원 시의 특례 규정을 적용받고자 하는 자는 그 취지를 기재한 상표등록출원서를 특허청장에게 제출하고 이를 증명할 수 있는 서류를 상표등록출원일부터 30일 이내에 특허청장에게 제출하여야 한다(상 제47조 제2항).

6. 출원계속의 효과

(i) 선원의 지위: 특허청에 계속 중인 출원은 동일, 유사한 후출원에 대해 선원(先願)의 지위를 가진다.

(ii) 절차적 권리의 발생: 출원에 의해 상표등록을 받을 절차적 권리를 지니게 된다.

(iii) 상표등록출원의 승계: 상표법 제12조에서는 상표등록출원의 승계를 인정하고 있다. 이는 장차 발생할 상표권에 대한 기대권으로서 재산적 가치를 가진 권리다(상 제48조 제1항).

7. 출원의 보정제도

가. 의 의

[1] **출원보정**: 상표등록출원 후 그 출원에 절차상 흠결이나 미비가 있거나 또는 내용상의 불비가 있는 경우에 요지를 변경하지 않는 범위 내에서 출원인이 자발적으로 출원서에 기재

한 상품이나 상표를 보완하도록 하는 제도를 의미한다.

[2] 절차보정(상 제39조)과 실체보정으로 나뉘고, 실체보정은 출원공고결정 전 보정(상 제40조)과 출원공고결정 후 보정(상 제41조)으로 나뉜다.

나. 절차의 보정

[1] **보정명령의 사유**: 특허청장 또는 특허심판원장은 상표에 관한 출원·청구 기타의 절차가 (i) 절차능력(＝행위능력)(상 제4조 제1항) 또는 대리권의 범위(상 제7조)에 관한 규정 위반, (ii) 납부하여야 할 수수료를 납부하지 아니한 경우(상 제78조), (iii) 상표법 또는 상표법에 따른 명령으로 정하는 방식에 위반된 경우에는 산업통상부자원부령으로 정하는 바에 따라 기간(1개월 이내의 기간)을 정하여 보정을 명하여야 한다(상 제39조, 상표법 시행규칙 제32조 제1항).

[2] **보정의 시기**: 명령에 의한 보정은 특허청장 등이 지정한 기간 내(1개월 이내의 기간)에 하며, 자진보정은 보정명령이 있기 전이라도 등록여부결정통지서가 송달되기 전까지 할 수 있다.

[3] 보정명령에 불응하거나 지정기간을 해태한 경우에는 특허청장 또는 특허심판원장이 상표에 관한 절차를 무효로 할 수 있다(상 제18조 제1항). 보정명령을 받은 자가 지정기간 내에 절차를 보정하지 아니한 것을 이유로 상표에 관한 절차를 무효로 한 경우에 특허청장 또는 특허심판원장은 그 기정기간을 지키지 못한 것이 보정명령을 받은 자가 책임질 수 없는 사유에 의한 것으로 인정되는 경우에는 그 사유가 소멸한 날부터 2개월 이내에 보정명령을 받은 자의 청구에 의하여 그 무효처분을 취소할 수 있다. 다만, 지정된 기간의 만료일부터 1년이 지났을 경우에는 그러하지 아니하다(상 제18조 제2항). 특허청장 또는 특허심판원장은 해당 무효처분(상 제18조 제1항) 또는 해당 무효처분의 취소처분(상 제18조 제2항)을 할 경우에는 그 보정명령을 받은 자에게 처분통지서를 송달하여야 한다(상 제18조 제3항).

다. 실체보정

(1) 출원공고결정 전 보정

[1] **보정의 범위**: 출원인은 최초의 상표등록출원의 요지를 변경하지 아니하는 범위에서 상표등록출원서의 기재사항, 상표등록출원에 관한 지정상품 및 상표를 보정할 수 있다(상 제40조 제1항). (i) 지정상품의 범위의 감축, (ii) 오기(誤記)의 정정, (iii) 불명료한 기재의 석명(釋明), (iv) 상표의 부기적인 부분의 삭제, (v) 그 밖에 상표법 제36조 제2항에 따른 표장에

관한 설명 등 산업통상자원부령으로 정하는 사항에 해당하는 경우에는 상표등록출원의 요지를 변경하지 아니한 것으로 본다(상 제40조 제2항 제1호 내지 제5호). 여기에서 '상표법 제36조 제2항에 따른 표장에 관한 설명 등 산업통상자원부령으로 정하는 사항'이란 (i) 상표법 제36조 제2항에 따른 표장에 관한 설명의 기재사항을 고치는 경우, (ii) 둘 이상의 도면 또는 사진이 서로 일치하지 아니하거나, 선명하지 아니한 도면 또는 사진을 수정하거나 교체하는 경우, (iii) 시각적 표현과 일치하지 아니하는 냄새견본 또는 소리파일을 시각적 표현에 맞게 수정하거나 교체하는 경우, (iv) 포괄명칭을 그 명칭에 포함되는 구체적인 명칭으로 세분하는 경우(포괄명칭을 그대로 둔 채 세분하는 경우를 포함한다)를 의미한다(상표법 시행규칙 제33조).

[2] **보정의 시기:** 출원공고결정전의 보정은 (i) 출원공고의 결정(상 제57조)이 있는 경우에는 출원공고의 때까지, (ii) 출원공고의 결정(상 제57조)이 없는 경우에는 상표등록거절결정(상 제54조)의 때까지, (iii) 거절결정에 대한 심판을 청구하는 경우(상 제116조)에는 그 청구일부터 30일 이내에, (iv) 거절결정에 대한 심판에서 심사규정이 준용되는 경우(상 제123조)에는 상 제55조 제1항·제3항(거절이유통지) 또는 제87조 제2항·제3항(지정상품의 추가등록거절결정 및 거절이유통지)에 따른 의견서 제출기간[252]까지 할 수 있다(상 제40조 제1항 제1호 내지 제4호). 단체표장등록을 출원한 출원인은 상표법 제36조 제3항에 따른 정관을 수정한 경우에는 출원공고 전의 보정기간(상 제40조 제1항 각 호) 내에 특허청장에게 수정된 정관을 제출하여야 한다(상 제43조 제1항). 증명표장등록을 출원한 출원인은 정관 또는 규약을 수정한 경우에는 출원공고 전의 보정기간(상 제40조 제1항 각 호) 내에 특허청장에게 수정된 정관 또는 규약을 제출하여야 한다(상 제43조 제2항).

[3] **보정의 각하:** 심사관은 상표등록출원에 관하여 출원공고결정 전의 규정에 의한 보정이 출원의 요지를 변경하는 것인 때에는 결정으로 그 보정을 각하하여야 한다(상 제42조 제1항). 그 보정각하결정은 서면으로 하여야 하며 그 이유를 붙여야 한다(상 제42조 제4항). 심사관은 출원공고결정전의 보정에 대한 각하결정을 한 경우에는 그 결정 등본을 출원인에게 송달한 날부터 30일이 지나기 전까지는 그 상표등록출원에 대한 상표등록 여부를 결정하여서

---

252) 2013년 4월 5일 개정된 상표법(2013년 7월 1일 시행)은 기간 미준수에 대한 권리구제수단을 마련하였다. 2013년 개정 상표법은 제23조 제4항(현행 상표법 제55조 제3항), 제46조의4 제3항(현행 상표법 제210조 제3항) 및 제48조 제3항(현행 상표법 제87조 제3항)을 신설하여 상표등록출원인 등이 상표등록거절이유 등에 대한 의견서를 해당 기간 내에 제출하지 아니한 경우 바로 거절결정을 하지 아니하고, 그 기간의 만료 후 2개월 이내에 그 절차의 계속을 신청하여 의견서를 제출할 수 있도록 함으로써 상표등록출원인 등의 편의를 증진하였다.

는 아니 되며, 출원공고할 것을 결정하기 전에 그 각하결정을 한 경우에는 출원공고결정도 하여서는 아니 된다(상 제42조 제2항). 심사관은 출원인이 그 보정각하결정에 대하여 보정각하결정에 대한 심판(상 제115조)을 청구한 때에는 그 심판의 심결이 확정될 때까지 그 상표등록출원의 심사를 중지하여야 한다(상 제42조 제3항). 출원공고 전의 보정에 대한 각하결정에 대해서는 불복이 가능하다(상 제42조 제5항 참조).

(2) 출원공고결정 후 보정

[1] **보정의 범위**: 출원인은 출원공고결정의 등본의 송달 후에 거절이유의 통지를 받거나 상표등록이의신청이 있는 때 또는 상표등록거절결정 및 지정상품의 추가등록거절결정을 받고 거절결정에 대한 심판을 청구한 때에는 그 거절이유나 이의신청이유 또는 상표등록거절결정 및 지정상품의 추가등록거절결정의 이유에 나타난 사항에 관하여 최초의 상표등록출원의 요지를 변경하지 아니하는 범위 이내에서 지정상품 및 상표를 보정할 수 있다(상 제41조 제1항).

[2] **보정의 시기**: (i) 상표등록거절결정(상 제54조) 또는 지정상품의 추가등록거절결정의 거절이유(상 제87조 제1항)에 나타난 사항에 대하여 거절결정불복심판을 청구한 경우에는 심판청구일부터 30일, (ii) 상표법 제55조 제1항 및 제87조 제2항에 따른 거절이유의 통지를 받고 그 거절이유에 나타난 사항에 대하여 보정하려는 경우에는 해당 거절이유에 대한 의견서 제출기간, (iii) 이의신청이 있는 경우에는 그 이의신청의 이유에 나타난 사항에 대하여 보정하려는 경우에는 상표법 제66조 제1항에 따른 답변서 제출기간 내에 최초의 상표등록출원의 요지를 변경하지 아니하는 범위에서 지정상품 및 상표를 보정할 수 있다(상 제41조 제1항). 단체표장등록을 출원한 출원인은 상표법 제36조 제3항에 따른 정관을 수정한 경우에는 출원공고 후의 보정기간(상 제41조 제1항 각 호) 내에 특허청장에게 수정된 정관을 제출하여야 한다(상 제43조 제1항). 증명표장등록을 출원한 출원인은 정관 또는 규약을 수정한 경우에는 출원공고 후의 보정기간(상 제41조 제1항 각 호) 내에 특허청장에게 수정된 정관 또는 규약을 제출하여야 한다(상 제43조 제2항).

[3] **보정의 각하**: 심사관은 상표등록출원에 관하여 출원공고결정 후의 보정이 출원의 요지를 변경하는 것인 때에는 결정으로 그 보정을 각하하여야 한다(상 제41조 제2항 및 제40조 제2항). 그 보정각하결정은 서면으로 하여야 하며 그 이유를 붙여야 한다(상 제42조 제4항). 이 보정각하결정에 대해서는 불복할 수 없다(상 제42조 제5항 본문). 다만, 거절결정에 대한 심판을 청구하는 경우에는 그러하지 아니하다(상 제42조 제5항 단서 및 제116조).

라. 요지변경

[1] **요지변경**: 출원서, 상표를 표시한 서면에 표시한 상표의 본질적 부분에 대하여 최초의 출원 시와 다르게 변경하는 것으로 지정상품의 확대나 상표의 중요한 부분을 변경하는 것이다. 즉 최초출원의 내용과 보정한 내용을 비교한 결과 동일성을 인정할 수 없을 정도로 현저하게 변경된 경우를 의미한다.

[2] **요지변경의 범위**: (i) 지정상품의 범위의 감축, (ii) 오기(誤記)의 정정, (iii) 불명료한 기재의 석명(釋明), (iv) 상표의 부기적인 부분의 삭제, (v) 그 밖에 상표법 제36조 제2항에 따른 표장에 관한 설명 등 산업통상자원부령으로 정하는 사항에 해당하는 경우에는 상표등록출원의 요지를 변경하지 아니한 것으로 본다(상 제40조 제2항 제1호 내지 제5호). 여기에서 '상표법 제36조 제2항에 따른 표장에 관한 설명 등 산업통상자원부령으로 정하는 사항'이란 (i) 상표법 제36조 제2항에 따른 표장에 관한 설명의 기재사항을 고치는 경우, (ii) 둘 이상의 도면 또는 사진이 서로 일치하지 아니하거나, 선명하지 아니한 도면 또는 사진을 수정하거나 교체하는 경우, (iii) 시각적 표현과 일치하지 아니하는 냄새견본 또는 소리파일을 시각적 표현에 맞게 수정하거나 교체하는 경우, (iv) 포괄명칭을 그 명칭에 포함되는 구체적인 명칭으로 세분하는 경우(포괄명칭을 그대로 둔 채 세분하는 경우를 포함한다)를 의미한다(상표법 시행규칙 제33조).

예: 요지변경에 해당하는 경우
SUN − − − SUN−A
VICTORY − − 빅토리

[3] **요지변경임이 간과되어 등록된 상표**

(i) 출원공고결정 전의 보정: 상표권 설정등록이 있은 후에 출원공고결정 전의 보정이 요지변경에 해당하는 것으로 인정된 경우에는 그 상표등록출원은 그 보정서를 제출한 때에 상표등록출원을 한 것으로 본다(상 제40조 제3항).

(ii) 출원공고결정 후의 보정: 상표권 설정등록이 있은 후에 출원공고결정 후의 보정이 요지변경에 해당하는 것으로 인정된 경우에는 그 상표등록출원은 그 보정을 하지 아니하였던 상표등록출원에 관하여 상표권이 설정등록된 것으로 본다(상 제41조 제3항).

마. 직권에 의한 보정제도

[1] 직권에 의한 보정제도는 2010년 1월 27일 개정을 통해 신설된 제도다. 이 개정 전에

는 상표등록출원서 등에 명백한 오기 등으로 판단되는 사항이 있어도 심사관이 직권으로 정정할 수 없었다. 이에 2010년 상표법 개정을 통해 심사관이 직권으로 보정할 수 있는 근거규정을 마련한 것이다.

[2] 심사관은 출원공고결정을 할 때에 상표등록출원서에 적힌 사항이 명백히 잘못된 경우에는 직권으로 보정(이하 "직권보정"이라 한다)할 수 있다(상 제59조 제1항).

[3] 심사관이 직권보정을 하려면 출원공고결정의 등본 송달과 함께 그 직권보정 사항을 출원인에게 알려야 한다(상 제59조 제2항).

[4] 출원인은 직권보정 사항의 전부 또는 일부를 받아들일 수 없으면 출원공고기간(출원공고를 한 날부터 2개월)(상 제57조 제3항)까지 그 직권보정 사항에 대한 의견서를 특허청장에게 제출하여야 한다(상 제59조 제3항).

[5] 출원인이 위 의견서를 제출한 경우 해당 직권보정 사항의 전부 또는 일부는 처음부터 없었던 것으로 본다(상 제59조 제4항 전문). 이 경우 출원공고결정도 함께 취소된 것으로 본다(상 제59조 제4항 후문)

8. 출원 등의 분할

가. 출원의 분할

[1] **출원의 분할**: 특허, 실용신안과 같이 상표의 내용을 분할하는 것이 아니고 둘 이상의 상품을 지정상품으로 한 경우에 둘 이상의 상표등록출원으로 분할하는 것을 의미한다. 즉, 상표출원인은 2이상의 상품을 지정상품으로 하여 상표등록출원을 한 경우에 보정할 수 있는 기간 내에 둘 이상의 상표등록출원으로 분할할 수 있다(상 제45조).

[2] 분할은 지정상품의 분할만을 의미하며 상표에 관하여는 결합상표라도 그 요부별로의 분할은 인정되지 아니한다.

[3] 1997년 개정 상표법([시행1998. 3. 1.] [법률 제5355호, 1997. 8. 22., 일부개정])은 다류 1출원주의를 도입하였으므로 출원분할 시 상품류 구분에 따른 제한은 삭제하였다.

[4] **출원분할의 유형**: 통상의 출원분할+상품분류전환등록출원의 분할

[5] **적용요건**: (i) 원출원이 계속 중이고 둘 이상의 상품을 지정상품으로 하고 있을 것, (ii) 분할출원이 원출원의 지정상품 범위 내일 것, (iii) 분할출원이 원출원과 표장의 동일성이 유지될 것, (iv) 원출원인이나 승계인으로서 출원인변경신고 등을 한 자가 분할출원할

것, (v) 분할출원이 실체보정할 수 있는 기간내에 할 것을 요구한다. 1997년 개정 이전의 상표법(1997년 8월 22일 개정 이전의 상표법)에서는 지정상품이 둘 이상의 상품류 구분에 속하는 경우에 한하여 지정상품이 속하는 상품류 구분별로 분할가능하였지만 1997년 개정 이후의 상표법은 동일한 상품류 구분에 속하는 상품 간에도 분할을 허용하며, 상품류 구분에 의한 제한 없이 지정상품별로 분할할 수 있게 되었다.

　[6] 분할출원은 실체보정할 수 있는 기간 내에 할 것: 출원공고결정 전의 출원분할은 (i) 출원공고의 결정(상 제57조)이 있는 경우에는 출원공고의 때까지, (ii) 출원공고의 결정(상 제57조)이 없는 경우에는 상표등록거절결정(상 제54조)의 때까지, (iii) 거절결정에 대한 심판을 청구하는 경우(상 제116조)에는 그 청구일부터 30일 이내에, (iv) 거절결정에 대한 심판에서 심사규정이 준용되는 경우(상 제123조)에는 상 제55조 제1항·제3항(거절이유통지) 또는 제87조 제2항·제3항(지정상품의 추가등록거절결정 및 거절이유통지)에 따른 의견서 제출기간까지 할 수 있다(상 제45조 제1항, 제40조 제1항 제1호 내지 제4호).

　출원공고결정 후의 출원분할은 (i) 상표등록거절결정(상 제54조) 또는 지정상품의 추가등록거절결정의 거절이유(상 제87조 제1항)에 나타난 사항에 대하여 거절결정불복심판을 청구한 경우에는 심판청구일부터 30일, (ii) 상표법 제55조 제1항 및 제87조 제2항에 따른 거절이유의 통지를 받고 그 거절이유에 나타난 사항에 대하여 보정하려는 경우에는 해당 거절이유에 대한 의견서 제출기간, (iii) 이의신청이 있는 경우에는 그 이의신청의 이유에 나타난 사항에 대하여 보정하려는 경우에는 상표법 제66조 제1항에 따른 답변서 제출기간 내에 할 수 있다(상 제45조 제1항, 제41조 제1항).

　원상표등록출원이 거절결정확정·등록결정확정, 절차의 무효, 출원의 취하나 포기된 출원은 분할출원의 대상이 될 수 없다.[253]

　[7] 효 과: 분할된 상표등록출원이 있는 경우 그 분할출원은 최초에 상표등록출원을 한 때에 출원한 것으로 본다(상 제45조 제2항 본문). 다만, 상표법 제46조 제1항에 따른 우선권 주장이 있거나 상표법 제47조 제1항에 따른 출원 시의 특례를 적용하는 경우에는 분할출원 한 날을 기준으로 적용한다(상 제45조 제2항 단서). 분할출원은 소급효를 제외하고는 원출원과는 별개의 출원이므로 원출원에서 밟았던 절차는 분할출원에 그대로 승계되지 아니한다. 그리고 출원공고결정 전의 보정기간(상 제40조) 또는 출원공고결정 후의 보정기간(상 제41조)이 지난 후에 제출된 분할출원은 부적법한 분할출원으로 출원인에게 반려한다(상표법 시행규칙

---

253) 상표심사기준(2019년), 제3부 제4장 §1.1.

제25조 제1항 제13호). 그 밖에 분할출원이 실체적 요건을 위반한 경우, 즉 분할출원이 원상표등록출원서에 기재된 지정상품의 범위를 실질적으로 확장하는 경우나 출원인 또는 상표견본의 불일치 또는 불비가 있는 경우 등 부적법한 분할출원으로 인정되는 경우에는 심사관은 분할출원인정 예고통지를 하여야 한다. 출원인이 의견서 또는 보정서 제출 등을 통해 이를 해소하지 못한 경우에는 분할출원불인정 확정통지를 한 후 분할출원한 날에 신규출원한 것으로 보고 심사한다.[254] 상표등록출원은 그 지정상품마다 분할하여 이전할 수 있다. 이 경우 유사한 지정상품은 함께 이전하여야 한다(상 제48조 제2항). 이를 위반할 경우에는 거절이유, 정보제공이유, 이의신청이유, 무효사유에 해당한다.

[8] **마드리드 의정서에 의한 국제출원의 특례:** 마드리드 의정서에서는 이전이 수반되지 아니하는 한 분할을 인정하지 아니하므로 국제상표등록출원에 대해서는 이전이 수반되지 아니하는 출원의 분할이 허용되지 아니한다(상 제187조).

나. 상표권의 분할

1997년 개정 상표법에서는 출원단계에서뿐만 아니라 상표권이 설정등록된 후에도 상표권의 지정상품이 둘 이상인 경우에 상표권의 분할을 인정함으로써 상표권의 유지와 권리를 보다 용이하게 하였다. 따라서 상표권의 지정상품이 둘 이상인 경우에는 그 상표권을 지정상품별로 분할할 수 있다(상 제94조 제1항). 상표권의 분할은 상표등록무효심판이 청구된 때에는 심결이 확정되기까지는 상표권이 소멸된 후에도 할 수 있다(상 제94조 제2항). 그리고 분할된 상표권은 자유로이 이전할 수 있는 것이 원칙이나 유사한 지정상품간에 상표권을 분할한 경우에는 동시이전이 강제되는데, 이를 위반할 경우에는 상표등록 취소사유에 해당한다(상 제119조 제1항 제4호 및 제93조 제1항 후단).

9. 출원의 변경

[1] **출원의 변경:** 상표출원을 디자인, 특허, 실용신안출원으로 변경하는 것이 아니라 출원의 주체나 내용의 동일성을 유지하면서 동일법 영역 내(상표법 내)에서의 상표출원의 형식(종류)만 변경하는 것을 의미한다. 즉, 출원인은 상표등록출원, 단체표장등록출원(단, 지리적표시 단체표장등록출원은 제외), 증명표장등록출원을 상호 다른 출원으로 변경하거나 지정상품추

---

254) 상표심사기준(2019년), 제3부 제4장 §2.2.

가등록출원을 상표등록출원으로 변경하여 출원의 주체 및 내용의 동일성을 유지하면서 출원의 형식만 변경할 수 있다(상 제44조 제1항 및 제2항). 다만, 지정상품의 추가등록출원의 기초가 된 등록상표에 대하여 무효심판 또는 취소심판이 청구되거나 그 등록상표가 무효심판, 취소심판 등으로 소멸된 경우에는 그러하지 아니하다(상 제44조 제2항 단서). 상표법 제44조 제2항 단서를 둔 이유는 등록상표가 무효나 취소됨에 따른 불이익을 회피할 목적으로 악용될 수 있기 때문이다.

[2] **적용요건**: (i) 변경출원 시 원출원은 특허청에 유효한 출원으로 계속되어 있어야 하고, (ii) 변경출원이 원출원과 동일성이 유지되어야 한다. (ii)의 요건이 충족되려면 출원의 변경은 출원변경 전후의 상품의 동일성이 유지되어야 한다.

[3] **시기적 요건**: 최초 출원의 등록 여부 결정 또는 심결이 확정되기 전까지는 변경을 할 수 있다(상 제44조 제4항).

[4] **효 과**: 상표법 제44조 제1항 및 제2항에 따라 변경된 출원(이하 "변경출원"이라 한다)이 있는 경우 그 변경출원은 최초의 출원을 한 때에 출원한 것으로 본다(상 제44조 제3항 본문). 즉, 변경출원이 있는 경우 그 변경출원은 최초로 출원한 때에 그 상표등록출원 등을 한 것으로 간주한다. 다만, 상표법 제46조 제1항(우선권 주장) 또는 제47조 제1항(출원 시 특례적용)을 적용하는 경우에는 변경출원한 날을 기준으로 한다(상 제44조 제3항 단서).

변경출원의 경우 최초의 출원은 취하된 것으로 본다(상 제44조 제5항).

[5] **마드리드 의정서에 의한 국제출원의 특례**: 국제상표등록출원에 대해서는 출원의 변경이 적용되지 아니한다(상 제186조).

10. 조약에 따른 우선권 주장(상 제46조)

[1] **의 의**: 조약에 따라 대한민국 국민에게 상표등록출원에 대한 우선권을 인정하는 당사국의 국민이 그 당사국 또는 다른 당사국에 상표등록출원을 한 후 같은 상표를 대한민국에 상표등록출원하여 우선권을 주장하는 경우에는 상표법 제35조를 적용할 때 그 당사국에 출원한 날을 대한민국에 상표등록출원한 날로 본다. 대한민국 국민이 조약에 따라 대한민국 국민에게 상표등록출원에 대한 우선권을 인정하는 당사국에 상표등록출원한 후 같은 상표를 대한민국에 상표등록출원한 경우에도 또한 같다(상 제46조 제1항).

[2] **시기적 요건**: 조약에 따른 우선권을 주장하려는 자는 우선권 주장의 기초가 되는 최

초의 출원일부터 6개월 이내에 출원하지 아니하면 우선권을 주장할 수 없다(상 제46조 제2항).

[3] **절 차**: 우선권을 주장하려는 자는 상표등록출원 시 상표등록출원서에 그 취지, 최초로 출원한 국가명 및 출원 연월일을 적어야 한다(상 제46조 제3항). 우선권을 주장한 자는 최초로 출원한 국가의 정부가 인정하는 상표등록출원의 연월일을 적은 서면, 상표 및 지정상품의 등본을 상표등록출원일부터 3개월 이내에 특허청장에게 제출하여야 한다(상 제46조 제4항). 우선권을 주장한 자가 상표등록출원일부터 3월 이내에 최초로 출원한 국가의 정부가 인정하는 상표등록출원의 연월일을 기재한 서면·상표 및 지정상품의 등본을 제출하지 아니한 경우에는 그 우선권주장은 효력을 상실한다(상 제46조 제5항).

11. 출원의 이전

[1] **출원의 이전**: 상표등록출원인은 그 상표등록출원을 타인에게 이전할 수 있다(상 제48조). 상표등록출원은 상속 기타 일반승계 이외에는 반드시 출원인변경신고를 요하며(상 제48조 제1항), 분할이전(예외: 유사한 지정상품의 경우 함께 이전)이 가능하며(상 제48조 제2항), 공유 시 타공유자 전원의 동의 시 지분의 양도가 가능하다(상 제48조 제5항).

[2] **분할이전의 상표등록출원**: 분할하여 이전된 상표등록출원은 최초의 상표등록출원을 한 때에 출원한 것으로 본다. 다만, 상표법 제46조 제1항에 따른 우선권 주장이 있거나 상표법 제47조 제1항에 따른 출원 시의 특례를 적용하는 경우에는 그러하지 아니하다(상 제48조 제5항).

[3] **양도 금지(예외)**

(i) i) 상표법 제3조 제6항에 따른 업무표장등록출원 또는 ii) 상표법 제34조 제1항 제1호 다목 단서, 같은 호 라목 단서 및 같은 항 제3호 단서에 따른 상표등록출원 중 어느 하나에 해당하는 등록출원은 양도할 수 없다. 다만, 해당 업무와 함께 양도하는 경우에는 양도할 수 있다(상 제48조 제6항).

(ii) 단체표장등록출원은 이전할 수 없다. 다만, 법인이 합병하는 경우에는 특허청장의 허가를 받아 이전할 수 있다(상 제48조 제7항).

(iii) 증명표장등록출원은 이전할 수 없다. 다만, 해당 증명표장에 대하여 상표법 제3조 제3항에 따른 증명표장의 등록을 받을 수 있는 자에게 그 업무와 함께 이전하는 경우에는 특허청장의 허가를 받아 이전할 수 있다(상 제48조 제8항).

12. 정보의 제공(상 제49조)

누구든지 상표등록출원된 상표가 거절이유(상 제54조 각 호의 어느 하나)에 해당되어 상표등록될 수 없다는 취지의 정보를 증거와 함께 특허청장 또는 특허심판원장에게 제공할 수 있다.

13. 상표권의 존속기간갱신등록신청(상 제84조)

[1] 존속기간 갱신 등록제도: 상표권의 존속기간 만료 전에 일정요건과 절차를 구비하여 갱신등록신청하면 존속기간을 10년씩 갱신하여 주는 제도를 의미한다(상 제83조 제2항 및 제84조).

[2] 2010년 개정 상표법에서는 갱신등록출원제도를 존속기간갱신등록신청제도로 간소화하여 기간 내에 상표등록료를 납부하고 존속기간갱신등록신청서를 제출하면 별도의 심사절차 없이 존속기간이 연장될 수 있도록 하였다(법 제84조).

[3] 상표의 존속기간을 갱신하려면, 갱신등록신청인이 상표권자 또는 그 승계인이어야 하고, 지정상품이 일치하여야 하고, 상표권의 존속기간 만료 전 1년 이내에 갱신등록신청하여야 한다. 다만 그 기간이 경과한 경우에도 가산금을 납부하는 조건으로 갱신등록신청할 수 있다. 이 경과기간은 상표권존속기간 만료후 6월 이내다(상 제84조 제2항, 특허료 등의 징수규칙 제5조 제2항 제3호 나목).

[4] 위에서 규정한 내용을 제외하고는 상표권의 존속기간갱신등록신청에 필요한 사항은 산업통상자원부령으로 정한다(상 제84조 제4항). 상표권이 공유인 경우에는 공유자 모두가 공동으로 존속기간갱신등록신청을 할 필요는 없다(2019년 개정 상표법[시행 2019. 10. 24.][법률 제16362호, 2019. 4. 23., 일부개정] 제84조 제3항 삭제). 2019년 상표법 개정 이전에는 상표권이 공유인 경우에는 공유자 모두가 공동으로 존속기간갱신등록신청을 하도록 하였으나, 2019년 개정 이후에는 각 공유자가 단독으로 신청할 수 있도록 공유상표권의 존속기간갱신등록신청의 요건을 완화하였다.

상표권의 존속기간갱신등록신청을 하려는 자는 존속기간갱신등록 신청서(특허권 등의 등록령 시행규칙 별지 제23호서식)에 (i) 시각적 표현에 합치하는 밀폐용기 3통 또는 향 패치 30장 중 어느 하나에 해당하는 냄새견본(소리·냄새 등 시각적으로 인식할 수 없는 것(상표법 시행령 제

2조 제3호)에 해당하는 냄새 표장을 포함한 상표만 해당한다)과 (ii) 대리인에 의하여 절차를 밟을 때에는 그 대리권을 증명하는 서류 1부를 첨부하여 특허청장에게 제출하여야 한다(상표법 시행규칙 제59조 제1항).

[5] 절 차: 상표권의 존속기간갱신등록신청을 하고자 하는 자는 (i) 출원인의 성명 및 주소(법인인 경우에는 그 명칭 및 영업소의 소재지를 말한다)(상 제36조 제1항 제1호), (ii) 출원인의 대리인이 있는 경우에는 그 대리인의 성명 및 주소나 영업소의 소재지(대리인이 특허법인 · 특허법인(유한)인 경우에는 그 명칭, 사무소의 소재지 및 지정된 변리사의 성명을 말한다)(상 제36조 제1항 제2호), (iii) 지정상품 및 산업통상자원부령으로 정하는 상품류(상 제36조 제1항 제4호), (iv) 그 밖에 산업통상자원부령으로 정하는 사항(상 제36조 제1항 제6호), (v) 등록상표의 등록번호를 적은 상표권의 존속기간갱신등록신청서를 특허청장에게 제출하여야 한다(상 제84조 제1항). 존속기간갱신등록신청 절차의 보정에 관해서는 상표법 제39조를 준용한다(상 제88조 제2항).

[6] 효 력: 갱신등록신청이 있을 때에는 원상표권의 존속기간은 갱신된 것으로 본다(상 제85조 제1항). 상표권의 존속기간갱신등록은 원등록의 효력이 끝나는 날의 다음날부터 효력이 발생한다(상 제85조 제2항).

14. 지정상품추가등록출원(상 제86조)

[1] 상표권자 또는 출원인은 등록상표 또는 상표등록출원의 지정상품을 추가하여 상표등록을 받을 수 있다. 이 경우 추가등록된 지정상품에 대한 상표권의 존속기간 만료일은 그 등록상표권의 존속기간 만료일로 한다(상 제86조 제1항).

[2] 지정상품의 추가등록을 받으려는 자는 (i) 출원인의 성명 및 주소(법인인 경우에는 그 명칭 및 영업소의 소재지를 말한다), (ii) 출원인의 대리인이 있는 경우에는 그 대리인의 성명 및 주소나 영업소의 소재지(대리인이 특허법인 · 특허법인(유한)인 경우에는 그 명칭, 사무소의 소재지 및 지정된 변리사의 성명을 말한다), (iii) 조약에 따른 우선권을 주장할 경우에는 그 취지, 최초로 출원한 국가명 및 출원 연월일(상 제46조 제3항)(우선권을 주장하는 경우만 해당한다), (iv) 그 밖에 산업통상자원부령으로 정하는 사항, (v) 상표등록번호 또는 상표등록출원번호, (vi) 추가로 지정할 상품 및 그 상품류를 적은 지정상품의 추가등록출원서를 특허청장에게 제출하여야 한다(상 제86조 제2항).

[3] 지정상품추가등록출원에 관하여는 상표등록출원일의 인정 등(상 제37조), 1상표 1출원(상 제38조 제1항), 절차의 보정(상 제39조), 출원공고결정 전의 보정(상 제40조), 출원공고결정 후의 보정(상 제41조), 보정의 각하(상 제42조), 수정정관 등의 제출(상 제43조), 조약에 따른 우선권 주장(상 제46조), 출원 시의 특례(상 제47조), 심사관에 의한 심사(상 제50조), 심사의 순위 및 우선심사(상 제53조), 출원공고(상 제57조), 손실보상청구권(상 제58조), 직권보정 등(상 제59조), 이의신청(상 제60조), 이의신청 이유 등의 보정(상 제61조), 이의신청에 대한 심사 등(상 제62조), 이의신청에 대한 심사의 범위(상 제63조), 이의신청의 병합 또는 분리(상 제64조), 이의신청의 경합(상 제65조), 이의신청에 대한 결정(상 제66조), 상표등록 출원공고 후의 직권에 의한 상표등록거절결정(상 제67조), 상표등록결정(상 제68조), 상표등록여부결정의 방식(상 제69조), 심사 또는 소송 절차의 중지(상 제70조), 보정할 수 없는 심판청구의 심결 각하(상 제128조), 심판관의 제척(상 제134조 제1호부터 제5호까지 및 제7호), 증거조사 및 증거보전(상 제144조), 통역(민사소송법 제143조), 소명의 방법(민사소송법 제299조) 및 당사자신문(민사소송법 제367조)을 준용한다(상 제88조 제2항).

[4] **지정상품의 추가등록거절결정 및 거절이유통지:** (i) 상표법 제87조(지정상품의 추가등록 거절결정 및 거절이유통지) 제1항은 "① 심사관은 지정상품추가등록출원이 다음 각 호의 어느 하나에 해당하는 경우에는 그 지정상품의 추가등록거절결정을 하여야 한다.

1. 제54조 각 호의 어느 하나에 해당할 경우

2. 지정상품의 추가등록출원인이 해당 상표권자 또는 출원인이 아닌 경우

3. 등록상표의 상표권 또는 상표등록출원이 다음 각 목의 어느 하나에 해당하게 된 경우

가. 상표권의 소멸

나. 상표등록출원의 포기, 취하 또는 무효

다. 상표등록출원에 대한 제54조에 따른 상표등록거절결정의 확정"이라고 규정하여 추가등록거절이유를 열거하고 있다.

심사관은 지정상품의 추가등록거절결정을 하려는 경우에는 출원인에게 거절이유를 통지하여야 한다. 이 경우 출원인은 거절이유를 통지받은 날부터 2개월(＝산업통상자원부령으로 정하는 기간) 내에 거절이유에 대한 의견서를 제출할 수 있다(상 제87조 제2항, 상표법 시행규칙 제59조 제2항). 거절이유를 통지받은 날부터 2개월 내에 의견서를 제출하지 아니한 출원인은 그 기간의 만료일부터 2개월 이내에 지정상품의 추가등록에 관한 절차를 계속 진행할 것을 신청하고, 그 기간 내에 거절이유에 대한 의견서를 제출할 수 있다(상 제87조 제3항).

15. 상품분류전환 등록제도

[1] **상품분류전환 등록제도**: 1998년 3월 1일 이전의 상품류 구분에 따라 상표권을 등록한 자는 해당 상표권의 존속기간 만료일 1년 전부터 존속기간 만료후 6월 이내에 현행 상품류구분에 따라 상품분류전환등록을 하도록 하고, 동기간 내에 상품분류전환등록을 하지 아니한 때에는 해당 상표권의 존속기간 만료일 다음날에 상표권이 소멸한다(니스분류에 따른 것임)(상 제209조 제3항 및 제213조 제1항).

[2] **절 차**: 종전의 법(법률 제5355호 상표법중개정법률로 개정되기 전의 것을 말한다) 제10조 제1항에 따른 통상산업부령으로 정하는 상품류의 구분에 따라 상품을 지정하여 상표권의 설정등록, 지정상품의 추가등록 또는 존속기간갱신등록을 받은 상표권자는 해당 지정상품을 상품류의 구분에 따라 전환하여 등록을 받아야 한다. 다만, 법률 제5355호 상표법중개정법률 제10조 제1항에 따른 통상산업부령으로 정하는 상품류의 구분에 따라 상품을 지정하여 존속기간갱신등록을 받은 자는 그러하지 아니하다(상 제209조 제1항).

상품분류전환의 등록(이하 "상품분류전환등록"이라 한다)을 받으려는 자는 (i) 신청인의 성명 및 주소(법인인 경우에는 그 명칭 및 영업소의 소재지를 말한다), (ii) 신청인의 대리인이 있는 경우에는 그 대리인의 성명 및 주소나 영업소의 소재지(대리인이 특허법인·특허법인(유한)인 경우에는 그 명칭, 사무소의 소재지 및 지정된 변리사의 성명을 말한다), (iii) 등록상표의 등록번호, (iv) 전환하여 등록받으려는 지정상품 및 그 상품류를 적은 상품분류전환등록신청서를 특허청장에게 제출하여야 한다(상 제209조 제2항). 상표권이 공유인 경우에는 공유자 전원이 공동으로 상품분류전환등록을 신청하여야 한다(상 제209조 제4항).

[3] 상품분류전환등록신청에 관하여는 1상표 1출원 원칙(상 제38조 제1항), 절차의 보정(상 제39조), 출원공고결정 후의 보정(상 제40조), 출원공고결정 후의 보정(상 제41조 제3항), 보정의 각하(상 제42조), 심사관에 의한 심사(상 제50조), 상표등록결정(상 제68조), 상표등록여부결정의 방식(상 제69조), 심사 또는 소송 절차의 중지(상 제70조), 심판관의 제척(상 제134조 제1호부터 제5호까지 및 제7호)를 준용한다(상 제212조).

[4] **상품분류전환등록이 없는 경우 등의 상표권의 소멸**: (i) 상품분류전환등록을 받아야 하는 자가 상표법 제209조 제3항에 따른 기간 내에 상품분류전환등록을 신청하지 아니하는 경우, (ii) 상품분류전환등록신청이 취하된 경우, (iii) 상표법 제18조 제1항에 따라 상품분류전환에 관한 절차가 무효로 된 경우, (iv) 상품분류전환등록거절결정이 확정된 경우, (v) 상

표법 제214조에 따라 상품분류전환등록을 무효로 한다는 심결이 확정된 경우 중 어느 하나에 해당하는 경우 상품분류전환등록의 대상이 되는 지정상품에 관한 상표권은 상표법 제209조 제3항에 따른 상품분류전환등록신청기간(상표권의 존속기간이 만료되기 1년 전부터 존속기간이 만료된 후 6개월 이내의 기간)의 만료일이 속하는 존속기간의 만료일 다음날에 소멸한다(상 제213조 제1항).

상품분류전환등록의 대상이 되는 지정상품으로서 상표법 제209조 제2항에 따른 상품분류전환등록신청서에 적지 아니한 지정상품에 관한 상표권은 상품분류전환등록신청서에 적은 지정상품이 상표법 제211조에 따라 전환등록되는 날에 소멸한다. 다만, 상품분류전환등록이 상표권의 존속기간만료일 이전에 이루어지는 경우에는 상표권의 존속기간만료일의 다음날에 소멸한다(상 제213조 제2항).

[5] **상품분류전환등록거절결정 및 거절이유의 통지**: (i) 상품분류전환등록신청의 지정상품을 해당 등록상표의 지정상품이 아닌 상품으로 하거나 지정상품의 범위를 실질적으로 확장한 경우, (ii) 상품분류전환등록신청의 지정상품이 상품류 구분과 일치하지 아니하는 경우, (iii) 상품분류전환등록을 신청한 자가 해당 등록상표의 상표권자가 아닌 경우, (iv) 상표법 제209조에 따른 상품분류전환등록신청의 요건을 갖추지 못한 경우, (v) 상표권이 소멸하거나 존속기간갱신등록신청을 포기·취하하거나 존속기간갱신등록신청이 무효로 된 경우 중 어느 하나에 해당하는 경우, 심사관은 상품분류전환등록신청에 대하여 상품분류전환등록거절결정을 하여야 한다(상 제210조 제1항).

심사관은 상품분류전환등록거절결정을 하려는 경우에는 신청인에게 거절이유를 통지하여야 한다. 이 경우 신청인은 심사관이 2개월 이내에서 정한 기간(＝산업통상자원부령으로 정하는 기간) 내에 거절이유에 대한 의견서를 제출할 수 있다(상 제210조 제2항, 상표법 시행규칙 제94조 제1항).

심사관이 2개월 이내에서 정한 기간 내에 의견서를 제출하지 아니한 신청인은 그 기간이 만료된 후 2개월 이내에 상품분류전환등록에 관한 절차를 계속 진행할 것을 신청하고, 그 기간 내에 거절이유에 대한 의견서를 제출할 수 있다(상 제210조 제3항).

[6] **상품분류전환등록**: 특허청장은 상표법 제212조에 따라 준용되는 상표법 제68조에 따른 상표등록결정이 있는 경우에는 지정상품의 분류를 전환하여 등록하여야 한다(상 제211조).

16. 출원의 포기 및 취하

[1] **출원의 취하:** 출원절차를 소급적으로 종료시키는 법률효과를 발생시키는 출원인의 자발적인 의사표시를 의미한다.[255]

[2] **출원의 포기:** 출원절차를 장래를 향하여 종료시키는 법률효과를 발생시키는 출원인의 자발적인 의사표시를 의미한다.

2010년 개정 이전의 상표법에서는 상표등록출원 후 1개월 이내에 취하하거나 포기한 출원의 상표등록출원료만 반환하도록 하고 있으나, 2010년 개정 상표법[256]에서는 상표등록출원의 우선권주장 신청료도 반환대상에 추가하여 수수료 반환대상을 확대하였다(상 제79조 제1항 제2호). 즉, 상표등록출원(분할출원, 변경출원, 분할출원 또는 변경출원의 기초가 된 상표등록출원, 우선심사의 신청이 있는 출원(상 제53조) 및 상표법 제180조 제1항에 따라 상표법에 따른 상표등록출원으로 보는 국제상표등록출원은 제외한다) 후 1개월 이내에 해당 상표등록출원을 취하하거나 포기한 경우 이미 낸 수수료 중 상표등록출원료 및 상표등록출원의 우선권주장 신청료는 납부한 자의 청구에 따라 반환한다(상 제79조 제1항 제2호).

이러한 개정에도 불구하고 2016년 1월 개정 이전의 상표법에 따르면 상표에 관한 절차를 밟는 자는 수수료를 납부해야 하며, 잘못 납부한 경우 등 법률에 정한 사유에 해당하면 납부한 수수료를 반환받을 수 있도록 규정하고 있었다. 그런데 2016년 1월 개정 이전의 상표법에는 심판청구 관련 수수료의 반환에 대해서는 규정을 두고 있지 않아 청구인의 귀책사유 없이 거절결정 등이 취소된 경우라도 심판청구 관련 수수료를 반환하지 않고 있기 때문에 서비스 제공에 상응하는 수수료 부과라는 원칙에 비추어 볼 때 불합리한 측면이 있었다. 또한, 자발적인 심판청구 취하를 통해 심판 효율성을 높이기 위해서도 심리의 종결이 통지되기 전까지 심판청구나 참가신청을 취하한 경우에는 심판청구 관련 수수료를 반환해 줄 필요가 있었다. 이에 심판청구 관련 수수료의 반환에 관한 규정을 신설하여 서비스 제공에 상응하는 수수료가 부과될 수 있도록 하고, 자발적인 심판청구 취하 유도로 심판 효율성을 제고하기 위해 2016년 1월 상표법[257]을 개정하여 다음과 같이 규정하게 되었다.

---

255) 대법원 2016. 8. 18. 선고 2015후789 판결[거절결정(상)][공2016하,1402]에서는 "상표등록의 출원이 취하된 경우에는 출원이 처음부터 없었던 것으로 보게 되므로, 비록 출원에 대한 거절결정을 유지하는 심결이 있더라도 심결의 취소를 구할 이익이 없고 심결취소의 소는 부적법하게 된다."라고 판시한 바 있다.

256) [시행 2010. 7. 28.][법률 제9987호, 2010. 1. 27., 일부개정].

257) [시행 2016. 4. 28.][법률 제13848호, 2016. 1. 27., 일부개정].

2016년 1월 개정된 상표법 제38조(현행 상표법 제79조)에 제3호 내지 제7호를 신설하여 "① 납부된 상표등록료와 수수료는 반환하지 아니한다. 다만, 다음 각 호의 어느 하나에 해당하는 경우에는 납부한 자의 청구에 따라 반환한다.

[제1호 내지 제2호는 생략]

3. 제82조의3에 따라 거절결정 또는 보정각하결정이 취소된 경우(제85조의2에 따라 재심의 절차에서 준용되는 경우를 포함하되, 심판 또는 재심 중 제14조 제2항 단서 및 제15조 제3호에 따른 보정이 있는 경우는 제외한다)에 이미 낸 수수료 중 심판청구료(재심의 경우에는 재심청구료를 말한다. 이하 이 조에서 같다)

4. 심판청구가 제77조의3 제2항에 따라 결정으로 각하되고 그 결정이 확정된 경우(제85조의2에 따라 재심의 절차에서 준용되는 경우를 포함한다)에 이미 낸 수수료 중 심판청구료의 2분의 1에 해당하는 금액

5. 심리의 종결을 통지받기 전까지 제77조의18 제1항에 따른 참가신청을 취하한 경우(제85조의2에 따라 재심의 절차에서 준용되는 경우를 포함한다)에 이미 낸 수수료 중 참가신청료의 2분의 1에 해당하는 금액

6. 제77조의18 제1항에 따른 참가신청이 결정으로 거부된 경우(제85조의2에 따라 재심의 절차에서 준용되는 경우를 포함한다)에 이미 낸 수수료 중 참가신청료의 2분의 1에 해당하는 금액

7. 심리의 종결을 통지받기 전까지 심판청구를 취하한 경우(제85조의2에 따라 재심의 절차에서 준용되는 경우를 포함한다)에 이미 낸 수수료 중 심판청구료의 2분의 1에 해당하는 금액"이라고 규정하였다.

특허청장 또는 특허심판원장은 납부된 상표등록료와 수수료를 납부한 자에게 통지하여야 한다(상 제79조 제2항). 그러한 통지를 받은 날부터 3년이 경과하기 전에 반환을 청구하여야 한다(상 제79조 제3항).

II. 상표의 등록심사절차

1. 의 의

상표에 있어서 심사주의를 채택하고 사용주의를 가미하고 있다.

2. 심사관에 의한 심사

[1] 특허청장은 심사관으로 하여금 상표등록출원 및 상표등록이의신청을 심사하게 한다(상 제50조 제1항). 심사관의 자격에 관하여 필요한 사항은 대통령령으로 정한다(상 제50조 제2항). 누구든지 그 상표등록출원이 상표등록거절이유(상 제54조)에 해당되어 상표등록될 수 없다는 취지의 정보를 증거와 함께 특허청장에게 제공할 수 있다(상 제49조).

[2] **전문조사기관에 대한 상표검색 의뢰 등:** 특허청장은 상표등록출원의 심사에 있어서 필요하다고 인정하는 경우에는 특허청장이 의뢰하는 업무를 수행하기 위하여 특허청장에게 전문기관으로 등록한 전문조사기관에 상표검색과 상품분류의 업무를 의뢰할 수 있다(상 제51조 제1항 및 제2항). 특허청장은 위 업무를 효과적으로 수행하기 위하여 필요하다고 인정하는 경우에는 대통령령으로 정하는 전담기관으로 하여금 전문기관 업무에 대한 관리 및 평가에 관한 업무를 대행하게 할 수 있다(상 제51조 제3항). 특허청장은 상표등록출원의 심사에 필요하다고 인정하는 경우에는 관계 행정기관이나 상표에 관한 지식과 경험이 풍부한 사람 또는 관계인에게 협조를 요청하거나 의견을 들을 수 있다(상 제51조 제4항). 특허청장은 농수산물품질관리법에 따른 지리적 표시 등록 대상품목에 대하여 지리적 표시 단체표장이 출원된 경우에는 그 단체표장이 지리적 표시에 해당되는지에 관하여 농림축산식품부장관 또는 해양수산부장관의 의견을 들어야 한다(상 제51조 제5항). 전문기관의 등록기준 및 상표검색 등의 의뢰에 관하여 필요한 사항은 대통령령으로 정한다(상 제51조 제6항).

[3] **전문조사기관의 등록취소 등:** 특허청장은 전문조사기관이 거짓 그 밖의 부정한 방법으로 전문조사기관의 등록을 받은 경우에는 전문조사기관의 등록을 취소하여야 하며, 등록기준에 적합하지 아니하게 된 경우에는 그 등록을 취소하거나 6개월 이내의 기간을 정하여 업무의 정지를 명할 수 있다(상 제52조 제1항). 특허청장은 전문조사기관의 등록을 취소하거나 업무의 정지를 명하려면 청문을 하여야 한다(상 제52조 제2항). 전문조사기관의 등록취소 및 업무정지의 기준과 절차 등에 관하여 필요한 사항은 산업통상자원부령으로 정한다(상 제52조 제3항).

[4] **심사의 순위 및 우선심사:** 상표등록출원에 대한 심사는 출원의 순위에 따르는 것이 원칙이다(상 제53조 제1항). 하지만, 특허청장은 (i) 상표등록출원 후 출원인이 아닌 자가 상표등록출원된 상표와 동일·유사한 상표를 동일·유사한 지정상품에 정당한 사유 없이 업으로서 사용하고 있다고 인정되는 경우, (ii) 출원인이 상표등록출원한 상표를 지정상품의 전

부에 사용하고 있는 등 대통령령으로 정하는 상표등록출원으로서 긴급한 처리가 필요하다고 인정되는 경우 중 어느 하나에 해당하는 상표등록출원에 대하여는 그 원칙에도 불구하고 심사관이 다른 상표등록출원에 우선하여 심사하게 할 수 있다(상 제53조 제2항). 상표법 시행령 제12조에서는 (i) 상표등록출원인이 상표등록출원한 상표를 지정상품 전부에 대하여 사용하고 있거나 사용할 준비를 하고 있음이 명백한 경우, (ii) 상표등록출원인이 그 상표등록출원과 관련하여 다른 상표등록출원인으로부터 상표법 제58조 제1항에 따른 서면 경고를 받은 경우, (iii) 상표등록출원인이 그 상표등록출원과 관련하여 상표법 제58조 제1항에 따른 서면 경고를 한 경우, (iv) 상표법 제167조에 따른 마드리드 의정서(이하 "마드리드 의정서"라 한다)에 따른 국제출원의 기초가 되는 상표등록출원을 한 경우로서 마드리드 의정서에 따른 국제등록일 또는 사후지정일이 국제등록부에 등록된 경우, (v) 조달사업에 관한 법률 제9조의2 제1항 제2호에 따른 중소기업자가 공동으로 설립한 법인이 출원한 단체표장인 경우, (vi) 조약에 따른 우선권 주장의 기초가 되는 상표등록출원을 한 경우로서 외국 특허기관에서 우선권 주장을 수반한 출원에 관한 절차가 진행 중인 경우, (vii) 존속기간 만료로 소멸한 등록상표의 상표권자가 상표등록출원을 한 경우로서 그 표장과 지정상품이 존속기간 만료로 소멸한 등록상표의 표장 및 지정상품과 전부 동일한 경우 등을 긴급한 처리가 필요하다고 인정되는 경우로 규정하고 있다.

3. 형식적 요건의 심사와 보정명령

[1] 특허청장은 심사관으로 하여금 상표등록출원 및 상표등록이의신청을 심사하게 한다.
[2] 심사관은 우선 출원절차에 관한 서류가 적법하게 작성되었는지 여부, 즉 형식적 요건에 대하여 심사한 후 이에 기재불비가 있는 경우에는 보정을 명할 수 있다.

4. 실질적 요건의 심사(실체심사)와 거절결정

가. 의 의

[1] 심사관은 상표등록출원의 형식적 요건을 심사한 결과 그 요건이 구비된 때에는 그 실질적 요건에 대하여 심사한다.
[2] 심사결과 상표등록출원이 거절이유에 해당하는 때에는 거절결정을 하여야 하고, 거절

이유를 발견할 수 있을 때에는 출원공고를 할 것을 결정하여야 한다.

나. 거절이유(상 제54조)

(1) 상표등록거절이유

(i) 상표법 제2조 제1항에 따른 상표, 단체표장, 지리적 표시, 지리적 표시 단체표장, 증명표장, 지리적 표시 증명표장 또는 업무표장의 정의에 맞지 아니하는 경우

(ii) 조약에 위반된 경우

(iii) 상표법 상표등록을 받을 수 있는 자(상 제3조), 외국인의 권리능력(상 제27조), 상표등록의 요건(상 제33조), 상표등록을 받을 수 없는 상표(상 제34조), 선출원(상 제35조) 1상표 1출원 원칙(상 제38조 제1항), 유사한 지정상품의 경우 분할출원(상 제48조 제2항 후단), 상표등록출원이 공유인 경우(상 제48조 제4항) 또는 상표등록출원, 업무표장등록출원, 단체표장등록출원, 증명표장등록출원의 이전(상 제48조 제6항 내지 제8항)에 해당하여 상표등록을 할 수 없는 경우

(iv) 상표법 상표법 제3조에 따른 단체표장, 증명표장 및 업무표장의 등록을 받을 수 있는 자에 해당하지 아니한 경우

(v) 지리적 표시 단체표장등록출원의 경우에 그 소속 단체원의 가입에 관하여 정관에 의하여 단체의 가입을 금지하거나 정관에 충족하기 어려운 가입조건을 규정하는 등 단체의 가입을 실질적으로 허용하지 아니한 경우

(vi) 상표법 제36조 제3항에 따른 정관에 대통령령으로 정하는 단체표장의 사용에 관한 사항의 전부 또는 일부를 적지 아니하였거나 같은 조 제4항에 따른 정관 또는 규약에 대통령령으로 정하는 증명표장의 사용에 관한 사항의 전부 또는 일부를 적지 아니한 경우

(vii) 증명표장등록출원의 경우에 그 증명표장을 사용할 수 있는 자에 대하여 정당한 사유 없이 정관 또는 규약으로 사용을 허락하지 아니하거나 정관 또는 규약에 충족하기 어려운 사용조건을 규정하는 등 실질적으로 사용을 허락하지 아니한 경우

(2) 지정상품의 추가등록거절이유

상표법 제87조(지정상품의 추가등록거절결정 및 거절이유통지) 제1항은 "① 심사관은 지정상품추가등록출원이 다음 각 호의 어느 하나에 해당하는 경우에는 그 지정상품의 추가등록거절결정을 하여야 한다.

1. 제54조 각 호의 어느 하나에 해당할 경우

2. 지정상품의 추가등록출원인이 해당 상표권자 또는 출원인이 아닌 경우

3. 등록상표의 상표권 또는 상표등록출원이 다음 각 목의 어느 하나에 해당하게 된 경우

가. 상표권의 소멸

나. 상표등록출원의 포기, 취하 또는 무효

다. 상표등록출원에 대한 제54조에 따른 상표등록거절결정의 확정"이라고 규정하여 추가등록거절이유를 열거하고 있다.

(3) 상품분류전환등록거절이유

(i) 상품분류전환등록신청의 지정상품을 해당 등록상표의 지정상품이 아닌 상품으로 하거나 지정상품의 범위를 실질적으로 확장한 경우, (ii) 상품분류전환등록신청의 지정상품이 상품류 구분과 일치하지 아니하는 경우, (iii) 상품분류전환등록을 신청한 자가 해당 등록상표의 상표권자가 아닌 경우, (iv) 상표법 제209조에 따른 상품분류전환등록신청의 요건을 갖추지 못한 경우, (v) 상표권이 소멸하거나 존속기간갱신등록신청을 포기·취하하거나 존속기간갱신등록신청이 무효로 된 경우 중 어느 하나에 해당하는 경우, 심사관은 상품분류전환등록신청에 대하여 상품분류전환등록거절결정을 하여야 한다(상 제210조 제1항).

다. 거절이유통지

(1) 상표등록출원의 경우 거절이유 통지

심사관은 상표법 제54조의 규정에 의하여 상표등록거절결정을 하고자 할 때에는 그 출원인에게 거절이유를 통지하고 기간을 정하여 의견서를 제출할 수 있는 기회를 주어야 한다. 심사관은 상표법 제54조에 따라 상표등록거절결정을 하려는 경우에는 출원인에게 거절이유를 통지하여야 한다. 이 경우 출원인은 2개월 이내에서 심사관이 정하는 기간(=산업통상자원부령으로 정하는 기간) 내에 거절이유에 대한 의견서를 제출할 수 있다(상 제55조 제1항, 상표법 시행규칙 제50조 제2항). 심사관은 상표법 제55조 제1항에 따라 거절결정 이유를 통지하는 경우에 지정상품별로 거절이유와 근거를 구체적으로 밝혀야 한다(상 제55조 제2항). 2개월 이내에서 심사관이 정하는 기간(상표법 제55조 제1항 후단에 따른 기간) 내에 의견서를 제출하지 아니한 출원인은 그 기간의 만료일부터 2개월 이내에 상표에 관한 절차를 계속 진행할 것을 신청하고, 그 기간 내에 거절이유에 대한 의견서를 제출할 수 있다(상 제55조 제3항).

(2) 지정상품의 추가등록거절이유 통지

심사관은 지정상품의 추가등록거절결정을 하려는 경우에는 출원인에게 거절이유를 통지

하여야 한다. 이 경우 출원인은 거절이유를 통지받은 날부터 2개월(＝산업통상자원부령으로 정하는 기간) 내에 거절이유에 대한 의견서를 제출할 수 있다(상 제87조 제2항, 상표법 시행규칙 제59조 제2항). 거절이유를 통지받은 날부터 2개월 내에 의견서를 제출하지 아니한 출원인은 그 기간의 만료일부터 2개월 이내에 지정상품의 추가등록에 관한 절차를 계속 진행할 것을 신청하고, 그 기간 내에 거절이유에 대한 의견서를 제출할 수 있다(상 제87조 제3항).

(3) 상품분류전환등록거절이유 통지

심사관은 상품분류전환등록거절결정을 하려는 경우에는 신청인에게 거절이유를 통지하여야 한다. 이 경우 신청인은 심사관이 2개월 이내에서 정한 기간(＝산업통상자원부령으로 정하는 기간) 내에 거절이유에 대한 의견서를 제출할 수 있다(상 제210조 제2항, 상표법 시행규칙 제94조 제1항).

심사관이 2개월 이내에서 정한 기간 내에 의견서를 제출하지 아니한 신청인은 그 기간이 만료된 후 2개월 이내에 상품분류전환등록에 관한 절차를 계속 진행할 것을 신청하고, 그 기간 내에 거절이유에 대한 의견서를 제출할 수 있다(상 제210조 제3항).

5. 출원공고

가. 의 의

심사관을 실체심사를 한 결과 거절이유를 발견할 수 없는 경우에는 그 출원내용을 공고하는 결정을 하고, 특허청장은 그 결정 등본을 출원인에게 송달하는 한편 그 상표등록출원에 관하여 상표공보에 게재하여 이를 공고하고, 출원공고를 한 날부터 2개월간 상표등록출원 서류 및 그 부속서류를 특허청에서 일반인이 열람할 수 있게 하여야 한다(상 제57조).

나. 취 지

출원내용을 바로 등록하지 아니하고 일반인에 공개하여 상표심사에 관한 공중의 협력을 받음으로써 심사의 공정성 및 완전성을 담보하여 제3자의 불이익을 방지하고자 하는 제도다.

다. 법적 성질

공시최고설, 공중심사설, 공중심사협력설, 객관성 담보설이 대립되어 있으나, 판례258)는 공중심사협력설을 취하고 있다.

---

258) 대법원 1996. 8. 23. 선고 96후23 판결.

라. 출원공고 절차

심사관은 상표등록출원에 대하여 거절이유를 발견할 수 없는 때에는 출원공고결정을 하여야 한다(상 제57조 제1항 본문).[259] 다만, (ⅰ) 출원공고결정의 등본이 출원인에게 송달된 후 그 출원인이 출원공고된 상표등록출원을 상표법 제45조에 따라 둘 이상의 상표등록출원으로 분할한 경우로서 그 분할출원에 대하여 거절이유를 발견할 수 없는 경우와 (ⅱ) 상표법 제54조에 따른 상표등록거절결정에 대하여 취소의 심결이 있는 경우로서 해당 상표등록출원에 대하여 이미 출원공고된 사실이 있고 다른 거절이유를 발견할 수 없는 경우 중 어느 하나에 해당하는 때에는 출원공고결정을 생략할 수 있다(상 제57조 제1항 단서). 특허청장은 출원공고결정이 있을 경우에는 그 결정의 등본을 출원인에게 송달하고 그 상표등록출원에 관하여 상표공보에 게재하여 출원공고를 하여야 한다(상 제57조 제2항). 특허청장은 출원공고를 한 날부터 2개월간 상표등록출원 서류 및 그 부속 서류를 특허청에서 일반인이 열람할 수 있게 하여야 한다(상 제57조 제3항). 출원공고가 있는 경우 공고일은 해당 상표등록출원이 공고된 취지를 게재한 상표등록출원공고용 상표공보가 발행된 날이다.[260]

마. 손실보상청구권

[1] 상표등록 전이라도 상표등록출원된 상표를 서면 경고에 의해 출원 사실을 알고도 사용한 자에 대한 출원인의 법적 보호수단을 인정함으로써 출원인의 경제적 이익을 도모하기 위한 제도다. 이 제도는 2001년 개정 상표법에 도입된 것으로서 마드리드 의정서에 따른 국제등록출원과의 형평 문제도 고려하여 입법한 것이다.

---

259) 대법원 1996. 8. 23. 선고 96후23 판결[거절사정(상)]에서는 "본원상표 *oilily* 와 인용상표들은 그 외관이 서로 다르고, 관념에 있어서도 본원상표는 '기름같이, 매끄럽게, 간사하게' 등의 의미를 가지는데 반하여 인용상표들은 아무런 의미를 가지지 아니하는 조어(조어)이어서 비교되지 아니하는 것이라 하겠으나, 칭호에 있어서 본원상표는 통상 '오일리리'로 호칭될 것이고 인용상표들은 '오리리'로 호칭될 것이어서 그러한 경우 본원상표는 인용상표들에 비하여 두 번째 음절에 '일'이 더 부가되어 있을 뿐 나머지 3음절이 '오리리'로서 동일하므로 양 상표들은 전체적으로 극히 유사하게 청감된다 할 것이어서, 양 상표를 일반 수요자의 입장에서 전체적·객관적·이격적으로 관찰할 경우 서로 유사하다."고 판시하면서 "심사관의 출원공고란 심사관이 출원내용에 대하여 심사한 결과 거절할 만한 이유를 발견할 수 없거나 의견서 또는 보정서 제출에 의하여 거절이유가 극복된 경우, 그 출원내용을 공중에 공표하여 이의신청을 할 수 있도록 함으로써 심사의 협력을 구하도록 제도화한 것을 말하고, 심사관의 출원공고 결정에 대하여는 누구든지 30일 이내에 이의신청을 할 수 있고(상표법 제25조), 심사관도 출원공고 후에 거절이유가 발견된 경우 직권으로 거절사정을 할 수 있는 것이다(상표법 제28조)."라고 설시하였다.

260) 상표심사기준(2019년), 제6부 제1장 §4.1.2.

[2] 성립요건: (i) 제3자가 출원상표를 지정상품에 대해 사용하였을 것, (ii) 출원인의 서면경고가 있을 것, (iii) 제3자가 경고 받은 후부터 상표권 설정등록 시까지 사용할 것, (iv) 출원인에게 업무상 손실이 발생하였을 것의 요건이 충족되어야 한다.

[3] 행 사: 즉, 출원인은 상표법 제57조 제2항(상표법 제88조 제2항 및 제123조 제1항의 규정에 의하여 준용되는 경우를 포함한다)에 따른 출원공고가 있은 후 해당 상표등록출원에 관한 지정상품과 동일·유사한 상품에 대하여 해당 상표등록출원에 관한 상표와 동일·유사한 상표를 사용하는 자에게 서면으로 경고할 수 있다. 다만, 출원인이 해당 상표등록출원의 사본을 제시하는 경우에는 출원공고전이라도 서면으로 경고할 수 있다(상 제58조 제1항). 이 경고를 한 출원인은 경고 후 상표권을 설정등록할 때까지의 기간에 발생한 해당 상표의 사용에 관한 업무상 손실에 상당하는 보상금의 지급을 청구할 수 있다(상 제58조 제2항). 그 보상금지급청구권은 해당 상표등록출원에 대한 상표권의 설정등록이 있은 후가 아니면 이를 행사할 수 없다(상 제58조 제3항). 그 보상금지급청구권의 행사는 상표권의 행사에 영향을 미치지 아니한다(상 제58조 제4항). 손실보상지급청구권을 행사하는 경우의 등록상표 보호범위 등에 관하여는 상표법 제91조(등록상표 등의 보호범위)·제108조(침해로 보는 행위)·제113조(상표권자 등의 신용회복) 및 제114조(서류의 제출)와 민법 제760조(공동불법행위자의 책임) 및 제766조(손해배상청구권의 소멸시효)의 규정은 준용된다. 이 경우 민법 제766조 제1항 중 "피해자나 그 법정대리인이 그 손해 및 가해자를 안 날"은 "해당 상표권의 설정등록일"로 본다(상 제58조 제5항).

[4] 소 멸: 상표등록출원이 (i) 상표등록출원이 포기·취하 또는 무효가 된 경우, (ii) 상표등록출원에 대한 상표등록거절결정이 확정된 때, (iii) 상표법 제117조의 규정에 의하여 상표등록을 무효로 한다는 심결(같은 조 제1항 제5호부터 제7호까지의 규정에 따른 경우를 제외한다)이 확정된 경우 중 어느 하나에 해당하는 때에는 그 보상금지급청구권은 처음부터 발생하지 아니한 것으로 본다(상 제58조 제6항).

바. 정정공고

(i) 상표 또는 지정된 상품의 전부 또는 일부가 누락되었을 경우, (ii) 공고된 상표가 출원서에 첨부된 상표와 상이한 경우, (iii) 상표 또는 지정상품을 인터넷공보상에서 판독할 수 없는 경우, (iv) 해당 상품류 구분이 변경되었을 경우, (v) 출원공고된 시각적 표현이 출원서에 기재된 시각적 표현과 상이한 경우 중 어느 하나에 해당하는 경우에는 정정공고를 하여

야 한다.261) 정정공고가 있는 때에는 그때에 출원공고한 것으로 취급한다.262) 정정공고사항 이외의 사항이 오기 또는 누락된 경우에 그 부분이 심사의 본질적인 내용에 영향을 미치지 아니할 때에는 이에 대한 정정공고는 하지 않는 것으로 한다.263)

사. 출원공고의 효과

[1] 출원공고결정등본의 송달 후에는 보정의 시기와 대상범위가 제한되며(상 제41조), 공고 후의 보정에 대한 각하에 불복하는 심판을 청구할 수 없고(상 제42조 제6항), 공고 후의 보정이 요지변경임이 상표권의 설정등록 후에 발견되면 보정하지 않은 출원에 관하여 상표권이 설정등록된 것으로 간주된다(상 제41조 제3항).

[2] 출원공고가 있는 때에는 누구든지 출원공고일로부터 2개월 이내에 해당 출원에 거절이유가 있다거나 지정상품의 추가등록출원의 거절이유가 있다는 것을 이유로 특허청장에게 상표등록이의신청을 할 수 있다(상 제60조 제1항).

6. 상표등록이의신청

가. 의 의

상표등록이의신청이란 출원공고되었지만 아직 등록이 되지 않은 출원의 내용에 거절이유가 있다고 생각하는 당사자가 해당 출원을 거절결정하도록 요구하는 상표법상 제도다.

나. 이의신청의 요건

[1] **이의신청의 주체:** 이의신청은 누구나 할 수 있으며 법인은 물론 권리능력 없는 비법인단체라도 그 대표자나 관리인이 정해져 있으면 이의신청인이 될 수 있다(상 제60조 제1항, 제5조).

[2] **이의신청기간:** 이의신청기간은 출원공고일로부터 2개월이며, 법정불변기간이므로 연장할 수 없다.

[3] 해당 상표등록출원인 경우에는 상표법 제54조 각 호의 거절사유 중 어느 하나에 해당함을, 지정상품 추가등록출원인 경우에는 상표법 제87조 제1항의 거절사유의 어느 하나에

---

261) 상표심사기준(2019년), 제6부 제1장 §4.2.1.
262) 상표심사기준(2019년), 제6부 제1장 §4.2.2.
263) 상표심사기준(2019년), 제6부 제1장 §4.2.3.

해당함을 이의신청사유로 한다(상 제60조 제1항).

다. 이의신청절차

[1] 이의신청인은 그 이유를 기재한 상표등록이의신청서와 필요한 증거를 첨부하여 특허청장에게 제출하여야 한다(상 제60조 제2항).

[2] **상표등록이의신청서의 기재사항**: (i) 신청인의 성명 및 주소(법인인 경우에는 그 명칭 및 영업소의 소재지를 말한다), (ii) 신청인의 대리인이 있는 경우에는 그 대리인의 성명 및 주소나 영업소의 소재지(대리인이 특허법인·특허법인(유한)인 경우에는 그 명칭, 사무소의 소재지 및 지정된 변리사의 성명을 말한다), (iii) 이의신청의 대상, (iv) 이의신청사항, (v) 이의신청의 이유 및 필요한 증거의 표시(상 제60조 제2항)

[3] **이의신청이유 및 증거의 보정**: 이의신청의 이유를 보정하거나 증거방법을 추가로 제출하는 것도 가능하나 늦어도 이의신청기간 경과 후 30일 이내에 하여야 한다(상 제61조).

[4] 보정기간 경과 후의 보정은 이의신청의 증거로 채택되지 않는다. 다만, 심사관은 이를 직권조사자료로는 참고하여야 한다.264)

[5] 한편 특허청장은 직권 또는 당사자의 청구에 의하여 위 30일의 이의신청이유 등 보정기간을 30일 이내에서 한 차례 연장할 수 있다(상 제17조 제1항 제1호). 다만, 도서·벽지 등 교통이 불편한 지역에 있는 자의 경우에는 산업통상자원부령으로 정하는 바에 따라 그 횟수 및 기간을 추가로 연장할 수 있다(상 제17조 제1항 단서).

[6] **부본 송달 및 답변서 제출**: 심사장은 상표등록이의신청이 있는 경우에 상표등록이의신청서 부본을 출원인에게 송달하고 기간을 정하여 답변서를 제출할 수 있는 기회를 주어야 한다(상 제66조 제1항).

대법원 2016. 3. 24. 선고 2015후1997 판결[거절결정(상)]

[판시사항]

거절결정불복심판청구 기각 심결의 취소소송절차에서 특허청장이 심사나 심판 단계에서 의견서 제출의 기회를 부여한 사유 및 이와 주요한 취지가 부합하는 사유를 심결의 결론을 정당하게 하는 사유로 주장할 수 있는지 여부(적극) 및 심결취소소송의 법원이 이를 심리·판단하여 심결의 당부를 판단하는 근거로 삼을 수 있는지 여부(적극) / 상표등록이의신청서에 기재되어 출원인에게 송달됨으로써 답변서 제출의 기회가 주어진 사유는 의

---

264) 상표심사기준(2019년), 제6부 제4장 §1.1.2.

견서 제출의 기회가 부여된 사유로 볼 수 있는지 여부(적극).

라. 이의신청에 대한 심사 및 결정

[1] **이의신청에 대한 심사 등**: 이의신청은 심사관 3명으로 구성되는 심사관합의체(이하 "심사관합의체"라 한다)에서 심사·결정한다(상 제62조 제1항). 특허청장은 각각의 이의신청에 대하여 심사관합의체를 구성할 심사관을 지정하여야 한다(상 제62조 제2항). 특허청장은 각각의 이의신청에 대하여 지정한 심사관 중 1명을 심사장으로 지정하여야 한다(상 제62조 제3항).

[2] **이의신청에 대한 심사의 범위**: 심사관합의체는 이의신청에 관하여 출원인이나 이의신청인이 주장하지 아니한 이유에 관하여도 심사할 수 있다. 이 경우 출원인이나 이의신청인에게 기간을 정하여 그 이유에 관하여 의견을 진술할 수 있는 기회를 주어야 한다(상 제63조).

[3] **이의신청의 병합 또는 분리**: 둘 이상의 상표등록이의신청이 경합하는 경우에는 심사관합의체는 이를 병합 또는 분리하여 심사하거나 결정할 수 있다(상 제64조).

[4] **이의신청의 경합**: 심사관합의체는 둘 이상의 이의신청이 있는 경우에 그중 어느 하나의 이의신청에 대하여 심사한 결과 그 이의신청이 이유가 있다고 인정할 때에는 다른 이의신청에 대해서는 결정을 하지 아니할 수 있다(상 제65조 제1항). 특허청장은 심사관합의체가 둘 이상의 이의신청 중 그 하나의 이의신청이 이유 있다고 인정하여 다른 하나의 이의신청에 대해서는 결정을 하지 아니한 경우에 그 다른 하나의 해당 이의신청인에게도 상표등록거절결정 등본을 송달하여야 한다(상 제65조 제2항).

[5] 이의신청이유 및 증거의 보정기간 경과 후에 제출된 증거서류, 답변서 기타 자료는 불인정하되 직권조사자료로 참고한다. 외관유사를 주장했지만 외관이 유사하지 않고 호칭 또는 관념이 유사하다고 판단되면 해당 이의신청은 이유가 있는 것으로 본다.

[6] **이의신청에 대한 결정**

(i) 각하 결정: 이의신청인이 그 이유나 증거를 제출하지 아니한 경우

(ii) 이의사유에 관한 결정: 이의신청에 대한 결정은 이의신청이유 등의 보정기간 및 답변서제출기간이 경과한 후에 결정한다(상 제66조 제2항). 이의신청에 대한 결정은 서면으로 하여야 하며, 그 이유를 붙여야 한다. 이 경우 둘 이상의 지정상품에 대한 결정이유가 다른 경우에는 지정상품마다 그 이유를 붙여야 한다(상 제66조 제3항). 심사관합의체는 이의신청인이 상표법 제60조 제1항에 따른 이의신청기간 내에 그 이유나 증거를 제출하지 아니한 경우에는 제1항에도 불구하고 상표법 제61조에 따른 기간이 지난 후 결정으로 이의신청을 각하할

수 있다. 이 경우 그 결정의 등본을 이의신청인에게 송달하여야 한다(상 제66조 제4항).

특허청장은 이의신청에 대한 결정이 있는 경우에는 그 결정의 등본을 출원인 및 이의신청인에게 송달하여야 한다(상 제66조 제5항). 출원인은 이의신청 본안에 대한 결정(상 제66조 제2항) 및 이의신청각하결정(상 제66조 제4항)에 대하여 거절결정불복심판에 따른 방법으로 불복할 수 있다(상 제66조 제6항 제1호, 제116조). 그리고 이의신청인은 이의신청 본안에 대한 결정(상 제66조 제2항) 및 이의신청각하결정(상 제66조 제4항)에 대하여 상표등록 무효심판에 따른 방법으로 불복할 수 있다(상 제66조 제6항 제2호, 제117조).

7. 상표권 등의 등록절차

가. 상표권 등록의 의의

상표등록출원에 대한 심사가 등록결정으로 종료되면 상표등록출원인은 소정의 등록료를 납부하고 특허청장은 특허청에 비치하는 상표등록원부에 소정사항을 기재하는 절차를 마침으로써 상표등록출원자는 최종적으로 일단 유효한 상표권을 취득한다.

나. 상표권의 설정등록 요건

[1] 상표권 설정등록 요건

(i) 심사결과 유효한 상표등록결정이 있어야 한다.

(ii) 법이 정한 상표등록료를 납부하여야 한다. 상표등록료는 상표권설정등록을 받으려는 자 등이 내는 것이 원칙이나, 이해관계인은 상표등록료를 납부하여야 할 자의 의사에 반하여서도 이를 납부할 수 있다(상 제72조 제2항). 2010년 개정 이전의 상표법 및 종전의 특허료 등의 징수규칙에 따라 상표등록료는 등록결정 또는 등록심결의 등본을 받은 날부터 2개월 이내에 일시에 납부하도록 되어 있었으나, 2010년 개정 상표법에 따르면, 상표권자 등의 부담을 완화하기 위하여 상표등록료를 2회로 분할하여 납부할 수 있도록 하였다.[265] 상표등록료(상 제72조 제1항 후단에 따라 분할납부하는 경우의 1회차 상표등록료를 포함한다)는 등록결정 또는 등록심결의 등본을 받은 날부터 2개월 이내에 납부하여야 하며, 상표법 제72조 제1항 후단에 따라 분할납부하는 경우의 2회차 상표등록료는 상표권의 설정등록일부터 5년 이내에 납부자번호를 부여받아 납부자번호를 부여받은 날의 다음날까지 납부하여야 한다(특허료 등

---

265) [시행 2010. 7. 28.][법률 제9987호, 2010. 1. 27., 일부개정].

의 징수규칙 제8조 제7항 제1호).

상표등록료의 납부기간 경과 전에 납부기간 연장신청이 있는 경우 특허청장은 30일의 기간 이내에서 연장할 수 있다(상 제74조).

[2] **상표등록료의 미납으로 인한 출원 또는 신청의 포기**: (i) 상표법 제72조 제3항 또는 제74조에 따른 납부기간에 해당 상표등록료(제72조 제1항 각 호 외의 부분 후단에 따라 분할납부하는 경우에는 1회차 상표등록료를 말한다. 이하 이 조에서 같다)를 내지 아니한 경우, (ii) 상표법 제76조 제1항에 따라 상표등록료의 보전명령을 받은 경우로서 그 보전기간 내에 보전하지 아니한 경우, (iii) 상표법 제77조 제1항에 해당하는 경우로서 그 해당 기간 내에 상표등록료를 내지 아니하거나 보전하지 아니한 경우 중 어느 하나에 해당하는 경우에는 상표등록출원, 지정상품추가등록출원 또는 존속기간갱신등록신청을 포기한 것으로 본다(상 제75조).

[3] **상표등록료의 보전 등**: 특허청장은 상표권의 설정등록, 지정상품의 추가등록, 존속기간갱신등록을 받으려는 자 또는 상표권자가 상표법 제72조 제3항 또는 제74조에 따른 납부기간 내에 상표등록료의 일부를 내지 아니한 경우에는 상표등록료의 보전(補塡)을 명하여야 한다(상 제76조 제1항). 상표등록료의 보전명령을 받은 자는 그 보전명령을 받은 날부터 1개월 이내(이하 "보전기간"이라 한다)에 상표등록료를 보전할 수 있다(상 제76조 제2항). 특허청장의 상표등록료 보전명령에 따라 상표등록료를 보전하는 자는 내지 아니한 금액의 2배의 범위에서 산업통상자원부령으로 정하는 금액을 내야 한다(상 제76조 제3항).

[4] **상표등록료 납부 또는 보전에 의한 상표등록출원의 회복 등**: (i) 상표등록출원의 출원인, (ii) 지정상품추가등록출원의 출원인, (iii) 존속기간갱신등록신청의 신청인 또는 상표권자의 어느 하나에 해당하는 자가 책임질 수 없는 사유로 상표법 제72조 제3항 또는 제74조에 따른 납부기간 내에 상표등록료를 내지 아니하였거나 상표법 제76조 제2항에 따른 보전기간 내에 보전하지 아니한 경우에는 그 사유가 소멸한 날부터 2개월 이내에 그 상표등록료를 내거나 보전할 수 있다. 다만, 납부기간의 만료일 또는 보전기간의 만료일 중 늦은 날부터 1년이 지났을 경우에는 상표등록료를 내거나 보전할 수 없다(상 제77조 제1항).

출원인 등의 불귀책사유로 상표등록료를 납부하거나 보전하지 못한 경우에 그 사유가 소멸한 날부터 2개월 이내에 상표등록료를 내거나 보전한 자(상표법 제72조 제1항 각 호 외의 부분 후단에 따라 분할하여 낸 경우에는 1회차 상표등록료를 내거나 보전한 자를 말한다)는 그 상표등록출원, 지정상품추가등록출원 또는 존속기간갱신등록신청을 포기하지 아니한 것으로 본다(상 제77조 제2항). 출원인 등의 불귀책사유로 상표등록료를 납부하거나 보전하지 못한 경우에 그 사유가 소멸한 날부터 2개월 이내에 상표등록료를 내거나 보전하여 상표등록출원, 지정상품추가등록출원 또는 상표권이 회복된 때에는 그 상표등록출원, 지정상품추가등록출원 또는 상표권의 효력은 상표법 제72조 제3항 또는 제74조에 따른 납부기간이 지난 후 상표등록출원등이 회복되기 전에 그 상표와 동일·유사한 상표를 그 지정상품과 동일·유사한 상품에 사용한 행위에는 미치지 아니한다(상 제77조 제3항).

[5] **상표등록증의 발급:** 특허청장은 상표권의 설정등록을 하였을 경우에는 산업통상자원부령으로 정하는 바에 따라 상표권자에게 상표등록증을 발급하여야 한다(상 제81조 제1항). 특허청장은 상표등록증이 상표원부나 그 밖의 서류와 맞지 아니할 경우에는 신청에 의하여 또는 직권으로 상표등록증을 회수하여 정정발급하거나 새로운 상표등록증을 발급하여야 한다(상 제81조 제2항).

다. 상표권의 설정등록 효과

[1] 상표권은 설정등록에 의하여 발생한다(상 제83조 제1항). 상표권의 설정등록은 권리의 발생요건이고 존속요건이다.

[2] 상표권의 설정등록일은 상표권의 존속기간의 기산점이 된다.

[3] **상표권의 존속기간:** 그 설정등록일로부터 10년간이다(상 제83조 제1항). 상표권의 존속기간은 존속기간갱신등록신청에 의하여 10년씩 갱신할 수 있다(상 제83조 제2항).

III. 국제출원 등

1. 국제출원

마드리드 의정서(이하 '의정서'로 표시) 제2조(1)의 규정에 의한 국제등록(이하 "국제등록"이라 한다)을 받으려는 자는 (i) 본인의 상표등록출원, (ii) 본인의 상표등록, (iii) 본인의 상표등록출원 및 본인의 상표등록 중 어느 하나에 해당하는 상표등록출원 또는 상표등록을 기초로 하여 특허청장에게 국제출원을 하여야 한다(상 제167조). 국제출원에 관한 상표법상 규정은 업무표장에 대하여 이를 적용하지 아니한다(상 제179조).

2. 출원인적격

특허청장에게 국제출원을 할 수 있는 자는 (i) 대한민국 국민, (ii) 대한민국에 주소(법인인 경우에는 영업소의 소재지를 말한다)를 가진 자 중 하나에 해당하는 자이다(상 제168조 제1항). 2인 이상이 공동으로 국제출원을 하려는 경우 출원인은 (i) 공동으로 국제출원을 하려는 자가 대한민국 국민 또는 대한민국에 주소(법인인 경우에는 영업소의 소재지)를 가진 자에 해당하고, (ii) 상표법 제169조 제2항 제4호에 따른 기초출원을 공동으로 하였거나 기초등록에 관한 상표권을 공유하고 있을 것이라는 요건을 모두 충족하여야 한다(상 제168조 제2항).

3. 국제출원의 절차 및 국제출원서 등 서류제출의 효력발생 시기

[1] 국제출원을 하려는 자는 영어(=산업통상자원부령으로 정하는 언어)로 작성한 국제출원서(이하 "국제출원서"라 한다) 및 국제출원에 필요한 서류를 특허청장에게 제출하여야 한다(상 제169조 제1항, 상표법 시행규칙 제76조).

[2] 국제출원서에는 다음의 사항을 적어야 한다(상 제169조 제2항).

(i) 출원인의 성명 및 주소(법인인 경우에는 그 명칭 및 영업소의 소재지를 말한다)

(ii) 상표법 제168조에 따른 국제출원인 자격에 관한 사항

(iii) 상표를 보호받으려는 국가(정부 간 기구를 포함하며, 이하 "지정국"이라 한다)

(iv) 마드리드 의정서 제2조(1)에 따른 기초출원(이하 "기초출원"이라 한다)의 출원일 및 출원번호 또는 마드리드 의정서 제2조(1)에 따른 기초등록(이하 "기초등록"이라 한다)의 등록일 및 등록번호

(v) 국제등록을 받으려는 상표

(vi) 국제등록을 받으려는 상품과 그 상품류

(vii) 그 밖에 산업통상자원부령으로 정하는 사항

[3] 상표법 시행규칙(산업통상자원부령) 제77조(국제출원서의 제출)에서는 "① 법 제169조 제1항에 따른 국제출원서는 별지 제34호서식의 국제출원서에 따른다.

② 법 제169조 제1항에 따른 국제출원에 필요한 서류는 별지 제35호서식의 국제출원서 등 제출서에 따른다."라고 규정하고 있다.

[4] 국제출원서와 그 출원에 필요한 서류는 특허청장에게 도달한 날부터 그 효력이 발생

한다. 우편으로 제출된 경우에도 또한 같다(상 제170조).

4. 기재사항의 심사 등

특허청장은 국제출원서의 기재사항이 기초출원 또는 기초등록의 기재사항과 합치하는 경우에는 그 사실을 인정한다는 뜻과 국제출원서가 특허청에 도달한 날을 국제출원서에 적어야 한다(상 제171조 제1항). 특허청장은 국제출원서의 특허청 도달일 등을 적은 후에는 즉시 국제출원서 및 국제출원에 필요한 서류를 마드리드 의정서 제2조(1)에 따른 국제사무국(이하 "국제사무국"이라 한다)에 보내고, 그 국제출원서의 사본을 해당 출원인에게 보내야 한다(상 제171조 제2항).

5. 사후지정

국제등록의 명의인(이하 "국제등록명의인"이라 한다)은 국제등록된 지정국을 추가로 지정(이하 "사후지정"이라 한다)하려는 경우에는 산업통상자원부령으로 정하는 바에 따라 특허청장에게 사후지정을 신청할 수 있다(상 제172조 제1항). 이 경우 국제등록명의인은 국제등록된 지정상품의 전부 또는 일부에 대하여 사후지정을 할 수 있다(상 제172조 제2항).

6. 존속기간의 갱신

국제등록명의인은 국제등록의 존속기간을 10년씩 갱신할 수 있다(상 제173조 제1항). 국제등록의 존속기간을 갱신하려는 자는 산업통상자원부령으로 정하는 바에 따라 특허청장에게 국제등록 존속기간의 갱신을 신청할 수 있다.(상 제173조 제2항).

7. 국제등록의 명의변경

국제등록명의인이나 그 승계인은 지정상품 또는 지정국의 전부 또는 일부에 대하여 국제등록의 명의를 변경할 수 있다(상 제174조 제1항). 국제등록의 명의를 변경하려는 자는 산업통상자원부령으로 정하는 바에 따라 특허청장에게 국제등록 명의변경등록을 신청할 수 있다

(상 제174조 제2항).

8. 수수료의 납부

(i) 국제출원을 하고자 하는 자, (ii) 사후지정을 신청하려는 자, (iii) 상표법 제173조에 따라 국제등록 존속기간의 갱신을 신청하려는 자, (iv) 상표법 제174조에 따라 국제등록 명의변경등록을 신청하려는 자는 수수료를 특허청장에게 내야 한다(상 제175조 제1항). 특허청장은 상표법 제175조 제1항 각 호의 어느 하나에 해당하는 자가 수수료를 내지 아니하는 경우에는 산업통상자원부령으로 정하는 바에 따라 기간을 정하여 보정을 명할 수 있다(상 제176조). 특허청장은 상표법 제176조에 따라 보정명령을 받은 자가 지정된 기간 이내에 그 수수료를 내지 아니하는 경우에는 해당 절차를 무효로 할 수 있다(상 제177조).

9. 국제등록사항의 변경등록 등

국제등록사항의 변경등록 신청과 그 밖에 국제출원에 관하여 필요한 사항은 산업통상자원부령으로 정한다(상 제178조).

10. 국제상표등록출원 등에 관한 특례

상표법 제180조 내지 제204조에서 국제상표등록출원에 대한 특례를, 상표법 제205조 내지 제208조에서 상표등록출원에 대한 특례를 규정하고 있다.

제9절 상표권

I. 의 의

상표권이란 설정등록을 받은 상표를 상표법이 정한 범위 내에서 독점배타적으로 사용할 수 있는 권리다.[266]

---

266) 참조: 대법원 2016. 8. 30. 선고 2015두52098 판결[관세등부과처분취소][공2016하,1545]에서는 "관세법

II. 상표권자의 의무

[1] 등록료 납부의무(상 제72조), 수수료납부의무(상 제78조), 사용의무(상 제2조 제1항 제11호, 제119조 제1항 제3호), 정당하게 사용할 의무, 사용권자의 감독의무, 등록표시의 의무 등이 존재한다.

[2] **정당사용의무:** 상표권자는 고의로 지정상품에 대하여 등록상표와 유사한 상표를 사용하고 또는 지정상품과 유사한 상품에 대하여 등록상표 또는 이와 유사한 상표를 사용함으로써 상품의 품질의 오인, 혼동, 출처의 오인, 혼동을 일으켜서는 아니 된다(상표법 제119조 제1항 제1호).

[3] **감독의무:** 상표권자 또는 정당사용권자는 지정상품 또는 이와 유사한 상품에 등록상표 또는 이와 유사한 상표를 무권리자가 부당하게 사용함으로써 수요자로 하여금 상품의 품질오인 또는 타인의 업무에 관련된 상품과의 혼동을 일으키게 한 경우에는 상표권자에게 감독의무를 부과하고 있으며, 상표법 제119조 제1항 제7호(단체표장), 제8호(지리적 표시 단체표장), 제9호(증명표장)의 경우 상표권이 취소될 수 있다.[267]

___

은 수입물품에 대한 관세의 과세가격은 우리나라에 수출하기 위하여 판매되는 물품에 대하여 구매자가 실제로 지급하였거나 지급하여야 할 가격에 '상표권 및 이와 유사한 권리를 사용하는 대가' 등을 가산·조정하여 산정한 거래가격에 의하여 결정하도록 하고 있다(관세법 제30조 제1항 제4호). 그리고 세법 중 과세표준의 계산에 관한 규정은 소득, 수익, 재산, 행위 또는 거래의 명칭이나 형식에 관계없이 실질 내용에 따라 적용하여야 하고(국세기본법 제14조 제2항), 이는 관세법을 해석·적용할 때도 마찬가지이다. 따라서 구매자가 상표권자에게 지급한 금액이 수입물품 과세가격의 가산조정요소가 되는 '상표권 및 이와 유사한 권리의 사용 대가'에 해당하는지는 지급한 금액의 명목이 아니라 실질내용이 상표권 등 권리를 사용하는 대가로서의 성격을 갖는 것인지에 따라 판단하여야 한다."라고 설시하면서 "갑 주식회사가 자신이 수입하는 스포츠용 의류 등에 부착된 상표의 상표권자인 을 독일 법인에 권리사용료(royalties)와 별도로 국제마케팅비(IMF)를 지급하기로 하는 라이선스 계약을 체결한 후 을 법인의 상표가 부착된 스포츠용 의류 등을 수입하면서 국제마케팅비를 수입물품의 과세가격에 가산하여 신고하지 않자, 관할 세관장이 국제마케팅비를 수입물품의 과세가격에 가산하여 관세 등 부과처분을 한 사안에서, 국제마케팅비는 갑 회사의 수입물품을 개별적으로 광고함으로써 판매를 촉진하기 위한 것이 아니라 주로 을 법인이 유명 운동 선수나 팀 또는 국제적인 운동경기 등을 통하여 자신이 보유하는 상표의 명칭과 로고 등을 대중들에게 지속적으로 노출시키는 데 쓰인 비용의 일부인 점 등을 종합해 보면, 국제마케팅비는 명목에도 불구하고 실질이 수입물품의 구매자인 갑 회사가 상표권 등에 대한 권리자인 을 법인에 권리사용의 대가로 지급한 금액이라고 볼 여지가 충분하므로, 국제마케팅비는 갑 회사가 을 법인에 지급한 '상표권 및 이와 유사한 권리의 사용 대가'라고 보는 것이 거래의 실질에 부합함에도 국제마케팅비가 '상표권 및 이와 유사한 권리의 사용 대가'가 아니라고 보아 처분이 위법하다고 본 원심판단에 법리오해의 잘못이 있다." 고 판시하였다.

267) **대법원 1999. 8. 20. 선고 98후119판결[상표등록취소]**에서는 "상표권자의 통상사용권 설정행위는 상표

III. 상표권 등의 이전 및 공유 등

1. 상표권의 이전

[1] **상표권 이전 자유(원칙):** 상표권은 자유로이 이전할 수 있는 것이 원칙이나, 상표법 제34조 제1항 제1호 다목 단서, 같은 호 라목 단서 또는 같은 항 제3호 단서에 따라 등록된 상표권은 이전할 수 없다. 다만, 상표법 제34조 제1항 제1호 다목·라목 또는 같은 항 제3호의 명칭, 약칭 또는 표장과 관련된 업무와 함께 양도하는 경우에는 그러하지 아니하다(상 제93조 제5항).

[2] **상표권의 분할 이전(원칙):** 분할된 상표권은 자유로이 이전할 수 있는 것이 원칙이나 유사한 지정상품 간에 상표권을 분할한 경우에는 동시이전이 강제되는데, 이를 위반할 경우에는 상표등록 취소사유에 해당한다(상 제119조 제1항 제4호 및 제93조 제1항 후단).

[3] **상표권의 공유지분의 양도:** 상표권이 공유인 경우에는 각 공유자는 다른 공유자 모두의 동의를 받지 아니하면 그 지분을 양도하거나 그 지분을 목적으로 하는 질권을 설정할 수 없다(상 제93조 제2항).

[4] **업무표장권의 양도금지(원칙):** 업무표장권은 양도할 수 없다. 다만, 그 업무와 함께 양도하는 경우에는 그러하지 아니하다(상 제93조 제4항).

[5] **단체표장권의 이전금지(원칙):** 단체표장권은 이전할 수 없다. 다만, 법인의 합병의 경우에는 특허청장의 허가를 받아 이전할 수 있다(상 제93조 제6항).

[6] **증명표장권의 이전금지(원칙):** 증명표장권은 이전할 수 없다. 다만, 해당 증명표장에 대하여 상표법 제3조 제3항에 따라 등록받을 수 있는 자에게 그 업무와 함께 이전할 경우에

의 사용을 정의한 상표법 제2조 제1항 제6호 각 목 소정의 어느 행위에도 해당하지 아니한다."라고 판시하였다. 그리고 **대법원 2006.5.12. 선고 2004후2529 판결[등록취소(상)]에서는** "상표법 제56조 제1항에 의하면 전용사용권의 설정은 이를 등록하지 아니하면 그 효력이 발생하지 아니하는 것이어서, 설령 상표권자와 사이에 전용사용권 설정계약을 체결한 자라고 하더라도 그 설정등록을 하지 않았다면 상표법상의 전용사용권을 취득할 수 없는 것이고, 상표법 제57조 제1항 및 제55조 제6항에 의하면 통상사용권은 상표권자 혹은 상표권자의 동의를 얻은 전용사용권자만이 설정하여 줄 수 있는 것이므로, 설령 상표권자와 사이에 전용사용권 설정계약을 체결하고 나아가 상표권자로부터 통상사용권 설정에 관한 사전 동의를 얻은 자라고 하더라도 전용사용권 설정등록을 마치지 아니하였다면 등록상표의 전용사용권자로서 다른 사람에게 통상사용권을 설정하여 줄 수 없다."고 설시하면서 "상표권자와 사이에 통상사용권 설정 권한을 갖는 마스터 라이센스 계약만 체결하고 전용사용권 설정등록을 마치지 않은 자로부터 상표사용 허락을 얻은 자가 상표를 사용한 것이 정당한 상표사용이 아니다."라고 판시하였다.

는 특허청장의 허가를 받아 이전할 수 있다(상 제93조 제7항).

[7] 질권 설정가능 여부

(i) 상표권이 공유인 경우에는 각 공유자는 다른 공유자 모두의 동의를 받지 아니하면 그 지분을 목적으로 하는 질권을 설정할 수 없다(상 제93조 제2항).

(ii) 업무표장권, 상표법 제34조 제1항 제1호 다목 단서, 같은 호 라목 단서 또는 같은 항 제3호 단서에 따른 상표권, 단체표장권 또는 증명표장권을 목적으로 하는 질권은 설정할 수 없다(상 제93조 제8항).

2. 상표권에 대한 전용사용권 또는 통상사용권 설정

[1] 상표권자는 그 상표권에 관하여 전용사용권(상 제95조 제1항) 내지 통상사용권(상 제97조 제2항)을 설정할 수 있다.

[2] 상표권이 공유인 경우에는 각 공유자는 다른 공유자 모두의 동의를 받지 아니하면 그 상표권에 대하여 전용사용권 또는 통상사용권을 설정할 수 없다(상 제93조 제3항).

[3] 업무표장권, 단체표장권 또는 증명표장권에 관하여는 전용사용권 및 통상사용권을 설정할 수 없다(상 제95조 제2항 및 제97조 제5항).

[4] **전용사용권**: 전용사용권의 설정을 받은 전용사용권자는 그 설정행위로 정한 범위에서 지정상품에 관하여 등록상표를 사용할 권리를 독점한다(상 제95조 제3항). 전용사용권자는 그 상품에 자기의 성명 또는 명칭을 표시하여야 한다(상 제95조 제4항). 전용사용권자는 상속이나 그 밖의 일반승계의 경우를 제외하고는 상표권자의 동의를 받지 아니하면 그 전용사용권을 이전할 수 없다(상 제95조 제5항). 전용사용권자는 상표권자의 동의를 받지 아니하면 그 전용사용권을 목적으로 하는 질권을 설정하거나 통상사용권을 설정할 수 없다(상 제95조 제6항).

전용사용권이 공유인 경우에는 각 공유자는 상표권자와 다른 공유자 모두의 동의를 받지 아니하면 그 지분을 양도하거나 그 지분을 목적으로 하는 질권을 설정할 수 없다(상 제95조 제7항 및 제93조 제2항). 전용사용권이 공유인 경우에는 각 공유자는 다른 공유자 모두의 동의를 받지 아니하면 그 전용사용권에 대하여 통상사용권을 설정할 수 없다(상 제95조 제7항 및 제93조 제3항).

[5] **통상사용권**: 통상사용권의 설정을 받은 통상사용권자는 그 설정행위로 정한 범위에서 지정상품에 관하여 등록상표를 사용할 권리를 가진다(상 제97조 제2항). 통상사용권은 상

속이나 그 밖의 일반승계의 경우를 제외하고는 상표권자(전용사용권에 관한 통상사용권의 경우에는 상표권자 및 전용사용권자를 말한다)의 동의를 받지 아니하면 이전할 수 없다(상 제97조 제3항). 통상사용권은 상표권자(전용사용권에 관한 통상사용권의 경우에는 상표권자 및 전용사용권자를 말한다)의 동의를 받지 아니하면 그 통상사용권을 목적으로 하는 질권을 설정할 수 없다(상 제97조 제4항). 통상사용권이 공유인 경우에는 각 공유자는 상표권자(전용사용권에 관한 통상사용권의 경우에는 상표권자 및 전용사용권자)와 다른 공유자 모두의 동의를 받지 아니하면 그 지분을 양도하거나 그 지분을 목적으로 하는 질권을 설정할 수 없다(상 제97조 제5항 및 제93조 제2항). 통상사용권자는 그 상품에 자기의 성명 또는 명칭을 표시하여야 한다(상 제97조 제5항 및 제95조 제4항).

3. 상표권의 분할

1997년 개정 상표법에서는 출원단계에서뿐만 아니라 상표권이 설정등록된 후에도 상표권의 지정상품이 둘 이상인 경우에 상표권의 분할을 인정함으로써 상표권의 유지와 권리를 보다 용이하게 하였다. 따라서 상표권의 지정상품이 둘 이상인 경우에는 그 상표권을 지정상품별로 분할할 수 있다(상 제94조 제1항). 상표권의 분할은 상표등록무효심판이 청구된 때에는 심결이 확정되기까지는 상표권이 소멸된 후에도 할 수 있다(상 제94조 제2항).

IV. 상표권 등의 등록의 효력

[1] **효력발생요건으로서의 상표권 내지 질권 등의 등록**: 다음에 해당하는 사항은 등록하지 아니하면 그 효력이 발생하지 아니한다(상 제96조 제1항).

(ⅰ) 상표권의 이전(상속이나 그 밖의 일반승계에 의한 경우는 제외한다)·변경·포기에 의한 소멸, 존속기간의 갱신, 상품분류전환, 지정상품의 추가 또는 처분의 제한

(ⅱ) 상표권을 목적으로 하는 질권의 설정·이전(상속이나 그 밖의 일반승계에 의한 경우는 제외한다)·변경·소멸(권리의 혼동에 의한 경우는 제외한다) 또는 처분의 제한

[2] 상표권 및 질권의 상속이나 그 밖의 일반승계의 경우에는 지체 없이 그 취지를 특허청장에게 신고하여야 한다(상 제96조 제2항).

V. 상표권의 효력

[1] **상표법 제89조**: 상표권자는 지정상품에 관하여 그 등록상표를 사용할 권리를 독점한다. 다만, 그 상표권에 관하여 전용사용권을 설정한 때에는 상표법 제95조 제3항의 규정에 의하여 전용사용권자가 등록상표를 사용할 권리를 독점하는 범위 안에서는 그러하지 아니하다. 2011년 개정 상표법[268]은 전용사용권[269]을 등록하지 않더라도 그 효력이 발생되도록 하고 등록을 제3자 대항요건으로 변경하여 상표사용권자의 보호를 강화하고자 하였다. 이는 한−미 FTA 제18.2조 제13항[270]을 국내법에 반영하기 위한 조문이다. 효력발생요건으로서의 전용사용권 등록제도를 폐지하게 됨에 따라 전용사용권은 사인 간의 계약으로 효력이 발생하고, 이를 공시하는 방법이 없어 선의의 제3자가 예측할 수 없는 손해를 입을 수 있으므로, 이를 예방하기 위해 등록요건을 제3자에 대한 대항 요건으로 규정한 것이다(상 제100조).

[2] **상표권의 독점적 효력이 미치는 범위**: 등록상표의 지정상품에 한정된다.

[3] **지역적 범위**: 국내에 한한다(속지주의).

[4] **상표권의 효력**: 적극적 효력＋소극적 효력

(i) 적극적 효력: 상표권자가 지정상품에 관하여 그 등록상표를 국내에서 상표권의 존속기간 내에 독점적으로 사용할 수 있다(상 제89조).

(ii) 소극적 효력: 제3자가 동일, 유사한 상표를 지정상품과 동일, 유사한 상품에 사용하는 것을 배제할 수 있다(상 제107조, 제108조).

[5] **내용적 제한**: (i) 공익적 이유(상 제90조(상표권의 효력이 미치지 아니하는 범위))에 의해 일정한 제한을 받는 경우,[271] (ii) 상표권자가 사용하는 것보다 타인에게 사용하게 하여 사용료를 받는 것이 유리하다고 하여 사용허락을 하는 경우(상 제89조 단서, 제95조, 제97조),

---

268) [시행 2012. 3. 15.][법률 제11113호, 2011. 12. 2., 일부개정].

269) 등록상표를 그 지정상품에 대하여 계약 범위 내에서 독점적으로 사용할 수 있는 권리를 의미한다.

270) 한−미 FTA 제18.2조 제13항에 따르면, "어떠한 당사국도 사용권의 효력을 발생시키거나, 상표에 대한 권리를 주장하거나, 또는 그 밖의 다른 목적을 위하여 상표 사용권의 등록을 요구할 수 없다."라고 규정하고 있다.

271) 대법원 2014. 9. 25. 선고 2013후3289 판결[권리범위확인(상)]의 판시사항은 다음과 같다.
　　[판시사항]
　　[1] 상표법 제51조 제1항 제2호의 '상품의 보통명칭을 보통으로 사용하는 방법으로 표시하는 상표'의 의미 / 같은 호의 '상품의 품질·효능·용도 등을 보통으로 사용하는 방법으로 표시하는 상표'에 해당하는지를 판단하는 기준.
　　[2] 갑 주식회사가 을 주식회사를 상대로 사용상품을 '홍삼정(홍삼을 원료로 하여 용매로써 추출하여 제

(iii) 상표권이 타인의 선출원 특허권·실용신안권·디자인권 또는 그 상표등록출원일 전에 발생한 타인의 저작권에 저촉될 경우(상 제92조 제1항), (iv) 등록상표의 사용에 경쟁질서에 반하는 경우(상 제92조 제2항), (v) 재심에 의하여 회복한 상표권의 효력이 제한되는 경우(상 제160조), (vi) 상표등록료 납부 또는 보전에 의한 상표등록출원의 회복한 경우의 상표권의 회복제한(상 제77조 제3항), (vii) 특허권 등의 존속기간 만료 후에 상표를 사용하는 자에 대한 효력제한(상 제98조), (viii) 선사용에 따른 상표사용권의 인정(상 제99조)에 의한 제한, (ix) 상표권 포기의 제한(상 제102조 제1항) 등이 있다. 그리고 (x) 상표권을 이전하는 경우 유사한 지정상품과 함께 이전하지 않으면 아니 되며(상 제93조 제1항), (xi) 상표권이 공유인 경우에는 다른 공유자의 승낙이 없으면 그 지분을 양도할 수 없다(상 제93조 제2항).

제10절 상표권의 침해 및 구제

I. 상표권 침해의 성립요건(권리근거사실) 및 상표권의 효력제한(권리항변사실)

1. 성립요건

가. 상표의 동일·유사

(1) 의 의

상표의 유사 여부는 외관, 호칭 및 관념을 객관적, 전체적, 이격적으로 관찰하여 지정상품의 거래에서 일반 수요자들이 상표에 대하여 느끼는 직관적 인식을 기준으로 상품의 출처에 관하여 오인·혼동을 일으키게 할 우려가 있는지에 따라 판단하여야 한다. 그리고 그 판단에서는 자타상품을 구별할 수 있게 하는 식별력의 유무와 강약이 주요한 고려요소가 된다 할 것인데, 상표의 식별력은 상표가 가지고 있는 관념, 상품과의 관계, 해당 상품이 거래되는 시장의 성질, 거래 실태 및 거래 방법, 상품의 속성, 수요자의 구성, 상표 사용의 정도 등

조한 제품)'으로 하는 확인대상표장 ""이 지정상품을 '홍삼을 주원료로 하는 건강기능식품, 홍삼, 가공된 홍삼, 홍삼가공식품' 등으로 하는 등록상표 "**홍삼정 G.class**"의 권리범위에 속하지 않는다며 소극적 권리범위확인심판을 청구한 사안에서, 확인대상표장이 상표법 제51조 제1항 제2호의 상표에 해당하여 등록상표와의 동일·유사 여부를 대비할 필요도 없이 권리범위에 속하지 아니한다고 본 원심판단을 정당하다고 한 사례.

에 따라 달라질 수 있는 상대적·유동적인 것이므로, 이는 상표의 유사 여부와 동일한 시점을 기준으로 그 유무와 강약을 판단하여야 한다.[272]

(2) 상표의 유사 여부 관찰방법 및 판단대상

관찰방법은 전체적,[273] 객관적,[274] 이격적(離隔的)[275] 관찰을 원칙으로 하되 상표구성 중 인상적인 부분(요부)에 대하여 비교하여 관찰하고, 유사판단은 원칙적으로 상표의 칭호, 외관, 관념 중 어느 하나가 유사하여 거래상 상품출처의 오인, 혼동의 우려가 있는 상표는 유사한 것으로 본다. 다만 전체적으로 현격한 차이가 있어 거래상 상품의 출처오인, 혼동을 일으킬 염려가 없는 때에는 그러하지 아니하다.

예: − 외관유사: 白花 대 百花, HOP 대 HCP
 − 관념유사: 임금, 왕, King
 − 지리적 명칭이 결합된 상호상표로서 유사한 것: 주식회사 大成 대 대성 또는 대성공업사, 서울전선(주) 대 서울전기(주), 삼성중공업주식회사 대 삼성공업사
 − 칭호유사: 千年 대 天然, TVC 대 TBC, 光盛 대 광성

(3) 상표의 유사 여부 판단을 위한 인적 기준

그 상표가 사용될 상품의 주된 수요계층과 기타 상품의 거래실정을 고려하여 평균수요자의 주의력을 기준으로 판단하여야 한다.

(4) 결합상표의 유사 여부

그 결합의 강약의 정도를 고려하여 판단하여야 한다. 이에 따라 전체관찰, 분리관찰, 요부관찰이 가능할 것이다.

(i) 전체관찰: 둘 이상의 문자 또는 도형의 조합으로 이루어진 결합상표는 그 구성 부분 전체의 외관, 호칭, 관념을 기준으로 상표의 유사 여부를 판단하는 것이 원칙(전체관찰)이다.

---

272) 대법원 2014. 3. 20. 선고 2011후3698 전원합의체 판결.
273) "상표는 그 구성 전체가 하나의 상표로 인식되는 것이므로 구성요소 일부만을 따로 떼어 그 부분만을 가지고 다른 상표와 비교하여서는 아니 되며, 상표를 전체로서 관찰하여 그 외관·칭호·관념을 비교하여야 함"이 원칙이다(상표심사기준(2019년), 제5부 제7장 § 2.2.3). 이러한 원칙은 전체적 관찰 원칙이다.
274) '객관적 관찰'이라 함은 "상표 자체의 구성을 기초로 하여 객관적으로 판단하여야 함"을 말한다(상표심사기준(2019년), 제5부 제7장 § 2.2.3).
275) '이격적 관찰'이란 때와 장소를 달리하여 상표를 접하는 수요자의 불확실한 기억을 토대로 상표의 유사 여부를 판단하는 방법으로, 양 상표를 나란히 놓고 상표의 유사여부를 판단하는 방법인 '대비적 관찰'에 대응하는 개념이다. 따라서 두 개의 상표를 직접 놓고 대비할 때에는 구성요소가 다른 점이 있다고 하더라도, 때와 장소를 달리하여 관찰했을 때 경험칙상 서로 출처의 오인·혼동이 초래되는 경우에는 유사한 상표로 보아야 한다. 이격적 관찰은 호칭·관념을 대비할 경우에도 적용되지만, 특히 상표 외관의 유사 여부를 판단할 경우에 중요하게 적용된다(상표심사기준(2019년), 제5부 제7장 § 2.2.3).

즉, 각 구성 부분을 분리하여 관찰하는 것이 자연스럽지 못하거나 문자와 문자의 결합으로 독자적인 의미를 가지는 등의 경우에는 전체로서 관찰하여 그 유사 여부를 판단하여야 하며, 이러한 상표를 전체적으로 관찰하는 경우에도 그 구성요소 중 수식어나 단순한 부기문자 또는 기술적 표장 등 식별력이 없는 부분은 제외하고, 수요자의 주의를 끌기 쉬운 식별력 있는 요부를 대비하여 유사 여부를 판단하여야 할 것이다.276)277)

(ii) 분리관찰: 반면에 문자와 문자 또는 문자와 도형의 각 구성 부분이 결합된 결합상표는 반드시 그 구성 부분 전체에 의하여 호칭, 관념되는 것이 아니라 각 구성 부분이 분리 관찰되면 거래상 자연스럽지 못하다고 여겨질 정도로 불가분적으로 결합되어 있는 것이 아닌한 그 구성 부분 중 일부만에 의하여 간략하게 호칭, 관념될 수도 있으며, 또 하나의 상표에서 두 개 이상의 호칭이나 관념을 생각할 수 있는 경우에 그중 하나의 호칭, 관념이 타인의

---

276) 대법원 1999. 7. 23. 선고 98후2382 판결[등록무효(상)]에서는 "등록상표" "ELIZABETH ARDEN VISIBLE DIFFERENCE"와 인용상표 "비져블 VISIBLE"을 전체적으로 관찰할 때 그 외관과 호칭 및 관념이 상이함이 명백하고, 등록상표는 인명 내지 인명과 지명이 결합된 것으로 보이는 앞부분 'ELIZABETH ARDEN'과 그 뒷부분인 'VISIBLE DIFFERENCE'가 분리관찰하는 것이 부자연스러울 정도로 결합되어 있는 것이 아니므로 뒷부분인 'VISIBLE DIFFERENCE'만에 의하여 호칭, 관념될 수 있다 하더라도 'VISIBLE'은 '눈에 띄는, 쉽게 알아볼 수 있는' 등의 의미를 가지는 형용사로서 명사인 'DIFFERENCE'를 수식하여 'VISIBLE DIFFERENCE'는 전체적으로 '눈에 띄는 차이' 등의 관념을 형성하고 있다고 보이므로 'VISIBLE DIFFERENCE'에서의 중점은 수식을 받는 중심어인 'DIFFERENCE'에 있다고 보여질 뿐만 아니라, 등록상표의 지정상품인 화장비누와 관련하여 'VISIBLE'은 '눈에 띄게 아름답게 보이는' 등의 의미로 인식되어 지정상품의 품질, 효능을 나타낸다고도 볼 수 있어, 'VISIBLE' 부분은 식별력이 약하여 'DIFFERENCE'와 따로 분리되어 'VISIBLE' 부분만에 의하여 호칭, 관념되리라고 예상하기 어렵다 할 것이므로 등록상표를 분리관찰해 보더라도 양 상표는 외관, 호칭, 관념에 있어 역시 상이하다 할 것이며, 나아가 등록상표는 비교적 긴 4개의 영문자로 구성되어 있어 일반 수요자나 거래자가 그 구성 부분 중 3번째에 있는 'VISIBLE'을 직감적으로 인식하고, 그 부분만에 의하여 분리호칭, 관념하리라고 보여지지 아니하므로 양 상표는 오인·혼동의 염려가 없다 할 것이니 양 상표는 유사하다고 할 수 없다."고 판시하였다.

277) 대법원 2013. 1. 24. 선고 2011다76778 판결[상표권침해금지등]의 판시사항은 다음과 같다.
[판시사항]
[1] 대비되는 상표 사이에 유사한 부분이 있으나 당해 상품의 일반적인 거래실정 등에 비추어 그 부분만으로 분리인식될 가능성이 희박하거나 명확히 출처의 혼동을 피할 수 있는 경우, 두 상표를 유사상표라 할 수 있는지 여부(소극).

[2] 서적, 학습지 등을 지정상품으로 하는 등록상표 ""의 상표권자 갑 주식회사가 어린이용 과학그림책 "The Magic School Bus" 시리즈의 저작권자인 을 외국법인과 위 시리즈를 "신기한 스쿨버스"라는 제호로 국내에서 번역·출판한 병 주식회사 등을 상대로 상표권침해금지 등을 구한 사안에서, 을 법인 등의 사용표장이 등록상표와 명확히 출처의 혼동을 피할 수 있어 서로 유사하다고 할 수 없다고 한 사례.

상표와 동일 또는 유사하다고 인정될 때에는 두 상표는 유사하다고 할 것이다.[278] 그리고 두 개 이상의 도형으로 이루어진 결합상표와 관련하여 대법원 2013. 3. 28. 선고 2010다 58261 판결(상표사용금지등)에서는 "두 개 이상의 도형으로 이루어진 결합상표는 각 구성 부분이 분리관찰되면 거래상 자연스럽지 못하다고 여겨질 정도로 불가분적으로 결합되어 있는 것이 아닌 한 그 구성 부분 중 하나의 도형이 가지는 외관·호칭 및 관념에 의하여 상표의 유사 여부를 판단할 수 있고(대법원 2004. 10. 15. 선고 2003후1871 판결 참조), 도형상표에 있어서는 그 외관이 지배적인 인상을 남긴다 할 것이므로 외관이 동일·유사하여 양 상표를 다 같이 동종 상품에 사용하는 경우 일반 수요자로 하여금 상품의 출처에 관하여 오인·혼동을 일으킬 염려가 있다면 양 상표는 유사하다고 보아야 한다(대법원 2000. 12. 26. 선고 98도 2743 판결 참조)."라고 판시한 바 있다.

(iii) 요부관찰: 그리고 상표 중에서 일반 수요자에게 그 상표에 관한 인상을 심어주거나 기억·연상을 하게 함으로써 그 부분만으로 독립하여 상품의 출처표시기능을 수행하는 부분, 즉 요부가 있는 경우 적절한 전체관찰의 결론을 유도하기 위해서는 요부를 가지고 상표의 유사 여부를 대비·판단하는 것이 필요하다. 상표의 구성 부분이 요부인지 여부는 그 부분이 주지·저명하거나 일반 수요자에게 강한 인상을 주는 부분인지, 전체 상표에서 높은 비중을 차지하는 부분인지 등의 요소를 따져 보되, 여기에 다른 구성 부분과 비교한 상대적인 식별력 수준이나 그와의 결합상태와 정도, 지정상품과의 관계, 거래실정 등까지 종합적으로 고려하여 판단하여야 한다.[279] 결합상표 중 일부 구성 부분이 요부로 기능할 수 있는 식별력이

---

278) 대법원 1995. 9. 29. 선고 94다31365 판결[손해배상(기)]에서 "문자와 문자 또는 문자와 도형이 결합된 상표는 원칙적으로 상표의 구성 전체를 비교하여 유사 여부를 판단하여야 하나, 결합상표에 있어서는 언제나 반드시 그 구성 부분 전체의 명칭이나 모양에 의하여 호칭, 관념되는 것이 아니고 각 구성 부분을 분리하여 관찰하면 자연스럽지 못할 정도로 불가분적으로 결합되어 있지 아니하는 한 그 구성 부분 중 일부만에 의하여 간략하게 호칭, 관념될 수도 있고, 그 중 하나의 칭호, 관념이 타인의 상표와 동일 또는 유사하다고 인정될 때에는 두 상표는 유사하다."라고 판시한 바 있다. 또한 대법원 1999. 7. 9. 선고 98 후1846 판결에서도 "출원상표는 날개를 펼친 독수리 도형 부분과 그 하단의 직사각형 내에 표기된 '선일 금고제작'이라는 문자 부분으로 구성된 결합상표인바, 위 도형 부분과 문자 부분은 그 결합으로 인하여 새로운 관념을 낳는 것도 아니고 이를 분리하여 관찰하면 자연스럽지 못할 정도로 일체불가분적으로 결합되어 있다고 보기도 어려우므로 일반 수요자에게 도형 부분 및 문자 부분으로 분리관찰될 수 있으며, 문자 부분 중 '금고제작'은 그 지정상품과 관련하여 흔히 사용되는 일반적인 용어로서 자타상품의 식별력이 없다 할 것이므로, 출원상표의 요부는 도형 부분과 문자 '선일' 부분이 된다고 할 것인데, 출원상표가 '선일'로 분리관찰될 경우 인용상표인 "선일"과 호칭이 동일하여 양 상표를 동일·유사한 지정상품에 다 같이 사용할 경우 일반 수요자나 거래자로 하여금 상품의 출처에 관하여 오인·혼동을 일으키게 할 염려가 있다고 할 것이므로 양 상표는 유사한 상표라고 보아야 할 것이다."고 판시하였다.

없거나 미약한지 여부를 판단할 때는 해당 구성 부분을 포함하는 상표가 그 지정상품과 동일·유사한 상품에 관하여 다수 등록되어 있거나 출원공고되어 있는 사정도 고려할 수 있으므로, 등록 또는 출원공고된 상표의 수나 출원인 또는 상표권자의 수, 해당 구성 부분의 본질적인 식별력의 정도 및 지정상품과의 관계, 공익상 특정인에게 독점시키는 것이 적당하지 않다고 보이는 사정의 유무 등을 종합적으로 고려하여 판단하여야 한다.[280]

대법원 1994. 2. 8. 선고 93후1094 판결[상표등록무효][공1994.4.1.(965),1015]

[판결요지]

가. 상표 상호간에 유사한 부분이 있더라도 요부를 이루는 부분이 서로 달라 이를 전체적으로 관찰할 때 거래상 상품의 출처에 관하여 오인, 혼동을 일으킬 우려가 없으면 유사상표가 아니라고 보아야 하며 상표의 구성요소 중 당해 지정상품의 보통명칭이나 관용표장 또는 기술적 표장 등으로 표시된 부분이 포함되어 있는 것이라면 그러한 부분은 자타상품의 식별력이 없어서 상표의 요부가 된다고 볼 수 없으므로 상표의유사 여부를 판단함에 있어서도 이를 제외한 나머지 부분만을 대비하여 관찰함이 타당하다.

---

279) 대법원 2018. 9. 13. 선고 2017후2932 판결[권리범위확인(상)].

280) 대법원 2018. 9. 13. 선고 2017후2932 판결[권리범위확인(상)]에서는 "'침대'를 사용상품으로 하는 확인대상표장 가 '천연구들 침대(돌침대)'를 지정상품으로 하는 등록상표 의 권리범위에 속하는지가 문제 된 사안에서, 등록상표와 확인대상표장에서 각각 '천년' 부분 및 부분이 독립하여 상품의 출처표시기능을 수행하는 요부에 해당한다고 볼 수 없고, 두 표장을 전체적으로 관찰하거나 '천년구들' 부분 및 부분을 중심으로 대비하면, 외관이나 호칭 등에서 서로 차이가 있어 유사하지 않다."고 판시하였다. 또한, 대법원 2018. 3. 29. 선고 2017후2697 판결[등록무효(상)]에서도 "갑이 등록서비스표 의 서비스표권자 을 외국법인을 상대로 등록서비스표가 자신의 선등록상표 와 표장 및 지정서비스업 내지 지정상품이 유사하다는 취지로 주장하면서 등록서비스표의 지정서비스업 중 '귀금속제 액세서리·비귀금속제 액세서리·가방·의류·풋웨어·캡모자·모자 소매업' 부분에 대한 등록무효심판을 청구한 사안에서, 등록서비스표와 선등록상표 모두 '왼쪽을 바라보고 있는 서 있는 개의 옆모습 형상'의 도형 부분을 포함하고 있으나 등록서비스표 출원일 이전에 지정서비스업과 동일·유사한 서비스업들에 관하여, 이 사건 등록서비스표의 도형 부분과 유사한 형상의 도형을 포함하는 다수의 서비스표가 서비스표권자를 달리하여 등록되어 있는 사정 등을 고려하면 위 도형 부분의 식별력을 인정하기 곤란하거나 이를 공익상 특정인에게 독점시키는 것이 적당하지 않으므로 등록서비스표에서 개의 옆모습 형상의 도형 부분()은 독자적인 식별력을 발휘하는 요부로 볼 수 없음에도, 이와 달리 보아 등록서비스표가 선등록상표의 표장과 유사하다고 판단한 원심판결에 법리를 오해한 잘못이 있다."도 판시하였다.

나. 등록 상표와 인용상표 는 요부가 등록상표의 경우"공문"또는"KONG MOON"이고 인용상표의 경우 "공문"이어서 유사하고, 외관은 상이하나 칭호의 경우에는 등록상표의 경우"공문"으로 인용상표의 경우"공문수학연구회"또는"공문수학", "공문수연"등으로 불리게 될 것이어서 동일하다고는 할 수 없으나 유사한 느낌을 불러일으킬 것이며, 관념에 있어서는 등록상표의"공문"은 별다른 의미가 있는 것으로 보이지 아니하고 인용상표의"공문수학연구회"에서도"공문"자체는 별다른 의미가 없이 고유명사로 여겨져 "공문이라는 수학연구회"라고 인식되어질 것이어서 유사하다고 할 수는 없으나, 전체적으로 볼 때 양 상표는 요부가 유사하고 칭호도 유사하여 유사한 상표라 판단되고 따라서 양 상표를 동일 유사한 지정상품에 사용할 경우 일반수요자나 소비자로 하여금 상품의 출처에 관하여 오인, 혼동을 일으킬 우려가 있다.

나. 상품의 동일 · 유사

지정상품의 유사 여부는 상품 자체의 속성인 품질, 형상, 용도와 생산 부문, 판매 부문, 수요자의 범위 등 거래의 실정 등을 고려하여 일반 거래의 통념에 따라 판단하여야 한다.[281] 예컨대, 컴퓨터 및 미니컴퓨터는 TV수상기, 전자계산기 등과 유사한 상품에 해당한다.[282] 한편, 지정서비스업의 유사 여부는 동일 또는 유사한 서비스표를 사용하였을 때 동일한 영업주체가 제공하는 서비스로 오인될 우려가 있는지 여부를 기준으로 하여 판단하되, 제공되는 서비스의 성질이나 내용, 제공 방법과 장소, 서비스의 제공자, 수요자의 범위 및 서비스 제공에 관련된 물품이 일치하는지 여부 등 거래의 실정을 종합적으로 고려하여 일반 거래의 통념에 따라 판단하여야 한다.[283]

---

281) 대법원 1999. 11. 23. 선고 97후2842 판결.

282) 대법원 1994. 5. 24. 선고 94후265 판결에서는 "지정상품의 동일, 유사여부는 상품의 속성인 품질, 형상, 용도와 생산부문, 판매부문, 수요자의 범위 등 거래의 실정 등을 고려하여 일반거래의 통념에 따라 판단하여야 하는바, 출원상표의 지정상품들인 상품류 구분 제39류의 컴퓨터, 미니컴퓨터 등과 인용상표의 지정상품인 같은 상품구분류의 TV수상기, 전자계산기 등은 위와 같은 일반거래의 통념에 의하더라도 유사한 상품이다."라고 판시하였다.

283) 대법원 2018. 11. 9. 선고 2016후1376 판결[등록무효(상)]에서 "선등록서비스표 1 ", 선등록서비스표 2 ", 선등록서비스표 3 "의 서비스표권자 갑 주식회사가 등록서비스표 "의 서비스표권자 을 주식회사를 상대로 등록서비스표가 선등록서비스표들과 표장이 동일하고 지정서비스업이 동일 · 유사하다는 등의 이유로 서비스표등록 무효심판을 청구한 사안에서, 양 서비스업에 동일 또는 유사한 서비스표를 사용할 경우 일반 거래의 통념상 동일한 영업주체에 의하여 제공되는 서비스로 오인될 우려가 있음에도, 이와 달리 본 원심판결에 법리를 오해하여 필

다. 상표로서의 사용

[1] 의 의: 상표로서 사용되고 있는지는 상품과 관계, 해당 표장의 사용 태양(즉, 상품 등에 표시된 위치, 크기 등), 등록상표의 주지저명성 그리고 사용자의 의도와 사용 경위 등을 종합하여 실제 거래계에서 표시된 표장이 상품의 식별표지로서 사용되고 있는지에 의하여 판단하여야 한다.[284]

[2] 상표의 사용에 해당하지 않는 경우의 분류: 상표의 구성요건을 충족하지 못한 경우와 상표의 구성요건은 충족하나 상표의 사용 태양에 해당하지 아니하는 경우로 나누어 고찰할 수 있다.

[3] 상표의 구성요건을 충족하지 못한 경우: (i) 상품의 구성요건을 구비하지 못한 경우,[285] (ii) 자타상품식별목적의 요건(예: 디자인적 사용,[286] 부품의 상표 사용,[287] 서적류의 제호(원칙)[288]) 등이 이에 해당한다.

[4] 상표의 사용 태양에 해당하지 아니하는 경우: (i) 등록상표와 유사한 도메인이름을 사용한 경우,[289] (ii) 포장용기에 대하여 사용한 경우[290] 등이 이에 해당한다.

요한 심리를 다하지 않은 잘못이 있다."고 판시하였다.

284) 대법원 2012. 3. 29. 선고 2010다20044 판결[손해배상(기)](갑 주식회사로부터 국내에서 "HELLO KITTY" 캐릭터를 상품화할 수 있는 독점권을 부여받은 을 주식회사가 자신이 운영하는 홈페이지에 "HELLO KITTY" 캐릭터가 부착 또는 표시된 상품의 이미지 바로 아래에 있는 상품 이름 앞에 "대장금", "장금", "주몽"이라는 표장을 표시한 행위가 등록상표 "大長令", "주 몽", "주몽"의 상표권자인 병 방송사 등의 상표권을 침해하는 행위에 해당하는지 문제된 사안에서, 위 표장의 사용 태양, 위 등록상표와 "HELLO KITTY" 표장의 주지저명의 정도, 을 회사의 의도와 위 표장의 사용 경위 등을 종합하면 전체적으로 을 회사가 홈페이지에서 광고·판매한 위 상품들의 출처가 갑 회사 또는 동일 상품화 사업을 영위하는 집단인 것으로 명확히 인식되고, "대장금" 등 표장은 상품에 부착 또는 표시된 "HELLO KITTY" 캐릭터가 병 방송사가 제작·방영한 드라마의 캐릭터로 알려진 '대장금', '주몽'을 형상화한 것임을 안내·설명하기 위한 것일 뿐 상품의 식별표지로서 사용되었다고는 볼 수 없으므로, "대장금" 등 표장이 상표로서 사용되었다고 볼 수 없다고 한 사례).

285) 대법원 1999. 6. 25. 선고 98후58 판결.

286) 대법원 2013. 1. 24. 선고 2011다18802 판결[상표권침해중지등]

287) 대법원 2005. 6. 10. 선고 2005도1637 판결.

288) 특허법원 2006. 5. 24. 선고 2005허8197 판결에 따르면, "원칙적으로 서적류의 제호는 해당 저작물의 창작물로서의 명칭 내지는 그 내용을 직접 설명하거나 함축적으로 나타내는 것으로 서적이라는 상품의 식별표지로 기능하지는 않으나, 서적류의 경우에도 출판업자의 책임에 의하여 편집, 발행되어 저작자의 창작물이라는 면보다는 출판업자의 상품이라는 성격이 더 뚜렷이 나타나는 사전류, 연감류, 중고생 학습도서, 문고류, 전집류 등의 제호는 그 저작물의 명칭임과 동시에 출판업자의 출처표시로서의 기능을 가지며 자타 상품 식별표지로서의 성격을 가진다."라고 판시한 바 있다.

289) 대법원 2011. 8. 25. 선고 2010도7088 판결; 대법원 2004. 2. 13. 선고 2001다57709 판결.

290) 대법원 2003. 4. 11. 선고 2002도3445 판결(피고인이 후지필름의 등록상표가 각인된 1회용 카메라의 빈

2. 피고의 항변사유

가. 의 의

피고의 상표 사용행위가 원고의 상표권 침해에 하더라도 원고의 상표권의 효력을 제한하는 사유가 있으면 피고의 상표권침해행위를 성립하지 아니한다.

나. 사용권설정계약

상표권자에 의하여 전용사용권이나 통상사용권이 설정되어 있는 경우에 상표권의 효력이 제한된다.

다. 상표권의 효력 제한(상 제90조)

상표권의 효력이 미치지 아니하는 범위에 해당하는 경우(권리멸각사실에 대한 피고의 항변)에는 피고는 원고의 상표권을 침해하지 아니하게 된다.[291]

용기를 수집하여 다시 필름을 장전하고 일부 포장을 새롭게 하여 제조·판매한 행위가 후지필름의 등록상표를 침해하고 혼동을 야기하였다고 본 사례); 대법원 2001. 7. 13. 선고 2001도1355 판결[상표법위반][공2001.9.1.(137),1902]("자동차부품인 에어 클리너를 제조하면서 그 포장상자에 에어 클리너가 사용되는 적용차종을 밝히기 위하여 자동차 제작회사의 등록상표의 표시를 하였으나 제반 사정에 비추어 그 출처표시가 명백하고 부품 등의 용도설명 등을 위하여 사용한 것에 불과하다는 이유로 그 등록상표를 사용한 것으로 볼 수 없고, 그 에어 클리너는 자동차 제작회사에서 공급하는 정품과는 쉽게 구분되는 것이어서 타인의 상품과 혼동을 일으키게 하는 행위라고도 볼 수 없다."고 한 사례).

291) 대법원 1997. 5. 30. 선고 96다56382 판결[상표권침해금지][공1997.7.15.(38),2009]의 판결요지는 다음과 같다.
  [판결요지]
  [1] 등록상표 'GOLD BLEND'와 그 한글표기로서 연합상표인 '골드 블렌드'는 'GOLD(골드)'와 'BLEND(블렌드)'가 결합하여 이루어진 결합상표로서 그 중 'GOLD(골드)'는 '금, 황금, 돈, 금처럼 귀중한' 등의 사전적 의미가 있으나 실제 거래사회에서 일반인들은 '훌륭한, 뛰어난, 최고급의' 등의 의미로 받아들이고, 'BLEND(블렌드)'는 '혼합하다, 섞다, 혼합'의 의미로 일반인들이 인식하게 되어, 결국 이 사건 등록상표는 그 지정상품인 커피류와 관련하여 일반수요자들이 직감적으로 '맛과 향기가 뛰어나도록 배합한 최고급 커피'로 인식하게 되므로 이는 지정상품의 품질, 가공방법 등을 직접적으로 표시한 기술적 상표에 해당한다고 본 사례.
  [2] 상표법 제6조 제2항에 의하여 식별력을 취득한 상표는 상표법 제51조 제2호에 의한 상표권 효력의 제한을 받지 않는다.
  [3] 커피제품에 'Maxwell'이라고 횡서한 아래에 이중의 흑회색 타원을 두고 그 타원의 중앙 부분에 'Kilimanjaro'를 비스듬하게 횡서하고 타원형 둘레의 윗부분에 'Roasted Bean Coffee'를, 아랫부분에 'GOLD BLEND'를 각 배열한 문자 및 도형의 결합상표를 사용한 경우, 그 상표 중 'GOLD BLEND' 부분은 외관에 있어서 특히 일반의 주의를 끌만한 특수한 도안이나 태양으로 표시되어 있

라. 등록무효의 항변

등록상표에 대한 등록무효심결이 확정되기 전이라도 그 상표등록이 무효심판에 의하여 무효로 될 것임이 명백하지 아니하는 경우에는 상표등록무효심결이 확정되기 전까지는 상표권침해소송에서 상표등록 무효 사유를 이유로 상표권이 무효라는 판단을 할 수 없으므로, 피고의 등록무효 항변에 대해서는 상표등록무효심결이 확정되기 전까지는 피고의 항변 자체가 이유 없다는 이유로 배척하여야 할 것이다.[292]

하지만, 등록상표에 대한 등록무효심결이 확정되기 전이라고 하더라도 그 상표등록이 무효심판에 의하여 무효로 될 것임이 명백한 경우에는 그 상표권에 기초한 침해금지 또는 손해배상 등의 청구가 권리남용에 해당하여 허용되지 아니한다.[293]

마. 병행수입

진정상품의 병행수입(parallel importation)은 독점수입권자에 의해 해당 외국상품이 수입되는 경우 제3자가 다른 유통경로를 통하여 진정상품을 국내 독점수입권자의 허락 없이 수입하는 것을 뜻한다.

국내에 등록된 상표와 동일·유사한 상표가 부착된 그 지정상품과 동일·유사한 상품을 수입하는 행위가 그 등록상표권의 침해 등을 구성하지 않는다고 하기 위해서는, (i) 외국의 상표권자 내지 정당한 사용권자가 그 수입된 상품에 상표를 부착하였어야 하고, (ii) 그 외국 상표권자와 우리나라의 등록상표권자가 법적 또는 경제적으로 밀접한 관계에 있거나 그 밖의 사정에 의하여 위와 같은 수입상품에 부착된 상표가 우리나라의 등록상표와 동일한 출처를 표시하는 것으로 볼 수 있는 경우이어야 하며, 아울러 (iii) 그 수입된 상품과 우리나라의 상표권자가 등록상표를 부착한 상품 사이에 품질에 있어 실질적인 차이가 없어야 할 것이다.[294]

대법원 2010. 5. 27. 선고 2010도790 판결에서는 "국내에 등록된 상표 "K·SWISS"가 표시된 슬리퍼를 수입하여 상표법 위반으로 기소된 사안에서, 상표권자인 외국 회사와 국내

다기보다는 오히려 '좋은 배합'이라는 관념과 칭호로써만 보통의 방법으로 그 품질 또는 가공방법의 표시로서 사용하고 있으므로, 결국 이는 상표법 제51조 제2호 소정의 '보통으로 사용하는 방법으로' 표시하는 상표에 해당한다고 본 사례.

292) 대법원 1989. 3. 28. 선고 87후139 판결; 대법원 1996. 9. 10. 선고 96후283 판결.
293) 대법원 2012. 10. 18. 선고 2010다103000 전원합의체 판결.
294) 대법원 2005. 6. 9. 선고 2002다61965 판결; 대법원 2006. 10. 13. 선고 2006다40423 판결; 대법원 2010. 5. 27. 선고 2010도790 판결.

전용사용권자가 어떠한 법적·경제적인 관계가 있다거나 그 밖의 다른 사정에 의하여 위 수입상품의 출처가 실질적으로 동일하다고 볼 수 없어, 이는 국내 전용사용권자의 전용사용권을 침해하는 행위"라고 판단하였다. 그리고 대법원 2002. 9. 24. 선고 99다42322 판결[표장등사용중지](버버리 리미티드 대 주식회사 이엠이씨)에서는 "병행수입 그 자체는 위법성이 없는 정당한 행위로서 상표권 침해 등을 구성하지 아니하므로 병행수입업자가 상표권자의 상표가 부착된 상태에서 상품을 판매하는 행위는 당연히 허용될 것인바, 상표제도는 상표를 보호함으로써 상표 사용자의 업무상의 신용유지를 도모하여 산업발전에 이바지함과 아울러 수요자의 이익을 보호함을 목적으로 하고(상 제1조 참조), 상표는 기본적으로 당해 상표가 부착된 상품의 출처가 특정한 영업주체임을 나타내는 상품출처표시기능과 이에 수반되는 품질보증기능이 주된 기능이라는 점 등에 비추어 볼 때, 병행수입업자가 위와 같이 소극적으로 상표를 사용하는 것에 그치지 아니하고 나아가 적극적으로 상표권자의 상표를 사용하여 광고·선전행위를 하더라도 그로 인하여 위와 같은 상표의 기능을 훼손할 우려가 없고 국내 일반 수요자들에게 상품의 출처나 품질에 관하여 오인·혼동을 불러일으킬 가능성도 없다면, 이러한 행위는 실질적으로 상표권 침해의 위법성이 있다고 볼 수 없을 것이므로, 상표권자는 상표권에 기하여 그 침해의 금지나 침해행위를 조성한 물건의 폐기 등을 청구할 수 없다고 봄이 상당하다."고 판시하면서, "병행수입업자가 적극적으로 상표권자의 상표를 사용하여 광고·선전행위를 한 것이 실질적으로 상표권 침해의 위법성이 있다고 볼 수 없어 상표권 침해가 성립하지 아니한다고 하더라도, 그 사용태양 등에 비추어 영업표지로서의 기능을 갖는 경우에는 일반 수요자들로 하여금 병행수입업자가 외국 본사의 국내 공인 대리점 등으로 오인하게 할 우려가 있으므로, 이러한 사용행위는 부정경쟁방지 및 영업비밀보호에 관한 법률 제2조 제1호 나목 소정의 영업주체혼동행위에 해당되어 허용될 수 없다."고 판시하여 진정상품의 병행수입에 상표권 침해행위는 아니더라도 부정경쟁방지 및 영업비밀보호에 관한 법률 제2조 제1호 나목의 영업주체 혼동행위에 해당할 수 있다는 점을 밝히고 있다.

참고로 행정적 규제책과 관련하여 관세청의 '지식재산권 보호를 위한 수출입통관사무처리에 관한 고시' 및 공정거래위원회의 '병행수입에 있어서의 불공정거래행위의 유형고시'에서 진정상품의 병행수입을 다루고 있다.

바. 상표권 행사가 상표권의 남용에 해당하는 경우

상표권의 행사가 등록상표에 관한 권리를 남용하는 것으로서 허용될 수 없다고 하기 위해서는, 상표권자가 해당 상표를 출원·등록하게 된 목적과 경위, 상표권을 행사하기에 이른 구체적·개별적 사정 등에 비추어, 상대방에 대한 상표권의 행사가 상표사용자의 업무상의 신용유지와 수요자의 이익보호를 목적으로 하는 상표제도의 목적이나 기능을 일탈하여 공정한 경쟁질서와 상거래 질서를 어지럽히고 수요자 사이에 혼동을 초래하거나 상대방에 대한 관계에서 신의성실의 원칙에 위배되는 등 법적으로 보호받을 만한 가치가 없다고 인정되어야 한다.295)

II. 민사적 구제

1. 권리침해에 대한 금지청구권 등

[1] 상표권자 또는 전용사용권자는 자기의 권리를 침해한 자 또는 침해할 우려가 있는 자에 대하여 그 침해의 금지 또는 예방을 청구할 수 있다(상 제107조 제1항).

[2] 상표권자 또는 전용사용권자가 침해금지청구를 할 때에는 침해행위를 조성한 물건의 폐기, 침해행위에 제공된 설비의 제거 기타 침해의 예방에 필요한 행위를 청구할 수 있다(상 제107조 제2항).

[3] **침해로 보는 행위**

(i) 타인의 등록상표와 동일한 상표를 그 지정상품과 유사한 상품에 사용하거나 타인의 등록상표와 유사한 상표를 그 지정상품과 동일·유사한 상품에 사용하는 행위, (ii) 타인의 등록상표와 동일·유사한 상표를 그 지정상품과 동일·유사한 상품에 사용하거나 사용하게 할 목적으로 교부·판매·위조·모조 또는 소지하는 행위, (iii) 타인의 등록상표를 위조 또는 모조하거나 위조 또는 모조하게 할 목적으로 그 용구를 제작·교부·판매 또는 소지하는 행위, (iv) 타인의 등록상표 또는 이와 유사한 상표가 표시된 지정상품과 동일·유사한 상품을 양도 또는 인도하기 위하여 소지하는 행위 중 어느 하나에 해당하는 행위는 상표권(지리적 표시 단체표장권은 제외한다) 또는 전용사용권을 침해한 것으로 본다(상 제107조 제1항).

그리고 (i) 타인의 지리적 표시 등록단체표장과 유사한 상표(동음이의어 지리적 표시는 제외한다. 이하 이 항에서 같다)를 그 지정상품과 동일하다고 인정되는 상품에 사용하는 행위, (ii) 타인의 지리적 표시 등록단체표장과 동일·유사한 상표를 그 지정상품과 동일하다고 인정되는

---

295) 대법원 2007. 1. 25. 선고 2005다67223 판결.

상품에 사용하거나 사용하게 할 목적으로 교부·판매·위조·모조 또는 소지하는 행위, (iii) 타인의 지리적 표시 등록단체표장을 위조 또는 모조하거나 위조 또는 모조하게 할 목적으로 그 용구를 제작·교부·판매 또는 소지하는 행위, (iv) 타인의 지리적 표시 등록단체표장과 동일·유사한 상표가 표시된 지정상품과 동일하다고 인정되는 상품을 양도 또는 인도하기 위하여 소지하는 행위 중 어느 하나에 해당하는 행위는 지리적 표시 단체표장권을 침해한 것으로 본다(상 제107조 제2항).

[4] **상표법 제107조 제1항의 침해간주행위 관련 판례:** (i) 도메인이름의 등록사용을 상표권 침해간주행위로 본 사례,[296] (ii) 도메인이름의 등록사용을 상표권 침해간주행위에 해당하지 아니한다고 판시한 사례,[297] (iii) 양수인 등이 해당 상품을 사용·양도 또는 대여하는 행위는 상표권침해간주행위에 해당하지 아니한다고 한 사례,[298] (iv) '교부 또는 판매'의 대상이 되는 것은 상표 그 자체가 아니라 상표를 표시한 물건을 의미한다고 봄이 상당하므로, 상표사용권자가 제3자에게 등록상표를 사용하게 한 행위는 상표법 제107조 제1항 제1호 내지 제2호의 상표권침해간주행위에 해당하지 아니한다는 사례[299] 등이 있다.

---

296) 대법원 2008. 9. 25. 선고 2006다51577 판결("상표법 제66조 제1항 제1호에 정한 상표권 침해가 인정될 수 있으려면 '상표의 사용'이 전제되어야 할 것인데, 도메인이름의 등록사용의 경우에는 도메인이름의 사용태양 및 그 도메인이름으로 연결되는 웹사이트 화면의 표시 내용 등을 전체적으로 고려하여 거래통념상 상품의 출처를 표시하고 자기의 업무에 관계된 상품과 타인의 업무에 관계된 상품을 구별하는 식별표지로 기능하고 있을 때에는 '상표의 사용'으로 볼 수 있다."라고 판시한 사례).

297) 대법원 2004. 2. 13. 선고 2001다57709 판결[상표권침해및부정경쟁행위금지등](도메인이름의 요부가 저명한 등록상표와 동일하기는 하나, 상표법에서 규정하는 상표권 침해행위가 되기 위해서는 타인의 등록상표와 동일한 상표를 그 지정상품과 유사한 상품에 사용하거나, 타인의 등록상표와 유사한 상표를 그 지정상품과 동일 또는 유사한 상품에 사용하는 행위가 있어야 하는데, 위 도메인이름하에 운용되는 웹사이트에서 등록상표권의 지정상품과 동일 또는 유사한 상품을 취급하거나, 등록서비스표의 지정서비스업과 동일·유사한 영업을 취급한 사실이 전혀 없다면 위 웹사이트를 통해 등록상표권을 침해하였거나 침해할 우려가 있다고 볼 수 없고, 등록상표와 동일한 이름을 도메인이름으로 사용한 것만으로는 상표법 제66조에서 규정하는 상표권 침해행위에 해당한다고 보기 어렵다고 한 사례).

298) 대법원 2009. 10. 15. 선고 2009도3929 판결[의료기기법위반·상표법위반]("상표권자 등이 국내에서 등록상표가 표시된 상품을 양도한 경우에는 특별한 사정이 없는 한 당해 상품에 대한 상표권은 그 목적을 달성하여 소진되므로, 양수인 등이 당해 상품을 사용·양도 또는 대여하는 행위 등에는 상표권의 효력이 미치지 않는다. 다만, 양수인 등이 원래의 상품과의 동일성을 해할 정도의 가공이나 수선을 하는 때에는 실질적으로는 생산행위를 하는 것과 마찬가지이어서 새로 생성된 제품에 종전 상품에 표시된 상표를 그대로 유지하게 되면 상품의 출처표시 기능이나 품질보증 기능을 해치게 되므로 이러한 경우에는 상표권자의 권리가 침해된다고 보아야 하는바, 동일성을 해할 정도의 가공이나 수선에 해당하는지 여부는 당해 상품의 객관적인 성질, 이용형태 및 상표법의 규정취지와 상표의 기능 등을 종합하여 판단하여야 한다(대법원 2003. 4. 11. 선고 2002도3445 판결 등 참조)."라고 판시한 사례).

[5] **통상사용권설정계약 위반과 권리소진의 원칙:** 상표권자 또는 그의 동의를 얻은 자가 국내에서 등록상표가 표시된 상품을 양도한 경우에는 해당 상품에 대한 상표권은 그 목적을 달성한 것으로서 소진되고, 그로써 상표권의 효력은 해당 상품을 사용, 양도 또는 대여한 행위 등에는 미치지 않는다. 한편 지정상품, 존속기간, 지역 등 통상사용권의 범위는 통상사용권계약에 따라 부여되는 것이므로 이를 넘는 통상사용권자의 상표 사용행위는 상표권자의 동의를 받지 않은 것으로 볼 수 있다. 하지만 통상사용권자가 계약상 부수적인 조건을 위반하여 상품을 양도한 경우까지 일률적으로 상표권자의 동의를 받지 않은 양도행위로서 권리소진의 원칙이 배제된다고 볼 수는 없고, 계약의 구체적인 내용, 상표의 주된 기능인 상표의 상품출처표시 및 품질보증 기능의 훼손 여부, 상표권자가 상품 판매로 보상을 받았음에도 추가적인 유통을 금지할 이익과 상품을 구입한 수요자 보호의 필요성 등을 종합하여 상표권의 소진 여부 및 상표권이 침해되었는지 여부를 판단하여야 한다.[300)]

대법원 2014. 8. 20. 선고 2012다6059 판결[상표사용금지등 (자) 상고기각][골프채 상표 사건]

[판결요지]

[1] 상표권의 행사가 등록상표에 관한 권리를 남용하는 것으로서 허용될 수 없다고 하기 위해서는, 상표권자가 당해 상표를 출원·등록하게 된 목적과 경위, 상표권을 행사하기에 이른 구체적·개별적 사정 등에 비추어, 상대방에 대한 상표권의 행사가 상표사용자의 업무상의 신용유지와 수요자의 이익보호를 목적으로 하는 상표제도의 목적이나 기능을 일탈하여 공정한 경쟁질서와 상거래 질서를 어지럽히고 수요자 사이에 혼동을 초래하거나 상대방에 대한 관계에서 신의성실의 원칙에 위배되는 등 법적으로 보호받을 만한 가치가 없다고 인정되어야 한다.

그리고 어떤 상표가 정당하게 출원·등록된 이후에 등록상표와 동일·유사한 상표를 그 지정상품과 동일·유사한 상품에 정당한 이유 없이 사용한 결과 그 사용상표가 국

---

299) 대법원 2004. 9. 24. 선고 2002다58594 판결[손해배상(지)등].

300) 대법원 2020. 1. 30. 선고 2018도14446 판결(온라인몰 시계판매업체의 실질적 대표자인 피고인이, 상표권자인 갑 주식회사가 을 주식회사에 갑 회사와 합의된 매장에서 판매하는 경우에는 상표를 사용할 수 있는 조건으로 통상사용권을 부여한 'M'자 문양의 브랜드가 부착된 시계를 위 약정에 위반하여 을 회사로부터 납품받아 갑 회사와 합의되지 않은 온라인몰이나 오픈마켓 등에서 판매함으로써 갑 회사의 상표권을 침해하였다는 내용으로 기소된 사안에서, 을 회사가 피고인에게 상품을 공급함으로써 해당 상품에 대한 상표권은 그 목적을 달성한 것으로서 소진되고, 그로써 상표권의 효력은 해당 상품을 사용, 양도 또는 대여한 행위 등에는 미치지 않는다고 한 사례).

내의 일반 수요자들에게 알려지게 되었다고 하더라도, 사용상표와 관련하여 얻은 신용과 고객흡인력은 등록상표의 상표권을 침해하는 행위에 의한 것으로서 보호받을 만한 가치가 없고 그러한 상표의 사용을 용인한다면 우리 상표법이 취하고 있는 등록주의 원칙의 근간을 훼손하게 되므로, 위와 같은 상표 사용으로 시장에서 형성된 일반 수요자들의 인식만을 근거로 하여 상표 사용자를 상대로 한 등록상표의 상표권에 기초한 침해금지 또는 손해배상 등의 청구가 권리남용에 해당한다고 볼 수는 없다.

[2] 선행 등록상표의 등록 이후에 등록결정이 된 후행 등록상표가 선행 등록상표와 표장 및 지정상품이 동일·유사하고, 또한 후행 등록상표의 등록결정 당시 특정인의 상표라고 인식된 타인의 상표가 선행 등록상표의 등록 이후부터 사용되어 온 것이라고 하더라도, 이러한 타인의 사용상표(이하 '후발 선사용상표'라고 한다)와의 관계에서 후행 등록상표가 상표법 제7조 제1항 제11호 후단에서 규정하고 있는 '수요자를 기만할 염려가 있는 상표'에 해당하여 등록이 무효로 될 수 있고, 그 결과 후발 선사용상표가 사실상 보호받는 것처럼 보일 수는 있다. 그러나 위 규정의 취지가 후발 선사용상표를 보호하려는 데 있는 것이 아니라 이미 특정인의 상표라고 인식된 상표를 사용하는 상품의 출처 등에 관한 일반 수요자들의 오인·혼동을 방지하여 이에 대한 신뢰를 보호하려는 데 있음을 고려할 때, 그러한 결과는 일반 수요자들의 이익을 보호함에 따른 간접적·반사적인 효과에 지나지 아니하므로, 그러한 사정을 들어 후발 선사용상표의 사용이 선행 등록상표에 대한 관계에서 정당하게 된다거나 선행 등록상표의 상표권에 대한 침해를 면하게 된다고 볼 수는 없다.

[3] 지정상품을 '골프채' 등으로 하는 등록상표 ' KATANA GOLF '의 상표권자인 갑 외국법인이 ' KATANA '와 ' KATANA GOLF ' 등의 상표를 사용하여 골프채 등을 수입·판매하는 을 주식회사를 상대로 상표사용금지 등을 구한 사안에서, 갑 법인이 등록상표를 정당한 목적으로 출원·등록하여 상표권을 취득한 후 을 회사가 이와 유사한 상표를 정당한 이유 없이 사용해 온 결과 을 회사 사용상표들이 국내의 일반 수요자들 사이에서 특정인의 상표나 주지상표로 인식되기에 이르렀다고 하더라도 그러한 사정을 들어 을 회사에 대한 갑 법인의 상표권 행사가 권리남용에 해당한다고 보기 어렵고, 갑 법인의 후행 등록상표인 ' KATANA ' 등이 을 회사가 사용하고 있는 ' KATANA ' 상표 등과의 관계에서 상표법 제7조 제1항 제11호 후단의 '수요자를 기만할 염려가 있는 상표'에 해당한다는 이유로 등록이 무효로 되었다는 사정을 들어 을 회사 사용상표들에 앞서 등록된 갑 법인의 상표권에 대한 관계에서 을 회사 사용상표들의 사용이 정당하게 된다거나 갑 법인의 상표권에 대한 침해를 면하게 된다고 볼 수 없다고 한 사례.

[4] 국내에 등록된 상표와 동일·유사한 상표가 부착된 지정상품과 동일·유사한 상품을

수입하는 행위가 등록상표권의 침해 등을 구성하지 않는다고 하기 위해서는, 외국의 상표권자 또는 정당한 사용권자가 수입된 상품에 상표를 부착하였어야 하고, 외국 상표권자와 우리나라의 등록상표권자가 법적 또는 경제적으로 밀접한 관계에 있거나 그 밖의 사정에 의하여 위와 같은 수입상품에 부착된 상표가 우리나라의 등록상표와 동일한 출처를 표시하는 것으로 볼 수 있는 경우이어야 하며, 아울러 수입된 상품과 우리나라의 상표권자가 등록상표를 부착한 상품의 각 품질 사이에 실질적인 차이가 없어야 한다.

2. 손해배상청구

[1] 상표권자 또는 전용사용권자는 자기의 상표권 또는 전용사용권을 고의 또는 과실로 침해한 자에 대하여 그 침해에 의하여 자기가 받은 손해의 배상을 청구할 수 있다(상 제109조). 2014년 상표법 개정을 통해 손해배상청구의 근거규정을 상표법에 신설하였다.

[2] 상표법상 고의의 추정, 손해액의 추정 등에 관한 특별규정을 두어 피해자의 증명책임 완화를 도모하고 있다.

[3] **고의의 추정**: 상표법 제222조의 규정에 의하여 등록상표임을 표시한 타인의 상표권 또는 전용사용권을 침해한 자는 그 침해행위에 대하여 그 상표가 이미 등록된 사실을 알았던 것으로 추정한다(상 제112조).

[4] **손해액의 추정 등**

(i) 상표권자 또는 전용사용권자는 자기의 상표권 또는 전용 사용권을 고의 또는 과실로 침해한 자에 대하여 그 침해에 의하여 자기가 받은 손해의 배상을 청구하는 경우 침해한 자가 그 침해행위를 하게 한 상품을 양도한 때에는 그 상품의 양도수량에 상표권자 또는 전용사용권자가 그 침해행위가 없었다면 판매할 수 있었던 상품의 단위수량당 이익액을 곱한 금액을 상표권자 또는 전용사용권자의 손해액으로 할 수 있다(상 제110조 제1항). 이 경우 손해액은 상표권자 또는 전용사용권자가 생산할 수 있었던 상품의 수량에서 실제 판매한 상품의 수량을 뺀 수량에 단위수량당 이익액을 곱한 금액을 한도로 한다. 다만, 상표권자 또는 전용사용권자가 그 침해행위외의 사유로 판매할 수 없었던 사정이 있는 때에는 해당 침해행위외의 사유로 판매할 수 없었던 수량에 따른 금액을 빼야 한다(상 제110조 제2항).

(ii) 이익액추정형: 상표권자 또는 전용사용권자가 고의 또는 과실에 의하여 자기의 상표권 또는 전용사용권을 침해한 자에 대하여 그 침해에 의하여 자기가 받은 손해의 배상을 청

구하는 경우 권리를 침해한 자가 그 침해행위에 의하여 이익을 받은 때에는 그 이익의 액을 상표권자 또는 전용사용권자가 받은 손해의 액으로 추정한다(상 제110조 제3항).

(iii) 통상사용료간주형: 상표권자 또는 전용사용권자가 고의 또는 과실에 의하여 자기의 상표권 또는 전용사용권을 침해한 자에 대하여 그 침해에 의하여 자기가 받은 손해의 배상을 청구하는 경우 그 등록상표의 사용에 대하여 통상 받을 수 있는 금액에 상당하는 액을 상표권자 또는 전용사용권자가 받은 손해의 액으로 하여 그 손해배상을 청구할 수 있다(상 제110조 제4항). 그 등록상표의 사용에 대하여 통상 받을 수 있는 금액에 상당하는 액을 상표권자 또는 전용사용권자가 받은 손해의 액으로 하여 그 손해배상을 청구하는 경우 실제손해의 액이 통상사용료상당액을 초과하는 경우에는 그 초과액에 대하여도 손해배상을 청구할 수 있다. 이 경우 상표권 또는 전용사용권을 침해한 자에게 고의 또는 중대한 과실이 없는 때에는 법원은 손해배상의 액을 산정할 때 그 사실을 고려할 수 있다(상 제110조 제5항). 법원은 상표권 또는 전용사용권의 침해행위에 관한 소송에 있어서 손해가 발생된 것은 인정되나 그 손해액을 입증하기 위하여 필요한 사실을 밝히는 것이 사실의 성질상 극히 곤란한 경우에는 전술한 손해액의 증명책임완화규정에도 불구하고 변론 전체의 취지와 증거조사의 결과에 기초하여 상당한 손해액을 인정할 수 있다(상 제110조 제6항).

대법원 2016. 9. 30. 선고 2014다59712, 59729 판결[서비스표권침해금지등·손해배상][공2016하,1597]

[판결요지]

[1] 구 상표법(2014. 6. 11. 법률 제12751호로 개정되기 전의 것) 제67조에 의하면, 상표권자는 자기의 상표권을 고의 또는 과실로 침해한 자에 대하여 통상 받을 수 있는 상표권 사용료 상당액을 손해액으로 주장하여 배상을 청구할 수 있다. 이 규정은 손해에 관한 피해자의 주장·증명책임을 경감해 주고자 하는 것이므로, 상표권자는 권리침해 사실과 통상 받을 수 있는 사용료를 주장·증명하면 되고 손해의 발생 사실을 구체적으로 주장·증명할 필요는 없다. 그러나 위 규정이 상표권의 침해 사실만으로 손해의 발생에 대한 법률상의 추정을 하거나 손해의 발생이 없는 것이 분명한 경우까지 손해배상의무를 인정하려는 취지는 아니므로, 침해자는 상표권자에게 손해의 발생이 있을 수 없다는 점을 주장·증명하여 손해배상책임을 면할 수 있다. 한편 상표권은 특허권 등과 달리 등록되어 있는 상표를 타인이 사용하였다는 것만으로 당연히 통상 받을 수 있는 상표권 사용료 상당액이 손해로 인정되는 것은 아니고, 상표권자가 상표를 영업 등에 실제 사용하고 있었음에도 상표권 침해행위가 있었다는 등 구체적 피해 발생이 전제되어

야 인정될 수 있다. 따라서 상표권자가 상표를 등록만 해 두고 실제 사용하지는 않았다는 등 손해 발생을 부정할 수 있는 사정을 침해자가 증명한 경우에는 손해배상책임을 인정할 수 없고, 이러한 법리는 서비스표의 경우에도 동일하게 적용된다.

[2] 구 상표법(2016. 2. 29. 법률 제14033호로 전부 개정되기 전의 것) 제51조 제1항 제1호는 자기의 성명, 명칭, 상호 등(이하 '상호 등'이라고만 한다)을 보통으로 사용하는 방법으로 표시하는 상표에 대하여는 등록상표의 효력이 미치지 않는다고 규정하고 있다. 여기에서 '상호 등을 보통으로 사용하는 방법으로 표시한다'는 것은 상호 등을 독특한 글씨체나 색채, 도안화된 문자 등 특수한 태양으로 표시하는 등으로 특별한 식별력을 갖도록 함이 없이 일반 수요자가 표장을 보고 상호 등으로 인식할 수 있도록 표시하는 것을 의미하므로, 이는 표장 자체가 특별한 식별력을 갖도록 표시되었는지뿐만 아니라 사용된 표장의 위치, 배열, 크기, 다른 문구와의 연결 관계, 도형과 결합되어 사용되었는지 여부 등 실제 사용 태양을 종합하여 거래통념에 의하여 판단하여야 하고, 이러한 법리는 서비스표의 경우에도 같다.

[3] 구 상표법(2014. 6. 11. 법률 제12751호로 개정되기 전의 것) 제67조의2 제1항은, '상표권자는 자기가 사용하고 있는 등록상표와 같거나 동일성이 있는 상표를 그 지정상품과 같거나 동일성이 있는 상품에 사용하여 자기의 상표권을 고의나 과실로 침해한 자에 대하여 손해액의 추정 등에 관한 제67조에 따른 손해배상을 청구하는 대신 5천만원 이하의 범위에서 상당한 금액을 손해액으로 하여 배상을 청구할 수 있고, 이 경우 법원은 변론전체의 취지와 증거조사의 결과를 고려하여 상당한 손해액을 인정할 수 있다'는 취지로 규정하고 있다. 이는 위조상표의 사용 등으로 인한 상표권 침해행위가 있을 경우에 손해 액수의 증명이 곤란하더라도 일정한 한도의 법정금액을 배상받을 수 있도록 함으로써 피해자가 쉽게 권리구제를 받을 수 있도록 하는 예외적 규정이므로, 그 적용요건은 법문에 규정된 대로 엄격하게 해석하여야 한다. 따라서 상표권자가 이 규정에 따른 손해배상을 청구하려면, 상표권 침해 당시 등록상표를 상표권자가 실제 사용하고 있었어야 하고, 침해자가 사용한 상표가 상표권자의 등록상표와 같거나 동일성이 있어야 하며, 동일성 요건을 갖추지 못한 경우에는 통상의 방법으로 손해를 증명하여 배상을 청구하여야지 위 규정에서 정한 법정손해배상을 청구할 수는 없고, 이러한 법리는 서비스표의 경우에도 동일하게 적용된다.

    [5] **법정손해배상제도(상 제111조)**: 상표권 침해에 따른 손해배상소송에서 손해의 입증이나 손해액을 추정하기 곤란한 경우 상표권자 또는 전용사용권자의 권리 보호가 어려운 경우가 있었다. 따라서 2011년 개정 상표법301) 제67조의2(현행 상표법 제111조)는 5천만원 이하의 손해액에 대하여는 상표권자 또는 전용사용권자의 입증책임을 완화하는 법정손해배상

제도를 신설하여 상표권자 또는 전용사용권자가 실손해액과 법정손해액 중 선택하여 청구할 수 있도록 하였다. 여기에서 '법정손해배상제도'란 민사소송에서 원고가 실제 손해를 입증하지 않은 경우에도 사전에 법령에서 정한 일정한 금액(또는 일정한 범위의 금액)을 원고의 선택에 따라 법원이 손해액으로 인정할 수 있도록 하는 제도다. 이는 한－미 FTA 제18.2조 제13항을 국내법에 반영하기 위한 조문이다.

3. 상표권자 등의 신용회복

법원은 고의나 과실로 상표권 또는 전용사용권을 침해함으로써 상표권자 또는 전용사용권자의 업무상 신용을 떨어뜨린 자에 대해서는 상표권자 또는 전용사용권자의 청구에 의하여 손해배상을 갈음하거나 손해배상과 함께 상표권자 또는 전용사용권자의 업무상 신용회복을 위하여 필요한 조치를 명할 수 있다(상 제113조).

4. 기 타

그 밖에 손실보상청구권(상 제58조), 부당이득반환청구권(민 제741조) 등의 민사상 구제책이 존재한다.

5. 서류의 제출

법원은 상표권 또는 전용사용권의 침해에 관한 소송에서 당사자의 신청에 의하여 다른 당사자에 대하여 해당 침해행위로 인한 손해를 계산하는 데에 필요한 서류의 제출을 명할 수 있다. 다만, 그 서류의 소지자가 그 서류의 제출을 거절할 정당한 이유가 있는 경우에는 그러하지 아니하다(상 제114조).

---

301) [시행 2012. 3. 15.][법률 제11113호, 2011. 12. 2., 일부개정].

III. 형사적 제재

1. 상표권 등 침해죄

상표권 및 전용사용권의 침해행위를 한 자는 7년 이하의 징역 또는 1억원 이하의 벌금에 처한다(상 제230조). 이 죄는 비친고죄다.

2. 위증죄

상표법의 규정에 의하여 선서한 증인, 감정인 또는 통역인이 특허심판원에 대하여 거짓의 진술·감정 또는 통역을 하였을 경우에는 5년 이하의 징역 또는 5천만원 이하의 벌금에 처한다(상 제232조 제1항). 2017년 개정 상표법([시행 2017. 9. 22][법률 제14689호, 2017. 3. 21., 일부개정])은 벌금액을 국민권익위원회의 권고안 및 국회사무처 법제예규의 기준인 징역 1년당 1천만원의 비율로 맞추어 종전의 '1천만원'을 '5천만원'으로 상향조정하였다.

위증죄를 범한 자가 그 사건의 상표등록여부결정 또는 심결의 확정전에 자수한 때에는 그 형을 감경 또는 면제할 수 있다(상 제232조 제2항).

3. 거짓 표시의 죄

(i) 등록을 하지 아니한 상표 또는 상표등록출원을 하지 아니한 상표를 등록상표 또는 등록출원상표인 것 같이 상품에 표시하는 행위(상표를 표시하는 행위에는 상품, 상품의 포장, 광고, 간판 또는 표찰을 표장의 형장으로 하는 것을 포함함), (ii) 등록을 하지 아니한 상표 또는 상표등록출원을 하지 아니한 상표를 등록상표 또는 등록출원상표인 것 같이 영업용 광고·간판·표찰·상품의 포장 또는 기타 영업용 거래서류 등에 표시하는 행위(상표를 표시하는 행위에는 상품, 상품의 포장, 광고, 간판 또는 표찰을 표장의 형장으로 하는 것을 포함함), (iii) 지정상품외의 상품에 대하여 등록상표를 사용하는 경우에 그 상표에 상표등록 표시 또는 이와 혼동하기 쉬운 표시를 하는 행위를 한 자는 3년 이하의 징역 또는 3천만원 이하의 벌금에 처한다(상 제233조, 제224조). 2017년 개정 상표법([시행 2017. 9. 22.][법률 제14689호, 2017. 3. 21., 일부개정])은 벌금액을 국민권익위원회의 권고안 및 국회사무처 법제예규의 기준인 징역 1년당 1

천만원의 비율로 맞추어 종전의 '2천만원'을 '3천만원'으로 상향조정하였다.

4. 거짓 행위의 죄

사위 기타 부정한 행위로써 상표등록·지정상품의 추가등록·상표권의 존속기간갱신등록·상품분류전환등록 또는 심결을 받은 자는 3년 이하의 징역 또는 3천만원 이하의 벌금에 처한다(상 제234조). 2017년 개정 상표법([시행 2017. 9. 22.][법률 제14689호, 2017. 3. 21., 일부개정])은 벌금액을 국민권익위원회의 권고안 및 국회사무처 법제예규의 기준인 징역 1년당 1천만원의 비율로 맞추어 종전의 '2천만원'을 '3천만원'으로 상향조정하였다.

5. 비밀유지명령 위반죄

국내외에서 정당한 사유 없이 비밀유지명령을 위반한 자는 5년 이하의 징역 또는 5천만원 이하의 벌금에 처한다(상 제231조 제1항).

비밀유지명령 위반죄는 비밀유지명령을 신청한 자의 고소가 없으면 공소를 제기할 수 없다(상 제231조 제2항).

6. 양벌규정

법인의 대표자나 법인 또는 개인의 대리인, 사용인, 그 밖의 종업원이 그 법인 또는 개인의 업무에 관하여 제230조(상표권 등 침해죄), 제233조(거짓 표시의 죄) 또는 제234조(거짓 행위의 죄)의 위반행위를 하면 그 행위자를 벌하는 외에 그 법인에는 3억원 이하의 벌금형(상표권 등 침해죄) 내지 6천만원 이하의 벌금형(거짓 표시의 죄 또는 거짓 행위의 죄)을 과(科)하고, 그 개인에게는 해당 조문의 벌금형을 과한다. 다만, 법인 또는 개인이 그 위반행위를 방지하기 위하여 해당 업무에 관하여 상당한 주의와 감독을 게을리하지 아니한 경우에는 그러하지 아니하다(상 제235조).

7. 몰 수

[1] 상표법 제230조(상표권 등 침해죄)의 규정에 따른 상표권 또는 전용사용권의 침해행위에 제공되거나 그 침해행위로 인하여 생긴 상표·포장 또는 상품(이하 이 항에서 "침해물"이라 한다)과 그 침해물 제작에 주로 사용하기 위하여 제공된 제작 용구 또는 재료는 몰수한다(상 제236조 제1항). 하지만, 상품이 기능 및 외관을 해치지 아니하고 상표 또는 포장과 쉽게 분리될 수 있는 경우에는 그 상품은 몰수하지 아니할 수 있다(상 제236조 제2항).

[2] 상표권 침해 관련 형사집행을 위한 몰수대상으로 침해에 사용된 제작용구 이외에 재료도 포함하였다. 이는 한—EU FTA 협정문의 지재권 침해의 형사집행의 절차로서 몰수에 재료 및 도구가 포함된 것을 반영한 것이다.[302]

한—EU FTA 협정 제10.60조는 모든 상표위조 또는 저작권 침해상품, 상표위조 또는 저작권 침해상품의 제작에 주로 사용된 재료 및 도구 그리고 침해행위에 기인하거나 침해행위로부터 직접적 또는 간접적으로 획득된 모든 자산에 대해 몰수 및 폐기를 명령할 수 있도록 하고, 그 밖에 몰수 대체조치, 몰수에 따른 보상, 추징 등에 대해 규정하고 있다. 이러한 규정은 지식재산권 집행의 형사절차로 이미 TRIPs에서도 규정되어 있던 내용이다.

표 4-9 ┃ TRIPs 및 FTA에서의 몰수 비교

내용	TRIPs	한-미 FTA	한-EU FTA
몰수	침해물품, 주로 사용된 재료 및 기구의 몰수, 폐기(제61조)	물품의 몰수·폐기, 재료 및 도구의 몰수·폐기 (제18.10조 제27항 c호 및 d호)	침해물, 주로 사용된 재료 및 도구, 획득 자산의 몰수·폐기 (제10.60조)

제11절 심판, 재심청구 및 소송

I. 의 의

[1] 심 판: 결정계 심판+당사자계 심판
[2] 심판의 유형: (i) 보정각하결정에 대한 심판(상 제115조), (ii) 거절결정에 대한 심판

---

302) 문병철, 2011년 특허법보고서, 14-15면.

656 지식재산의 이해

(상 제116조), (iii) 상표등록 및 지정상품 추가등록의 무효심판(상 제117조), (iv) 상표권의 존속기간갱신등록의 무효심판(상 제118조), (v) 상표등록의 취소심판(상 제119조), (vi) 사용권등록의 취소심판(상 제120조), (vii) 상표권의 권리범위확인심판(상 제121조), (viii) 상품분류전환등록의 무효심판(상 제214조)

[3] 특허심판원장은 산업통상자원부령으로 정하는 요건을 갖춘 심판 당사자의 신청에 따라 대리인(이하 "국선대리인"이라 한다)을 선임하여 줄 수 있다. 다만, 심판청구가 이유 없음이 명백하거나 권리의 남용이라고 인정되는 경우에는 그러하지 아니하다(상 제124조의2 제1항). 국선대리인이 선임된 당사자에 대하여 심판절차와 관련된 수수료를 감면할 수 있다(상 제124조의2 제2항). 이는 특허심판에서 당사자의 신청에 의해 심판원장이 국선대리인을 선임할 수 있는 근거를 마련하고, 경제적 지원효과를 높이기 위하여 국선대리인이 선임된 사건에 대해서 심판수수료를 감면할 수 있는 근거를 같이 마련한 것이다.

[4] 소 송: 위 유형의 심판에 대한 취소를 구하는 심결취소소송＋민사소송으로서의 상표권침해소송

II. 거절결정에 대한 심판

상표등록거절결정, 지정상품의 추가등록거절결정,303) 상표권의 존속기간갱신등록거절결정 및 상품분류전환등록거절결정 중 어느 하나에 해당하는 결정을 받은 자가 불복이 있을 때에는 거절결정등본의 송달을 받은 날로부터 30일 이내에 심판을 청구할 수 있다(상 제116조).

---

303) 상표법 제87조(지정상품의 추가등록거절결정 및 거절이유통지) ① 심사관은 지정상품추가등록출원이 다음 각 호의 어느 하나에 해당하는 경우에는 그 지정상품의 추가등록거절결정을 하여야 한다.
　　1. 제54조 각 호의 어느 하나에 해당할 경우
　　2. 지정상품의 추가등록출원인이 해당 상표권자 또는 출원인이 아닌 경우
　　3. 등록상표의 상표권 또는 상표등록출원이 다음 각 목의 어느 하나에 해당하게 된 경우
　　가. 상표권의 소멸
　　나. 상표등록출원의 포기, 취하 또는 무효
　　다. 상표등록출원에 대한 제54조에 따른 상표등록거절결정의 확정
　　② 심사관은 제1항에 따라 지정상품의 추가등록거절결정을 하려는 경우에는 출원인에게 거절이유를 통지하여야 한다. 이 경우 출원인은 산업통상자원부령으로 정하는 기간 내에 거절이유에 대한 의견서를 제출할 수 있다.
　　③ 제2항 후단에 따른 기간 내에 의견서를 제출하지 아니한 출원인은 그 기간의 만료일부터 2개월 이내에 지정상품의 추가등록에 관한 절차를 계속 진행할 것을 신청하고, 그 기간 내에 거절이유에 대한 의견서를 제출할 수 있다.

대법원 2016. 7. 14. 선고 2015후1348 판결[거절결정(상)][공2016하,1199]

[판결요지]

[1] 상표의 유사 여부는 대비되는 상표를 외관, 호칭, 관념의 세 측면에서 객관적, 전체적, 이격적으로 관찰하여 거래상 오인·혼동의 염려가 있는지에 따라 판단하여야 한다. 특히 도형상표들에서는 외관이 주는 지배적 인상이 동일·유사하여 두 상표를 동일·유사한 상품에 다 같이 사용하는 경우 일반 수요자에게 상품의 출처에 관하여 오인·혼동을 일으킬 염려가 있다면 두 상표는 유사하다고 보아야 한다. 또한 상표의 유사 여부의 판단은 두 개의 상표 자체를 나란히 놓고 대비하는 것이 아니라 때와 장소를 달리하여 두 개의 상표를 대하는 일반 수요자에게 상품 출처에 관하여 오인·혼동을 일으킬 우려가 있는지의 관점에서 이루어져야 하고, 두 개의 상표가 외관, 호칭, 관념 등에 의하여 일반 수요자에게 주는 인상, 기억, 연상 등을 전체적으로 종합할 때 상품의 출처에 관하여 오인·혼동을 일으킬 우려가 있는 경우에는 두 개의 상표는 서로 유사하다고 보아야 한다.

[2] 특허청 심사관이 가방 등을 지정상품으로 하는 갑 주식회사의 출원상표 " "에 대하여 서류가방 등을 지정상품으로 하는 선등록상표 " "와 표장 및 지정상품이 유사하다는 등의 이유로 거절결정을 하자, 갑 회사가 특허심판원에 불복심판을 청구하였으나 특허심판원이 기각하는 심결을 한 사안에서, 일반 수요자의 직관적 인식을 기준으로 두 상표의 외관을 이격적으로 관찰하면, 두 표장은 모두 검은색 도형 내부에 옆으로 누운 아치형의 도형 2개가 상하로 배치되어 있는 점, 검은색 도형의 왼쪽 부분이 오른쪽 부분보다 2배 정도 두꺼운 점 등에서 공통되고, 알파벳 'B'를 이용하여 도안화한 것으로 보이는 점에서 모티브가 동일하여 전체적인 구성과 거기에서 주는 지배적 인상이 유사하며, 출원상표는 검은색 도형이 오각형이어서 상부가 뾰족한 형상을 이루는 반면 선등록상표는 검은색 도형이 사각형이어서 상부가 평평한 형상인 점 등에서 차이가 있으나 이는 이격적 관찰로는 쉽게 파악하기 어려운 정도의 차이에 불과하여, 두 표장은 외관이 주는 지배적인 인상이 유사하여 동일·유사한 상품에 다 같이 사용하는 경우 일반 수요자에게 출처에 관하여 오인·혼동을 일으킬 염려가 있으므로 서로 유사하다고 한 사례.

III. 보정각하결정에 대한 심판

상표등록출원인은 출원의 보정 신청이 요지변경 등을 이유로 각하된 경우에는 그 결정등본을 송달받은 날로부터 30일 이내에 특허심판원에 심판을 청구할 수 있다(상 제115조).

IV. 무효심판

1. 의 의

상표등록무효심판은 상표등록 또는 지정상품추가등록, 존속기간갱신등록이 상표법에 규정된 소정의 무효사유에 해당함을 이유로 일단 유효하게 성립한 상표권을 처음부터 또는 그 사유 발생시부터 소급하여 소멸시키는 심판유형이다.

2. 무효사유(상 제117조 제1항)

(i) 상표등록 또는 지정상품의 추가등록이 상표법 제3조(상표등록을 받을 수 있는 자), 제27조(외국인의 권리능력), 제33조부터 제35조까지(상표등록의 요건, 상표등록을 받을 수 없는 상표, 선출원), 제48조 제2항 후단(유사한 지정상품에 대한 상표등록출원 시 출원의 이전), 같은 조 제4항(상표등록출원의 공유) 및 제6항부터 제8항까지(업무표장등록출원의 이전, 단체표장등록출원의 이전, 증명표장등록출원의 이전), 제54조 제1호·제2호 및 제4호부터 제7호까지의 규정에 위반된 경우(i) 상표, 단체표장, 지리적 표시, 지리적 표시 단체표장, 증명표장, 지리적 표시 증명표장 또는 업무표장의 정의에 맞지 아니하는 경우, ii) 조약에 위반된 경우, iii) 단체표장, 증명표장 및 업무표장의 등록을 받을 수 있는 자에 해당하지 아니한 경우, iv) 지리적 표시 단체표장등록출원의 경우에 그 소속 단체원의 가입에 관하여 정관에 의하여 단체의 가입을 금지하거나 정관에 충족하기 어려운 가입조건을 규정하는 등 단체의 가입을 실질적으로 허용하지 아니한 경우, v) 상표법 제36조 제3항에 따른 정관에 대통령령으로 정하는 단체표장의 사용에 관한 사항의 전부 또는 일부를 적지 아니하였거나 같은 조 제4항에 따른 정관 또는 규약에 대통령령으로 정하는 증명표장의 사용에 관한 사항의 전부 또는 일부를 적지 아니한 경우, vi) 증명표장등록출원의 경우에 그 증명표장을 사용할 수 있는 자에 대하여 정당한 사유 없이 정관 또는 규약으로 사용을 허락하지 아니하거나 정관 또는 규약에 충족하기 어려운 사용조건을 규정하는 등 실질적으로 사용을 허락하지 아니한 경우)

(ii) 상표등록 또는 지정상품의 추가등록이 그 상표등록출원에 의하여 발생한 권리를 승계하지 아니한 자가 한 것인 경우

(iii) 지정상품의 추가등록이 상표법 제87조 제1항 제3호(상표권의 소멸, 상표등록출원의 포기, 취하 또는 무효, 상표등록거절결정의 확정)에 위반된 경우

(iv) 상표등록 또는 지정상품의 추가등록이 조약에 위반된 경우

(v) 상표등록된 후 그 상표권자가 제27조에 따라 상표권을 누릴 수 없는 자로 되거나 그 등록상표가 조약에 위반된 경우

(vi) 상표등록된 후 그 등록상표가 상표법 제33조 제1항 각 호(상표등록의 요건과 관련하여 자타상품식별력이 없는 경우)의 어느 하나에 해당하게 된 경우(같은 조 제2항에 해당하게 된 경우는 제외한다)

(vii) 상표법 제82조에 따라 지리적 표시 단체표장등록이 된 후 그 등록단체표장을 구성하는 지리적 표시가 원산지 국가에서 보호가 중단되거나 사용되지 아니하게 된 경우

3. 거절이유와의 차이점

거절이유 중 (i) 1상표 1출원 원칙에 위반된 경우는 실체적 요건의 흠이 아니라는 이유로, 그리고 (ii) 대리인에 의한 부당등록의 경우는 상표권자 등이 취소심판을 청구할 수 있다는 이유로 무효사유에서 제외하였다.

4. 심판청구인

상표등록의 무효심판은 이해관계인 및 심사관이 이를 청구할 수 있다(상 제117조 제1항).

5. 청구범위

등록상표의 지정상품이 둘 이상 있는 경우에는 지정상품마다 청구할 수 있다(상 제117조 제1항 단서).

6. 청구기간

무효심판은 상표권이 소멸된 후에도 이를 청구할 수 있다(상 제117조 제2항). 다만, 상표법 제34조 제1항 제6호부터 제10호까지 및 제16호, 제35조에 해당하는 것을 사유로 하는 상표등록의 무효심판 또는 상표법 제118조 제1항 제1호에 해당하는 것을 사유로 하는 존속기간

갱신등록의 무효심판인 경우에는 상표등록일 또는 존속기간갱신등록일부터 5년의 제척기간 내에 청구하여야 한다(상 제122조 제1항). 판례에 따르면, "상표법 제76조 제1항은 제7조 제1항 제7호 등에 해당하는 것을 사유로 하는 상표등록의 무효심판은 상표등록일부터 5년이 경과한 후에는 이를 청구할 수 없도록 규정하고 있는 바, 이는 제척기간이 경과한 후에는 무효심판을 청구할 수 없음은 물론 제척기간의 적용을 받지 않는 무효사유에 의하여 무효심판을 청구한 후 그 심판 및 심결취소소송 절차에서 제척기간의 적용을 받는 무효사유를 새로 주장하는 것은 허용되지 않는다는 취지이다."라고 판시한 바 있다.[304]

7. 무효심결확정의 효과

상표등록을 무효로 한다는 심결이 확정된 때에는 그 상표권은 처음부터 없었던 것으로 본다. 다만, (i) 상표등록 후 그 상표권자가 상표법 제27조에 따라 상표권을 향유할 수 없는 자로 되거나 그 등록상표가 조약에 위반된 경우, (ii) 상표등록이 된 후에 그 등록상표가 상표법 제33조 제1항 각 호의 어느 하나에 해당하게 된 경우(제33조 제2항에 해당하게 된 경우를 제외한다), (iii) 상표법 제82조의 규정에 따라 지리적 표시 단체표장등록이 된 후에 그 등록단체표장을 구성하는 지리적 표시가 원산지 국가에서 보호가 중단되거나 사용되지 아니하게 된 경우(상 제117조 제1항 제5호 내지 제7호)에 해당하여 상표등록을 무효로 한다는 심결이 확정된 때에는 상표권은 그 등록상표가 동호에 해당하게 된 때부터 없었던 것으로 본다(상 제117조 제3항). (i) 상표등록 후 그 상표권자가 상표법 제27조에 따라 상표권을 향유할 수 없는 자로 되거나 그 등록상표가 조약에 위반된 경우, (ii) 상표등록이 된 후에 그 등록상표가 상표법 제33조 제1항 각 호의 어느 하나에 해당하게 된 경우(제33조 제2항에 해당하게 된 경우를 제외한다), (iii) 상표법 제82조의 규정에 따라 지리적 표시 단체표장등록이 된 후에 그 등록단체표장을 구성하는 지리적 표시가 원산지 국가에서 보호가 중단되거나 사용되지 아니하게 된 경우(상 제117조 제1항 제5호 내지 제7호)에 해당하게 된 때를 특정할 수 없는 경우에는 해당 상표권은 상표등록무효심판이 청구되어 그 청구내용이 등록원부에 공시된 때부터 없었던 것으로 본다(상 제117조 제4항).

---

304) 대법원 2009. 5. 28. 선고 2008후4691 판결.

8. 전용사용권자 등에 대한 통지

심판장은 상표등록무효심판이 청구된 경우에는 그 취지를 해당 상표권의 전용사용권자와 그 밖에 상표에 관한 권리를 등록한 자에게 통지하여야 한다(상 제117조 제5항).

V. 존속기간갱신등록의 무효심판

[1] **무효사유**: (i) 갱신등록이 기간이 도과하였음에도 잘못 등록이 되었을 때에는 상표권 존속기간 갱신등록의 무효심판을 청구할 수 있다. 상표권의 존속기간갱신등록신청서는 상표권의 존속기간 만료 전 1년 이내에 제출하여야 한다. 다만, 이 기간에 상표권의 존속기간갱신등록신청을 하지 아니한 자는 상표권의 존속기간이 끝난 후 6개월 이내에 상표권의 존속기간갱신등록신청을 할 수 있다(상 제84조 제2항). 위 기간을 경과하여 상표권의 존속기간갱신등록이 된 경우에는 상표권의 존속기간갱신등록의 무효심판을 청구할 수 있다(상 제118조 제1항 제1호). 이 경우 존속기간갱신등록일부터 5년이 지난 후에는 청구할 수 없다(상 제122조 제1항).

(ii) 해당 상표권자(상표권이 공유인 경우 각 공유자도 상표권자로 본다)가 아닌 자가 한 존속기간갱신등록신청에 대하여 등록이 되었을 때에 상표권 존속기간 갱신등록의 무효심판을 청구할 수 있다(상 제118조 제1항 제2호). 이 경우 존속기간갱신등록무효심판청구에 대해서는 제척기간이 없다(상 제122조 제1항).

[2] **청구인**: 이해관계인 또는 심사관은 상표권존속기간갱신등록 무효심판을 청구할 수 있다(상 제118조 제1항).

[3] **청구범위**: 갱신등록된 등록상표의 지정상품이 둘 이상인 경우에는 지정상품마다 청구할 수 있다(상 제118조 제1항 단서).

[4] **청구기간**: 무효심판은 상표권이 소멸된 후에도 이를 청구할 수 있다(상 제118조 제2항).

[5] **무효확정심결의 효력**: 상표권의 존속기간갱신등록을 무효로 한다는 심결이 확정된 때에는 상표권의 존속기간갱신등록은 처음부터 없었던 것으로 본다(상 제118조 제3항).

[6] **전용사용권자 등에 대한 통지**: 심판장은 상표권 존속기간갱신등록의 무효심판이 청구된 경우에는 그 취지를 해당 상표권의 전용사용권자와 그 밖에 상표에 관한 권리를 등록한 자에게 통지하여야 한다(상 제118조 제4항).

VI. 상품분류전환등록의 무효심판

[1] (i) 상품분류전환등록이 해당 등록상표의 지정상품이 아닌 상품으로 되거나 지정상품의 범위가 실질적으로 확장된 경우, (ii) 상품분류전환등록이 해당 등록상표의 상표권자가 아닌 자의 신청에 의하여 이루어진 경우, (iii) 상품분류전환등록이 상표법 제209조 제3항에 위반되는 경우 중 어느 하나에 해당하는 경우에 이해관계인 또는 심사관은 무효심판을 청구할 수 있다(상 제214조 제1항).

[2] 상품분류전환등록의 무효심판은 전환등록된 상표권이 소멸된 후에도 이를 청구할 수 있다(상 제214조 제2항, 제117조 제2항). 심판장은 상품분류전환등록의 무효심판의 청구가 있는 때에는 그 취지를 해당 상표권의 전용사용권자와 그 밖에 상표에 관한 권리를 등록한 자에게 통지하여야 한다(상 제214조 제2항, 제117조 제5항).

[3] **효 력**: 상품분류전환등록을 무효로 한다는 심결이 확정된 경우에는 해당 상품분류전환등록은 처음부터 없었던 것으로 본다(상 제214조 제3항).

[4] **제척기간**: 상품분류전환등록신청은 상표권의 존속기간이 만료되기 1년 전부터 존속기간이 만료된 후 6개월 이내의 기간에 하여야 한다(상 제209조 제3항). 이 기간을 준수하지 않았음에도 불구하고 해당 상품분류전환이 등록된 경우, 상품분류전환등록의 무효심판은 상품분류전환등록일부터 5년이 지난 후에는 청구할 수 없다(상 제122조 제1항, 제214조 제1항 제3호). (i) 상품분류전환등록이 해당 등록상표의 지정상품이 아닌 상품으로 되거나 지정상품의 범위가 실질적으로 확장된 경우 및 (ii) 상품분류전환등록이 해당 등록상표의 상표권자가 아닌 자의 신청에 의하여 이루어진 경우에는 상품분류전환등록의 무효심판청구에 대한 제척기간이 없다(상 제122조 제1항).

VII. 취소심판

1. 의 의

[1] **상표등록취소(내지 사용권 등록취소)**: 일단 유효하게 상표등록(사용권 등록)이 된 후에 법정된 취소사유에 해당됨을 이유로 그 등록의 효력을 장래에 향하여 소멸시키는 행정 처분이다.

[2] 상표등록(내지 사용권 등록)의 취소는 취소사유에 해당되면 반드시 취소하여야 하고, 오로지 민사소송에 준하는 엄격한 심판절차에 의해서만 할 수 있으며, 그 효력이 장래에 향해서만 발생한다는 점에 특색이 있다.

[3] 상표등록의 취소사유: 상표법 제119조 제1항

　　전용사용권 및 통상사용권의 등록취소사유: 상표법 제120조

[4] 취소심판의 청구인: 원칙적으로 누구든지 청구할 수 있으나(상 제119조 제5항 본문, 제1항), (i) 상표법 제93조 제1항 후단(유사한 지정상품에 대해서는 상표권을 함께 이전하여야 한다는 규정), 같은 조 제2항(상표권이 공유인 경우에는 각 공유자는 다른 공유자 모두의 동의를 받지 아니하면 그 지분을 양도하거나 그 지분을 목적으로 하는 질권을 설정할 수 없다는 규정) 및 같은 조 제4항부터 제7항까지의 규정에 위반된 경우 또는 (ii) 제92조 제2항에 해당하는 상표가 등록된 경우에 그 상표에 관한 권리를 가진 자가 해당 상표등록일부터 5년 이내에 취소심판을 청구한 경우에는 해당하는 것을 사유로 하는 심판은 이해관계인만이 청구할 수 있다(상 제119조 제1항 제4호 및 제6호).

전용사용권 또는 통상사용권의 취소심판은 누구든지 청구할 수 있다(상 제120조 제3항).

2. 상표등록의 취소심판

가. 취소사유

[1] 등록상표가 다음의 어느 하나에 해당하는 경우에는 그 상표등록의 취소심판을 청구할 수 있다(상 제119조 제1항).

(i) 상표권자가 고의로 지정상품에 등록상표와 유사한 상표를 사용하거나 지정상품과 유사한 상품에 등록상표 또는 이와 유사한 상표를 사용함으로써 수요자에게 상품의 품질을 오인하게 하거나 타인의 업무와 관련된 상품과 혼동을 불러일으키게 한 경우

(ii) 전용사용권자 또는 통상사용권자가 지정상품 또는 이와 유사한 상품에 등록상표 또는 이와 유사한 상표를 사용함으로써 수요자에게 상품의 품질을 오인하게 하거나 타인의 업무와 관련된 상품과의 혼동을 불러일으키게 한 경우. 다만, 상표권자가 상당한 주의를 한 경우는 제외한다.

(iii) 상표권자·전용사용권자 또는 통상사용권자 중 어느 누구도 정당한 이유 없이 등록상표를 그 지정상품에 대하여 취소심판청구일 전 계속하여 3년 이상 국내에서 사용하고 있

지 아니한 경우

(iv) 상표법 제93조 제1항 후단, 같은 조 제2항 및 같은 조 제4항부터 제7항까지의 규정에 위반된 경우

(v) 상표권의 이전으로 유사한 등록상표가 각각 다른 상표권자에게 속하게 되고 그중 1인이 자기의 등록상표의 지정상품과 동일·유사한 상품에 부정경쟁을 목적으로 자기의 등록상표를 사용함으로써 수요자에게 상품의 품질을 오인하게 하거나 타인의 업무와 관련된 상품과 혼동을 불러일으키게 한 경우

(vi) 상표법 제92조 제2항에 해당하는 상표가 등록된 경우에 그 상표에 관한 권리를 가진 자가 해당 상표등록일부터 5년 이내에 취소심판을 청구한 경우

(vii) 단체표장과 관련하여 다음의 어느 하나에 해당하는 경우

i) 소속 단체원이 그 단체의 정관을 위반하여 단체표장을 타인에게 사용하게 한 경우나 소속 단체원이 그 단체의 정관을 위반하여 단체표장을 사용함으로써 수요자에게 상품의 품질 또는 지리적 출처를 오인하게 하거나 타인의 업무와 관련된 상품과 혼동을 불러일으키게 한 경우. 다만, 단체표장권자가 소속 단체원의 감독에 상당한 주의를 한 경우는 제외한다.

ii) 단체표장의 설정등록 후 상표법 제36조 제3항에 따른 정관을 변경함으로써 수요자에게 상품의 품질을 오인하게 하거나 타인의 업무와 관련된 상품과 혼동을 불러일으키게 할 염려가 있는 경우

iii) 제3자가 단체표장을 사용하여 수요자에게 상품의 품질이나 지리적 출처를 오인하게 하거나 타인의 업무와 관련된 상품과 혼동을 불러일으키게 하였음에도 단체표장권자가 고의로 적절한 조치를 하지 아니한 경우

(viii) 지리적 표시 단체표장과 관련하여 다음의 어느 하나에 해당하는 경우

i) 지리적 표시 단체표장등록출원의 경우에 그 소속 단체원의 가입에 관하여 정관에 의하여 단체의 가입을 금지하거나 정관에 충족하기 어려운 가입조건을 규정하는 등 단체의 가입을 실질적으로 허용하지 아니하거나 그 지리적 표시를 사용할 수 없는 자에게 단체의 가입을 허용한 경우

ii) 지리적 표시 단체표장권자나 그 소속 단체원이 상표법 제223조[305]를 위반하여 단체표

---

305) 상표법 제223조(동음이의어 지리적 표시 등록단체표장의 표시) 둘 이상의 지리적 표시 등록단체표장이 서로 동음이의어 지리적 표시에 해당하는 경우 각 단체표장권자와 그 소속 단체원은 지리적 출처에 대하여 수요자가 혼동하지 아니하도록 하는 표시를 등록단체표장과 함께 사용하여야 한다.

장을 사용함으로써 수요자에게 상품의 품질을 오인하게 하거나 지리적 출처에 대한 혼동을 불러일으키게 한 경우

(ix) 증명표장과 관련하여 다음의 어느 하나에 해당하는 경우

i) 증명표장권자가 상표법 제36조 제4항[306]에 따라 제출된 정관 또는 규약을 위반하여 증명표장의 사용을 허락한 경우

ii) 증명표장권자가 상표법 제3조 제3항 단서[307]를 위반하여 증명표장을 자기의 상품에 대하여 사용하는 경우

iii) 증명표장의 사용허락을 받은 자가 정관 또는 규약을 위반하여 타인에게 사용하게 한 경우 또는 사용을 허락받은 자가 정관 또는 규약을 위반하여 증명표장을 사용함으로써 수요자에게 상품의 품질, 원산지, 생산방법이나 그 밖의 특성에 관하여 혼동을 불러일으키게 한 경우. 다만, 증명표장권자가 사용을 허락받은 자에 대한 감독에 상당한 주의를 한 경우는 제외한다.

iv) 증명표장권자가 증명표장의 사용허락을 받지 아니한 제3자가 증명표장을 사용하여 수요자에게 상품의 품질, 원산지, 생산방법이나 그 밖의 상품의 특성에 관한 혼동을 불러일으키게 하였음을 알면서도 적절한 조치를 하지 아니한 경우

v) 증명표장권자가 그 증명표장을 사용할 수 있는 자에 대하여 정당한 사유 없이 정관 또는 규약으로 사용을 허락하지 아니하거나 정관 또는 규약에 충족하기 어려운 사용조건을 규정하는 등 실질적으로 사용을 허락하지 아니한 경우

---

306) 상표법 제36조 제4항은 "④ 증명표장등록을 받으려는 자는 제1항 각 호의 사항 외에 대통령령으로 정하는 증명표장의 사용에 관한 사항을 정한 서류(법인인 경우에는 정관을 말하고, 법인이 아닌 경우에는 규약을 말하며, 이하 "정관 또는 규약"이라 한다)와 증명하려는 상품의 품질, 원산지, 생산방법이나 그 밖의 특성을 증명하고 관리할 수 있음을 증명하는 서류를 증명표장등록출원서에 첨부하여야 한다."라고 규정하고 있다.

307) 상표법 제3조 제3항은 "③ 상품의 품질, 원산지, 생산방법 또는 그 밖의 특성을 증명하고 관리하는 것을 업으로 할 수 있는 자는 타인의 상품에 대하여 그 상품이 정해진 품질, 원산지, 생산방법 또는 그 밖의 특성을 충족하는 것을 증명하는 데 사용하기 위해서만 증명표장을 등록받을 수 있다. 다만, 자기의 영업에 관한 상품에 사용하려는 경우에는 증명표장의 등록을 받을 수 없다."라고 규정하고 있다.

대법원 2016. 7. 27. 선고 2016후717, 724, 731, 748, 755, 762, 779, 786 판결[등록취소(상)][공2016하,1273]

[판결요지]

구 상표법(2016. 2. 29. 법률 제14033호로 전부 개정되기 전의 것, 이하 같다) 제73조 제1항 제7호는 구 상표법 제23조 제1항 제3호 본문에 해당하는 경우를 상표등록취소 사유로 정하고 있고, 제23조 제1항 제3호 본문은 "조약당사국에 등록된 상표 또는 이와 유사한 상표로서 그 상표에 관한 권리를 가진 자의 대리인이나 대표자 또는 상표등록출원일 전 1년 이내에 대리인이나 대표자이었던 자(이하 '대리인 등'이라 한다)가 상표에 관한 권리를 가진 자의 동의를 받지 아니하는 등 정당한 이유 없이 그 상표의 지정상품과 동일하거나 이와 유사한 상품을 지정상품으로 상표등록출원을 한 경우"를 규정하고 있다.

조약당사국에서 상표에 관한 권리를 가진 자의 보호를 강화함으로써 공정한 국제거래질서를 확립하고자 하는 위 규정의 입법 취지에 비추어 볼 때, 여기서 '정당한 이유'가 있는 경우란 반드시 상표에 관한 권리를 가진 자가 대리인 등의 상표출원에 명시적으로 동의한 경우에 한정되지 아니하고, 묵시적으로 동의한 경우는 물론 상표에 관한 권리를 가진 자가 우리나라에서 상표를 포기하였거나 권리를 취득할 의사가 없는 것으로 믿게 한 경우와 같이 대리인 등이 당해 상표 또는 이와 유사한 상표를 출원하여도 공정한 국제거래질서를 해치지 아니하는 것으로 볼 수 있는 경우를 포함한다. 그리고 이러한 법리는 구 상표법 제2조 제3항에 의하여 서비스표에 관하여도 마찬가지로 적용된다.

대법원 2017. 6. 29. 선고 2015후2006 판결

[판시사항]

[1] 등록상표가 광고 등에 표시되었더라도 상품의 출처표시로서 사용된 것이 아니거나, 지정상품이 국내에서 정상적으로 유통되고 있거나 유통될 것을 예정하고 있지 아니한 상태에서 단순히 등록상표에 대한 불사용취소를 면하기 위하여 명목상으로 등록상표에 대한 광고행위를 한 데에 그친 경우, 등록상표를 정당하게 사용하였다고 할 수 있는지 여부(소극).

[2] 갑 주식회사가 소주를 지정상품으로 하는 등록상표 " "의 상표권자 을 주식회사를 상대로 등록상표가 지정상품에 대하여 정당한 이유 없이 취소심판청구일 전 계속하여 3년 이상 국내에서 사용되지 않았다는 이유로 상표등록취소심판을 청구한 사안에서, 을 회사가 상표등록취소심판청구일 직전 약 1개월간 신문 등을 통해 제조·판매하는 소주를 광고하면서 여백 부분에 등록상표를 표시하였더라도, 그와 같은 표시가

소주 상품의 출처를 표시하기 위하여 사용된 것이라고 보기 어렵고, 상표의 등록취소를 모면하기 위하여 명목상으로 사용된 것에 불과하여 등록상표를 정당하게 사용하였다고 볼 수 없다고 한 사례.

대법원 2015. 5. 28. 선고 2013후1924 판결[등록취소(상)]

[판시사항]

대상상표 " "의 사용자 갑 주식회사가 등록상표 " **꾸이랑** "의 상표권자인 을을 상대로 을이 등록상표를 실사용상표" "과 같이 변형하여 사용함으로써 갑 회사의 대상상표 사용상품과 혼동을 생기게 하고 있어 등록상표는 상표법 제73조 제1항 제2호에 따라 등록이 취소되어야 한다며 등록취소심판을 청구하였는데 특허심판원이 기각한 사안에서, 을의 제품 포장에 실제 사용된 모습 " " 중 실사용상표가 수요자의 입장에서 독립적인 출처 표시로 인식될 수 있다는 전제에서, 실사용상표는 등록상표에 도형 등을 추가하여 변형한 등록상표의 유사상표이고, 실사용상표가 을의 사용상품에 사용될 경우 대상상표가 사용되는 갑 회사의 상품 " "과 어떤 관계가 있는 것으로 여겨질 수 있어 거래상 상품의 출처에 오인·혼동을 생기게 할 염려가 있다고 한 사례.

[2] 전용사용권자 또는 통상사용권자가 지정상품 또는 이와 유사한 상품에 등록상표 또는 이와 유사한 상표를 사용함으로써 수요자에게 상품의 품질을 오인하게 하거나 타인의 업무와 관련된 상품과의 혼동을 불러일으키게 한 경우. 다만, 상표권자가 상당한 주의를 한 경우는 제외한다(상 제119조 제1항 제2호).308)

---

308) 대법원 2018. 4. 12. 선고 2017후3058, 3065 판결[등록취소(상)·등록취소(상)]에서는 "갑 주식회사가 상표권자인 을로부터 등록상표 " **예 랑** " 등의 전용사용권을 설정받아 식기 및 도자기 제품의 카탈로그 등에 실사용상표인 " "을 사용하였는데, 병 주식회사가 을을 상대로 등록상표가 정 주식회사가 사용하고 있는 대상상표 " "와의 관계에서 구 상표법 제73조 제1항 제8호에 해당한다는 이유로

[3] 상표권자·전용사용권자 또는 통상사용권자 중 어느 누구도 정당한 이유 없이 등록상표를 그 지정상품에 대하여 취소심판청구일 전 계속하여 3년 이상 국내에서 사용하고 있지 아니한 경우(상 제119조 제1항 제3호)

[4] 상표권의 이전으로 유사한 등록상표가 각각 다른 상표권자에게 속하게 되고 그중 1인이 자기의 등록상표의 지정상품과 동일·유사한 상품에 부정경쟁을 목적으로 자기의 등록상표를 사용함으로써 수요자에게 상품의 품질을 오인하게 하거나 타인의 업무와 관련된 상품과 혼동을 불러일으키게 한 경우(상 제119조 제1항 제5호)

[5] 단체표장과 관련하여 다음의 어느 하나에 해당하는 경우(상 제119조 제1항 제7호)

i) 소속 단체원이 그 단체의 정관을 위반하여 단체표장을 타인에게 사용하게 한 경우나 소속 단체원이 그 단체의 정관을 위반하여 단체표장을 사용함으로써 수요자에게 상품의 품질 또는 지리적 출처를 오인하게 하거나 타인의 업무와 관련된 상품과 혼동을 불러일으키게 한 경우. 다만, 단체표장권자가 소속 단체원의 감독에 상당한 주의를 한 경우는 제외한다.

ii) 단체표장의 설정등록 후 상표법 제36조 제3항[309])에 따른 정관을 변경함으로써 수요자에게 상품의 품질을 오인하게 하거나 타인의 업무와 관련된 상품과 혼동을 불러일으키게 할 염려가 있는 경우

iii) 제3자가 단체표장을 사용하여 수요자에게 상품의 품질이나 지리적 출처를 오인하게 하거나 타인의 업무와 관련된 상품과 혼동을 불러일으키게 하였음에도 단체표장권자가 고의로 적절한 조치를 하지 아니한 경우

[6] 지리적 표시 단체표장과 관련하여 다음의 어느 하나에 해당하는 경우(상 제119조 제1항 제8호)

i) 지리적 표시 단체표장등록출원의 경우에 그 소속 단체원의 가입에 관하여 정관에 의하여 단체의 가입을 금지하거나 정관에 충족하기 어려운 가입조건을 규정하는 등 단체의 가입을 실질적으로 허용하지 아니하거나 그 지리적 표시를 사용할 수 없는 자에게 단체의 가입을 허용한 경우

상표등록취소를 구한 사안에서, 'YELANG'이 요부인 실사용상표가 등록상표와 호칭이 동일하여 전체적으로 유사하므로 등록상표의 전용사용권자인 갑 회사가 실사용상표를 사용한 것은 위 조항에 규정한 '등록상표와 유사한 상표를 사용'한 것으로 보아야 하고, 실사용상표가 등록상표의 변형이라고 볼 수 있는데도, 이와 달리 본 원심판단에 법리오해의 잘못이 있다."고 판시하였다.

309) 상표법 제36조 제3항은 "③ 단체표장등록을 받으려는 자는 제1항 각 호의 사항 외에 대통령령으로 정하는 단체표장의 사용에 관한 사항을 정한 정관을 단체표장등록출원서에 첨부하여야 한다."라고 규정하고 있다.

ii) 지리적 표시 단체표장권자나 그 소속 단체원이 상표법 제223조[310])를 위반하여 단체표장을 사용함으로써 수요자에게 상품의 품질을 오인하게 하거나 지리적 출처에 대한 혼동을 불러일으키게 한 경우

[7] 증명표장과 관련하여 다음의 어느 하나에 해당하는 경우(상 제119조 제1항 제9호)

i) 증명표장권자가 상표법 제36조 제4항[311])에 따라 제출된 정관 또는 규약을 위반하여 증명표장의 사용을 허락한 경우

ii) 증명표장권자가 상표법 제3조 제3항 단서[312])를 위반하여 증명표장을 자기의 상품에 대하여 사용하는 경우

iii) 증명표장의 사용허락을 받은 자가 정관 또는 규약을 위반하여 타인에게 사용하게 한 경우 또는 사용을 허락받은 자가 정관 또는 규약을 위반하여 증명표장을 사용함으로써 수요자에게 상품의 품질, 원산지, 생산방법이나 그 밖의 특성에 관하여 혼동을 불러일으키게 한 경우. 다만, 증명표장권자가 사용을 허락받은 자에 대한 감독에 상당한 주의를 한 경우는 제외한다.

iv) 증명표장권자가 증명표장의 사용허락을 받지 아니한 제3자가 증명표장을 사용하여 수요자에게 상품의 품질, 원산지, 생산방법이나 그 밖의 상품의 특성에 관한 혼동을 불러일으키게 하였음을 알면서도 적절한 조치를 하지 아니한 경우

v) 증명표장권자가 그 증명표장을 사용할 수 있는 자에 대하여 정당한 사유 없이 정관 또는 규약으로 사용을 허락하지 아니하거나 정관 또는 규약에 충족하기 어려운 사용조건을 규정하는 등 실질적으로 사용을 허락하지 아니한 경우

---

310) 상표법 제223조(동음이의어 지리적 표시 등록단체표장의 표시) 둘 이상의 지리적 표시 등록단체표장이 서로 동음이의어 지리적 표시에 해당하는 경우 각 단체표장권자와 그 소속 단체원은 지리적 출처에 대하여 수요자가 혼동하지 아니하도록 하는 표시를 등록단체표장과 함께 사용하여야 한다.

311) 상표법 제36조 제4항은 "④ 증명표장등록을 받으려는 자는 제1항 각 호의 사항 외에 대통령령으로 정하는 증명표장의 사용에 관한 사항을 정한 서류(법인인 경우에는 정관을 말하고, 법인이 아닌 경우에는 규약을 말하며, 이하 "정관 또는 규약"이라 한다)와 증명하려는 상품의 품질, 원산지, 생산방법이나 그 밖의 특성을 증명하고 관리할 수 있음을 증명하는 서류를 증명표장등록출원서에 첨부하여야 한다."라고 규정하고 있다.

312) 상표법 제3조 제3항은 "③ 상품의 품질, 원산지, 생산방법 또는 그 밖의 특성을 증명하고 관리하는 것을 업으로 할 수 있는 자는 타인의 상품에 대하여 그 상품이 정해진 품질, 원산지, 생산방법 또는 그 밖의 특성을 충족하는 것을 증명하는 데 사용하기 위해서만 증명표장을 등록받을 수 있다. 다만, 자기의 영업에 관한 상품에 사용하려는 경우에는 증명표장의 등록을 받을 수 없다."라고 규정하고 있다.

나. 취소심판의 청구인

원칙적으로 누구든지 청구할 수 있으나(상 제119조 제5항 본문, 제1항), (i) 상표법 제93조 제1항 후단(유사한 지정상품에 대해서는 상표권을 함께 이전하여야 한다는 규정), 같은 조 제2항(상표권이 공유인 경우에는 각 공유자는 다른 공유자 모두의 동의를 받지 아니하면 그 지분을 양도하거나 그 지분을 목적으로 하는 질권을 설정할 수 없다는 규정) 및 같은 조 제4항부터 제7항까지의 규정에 위반된 경우 또는 (ii) 제92조 제2항에 해당하는 상표가 등록된 경우에 그 상표에 관한 권리를 가진 자가 해당 상표등록일부터 5년 이내에 취소심판을 청구한 경우에는 해당하는 것을 사유로 하는 심판은 이해관계인만이 청구할 수 있다(상 제119조 제1항 제4호 및 제6호).

다. 효 력

상표등록을 취소한다는 심결이 확정된 때에는 그 상표권은 그때부터 소멸된다(상 제119조 제6항 본문). 다만 불사용에 인한 취소사유(상표법 제119조 제1항 제3호)에 해당하는 것을 사유로 취소한다는 심결이 확정된 때에는 그 심판청구일에 소멸하는 것으로 본다(상 제119조 제6항 단서).

라. 권리자에 대한 통지

심판장은 상표등록취소심판이 청구된 때에는 그 취지를 해당 상표권의 전용사용권자와 그 밖에 상표에 관한 권리를 등록한 자에게 통지하여야 한다(상 제119조 제7항).

대법원 2013. 4. 25. 선고 2012후3718 판결[등록취소(상) (다) 파기환송][HS HI-BOX와 카탈로그 사건]

[판결요지]

[1] 구 상표법(2011. 12. 2. 법률 제11113호로 개정되기 전의 것) 제2조 제1항 제6호 (다)목은 '상품에 관한 광고·정가표·거래서류·간판 또는 표찰에 상표를 표시하고 전시 또는 반포하는 행위'를 상표사용행위의 하나로 규정하고 있는바, 비록 위 (다)목의 '광고'에 등록상표가 표시되어 있다고 하더라도, 그 등록상표가 거래사회의 통념상 지정상품과 관련하여 표시된 것이라고 볼 수 없는 경우에는 위 (다)목에서 말하는 상표사용행위가 있다고 할 수 없다.

[2] 갑 주식회사가 등록상표 'HS HI-BOX'의 등록권리자 을을 상대로 등록상표가 구 상표법(2011. 12. 2. 법률 제11113호로 개정되기 전의 것, 이하 같다) 제73조 제1항 제3호에 해당한다는 이유로 등록취소심판을 청구하였고 특허심판원이 갑 회사의 심판청구를 인용하는 심결을 한 사안에서, 을로부터 등록상표의 사용을 묵시적으로 허락받은 병 주식회사가 발행한 카탈로그의 뒤표지 중간에 그 지정상품을 '배전함' 등으로 하는 등록상표가 오른쪽 그림과 같은 형태로 표시되어 있다 하더라도, 등록상표는 병 회사가 사용하고 있는 여러 상표 중 하나로서 단순히 나열된 것으로 보이고 거래사회의 통념상 등록상표의 지정상품 중 하나인 '배전함'과 관련하여 표시된 것이라고 볼 수 없다 할 것이어서, 구 상표법 제2조 제1항 제6호 (다)목에서 말하는 상표사용행위가 있다고 할 수 없음에도 이와 달리 본 원심판결에 법리오해의 위법이 있다고 한 사례.

3. 전용사용권 또는 통상사용권 등록의 취소심판

가. 취소사유

전용사용권자 또는 통상사용권자가 지정상품 또는 이와 유사한 상품에 등록상표 또는 이와 유사한 상표를 사용함으로써 수요자로 하여금 상품의 품질의 오인 또는 타인의 업무에 관련된 상품과의 혼동을 생기게 한 경우(다만, 상표권자가 상당한 주의를 한 경우에는 그러하지 아니하다)에는 전용사용권자 또는 통상사용권자가 그 전용사용권 또는 통상사용권 등록의 취소심판을 청구할 수 있다(상 제120조 제1항, 제119조 제1항 제2호). 전용사용권 또는 통상사용권 등록의 취소심판을 청구한 후 그 심판청구사유에 해당하는 사실이 없어진 경우에도 취소사유에 영향이 미치지 아니한다(상 제120조 제2항).

나. 심판청구인

전용사용권 또는 통상사용권의 취소심판은 누구든지 이를 청구할 수 있다(상 제120조 제3항).

다. 효 력

전용사용권 또는 통상사용권 등록을 취소한다는 심결이 확정된 때에는 그 전용사용권 또는 통상사용권은 그때부터 소멸된다(상 제120조 제4항).

라. 통 지

심판장은 전용사용권 또는 통상사용권 등록의 취소심판의 청구가 있는 때에는 그 취지를 해당 전용사용권의 통상사용권자와 그 밖에 전용사용권에 관하여 등록을 한 권리자 또는 해당 통상사용권에 관하여 등록을 한 권리자에게 통지하여야 한다(상 제120조 제5항).

대법원 2010. 10. 28. 선고 2010후1435 판결[등록취소(상)]

[판결요지]

[1] 민법 제406조의 채권자취소권의 행사로 인한 사해행위의 취소와 일탈재산의 원상회복은 채권자와 수익자 또는 전득자에 대한 관계에 있어서만 그 효력이 발생할 뿐이고 채무자가 직접 권리를 취득하는 것이 아니다.

[2] 상표등록취소심판의 보조참가인이 수익자 갑과 전득자 을을 상대로 한 별건 사해행위 취소 청구 소송에서 승소확정판결을 받고 상표등록취소 소송이 대법원에 계속된 후에 그 판결을 집행하여 갑과 을의 상표등록이 말소된 사안에서, 그 효력은 상표등록취소심판 청구인에게 미치지 아니하여 청구인에 대한 관계에서는 갑과 을이 여전히 상표권자로서 상표등록취소심판의 피청구인 적격을 갖는다고 판단한 사례.

[3] 실사용 상표들인 , , , , , , 은 등록상표인 에 '소문난'이라는 문자 부분이 부가된 것인데, 부가된 문자 부분은 위 등록상표 부분보다 글자 크기가 작고, 그 상단에 위치하거나 일정한 간격을 두고 그 좌측에 경사지게 결합되어 있으며, 위 실사용 상표들 중 일부에서는 등록상표 부분과 색깔에 차이가 있는 등 그 사용 태양 자체로 일반 수요자나 거래자에게 부기적인 부분으로 인식될 것으로 보이고, '소문난'은 '사람들의 입에 오르내려 널리 알려져 있음'을 뜻하는 것으로 등록상표의 인지도나 명성 등을 강조하는 부기적인 표현에 불과하여 위 등록상표와 결합하여 등록상표와는 다른 새로운 관념이 형성된다고 볼 수도 없으므로, 위 실사용 상표들의 사용은 거래사회의 통념상 위 등록상표와 동일하게 볼 수 있는 형태의 상표의 사용에 해당함에도 이와 달리 본 원심판단에 상표의 동일성에 관한 법리오해의 위법이 있다고 한 사례.

VIII. 권리범위확인심판

[1] 등록된 상표권을 중심으로 어느 특정 상표(이른바 (가)호 표장, 확인대상 표장이라 한다)가 등록상표의 권리범위에 속하는지 여부를 확인하는 심판(상 제121조)

[2] **판 례:** 단순히 동일, 유사 여부만을 확인하는 사실 확정을 목적으로 하는 것이 아니고 권리의 효력이 미치는지 여부를 확인하는 권리확정을 목적으로 하는 것

[3] **유 형**: 적극적 권리범위확인심판(상표권자 또는 전용사용권자가 상대방이 사용하는 확인대상 표장이 자기의 등록상표권의 권리범위에 속하는 확인을 구하기 위하여 청구하는 심판) + 소극적 권리범위확인심판(이해관계인 측에서 자신이 사용하는 확인대상 표장이 등록상표권의 권리범위에 속하지 않는다는 확인을 구하기 위하여 청구하는 심판)313)

[4] 상표권자, 전용사용권자 또는 이해관계인이 청구할 수 있다.

[5] 상표권의 권리범위확인심판은 등록된 상표를 중심으로 미등록상표인 확인대상표장이 적극적으로 등록상표의 권리범위에 속한다거나 소극적으로 이에 속하지 아니함을 확인하는 것이므로, 다른 사람의 '등록상표인 확인대상표장'에 관한 적극적 권리범위확인심판은 확인대상표장이 심판청구인의 등록상표와 동일 또는 유사하다고 하더라도 등록무효절차 이외에서 등록된 권리의 효력을 부인하는 결과가 되어 부적법하다(대법원 1992. 10. 27. 선고 92후605 판결; 대법원 2014. 3. 27. 선고 2013후2316 판결 등 참조). 이때 '등록상표인 확인대상표장'에는 등록된 상표와 동일한 상표는 물론 거래의 통념상 식별표지로서 상표의 동일성을 해치지 않을 정도로 변형된 경우도 포함된다. 확인대상표장이 영문자와 이를 단순히 음역한 한글이 결합된 등록상표에서 영문자 부분과 한글 음역 부분 중 어느 한 부분을 생략한 형태로 되어 있다고 하더라도, 그 영문 단어 자체의 의미로부터 인식되는 관념 외에 한글의 결합으로 인하여 새로운 관념이 생겨나지 않고, 일반 수요자나 거래자에게 통상적으로 등록상표 그 자체와 동일하게 호칭될 것으로 보이는 한 이는 등록상표와 동일성이 인정되는 상표라고 할 것이다.314)

---

313) 대법원 2018. 2. 13. 선고 2017후1335 판결[권리범위확인(상)]에서는 "확인대상표장 "

의 사용자 갑이 등록서비스표 **"사리원면옥"**의 등록권리자 을을 상대로 확인대상표장 중 '사리원' 부분이 현저한 지리적 명칭에 해당하는 것이어서 구 상표법 제51조 제1항 제3호에 따라 확인대상표장에는 등록서비스표권의 효력이 미치지 않는다며 소극적 권리범위확인심판을 청구한 사안에서, 확인대상표장 중 '사리원' 부분은 심결 당시 일반 수요자에게 널리 알려져 있는 현저한 지리적 명칭이라고 볼 여지가 있음에도 이와 달리 본 원심판결에 법리를 오해한 잘못이 있다."고 판시하였다.

314) 대법원 2019. 4. 3. 선고 2018후11698 판결[권리범위확인(상)]에서는 "지정상품을 '상품류 구분 제3류의 주사기에 담긴 미용관리과정에 사용되는 화장용 젤'로 하는 등록상표 **"REVANESSE"**의 상표권자 갑 외국회사가 확인대상표장 **"Reviness"**의 사용권자 을 주식회사를 상대로 확인대상표장이 자신의 등록상표와 동일·유사하여 자신의 등록상표의 권리범위에 속한다며 적극적 권리범위확인심판을 청구한 사안에서, 확인대상표장은 을 회사의 등록상표 "*Reviness*
리바이네스" 중 한글 음역 부분을 생략한 형태로 되어 있으나 한글 '리바이네스'의 결합으로 새로운 관념이 생겨나지 않고, 일반 수요자나 거래자

[6] **등록 이후 사용에 의한 식별력 취득의 효력:** 이 효력의 문제는 (i) '전체로서 식별력이 없던 상표'가 출원심사 미비 등으로 상표등록이 된 이후에 그 상표 전체 또는 구성 중 일부가 사용에 의한 식별력을 취득한 경우와 (ii) '전체로서는 식별력이 있는 상표'가 그 구성 중 등록결정 당시 식별력 없던 부분이 등록 이후 사용에 의한 식별력을 취득한 경우로 구분할 수 있다. (i)의 경우에는 권리범위확인심판사건 및 상표권 침해사건에서 상표 유사 여부 판단시 등록 이후 식별력을 취득한 부분을 등록상표의 요부로 인정할 것인지 뿐만 아니라 등록무효사건 및 상표권 침해사건에서 등록상표의 등록무효사유가 치유된 것으로 볼 것인지도 문제가 되나, (ii)의 경우에는 등록상표가 등록결정 당시 이미 전체로서는 식별력이 있어 등록무효사유가 존재하지 아니하므로, 주로 권리범위확인심판사건이나 상표권 침해사건 등에서 상표 유사 여부 판단 시 등록 이후 식별력을 취득한 부분을 등록상표의 요부로 인정할 것인지 여부가 문제된다. 즉, (ii)의 경우에는 해당 등록상표의 식별력 또는 등록상표 구성의 식별력을 일률적으로 그 상표의 등록결정 시를 기준으로 판단할 것인지 아니면 각 사건 유형별로 적용되는 판단시기를 기준으로 판단할 것인지 여부가 문제된다.

- '전체로서는 식별력이 있는 상표'가 그 구성 중 등록결정 당시 식별력 없던 부분이 등록 이후 사용에 의한 식별력을 취득한 경우(위 (ii)의 경우), 종전의 학설 및 판례는 대립되어 있다가 대법원 2014. 3. 20. 선고 2011후3698 전원합의체 판결을 통하여 정리되었다.

① 종전의 학설: i) 등록무효설((ii)의 경우뿐만 아니라 (ii)의 경우에도 사용에 의한 식별력을 취득한 부분은 등록상표의 요부가 될 수 없다는 견해),[315]

ii) 절충설 중 한 견해((i)의 경우에는 사용에 의한 식별력을 취득한 부분이 등록상표의 요부가 될 수 없으나, (ii)의 경우에는 등록상표의 요부가 될 수가 있다는 절충설)[316]

iii) 절충설 중 또 다른 견해((i)의 경우에는 식별력 취득 시점을 상표등록원부에 공시할 수 있도

에게 통상적으로 '리바이네스'로 동일하게 호칭될 것으로 보여 거래통념상 을 회사의 등록상표와 동일성 있는 상표에 해당하고, 확인대상상표의 사용상품인 '히알루론산을 성분으로 하는 주름개선제, 보습제, 피부탄력제'는 을 회사의 등록상표의 지정상품 중 '의료용필러, 피부과용필러'와 거래통념상 동일성 있는 상품에 해당하여, 결국 확인대상상표장이 을 회사의 등록상표와 동일하므로, 위 심판청구는 을 회사의 등록상표가 갑 회사의 등록상표의 권리범위에 속한다는 확인을 구하는 적극적 권리범위확인심판으로서 부적법함에도, 이와 달리 본안으로 나아가 확인대상상표장이 갑 회사의 등록상표의 권리범위에 속한다고 본 원심 판결에 법리를 오해한 잘못이 있다."고 판시하였다.

315) 이해완, "사용에 의하여 식별력을 취득한 상표에 관한 주요 쟁점 연구", 「성균관법학」, 제23권 제1호, 2011년 4월, 613-614면.
316) 강동세, "사용에 의한 식별력을 취득한 상표의 효력", 「법조」, 2007년 6월, 133-134면.

록 하는 보완입법을 전제로 사용에 의한 식별력을 취득한 부분이 등록상표의 요부가 될 수 있으나, (ii)의 경우에는 그러한 공시를 할 수 없으므로 제3자의 법적 안정성 보호를 위하여 등록상표의 요부가 될 수 없다는 절충설)[317]

② 종전의 판례: 긍정설을 지지하는 판례[318]와 부정설을 지지하는 판례[319]로 나뉘었다.

③ 현행 판례(대법원 2014. 3. 20. 선고 2011후3698 전원합의체 판결): 이 판결의 다수의견은 "상표의 유사 여부는 외관, 호칭 및 관념을 객관적, 전체적, 이격적으로 관찰하여 지정상품의 거래에서 일반 수요자들이 상표에 대하여 느끼는 직관적 인식을 기준으로 상품의 출처에 관하여 오인·혼동을 일으키게 할 우려가 있는지에 따라 판단하여야 한다. 그리고 그 판단에서는 자타상품을 구별할 수 있게 하는 식별력의 유무와 강약이 주요한 고려요소가 된다 할 것인데, 상표의 식별력은 상표가 가지고 있는 관념, 상품과의 관계, 당해 상품이 거래되는 시장의 성질, 거래 실태 및 거래 방법, 상품의 속성, 수요자의 구성, 상표 사용의 정도 등에 따라 달라질 수 있는 상대적·유동적인 것이므로, 이는 상표의 유사 여부와 동일한 시점을 기준으로 그 유무와 강약을 판단하여야 한다.

따라서 상표권의 권리범위확인심판 및 그 심결취소청구 사건에서 등록상표와 확인대상표장의 유사 여부를 판단하기 위한 요소가 되는 등록상표의 식별력은 상표의 유사 여부를 판단하는 기준시인 심결 시를 기준으로 판단하여야 한다. 그러므로 등록상표의 전부 또는 일부 구성이 등록결정 당시에는 식별력이 없거나 미약하였다고 하더라도 등록상표를 전체로서 또는 일부 구성 부분을 분리하여 사용함으로써 권리범위확인심판의 심결 시점에 이르러서는 수요자 사이에 누구의 상품을 표시하는 것인지 현저하게 인식될 정도가 되어 중심적 식별력을 가지게 된 경우에는, 이를 기초로 상표의 유사 여부를 판단하여야 한다."고 하면서, "확인대상표장 "N"의 사용자 갑 주식회사가 을 미국회사를 상대로 확인대상표장이 을 회사의 등록상표 "⟪ ⟫"의 권리범위에 속하지 않는다면서 소극적 권리범위확인심판을 청구하였는데 특허심판원이 이를 받아들이는 심결을 한 사안에서, 등록상표의 전부 또는 일부 구성이 등록결정 당시에는 식별력이 없거나 미약하였으나, 등록상표의 구성 중 "N" 부분

---

317) 김원오, "등록 후 비로소 사용에 의한 식별력을 취득한 상표에 대한 법적 취급: 하자치유의 인정과 무효심판청구 제한의 필요성을 중심으로", 「산업재산권」, 제40호, 2013년 4월, 298-307면.
318) 대법원 1996. 5. 13.자 96마217 결정.
319) 대법원 2007. 12. 13. 선고 2005후728 판결.

은 심결 당시에는 수요자 사이에 상품의 출처를 인식할 수 있게 하는 중심적 식별력을 가진 것으로 보아야 할 것이고, 확인대상표장에서도 "꽃모양" 부분과 동일성이 인정되는 "N" 부분이 수요자의 주의를 끄는 중심적 식별력을 가지는 부분이 되므로, 양 표장은 유사한 상표"라고 판시하였다.

대법원 2019. 8. 14. 선고 2018후10848 판결[권리범위확인(상)]

[판결요지]

[1] 상표권의 권리범위확인심판에서 등록상표와 확인대상표장의 유사 여부는 외관, 호칭 및 관념을 객관적, 전체적, 이격적으로 관찰하여 지정상품의 거래에서 일반 수요자들이 상표에 대하여 느끼는 직관적 인식을 기준으로 상품의 출처에 관하여 오인·혼동을 일으키게 할 우려가 있는지에 따라 판단하여야 한다. 이러한 판단에 있어서 당해 상품에 대한 표장의 사용사실이 인정되는 경우 표장의 주지 정도 및 당해 상품과의 관계, 표장에 대한 수요자들의 호칭 및 인식 등 당해 상품을 둘러싼 거래실정을 종합적·전체적으로 고려하여야 한다.

[2] 상표 중에서 일반 수요자에게 그 상표에 관한 인상을 심어주거나 기억·연상을 하게 함으로써 그 부분만으로 독립하여 상품의 출처표시기능을 수행하는 부분, 즉 요부가 있는 경우 적절한 전체관찰의 결론을 유도하기 위해서는 요부를 가지고 상표의 유사 여부를 대비·판단하는 것이 필요하다. 한편 결합상표 중 일부 구성 부분이 요부로 기능할 수 있는 식별력이 없거나 미약한지 여부를 판단할 때는 해당 구성 부분을 포함하는 상표가 지정상품과 동일·유사한 상품에 관하여 다수 등록되어 있거나 출원공고되어 있는 사정도 고려할 수 있으므로, 등록 또는 출원공고된 상표의 수나 출원인 또는 상표권자의 수, 해당 구성 부분의 본질적인 식별력의 정도 및 지정상품과의 관계, 공익상 특정인에게 독점시키는 것이 적당하지 않다고 보이는 사정의 유무 등을 종합적으로 고려하여 판단하여야 한다.

[3] '인체용 비누'를 사용상품으로 하는 확인대상표장 "sobía"의 사용자 갑이 '인체

용 비누' 등을 지정상품으로 하는 등록상표 "Saboo"의 상표권자 을을 상대로 확인대상표장이 등록상표와 동일·유사하지 아니하여 등록상표의 권리범위에 속하지 않는다고 주장하면서 소극적 권리범위확인심판을 청구한 사안에서, 양 표장 중 도형 부분은 꽃 모양으로 서로 동일·유사하나, 위 도형 부분이 주지·저명하거나 수요자들에게 강한 인상을 주는 부분이라고 볼 수 없고, 식별력을 인정하기 곤란하거나 이를 공익

상 특정인에게 독점시키는 것이 적당하지 않은 반면, 등록상표 중 'Saboo' 부분은, 조어로서 지정상품과의 관계에서 도형 부분에 비하여 상대적으로 식별력이 높고, 수요자들도 등록상표를 영문자 부분인 '사부'로 호칭해 온 사실이 인정되므로 요부라고 할 것인데, 등록상표의 'Saboo' 부분과 확인대상표장의 'sobia' 부분은 외관뿐만 아니라 호칭도 각각 '사부'와 '소비아'로 서로 차이가 있으므로 유사하지 않은데도, 거래실정을 고려한 양 표장의 외관 및 호칭의 차이에도 불구하고, 나아가 상품의 구체적인 형상과 모양 및 포장의 구체적인 형태 등과 같이 상품에서 쉽게 변경이 가능한 특수하고 한정적인 거래실정을 비중 있게 고려하여 양 표장이 유사하다고 본 원심판단에 법리오해의 잘못이 있다고 한 사례.

IX. 심결의 효력

일사부재리의 원칙이란 심판의 심결이 확정된 때에는 누구든지 동일사실, 동일증거에 의하여 그 심판을 다시 청구할 수 없으며 특허심판원도 그와 저촉되거나 모순되는 판단을 해서는 안되는 원칙이다(상 제150조).

대법원 2012. 1. 19. 선고 2009후2234판결[등록무효(특)]

[판시사항]
구 특허법 제163조에 규정된 '일사부재리의 원칙'에 해당하는지 여부의 판단기준시점(=심판청구시).

[판결내용]
구 특허법(2001. 2. 3. 법률 제6411호로 개정되기 전의 것. 이하 같다) 제163조는 "심판의 심결이 확정 등록되거나 판결이 확정된 때에는 누구든지 동일사실 및 동일증거에 의하여 그 심판을 청구할 수 없다"라고 하여 일사부재리의 원칙을 규정하고 있다.

종래 대법원은 일사부재리의 원칙에 해당하는지 여부는 심판의 청구시가 아니라 그 심결시를 기준으로 판단되어야 한다고 해석하였다. 그리하여 일사부재리의 원칙은 어느 심판의 심결이 확정 등록되거나 판결이 확정된(이하 두 경우 중 심판의 심결이 확정 등록된 경우만을 들어 설시하기로 한다) 후에 청구되는 심판에 대하여만 적용되는 것은 아니고, 심결시를 기준으로 하여 그 때에 이미 동일사실 및 동일증거에 의한 다른 심판의 심결이 확정 등록된 경우에는 당해 심판의 청구시기가 확정된 심결의 등록 전이었는지 여부를 묻지 아니하고 적용된다고 판시하여 왔다(대법원 2000. 6. 23. 선고 97후3661 판결, 대법원

2006. 5. 26. 선고 2003후427 판결 참조).

이와 같은 종래의 대법원판례에 따르면, 동일특허에 대하여 동일사실 및 동일증거에 의한 복수의 심판청구가 각각 있은 경우에 어느 심판의 심결(이를 '제1차 심결'이라고 한다)에 대한 심결취소소송이 계속하는 동안 다른 심판의 심결이 확정 등록된다면, 법원이 당해 심판에 대한 심결취소의 청구가 이유 있다고 하여 제1차 심결을 취소하더라도 특허심판원이 그 심판청구에 대하여 특허법 제189조 제1항 및 제2항에 의하여 다시 심결을 하는 때에는 일사부재리의 원칙에 의하여 그 심판청구를 각하할 수밖에 없다. 그러나 이는 관련 확정 심결의 등록이라는 우연한 사정에 의하여 심판청구인이 자신의 고유한 이익을 위하여 진행하던 절차가 소급적으로 부적법하게 되는 것으로 헌법상 보장된 국민의 재판청구권을 과도하게 침해할 우려가 있고, 그 심판에 대한 특허심판원의 심결을 취소한 법원의 판결을 무의미하게 하는 불합리가 발생하게 된다.

나아가 구 특허법 제163조의 취지는 심판청구의 남용을 방지하여 심판절차의 경제성을 도모하고 동일한 심판에 대하여 상대방이 반복적으로 심판에 응하여야 하는 번거로움을 면하도록 하는 데에 있다. 그러나 위 규정은 일사부재리의 효력이 미치는 인적 범위에 관하여 "누구든지"라고 정하고 있어서 확정 등록된 심결의 당사자나 그 승계인 이외의 사람이라도 동일사실 및 동일증거에 의하여 동일심판을 청구할 수 없으므로, 함부로 그 적용의 범위를 넓히는 것은 위와 같이 국민의 재판청구권의 행사를 제한하는 결과가 될 것이다. 그런데 구 특허법 제163조는 위와 같이 '그 심판을 청구할 수 없다'라고 규정하고 있어서, 위 규정의 문언에 따르면 심판의 심결이 확정 등록된 후에는 앞선 심판청구와 동일사실 및 동일증거에 기초하여 새로운 심판을 청구하는 것이 허용되지 아니한다고 해석될 뿐이다. 그러함에도 이를 넘어서 심판청구를 제기하던 당시에 다른 심판의 심결이 확정 등록되지 아니하였는데 그 심판청구에 관한 심결을 할 때에 이미 다른 심판의 심결이 확정 등록된 경우에까지 그 심판청구가 일사부재리의 원칙에 의하여 소급적으로 부적법하게 될 수 있다고 하는 것은 합리적인 해석이라고 할 수 없다.

그렇다면 일사부재리의 원칙에 따라 심판청구가 부적법하게 되는지 여부를 판단하는 기준시점은 심판청구를 제기하던 당시로 보아야 할 것이고, 심판청구 후에 비로소 동일사실 및 동일증거에 의한 다른 심판의 심결이 확정 등록된 경우에는 당해 심판청구를 일사부재리의 원칙에 의하여 부적법하다고 할 수 없다.

이와 달리 구 특허법 제163조에 정한 일사부재리의 원칙에 해당하는지 여부는 심판의 청구시가 아니라 그 심결시를 기준으로 판단되어야 한다고 판시한 대법원 2000. 6. 23. 선고 97후3661 판결과 대법원 2006. 5. 26. 선고 2003후427 판결의 취지는 이와 저촉되는 범위 내에서 변경하기로 한다.

X. 심결에 대한 재심

확정된 심결에 대하여 특별한 재심사유가 있을 때 다시 심판하게 하는 제도(상 제157조 제1항, 제2항 및 민사소송법 제451조, 제453조, 제459조 제1항)이다. 그리고 심판의 당사자가 공모하여 제3자의 권리 또는 이익을 사해할 목적으로 심결을 하게 한 때에는 제3자는 그 확정된 심결에 대하여 재심을 청구할 수 있다(상 제158조 제1항). 사해심결에 대한 재심청구의 경우에 심판의 당사자를 공동피청구인으로 한다(상 제158조 제2항). (i) 상표등록 또는 상표권의 존속기간갱신등록이 무효로 된 후 재심에 의하여 그 효력이 회복된 경우, (ii) 상표등록이 취소된 후 재심에 의하여 그 효력이 회복된 경우, (iii) 상표권의 권리범위에 속하지 아니한다는 심결이 확정된 후 재심에 의하여 이와 상반되는 심결이 확정된 경우 중 어느 하나에 해당하는 경우에는 상표권의 효력은 해당 심결이 확정된 후 재심청구의 등록전에 선의로 해당 등록상표와 동일한 상표를 그 지정상품과 동일한 상품에 사용한 행위, 상표법 제108조 제1항 각 호의 어느 하나 또는 같은 조 제2항 각 호의 어느 하나에 해당하는 행위(침해로 간주되는 행위)에는 미치지 아니한다(상 제160조).

XI. 심결취소소송

특허심판원의 각종 심결이나 각종 심판청구서나 재심청구서에 대한 각하결정에 대하여 불복이 있는 자는 특허법원에 그 취소를 구하는 소를 제기할 수 있다. 이러한 심결취소소송은 특허법원의 전속관할로 되어 있다(상 제162조 제1항).

XII. 비밀유지명령제도(상 227조 이하)

부정경쟁행위 또는 영업비밀 침해행위로 인한 영업상 이익의 침해에 관한 소송에서 법원이 비밀유지명령을 내릴 수 있도록 하고 이를 위반하면 형사벌을 부과할 수 있도록 근거 규정을 두고 있다. 이는 한-미 FTA 제18.10조 제11항을 국내법에 반영하기 위한 조문이다.[320]

---

320) 한-미 FTA 제18.10조 제11항은 "각 당사국은 사법 당국이 다음의 권한을 가지도록 규정한다.
　가. 적절한 경우, 사법 당국이 내린 유효한 명령을 지키지 못한 민사 사법절차의 당사자에게 벌금·구류 또는 구금을 명령할 수 있는 권한, 그리고
　나. 소송절차에서 생성되거나 교환된 비밀정보의 보호에 관한 사법명령의 위반에 대하여, 민사 사법절차

제12절 국제상표법

I. 의 의

[1] 1883년 체결된 산업재산권 보호를 위한 파리협약(Paris Convention for the Protection of Industrial Property of March 20, 1883)

[2] 1891년에 체결된 표장의 국제등록에 관한 마드리드협정(Madrid Agreement Concerning International Registration of Marks)

[3] **상표등록조약**(Trademark Registration Treaty): 본국에서의 등록을 기다리지 않고 곧바로 국제출원을 할 수 있도록 함으로써 실질심사국, 특히 미국과 영국의 반대를 피할 수 있도록 1973년에 창설된 조약이다.

[4] 지식재산권 전반에 걸친 보호의 기본원칙을 선언한 WTO/TRIPs협정도 발효

[5] 상표국제등록제도에 가입을 유인하기 위한 '표장의 국제등록에 관한 마드리드협정에 대한 의정서'

[6] 1994년 10월 27일에는 스위스 제네바에서 상표법통일화조약(Trademark Law Treaty)이 체결되었다.

[7] 표장의 도형요소의 국제분류 제정을 위한 비엔나협정(Vienna Agreement Establishing an International Classification of the Figurative Elements of Marks)이 1973년 오스트리아 비엔나에서 채택되었다.

[8] 상표법에 관한 싱가포르 조약(Singapore Treaty on the Law of Trademarks)이 2006년 3월 27일 싱가포르에서 개최된 외교회의를 통하여 조약으로 채택되었다. 이 조약은 위치상표를 비롯한 비전통적인 상표를 명시적으로 인정한 최초의 조약이다.

[9] **국제상품분류**: 상품 및 서비스분류를 국제적으로 통일하기 위하여 "표장등록을 위한 상품 및 서비스의 국제분류에 관한 니스협정(Nice Agreement Concerning the International Classification of Goods and Services for the Purposes of the Registration of Marks)"이 1957년 프랑스 니스에서 채택되었다. 이 제도는 1998년 3월 1일 이후 국내에 도입되어 상품의 류 구분에 있어서 기준이 되는 분류(유사상품 심사기준 제2조 제1호)되어 있다.321)

의 당사자, 변호인, 전문가 또는 법원의 관할권이 미치는 그 밖의 인에게 제재를 부과할 수 있는 권한"이라고 규정하고 있다.

321) Gyooho Lee, *How to Protect Traditional Food and Foodways Effectively in Terms of Intangible*

표 4-10 │ Nice Classification(International Trademark Classification)

Edition/Year	Class	Indication of Goods	Basic No.
9th/2007	29	fermented vegetable food[kimchi] in English alimentsà base de légumesfermentés[kimchi] in French	290162
10th/2016	29	kimchi[fermented vegetable dish] in English kimchi[plat à base de légumesfermentés] in French	290162

[10] 유럽공동체: 공동체 시장의 성립에 대비하여 이사회지침(Council Directive) 및 이사회규정(Council Regulation)을 정리하여 통일된 상표보호를 도모하고 있다.

[11] 상표에 관한 국제조약뿐만 아니라 상표에 관한 국제사법적 쟁점을 다루는 분야도 존재하므로 국제상표법은 공사법의 영역을 망라한다. 다만, 아래에서는 편의상 국제공법적 영역을 중심으로 간략히 소개한다.

II. 파리협약

[1] 산업재산권의 다국간 체제를 확립한 파리협약은 기존의 속지주의 원칙을 유지하면서 국제협조체제를 형성하는 기본구조를 취하고 있다.

[2] 상표와 관련하여 파리협약은 그 보호대상으로서 상표를 명기한 제1조 제2항과 제6조 이하의 상표 보호 관련 규정 등을 두고 있으며, 내국민대우의 원칙(national treatment principle), 산업재산권 독립의 원칙(telle quelle)의 채택, 우선권제도 등을 기본원칙으로 채택하고 있다.

[3] 파리협약에서는 상표의 정의에 대해서는 특별히 정하지 않고 각국의 해석에 위임(파리협약 제6조 제1항)하고 있다.

[4] 상표독립의 원칙: 동일한 상표가 둘 이상의 동맹국에 있어서 등록출원되고 정상적으로 등록된 경우 그들은 상호 독립적이고, 출원절차, 등록요건, 권리의 발생이전효력 등에 대해서 당해 상표등록을 부여하는 각 동맹국의 법제에 따라서 개별적으로 취급된다.

[5] 상표독립원칙의 예외: 외국등록상표에 대한 특별규정(파리협약 제6조의5)을 두고 있다. 즉, 본국에 있어서 정식으로 등록된 상표는 이 조약에서 특별히 규정하는 경우를 제외하고는 다른 동맹국에 있어서도 그대로(telle quelle) 등록이 인정되고 보호된다는 규정을 두어 상

Cultural Heritage and Intellectual Property Laws in the Republic of Korea, International Journal of Cultural Property, Volume 25, Issue 4, November 2018, pp. 543−572.

표에 대한 국제적 보호를 도모하고 있다. 다만 이 규정은 해석에 있어 방식심사만 행하면 보호를 요구하는 상표의 실체에 대해서는 아무 심사도 하지 않고 등록이 인정된다는 설과 각국의 국내법령에 있어서 상표 개념에까지 영향을 미치는 것은 아니라는 설이 대립하고 있다.

[6] 평 가: 파리협약은 각국 법제의 상이점을 전제로 속지주의를 인정한 조정법적인 조약에 머물러 있어 당초의 이상인 세계 통일법을 실현하는 것에 미치지 못하고 있다. 조약의 개정에 대해서는 전원일치의 원칙에 기초하고 있기 때문에 특정국 간에 합의할 수 있는 경우가 있어도 모든 동의를 얻을 수 없는 경우에는 타협의 산물로서의 개정밖에 할 수 없다. 조약의 탄력적인 운용의 여지를 남겨 산업재산권 보호의 규정에 저촉되지 아니하는 한 별도로 동맹국 상호 간에 산업재산권의 보호에 관한 특별동맹의 체결을 행할 권리의 유보를 인정하고 있고(동조약 제19조), 이를 근거로 하여 상표에 관해서도 그 국제적 보호를 강화하기 위하여 몇 개의 특별동맹이 체결되어 있다.

III. 표장의 국제등록에 관한 마드리드협정

[1] 파리협약에 의해 각국에서 보호를 받으려면 6개월의 우선권 혜택이 있을지라도 결국 희망하는 개별국가에 일일이 출원하지 않을 수 없다.

[2] 취 지: 단일기관인 WIPO가 단일 언어와 일원화된 절차를 통하여 동맹국 간 상표출원을 관장하도록 함으로서 국가간 상표 출원과 등록을 용이하게 하고자 하는 노력이 시도되었고, 파리협약 제19조의 특별협약으로서 1891년 4월 14일 상표의 국제출원제도를 창설하는 마드리드협정이 체결되었다.

[3] 마드리드협정의 의의: 체약국의 국민은 본국에 있어서 등록된 표장을 기본등록으로 하여 통일된 절차에 의하여 복수의 가맹국에 표장의 국제등록을 받는 것이 가능하고 각 가맹국에 있어서 해당 표장이 해당국에 직접 출원된 경우와 동일한 보호를 받을 수 있다. 다만 마드리드협정 경로로 출원된 표장이라도 해당국에 직접 출원된 경우에 적용되는 것과 동일한 절차를 거쳐 등록된다. 즉, 각국에 있어서 실제로 등록되는지 여부는 각국이 독자의 법률에 기초하여 판단한다.

[4] 단 점: 일단 자국이든 거주지국이든 본국관청에서 상표등록을 필요로 하므로 지정국가가 등록을 위하여 실질심사를 하는 나라라면 심사기간 때문에 파리협약의 우선권(6개월)을 거의 이용할 수 없다는 문제점이 존재한다. 특히 최초에 출원한 국가, 즉 국제출원의 기초가

된 국가에서 5년 이내에 취소 등으로 실효되면 모든 국제등록이 무효가 되는 집중식 공격방식(central attack)이 본 협약에 대한 가입의 기피원인이 되고 있다.

IV. 상표등록조약(Trademark Registration Treaty)

[1] 본국에서의 등록을 기다리지 않고 곧바로 국제출원을 할 수 있도록 함으로써 실질심사국, 특히 미국과 영국의 반대를 피할 수 있도록 1973년에 창설된 조약이다.

[2] 마드리드협정과 같이 표장의 보호를 요구하는 국가의 국내법령에 의하여 거절할 수 있는 범위에 있어서 해당국의 국내 등록의 효과를 부인할 수 있는 것을 인정한다. 처음에는 미국 특허상표청(USPTO)과 WIPO의 지지를 얻었으나 집중식 공격의 존재와 국제적 심사기준의 미비를 이유로 비준국이 소수이며 그 실질적인 활동이 이루어지고 있지 않다.

V. 표장의 국제등록에 관한 마드리드협정에 대한 의정서

1. 공식명칭 및 성립시기

[1] 표장의 국제등록에 관한 마드리드 협정에 대한 의정서(Protocol relating to the Madrid Agreement Concerning the International Registration of Marks)로서 "마드리드 의정서"로 약칭한다.

[2] 1989년 6월 27일에 채택되고, 1995년 12월 1일에 발효되었으며, 동 의정서를 시행하기 위한 하위규정인 공통규칙이 제정됨에 따라 1996년 4월 1일부터 시행되었다.

2. 성립배경

[1] 마드리드 의정서는 마드리드 협정이 가지고 있는 문제점을 극복하여 탄력적 국제등록제도를 창설할 목적으로 마련되었다.

[2] 마드리드 의정서에서는 불어 외에 영어, 스페인어도 공식언어로 채택하여 영어권 국가에 대하여 배려하였다. 국내의 상표등록뿐만 아니라 상표등록출원을 기초로 하여서도 국제출원을 가능하도록 하여 무심사주의 국가와 심사주의 국가 간 불균형을 시정하였다.

[3] 거절이유 통지기한도 최대 1년 6월까지로 연장할 수 있도록 하였고, 집중식 공격 (Central Attack)으로 인하여 국제출원이 소멸한 경우에도 각국에서 출원인이 국내출원으로 전환할 수 있도록 하여 출원인이 가지게 되는 위험부담을 상당 부분 제거하였다.

[4] 국내 상표등록출원에 대한 수수료보다 높지 않은 범위 내에서 개별수수료를 징수할 수 있도록 하여 심사주의 국가들이 낮은 수수료로 심사를 수행하여야만 했던 가입부담을 완화시켰다.

[5] 이러한 문제점 극복은 마드리드 협정이 성립한지 100년이 지나도록 프랑스를 비롯한 유럽 및 아프리카의 무심사주의국가 또는 이에 가까운 심사관행을 갖고 있는 국가만 참여함으로써 범세계적인 국제등록제도가 되지 못한 점을 고려한 것으로, 기존 마드리드협정의 문제점을 상당 부분 해소함으로서 미국, 영국, 일본 등 심사주의 국가의 참여를 유도할 수 있게 한 것이다.

[6] 마드리드 의정서에서는 유럽공동체 또는 아프리카지식재산권기구와 같은 지역상표등록제도와의 연계도 강화하였는 바, 마드리드 의정서 가입자격을 파리협약 가맹국 외에 EU 등 정부간기구(inter-governmental organization)에도 개방함으로써 공동체상표(CTM)를 기초로 국제출원이 가능하게 하였고, 유럽공동체 상표제도와 마드리드 의정서에 의한 국제상표등록제도가 동일시점에서 운영 개시(1996년 4월 1일)되도록 하였다.

3. 마드리드협정과의 차이점

표 4-11 ┃ 마드리드협정과 마드리드 의정서의 차이점

구분	마드리드협정	마드리드 의정서
가입대상	국가	국가 또는 정부간기구
사용언어	불어	영어, 불어 또는 스페인어
수수료	개별수수료 징수 불가	개별 수수료 징수가능
국제출원의 기초	상표등록에 기초해서만 국제출원가능	상표등록 또는 상표등록출원에 기초하여 국제출원가능
거절통지기한	최대한 지정통지를 받은 날부터 1년	최대한 지정통지를 받은 날부터 1년 6월로 연장 가능(원칙적으로 12개월이나 18개월로 대체선언가능하며 우리나라의 경우에는 18개월로 함)
국제등록의 존속기간	국제등록일부터 20년	국제등록일부터 10년

| 집중공격에 의한 국제등록
소멸시의 재출원 | 불가능 | 가능 |

4. 마드리드 의정서의 개요 및 특징

가. 개 요

[1] 본국관청에서의 상표등록 또는 상표등록출원을 기초로 하여 해당 표장을 보호받고자 하는 국가를 지정한 국제출원서를 본국관청을 경유하여 WIPO에 제출하면 국제사무국은 국제출원에 대하여 방식심사를 한 후 이를 국제등록부에 등재하고 국제공보에 공고한 이후에 지정국 관청에 통지한다.

[2] 지정국 관청에서는 국제출원을 심사하고 심사결과 거절이유를 발견한 경우에는 국제 등록일부터 12개월(18개월까지 연장선언가능) 이내에 국제사무국에 거절통지를 하여야 하고, 국제사무국에 대한 거절통지가 없을 때에는 시정국은 그 지정국에 등록된 것과 동일한 효력을 해당 표장에 부여하여야 한다.

나. 특 징

[1] 마드리드 의정서는 1개국의 언어로 작성된 하나의 국제출원을 하나의 본국관청에 제출하고 1회의 수수료를 납부함으로써 1개의 번호로 된 1개의 국제등록을 획득하고 다수의 국가에서 보호를 받으며, 1회의 갱신절차에 의하여 갱신을 하는 특징을 가지고 있다.

[2] 마드리드 의정서는 "다국가 1출원 시스템"을 취하고 있다. 즉, 마드리드 의정서는 절차의 간소화 및 출원인의 비용절감으로 상표제도의 최종수요자인 기업체의 편익을 제고하고 있다.

5. 마드리드 의정서의 장점

가. 국제출원단계

(1) 해외 상표출원절차의 간편화

출원인은 국적국 또는 거주지국에 영어, 불어 또는 스페인어 중 그 국가에서 정하는 언어로 작성된 하나의 국제출원서에 상표를 등록받고자 하는 국가를 지정하여 제출함으로써 복수의 체약국에 출원한 효과를 얻을 수 있다.

(2) 비용 절감가능

원칙적으로 국제출원단계에서 각 개별국마다 대리인을 선임할 필요는 없다.

나. 국제등록이후 단계

(1) 권리취득 여부의 명확

지정국관청에서 거절이유를 발견한 경우에는 원칙적으로 국제사무국으로부터 지정통지를 받은 날부터 1년(1년 6월까지 연장가능, 이의신청의 경우 예외) 이내에 거절통지를 국제사무국에 하고 그 기간 이내에 거절통지를 하지 않으면 그 지정국에서 등록된 것과 동일한 보호를 하여야 하므로, 출원인은 원칙적을 일정 기간 이내에는 각 지정국에서의 상표권 취득 여부를 알 수 있다.

(2) 지정국의 추가가능

마드리드 의정서에 새로 가입한 국가 또는 기존의 마드리드 의정서에 가입한 국가에서 추가적으로 상표를 보호받고자 하는 경우에 국제등록 후에 그 국가를 지정하는 것이 가능하므로, 상표등록을 받고자 하는 국가를 간편하게 확장시킬 수 있다.

(3) 상표권의 관리의 일원화

WIPO 국제사무국에 비치되어 있는 국제등록부상 권리자의 명의변경 또는 존속기간의 갱신 등에 의하여 다수의 국가에서의 명의변경 또는 존속기간 갱신 등을 할 수 있으므로 상표권을 일원적으로 관리할 수 있다.

6. 마드리드 의정서의 단점

실체심사는 지정국별로 심사하므로 출원 시와는 달리 거절이유가 통지되면 다시 현지대리인을 선임하여야 하며, 반드시 국내의 상표출원 또는 등록을 기초로 하여 출원하여야 하고 집중공격에 의하여 국제등록일후 5년 이내에 기초된 국내출원 또는 국내등록이 거절 또는 무효 등이 되면 지정국의 모든 국제등록이 소멸된다.

7. 가 입

우리나라는 2003년 1월 10일 마드리드 의정서에 가입하여 3개월 후인 2003년 4월 10일부터 마드리드 의정서에 의한 효력이 발생되었다.

8. 재출원에 관한 특례 규정

국제출원의 기초가 되는 출원 또는 등록에 대한 취소 등으로 국제등록이 소멸된 경우 또는 외국의 의정서 폐기에 의하여 출원인이 출원인적격을 잃게 된 경우에는 재출원을 할 수 있도록 하고, 일정 요건하에 출원일을 소급시키며, 대한민국에서 상표권이었던 재출원에 대하여는 재심사를 하지 아니하고 상표등록결정을 하여야 한다.

　　‣ 재출원에 관한 특례사례 1: 기초출원 또는 기초등록이 소멸한 경우의 재출원외국인(예: 일본인)이 한국을 지정국으로 지정한 경우 국제등록일로부터 5년 이내에 국제출원의 기초가 되는 상표등록출원에 대한 등록이 거절되거나 상표등록이 취소 또는 무효되어 국제등록이 소멸→한국 특허청에 재출원하면 국제출원의 출원일로 출원일 소급
　　사례 2: 의정서 가입탈퇴에 따른 재출원 외국(예: 일본)이 마드리드 의정서 가입을 탈퇴하여 출원인이 외국인(예: 일본인)이 출원인 적격을 상실→한국 특허청에 재출원하면 국제출원의 출원일로 출원일 소급

VI. 상표법조약(Trademark Law Treaty)

[1] **상표법조약**: 상표에 관한 절차의 간소화 및 국제적 조화를 목적으로 1994년 10월 27일 스위스 제네바에서 개최된 외교회의에서 채택된 조약이다.

[2] 각종 증명서 요구의 간소화, 다류 1출원, 다건 1통 방식의 채용, 출원분할, 갱신등록의 실체심사금지 및 등록의 동일한 오류정정, 방식심사의 의견 진술 등을 내용으로 한다.

[3] 우리나라는 2002년 11월 25일 가입하여 2003년 2월 25일 이 협약이 발효되었다.

VII. WTO/TRIPs 협정

[1] GATT/UR의 체결로 인하여 1995년 1월 1일부터 WTO(세계무역기구)가 정식으로 발

족하고, 그 부속서로 상품무역에 관한 사항 이외에 서비스, 무역관련 투자조치, 무역관련 지식재산권협정(TRIPs)이 확정되었다.

[2] TRIPs 협정: 특허권, 저작권, 컴퓨터프로그램, 반도체칩법, 영업비밀 등 8개 분야의 지식재산권과 관련한 최소한 보호기준을 마련하고 있다.

[3] TRIPs 협정 제2장 상표 규정에서는 상표의 의의, 상표권의 내용, 보호기간, 사용의무, 사용권 설정 및 양도 등 규정하고 있다. 특히 동협정 제15조 제1항에서는 상표가 '자타 상품 및 서비스의 식별력을 가진 표시 또는 표시의 결합으로 구성된다고 규정하고 이러한 표시는 '성명, 문자, 숫자, 도형과 색채의 조합 및 이들의 결합은 상표로서 등록될 수 있다.'고 규정하고 있다.

[4] 회원국은 자체로서 식별력이 없는 표시도 사용에 의한 식별력을 취득한 경우 등록이 인정된다.

[5] TRIPs 협정 제3장에서는 지리적 표시(Geographical Indications)에 대해 규정하고 있다.

[6] TRIPs 협정은 음향상표(sound marks)나 냄새상표 등은 인정하지 않는다.

VIII. 상표법에 관한 싱가포르 조약(Singapore Treaty on the Law of Trademarks)

1994년 상표법조약을 마련한 이후, WIPO 회원국은 1998년 3월 특정 주제의 개별적 논의를 위하여 상표, 산업디자인 및 지리적 표시 관련 법에 관한 세계지식재산권기구 상설위원회(WIPO Standing Committee on the Law of Trademarks, Industrial Designs and Geographical Indications; 이하 'SCT'라 한다)를 설치하여 표장 등에 관하여 지속적으로 논의하기로 합의하였다. 2004년~2005년 SCT회의에서 조약(안)의 최종적인 조율을 거쳐 2006년 3월 27일 싱가포르에서 개최된 외교회의를 통하여 조약으로 채택되었다. 싱가포르 조약322) 제3조 제5항에서는 "홀로그램 상표, 동작상표, 색채상표, 위치상표"란 표제하에 "표장을 홀로그램상표, 동작상표, 색채상표 또는 위치상표로 하는 취지의 기술(記述)을 출원서에 포함하는 경우에, 체약국은 그 국가의 법에서 정한 바대로 하나 이상의 표장견본과 표장에 관한 상세한 내용을 요구할 수 있다."라고 규정하고 있다.323) 싱가포르조약은 상표출원 및 상표등록에 홀로그

---

322) 체약국 정보는 http://www.wipo.int/treaties/en/ShowResults.jsp?lang=en&treaty_id=30 (최종방문일: 2020년 7월 5일).

램 상표, 동작상표, 색채상표 및 위치상표, 그리고 비시각적인 표지(non-visible signs)로 이루어진 표장의 견본(reproduction)에 관한 기준 확정을 위하여 다자간 체계를 구축하였다. 이렇듯, 싱가포르 조약은 체약국이 새로운 유형의 상표를 채택할 의무는 없다고 언급하고 있지만, 위치상표를 비롯한 비전통적인 상표를 명시적으로 인정한 최초의 조약이다.324) 우리나라는 2016년 4월 1일 이 조약에 가입하였고, 우리나라에서 2016년 7월 1일 발효되었다.

IX. 유럽공동체 상표법

[1] 유럽공동체 이사회에서는 1988년 12월 21일, 상표에 관련된 회원국법률을 접근시키기 위한 이사회 지침을 마련하였으며, 1993년 12월 20일 공동체상표의 창설을 위한 이사회 규정을 발표하였다.

[2] EC지침 의무조항인 제2조: "상표는 어떤 기업의 상품 또는 서비스를 다른 기업의 상품 또는 서비스와 식별하기 위하여 명확히 표현할 수 있는(capable of being represented graphically) 모든 표시들, 특히 성명을 포함한 단어, 도안, 문자, 숫자 그리고 상품의 형태나 상품포장의 형태로 구성된다. 다만, 그러한 표시는 한 기업의 상품 또는 서비스를 다른 기업의 그것과 식별하기에 적합한 것이어야 한다."라고 규정하고 있다.

X. 표장등록을 위한 상품 및 서비스의 국제분류에 관한 니스협정

[1] 국제상품분류: 상품 및 서비스분류를 국제적으로 통일하기 위하여 1957년 프랑스 니스지방에서 체결된 "표장등록을 위한 상품 및 서비스의 국제분류에 관한 니스협정(Nice Agreement Concerning the International Classification of Goods and Services for the Purposes of the Registration of Marks)"에서 정한 상품 및 서비스에 관한 국제분류로서 일명 "니스분류"라고 한다.

[2] 우리나라는 1998년 10월 8일 기탁서를 제출하여 1999년 1월 8일 발효되었다.

[3] 우리 상품분류체계와 NICE분류체계의 상이로 인하여 내국인의 해외출원 시 또는 외국인의 국내출원 시 상품을 재분류해야 하는 등의 번잡성을 해소하여 출원인의 편익을 도모

---

323) http://www.wipo.int/edocs/mdocs/mdocs/en/tlt_r_dc/tlt_r_dc_30.pdf (최종방문일: 2020년 7월 5일).
324) Kenneth L. Port, On Nontraditional Trademarks, 38 N. Ky. L. Rev. 1, 4 (2011).

하기 위한 것이다.

XI. 표장의 도형요소의 국제분류 제정을 위한 비엔나협정(Vienna Agreement Establishing an International Classification of the Figurative Elements of Marks)

이 비엔나협정은 표장의 도형요소분류의 국제적 통일을 위한 협정으로 1973년 오스트리아 비엔나에서 채택되었다. 우리나라는 2011년 1월 17일 이 조약에 가입(accession)하였고, 2011년 4월 17일 발효하였다. 비엔나협정은 도형으로 구성된 상표에 대한 국제적인 기준 및 표준을 정한 것으로, 도형요소를 29개 대분류와 1,667개 소분류 기준에 따라 분류함으로써 도형상표의 검색이 용이해지고 상표심사의 품질향상에 기여할 수 있게 되었다.

제5편

디자인보호법

지식재산의 이해

제1장

문제제기

■ 이 사건 디자인

가) 이 사건 등록디자인

(1) 명칭: 한증막

(2) 출원일 / 등록결정일 / 등록일 / 등록번호: 1998. 3. 24. / 1998. 10. 31. / 1998. 12. 8.
   / 제233630호

(3) 디자인 창작 내용의 요점: 별지 도면에 표현된 한증막의 형상과 모양의 결합

(4) 디자인의 설명

 (가) 재질은 석재와 황토임.

 (나) 내부층은 축열 및 원적외선 방사성이 우수한 석재와 황토를 적층하고, 외부층은 화
     강암으로 적층 구성하여, 내부공간이 장시간 일정한 온도로 유지되고, 원적외선으
     로 한증효과가 높음.

 (다) 본 물품의 한증막은 중량체이므로 저면도는 생략함

나) 도 면

사시도 평면도

정면도(배면도와 동일) 우측면도(좌측면도와 동일) A-A선단면도

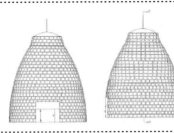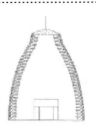

원고 갑은, 피고 을의 위 나항 기재 이 사건 등록디자인이 토지 위에 석재와 황토를 적층하여 건축하는 부동산인 한증막의 형상과 모양을 결합한 것으로서, 구 의장법(2001. 2. 3. 법률 제6413호로 개정되기 전의 것. 이하 같다) 제5조 제1항의 공업상 이용할 수 있는 디자인에 해당하지 아니하므로, 같은 법 제68조 제1항 제1호에 의하여 그 등록이 무효로 되어야한다고 주장하면서 등록무효심판을 청구하였다. 특허심판원은 어떻게 판단하여야 하는가?

답: 공업상 이용가능성이 없다는 것을 이유로 신청인의 청구를 인용하는 심결을 내려야 할 것이다.

특허법원 2007. 10. 4. 선고 2007허5260판결

[1] 구의장법 제5조 제1항에서는 공업상 이용할 수 있는 디자인만이 디자인등록을 받을 수 있다고 규정하고 있고, 같은 법 제2조 제1호는 물품의 형상·모양·색채 또는 이들을 결합한 것으로서 시각을 통하여 미감을 일으키게 하는 것을 디자인으로 정의하고 있는바, 같은 법 제2조 제1호에서 말하는 물품이란 독립된 거래의 대상이 되는 구체적인 유체동산을 의미한다고 본 사례.

[2] 살피건대, 변론 전체의 취지를 종합하면, 이 사건 등록디자인의 대상 물품인 한증막은 그 재질과 구조 및 형상과 모양 등에 비추어 볼 때, 현장 시공을 통해 건축되는 부동산에 해당하는 것으로 판단되며, 공업적인 생산방법에 의하여 동일한 형태로 양산되고 운반될 수 있는 유체동산이라고는 보기 어려운바, 그 대상 물품이 공업적인 생산방법에 의하여 동일한 형태로 양산되고 운반될 수 있는 유체동산에 해당한다고 할 수 없어 공업상 이용가능성이 인정되지 아니하므로 구 의장법 제5조 제1항의 등록을 받을 수 있는 디자인에 해당하지 않는다고 보아 특허심판원의 심결을 부적법하다고 판단하고 원고의 청구를 인용한 사례.

제2장 디자인권의 연혁

디자인권에 대한 초창기 예시를 들면 다음과 같다. 1842년에 George Bruce는 미국 최초의 디자인 특허를 등록받았다(글자체에 대한 U.S. Patent D1). 1879년에 Auguste Bartholdi는 자유의 여신상에 대한 디자인 특허를 등록받았다(U.S. Patent D11, 023 for the Statue of Liberty). 이 디자인 특허는 자유의 여신상을 축소한 모형 복제물의 판매를 포섭하였다. 이 여신상 축소모형 복제물의 판매 수익은 뉴욕시에서 자유의 여신상을 건립하는 기금 마련에 도움이 되었다.

그림 5-1 ┃ 미국 최초의 디자인 특허

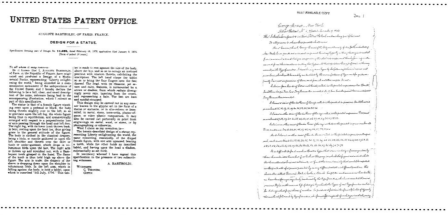

출처: https://patents.google.com/patent/USD1

그림 5-2 ▎ 자유의 여신상에 대한 디자인 특허

출처: https://patents.google.com/patent/USD11023

    우리나라에서 디자인권은 미국과는 달리 특허법과는 별개의 법률인 디자인보호법에서 보호된다.

표 5-1 ▎ 출원에서 등록까지의 흐름도

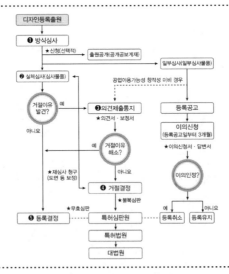

출처: https://www.kipo.go.kr/kpo/HtmlApp?c=10004&catmenu=m06_03_03

디자인보호법의 목적

디자인의 보호와 이용을 도모함으로써 디자인의 창작을 장려하여 산업발전에 이바지함을 그 목적으로 한다(디 제1조).[1]

디자인의 정의 및 성립요건

제1절 정 의

디자인이란 물품(물품의 부분(제42조(한벌의 물품의 디자인)는 제외한다) 및 글자체를 포함한다)의 형상·모양·색채 또는 이들을 결합한 것으로서 시각(視覺)을 통하여 미감(美感)을 일으키게 하는 것을 말한다. 여기에서 "글자체"란 기록이나 표시 또는 인쇄 등에 사용하기 위하여 공통적인 특징을 가진 형태로 만들어진 한 벌의 글자꼴(숫자, 문장부호 및 기호 등의 형태를 포함한다)을 말한다. 그리고 "한 벌의 물품"이란 둘 이상의 물품이 동시에 사용되는 경우 한 벌 전체로서 통일성이 있을 때를 말한다.

제2절 성립요건

디자인의 성립요건에는 물품성,[2] 형태성,[3] 시각성,[4] 심미성이 있다. '물품'이란 독립성이 있는 구체적인 유체동산을 의미하는 것으로서, 이러한 물품이 의장등록의 대상이 되기 위해서는 통상의 상태에서 독립된 거래의 대상이 되어야 하고, 그것이 부품인 경우에는 다시 호환성을 가져야 하나, 이는 반드시 실제 거래사회에서 현실적으로 거래되고 다른 물품과 호환될 것을 요하는 것은 아니고, 그러한 독립된 거래의 대상 및 호환의 가능성만 있으면 디자인 등록의 대상이 된다.[5] 따라서 빛, 전기, 열 등과 같이 유형적으로 존재할 수 없는 무체물

---

1) 디자인보호법은 '디'로 표기한다. 이하 같다.
2) 대법원 2004. 4. 27. 선고 98후2900 판결; 대법원 2013. 2. 15. 선고 2012후3343 판결; 대법원 2012. 6. 14. 선고 2012후597 판결.
3) 대법원 1989. 9. 26. 선고 88후134 판결.
4) 대법원 1999. 7. 23. 선고 98후2689 판결; 대법원 2006. 7. 28. 선고 2003후1956 판결.
5) 대법원 2004. 7. 9. 선고 2003후274 판결.

의 경우에는 디자인보호법의 객체가 되지 못한다.

또한 토지와 그의 정착물인 부동산은 디자인보호법상의 객체로 인정되지 못한다. "형상·모양·색채"란 물품의 외관에 관한 디자인의 형태성의 요소를 말하는 것으로서 물품은 유체동산이므로 글자체를 제외하고 형상이 결합되지 않은 모양 또는 색채만의 디자인 및 모양과 색채의 결합디자인은 인정되지 아니한다. 디자인은 시각성은 육안(肉眼)으로 식별할 수 있는 것을 원칙으로 한다. 심미성이란 해당 물품으로부터 미(美)를 느낄 수 있도록 처리되어 있는 것을 말한다.

제5장 디자인등록의 요건

제1절 디자인등록을 위한 실체적 요건

I. 적극적 요건

1. 공업상 이용가능성

공업적 생산방법에 의하여 동일한 물품을 양산할 수 있는 디자인을 말한다. 공업적 생산방법에는 기계에 의한 생산과 수공업적 생산이 포함된다. "동일한 물품을 양산할 수 있는 디자인"이란 물리적으로 완전히 같은 물품을 양산할 수 있는 디자인이어야 하는 것은 아니고, 그 디자인 분야에서 통상의 지식을 가진 사람이 그 지식을 기초로 합리적으로 해석하였을 때 같은 물품으로 보여질 수 있는 수준의 동일성을 가진 물품을 양산할 수 있는 디자인을 의미한다.

2. 신규성

가. 신규성 상실 사유

다음의 어느 하나에 해당하는 경우에는 신규성이 상실되어 디자인등록을 받을 수 없다.

(i) 디자인등록출원 전에 국내 또는 국외에서 공지(公知)되었거나 공연(公然)히 실시된 디자인

(ii) 디자인등록출원 전에 국내 또는 국외에서 반포된 간행물에 게재되었거나 전기통신회선을 통하여 공중(公衆)이 이용할 수 있게 된 디자인

(iii) (i) 또는 (ii)에 해당하는 디자인과 유사한 디자인

여기에서 "공지된 디자인"이라 함은 반드시 불특정 다수인에게 인식되었을 필요까지는 없으며, 불특정 다수인이 인식할 수 있는 상태에 놓여 있는 디자인을 말한다.[6] "공연히 실시된 디자인"이라 함은 디자인의 내용이 공연히 알려진 또는 불특정 다수인이 알 수 있는 상태에서 실시된 디자인을 말한다. "반포된 간행물"이라 함은 간행물이 불특정 다수인이 볼 수 있는 상태에 놓여져 있는 것을 말하며,[7] 간행물은 인쇄 기타의 기계적, 화학적 방법에 의하여 공개의 목적으로 복제된 문서, 도화, 사진 등을 말한다.[8] "전기통신회선"이란 유선 또는 무선에 의하여 쌍방향으로 통신이 가능한 통신수단을 의미한다.

나. 신규성 상실의 예외

디자인등록을 받을 수 있는 권리를 가진 자의 디자인이 공지된 경우, 그 디자인은 그 날부터 12개월 이내에 그 자가 출원한 디자인에 대하여 신규성 및 창작성 요건을 적용할 때에 공지된 디자인 등에 해당하지 않는 것으로 본다(디 제36조 제1항). 신규성 상실의 예외를 적용받으려는 자는 (i) 디자인등록출원서를 제출할 때(이 경우에 증명서류는 출원일부터 30일 이내에 제출), (ii) 디자인등록거절결정 또는 디자인등록결정의 통지서가 발송되기 전까지(이 경우 증명할 수 있는 서류는 취지를 적은 서면을 제출한 날부터 30일 이내에 제출하되 디자인등록 여부 결정 전까지 제출하여야 한다), (iii) 디자인일부심사등록 이의신청에 대한 답변서를 제출할 때 중 어느 하나에 해당할 때에 그 취지를 적은 서면과 이를 증명할 수 있는 서류를 제출하여야 한다(디 제36조 제2항).

대법원 2017. 1. 12. 선고 2014후1341판결[등록무효(디) (나) 상고기각]

◇구 디자인보호법 제8조에 규정된 '신규성 상실의 예외 규정'의 적용요건 및 '동일성이 인정되는 범위 내에 있는 디자인'의 의미◇

구 디자인보호법(2013. 5. 28. 법률 제11848호로 전부 개정되기 전의 것, 이하 같다) 제8조

---

6) 대법원 2001. 2. 23. 선고 99후1768 판결.
7) 대법원 2006. 7. 28. 선고 2003후1956 판결; 대법원 1992. 10. 27. 선고 92후377 판결; 서영철, "디자인의 유사 여부 판단", 「특허소송연구」, 제4집, 2008년 12월, 589-608면; 최승재, "한국의 디자인보호법 판례의 흐름", 「디자인과 법」, 차세대 콘텐츠 재산학회 한국디자인법연구회, 채움북스, 2017년, 175면.
8) 대법원 2009. 5. 14. 선고 2008후5083 판결.

제1항은 "디자인등록을 받을 수 있는 권리를 가진 자의 디자인이 제5조 제1항 제1호 또는 제2호에 해당하게 된 경우 그 디자인은 그 날부터 6개월 이내에 그 자가 디자인등록출원한 디자인에 대하여 동조 제1항 및 제2항의 규정을 적용함에 있어서는 동조 제1항 제1호 또는 제2호에 해당하지 아니한 것으로 본다."고 규정하고 있고, 같은 조 제2항은 "제1항의 규정을 적용받고자 하는 자는 디자인등록출원시 디자인등록출원서에 그 취지를 기재하여 특허청장에게 제출하고 이를 증명할 수 있는 서류를 디자인등록출원일부터 30일 이내에 특허청장에게 제출하여야 한다. 다만, 자기의 의사에 반하여 그 디자인이 제5조 제1항 각 호의 1에 해당하게 된 경우에는 그러하지 아니하다."고 규정하고 있다(이하 '신규성 상실의 예외 규정'이라고 한다).

디자인보호법은 출원 전에 공지·공용된 디자인이나 이와 유사한 디자인, 공지·공용된 디자인으로부터 쉽게 창작할 수 있는 디자인은 원칙적으로 디자인등록을 받을 수 없도록 규정하고 있다(구 디자인보호법 제5조 제1항 규정 참조). 그러나 이러한 신규성에 관한 원칙을 너무 엄격하게 적용하면 디자인등록을 받을 수 있는 권리를 가진 자에게 지나치게 가혹하여 형평성을 잃게 되거나 산업의 발전을 도모하는 디자인보호법의 취지에 맞지 않는 경우가 생길 수 있으므로, 제3자의 권익을 해치지 않는 범위 내에서 예외적으로 디자인등록을 받을 수 있는 권리를 가진 자가 일정한 요건과 절차를 갖춘 경우에는 디자인이 출원 전에 공개되었다고 하더라도 그 디자인은 신규성을 상실하지 않는 것으로 취급하기 위하여 신규성 상실의 예외 규정을 둔 것이다.

이러한 신규성 상실의 예외 규정의 문언과 입법취지에 비추어 보면, 디자인등록을 받을 수 있는 권리를 가진 자가 구 디자인보호법 제8조 제1항의 6개월의 기간 이내에 여러 번의 공개행위를 하고 그 중 가장 먼저 공지된 디자인에 대해서만 절차에 따라 신규성 상실의 예외 주장을 하였다고 하더라도 공지된 나머지 디자인들이 가장 먼저 공지된 디자인과 동일성이 인정되는 범위 내에 있다면 공지된 나머지 디자인들에까지 신규성 상실의 예외의 효과가 미친다고 봄이 타당하다. 여기서 동일성이 인정되는 범위 내에 있는 디자인이란 그 형상, 모양, 색채 또는 이들의 결합이 동일하거나 극히 미세한 차이만 있어 전체적 심미감이 동일한 디자인을 말하고, 전체적 심미감이 유사한 정도에 불과한 경우는 여기에 포함되지 아니한다.

☞ 피고가 원심 판시 이 사건 등록디자인을 출원하면서 출원서의 '신규성 상실의 예외 주장'란에 원심 판시 비교대상디자인 10에 관한 사항만을 기재하고, 관련 자료를 제출하였을 뿐 이와 동일한 디자인으로 볼 수 없는 비교대상디자인 1에 관하여는 신규성 상실의 예외 주장을 하지 아니한 경우, 비교대상디자인 1에 대해서는 신규성 상실의 예외 규정이 적용될 수 없고, 이 사건 등록디자인은 그 출원 전에 공지된 비교대상디자인 1과 동일·유사하므로, 구 디자인보호법 제5조 제1항 제1호에 따라 디자인등록을 받을

수 없다고 판단하여 상고기각한 사안.

3. 창작비용이성

디자인등록출원 전에 그 디자인이 속하는 분야에서 통상의 지식을 가진 사람이 (i) 디자인등록출원 전에 국내 또는 국외에서 공지(公知)되었거나 공연(公然)히 실시된 디자인ㆍ디자인등록출원 전에 국내 또는 국외에서 반포된 간행물에 게재되었거나 전기통신회선을 통하여 공중(公衆)이 이용할 수 있게 된 디자인 또는 이들의 결합, (ii) 국내 또는 국외에서 널리 알려진 형상ㆍ모양ㆍ색채 또는 이들의 결합 중 어느 하나에 따라 쉽게 창작할 수 있는 디자인은 등록을 받을 수 없다.[9] 그 취지는 국내에서 널리 알려진 형상ㆍ모양ㆍ색채 또는 이들의 결합을 거의 그대로 모방 또는 전용하였거나, 이를 부분적으로 변형하였더라도 전체적으로 볼 때 다른 미감적 가치가 인정되지 않는 상업적ㆍ기능적 변형에 불과하거나, 또는 그 디자인 분야에서 흔한 창작수법이나 표현방법으로 변경ㆍ조합하거나 전용하였음에 불과한 디자인 등과 같이 창작 수준이 낮은 디자인은 통상의 디자이너가 용이하게 창작할 수 있는 것이어서 디자인등록을 받을 수 없다는 데 있다.[10]

---

9) 대법원 2011. 4. 14. 선고 2010후2889 판결; 대법원 2014. 4. 10. 선고 2012후1798 판결; 대법원 2010. 5. 13. 선고 2008후2800 판결; 대법원 2011. 9. 29. 선고 2011후873 판결.

10) 대법원 2016. 6. 9. 선고 2014후614 판결[등록무효(디)](갑 주식회사가 대상 물품을 '문구제도용 합성수지 발포판재'로 하는 등록디자인의 등록권리자 을을 상대로 등록무효심판을 청구하였는데 특허심판원이 갑 회사의 심판청구를 기각하는 심결을 한 사안에서, 등록디자인의 정면도에서 보이는 모양이 부정형의 검은색 반점들이 흰색 바탕에 불규칙하게 분포된 것으로서 자연 상태의 화강암 무늬와 극히 유사하고, 직육면체의 판재 형상은 국내에서 널리 알려진 형상에 불과하므로, 등록디자인은 그 디자인이 속하는 분야에서 통상의 지식을 가진 자가 국내에서 널리 알려진 형상ㆍ모양ㆍ색채 또는 이들의 결합인 자연물로서의 화강암 무늬 등에 의하여 용이하게 창작할 수 있는 디자인에 해당하여 등록이 무효로 되어야 한다고 본 원심 판단이 정당하다고 한 사례); 그 디자인이 속하는 분야에서 통상의 지식을 가진 자가 용이하게 창작할 수 있다고 하기 위해서는, 같은 조 제1항 제1호 또는 제2호에 해당하는 디자인의 형상ㆍ모양ㆍ색채 또는 이들의 결합이나 국내에서 널리 알려진 형상ㆍ모양ㆍ색채 또는 이들의 결합을 거의 그대로 모방 또는 전용하였거나, 이를 부분적으로 변형하였다고 하더라도 전체적으로 볼 때 다른 미감적 가치가 인정되지 않는 상업적ㆍ기능적 변형에 불과하거나, 또는 그 디자인 분야에서 흔한 창작수법이나 표현방법으로 변경ㆍ조합하거나 전용하였음에 불과한 디자인 등과 같이 창작수준이 낮은 디자인이어야 한다.

II. 소극적 요건(=부등록사유)

다음 어느 하나에 해당하는 디자인에 대하여는 법 제33조(등록요건)에도 불구하고 디자인 등록을 받을 수 없다.

(i) 국기, 국장(國章), 군기(軍旗), 훈장, 포장, 기장(記章), 그 밖의 공공기관 등의 표장과 외국의 국기, 국장 또는 국제기관 등의 문자나 표지와 동일하거나 유사한 디자인

(ii) 디자인이 주는 의미나 내용 등이 일반인의 통상적인 도덕관념이나 선량한 풍속에 어긋나거나 공공질서를 해칠 우려가 있는 디자인

(iii) 타인의 업무와 관련된 물품과 혼동을 가져올 우려가 있는 디자인

(iv) 물품의 기능을 확보하는 데에 불가결한 형상만으로 된 디자인

제2절 디자인등록을 위한 절차적 요건

I. 디자인등록을 받을 수 있는 주체

디자인을 창작한 사람 또는 그 승계인은 디자인등록을 받을 수 있는 권리를 가진다.[11] 다만, 특허청 또는 특허심판원 직원은 상속 또는 유증(遺贈)의 경우를 제외하고는 재직 중 디자인등록을 받을 수 없다. 2명 이상이 공동으로 디자인을 창작한 경우에는 디자인등록을 받을 수 있는 권리를 공유(共有)한다.

> 디자인등록출원서상 창작자 허위 기재 사건[대법원 2018. 7. 20. 선고 2015후1669 판결][등록무효(디) (카) 상고기각]
>
> ◇디자인등록출원서에 창작자가 사실과 다르게 기재되어 있다는 사정만으로 디자인등록무효사유에 해당하는지 여부(소극)◇

---

11) 대법원 2018. 7. 20. 선고 2015후1669 판결[등록무효(디)]에서는 "구 디자인보호법(2013. 5. 28. 법률 제11848호로 전부 개정되기 전의 것) 제3조 제1항 본문은 디자인을 창작한 자 또는 그 승계인은 디자인보호법에서 정하는 바에 의하여 디자인등록을 받을 수 있는 권리를 가진다고 규정하고, 제68조 제1항 제2호는 제3조 제1항 본문의 규정에 의한 디자인등록을 받을 수 있는 권리를 가지지 아니한 자가 출원하여 디자인등록을 받은 경우를 등록무효사유의 하나로 규정하고 있다. 따라서 디자인을 창작한 자가 아니라도 그로부터 디자인등록을 받을 수 있는 권리를 승계한 자가 직접 출원하여 디자인등록을 받은 경우에는 그러한 등록무효사유에 해당한다고 볼 수 없다."고 판시하였다.

구 디자인보호법(2013. 5. 28. 법률 제11848호로 전부 개정되기 전의 것, 이하 같다) 제3조 제1항 본문은 디자인을 창작한 자 또는 그 승계인은 디자인보호법에서 정하는 바에 의하여 디자인등록을 받을 수 있는 권리를 가진다고 규정하고, 제68조 제1항 제2호는 제3조 제1항 본문의 규정에 의한 디자인등록을 받을 수 있는 권리를 가지지 아니한 자가 출원하여 디자인등록을 받은 경우를 등록무효사유의 하나로 규정하고 있다. 따라서 디자인을 창작한 자가 아니라도 그로부터 디자인등록을 받을 수 있는 권리를 승계한 자가 직접 출원하여 디자인등록을 받은 경우에는 그러한 등록무효사유에 해당한다고 볼 수 없다.

☞ 대상 물품을 '의자용 등받이'로 하는 이 사건 등록디자인이 디자인등록을 받을 수 있는 권리의 승계인에 의하여 출원된 이상 그 출원서에 창작자가 사실과 다르게 기재되어 있다는 사정만으로는 구 디자인보호법 제68조 제1항 제2호, 제3조 제1항 본문의 등록무효사유에 해당하는 것으로 볼 수 없다고 판단한 사례.

II. 선출원

동일하거나 유사한 디자인에 대하여 다른 날에 둘 이상의 디자인등록출원이 있는 경우에는 먼저 디자인등록출원한 자만이 그 디자인에 관하여 디자인등록을 받을 수 있다(디 제48조 제1항). 동일하거나 유사한 디자인에 대하여 같은 날에 둘 이상의 디자인등록출원이 있는 경우에는 디자인등록출원인이 협의하여 정한 하나의 디자인등록출원인만이 그 디자인에 대하여 디자인등록을 받을 수 있다. 협의가 성립하지 아니하거나 협의를 할 수 없는 경우에는 어느 디자인등록출원인도 그 디자인에 대하여 디자인등록을 받을 수 없다(디 제48조 제2항).

③ 디자인등록출원이 무효·취하·포기되거나 디자인등록거절결정 또는 거절한다는 취지의 심결이 확정된 경우 그 디자인등록출원은 선출원에 관한 규정을 적용할 때에는 처음부터 없었던 것으로 본다(디 제48조 제3항 본문). 다만, 동일하거나 유사한 디자인에 대하여 같은 날에 2 이상의 디자인등록출원이 있는 경우에 협의가 성립하지 아니하거나 협의를 할 수 없는 때에 해당하여 디자인등록거절결정이나 거절한다는 취지의 심결이 확정된 경우에는 그러하지 아니하다(디 제48조 제3항 단서). 무권리자가 한 디자인등록출원은 선출원에 관한 규정을 적용할 때에는 처음부터 없었던 것으로 본다(디 제48조 제4항). 특허청장은 디자인등록출원인에게 기간을 정하여 협의의 결과를 신고할 것을 명하고 그 기간 내에 신고가 없으면 협의는 성립되지 아니한 것으로 본다(디 제48조 제5항).

III. 확대된 선출원

디자인등록출원 한 디자인이 그 출원을 한 후에 디자인공보에 게재된 다른 디자인등록출원(그 디자인등록출원일 전에 출원된 것으로 한정한다)의 출원서 및 도면에 표현된 디자인의 일부와 동일하거나 유사한 경우에는 등록을 받을 수 없다. 그 디자인등록출원의 출원인과 다른 디자인등록출원의 출원인이 같은 경우에는 등록을 받을 수 있다.

IV. 조약에 따른 우선권 주장(디 제51조)

조약에 그 당사국 또는 다른 당사국에 출원한 후 동일한 디자인을 대한민국에 디자인등록출원하여 우선권을 주장하는 경우에는 디자인 등록의 요건(디 제33조) 및 선출원(디 제46조)를 적용할 때 그 당사국 또는 다른 당사국에 출원한 날을 대한민국에 디자인등록출원한 날로 본다(디 제51조 제1항). 우선권을 주장하려는 자는 우선권 주장의 기초가 되는 최초의 출원일부터 6개월 이내에 디자인등록출원을 하지 아니하면 우선권을 주장할 수 없다(디 제51조 제2항). 우선권을 주장하려는 자는 디자인등록출원 시 디자인등록출원서에 그 취지와 최초로 출원한 국명 및 출원연월일을 적어야 한다(디 제51조 제3항). 우선권을 주장한 자는 최초로 출원한 국가의 정부가 인정하는 출원연월일을 적은 서면 및 도면의 등본을 디자인등록출원일부터 3개월 이내에 제출하여야 한다(디 제51조 제4항).

제6장 디자인보호법상 특유한 제도

제1절 관련디자인제도

디자인권자 또는 디자인등록출원인은 자기의 등록디자인 또는 디자인등록출원한 디자인(이하 "기본디자인"이라 한다)과만 유사한 디자인(이하 "관련디자인"이라 한다)에 대하여는 그 기본디자인의 디자인등록출원일부터 1년 이내에 디자인등록출원된 경우에 한하여 관련디자인으로 디자인등록을 받을 수 있다(디 제35조 제1항). 자기의 등록디자인이나 출원디자인에만 유사한 디자인이란, 기본디자인과 유사한 디자인으로서 그 출원일보다 선행하는 타인의 디자인(출원디자인, 등록디자인, 공지디자인)과 유사하지 않은 것을 말한다. 이렇게 관련디자인제도를 둔 이유는 실질적인 권리의 확장을 도모하여 디자인의 모방 및 도용을 사전에 방지할 수 있도록 하기 위한 것이다.[12] 2013년 5월 28일 전부 개정되고 2014년 7월 1일부터 시행된 디자인보호법에서 새로 신설된 제도가 관련디자인제도다. 이 제도를 통해 2013년 개정 이전의 디자인보호법상 유사디자인제도를 폐지하였다. 2013년 개정 이전의 유사디자인제도에 대해서는 법원의 입장(확인설)[13]과 특허청 및 특허심판원의 입장(결과확장설)[14]이 판이하게 차이가 났다. 관련디자인제도는 이러한 실무상 혼란을 벗어나기 위해 도입한 것으로서 종전의 유사디자인과는 달리 관련디자인은 기본디자인의 디자인권과 분리되는 독자적인 권리범위가 있다고 해석된다.[15] 그러한 측면에서 보면, 2013년 개정 이전의 결과확장설을 입법한 것이 관련디자인제도라고 할 수 있다.[16] 이 제도는 특허법상 국내우선권주장제도와 유사하다고 볼 수 있다. 다만, 특허법상 국내 우선권주장 제도에서 출원일 소급의 효과가 인정되는 범위는 선출원 발명의 동일성 영역에 한정되나, 관련디자인제도는 유사디자인의 유사범위까지 독자적인 권리범위를 인정하게 되므로 결과적으로 기본디자인의 선출원 당시 기본디자인의 유사범위에도 속하지 않은 영역까지 관련디자인의 효력이 미치게 될 수 있다.[17]

디자인등록을 받은 관련디자인 또는 디자인등록출원된 관련디자인과만 유사한 디자인은

---

12) 차세대 콘텐츠 재산학회 한국디자인법연구회 편, 「디자인과 법」, 채움북스, 2017년, 14면.

13) 대법원이 취한 확인설(대법원 2008. 12. 24. 선고 2006후1643 판결)에 따르면, 유사디자인제도를 단지 기본디자인의 디자인권이 포함하는 유사범위를 확인하는 행정처분에 불과하다고 본다. 이 입장은 2013년 개정 이전의 디자인보호법 제42조의 합체규정의 문언을 중요하게 생각하여 유사디자인은 기본디자인과 합체하고 유사디자인의 권리범위는 기본디자인의 권리범위를 초과하지 않는다고 판시하였다. 이 견해에 따르면, 확인대상디자인이 유사디자인의 권리범위에 속하려면 유사디자인과 유사하다는 사정만으로는 부족하고 기본디자인과도 유사하여야 한다. 즉, 이 견해에 따르면, 유사디자인을 등록하는 것은 특허청이 기본디자인의 유사범위를 확인하여 주는 일종의 판정제도로 본다. 이 견해는 기본디자인의 권리범위는 유사디자인의 유사범위까지 확장되는 것이 아니라고 본다. 설사 유사디자인이 등록되더라도 이를 토대로 권리주장을 하는 것은 무의미하며 기본디자인의 디자인권을 근거로 침해자의 실시디자인과 대비하여 판단하여야 한다.

14) 특허청과 특허심판원이 취한 결과확장설에 따르면, 유사디자인 등록을 하면 유사디자인의 독자적인 권리범위가 발생하며 결과적으로 유사디자인의 유사범위까지 보호범위가 확장되나, 이를 기본디자인의 권리범위가 확장되는 것으로 보지는 않고 유사디자인의 독자적인 효력에 따른 것이라고 해석한다. 이 견해에 따르면, 유사디자인의 독자적인 권리범위를 긍정하면서 유사디자인에 대한 권리범위확인심판청구를 허용하였으며, 출원에 있어서도 유사디자인의 출원 시를 기준으로 등록요건을 판단하였다.

15) 전응준, "한국 디자인보호법의 쟁점", 「디자인과 법」, 차세대 콘텐츠 재산학회 한국디자인법연구회, 채움북스, 2017년, 138면.

16) 전응준, 위의 책, 140면.

17) 전응준, 위의 책, 138면.

디자인등록을 받을 수 없다(디 제35조 제2항). 기본디자인의 디자인권에 전용실시권이 설정되어 있는 경우에는 그 기본디자인에 관한 관련디자인에 대하여는 디자인등록을 받을 수 없다(디 제35조 제3항).

표 5-2 ┃ 관련디자인으로 등록될 수 있는 경우

유형	기본디자인(A)	관련디자인(A')
	등록	후출원
	선출원	후출원
	동일자 출원	동일자 출원
1	완성품	완성품
2	부품	부품
3	한 벌의 물품	한 벌의 물품
4	부분디자인	부분디자인

출처: 디자인심사기준(특허청 예규 제114호, 2020. 2. 25. 개정), 140면(이하 '디자인심사기준(2020년)').

제2절 디자인 일부심사등록제도(디 제2조 제6호, 제68조)

디자인 일부심사등록이란 디자인등록출원이 디자인등록요건 중 일부만을 갖추고 있는지를 심사하여 등록하는 것을 말한다(디 제2조 제6호, 제68조). 산업디자인의 국제분류 제정을 위한 로카르노협정에 따라 유행성이 강하고 상대적으로 더 협소한 제2류(의류 및 패션잡화용품), 제5류(섬유제품, 인조 및 천연 시트직물류), 제19류(문방구, 사무용품, 미술재료, 교재) 중 어느 하나의 물품류에 속하는 물품에 관한 디자인에 한해 기초적인 요건만 심사하여 신속한 등록을 제고하고 있다(디자인보호법 시행규칙 제38조 제1항). 일부심사등록제도는 신속한 권리획득이라는 이점이 있지만 일부심사로 인하여 선의의 제3자가 예측하지 못한 손해를 입을 가능성을 고려하여 다음과 같은 보완책을 마련하고 있다.[18]

(i) 타인의 저명한 상표나 저작물 등을 디자인으로 표현하여 등록받은 것을 막기 위하여 모든 부등록사유에 대하여 심사할 수 있다(디 제34조 및 제62조 제2항).

(ii) 관련디자인 일부심사출원에 대하여 기본디자인과의 관계에 대한 심사를 한층 강화하

---

18) 최승수, "디자인보호의 현실적 한계와 개선방안", 「디자인과 법」, 차세대 콘텐츠 재산학회 한국디자인법연구회, 채움북스, 2017년, 187면.

였다(디 제62조 제3항).

(iii) 정보제공이 있는 경우에는 제공된 정보를 토대로 하여 디자인등록요건의 전부에 대하여 심사 및 등록 여부를 결정한다(디 제62조 제4항).

(iv) 국내 또는 국외에서 널리 알려진 형상·모양·색채 또는 이들의 결합에 의하여 용이하게 창작할 수 있는 디자인은 등록받을 수 없다(디 제33조 제2항).

대법원 2016. 8. 29. 선고 2016후878 판결[권리범위확인(디)][공2016하,1555]

[판결요지]

[1] 등록디자인과 대비되는 디자인이 등록디자인의 출원 전에 그 디자인이 속하는 분야에서 통상의 지식을 가진 사람이 공지디자인 또는 이들의 결합에 따라 쉽게 실시할 수 있는 것인 때에는 등록디자인과 대비할 것도 없이 그 등록디자인의 권리범위에 속하지 않는다고 보아야 한다.

[2] 물품의 명칭이 "밸브 하우징"인 등록디자인 " 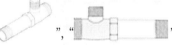 "의 디자

인권자 갑 등이 을을 상대로 확인대상디자인 " "과 등록디자인이 특징적인 부분들이 서로 동일하거나 유사하여 확인대상디자인이 등록디자인의 권리범위에 속한다고 주장하면서 적극적 권리범위확인심판을 청구하였는데, 특허심판원이 심판청구

를 인용하는 심결을 한 사안에서, 확인대상디자인과 비교대상디자인 "   ",

" "을 대비하여 보면 양 디자인은 모두 본체(' ', ' '), 배

출구('  ', ' '), 조임볼트(' ', ' '), 공급관(' ',

' ')의 연결구조가 전체적으로 ' '와 같은 형상과 모양을 이루는 점 등

에서 공통되어 주된 창작적 모티브를 같이 함을 알 수 있으므로, 확인대상디자인은 통상의 디자이너가 비교대상디자인에 의하여 쉽게 실시할 수 있는 디자인임에도 이와 달리 본 원심판결에 법리오해의 잘못이 있다고 한 사례.

제3절 비밀디자인청구제도

디자인이 모방의 용이성과 강한 유행성을 가진다는 특성 때문에 디자인보호법은 출원디자인을 일정기간 동안 비밀로 유지하여 제3자의 무단실시 등을 방지하고, 사업시기를 조정할 수 있다(디 제43조).

제4절 신청에 의한 출원공개제도

디자인보호법은 제3자의 기술 개발을 위한 공개의 실익보다 디자인의 공개에 따른 모방 등 출원인의 불이익을 최소화하기 위하여 출원인의 신청에 의해서만 출원디자인을 공개하도록 하고 있다(디 제52조). 한편, 특허법은 특별한 사정이 없는 한 출원된 발명을 특허출원일부터 1년 6개월이 경과하면 강제로 공개하고 있다.

제5절 디자인 등록출원의 단일성(1디자인 1디자인등록출원 원칙)에 대한 예외로서 복수디자인등록출원제도와 한 벌 물품의 디자인제도

디자인등록출원을 하려는 자는 1디자인 1디자인등록출원 원칙(디 제40조 제1항)에도 불구하고 산업통상자원부령으로 정하는 물품류 구분에서 같은 물품류에 속하는 물품에 대하여는 100 이내의 디자인을 1디자인등록출원(이하 "복수디자인등록출원"이라 한다)으로 할 수 있다. 이 경우 1디자인마다 분리하여 표현하여야 한다(디 제41조). 이를 복수디자인등록출원제도라고 한다.

그리고 2 이상의 물품이 한 벌의 물품으로 동시에 사용되는 경우 그 한 벌의 물품의 디자인이 한 벌 전체로서 통일성이 있을 때에는 1디자인으로 디자인등록을 받을 수 있다(디 제42조). 이것이 한 벌 물품의 디자인제도다.

제6절 부분디자인제도

부분디자인이란 본체에서 분리하여 떼낼 수는 없으나, 해당 업계에서 독립 거래의 대상이 될 수 없는 물품의 디자인을 의미한다(디 제2조 제1호). 이 제도는 2001년 디자인보호법 개정을 통해 도입되었다.[19] 부분디자인제도 도입 이후 객관적인 기준에 의하여 요부로 인정되는 부분 이외에 출원인이 주관적으로 임의로 결정한 부분에 대한 디자인 보호가 가능하게 되었다.[20] 다만, 한 벌 물품의 디자인의 경우, 한 벌 전체로서 통일성 있는 통합적 미감을 보호하는 제도적 취지가 부분디자인과의 취지와 상충하는 부분이 존재하므로 디자인의 대상이 되는 물품이 한 벌 물품인 경우에는 부분디자인의 출원을 할 수 없도록 하고 있다.[21]

제7절 디자인보호법에 존재하지 않는 제도

I. 심사청구제도

디자인보호법은 심사청구제도를 두고 있지 않다. 따라서 디자인 등록출원의 경우 출원 순위에 따라 심사가 진행된다. 왜냐하면 특허법과는 달리 디자인보호법은 심사가 용이하여 심사기간이 상대적으로 짧기 때문이다. 다만, 디자인보호법은 특허법과 마찬가지로 우선심사 신청은 가능하다(디 제61조).

II. 국내우선권제도

디자인보호법은 개량 발명의 보호를 위한 특허법상 국내우선권주장제도(특 제55조)를 두고 있지 않다. 그 이유는 디자인의 창작은 개량 또는 진보라기보다는 새로운 미감의 창작이라서 국내우선권주장제도의 필요성이 크지 않기 때문이다.[22]

---

19) 의장법[시행 2001. 2. 3.][법률 제6413호, 2001. 2. 3., 일부개정].
20) 이규호·오혜민, "디자인보호법상 부분디자인에 대한 연구", 「문화·미디어·엔터테인먼트법」, 제10권 제1호, 2016년 6월, 145 – 169면 참조.
21) 정상조·설범식·김기영·백강진, 「디자인보호법 주해」, 박영사, 2015년, 67면.
22) 차세대 콘텐츠 재산학회 한국디자인법연구회 편, 앞의 책, 15면.

III. 재정에 의한 강제실시권

디자인보호법은 디자인권자에게 강제실시의무를 부여하고 있지 않으므로 재정에 의한 강제실시권제도를 두고 있지 않다. 이는 모방의 용이성과 실시 여부가 디자인권자의 의사에 맡기는 것이 적절하다는 점을 고려한 것이다.[23]

IV. 정정청구, 정정심판 및 정정무효심판

디자인보호법상 권리범위는 도면에 의해 특정되므로 글로 표현하는 특허법과는 달리 정정청구, 정정심판 및 정정무효심판제도가 존재하지 아니한다.[24]

V. 존속기간 연장등록제도 및 갱신제도

디자인권은 설정등록한 날부터 발생하여 디자인등록출원일 후 20년이 되는 날까지 존속한다(디 제91조). 다만, 디자인보호법은 존속기간의 연장 또는 갱신을 허용하지 아니한다.[25]

제8절 디자인의 유사 여부 판단

디자인의 유사 여부는 디자인의 등록요건, 디자인권의 권리범위 및 보호범위뿐만 아니라 디자인권의 침해 판단 기준으로서 중요하다.

디자인보호법 제33조 제1항 제3호는 공지디자인, 공용 디자인, 반포된 간행물 게재된 디자인 또는 전기통신회선을 통하여 공중이 이용가능하게 된 디자인과 유사한 디자인은 신규성이 없는 디자인으로 규정하고 있다. 또한 디자인보호법 제92조는 디자인권자는 업으로서 등록디자인 또는 이와 유사한 디자인을 실시할 권리를 독점한다고 규정하여 디자인권의 독점적·배타적 효력은 등록디자인뿐만 아니라 그와 유사한 디자인에도 미친다.

디자인의 유사 여부에 대한 구체적인 판단은 (i) 두 디자인이 동일 또는 유사한 물품인지

---

23) 위의 책, 15면.
24) 위의 책, 15면.
25) 위의 책, 15면.

여부 판단, (ii) 두 디자인의 요지의 인정, (iii) 두 디자인의 형태를 대비하여 공통점과 차이점의 추출, (iv) 두 디자인의 공통점과 차이점에 대한 중요도 판단, (v) 두 디자인의 유사 여부 판단의 순서로 행해진다.[26]

표 5-3 ┃ 디자인의 유사 판단

구분	동일물품	유사물품	비유사물품
형상·모양·색채 동일	동일 디자인		
형상·모양·색채 유사		유사디자인	
형상·모양·색채 비유사			비유사디자인

출처: 디자인심사기준(2020년), 151면

    판례에 따르면, 디자인의 등록요건 판단에 있어 그 유사 여부는 이를 구성하는 각 요소를 분리하여 개별적으로 대비할 것이 아니라 그 외관을 전체적으로 대비 관찰하여 보는 사람으로 하여금 상이한 심미감을 느끼게 하는지의 여부에 따라 판단하여야 하므로 그 지배적인 특징이 유사하다면 세부적인 점에 다소 차이가 있을지라도 유사하다고 보아야 한다고 판시하였다.[27]

    이는 전체관찰을 원칙으로 하되 요부관찰로 보완한다는 입장을 취한 것으로 판단된다.[28] 이러한 입장은 글자체에도 마찬가지로 적용된다.[29]

    등록디자인의 권리범위와 관련하여 디자인의 유사 여부 판단과 관련된 사례를 소개하면 다음과 같다. 이 판례에 따르면, "디자인의 유사 여부는, 디자인을 구성하는 요소들을 각 부

---

26) 김병일, "디자인권의 침해판단 기준에 관한 연구", 「디자인과 법」, 차세대 콘텐츠 재산학회 한국디자인법연구회, 채움북스, 2017년, 375면.
27) 대법원 2006. 7. 28. 선고 2006후947 판결[등록무효(디)].
28) 김병일, 앞의 책, 377면.
29) 대법원 2012. 6. 14. 선고 2012후603 판결(디자인의 등록요건 판단에 있어 그 유사 여부는 이를 구성하는 각 요소를 분리하여 개별적으로 대비할 것이 아니라 그 외관을 전체적으로 대비 관찰하여 보는 사람으로 하여금 상이한 심미감을 느끼게 하는지 여부에 따라 판단하여야 하므로 그 지배적인 특징이 유사하다면 세부적인 점에 다소 차이가 있을지라도 유사하다고 보아야 하고(대법원 2007. 1. 25. 선고 2005후1097 판결 등 참조), 이러한 법리는 디자인보호법 제2조 제1호의2 소정의 글자체에 대한 디자인의 경우에도 마찬가지로 적용된다. 한편 글자체 디자인은 물품성을 요하지 않고, 인류가 문자생활을 영위한 이래 다수의 글자체가 다양하게 개발되어 왔고 문자의 기본형태와 가독성을 필수적인 요소로 고려하여 디자인하여야 하는 관계상 구조적으로 그 디자인을 크게 변화시키기 어려운 특성이 있으므로, 이와 같은 글자체 디자인의 고유한 특성을 충분히 참작하여 그 유사 여부를 판단하여야 할 것이다고 판시한 사례).

분으로 분리하여 대비할 것이 아니라 전체와 전체를 대비·관찰하여, 보는 사람의 마음에 환기될 미적 느낌과 인상이 유사한지 여부에 따라 판단하되, 그 물품의 성질, 용도, 사용형태 등에 비추어 보는 사람의 시선과 주의를 가장 끌기 쉬운 부분을 중심으로 대비·관찰하여 일반 수요자의 심미감에 차이가 생기게 하는지 여부의 관점에서 판단하여야 한다(대법원 2011. 3. 24. 선고 2010도12633 판결 등 참조). 그리고 등록디자인이 신규성이 있는 부분과 함께 공지의 형상과 모양을 포함하고 있는 경우 그 공지 부분에까지 독점적이고 배타적인 권리를 인정할 수는 없으므로 디자인권의 권리범위를 정함에 있어서는 공지 부분의 중요도를 낮게 평가하여야 한다. 따라서 등록디자인과 그에 대비되는 디자인이 공지 부분에서는 동일·유사하다고 하더라도 나머지 특징적인 부분에서 서로 유사하지 않다면 대비되는 디자인은 등록디자인의 권리범위에 속한다고 할 수 없다(대법원 2004. 8. 30. 선고 2003후762 판결 등 참조)."라고 판시하였다.[30]

제7장 디자인권

제1절 디자인권의 발생 및 존속기간(디 제90조 및 제91조)

디자인권은 설정등록한 날부터 발생하여 디자인등록출원일 후 20년이 되는 날까지 존속한다. 다만, 관련디자인으로 등록된 디자인권의 존속기간 만료일은 그 기본디자인의 디자인권 존속기간 만료일로 한다(디 제90조).

디자인 창작자가 아닌 자로서 디자인등록을 받을 수 있는 권리의 승계인이 아닌 자(이하 "무권리자"라 한다)가 한 디자인등록출원이 디자인등록거절결정 또는 거절한다는 취지의 심결이 확정된 경우 또는 무권리자라는 사유로 디자인등록에 대한 취소결정 또는 무효심결이 확정된 경우에는 그 디자인등록출원 후에 한 정당한 권리자의 디자인등록출원에 대하여 디자인권이 설정등록된 때에는 그 디자인권 존속기간은 무권리자의 디자인등록출원일 다음날부터 기산한다(제91조 제2항).

---

30) 대법원 2013. 12. 26. 선고 2013다202939 판결[디자인권침해금지등청구의소].

제2절 디자인권의 효력(디 제92조)

디자인권자는 업으로서 등록디자인 또는 이와 유사한 디자인을 실시할 권리를 독점한다. 디자인권에 관하여 타인에게 전용실시권을 설정하였을 때에는 디자인권자는 전용실시권자가 그 등록디자인 또는 이와 유사한 디자인을 실시할 권리를 독점하는 범위에서는 실시할 권리를 독점하지 못한다.

제3절 전용실시권(디 제97조)

디자인권자는 그 디자인권에 대하여 타인에게 전용실시권을 설정할 수 있다. 다만, 기본 디자인의 디자인권과 관련디자인의 디자인권에 대한 전용실시권은 같은 자에게 동시에 설정하여야 한다. 전용실시권을 설정받은 전용실시권자는 그 설정행위로 정한 범위에서 그 등록디자인 또는 이와 유사한 디자인을 업으로서 실시할 권리를 독점한다. 전용실시권자는 실시사업(實施事業)과 같이 이전하는 경우 또는 상속이나 그 밖의 일반승계의 경우를 제외하고는 디자인권자의 동의를 받지 아니하면 그 전용실시권을 이전할 수 없다.

전용실시권자는 디자인권자의 동의를 받지 아니하면 그 전용실시권을 목적으로 하는 질권을 설정하거나 통상실시권을 허락할 수 없다.

제4절 통상실시권(디 제99조)

디자인권자는 그 디자인권에 대하여 타인에게 통상실시권을 허락할 수 있다. 통상실시권자는 설정행위로 정한 범위에서 그 등록디자인 또는 이와 유사한 디자인을 업으로서 실시할 수 있는 권리를 가진다.

제8장 디자인권의 침해와 구제

제1절 민사적 구제책

I. 권리침해에 대한 금지청구권(디 제113조)

디자인권자 또는 전용실시권자는 자기의 권리를 침해한 자 또는 침해할 우려가 있는 자에 대하여 그 침해의 금지 또는 예방을 청구할 수 있다. 디자인권자 또는 전용실시권자는 침해행위를 조성한 물품의 폐기, 침해행위에 제공된 설비의 제거, 그 밖에 침해의 예방에 필요한 행위를 청구할 수 있다. 여기에서 등록디자인이나 이와 유사한 디자인에 관한 물품의 생산에만 사용하는 물품을 업으로서 생산·양도·대여·수출 또는 수입하거나 업으로서 그 물품의 양도 또는 대여의 청약을 하는 행위는 그 디자인권 또는 전용실시권을 침해한 것으로 본다(디 제114조).

II. 손해배상청구

디자인권자 또는 전용실시권자는 고의나 과실로 인하여 자기의 디자인권 또는 전용실시권을 침해한 자에 대하여 그 침해에 의하여 자기가 입은 손해의 배상을 청구하는 경우 그 권리를 침해한 자가 그 침해행위를 하게 한 물건을 양도하였을 때에는 그 물건의 양도수량에 디자인권자 또는 전용실시권자가 그 침해행위가 없었다면 판매할 수 있었던 물건의 단위수량당 이익액을 곱한 금액을 디자인권자 또는 전용실시권자가 입은 손해액으로 할 수 있다(디 제115조 제1항). 디자인권자 또는 전용실시권자가 고의나 과실로 자기의 디자인권 또는 전용실시권을 침해한 자에 대하여 그 침해에 의하여 자기가 입은 손해의 배상을 청구하는 경우 권리를 침해한 자가 그 침해행위로 이익을 얻었을 때에는 그 이익액을 디자인권자 또는 전용실시권자가 받은 손해액으로 추정한다(디 제115조 제2항). 디자인권자 또는 전용실시권자가 고의나 과실로 자기의 디자인권 또는 전용실시권을 침해한 자에 대하여 그 침해에 의하여 자기가 입은 손해의 배상을 청구하는 경우 그 등록디자인의 실시에 대하여 통상적으로 받을 수 있는 금액을 디자인권자 또는 전용실시권자가 입은 손해액으로 하여 손해배상을 청구할 수 있다(디 제115조 제3항). 타인의 디자인권 또는 전용실시권을 침해한 자는 그 침해행위에 대하여 과실이 있는 것으로 추정한다(디 제116조).

III. 항변사실의 일 유형으로서 권리남용의 항변

등록디자인에 대한 등록무효심결이 확정되기 전이라고 하더라도 등록디자인이 구 디자인 보호법(2013. 5. 28. 법률 제11848호로 전부 개정되기 전의 것) 제5조 제1항 제1호 또는 제2호에 해당하는 디자인 등에 의하여 용이하게 창작될 수 있어 디자인등록이 무효심판에 의하여 무효로 될 것이 명백한 경우에는, 디자인권에 기초한 침해금지 또는 손해배상 등의 청구는 특별한 사정이 없는 한 권리남용에 해당하여 허용되지 아니하고, 디자인권침해소송을 담당하는 법원으로서도 디자인권자의 그러한 청구가 권리남용에 해당한다는 항변이 있는 경우 그 당부를 살피기 위한 전제로서 등록디자인의 용이 창작 여부에 대하여 심리·판단할 수 있다.[31]

제2절 형사적 제재책

I. 허위표시금지(디 제215조)

누구든지 다음의 어느 하나에 해당하는 행위를 하여서는 아니 된다.

(i) 디자인등록된 것이 아닌 물품, 디자인등록출원 중이 아닌 물품 또는 그 물품의 용기

---

31) 대법원 2018. 9. 28. 선고 2016다219150 판결[디자인침해금지등]에서는 ""대상 물품을 '스마트폰 액세서

리'로 하는 등록디자인 "   "의 디자인권자인 갑 주식회사가 을을 상대로 디자인침해금지를

구한 사안에서, 등록디자인과 비교대상디자인 "   "을 대비하여 보면, 플레이트의 돌출 여부, 링 몸체의 윗면과 아랫면의 형상, 링 하부의 직선 부분의 유무 등에서 서로 차이가 있으며, 특히 등록디자인 중 링의 하부에 존재하는 직선 부분은 전체 디자인에서 차지하는 비중이 작지 않고, 관찰되기 쉬운 부분에도 해당하므로, 이러한 직선 부분의 존재로 등록디자인은 비교대상디자인과는 다른 미감적 가치를 가진다고 할 수 있어서, 비교대상디자인을 등록디자인과 같이 변형하는 것을 두고 다른 미감적 가치가 인정되지 않는 상업적·기능적 변형에 불과하다고 보기 어렵고, 한편 위 비교대상디자인을 대상 물품을 '배터리상에 안전고리가 설치된 휴대폰'으로 하는 비교대상디자인과 단순히 조합하는 창작수법이나 표현방법만으로는 등록디자인을 창작해 낼 수 없고, 나아가 링의 하부에 직선 부분을 형성하는 것은 등록디자인의 출원 전에 그 디자인 분야에서 찾아볼 수 없는 것일 뿐만 아니라, 등록디자인에서와 같은 형상과 모양으로 링의 하부에 직선 부분을 형성하는 것이 그 디자인 분야에서 흔한 창작수법이나 표현방법이라고 볼 만한 자료도 없으므로, 등록디자인은 통상의 디자이너가 비교대상디자인들의 결합에 의하여 용이하게 창작할 수 있는 것이라고 보기 어려운데도, 등록디자인에 등록무효사유가 있음이 명백하다고 본 원심판단에 법리오해 등의 위법이 있다."라고 판시하였다.

나 포장에 디자인등록표시 또는 디자인등록출원표시를 하거나 이와 혼동하기 쉬운 표시를 하는 행위

　(ii) (i)항의 표시를 한 것을 양도·대여 또는 전시하는 행위

　(iii) 디자인등록된 것이 아닌 물품, 디자인등록출원 중이 아닌 물품을 생산·사용·양도 또는 대여하기 위하여 광고·간판 또는 표찰에 그 물품이 디자인등록 또는 디자인등록출원된 것으로 표시하거나 이와 혼동하기 쉬운 표시를 하는 행위

II. 침해죄(디 제220조)

디자인권 또는 전용실시권을 침해한 자는 7년 이하의 징역 또는 1억원 이하의 벌금에 처한다. 침해죄에 대하여는 권리자의 고소가 있어야 공소를 제기할 수 있다.

제6편

부정경쟁방지 및 영업비밀보호에 관한 법률

지식재산의 이해

제1장 문제제기

[사 례]

A, B가 공모하여 갑 회사의 회로도 등의 기술정보들을 유출하였다. 갑 회사의 반도체집적회로도 또는 그 회로도 파일, 레이아웃 도면 파일, 공정관련 설계자료집 파일 및 양산 관련 '조립규격' 파일 등은 비메모리 반도체집적회로의 설계 및 판매 전문회사인 갑 회사가 상당한 시간과 비용을 들여 연구 개발한 것으로서 갑 주식회사의 영업에 있어 핵심적인 요소 중의 하나일 뿐만 아니라, 외부로 유출될 경우 경쟁사, 특히 후발경쟁업체가 동종 제품을 개발함에 있어 기간 단축의 효과를 가져올 수 있고, 그 내용이 일반적으로 알려지지 아니함은 물론 갑 회사가 이를 비밀로 관리해 왔었다. 이 경우 A, B는 어떠한 형사상 처벌을 받을 수 있는가?

대법원 2009. 10. 29. 선고 2007도6772 판결[업무상배임·부정경쟁방지및영업비밀보호에관한법률위반][미간행]

[판시사항]
[1] 구 부정경쟁방지 및 영업비밀보호에 관한 법률 제2조 제2호에 정한 '영업비밀'의 의미

와 그 요건.

[2] 다른 업체들이 갑 회사 제품과 기능이 유사한 제품들을 생산하고 있다거나 타 회사 제품의 데이터시트(datasheet) 등에 극히 개략적인 회로도가 공개되어 있다고 하더라고, 갑 회사가 상당한 시간과 비용을 들여 연구개발한 이상 해당 회로도 또는 회로도 파일 등의 기술정보들은 갑 회사의 영업비밀에 해당한다고 한 사례.

[3] 공모공동정범의 성립 요건 및 피고인이 공모사실과 범의를 부인하는 경우 그 증명 방법

[4] 본인의 손해액이 구체적으로 명백하게 산정되지 않은 경우, 업무상배임죄의 성립에 영향이 있는지 여부(소극).

[5] A, B가 공모하여 갑 회사의 영업비밀인 회로도 등의 기술정보들을 유출한 사안에서, 유출된 기술정보들이 가지는 액수 미상의 시장교환가격 상당의 손해가 발생하였다고 보아 업무상배임죄의 죄책을 인정한 사례.

제2장 부정경쟁방지법의 의의

제1절 부정경쟁방지법의 목적

부정경쟁방지법 제1조는, "이 법은 국내에 널리 알려진 타인의 상표·상호(商號) 등을 부정하게 사용하는 등의 부정경쟁행위와 타인의 영업비밀을 침해하는 행위를 방지하여 건전한 거래질서를 유지함을 목적으로 한다."라고 부정경쟁방지법의 목적을 규정하고 있다.

따라서, 부정경쟁방지법의 제1차적 목적은 부정경쟁행위를 방지하는 것과 타인의 영업비밀침해행위를 방지하는 것이다. 그리고 이러한 1차적 목적을 통하여 궁극적으로 달성하고자 하는 목적은 건전한 거래질서를 유지하는 것이다. 보다 구체적으로는 (i) "시장에서 자신의 이익을 위하여 부정수단을 사용하거나 또는 무단으로 타인의 연구노력 성과를 도용하고, 타인의 신용에 무단편승하거나, 허위과장광고 또는 경쟁상대방에 대한 비방 등의 행위를 통하여 정당한 경쟁자와 소비자의 이익을 해치는 부정경쟁행위의 방지를 통해 기업의 경쟁력을 높이고 건전한 거래질서를 확립함"과 동시에, (ii) "기업의 기술개발 및 이전 계약 등 촉진, 그리고 특허권이나 저작권으로 보호받기가 어려운 기술적 정보(예컨대 자연법칙과 기초과학상의 발견, 연산법과 수학공식, 화학제품의 미묘한 조합, 온도·성분에 관한 기술적 노하우, 특허요건에 부합되지 않는 기술적 사상 등)나 비밀로 간직하고 있는 관리비결 등 경영상 정보, 영업상의 아이디어 등도 법적으로 보호받을 수 있게 함으로써 특허제도와 저작권제도를 보완하는 기능

을 통하여 국가 전체적인 차원에서 건전한 상거래의 활성화를 통한 산업발전에 기여하는 것"을 목적으로 한다.[1]

제2절 타법과의 관계

I. 지식재산권법과 부정경쟁방지법

부정경쟁방지법('부정경쟁방지 및 영업비밀보호에 관한 법률'의 약칭)은 특허법, 실용신안법, 상표법, 디자인보호법, 저작권법 등과 마찬가지로 지식재산법에 해당한다.

지식재산 기본법[2] 제3조 제1호에 따르면, '지식재산'이란 '인간의 창조적 활동 또는 경험 등에 의하여 창출되거나 발견된 지식·정보·기술, 사상이나 감정의 표현, 영업이나 물건의 표시, 생물의 품종이나 유전자원(遺傳資源), 그 밖에 무형적인 것으로서 재산적 가치가 실현 될 수 있는 것'을 의미한다. 이 조문은 부정경쟁방지법이 보호하고 있는 '이익'을 지식재산에 포섭하고 있다. 하지만 지식재산 기본법 제3조 제3호에서 '지식재산권'을 '법령 또는 조약 등 에 따라 인정되거나 보호되는 지식재산에 관한 권리'를 뜻한다고 규정하고 있으므로 부정경 쟁방지법이 보호하고 있는 '이익'은 지식재산권의 범주에는 해당하지 아니한다. 특허법, 상표 법 등의 산업재산권법에서 객체에 권리를 부여하고 있는 방법(권리창설)에 의하여 지식재산 의 보호를 도모하는데 대해 부정경쟁방지법은 부정경쟁행위를 규제하는 방법(행위규제)에 의 하여 지식재산의 보호를 도모하고 있다.

특히 부정경쟁방지법과 상표법 상호 간의 관계가 문제될 수 있다. 이와 관련하여 의미있 는 판결이 존재한다. 대법원 1999. 4. 23. 선고 97도322 판결(부정경쟁방지법위반)에서는 "부 정경쟁방지법 제15조의 규정은 상표법 등에 부정경쟁방지법의 규정과 다른 규정이 있는 경 우에는 그 법에 의하도록 한 것에 지나지 아니하므로, 상표법 등 다른 법률에 의하여 보호되 는 권리일지라도 그 법에 저촉되지 아니하는 범위 안에서는 부정경쟁방지법을 적용할 수 있 는 것이고(대법원 1993. 1. 19. 선고 92도2054 판결; 1995. 11. 7. 선고 94도3287 판결; 1996. 5. 13. 자 96마217 결정 각 참조), 또한 부정경쟁방지법 제2조 제1호 소정의 행위는 상표권 침해행위 와는 달라서 반드시 등록된 상표(서비스표)와 동일 또는 유사한 상호를 사용하는 것을 요하

---

1) 허인 외 5인, "지식재산제도의 실효성 제고를 위한 법제도 기초연구－부정경쟁방지 및 영업비밀보호에 관 한 법률－", 인프라 기초연구과제 최종보고서, 특허청·한국지식재산연구원, 2014년 12월, 38면.
2) [시행 2011. 7. 20.][법률 제10629호, 2011. 5. 19., 제정].

는 것이 아니고, 등록 여부와 관계없이 사실상 국내에 널리 인식된 타인의 성명, 상호, 상표, 상품의 용기, 포장 기타 타인의 상품임을 표시하는 표지와 동일 또는 유사한 것을 사용하거나 이러한 것을 사용한 상품의 판매 등을 하여 타인의 상품과 혼동을 일으키게 하거나 타인의 영업상의 시설 또는 활동과 혼동을 일으키게 하는 일체의 행위를 의미하는 것이다(대법원 1996. 1. 26. 선고 95도1464 판결; 1996. 5. 31. 선고 96도197 판결 각 참조)."라고 판시하여 상표법에 따라 보호되는 권리이더라도 상표법에 저촉되지 아니하는 범위 안에서는 부정경쟁방지법을 적용할 수 있다는 점을 밝혔다.

II. 민법과 부정경쟁방지법

부정경쟁행위는 민사상 불법행위의 특수유형으로 발전해 왔으며 부정경쟁방지법은 민법의 특별법이므로 민법의 규정이 보충적으로 적용되는 관계에 있다.[3] 우리나라의 민법상 불법행위에 관한 규정은 손해배상청구를 기본으로 하고 금지청구는 일정한 요건을 충족한 경우에만 허용하고 있다.[4] 하지만 경쟁사업자 사이에 행해진 불법행위에 대해서는 사후적인 손해배상청구만으로는 구제책으로서 불충분하기 때문에 부정경쟁방지법에서는 손해배상청

---

3) 사법연수원, 「부정경쟁방지법」, 사법연수원, 2012년, 7면(이하 '사법연수원(2012년)').
4) 대법원 2010. 8. 25.자 2008마1541 결정[가처분이의]에 따르면, "경쟁자가 상당한 노력과 투자에 의하여 구축한 성과물을 상도덕이나 공정한 경쟁질서에 반하여 자신의 영업을 위하여 무단으로 이용함으로써 경쟁자의 노력과 투자에 편승하여 부당하게 이익을 얻고 경쟁자의 법률상 보호할 가치가 있는 이익을 침해하는 행위는 부정한 경쟁행위로서 민법상 불법행위에 해당하는바, 위와 같은 무단이용 상태가 계속되어 금전배상을 명하는 것만으로는 피해자 구제의 실효성을 기대하기 어렵고 무단이용의 금지로 인하여 보호되는 피해자의 이익과 그로 인한 가해자의 불이익을 비교·교량할 때 피해자의 이익이 더 큰 경우에는 그 행위의 금지 또는 예방을 청구할 수 있다."라고 판시하여 민법상 불법행위로 인한 금지청구를 인정하고 있다. 그리고 대법원 2012. 3. 29. 선고 2010다20044 판결[손해배상(기)]에 따르면, "경쟁자가 상당한 노력과 투자에 의하여 구축한 성과물을 상도덕이나 공정한 경쟁질서에 반하여 자신의 영업을 위하여 무단으로 이용함으로써 경쟁자의 노력과 투자에 편승하여 부당하게 이익을 얻고 경쟁자의 법률상 보호할 가치가 있는 이익을 침해하는 행위는 부정한 경쟁행위로서 민법상 불법행위에 해당한다."라고 판시하였다. 새롭고 다양한 유형의 부정경쟁행위에 적절하게 대응하기 위하여 부정경쟁행위에 관한 보충적 일반조항으로서 2013년 7월 30일 개정된 부정경쟁방지법[시행 2014. 1. 31.][법률 제11963호, 2013. 7. 30., 일부개정]은 제2조 제1호 차목을 신설하여 "그 밖에 타인의 상당한 투자나 노력으로 만들어진 성과 등을 공정한 상거래 관행이나 경쟁질서에 반하는 방법으로 자신의 영업을 위하여 무단으로 사용함으로써 타인의 경제적 이익을 침해하는 행위"를 부정경쟁행위로 포섭하였다. 따라서 전술한 판례들이 부정경쟁방지법에 포섭되었다. 2013년 개정된 부정경쟁방지법에서 신설된 제2조 제1호 차목은 현재 부정경쟁방지법 제2조 제1호 카목으로 이동하여 규정되어 있다.

구권뿐만 아니라 사전적 예방적인 구제책으로서 금지청구권을 허용하고 있다. 민법상 불법행위에 있어서도 경쟁업자의 무단이용 상태가 계속되어 금전배상을 명하는 것만으로는 피해자 구제의 실효성을 기대하기 어렵고 무단이용의 금지로 인하여 보호되는 피해자의 이익과 그로 인한 가해자의 불이익을 비교·교량할 때 피해자의 이익이 더 큰 경우에는 민법상 불법행위로 인한 금지청구 또는 예방청구를 할 수 있다는 것이 판례[5]의 입장이나 이 판례는 부정경쟁방지법 제2조 제1호 카목의 보충적 일반조항에 포섭된 이상, 경쟁업자 사이의 불법행위에 관하여 민법상의 불법행위에 기한 금지청구를 할 여지는 줄어들게 되었다고 생각된다.

제3장 부정경쟁행위

제1절 상품 등의 주체혼동행위

부정경쟁방지법 제2제 1호 가목 및 나목은 각각 "국내에 널리 인식된 타인의 성명, 상호, 상표, 상품의 용기·포장, 그 밖에 타인의 상품임을 표시한 표지(標識)와 동일하거나 유사한 것을 사용하거나 이러한 것을 사용한 상품을 판매·반포(頒布) 또는 수입·수출하여 타인의 상품과 혼동하게 하는 행위(가목)"와 "국내에 널리 인식된 타인의 성명, 상호, 표장(標章), 그 밖에 타인의 영업임을 표시하는 표지(상품 판매·서비스 제공방법 또는 간판·외관·실내장식 등 영업제공 장소의 전체적인 외관을 포함한다)와 동일하거나 유사한 것을 사용하여 타인의 영업상의 시설 또는 활동과 혼동하게 하는 행위(나목)"를 부정경쟁행위로 정의하고 이를 규제하고 있다. 일반적으로 가목은 이를 상품주체혼동행위라고 하고, 나목은 이를 영업주체혼동행위라고 하며 가목과 나목을 포괄하여 상품 등 주체혼동행위라고 한다.

상품주체혼동행위와 영업주체혼동행위는 그 혼동을 일으키는 표지와 혼동의 대상에서 차이가 있을 뿐 상품이나 영업의 표시로서 수요자들 사이에 널리 인식되어 있는 표지와 동일하거나 유사한 상품표지나 영업표지를 사용하거나 또는 이러한 표지를 사용한 상품을 판매하거나 양도함으로써 타인의 상품이나 영업과 혼동을 일으키게 하는 행위를 부정경쟁행위의 하나로 규정한 것으로서 대부분의 요건이 일치한다.[6] 부정경쟁방지법 제2조 제1호 가목 및

---

5) 대법원 2010. 8. 25.자 2008마1541 결정.
6) 실제로 일본의 부정경쟁방지법 제2조 제1호는 상품주체혼동행위와 영업주체혼동행위를 하나의 행위 태양으

나목은 자기의 상품이나 영업을 타인의 상품이나 영업과 혼동을 초래하도록 상품표지나 영업표지를 사용하는 행위를 규제대상으로 하는 것으로서 부정경쟁방지법에서 가장 적용 사례가 많은 대표적인 부정경쟁행위에 대한 규제이다. 즉, 부정경쟁방지법 제2조 제1호 가목과 나목의 부정경쟁행위는 영미법 등에서 오래전부터 대표적인 부정경쟁행위로 인정되던 passing off(詐稱)를 규제하는 것으로서 가장 전형적인 부정경쟁행위라고 할 것이다. 영업제공 장소의 전체적 외관의 도용 사례를 막기 위해 영업제공 장소의 전체적 외관을 부정경쟁행위가 열거되어 있는 제2조 제1호에서 나목 및 다목에 있는 표지에 포함시키는 것이 무단도용에 따른 경제적 이익을 침해하는 행위를 좀 더 적극적으로 예방할 수 있다고 판단하여 2018년 개정 부정경쟁방지법에 포함되었다.[7]

특허법원 2018. 10. 26. 선고 2017나2677 판결[표장사용금지등 상고취하][각공 2019상,185]

[판결요지]

등록상표 "" 등을 사용하여 홍삼제품 등을 판매하는 갑 주식회사가 "", "", "", ""의 표장을 홍삼을 주원료로 하는 건강기능식품에 표시하여 판매하는 을 주식회사를 상대로 표장사용금지 등을 구한 사안이다.

등록상표는 변론종결 시를 기준으로 볼 때 갑 회사가 제조·판매하는 홍삼제품임을 표시하는 상품표지로서 국내에 널리 인식되고 일반 수요자로부터 양질감을 인정받고 있으며, 등록상표와 을 회사의 표장들은 모두 '인삼 뿌리' 모양의 도형을 의인화한 '마주 보며 앉아 있는 두 사람의 형상'을 주요 구성으로 하고 있는데, 이러한 구성은 크기, 위치, 비중 등에 있어 관찰자의 시선을 끌어 전체적인 인상을 좌우하고 있으므로 등록상표와 을 회사의 표장들은 외관이 주는 지배적인 인상이 유사한 점 등 상품의 출처를 표시함에 기여하고 있는 일체의 요소들을 참작하여 표지의 외관, 호칭 및 관념을 거래자 또는 일반 수요자의 입장에서 전체적, 이격적으로 관찰하여 비교하여 볼 때, 등록상표와 을 회사의 표장들은 전체적인 인상이 유사하고, 동일·유사한 상품에 함께 사용할 경우 일반 수요자나 거래자로 하여금 상품의 출처에 관하여 오인·혼동을 일으키게 할 염려가 있어 서로 유사하고,

---

로 정의하고 있다.

7) 2018년 개정 부정경쟁방지법[시행 2018. 7. 18.][법률 제15580호, 2018. 4. 17., 일부개정]; 송대호, 부정경쟁방지 및 영업비밀보호에 관한 법률 일부개정법률안 [홍익표의원 대표발의 (의안번호 10360)] 검토보고서, 2018년 2월, 3－5면(이하 "송대호, 부정경쟁방지법안 검토보고서").

을 회사의 위 표장들 사용행위는 수요자나 거래자에게 을 회사의 상품의 출처에 대하여 오인하게 하거나, 을 회사가 국내에 널리 알려진 상품표지인 갑 회사의 표장의 주체인 갑 회사와 사이에 자본이나 조직 등에서 밀접한 관계가 있는 것으로 오신하게 하는 행위로서, 갑 회사의 상품과 혼동하게 하는 행위에 해당하므로, 부정경쟁방지 및 영업비밀보호에 관한 법률 제2조 제1호 (가)목이 정한 부정경쟁행위에 해당한다고 한 사례이다.

대법원 2016. 1. 28. 선고 2013다76635 판결[상호사용금지등][대성홀딩스 주식회사 대 주식회사 대성합동지주]

[판결요지]

[1] 상법 제23조 제1항은 "누구든지 부정한 목적으로 타인의 영업으로 오인할 수 있는 상호를 사용하지 못한다."라고 규정하고 있는데, 위 규정의 취지는 일반거래시장에서 상호에 관한 공중의 오인·혼동을 방지하여 이에 대한 신뢰를 보호함과 아울러 상호권자가 타인의 상호와 구별되는 상호를 사용할 수 있는 이익을 보호하는 데 있다. 위와 같은 입법 취지에 비추어 볼 때 어떤 상호가 '타인의 영업으로 오인할 수 있는 상호'에 해당하는지를 판단할 때에는 양 상호 전체를 비교 관찰하여 각 영업의 성질이나 내용, 영업 방법, 수요자층 등에서 서로 밀접한 관련을 가지고 있는 경우로서 일반인이 양 업무의 주체가 서로 관련이 있는 것으로 생각하거나 또는 타인의 상호가 현저하게 널리 알려져 있어 일반인으로부터 기업의 명성으로 견고한 신뢰를 획득한 경우에 해당하는지를 종합적으로 고려하여야 한다.

또한 위 조항에 규정된 '부정한 목적'이란 어느 명칭을 자기의 상호로 사용함으로써 일반인으로 하여금 자기의 영업을 명칭에 의하여 표시된 타인의 영업으로 오인하게 하여 부당한 이익을 얻으려 하거나 타인에게 손해를 가하려고 하는 등의 부정한 의도를 말하고, 부정한 목적이 있는지는 상인의 명성이나 신용, 영업의 종류·규모·방법, 상호 사용의 경위 등 여러 가지 사정을 종합하여 판단하여야 한다.

[2] 부정경쟁방지 및 영업비밀보호에 관한 법률 제2조 제1호 (나)목은 상당한 노력과 비용을 들여 형성한 타인의 신용이나 명성에 무임승차하여 부정하게 이익을 얻는 부정경쟁행위를 방지하기 위하여 '국내에 널리 인식된 타인의 성명, 상호, 표장, 그 밖에 타인의 영업임을 표시하는 표지와 동일하거나 유사한 것을 사용하여 타인의 영업상의 시설 또는 활동과 혼동하게 하는 행위'를 규정하고 있다.

위 규정의 입법 취지와 내용 등에 비추어 보면, 경제적·조직적으로 관계가 있는 기업 그룹이 분리된 경우, 어느 특정 계열사가 기업그룹 표지를 채택하여 사용하는 데 중심적인 역할을 담당함으로써 일반 수요자에게 기업그룹 표지에 화체된 신용의 주체로 인식됨과 아울러 기업그룹 표지를 승계하였다고 인정되지 않는 이상은, 기업그룹의 계열사들 사이에서 기업그룹 표지가 포함된 영업표지를 사용한 행위만으로는 타인의 신용이나 명성에 무임승차하여 부정하게 이익을 얻는 부정경쟁행위가 성립한다고 보기 어렵다.

대법원 2015. 1. 29. 선고 2012다13507 판결[8)][부정경쟁행위금지등]['뮤지컬 CATS' 제목에 관한 사건][공2015상,285]

[판결요지]

뮤지컬은 각본·악곡·가사·안무·무대미술 등이 결합되어 음악과 춤이 극의 구성·전개에 긴밀하게 짜 맞추어진 연극저작물의 일종으로서, 제목은 특별한 사정이 없는 한 해당 뮤지컬의 창작물로서의 명칭 또는 내용을 함축적으로 나타내는 것에 그치고 그 자체가 바로 상품이나 영업의 출처를 표시하는 기능을 가진다고 보기는 어렵다. 그러나 뮤지컬은 제작·공연 등의 영업에 이용되는 저작물이므로, 동일한 제목으로 동일한 각본·악곡·가사·안무·무대미술 등이 이용된 뮤지컬 공연이 회를 거듭하여 계속적으로 이루어지거나 동일한 제목이 이용된 후속 시리즈 뮤지컬이 제작·공연된 경우에는, 공연 기간과 횟수, 관람객의 규모, 광고·홍보의 정도 등 구체적·개별적 사정에 비추어 뮤지컬의 제목이 거래자 또는 수요자에게 해당 뮤지컬의 공연이 갖는 차별적 특징을 표상함으로써 구체적으로 누구인지는 알 수 없다고 하더라도 특정인의 뮤지컬 제작·공연 등의 영업임을 연상시킬 정도로 현저하게 개별화되기에 이르렀다고 보인다면, 뮤지컬의 제목은 단순히 창작물의 내용을 표시하는 명칭에 머무르지 않고 부정경쟁방지 및 영업비밀보호에 관한 법률 제2조 제1호 (나)목에서 정하는 '타인의 영업임을 표시한 표지'에 해당한다.

대법원 2012. 5. 9. 선고 2010도6187 판결[부정경쟁방지및영업비밀보호에관한법률위반]

[판시사항]

[1] 일반적으로 상품의 용기나 포장이 상품 출처를 표시하는 것은 아니나, 어떤 용기나 포장의 형상과 구조 또는 문양과 색상 등이 상품에 독특한 개성을 부여하는 수단으로 사용되고, 그것이 장기간 계속적, 독점적, 배타적으로 사용되거나 지속적인 선전광고 등에 의하여 그 형상과 구조 또는 색상 등이 갖는 차별적 특징이 거래자 또는 수요자에게 특정한 품질을 가지는 특정 출처의 상품임을 연상시킬 정도로 현저하게 개별화되기에 이른 경우에는 부정경쟁방지 및 영업비밀보호에 관한 법률(이하 '부정경쟁방지법'이라

---

8) 원심판결은 서울고등법원 2012. 1. 11. 선고 2011나37973 판결이고, 이 사건의 제1심 판결은 서울중앙지방법원 2011. 4. 22. 선고 2010가합99946 판결이다.

한다) 제2조 제1호 (가)목 에서 정한 "타인의 상품임을 표시한 표지(標識)"에 해당한다. 또한 상표법 제6조 제1항 제3호 의 기술적 표장과 같이 일반적으로 식별력이 없는 표지라도 그것이 오랫동안 사용됨으로써 거래자나 일반 수요자들이 어떤 특정인의 상품임을 표시하는 것으로 널리 알려져 인식하게 된 경우에는 부정경쟁방지법 제2조 제1호 (가)목 에서 정한 "타인의 상품임을 표시한 표지(標識)"에 해당한다.

[2] 부정경쟁방지 및 영업비밀보호에 관한 법률 제2조 제1호 (가)목에서 타인의 상품임을 표시한 표지가 '국내에 널리 인식되었다'는 의미는 국내 전역에 걸쳐 모든 사람에게 주지되어 있음을 요하는 것이 아니고, 국내의 일정한 지역범위 안에서 거래자 또는 수요자들 사이에 알려진 정도로써 족하며, 널리 알려진 상표 등인지 여부는 사용기간, 방법, 태양, 사용량, 거래범위 등과 상품거래의 실정 및 사회통념상 객관적으로 널리 알려졌는지가 일응의 기준이 된다.

[3] 대구탁주합동제1공장(피해자측)이 1990.3.12.경부터 "不老酒"라는 막걸리 제품을 생산·판매하기 시작하였으며, 광고비로 2002년부터 2008년까지 매년 계속 1억 1,000여만 원 정도를 지출하여 온 사실, 피해자 측의 2007년 매출액이 119억 6,800여만 원에 이르고 그 대부분이 "불로"막걸리의 매출액인 사실, 피해자 측 막걸리 출고량이 2008년도에 국내 막걸리 소비량의 약 9.6%를 차지하였고, 피해자 측 "불로"막걸리 제품이 대구 지역 막걸리 시장의 대부분을 점유하고 있는 사실, 피해자 측이 적어도 2005년경부터는 용기의 전면에 "不老" 표지를, 후면에는 "불로" 표지를 포함하여 문자, 도형, 색채, 바탕 무늬 등이 함께 표시되어 있는 막걸리 제품 용기를 사용하여 온 사실 및 경향신문 사이트에 피해자 측 "불로"막걸리 제품이 대구 지역에서 유명하여 1994년경부터 일본에 수출한다는 내용의 2005.10.5.자 인터넷 기사가, 한겨레신문 사이트에 피해자 측 막걸리 제품이 대구 지역 탁주 생산량의 90%정도를 차지한다는 2006.10.16.자 인터넷 기사가 각각 게재된 사실 등을 알 수 있다.

이러한 사실관계를 앞서 본 법리에 비추어 보면, 비록 "不老" 표지 및 "불로" 표지가 막걸리 등 주류에 사용되는 경우 "늙지 않도록 해 주는 술" 정도의 의미로 직감되어 사용상품의 품질, 효능을 보통으로 사용하는 방법으로 표시한 표장에 해당한다고 하더라도, 피고인이 그의 등록상표를 출원한 2007.6.28.경은 물론 그의 등록상표 또는 그의 상품표지를 사용하여 대구 지역에서 막걸리 제품을 생산·판매하기 시작한 2008년 7월경에는 이미 "不老" 표지와 "불로" 표지는 물론 이를 포함하여 피해자 측의 막걸리 제품 용기에 있는 문자, 도형, 색채 등 여러 요소가 결합한 전체적 외양도 대구와 그 인근 지역 일반 수요자들에게 특정 출처의 상품임을 연상시킬 정도로 개별화되어 자타 상품의 식별기능을 가지는 상품표지로서 널리 알려져 있었다고 봄이 상당하다. 또한 이 사건 상품표지가 사용된 상품인 '막걸리'는 통상 그 유통범위가 일정한 지역 내로 제한되는 점과 우리나라 국토면적 및 인구에서 대구와 그 인근 지역이 차지하는 비중 등에 비추어 볼 때 이 사건 상품표지가 대구와 그 인근 지역에서만 널리 인식되어 있었다고 하더라도 이는 부정경쟁방지법 제2조 제1호(가)목 소정의 '국내에 널리 인식된 타인의 상품임을 표시하는 표지'에 해당한다고 할 것이다.

한편 피고인의 등록상표 출원 당시 이미 피해자 측의 이 사건 상품표지가 대구와 그 인근 지역에서 피해자 측의 상품표지로 인식될 정도로 널리 알려져 있었던 이상, 피고인의 상표등록출원은 피해자 측 상품표지의 주지성에 무단 편승하여 이를 부당히 이용할 의도로 이루어진 것으로 보이므로, 원심 판시 피고인 사용의 상품표지가 피고인의 등록상표와 실질적으로 동일한 것이어서 피고인이 그의 등록상표를 사용한 것에 해당하더라도, 피고인이 이 사건 상품표지가 주지성을 획득한 대구와 그 인근 지역에서 그의 상품표지를 사용하는 행위가 부정경쟁방지법 제2조 제1호(가)목 소정의 부정경쟁행위에 해당한다고 보는 데 장애가 되지 아니한다.

대법원 2009. 4. 23. 선고 2007다4899 판결[손해배상]

[판결요지]

[1] 부정경쟁방지 및 영업비밀보호에 관한 법률 제2조 제1호 나목에서 정하는 "타인의 영업상의 시설 또는 활동과 혼동을 하게 한다"는 것은 영업표지 자체가 동일하다고 오인하게 하는 경우뿐만 아니라 국내에 널리 인식된 타인의 영업표지와 동일 또는 유사한 표지를 사용함으로써 일반수요자나 거래자로 하여금 당해 영업표지의 주체와 동일·유사한 표지의 사용자 간에 자본, 조직 등에 밀접한 관계가 있다고 잘못 믿게 하는 경우도 포함한다. 그리고 그와 같이 타인의 영업표지와 혼동을 하게 하는 행위에 해당하는지 여부는 영업표지의 주지성, 식별력의 정도, 표지의 유사 정도, 영업 실태, 고객층의 중복 등으로 인한 경업·경합관계의 존부 그리고 모방자의 악의(사용의도) 유무 등을 종합하여 판단하여야 한다.

[2] 지방자치단체가 "**예술의전당**"이라는 문구가 포함된 영업표지를 사용하여 문화예술작품의 공연 및 전시 등의 행위를 한 사안에서, 그 영업표지는 통상적으로 지방자치단체 내에 거주하는 사람들이 주로 이용하는 그 지역의 문화예술의 중심장소로 이해된다는 사정 등에 비추어 공법인인 예술의 전당의 영업상의 시설 및 활동과 혼동할 우려가 있다고 보기 어렵다고 한 사례.

대법원 2009. 1. 30. 선고 2008도5897 판결[부정경쟁방지및영업비밀보호에관한법률위반]

[판시사항]

타인의 외양과 타인의 독특한 행동 그 자체는 단지 무형적이고 가변적인 인상 내지 이미지에 가까운 것이어서, 어떠한 사물을 다른 사물로부터 구별되게 하는 고정적인 징표로서의 기능이 적은 점, 이러한 특징적인 외양과 행동까지 영업표지로 보아 이를 이용한 행위에 대하여 부정경쟁방지 및 영업비밀보호에 관한 법률 위반(이하 '부정경쟁방지법'이라 한다)으로 처벌한다면 이는 결과적으로 사람의 특정한 외양 등에 대해서까지 특정인의 독점적인 사용을 사실상 용인하는 것이 되어 어떠한 영업표지에 대하여 들인 많은 노력 및 투자와 그로 인하여 일반인들에게 널리 알려진 성과를 보호하여 무임승차자에 의한 경쟁질서의 왜곡을 막는 데에 그 목적이 있는 부정경쟁방지법의 입법 취지와는 거리가 있는 점, 피고인 1이 모자와 선글라스 등으로 가수 박상민의 외모와 유사하게 치장하고, 소위 립싱크 방식으로 노래를 부른 행위는 혼동발생 판단의 자료로 평가함이 상당한 점 등을 고려하여 성명 이외에 가수 박상민의 외양 등은 부정경쟁방지법에서 말하는 영업표지에 해당하지 않는다.

대법원 2004. 11. 11. 선고 2002다18152 판결[손해배상(기)]

[1] 일반적으로 상품의 용기나 포장은 상품의 출처를 표시하는 기능을 가진 것은 아니고, 다만 어떤 용기나 포장의 형상과 구조 또는 문양과 색상 등이 상품에 독특한 개성을 부여하는 수단으로 사용되고, 그것이 장기간 계속적·독점적·배타적으로 사용되거나 지속적인 선전광고 등에 의하여 그 형상과 구조 또는 색상 등이 갖는 차별적 특징이 거래자 또는 수요자에게 특정한 품질을 가지는 특정 출처의 상품임을 연상시킬 정도로 현저하게 개별화되기에 이른 경우에만 비로소 구 부정경쟁방지법 제2조 제1호 (가)목에서 정하는 '타인의 상품임을 표시한 표지(標識)'에 해당된다.

또한, 특정 출처의 상품임을 표시한 표지가 문자, 도형, 기호, 색채 등 여러 요소로 이루어진 경우에 있어서 위 규정에 정한 상품표지의 유사 여부에 관한 판단은, 상품의 출처를 표시함에 기여하고 있는 일체의 요소들을 참작하여 그 표지의 외관, 호칭 및 관념을 거래자 또는 일반 수요자의 입장에서 전체적·이격적으로 관찰하여 비교하여야 할 것이다.

[2] 이 사건 카스용기가 국내에 널리 인식된 상품표지에 해당하는지 여부는 상품의 출처를 표시하는데 기여하고 있는 요소 전부를 실제로 사용되는 상태로 하여 참작하여야 할 것인바, 이 사건 카스용기의 전면(前頁)에는 "**tass**" 상표를 포함하여 문자, 도형, 색

채, 바탕 무늬 등이 함께 표시되어 있고, 원심이 적법하게 인정한 사실관계에 나타난 이 사건 카스용기 등을 이용하여 판매하는 맥주제품에 관한 선전광고 및 수상 내역 등을 종합하면, 피고가 이 사건 음료를 이 사건 캡스용기에 담아 판매할 당시에는 이 사건 카스용기의 전면에서 중심적 식별력을 갖는 "cass" 상표를 포함한 문자, 도형, 색채 등 여러 요소가 결합한 전체적 외양은 일체성을 이루며 국내의 일반 수요자들에게 특정 출처의 상품임을 연상시킬 정도로 개별화되기에 이르러 자타 상품의 식별기능을 가지게 되었다고 보이므로 이 사건 카스용기의 전면에 있는 문자, 도형, 색채 등이 결합한 구성은 일체로서 구 부정경쟁방지법 제2조 제1항 (가)목에 정한 '타인의 상품임을 표시한 표지'에 해당한다고 봄이 상당하다.

[3] 이 사건 카스용기를 '카스상표' 부분과 그 판시와 같은 '이 사건 카스용기의 형태' 부분으로 자의적으로 분리한 다음, 한편으로는 이 사건 카스용기에서 실제 사용되는 표장인 "cass" 그대로가 아니라 원고가 상표등록을 받은 별개의 표장들을 놓고 피고의 Cap's 상표와 유사성 여부를 판단하고, 다른 한편으로는, 이 사건 카스용기와 동종의 다른 상품용기를 구분하는 차별적 특징으로 삼기 어려운 일부 구성 요소들을 그 판시와 같이 이 사건 카스용기의 형태로 특정하여 그 상품표지 해당성 여부를 판단한 것은 구 부정경쟁방지법 제2조 제1호 (가)목에 정한 상품표지성이나 상품표지의 유사성 등에 관한 법리에 어긋나는 것이다.

[4] 피고가 1998. 7. 3. "Cap's"와 같은 표장으로 상표등록의 출원을 할 당시 cass 표장 또는 이를 포함한 이 사건 카스용기의 전면에 있는 문자, 도형, 색채 등이 일체로 결합한 구성은 국내에 널리 알려진 상품표지에 해당하는 점, 피고는 그와 같은 표장으로 상표등록을 받아 "caps"와 같은 형태로 이 사건 캡스용기에 사용하여 온 점 등을 고려하면 피고의 상표등록 출원은 널리 알려진 cass 표장 또는 이 사건 카스용기의 이미지와 고객흡인력에 무상으로 편승하여 자신의 상품판매를 촉진할 의도에서 행하여진 것으로 보이므로, 피고가 사용하는 상표가 등록상표라고 하더라도 그 사용은 상표권의 남용에 해당하여 상표권자로서 보호받을 수 없다.

대법원 1996. 9. 6. 선고 96도139 판결[부정경쟁방지법위반]

[판결요지]

[1] 만화, 텔레비전, 영화, 신문, 잡지 등 대중이 접하는 매체를 통하여 등장하는 가공적인

또는 실재하는 인물, 동물 등의 형상과 명칭을 뜻하는 이른바 캐릭터(character)는 그것이 가지고 있는 고객흡인력(고객흡인력) 때문에 이를 상품에 이용하는 상품화(이른바 캐릭터 머천다이징, character merchandising)가 이루어지게 되는 것이고, 상표처럼 상품의 출처를 표시하는 것을 그 본질적인 기능으로 하는 것은 아니어서, 캐릭터 자체가 널리 알려져 있다고 하더라도 그것이 상품화된 경우에 곧바로 타인의 상품임을 표시한 표지로 되거나 그러한 표지로서도 널리 알려진 상태에 이르게 되는 것은 아니라고 할 것이므로, 캐릭터가 상품화되어 부정경쟁방지법 제2조 제1호 가목에 규정된 국내에 널리 인식된 타인의 상품임을 표시한 표지가 되기 위하여는 캐릭터 자체가 국내에 널리 알려져 있는 것만으로는 부족하고, 그 캐릭터에 대한 상품화 사업이 이루어지고 이에 대한 지속적인 선전, 광고 및 품질관리 등으로 그 캐릭터가 이를 상품화할 수 있는 권리를 가진 자의 상품표지이거나 위 상품화권자와 그로부터 상품화 계약에 따라 캐릭터 사용허락을 받은 사용권자 및 재사용권자 등 그 캐릭터에 관한 상품화 사업을 영위하는 집단(group)의 상품표지로서 수요자들에게 널리 인식되어 있을 것을 요한다.

[2] '미키마우스' 캐릭터가 '공소외 2 주식회사' 또는 그로부터 미키마우스 캐릭터의 사용을 허락받은 사람이 제조, 판매하는 상품의 표지로서 국내에 널리 인식되었다고 인정하기에 부족하고 달리 이를 인정할 만한 증거가 없다는 이유로, 부정경쟁방지법 제2조 제1호 가목에 해당하지 않는다고 판단한 원심판결을 수긍한 사례.

제2절 저명상표 희석행위

부정경쟁방지법 제2조 제1호 다목은 "비상업적 사용 등 대통령령으로 정하는 정당한 사유 없이 국내에 널리 인식된 타인의 성명, 상호, 상표, 상품의 용기·포장, 그 밖에 타인의 상품 또는 영업임을 표시한 표지(타인의 영업임을 표시하는 표지에 관하여는 상품 판매·서비스 제공방법 또는 간판·외관·실내장식 등 영업제공 장소의 전체적인 외관을 포함한다)와 동일하거나 유사한 것을 사용하거나 이러한 것을 사용한 상품을 판매·반포 또는 수입·수출하여 타인의 표지의 식별력이나 명성을 손상하는 행위"를 부정경쟁행위의 하나로서 이를 규제하고 있다.

일반적으로 본 조문은 혼동가능성을 전제로 한 가목 및 나목의 부정경쟁행위와 달리 예컨대 상표를 사용하는 상품이나 서비스가 서로 달라 혼동가능성이 없는 경우에도 적용되는 것으로서 미국 등의 나라에서 법률과 판례에 의하여 인정되는 이른바 희석화(dilution)에 의한 부정경쟁행위에 대한 금지를 입법한 것이라고 해석된다. 그리고 부정경쟁방지법 제2조 제1호 나목과 더불어 영업제공 장소의 전체적 외관의 도용 사례를 막기 위해 영업제공 장소의 전체적인 외관을 부정경쟁행위가 열거되어 있는 제2조 제1호에서 다목에 있는 표지에 포함시켰다. 이는 무단 도용에 따른 경제적 이익을 침해하는 행위를 확실하게 방지할 수 있다는 점에서 2018년 개정법에 반영된 것이다.[9]

대법원 2006. 1. 26. 선고 2004도651 판결[부정경쟁방지및영업비밀보호에관한법률위반]

[판시사항]

부정경쟁방지 및 영업비밀보호에 관한 법률(이하 '부정경쟁방지법'이라 한다) 제2조 제1호 (다)목의 입법 취지와 그 입법 과정에 비추어 볼 때, 위 규정에서 사용하고 있는 '국내에 널리 인식된'이라는 용어는 국내 전역 또는 일정한 지역 범위 안에서 거래자 또는 수요자들 사이에 알려지게 된 '주지의 정도'를 넘어 관계 거래자 이외에 일반 공중의 대부분에까지 널리 알려지게 된 이른바 '저명의 정도'에 이른 것을 의미하는 것으로 해석함이 상당하며(대법원 2004. 5. 14. 선고 2002다13782 판결 참조), 여기서 국내에 널리 인식되었는지 여부는 그 사용기간·방법·태양·사용량·영업범위 등과 그 영업의 실정 및 사회통념상 객관적으로 널려 알려졌느냐의 여부 등이 기준이 된다 할 것이고, 한편 영업을 수행하는 데에 필요한 도구나 물건 등에 표시된 문양·색상 또는 도안 등은 일반적으로 영업의 출처를 표시하는 기능을 곧바로 가지고 있다고 보기 어렵고, 그것이 영업에 독특한 개성을 부여하는 수단으로 사용되고 장기간 계속적·독점적·배타적으로 사용되거나 지속적인 선전광고 등에 의하여 그 문양·색상 또는 도안 등이 갖는 차별적 특징이 거래자 또는 수요자뿐만 아니라 일반 공중의 대부분에까지 특정 출처의 영업표지임을 연상시킬 정도로 현저하게 개별화되고 우월적 지위를 획득할 정도에 이른 경우에만 비로소 국내에 널리 인식된 타인의 영업표지에 해당된다고 할 수 있다(대법원 2001. 9. 14. 선고 99도691 판결 참조).
'마정천도장의사'라는 상호로 장의사를 운영하는 피해자가 1998. 9.경 현대자동차로부터 장의버스 4대를 출고 받으면서 그 장의버스 외부에 특정한 색채 및 모양(이하 '이 사건 디자인'이라 한다)을 표시한 다음 그 무렵부터 2001.경까지 사이에 대전, 충남 지역 등에서 그 장의버스를 약 3,000회 가량 운행하고 그와 같은 장의버스의 사진을 담고 있는 전단지·광고물 등을 그 지역의 장례식장 등에 다량 배포·발송하였고, 위 '마정천도장의사'는 영업방식의 참신성 등으로 인하여 지역신문에 몇 차례 기사화되었는데, 거기에는 위와 같은 장의버스의 사진이 게재되어 있고, 위 '마정천도장의사'는 대전성심장례식장·ㅇㅇ학교병원 등의 협력업체로 선정되고 국내 또는 지역 유명 인사들의 장례식에 장의버스운송업체로 참

---

9) 2018년 개정 부정경쟁방지법[시행 2018. 7. 18.][법률 제15580호, 2018. 4. 17., 일부개정]; 송대호, 부정경쟁방지법안 검토보고서, 3-5면.

여하기도 한 사실을 인정할 수 있다.

그런데 이 사건 디자인은 '마정천도장의사'를 운영하는 피해자의 장의버스 외부에 표시된 장식으로서 그 자체가 곧바로 피해자의 영업의 출처를 표시하는 기능을 하고 있다고 보기 어려울 뿐만 아니라, 일반수요자나 거래자의 주의를 끌 정도로 특이한 색채나 모양으로 이루어진 것도 아닌데다가 그 장의버스의 앞뒤면 및 좌우 측면에는 피해자의 영업의 출처를 표시하는 "마정천도"라는 표지가 별도로 뚜렷이 표시되어 있어 일반수요자나 거래자들은 대체로 "마정천도"라는 문자부분에 의하여 그 영업의 출처를 인식할 것으로 보이는 점, 위 전단지·광고물 또는 신문기사는 이 사건 디자인의 특징을 직접 설명하고 있는 자료라기보다는 주로 "마정천도장의사"를 선전·광고하는 내용이거나 "마정천도장의사"의 친절 경영 등에 관한 기사이고, 위 "마정천도장의사"가 협력업체로 선정된 것에는 차량이 깨끗한 신형이고 서비스가 좋다는 사정이 주로 고려된 점 등과 이 사건 디자인의 사용기간 및 사용량, 영업범위, 영업의 실정 등을 감안하여 볼 때, 위에서 인정한 사실만으로는 이 사건 디자인이 그 사용으로 인하여 일반수요자나 거래자에게 특정 출처의 영업임을 연상시킬 정도로 현저하게 개별화되고 우월적인 지위를 획득할 정도에 이르렀다고 할 수 없으므로, 이 사건 디자인은 피해자의 영업표지로서 저명의 정도에 이르렀다고 할 수 없음은 물론 주지의 정도에 이르렀다고 할 수도 없다.

제3절 원산지 허위 표시 및 출처지 등 오인 야기 행위

부정경쟁방지법은 "상품이나 그 광고에 의하여 또는 공중이 알 수 있는 방법으로 거래상의 서류 또는 통신에 거짓의 원산지의 표지를 하거나 이러한 표지를 한 상품을 판매·반포 또는 수입·수출하여 원산지를 오인(誤認)하게 하는 행위(라목)"와 "상품이나 그 광고에 의하여 또는 공중이 알 수 있는 방법으로 거래상의 서류 또는 통신에 그 상품이 생산·제조 또는 가공된 지역 외의 곳에서 생산 또는 가공된 듯이 오인하게 하는 표지를 하거나 이러한 표지를 한 상품을 판매·반포 또는 수입·수출하는 행위(마목)"를 부정경쟁행위의 한 유형으로 규정하고 있다.

위 두 가지 유형의 부정경쟁행위는 타인의 성과를 모용하거나 도용하는 것이 아니라 그 자체로 소비자를 기만하는 행위라는 점에서 공통된 특징이 있으나 라목은 허위표시에 한정됨에 반하여 마목은 원산지를 포함한 가공지 등을 표시함에 있어 소비자가 이를 실제와 다르게 오인 혼동할 수 있도록 표시하는 모든 경우를 포함한다는 점에서 마목이 라목에 비하여 그 적용범위가 넓은 것이라고 할 수 있다.

일본의 부정경쟁방지법도 1993년 개정 전에는 현재의 우리 법률과 마찬가지로 원산지 허위표시와 출처지 등 오인 야기 행위를 별개의 부정경쟁행위로 정의하여 규율하였으나 1993년 개정을 통하여 우리나라 부정경쟁방지법 제2조 제1항 라목, 마목, 바목을 모두 동일한 하나의 부정경쟁행위로 정의하여 규율하고 있다.[10] 다만, 일본에서는 과거에도 상품의 생산지, 제조지, 가공지도 원산지의 범위에 포함되는 것으로 이해하였기 때문에 개정에 있어서는 이를 원산지로만 표시하였으나 일본 부정경쟁방지법에서 말하는 원산지에는 상품의 출처지, 가공지, 생산지 등을 모두 포함하는 것으로 이해되고 있다.[11]

I. 원산지 허위 표시

부정경쟁방지법 제2조 제1호 라목은 "상품이나 그 광고에 의하여 또는 공중이 알 수 있는 방법으로 거래상의 서류 또는 통신에 거짓의 원산지의 표지를 하거나 이러한 표지를 한 상품을 판매·반포 또는 수입·수출하여 원산지를 오인(誤認)하게 하는 행위"를 부정경쟁행위로 정의하고 있다. 일반적으로 상품의 원산지 자체는 상품의 출처를 표시하는 표장이라고 할 수는 없으나 오늘날 상품의 원산지에 따라 상품의 품질에 대한 소비자의 신뢰가 다르기 때문에 원산지를 허위로 표시하는 것은 결국 그 상품의 품질이나 가치에 관하여 소비자를 기만하는 결과가 되므로 이러한 소비자 기만행위로부터 소비자들의 정당한 이익을 보호하기 위하여 이러한 행위를 부정경쟁행위로 규제를 하는 것이다.

대법원 2002. 3. 15. 선고 2001도5033 판결[부정경쟁방지및영업비밀보호에관한법률위반]

[판결요지]

[1] 구 부정경쟁방지및영업비밀보호에관한법률(2001. 2. 3. 법률 제6421호로 개정되기 전의 것) 제2조 제1호 (다)목에서 '허위의 원산지의 표지'라고 함은 반드시 완성된 상품의 원산지만에 관한 것은 아니고, 거래통념에 비추어 상품 원료의 원산지가 중요한 의미를 가지는 경우에는 그 원료의 원산지를 허위로 표시하는 것도 이에 포함된다.

[2] 중국산 대마 원사를 수입하여 안동에서 만든 삼베 수의제품에 "신토불이(身土不二)" 등의 표기를 한 것은 일반 수요자나 거래자로 하여금 이 수의가 안동에서 생산된 대마

---

10) 일본법의 개정경과에 관해서는 田村善之, 不正競爭法槪說, 第2版, 有斐閣, 2003年, 415頁 참조.
11) 田村善之, 上揭書, 416頁.

로 만든 삼베 수의인 것처럼 삼베 원사의 원산지를 허위로 표시하여 원산지의 오인을 일으키게 하는 행위에 해당한다.

II. 출처지 등 오인 야기

부정경쟁방지법 제2조 제1호 마목은 "상품이나 그 광고에 의하여 또는 공중이 알 수 있는 방법으로 거래상의 서류 또는 통신에 그 상품이 생산·제조 또는 가공된 지역 외의 곳에서 생산 또는 가공된 듯이 오인하게 하는 표지를 하거나 이러한 표지를 한 상품을 판매·반포 또는 수입·수출하는 행위"를 부정경쟁행위로 정의하여 이를 금지하고 있다. 부정경쟁방지법이 이러한 행위를 부정경쟁행위로 정의한 것은 앞에서 본 원산지 허위표시의 경우와 마찬가지로 제품의 출처지에 화체된 소비자의 신뢰나 신용을 보호하기 위한 것이다.

대법원 2006. 1. 26. 선고 2004도5124 판결[부정경쟁방지및영업비밀보호에관한법률위반]

[판결요지]

[1] 부정경쟁방지 및 영업비밀보호에 관한 법률 제2조 제1호 (마)목에서 '상품의 생산, 제조, 가공 지역의 오인을 일으킨다' 함은 거래 상대방이 실제로 오인에 이를 것을 요하는 것이 아니라 일반적인 거래자 즉 평균인의 주의력을 기준으로 거래관념상 사실과 다르게 이해될 위험성이 있음을 뜻하며, 이러한 오인을 일으키는 표지에는 직접적으로 상품에 관하여 허위 표시를 하는 것은 물론, 간접적으로 상품에 관하여 위와 같은 오인을 일으킬만한 암시적인 표시를 하는 것도 포함된다.

[2] '초당'이 바닷물을 직접 간수로 사용하여 특별한 맛을 지닌 두부를 생산하는 지역의 명칭에 해당한다고 보아 '초당' 이외의 지역에서 생산하는 두부제품에 '초당'을 사용하는 행위가 부정경쟁방지 및 영업비밀보호에 관한 법률 제2조 제1호 (마)목에서 정한 상품의 생산, 제조, 가공 지역의 오인을 일으키는 것으로 본 사례.

제4절 품질오인 등 야기 행위

부정경쟁방지법 제2조 제1호 바목은 "타인의 상품을 사칭(詐稱)하거나 상품 또는 그 광고에 상품의 품질, 내용, 제조방법, 용도 또는 수량을 오인하게 하는 선전 또는 표지를 하거나 이러한 방법이나 표지로써 상품을 판매·반포 또는 수입·수출하는 행위"를 부정경쟁행위로 규정하고 있다. 이는 소비자를 기망하는 행위로서 그 기망의 정도에 따라서는 형법상의 사기죄에 해당될 수 있고, 표시·광고의 공정화에 관한 법률에 위반하는 행위로서 행정적 및 민·형사적 규제대상이 될 수 있다.[12]

이와 같이 타인의 상품임을 사칭하거나 상품의 품질, 내용, 제조방법, 용도 또는 수량(이하 '품질 등'이라고 함)에 관하여 허위 또는 오인을 야기할 만한 표기를 하는 것은 진정한 표시를 하여 거래를 하는 사업자들의 고객을 부당하게 유인하여 약탈함으로써 영업상의 이익을 침해하는 것이 되고 나아가 공정한 경쟁질서를 해치는 것이기 때문에 이와 같은 다른 법률의 규제와 더불어 부정경쟁행위로서 부정경쟁방지법의 규제대상이 되는 것이다. 다만, 앞에서 나온 상품주체 등 혼동행위나 저명상표 희석화행위, 기타 상품형태 모방행위 등과는 달리 본 호는 비록 타인의 상품을 사칭하는 경우를 행위유형으로 포함하고 있지만 그 본질에 있어서는 특정의 경쟁사업자를 보호대상으로 한 것 이라기보다는 공정한 경쟁 그 자체 및 이와 관련된 소비자의 이익을 염두에 둔 것이라고 생각된다. 따라서 부정경쟁방지법 제2조 제1호 바목의 해석은 이러한 전제에서 이루어져야 할 것이다.

대법원 2012. 6. 28. 선고 2010도14789 판결[부정경쟁방지및영업비밀보호에관한법률위반]

[판결요지]

부정경쟁방지 및 영업비밀보호에 관한 법률(이하 '부정경쟁방지법'이라고 한다) 제2조 제1호 (바)목 후단의 '상품에 그 상품의 품질, 내용, 제조방법, 용도 또는 수량을 오인하게 하는 표지를 하거나 이러한 표지를 한 상품을 판매 등을 하는 행위'란 상품의 속성과 성분 등 품질, 급부의 내용, 제조 및 가공방법, 효능과 사용방법 등 용도 또는 상품의 개수, 용적 및 중량 등 수량에 관하여 일반 소비자로 하여금 오인하게 하는 허위나 과장된 내용의 표지를 하거나 그러한 표지를 한 상품을 판매하는 등의 행위를 말한다. 한편 상품의 제조원에 일정한 품질 관념이 화체되어 있어서 이를 표시하는 것이 상품의 수요자나 거래자 등이 속한 거래사회에서 상품의 품질에 대한 관념의 형성에 기여하는 경우에는, 허위로 이러한 제조원을 상품에 표시하거나 그러한 상품을 판매하는 등의 행위는 상품의 품질에 관하

---

12) 표시·광고의 공정화에 관한 법률 제3조 제1항은 거짓·과장의 표시·광고, 기만적인 표시·광고, 부당하게 비교하는 표시·광고 및 비방적인 표시·광고를 금지하는 한편, 위 규정에 위반한 경우에는 공정거래위원회가 시정조치(제7조), 임시중지명령(제8조) 및 과징금부과(제9조) 등의 행정적 조치를 취할 수 있으며 경우에 따라서는 손해배상의 대상이 될 수도 있으며(제10조), 궁극적으로는 형사 처벌의 대상이 될 수 있다(제17조).

여 일반 소비자로 하여금 오인하게 할 우려가 있는 행위로서 부정경쟁방지법 제2조 제1호 (바)목 후단의 부정경쟁행위에 해당한다.

제5절 대리권자 등의 부정경쟁행위

부정경쟁방지법 제2조 제1호 사목은 파리협약 등 상표관련 각종 조약 가맹국 등에 "등록된 상표 또는 이와 유사한 상표에 관한 권리를 가진 자의 대리인이나 대표자 또는 그 행위를 한 날부터 1년 이전에 대리인이나 대표자이었던 자가 정당한 사유 없이 해당 상표를 그 상표의 지정상품과 동일하거나 유사한 상품에 사용하거나 그 상표를 사용한 상품을 판매·반포 또는 수입·수출하는 행위"를 부정경쟁행위로 정의하고 있다.

부정경쟁방지법 제2조 제1호 사목은 공업소유권의 보호를 위한 파리협약 제6조의7 제2호를 국내법으로 수용하기 위하여 2001년 2월 3일 법률 제6421호로 개정된 법률에 처음 도입된 것으로서 당시에 가입을 추진 중이던 상표법조약13) 및 세계무역기구 지식재산권 협정14)에서 각 회원국으로 하여금 파리협약의 이행의무를 부여하고 있다는 점을 감안하여 도입된 규정이다.15)

원래 상표권은 속지주의 원칙에 따라 해당 상표가 등록된 나라에서만 효력을 갖는 것이 원칙이지만, 부정경쟁방지법 제2조 제1호 사목은 특히 신의칙 위배에 의한 부정경쟁행위의 금지라는 형태로 사실상 상표권의 효력을 일정한 범위 내에서 그 영역 외로 확장한 것이라고 볼 수 있다.16)

이와 관련하여 2016년 전부 개정 이전의 상표법 제23조 제1항 제3호17)는 "조약당사국에 등록된 상표 또는 이와 유사한 상표로서 그 상표에 관한 권리를 가진 자의 대리인이나 대표자 또는 상표등록출원일 전 1년 이내에 대리인이나 대표자이었던 자가 상표에 관한 권리를 가진 자의 동의를 받지 아니하는 등 정당한 이유 없이 그 상표의 지정상품과 동일하거나 이

---

13) 세계지식재산권기구(World Intellectual Property Organization; WIPO) 주도로 개별국가의 상표법하에서 절차상의 차이로 인하여 출원 및 심사와 등록 과정에서 발생하는 번거로움과 그로 인한 시간적·경제적 불이익을 배제하기 위하여 1994년 10월 27일 성립된 조약이다. 우리나라는 2003년에 가입하였다.

14) WTO/TRIPS; Agreement on Trade-Related Aspects of Intellectual Property Rights; 무역 관련 지식재산권에 관한 협정이라고도 하며 세계무역기구 협정의 부속협정의 하나이다.

15) 국회산업자원위원회, 부정경쟁방지및영업비밀보호에관한법률중개정법률안 검토보고서, 2000년 12월, 4-5면 참조.

16) 小野昌延 編, 「新·注解 不正競爭防止法[新版]」 上卷, 靑林書院, 2012年, 739頁.

17) [시행 2016. 4. 28.][법률 제13848호, 2016. 1. 27., 일부개정].

와 유사한 상품을 지정상품으로 상표등록출원을 한 경우(다만, 그 권리자로부터 상표등록이의신청이 있거나 정보제공(상표법 제22조 제3항)이 있는 경우에 한한다)"에 등록거절사유로 하고 있었다. 2016년 상표법 전부개정[18]을 통해 조약국 상표권자의 동의 없는 상표등록을 제한하는 출원인의 범위를 동업·고용 등 계약관계나 업무상 거래관계 또는 그 밖의 관계로 확대하였다(제34조 제1항 제21호). 2016년 전부개정의 상표법은 조약 당사국의 상표권리자와 "대리·대표 관계" 외에 "동업·고용 등 계약 관계와 업무상 거래 관계"에 있거나 있었던 자가 해당 권리자의 동의 없이 상표등록출원한 경우에도 상표등록을 받을 수 없도록 하였고, 이를 위반하여 등록된 경우 취소사유[19]에서 무효사유로 변경하였다.[20]

개정 상표법 제34조 제1항 제21호의 신설은 조약당사국의 상표권자와 계약 또는 거래 관계를 통하여 해당 상표가 우리나라에 등록되지 않은 사실을 알고, 그 타인의 상표를 등록출원하는 것이 거래관계에서 준수하여야 할 신의성실의 원칙을 위반하는 것이라는 점에서 타당한 입법이다.[21]

특히, 2014년 6월 11일에 신설된 구 상표법 제7조 제1항 제18호(현행 상표법 제34조 제1항 제20호와 동일함)가 미등록 상표를 대상으로 신의성실원칙 위반의 경우 등록을 받을 수 없도록 하고 있다는 점을 감안하면, 2016년 2월 29일 개정된 상표법이 조약당사국에 등록된 상표를 대상으로 등록거절결정을 하도록 한 것은 타당하다.[22] 다만, 2016년 2월 29일 개정된 상표법에서는 구 상표법 제23조 제1항 제3호의 법문 중 "대리·대표 등 업무상 거래관계"라는 표현은 대리 또는 대표가 상표권자의 거래 상대방에 해당하는 것으로 오인할 우려가 있으므로 현행법 제34조 제1항 제20호와 일관성을 유지하도록 표현을 통일하여 "동업·고용 등 계약관계나 업무상 거래관계 또는 그 밖의 관계"로 개정하였다.[23]

한편, 구 상표법 제7조 제1항 제18호(2016년 2월 29일 개정된 상표법 제34조 제1항 제20호)에서 국내로 그 지역적 범위를 제한하지 않음에 따라 이미 신의성실의 원칙과 관련하여서는 속지주의를 배제하고 있었다. 따라서 2016년 2월 29일 개정된 상표법의 입법 과정 중 구 상

---

18) [시행 2016. 9. 1.][법률 제14033호, 2016. 2. 29., 전부개정].
19) 2016년 개정 이전의 상표법(2016년 2월 29일 전부 개정되어 2016년 9월 1일 시행된 법률 제14033호 이전의 상표법) 제73조 제1항 제7호에 따르면, 구 상표법 제23조 제1항 제3호 본문에 해당하는 상표가 등록된 경우에 그 상표에 관한 권리를 가진 자가 해당 상표등록일부터 5년 이내에 취소심판을 청구할 수 있었다.
20) 이규호, 「상표법」, 제2판, 진원사, 2018년, 380면.
21) 송대호, "상표법 전부개정법률안 검토보고서(정부발의안)", 2015년 4월, 12면.
22) 송대호, 상표법 전부개정법률안 검토보고서, 12면.
23) 송대호, 상표법 전부개정법률안 검토보고서, 12면.

표법상 권리자의 상표등록이의신청 또는 정보제공 필요를 규정하고 있는 단서를 삭제하는 것이 속지주의 및 선등록주의를 원칙으로 하고 있는 우리 법제에 어울리지 않으며, 국내 출원을 하지 않은 외국 상표권자에 대한 보호가 지나치다는 법무부의 견해가 있었으나, 구 상표법 제23조 제1항 제3호 단서를 삭제한 2016년 2월 29일 개정 상표법은 제34조 제1항 제20호와의 일관성 측면에서 타당하다.[24] 그리고 현행 상표법 제34조 제1항 제20호를 위반하여 등록된 경우와 마찬가지로 현행 상표법 제34조 제1항 제21호를 위반하여 등록된 경우에도 상표법 제117조 제1항 제1호에 따라 무효심판의 대상으로 규정하고 있는 것은 신의성실 원칙 위반에 대한 동일한 처리라는 점에서 타당하다.[25]

2016년 전부개정의 상표법은 조약당사국의 상표권리자와 "대리·대표 관계" 외에 "동업·고용 등 계약 관계와 업무상 거래 관계"에 있거나 있었던 자가 해당 권리자의 동의 없이 상표등록출원한 경우에도 상표등록을 받을 수 없도록 하였고, 이를 위반하여 등록된 경우 취소사유에서 무효사유로 변경하였다. 2016년 전부개정의 상표법 제34조 제1항 제21호는 속지주의를 배제하였을 뿐만 아니라 조약당사국의 "대리·대표 관계" 외에 "동업·고용 등 계약 관계와 업무상 거래 관계"에 있거나 있었던 자가 해당 권리자의 동의 없이 상표등록출원한 경우까지 그 적용범위를 확대하였으며, 조약당사국의 "대리·대표 관계"와 관련해서도 1년 이내의 부정경쟁행위일 것의 기한 요건이 삭제되어 있다. 따라서 2016년 전부개정된 상표법 제34조 제1항 제21호에 맞추어 부정경쟁방지법 제2조 제1호 사목을 개정하여야 하는지 여부가 문제될 수 있다.

예컨대, 파리협약 당사국인 프랑스에 등록된 상표 갑(甲)에 관하여 국내 특허청에 상표등록출원일전 3년 이내에 프랑스 내 등록상표권자인 A의 국내대리인이었던 B이었던 자가 프랑스내 상표권자 A의 동의를 받지 아니하고 그 상표의 지정상품과 동일하거나 이와 유사한 상품을 지정상품으로 국내에 상표등록출원을 한 경우에 상표법 제34조 제1항 제21호에 따르면 등록거절사유에 해당한다. 그런데, 이 사례에서 B가 상표 갑을 그 상표의 지정상품과 동일한 상품에 사용한 경우에 부정경쟁방지법 제2조 제1호 사목은 적용할 수 없게 된다. 그렇다고 해서 상표법 제34조 제1항 제21호에 상응하도록 부정경쟁방지법 제2조 제1호 사목을 개정한다면 외국에 등록된 상표의 권리자가 국내에 출원할 유인이 다소 사라지게 될 우려도 있다. 따라서 현행 부정경쟁방지법하에서는 위 사례는 부정경쟁방지법 제2조 제1호 카

---

24) 송대호, 상표법 전부개정법률안 검토보고서, 12 – 13면.
25) 송대호, 상표법 전부개정법률안 검토보고서, 14면.

목의 '타인성과 도용행위'에 해당하는지 여부에 따라 판단하는 것이 적절할 것이다.

서울고등법원 2011. 10. 27.자 2011라1080 결정[가처분이의]

[판결요지]

이 사건 규정은 그 효력의 범위를 확대하여 국제적인 부정경쟁을 방지하고자 규정된 것으로서, 상표에 관하여 권리자와 대리인 또는 대표자의 관계에서의 신뢰관계의 파괴를 방지하고자 과거의 대리인 또는 대표자에 있던 자의 행위를 규제하는 한편, 대리인 또는 대표자의 관계가 종료된 이후에도 과도하게 장기간 그들의 사업활동을 구속하는 것이 가혹하다는 취지에서 '그 행위를 한 날로부터 1년'이라는 제한을 둔 것으로 보인다. 또한 이와 같이 속지주의 원칙의 예외적 규정인 이 사건 규정은 그 요건을 해석함에 있어서 함부로 원칙을 훼손하여서는 아니 되는 엄격성이 요구된다. 이를 바탕으로 보면 이 사건 규정에서 말하는 '그 행위를 한 날'은 부정경쟁행위의 판단을 요하는 개개의 행위가 '시작된 날'이 아닌 실제 그 행위가 '행해진 날'을 의미한다고 봄이 상당하다.

그런데 채권자와 채무자 사이의 대리점 관계는 채권자의 해지의 의사표시에 의하여 2010년 1월경 종료된 사실이 인정되고, 지금은 그로부터 1년이 경과하였음이 역수상 명백하므로 앞서 인정한 바와 같이 채무자가 현재 이 사건 퍼터 등을 제조·판매하고 있더라도 채무자를 더 이상 이 사건 규정에서 요구하는 '그 행위를 한 날로부터 1년 이전의 대리인이나 대표자'라고 할 수는 없다. 또한 채권자가 판매금지를 구하는 상품들 중 어느 것이 채무자가 그 1년의 기간 안에 생산한 것인지 여부가 불분명하고 달리 특정할 소명자료가 없는 이 사건에서, 채무자로 하여금 그 부분만을 따로 구분하여 판매 등의 침해금지를 명할 수도 없다.

제6절 도메인이름의 부정 취득 등

부정경쟁방지법 제2조 제1호 아목은 정당한 권원이 없는 자가 다음의 어느 하나의 목적으로 국내에 널리 인식된 타인의 성명, 상호, 상표, 그 밖의 표지와 동일하거나 유사한 도메인이름을 등록·보유·이전 또는 사용하는 행위"를 부정경쟁행위로 규정하고 있다. 즉, 타인의 주지의 성명, 상호, 상표나 영업표지 등과 동일·유사한 도메인이름을 그 본래의 목적에 따라 사용하는 것이 아니라 ① 해당 도메인이름을 상표 등 표지에 대하여 정당한 권원이 있는 자 또는 제3자에게 판매하거나 대여할 목적, ② 정당한 권원이 있는 자의 도메인이름의 등록 및 사용을 방해할 목적 또는 ③ 기타 다른 상업적 이익을 얻을 목적으로 등록하는 행위를 부정경쟁행위를 부정경쟁행위의 하나로 규정하고 있다.

대법원 2013. 9. 12. 선고 2011다57661 판결[도메인이름이전·사용금지권리부존재확인]

[판시사항]

도메인이름의 등록말소 또는 등록이전을 청구하는 이에게 "정당한 권원"이 있다고 하려면, 그 도메인이름과 동일 또는 유사한 성명, 상호, 상표, 서비스표 그 밖의 표지(대상표지)를 타인이 도메인이름으로 등록하기 전에 국내 또는 국외에서 이미 등록하였거나 상당 기간 사용해 오고 있는 등으로 그 도메인이름과 사이에 밀접한 연관관계를 형성하는 한편, 그 도메인이름을 대가의 지불 없이 말소하게 하거나 이전을 받는 것이 정의 관념에 비추어 합당하다고 인정할 수 있을 만큼 직접적 관련성이 있고 그에 대한 보호의 필요성도 충분하다는 사정이 존재하여야 한다. 그리고 인터넷 공간에서 사용되는 도메인이름의 속성과 인터넷주소자원에 관한 법률(인터넷주소자원법) 제12조의 입법 취지, 인터넷주소자원법 제4조가 종전에는 "대한민국의 국가코드에 따르는 도메인이름 등의 인터넷주소자원"만을 위 법의 적용대상으로 규정하고 있었는데 2009. 6. 9. 법률 제9782호로 개정되면서 그 적용대상을 "대한민국에서 등록·보유 또는 사용되는 도메인이름 등 인터넷주소자원"으로 확대한 점, 이와는 달리 부정경쟁방지 및 영업비밀보호에 관한 법률은 제2조 제1호 (아)목에서 정당한 권원이 없는 자가 '국내에 널리 인식된'타인의 성명, 상호, 상표, 그 밖의 표지와동일하거나 유사한 도메인이름을 등록·보유·이전 또는 사용하는 행위를 부정경쟁행위로 한정하여 규정하고 있는 점 등에 비추어 보면, 도메인이름에 대한 정당한 권원을 인정하는 데에 그 대상표지가 반드시 국내에서 널리 인식되어 있음을 요하는 것은 아니다. 한편 도메인이름을 등록·보유 또는 사용한 이에게 위 인터넷주소자원법 제12조에서 규정한 '부정한 목적'이 있는지 여부는, 정당한 권원이 있는 자의 대상표지에 관한 인식도 또는 창작성의 정도, 도메인이름과 대상표지의 동일·유사성의 정도, 도메인이름을 등록·보유 또는 사용한 자가 대상표지를 알고 있었는지 여부, 도메인이름을 판매·대여하여 경제적 이익을 얻고자 한 전력이 있는지 여부, 도메인이름에 의한 웹사이트의 개설 및 그 웹사이트의 실질적인 운영 여부, 그 웹사이트상의 상품 또는 서비스업 등과 대상표지가 사용된 상품 또는 서비스업 등과의 동일·유사성 내지는 경제적 견련관계 유무, 대상표지에 화체되어 있는 신용과 고객흡인력으로 인하여 인터넷 사용자들이 그 웹사이트로 유인되고 있는지 여부, 그 밖에 도메인이름의 등록·보유 또는 사용을 둘러싼 제반 사정 등을 종합적으로 고려하여 판단하여야 한다.

제7절 상품형태의 보호

2004년에 개정된 부정경쟁방지법26)은 도메인과 관련된 아목과 함께 자목을 신설하여 타인이 제작한 상품의 형태(형상·모양·색채·광택 또는 이들을 결합한 것을 말하며, 시제품 또는 상품소개서상의 형태를 포함한다. 이하 같다)를 모방한 상품을 양도·대여 또는 이를 위한 전시를 하거나 수입·수출하는 행위를 일정한 기간 동안 부정경쟁행위로서 금지하는 조항을 두고 있다. 상품의 라이프사이클이 짧아지고 유통기구의 발달 및 복제기술의 발전으로 다른 사람이 많은 비용과 시간을 들여 개발한 새로운 형태의 상품이라고 하더라도 그것이 시장에 출시되면 얼마 지나지 않아 바로 이를 모방한 제품들이 시장에 등장하게 된다. 그런데 이러한 모방행위는 모방자로 하여금 새로운 상품을 개발하는 과정에서 필연적으로 수반되는 비용이나 시간과 같은 노력 및 개발 실패에 따른 위험은 전혀 부담하게 하지 않으면서 타인의 개발 성과를 그대로 이용함으로써 이러한 비용을 모두 부담한 원 개발자와의 관계에서 경쟁상 우위를 차지하게 되는 불공정한 결과를 초래하는 것이다. 뿐만 아니라 이와 같은 모방 행위가 그대로 방치되어 반복된다면, 기업으로서는 군이 비용과 노력을 들여 새로운 상품을 개발하려고 노력할 의욕이나 필요성을 상실하게 되어 궁극적으로는 소비자들의 복리와 후생에도 나쁜 결과를 초래하게 되는 것이다. 부정경쟁방지법은 이와 같은 결과로부터 소비자와 개발자를 보호하기 위하여 이를 부정경쟁행위의 한 유형으로 규정하는 부정경쟁방지법 제2조 제1호 자목을 두게 된 것이다. 이와 같은 상품형태의 보호는 상품의 시제품 제작 등 상품의 형태가 갖추어진 날부터 3년이 경과된 상품이나 동종의 상품(동종의 상품이 없는 경우에는 그 상품과 기능 및 효용이 동일 또는 유사한 상품을 말한다)이 통상적으로 갖는 형태에 대하여는 미치지 아니한다.

부정경쟁방지법상 제2조 제1호 자목이 없더라도 다른 조문 또는 다른 법률에 의하여 상품의 형태는 일정한 조건을 만족한 경우에는 모방으로부터 보호될 수 있다. 즉, 상품의 형태가 '물품의 형상·모양·색채 또는 이들을 결합한 것으로서 시각을 통하여 미감을 일으키게 하며 동시에 신규성 및 창작비용이성을 갖춘 것'인 경우에는 디자인보호법 제2조 제1호 소정의 디자인으로서 특허청에 이를 등록하면 그 모방으로부터 보호받을 수 있다.

디자인보호법 소정의 디자인으로서의 요건을 갖추지 못하였거나 그 밖의 사정으로 디자인으로 등록되지 아니한 상품의 형태라도 일정한 기간 지속적으로 사용한 결과 단순한 상품

---

26) [시행 2004. 7. 21.][법률 제7095호, 2004. 1. 20., 일부개정].

의 형태에서 나아가 특정인의 상품을 나타내는 것이라는 2차적인 의미를 취득한 경우, 즉 특정인의 상품을 표시하는 것이라는 의미에서의 식별력을 취득하고 그것이 소비자들에 사이에 널리 인식된 경우에는 부정경쟁방지법 제2조 제1호 가목에 의한 상품표지로서 보호받을 수 있다.

또한, 상품의 형태를 입체상표로 출원하여 등록받은 경우에는 상표법에 따라 그 모방 사용으로부터 보호를 받을 수 있다.

그러나 디자인보호법에 의한 보호는 신규성과 창작비용이성을 갖추어야 하는데 상품의 형태가 그와 같은 신규성과 창작비용이성을 갖추는 일이 쉽지 아니하고 또한 출원 및 심사를 거쳐 등록에 이르기까지 상당한 기간이 소요되는 점에 비추어 모든 상품형태를 보호하는 수단으로서는 한계가 있는 것이 사실이다. 그 밖에 부정경쟁방지법 제2조 제1호 가목의 경우에는 상당한 기간 사용하여 그 결과 식별력 및 주지성을 취득하기에 이르러야 한다는 점에서 상품형태의 개발 즉시에는 보호가 어려워 보호기간에 공백이 발생하는 문제가 있는 등 어느 것도 상품형태에 내재된 신상품 개발자의 비용과 노력을 보상하기에 충분하지 않은 면이 있다.27)

이와 같이 기존 제도에 의한 상품형태의 보호에 한계가 있음을 인정하고 기존 제도에서의 보호 요건을 갖추지 못한 경우에도 일정한 기간, 즉 신상품 개발자가 그 개발에 소요된 비용과 노력을 보상받기에 충분한 기간 동안만이라도 그 신상품의 형태를 모방으로부터 보호하기 위한 것이 본 규정의 입법 목적이다. 따라서 본 조문의 요건을 해석함에 있어서는 이와 같은 다른 보호법제와의 차이점과 입법 목적을 염두에 두고 해석하여야 할 것이다.28)

본 조문에서 통상적으로 갖는 형태란 ① 당해 타인의 상품과 동종상품이나 유사상품의 분야에 있어서 일반적이고 진부한 형태,29) ② 동종상품이나 유사상품의 기능, 효용을 발휘하기 위해서는 그와 같은 형태를 취하는 것이 불가피한 상품의 형태30) 포함한다.31) 우리나라 판례는 "동종의 상품이 통상적으로 가지는 형태는 동종의 상품 분야에서 일반적으로

---

27) 그 밖에 저작권법 기타 법률에 의한 보호가능성 및 한계에 관한 것은 안원모, "부정경쟁방지및영업비밀보호에관한법률 제2조 제1호 자목의 보호대상인 상품형태의 의미와 범위", 「홍익법학」, 제8권 제2호, 2007년 8월, 288 – 297면 참조.

28) 최정열 · 이규호, 「부정경쟁방지법」, 진원사, 2019년, 183면.

29) 몰개성적형태 또는 진부한 형태라고 표현되기도 한다.

30) 기능적 형태 또는 경쟁상의 불가피한 형태라고 표현된다.

31) 小野昌延 編, 前揭書, 463頁 이하; 위에서 본 東京地判, 平成9. 3. 7. 判例時報 1613号134頁, 判例タイムズ952号 284頁 (ピアス 事件) 등 참조

채택되는 형태로서, 상품의 기능·효용을 달성하거나 그 상품 분야에서 경쟁하기 위하여 채용이 불가피한 형태 또는 동종의 상품이라면 흔히 가지는 개성이 없는 형태 등을 의미한다."라고 판시하여 ①, ②의 형태, 즉 몰개성적 형태와 경쟁상 불가피한 형태를 모두 포함하고 있다.[32)]

> **대법원 2017. 1. 25. 선고 2015다216758 판결[손해배상(기) (바) 상고기각][동종의 상품이 통상적으로 가지는 형태]**
>
> ◇부정경쟁방지 및 영업비밀보호에 관한 법률 제2조 제1호 '자'목이 규정한 동종의 상품이 통상적으로 가지는 형태의 판단 기준◇
>
> 부정경쟁방지 및 영업비밀보호에 관한 법률(이하 '부정경쟁방지법'이라고 한다) 제2조 제1호 '자'목은 타인이 제작한 상품의 형태를 모방한 상품을 양도·대여하는 등의 행위를 부정경쟁행위의 한 유형으로 규정하면서, 그 단서에서 타인이 제작한 상품과 동종의 상품(동종의 상품이 없는 경우에는 그 상품과 기능 및 효용이 동일하거나 유사한 상품을 말한다)이 통상적으로 가지는 형태를 모방한 상품을 양도·대여하는 등의 행위를 부정경쟁행위에서 제외하고 있다. 여기에서 동종의 상품이 통상적으로 가지는 형태는 동종의 상품 분야에서 일반적으로 채택되는 형태로서, 상품의 기능·효용을 달성하거나 그 상품 분야에서 경쟁하기 위하여 채용이 불가피한 형태 또는 동종의 상품이라면 흔히 가지는 개성이 없는 형태 등을 의미한다.
>
> ☞ 휴대용 쌍구형 소화기인 원고 제품의 주된 특징적 형태와 실질적으로 동일한 형태들이 이미 선행제품 등에 나타나 있고, 원고 제품이 선행제품들과 비교하여 다소의 차이점이 있더라도 이러한 차이점이 전체 상품의 형태에서 차지하는 비중이나 이로 인한 시각적인 효과 등에 비추어 볼 때 이는 원고 제품에 다른 제품과 구별되는 개성을 부여하는 형태적 특징에 해당한다고 보기는 어렵다는 이유로, 원고 제품의 형태는 전체적으로 볼 때 동종 상품이 통상적으로 가지는 형태라고 판단한 사례.

2017년 개정 이전의 부정경쟁방지법에 따르면, 타인이 제작한 상품의 형태를 모방한 상품을 양도·대여·전시하는 행위 등의 부정경쟁행위를 한 자는 형사처벌의 대상이 아니었다. 이에 2017년 개정 부정경쟁방지법([시행 2017. 7. 18.][법률 제14530호, 2017. 1. 17., 일부개정])은 타인이 제작한 상품의 형태를 모방한 상품을 양도·대여·전시하는 행위 등의 부정경쟁행위를 한 자가 3년 이하의 징역 또는 3천만원 이하의 벌금에 처하도록 개정하였다.

---

32) 대법원 2017. 1. 25. 선고 2015다216758 판결.

제8절 아이디어 탈취행위 금지

일부 기업이 거래관계에 있는 중소·벤처기업 또는 개발자 등의 경제적 가치를 가지는 아이디어를 거래상담, 입찰, 공모전 등을 통하여 취득하고도 이에 대한 아무런 보상 없이 자신의 사업에 이용하여 막대한 경제적 이익을 얻으면서도 개발자에 대해서는 아무런 보상을 하지 않음으로써 오히려 폐업에 이르게 하는 등 불공정한 행위로 인하여 여러 가지 폐해가 발생하고 있음에도 기존의 법제도만으로는 이를 규제할 수 없다는 논란에 따라 새로 신설된 조문이다.

2018년에 개정된 부정경쟁방지법 제2조 제1호 차목은 "사업제안, 입찰, 공모 등 거래교섭 또는 거래과정에서 경제적 가치를 가지는 타인의 기술적 또는 영업상의 아이디어가 포함된 정보를 그 제공목적에 위반하여 자신 또는 제3자의 영업상 이익을 위하여 부정하게 사용하거나 타인에게 제공하여 사용하게 하는 행위"를 부정경쟁행위의 한 유형으로 신설하여 이를 금지행위에 포함하는 한편 특허청에 대하여 위반행위에 대해서 조사·시정권고 권한을 부여하였다(2018년 개정법 제2조 제1호 차목, 제7조 및 제8조). 다만, 제공받은 아이디어가 동종 업계에서 널리 알려진 것이거나 아이디어를 제공받은 자가 제공받을 당시 이미 알고 있었던 사실을 입증하는 경우에는 면책될 수 있다.

---

1. 아이디어 탈취행위 금지(제2조 제1호 차목)
단, 아이디어를 이미 알고 있거나 동종 업계에 널리 알려진 경우 제외

2. 아이디어 탈취행위 위반 시 시정권고(제8조)
30일 이내의 기간을 정하여 행위에 대해 시정권고 가능

3. 벌칙 규정에서는 제외(제18조 제3항 제1호)
아이디어 탈취행위의 경우 시정권고는 가능하지만 벌칙 규정에서는 제외

2018년 개정 이전의 부정경쟁방지법에서는 아이디어 그 자체로는 상호나 상품 등의 가시적 성과물로 볼 수 없기 때문에 이른바 아이디어 탈취 행위를 부정경쟁행위로 규제하지 않았다. 아이디어는 경제적 가치를 창출할 수 있는 원천이기는 하지만 2018년 개정 이전의 부정경쟁방지법하에서는 사업제안, 입찰, 공모 시에 아이디어 탈취행위가 발생하여도 그 피해자를 구제할 수 있는 방안이 부족하였던 것이다. 물론 부정경쟁방지법의 2018년 개정 이전

에도 아이디어 탈취행위를 민법 제750조의 불법행위[33]로 보아 민사소송으로 해결하려는 노력이 있었으나, 불법행위 성립요건 및 이를 입증하는 것이 어려워 현실적으로는 구제가 쉽지 않았다. 그래서 2018년 개정법 제2조 제1호 차목은 아이디어 탈취행위를 부정경쟁행위의 하나의 유형으로 정의하고 그 규제를 시도한 것이다. 그러나 이와 관련하여 실현되지 않은 아이디어라는 추상적 개념에 대해 그 탈취행위를 부정경쟁행위로 보아 제재하는 것은 여러 가지 한계나 부작용이 있을 것이라는 비판론도 존재한다.[34]

우선, 산업 측면에서 아이디어란 보통 기술, 제품, 상품 등의 초기 발상 등으로 볼 수 있다. 그러나 아직 아이디어는 발명이 이루어지기 전 단계이므로 아이디어가 어느 범위까지 구체화되거나 상품 개발에 영향을 미칠 수 있는지 불분명하며, 동일한 아이디어를 상품화되기 이전에 2인 이상이 동시에 생각할 가능성이 있으므로 아이디어 탈취행위 해당 여부 판단이 쉽지 않을 수 있다.[35]

아이디어 탈취행위와 관련하여 이전에 김기선 의원이 대표발의한 부정경쟁방지 및 영업비밀보호에 관한 법률 일부개정법률안(의안번호 2009554)과 2018년 개정법 제2조 제1호 차목을 비교하여 살펴보면 아이디어 및 그 탈취행위를 사업제안, 입찰, 공모 등 거래교섭 또는 거래과정에서 경제적 가치를 가지는 것 등으로 보다 구체화하고 있으나 여전히 아이디어라는 용어 자체의 의미가 불분명한 것은 사실이다.

또한 2018년 개정법은 아이디어 탈취행위를 부정경쟁행위로 보고 이러한 부정경쟁행위가 있다고 판단되는 경우 특허청이 시정권고를 할 수 있도록 규정하고 있으나 이에 대한 처벌 규정이 없다. 즉, 시정권고 이후 해당 기업이 시정을 하지 않을 경우에 제재수단이 존재하지 않으므로 아이디어 탈취행위를 부정경쟁행위로 보더라도 탈취행위를 예방하거나 그 피해를 구제한다는 측면에서 실효성이 부족할 것이라는 비판론에 직면할 수 있다.[36]

---

33) 민법 제750조에 따르면, "고의 또는 과실로 인한 위법행위로 타인에게 손해를 가한 자는 그 손해를 배상할 책임이 있다."라고 규정하고 있다.
34) 송대호, 부정경쟁방지법안 검토보고서, 7면.
35) 송대호, 부정경쟁방지법안 검토보고서, 7면.
36) 송대호, 부정경쟁방지법안 검토보고서, 5-9면.

제9절 기타 성과도용행위

부정경쟁방지법 제2조 제1호 카목은 기존의 열거적, 한정적 부정경쟁행위에 관한 정의 규정 이외에 보충적, 일반적 규정으로서 "그 밖에 타인의 상당한 투자나 노력으로 만들어진 성과 등을 공정한 상거래 관행이나 경쟁질서에 반하는 방법으로 자신의 영업을 위하여 무단으로 사용함으로써 타인의 경제적 이익을 침해하는 행위"를 부정경쟁행위로 정의함으로써 부정경쟁방지법이 금지하는 유형이 위 제2조 제1호 가목 내지 차목에 나열된 유형의 행위에 한정되는 것이 아니라 그 이외에도 타인의 성과물을 무단 이용하는 행위에 대해서는 일정한 조건하에 구체적인 행위 유형에 관계없이 부정경쟁행위에 해당될 수 있음을 명시하고 있다.

> **대법원 2020. 7. 9. 선고 2017다217847 판결[부정경쟁행위금지 등 청구의 소 (아) 파기환송][유명 명품가방에 눈알 모양의 도안을 부착하여 판매한 행위가 부정경쟁행위에 해당하는지 쟁점이 된 사건]**

◇피고들이 원고들의 에르메스(HERMÈS) 버킨(Birkin) 백과 캘리(Kelly) 백과 동일한 가방 형태의 제품에 피고들이 창작한 눈알 모양의 도안을 부착하여 판매하는 행위가 구 부정경쟁방지 및 영업비밀보호에 관한 법률 제2조 제1호 (차)목의 성과물 도용에 의한 부정경쟁행위에 해당하는지 여부◇

구 부정경쟁방지 및 영업비밀보호에 관한 법률(2018. 4. 17. 법률 제15580호로 개정되기 전의 것, 이하 '구 부정경쟁방지법'이라고 한다) 제2조 제1호 (차)목[이하 '(차)목'이라고 한다]은 2013. 7. 30. 법률 제11963호로 개정된 부정경쟁방지법에서 추가된 부정경쟁행위의 하나로, 종전 부정경쟁방지법의 적용 범위에 포함되지 않았던 새로운 유형의 부정경쟁행위에 관한 규정을 신설한 것이다. 이는 새로이 등장하는 경제적 가치를 지닌 무형의 성과를 보호하고, 입법자가 부정경쟁행위의 모든 행위를 규정하지 못한 점을 보완하여 법원이 새로운 유형의 부정경쟁행위를 좀 더 명확하게 판단할 수 있도록 함으로써, 변화하는 거래 관념을 적시에 반영하여 부정경쟁행위를 규율하기 위한 보충적 일반조항이다.

위와 같은 법률 규정과 입법 취지 등을 종합하면, (차)목은 그 보호대상인 '성과 등'의 유형에 제한을 두고 있지 않으므로 유형물뿐만 아니라 무형물도 이에 포함되고, 종래 지식재산권법에 따라 보호받기 어려웠던 새로운 형태의 결과물도 포함될 수 있다. '성과 등'을 판단할 때에는 위와 같은 결과물이 갖게 된 명성이나 경제적 가치, 결과물에 화체된 고객흡인력, 해당 사업 분야에서 결과물이 차지하는 비중과 경쟁력 등을 종합적으로 고려해야 한다. 이러한 성과 등이 '상당한 투자나 노력으로 만들어진' 것인지는 권리자가 투입한 투자나 노력의 내용과 정도를 그 성과 등이 속한 산업분야의 관행이나 실태에 비추어 구체적·개별적으로 판단하되, 성과 등을 무단으로 사용함으로써 침해된 경제적 이익이 누구나 자유롭게 이용할 수 있는 이른바 공공영역(公共領域, public domain)에 속하지 않는다고 평가할 수 있어야 한다.

또한 (차)목이 정하는 '공정한 상거래 관행이나 경쟁질서에 반하는 방법으로 자신의 영업을 위하여 무단으로 사용'한 경우에 해당하기 위해서는 권리자와 침해자가 경쟁 관계에 있거나 가까운 장래에 경쟁관계에 놓일 가능성이 있는지, 권리자가 주장하는 성과 등이 포함된 산업분야의 상거래 관행이나 경쟁질서의 내용과 그 내용이 공정한지, 위와 같은 성과 등이 침해자의 상품이나 서비스에 의해 시장에서 대체될 수 있는지, 수요자나 거래자들에게 성과 등이 어느 정도 알려졌는지, 수요자나 거래자들의 혼동가능성이 있는지 등을 종합적으로 고려해야 한다(대법원 2020. 3. 26. 선고 2016다276467 판결 등 참조).

☞ 피고들 제품이 이 사건 상품표지를 동일한 출처로 혼동하게 할 우려가 있다고 보기 어렵다고 보아 구 부정경쟁방지법 제2조 제1호 (가)목 부분을 배척한 원심을 수긍함.

☞ 원고들의 이 사건 상품표지(켈리 백, 버킨 백)는 국내에서 계속적·독점적·배타적으로 사용되어 옴으로써 전면부와 측면부의 모양, 손잡이와 핸드백 몸체 덮개의 형태, 벨트 모양의 가죽 끈과 링 모양의 고정구 등이 함께 어우러진 차별적 특징으로 일반 수요자들 사이에 특정의 상품 출처로서의 식별력을 갖추게 되었음.

☞ 피고들이 원고들과 동일한 종류의 상품인 피고들 제품을 국내에서 계속 생산·판매하게 되면 원고들 제품에 대한 일부 수요를 대체하거나 원고들 제품의 희소성 및 가치 저하로 잠재적 수요자들이 원고들 제품에 대한 구매를 포기할 가능성이 높아진다는 점에서 원고들의 경제적 이익을 침해하고, 타인의 동의 없이 수요자들에게 널리 알려진 타인의 상품표지에 스스로 창작한 도안을 부착하여 상업적으로 판매하는 행위가 공정한 경쟁질서에 부합하는 행위라고 보기 어려움.

☞ 핸드백을 비롯한 패션잡화 분야에서 수요자들에게 널리 알려진 타인의 상품표지를 사용하기 위해서는 계약 등을 통해 제휴나 협업을 하는 것이 공정한 상거래 관행에 부합한다고 볼 수 있음.

☞ 피고들이 이 사건 상품표지를 무단으로 사용하는 행위는 원고들이 상당한 투자나 노력으로 만든 성과 등을 공정한 상거래 관행이나 경쟁질서에 반하는 방법으로 자신의 영업을 위하여 무단으로 사용함으로써 타인의 경제적 이익을 침해하는 행위라고 보아 구 부정경쟁방지법 제2조 제1호 (차)목의 성과물 도용 부정경쟁행위에 해당한다고 보아 달리 판단한 원심을 파기환송한 사례.

대법원 2020. 6. 25. 선고 2019다282449 판결[부정경쟁행위금지 등 청구의 소 (마) 상고기각][차량 지붕에 장착되는 루프박스 제품 또는 그 구조와 관련하여 구 부정경쟁방지 및 영업비밀보호에 관한 법률 제2조 제1호 (차)목{현행 (카)목}의 적용 여부가 문제된 사건]

◇1. 원고가 주장하는 '사용자가 언제든지 임의로 탈착할 수 있으면서도 차량 지붕에 완전히 밀착되는 루프박스 구조'가 '타인의 상당한 투자나 노력으로 만들어진 성과 등'에 해당하는지 여부(소극), 2. 피고 제품을 제조, 판매한 피고들의 행위가 '공정한 상거래 관행이나 경쟁질서에 반하는 방법으로 자신의 영업을 위하여 무단으로 사용함으로써 타인의 경제적 이익을 침해하는 행위'에 해당하는지 여부(소극)◇

부정경쟁방지 및 영업비밀보호에 관한 법률(2018. 4. 17. 법률 제15580호로 개정되기 전의 것, 이하 '부정경쟁방지법'이라고 한다) 제2조 제1호 (차)목[이하 '(차)목'이라고 한다]은 2013. 7. 30. 법률 제11963호로 개정된 부정경쟁방지법에서 추가된 부정경쟁행위의 하나로, 종전 부정경쟁방지법의 적용 범위에 포함되지 않았던 새로운 유형의 부정경쟁행위에 관한 규정을 신설한 것이다. 이는 새로이 등장하는 경제적 가치를 지닌 무형의 성과를 보호하고 입법자가 부정경쟁행위의 모든 행위를 규정하지 못한 점을 보완하여 법원이 새로운 유형의 부정경쟁행위를 좀 더 명확하게 판단할 수 있도록 함으로써, 변화하는 거래관념을 적시에 반영하여 부정경쟁행위를 규율하기 위한 보충적 일반조항이다.

(차)목의 보호대상인 '성과 등'을 판단할 때에는 결과물이 갖게 된 명성이나 경제적 가치, 결과물에 화체된 고객흡인력, 해당 사업 분야에서 결과물이 차지하는 비중과 경쟁력 등을 종합적으로 고려해야 한다. 이러한 성과 등이 '상당한 투자나 노력으로 만들어진 것'인지는 권리자가 투입한 투자나 노력의 내용과 정도를 그 성과 등이 속한 산업분야의 관행이나 실태에 비추어 구체적·개별적으로 판단하되, 성과 등을 무단으로 사용함으로써 침해된 경제적 이익이 누구나 자유롭게 이용할 수 있는 이른바 공공영역(公共領域, public domain)에 속하지 않는다고 평가할 수 있어야 한다. 또한 (차)목이 정하는 '공정한 상거래 관행이나 경쟁질서에 반하는 방법으로 자신의 영업을 위하여 무단으로 사용'한 경우에 해당하기 위해서는 권리자와 침해자가 경쟁관계에 있거나 가까운 장래에 경쟁관계에 놓일 가능성이 있는지, 권리자가 주장하는 성과 등이 포함된 산업분야의 상거래 관행이나 경쟁질서의 내용과 그 내용이 공정한지, 위와 같은 성과 등이 침해자의 상품이나 서비스에 의해 시장에서 대체될 수 있는지, 수요자나 거래자들에게 성과 등이 어느 정도 알려졌는지, 수요자나 거래자들의 혼동가능성이 있는지 등을 종합적으로 고려해야 한다(대법원 2020. 3. 26. 선고 2016다276467 판결, 대법원 2020. 3. 26.자 2019마6525 결정 참조).

☞ 원고는, 원고의 이 사건 루프박스 제품이 '사용자가 언제든지 임의로 탈착할 수 있으면서도 차량 지붕에 완전히 밀착되는' 구조를 가지는데, 피고들이 그와 동일한 구조를 가

지는 피고 제품을 제조, 판매한 것은 구 부정경쟁방지법 제2조 제1호 (차)목[현행 (카)
목]에 해당한다고 주장하였고, 제1심과 원심은 원고의 주장을 배척하였으며, 원심판결
에 대하여 원고가 상고하였음.

☞ 원고가 주장하는 '사용자가 언제든지 임의로 탈착할 수 있으면서도 차량 지붕에 완전히
밀착되는 원고의 이 사건 루프박스 제품 또는 구조'가 구 (차)목[현행 (카)목]의 '상당한
투자나 노력으로 만들어진 성과'에 해당하지 않고, 피고들이 '공정한 상거래 관행이나
경쟁질서에 반하는 방법으로 원고의 성과를 무단으로 사용'하였다고 볼 수도 없다는 이
유로, 피고들의 행위가 구 (차)목[현행 (카)목]에 해당하지 않는다고 판단한 원심을 수
긍한 사례.

☞ 최근 구 (차)목[현행 (카)목]의 입법취지와 성격 및 적용요건 등에 관하여 최초로 판시
한 대법원 판결(대법원 2020. 3. 26. 선고 2016다276467 판결. 일명 '골프존' 사건) 및 결
정(대법원 2020. 3. 26.자 2019마6525 결정, 일명 'BTS' 사건)의 법리를 재확인하면서, 다
만 위 대법원 판결 및 결정에서의 사안과 달리 이 사건 루프박스 제품 또는 구조에 대
하여는 구 (차)목[현행 (카)목]이 적용되지 않는다고 판단함.

대법원 2020. 3. 26.자 2019마6525 결정[가처분이의 (바) 재항고기각][부정경쟁방지 및 영업비밀보호에 관한 법률 제2조 제1호 (카)목의 성과물 도용 부정경쟁행위의 해당 여부]

◇방탄소년단(BTS)의 구성원들의 사진을 대량으로 수록한 부록과 사진이 포함된 포토카드 등을 제작하여 판매하는 행위가 부정경쟁방지 및 영업비밀보호에 관한 법률 제2조 제1호 (카)목의 성과물 도용 부정경쟁행위에 해당하는지 여부(적극)◇

대법원은 '경쟁자가 상당한 노력과 투자에 의하여 구축한 성과물을 상도덕이나 공정한 경
쟁질서에 반하여 자신의 영업을 위하여 무단으로 이용함으로써 경쟁자의 노력과 투자에
편승하여 부당하게 이익을 얻고 경쟁자의 법률상 보호할 가치가 있는 이익을 침해하는 행
위는 부정한 경쟁행위로서 민법상 불법행위에 해당한다(대법원 2010. 8. 25.자 2008마1541
결정).'고 판단하였다.

그 후 2013. 7. 30. 법률 제11963호로 개정된 부정경쟁방지 및 영업비밀보호에 관한 법률
(이하 '부정경쟁방지법'이라 한다) 제2조 제1호 (차)목은 위 대법원 결정의 취지를 반영하
여 "그 밖에 타인의 상당한 투자나 노력으로 만들어진 성과 등을 공정한 상거래 관행이나
경쟁질서에 반하는 방법으로 자신의 영업을 위하여 무단으로 사용함으로써 타인의 경제
적 이익을 침해하는 행위"를 부정경쟁행위의 하나로 추가하였고, 2018. 4. 1. 법률 제15580
호로 개정된 부정경쟁방지법에서 위 (차)목은 (카)목으로 변경되었다[이하 '(카)목'이라고
한다].

위 (카)목은 구 부정경쟁방지법의 적용 범위에 포함되지 않았던 새로운 유형의 부정경쟁 행위에 관한 규정을 신설함으로써, 새로이 등장하는 경제적 가치를 지닌 무형의 성과를 보호하고, 입법자가 부정경쟁행위의 모든 행위를 규정하지 못한 점을 보완하여 법원이 새로운 유형의 부정경쟁행위를 좀 더 명확하게 판단할 수 있도록 함으로써, 변화하는 거래관념을 적시에 반영하여 부정경쟁행위를 규율하기 위한 보충적 일반조항이다.

위와 같은 법률 규정과 입법 경위 등을 종합해보면, (카)목은 그 보호대상인 '성과 등'의 유형에 제한을 두고 있지 않으므로, 유형물뿐만 아니라 무형물도 이에 포함되고, 종래 지식재산권법에 의해 보호받기 어려웠던 새로운 형태의 결과물도 포함될 수 있다. '성과 등'을 판단할 때에는 위와 같은 결과물이 갖게 된 명성이나 경제적 가치, 결과물에 화체된 고객흡인력, 해당 사업 분야에서 결과물이 차지하는 비중과 경쟁력 등을 종합적으로 고려해야 한다.

이러한 성과 등이 '상당한 투자나 노력으로 만들어진' 것인지 여부는 권리자가 투입한 투자나 노력의 내용과 정도를 그 성과 등이 속한 산업분야의 관행이나 실태에 비추어 구체적, 개별적으로 판단하되, 성과 등을 무단으로 사용함으로써 침해된 경제적 이익이 누구나 자유롭게 이용할 수 있는 공공영역(public domain)에 속하지 않는다고 평가할 수 있어야 한다. 또한 (카)목이 규정하는 '공정한 상거래 관행이나 경쟁질서에 반하는 방법으로 자신의 영업을 위하여 무단으로 사용'한 경우에 해당하기 위해서는 권리자와 침해자가 경쟁관계에 있거나 가까운 장래에 경쟁관계에 놓일 가능성이 있는지, 권리자가 주장하는 성과 등이 포함된 산업분야의 상거래 관행이나 경쟁질서의 내용과 그 내용이 공정한지 여부, 위와 같은 성과 등이 침해자의 상품이나 서비스에 의해 시장에서 대체될 가능성, 수요자나 거래자들에게 성과 등이 어느 정도 알려졌는지, 수요자나 거래자들의 혼동가능성 등을 종합적으로 고려해야 한다.

☞ 방탄소년단(BTS) 소속 기획사인 채권자가 연예인들의 사진, 기사 등을 주요 내용으로 하는 잡지를 제작·판매하는 채무자를 상대로 방탄소년단(BTS)의 구성원들의 사진을 대량으로 수록한 부록과 사진이 포함된 포토카드(이하 '이 사건 특별부록') 등을 제작하여 판매하는 행위가 부정경쟁방지법 제2조 제1호 (카)목의 성과물 도용 부정경쟁행위에 해당한다고 주장하며 이 사건 특별부록 등의 제작·판매 금지 등을 구하는 가처분을 신청한 사안임.

☞ 채권자는 전속계약에 따라 방탄소년단(BTS)의 음악, 공연, 방송, 출연 등을 기획하고, 음원, 영상 등의 콘텐츠를 제작·유통시키는 등 방탄소년단(BTS)의 활동에 상당한 투자와 노력을 하였고, 그로 인해 방탄소년단(BTS)과 관련하여 쌓인 명성·신용·고객흡인력이 상당한 수준에 이르렀는데, 이는 '상당한 투자나 노력으로 만들어진 성과 등'으로 평가할 수 있고, 누구나 자유롭게 이용할 수 있는 공공영역에 속한다고 볼 수 없으므로,

타인이 이를 무단으로 사용하면 채권자의 경제적 이익을 침해하게 되고, 통상적인 정보제공의 범위를 넘어 특정 연예인에 대한 특집 기사나 사진을 대량으로 수록한 별도의 책자나 DVD 등을 제작하면서 연예인이나 소속사의 허락을 받지 않거나 대가를 지급하지 않는다면, 상거래 관행이나 공정한 거래질서에 반한다고 판단함.

☞ 채무자가 이 사건 특별 부록을 제작·판매하는 행위는 공정한 상거래 관행이나 경쟁질서에 반하는 방법으로 자신의 영업을 위하여 채권자의 성과 등을 무단으로 사용하는 행위에 해당한다고 보아 이 사건 가처분결정을 일부 인가한 원심의 판단을 유지하였음

☞ 같은 날 선고된 2016다276467 판결(골프존 사건)과 함께 부정경쟁방지법 제2조 제1호 (카)목의 판단기준을 처음으로 제시하면서, 무단으로 연예인의 사진 등을 대량으로 사용한 행위를 위 (카)목의 부정경쟁행위에 해당한다고 판단한 사례.

대법원 2020. 3. 26. 선고 2016다276467판결[손해배상(지) (가) 상고기각][부정경쟁방지 및 영업비밀보호에 관한 법률 제2조 제1호 (카)목의 성과물 도용 부정경쟁행위의 해당 여부]

◇타인이 운영하는 골프장의 골프코스들의 모습 내지 종합적인 이미지를 무단 사용하여 3D 골프코스 영상으로 제작한 후 이를 스크린골프장 운영업체에 제공한 행위가 부정경쟁방지 및 영업비밀보호에 관한 법률 제2조 제1호 (카)목의 성과물 도용 부정경쟁행위에 해당하는지 여부(적극)◇

대법원은 '경쟁자가 상당한 노력과 투자에 의하여 구축한 성과물을 상도덕이나 공정한 경쟁질서에 반하여 자신의 영업을 위하여 무단으로 이용함으로써 경쟁자의 노력과 투자에 편승하여 부당하게 이익을 얻고 경쟁자의 법률상 보호할 가치가 있는 이익을 침해하는 행위는 부정한 경쟁행위로서 민법상 불법행위에 해당한다.'고 판단하였다(대법원 2010. 8. 25.자 2008마1541 결정).

그 후 2013. 7. 30. 법률 제11963호로 개정된 부정경쟁방지 및 영업비밀보호에 관한 법률(이하 '부정경쟁방지법'이라 한다) 제2조 제1호 (차)목은 위 대법원 결정의 취지를 반영하여 "그 밖에 타인의 상당한 투자나 노력으로 만들어진 성과 등을 공정한 상거래 관행이나 경쟁질서에 반하는 방법으로 자신의 영업을 위하여 무단으로 사용함으로써 타인의 경제적 이익을 침해하는 행위"를 부정경쟁행위의 하나로 추가하였고, 2018. 4. 17. 법률 제15580호로 개정된 부정경쟁방지법에서 위 (차)목은 (카)목으로 변경되었다[이하 '(카)목'이라 한다].

위 (카)목은 구 부정경쟁방지 및 영업비밀보호에 관한 법률(2013. 7. 30. 법률 제11963호로 개정되기 전의 것)의 적용 범위에 포함되지 않았던 새로운 유형의 부정경쟁행위에 관한 규정을 신설한 것이다. 이는 새로이 등장하는 경제적 가치를 지닌 무형의 성과를 보호하고 입법자가 부정경쟁행위의 모든 행위를 규정하지 못한 점을 보완하여 법원이 새로운 유형

의 부정경쟁행위를 좀 더 명확하게 판단할 수 있도록 함으로써, 변화하는 거래관념을 적시에 반영하여 부정경쟁행위를 규율하기 위한 보충적 일반조항이다.

위와 같은 법률 규정과 입법 경위 등을 종합하면, (카)목은 그 보호대상인 '성과 등'의 유형에 제한을 두고 있지 않으므로, 유형물뿐만 아니라 무형물도 이에 포함되고, 종래 지식재산권법에 따라 보호받기 어려웠던 새로운 형태의 결과물도 포함될 수 있다. '성과 등'을 판단할 때에는 위와 같은 결과물이 갖게 된 명성이나 경제적 가치, 결과물에 화체된 고객흡인력, 해당 사업 분야에서 결과물이 차지하는 비중과 경쟁력 등을 종합적으로 고려해야 한다. 이러한 성과 등이 '상당한 투자나 노력으로 만들어진' 것인지는 권리자가 투입한 투자나 노력의 내용과 정도를 그 성과 등이 속한 산업분야의 관행이나 실태에 비추어 구체적·개별적으로 판단하되, 성과 등을 무단으로 사용함으로써 침해된 경제적 이익이 누구나 자유롭게 이용할 수 있는 이른바 공공영역(公共領域, public domain)에 속하지 않는다고 평가할 수 있어야 한다. 또한 (카)목이 정하는 '공정한 상거래 관행이나 경쟁질서에 반하는 방법으로 자신의 영업을 위하여 무단으로 사용'한 경우에 해당하기 위해서는 권리자와 침해자가 경쟁 관계에 있거나 가까운 장래에 경쟁관계에 놓일 가능성이 있는지, 권리자가 주장하는 성과 등이 포함된 산업분야의 상거래 관행이나 경쟁질서의 내용과 그 내용이 공정한지, 위와 같은 성과 등이 침해자의 상품이나 서비스에 의해 시장에서 대체될 수 있는지, 수요자나 거래자들에게 성과 등이 어느 정도 알려졌는지, 수요자나 거래자들의 혼동 가능성이 있는지 등을 종합적으로 고려해야 한다.

☞ 원고들은 피고가 원고들이 운영하는 골프장 골프코스들의 모습 내지 종합적인 이미지를 무단 사용하여 3D 골프코스 영상으로 제작한 후 이를 스크린골프장 운영업체에 제공한 행위가 골프장 골프코스에 관한 원고들의 저작재산권을 침해하고, 부정경쟁방지법 제2조 제1호 (카)목의 성과물 도용행위에 해당한다고 주장하며 손해배상을 청구함.

☞ 이 사건 골프장의 골프코스는 저작권법에 따라 보호되는 저작물에 해당하나, 저작자인 설계자들로부터 원고들이 저작권을 양수했다는 주장·증명이 없다고 보아 원고들의 저작권 침해 주장을 배척한 원심을 수긍하였음.

☞ 나아가, 골프코스를 실제로 골프장 부지에 조성함으로써 외부로 표현되는 지형, 경관, 조경요소, 설치물 등이 결합된 이 사건 골프장의 종합적인 '이미지'는 골프코스 설계와는 별개로 골프장을 조성·운영하는 원고들의 상당한 투자나 노력으로 만들어진 성과에 해당하고, 원고들과 경쟁관계에 있는 피고 등이 원고 1, 3, 4의 허락을 받지 않고 이 사건 골프장의 모습을 거의 그대로 재현한 스크린골프 시뮬레이션 시스템용 3D 골프코스 영상을 제작, 사용한 행위는 위 원고들의 성과 등을 공정한 상거래 관행이나 경쟁질서에 반하는 방법으로 피고의 영업을 위하여 무단으로 사용함으로써 위 원고들의 경제적 이익을 침해하는 행위에 해당한다고 본 원심의 판단도 수긍하였음.

☞ 같은 날 고지된 2019마6525 결정(BTS 사건)과 함께 부정경쟁방지법 제2조 제1호 (카)목의 판단기준을 처음으로 제시하면서, 이 사건 골프장의 종합적인 이미지를 무단으로 사용한 행위를 위 (카)목의 부정경쟁행위에 해당한다고 판단한 사례.

대법원 2020. 2. 13. 선고 2015다225967[손해배상 (가) 상고기각][원고(인터넷 여성의류 쇼핑몰)와 경쟁관계에 있는 피고가 원고의 인터넷 쇼핑몰에 게시된 합성 이미지(해외 유명인 사진에 원고 판매 상품을 합성한 이미지)를 복제 또는 모방한 행위에 대하여 원고가 부정한 경쟁행위로 인한 영업상 이익의 침해 등을 이유로 손해배상을 구하는 사건]

◇원고가 주장하는 성과물에 제3자의 권리를 침해하는 부분이 있다는 이유만으로 원고의 법률상 보호가치 있는 이익의 침해가 부정되는지 여부(소극)◇

가. 경쟁자가 상당한 노력과 투자에 의하여 구축한 성과물을 상도덕이나 공정한 경쟁질서에 반하여 자신의 영업을 위하여 무단으로 이용함으로써 경쟁자의 노력과 투자에 편승하여 부당하게 이익을 얻고 경쟁자의 법률상 보호할 가치가 있는 이익을 침해하는 행위는 부정한 경쟁행위로서 민법상 불법행위에 해당한다(대법원 2010. 8. 25.자 2008마1541 결정 등 참조).

나. 피고는 원고의 성과물에 제3자의 권리를 침해하는 부분이 있어 원고가 주장하는 피침해이익이 법률상 보호가치 있는 이익에 해당하지 않는다고 주장하나, 그러한 사유만으로는 원고의 청구를 배척할 수 없다.

☞ 인터넷 여성의류 쇼핑몰을 운영하는 원고와 경쟁관계에 있는 피고가 원고와 동일·유사한 의류 제품을 피고의 인터넷 쇼핑몰에서 판매하면서 원고의 인터넷 쇼핑몰에 게시된 합성 이미지(해외 유명인 사진에 원고 판매 상품을 합성한 이미지)를 복제 또는 모방하여 게시하고 의류판매 영업을 하자, 원고가 자신의 성과물인 위 이미지를 피고가 공정한 경쟁질서에 반하여 자신의 영업을 위하여 무단으로 이용함으로써 부당하게 이익을 얻고 원고의 법률상 보호가치 있는 이익을 침해하였음을 이유로 불법행위에 따른 손해배상을 구한 사안에서, 원고의 손해배상청구를 일부 인용한 원심의 판단을 수긍하는 한편 원고의 성과물에 제3자의 권리를 침해하는 부분이 있다는 사유만으로는 원고의 법률상 보호가치 있는 이익을 부정하여 원고의 청구를 배척할 수 없다고 본 사례.

대법원 2020. 2. 13. 선고 2015다225967 판결[주식회사 피아솜통상 대 주식회사 로이제이][원고(인터넷 여성의류 쇼핑몰)와 경쟁관계에 있는 피고가 원고의 인터넷 쇼핑몰에 게시된 합성 이미지(해외 유명인 사진에 원고 판매 상품을 합성한 이미지)를 복제 또는 모방한 행위에 대하여 원고가 부정한 경쟁행위로 인한 영업상 이익의 침해 등을 이유로 손해배상을 구하는 사건]

[판결요지]

가. 경쟁자가 상당한 노력과 투자에 의하여 구축한 성과물을 상도덕이나 공정한 경쟁질서에 반하여 자신의 영업을 위하여 무단으로 이용함으로써 경쟁자의 노력과 투자에 편승하여 부당하게 이익을 얻고 경쟁자의 법률상 보호할 가치가 있는 이익을 침해하는 행위는 부정한 경쟁행위로서 민법상 불법행위에 해당한다(대법원 2010. 8. 25.자 2008마1541 결정 등 참조).

나. 원고가 이미지 제작 과정에서 해외 유명인의 허락 없이 얼굴 사진을 사용함으로써 해외 유명인에 대한 관계에서 초상권 등 침해의 불법행위책임을 지는 것과 피고에 대한 관계에서 원고의 영업상 이익이 침해되었다는 이유로 손해배상을 청구하는 것은 별개의 문제라고 판시한 사례.

부정경쟁방지법 제2조 제1호 카목이 신설되기 전에 유사한 행위에 대하여 민법상 불법행위 및 이로 인한 금지청구의 대상이 되기 위한 요건과 현행 부정경쟁방지법 카목의 성립요건을 비교하면 아래 표와 같이 정리할 수 있다.

	민법상 불법행위 대법원 2010. 8. 25.자 2008마1541 결정[가처분이의] [인터넷 포털사이트 광고 방해 사건][공2010하,1855]	부정경쟁방지법 제2조 제1호 카목
손해배상청구	① 경쟁자가 상당한 노력과 투자에 의하여 구축한 성과물을 ② 상도덕이나 공정한 경쟁질서에 반하여 자신의 영업을 위하여 무단으로 이용함으로써 ③ 경쟁자의 노력과 투자에 편승하여 부당하게 이익을 얻고 경쟁자의 법률상 보호할 가치가 있는 이익을 침해하는 행위는 부정한 경쟁행위로서 민법상 불법행위에 해당함. 그렇다면 논리적으로 보아 이 경우에 손해배상청구권을 행사할 수 있음.	① 고의 또는 과실에 의하여 ② 그 밖에 타인의 상당한 투자나 노력으로 만들어진 성과 등을 ③ 공정한 상거래 관행이나 경쟁질서에 반하는 방법으로 자신의 영업을 위하여 무단으로 사용함으로써 ④ 타인의 경제적 이익을 침해하는 행위에 손해배상청구가능 (제5조)

금지청구	① 경쟁자가 상당한 노력과 투자에 의하여 구축한 성과물을 ② 상도덕이나 공정한 경쟁질서에 반하여 자신의 영업을 위하여 무단으로 이용함으로써 ③ 경쟁자의 노력과 투자에 편승하여 부당하게 이익을 얻고 경쟁자의 법률상 보호할 가치가 있는 이익을 침해하는 행위는 부정한 경쟁행위로서 민법상 불법행위에 해당하고, 위와 같은 ④ 무단이용 상태가 계속되어 금전배상을 명하는 것만으로는 피해자 구제의 실효성을 기대하기 어렵고 ⑤ 무단이용의 금지로 인하여 보호되는 피해자의 이익과 그로 인한 가해자의 불이익을 비교·교량할 때 피해자의 이익이 더 큰 경우에는 그 행위의 금지 또는 예방을 청구할 수 있다고 할 것이다. 즉 위 두 가지 요건이 충족되면 금지 또는 예방을 청구할 피보전권리와 보전의 필요성이 소명된 것으로 봄.	① 고의 또는 과실에 의하여 ② 그 밖에 타인의 상당한 투자나 노력으로 만들어진 성과 등을 ③ 공정한 상거래 관행이나 경쟁질서에 반하는 방법으로 자신의 영업을 위하여 무단으로 사용함으로써 ④ 타인의 경제적 이익을 침해하는 행위에 대하여 금지청구가능 (제4조)

I. 금지청구와 관련하여

대법원 2010. 8. 25.자 2008마1541 결정은 민법이 일반적인 불법행위에 대한 구제수단으로서 원칙적으로 금지청구를 인정하지 않는다는 점과 이 사건의 소제기 시점 당시에 부정경쟁방지법 제2조 제1호 카목이 없었다는 점을 감안하여 전술한 다섯 가지 요건을 충족할 경우에 한해 민법상 불법행위로 인한 금지청구의 소를 제기할 수 있다는 점을 판시한 사례다. 따라서 위 대법원 결정의 ①, ②, ③의 요건에 초점을 둔 부정경쟁방지법 제2조 제1호 카목이 신설되어 명문화된 현 시점에서는 ④ 및 ⑤ 요건을 추가적으로 둔 대법원 결정은 적용되지 않을 것으로 예상된다. 즉, 금지청구와 관련하여 민법상 불법행위 적용여부를 논하는 것은 실익이 없어 보인다.

II. 손해배상청구와 관련하여

대법원 2010. 8. 25.자 2008마1541 결정은 민법상 불법행위에 금지청구가 가능한지 여부와 관련하여 요건을 엄격하게 설정한 측면이 강하다. 이러한 측면에서 볼 때, 손해배상청구와 관련해서는 부정경쟁방지법 제2조 제1호 카목은 민법상 불법행위라는 일반규정에 대한 특별규정에 해당한다고 이해하여야 할 것이다.

대법원 2017. 11. 9. 선고 2014다49180 판결[손해배상]

경쟁자가 상당한 노력과 투자에 의하여 구축한 성과물을 상도덕이나 공정한 경쟁질서에 반하여 자신의 영업을 위하여 무단으로 이용함으로써 경쟁자의 노력과 투자에 편승하여 부당하게 이익을 얻고 경쟁자의 법률상 보호할 가치가 있는 이익을 침해하는 행위는 부정한 경쟁행위로서 민법상 불법행위에 해당한다(대법원 2010. 8. 25.자 2008마1541 결정 등 참조).

원심은 판시와 같은 이유를 들어, 피고가 원고 영상물의 일부 소재, 장면, 아이디어 등을 사용한 피고 영상물 1을 제작하여 이를 방송하거나 전송한 것이 부정한 경쟁행위로서 일반 불법행위를 구성하지 아니한다고 판단하였다.

위 법리와 적법하게 채택된 증거들에 비추어 살펴보면, 리얼리티 방송 프로그램에 속하는 원고 영상물과 달리 피고 영상물 1은 성인 대상 코미디 프로그램으로서 그 장르가 다를 뿐만 아니라, 피고가 비록 원고 영상물의 기본적인 모티브나 일부 구성을 차용하여 피고 영상물 1을 제작하였지만 피고 자신의 독자적인 아이디어를 바탕으로 비용과 노력을 들여 원고 영상물에 존재하지 아니하는 다양한 창작적 요소를 담아 영상물을 제작한 이상, 피고의 이러한 행위가 위와 같은 불법행위에 해당한다고 보기 어렵다.

제10절 국기 · 국장 등의 사용금지

부정경쟁방지법 제3조는 파리협약 당사국, 세계무역기구 회원국 또는 상표법 조약 체약국의 국기 · 국장(國章), 그 밖의 휘장이나 국제기구의 표지와 동일하거나 유사한 것 및 위 각 조약의 체약국의 감독용 또는 증명용 표장과 동일하거나 유사한 것을 상표로 사용할 수 없다고 규정하고 있다. 본 규정은 우리나라가 가입한 공업 소유권보호를 위한 파리협약 제6조의3에 따른 의무를 이행하기 위한 조문으로서 상표법 조약 제15조 및 세계무역기구설립에 관한 마라케쉬협정의 부속서인 무역 관련 지식재산권에 관한 협정 제2조는 각 조약 및 협정의 가맹국으로 하여금 파리협약 제6조의3을 포함한 파리협약상의 체약국들의 의무를 준수할 것을 규정하고 있으므로 결국 파리협약 제6조의3의 의무는 위 세 개의 조약 각각의 가맹국 모두에 대하여 준수되어야 하는 것이다.[37]

본 규정은 가맹국의 국가의 위신, 국민들의 명예감정, 국제기구의 공익성 등을 보호하기 위한 조항이므로 법익의 주체인 가맹국이나 국제기구의 동의나 승인이 있는 경우에는 적용이 제외될 수 있다.

제4장 영업비밀 침해행위

제1절 영업비밀의 의의

부정경쟁방지 및 영업비밀보호에 관한 법률 제2조 제3호는 영업비밀보호를 위한 금지 또는 예방청구권 등 민사적 구제와 형사처벌의 대상이 되는 영업비밀 침해행위를 민법상의 불법행위(민 제750조)의 특수형태인 불공정한 행위로 보고 이를 행위의 태양에 따라 부정취득행위, 부정사용행위 및 부정공개행위로 유형화하고 이들 각 개별유형의 태양에 따라 각각 2가지씩 모두 6가지의 행위 유형으로 한정 열거하고 있다. 다만, 벌칙 조항에서는 이외에 부정한 이익을 얻거나 영업비밀보유자에게 손해를 입힐 목적으로 영업비밀 보유자로부터 영업비밀을 삭제하거나 반환할 것을 요구받고도 이를 계속 보유하는 행위에 대해서도 기존의 영업비밀침해행위와 마찬가지로 처벌할 수 있도록 규정하고 있다. 부정경쟁방지법에 따르면, "영업비밀"이란 "공공연히 알려져 있지 아니하고 독립된 경제적 가치를 가지는 것으로서, 비밀로 관리된 생산방법, 판매방법, 그 밖에 영업활동에 유용한 기술상 또는 경영상의 정보"를 말한다(부정경쟁방지법 제2조 제2호).[38] 영업비밀은 지식재산권이 아니라 지식재산이다.[39] 영

---

37) 해당 파리협약의 내용은 다음과 같다.
   "제6조의 3 마크: 국가표장, 공공인장 및 정부간 기구의 표장에 관한 금지
   1. (a) 동맹국은 동맹국의 국가문장, 기, 기타의 기장 및 동맹국이 택한 감독용 및 증명용의 공공의 기호와 인장 또는 문장학상 이러한 것들의 모방이라고 인정되는 것의 상표 또는 그 구성부분으로서의 등록을 거절 또는 무효로 하고 또한 권한있는 당국의 허가를 받지 않고 이를 상표 또는 그 구성부분으로 하여 사용하는 것을 적당한 방법으로 금지할 것에 합의한다.
   (b) 세항(a)의 규정은 1 혹은 그 이상의 동맹국이 가입하고 있는 정부간 국제기구의 문장, 기, 기타의 기장, 약칭 및 명칭에 대하여도 적용된다. 다만, 이미 그의 보호를 보장하기 위한 현행 국제협정의 대상이 되고 있는 문장, 기, 기타의 기장, 약칭 및 명칭 등은 이에 해당하지 않는다.
   (c) 동맹국은 이 조약이 그 동맹국에 있어서 효력을 발생하기 전에 선의로 취득한 권리의 소유자의 이익을 침해하는 경우에는 세항(b)의 규정을 적용하지 아니할 수 있다. 세항(a)에 언급된 사용 또는 등록이 당해 국제기구의 당해 문장, 기, 기장, 약칭 또는 명칭과 관계가 있는 것으로서 공중에게 암시되는 것이 아닌 경우 또는 당해 사용자와 당해 국제기구간에 관계가 있는 것으로 공중을 오도하지 아니하는 것이라고 인정되는 경우에는 동맹국은 세항(b)의 규정을 적용하지 아니할 수 있다."

업비밀을 절취의 대상으로 하고 있는 점에서 볼 때, 유체물이 비공지성, 경제적 유용성, 비밀관리성 등 영업비밀의 성립요건을 충족하는 한, 유체물이 영업비밀로 되는 가능성은 배제되지 아니한다.[40] 영업비밀이 유체물인 경우, 유체물인 영업비밀의 침해행위를 금지 또는 예방할 수 있는 권리가 시효로 소멸하더라도[41] 해당 유체물의 소유권에 대해서는 민법상 동산의 소유권에 관한 규정(민 제246조, 제247조, 제249조, 제250조, 제251조 등)이 적용된다는 점에 유의할 필요가 있다. 그리고 유체물인 영업비밀에 대하여 영업비밀 침해행위가 성립하지 않는 경우에도 절도죄의 객체로 되어 절도죄나 횡령죄가 성립할 수 있다.

---

38) 대법원 2020. 1. 30. 선고 2015다49422 판결[손해배상등]의 판결요지는 다음과 같다.

갑 외국법인이 을 주식회사를 상대로 을 회사가 갑 법인과 체결한 기술제휴협약에 따라 봉강절단기 제품에 관한 도면을 제공받아 여러 업체에 위 제품을 제조·판매하고서도 이를 갑 법인에 보고하지 않았다며 기술제휴협약 위반에 따른 위약금 등 청구의 소를 제기하여 위 제품의 제작·판매 등 금지, 갑 법인이 특정한 고유기술의 사용 등 금지, 도면 등의 인도, 손해배상 및 그 지연손해금의 지급을 명하는 선행판결을 선고받아 판결 확정 후 을 회사와 '을 회사가 위 판결에 따른 금전지급의무 중 일부를 면제받고 나머지 의무를 성실히 준수한다'는 내용의 약정을 체결하였는데, 그 후 다시 을 회사가 위 제품을 제조·판매하자, 갑 법인이 을 회사를 상대로 선행판결 또는 위 약정에 따른 의무 위반을 주위적 청구원인으로 하여 봉강절단기 제조 금지 및 봉강절단기 제조·판매로 인한 손해배상을 구한 사안에서, 선행판결이나 위 약정에 따른 의무 위반을 원인으로 하는 금지 및 손해배상청구는 부정경쟁방지 및 영업비밀보호에 관한 법률(이하 '부정경쟁방지법'이라 한다)상 영업비밀 침해를 원인으로 하는 금지 및 손해배상청구와는 요건과 증명책임을 달리하는 전혀 별개의 소송물인데도, 갑 법인과 을 회사가 영업비밀성에 관한 공방을 하자, 갑 법인이 주위적 청구에 부정경쟁방지법 제10조 제1항에 따른 금지 청구와 같은 법 제11조에 따른 손해배상청구를 선택적으로 추가하였다고 선해한 다음, 갑 법인이 특정한 기술정보 중 일부를 제외한 나머지 정보가 공연히 알려지지 않은 정보이고, 독립된 경제적 가치를 가지며, 비밀로 유지하기 위하여 상당한 노력을 한 것으로 영업비밀에 해당하고, 을 회사가 영업비밀의 침해 금지기간이 지났다고 주장하나 그 기간이 지났다거나 언제까지라고 합리적으로 단정할 수 없다는 이유로 위 금지 및 손해배상청구를 인용한 원심판결에는 갑 법인이 신청하지도 않은 사항에 대하여 판결함으로써 민사소송법 제203조에서 정한 처분권주의를 위반한 잘못이 있다고 한 사례.

39) 최정열·이규호, 앞의 책, 259−258면.

40) 이규호·백승범, "영업비밀의 대상과 비밀관리성 요건에 관한 연구", 「중앙법학」, 제22집 제1호, 2020년 3월, 11면.

41) 영업비밀 침해행위의 금지 또는 예방을 청구할 수 있는 권리는 영업비밀 침해행위가 계속되는 경우에 영업비밀 보유자가 그 침해행위에 의하여 영업상의 이익이 침해되거나 침해될 우려가 있다는 사실 및 침해행위자를 안 날부터 3년간 행사하지 아니하면 시효(時效)로 소멸한다. 그 침해행위가 시작된 날부터 10년이 지난 때에도 또한 같다(부정경쟁방지법 제14조).

제2절 영업비밀의 성립요건

부정경쟁방지법 제2조 제2호에 따르면, "영업비밀이라 함은 공공연히 알려져 있지 아니하고 독립된 경제적 가치를 가지는 것으로서, 비밀로 관리된 생산방법, 판매방법, 그 밖에 영업활동에 유용한 기술상 또는 경영상의 정보를 말한다."고 규정하고 있다.

I. 비공지성(또는 비밀성)

부정경쟁방지법은 영업비밀이 되기 위한 첫 번째 요건으로 해당 정보가 공연히 알려져 있지 아니할 것을 요한다. 일반적으로 비공지성 또는 비밀성이라고 한다. 영업비밀의 요건으로 비밀성을 요구하는 것은 영업비밀 보유자가 뒤에서 보는 것처럼 스스로 비밀관리를 한다고 하더라도 그러한 정보가 공공연하게 알려져 있다면 다른 경쟁 사업자도 별다른 어려움 없이 그 정보를 취득하여 사업에 활용할 수 있으므로 그 비밀의 보유자가 다른 경쟁사업자에 비하여 그러한 정보로 인하여 경쟁에서 우위를 점할 수 없기 때문에 거기에 법적 보호를 부여할만한 경제적 가치를 인정하기 어렵고 다른 한편으로는 이러한 정보에 대하여 법적보호를 인정하는 것은 자유롭게 유통되고 이용되어야 할 정보를 특정인에게 독점시키는 결과가 되기 때문이다.[42]

대법원 2011. 8. 25. 선고 2011도139 판결[특수절도 · 부정경쟁방지및영업비밀보호에관한법률위반(영업비밀누설등) · 건조물침입]

[판시사항]

부정경쟁방지 및 영업비밀보호에 관한 법률 제2조 제2호 의 "영업비밀"이란 공공연히 알려져 있지 아니하고 독립된 경제적 가치를 가지는 것으로서, 상당한 노력에 의하여 비밀로 유지된 생산방법, 판매방법, 그 밖에 영업활동에 유용한 기술상 또는 경영상의 정보를 말한다. 여기서 '공연히 알려져 있지 아니하다'는 것은 그 정보가 간행물 등의 매체에 실리는 등 불특정 다수인에게 알려져 있지 않기 때문에 보유자를 통하지 아니하고는 그 정보를

---

42) 예를 들어 회사 내에서 비밀로서 관리되는 정보를 업무로서 지득한 종업원이 전직 또는 퇴사 후에 그 정보가 비밀로서 관리되던 것임을 전제로 공지성 여부에 관계없이 그가 지득한 모든 정보가 영업비밀이라고 이를 영업에 사용할 수 없게 한다면 이는 결국 종업원의 직업선택의 자유를 지나치게 제한하는 결과가 될 것이다.

통상 입수할 수 없는 것을 말하고, '독립된 경제적 가치를 가진다'는 것은 그 정보의 보유자가 그 정보의 사용을 통해 경쟁자에 대하여 경쟁상의 이익을 얻을 수 있거나 또는 그 정보의 취득이나 개발을 위해 상당한 비용이나 노력이 필요하다는 것을 말하며, '상당한 노력에 의하여 비밀로 유지된다'는 것은 그 정보가 비밀이라고 인식될 수 있는 표시를 하거나 고지를 하고, 그 정보에 접근할 수 있는 대상자나 접근 방법을 제한하거나 그 정보에 접근한 자에게 비밀준수의무를 부과하는 등 객관적으로 그 정보가 비밀로 유지·관리되고 있다는 사실이 인식 가능한 상태인 것을 말한다.

II. 경영상·기술상의 정보로서의 경제적 유용성

부정경쟁방지법은 영업비밀에 관하여 '독립된 경제적 가치를 가지는 것으로서 … 영업활동에 유용한 기술상 또는 경영상의 정보'라고 정의하고 있다. 따라서 어떠한 정보가 영업비밀이 되기 위해서는 그 정보가 그 자체로 보유자에게 독립된 경제적인 가치를 갖는 것이어야 하고 동시에 보유자의 영업활동에 유용한 것이어야 하고 이러한 영업비밀의 요건을 강학상 영업비밀의 경제적 유용성이라고 한다. 여기에서 경제적 유용성이 있는 정보란 정보의 보유자가 그러한 정보를 보유함으로써 정보를 보유하지 아니한 경쟁업자에 대한 관계에서 경쟁의 우위를 점할 수 있는 정보라는 것을 의미한다.

대법원 2008. 2. 15. 선고 2005도6223 판결[부정경쟁방지및영업비밀보호에관한법률위반·절도]

[판시사항]

[1] 구 부정경쟁방지 및 영업비밀보호에 관한 법률(2004. 1. 20. 법률 제7095호로 개정되기 전의 것) 제2조 제2호의 영업비밀이란 일반적으로 알려져 있지 아니하고 독립된 경제적 가치를 가지며, 상당한 노력에 의하여 비밀로 유지·관리된 생산방법, 판매방법 기타 영업활동에 유용한 기술상 또는 경영상의 정보를 말하고, 이때 정보가 '독립된 경제적 가치를 가진다'는 의미는, 그 정보의 보유자가 그 정보의 사용을 통해 경쟁자에 대하여 경쟁상의 이익을 얻을 수 있거나 또는 그 정보의 취득이나 개발을 위해 상당한 비용이나 노력이 필요하다는 것인바, 어떠한 정보가 위와 같은 요건을 모두 갖추었다면, 위 정보가 바로 영업활동에 이용될 수 있을 정도의 완성된 단계에 이르지 못하였거나, 실제 제3자에게 아무런 도움을 준 바 없거나, 누구나 시제품만 있으면 실험을 통하여 알아낼 수 있는 정보라고 하더라도, 위 정보를 영업비밀로 보는 데 장애가 되는 것

은 아니다.

[2] 사원이 회사를 퇴사하면서 부품과 원료의 배합비율과 제조공정을 기술한 자료와 회사가 시제품의 품질을 확인하거나 제조기술 향상을 위한 각종 실험을 통하여 나타난 결과를 기재한 자료를 가져간 경우 이는 절도에 해당하고, 위 자료는 구 부정경쟁방지 및 영업비밀보호에 관한 법률(2004. 1. 20. 법률 제7095호로 개정되기 전의 것)에 정한 영업비밀에 해당한다.

III. 비밀관리성

1. 의 의

영업비밀은 비밀로서 관리되는 한도에서 부정경쟁방지법에 의한 보호를 받을 수 있으며, 영업비밀로 관리되고 있지 않거나 영업비밀 보유자의 의사에 반하여 비밀유지의무가 없는 불특정 다수인에게 공개된 경우에는 더 이상 영업비밀로서 인정될 수 없다. 이때 영업비밀로서 관리된다는 것은 영업비밀 보유자의 주관적인 인식이나 의사와 무관하게, 객관적으로 그 정보가 비밀로 관리되고 있으며, 또 제3자가 그 비밀성을 객관적으로 인식할 수 있어야 한다.

영업비밀 보유자가 스스로가 영업비밀로서 정보를 관리하고 있지 않았음에도 국가가 그러한 정보를 영업비밀로서 보호하고 종업원이나 제3자의 정보이용을 제한하는 것은 영업비밀 보호 제도의 취지에도 맞지 않는 것이다. 영업비밀을 그 부정이용으로부터 보호하는 취지는 기술이나 경영상의 성과를 개발하고 이러한 성과와 관련한 정보를 영업비밀로 관리함으로써 다른 경쟁사업자에 비하여 조금이라도 앞서가고자 하는 기업의 노력을 법적으로 지원하고자 하는 것이기 때문이다. 뿐만 아니라 영업비밀은 대체적으로 형체가 없고 그 자체 별다른 공시방법이 없기 때문에 영업비밀로서 특정되어 관리되고 있지 않은 정보도 이를 영업비밀로서 보호하는 경우에는 종업원이나 제3자가 자유롭게 이용할 수 있는 정보와 그렇지 않은 정보를 구분할 수 없게 되어서 종업원이나 제3자로서는 경우에 따라서는 자유롭게 이용할 수 있는 정보조차도 이용할 수 없는 결과가 초래되어 정보의 자유로운 유통과 이용 및 이를 통한 기술혁신에 오히려 장애가 될 수 있다.

이러한 이유로 부정경쟁방지법은 영업비밀을 법적으로 보호받고자 하는 기업으로 하여금 해당 정보를 스스로 비밀로서 관리하도록 촉구함과 동시에 비밀로서 보호받고자 하는 정보와 그렇지 않은 정보를 구별하여 법적 보호를 받고자 하는 것을 명확하게 표시하도록 하게 하기 위하여 영업비밀의 중요한 요건으로서 비밀관리성을 요구하는 것이다.[43]

2. 2019년 개정 부정경쟁방지법상 비밀관리성 요건[44]

부정경쟁방지 및 영업비밀보호에 관한 법률 [시행 2018. 7. 18.] [법률 제15580호, 2018. 4. 17., 일부개정]	부정경쟁방지 및 영업비밀보호에 관한 법률 [시행 2019. 7. 9.] [법률 제16204호, 2019. 1. 8., 일부개정]
2. "영업비밀"이란 공공연히 알려져 있지 아니하고 독립된 경제적 가치를 가지는 것으로서, 합리적인 노력에 의하여 비밀로 유지된 생산방법, 판매방법, 그 밖에 영업활동에 유용한 기술상 또는 경영상의 정보를 말한다.	2. ─ ─ ─ ─ ─ ─ ─ ─ ─ ─ ─ ─ ─ 비밀로 관리 ─ ─ ─ ─ ─ ─ ─ ─ ─ ─ ─ ─ ─ ─ ─ ─.

"합리적인 노력에 의하여 비밀로 유지된"이란 2019년 개정 전 비밀관리성 요건은 비밀정보로 유지하기 위한 '합리적 노력'뿐만 아니라 해당 정보가 '비밀로 유지될 것'을 요구하였다. 하지만, 2019년 개정 부정경쟁방지법은 해당 정보가 '비밀로 관리될 것'을 요구할 뿐이고, '비밀로 유지될 것'까지는 요구하지 아니한다. 그리고 2019년 개정 전의 '합리적 노력'이라는 문구는 '비밀 정보를 유지하기 위한 합리적 노력'을 의미한다. 이러한 측면에서 볼 때, 2019년 개정 부정경쟁방지법상 '비밀로 관리될 것'이란 문구는 '비밀로 유지될 것' 내지 '합리적인 노력에 의하여 비밀로 유지될 것'이라는 문구에 비해서는 완화된 기준이다. 다만, 개정 부정경쟁방지법상 '비밀로 관리될 것'이라는 문구가 판례와 학설에서 어떻게 해석될 것인지 여부는 미지수이므로 이에 대한 적절한 기준을 제시할 필요성이 있다.

'합리적인 노력'이라는 문구가 사라진 현행 부정경쟁방지법에서도 '비밀관리성' 요건은 "해당 정보에 대한 접근을 제한하는 등의 조치를 통해 객관적으로 정보가 비밀로 관리되고 있다는 사실이 인식가능한 상태가 관리되고 있는지 여부(= 접근 제한 + 객관적 인식가능성)를 해당 정보에 대한 ① 물리적·기술적 관리, ② 인적·법적 관리, ③ 조직적 관리가 이루어졌

---

43) 田村善之, 前揭書, 329頁.
44) 최승재·정차호·이규호, "징벌배상 도입 등 특허법·부정경쟁방지법 주요개정 사항에 대한 판단기준 및 효과분석 연구", 「특허청 정책연구과제 최종보고서」, 2019년 10월, 261−267면에서 공저자(이규호)가 집필한 부분을 발췌 내지 수정하여 인용한 것이다.

는지 여부에 따라 판단한다. 영업비밀의 성립요건으로서 비밀관리성을 두고 있는 취지가 정보를 이용하거나 접하는 종업원 등으로 하여금 그 정보가 비밀로서 보호되고 있는 정보라고 인식시킴으로서 그렇지 아니한 정보와의 구별을 용이하게 하는 데 목적이 있는 것이므로 비밀관리성의 요건을 충족하였는지 여부를 평가함에 있어서는 영업비밀을 취득하려고 하거나 비밀을 공개받게 되는 제3자 또는 비밀유지의무를 부담하는 자가 그 정보를 비밀로서 관리하기 위하여 부가된 수단으로부터 당해 정보가 영업비밀로서 보호되고 있는 정보임을 인식할 수 있는가가 중요한 기준이 될 것이다.[45]

각 조치가 '비밀로 관리되었는지' 여부는 영업비밀 보유기업의 규모, 해당 정보의 성질과 가치, 해당 정보에 일상적인 접근을 허용하여야 할 영업상의 필요성이 존재하는지 여부, 영업비밀 보유자와 침해자 사이의 신뢰관계의 정도, 과거에 영업비밀을 침해당한 전력이 있는지 여부 등을 종합적으로 고려해 판단해야 할 것이다.

3. 2005년 개정 부정경쟁방지법 시행 이후 2019년 개정 부정경쟁방지법 시행 이전의 판례

의정부지방법원 2016. 9. 27. 선고 2016노1670 판결[부정경쟁방지및영업비밀보호에관한법률위반(영업비밀누설등) 상고][각공2016하,707]

[판결요지]

갑 주식회사에서 이사로 근무하던 피고인이 자신의 업무용 컴퓨터에 저장되어 있던 갑 회사의 영업비밀인 고객정보 파일을 퇴사 전에 이동식 메모리 디스크에 옮겨두었다가 퇴사 후 고객정보를 사용하였다고 하여 부정경쟁방지 및 영업비밀보호에 관한 법률(이하 '부정경쟁방지법'이라고 한다) 위반으로 기소된 사안에서, 2015. 1. 28. 법률 제13081호로 개정된 부정경쟁방지법은 영업비밀로 보호되기 위하여 필요한 비밀유지·관리 수준을 '상당한 노력'에서 '합리적인 노력'으로 완화하였는데, 갑 회사는 제약업체 내지 식품업체가 해외에서 전시회 등의 행사를 개최하는 경우 항공권 및 숙소를 제공하는 여행전문업체로서, 행사와 관련된 정보(개최장소, 개최일시, 행사의 성격, 출품업체, 여행일정, 행사규모 등) 및 행사가 열리는 지역의 여행정보에 대하여는 홈페이지 등을 통해 일반인의 접근을 허용하였으나, 고객들의 성명, 소속업체, 직위, 이메일주소, Fax 번호, 휴대전화번호 등이 포함된 고객정보는 별도 관리하면서 갑 회사 직원들에게만 접근을 허용한 점 등 제반 사정에 비추어 보면, 갑 회사는 고객정보를 비밀로 유지하기 위한 '합리적인 노력'을 다하였으므로 고객정보 파일은 부정경

---

45) 田村善之, 前揭書, 329頁.

쟁방지법상 보호되는 영업비밀에 해당한다는 이유로, 피고인에게 유죄를 선고한 사례.

제3절 영업비밀의 침해행위

I. 서 론

부정경쟁방지법 제2조 제3호 각 목은 영업비밀 침해행위의 구체적인 행위 태양을 나열하고 있으며 이는 예시적 규정이 아니라 열거적인 규정이므로 그 행위 태양 어디에도 해당하지 않는 경우에는 비록 타인의 영업비밀을 그 보유자의 허락없이 사용하더라도 영업비밀 침해행위에는 해당하지 않는 것이다. 즉, 타인의 영업비밀을 이용하는 모든 행위가 영업비밀 침해행위에 해당하는 것은 아니며 영업비밀의 취득과정에 위법이 있었거나 취득과정에 위법이 없었다고 하더라도 그 사용이나 공개가 비밀유지의무에 위반하여 부정한 목적을 가지고 이루어진 경우 및 이로 인하여 파생된 행위에 한하여 영업비밀의 침해 책임을 인정하고 있다. 현행 부정경쟁방지법이 인정하는 영업비밀 침해행위를 그 책임의 근거를 기준으로 분류하면 다음과 같다.

표 6-1 ┃ 영업비밀 침해행위의 유형

부정취득행위 관련	비밀유지의무위반 관련
절취, 기망, 협박, 그 밖의 부정한 수단으로 영업비밀을 취득하는 행위 또는 그 취득한 영업비밀을 사용하거나 공개(비밀을 유지하면서 특정인에게 알리는 것을 포함)하는 행위(부정경쟁방지법 제2조 제3호 가목)	영업비밀을 비밀로서 유지하여야 할 의무 있는 자가 부정한 이익을 얻거나 그 영업비밀의 보유자에게 손해를 입힐 목적으로 그 영업비밀을 사용·공개하는 행위(부정경쟁방지법 제2조 제3호 라목)
영업비밀에 대하여 부정취득행위가 개입된 사실을 알거나 중대한 과실로 알지 못하고 그 영업비밀을 취득·사용·공개하는 행위(부정경쟁방지법 제2조 제3호 나목)	영업비밀이 라목에 따라 공개된 사실 또는 그러한 공개행위가 개입된 사실을 알거나 중대한 과실로 알지 못하고 그 영업비밀을 취득·사용·공개하는 행위(부정경쟁방지법 제2조 제3호 마목)
영업비밀을 취득한 후에 그 영업비밀에 대하여 부정취득행위가 개입된 사실을 알거나 중대한 과실로 알지 못하고 그 영업비밀을 사용·공개하는 행위(부정경쟁방지법 제2조 제3호 다목)	바. 영업비밀을 취득한 후에 그 영업비밀이 라목에 따라 공개된 사실 또는 그러한 공개행위가 개입된 사실을 알거나 중대한 과실로 알지 못하고 그 영업비밀을 사용·공개하는 행위(부정경쟁방지법 제2조 제3호 바목)

II. 영업비밀 삭제·반환 거부

부정경쟁방지법 제18조 제1항 제1호 다목은 영업비밀보유자로부터 영업비밀을 삭제하거나 반환할 것을 요구받고도 부정한 이익을 얻거나 영업비밀 보유자에게 손해를 입게 할 목적으로 이를 거부하는 행위를 다른 영업비밀 침해행위와 마찬가지로 형사처벌의 대상으로 하고 있다. 이는 부정경쟁방지법 제2조 제3호에서 정의된 영업비밀 침해행위에는 해당하지 않지만 별도로 형사처벌의 대상으로 규정한 것이다. 전형적인 경우는 기업간 또는 기업과 대학연구소 사이에 특정 제품이나 기술에 관한 공동연구개발 계약을 체결하고 그 수행을 위하여 각자 보유한 영업비밀인 기술상 또는 경영상의 정보를 상대방에게 공개하였다가 공동연구개발이 종료된 이후에 계약에 따라 상대방에게 제공한 영업비밀에 대하여 반환·삭제를 요구하였음에도 불구하고 상대방이 이에 응하지 않는 경우가 될 것이다. 이는 일반적으로는 계약상의 채무불이행 문제로 귀결되는 것인데 여러 가지 사정으로 민사적인 책임을 추궁하기 쉽지 않은 경우를 예상하여 형사처벌의 대상으로 규정한 것이다.

제4절 영업비밀원본증명제도

영업비밀원본증명제도는 전자문서로 보관중인 영업비밀의 도용·유출 등으로 영업비밀 보유자가 해당 영업비밀 보유에 대한 입증이 필요한 경우 영업비밀의 원본존재와 보유시점 입증을 도와주는 제도다. 현재 한국특허정보원이 이를 운용하고 있다. 이 제도는 개인도 이용할 수 있다. 2015년 1월 28일 개정 전의 부정경쟁방지법상 영업비밀원본증명제도는 영업비밀이 포함된 전자문서의 등록을 통하여 영업비밀 보유사실에 대한 입증곤란을 완화하기 위한 제도이나, 원본증명서가 발급되더라도 원본등록된 정보의 보유사실에 대한 추정 규정이 없어 입증곤란을 완화하는 데 한계가 있었다. 그래서 2015년 1월 28일 개정된 부정경쟁방지법[46]에서는 원본증명서를 발급받은 자는 전자지문의 등록 당시에 해당 전자문서의 기재 내용대로 정보를 보유한 것으로 추정하는 규정을 신설함으로써 중소기업의 영업비밀보호를 강화하고 영업비밀 보유자의 입증 곤란을 완화하였다. 즉, 2015년 1월 28일 개정된 부정경쟁방지법 제9조의2 제3항은 "제2항에 따라 원본증명서를 발급받은 자는 제1항에 따른 전자지문의 등록 당시에 해당 전자문서의 기재 내용대로 정보를 보유한 것으로 추정한다."라

---

46) [시행 2015. 1. 28.][시행법률 제13081호, 2015. 1. 28., 일부개정].

고 규정하고 있다. 그리고 이 개정규정은 2015년 1월 28일 이후 최초로 원본증명서가 발급된 경우부터 적용한다(2015년 개정 부정경쟁방지법 부칙 제2조).

영업비밀원본증명제도와 비교되는 제도로는 대·중소기업·농어업협력재단이 운용하는 기술자료임치제도, 온라인임치서비스와 기술자료입증제도가 있다. 기술자료 임치제도는 중소기업이 영업비밀 등의 기술자료를 대·중소기업·농어업협력재단의 기술자료 임치센터에 맡겨 두고 임치기업에 의한 등록, 임치물의 개발사실 및 개발내용을 추정받도록 하여 핵심기술 및 영업비밀을 효율적으로 보호하기 위한 제도이다. 이 제도는 중소기업뿐만 아니라 대기업도 활용할 수 있는 제도적 장치다.

한편, 중소벤처기업부는 중소기업의 기술보호를 위해서 중소기업이 저비용으로 비밀을 보호할 수 있는 제도적 장치를 위해 "온라인 임치서비스"와 "기술자료 입증제도"를 실시하고 있다. 기술자료 입증제도는 중소기업이 영업비밀 등 기술자료를 자사에 보관하고 전자지문(해쉬코드) 및 타임스템프만 대·중소기업·농어업협력재단의 기술자료 임치센터에 보관하여 개발사실 및 개발시점을 증명하는 제도다.

제5절 부정경쟁방지법상 침해소송에서 영업비밀보호

부정경쟁행위 또는 영업비밀 침해행위로 인한 영업상 이익의 침해에 관한 소송에서 법원이 비밀유지명령을 내릴 수 있도록 하고 이를 위반하면 형사벌을 부과할 수 있도록 근거 규정을 신설하고 있다. 이는 한-미 FTA 제18.10조 제11항을 국내법에 반영하기 위한 조문이다.[47]

판례는 "비밀유지명령은 소송절차에서 공개된 영업비밀의 보호를 목적으로 하는 것으로서 소송절차와 관계없이 다른 당사자 등이 이미 취득하고 있는 영업비밀은 위와 같은 목적과는 아무런 관련이 없으므로, 영업비밀 침해소송에서 자기의 영업비밀을 다른 당사자 등이 부정하게 취득하여 사용하고 있다고 주장하면서 그 영업비밀에 대하여 한 비밀유지명령 신

---

47) 한-미 FTA 제18.10조 제11항은 "각 당사국은 사법 당국이 다음의 권한을 가지도록 규정한다.
    가. 적절한 경우, 사법 당국이 내린 유효한 명령을 지키지 못한 민사 사법절차의 당사자에게 벌금·구류 또는 구금을 명령할 수 있는 권한, 그리고
    나. 소송절차에서 생성되거나 교환된 비밀정보의 보호에 관한 사법명령의 위반에 대하여, 민사 사법절차의 당사자, 변호인, 전문가 또는 법원의 관할권이 미치는 그 밖의 인에게 제재를 부과할 수 있는 권한"이라고 규정하고 있다.

청은 받아들일 수 없다고 보아야 한다."라고 판시한 바 있다.[48] 비밀유지명령의 신청인인 원고가 본안이 청구원인으로 해당 영업비밀의 침해를 주장하였다는 것만을 이유로 이에 대해서는 비밀유지명령을 내릴 수 없다고 해석할 수 있는 부정경쟁방지법 제14조의4 제1항 단서는 비밀유지명령제도를 도입한 입법 목적과 부합하지 않는다는 비판이 있다.[49] 원고가 본안 사건에서 해당 영업비밀을 피고가 이미 부정하게 취득하여 알고 있다고 주장하면서 침해된 영업비밀을 특정하기 위하여 그 내용이 포함된 증거를 제출한 경우, 해당 영업비밀에 대한 비밀유지명령은 배척된 상태로 본안에 대하여 심리한 결과 실제로는 피고가 원고의 해당 영업비밀을 취득하였다고 인정되지 않게 되면 원고의 입장에서는 본안 사건인 영업비밀 침해 금지청구의 소에서 패소하고, 소송절차를 통해 자신의 영업비밀이 포함된 증거를 피고에게 제시함으로써 피고로 하여금 그 내용을 취득하도록 하면서도 비밀유지명령조차 인용받지 못하게 되는 부당한 상황에 직면하게 된다.[50]

이와 관련하여 부정경쟁방지법 제14조의4 제1항 단서를 삭제하거나, 이러한 사정을 발령 여부나 취소 여부에 고려할 수 있도록 하는 재량적인 규정으로 개정할 필요가 있다는 견해가 있다.[51] 이 견해에 따르면, "이러한 사유는 비밀유지명령 발령요건으로 엄격하게 규정하는 입법형식보다는 발령 여부나 취소 여부 심리 시 판단요소의 한 가지로 적절히 반영할 수 있도록 하면 충분하다."고 한다. 이 견해를 지지한다.

대법원 2015. 1. 16.자 2014마1688 결정[비밀유지명령][머크어드밴스드 테크놀러지스 주식회사 사건]

[판시사항]

영업비밀 침해소송에서 자기의 영업비밀을 다른 당사자 등이 부정하게 취득하여 사용하고 있다고 주장하면서 그 영업비밀에 대하여 한 비밀유지명령 신청을 받아들일 수 있는지 여부(소극).

---

48) 대법원 2015. 1. 16.자 2014마1688 결정[비밀유지명령].
49) 박태일, "비밀유지명령에 관한 소고-대법원 2015.1.16.자 2014마1688 결정을 계기로 살펴본 입법론-", 한국정보법학회 사례발표세미나 자료, 2009년 11월 12일, 35면.
50) 위의 발표자료, 36면.
51) 위의 발표자료, 37면.

제6절 자료의 제출명령

법원은 부정경쟁행위, 제3조의2 제1항이나 제2항을 위반한 행위 또는 영업비밀 침해행위로 인한 영업상 이익의 침해에 관한 소송에서 당사자의 신청에 의하여 상대방 당사자에 대하여 해당 침해행위로 인한 손해액을 산정하는 데에 필요한 자료의 제출을 명할 수 있다(제14조의3). 이는 침해로 인한 손해배상액을 산정함에 있어서 앞에 본 추정 규정, 즉 침해자의 판매수량을 기초로 한 손해액 산정이나, 침해자의 침해행위로 인한 이익에 기초한 손해액 산정 모두 그 기초가 되는 자료는 침해자가 보유하고 있음에도 일반적으로는 침해자에게 당연히 그 자료를 제출할 의무가 인정되지는 않기 때문에 특별히 법원의 명령을 통하여 이러한 서류의 제출을 강제할 수 있도록 하는 규정을 둔 것이다.

제5장 부정경쟁행위 및 영업비밀 침해에 대한 구제

제1절 의 의

현행 부정경쟁방지법은 위 법소정의 부정경쟁행위로 인하여 타인의 영업상의 이익을 침해하거나 타인의 영업비밀을 침해하는 행위에 대하여 그 타인의 영업상의 이익을 보호하기 위하여 그 행위의 태양에 따라 민사 및 형사적인 구제수단을 제공하고 있다. 부정경쟁행위나 영업비밀 침해행위가 단순히 타인의 영업상의 이익을 침해하는 정도에 그치는 경우에는 민사상의 구제수단만을 제공하지만, 예를 들어 부정한 수단에 의한 영업비밀 침해의 경우와 같이 그 행위의 위법성의 정도가 중하거나, 주지·저명표지에 대한 혼동행위와 같이 위법한 행위의 결과가 단순히 상대방의 영업상의 이익을 침해하는 정도에 그치지 아니하고 일반 소비자나 공중의 이익을 해치고, 부정경쟁방지법이 보호하고자 하는 공정한 경쟁질서 그 자체를 훼손하는 정도에 이르는 경우에는 형사상의 제재까지도 부가하고 있는 것이다.

제2절 부정경쟁행위에 대한 민사상의 구제

I. 민사상 구제의 유형

부정경쟁방지법은 부정경쟁행위 등에 대한 민사상의 구제수단으로서 부정경쟁행위 또는 영업비밀침해에 대한 금지청구권(침해예방을 포함)과 부정경쟁행위로 이한 손해를 전보하기 위한 손해배상청구권 및 부정경쟁행위나 영업비밀침해로 인하여 훼손된 신용을 회복하기 위한 조치를 구하는 신용회복청구권 등을 인정하고 있다. 아래에서는 먼저 부정경쟁행위에 대한 민사상의 구제수단을 살펴보고, 나아가 절을 바꾸어 영업비밀 침해행위에 대한 민사상의 구제수단을 살펴보기로 한다.

II. 침해금지 및 침해예방청구

부정경쟁방지법 제4조 제1항은 부정경쟁행위나 제3조의2 제1항 또는 제2항을 위반하는 행위로 자신의 영업상의 이익이 침해되거나 침해될 우려가 있는 자는 부정경쟁행위나 제3조의2 제1항 또는 제2항을 위반하는 행위를 하거나 하려는 자에 대하여 법원에 그 행위의 금지 또는 예방을 청구할 수 있다고 규정하고 있다. 여기에서 부정경쟁행위는 부정경쟁방지법 제2조 제1호의 각 목에 해당하는 어느 하나에 해당하는 행위를 말하며, 구체적으로는 본서의 제2장 제3절 내지 제11절에서 설명한 상품주체 혼동행위 등을 말한다. 제3조의2 제1항 및 제2항에 해당하는 행위는 파리협약 등의 조약 가맹국의 국기·국장 등을 무단으로 사용하는 것을 말한다.

III. 손해배상청구

1. 의의

고의 또는 과실에 의한 부정경쟁행위나 제3조의2 제1항 또는 제2항을 위반한 행위로 타인의 영업상 이익을 침해하여 손해를 입힌 자는 그 손해를 배상할 책임을 진다. 금지청구가 침해자의 고의 또는 과실을 요건으로 하고 있지 않는 것에 비하여 손해배상은 침해자에게 고의 또는 과실이 있는 것을 전제로 한다. 이는 고의 또는 과실에 의한 위법한 행위에 의하여 타인의 권리나 이익을 침해한 자에 대하여 그로 인하여 입은 손해를 자에게 그 손해를 배상할 책임을 인정하는 민법상의 불법행위 책임과 다르지 않다. 즉, 부정경쟁방지법상의 손해배상 책임은 민법상의 불법행위 책임을 부정경쟁행위에 대하여 명확하게 하기 위하여 규정한 것이다. 따라서 부정경쟁방지법상의 손해배상 책임에 대해서도 부정경쟁방지법의 특칙들이 적용되는 이외에는 민법상의 불법행위책임에 관한 규정과 해석이 그대로 적용된다.

2. 손해액에 대한 특례규정

가. 양도수량에 의한 산정

부정경쟁방지법은 먼저, 부정경쟁행위자가 부정경쟁행위에 관련된 물품을 양도한 때에는 그 물건의 양도 수량에 부정경쟁행위로 인하여 영업상의 이익을 침해당한 자가 그 부정경쟁행위가 없었더라면 판매할 수 있었던 당해 물품의 단위 수량당 이익액을 곱한 금액(침해 제품 양도 수량×피침해자의 단위 수량당 이익)을 손해액으로 청구할 수 있도록 하고 있다. 즉, 침해자가 부정경쟁행위로 인하여 특정 상품을 제3자에게 양도한 때에는 그 수량에 피침해자의 단위 수량당 이익을 곱한 금액을 피침해자의 손해로 추정하고 있는 것이다. 여기에서 침해자의 단위 수량당 이익을 기준으로 하지 않고 피침해자의 단위 수량당 이익액을 기준으로 한 것은 모방상품인 침해자의 상품에 대한 단위 수량당 이익은 피침해자의 주지·저명 상품의 단위 수량당 이익보다는 높지는 않을 것이 일반적이라는 점을 고려한 것으로 생각된다.

한편, 이러한 피침해자의 손해는 피침해자가 생산할 수 있었던 최대 수량에서 부정경쟁행위 당시 실제 판매한 수량을 뺀 수량에 피침해자의 단위 수량당 이익액을 곱한 금액을 한도로 하며, 침해자가 부정경쟁행위 이외의 사정으로 일정한 수량을 판매할 수 없었던 사정이 있는 경우에는 그 판매할 수 없었던 수량에 단위 수량당 이익액을 곱한 금액은 공제하여야 한다(부정경쟁방지법 제14조의2 제1항 단서). 이는 본 규정이 침해자의 양도행위가 없었더라면 피해자가 그 수량만큼 자신의 제품을 판매할 수 있었을 것이라는 것을 전제로 한 추정규정으로서 피해자로서는 부정경쟁행위가 없었다고 하더라도 자신의 생산능력을 초과한 수량의 제품을 생산·판매하여 이익을 얻을 수는 없었을 것이므로 이러한 경우에까지 손해의 발생을 추정할 수는 없고, 또한 부정경쟁행위가 없었더라도 어차피 생산·판매할 수 없었던 수량이라면 이와 같이 판매하지 못함으로 인한 손해와 부정경쟁행위 사이에 상당인과관계를 인정할 수는 없기 때문이다.

대법원 2009. 8. 20. 선고 2007다12975 판결[손해배상(기)등]

[판시사항]

[1] 부정경쟁방지법 제2조 제1호 (가)목에서 "타인의 상품과 혼동을 하게 하는"이라는 의미는 상품의 출처가 동일하다고 오인하게 하는 경우뿐만 아니라 국내에 널리 인식된 타인의 상품표지와 동일 또는 유사한 표지를 사용함으로써 수요자로 하여금 '당해 상품표지의 주체와 사용자 간에 자본·조직 등에 밀접한 관계가 있을 수 있지 않을까'라고 오신하게 하는 경우도 포함하며, 타인의 상품과 혼동을 하게 하는 행위에 해당하는지 여부는 상품표지의 주지성과 식별력의 정도, 표지의 유사 정도, 사용태양, 상품의 유사 및 고객층의 중복 등으로 인한 경업·경합관계의 존부, 그리고 모방자의 악의(사용의도)유무 등을 종합하여 판단하여야 한다.

[2] 원고들의 상품표지가 국내에서 주지성을 획득한 점, 원고들 및 피고의 상품표지가 유사하고 양 상품표지가 사용된 상품이 흡사한 점, 양 상품의 고객층 또한 중복되는 점 등의 여러 사정에 비추어 볼 때, 피고의 상품표지를 사용한 루미 상품을 판매하는 행위는 원고들의 상품표지가 사용된 루미큐브 상품과 혼동하게 하는 부정경쟁행위에 해당된다.

[3] 부정경쟁방지법 제14조의2제1항은 "부정경쟁행위 또는 영업비밀 침해행위로 인하여 영업상의 이익을 침해당한 자가 제5조 또는 제11조의 규정에 의한 손해배상을 청구하는 경우 영업상의 이익을 침해한 자가 부정경쟁행위 또는 영업비밀 침해행위를 하게 한 물건을 양도한 때에는 그 물건의 양도수량에 영업상의 이익을 침해당한 자가 당해 부정경쟁행위 또는 영업비밀 침해행위가 없었다면 판매할 수 있었던 물건의 단위수량당 이익액을 곱한 금액을 영업상의 이익을 침해당한 자의 손해액으로 할 수 있다. 이 경우 손해액은 영업상의 이익을 침해당한 자가 생산할 수 있었던 물건의 수량에서 실제 판매한 물건의 수량을 뺀 수량에 단위수량당 이익액을 곱한 금액을 한도로 한다. 다만, 영업상의 이익을 침해당한 자가 부정경쟁행위 또는 영업비밀 침해행위 외의 사유로 판매할 수 없었던 사정이 있는 때에는 당해 부정경쟁행위 또는 영업비밀 침해행위 외의 사유로 판매할 수 없었던 수량에 따른 금액을 빼야 한다."고 규정하고 있다. 이는 영업상의 이익을 침해당한 자(이하 '피침해자'라 한다)가 부정경쟁행위 또는 영업비밀 침해행위가 없었다면 판매할 수 있었던 물건의 수량을 영업상의 이익을 침해한 자(이하 '침해자'라 한다)가 부정경쟁행위 또는 영업비밀 침해행위로 양도한 물건의 양도수량에 의해 추정하는 규정으로, 피침해자에 대하여는 자신이 생산할 수 있었던 물건의 수량에서 침해행위가 있었음에도 실제 판매한 물건의 수량을 뺀 수량에 단위수량당 이익액을 곱한 금액을 한도로 하여 부정경쟁행위 또는 영업비밀 침해행위가 없었다면 판매할 수 있었던 물건의 수량 대신에 침해자가 양도한 물건의 양도수량을 입

증하여 손해액을 청구할 수 있도록 하는 한편 침해자에 대하여는 피침해자가 부정경쟁행위 또는 영업비밀 침해행위 외의 사유로 판매할 수 없었던 사정이 있는 경우 당해 부정경쟁행위 또는 영업비밀 침해행위 외의 사유로 판매할 수 없었던 수량에 따른 금액을 빼야 한다는 항변을 제출할 수 있도록 한 것이다. 따라서 피침해자가 부정경쟁방지법 제14조의2 제1항에 의하여 손해액을 청구하여 그에 따라 손해액을 산정하는 경우에 침해자로서는 같은 항 단서에 따른 손해액의 감액을 주장할 수 있으나, 같은 조 제1항에 의하여 산정된 손해액이 같은 조 제2항이나 제3항에 의하여 산정된 손해액보다 과다하다는 사정을 들어 같은 조 제2항이나 제3항에 의하여 산정된 손해액으로 감액할 것을 주장하여 다투는 것은 허용되지 아니한다.

나. 침해자의 이익에 의한 추정

침해자의 이익에 의한 손해액 추정은 침해행위로 인하여 침해자가 얻은 이익을 피해자가 부정경쟁행위로 인하여 입게 된 손해로 추정하는 것이다. 여기에서 말하는 침해자의 이익은 침해자가 부정경쟁행위를 함으로써 얻게 된 이익을 의미하고 예컨대 주지·저명 표장의 무상 이용 그 자체의 이익과 같이 부정경쟁행위 그 자체의 이익을 의미하는 것은 아니다. 따라서 일반적으로는 부정경쟁행위로 인한 매출액에서 비용을 공제한 것을 이익으로 본다. 그런데 이때 이익의 개념에 관하여는 침해자의 부정경쟁행위로 인한 총 매출에서 모든 비용, 즉 고정비용(감가상각액, 일반관리비 등을 전체 매출 가운데 부정경쟁행위로 인한 매출액의 비율로 나눈 금액)과 변동비용(부정경쟁행위 관련 재료비, 판매비 등) 등을 공제한 금액을 의미한다는 순이익설, 고정비용 가운데 임원급여 등과 같은 일반관리비를 제외한 비용과 변동비용을 공제한 금액을 의미한다는 총이익설, 원칙적으로 변동비용만을 공제하여야 한다는 한계이익설이 있다.

이론적으로는 본 추정 규정이 침해자의 이익에 관한 것이 아니라 최종적으로는 피침해자가 상실한 이익을 추정하는 것이라는 점에서 한계이익설이 타당하다고 생각한다.[52]

다. 통상 사용료 상당 손해액

부정경쟁방지법 제14조의2 제3항은 침해행위에 의하여 부정경쟁행위자가 받은 이익을 입증하는 것이 극히 어려운 경우 또는 입증된 침해자의 이익이 매우 적거나 오히려 적자를 입게 된 경우에 대비하여 상품이나 영업에 사용된 표장을 제3자에게 사용하게 하는 경우에 통상 받을 수 있는 사용료에 상당하는 금액을 손해액으로 청구할 수 있도록 하고 있다. 이는

---

52) 최정열·이규호, 앞의 책, 444면.

일반적으로 타인의 부정경쟁행위로 인하여 영업상의 이익을 침해당한 피해자에게 손해가 있는 경우 인정될 수 있는 최소한의 손해라고 볼 수 있다.

라. 상당한 손해액의 인정

부정경쟁행위 등에 의하여 영업상의 이익을 침해당한 자가 제기하는 손해배상 소송에서 손해가 발생한 것은 인정되지만 손해액을 확인하기 위하여 필요한 사실을 입증하는 것이 당해 사안의 성질상 극히 곤란한 때에는 법원은 변론의 전체 취지와 증거조사의 결과를 종합하여 상당하다고 인정되는 금액을 손해액으로 인정할 수 있다(제14조의2 제5항). 이는 부정경쟁행위로 인한 손해액의 산정에 있어서 엄격한 증거를 요구하고 이에 대한 입증이 없는 경우에 입증책임의 원칙에 따라 피고의 책임을 부정한다면, 부정경쟁방지법 제14조의2 각 항의 추정 규정에 따라 손해를 청구하는 경우에도 부정경쟁행위로 인한 상대방의 이익이나 판매수량을 입증하는 것 또한 침해자의 적극적인 협조가 없으면 불가능하기 때문에 법원이 증거에 의하여 손해액을 직접적으로 인정하는 것이 곤란한 경우가 많이 발생한다. 본 조문은 이러한 문제를 법원의 재량에 의한 손해액 인정을 통하여 가급적 피침해자가 입게 된 실질적인 손해에 대하여 배상이 가능하도록 하는 것을 목적으로 한 것이다.

3. 심리 절차의 특칙

부정경쟁행위에 대한 손해배상 청구의 본질은 민법상의 일반적인 불법행위에 손해배상 청구와 다르지 않다. 따라서 민법 및 민사소송법의 절차가 그대로 적용된다. 다만, 위에서 본 바와 같이 부정경쟁행위로 인한 손해배상 소송에 있어서는 그 손해의 입증이 쉽지 아니하고 또한 기업의 명예나 영업비밀이 관련된 경우가 종종 있으므로 심리 절차에 있어서 자료의 제출명령, 영업비밀보호절차, 법원에의 기록 송부 등 몇 가지 특칙을 두고 있다. 특히, 2018년 개정 부정경쟁방지법 제9조의8은 부정경쟁행위에 대한 손해배상청구의 소가 제기된 경우 법원이 특허청에 대해 조사기록의 송부를 요구할 수 있다고 규정하고 있다. 즉, 법원은 특허청이 부정경쟁방지 및 영업비밀보호에 관한 법률 제7조[53]에 따라 소송의 청구원인이

---

53) 제7조(부정경쟁행위 등의 조사 등) ① 특허청장, 특별시장·광역시장·특별자치시장·도지사·특별자치도지사(이하 "시·도지사"라 한다) 또는 시장·군수·구청장(자치구의 구청장을 말한다. 이하 같다)은 제2조제1호(아목과 카목은 제외한다)의 부정경쟁행위나 제3조, 제3조의2 제1항 또는 제2항을 위반한 행위를 확인하기 위하여 필요한 경우로서 다른 방법으로는 그 행위 여부를 확인하기 곤란한 경우에는 관계 공무원

된 부정경쟁행위에 대하여 행정조사를 한 경우에 그 조사절차에서 확인된 자료를 소송에서의 심리 판단의 자료로 삼기 위하여 그 기록의 송부를 요청할 수 있게 한 것이다.

4. 신용회복 청구

법원은 고의 또는 과실에 의한 부정경쟁행위(저명상표 희석화행위의 경우에는 고의에 의한 부정경쟁행위만을 포함한다) 등으로 타인의 영업상의 신용을 실추시킨 자에게는 그 타인의 청구에 의하여 손해배상을 갈음하거나 손해배상과 함께 영업상의 신용을 회복하는 데에 필요한 조치를 명할 수 있다(제6조). 신용회복 청구는 이와 같이 고의 · 과실에 의한 부정경쟁행위로 인하여 피해자에게 영업상의 신용이 실추되었을 것을 요건으로 한다.

대법원 2008. 11. 13. 선고 2006다22722 판결[전용사용권말소등]

[판시사항]

상표권 또는 전용사용권의 침해행위나 구 부정경쟁방지법(2004. 1. 20. 법률 제7095호로 개정되기 전의 것) 제2조 제1호 (가)목에서 정하는 상품주체의 혼동행위가 있었다고 하여도 그것만으로 상표권자 또는 전용사용권자나 상품주체의 영업상의 신용이 당연히 침해되었다고 단언하기 어려우므로, 그와 같은 경우 상표법 제69조 또는 구 부정경쟁방지 및 영업비밀보호에 관한 법률(2007. 12. 21. 법률 제8767호로 개정되기 전의 것) 제6조에 정한 신용회복을 위해 필요한 조치를 명하기 위하여는 상표권 또는 전용사용권의 침해행위나 상품주체혼동행위가 있었다는 것 외에 그와 같은 행위에 의하여 상표권자 또는 전용사용권자나 상품주체의 영업상의 신용이 실추되었음이 인정되어야 한다.[54]

에게 영업시설 또는 제조시설에 출입하여 관계 서류나 장부 · 제품 등을 조사하게 하거나 조사에 필요한 최소분량의 제품을 수거하여 검사하게 할 수 있다.

② 특허청장, 시 · 도지사 또는 시장 · 군수 · 구청장이 제1항에 따른 조사를 할 때에는 「행정조사기본법」 제15조에 따라 그 조사가 중복되지 아니하도록 하여야 한다.

③ 제1항에 따라 조사 등을 하는 공무원은 그 권한을 표시하는 증표를 지니고 이를 관계인에게 내보여야 한다.

54) 이 부분 판시는 아래와 같다.

"원심판결 이유에 의하면, 원심은 원고가 기존의 할론 소화제를 규제하자는 국제적 필요성에 따라 이를 대체하기 위해 이 사건 소화제를 개발한 점, 피고가 이 사건 계약에 따라 원고로부터 이 사건 소화제를 독점 수입하여 대한민국 내에 판매함으로써 2002년경부터는 'NAFS - Ⅲ' 상표로 판매하는 소화제가 국내 청정소화제 시장에서 80% 이상의 점유율을 차지한 점, 이 사건 소화제의 국내에서의 높은 점유율은 상당 부분 원고 제품의 우수성에서 기인한 것으로 보이는 점, 이 사건 계약 종료 후에도 피고는 원고 제품을

5. 부당이득반환청구

부정경쟁행위에 의하여 영업상의 이익이 침해된 경우에 상대방에게 고의 또는 과실이 없는 경우 또는 고의·과실을 입증하는 것이 불가능한 경우 등에는 손해배상청구는 할 수 없다. 그러나 그러한 경우에도 침해자가 부정경쟁행위로 인하여 이득을 얻고 그로 인하여 피해자가 영업상의 손해를 입은 경우에는 침해자가 얻은 이익을 민법상의 부당이득반환청구권에 터 잡아 그 이득의 반환을 청구할 수 있을 것이다(민 제741조). 다만, 이때에는 손해배상에 관한 부정경쟁방지법상의 손해액의 추정 규정은 적용되지 않으므로 침해자의 이익 및 부정경쟁행위와의 인과관계, 피해자의 손해 및 침해자의 이익과의 인과관계 등을 모두 입증하여야 할 것이다.[55] 따라서 부당이득반환청구권이 발생하기 위해서는 ① 상품표지 등의 사용자가 타인의 주지의 상품표지 등으로 인하여 이익을 얻었을 것, ② 이익을 얻음에 있어 법률상 정당한 원인이 없을 것, ③ 주지의 상품표지 등의 주체에게 손해가 발생할 것, ④ 발생한 이익과 손해 사이에 상당인과관계가 있을 것 등의 요건이 충족되어야 한다.[56]

독점판매하면서 구축한 판매망을 이용하여 자체 생산한 소화제를 계속해서 판매하여 위와 같은 높은 점유율을 유지하고 있는 데 반해 원고는 피고의 위 각 위반행위로 말미암아 국내 영업에 부진을 면치 못하고 있는 점 등에 비추어, 피고의 위 각 위반행위로 말미암아 원고의 영업상 신용이 실추되었음을 추인할 수 있고, 손해배상만으로는 그 회복이 불가능하여 적절한 해명광고가 필요하다고 판단하였다. 그러나 위 법리와 기록에 비추어 살펴보면, 비록 피고가 이 사건 계약기간 동안 'NAFS–Ⅲ' 상표의 상표권을 침해하는 행위를 하였고 그 후에도 유사 소화제에 'FINENAFS' 상표를 부착, 판매하였다 하여도, 피고가 판매한 유사 소화제의 품질이 조악하여 거래계에서 원고가 제조·판매한 이 사건 소화제의 신용이 손상되었다는 등의 특별한 사정이 있었음을 인정할 자료를 기록상 찾아보기 어려워, 원심이 들고 있는 위 사정들만으로 원고의 영업상 신용이 실추되었음을 추인하기는 어렵다고 할 것이다. 나아가 민법 제394조는 "다른 의사표시가 없으면 손해는 금전으로 배상한다"고 규정함으로써 이른바 금전배상의 원칙을 규정하고 있으므로, 법률에 다른 규정이 있거나 당사자가 다른 의사표시를 하는 등 특별한 사정이 없는 이상 원상회복청구는 할 수 없다 할 것인데(대법원 1997. 3. 28. 선고 96다10638 판결 등 참조), 원·피고 사이에 이 사건 계약 위반에 대한 배상방법으로 해명광고게재 등 신용회복조치의 이행을 구할 수 있도록 하는 약정이 있었음을 인정할 자료도 기록상 찾아보기 어렵다. 그럼에도 불구하고, 원심이 피고의 이 사건 계약 위반, " 상표권의 침해행위 또는 부정경쟁행위에 의하여 원고의 영업상의 신용이 실추되었다고 단정하여 해명광고게재청구를 인정한 것은 심리를 다하지 못한 잘못으로 판결에 영향을 미친 위법이 있다 할 것이므로, 이 부분에 대한 상고이유 제6점의 주장도 이유 있다."

55) 일본의 大板地判, 平成 19.2.15. 平成17年(ワ)2535는 침해자의 이익과 피해자의 손해 사이에 인과관계가 인정되지 않음을 이유로 부당이득 반환청구를 기각하였다.
56) 허인 외 5인, 앞의 보고서, 112면.

제3절 부정경쟁행위에 대한 형사상 제재

I. 개 요

부정경쟁방지법은 부정경쟁행위 가운데 그 위법성의 정도가 중한 것에 대해서는 형사상의 처벌을 규정하고 있다. 즉, 경쟁사업자의 영업상의 이익이라는 사익뿐만 아니라 공정한 경쟁질서 그 자체 및 일반 수요자의 이익을 보호한다고 하는 공익을 동시에 보호할 필요가 있어서 당사자들 사이의 민사적 해결에만 맡겨 두는 것은 적당하지 않은 부정경쟁행위에 대해서는 형사처벌의 대상으로 하고 있다.

부정경쟁방지법상의 형사처벌 규정은 형법의 특별법이라고 해석되므로 형법총칙의 규정이 그대로 적용되고 따라서 부정경쟁행위에 대한 고의가 없다면 비록 그 과실이 중하더라도 처벌을 할 수가 없고 원칙적으로 미수범은 처벌하지 아니한다.

II. 처벌의 대상

부정경쟁방지법상 형사처벌의 대상이 되는 부정경쟁행위는 첫째 제2조 제1호의 각 부정경쟁행위 가운데 제2조 제1호 가목부터 사목까지 그리고 자목에 해당하는 행위이다. 구체적으로 살펴보면 상품주체 및 영업주체 혼동행위(가목, 나목), 저명상표 희석화행위(다목), 원산지 허위표시 및 원산지 등 오인표시(라목, 마목), 품질오인 행위(바목), 대리인 등의 배임행위(사목), 타인 상품형태 모방행위(자목) 등이다. 2017년 개정 이전의 부정경쟁방지법에 따르면, 제2조 제1호 자목의 타인 상품형태 모방행위는 형사처벌 대상이 아니었다. 타인 상품형태 모방행위 근절의 실효성을 강화하기 위해 2017년 개정법은 타인이 제작한 상품의 형태를 모방한 상품을 양도·대여·전시하는 행위 등의 부정경쟁행위를 한 자가 3년 이하의 징역 또는 3천만원 이하의 벌금에 처하도록 개정하여 부정경쟁방지법 제2조 제1호 자목도 처벌대상으로 포함하였다. 그런데 2018년 신설된 아이디어 탈취행위(제2조 제1호 아목)에 대해서는 처벌규정을 두지 않았다.

부정경쟁방지법이 두 번째로 형사처벌의 대상으로 하고 있는 부정경쟁행위는 제3조, 즉 국기·국장 등의 사용금지 조항에도 불구하고 파리협약 당사국, 세계무역기구 회원국 또는 상표법 조약 체약국의 국기·국장, 그 밖의 휘장, 국제기구의 표지, 파리협약 당사국, 세계무역기구 회원국 또는 상표법 조약 체약국 정부의 감독용·증명용 표지 등과 동일하거나 유사한 표장을 상표로 사용하는 행위이다.

일본의 부정경쟁방지법은 이와 같은 행위를 부정한 목적으로 한 경우에만 형사처벌의 대상으로 하고 있음에 반하여[57] 우리 부정경쟁방지법은 부정한 목적을 그 범죄 성립요건으로 하고 있지 아니하므로 상품주체혼동행위 등을 하고 있다는 점에 대한 고의만 있다면 그 목적이나 동기를 묻지 아니하고 형사처벌의 대상이 된다.

대법원 1997. 3. 14. 선고 96도1639 판결[상표법위반·부정경쟁방지법위반]

[판시사항]

[1] 형법상 방조행위는 정범의 실행행위를 용이하게 하는 직접, 간접의 모든 행위를 가리키는 것으로서 작위에 의한 경우뿐만 아니라 부작위에 의하여도 성립된다.

[2] 형법상 부작위범이 인정되기 위하여는 형법이 금지하고 있는 법익침해의 결과발생을 방지할 법적인 작위의무를 지고 있는 자가 그 의무를 이행함으로써 결과발생을 쉽게 방지할 수 있었음에도 불구하고 그 결과의 발생을 용인하고 이를 방관한 채 그 의무를 이행하지 아니한 경우에, 그 부작위가 작위에 의한 법익침해와 동등한 형법적 가치가 있는 것이어서 그 범죄의 실행행위로 평가될 만한 것이라면, 작위에 의한 실행행위와 동일하게 부작위범으로 처벌할 수 있다.

[3] 백화점에서 바이어를 보조하여 특정매장에 관한 상품관리 및 고객들의 불만사항 확인 등의 업무를 담당하는 직원은 자신이 관리하는 특정매장의 점포에 가짜 상표가 새겨진 상품이 진열·판매되고 있는 사실을 발견하였다면 고객들이 이를 구매하도록 방치하여서는 아니되고 점주나 그 종업원에게 즉시 그 시정을 요구하고 바이어 등 상급자에게 보고하여 이를 시정하도록 할 근로계약상·조리상의 의무가 있다고 할 것임에도 불구하고 이러한 사실을 알고서도 점주 등에게 시정조치를 요구하거나 상급자에게 이를 보고하지 아니함으로써 점주로 하여금 가짜 상표가 새겨진 상품들을 고객들에게 계속 판매하도록 방치한 것은 작위에 의하여 점주의 상표법위반 및 부정경쟁방지법위반 행위의 실행을 용이하게 하는 경우와 동등한 형법적 가치가 있는 것으로 볼 수 있으므로, 백화점 직원인 피고인은 부작위에 의하여 공동피고인인 점주의 상표법위반 및 부정경쟁방지법위반 행위를 방조하였다고 인정할 수 있다.

---

57) 일본 부정경쟁방지법 제21조 제2항 제1호.

III. 처벌의 내용

위 각 조항에 해당하는 부정경쟁행위를 한 자에 대해서는 3년 이하의 징역 또는 3천만원 이하의 벌금에 처할 수 있으며 친고죄는 아니다.

제4절 부정경쟁행위에 대한 행정상 구제

I. 특허청 등의 조사 및 조사거부에 대한 제재

1. 특허청 등의 조사

특허청장, 특별시장·광역시장·특별자치시장·도지사·특별자치도지사(이하 "시·도지사"라 한다) 또는 시장·군수·구청장(자치구의 구청장을 말한다. 이하 같다)은 부정경쟁방지법 제2조 제1호 가목부터 사목까지 및 자목의 부정경쟁행위나 제3조, 제3조의2 제1항 또는 제2항을 위반한 행위를 확인하기 위하여 필요한 경우로서 다른 방법으로는 그 행위 여부를 확인하기 곤란한 경우에는 관계 공무원에게 영업시설 또는 제조시설에 출입하여 관계 서류나 장부·제품 등을 조사하게 하거나 조사에 필요한 최소분량의 제품을 수거하여 검사하게 할 수 있다(부정경쟁방지법 제7조 제1항). 형사처벌 규정처럼 공정한 경쟁질서 그 자체 및 일반 소비자들의 이익도 침해하는 부정경쟁행위에 한하여 공익 보호 차원에서 인정된 제도이다.

부정경쟁방지법 제7조의 조사가 행정조사의 일종이므로 행정조사기본법에 규정된 조사의 기본원칙(행정조사기본법 제4조), 조사계획수립 및 조사대상자의 선정(같은 법 제6조 내지 제8조) 등에 관한 규정이 그대로 적용된다고 해야 할 것이다. 조사의 방법에 관해서 부정경쟁방지법은 관계공무원으로 하여금 영업시설 또는 제조시설에 출입하게 하여 관계 서류나 장부·제품 등을 조사하게 하거나 조사에 필요한 최소분량의 제품을 수거하여 검사하게 할 수 있다고 규정하고 있다(부정경쟁방지법 제7조 제1항). 즉, 부정경쟁방지법 제7조 제1항에서는 "특허청장, 특별시장·광역시장·특별자치시장·도지사·특별자치도지사(이하 "시·도지사"라 한다) 또는 시장·군수·구청장(자치구의 구청장을 말한다. 이하 같다)은 제2조 제1호(아목과 카목은 제외한다)의 부정경쟁행위나 제3조, 제3조의2 제1항 또는 제2항을 위반한 행위를 확인하기 위하여 필요한 경우로서 다른 방법으로는 그 행위 여부를 확인하기 곤란한 경우에는 관계 공무원에게 영업시설 또는 제조시설에 출입하여 관계 서류나 장부·제품 등을 조사하게 하거나 조사에 필요한 최소분량의 제품을 수거하여 검사하게 할 수 있다."라고 규정하고 있다.

기업의 자유로운 영업활동을 보장하기 위하여, 특허청장 등이 관계 공무원에게 사업자의 영업시설 등에 출입하여 조사하게 하거나 조사에 필요한 제품을 수거하여 검사하게 할 수 있도록 하는 요건을 부정경쟁행위 등의 확인을 위하여 필요한 경우로서 다른 방법으로는 그 행위 여부를 확인하기 곤란한 경우로 하여 그 행사 요건을 엄격히 하였다.

그리고 2017년 개정 이전의 부정경쟁방지법에 따르면 타인이 제작한 상품의 형태를 모방한 상품을 양도·대여·전시하는 행위 등의 부정경쟁행위는 조사·검사의 대상에서 제외되어 있었으나 2017년 개정 부정경쟁방지법([시행 2017. 7. 18.][법률 제14530호, 2017. 1. 17., 일부개정])은 행정청의 조사·검사 대상이 되는 부정경쟁행위의 범위에 타인이 제작한 상품의 형태를 모방한 상품을 양도·대여·전시하는 행위 등을 추가하였다. 아울러 2018년 부정경쟁방지법의 개정을 통해 아이디어 탈취행위를 부정경쟁행위로 보고 해당 시 시정권고를 할 수 있도록 규정하고 있다.

그런데 행정조사기본법에는 이 이외에도 조사 대상자에 대한 출석 및 진술요구(행정조사기본법 제9조), 보고 및 자료의 제출요구(같은 법 제10조), 자료의 영치(같은 법 제13조) 등과 같은 수단을 제시하고 있는바, 행정조사기본법은 행정조사에 관한 기본법으로서 조사대상자의 자발적인 협조를 얻어서 실시하는 것이 아닌 행정조사, 즉 강제적인 행정조사는 개별법령에 근거가 있는 경우에 한하는 것이므로(같은 법 제5조) 부정경쟁방지법상의 행정조사의 경우에도 행정조사의 방법은 부정경쟁방지법에 정해진 것, 즉 현장조사, 서류나 장부, 제품의 조사, 최소한의 제품 수거 등에 한정된다고 할 것이다.

특허청 공무원 등이 본 조의 행정조사의 목적으로 제품을 수거한 때에는 그 조사대상자에게 수거증을 발급해야 하며, 수거한 제품을 검사한 결과 부정경쟁행위 등과 무관한 것으로 확인된 때에는 수거 당시의 소유자나 점유자에게 즉시 반환해야 한다(부정경쟁방지법시행령 제1조의3).

한편 행정조사기본법은 행정조사의 기본원칙으로서 ① 필요한 최소한의 원칙 및 조사권 남용금지 원칙, ② 조사목적에 적합한 대상자 선정 원칙, ③ 기관별 중복조사 금지 원칙, ④ 처벌이 아닌 준법목적 조사 원칙 등을 규정하고 나아가 ⑤ 조사 대상자 및 조사 결과나 기타 직무상 알게 된 정보에 대한 행정기관의 비밀유지 의무, ⑥ 조사 결과 알게 된 정보의 조사목적 이외 사용 금지 및 외부누설 금지 의무 등을 규정하고 있다(같은 법 제4조). 따라서 부정경쟁방지법상의 행정조사에 있어서도 이러한 기본 원칙이 그대로 적용될 것이다.

한편 부정경쟁방지법은 조사를 하는 공무원은 그 권한을 증명하는 증표를 소지하고 이를 조사대상자에게 제시하도록 하는 한편(부정경쟁방지법 제7조 제3항), 특허청장 등이 조사를 수행함에 있어서는 행정조사기본법 제15조의 규정에 따라 동일한 사안에 대하여 중복조사가 이루어지지 않도록 해야 한다는 규정(부정경쟁방지법 제7조 제2항)을 두고 있다.

2. 조사거부에 대한 제재

관계 공무원이 부정경쟁방지법 제7조 제1항에 따른 행정조사를 하는 것에 대하여 이를 거부하거나 방해 또는 기피한 경우에는 특허청장 등은 그 행위자에 대하여 2천만원 이하의 과태료를 부과할 수 있다(부정경쟁방지법 제20조 제1항 제1호). 다만, 과태료 부과기준 등 규제 관련 규정에 대하여 2015년 1월 1일을 기준으로 3년마다 그 타당성을 검토하여 개선 등의 조치를 하도록 되어 있다(부정경쟁방지법 제17조의2).

II. 시정권고

특허청장, 시·도지사 또는 시장·군수·구청장은 제2조 제1호(아목과 카목은 제외한다)의 부정경쟁행위나 제3조, 제3조의2 제1항 또는 제2항을 위반한 행위가 있다고 인정되면 그 위반행위를 한 자에게 30일 이내의 기간을 정하여 그 행위를 중지하거나 표지를 제거 또는 폐기할 것 등 그 시정에 필요한 권고를 할 수 있다(부정경쟁방지법 제8조). 2017년 개정 이전의 부정경쟁방지법에 따르면 타인이 제작한 상품의 형태를 모방한 상품을 양도·대여·전시하는 행위 등의 부정경쟁행위는 시정권고의 대상에서 제외되어 있어 특허청장, 시·도지사 또는 시장·군수·구청장은 이러한 부정경쟁행위에 대해 시정권고할 권한이 없는 실정이었다. 따라서 2017년 개정 부정경쟁방지법([시행 2017. 7. 18.][법률 제14530호, 2017. 1. 17., 일부개정])은 특허청장, 시·도지사 또는 시장·군수·구청장의 시정권고 대상이 되는 부정경쟁행위의 범위에 타인이 제작한 상품의 형태를 모방한 상품을 양도·대여·전시하는 행위 등을 추가하였다. 즉, 앞에서 본 행정조사의 결과나 기타 사유로 특허청장 등이 위에서 나열된 부정경쟁행위 등을 발견한 경우에는 그 부정경쟁행위자에게 30일 이내에 부정경쟁행위의 중지를 위하여 필요한 조치를 권고할 수 있는 것이다.

시정권고는 행정법상 행정지도의 일종으로서 좀 더 구체적으로는 관할 행정기관이 당사자에게 법적기준에 적합하지 않은 상태, 즉 위법한 상태의 시정을 권고하는 규제적 행정지도의 일종이다. 본 규정에 의한 시정권고는 행정법상 행정지도에 해당하므로 행정절차법 제48조에 따라 그 목적 달성에 필요한 최소한도에 그쳐야 하며, 시정권고 상대방의 의사에 반하여 부당하게 강요하여서는 아니 되며(부정경쟁방지법 제8조 제1항), 시정권고의 상대방이 시정권고에 따르지 아니하였다는 것을 이유로 불이익한 조치를 하여서는 아니 된다(부정경쟁방지법 제8조 제2항). 다만, 시정권고에 따르지 않았다는 것은 위법한 상태를 유지하는 것이므로 그 위법한 상태에 따른 별도의 민·형사상의 제재는 가능할 것이다.

제5절 영업비밀 침해에 대한 구제

I. 침해금지 및 침해예방 청구

부정경쟁방지법 제10조 제1항은 영업비밀의 보유자는 영업비밀 침해행위를 하거나 하려는 자에 대하여 그 행위에 의하여 영업상의 이익이 침해되거나 침해될 우려가 있는 경우에는 법원에 그 행위의 금지 또는 예방을 청구할 수 있다. 부정경쟁행위의 경우와 마찬가지로 영업비밀 침해행위는 그 본질은 불법행위의 일종이므로 영업비밀침해행위에 대한 민사적 구제수단은 손해배상이 원칙이고 예외적인 경우에 한하여 금지청구를 할 수 있는 것이지만, 본 규정은 영업비밀침해행위의 특수성을 고려하여 일반적인 금지청구권을 인정한 것이다.

금지청구가 받아들여지면 영업비밀 침해를 즉시 정지하게 할 수 있고 장래의 추가적인 영업비밀 침해도 예방됨으로써 영업비밀 누설로 인하여 회복할 수 없는 피해가 발생하는 것을 예방할 수 있게 하는 효과가 있다. 침해금지 또는 침해예방청구를 하는 경우에 부대청구로서 침해행위를 조성한 물건의 폐기나 침해행위에 제공된 설비의 제거, 그 밖에 침해의 금지 또는 예방을 위하여 필요한 조치를 아울러 청구할 수 있음은 부정경쟁행위에 대한 금지청구 등의 경우와 같다(부정경쟁방지법 제10조 제2항).

대법원 2020. 1. 30. 선고 2015다49422 판결[손해배상등 (가) 파기환송][처분권주의 위반 여부가 문제된 사건]

◇선행판결 또는 약정에 따른 의무위반을 이유로 한 금지 및 손해배상 청구를 구하는 사건에서 원고의 청구에 영업비밀침해를 원인으로 한 금지 및 손해배상청구가 포함된 것으로 선해하여 이를 인용한 것이 처분권주의에 반하는지 여부(적극)◇

가. 민사소송법은 '처분권주의'라는 제목으로 "법원은 당사자가 신청하지 아니한 사항에 대하여는 판결하지 못한다."라고 정하고 있다. 민사소송에서 심판 대상은 원고의 의사에 따라 특정되고, 법원은 당사자가 신청한 사항에 대하여 신청 범위 내에서만 판단하여야 한다(대법원 1982. 4. 27. 선고 81다카550 판결, 대법원 2013. 5. 9. 선고 2011다61646 판결 등 참조).

나. 선행판결이나 약정에 따른 의무 위반을 원인으로 하는 금지 및 손해배상청구는 부정경쟁방지 및 영업비밀보호에 관한 법률상 영업비밀침해를 원인으로 하는 금지 및 손해배상청구와는 그 요건과 증명책임을 달리하는 전혀 별개의 소송물이다. 따라서 원고와 피고가 비록 영업비밀성에 관한 공방을 하였다고 하더라도 원고의 주위적 청구에 부정경쟁방지법상 영업비밀침해를 원인으로 하는 청구가 포함되어 있다고 보기는 어렵다.

☞ 기술제휴계약 위반을 이유로 피고에 대하여 기술정보 이용 등 금지 및 손해배상청구 소송을 제기하여 일부 승소 판결을 받은 원고가 다시 이 사건으로 위 판결에 따른 피고의 의무 위반을 이유로 제품의 제조 금지 및 손해배상을 구하였는데, 피고는 '선행판결의 효력이 영업비밀에 한정되고 영업비밀성이 소멸되어 더 이상 그 사용이 제한되지 않는다'는 맥락에서 영업비밀성을 다투었고, 원고는 이에 대한 반박으로 영업비밀성이 인정된다고 주장한 사건임.

☞ 원심은 원고의 청구에 영업비밀침해를 원인으로 한 금지 및 손해배상청구가 포함된 것으로 선해하여 이를 인용하였으나, 이 판결은 이러한 원심판단이 처분권주의에 반한다고 보아 파기환송함.

☞ 이 판결은 부가적으로, 영업비밀침해를 선택적 청구원인으로 주장한 것으로 선해할 수 있다고 하더라도, 원고 특정 기술정보의 비공지성, 비밀관리성, 금지기간 도과 여부 등에 판단에도 심리미진 등의 잘못이 있다고 판단함.

대법원 2013. 8. 22.자 2011마1624 결정[가처분이의]

[판시사항]

영업비밀 침해행위의 금지를 구하는 경우에는 법원의 심리와 상대방의 방어권 행사에 지장이 없도록 그 비밀성을 잃지 않는 한도에서 가능한 한 영업비밀을 구체적으로 특정하여야 하고, 어느 정도로 영업비밀을 특정하여야 하는지는 영업비밀로 주장된 개별 정보의 내용과 성질, 관련 분야에서 공지된 정보의 내용, 영업비밀 침해행위의 구체적 태양과 금지청구의 내용, 영업비밀 보유자와 상대방 사이의 관계 등 여러 사정을 고려하여 판단하여야 한다.

이 사건에서 영업비밀로 주장된 원심 판시 '이 사건 정보'는 '신청인이 판매하는 솔벤트염료나 형광증백제'제품과 관련한 '배합염료의 배합비율, 염료의 합성반응 데이터, 과립형 형광중백제의 제조방법, 립스틱용 안료 페이스트의 분산방법 등 생산기술정보' 및 '원료의 순도 검사 방법, 사출 조건의 설정 및 테스트 방법, ccm을 이용한 염료의 색상 검사방법, hensel 믹서기 등 혼합공정 기계장치를 이용한 염료의 배합방법, 자동흔들체를 이용한 염료의 분급 방법, 가우스 자석키트를 이용한 염료의 철가루 제거방법 등 품질관리기술정보'(원심 판시 '이 사건 기술정보'이다)와 '원료의 종류·구입처·구입가격·구입수량, 관련 거래처의 동향, 원료의 품질관리를 위한 기술지도 등에 관한 사항에 관련된 영업정보'(원심 판시 '이 사건 영업정보'이다)이다.

그런데 피신청인들은, 신청인이 염료를 생산하는 것이 아니라 중국에서 염료 자체를 수입하여 포장만 바꾼 뒤 단품으로 판매하거나 그 염료를 원하는 색상이 나올 때까지 단순반복 작업을 통하여 배합하여 판매하고 있을 뿐 이 사건 기술정보와 관련하여 어떠한 고도의 염료 생산기술이나 품질관리기술을 보유하고 있지 않고, 신청인이 가지고 있는 생산기술정보나 품질관리기술정보는 솔벤트 염료나 형광증백제를 생산하는 다른 회사의 인터넷 웹사이트 등에서 누구나 쉽게 구할 수 있는 정보이거나 국제적으로 공인된 규격에 이미 정형화되어 있는 정보이며, 이 사건 영업정보와 관련하여 신청인이 가지고 있는 정보 또한 인터넷 웹사이트에서 누구나 쉽게 구할 수 있는 정보에 불과하다고 다투면서, 그에 부합하는 소명자료까지 일부 제출하였다. 그럼에도 신청인은 이 사건 정보가 수치자료, 업무매뉴얼 등의 데이터베이스 형태로 신청인 회사 내에 보관되고 있다는 취지로 주장만 할 뿐 그러한 데이터베이스의 존재를 인정할 수 있는 아무런 소명자료를 제출하지 아니하고, 이 사건 정보가 피신청인들이 주장하는 공지된 정보와 어떻게 다른지를 구체적으로 특정하여 주장·소명하지도 아니하였다.

그렇다면 피신청인들이 이 사건 정보가 일반적, 개괄적, 추상적으로 기재되어 있어 공지된 정보와 차이점이 무엇인지 알 수 없다고 주장함에도, 신청인이 공지된 정보와 차별화되도록 이 사건 정보를 더욱 구체적으로 특정하여 주장·소명하지 아니함으로써, 법원은 이 사건 정보가 영업비밀에 해당하는지를 판단할 수 없고 피신청인들도 영업비밀의 구체적인 내용을 알 수 없어 적절한 방어행위를 할 수 없으므로, 이 사건에서 영업비밀은 제대로 특정되었다고 할 수 없다.

1. 금지기간

영업비밀 침해행위를 금지시키는 목적은 침해행위자가 그러한 침해행위에 의하여 공정한 경쟁자보다 우월한 위치에서 부당하게 이익을 취하지 못하도록 하고 영업비밀 보유자로 하여금 그러한 침해가 없었더라면 원래 있었을 위치로 되돌아갈 수 있게 하는 데에 있다. 영업비밀 침해행위의 금지는 이러한 목적을 달성하기 위하여 영업비밀 보호기간의 범위 내에서 이루어져야 한다.[58] 영업비밀 보호기간이 남아 있으면 남은 기간 동안 침해금지청구권이 인정되고, 이미 영업비밀 보호기간이 지나면 침해금지청구권은 소멸한다.[59]

영업비밀 보호기간은 영업비밀인 기술정보의 내용과 난이도, 침해행위자나 다른 공정한 경쟁자가 독자적인 개발이나 역설계와 같은 합법적인 방법으로 영업비밀을 취득할 수 있었는지 여부, 영업비밀 보유자의 기술정보 취득에 걸린 시간, 관련 기술의 발전 속도, 침해행위자의 인적·물적 시설, 종업원이었던 자의 직업선택의 자유와 영업활동의 자유 등을 종합적으로 고려하여 정해야 한다.[60]

판례는 이러한 영업비밀 보호기간에 관한 사실인정을 통하여 정한 영업비밀 보호기간의 범위 및 그 종기를 확정하기 위한 기산점의 설정은 그것이 형평의 원칙에 비추어 현저히 불합리하다고 인정되지 않는 한 사실심의 전권사항에 속한다고 판시한 바 있다.[61] 즉, 원고 측 전직원 아닌 제3자와 관련된 사안에서 원고가 피고들이 원고의 영업비밀을 사용하여 바하(RO-7000), SN-400CL, SN-420NL, SN-430NL 내비게이션을 제작 및 판매하였다고 주장하면서 금지 및 손해배상을 청구하였는데, 대법원은 영업비밀 보호기간의 종기를 2012년 3월경으로 보고, 원심 변론종결일 현재 원고의 영업비밀 침해금지 및 침해예방 청구권은 그 보호기간의 경과로 소멸하였다고 보아 이를 기각하고, 2012년 3월경까지 발생한 영업비밀 침해로 인한 손해배상을 인정한 원심의 판단을 수긍하여 상고기각한 바 있다.[62]

침해행위자나 다른 공정한 경쟁자가 독자적인 개발이나 역설계와 같은 합법적인 방법으로 영업비밀을 취득하거나 영업비밀과 동일한 기술을 개발할 가능성이 인정되지 않는 등으로 영업비밀 보호기간의 종기를 확정할 수 없는 경우에는 침해행위 금지의 기간을 정하지 않을 수 있다. 전 직원과 관련된 사안에서 이처럼 금지기간을 정하지 않는다고 해서 영구히 금지하는 것은 아니고, 금지명령을 받은 당사자는 나중에 영업비밀 보호기간이 지났다는 사

---

58) 대법원 2019. 9. 10. 선고 2017다34981 판결(아우토스트라세 대 지엔에스디 주식회사 외 8인 사건)[영업비밀침해금지및손해배상등].
59) 대법원 2019. 3. 14.자 2018마7100 결정(세원셀론텍 사건)[영업비밀침해금지등가처분].
60) 대법원 2019. 9. 10. 선고 2017다34981 판결(아우토스트라세 대 지엔에스디 주식회사 외 8인 사건)[영업비밀침해금지및손해배상등].
61) 대법원 2019. 9. 10. 선고 2017다34981 판결(아우토스트라세 대 지엔에스디 주식회사 외 8인 사건)[영업비밀침해금지및손해배상등].
62) 대법원 2019. 9. 10. 선고 2017다34981 판결(아우토스트라세 대 지엔에스디 주식회사 외 8인 사건)[영업비밀침해금지및손해배상등].

정을 주장·증명하여 가처분 이의나 취소, 청구이의의 소 등을 통해 다툴 수 있다고 판시한 사례도 있다.[63]

2. 시 효

영업비밀 침해금지 또는 예방청구권은 그 침해행위에 의하여 영업상의 이익이 침해되거나 침해될 우려가 있는 사실 및 침해행위를 안 날부터 3년간 또는 침해행위가 시작된 날부터 10년을 경과하면 시효로 인하여 소멸한다.

소멸시효가 진행되기 위해서는 일단 침해행위가 개시되어야 하고, 나아가 전단의 경우에는 영업비밀 보유자가 그 침해행위에 의하여 자기의 영업상의 이익이 침해되거나 또는 침해될 우려가 있는 사실 및 침해행위자를 알아야 한다.

3. 기타 관련사항

가. 금지청구의 집행

금지청구에 대한 판결 가운데 단순한 부작위를 명하는 판결에 대해서는 신체의 자유 등과 관련하여 이를 물리적으로 강제할 수는 없으므로 간접강제의 방법에 의하여 이를 집행한다.

한편, 단순한 부작위 의무를 넘어서 침해를 조성한 물건의 폐기나 시설의 제거 등과 같이 피고에게 적극적인 이행의무를 명한 판결의 집행은 집행채무자인 피고가 이를 스스로 이행하지 아니하는 경우에는 피고의 비용으로 집행관 등에 의한 대체집행에 의하여 판결의 목적을 달성할 수 있다.

나. 가처분신청

영업비밀의 침해금지청구의 경우에도 본안에 의한 청구보다 가처분 소송에 의하여 이를 해결할 필요성이 많은 경우가 있다. 영구적으로 침해금지를 명하는 부정경쟁행위에 대한 금지청구의 경우와 달리 영업비밀 침해금지 청구에 대해서는 위에서 본 것처럼 기술의 발전속도, 영업비밀의 성격 등에 비추어 금지기간을 제한적으로 인정하고 특히 최근에는 비교적 단기간으로 설정되는 경우가 많고 영업비밀 침해의 성격상 가처분이 아닌 본안소송을 통해

---

63) 대법원 2019. 3. 14.자 2018마7100 결정(세원셀론텍 사건)[영업비밀침해금지등가처분].

서는 침해자에 의한 시장의 선점 등으로 회복할 수 없는 손해가 발생하는 경우가 많다는 점을 고려하면 침해가 인정되는 이상 가처분을 위한 보전의 필요성은 추정되는 것으로 보아야 할 것이다.

대법원 2019. 3. 14.자 2018마7100 결정[세원셀론텍 사건][영업비밀침해금지등가처분][공2019상,859]

[판결요지]

[1] 영업비밀 침해행위를 금지시키는 것은 침해행위자가 그러한 침해행위에 의하여 공정한 경쟁자보다 우월한 위치에서 부당하게 이익을 취하지 못하도록 하고 영업비밀 보유자로 하여금 그러한 침해가 없었더라면 원래 있었을 위치로 되돌아갈 수 있게 하는 데에 그 목적이 있다. 영업비밀 침해행위의 금지는 이러한 목적을 달성하기 위해 영업비밀 보호기간의 범위 내에서 이루어져야 한다. 영업비밀 보호기간은 영업비밀인 기술정보의 내용과 난이도, 침해행위자나 다른 공정한 경쟁자가 독자적인 개발이나 역설계와 같은 합법적인 방법으로 영업비밀을 취득할 수 있었는지 여부, 영업비밀 보유자의 기술정보 취득에 걸린 시간, 관련 기술의 발전 속도, 침해행위자의 인적·물적 시설, 종업원이었던 자의 직업선택의 자유와 영업활동의 자유 등을 종합적으로 고려하여 정해야 한다.

[2] 사실심의 심리 결과 영업비밀 보호기간이 남아 있으면 남은 기간 동안 침해금지청구권이 인정되고, 이미 영업비밀 보호기간이 지나면 침해금지청구권은 소멸한다. 다만 침해행위자나 다른 공정한 경쟁자가 독자적인 개발이나 역설계와 같은 합법적인 방법으로 영업비밀을 취득하거나 영업비밀과 동일한 기술을 개발할 가능성이 인정되지 않는 등으로 영업비밀 보호기간의 종기를 확정할 수 없는 경우에는 침해행위 금지의 기간을 정하지 않을 수 있다. 이처럼 금지기간을 정하지 않는다고 해서 영구히 금지하는 것은 아니고, 금지명령을 받은 당사자는 나중에 영업비밀 보호기간이 지났다는 사정을 주장·증명하여 가처분 이의나 취소, 청구이의의 소 등을 통해 다툴 수 있다.

II. 영업비밀 침해로 인한 손해배상 청구

고의 또는 과실에 의한 영업비밀 침해행위로 영업비밀 보유자의 영업상 이익을 침해하여 손해를 입힌 자는 그 손해를 배상할 책임을 진다. 즉, 상대방의 고의 또는 과실에 의한 영업비밀침해행위로 인하여 영업상의 이익을 침해당하고 손해를 입은 영업비밀 보유자는 영업비밀 침해자를 상대로 그 손해의 배상을 청구할 수 있다.

대법원 2011. 7. 14. 선고 2009다12528 판결[손해배상(기)]

[판시사항]

[1] 구 부정경쟁방지 및 영업비밀보호에 관한 법률(2007.12.21.법률 제8767호로 개정되기 전의 것)제2조 제3호 (가)목 전단에서 말하는 '부정한 수단'은 절취·기망·협박 등 형법상 범죄를 구성하는 행위뿐만 아니라 비밀유지의무 위반 또는 그 위반의 유인 등 건전한 거래질서의 유지 내지 공정한 경쟁의 이념에 비추어 위에 열거된 행위에 준하는 선량한 풍속 기타 사회질서에 반하는 일체의 행위나 수단을 말한다. 또한 영업비밀을 부정취득한 자는 취득한 영업비밀을 실제 사용하였는지에 관계없이 부정취득행위 그 자체만으로 영업비밀의 경제적 가치를 손상시킴으로써 영업비밀 보유자의 영업상 이익을 침해하여 손해를 입힌다고 보아야 한다.

[2] 제휴업체들이 개발한 모바일 콘텐츠, 모바일 게임 등을 해외에 판매하는 사업을 영위하는 甲주식회사 해외영업팀장 乙이 甲회사에서 퇴직한 후 자신이 근무하던 사무실에서 甲회사와 전략적 사업제휴계약을 체결한 丙주식회사에 입사하여 담당업무에 사용할 목적으로 甲회사의 영업비밀문서들을 복사하여 가져간 사안에서, 이는 영업비밀 침해행위에 해당하고, 이러한 乙의 영업비밀 부정취득행위가 있는 이상 乙은 영업비밀 보유자인 甲회사의 영업상 이익을 침해하여 손해를 입혔다고 보아야 한다.

III. 영업비밀 침해에 대한 삼배배상제도

1. 의 의

부정경쟁방지법 제14조의2 제6항에 의하면 "법원은 영업비밀침해행위가 고의적인 것으로 인정되는 경우에는 제11조에도 불구하고 제1항부터 제5항까지의 규정에 따라 손해로 인정된 금액의 3배를 넘지 아니하는 범위에서 배상액을 정할 수 있다."라고 규정되어 있으며, 같은 법 제14조의2 제7항에 의하면 "제6항에 따른 배상액을 판단할 때에는 다음 각 호의 사항을 고려하여야 한다.

1. 침해행위를 한 자의 우월적 지위 여부
2. 고의 또는 손해발생의 우려를 인식한 정도
3. 침해행위로 인하여 영업비밀 보유자가 입은 피해규모

4. 침해행위로 인하여 침해한 자가 얻은 경제적 이익

5. 침해행위의 기간·횟수 등

6. 침해행위에 따른 벌금

7. 침해행위를 한 자의 재산상태

8. 침해행위를 한 자의 피해구제 노력의 정도"라고 규정하고 있다. 이는 이른바 영미법상의 징벌적 배상제도(punitive damage 또는 enhanced damage)를 모범으로 2019년 1월 8일 개정된 부정경쟁방지법에 새롭게 도입된 제도다.

2. 부정경쟁방지법상 삼배배상제도의 시행시기

2019년 7월 9일(현 부정경쟁방지법 시행 이후) 이래 삼배배상제도는 영업비밀 침해행위가 시작되는 경우부터 적용된다.

IV. 경업금지 및 전직금지가처분

경업금지약정이나 전직금지가처분 등은 본질적으로 헌법이 보장하는 직업선택의 자유에 대한 제한이므로 비록 근로자의 동의하에 경업금지약정이 체결되었다고 하더라도 무조건 그 약정의 효력을 그대로 인정해서는 아니 되고, 경업금지약정으로 보호하고자 하는 사용자의 이익, 근로자가 종전 회사에서 담당한 업무와 직위, 사용자가 근로자를 위하여 지출한 직업훈련이나 해외기술연수 비용, 근로자가 고용되기 이전에 취득한 기술, 경험의 정도, 지역 및 대상 직종, 경업금지의무에 수반한 금전 및 비금전적 대가의 유무, 공공의 이익, 퇴사나 전직에 이르게 된 경위 등을 종합적으로 검토하여 그 유효성 및 보호의 범위가 결정되어야 하고, 근로자의 직업선택 및 영업의 자유를 본질적으로 제한하거나 자유로운 경쟁을 지나치게 제한하여 공공복리에 반하는 경우에는 적어도 그 범위 내에서는 민법 제103조 소정의 선량한 풍속 기타 사회질서에 반하는 법률행위로서 무효라고 보아야 할 것이다.

구체적으로 살펴보면 경업금지약정의 유효성을 판단하기 위해서는, (i) 경업금지약정으로 보호할 가치 있는 사용자의 이익, 즉 영업비밀이나 또는 영업비밀에 해당하지는 않더라도 적어도 전직금지약정으로 보호하고자 하는 영업상의 이익이 존재하고, 또한 그 이익을 보호하기 위하여는 전직금지가 필수 불가결한 것인지 여부, (ii) 피용자의 종전 회사에서의 지위 및 직무의 내용이 하급직이거나 단순 노무직 등인지 여부, (iii) 지역 및 대상 직종이 적절하게 제한되었는지 여부,[64] (iv) 경업금지약정을 준수함으로 인하여 근로자가 입게 되는 불이익에 대한 대가 여부,[65] (v) 근로자가 자진해서 퇴직한 것인지, 정리해고 등 회사 측 사정에 의하여 퇴직한 것인지 여부 등이 고려되어야 한다. 한편, 경업금지약정은 당사자 사이의 채권적인 약정에 불과하여 그 효력이 사용자와 근로자 사이에만 미치고, 근로자를 채용한 경쟁회사에는 미치지 아니하는 것이므로, 경쟁업체에 대하여는 단순히 경업금지약정에 기하여 채용금지를 구할 수 없다.[66]

V. 영업비밀 침해에 대한 형사적 제재

1. 개 요

부정경쟁방지법 제18조는 부정한 이익을 얻거나 영업비밀 보유자에게 손해를 입힐 목적으로 영업비밀을 취득, 사용, 제3자에게 누설한 자를 형사 처벌하는 규정을 두고 있다. 실무상으로는 영업비밀에 해당하는 정보를 부정취득하거나 외부로 무단 반출하는 경우에는 부정경쟁방지법 위반죄뿐만 아니라 형법상의 업무상배임죄로도 처벌한다. 또한, 회사 임직원이 영업비밀 등을 적법하게 반출하여 그 반출행위가 업무상배임죄에 해당하지 않는 경우라도, 퇴사시에 그 영업비밀 등을 회사에 반환하거나 폐기할 의무가 있음에도 경쟁업체에 유출하거나 스스로의 이익을 위하여 이용할 목적으로 이를 반환하거나 폐기하지 아니하였다면, 이러한 행위 역시 퇴사시에 업무상배임죄의 기수가 된다.[67] 하지만, 회사직원이 퇴사한 후에

---

64) 이에 대하여는 첨단기술분야의 경우에는 지역 및 대상이 광범위하더라도 유효성을 인정해야 한다는 견해도 있다.

65) 모든 계약에 있어서 의무의 부담에 따른 대가로서의 약인(consideration)의 존재를 요구하고 약인이 결여되면 계약을 무효로 보는 미국법제에 있어서는 단순한 임금의 지급은 퇴직 후 경업금지약정의 유효한 약인(consideration)이 될 수 없으므로 별도의 약인이 없는 경우에는 경업금지 약정은 무효라고 해석한다. 우리나라에서는 통상적인 근로에 따른 임금 그 자체만으로 경업금지 약정에 대한 대상이 있다고 볼 수 있는지 여부에 관해서 이를 긍정하는 견해도 있으나 경업금지 약정이 없는 다른 근로자와 별 차이 없는 통상적 임금만으로는 경업금지 약정에 따른 대가가 있다고 보기 어렵다고 생각한다. 다만, 이와 같이 약인을 계약의 유효요건으로 보는 미국과 달리 약인이라고 하는 일종의 대가가 없는 의무 부담약정이라고 하더라도 당연 무효라고 보지 않는 우리 계약법 체계상으로는 이러한 전직금지 약정의 대가 유무는 그 유효성을 판단하는 여러 가지 요소들 가운데 하나는 될 수 있어도 그 자체가 절대적인 유효요건이 될 수는 없다고 생각한다.

66) 최정열·이규호, 앞의 책, 497–498면.

는 특별한 사정이 없는 한 퇴사한 회사직원은 더 이상 업무상배임죄에서 타인의 사무를 처리하는 자의 지위에 있다고 볼 수 없고, 위와 같이 반환하거나 폐기하지 아니한 영업비밀 등을 경쟁업체에 유출하거나 스스로의 이익을 위하여 이용하더라도 이는 이미 성립한 업무상배임 행위의 실행행위에 지나지 아니하므로, 그 유출 내지 이용행위가 부정경쟁방지 및 영입비밀보호에 관한 법률 위반(영업비밀누설 등)죄에 해당하는지는 별론으로 하더라도, 따로 업무상배임죄를 구성할 여지는 없다. 그리고 위와 같이 퇴사한 회사직원에 대하여 타인의 사무를 처리하는 자의 지위를 인정할 수 없는 이상 제3자가 위와 같은 유출 내지 이용행위에 공모·가담하였더라도 타인의 사무를 처리하는 자의 지위에 있다는 등의 사정이 없는 한 업무상배임죄의 공범 역시 성립할 수 없다.[68]

> ### 대법원 2016. 6. 23. 선고 2014도11876 판결[부정경쟁방지및영업비밀보호에관한법률위반(영업비밀누설등)·업무상배임]
>
> 회사 임직원이 영업비밀을 경쟁업체에 유출하거나 스스로의 이익을 위하여 이용할 목적으로 무단으로 반출하였다면 그 반출 시에 업무상배임죄의 기수가 되고, 영업비밀이 아니더라도 그 자료가 불특정 다수의 사람에게 공개되지 아니하였고 사용자가 상당한 시간, 노력 및 비용을 들여 제작한 영업상 주요한 자산인 경우에도 그 자료의 반출행위는 업무상배임죄를 구성한다. 한편 회사 임직원이 영업비밀이나 영업상 주요한 자산인 자료를 적법하게 반출하여 그 반출행위가 업무상배임죄에 해당하지 않는 경우에도 퇴사 시에 그 영업비밀 등을 회사에 반환하거나 폐기할 의무가 있음에도 경쟁업체에 유출하거나 스스로의 이익을 위하여 이용할 목적으로 이를 반환하거나 폐기하지 아니하였다면, 이러한 행위는 업무상배임죄에 해당한다.

2. 부정경쟁방지법에 의한 형사적 제재

가. 영업비밀 침해 행위

(1) 누설 등 행위-목적범

부정한 이익을 얻거나 영업비밀 보유자에 손해를 입힐 목적으로 ① 영업비밀을 취득·사

---

67) 대법원 2008. 4. 24. 선고 2006도9089 판결; 대법원 2016. 6. 23. 선고 2014도11876 판결.
68) 대법원 2017. 6. 29. 선고 2017도3808 판결[부정경쟁방지및영업비밀보호에관한법률위반(영업비밀누설등)·업무상배임].

용하거나 제3자에게 누설하는 행위, ② 영업비밀을 지정된 장소 밖으로 무단으로 유출하는 행위 ③ 영업비밀 보유자로부터 영업비밀을 삭제하거나 반환할 것을 요구받고도 이를 계속 보유하는 행위이다. 영업비밀의 취득 경위는 묻지 아니하고 그 취득, 사용, 누설, 유출 등에 부정한 목적이 개입되면 형사처벌의 대상이 되는 것이다. 행위자의 주관적인 목적을 구성요건으로 하는 목적범의 형식을 취하고 있다.

일반적으로 부정한 이익을 얻을 목적이란 공서양속이나 신의칙에 반하는 부당한 이익을 얻을 목적을 의미한다. 스스로 부정한 이익을 얻을 목적만이 아니라 제3자에게 부정한 이익을 얻게 할 목적도 포함한다고 해석된다. 예를 들면 영업비밀 보유자의 영업비밀을 스스로 부정하게 사용하여 부당하게 이익을 얻을 목적은 물론 제3자에게 영업비밀을 개시하여 그로 하여금 그 영업비밀을 사용하여 부당한 이익을 얻게 할 목적도 여기에 해당한다. 영업비밀 침해자나 제3자가 영업비밀의 보유자와 반드시 경쟁관계에 있어야 하는 것은 아니므로 영업비밀 보유자의 영업과 경쟁관계가 없는 사업에 사용하여 부당한 이익을 얻는 것을 목적으로 하는 경우도 포함한다.

영업비밀 보유자에게 손해를 입힐 목적이란 영업비밀 보유자에게 재산상의 손해, 신용의 훼손 기타 유무형의 손해를 입힐 목적을 모두 포함한다. 현실적으로 손해가 발생하여야 하는 것은 아니다. 전형적인 예로서는 인터넷 등에 게시하거나 기타의 방법으로 불특정 다수의 사람들에게 해당 영업비밀을 공개함으로써 당해 영업비밀의 비공지성을 상실하게 하는 경우를 포함한다.

부정한 목적이 있었는지 여부는 피고인의 직업, 경력, 행위의 동기 및 경위와 수단, 방법, 그리고 영업비밀 보유자와 영업비밀을 취득한 제3자와의 관계 등 여러 사정을 종합하여 사회통념에 비추어 합리적으로 판단하여야 한다.[69]

(2) 부정취득행위

절취·기망·협박, 그 밖의 부정한 수단으로 영업비밀을 취득함으로써 영업비밀을 침해하는 행위에 대해서는 그 행위 자체에 위법성이 존재하므로 별도로 부정한 목적이나 손해를 입힐 목적을 요건으로 하지 아니한다. 다만, 절취·기망·협박 등의 행위가 반드시 형법상의 범죄행위에 해당하는 것이어야 할 필요는 없다.

(3) 악의적 사용행위

영업비밀을 취득·사용하기 이전에 제3자에 의하여 위 (1) 또는 (2)의 영업비밀 침해행위

---

69) 대법원 2018. 7. 12. 선고 2015도464 판결[산업기술의유출방지및보호에관한법률위반·업무상배임].

가 개입된 사실을 알게 되었음에도 그 영업비밀을 취득·사용하는 행위이다. 취득 당시에는 알지 못하였지만 그 이후에 영업비밀 보유자의 경고장 등을 통하여 이를 알게 되었음에도 계속 사용하는 경우에 이에 해당할 수 있다. 다만, 거래 과정에서 정당하게 영업비밀 정보를 취득한 이후에 그 거래에서 허용된 범위 내에서 사용하는 경우에는 그 이후에 이러한 사정을 알게 되었더라도 처벌할 수 없다.

나. 고 의

본 조의 형사처벌은 형법의 특별규정이라고 할 것이므로 형법총칙의 규정이 그대로 적용되어 주관적 범죄구성요건으로서 고의를 요한다. 여기에서 고의는 객관적 범죄구성요건에 대한 고의를 말하며, 특히 해외사용목적의 영업비밀 침해를 가중처벌하는 부정경쟁방지법 제18조 제1항의 범죄의 경우에는 해당 영업비밀이 해외에서 사용하기 위한 것 또는 해외에서 사용될 것이라는 점에 대한 고의도 필요하다고 할 것이다.

다. 처 벌

(1) 일반 영업비밀 침해

국내에서의 위 각 호의 영업비밀 침해에 대해서는 10년 이하의 징역 또는 5억원 이하의 벌금에 처한다. 다만, 벌금형에 처하는 경우 위반행위로 인한 재산상 이득액의 10배에 해당하는 금액이 5억원을 초과하면 그 재산상 이득액의 2배 이상 10배 이하의 벌금에 처할 수 있다. 즉, 징역형과 벌금형을 선택할 수 있되, 위반행위로 인한 재산상 이득이 5천만원을 초과하는 경우에 벌금형을 선택하면 최소 1억원 이상의 벌금에 처해야 하고 그 상한은 이득액의 10배까지 올라갈 수 있다.

(2) 해외사용 목적 영업비밀침해

영업비밀을 외국에서 사용하기 위해서 또는 영업비밀이 해외에서 사용될 것임을 알면서 영업비밀을 침해하는 경우에는 다른 경우보다 그 법정형을 가중하여 15년 이하의 징역 또는 15억원 이하의 벌금에 처한다. 다만, 벌금형에 처하는 경우 위반행위로 인한 재산상 이득액의 10배에 해당하는 금액이 15억원을 초과하면 그 재산상 이득액의 2배 이상 10배 이하의 벌금에 처한다. 이때에도 징역형과 벌금형의 선택이 가능하지만 벌금형을 선택한 경우에 재산상 이득액이 1억 5천만원을 초과하면 최소한 그 두 배 이상(3억원)의 벌금형에 처하도록 하고, 그 상한은 15억원으로 하고 있다. 이는 최근에 국내의 기술 수준이 높아짐에 따라 첨단 국내 기술의 불법 해외 유출로 인하여 개별 기업뿐만 아니라 관련 국내 산업의 국제 경쟁력에도 나쁜 영향을 미치는 일이 증가함에 따라 해외 유출 목적의 영업비밀 침해에 대하여 그 위법성이 더욱 크다는 점을 고려하여 보다 엄하게 처벌하기 위한 것이다.

(3) 미수범의 처벌

위 각 영업비밀침해죄의 미수범도 처벌하며, 미수범의 형량은 원칙적으로 기수범과 같으나 감경할 수 있다는 점 등은 형법 제25조의 규정에 따른다.

대법원 2017. 6. 29. 선고 2017도3808 판결[부정경쟁방지및영업비밀보호에관한법률위반(영업비밀누설등) · 업무상배임][공2017하,1603]

[판시사항]

회사직원이 영업비밀 또는 영업상 주요한 자산을 '경쟁업체에 유출하거나 스스로의 이익을 위하여 이용할 목적으로 무단으로 반출한 경우, 업무상배임죄의 기수시기(＝유출 또는 반출 시) 및 영업비밀 등을 적법하게 반출하였으나 퇴사 시에 회사에 반환하거나 폐기할 의무가 있음에도 같은 목적으로 이를 반환하거나 폐기하지 아니한 경우, 업무상배임죄의 기수시기(＝퇴사 시) / 퇴사한 회사직원이 위와 같이 반환하거나 폐기하지 아니한 영업비밀 등을 경쟁업체에 유출하거나 스스로의 이익을 위하여 이용한 행위가 따로 업무상배임죄를 구성하는지 여부(원칙적 소극) 및 제3자가 위와 같은 유출 내지 이용행위에 공모·가담한 경우, 업무상배임죄의 공범이 성립하는지 여부(원칙적 소극)

[판결요지]

업무상배임죄의 주체는 타인의 사무를 처리하는 지위에 있어야 한다. 따라서 회사직원이 재직 중에 영업비밀 또는 영업상 주요한 자산을 경쟁업체에 유출하거나 스스로의 이익을 위하여 이용할 목적으로 무단으로 반출하였다면 타인의 사무를 처리하는 자로서 업무상의 임무에 위배하여 유출 또는 반출한 것이어서 유출 또는 반출 시에 업무상배임죄의 기수가 된다. 또한 회사직원이 영업비밀 등을 적법하게 반출하여 반출행위가 업무상배임죄에 해당하지 않는 경우라도, 퇴사 시에 영업비밀 등을 회사에 반환하거나 폐기할 의무가 있음에도 경쟁업체에 유출하거나 스스로의 이익을 위하여 이용할 목적으로 이를 반환하거나 폐기하지 아니하였다면, 이러한 행위 역시 퇴사 시에 업무상배임죄의 기수가 된다. 그러나 회사직원이 퇴사한 후에는 특별한 사정이 없는 한 퇴사한 회사직원은 더 이상 업무상배임죄에서 타인의 사무를 처리하는 자의 지위에 있다고 볼 수 없고, 위와 같이 반환하거나 폐기하지 아니한 영업비밀 등을 경쟁업체에 유출하거나 스스로의 이익을 위하여 이용하더라도 이는 이미 성립한 업무상배임 행위의 실행행위에 지나지 아니하므로, 그 유출 내지 이용행위가 부정경쟁방지 및 영입비밀보호에 관한 법률 위반(영업비밀누설등)죄에 해당하는지는 별론으로 하더라도, 따로 업무상배임죄를 구성할 여지는 없다. 그리고 위와 같이 퇴사한 회사직원에 대하여 타인의 사무를 처리하는 자의 지위를 인정할 수 없는 이상 제3자가 위와 같은 유출 내지 이용행위에 공모·가담하였더라도 타인의 사무를 처리하는 자의 지위에 있다는 등의 사정이 없는 한 업무상배임죄의 공범 역시 성립할 수 없다.

라. 예비·음모

부정경쟁방지법 제18조 제1항 및 제2항의 범죄, 즉 영업비밀침해의 각 죄를 범할 목적으로 예비 또는 음모를 한 자에 대해서도 처벌한다. 부정경쟁방지법 제18조 제1항의 범죄, 즉 영업비밀의 해외 유출을 예비 또는 음모한 경우에는 3년 이하의 징역 또는 3천만원 이하의 벌금에, 부정경쟁방지법 제18조 제2항의 범죄 국내 이용 목적의 영업비밀 침해죄에 대해서는 2년 이하의 징역 또는 2천만원 이하의 벌금에 처한다.

2004년 1월 20일 개정된 부정경쟁방지법[70] 제18조의3은 '예비·음모'란 표제하에 예비·음모죄를 신설하여 영업비밀 침해행위를 예비·음모한 자도 처벌할 수 있는 근거 조항을 신설하였다.[71] 이는 종전에 이 규정의 미비로 예비·음모자를 적발하고도 처벌근거가 없어서 처벌하지 못한 점을 감안하여 영업비밀 누출 직전단계에서의 비밀보호 강화를 위해 이 조문을 신설한 것이었다.[72] 2019년 개정된 부정경쟁방지법[73]에서는 영업비밀 침해행위의 죄를 범할 목적으로 예비 또는 음모한 자에 대한 벌금액을 상향 조정하였다. 즉, 국내이용 목적의 영업비밀 침해죄를 범할 목적으로 예비·음모한 자의 벌금형은 1천만원 이하의 벌금에서 2천만원 이하의 벌금으로, 해외사용 목적의 영업비밀 침해죄를 범할 목적으로 예비·음모한 자의 벌금형은 2천만원 이하의 벌금에서 3천만원 이하의 벌금으로 상향조정하였다.

예비라 함은 영업비밀을 침해하기 위해서 행하는 준비행위로서, 침해의 착수에 이르지 아니한 것을 말한다. 일반적으로 범죄를 예비한 것만으로는 명문으로 규정되지 아니하는 한 처벌되지 아니한다(형법 제28조). 예비한 후 침해의 착수에 이르면 예비행위는 독립해서 처벌의 대상이 되지 아니한다. 왜냐하면 착수 후 미수 내지 기수와 법조경합의 관계(보충관계)에 있기 때문이다. 예비의 중지에 대하여 중지미수의 규정(형법 제26조)을 준용할 수 있는지 여부에 관해서는 의견의 대립이 있을 수 있겠지만 형의 균형이 맞지 않는 한도 내에서 그 준

---

70) [시행 2004. 7. 21.][법률 제7095호, 2004. 1. 20., 일부개정].
71) 허인 외 5인, 앞의 보고서, 418면.
72) 허인 외 5인, 위의 보고서, 418면.
73) [시행 2019. 7. 9.][법률 제16204호, 2019. 1. 8., 일부개정].

용을 인정하는 것이 타당할 것이다.

그리고 '음모'라 함은 2인 이상의 사이에 행하여지는 영업비밀 침해를 하기 위한 모의를 말한다. 범죄를 위한 음모 역시 명문으로 규정되어 있지 아니하는 한 그 행위만으로는 처벌하지 못한다(형법 제28조). 음모한 후 영업비밀 침해의 착수에 이르면 음모행위는 독립해서 처벌의 대상이 되지 아니한다. 왜냐하면 착수 후의 미수 내지 기수와 법조경합의 관계(보충관계)에 있기 때문이다.

마. 양벌 규정

법인의 대표자나 법인 또는 개인의 대리인, 사용인, 그 밖의 종업원이 그 법인 또는 개인의 업무에 관하여 제18조의 영업비밀 침해의 어느 하나에 해당하는 위반행위를 하면 그 행위자를 벌하는 외에 그 법인 또는 개인에게도 해당 조문의 벌금형을 과(科)한다. 법인에게는 원칙적으로 자유형을 부과할 수 없으므로 벌금형을 과할 수밖에 없지만, 영업비밀 침해행위를 한 종업원의 사용자가 개인인 경우에도 균형상 벌금형만을 과하도록 규정한 것으로 이해된다. 다만, 영업비밀 침해행위를 한 종업원의 사용자가 단순히 사용자의 지위에 그치지 않고 종업원의 영업비밀 침해행위를 공모하거나 교사 또는 방조한 경우에는 본 조의 양벌규정에 의할 것이 아니라 형법상의 공범에 관한 규정에 따라 공모공동정범, 교사범 또는 방조범으로 처벌해야 할 것이다.

영업비밀 침해행위를 한 종업원의 사용자인 법인 또는 개인이 그 위반행위를 방지하기 위하여 해당 업무에 관하여 상당한 주의와 감독을 게을리하지 아니한 경우에는 본 조의 양벌규정을 적용할 수 없다. 예를 들어 법인 또는 개인이 종업원을 채용함에 있어서 그 종업원이 종전 회사의 영업비밀을 취득한 바가 없음을 확인하거나 적법하게 취득한 영업비밀을 공개하지 않겠다는 서약을 받는 한편, 종전 회사의 영업비밀이 저장된 매체 등을 새로운 회사에 반입하지 않도록 조치를 취하는 등 종업원에 의한 영업비밀 침해행위가 발생하지 않도록 사용자로서 주의를 다했음을 입증한다면 본 조에 의한 양벌규정은 배제되어야 할 것이다.

3. 형법상의 처벌

영업비밀 침해행위가 종업원의 업무상 배임행위에 의하여 이루어지는 경우에는 부정경쟁방지법 위반뿐만 아니라 형법상의 업무상 배임죄 등으로 처벌될 수 있고 또 영업비밀 침해행위가 절도, 사기, 폭력, 갈취 등과 같은 그 자체가 위법한 수단에 의하여 이루어진 경우에는 별도로 절도죄, 폭행 또는 상해죄 나아가 강도죄 등으로 처벌될 수도 있음은 물론이다.

대법원 2017. 6. 29. 선고 2017도3808 판결[부정경쟁방지및영업비밀보호에관한법률위반(영업비밀누설등) 등 (차) 파기환송(일부)][경쟁업체를 퇴사하고 피고인의 업체에 입사한 직원이 피고인과 공모하여 종전 경쟁업체의 영업비밀 등을 이용하여 새로운 제품을 개발한 사안임]

◇회사직원이 퇴사후에도 종전 회사에 대하여 영업비밀 등에 관해 업무상배임죄의 주체가 될 수 있는지 여부 및 이에 공모·가담한 행위에 대해 부정경쟁방지 및 영입비밀보호에 관한 법률 위반(영업비밀누설등)죄 외에 업무상배임죄의 공범이 성립할 수 있는지 여부◇

업무상배임죄의 주체는 타인의 사무를 처리하는 지위에 있어야 한다. 따라서 회사직원이 재직 중에 영업비밀 또는 영업상 주요한 자산을 경쟁업체에 유출하거나 스스로의 이익을 위하여 이용할 목적으로 무단으로 반출하였다면 타인의 사무를 처리하는 자로서 그 업무상의 임무에 위배하여 유출 또는 반출한 것이어서 유출 또는 반출시에 업무상배임죄의 기수가 된다. 또한 회사직원이 영업비밀 등을 적법하게 반출하여 그 반출행위가 업무상배임죄에 해당하지 않는 경우라도, 퇴사시에 그 영업비밀 등을 회사에 반환하거나 폐기할 의무가 있음에도 경쟁업체에 유출하거나 스스로의 이익을 위하여 이용할 목적으로 이를 반환하거나 폐기하지 아니하였다면, 이러한 행위 역시 퇴사시에 업무상배임죄의 기수가 된다(대법원 2008. 4. 24. 선고 2006도9089 판결 등 참조).

그러나 회사직원이 퇴사한 후에는 특별한 사정이 없는 한 그 퇴사한 회사직원은 더 이상 업무상배임죄에서 타인의 사무를 처리하는 자의 지위에 있다고 볼 수 없고, 위와 같이 반환하거나 폐기하지 아니한 영업비밀 등을 경쟁업체에 유출하거나 스스로의 이익을 위하여 이용하더라도 이는 이미 성립한 업무상배임 행위의 실행행위에 지나지 아니하므로, 그 유출 내지 이용행위가 부정경쟁방지 및 영입비밀보호에 관한 법률 위반(영업비밀누설등)죄에 해당하는지 여부는 별론으로 하더라도, 따로 업무상배임죄를 구성할 여지는 없다고 보아야 한다. 그리고 위와 같이 퇴사한 회사직원에 대하여 타인의 사무를 처리하는 자의 지위를 인정할 수 없는 이상 제3자가 위와 같은 유출 내지 이용행위에 공모·가담하였다 하더라도 그 타인의 사무를 처리하는 자의 지위에 있다는 등의 사정이 없는 한 업무상배임죄의 공범 역시 성립할 수 없다.

☞ 경쟁업체에서 퇴사한 피고인1이 피고인2의 업체에 입사하여 경쟁업체의 영업비밀 등을 이용하여 새로운 제품을 만들었고, 그 과정에 피고인2가 공모·가담한 사안에서, 일단 피고인들의 행위가 부정경쟁방지 및 영업비밀보호에 관한 법률 위반(영업비밀누설등)죄에 해당함을 전제로, 피고인1의 행위는 업무상배임의 불가벌적 사후행위에 해당하나

이에 공모·가담한 피고인2의 행위에 대하여는 업무상배임의 공범이 성립된다고 본 원심판결에 대하여, 다른 특별한 사정이 없는 한 이미 퇴사한 피고인1은 더 이상 경쟁업체에 대하여 '타인의 사무를 처리하는 자'의 지위에 있지 않아 업무상배임죄의 주체가 될 수 없으므로, 피고인2 역시 업무상배임죄의 공범이 될 수 없다고 판단하여 원심판결 중 피고인2에 대한 부분을 파기환송한 사안임.

제7편

농수산물품질관리법, 식물식품종보호법 및 반도체집적회로의 배치설계에 관한 법률

지식재산의 이해

제1장 농수산물품질관리법상 지리적 표시권

제1절 의 의

지리적 표시란 명칭을 사용하지는 아니하였지만, 출처표시라는 용어를 사용하여 지리적 표시의 보호를 언급한 최초의 국제조약은 공업소유권의 국제적 보호를 위하여 체결된 파리협약(1883년)이며, 이후 표장의 국제등록에 관한 마드리드협정(1891년)과 리스본협정(1958년)에 원산지명칭의 보호 등과 같은 관련 내용이 포함되었으나, 이 협약들은 강제력이 없는 무역협정이라는 점에서 국제협약으로서의 한계를 지니고 있었다. 이후 1995년 세계무역기구(WTO)가 출범하면서 '무역 관련 지식재산권에 관한 협정(Agreement on Trade-Related Aspects of Intellectual Property Rights, TRIPs; 이하 'TRIPs'라 한다)'의 채택을 통해 지리적 표시라는 용어를 공식적으로 사용하였고, 이 협정을 통해 지리적 표시가 협약국들 사이에서 국제규범으로 실질적 효력이 발생하기 시작하게 된다.

우리나라의 경우 1999년 1월 개정된 농산물품질관리법에 지리적 표시제를 도입하여 2000년부터 전면 실시하였다. 또한 2005년부터는 상표법에 '지리적 표시 단체표장제'를 규정함으로써 농축산물, 임산물, 수산물뿐 아니라 공산품도 지리적 표시를 법적으로 보호할 수 있는 방안이 마련되었다.

한－EU FTA에서는 한국의 64개 지리적 표시와 EU의 162개 지리적 표시 상표를 상호 보호해 주기로 약정을 맺었으며, 여기에는 메독, 보졸레, 부르고뉴, 마고 등 프랑스 와인 및 아이리시 위스키, 코냑 등 주류 80종류가 포함되어 있다. EU의 경우 오래된 역사로부터 비롯한 다양한 전통 문화와 제품을 보유하고 있어 여타 국가의 FTA 보다는 좀 더 자세한 내용의 보호조항을 두고 있다. 또한 한－미 FTA는 자국의 지리적 표시를 용이하게 보호하기 위한 미국의 요구에 의해 증명표장제도가 국내 상표법에 도입되는 계기를 만들기도 했다.

국내법상에서 지리적 표시는 상표법상의 지리적 표시 증명표장 및 지리적 표시 단체표장을 비롯해 농수산물 품질관리법, 부정경쟁방지 및 영업비밀보호에 관한 법률, 불공정무역행위 조사 및 산업피해구제에 관한 법률, 그리고 주세법 및 주류의 상표사용에 관한 위임고시 등에 의해 다층적 보호가 가능하다.[1]

제2절 다자간 국제조약상 지리적 표시의 보호

지리적 표시(geographical indications)란 용어는 무역 관련 지식재산권에 관한 협정(TRIPs)에서 최초로 등장하였다.[2] 산업재산권 보호를 위한 파리협약에서는 각 회원국의 출처표시(indication of source) 또는 원산지명칭을 내국민과 동등하게 보호하였다. 파리협약에 의한 출처표시는 상품의 품질 등을 고려하지 아니하고 단순히 상품의 지리적 출처를 표시하는 것이었다.[3] 표장의 국제등록에 관한 마드리드 협정(Madrid Agreement Concerning the International Registration of Marks; 이하 '마드리드 협정'이라 한다)은 동협정 제1조 제1항에 따라 허위 및 기만적 출처표시의 사용을 금지하고 있다. 원산지명칭의 보호를 위한 리스본협정(Lisbon Agreement for the Protection of Appellations of Origin and Their International Registration in 1958; 이하 '리스본협정'이라 한다)에 따라 보호되는 원산지명칭은 일정한 상품의 품질이 자연적이거나 인간적인 요소를 포함한 지리적 환경에 기초한 경우에 한하여 그 상품이 특정 지역에서 기원했다는 것을 나타내는 국가, 지역 및 산지의 명칭을 뜻하는데, (i) 직접적인 지역의 명칭을 사용하여야 하며, (ii) 원산지명칭은 국가, 지역 또는 산지에 관련한 지리적 명칭

---

1) 이규호, 「지명표장 보호법제－지리적 표시포함－」, 한국지식재산연구원, 2016년, 4면.
2) WIPO, Intellectual Property Reading Material 442 (1998).
3) 이재칠, "우리나라 지리적 표시 보호제도의 효율화에 대한 연구(상)", 「지식재산 21」, 통권 제72호, 2002년 5월, 119면.

이어야 하고, (iii) 상품의 품질 또는 특성이 배타적 또는 본질적으로 자연적이며 인위적인 것을 포함하여 지리적 환경에서 기원한 것이어야 한다는 세 가지 요건을 충족하여야 한다.[4]

TRIPs 제22조 제1항에 의한 지리적 표시는 "상품의 품질, 명성 또는 그 밖의 특성이 본질적으로 지리적 근원에서 비롯되는 경우, 회원국의 영토 또는 회원국의 지역 또는 지방을 원산지로 하는 상품임을 명시하는 표시다."라고 정의하고 있다.[5] 따라서 동 협정에 따른 지리적 표시는 서비스를 제외한 상품에 한정한다.[6] 미국에 있어 지리적 표시의 예로는 오렌지의 경우에는 플로리다주, 감자의 경우에는 아이다호주 및 사과의 경우에는 워싱턴주 등이 있다. TRIPs에 따르면, 지리적 표시는 지식재산권이다. 그리고 TRIPs은 사권만을 다루고 있기 때문에[7] 지리적 표시는 사권에 해당한다.

지리적 표시 보호에 관한 1995년 TRIPs의 규정은 선진국에는 1996년 1월 1일에 개발도상국에는 2000년 1월 1일에 시행되었고, 최저개발국에는 2006년 1월 1일에 시행되었다. 지리적 표시에 관련하여 제2부(Part II) 제3절(Section 3) 제22조, 제23조 및 제24조에서 TRIPs는 국제적 규율기준을 열거하고 최소한도의 국제적 기준을 확립하였다.

TRIPs 제24조 제6항에서는 포도주 및 증류주에 대해 지리적 표시를 일반명칭상표(generic terms)로 사용하는 데 전혀 문제가 없다고 규정하고 있다.

따라서 TRIPs에 따르면, '샴페인'과 같이 상품 그 자체를 의미하는 것으로 사용되는 경우에는 지리적 표시를 보호할 필요가 없다. 하지만 양자간 협정에 해당하는 한-EU 자유무역협정(FTA)의 부속서(Annex)에 따르면, '샴페인'이라는 지리적 표시를 보호하도록 되어 있다. 이와 관련하여 우리 법제가 국제조약과 정합성이 존재하는지 여부를 살펴보면 다음과 같다.

우리 상표법에 따르면, '샴페인'이라는 상표가 국내에서 발포성 백포도주를 의미하는 것으로 사용되어 상표법 제33조 제1조 제1호 내지 제2호에 해당하여 지리적 표시 단체표장 내지 지리적 표시 증명표장 제도에 의해 보호받을 수 없게 된다. 하지만 '샴페인'이라는 상표가

---

4) 리스본협정 제2조 제1항.
5) TRIPs 제22조 제1항의 원문은 다음과 같다.
   Indications which identify a good as originating in the territory of a Member, or a region or locality in that territory, where a given quality, reputation or other characteristic of the good is essentially attributable to its geographical origin.
6) D. J. Gervais, The TRIPS Agreement: Drafting History and Analysis 125 (1998).
7) Preamble of Agreement on Trade-Related Aspects of Intellectual Property Rights, art. 22(1), Apr. 15, 1994, Marrakesh Agreement Establishing the World Trade Organization, Annex 1C, Legal Instruments--Results of the Uruguay Round, 1869 U.N.T.S. 299, 33 I.L.M. 1125, 1197.

보통명칭상표 내지 관용상표에 해당하여 상표법상 보호받지 못하더라도 부정경쟁방지 및 영업비밀보호에 관한 법률 내지 농수산물품질관리법에 따라 보호받을 수 있으므로 '샴페인'이라는 지리적 표시를 보호하기로 한 한-EU FTA에 위반하는 것은 아니다.

TRIPs상 지리적 표시는 리스본협정의 원산지명칭보다 그 범위가 넓고, 파리협약상 출처표시보다는 그 범위가 좁은 것이다.[8] TRIPs상 지리적 표시는 리스본협정상 원산지명칭과 비교하여 그 개념에 '명성'이라는 요소를 추가하였다.

세계무역기구가 TRIPs를 채택한 이래, 지리적 표시는 문화적 가치가 강하게 충돌하는 분야로서 국제적 쟁점으로 부각되었다. 지리적 표시는 품질에 대한 특정 지역의 평판을 보호하고 소비자의 혼동을 방지한다. 프랑스를 비롯한 몇몇 유럽연합 회원국은 세계무역기구의 지리적 표시 보호체계 이전에 원산지명칭(Apellations d'Origine Contrôlée(AOCs))을 인식하고 보호하였다.[9] 그중 가장 적극적으로 보호하는 국가는 프랑스이었다.[10] 원산지명칭은 지리적 위치 및 생산과정을 비롯하여 자연 및 문화 양자를 보호하는 것이다.[11] 지리적 표시는 허위광고로부터 생산업자 및 소비자 양자를 보호하는 기능을 수행한다. 지리적 표시를 규제하고 등록하기 위하여 조치가 취하여졌다. 유럽연합은 전적으로 지리적 표시만을 위한 등록체계를 구축하고 있다.[12] 반면에 미국은 그 보호 내지 등록을 상표법에 통합하여 운영하고 있다.[13]

우리나라 상표법은 TRIPs 제22조 제1항의 지리적 표시 개념을 그대로 수용한 것이고 농수산물품질관리법은 농산물, 수산물 및 그 가공품이 특정 지역에서 생산된 특산품임을 표시한 지리적 표시에 대해 그 보호대상을 제한하여 보호하고 있다.

---

8) 김병일, "지리적 표시 관련 주요쟁점분석 및 대응방안", 「지식재산21」, 통권 제94호, 2006년 1월, 2면.
9) Louis Lorvellec, You've Got to Fight for Your Right to Party: A Response to Professor Jim Chen, 5 Minn. J. Global Trade 65 (1996).
10) Deborah J. Kemp & Lynn M. Forsythe, Trademarks and Geographical Indications: A Case of California Champagne, 10 Chap. L. Rev. 257, 271 (2006).
11) Jim Chen, A Sober Second Look at Appellations of Origin: How the United States Will Crash France's Wine and Cheese Party, 5 Minn. J. Global Trade 31-32 (1996).
12) Cf. Press Release, European Commission, WTO Talks: EU Steps Up Bid for Better Protection of Regional Quality Products (Aug. 28, 2003), available at http:// europa.eu/rapid/pressReleasesAction.do?reference=IP/03/1178 (last visited July 10, 2016).
13) 15 U.S.C.A. §§ 1141-1141n (2006) (미국은 마드리드의정서를 상표법에 흡수하여 채택하고 있다).

제3절 양자간 자유무역협정상 지리적 표시의 보호

I. 한－미 자유무역협정

한－미 자유무역협정(이하 '한－미 FTA'라 한다)은 상표의 품질보증기능의 강화 등 긍정적인 측면을 고려하여 증명표장제도를 도입하였다. 한－미 FTA 제18.2조 제2항에서는 각 당사국은 상표가 증명표장을 포함하도록 규정한다. 각 당사국은 또한 지리적 표시가 상표로서 보호될 자격이 있음을 규정한다.

한－미 FTA 제18.2조 제2항 각주 5에서는 이 장의 목적상, 지리적 표시라 함은 상품의 특정 품질, 명성 또는 그 밖의 특성이 본질적으로 지리적 근원에서 비롯되는 경우, 당사국의 영역이나 당사국 영역의 지역 또는 지방을 원산지로 하는 상품임을 명시하는 표지를 말한다. 어떠한 표지(문자, 숫자, 도형적인 요소 및 단색을 포함하는 색채뿐만 아니라, 지리적 명칭 및 개인의 이름을 포함하는 단어를 포함한다) 또는 표지의 조합도 어떤 형식이든 간에 지리적 표시가될 자격이 있다. 이 장에서 원산지는 제1.4조(정의)에서 그 용어에 부여된 의미를 가지지 아니한다고 규정하고 있다.[14) 여기에서 '증명표장'이란 소비자의 품질 오인이나 출처의 혼동을 방지할 목적으로 상품이나 서비스업의 특징을 증명하기 위하여 사용하는 상표를 뜻한다.[15) 이 제도는 미국, 영국, 중국, 호주, 독일, 프랑스 등에서 이미 시행 중인 것이다. 우리나라는 소비자에게 올바른 상품선택의 정보 및 기준을 제공하며, 각종 인증마크제를 활성화시켜 기업이 우수한 품질의 상품을 생산하도록 유도하기 위하여 한－미 FTA에 증명표장제도를 도입하였다. 한－미 FTA에 따르면, 지리적 표시를 포함한 증명표장제도를 도입하도록 되어 있다.

---

14) 한－미 FTA 제1.4조에 따르면, 원산지라 함은 제4장(섬유 및 의류) 또는 제6장(원산지 규정 및 원산지 절차)에 규정된 원산지 규정상의 요건을 충족하는 것을 말한다고 규정하고 있다.
   참고로 동 협정 제6.1조에 따르면, 이 장에 달리 규정된 경우를 제외하고, 각 당사국은 다음의 경우 상품이 원산지 상품임을 규정한다.
   가. 전적으로 어느 한쪽 또는 양 당사국의 영역에서 완전하게 획득되거나 생산된 상품의 경우
   나. 전적으로 어느 한쪽 또는 양 당사국의 영역에서 생산되고,
      1) 상품의 생산에 사용된 각각의 비원산지 재료가 부속서 4－가(섬유 또는 의류 품목별 원산지 규정) 및 부속서 6－가에 명시된 적용가능한 세 번 변경을 거치거나,
      2) 상품이 부속서 4－가 및 부속서 6－가에 명시된 적용가능한 역내가치포함비율이나 그 밖의 요건을 달리 충족시키며,
   그리고, 이 장의 그 밖의 모든 적용가능한 요건을 충족시키는 경우, 또는
   다. 원산지 재료로만 전적으로 어느 한쪽 또는 양 당사국의 영역에서 생산된 경우라고 규정하고 있다.
15) http://www.fta.go.kr/fta_korea/usa/kor/2K_books.pdf (최종방문일: 2016년 8월 30일).

II. 한—EU 자유무역협정

한—EU 자유무역협정(이하 '한—EU FTA'라 한다)에 따르면, 한—미 FTA와 대동소이하게 지리적 표시를 정의하고 있다. 한—EU FTA에 의하면, 지리적 표시란 상품의 특정 품질, 명성 또는 그 밖의 특성이 본질적으로 지리적 근원에서 비롯되는 경우 특정 지역, 지방 또는 국가를 원산지로 하는 상품임을 명시하는 표시라고 정의하고 있다.

한—EU FTA 협정문 제10.18조 제3항 및 제4항에서는 부속서 10-가에 등재된 대한민국과 유럽연합의 지리적 표시를 보호할 것을 규정하고 있다. 또한 제10.19조 제1항 및 제2항에서는 부속서 10-나에 등재된 대한민국과 유럽연합의 지리적 표시를 보호할 것을 규정하고 있다. 즉, 한—EU FTA 협정문 제10.18조와 제10.19조에 의하여 제3자에 의한 상표등록이 거절되거나 무효가 되고 무단사용이 제한되는 지리적 표시를 공개하고 있다. 한—EU FTA 협정문 제10.21조에서 지리적 표시의 보호 범위를 규정하고 있으며 각 호의 1에 해당하는 상표등록 행위는 양국에 의하여 거절되거나 무효화되고, 부정경쟁방지 및 영업비밀보호에 관한 법률 제3조의2에 의하여 사용이 금지된다. 한—EU FTA 제10.18조 및 제10.19조에 언급된 지리적 표시에 대하여 보호 또는 인정이 되는 출원일은 이 협정이 발효된 날이다.

이와 관련하여 한국과 EU 양측은 부속서에 기재된 양측의 지리적 표시(한국: 64개,[16] EU: 162개[17])를 서로 보호하기로 합의하였다. 보호되는 지리적 표시의 범위는 농산물 및 식품(이하 농식품), 포도주(방향 포도주 포함), 증류주로 한정된다. 한—EU FTA에 따라 보호되는 양측의 주요 지리적 표시는 다음과 같다.

한국의 경우에는 보성녹차, 순창전통고추장, 이천쌀, 고려홍삼, 진도홍주, 고창복분자 등이 그에 해당하고, EU의 경우에는 보르도, 부르고뉴, 샴페인, 꼬냑, 스카치위스키, 카망베르도노르망디(치즈) 등이 그에 해당한다.[18]

한—EU FTA의 부속서에 기재된 양국의 지리적 표시는 다음과 같은 행위로부터 보호된다.[19]

(i) 상품의 지리적 출처에 대하여 대중의 오인을 유발하는 방식으로 진정한 산지가 아닌 지역을 원산지로 한다고 표시하거나 암시하는 행위

---

16) 농식품 63개, 증류주 1개가 한—EU FTA에 따라 보호된다.
17) 농식품 60개, 포도주 80개, 증류주 22개가 한—EU FTA에 따라 보호된다.
18) http://www.fta.go.kr/pds/fta_korea/eu/EU_DESC.pdf (최종방문일: 2016년 8월 30일).
19) 한—EU FTA 제10.21조 제1항.

(ii) 진정한 산지가 표시되거나, 지리적 표시가 번역 또는 음역되어 사용되거나 또는 종류, 유형, 양식, 모조품 등의 표현이 수반되는 경우에도, 당해 지리적 표시에 나타난 장소를 원산지로 하지 아니하는 유사상품에 지리적 표시를 사용하는 행위

(iii) 파리협약 제10조의2에서 정하고 있는 불공정경쟁을 구성하는 행위[20]

위 (ii)의 유사상품의 범위는 WTO TRIPs 제23조에 따라, 포도주의 지리적 표시를 포도주에 쓰는 경우에 증류주의 지리적 표시를 증류주에 쓰는 경우에 준하여 해석하게 된다. 따라서 포도주의 지리적 표시인 샴페인을 TV와 같이 포도주와 유사하지 않은 상품에 사용하는 것은 가능하다.[21]

위 세 가지 유형 중 (i) 및 (iii)은 TRIPs 제22조 수준의 보호에 해당하나,[22] 위 (ii)는 TRIPs 제23조 수준의 보호에 해당한다.[23]

그리고 한-EU FTA 발효 전에 출원 또는 등록된 상표 및 사용에 의해 확립된 상표, 즉 선행상표의 사용은 지리적 표시의 보호와 상관없이 보장하도록 하여 선행상표에 대하여 기득권을 가지고 있는 자를 보호하도록 하였다.[24]

협정발효 후 지리적 표시의 보호범위를 침해하는 상표가 유사상품에 출원될 경우에 거절 또는 무효의 대상으로 하고 있다.[25]

다만 까망베르, 모짜렐라, 에멘탈, 브리 등은 지리적 표시가 아니라 제품의 유형을 나타내는 일반명칭으로서 EU 지리적 표시의 보호와 상관없이 계속 사용할 수 있다. 예컨대 프랑스산 치즈의 지리적 표시인 까망베르 드 노르망디(Camembert de Normandie)의 경우에 지리적 명칭에 해당하는 부분은 노르망디이므로 치즈의 종류를 나타내는 까망베르는 계속 사용

---

20) 파리협약 제10조의2(불공정경쟁)는 산업 및 상업상 정직한 관행에 어긋나는 모든 경쟁행위를 불공정경쟁 행위로 정의하여 불공정경쟁에 대하여 회원국에게 효과적인 보호를 부여할 것을 규정하고 있다. 특히 혼동을 야기하는 행위, 허위주장, 대중의 오인을 유발하는 행위를 금지하고 있다.

21) http://www.fta.go.kr/pds/fta_korea/eu/EU_DESC.pdf (최종방문일: 2016년 8월 30일).

22) TRIPs 제22조는 모든 지리적 표시에 대해 적용되는 것으로서 대중에게 출처를 오인하게 하는 방식으로 지리적 표시를 사용하는 것을 금지하고 있으나, TRIPs협정 제23조는 특히 포도주·증류주 지리적 표시가 표시된 지역에서 유래하지 않은 포도주·증류주에 사용하는 경우, 출처오인 여부를 불문하고, 1) 진정한 원산지가 표시되거나 2) 지리적 표시가 번역되어 사용되거나 또는 3) 종류, 유형, 양식, 모조품 등의 표현이 수반되는 경우에도 사용을 금지하도록 규정하고 있다.

23) TRIPs 제23조는 포도주·증류주 지리적 표시의 경우에만 상품의 출처에 대해 소비자를 오인시키는지 여부와 관계없이 보호하고 있으나, 한-EU FTA는 농식품에도 동일한 수준의 보호를 함으로써, 농식품 지리적 표시의 보호수준을 강화하고 있다.

24) 한-EU FTA 제10.21조 제5항.

25) 한-EU FTA 제10.23조.

할 수 있다.[26]

한-EU FTA 발효 후에도 합의에 의하여 한-EU FTA에 의하여 보호되는 지리적 표시를 부속서에 추가하는 것은 가능하다.[27] 양측은 상대방의 지리적 표시 추가 요청이 있을 경우에 부당한 지연 없이 절차를 진행하기로 합의하였고, 지리적 표시에 관한 협력 및 대화를 위한 작업반을 구성하여 지리적 표시의 추가 및 삭제, 지리적 표시에 관한 입법 및 정책 관련 정보교환 등을 수행하기로 합의하였다.[28]

제4절 지리적 표시 관련 양자간 자유무역협정의 국내 이행 입법의 필요성 및 현황

I. 필요성

인터넷 파일 공유업체인 하이디스크는 자사의 사이트를 통해 저작권 있는 음악이 불법으로 전송되고 있는데도 이를 방지하기 위한 조치를 하지 않았다는 이유로 과태료를 부과받자 서울남부지방법원에 이의신청을 하였다. 그 이의신청사유로서 '하이디스크'는 우리나라가 미국 내지 유럽연합과 체결한 양자간 자유무역협정이 우리나라 저작권법과는 달리 불법 전송을 막는 조치의 강제를 금하고 있고, 이의 위반 시 과태료 대신에 인터넷 주소(URL)를 삭제하는 등의 법적 조치만 하도록 정하고 있다는 점을 들었다.

2012년 9월 20일 서울남부지방법원은 인터넷 파일 공유업체인 '하이디스크'가 제기한 저작권법 위반 과태료 결정에 대한 이의신청사건(서울남부지방법원 2012. 9. 20.자 2012과977 결정)에서 "자유무역협정의 지적재산권 관련 조항을 개인이 직접 원용할 수 없다."며 기각결정을 내렸다. 이 사건에서 서울남부지방법원은 "미국은 미국법과 한-미 자유무역협정이 충돌하면 한-미 자유무역협정의 효력이 없고, 사인이 재판절차에서 한-미 자유무역협정을 직접 원용할 수 없도록 입법해 [놓았으며], 유럽재판소는 사인은 원칙적으로 세계무역기구 협정 그 자체 뿐만 아니라 세계무역기구 분쟁해결기구의 결정도 회원국 국내 법원에서 재판상 원용할 수 없다고 판시했다."고 결정했다. 이 결정은 양자간 협정을 근거로 국내 개인이나 기업이 과태료 납부를 거부할 수 없다고 내린 최초의 결정이다. 이 결정에서는 한-미 자유무

---

26) http://www.fta.go.kr/pds/fta_korea/eu/EU_DESC.pdf (최종방문일: 2016년 9월 30일).
27) 한-EU FTA 제10.24조.
28) 한-EU FTA 제10.25조.

역협정의 투자자−국가 소송제(ISD)에 따른 소제기 등은 예외로 다루었다. 따라서 양자간 자유무역협정이 개인이나 기업에게 권리를 부여하기 위해서는 이행입법이 따라야 하는 것이다.

II. 현 황

국내법상에서 지리적 표시는 상표법상의 지리적 표시 증명표장 및 단체표장을 비롯해 농수산물 품질관리법, 부정경쟁방지 및 영업비밀보호에 관한 법률, 불공정무역행위 조사 및 산업피해구제에 관한 법률, 그리고 주세법 및 주류의 상표사용에 관한 위임고시 등에 의해 다층적 보호가 가능하다. 그중 등록을 통한 적극적 보호의 성격을 띠는 상표법에 의한 보호와 농수산물품질관리법에 의한 보호는 다음과 같다.

구분	관련 법령	보호요건 및 보호절차	보호효과
지리적 표시 일반	상표법	‣ 산지, 현저한 지리적 명칭 등에 해당 ‣ 상표등록심사 시 판단 ‣ 단체표장 및 증명표장으로 보호	‣ 상표등록거절 ‣ 등록무효사유
	부정경쟁방지 및 영업비밀보호에 관한 법률	‣ 지리적 표시 침해 ‣ 오인혼동가능성 존재	‣ 사용금지청구 ‣ 손해배상청구 ‣ 형사처벌
	농수산물품질관리법	‣ 농수산물 및 농수산물가공품에 대한 지리적 표시 해당 ‣ 심사절차 거쳐 등록	‣ 등록자는 일정 형식으로 지리적 표시 사용 ‣ 위반 시 형사처벌 또는 시정명령 등
	불공정무역행위 조사 및 산업피해 구제에 관한 법률	‣ 국내법령 또는 대한민국이 당사자인 조약에 의하여 보호되는 지리적 표시	‣ 지리적 표시를 침해한 물품의 수입, 수입품판매, 수출, 수출목적 국내 제조 금지
	표시·광고의 공정화에 관한 법률	‣ 소비자오인 또는 기만우려 및 공정한 거래질서를 저해할 우려가 있는 허위표시	‣ 손해배상청구 ‣ 형사처벌

	포도주 및 증류주의 산지에 관한 지리적 표시로서 구성되거나 동 표시를 포함하는 상표로서 증류주, 포도주 또는 이와 유사한 상품에 사용하고자 하는 상표	• 상표등록거절 • 등록무효사유
포도주 및 증류주에 관한 지리적 표시(추가적 보호)	**상표법**	
	주세법 및 조세범처벌법(주류의 상표사용에 관한 위임고시)(국세청 고시)	• 포도주 및 증류주의 지리적 표시(진정한 원산지가 표시되어 있거나 지리적 표시가 번역되어 사용된 경우 또는 "종류", "유형", "양식", "모조품" 등의 표현이 수반되는 경우 포함)	• 지리적 표시를 침해한 물품의 수입, 수입품 판매, 수출, 수출목적 국내 제조금지

상표라 함은 자기의 상품(서비스 또는 서비스의 제공에 관련된 물건 포함)과 타인의 상품을 식별하기 위하여 사용하는 표장으로서 지리적 표시와 가장 가까운 법적 개념으로 볼 수 있다. 지리적 표시는 2005년 시행 상표법부터 단체표장의 형식으로 보호하는 조항이 추가되면서 최초로 규정되었으며, 이후 한−미 FTA의 합의에 따라 지리적 표시 증명표장이 도입되게 되어 2011년 12월 개정이 이루어진 이후(2012년 3월부터 시행) 현행 상표법의 형태로 유지되고 있다. 다시 말해 국내 상표법상으로 지리적 표시는 단체표장 혹은 증명표장 두 가지 방법으로 등록을 통한 보호가 가능하다.[29]

구분	단체표장	증명표장
기능	표장 사용자가 단체 또는 단체의 소속 구성원이라는 출처표시	품질 및 특징을 증명·보증
등록주체	법인만 가능	법인 및 개인도 가능
사용주체	단체 자체 및 단체의 구성원만 사용가능	• 정관에서 정한 기준을 충족한 타인 • 증명표장권자는 사용불가(호주 제외)

---

29) http://blog.naver.com/PostView.nhn?blogId=brandmsj&logNo=220383220894 (최종방문일: 2016년 9월 1일).

단체표장은 상품을 생산·제조·가공·판매하거나 서비스를 제공하는 자가 공동으로 설립한 법인이 직접 사용하거나 그 소속 단체원에게 사용하게 하기 위한 표장을 말한다. 미국 연방상표법상 단체표장의 경우에는 그 소속 단체원만 단체표장을 사용할 수 있다는 점에서 우리나라 상표법상 단체표장과 구별된다. 단체표장은 표장을 사용하는 자가 해당 단체의 소속이라는 것을 말해주는 '출처표시'의 기능이 주된 기능으로 품질보증의 기능은 부차적인 점에서 상표와 유사하고 증명표장과는 차이가 있다. 또한 두 표장 모두 2인 이상의 다수에 의해 사용되기는 하지만, 단체표장은 상표권자인 단체와 그 구성원만이 그 표장을 사용할 수 있고, 증명표장의 경우 증명표장권자는 해당 표장을 사용할 수 없다는 점에서 사용주체 역시 다르다. 현재 대한민국을 비롯한 미국, 영국, 중국 등의 국가에서 단체표장과 증명표장 모두를 함께 운영하고 있으며, 두 표장 중 한 가지만 운영하는 국가도 다수 존재한다.[30]

제5절 우리나라 농수산물품질관리법상 지리적 표시의 보호

농수산물품질관리법에 의한 지리적 표시의 보호는 지리적 특성을 가진 우수농산물 및 그 가공품의 품질향상과 지역특화산업 육성에 그 목적이 있다. 상표와 마찬가지로 등록을 통해서 가능하지만, 상표법에서는 지리적 표시가 사용되는 대상을 상품이라고 규정함으로써 사용대상을 공산품에까지 적용할 수 있도록 하는 반면, 해당 법에서는 농수산물이나 농수산가공품에 한정하고 있다. 지리적 표시가 농수산물품질관리법에 의해 보호받기 위해서는 특정 지역에서 지리적 특성을 가진 농수산물 또는 농수산가공품을 생산하거나 제조·가공하는 자로 구성된 법인이 농림축산식품부장관 또는 해양수산부장관이 정한 등록제도에 따라 등록과정을 거쳐야 한다. 다만, 지리적 특성을 가진 농수산물 또는 농수산가공품의 생산자 또는 가공업자가 1인인 경우에는 법인이 아니라도 등록신청을 할 수 있다(농수산물품질관리법 제32조 제2항). 보성녹차, 의성마늘, 보령김 등이 농수산물품질관리법상 지리적표시권의 예에 해당한다. 보호기간에 대한 규정이 없으므로 무효사유 내지 취소사유에 해당하지 않는 한, 영속성을 지닌다고 보아야 할 것이다.

---

30) http://blog.naver.com/PostView.nhn?blogId=brandmsj&logNo=220383220894 (최종방문일: 2016년 8월 1일).

제1절 목적 및 정의

식물신품종보호법은 식물의 신품종에 대한 육성자의 권리 보호에 관한 사항을 규정함으로써 농림수산업의 발전에 이바지함을 목적으로 한다(식 제1조).[31] 품종보호권 등록의 한 예로는 "사과(식물의 종류), 가을향기(품종의 명칭), 품종보호권자(OOO), 품종보호권 존속기간(2017. 5. 30~2042. 5. 29), 등록일자(2017. 5. 30), 등록번호(제6715)"를 들 수 있고, 품종명칭 등록의 한 예로는 '가을향기(등록번호 제03-0001-153호, 등록일자: 2015. 3. 20.)'를 들 수 있다.[32]

그림 7-1 ┃ 사과(가을향기)

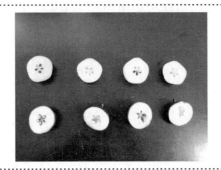

제2절 품종보호 요건

품종보호 요건은 (i) 신규성, (ii) 구별성, (iii) 균일성, (iv) 안정성 (v) 품종명칭으로 이루어져 있다(식 제16조). 여기에서 "품종"이란 식물학에서 통용되는 최저분류 단위의 식물군으로서 품종보호 요건을 갖추었는지와 관계없이 유전적으로 나타나는 특성 중 한 가지 이상의 특성이 다른 식물군과 구별되고 변함없이 증식될 수 있는 것을 말한다(식 제2조 제2호 및 제

---

31) 식물식품종보호법은 '식'으로 표기한다. 이하 같다.
32) 국립종자원, http://www.seed.go.kr/seed/199/subview.do?enc=Zm5jdDF8QEB8JTJGaW50ZXJJ3b3JrJT
JGc2VlZCUyRjEwJTJGMTE2ODIzJTJGcHJvdGVjdGlvbkZhcm1WaWV3LmRvJTNGdmlld1R5cGUlM0Ql
MjY%3D (최종방문일: 2020년 8월 1일).

16조). 그리고 "품종보호권"이란 이 법에 따라 품종보호를 받을 수 있는 권리를 가진 자에게 주는 권리를 의미한다(식 제2조 제4호). "보호품종"이란 식물신품종보호법에 따른 품종보호 요건을 갖추어 품종보호권이 주어진 품종을 말한다(식 제2조 제6호). 식물신품종보호법에 따라 품종보호를 받을 수 있는 대상은 모든 식물로 한다(식 제3조).

I. 신규성

1. 양도되지 않은 경우

품종보호 출원일 이전(우선권을 주장하는 경우에는 최초의 품종보호 출원일 이전)에 대한민국에서는 1년 이상, 그 밖의 국가에서는 4년(과수(果樹) 및 임목(林木)인 경우에는 6년) 이상 해당 종자나 그 수확물이 이용을 목적으로 양도되지 아니한 경우에는 그 품종은 신규성을 갖춘 것으로 본다(식 제17조 제1항).

2. 양도된 경우

① 도용(盜用)한 품종의 종자나 그 수확물을 양도한 경우, ② 품종보호를 받을 수 있는 권리를 이전하기 위하여 해당 품종의 종자나 그 수확물을 양도한 경우, ③ 종자를 증식하기 위하여 해당 품종의 종자나 그 수확물을 양도하여 그 종자를 증식하게 한 후 그 종자나 수확물을 육성자가 다시 양도받은 경우, ④ 품종 평가를 위한 포장시험(圃場試驗), 품질검사 또는 소규모 가공시험을 하기 위하여 해당 품종의 종자나 그 수확물을 양도한 경우, ⑤ 생물자원의 보존을 위한 조사 또는 국가품종목록(이하 "품종목록"이라 한다)(종자산업법 제15조)에 등재하기 위하여 해당 품종의 종자나 그 수확물을 양도한 경우, ⑥ 해당 품종의 품종명칭을 사용하지 아니하고 위 ③부터 ⑤까지의 어느 하나의 행위로 인하여 생산된 부산물이나 잉여물을 양도한 경우에는 신규성을 갖춘 것으로 본다(식 제17조 제2항).

II. 구별성

품종보호 출원일 이전(우선권을 주장하는 경우에는 최초의 품종보호 출원일 이전)까지 일반인에게 알려져 있는 품종과 명확하게 구별되는 품종은 구별성을 갖춘 것으로 본다(식 제18조 제1항). 여기에서 '일반인에게 알려져 있는 품종'이란 (i) 유통되고 있는 품종, (ii) 보호품종, (iii) 품종목록에 등재되어 있는 품종, (iv) 민법 제32조에 따라 농림축산식품부장관 또는 해양수산부장관의 허가를 받아 설립된 종자산업 관련 협회에 등록되어 있는 품종 중 어느 하나에 해당하는 품종을 의미한다. 다만, 품종보호를 받을 수 있는 권리를 가진 자의 의사에 반하여 일반인에게 알려져 있는 품종은 제외한다.

대법원 2013. 11. 28. 선고 2012다6486판결

참외 품종보호권자인 甲 주식회사가 乙 주식회사 등이 생산·판매하는 참외 종자가 甲 회사의 품종보호권을 침해함을 이유로 손해배상 등을 구한 사안에서, 재배시험결과 甲 회사의 보호품종과 乙 회사 등의 품종 사이에 구별성이 없다는 점이 충분히 증명되지 아니하였고, 乙 회사 등의 실시 품종이 甲 회사의 품종보호권을 침해하는 것이라고 인정하기에 부족하다고 본 원심판단을 정당하다고 한 사례.

III. 균일성

품종의 본질적 특성이 그 품종의 번식방법상 예상되는 변이(變異)를 고려한 상태에서 충분히 균일한 경우에는 그 품종은 균일성을 갖춘 것으로 본다(식 제19조).

IV. 안정성

품종의 본질적 특성이 반복적으로 증식된 후(1대 잡종 등과 같이 특정한 증식주기를 가지고 있는 경우에는 매 증식주기 종료 후를 말한다)에도 그 품종의 본질적 특성이 변하지 아니하는 경우에는 그 품종은 안정성을 갖춘 것으로 본다(식 제20조).

제3절 품종보호를 위한 절차적 요건

I. 선출원

(i) 같은 품종에 대하여 다른 날에 둘 이상의 품종보호 출원이 있을 때에는 가장 먼저 품

종보호를 출원한 자만이 그 품종에 대하여 품종보호를 받을 수 있다(식 제25조 제1항).

(ii) 같은 품종에 대하여 같은 날에 둘 이상의 품종보호 출원이 있을 때에는 품종보호를 받으려는 자(이하 "품종보호 출원인"이라 한다) 간에 협의하여 정한 자만이 그 품종에 대하여 품종보호를 받을 수 있다. 이 경우 협의가 성립하지 아니하거나 협의를 할 수 없을 때에는 어느 품종보호 출원인도 그 품종에 대하여 품종보호를 받을 수 없다(식 제25조 제2항).

(iii) 품종보호 출원이 무효로 되거나 취하되면 그 품종보호 출원은 (i) 또는 (ii)을 적용할 때에는 처음부터 없었던 것으로 본다(식 제25조 제3항). 육성자가 아닌 자로서 품종보호를 받을 수 있는 권리의 승계인이 아닌 자가 한 품종보호 출원은 (i) 또는 (ii)을 적용할 때에는 처음부터 없었던 것으로 본다(식 제25조 제4항). 같은 품종에 대하여 같은 날에 둘 이상의 품종보호 출원이 있을 때에는 농림축산식품부장관 또는 해양수산부장관은 품종보호 출원인에게 기간을 정하여 협의 결과를 신고할 것을 명하고, 그 기간까지 신고가 없을 때에는 협의는 성립되지 아니한 것으로 본다(식 제25조 제5항).

제4절 품종보호를 받을 수 있는 권리의 주체 및 변동

육성자나 그 승계인은 식물신품종보호법에서 정하는 바에 따라 품종보호를 받을 수 있는 권리를 가진다(식 제21조 제1항). 육성자나 그 승계인은 이 법에서 정하는 바에 따라 품종보호를 받을 수 있는 권리를 가진다(식 제21조 제2항). 여기에서 '육성자'란 품종을 육성한 자나 이를 발견하여 개발한 자를 의미한다(식 제2조 제3호).

(i) 해당 외국인이 속하는 국가에서 대한민국 국민에 대하여 그 국민과 같은 조건으로 품종보호권 또는 품종보호를 받을 수 있는 권리를 인정하는 경우, (ii) 대한민국이 해당 외국인에게 품종보호권 또는 품종보호를 받을 수 있는 권리를 인정하는 경우에는 그 외국인이 속하는 국가에서 대한민국 국민에 대하여 그 국민과 같은 조건으로 품종보호권 또는 품종보호를 받을 수 있는 권리를 인정하는 경우, (iii) 조약 및 이에 준하는 것(이하 "조약 등"이라 한다)에 따라 품종보호권이나 품종보호를 받을 수 있는 권리를 인정하는 경우 중 어느 하나에 해당하는 경우에만 재외자 중 외국인은 품종보호권이나 품종보호를 받을 수 있는 권리를 가질 수 있다(식 제22조). 품종보호를 받을 수 있는 권리의 승계인이 아닌 자 또는 품종보호를 받을 수 있는 권리를 자기 것으로 속인 자(이하 "무권리자"라 한다)가 품종보호를 출원한 경우에는 그 무권리자의 품종보호 출원 후에 한 정당한 권리자의 품종보호 출원은 무권리자가 품

종보호를 출원한 때에 품종보호 출원한 것으로 본다. 다만, 무권리자가 거절결정 등본을 송달받은 날부터 30일이 지난 후에 품종보호를 출원한 경우에는 그러하지 아니하다(식 제23조 및 제42조 제3항). 무권리자에 대하여 품종보호를 한 경우에 해당한다는 사유(식 제92조 제1항 제2호)로 그 품종보호를 무효로 한다는 심결(審決)이 확정된 경우에는 그 품종보호 출원 후에 한 정당한 권리자의 품종보호 출원은 무효로 된 그 품종보호의 출원 시에 품종보호 출원한 것으로 본다. 다만, 그 품종보호에 대한 공보 게재일부터 2년이 지난 후에 품종보호 출원을 하거나 심결이 확정된 날부터 30일이 지난 후에 품종보호 출원을 한 경우에는 그러하지 아니하다(식 제24조).

품종보호를 받을 수 있는 권리는 이전할 수 있다(식 제26조 제1항). 품종보호를 받을 수 있는 권리는 질권의 목적으로 할 수 없다(식 제26조 제2항). 품종보호를 받을 수 있는 권리가 공유인 경우에는 각 공유자는 다른 공유자의 동의를 받지 아니하면 그 지분을 양도할 수 없다(식 제26조 제3항). 품종보호 출원 전에 해당 품종에 대하여 품종보호를 받을 수 있는 권리를 승계한 자는 그 품종보호의 출원을 하지 아니하는 경우에는 제3자에게 대항할 수 없다(식 제27조 제1항). 동일인으로부터 승계한 동일한 품종보호를 받을 수 있는 권리에 대하여 같은 날에 둘 이상의 품종보호 출원이 있는 경우에는 품종보호 출원인 간에 협의하여 정한 자에게만 그 효력이 발생한다(식 제27조 제2항). 품종보호 출원 후에 품종보호를 받을 수 있는 권리의 승계는 상속이나 그 밖의 일반승계의 경우를 제외하고는 품종보호 출원인이 명의변경신고를 하지 아니하면 그 효력이 발생하지 아니한다(식 제27조 제3항). 동일인으로부터 승계한 동일한 품종보호를 받을 수 있는 권리의 승계에 관하여 같은 날에 둘 이상의 신고가 있을 때에는 신고한 자 간에 협의하여 정한 자에게만 그 효력이 발생한다(식 제27조 제5항). 공무원이 육성한 품종이 성질상 국가나 지방자치단체의 업무범위에 속하고, 그 품종을 육성한 행위가 공무원의 현재 또는 과거의 직무에 속하는 육성(이하 "직무상 육성"이라 한다)일 경우에는 그 품종에 대한 품종보호를 받을 수 있는 해당 공무원의 권리는 국가나 지방자치단체가 승계한다. 다만, 고등교육법에 따른 국립학교 또는 공립학교 교직원의 직무상 육성에 해당하는 경우에는 기술의 이전 및 사업화 촉진에 관한 법률 제11조 제1항에 따라 설치된 전담조직(이하 "전담조직"이라 한다)이 승계한다(식 제28조 제1항). 국가가 승계한 품종에 대한 품종보호를 받을 수 있는 권리의 처분과 관리의 경우에는 국유재산법에도 불구하고 농림축산식품부장관 또는 해양수산부장관이 관장한다(식 제28조 제2항 및 국유재산법 제8조). 국가, 지방자치단체 또는 전담조직이 공무원이 직무상 육성한 품종을 승계한 경우에는 정당한 보상금을 지급하여야 한다(식 제29조 제1항 및 제28조 제1항).

제5절 출원 및 심사

I. 출원절차

품종보호 출원인은 품종보호 출원서에 (i) 품종보호 출원인의 성명과 주소(법인인 경우에는 그 명칭, 대표자 성명 및 영업소의 소재지), (ii) 품종보호 출원인의 대리인이 있는 경우에는 그 대리인의 성명·주소 또는 영업소 소재지, (iii) 육성자의 성명과 주소, (iv) 품종이 속하는 식물의 학명 및 일반명, (v) 품종의 명칭, (vi) 제출 연월일, (vii) 우선권 주장의 취지, 최초로 품종보호 출원한 국명(國名)과 최초로 품종보호 출원한 연월일((vii)은 우선권을 주장할 경우에만 적는다)의 사항을 적어 농림축산식품부장관 또는 해양수산부장관에게 제출하여야 한다(식 제30조 제1항). 품종보호 출원서에는 (i) 품종의 특성 및 품종육성 과정에 관한 설명서, (ii) 품종의 사진, (iii) 종자시료(種子試料) 및 (iv) 품종보호의 출원 수수료 납부증명서를 첨부하여야 한다(식 제30조 제2항). 품종보호를 받을 수 있는 권리가 공유인 경우에는 공유자 모두가 공동으로 품종보호 출원을 하여야 한다(식 제30조 제3항). 대한민국 국민에게 품종보호 출원에 대한 우선권을 인정하는 국가의 국민이 그 국가에 품종보호 출원을 한 후 같은 품종을 대한민국에 품종보호 출원하여 우선권을 주장하는 경우에는 선출원에 관한 규정(식 제25조)을 적용할 때 그 국가에 품종보호 출원한 날을 대한민국에 품종보호 출원한 날로 본다. 대한민국 국민이 대한민국 국민에게 품종보호 출원에 대한 우선권을 인정하는 국가에 품종보호 출원을 한 후 같은 품종을 대한민국에 품종보호 출원한 경우에도 또한 같다(식 제31조 제1항). 우선권을 주장하려는 자는 최초의 품종보호 출원일 다음날부터 1년 이내에 품종보호 출원을 하지 아니하면 우선권을 주장할 수 없다(식 제31조 제2항). 우선권을 주장하려는 자는 품종보호 출원서에 그 취지, 최초로 품종보호 출원한 국명(國名)과 최초로 품종보호 출원한 연월일을 적어야 한다(식 제31조 제3항). 우선권을 주장한 자는 최초로 품종보호 출원한 국가의 정부가 인정하는 품종보호 출원서 등본을 품종보호 출원일부터 90일 이내에 제출하여야 한다(식 제31조 제4항). 우선권을 주장한 자는 최초의 품종보호 출원일부터 3년까지 해당 출원품종에 대한 심사의 연기를 농림축산식품부장관 또는 해양수산부장관에게 요청할 수 있으며 농림축산식품부장관 또는 해양수산부장관은 정당한 사유가 없으면 그 요청에 따라야 한다. 다만, 우선권을 주장한 자가 최초의 품종보호 출원을 포기하거나 품종보호를 출원한 국가의 거절결정(拒絕決定)이 확정된 경우에는 그 우선권을 주장한 자의 요청에 의하여 연기된 출원품종 심사일 전이라도 그 품종을 심사할 수 있다(식 제31조 제5항).

품종보호 출원인은 다음의 구분에 따른 기한까지 품종보호 출원서에 최초로 기재한 내용의 요지를 변경하지 아니하는 범위에서 그 품종보호 출원서를 보정할 수 있다.

(i) 거절이유 통지가 있는 경우(식 제42조): 거절이유 통지에 대한 의견서 제출기간

(ii) 품종보호결정이 있는 경우(식 제43조): 품종보호결정 등본 송달 전

(iii) 거절결정에 대한 심판을 청구한 경우(식 제91조): 그 청구일부터 30일 이내

품종보호 출원의 보정이 (i) 오기(誤記)를 정정하는 경우, (ii) 분명하지 아니하게 적힌 것을 석명(釋明)하는 경우, (iii) 품종보호 출원인 또는 육성자의 주소를 변경하는 경우, (iv) 법원의 판결에 따라 품종보호 출원인 또는 육성자의 성명을 변경하는 경우, (v) 일반승계에 의하여 품종보호 출원인의 명칭 또는 대표자의 성명을 변경하는 경우(법인인 경우만 해당한다), (vi) 품종보호 출원인의 영업소 소재지를 변경하는 경우(법인인 경우만 해당한다), (vii) 품종명칭을 변경하는 경우 중 어느 하나에 해당하는 경우에는 품종보호 출원의 요지를 변경하는 것으로 보지 아니한다(식 제34조). 출원 후에 한 보정이 품종보호 출원서의 요지를 변경하는 것일 때에는 심사관은 결정으로 그 보정을 각하(却下)하고, 지체 없이 품종보호 출원인에게 알려야 한다(식 제35조 제1항). 품종보호 출원보정에 대한 각하결정은 서면으로 하여야 하며 그 이유를 밝혀야 한다(식 제35조 제2항). 이 각하결정에 대하여는 불복할 수 없다(식 제35조 제3항 본문). 다만, 거절결정에 대한 심판에서 다투는 경우에는 그러하지 아니하다(식 제35조 제3항 단서 및 제91조).

II. 심사절차

농림축산식품부장관 또는 해양수산부장관은 심사관에게 품종보호 출원을 심사하게 한다(식 제36조 제1항 및 제30조). 농림축산식품부장관 또는 해양수산부장관은 품종보호 출원등록부에 등록된 품종보호 출원에 대하여 지체 없이 품종보호 공보(이하 "공보"라 한다)에 게재하여 출원공개를 하여야 한다(식 제37조 제1항). 출원공개가 있은 때에는 누구든지 품종보호 요건(식 제16조), 품종보호를 받을 수 있는 권리를 가진 자에 대한 규정(식 제21조) 또는 외국인의 권리능력 규정(식 제22조)을 위반하여 해당 품종이 품종보호를 받을 수 없다는 취지의 정

보를 증거와 함께 농림축산식품부장관 또는 해양수산부장관에게 제공할 수 있다(식 제37조 제2항).

III. 임시보호의 권리

품종보호 출원인은 출원공개일부터 업(業)으로서 그 출원품종을 실시할 권리(이하 "임시보호의 권리")를 독점한다(식 제38조 제1항). 출원공개 후 해당 품종보호 출원이 (i) 품종보호 출원이 포기·취하되거나 무효로 된 경우 또는 (ii) 품종보호 출원의 거절결정이 확정된 경우 중 어느 하나에 해당하면 임시보호의 권리는 처음부터 발생하지 아니한 것으로 본다(식 제38조 제2항). 임시보호의 권리를 가진 자가 그 권리를 행사한 경우에 품종보호 출원이 (i) 품종보호 출원이 포기·취하되거나 무효로 된 경우 또는 (ii) 품종보호 출원의 거절결정이 확정된 경우 중 어느 하나에 해당하면 그 권리의 행사로 인하여 상대방에게 입힌 손해를 배상할 책임을 진다(식 제38조 제3항). 법원은 임시보호의 권리의 침해에 관한 소의 제기 또는 가압류나 가처분의 신청이 있는 경우에 필요하다고 인정하면 신청에 의하여 또는 직권으로 품종보호 출원에 관한 결정이나 심결이 확정될 때까지 결정으로 그 소송절차를 중지할 수 있다(식 제39조 제1항). 이 소송절차중지신청에 관한 결정에 대하여는 불복할 수 없다(식 제39조 제2항). 법원은 소송절차중지의 사유가 소멸하였거나 그 밖에 사정이 변경되었을 때에는 소송절차중지결정을 취소할 수 있다(식 제39조 제3항).

IV. 자료제출명령

농림축산식품부장관 또는 해양수산부장관은 출원품종의 심사를 하기 위하여 필요하면 품종보호 출원인에게 종자시료 등 자료의 제출을 명할 수 있다(식 제41조 제1항 및 제40조 제1항). 종자시료 등 자료의 제출명령을 받은 품종보호 출원인은 정당한 사유가 없으면 명령에 따라야 한다(식 제41조 제2항).

V. 거절결정

심사관은 (i) 재외자의 품종보호관리인(식 제4조), 품종보호 요건(식 제16조), 품종보호를 받을 수 있는 권리를 가진 자(식 제21조), 외국인의 권리능력(식 제22조), 선출원(제25조 제1항·제2항), 품종보호를 받을 수 있는 권리의 승계(식 제27조 제2항·제5항), 공무원의 직무상 육성 등(식 제28조 제1항), 품종보호의 출원(식 제30조 제3항) 또는 자료의 제출 등(식 제41조 제2항)을 위반하여 품종보호를 받을 수 없는 경우, (ii) 무권리자가 출원한 경우, (iii) 조약 등을 위반한 경우 중 어느 하나에 해당하는 경우에는 그 품종보호 출원에 대하여 거절결정을 하여야 한다(식 제42조 제1항). 심사관은 거절결정을 할 때에는 미리 그 품종보호 출원인에게 거절이유를 통보하고 기간을 정하여 의견서를 제출할 수 있는 기회를 주어야 한다(식 제42조 제2항). 거절결정이 있으면 그 거절결정의 등본을 품종보호 출원인에게 송달하고 그 거절결정에 관하여 공보에 게재하여야 한다(식 제42조 제3항).

VI. 품종보호결정

심사관은 품종보호 출원에 대하여 거절이유를 발견할 수 없을 때에는 품종보호결정을 하여야 한다(식 제43조 제1항). 농림축산식품부장관 또는 해양수산부장관은 제1항에 따라 품종보호결정이 있는 경우에는 그 품종보호결정의 등본을 품종보호 출원인에게 송달하고 그 품종보호결정에 관하여 공보에 게재하여야 한다(식 제43조 제3항).

VII. 절차의 중지

품종보호 출원의 심사에서 필요하면 심결이 확정되거나 소송절차가 완결될 때까지 그 품종보호 출원의 심사절차를 중지할 수 있다(식 제44조 제1항). 법원은 소송에서 필요하면 결정이 확정될 때까지 그 소송절차를 중지할 수 있다(식 제44조 제2항).

제6절 품종보호권

I. 품종보호권의 존속기간

품종보호권의 존속기간은 품종보호권이 설정등록된 날부터 20년으로 한다. 다만, 과수와 임목의 경우에는 25년으로 한다(식 제55조).

II. 품종보호권의 효력과 그 범위

품종보호권자는 업으로서 그 보호품종을 실시할 권리를 독점한다. 다만, 그 품종보호권에 관하여 전용실시권을 설정하였을 때에는 전용실시권자가 그 보호품종을 실시할 권리를 독점하는 범위에서는 그러하지 아니하다(식 제56조 제1항). 그리고 품종보호권자는 품종보호권자의 허락 없이 도용된 종자를 이용하여 업으로서 그 보호품종의 종자에서 수확한 수확물이나 그 수확물로부터 직접 제조된 산물에 대하여도 실시할 권리를 독점한다. 다만, 그 수확물에 관하여 정당한 권원(權原)이 없음을 알지 못하는 자가 직접 제조한 산물에 대하여는 그러하지 아니하다(식 제56조 제2항). 품종보호권의 효력은 (i) 보호품종(기본적으로 다른 품종에서 유래된 품종이 아닌 보호품종만 해당한다)으로부터 기본적으로 유래된 품종, (ii) 보호품종과 제18조에 따라 명확하게 구별되지 아니하는 품종, (iii) 보호품종을 반복하여 사용하여야 종자생산이 가능한 품종 중 어느 하나에 해당하는 품종에도 적용된다(식 제56조 제3항).

보호품종(기본적으로 다른 품종에서 유래된 품종이 아닌 보호품종만 해당한다)으로부터 기본적으로 유래된 품종의 경우 원품종(原品種) 또는 기존의 유래품종에서 유래되고, 원품종의 유전자형 또는 유전자 조합에 의하여 나타나는 주요 특성을 가진 품종으로서 원품종과 명확하게 구별은 되나 특정한 육종방법(育種方法)으로 인한 특성만의 차이를 제외하고는 주요 특성이 원품종과 같은 품종은 유래된 품종으로 본다(식 제56조 제4항).

하지만, (i) 영리 외의 목적으로 자가소비(自家消費)를 하기 위한 보호품종의 실시, (ii) 실험이나 연구를 하기 위한 보호품종의 실시, (iii) 다른 품종을 육성하기 위한 보호품종의 실시 중 어느 하나에 해당하는 경우에는 품종보호권의 효력이 미치지 아니한다(식 제57조 제1항).

품종보호권·전용실시권 또는 통상실시권을 가진 자에 의하여 국내에서 판매되거나 유통된 보호품종의 종자, 그 수확물 및 그 수확물로부터 직접 제조된 산물에 대하여는 (i) 판매되거나 유통된 보호품종의 종자, 그 수확물 및 그 수확물로부터 직접 제조된 산물을 이용하여 보호품종의 종자를 증식하는 행위 또는 (ii) 증식을 목적으로 보호품종의 종자, 그 수확물 및 그 수확물로부터 직접 제조된 산물을 수출하는 행위 중 어느 하나에 해당하는 행위를 제외하고는 품종보호권의 효력이 미치지 아니한다(식 제58조 및 제56조). 정부는 식물신품종보호법에서 정한 사항 외에 품종보호권의 실시에 관하여는 어떠한 제한도 하여서는 아니 된다(식 제59조).

대법원 2020. 4. 9. 선고 2019다294824판결[손해배상(지) (카) 상고기각][알려진 품종에 대한 품종보호권의 효력범위가 문제된 사건]

◇1. 알려진 품종에 대한 품종보호권의 효력이 그 출원공개 전 증식된 종자의 출원 공개 후 양도 등에 미치는지 여부(소극), 2. 구 종자산업법(2012. 6. 1. 법률 제11458호로 전부 개정되기 전의 것) 제13조의2 제4항에 의한 통상실시권을 인정하기 위하여 실시자의 적법한 종자업 등록 및 수입, 판매시 신고가 요구되는지 여부(소극)◇

1. 구 종자산업법(2012. 6. 1. 법률 제11458호로 전부 개정되기 전의 것, 이하 같다) 제13조의2 제1항 제3호에 의하면, 외국에서 품종보호권이 설정등록된 품종은 농림수산식품부령으로 품종보호를 받을 수 있는 작물의 속 또는 종을 정할 당시에 이미 알려진 품종이라 하더라도 그 품종보호를 받을 수 있는 작물의 속 또는 종으로 정하여진 날부터 1년 이내에 품종보호 출원을 할 경우 신규성이 있는 것으로 보아 구 종자산업법에 따른 품종보호를 받을 수 있다고 정하여, 품종보호를 받기 위한 신규성 요건의 예외를 두고 있다. 한편, 같은 조 제3항은 설정등록된 품종보호권의 효력이 품종의 출원공개일 전에 행하여진 실시에 대하여는 미치지 않는다고 규정하고, 제4항은 그 품종의 출원공개일 전에 국내에서 그 보호품종의 실시사업을 하고 있거나 그 준비를 하고 있는 자는 그 실시 또는 준비를 하고 있는 사업의 목적 범위에서 그 품종보호권에 대한 통상실시권을 가지며, 이 경우 통상실시권을 가진 자는 품종보호권자에게 상당한 대가를 지급하여야 한다고 규정함으로써 이해관계를 조정하고 있다.

이러한 관련 규정들의 내용과 입법취지, 구 종자산업법 제34조의2에 의하면 품종보호권자는 출원공개일부터만 업으로서 그 출원품종을 실시할 권리를 독점할 뿐인 점 등을 고려하면, 알려진 품종의 품종보호 출원공개일 전에 그 보호품종의 종자를 증식한 경우에는 출원공개일 후에 위와 같이 증식된 종자에 관하여 보호품종의 실시행위에 해당하는 양도 또는 양도의 청약(양도를 위한 전시를 포함한다)을 하더라도 이에 대하여 알려진 품종의 품종보호권의 효력이 미치지 않는다고 보아야 한다.

2. 행정법상 금지 규정을 위반한 행위의 효력의 유무나 제한 또는 법원이 그 행위에 따른 법률효과의 실현에 대한 조력을 거부할 것인지의 여부는 해당 법 규정이 가지는 넓은 의미에서의 법률효과에 관한 문제로서, 법규정의 해석에 의하여 정하여진다. 따라서 명문의 정함이 있다면 당연히 이에 따라야 할 것이고, 정함이 없는 때에는 종국적으로 금지규정의 목적과 의미에 비추어 그에 반하는 행위의 무효 기타 효력 제한이 요구되는지를 검토하여 정할 것이다(대법원 2017. 2. 3. 선고 2016다259677 판결, 대법원 2010. 12. 23. 선고 2008다75119 판결 등 참조).

☞ 알려진 품종에 대한 원고의 품종보호권의 효력이 그 출원공개 전 피고가 증식한 알려진 품종의 종자를 출원 공개 후 양도하거나 양도의 청약을 하는 경우에도 미치는지, 피고

가 관련 법규에 따른 종자업 등록 및 수입, 판매에 대한 신고를 하지 않은 경우에도 법정 통상실시권이 성립하는지가 문제된 사안임.

☞ 대법원은 구 종자산업법 제13조의2 제1항 제3호가 알려진 품종에 관한 신규성의 예외를 규정하면서도, 그 출원공개일 전 실시행위자 또는 준비를 하고 있는 자를 보호하기 위하여 제3항, 제4항의 이해관계조정 규정을 둔 취지 등에 비추어 알려진 품종의 품종보호 출원공개일 전에 그 보호품종의 종자를 증식한 경우에는 출원공개일 후에 위와 같이 증식된 종자에 관하여 보호품종의 실시행위에 해당하는 양도 또는 양도의 청약을 하더라도 이에 대하여 알려진 품종의 품종보호권의 효력이 미치지 않고, 피고가 관련 법규에 따른 종자업 등록 및 종자 수입, 판매에 대한 신고를 하지 않았다고 하더라도 그 실시행위가 사법상 무효로 된다거나 보호가치가 없다고 할 수 없어 피고의 법정 통상실시권이 성립한다고 판단함. 이와 같은 취지에서 판단한 원심을 수긍함.

III. 품종보호권의 변동 및 실시허락

품종보호권은 이전할 수 있다(식 제60조 제1항). 품종보호권이 공유인 경우 각 공유자는 다른 공유자의 동의를 받지 아니하면 (i) 공유지분을 양도하거나 공유지분을 목적으로 하는 질권의 설정 및 (ii) 해당 품종보호권에 대한 전용실시권의 설정 또는 통상실시권의 허락은 할 수 없다(식 제60조 제2항). 품종보호권이 공유인 경우 각 공유자는 계약으로 특별히 정한 경우를 제외하고는 다른 공유자의 동의를 받지 아니하고 해당 보호품종을 자신이 실시할 수 있다(식 제61조). 여기에서 "실시"란 보호품종의 종자를 증식ㆍ생산ㆍ조제(調製)ㆍ양도ㆍ대여ㆍ수출 또는 수입하거나 양도 또는 대여의 청약(양도 또는 대여를 위한 전시를 포함한다)을 하는 행위를 말한다(식 제2조 제7호).

품종보호권자는 그 품종보호권에 대하여 타인에게 전용실시권을 설정할 수 있다(식 제61조 제1항). 전용실시권을 설정받은 전용실시권자는 그 설정행위로 정한 범위에서 업으로서 해당 보호품종을 실시할 권리를 독점한다(식 제61조 제2항). 전용실시권자는 (i) 실시사업과 같이 이전하는 경우, (ii) 상속, (iii) 그 밖의 일반승계 중 어느 하나에 해당하는 경우를 제외하고는 품종보호권자의 동의를 받지 아니하면 그 전용실시권을 이전할 수 없다(식 제61조 제3항). 전용실시권자는 품종보호권자의 동의를 받지 아니하면 그 전용실시권을 목적으로 하는 질권을 설정하거나 통상실시권을 허락할 수 없다(식 제61조 제4항).

(i) 품종보호권의 이전(상속이나 그 밖의 일반승계에 의한 경우는 제외한다. 이하 이 조에서 같

다) 또는 포기에 의한 소멸 또는 처분의 제한, (ii) 전용실시권의 설정, 이전, 변경, 소멸 또는 처분의 제한, (iii) 품종보호권 또는 전용실시권을 목적으로 하는 질권의 설정, 이전, 변경, 소멸 또는 처분의 제한은 품종보호 원부에 등록하지 아니하면 그 효력이 발생하지 아니한다(식 제62조 제1항).

품종보호권자는 그 품종보호권에 대하여 타인에게 통상실시권을 허락할 수 있다(식 제63조 제1항). 통상실시권을 허락받은 통상실시권자는 이 법에서 정하는 바에 따라 또는 설정행위로 정한 범위에서 업으로서 해당 보호품종을 실시할 수 있는 권리를 가진다(식 제63조 제2항). 통상실시권은 실시사업과 같이 이전하는 경우에만 이전할 수 있다(식 제63조 제3항). 통상실시권 외의 통상실시권은 실시사업과 같이 이전하는 경우 또는 상속, 그 밖의 일반승계의 경우를 제외하고는 품종보호권자(전용실시권에 관한 통상실시권의 경우에는 품종보호권자와 전용실시권자를 말한다)의 동의를 받지 아니하면 이전할 수 없다(식 제63조 제4항). 통상실시권 외의 통상실시권은 품종보호권자(전용실시권에 관한 통상실시권의 경우에는 품종보호권자와 전용실시권자를 말한다)의 동의를 받지 아니하면 그 통상실시권을 목적으로 하는 질권을 설정할 수 없다(식 제63조 제5항). 품종보호 출원 시에 그 품종보호 출원된 보호품종의 내용을 알지 못하고 그 보호품종을 육성하거나 육성한 자로부터 알게 되어 국내에서 그 보호품종의 실시사업을 하거나 그 사업을 준비하고 있는 자는 그 실시 또는 준비를 하고 있는 사업의 목적 범위에서 그 품종보호 출원된 품종보호권에 대하여 통상실시권을 가진다(식 제64조).

품종보호권에 대한 무효심판청구의 등록 전에 다음 중 어느 하나에 해당하는 자가 해당 품종보호권이 무효사유에 해당하는 것을 알지 못하고 국내에서 그 보호품종에 대한 실시사업을 하거나 그 사업의 준비를 하고 있는 경우에는 그 실시 또는 준비를 하고 있는 그 사업의 목적 범위에서 그 품종보호권이 무효로 된 당시에 존재하는 품종보호권이나 전용실시권에 대하여 통상실시권을 가진다.

(i) 같은 품종에 대한 둘 이상의 품종보호 중 하나가 무효로 된 경우의 원품종보호권자

(ii) 품종보호를 무효로 하고 같은 품종에 관하여 정당한 권리자에게 품종보호를 한 경우의 원품종보호권자

(iii) (i)이나 (ii)의 경우에 그 무효로 된 품종보호권에 대하여 무효심판청구의 등록 당시에 이미 전용실시권, 통상실시권 또는 그 전용실시권에 대한 통상실시권을 취득하고 등록을 받은 자. 다만, 제49조 제5항, 제64조부터 제66조까지 및 제102조에 따른 통상실시권은 제74조 제2항에 해당하는 경우에는 등록이 필요하지 아니하다.

통상실시권을 취득한 자는 품종보호권자나 전용실시권자에게 상당한 대가를 지급하여야 한다(식 제65조 제2항). 품종보호권자는 품종보호권을 목적으로 하는 질권 설정 이전에 해당 보호품종에 대한 실시사업을 하고 있는 경우에는 그 품종보호권이 경매 등에 의하여 이전되더라도 그 품종보호권에 대하여 통상실시권을 가진다. 이 경우 품종보호권자는 경매 등에 의하여 품종보호권을 이전받은 자에게 상당한 대가를 지급하여야 한다(식 제66조).

(ⅰ) 보호품종이 천재지변이나 그 밖의 불가항력 또는 대통령령으로 정하는 정당한 사유 없이 계속하여 3년 이상 국내에서 실시되고 있지 아니한 경우, (ⅱ) 보호품종이 정당한 사유 없이 계속하여 3년 이상 국내에서 상당한 영업적 규모로 실시되지 아니하거나 적당한 정도와 조건으로 국내수요를 충족시키지 못한 경우, (ⅲ) 전쟁, 천재지변 또는 재해로 인하여 긴급한 수급(需給) 조절이나 보급이 필요하여 비상업적으로 보호품종을 실시할 필요가 있는 경우, (ⅳ) 사법적 절차 또는 행정적 절차에 의하여 불공정한 거래행위로 인정된 사항을 시정하기 위하여 보호품종을 실시할 필요성이 있는 경우 중 어느 하나에 해당하는 경우에는 보호품종을 실시하려는 자는 농림축산식품부장관 또는 해양수산부장관에게 통상실시권 설정에 관한 재정(裁定)(이하 "재정"이라 한다)을 청구할 수 있다. 다만, (ⅰ) 보호품종이 천재지변이나 그 밖의 불가항력 또는 대통령령으로 정하는 정당한 사유 없이 계속하여 3년 이상 국내에서 실시되고 있지 아니한 경우와 (ⅱ) 보호품종이 정당한 사유 없이 계속하여 3년 이상 국내에서 상당한 영업적 규모로 실시되지 아니하거나 적당한 정도와 조건으로 국내수요를 충족시키지 못한 경우에는 통상실시권 설정에 관한 재정의 청구는 해당 보호품종의 품종보호권자 또는 전용실시권자와 통상실시권 허락에 관한 협의를 할 수 없거나 협의 결과 합의가 이루어지지 아니한 경우에만 할 수 있다(식 제67조 제1항). 품종보호권 설정등록일부터 3년이 지나지 아니한 보호품종에 대하여는 통상실시권 설정에 관한 재정을 청구할 수 없다(식 제67조 제2항). 농림축산식품부장관 또는 해양수산부장관은 재정을 할 때에는 청구건별로 통상실시권 설정의 필요성을 검토하여야 한다(식 제67조 제3항). 농림축산식품부장관 또는 해양수산부장관은 재정을 할 때에는 그 통상실시권이 국내 수요를 위한 공급을 주목적으로 실시되어야 한다는 조건을 붙여야 한다. 다만, 사법적 절차 또는 행정적 절차에 의하여 불공정한 거래행위로 인정된 사항을 시정하기 위하여 보호품종을 실시할 필요성이 있는 경우에 대하여 재정을 하는 경우에는 그러하지 아니하다(식 제67조 제4항).

통상실시권을 등록하였을 때에는 그 등록 후에 품종보호권이나 전용실시권을 취득한 자에 대하여도 그 효력이 발생한다(식 제74조 제1항). 효력제한기간 중 국내에서 선의로 품종보호 출원된 품종 또는 품종보호권에 대하여 그 품종의 실시사업을 하거나 그 사업을 준비하고 있는 자는 그 실시 또는 준비를 하고 있는 품종 또는 사업의 목적 범위에서 그 품종보호 출원된 품종보호권에 대하여 통상실시권을 가진다(식 제49조 제5항). 이 경우에 통상실시권은 등록하지 아니하더라도 그 품종보호권이나 전용실시권을 취득한 자에 대하여도 그 효력이 발생한다(식 제74조 제2항 및 제49조 제5항). 선사용에 의한 통상실시권(식 제64조), 무효심판청구 등록 전의 실시에 의한 통상실시권(식 제65조), 질권 행사로 인한 품종보호권의 이전에 따른 통상실시권(식 제66조) 및 재심에 의하여 회복된 품종보호권에 대한 선사용자의 통상실시권(식 제102조)의 경우에도 등록하지 아니하더라도 품종보호권이나 전용실시권을 취득한자에 대하여도 그 효력이 발생한다(식 제74조 제2항). 품종보호권자·전용실시권자 또는 통상실시권자는 해당 품종이 보호품종임을 표시할 수 있다(식 제88조).

통상실시권의 이전·변경·소멸 또는 처분의 제한, 통상실시권을 목적으로 하는 질권의 설정·이전·변경·소멸 또는 처분의 제한은 등록하지 아니하면 제3자에게 대항할 수 없다(식 제74조 제3항). 품종보호권자는 전용실시권자, 질권자 또는 제61조 제4항 또는 제63조 제1항에 따른 통상실시권자의 동의를 받지 아니하면 품종보호권을 포기할 수 없다(식 제75조 제1항). 전용실시권자는 질권자 또는 제61조 제4항에 따른 통상실시권자의 동의를 받지 아니하면 전용실시권을 포기할 수 없다(식 제75조 제2항 및 제61조 제4항). 통상실시권자는 질권자의 동의를 받지 아니하면 통상실시권을 포기할 수 없다(식 제75조 제3항). 품종보호권·전용실시권 또는 통상실시권을 포기하였을 때에는 품종보호권·전용실시권 또는 통상실시권은 그때부터 소멸한다(식 제76조). 품종보호권·전용실시권 또는 통상실시권을 목적으로 하는 질권을 설정하였을 때에는 질권자는 계약으로 특별히 정한 경우를 제외하고는 해당 보호품종을 실시할 수 없다(식 제77조). 질권은 보호품종의 실시에 대하여 받을 대가나 물건에 대하여도 행사할 수 있다. 이 경우 그 지급 또는 인도 전에 압류를 하여야 한다(식 제78조). 농림축산식품부장관 또는 해양수산부장관은 다음 각 호의 어느 하나에 해당하는 경우에는 품종보호권을 취소할 수 있다. 다만, 제2호의 경우에는 그 품종보호권을 취소하여야 한다(식 제79조 제1항). 상속이 개시된 경우에 상속인이 없으면 품종보호권은 소멸한다(식 제80조). 농림축산식품부장관 또는 해양수산부장관은 품종보호권자·전용실시권자 또는 통상실시권자로 하여금 보호품종의 실시 여부, 그 규모 등에 관하여 보고하게 할 수 있다(식 제81조). 품종보호권자는 해당 품종보호권의 존속기간 동안 품종보호권 설정등록 당시의 그 보호품종의 본질적 특성이 유지될 수 있도록 하여야 한다(식 제82조 제1항). 농림축산식품부장관 또는 해양수산부장관은 품종보호권자에게 제1항에 따른 보호품종의 본질적인 특성이 유지되는지를 시험·확인하는 데 필요한 종자시료 등 자료의 제출을 명할 수 있다. 이 경우 제출명령을 받은 품종보호권자는 정당한 사유가 없으면 그 명령에 따라야 한다(식 제82조 제2항).

제7절 품종보호권의 침해와 구제

품종보호권자나 전용실시권자는 자기의 권리를 침해하였거나 침해할 우려가 있는 자에 대하여 그 침해의 금지 또는 예방을 청구할 수 있다(식 제83조 제1항). 품종보호권자나 전용실시권자가 제1항에 따른 청구를 할 때에는 침해행위를 조성한 물건의 폐기, 침해행위에 제공된 설비의 제거, 그 밖에 침해 예방에 필요한 행위를 청구할 수 있다(식 제83조 제2항). 품종보호권자나 전용실시권자의 허락 없이 타인의 보호품종을 업으로서 실시하는 행위 또는 타인의 보호품종의 품종명칭과 같거나 유사한 품종명칭을 해당 보호품종이 속하는 식물의 속(屬) 또는 종의 품종에 사용하는 행위 중 어느 하나에 해당하는 행위는 품종보호권이나 전용실시권을 침해한 것으로 본다(식 제84조). 품종보호권자나 전용실시권자는 고의나 과실에 의하여 자기의 권리를 침해한 자에게 손해배상을 청구할 수 있다(식 제85조 제1항). 타인의 품종보호권이나 전용실시권을 침해한 자는 그 침해행위에 대하여 과실이 있는 것으로 추정한다(식 제86조). 법원은 고의나 과실에 의하여 타인의 품종보호권이나 전용실시권을 침해함으로써 품종보호권자나 전용실시권자의 업무상 신용을 떨어뜨린 자에게는 품종보호권자나 전용실시권자의 청구에 의하여 손해배상을 갈음하거나 손해배상과 함께 품종보호권자나 전용실시권자의 업무상 신용회복을 위하여 필요한 조치를 명할 수 있다(식 제87조).

(i) 품종보호를 받지 아니하거나 품종보호 출원 중이 아닌 품종의 종자의 용기나 포장에 품종보호를 받았다는 표시 또는 품종보호 출원 중이라는 표시를 하거나 이와 혼동되기 쉬운 표시를 하는 행위 또는 (ii) 품종보호를 받지 아니하거나 품종보호 출원 중이 아닌 품종을 보호품종 또는 품종보호 출원 중인 품종인 것처럼 영업용 광고, 표지판, 거래서류 등에 표시하는 행위 중 어느 하나에 해당하는 행위를 하여서는 아니 된다(식 제89조).

제8절 심 판

거절결정 또는 취소결정을 받은 자가 이에 불복하는 경우에는 그 등본을 송달받은 날부터 30일 이내에 심판을 청구할 수 있다(식 제91조, 제42조 제1항 및 제79조). (i) 품종보호 요건(식 제16조), 품종보호를 받을 수 있는 권리를 가진 자(식 제21조), 외국인의 권리능력(식 제22조), 선출원(식 제25조 제1항 및 제2항), 공무원의 직무상 육성 등(식 제28조 제1항) 또는 품종보호의 출원(식 제30조 제3항)을 위반한 경우(다만, 균일성 또는 안정성을 위반하였다는 사유로 무효심판을 청구하려는 경우에는 출원인이 제출한 서류에 의하여 균일성 또는 안정성을 심사한 경우에만 청구할 수 있다), (ii) 무권리자에 대하여 품종보호를 한 경우, (iii) 조약 등을 위반한 경우, (iv) 품종보호된 후 그 품종보호권자가 제22조에 따라 품종보호권을 가질 수 없는 자가 되거나 그 품종보호가 조약등을 위반한 경우 중 어느 하나에 해당하는 경우에는 품종보호에 관한 이해관계인이나 심사관은 품종보호의 무효심판을 청구할 수 있다(식 제92조 제1항). 품종보호의 무효심판은 청구의 이익이 있으면 언제든지 청구할 수 있다(식 제92조 제2항). 품종보호권을 무효로 한다는 심결이 확정되면 그 품종보호권은 처음부터 없었던 것으로 본다. 다만, 품종보호된 후 그 품종보호권자가 제22조에 따라 품종보호권을 가질 수 없는 자가 되거나 그 품종보호가 조약등을 위반한 경우에 품종보호를 무효로 한다는 심결이 확정되면 품종보호권은 그 품종보호가 그 사유에 해당하게 된 때부터 없었던 것으로 본다(식 제92조 제3항). 심판장은 품질보호의 무효심판청구를 받았을 때에는 그 취지를 해당 품종의 품종보호권자·전용실시권자, 그 밖에 품종보호에 관하여 등록한 권리를 가진 자에게 알려야 한다(식 제92조 제4항).

제9절 재심 및 소송

당사자는 확정된 심결에 대하여 재심을 청구할 수 있다(식 제99조 제1항). 심판의 당사자가 공모하여 속임수로써 제3자의 권리나 이익을 침해할 목적으로 심결을 하게 하였을 때에는 제3자는 그 확정된 심결(이하 "사해심결"(詐害審決)이라 한다)에 대하여 재심을 청구할 수 있다(식 제100조 제1항). 사해심결에 대한 재심청구의 경우에는 심판의 당사자를 공동 피청구인으로 한다(식 제100조 제2항). 품종보호권이 무효로 된 후 재심에 의하여 그 효력이 회복된 경우 또는 거절결정에 대한 심판청구를 받아들이지 아니한다는 심결이 있었던 품종보호 출원이 재심에 의하여 품종보호권의 설정등록이 된 경우 중 어느 하나에 해당하는 경우 품종보호권의 효력은 해당 심결이 확정된 후 재심청구의 등록 전에 선의로 실시한 행위에는 미치지 아니한다(식 제101조). 품종보호권이 무효로 된 후 재심에 의하여 그 효력이 회복된 경우 또는 거절결정에 대한 심판청구를 받아들이지 아니한다는 심결이 있었던 품종보호 출원이 재심에 의하여 품종보호권의 설정등록이 된 경우 중 어느 하나에 해당하는 경우에 해당 심결이 확정된 후 재심청구의 등록 전에 선의로 국내에서 그 보호품종의 실시사업을 하고 있는 자 또는 그 사업을 준비하고 있는 자는 그 실시 또는 준비를 하고 있는 사업의 목적 범위에서 그 품종보호권에 대하여 통상실시권을 가진다(식 제102조). 심결에 대한 소와 심판청구서 또는 재심청구서의 보정각하결정에 대한 소는 특허법원의 전속관할로 한다(식 제103조 제1항). 심결에 대한 소와 심판청구서 또는 재심청구서의 보정각하결정에 대한 소는 당사자, 참가인 또는 해당 심판이나 재심에 참가신청을 하였으나 신청이 거부된 자만 제기할 수 있다(식 제103조 제2항). 심결에 대한 소와 심판청구서 또는 재심청구서의 보정각하결정에 대한 소는 심결이나 결정의 등본을 송달받은 날부터 30일 이내에 제기하여야 한다(식 제103조 제3항). 이 30일의 기간은 불변기간으로 한다(식 제103조 제4항). 심판을 청구할 수 있는 사항에 관한 소는 심결에 대한 것이 아니면 제기할 수 없다(식 제103조 제5항). 특허법원의 판결에 대하여는 대법원에 상고할 수 있다(식 제103조 제7항).

제10절 품종명칭 등록요건

I. 품종명칭의 의의

품종보호를 받기 위하여 출원하는 품종은 1개의 고유한 품종명칭을 가져야 한다(식 제106조 제1항). 대한민국이나 외국에 품종명칭이 등록되어 있거나 품종명칭 등록출원이 되어 있는 경우에는 그 품종명칭을 사용하여야 한다(식 제106조 제2항).

II. 품종명칭 등록의 요건

다음 중 어느 하나에 해당하는 품종명칭은 제109조 제8항에 따른 품종명칭의 등록을 받을 수 없다(식 제107조).

(i) 숫자로만 표시하거나 기호를 포함하는 품종명칭

(ii) 해당 품종 또는 해당 품종 수확물의 품질·수확량·생산시기·생산방법·사용방법 또는 사용시기로만 표시한 품종명칭

(iii) 해당 품종이 속한 식물의 속 또는 종의 다른 품종의 품종명칭과 같거나 유사하여 오

인하거나 혼동할 염려가 있는 품종명칭

(iv) 해당 품종이 사실과 달리 다른 품종에서 파생되었거나 다른 품종과 관련이 있는 것으로 오인하거나 혼동할 염려가 있는 품종명칭

(v) 식물의 명칭, 속 또는 종의 명칭을 사용하였거나 식물의 명칭, 속 또는 종의 명칭으로 오인하거나 혼동할 염려가 있는 품종명칭

(vi) 국가, 인종, 민족, 성별, 장애인, 공공단체, 종교 또는 고인과의 관계를 거짓으로 표시하거나, 비방하거나 모욕할 염려가 있는 품종명칭

(vii) 저명한 타인의 성명, 명칭 또는 이들의 약칭을 포함하는 품종명칭(다만, 그 타인의 승낙을 받은 경우는 제외한다)

(viii) 해당 품종의 원산지를 오인하거나 혼동할 염려가 있는 품종명칭 또는 지리적 표시를 포함하는 품종명칭

(ix) 품종명칭의 등록출원일보다 먼저 상표법에 따른 등록출원 중에 있거나 등록된 상표와 같거나 유사하여 오인하거나 혼동할 염려가 있는 품종명칭

(x) 품종명칭 자체 또는 그 의미 등이 일반인의 통상적인 도덕관념이나 선량한 풍속 또는 공공의 질서를 해칠 우려가 있는 품종명칭

III. 품종명칭 등록을 위한 절차적 요건(선출원)

같은 품종명칭에 대하여 다른 날에 둘 이상의 품종명칭 등록출원이 있을 때에는 먼저 품종명칭 등록을 출원한 자만이 그 품종명칭에 대하여 품종명칭 등록을 받을 수 있다(식 제108조 제1항). 같은 품종에 대하여 같은 날에 둘 이상의 품종명칭 등록출원이 있을 때에는 품종명칭 등록을 받으려는 자(이하 "품종명칭 등록출원인"이라 한다) 간에 협의하여 정한 자만이 그 품명칭에 대하여 품종명칭의 등록을 받을 수 있다. 이 경우 협의가 성립하지 아니하거나 협의를 할 수 없을 때에는 어느 품종명칭 등록출원인도 그 품종명칭에 대하여 보호를 받을 수 없다(식 제108조 제2항 및 제25조 제2항). 농림축산식품부장관 또는 해양수산부장관은 품종명칭 등록출원인에게 기간을 정하여 협의 결과를 신고할 것을 명하고, 그 기간까지 신고가 없을 때에는 협의는 성립되지 아니한 것으로 본다(식 제108조 제2항 및 제25조 제5항).

IV. 출원, 심사 및 이의신청

농림축산식품부장관 또는 해양수산부장관은 심사관에게 품종명칭 등록출원을 심사하게 한다(식 제36조 제1항 및 제109조). 해당 품종보호 출원에 대한 거절결정이 있는 경우(식 제42조 제1항), (ii) 품종명칭(식 제106조)를 위반한 경우, (iii) 품종명칭 등록의 요건(식 제107조 각 호) 중 어느 하나에 해당하는 경우, (iv) 품종명칭의 선출원(식 제108조)에 따라 품종명칭의 등록을 받을 수 없는 경우 중 어느 하나에 해당하는 경우에는 심사관은 그 품종명칭 등록출원에 대하여 거절결정을 하여야 한다(식 제109조 제4항).

품종명칭등록 이의신청을 할 때에는 그 이유를 적은 품종명칭등록 이의신청서에 필요한 증거를 첨부하여 농림축산식품부장관 또는 해양수산부장관에게 제출하여야 한다(식 제110조). 품종명칭등록 이의신청을 한 자(이하 "품종명칭등록 이의신청인"이라 한다)는 품종명칭등록 이의신청기간이 지난 후 30일 이내에 품종명칭등록 이의신청서에 적은 이유 또는 증거를 보정할 수 있다(식 제111조). 심사관은 품종명칭등록 이의신청이 있을 때에는 품종명칭등록 이의신청서 부본을 품종명칭 등록출원인에게 송달하고 기간을 정하여 답변서를 제출할 수 있는 기회를 주어야 한다(식 제112조 제1항). 심사관은 품종명칭등록 이의신청이 있을 때에는 품종명칭등록 이의신청서 부본을 품종명칭 등록출원인에게 송달하고 기간을 정하여 답변서를 제출할 수 있는 기회를 주어야 한다(식 제112조 제2항). 품종명칭등록 이의신청에 대한 결정은 서면으로 하여야 하며 그 이유를 밝혀야 한다(식 제112조 제3항). 농림축산식품부장관 또는 해양수산부장관은 품종명칭등록 이의신청에 대한 결정이 있는 때에는 그 결정의 등본을 품종명칭 등록출원인 및 품종명칭등록 이의신청인에게 송달하여야 한다(식 제112조 제4항). 심사관은 품종명칭 등록출원 공고 후 거절사유에 해당하는 이유를 발견한 경우에는 직권으로 거절결정을 할 수 있다(식 제113조 제1항). 심사관이 직권으로 거절결정을 하는 경우에는 품종명칭등록 이의신청이 있더라도 그 품종명칭등록 이의신청에 대하여는 결정하지 아니한다(식 제113조 제2항). 농림축산식품부장관 또는 해양수산부장관은 심사관이 직권에 의하여 거절결정을 한 경우로서 품종명칭등록 이의신청이 있을 때에는 품종명칭등록 이의신청인에게 거절결정 등본을 송달하여야 한다(식 제113조 제3항). 심사관은 둘 이상의 품종명칭등록 이의신청에 대하여 그 심사 또는 결정을 병합하거나 분리할 수 있다(식 제114조 제1항). 심사관은 둘 이상의 품종명칭등록 이의신청이 있는 경우에 그 중 어느 하나의 품종명칭등록 이의신청에 대하여 심사한 결과 그 품종명칭등록 이의신청이 이유가 있다고 인정하면 다른 품종명칭등록 이의신청에 대하여는 결정하지 아니할 수 있다(식 제114조 제2항). 품종명칭등록 이의신청이 이유가 있다고 인정되어 거절결정이 있는 경우 농림축산식품부장관 또는 해양수산부장관은 결정을 하지 아니한 품종명칭등록 이의신청을 한 품종명칭등록 이의신청인에게도 그 거절결정 등본을 송달하여야 한다(식 제114조 제3항).

V. 등록 품종명칭

누구든지 제109조 제8항에 따라 등록된 타인의 품종(제54조 제2항에 따라 설정등록된 보호품종은 제외한다)의 품종명칭을 도용하여 종자를 판매·보급·수출하거나 수입할 수 없다(식 제116조 제1항 및 제109조 제8항). 누구든지 제109조 제8항에 따른 품종명칭 등록원부에 등록되지 아니한 품종명칭을 사용하여 종자를 판매하거나 보급할 수 없다(식 제116조 제2항 및 제109조 제8항). 품종명칭 등록출원인 또는 그 품종의 승계인은 제109조 제8항에 따라 등록된 품종명칭을 사용하는 경우에는 상표명칭을 함께 표시할 수 있다. 이 경우 그 품종명칭은 쉽게 알아볼 수 있도록 표시되어야 한다(식 제116조 제3항). (i) 품종명칭 규정(식 제106조)을 위반한 경우, 품종명칭 등록의 요건(식 제107조)에 충족하지 아니하는 경우 또는 품종명칭의 선출원 규정에 따라 품종명칭의 등록을 받을 수 없는 경우(식 제108조) 중 어느 하나에 해당하는 이유가 발견된 경우, (ii) 품종명칭의 사용을 금지하는 판결이 있는 경우, (iii) 거짓이나 그 밖의 부정한 방법으로 품종명칭이 등록된 경우 중 어느 하나에 해당하는 경우에는 등록된 품종명칭을 취소하여야 한다(식 제117조 제1항).

제11절 벌 칙

I. 침해죄 등

(i) 품종보호권 또는 전용실시권을 침해한 자, (ii) 임시보호의 권리를 침해한 자(다만, 해당 품종보호권의 설정등록이 되어 있는 경우만 해당한다), (iii) 거짓이나 그 밖의 부정한 방법으로 품종보호결정 또는 심결을 받은 자 중 어느 하나에 해당하는 자는 7년 이하의 징역 또는 1억원 이하의 벌금에 처한다(식 제131조). (i) 품종보호권 또는 전용실시권을 침해한 자 및 (ii) 임시보호의 권리를 침해한 자(다만, 해당 품종보호권의 설정등록이 되어 있는 경우만 해당한다)에

해당하는 경우에는 고소가 있어야 공소를 제기할 수 있다(식 제131조 제2항).

II. 위증죄

선서한 증인, 감정인 또는 통역인이 심판위원회에 대하여 거짓으로 진술, 감정 또는 통역을 하였을 때에는 5년 이하의 징역 또는 5천만원 이하의 벌금에 처한다(식 제132조). 위증죄를 지은 사람이 그 사건의 결정 또는 심결 확정 전에 자수하였을 때에는 그 형을 감경하거나 면제할 수 있다(식 제132조 제2항).

III. 거짓표시의 죄

(i) 품종보호를 받지 아니하거나 품종보호 출원 중이 아닌 품종의 종자의 용기나 포장에 품종보호를 받았다는 표시 또는 품종보호 출원 중이라는 표시를 하거나 이와 혼동되기 쉬운 표시를 하는 행위 또는 (ii) 품종보호를 받지 아니하거나 품종보호 출원 중이 아닌 품종을 보호품종 또는 품종보호 출원 중인 품종인 것처럼 영업용 광고, 표지판, 거래서류 등에 표시하는 행위를 한 자는 3년 이하의 징역 또는 3천만원 이하의 벌금에 처한다(식 제133조).

IV. 비밀누설죄 등

농림축산식품부·해양수산부 직원(권한이 위임된 경우에는 그 위임받은 기관의 직원을 포함한다), 심판위원회 직원 또는 그 직위에 있었던 사람이 직무상 알게 된 품종보호 출원 중인 품종에 관하여 비밀을 누설하거나 도용하였을 때에는 5년 이하의 징역 또는 5천만원 이하의 벌금에 처한다(식 제134조).

V. 양벌규정

법인의 대표자나 법인 또는 개인의 대리인, 사용인, 그 밖의 종업원이 그 법인 또는 개인의 업무에 관하여 침해죄 등을 범하거나 거짓표시의 죄를 범하면 그 행위자를 벌하는 외에 그 법인 또는 개인에게도 해당 조문의 벌금형을 과(科)한다. 다만, 법인 또는 개인이 그 위반행위를 방지하기 위하여 해당 업무에 관하여 상당한 주의와 감독을 게을리하지 아니한 경우에는 그러하지 아니하다(식 제135조).

VI. 몰수 등

(i) 품종보호권 또는 전용실시권을 침해한 행위 또는 (ii) 임시보호의 권리를 침해한 행위(다만, 해당 품종보호권의 설정등록이 되어 있는 경우만 해당한다)를 조성한 물건 또는 그 행위로부터 생긴 물건을 몰수하거나 피해자의 청구에 의하여 그 물건을 피해자에게 내줄 것을 선고하여야 한다(식 제136조 제1항). 피해자는 해당 물건을 받은 경우에는 그 물건의 가액을 초과하는 손해에 대하여만 배상을 청구할 수 있다(식 제136조 제2항). 해당 품종보호권의 설정등록이 되어 있는 경우만 해당한다(식 제136조 제2항).

VII. 과태료

다음 중 어느 하나에 해당하는 자에게는 50만원 이하의 과태료를 부과한다(식 제137조 제1항).

(i) 품종보호권·전용실시권 또는 질권을 상속하거나 그 밖의 일반승계를 한 자는 그 사유가 발생한 날부터 30일 이내에 공동부령으로 정하는 바에 따라 그 취지를 농림축산식품부장관 또는 해양수산부장관에게 신고하여야 하는데(식 제62조 제2항), 이 규정을 위반하여 품종보호권·전용실시권 또는 질권의 상속이나 그 밖의 일반승계의 취지를 신고하지 아니한 자

(ii) 농림축산식품부장관 또는 해양수산부장관은 품종보호권자·전용실시권자 또는 통상실시권자로 하여금 보호품종의 실시 여부, 그 규모 등에 관하여 보고하게 할 수 있는데(식 제81조), 이 규정에 따른 실시 보고 명령에 따르지 아니한 자

(iii) 식물신품종보호법 제98조에 따라 준용되는 민사소송법 제143조, 제259조, 제299조 및 제367조에 따라 선서한 증인, 감정인 및 통역인이 아닌 사람으로서 심판위원회에 대하여 거짓 진술을 한 사람

(iv) 식물식품종보호법 제98조에 따라 준용되는 특허법 제157조에 따라 심판위원회로부터 증거조사나 증거보전에 관하여 서류나 그 밖의 물건의 제출 또는 제시 명령을 받은 사람으로서 정당한 사유 없이 그 명령에 따르지 아니한 사람

(v) 식물신품종보호법 제98조에 따라 준용되는 특허법 제154조 또는 제157조에 따라 심

판위원회로부터 증인, 감정인 또는 통역인으로 소환된 사람으로서 정당한 사유 없이 소환을 따르지 아니하거나 선서, 진술, 증언, 감정 또는 통역을 거부한 사람

과태료는 대통령령으로 정하는 바에 따라 농림축산식품부장관 또는 해양수산부장관이 부과·징수한다(식 제137조 제2항).

제3장 반도체집적회로의 배치설계에 관한 법률

제1절 목 적

반도체집적회로의 배치설계에 관한 법률(약칭 '반도체설계법')은 반도체집적회로(半導體集積回路)의 배치설계(配置設計)에 관한 창작자의 권리를 보호하고 배치설계를 공정하게 이용하도록 하여 반도체 관련 산업과 기술을 진흥함으로써 국민경제의 건전한 발전에 이바지함을 목적으로 한다(반 제1조).[33]

제2절 정 의

"반도체집적회로"란 반도체 재료 또는 절연(絕緣) 재료의 표면이나 반도체 재료의 내부에 한 개 이상의 능동소자(能動素子)를 포함한 회로소자(回路素子)들과 그들을 연결하는 도선(導線)이 분리될 수 없는 상태로 동시에 형성되어 전자회로의 기능을 가지도록 제조된 중간 및 최종 단계의 제품을 말한다(반 제2조 제1호). "배치설계"란 반도체집적회로를 제조하기 위하여 여러 가지 회로소자 및 그들을 연결하는 도선을 평면적 또는 입체적으로 배치한 설계를 말한다(반 제2조 제2호). 이 법에서 "창작"이란 배치설계 제작자의 지적(知的) 노력의 결과로 통상적이 아닌 배치설계를 제작하는 행위를 말한다. 이 경우 통상적인 배치설계 요소의 조합으로 구성된 경우라도 전체적으로 볼 때 통상적이 아닌 배치설계를 제작하는 행위는 창작으로 본다(반 제2조 제3호). 그리고 이 법에서 "이용"이란 다음 각 목의 어느 하나에 해당하는 행위를 말한다(반 제2조 제4호).

(i) 배치설계를 복제하는 행위

---

33) 반도체집적회로의 배치설계에 관한 법률은 '반'으로 표기한다. 이하 같다.

(ii) 배치설계에 따라 반도체집적회로를 제조하는 행위

(iii) 배치설계, 배치설계에 따라 제조된 반도체집적회로 또는 반도체집적회로를 사용하여 제조된 물품(이하 "반도체집적회로 등"이라 한다)을 양도·대여하거나 전시(양도·대여를 위한 경우로 한정한다) 또는 수입하는 행위

배치설계권이란 배치설계를 특허청장에게 설정등록함으로써 발생하는 권리다(반 제2조 제5호).

제3절 배치설계의 주체

국가·법인·단체 및 그 밖의 사용자(이하 "법인 등"이라 한다)의 업무에 종사하는 자가 업무상 창작한 배치설계는 계약이나 근무규칙 등에 달리 정한 것이 없으면 그 법인 등을 그 배치설계의 창작자로 한다(반 제5조). 외국인 및 외국법인의 배치설계는 이 법 및 대한민국이 가입 또는 체결한 조약에 따라 보호된다(반 제3조 제1항). 특허청장은 반도체설계법 및 우리나라가 가입 또는 체결한 조약에 따라 보호되는 외국인 및 외국법인의 배치설계라 하더라도 그 외국에서 대한민국의 배치설계에 대하여 이 법에 준하는 보호를 하지 아니하는 경우에는 그에 상응하게 반도체설계법 및 대한민국이 가입 또는 체결한 조약에 따른 보호를 제한할 수 있다(반 제3조 제2항). 국내에 주소나 영업소가 없는 자(이하 "재외자(在外者)"라 한다)는 배치설계권 설정등록(반 제21조 제1항) 또는 배치설계권 변동등록(반 제23조)을 신청하는 경우와 재외자(법인의 경우에는 그 대표자)가 국내에 체재하는 경우를 제외하고는 그 재외자의 배치설계에 관한 대리인으로서 국내에 주소나 영업소가 있는 자(이하 "배치설계관리인"이라 한다)에 의하지 아니하면 배치설계에 관한 절차를 밟거나 이 법 또는 이 법에 따른 명령에 따라 행정청이 한 처분에 대하여 소송을 제기할 수 없다(반 제4조 제1항). 배치설계관리인은 부여받은 권한과 관련된 모든 절차 및 이 법 또는 이 법에 따른 명령에 따라 행정청이 한 처분에 관한 소송에 대하여 재외자 본인을 대리한다(반 제4조 제2항). 배치설계권 설정등록(반 제21조 제1항) 또는 배치설계권 변동등록(반 제23조)을 한 재외자는 배치설계관리인의 선임·변경 또는 대리권의 수여·소멸에 관하여 등록하지 아니하면 제3자에게 대항할 수 없다(반 제4조 제3항).

제4절 배치설계권

I. 발 생

배치설계권은 창작성이 있는 배치설계를 설정등록함으로써 발생한다(반 제6조 및 제21조 제1항).

II. 존속기간

배치설계권의 존속기간은 설정등록일부터 10년으로 한다(반 제7조 제1항). 배치설계권의 존속기간은 영리를 목적으로 그 배치설계를 최초로 이용한 날부터 10년 또는 그 배치설계의 창작일부터 15년을 초과할 수 없다(반 제7조 제2항).

III. 효 력

배치설계권 설정등록을 한 자 및 그로부터 권리를 승계한 자(이하 "배치설계권자"라 한다)는 설정등록된 배치설계에 관하여 영리를 목적으로 이용하는 권리를 독점한다. 다만, 그 배치설계권에 관하여 전용이용권을 설정한 경우 전용이용권자가 그 배치설계를 이용하는 권리를 독점하는 범위에서는 그러하지 아니하다(반 제8조, 제21조 제1항 및 제11조 제1항과 제2항).

(i) 교육·연구·분석 또는 평가 등의 목적이나 개인이 비영리적으로 사용하기 위한 배치설계의 복제 또는 그 복제의 대행, (ii) 연구·분석 또는 평가 등의 결과에 따라 제작된 것으로서 창작성이 있는 배치설계, (iii) 배치설계권자가 아닌 자가 제작한 것으로서 창작성이 있는 동일한 배치설계에 해당하는 사항에는 배치설계권의 효력은 미치지 아니한다(반 제9조 제1항). 배치설계권의 효력은 적법하게 제조된 반도체집적회로 등을 인도받은 자가 그 반도체집적회로 등에 대하여 영리를 목적으로 반도체집적회로 등을 양도·대여하거나 전시(양도·대여를 위한 경우로 한정한다) 또는 수입하는 행위를 하는 경우에는 미치지 아니한다(반 제9조 제2항). 배치설계권의 효력은 다른 사람의 등록된 배치설계를 불법으로 복제하여 제조된 반도체집적회로 등을 선의(善意)이며 과실 없이 인도받은 자(이하 "선의자"라 한다)가 그 반도체집적회로 등에 대하여 영리를 목적으로 반도체집적회로 등을 양도·대여하거나 전시(양도·

ᄂ 한정한다) 또는 수입하는 행위를 하는 경우에는 미치지 아니한다(반 제9조

ᄂ은 양도할 수 있다(반 제10조 제1항). 2명 이상이 공동으로 창작한 배치설계의 ᄂ은 공동으로 창작한 자가 공유하며, 공동창작자 사이에 특약이 없으면 공유자의 ᄂ균등한 것으로 본다(반 제10조 제2항). 배치설계권이 공유인 경우 공유자는 다른 공유 ᄂ동의 없이 그 지분을 양도하거나 그 지분을 목적으로 하는 질권을 설정할 수 없다(반 ᄂ조 제3항). 배치설계권이 공유인 경우 공유자는 특약이 없으면 다른 공유자의 동의 없이 ᄂ 배치설계를 이용할 수 있다(반 제10조 제4항). 배치설계권이 공유인 경우 공유자는 다른 공유자의 동의 없이 그 배치설계권에 대하여 전용이용권이나 통상이용권을 설정할 수 없다 (반 제10조 제5항, 제11조 제1항 및 제12조 제1항).

배치설계권자는 다른 사람에게 그 배치설계를 독점적으로 이용할 수 있는 권리(이하 "전용이용권"이라 한다)를 설정할 수 있다(반 제11조 제1항). 전용이용권을 설정 받은 자(이하 "전용이용권자"라 한다)는 그 설정행위로 정한 범위에서 영리를 목적으로 그 배치설계를 이용할 권리를 독점한다(반 제11조 제2항). (i) 배치설계를 이용하는 사업과 같이 이전하는 경우, (ii) 상속이나 그 밖의 일반승계의 경우, (iii) 배치설계권자의 동의를 받은 경우 중 어느 하나에 해당하는 경우에만 전용이용권자는 그 전용이용권을 이전할 수 있다(반 제11조 제3항). 전용이용권자는 배치설계권자의 동의 없이 그 전용이용권을 목적으로 하는 질권을 설정할 수 없다(반 제11조 제4항). 전용이용권이 공유인 경우 공유자는 다른 공유자의 동의 없이 다른 사람에게 통상이용권을 설정할 수 없다(반 제11조 제5항 및 제12조 제1항). 배치설계권자 또는 전용이용권자는 다른 사람에게 그 배치설계를 이용할 수 있는 권리(이하 "통상이용권"이라 한다)를 설정할 수 있다. 다만, 전용이용권자가 통상이용권을 설정하는 경우에는 배치설계권자의 동의가 있어야 한다(반 제12조 제1항). 통상이용권을 설정 받은 자(이하 "통상이용권자"라 한다)는 그 설정행위로 정한 범위에서 영리를 목적으로 그 배치설계를 이용할 수 있는 권리를 가진다(반 제12조 제2항). (i) 배치설계를 이용하는 사업과 같이 이전하는 경우, (ii) 상속이나 그 밖의 일반승계의 경우, (iii) 배치설계권자(전용이용권자가 설정한 통상이용권인 경우에는 배치설계권자 및 전용이용권자를 말한다)의 동의를 받은 경우 중 어느 하나에 해당하는 경우에만 그 통상이용권을 이전할 수 있다(반 제12조 제3항). 통상이용권자는 배치설계권자의 동의 없이 그 통상이용권을 목적으로 하는 질권을 설정할 수 없다(반 제12조 제4항).

(i) 배치설계가 천재지변이나 그 밖의 불가항력 또는 대통령령으로 정하는 정당한 사유

없이 계속하여 2년 이상 국내에서 이용되고 있지 아니한 경우 또는 (ii) 배치설계가 정당한 사유 없이 계속하여 2년 이상 국내에서 상당한 영업적 규모로 이용되지 아니하거나 적당한 정도와 조건으로 국내외 수요를 충족시키지 못한 경우 중 어느 하나에 해당하면 배치설계권 설정등록된 배치설계를 이용하려는 자는 그 배치설계권자 또는 전용이용권자에게 통상이용권의 설정에 관하여 협의를 청구할 수 있다(반 제13조 제1항). 이 협의를 청구한 자는 통상의 상거래에서 발생할 수 있는 합리적인 조건을 제시하였음에도 불구하고 상당한 기간 내에 그 협의를 할 수 없거나, 협의 결과 통상이용권의 설정에 관한 합의가 성립되지 아니한 경우에는 특허청장에게 통상이용권의 설정에 관한 재정(裁定)을 신청할 수 있다(반 제13조 제2항). 배치설계권 설정등록된 배치설계를 이용하려는 자는 국가비상사태나 그 밖의 위급한 상황일 때에는 특허청장에게 직접 통상이용권의 설정에 관한 재정을 신청할 수 있다(반 제13조 제3항).

배치설계권·전용이용권 또는 통상이용권을 목적으로 하는 질권을 설정한 경우 질권자는 특약이 없으면 해당 배치설계를 이용할 수 없다(반 제16조 제1항). 배치설계권·전용이용권 또는 통상이용권을 목적으로 하는 질권은 이 법에 따른 보상금 또는 배치설계의 이용에 대하여 배치설계권자·전용이용권자 또는 통상이용권자(제13조 제4항에 따라 통상이용권의 설정을 받은 자를 포함한다. 이하 같다)가 받을 금전이나 그 밖의 물건에 대하여도 행사할 수 있다. 이 경우 보상금·금전을 지급하거나 물건을 인도하기 전에 그 보상금·금전 또는 물건을 압류하여야 한다(반 제16조 제2항).

(i) 배치설계권자인 법인·단체 등이 해산되어 그 배치설계권이 민법이나 그 밖의 법률에 따라 국가에 귀속되는 경우 또는 (ii) 배치설계권자인 개인이 상속인 없이 사망하여 그 배치설계권이 민법이나 그 밖의 법률에 따라 국가에 귀속되는 경우 중 어느 하나에 해당하는 경우에는 배치설계권은 소멸한다(반 제17조). 배치설계권자는 전용이용권자·통상이용권자(재정(반 제13조 제4항)을 통하여 통상이용권의 설정을 받은 자는 제외한다) 및 질권자의 동의를 받지 아니하면 배치설계권을 포기할 수 없다(반 제18조 제1항 및 제16조 제1항). 전용이용권자는 전용이용권자로부터 통상이용권을 설정받은 자 또는 질권자의 동의를 받지 아니하면 전용이용권을 포기할 수 없다(반 제18조 제2항). 통상이용권자는 질권자의 동의를 받지 아니하면 통상이용권을 포기할 수 없다(반 제18조 제3항). 배치설계권·전용이용권 또는 통상이용권을 포기한 경우 그 권리는 그때부터 바로 소멸한다(반 제18조 제4항).

를 창작한 자 또는 그 승계인(이하 "창작자"라 한다)은 영리를 목적으로 그 배치설계를 로 이용한 날부터 2년 이내에 특허청장에게 그 배치설계권의 설정등록을 신청할 반 제19조 제1항). (i) 신청인이 창작자가 아닌 경우, (ii) 배치설계권이 2명 이상의 공 경우에 공유자 전원이 공동으로 배치설계권 설정등록 신청을 하지 아니한 경우, (iii) 영 를 목적으로 그 배치설계를 최초로 이용한 날부터 2년의 기간이 지난 경우, (iv) 그 밖에 배치설계권 설정등록 신청에 필요한 첨부자료를 제출하지 아니하는 등 대통령령으로 정하는 사유에 해당하는 경우 중 어느 하나에 해당하면 그 설정등록 신청을 거절하여야 한다(반 제 20조 제1항).

배치설계권자·전용이용권자 또는 통상이용권자는 그 배치설계를 이용하여 제조된 반도체집적회로 및 그 포장 등에 특허청장이 정하는 바에 따라 그 배치설계의 등록표시를 할 수 있다(반 제22조).

(i) 배치설계권의 이전(상속이나 그 밖의 일반승계에 의한 것은 제외한다. 이하에서 같다) 또는 처분의 제한, (ii) 전용이용권의 설정·이전·변경·소멸 또는 처분의 제한, (iii) 통상이용권의 설정·이전·변경·소멸 또는 처분의 제한, (iv) 배치설계권·전용이용권 또는 통상이용권을 목적으로 하는 질권의 설정·이전·변경·소멸 또는 처분의 제한 중 어느 하나에 해당하는 사항은 특허청장에게 등록을 하지 아니하면 제3자에게 대항할 수 없다(반 제23조 제1항). 통상이용권을 특허청장에게 등록한 경우에는 그 등록 후에 해당 배치설계권 또는 그 배치설계권에 관한 전용이용권을 취득한 자에 대하여도 그 효력이 발생한다(반 제23조 제2항). 특허청장은 설정등록된 배치설계가 (i) 대한민국이 가입 또는 체결한 조약을 위반한 경우 또는 (ii) 설정등록된 배치설계가 창작성이 있는 배치설계가 아닐 경우 중 어느 하나에 해당하면 그 설정등록을 취소할 수 있다. 다만, 특허청장은 설정등록된 배치설계가 (i) 속임수나 그 밖의 부정한 방법으로 배치설계권 설정등록을 한 경우 또는 (ii) 신청인이 창작자가 아닌 경우, 배치설계권이 2명 이상의 공유인 경우에 공유자 전원이 공동으로 배치설계권 설정등록 신청을 하지 아니한 경우, 영리를 목적으로 그 배치설계를 최초로 이용한 날부터 2년의 기간이 지난 경우 중 어느 하나에 해당하는 경우에 해당하면 설정등록을 취소하여야 한다(반 제24조).

제5절 침해와 구제

배치설계권자나 전용이용권자는 그의 배치설계권 또는 전용이용권을 침해하거나 침해할 우려가 있는 자에게 그 침해의 정지 또는 예방을 청구할 수 있다(반 제35조 제1항). 배치설계권자나 전용이용권자는 침해정지청구 또는 침해예방청구를 하는 경우에는 침해 행위에 의하여 만들어진 반도체집적회로 등의 폐기나 그 밖에 침해 예방에 필요한 조치를 함께 청구할 수 있다(반 제35조 제2항). 배치설계권자나 전용이용권자는 고의 또는 과실로 그 권리를 침해한 자에게 손해배상을 청구할 수 있다(반 제36조 제1항). 배치설계권자나 전용이용권자는 제1항에 따른 청구를 하는 경우에 권리를 침해한 자가 그 침해 행위에 의하여 이익을 얻은 경우에는 그 이익액을 배치설계권자나 전용이용권자가 입은 손해액으로 추정한다(반 제36조 제2항). 배치설계권자나 전용이용권자는 배치설계권 또는 전용이용권 침해로 인한 손해배상청구를 하는 경우에 배치설계의 이용에 대하여 통상 받을 수 있는 금액을 배치설계권자나 전용이용권자가 받은 손해액으로 하여 그 손해배상을 청구할 수 있다(반 제36조 제3항). 손해액이 배치설계의 이용에 대하여 통상 받을 수 있는 금액을 초과하는 경우에는 그 초과액에 대하여도 손해배상을 청구할 수 있다(반 제36조 제4항). 배치설계의 설정등록 전에 영리를 목적으로 그 배치설계를 이용한 배치설계의 창작자는 그 이용 후 해당 배치설계에 대한 등록이 완료되기까지의 기간 동안 해당 배치설계가 복제한 것임을 알고도 영리를 목적으로 이용한 자에게 그 이용에 대하여 통상 지급하여야 할 금액에 상당하는 보상금의 지급을 청구할 수 있다. 다만, 복제된 배치설계를 이용하여 제조된 반도체집적회로 등을 선의이며 과실 없이 인도받은 자에 대하여는 보상금의 지급을 청구할 수 없다(반 제37조 제1항). 보상금 지급 청구권은 해당 배치설계가 설정등록된 후가 아니면 행사할 수 없다(반 제37조 제2항). 배치설계권자나 전용이용권자는 선의자가 반도체집적회로 등이 배치설계를 불법으로 복제하여 제조된 것이라는 사실을 안 후에 영리를 목적으로 그 반도체집적회로 등에 대하여 반도체집적회로 등을 양도·대여하거나 전시(양도·대여를 위한 경우로 한정한다) 또는 수입하는 행위(반 제2조 제4호 다목)를 하거나, 이를 위하여 그 반도체집적회로 등을 보유하고 있거나 운송하고 있는 경우에는 통상의 이용료에 상당하는 금액(이하 "이용료"라 한다)의 지급을 청구할 수 있다(반 제38조 제1항). 이용료는 배치설계권자 또는 전용이용권자와 선의자가 협의하여 결정하는 합리적인 금액으로 한다(반 제38조 제2항).

권이나 전용이용권을 침해한 자는 3년 이하의 징역 또는 3천만원 이하의 벌금에 □를 병과(倂科)할 수 있다(반 제45조 제1항). 침해죄는 고소가 있어야 공소를 제기 □다(반 제45조 제2항). 설정등록이 되지 아니한 배치설계를 이용하여 제조된 반도체집 □로 또는 그 포장 등에 거짓으로 제22조에 따른 등록의 표시를 한 자 또는 거짓으로 등 □시를 한 반도체집적회로를 양도 또는 대여한 자는 1년 이하의 징역 또는 1천만원 이하 의 벌금에 처한다(반 제46조). 속임수나 그 밖의 부정한 방법으로 배치설계권 설정등록을 한 자는 1년 이하의 징역 또는 1천만원 이하의 벌금에 처한다(반 제47조). 배치설계의 등록 사무 에 종사하는 공무원 또는 그 직에 있었던 자 및 배치설계심의조정위원회 위원 또는 위원이 었던 자는 직무상 알게 된 비밀을 다른 사람에게 누설하여서는 아니 되는데(반 제44조), 그럼 에도 비밀을 누설한 자는 5년 이하의 징역 또는 5천만원 이하의 벌금에 처한다(반 제48조). 법인의 대표자나 법인 또는 개인의 대리인, 사용인, 그 밖의 종업원이 그 법인 또는 개인의 업무에 관하여 침해죄 등(반 제45조 제1항), 거짓 표시의 죄(반 제46조) 또는 속임수 행위의 죄 (반 제47조)의 어느 하나에 해당하는 위반행위를 하면 그 행위자를 벌하는 외에 그 법인 또 는 개인에게도 해당 조문의 벌금형을 과(科)한다. 다만, 법인 또는 개인이 그 위반행위를 방 지하기 위하여 해당 업무에 관하여 상당한 주의와 감독을 게을리하지 아니한 경우에는 그러 하지 아니하다(반 제49조).

저자약력

이규호(Lee, Gyooho)

【학 력】

‣ 1986년 – 1990년: 연세대학교 법과대학 법학사
‣ 1990년 – 1992년: 연세대학교 법과대학 법학석사
‣ 1993년 – 1994년: 미국 University of Washington School of Law (Seattle, WA), LL.M. (법학석사)
‣ 1995년 – 1998년: 미국 Washington University School of Law (St. Louis, MO), J.S.D. (법학박사)
‣ 1994년 – 1995년: 미국 Georgetown University Law Center, Visiting Researcher (객원연구원)
‣ 2014년: 미국 Washington University School of Law, Visiting Scholar (방문학자)

【경 력】

‣ 현 중앙대학교 법학전문대학원 교수
‣ 현 차세대콘텐츠재산학회 회장
‣ 현 국제문화재법연구회 회장
‣ 현 한국정보법학회 공동회장
‣ 현 한국게임법학회 부회장
‣ 현 한국국제사법학회 부회장
‣ 현 국가지식재산위원회 전문위원(신지식재산 분야)
‣ 현 특허청 부정경쟁방지법 제도개선위원회 위원장(2020년)
‣ 현 대한상사중재원 중재인
‣ 현 서울중앙지방법원 조정위원
‣ 현 중국 위해중재위원회 위원
‣ 현 중소기업기술분쟁조정·중재위원회 위원
‣ 현 ILA Committee on IP and PIL 위원
‣ 현 ACHS ICH(무형문화유산) Network Committee 위원
‣ 현 American Society of Comparative Law 회원(Individual Member)
‣ 현 International Academy of Comparative Law 회원(Associate Member)
‣ 현 International Association of Procedural Law 회원
‣ 현 AIPPI Standing Committee on Geographical Indications 위원
‣ 현 세계국제법협회 한국본부 편집이사
‣ 한국민사소송법학회 국제관계부회장, 법원행정처 국제규범연구위원회 위원, 법무부 규제심사위원회 위원, NCP포럼 운영위원, 한국국제사법학회 총무이사, 대한변호사협회 지식재산연수원 운영위원, 한국복제전송저작권협회 이사, 대한변호사협회 변호사연수원 운영위원 역임

「부정경쟁방지법 – 영업비밀보호법제 포함 – (제4판)」, 진원사, 2020년

, 「문화유산법 개론」, 박영사, 2020년

상표법」, 제2판, 진원사, 2018년

「저작권법 – 사례·해설 – (개정6판)」, 진원사, 2017년

, 「특허법 – 사례·해설 – (제4판)」, 진원사, 2017년

호, 「지명표장 보호법제 – 지리적 표시 포함」, 한국지식재산연구원, 2016년

규호, 「지식재산권법강의」, 진원사, 2013년

▸ 이규호, 카토 키미히토, 카타오카 토모유키, 허중혁, 「엔터테인먼트법의 최신 쟁점」, 진원사, 2011년

▸ 이규호, 영업비밀 침해행위에 대한 삼배배상제도 연구, 중앙법학, 제21권 제1호, 2019년, 179 – 244면.

▸ Gyooho Lee, How to Protect Traditional Food and Foodways Effectively in Terms of Intangible Cultural Heritage and Intellectual Property Laws in the Republic of Korea, International Journal of Cultural Property, Vol. 25, Issue 4, November 2018, Cambridge University Press, pp. 543 – 572.

▸ Gyooho Lee, Legal Issues Related to Blockchain Technology – Examples from Korea, in Marcelo Corrales Compagnucci, Nikolaus Forgó, Toshiyuki Kono, Shinto Teramoto and Erik P.M. Vermeulen eds., Legal Tech and the New Sharing Economoy, Springer Singapore, pp. 149 – 166 (2020)

▸ Gyooho Lee, Fashion and Trademarks in the Republic of Korea, in Cristiana Sappa ed,, Trademarks and Fashion: A First Survey in Different Parts of the World, pp. 185 – 202 (2020)

▸ Gyooho Lee, Legal Issues on FOSS and Other Alternative Licenses in Korea, in Axel Metzger ed, Free and Open Source Software (FOSS) and Other Alternative License Models: A Comparative Analysis (Springer, 2016) 등 다수

【포 상】

▸ 문화체육관광부장관 표창 수상 (2011)

▸ 중소기업청장 표창 수상(기술보호 분야) (2014)

▸ 국무총리 표창 수상(행정자치부) (2014)

▸ 중앙대학교 학술상 (2015)

▸ Marquis Who's Who in the World (2016) 등재

▸ 2000 Outstanding Intellectuals of the 21st Century (2016, IBC) 등재

▸ Cambridge Certificate for Outstanding Education Achievement (2016, IBC)

▸ 국가지식재산교육발전 유공자 표창상(국제지식재산연수원장상) 수상 (2016)

▸ 2019년 중앙대학교 인권지기 선정 (2019)

지식재산의 이해

초판발행	2020년 9월 28일
중판발행	2021년 9월 10일
지은이	이규호
펴낸이	안종만·안상준
편 집	윤혜경
기획/마케팅	박세기
표지디자인	이미연
제 작	고철민·조영환
펴낸곳	(주) **박영사**
	서울특별시 금천구 가산디지털2로 53, 210호(가산동, 한라시그마밸리)
	등록 1959. 3. 11. 제300-1959-1호(倫)
전 화	02)733-6771
f a x	02)736-4818
e-mail	pys@pybook.co.kr
homepage	www.pybook.co.kr
ISBN	979-11-303-3706-7 93360

* 파본은 구입하신 곳에서 교환해 드립니다. 본서의 무단복제행위를 금합니다.
* 저자와 협의하여 인지첩부를 생략합니다.

정 가   52,000원